엑셀+파워포인트 2013

스스로 마스터하는 트레이닝 북

엑셀+파워포인트 2013

2014. 8. 5. 1판 1쇄 인쇄
2014. 8. 10. 1판 1쇄 발행

지은이 | 김지연, 한유미
펴낸이 | 이종춘
펴낸곳 | **BM** **성안당**

주소 | 121-838 서울시 마포구 양화로 127 첨단빌딩 5층(출판기획 R&D 센터)
| 413-120 경기도 파주시 문발로 112(제작 및 물류)

전화 | 02) 3142-0036
| 031) 955-0511

팩스 | 031) 955-0510
등록 | 1973.2.1 제13-12호
출판사 홈페이지 | **www.cyber.co.kr**
ISBN | 978-89-315-5328-4 (13000)
정가 | 25,000원

이 책을 만든 사람들
책임 | 최동진, 염병문
기획·진행 | 오렌지페이퍼
교정 | 오렌지페이퍼
디자인 | 디자인허브
홍보 | 전지혜
마케팅 | 구본철, 차정욱, 나진호, 강호묵
제작 | 김유석

저자와의
협의하에
인지생략

※ 잘못된 책은 바꾸어 드립니다.

엑셀 2013

김지연 지음

혼자서도 체계적으로 스마트하게

스 스로

각 프로그램의 최중요 기능을 우선 구성하여 **혼자서도 체계적으로** 공부할 수 있습니다. 또한 본문에 부가 요소를 강화하여 더욱 쉽게 이해할 수 있습니다.

가장 중요한 핵심 기능만 스마트하게

마 스터하는

이론, 실습, 문제에 이르기까지 **철저하게 배우고 복습**하는 단계로 구성되어 있어 한 번 배운 내용은 완벽하게 내 것으로 만들어 줍니다. 권말에는 실무 프로젝트를 별지로 구성하여 **현장 업무까지 완벽하게 대비**할 수 있도록 하였습니다.

한 번 배울 때 완벽하고 스마트하게

트 레이닝 북

확인실습 ⋯ 응용실습 ⋯ 프로젝트로 이어지는 **단계별 문제 확인 구성**으로 꼼꼼하게 연습할 수 있습니다. 또한 응용실습과 프로젝트는 해설 파일을 별도로 제공하여 더욱 완벽하게 마스터할 수 있도록 도와드리며, 프로젝트는 동영상 해설 파일(QR코드, 부록 CD)을 특별 제공합니다.

엑셀 2013은 사용자의 편의와 작업의 효율성 증대를 위해 다양한 신기능들로 구성되었습니다. 엑셀의 주기능인 계산 및 분석은 더욱 강력해졌으며 데이터의 빠른 분석과 입력에 도움을 주는 기능이 추가되어 작업이 더욱 편리해졌습니다. 또한 작업한 문서는 클라우드에 저장하여 장소에 구애받지 않고 휴대폰이나 태블릿을 이용하여 보거나 편집할 수 있습니다.

이 책은 엑셀의 기본부터 업무에 적극 활용할 수 있는 다양한 실전 기능들을 수록하였습니다. 핵심 개념을 간단하게 살펴볼 수 있는 기능정리에서 이론을 학습하고 간단 퀴즈를 통해 앞서 배운 이론을 점검하는 시간을 가지시길 바랍니다. 이후 이론에 나온 기능을 직접 따라하며 익힐 수 있는 실습과정과 간단한 힌트만을 제시하여 스스로 문제를 풀어볼 수 있는 응용실습을 풀어본다면 엑셀을 자유자재로 다룰 수 있는 발판을 마련할 수 있을 것입니다. 문제에 따라 PDF 및 동영상 해설 파일도 함께 제공하니 어려움 없이 책 한 권을 꼼꼼히 학습할 수 있을 것입니다.

함께 고생하면서 책을 만드는 데 도움을 주신 모든 분들께 깊이 감사드리며, 이 책의 독자들이 엑셀을 보다 효율적으로 활용할 수 있기를 바랍니다.

김지연

파워포인트 2013이 클라우드 서비스, 소셜 네트워크와 연동하는 등 디바이스 환경에 최적화되어 새롭게 출시되었습니다. 마이크로소프트의 클라우드 서비스인 원드라이브(OneDrive)에 자료를 저장하고 스마트폰이나 태블릿 PC 등의 다양한 장치를 통해 언제 어디서나 문서를 편집하거나 다른 사람과 공유할 수 있게 되었습니다. 또한 최신 비디오 환경에 맞춘 16:9 비율의 와이드 스크린 슬라이드와 그에 따른 새로운 테마가 다수 포함되었습니다. 색 일치를 위한 스포이트 기능, 도형 병합, 온라인 그림 삽입 및 비디오와 오디오의 향상된 기능으로 프레젠테이션 제작 시 편리함을 높였습니다.

프레젠테이션 작업은 머릿속에 있는 화려하고 멋진 스토리를 슬라이드에 그려내는 것입니다. 부디 이 책이 여러분의 멋진 프레젠테이션을 위한 트레이닝 북으로 활용되길 바랍니다.

한유미

스마트 시리즈 활용법

- ❶ 장
- ❷ 섹션
  - ⓐ 기능정리 → 간단 퀴즈
  - ⓑ 실습과정 → 확인 실습
- ❸ 특집
- ❹ 응용실습

- ❺ 프로젝트
  (PDF/동영상 해설 파일 제공)

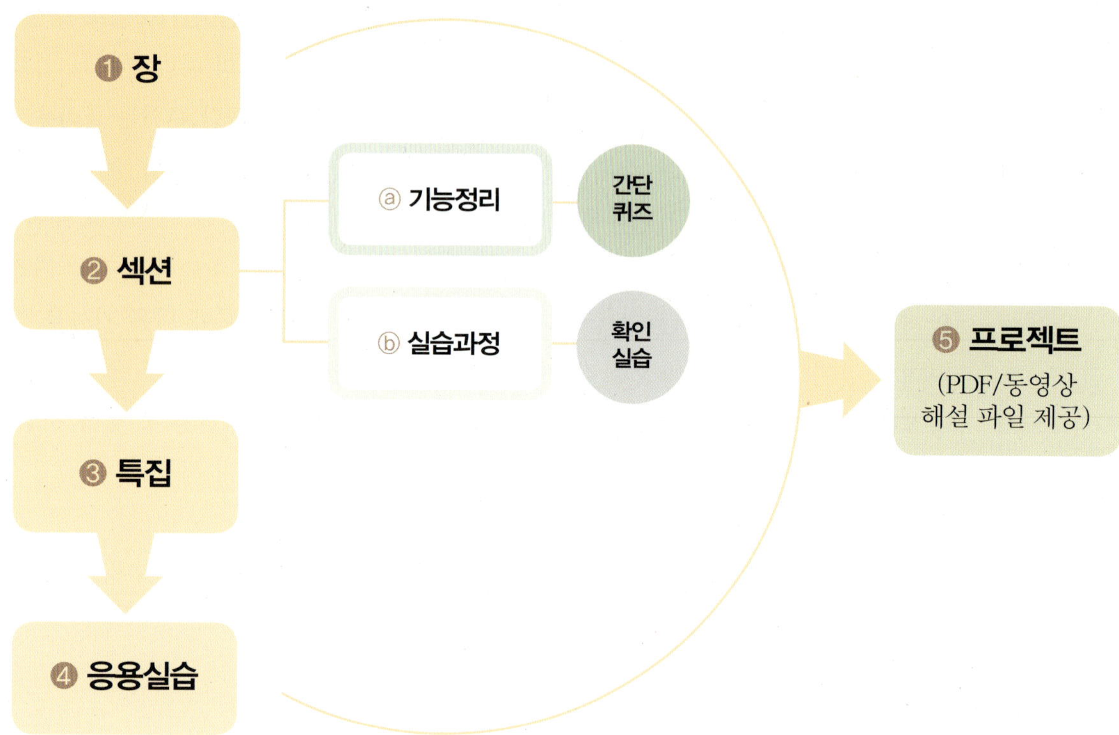

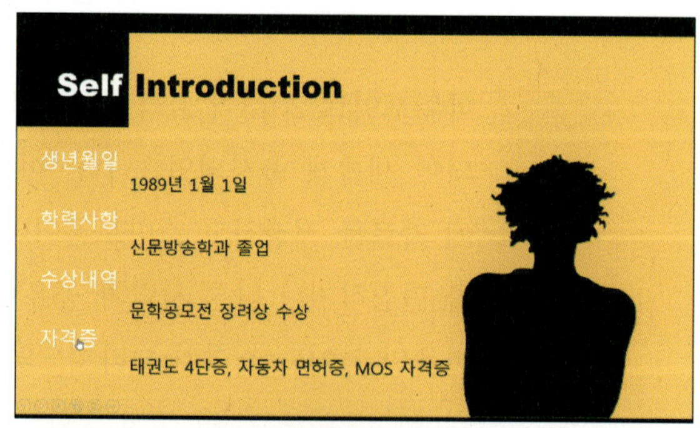

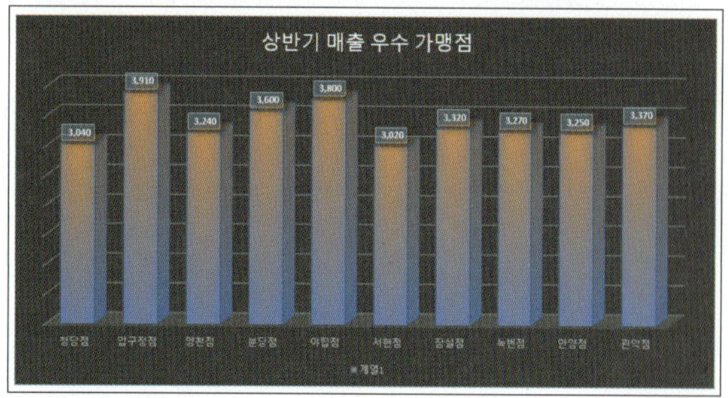

▲ 프로젝트에서 만드는 작업물의 완성 모습

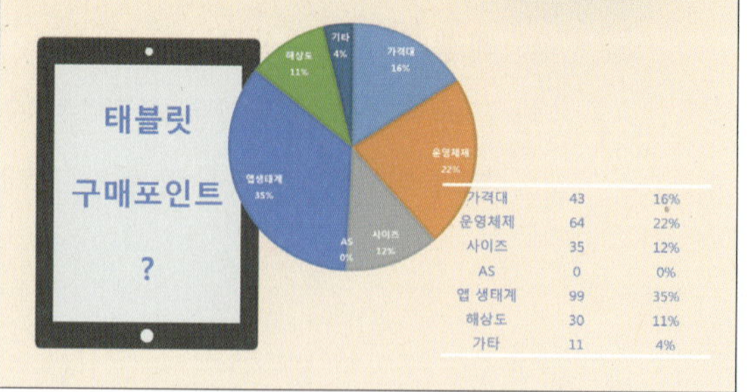

❶ 장 | 프로그램의 유사한 주제에 따른 기능들을 모아 '장'으로 구성하였습니다.

❷ 섹션 | 장의 하위 수준으로, 간단한 이론을 살펴보고 핵심 기능을 직접 따라해보며 내용을 익히는 과정입니다.

ⓐ 기능정리 : 본격적으로 본문을 실습하기 전에 핵심 개념을 간단하게 이론으로 살펴보는 단계입니다. 중요한 개념을 '간단퀴즈'로 다시 한 번 되짚어 봅니다.

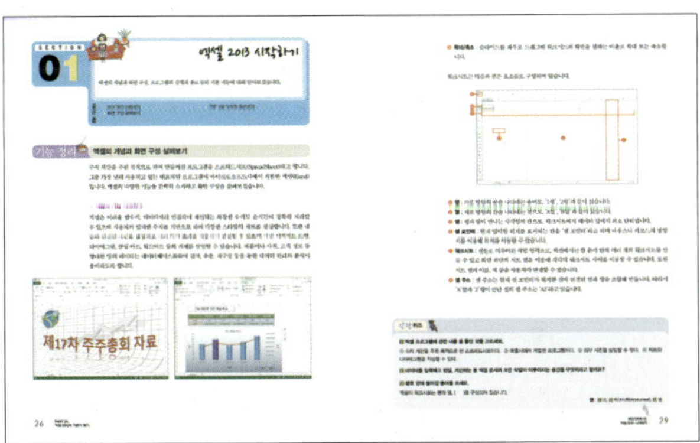

ⓑ 실습과정 : 핵심 기능을 익히는 메인 과정입니다. 다수의 실습과정이 나올 수 있으며, 마지막에는 '확인실습'으로 배운 내용을 체크합니다.

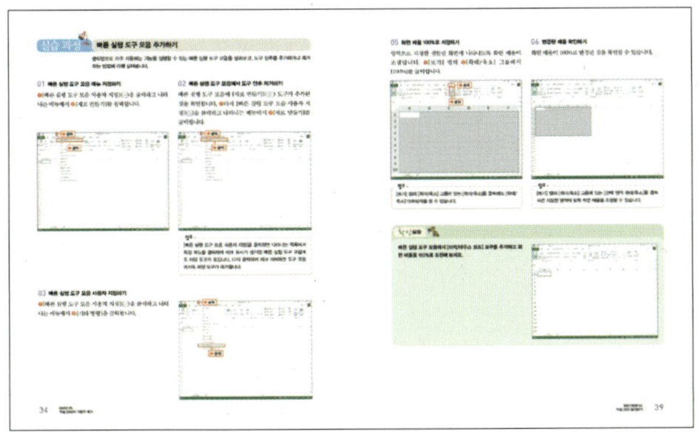

❸ 특집 | 본문에서 다루지 못한 중급 이상의 기능을 학습할 수 있는 구성입니다.

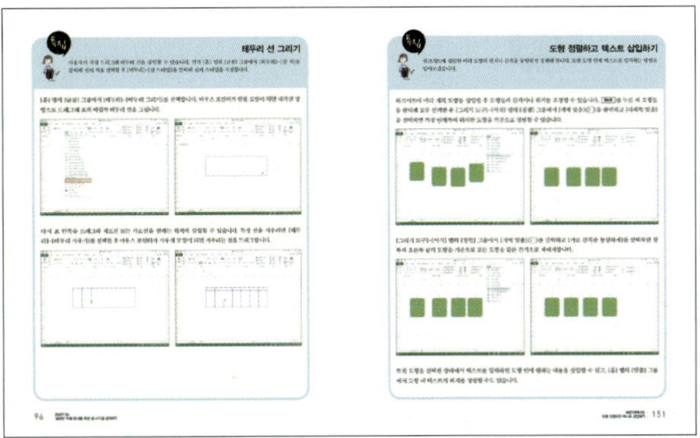

❹ 응용실습 | '장'의 학습을 종합적으로 테스트할 수 있는 문제입니다. 책의 지면에서는 간단한 힌트를 확인할 수 있고 해설 파일은 별도로 제공합니다.

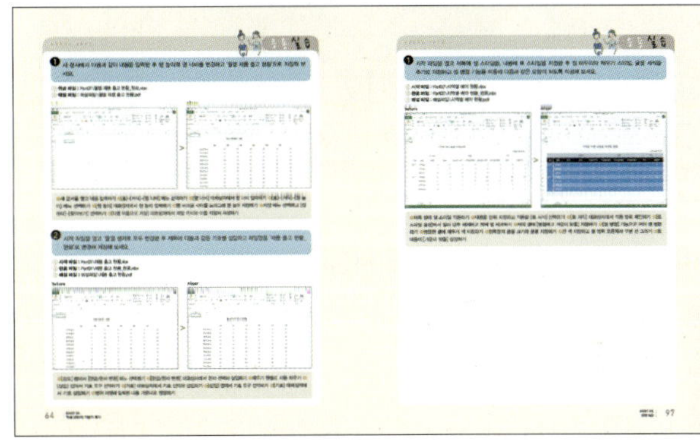

❺ 프로젝트 | 실전 능력 향상을 위해 특별 구성된 종합 문제입니다. 동영상 해설 파일이 제공됩니다.

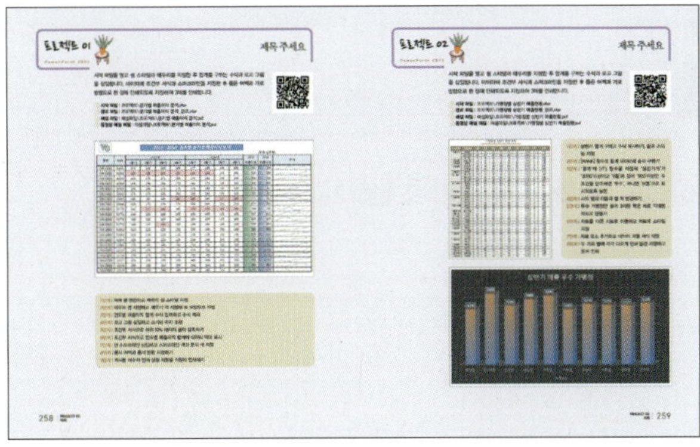

PART 01 엑셀 2013의 기본기 떼기

엑셀 2013은 대표적인 스프레드시트 프로그램입니다. 엑셀은 모든 종류의 수치 계산은 물론 차트와 표 등의 개체를 삽입, 편집할 수 있으며 데이터 분석 또한 가능하여 널리 유용하게 이용되고 있습니다. Part 1에서는 엑셀 2013의 기본적인 기능, 데이터의 입력과 저장 방법, 행과 열 조절 방법 등에 대해 알아보겠습니다.

SECTION 01. 엑셀 2013 시작하기

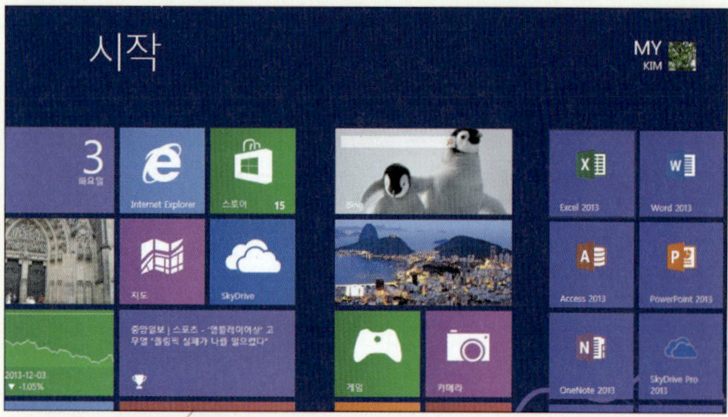

SECTION 02. 엑셀 2013 둘러보기

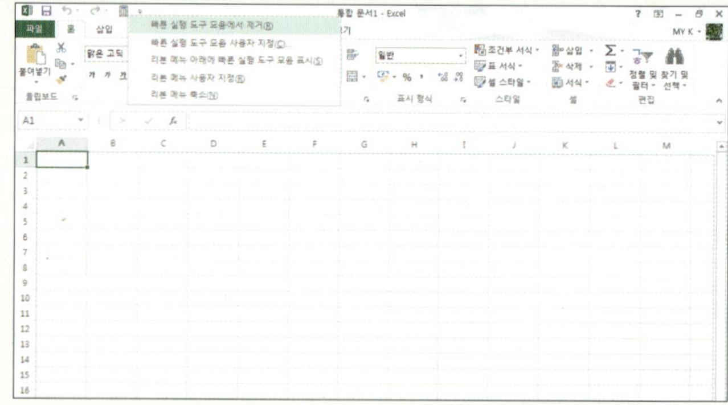

SECTION 03. 엑셀 문서 다양하게 저장하고 열기

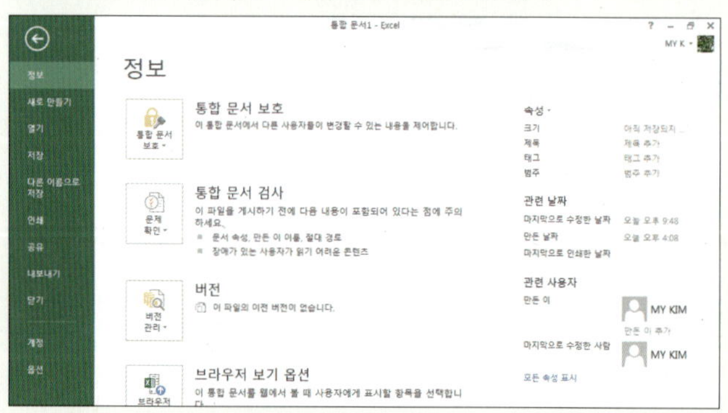

SECTION 04. 데이터 입력하고 수정하기

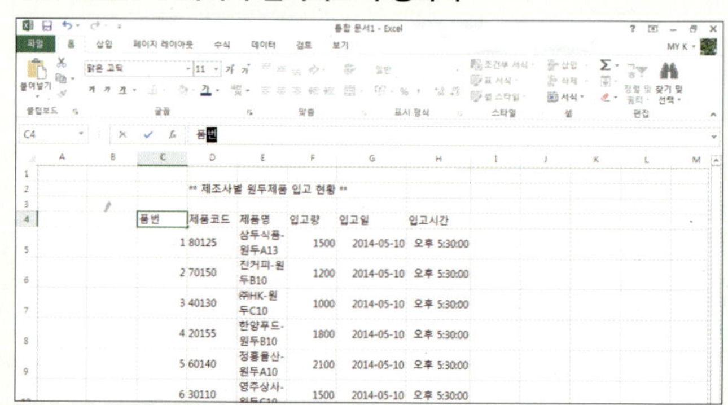

SECTION 05. 행과 열의 크기 조절하기

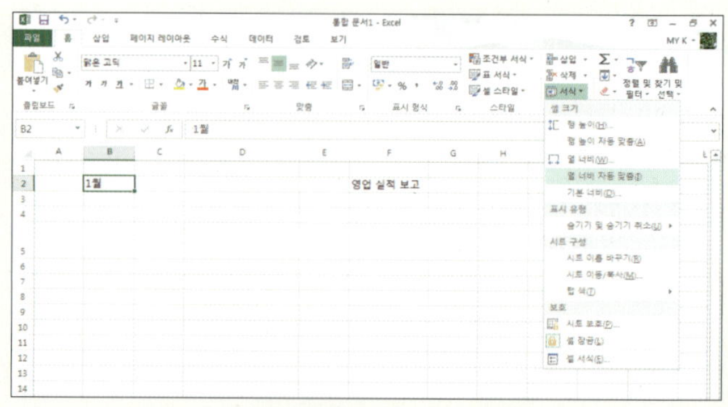

PART 02 깔끔한 엑셀 문서를 위한 셀 스타일 설정하기

문서 편집 기능을 잘 활용하면 입력된 데이터를 좀 더 보기 편하고 이해하기 쉽도록 만들 수 있습니다. 이번 장에서는 글꼴 스타일을 지정하고 데이터를 정렬하거나 병합, 분할하는 등의 셀 관리 방법에 대해 알아봅니다. 또 복잡한 숫자 데이터를 편리하게 볼 수 있도록 셀에 테두리 선이나 채우기 색 등을 지정하는 방법과 조건부 서식을 활용해 조건에 맞는 데이터만 강조하는 방법에 대해서도 살펴보겠습니다.

SECTION 01. 글꼴 스타일 설정하기

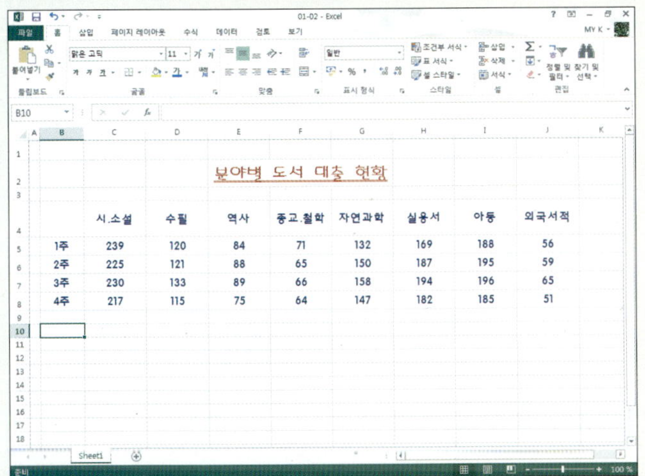

SECTION 02. 데이터 맞춤 형식 설정과 셀 병합하기

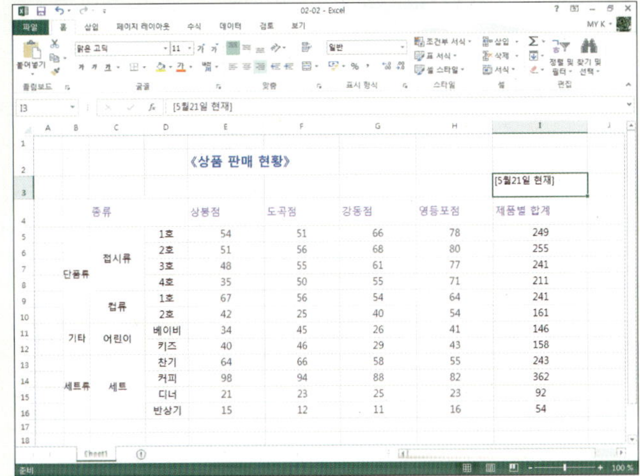

SECTION 03. 셀 테두리와 채우기로 표 작성하기

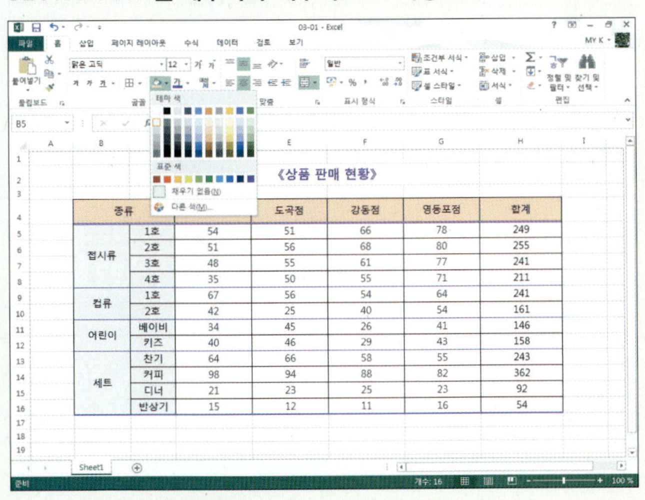

SECTION 04. 셀 스타일과 표 서식, 조건부 서식 지정하기

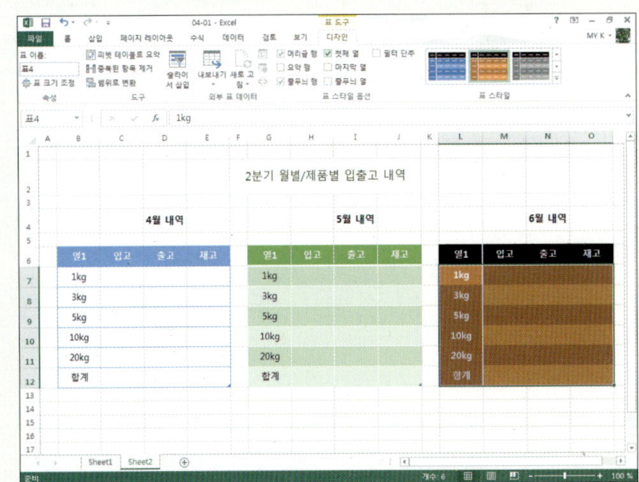

워크시트 편집하고 인쇄하기

엑셀의 편집 기능을 이용하여 문서를 효율적으로 작성할 수 있습니다. 입력한 데이터를 복사, 이동, 삭제하는 데이터 편집 기능과 행, 열, 워크시트를 삽입, 삭제하고 탭을 관리하는 워크시트의 편집 기능은 업무 시간을 단축할 뿐만 아니라 더욱 정확한 문서로 만들 수 있어서 매우 유용합니다. 편집 기능과 함께 인쇄할 용지의 방향과 여백, 머리글이나 바닥글 등을 설정하고 인쇄 영역을 지정해 인쇄하는 방법에 대해서도 살펴봅니다.

SECTION 01. 셀과 행, 열 삽입하고 삭제하기

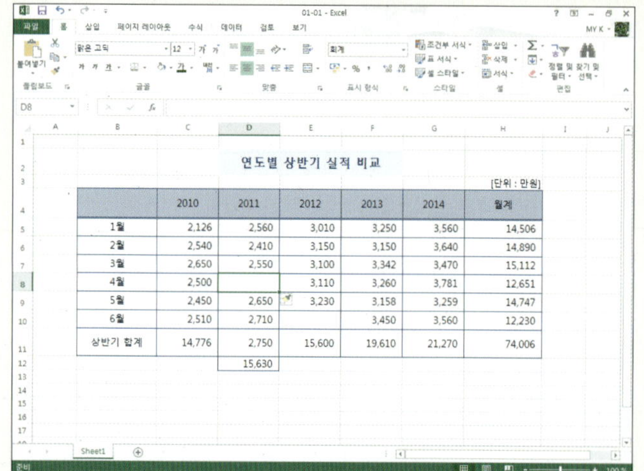

SECTION 02. 워크시트 관리하기

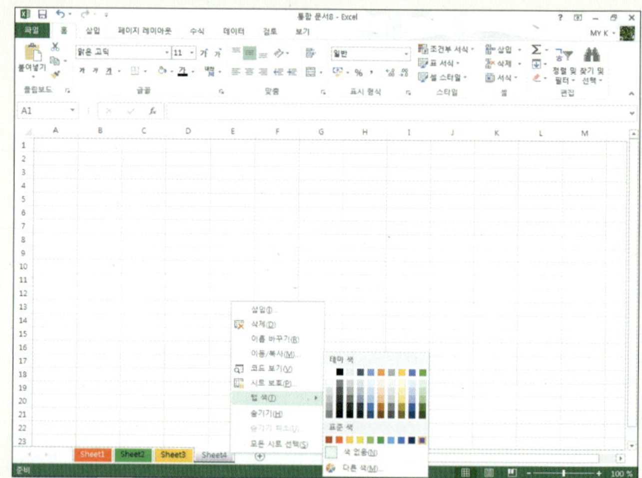

SECTION 03. 데이터 편집 기능 활용하기

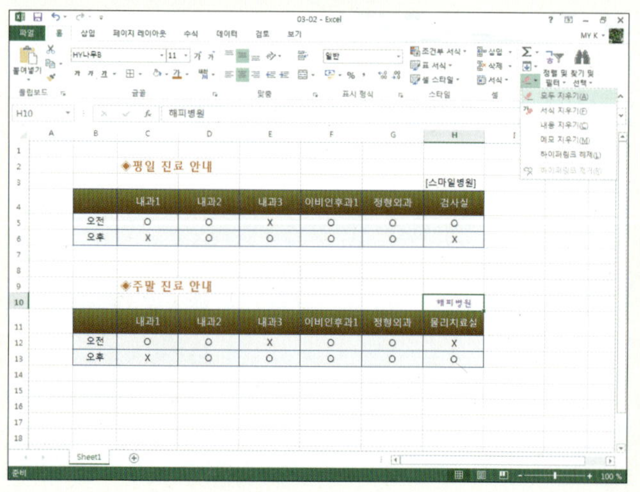

SECTION 04. 페이지 설정과 워크시트 인쇄하기

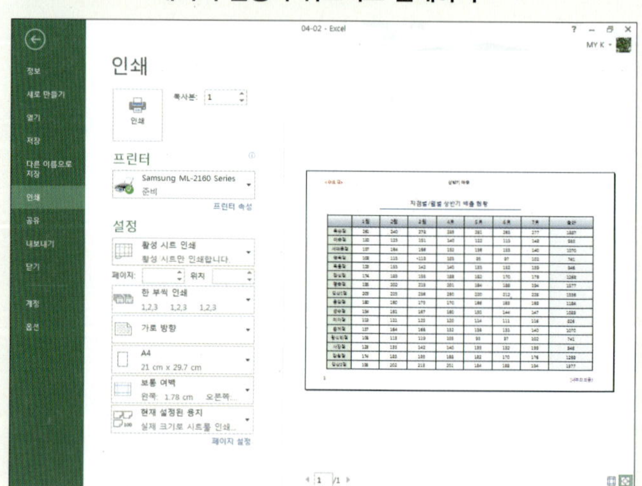

PART 04 워크시트에서 그래픽 개체 활용하기

다양한 표현을 위해서는 그래픽 개체를 활용하는 것이 좋은 방법입니다. 액셀에서는 사용자가 가지고 있는 그림 파일들을 워크시트에 삽입할 수 있으며 삽입한 그림은 필요에 따라 자르고 회전하거나 여러 가지 효과를 적용해 꾸밀 수 있습니다. 또한 내용과 관련된 클립 아트를 검색해 삽입할 수 있으며 여러 가지 모양의 도형이나 스마트아트를 삽입해 복잡한 내용을 보기 좋고 이해하기 쉽게 도식화할 수도 있습니다. 캡처 기능을 활용하면 열려 있는 창을 캡처해 워크시트에 삽입할 수 있어 다양한 활용이 가능합니다. 그래픽 개체를 활용해 문서를 더욱 풍성하게 작성할 수 있는 여러 방법들에 대해 살펴봅니다.

SECTION 01. 클립 아트와 워드아트 삽입하기

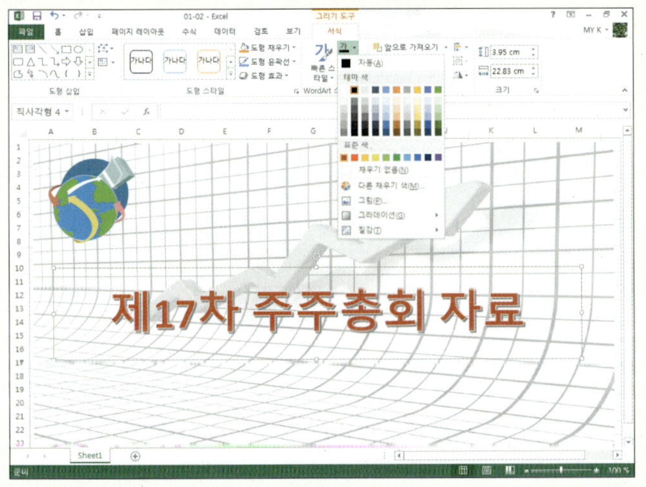

SECTION 02. 엑셀 문서에 그림 활용하기

SECTION 03. 도형 삽입하고 편집하기

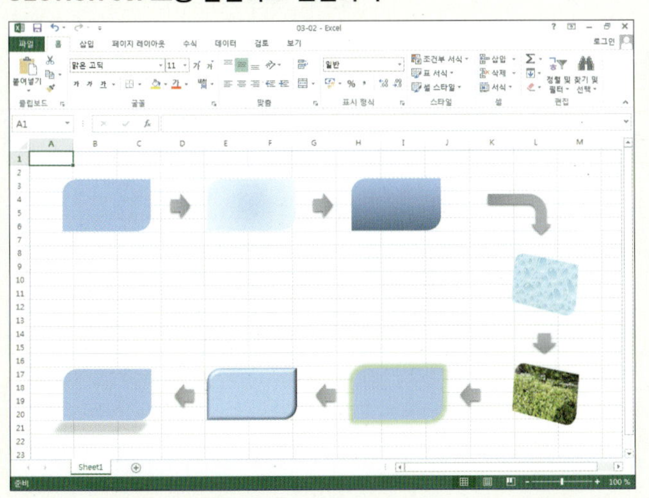

SECTION 04. 스마트아트와 화면 캡처 이용하기

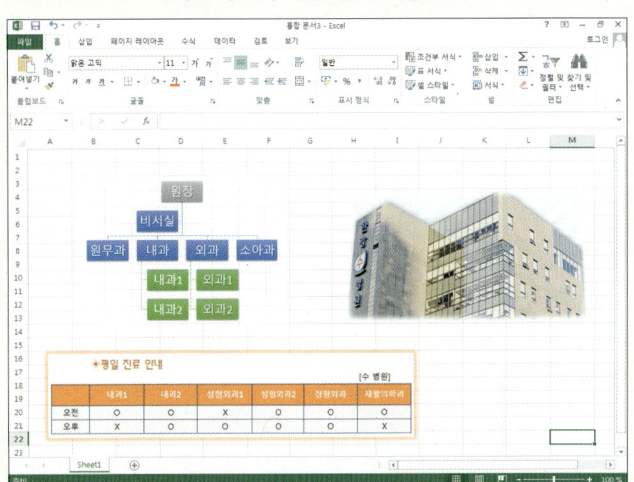

워크시트에서 데이터를 시각화하는 차트 활용하기

엑셀은 프로그램 특성상 방대한 양의 숫자 데이터를 이용해 문서를 작성하는 경우가 많습니다. 이러한 숫자 데이터의 내용을 쉽게 파악하고 데이터 간의 비교나 의사 결정을 수월하게 도와주는 기능이 차트입니다. 엑셀은 작성한 숫자 데이터를 범위로 지정하여 손쉽게 차트를 작성할 수 있으며 다양한 종류의 차트를 제공하여 사용자가 데이터를 통해 나타내려는 부분을 정확히 표현합니다. 또한 삽입한 차트에 다양한 디자인과 서식, 효과 등을 지정하여 꾸밀 수 있습니다. 엑셀의 차트 기능에 대해 살펴봅니다.

SECTION 01. 스파크라인으로 추세 파악하기

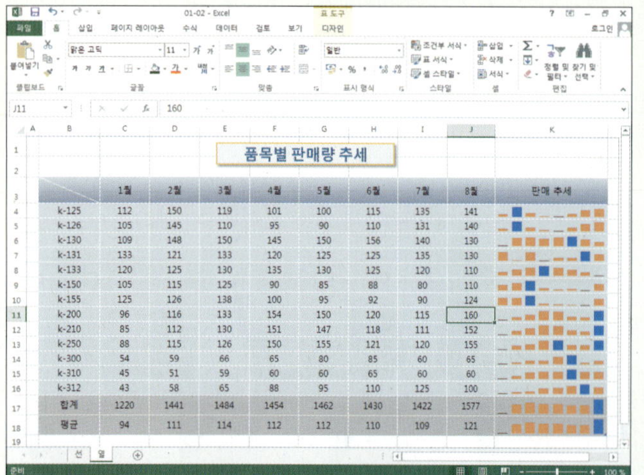

SECTION 02. 엑셀 차트 작성하기

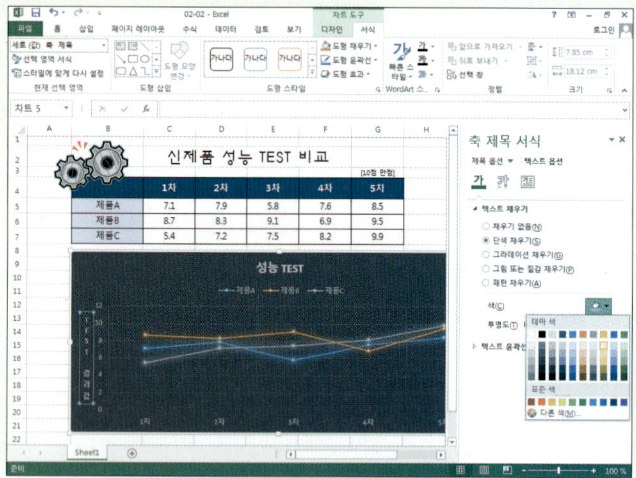

SECTION 03. 구성 요소별 차트의 서식 설정하기

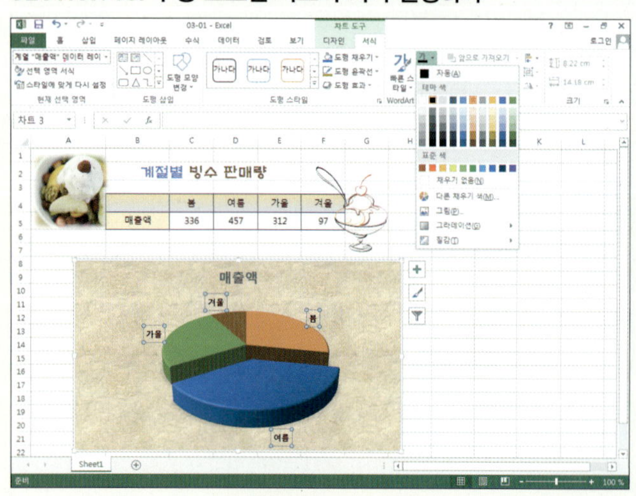

SECTION 04. 콤보 차트와 수정 방법 알기

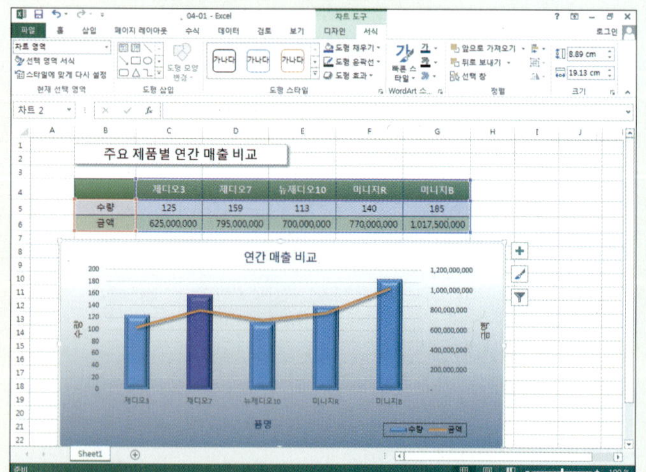

PART 06 수식과 함수 기능 활용하기

엑셀의 주된 기능이자 가장 강력한 기능은 바로 계산 기능입니다. 엑셀은 방대한 양의 데이터를 빠르고 정확히 계산해 사용자가 필요로 하는 정보를 제공합니다. 기본적으로 사용되는 사칙연산뿐만 아니라 함수식을 이용하면 복잡한 계산도 데이터의 입력과 범위 지정만으로 손쉽게 수행할 수 있습니다. 또한 데이터를 수정하면 결과 값이 자동으로 재계산되므로 데이터의 수정과 추가, 삭제가 수월하며 수식을 복사해 사용할 수도 있습니다. 엑셀의 수식 관련 개념부터 함수식 사용 방법까지 모든 과정을 알아봅니다.

SECTION 01. 수식 작성과 셀 참조 방식 알아보기

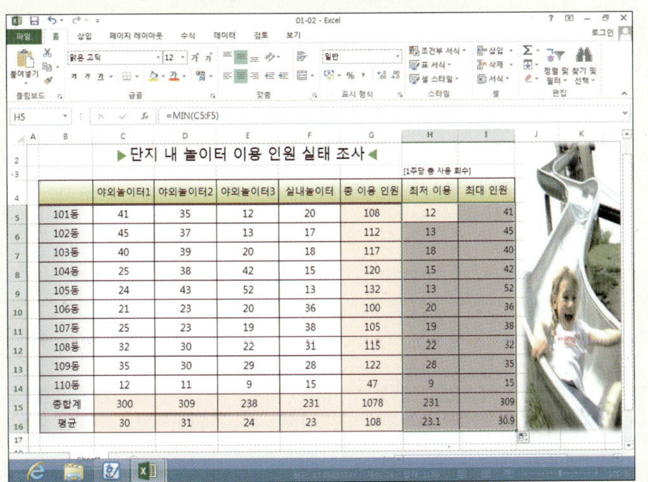

SECTION 02. 함수 마법사와 빠른 분석 활용하기

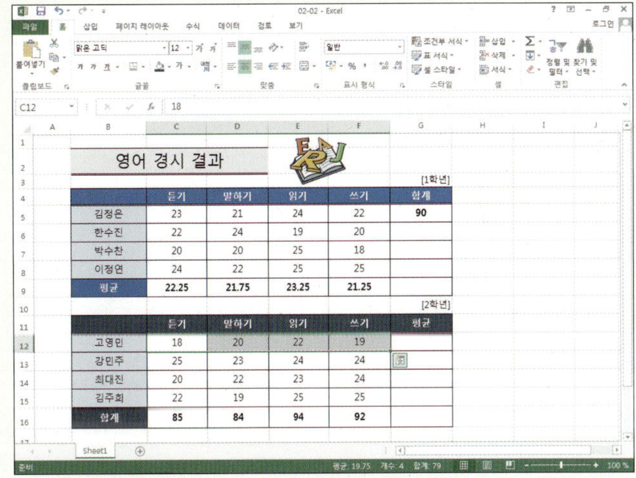

SECTION 03. 통계 함수와 텍스트 함수 사용하기

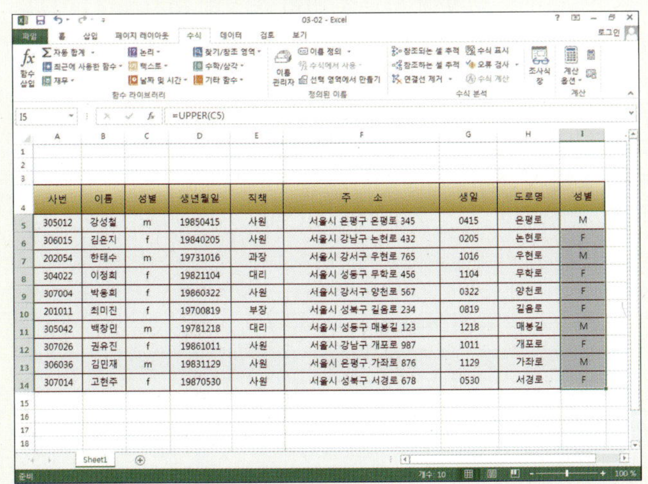

SECTION 04. 날짜 및 시간 함수 사용하기

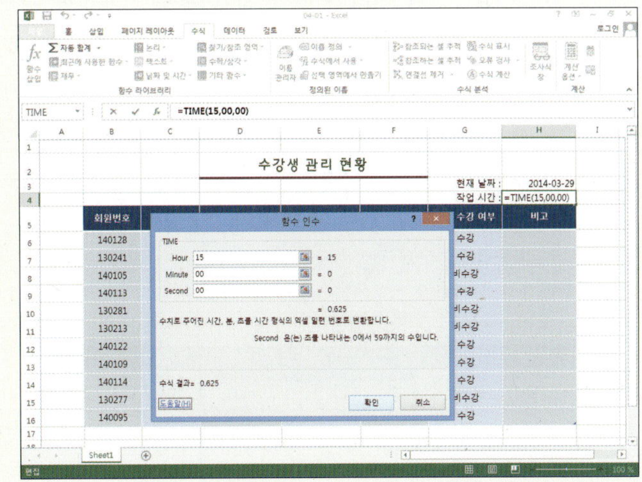

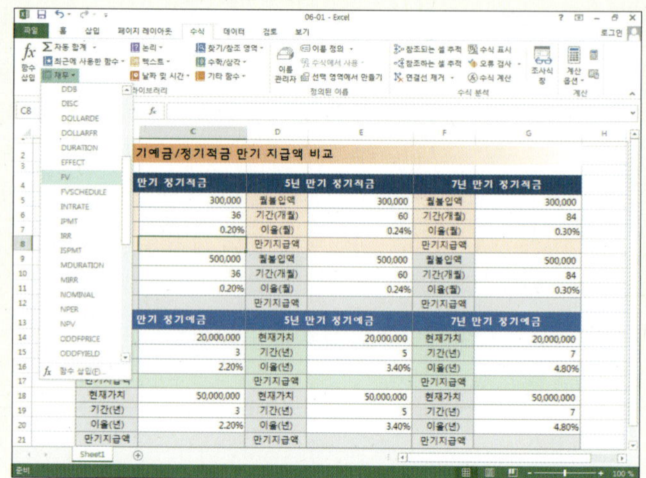

PART 07 데이터 관리와 분석을 위한 고급 기능 익히기

다량의 숫자 데이터로 만들어지는 엑셀 문서에서 필요한 정보를 골라내는 일은 가장 중요한 기능 중 하나입니다. 따라서 엑셀에서는 데이터를 레코드, 필드 등의 단위로 분류해 인식하고 데이터 관리 기능을 이용해 데이터를 정렬하거나 추가, 삭제, 수정할 수 있습니다. 또한 사용자가 원하는 데이터를 추출하거나 재배치하는 필터 기능이나 피벗 테이블, 슬라이서 기능 등을 제공합니다. 특정 값을 변경할 경우에는 가상 분석 도구를 이용해 결과를 미리 예측해 의사결정에 도움을 주기도 합니다. 엑셀의 다양한 데이터 관리와 분석 기능에 대해 알아봅니다.

SECTION 01. 레코드 관리하고 데이터 정렬하기

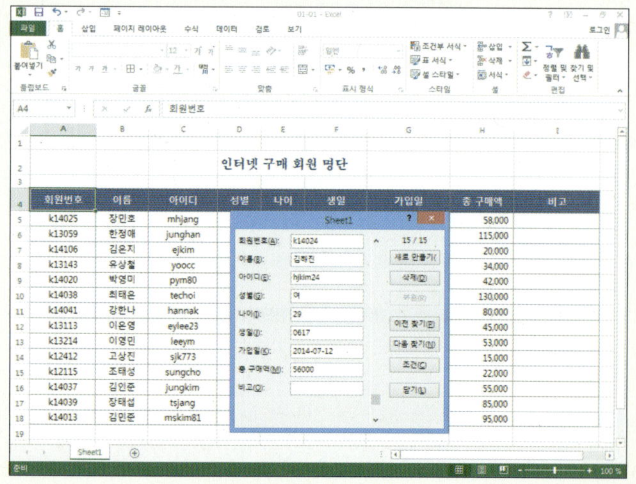

SECTION 02. 필터 기능으로 원하는 데이터 추출하기

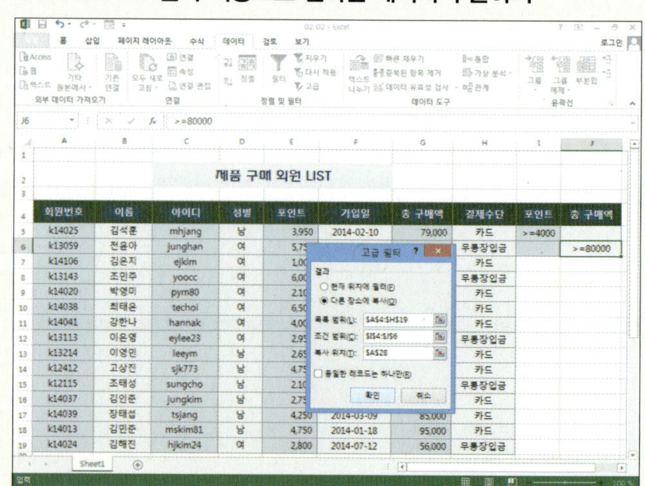

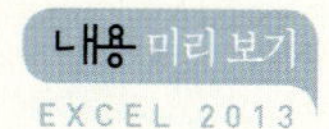

SECTION 03. 피벗 테이블과 슬라이서로 데이터 재구성하기

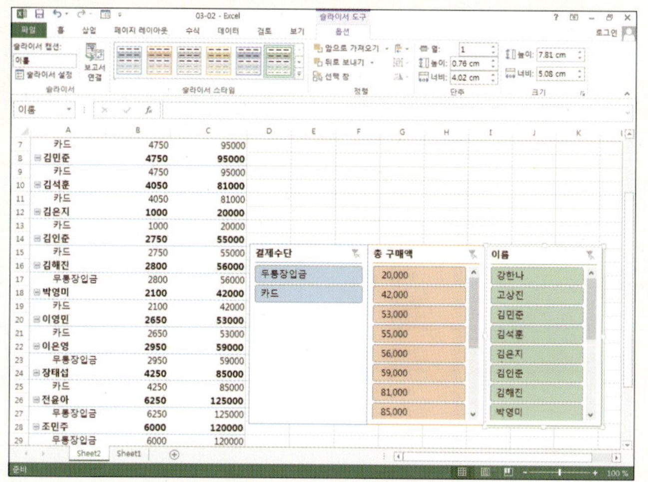

SECTION 04. 다양한 데이터 분석 기능 활용하기

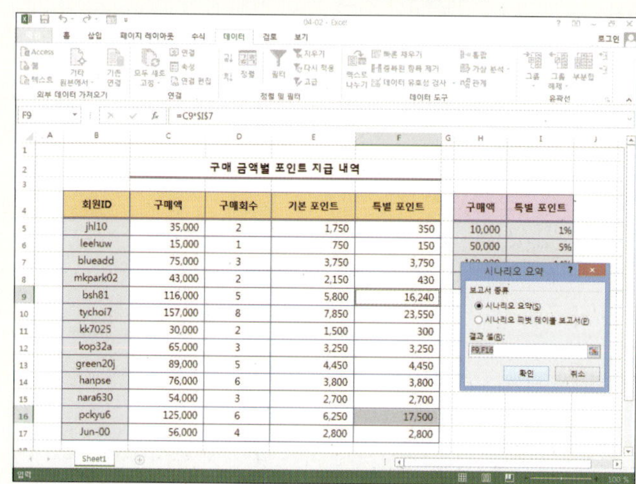

PROJECT 프로젝트

실무를 완벽하게 대비하는 종합 실습 문제

엑셀 2013을 종합적으로 활용할 수 있는 능력을 키워주는 실전 프로젝트입니다. 총 2개의 문제로 구성되어 있으며, PDF 해설 파일과 동영상 해설 파일(부록 CD 및 QR 코드)이 제공됩니다.

프로젝트 1. 분기별 매출 이익 분석하기

2013 - 2014 품목별 분기별 매출이익 분석

(단위:십만원)

품명	code	2013년				2014년				2013 매출이익	2014 매출이익	추세
		1분기	2분기	3분기	4분기	1분기	2분기	3분기	4분기			
MH-6100	31561	173	180	182	195	177	185	196	180	730	738	
MH-6200	31562	125	130	133	132	120	126	142	151	520	539	
MH-6300	31563	160	170	171	185	172	182	192	190	686	736	
MH-6400	31564	155	156	164	170	162	175	188	160	645	685	
MH-6500	31565	165	166	170	175	178	189	191	199	676	757	
MH-7400	31642	175	179	185	190	180	185	199	205	729	769	
MH-7500	31643	145	143	145	140	140	145	137	140	573	562	
MH-7600	31644	160	170	170	175	180	185	190	210	675	765	
MH-8000	31770	142	137	140	145	135	135	140	140	564	550	
MH-8100	31771	146	150	156	155	150	155	150	155	607	610	
MH-8200	31772	150	160	165	160	150	155	155	165	635	625	
MH-8300	31773	146	147	140	150	155	164	166	169	583	654	
MC-1500	31842	210	220	220	230	230	240	250	260	880	980	
MC-1550	31843	215	215	220	220	225	225	230	230	870	910	
MC-1600	31844	205	215	225	225	235	240	245	255	870	975	
MC-1700	31845	220	241	245	250	250	250	300	300	956	1,100	
MK-2500	32105	210	215	221	225	225	232	235	346	871	1,038	
MK-2600	32106	230	230	230	250	250	260	270	270	940	1,050	
MK-2700	32107	225	235	225	220	245	240	255	260	905	1,000	
MK-2800	32108	230	220	210	230	235	240	245	230	890	950	
MK-2900	32109	235	230	340	245	240	245	250	240	1,050	975	

프로젝트 2. 매출 현황 파악하여 우수 가맹점 찾기

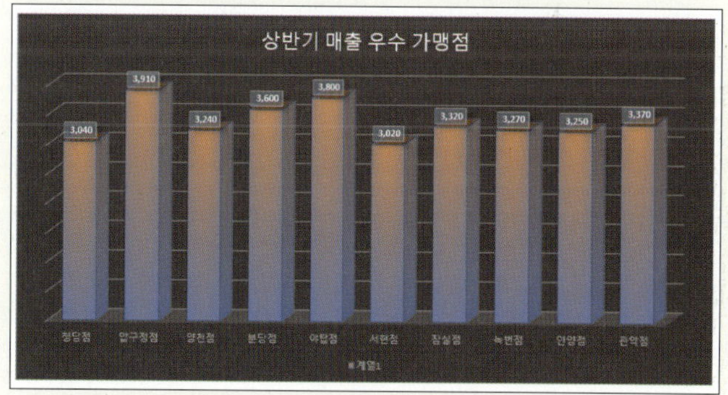

스마트 시리즈의 효율적인 학습을 위해 예제/완료/해설 파일을 부록 CD로 제공합니다.

1 CD/DVD-ROM에 부록 CD를 삽입한 후, [폴더를 열어 파일 보기]를 클릭합니다.

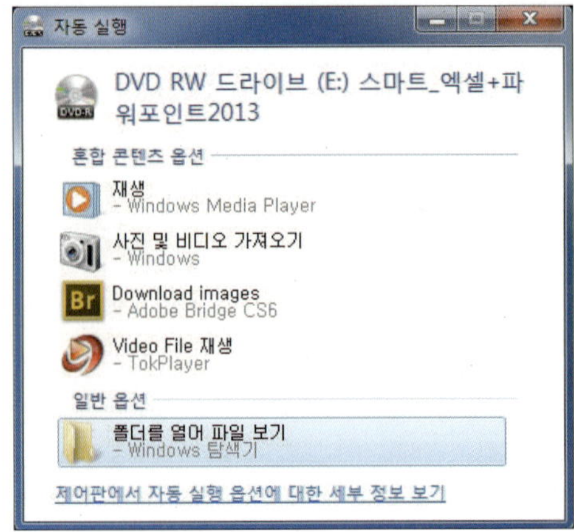

2 본문 학습에 도움이 되는 예제/완성/해설 파일이 챕터별로 분류되어 있는 것을 확인할 수 있습니다. 데이터를 PC에 복사해두면 사용할 때마다 CD를 찾지 않아도 되므로 편리합니다.

3 각 장의 폴더를 클릭하면 해당 장에서 사용하는 시작/완료 파일을 확인할 수 있습니다.

4 해설 파일 폴더를 클릭하면 〈응용실습〉 해설 파일(HWP/PDF 파일) 및 〈프로젝트〉 해설 파일(HWP/PDF/AVI 또는 MP4 파일)을 볼 수 있습니다. 동영상 파일은 **음성 없이** 제공됩니다.

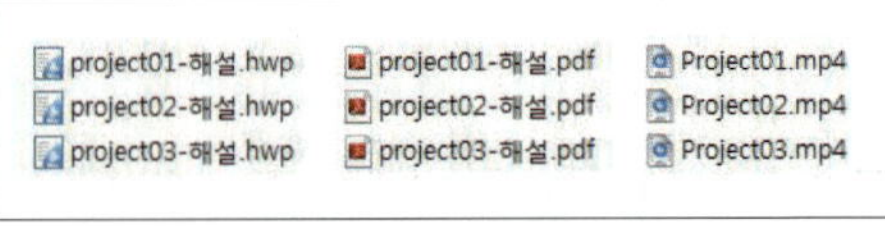

---

tip

PDF 파일은 네이버와 같은 포털 사이트에서 '어도비 리더(Adobe Reader)'라는 무료 프로그램을 다운로드 받아 설치한 후 볼 수 있습니다.

● 동영상 해설 파일을 보는 방법 1

〈프로젝트〉의 동영상 해설 파일을 더블클릭하면 각자의 PC에 설치되어 있는 동영상 플레이어에서 자동 실행됩니다.

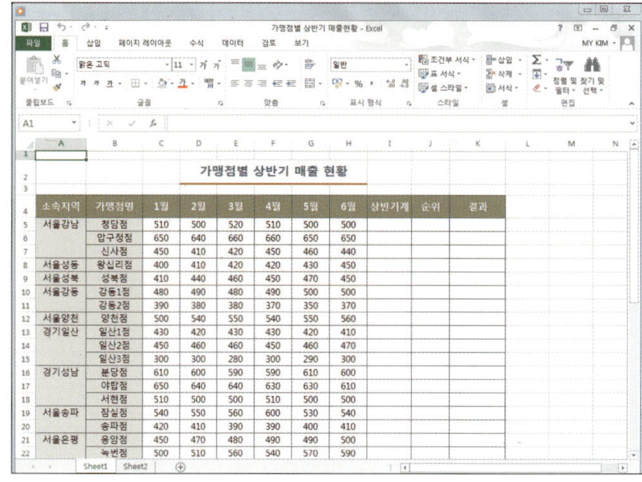

▲ Window Media Player에서 재생되는 모습

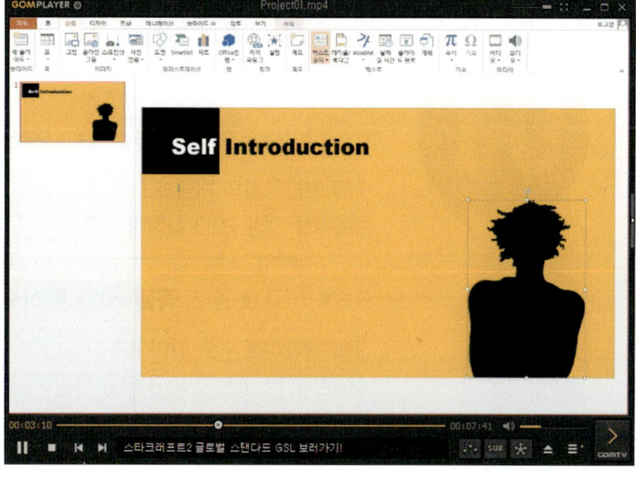

▲ Gom Player에서 재생되는 모습

tip

본 동영상 해설 파일은 'AVI/MP4' 파일로 제공되며, 대부분의 동영상 플레이어(Window Media Player, KM Player, GOM Player)에서 재생되는 기본 포맷입니다. 혹시 재생되지 않는 경우가 있다면 동영상 코덱을 다운 받아야 합니다.

● 동영상 해설 파일을 보는 방법 2

스마트폰을 소지한 사람은 프로젝트 본문에 있는 QR 코드를 코드 리디기 앱(예 QrooQroo, QR Droid 등)으로 촬영하여 동영상 해설 파일을 볼 수도 있습니다.

● 동영상 해설 파일을 보는 방법 3

또한 성안당 홈페이지(www.cyber.co.kr)의 [자료실]을 클릭한 후 [부록CD] 탭을 클릭하여 동영상 해설 파일을 볼 수도 있습니다.

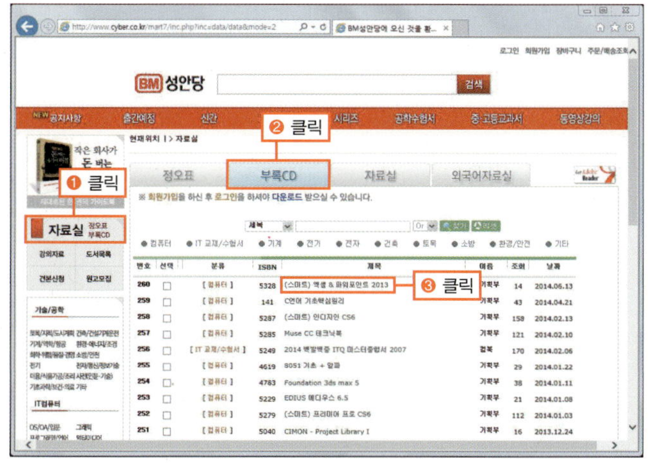

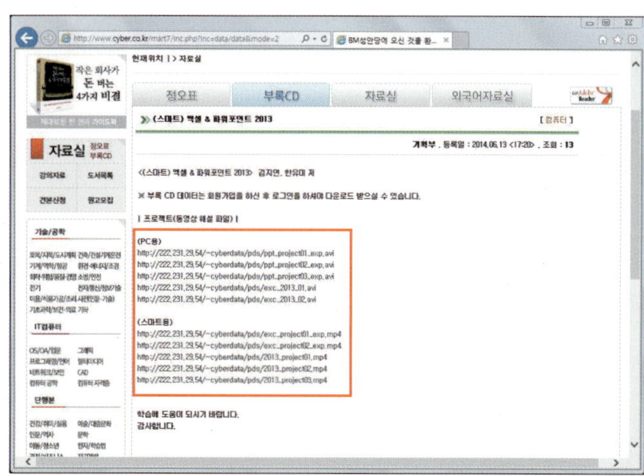

PART 02 · 깔끔한 엑셀 문서를 위한 셀 스타일 설정하기　67

PART 03 · 워크시트 편집하고 인쇄하기　99

PART 04 워크시트에서 그래픽 개체 활용하기   129

워크시트에서 데이터를 시각화하는 차트 활용하기　161

P A R T

데이터 관리와 분석을 위한 고급 기능 익히기　227

P R O J E C T

실무를 완벽하게 대비하는 종합 실습 문제　257

1

엑셀 2013의
기본기 떼기

엑셀 2013은 대표적인 스프레드시트 프로그램입니다. 엑셀은 모든 종류의 수치 계산은 물론 차트와 표 등의 개체를 삽입, 편집할 수 있으며 데이터 분석 또한 가능하여 널리 유용하게 이용되고 있습니다. Part 1에서는 엑셀 2013의 기본적인 기능, 데이터의 입력과 저장 방법, 행과 열 조절 방법 등에 대해 알아보겠습니다.

엑셀 2013 시작하기

엑셀의 개념과 화면 구성, 프로그램의 실행과 종료 등의 기본 기능에 대해 알아보겠습니다.

배우는 내용
- 엑셀 개념 이해하기
- 화면 구성 살펴보기
- 프로그램 실행과 종료하기

기능 정리 | 엑셀의 개념과 화면 구성 살펴보기

수치 계산을 주된 목적으로 하여 만들어진 프로그램을 스프레드시트(SpreadSheet)라고 합니다. 그중 가장 널리 사용되고 있는 대표적인 프로그램이 마이크로소프트사에서 개발한 엑셀(Excel) 입니다. 엑셀의 다양한 기능을 간략히 소개하고 화면 구성을 살펴보겠습니다.

● 엑셀의 기능 이해하기

엑셀은 어려운 함수식, 데이터끼리 연결하여 계산되는 복잡한 수식도 순식간에 정확히 처리할 수 있으며 사용자가 입력한 수치를 기반으로 하여 다양한 스타일의 차트를 생성합니다. 또한 내용과 관련된 사진을 삽입하고 여러 가지 효과를 적용하여 편집할 수 있으며 사진 이외에도 도형, 다이어그램, 클립 아트, 워드아트 등의 개체를 삽입할 수 있습니다. 제품이나 사원, 고객 정보 등 방대한 양의 데이터는 데이터베이스화하여 검색, 추출, 재구성 등을 통한 데이터 관리와 분석이 용이하도록 합니다.

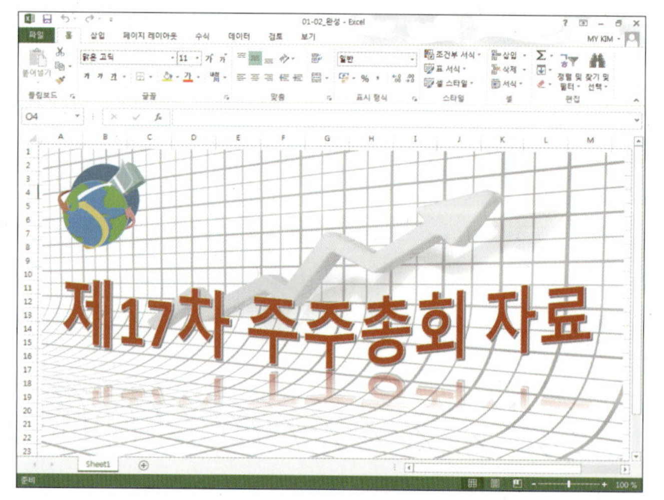

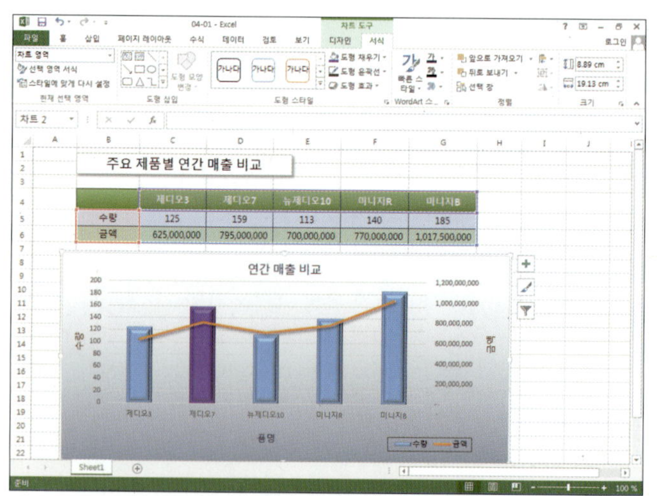

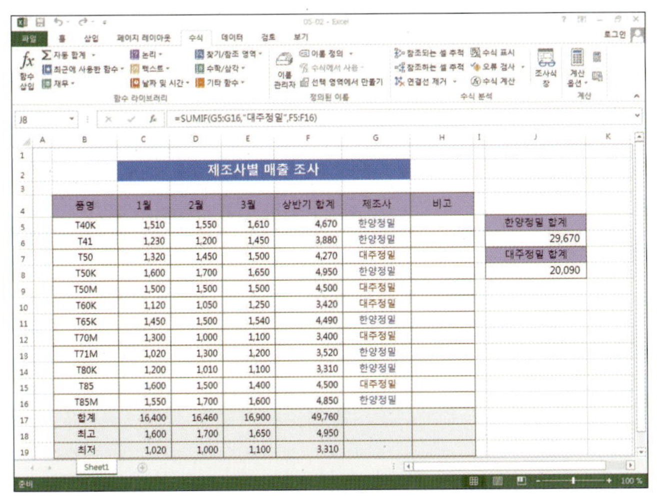

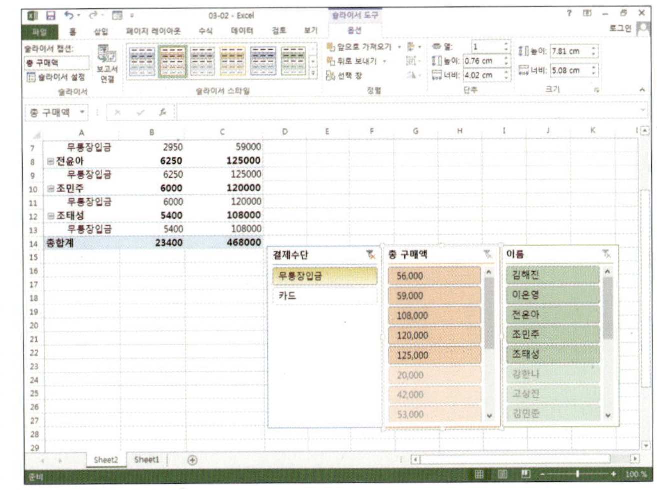

● 엑셀의 화면 구성 살펴보기

엑셀 2013의 편집 화면을 살펴보겠습니다. 디자인은 윈도우 8의 스타일과 같이 단순하고 깔끔한 느낌으로 바뀌었으며 리본 메뉴 형태의 도구 버튼과 [파일] 탭으로 된 백스테이지를 유지하고 있습니다. 또한 현재 로그인 중인 사용자의 계정 이름과 사진이 표시됩니다.

엑셀의 작업 공간은 워크시트(WorkSheet)가 여러 개 모인 통합 문서의 형태로 구성되므로 하나의 파일 안에 여러 개의 워크시트를 작성할 수 있습니다. 워크시트는 다음과 같이 행과 열, 셀로 구성되어 있으며 데이터의 입력과 처리는 셀 단위로 실행됩니다.

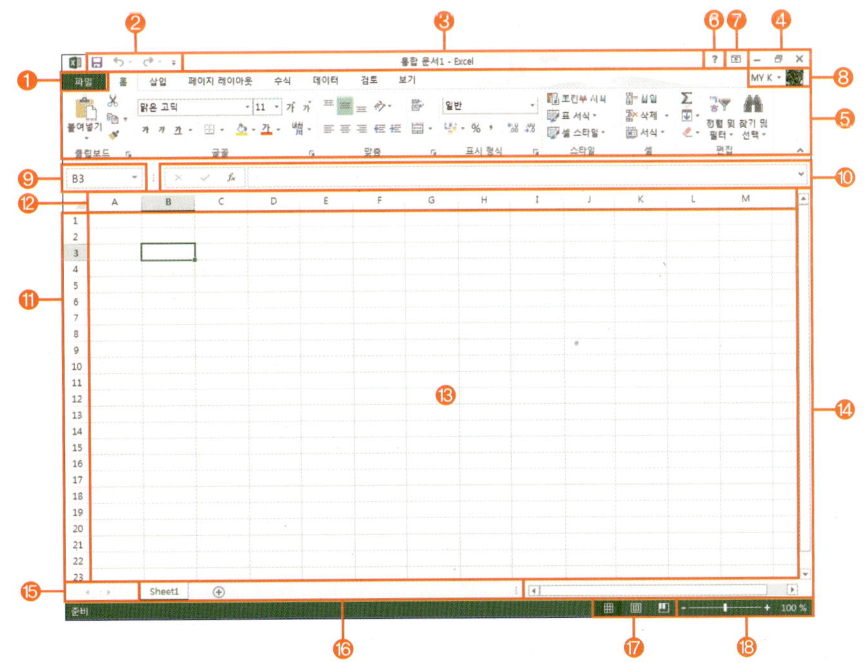

❶ **[파일] 탭** : [백 스테이지](Backstage)라고 부릅니다. [열기], [저장], [새로 만들기], [인쇄], [공유], [닫기] 등의 파일 관련 기본 기능을 설정하고 관리하며 계정 관리와 엑셀의 옵션 설정을 할 수 있습니다.

❷ **빠른 실행 도구 모음** : 사용자가 자주 사용하는 아이콘을 등록해 두고 필요할 때 클릭만으로 빠르게 실행할 수 있도록 하는 도구 모음입니다. 기본적으로는 [저장], [실행 취소], [다시 실행]의 3가지 메뉴가 등록되어 있습니다.

❸ **제목 표시줄** : 현재 작업 중인 엑셀 통합 문서의 제목이 표시됩니다. 저장하지 않은 문서는 '통합 문서1'과 같이 임시 파일명으로 표시됩니다.

❹ **창 조절 버튼** : 통합 문서의 창을 조절할 수 있는 [최소화], [최대화], [이전 크기로 복원], [닫기] 단추로 구성되어 있습니다.

❺ **리본 메뉴(탭)** : 리본 메뉴가 탭의 형태로 이루어져 있으며 각 리본 메뉴에는 관련 기능별로 도구 단추들을 묶어 그룹으로 분류하였습니다.

❻ **도움말** : 엑셀 2013의 도움말 창이 나타납니다.

❼ **리본 메뉴 표시 옵션** : 작업 시 필요에 따라 리본 메뉴를 보이거나 숨기도록 설정할 수 있습니다.

　– **리본 메뉴 자동 숨기기** : 리본 메뉴가 보이지 않도록 설정합니다. 작업 공간을 최대화할 수 있습니다.

　– **탭 표시** : 리본 메뉴의 탭만 표시하고 명령 도구 상자는 숨깁니다. 탭을 클릭하면 도구 상자가 나타납니다.

　– **탭 및 명령 표시** : 리본 메뉴 및 탭 명령 도구 상자를 항상 표시합니다.

❽ **사용자** : 현재 로그인 중인 사용자의 계정 이름과 계정 사진이 나타납니다.

❾ **이름 상자** : 현재 셀 포인터가 위치한 셀의 주소나 선택된 개체의 이름 등이 표시되며 특정 범위에 이름을 설정하면 이름이 표시됩니다.

❿ **수식 입력줄** : 현재 입력한 데이터나 수식 등의 내용이 나타나며 내용을 직접 입력할 수도 있습니다.

⓫ **행 머리글** : 행의 위치를 나타내는 숫자로서 모두 1,048,576개의 행이 있습니다.

⓬ **열 머리글** : 열의 위치를 나타내는 문자로서 A열에서 XFD열까지 모두 16,384개의 열이 있습니다.

⓭ **워크시트** : 워크시트(Worksheet)는 데이터나 수식, 개체를 입력하고 편집, 계산하는 등 엑셀 문서의 모든 작업이 이루어지는 공간으로, 행과 열로 구성되어 있습니다. 기본적으로 하나의 워크시트를 제공하며 필요에 따라 추가, 변경할 수 있습니다.

⓮ **이동 막대** : 막대를 드래그해 화면을 상하 또는 좌우로 이동할 수 있습니다.

⓯ **시트 탭 이동 도구** : 시트 탭을 여러 개 사용할 경우 작업할 시트로 편리하게 이동하기 위한 도구입니다.

⓰ **시트 탭** : 현재 문서 안에 있는 워크시트의 이름이 표시되며 여러 개의 시트가 열린 경우 시트 탭을 클릭하면 해당 워크시트를 볼 수 있습니다.

⓱ **보기 도구** : 워크시트의 화면을 [기본], [페이지 레이아웃], [페이지 나누기 미리 보기] 중에서 원하는 형식으로 선택해 볼 수 있습니다.

⑱ 확대/축소 : 슬라이드를 좌우로 드래그해 워크시트의 화면을 원하는 비율로 확대 또는 축소합
니다.

워크시트는 다음과 같은 요소들로 구성되어 있습니다.

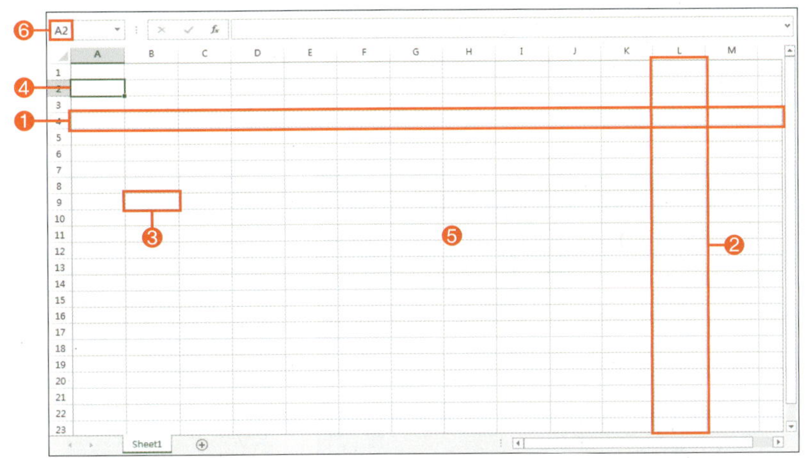

❶ 행 : 가로 방향의 줄을 나타내는 용어로, '1행', '2행'과 같이 읽습니다.

❷ 열 : 세로 방향의 칸을 나타내는 것으로, 'A열', 'B열'과 같이 읽습니다.

❸ 셀 : 행과 열이 만나는 사각형의 칸으로, 워크시트에서 데이터 입력의 최소 단위입니다.

❹ 셀 포인터 : 현재 입력할 위치를 표시하는 칸을 '셀 포인터'라고 하며 마우스나 키보드의 방향
키를 이용해 위치를 이동할 수 있습니다.

❺ 워크시트 : 셀들로 이루어진 작업 영역으로, 엑셀에서는 한 문서 안에 여러 개의 워크시트를 만
들 수 있고 화면 하단의 시트 탭을 이용해 각각의 워크시트 사이를 이동할 수 있습니다. 또한
시트 탭의 이름, 색 등을 사용자가 변경할 수 있습니다.

❻ 셀 주소 : 셀 주소는 현재 셀 포인터가 위치한 셀에 연결된 열과 행을 조합해 만듭니다. 따라서
'A'열과 '2'행이 만난 셀의 셀 주소는 'A2'라고 읽습니다.

간단퀴즈

1 엑셀 프로그램에 관한 내용 중 틀린 것을 고르세요.

① 수치 계산을 주된 목적으로 한 스프레드시트이다. ② 애플사에서 개발한 프로그램이다. ③ 외부 사진을 삽입할 수 있다. ④ 차트와
다이어그램을 작성할 수 있다.

2 데이터를 입력하고 편집, 계산하는 등 엑셀 문서의 모든 작업이 이루어지는 공간을 무엇이라고 할까요?

3 괄호 안에 들어갈 용어를 쓰세요.

엑셀의 워크시트는 행과 열, (   )로 구성되어 있습니다.

답 : **1** ②, **2** 워크시트(Worksheet), **3** 셀

실습 과정 — 엑셀 2013 실행하고 종료하기

메트로 화면과 데스크톱 화면에서 각각 엑셀 2013을 시작하고 종료하는 방법에 대해 알아봅니다.

01 메트로 시작 화면에서 엑셀 실행하기

메트로 시작 화면에서 아래쪽 이동 막대를 오른쪽으로 드래그하여 ❶[Excel 2013] 타일을 클릭합니다.

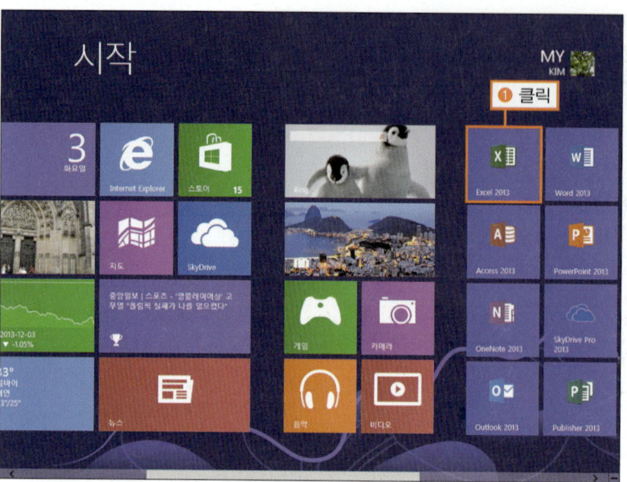

참고

사용자가 추가로 설치한 응용 프로그램은 화면 오른쪽에 타일 형태의 아이콘으로 표시됩니다.

02 새 통합 문서 선택하기

엑셀 2013이 실행되어 최근에 사용한 항목과 함께 서식 파일, 새 통합 문서 등이 나타납니다. ❶[새 통합 문서]를 클릭합니다.

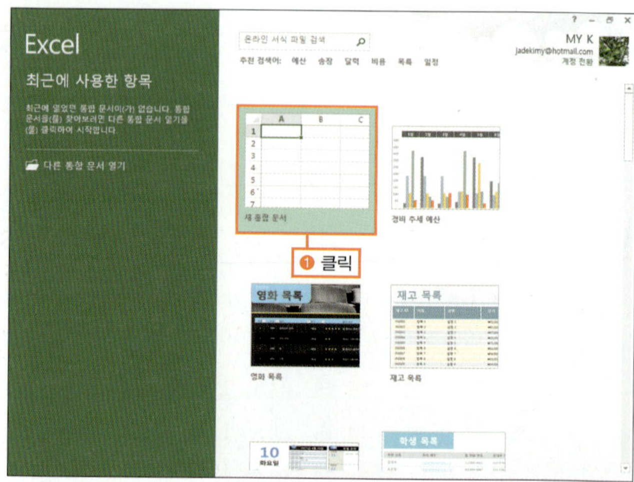

참고

목록 안의 다른 문서들은 엑셀 2013에서 제공하는 서식 파일입니다.

03 편집 화면 확인하고 종료하기

엑셀의 편집 화면이 나타납니다. 다시 프로그램을 종료하기 위해 ❶제목 표시줄 오른쪽의 [닫기](×)를 클릭합니다.

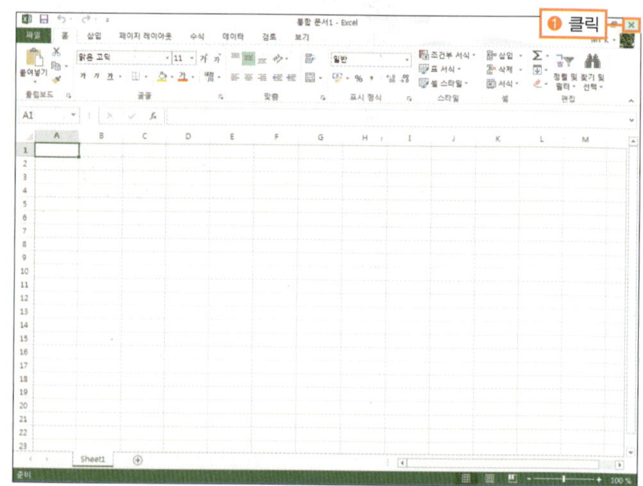

04 작업 표시줄에서 엑셀 2013 실행하기

엑셀 2013의 아이콘이 작업 표시줄에 고정되어 있는 경우에는 윈도우 8의 시작 화면에서 [데스크톱]을 클릭해 데스크톱 화면의 작업 표시줄에서 ❶ [Excel 2013]의 아이콘(![xl])을 클릭합니다.

참고

바탕 화면에 [Excel 2013]의 바로 가기 아이콘이 있으면 더블클릭하여 실행해도 됩니다. 윈도우 7에서는 [시작] 버튼을 클릭하고 [모든 프로그램]–[Microsoft Office]–[Microsoft Excel 2013]을 클릭합니다.

05 메뉴에서 엑셀 2013 종료하기

엑셀이 실행되면 제목 표시줄 왼쪽의 ❶ ![xl]를 클릭한 후 나타나는 메뉴에서 ❷ [닫기]를 선택하여 프로그램을 종료합니다.

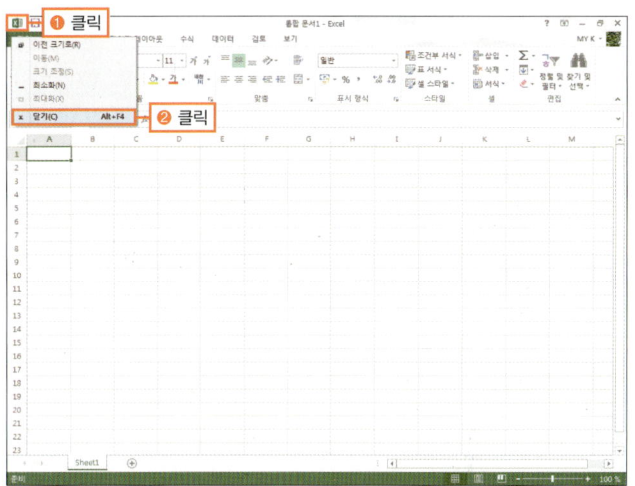

참고

키보드의 Alt + F4 를 눌러도 프로그램을 종료할 수 있습니다.

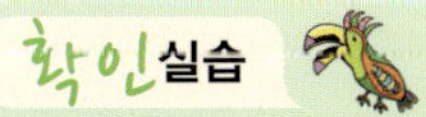

확인실습

윈도우의 메트로 시작 화면에서 [엑셀 2013]을 실행한 후 [닫기] 버튼을 이용하여 프로그램을 종료해 보세요.

엑셀 2013 둘러보기

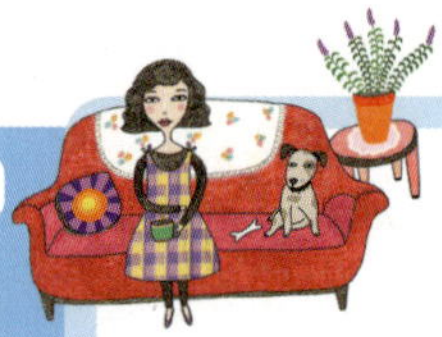

엑셀의 리본 메뉴 구성을 살펴보고 빠른 실행 도구 모음의 사용법과 화면을 확대, 축소하는 기능에 대해 알아보겠습니다.

다루는 내용
- 리본 메뉴 구성 이해하기
- 빠른 실행 도구 모음 사용법 알기
- 리본 메뉴 표시 옵션 지정하기
- 화면 확대/축소하기

기능 정리 | 리본 메뉴 알아보기

[파일] 탭을 제외한 엑셀 2013의 리본 메뉴는 다음과 같이 [홈], [삽입], [페이지 레이아웃], [수식], [데이터], [검토], [보기]의 7개로 구성되어 있으며 각 메뉴별 도구 단추는 다음과 같이 구성되어 있습니다.

● [홈] 탭

입력한 데이터의 서식 설정과 편집 관련 도구들을 모아 두었습니다.

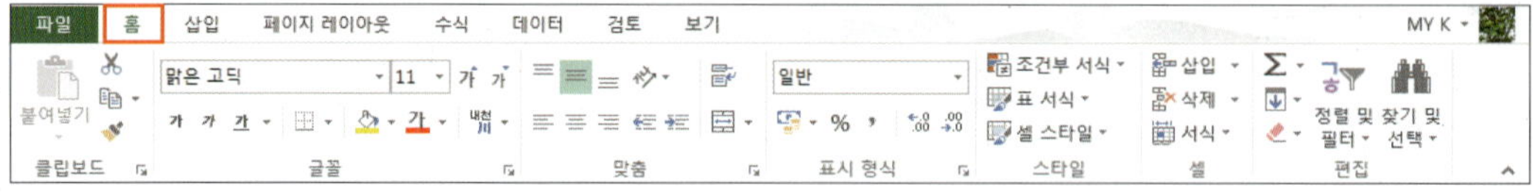

● [삽입] 탭

차트, 그림, 표, 기호 등 다양한 개체들을 삽입할 수 있습니다.

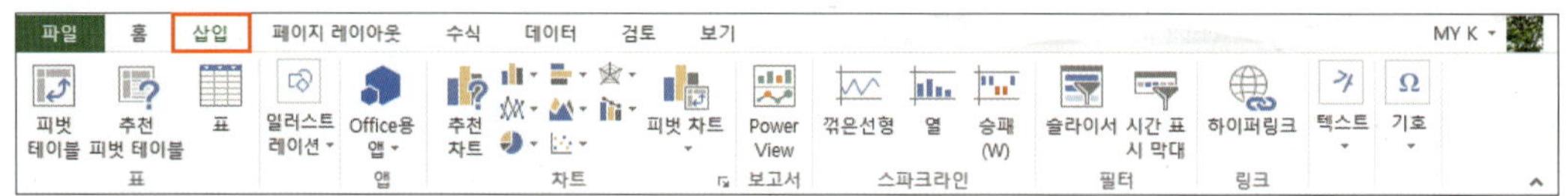

● [페이지 레이아웃] 탭

편집 페이지의 여백, 크기, 정렬 및 테마를 비롯해 인쇄 관련 설정을 할 수 있습니다.

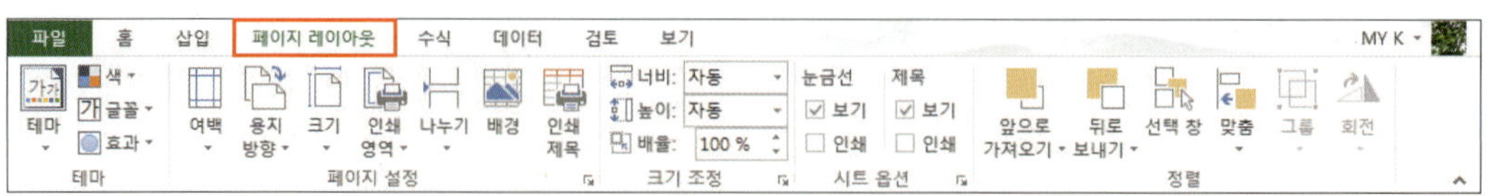

● [수식] 탭

엑셀에서 사용할 수 있는 다양한 함수를 삽입하고 수식을 분석할 수 있습니다.

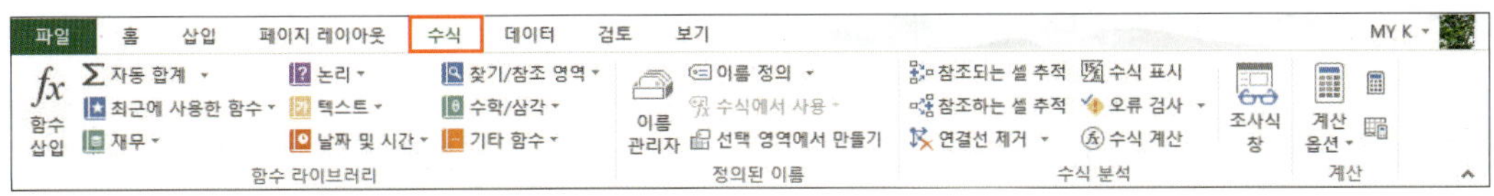

● [데이터] 탭

삽입된 데이터에 대해 정렬과 필터, 그룹화 및 분석 관련 다양한 기능을 사용할 수 있습니다.

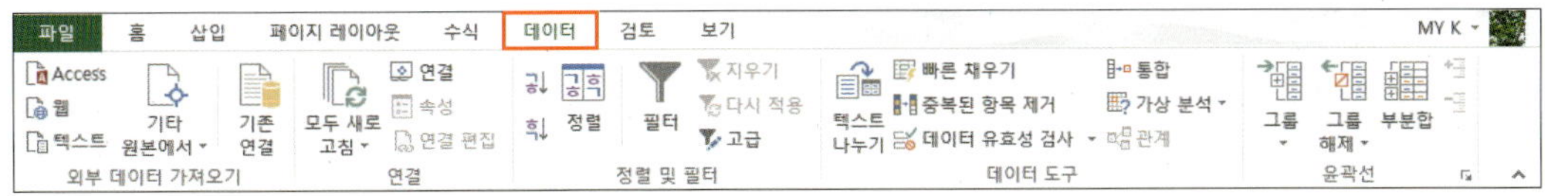

● [검토] 탭

작성한 내용의 맞춤법 검사, 메모 추가 등의 기능을 적용하거나 공유 관련 설정을 할 수 있습니다.

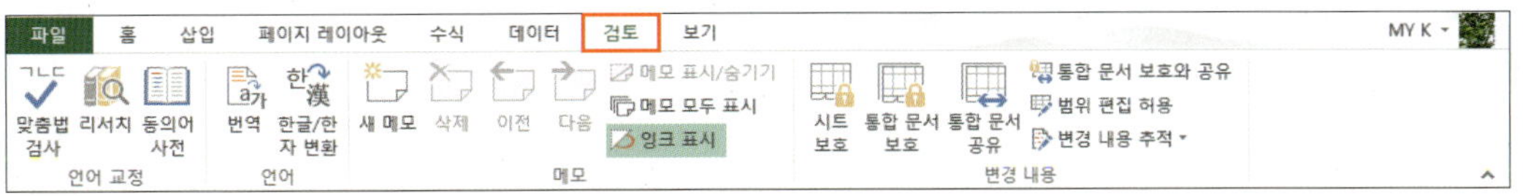

● [보기] 탭

엑셀 통합 문서 창을 나누거나 확대, 축소, 전환, 재배치하는 등 원하는 스타일로 볼 수 있습니다.

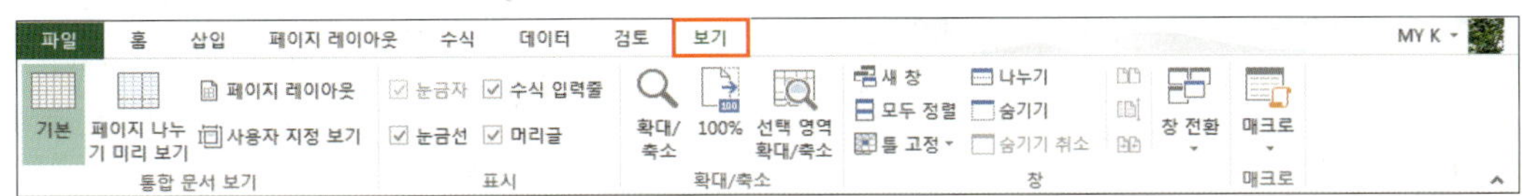

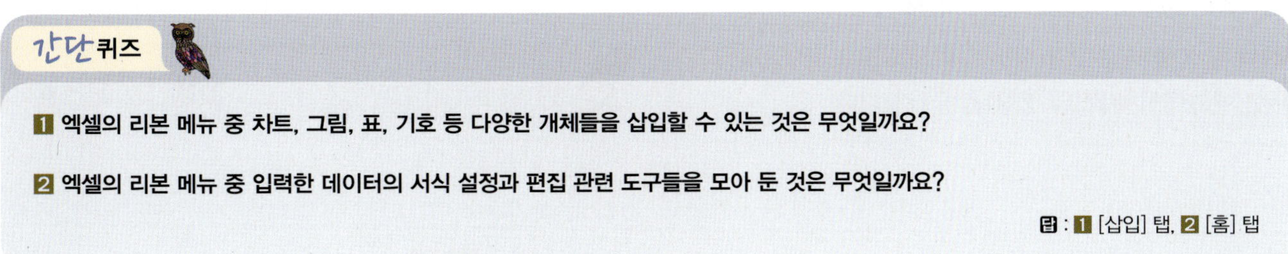

간단퀴즈

1 엑셀의 리본 메뉴 중 차트, 그림, 표, 기호 등 다양한 개체들을 삽입할 수 있는 것은 무엇일까요?

2 엑셀의 리본 메뉴 중 입력한 데이터의 서식 설정과 편집 관련 도구들을 모아 둔 것은 무엇일까요?

답 : **1** [삽입] 탭, **2** [홈] 탭

빠른 실행 도구 모음 추가하기

클릭만으로 자주 사용하는 기능을 실행할 수 있는 빠른 실행 도구 모음을 살펴보고, 도구 단추를 추가하거나 제거하는 방법에 대해 살펴봅니다.

01 빠른 실행 도구 모음 메뉴 지정하기

❶[빠른 실행 도구 모음 사용자 지정](▾)을 클릭하고 나타나는 메뉴에서 ❷[새로 만들기]를 선택합니다.

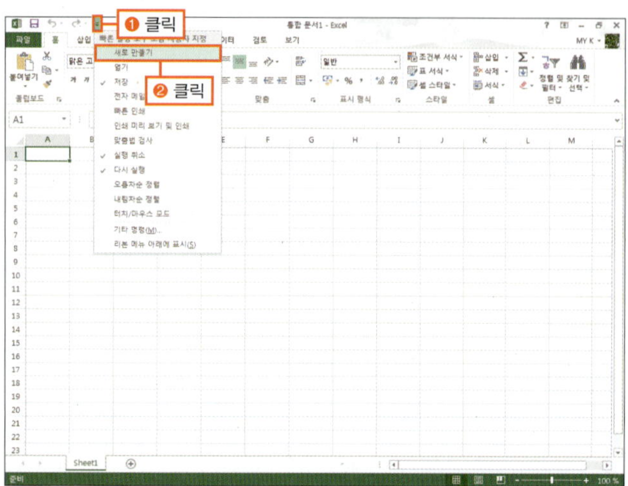

02 빠른 실행 도구 모음에서 도구 단추 제거하기

빠른 실행 도구 모음에 [새로 만들기](▯) 도구가 추가된 것을 확인합니다. ❶다시 [빠른 실행 도구 모음 사용자 지정](▾)을 클릭하고 나타나는 메뉴에서 ❷[새로 만들기]를 클릭합니다.

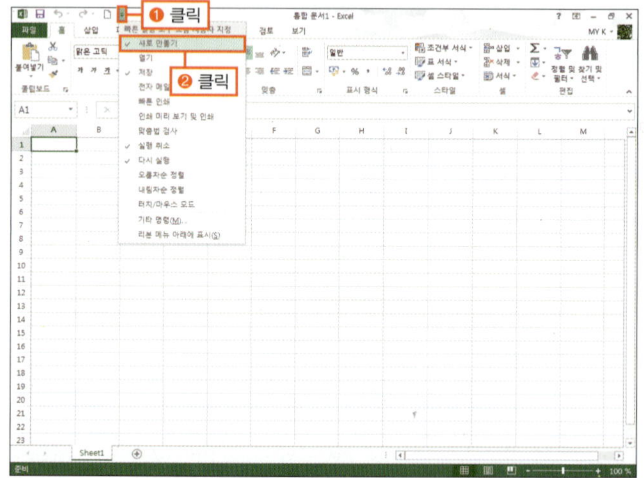

> **참고**
>
> [빠른 실행 도구 모음 사용자 지정]을 클릭하면 나타나는 목록에서 특정 메뉴를 클릭하여 체크 표시가 생기면 빠른 실행 도구 모음에도 해당 도구가 생깁니다. 다시 클릭하여 체크 해제하면 도구 모음에서도 해당 도구가 제거됩니다.

03 빠른 실행 도구 모음 사용자 지정하기

❶[빠른 실행 도구 모음 사용자 지정](▾)을 클릭하고 나타나는 메뉴에서 ❷[기타 명령]을 클릭합니다.

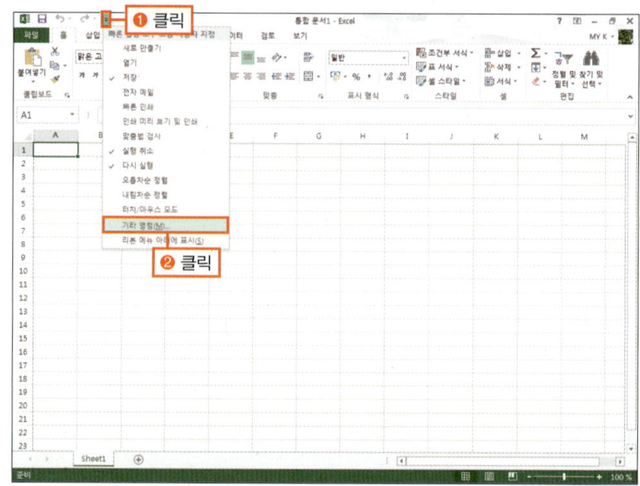

04 [Excel 옵션] 대화상자에서 명령 선택하기

[Excel 옵션] 대화상자가 나타나면 ❶[명령 선택]에서 목록 단추를 클릭하고 ❷[리본 메뉴에 없는 명령]을 선택합니다.

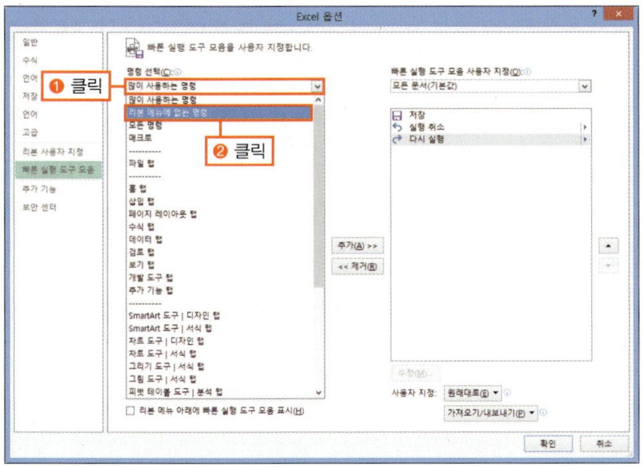

05 [Excel 옵션] 대화상자에서 도구 추가하기

리본 메뉴에 없는 명령의 목록이 나타나면 ❶[계산기]를 선택한 후 ❷[추가]를 클릭합니다. 오른쪽 상자에 [계산기]가 추가되면 ❸[확인]을 클릭합니다.

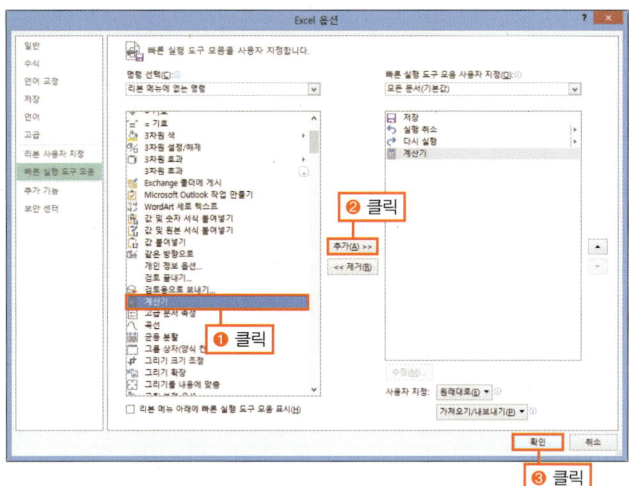

06 추가된 도구 확인하고 제거하기

빠른 실행 도구 모음에 [계산기](🖩) 도구가 추가된 것을 확인합니다. ❶[계산기](🖩) 도구에서 마우스 오른쪽 단추를 클릭하고 ❷바로 가기 메뉴에서 [빠른 실행 도구 모음에서 제거]를 클릭합니다.

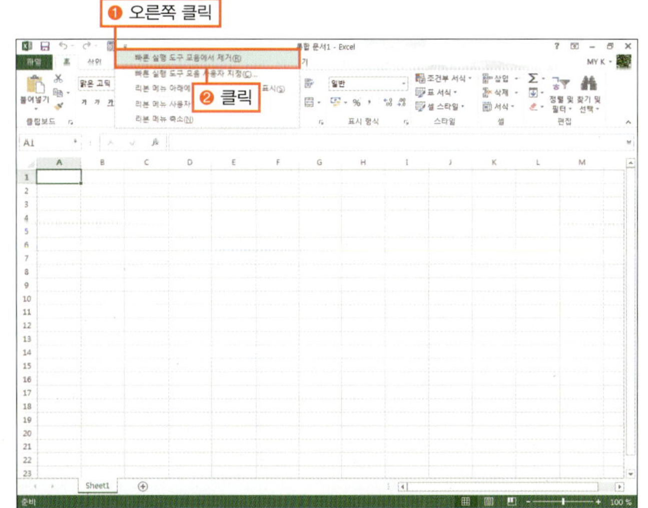

참고

리본 메뉴에 있는 도구를 빠른 실행 도구 모음에 추가하려면 해당 도구에서 마우스 오른쪽 단추를 클릭하고 바로 가기 메뉴에서 [빠른 실행 도구 모음에 추가]를 클릭합니다.

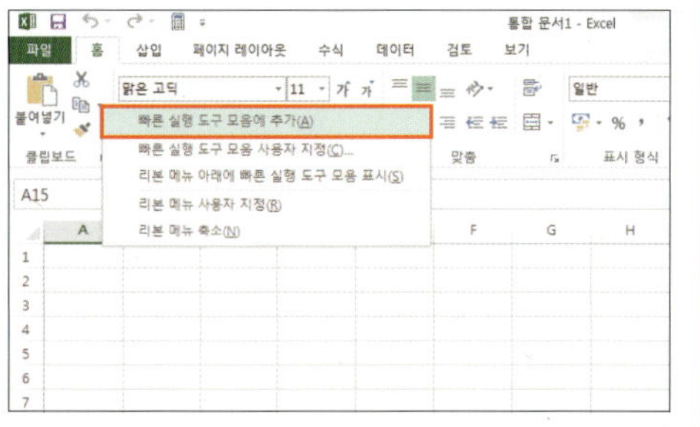

리본 메뉴 화면 표시 방법 지정하기

화면에 나타나는 리본 메뉴의 모양을 사용자의 필요에 따라 변경하는 방법에 대해 살펴봅니다.

01 리본 메뉴 자동 숨기기 설정하기

❶제목 표시줄 오른쪽의 [리본 메뉴 표시 옵션](▣)을 클릭하고 나타나는 메뉴에서 ❷[리본 메뉴 자동 숨기기]를 선택합니다.

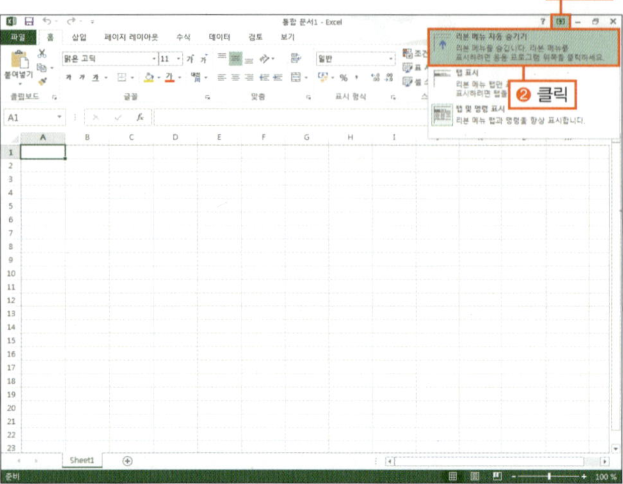

02 숨겨진 리본 메뉴 확인하기

제목 표시줄과 리본 메뉴가 모두 사라지고 워크시트의 작업 영역이 넓어집니다. 도구 단추를 이용하기 위해 ❶마우스 포인터를 화면 상단으로 이동해 색이 변하면 클릭합니다.

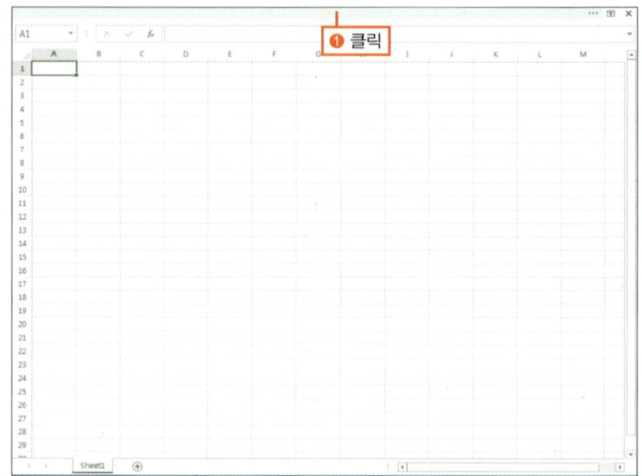

03 메뉴 사용하기

숨겨졌던 리본 메뉴가 나타나면 원하는 도구를 클릭해 사용할 수 있습니다. ❶다시 워크시트의 셀 부분을 클릭하면 메뉴가 사라집니다.

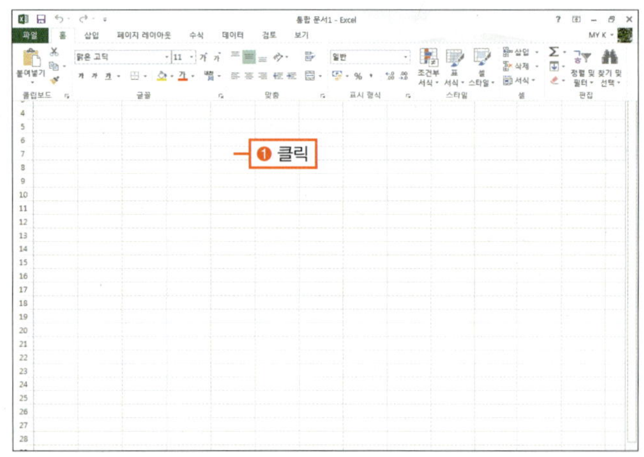

> **참고**
>
> 숨겨진 메뉴가 나타나면서 수식 입력줄과 위쪽 행의 셀들이 가려진 것을 알 수 있습니다.

04 탭만 표시하기

❶[리본 메뉴 표시 옵션](▣)을 다시 클릭하고 나타나는 메뉴에서 ❷[탭 표시]를 선택합니다.

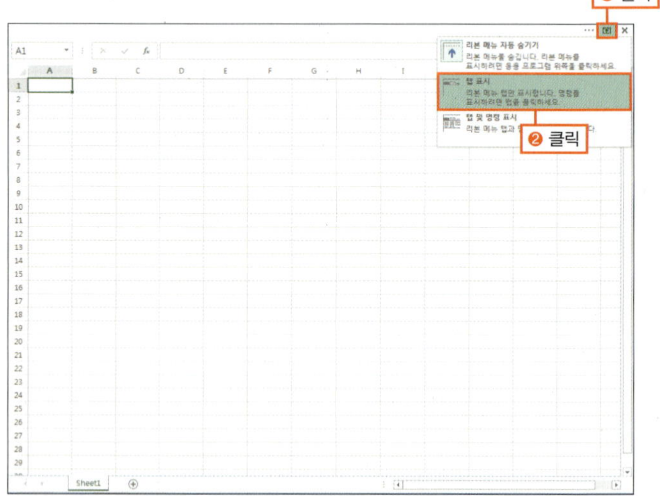

05 탭 표시 결과 확인하기

제목 표시줄과 리본 메뉴의 탭, 수식 입력줄이 나타납니다. 도구를 사용하기 위해 ❶[삽입]을 클릭합니다.

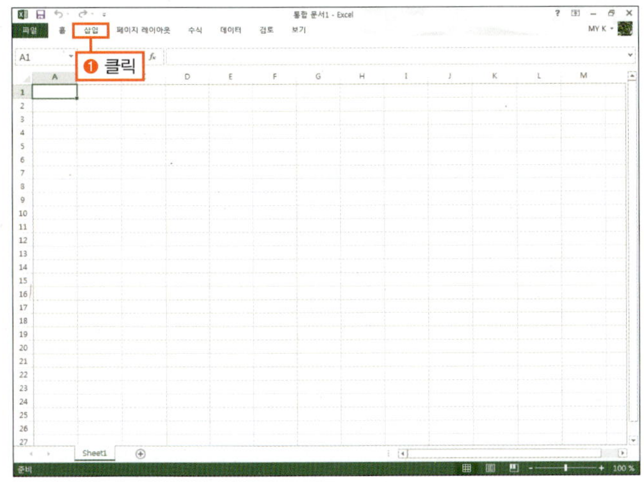

06 리본 메뉴 모두 표시하기

[삽입] 메뉴의 도구 모음이 나타납니다. 원래대로 리본 메뉴의 모든 도구가 표시되도록 하기 위해 ❶[리본 메뉴 표시 옵션](⊞)을 클릭하고 ❷[탭 및 명령 표시]를 선택합니다.

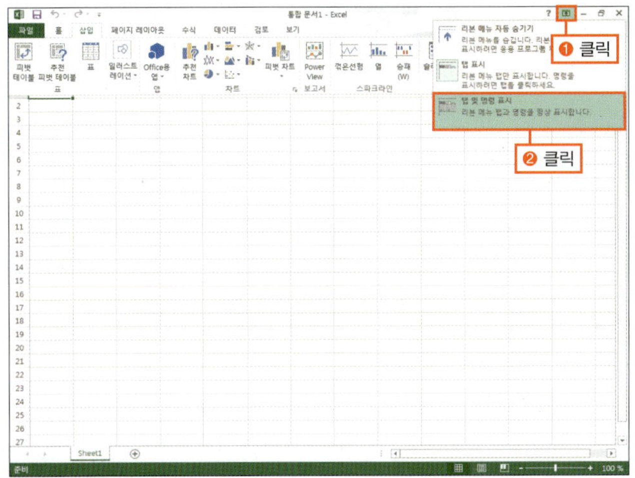

실습 과정 — 화면 확대 및 축소하기

상태 표시줄의 [확대/축소] 슬라이더나 대화상자 또는 [보기] 탭의 명령 도구를 이용하여 화면의 배율을 확대하고 축소하는 방법에 대해 알아봅니다.

01 슬라이더를 이용해 화면 확대하기

❶상태 표시줄 오른쪽의 [확대/축소] 슬라이더를 오른쪽으로 천천히 드래그하여 화면을 확대합니다.

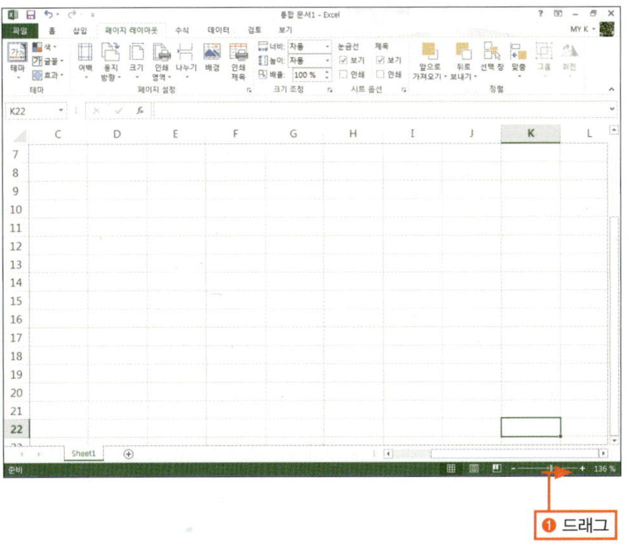

02 슬라이더를 이용해 화면 축소하기

❶[확대/축소] 슬라이더를 왼쪽으로 천천히 드래그하여 화면을 축소합니다.

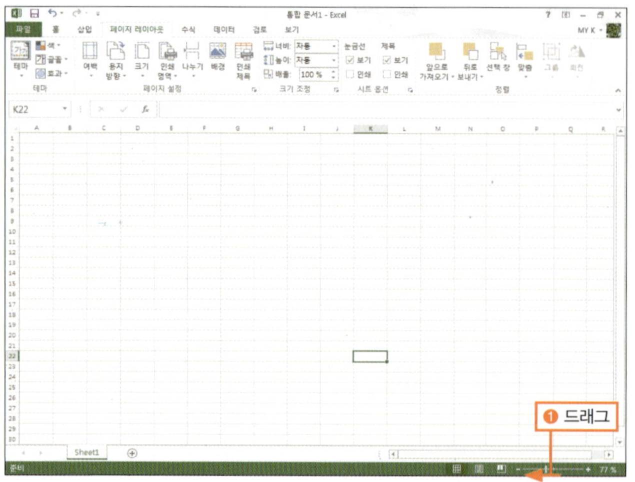

> **참고**
>
> 슬라이더 왼쪽의 ▬(축소)나 오른쪽의 ➕(확대)를 클릭하여 화면을 10%씩 확대 또는 축소할 수 있으며 휠 마우스의 경우 슬라이더에 마우스 포인터를 놓고 Ctrl 을 누른 채 휠을 움직이면 화면을 15%씩 확대 또는 축소할 수도 있습니다.

03 [확대/축소] 대화상자 지정하기

❶상태 표시줄 오른쪽 끝의 화면 배율 표시 부분을 클릭하고 [확대/축소] 대화상자가 나타나면 ❷[배율]에서 [100%]를 선택한 후 ❸[확인]을 클릭합니다.

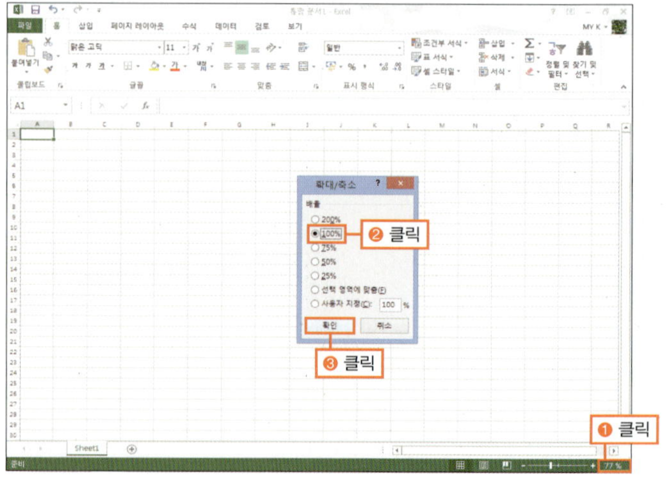

> **참고**
>
> [사용자 지정]을 선택한 후 사용자가 원하는 배율을 입력할 수 있습니다.

04 선택 영역에 맞춰 지정하기

❶A1셀에서 F10셀까지 드래그해 영역을 선택한 후 ❷상태 표시줄 오른쪽 끝의 화면 배율 표시 부분을 클릭합니다. [확대/축소] 대화상자가 나타나면 ❸[선택 영역에 맞춤]을 선택하고 ❹[확인]을 클릭합니다.

> **참고**
>
> A열과 1행이 만나는 셀을 A1셀이라고 합니다. 드래그하면 원하는 셀을 작업 대상 범위로 지정할 수 있습니다.

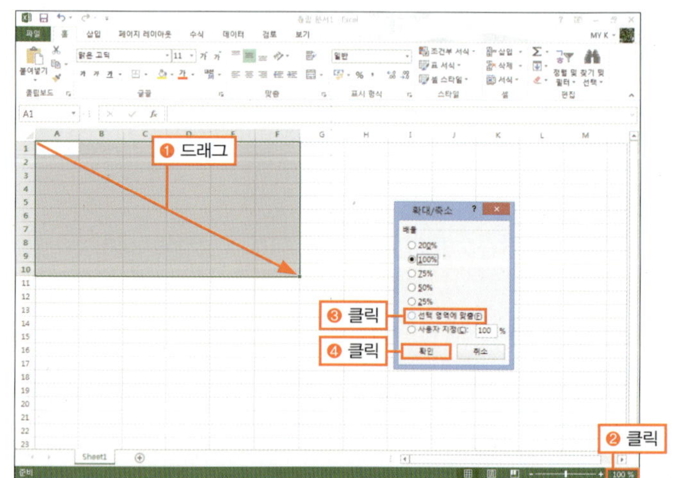

영역으로 지정한 셀들만 화면에 나타나도록 화면 배율이 조절됩니다. ❶[보기] 탭의 ❷[확대/축소] 그룹에서 [100%]를 클릭합니다.

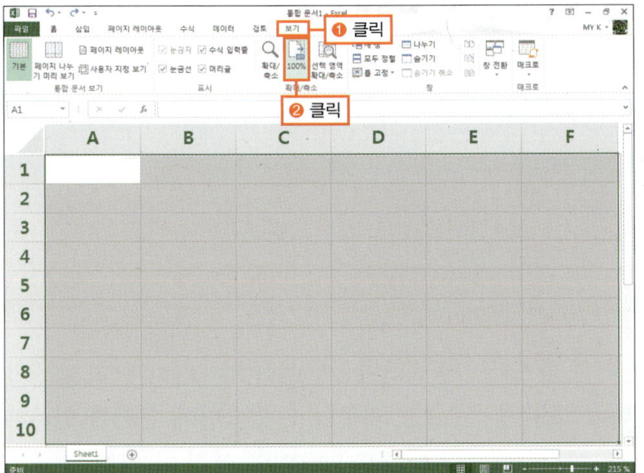

참고 •

[보기] 탭의 [확대/축소] 그룹에 있는 [확대/축소]를 클릭해도 [확대/축소] 대화상자를 열 수 있습니다.

화면 배율이 100%로 변경된 것을 확인할 수 있습니다.

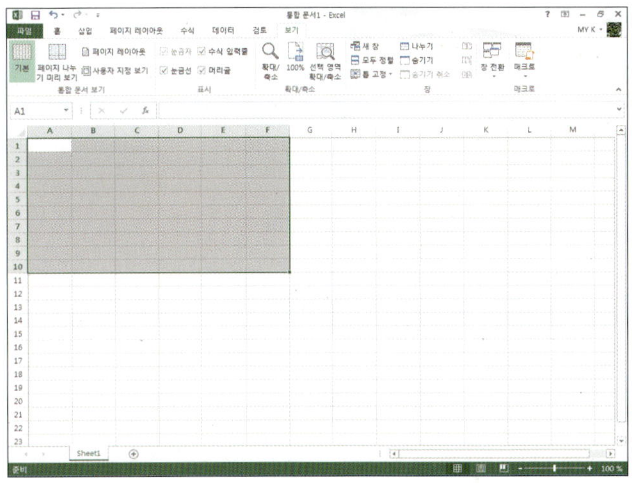

참고 •

[보기] 탭의 [확대/축소] 그룹에 있는 [선택 영역 확대/축소]를 클릭하면 지정한 영역에 맞춰 화면 배율을 조절할 수 있습니다.

확인실습

빠른 실행 도구 모음에서 [터치/마우스 모드] 도구를 추가하고 화면 배율을 150%로 조정해 보세요.

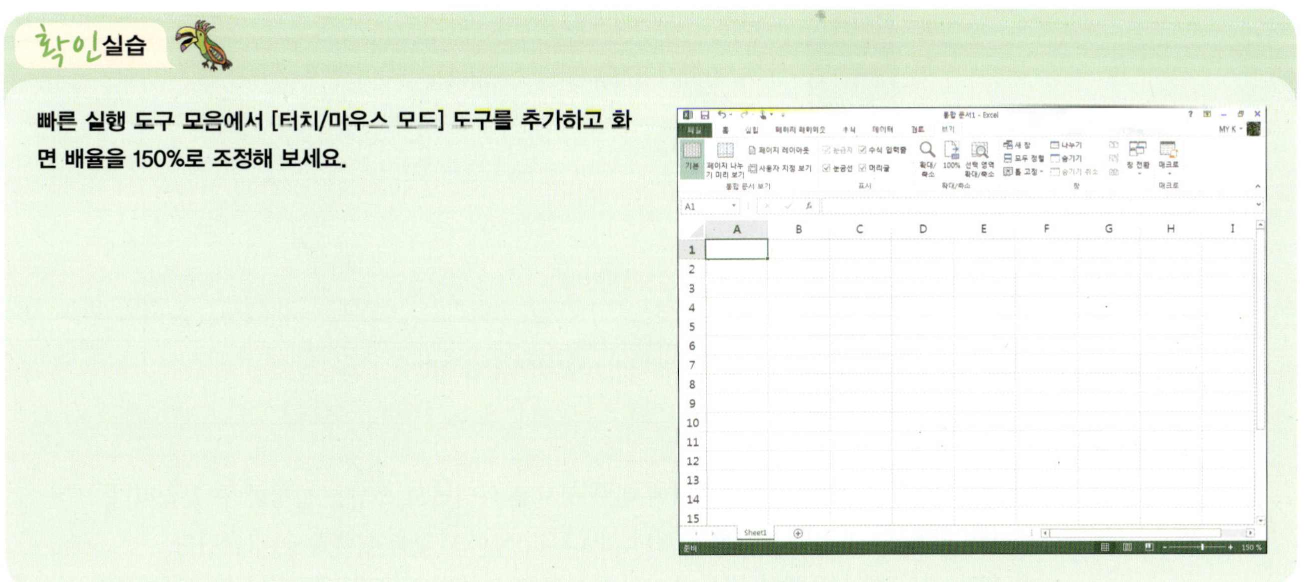

엑셀 문서 다양하게 저장하고 열기

엑셀 문서를 저장하고 여는 방법을 살펴본 후 다른 이름으로 저장하거나 새롭게 추가된 원드라이브(OneDrive)에 저장하는 등의 다양한 문서 관리 방법을 알아봅니다.

다루는 내용

- 통합 문서 저장하기
- 통합 문서 열기와 새로 만들기
- 원드라이브에 저장하기
- 서식 파일로 문서 작성하기

기능 정리 — [파일] 탭의 기능 살펴보기

문서의 저장과 열기, 인쇄와 공유 등을 위한 백스테이지 공간이 [파일] 탭입니다. [파일] 탭에서는 작성한 문서를 저장하고 PDF 등의 다른 파일 형식으로도 저장할 수 있습니다. 문서를 인쇄하기 위한 다양한 설정을 할 수 있으며 다른 사람들과 공유할 수도 있습니다. 특히 마이크로소프트의 클라우드 서비스인 원드라이브(OneDrive)에 문서를 저장하거나 불러올 수 있는 기능이 추가되어 인터넷이 연결된다면 사무실, 집 등 어느 곳에서나 작성한 문서를 불러 작업할 수 있으며 모바일 장치를 이용해 작업할 수도 있게 되었습니다.

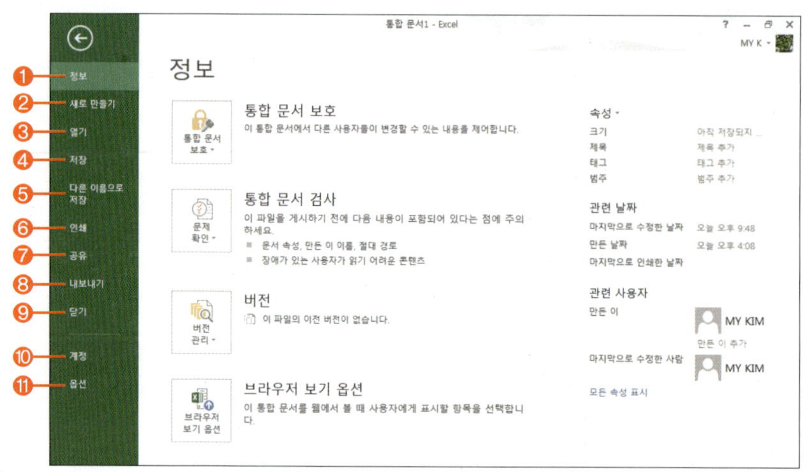

❶ **정보** : 현재 열려 있는 통합 문서에 대한 정보를 확인하고 속성을 설정할 수 있습니다.

❷ **새로 만들기** : 새 통합 문서를 열거나 제공되는 서식 파일을 선택할 수 있습니다.

❸ **열기** : 최근에 사용했던 통합 문서의 목록을 보여주며 사용자 컴퓨터나 원드라이브에 저장된 문서의 목록 중에서 필요한 문서를 선택해 열 수 있습니다.

❹ **저장** : 새 문서 또는 내용이 수정된 문서를 사용자 컴퓨터 또는 원드라이브에 저장합니다.

❺ **다른 이름으로 저장** : 저장된 문서의 이름이나 형식, 저장 경로 등을 변경해 추가로 저장합니다.

❻ **인쇄** : 인쇄할 내용을 미리 확인하면서 인쇄와 관련된 다양한 설정을 한 후 인쇄합니다.

❼ **공유** : 현재 통합 문서를 클라우드에 저장하거나 전자 메일로 보낼 수 있습니다.

❽ **내보내기** : 현재 통합 문서를 PDF/XPS 문서로 변환하거나 엑셀에서 제공하는 다른 파일 형식으로 변환할 수 있습니다.

❾ **닫기** : 현재 통합 문서를 닫습니다.

❿ **계정** : 마이크로소프트 계정의 사용자 정보를 지정 또는 변경하거나 제품 정보를 표시합니다. [Office 배경]과 [Office 테마] 목록에서 엑셀의 테마나 배경 그림을 변경할 수도 있습니다.

⓫ **옵션** : [Excel 옵션] 대화상자를 열어 관련 옵션을 설정할 수 있습니다.

간단**퀴즈**

1 인터넷을 이용해 장소나 장치에 관계없이 작업한 엑셀 문서를 불러와 사용할 수 있도록 해주는 마이크로소프트의 클라우드 서비스는 무엇일까요?

답 : 원드라이브(OneDrive)

실습 과정 — 엑셀 통합 문서 저장하기

현재 통합 문서를 저장하는 방법과 형식, 위치, 이름을 변경해 저장하는 방법에 대해 알아봅니다.

01 [저장] 메뉴 선택하기

현재 문서를 저장하기 위해 ❶[파일] 탭을 클릭합니다. ❷[저장]을 선택하고 저장 위치인 ❸[컴퓨터]를 클릭한 후 ❹[찾아보기]를 클릭합니다.

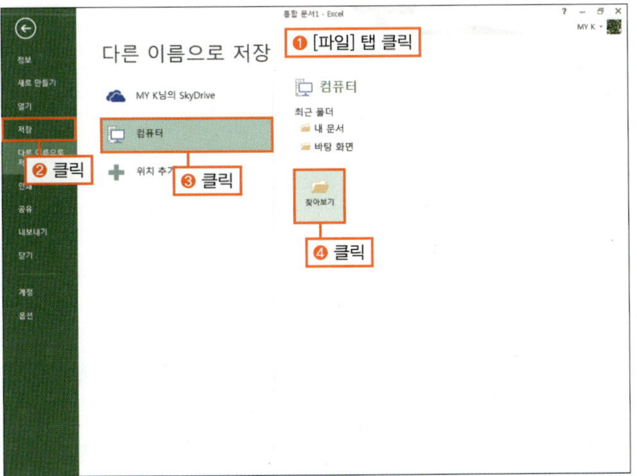

02 [다른 이름으로 저장] 대화상자 설정하기

[다른 이름으로 저장] 대화상자가 나타나면 ❶[라이브러리] 아래의 [문서]를 클릭해 저장 위치로 지정한 후 ❷[파일 이름]에 '엑셀연습-1'을 입력하고 ❸[저장]을 클릭합니다.

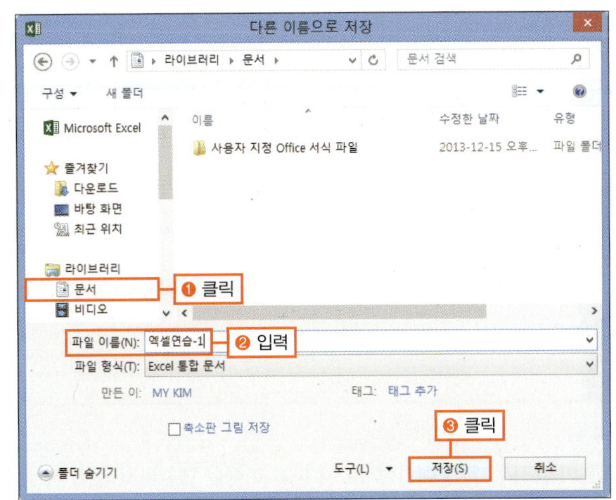

참고

[빠른 실행 도구 모음]에서 [저장](🖫)을 클릭하거나 [저장]의 단축키인 Ctrl+S를 눌러도 됩니다.

03 저장 확인하기

제목 표시줄에 파일 이름이 표시된 것을 확인합니다.

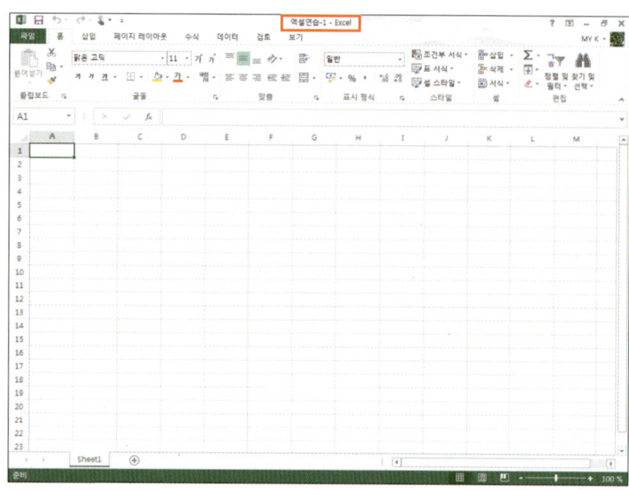

04 [다른 이름으로 저장] 메뉴 선택하기

이번에는 현재 문서를 하위 버전에서도 사용할 수 있도록 파일 형식을 변경해 저장합니다. ❶[파일] 탭을 클릭하고 백스테이지에서 ❷[다른 이름으로 저장]을 클릭합니다. ❸[컴퓨터]를 클릭한 후 ❹[찾아보기]를 클릭합니다.

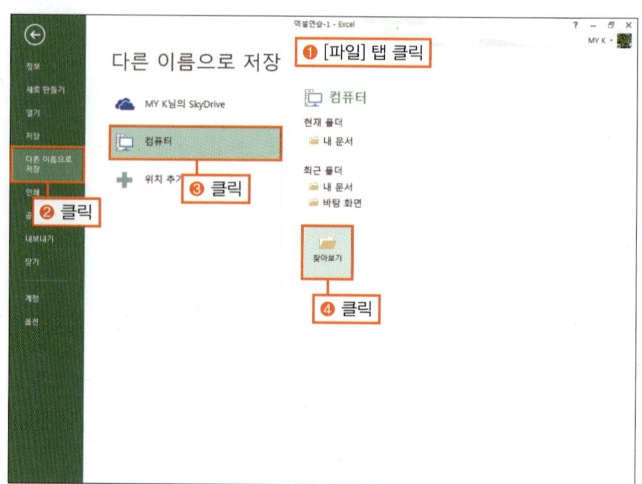

05 파일 형식 변경해 저장하기

[다른 이름으로 저장] 대화상자가 나타나면 ❶[파일 형식]을 클릭하고 ❷목록에서 [Excel 97-2003 통합 문서]를 선택합니다. ❸구분을 위해 파일 이름을 '엑셀연습-2'로 수정한 후 ❹[저장]을 클릭합니다.

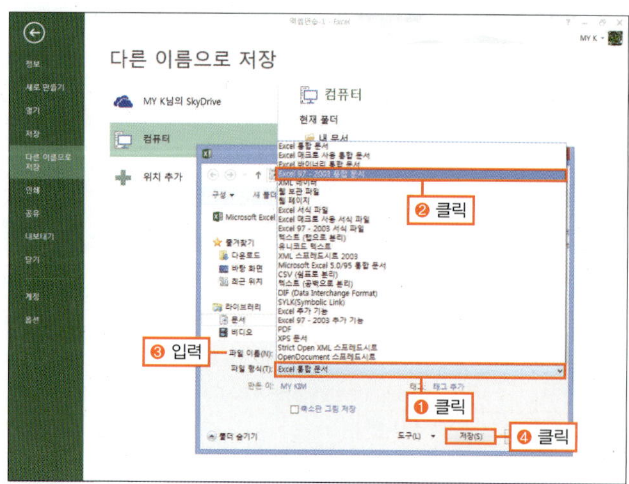

06 문서 변경 확인하기

문서의 제목이 변경된 것을 확인할 수 있습니다.

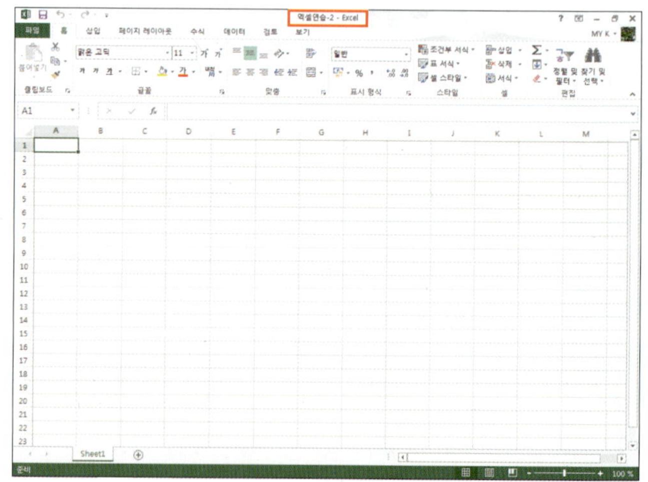

> **참고**
>
> [다른 이름으로 저장] 대화상자에서 파일 이름은 변경하지 않고 파일의 저장 위치만 변경한 후 저장하면 기존의 문서는 그대로 있고 다른 위치에 같은 문서가 하나 더 생기게 되어 복사한 것과 같은 효과를 나타냅니다.

> **참고**
>
> 문서의 형식이 변경되었으므로 엑셀 2013 버전보다 하위 버전의 엑셀 프로그램에서도 현재 문서를 열어 편집할 수 있습니다.

문서 열기와 새로 만들기

인쇄 또는 편집을 위해 저장된 문서를 열거나, 새로운 문서를 작성하기 위해 새 통합 문서를 여는 방법에 대해 알아봅니다.

🔘 **시작 파일** : 엑셀\part01\03-01.xlsx

01 [열기] 메뉴 선택하기

저장된 문서를 열기 위해 ❶[파일] 탭을 클릭해 이동한 후 백스테이지에서 ❷[열기]를 선택합니다.

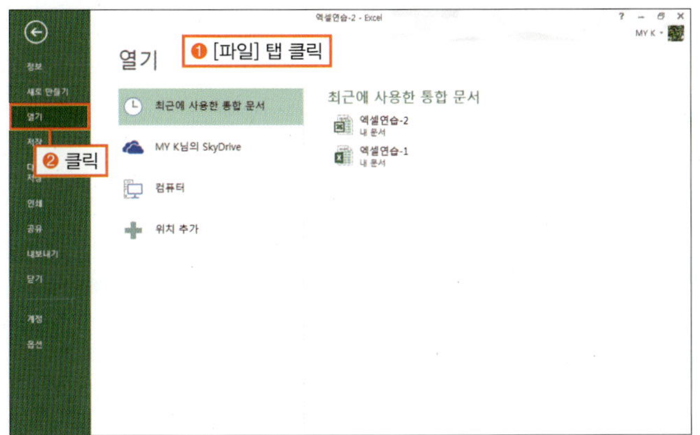

> **참고**
>
> 최근에 사용했던 문서는 [최근에 사용한 통합 문서] 목록에 나타나므로 바로 선택하여 열 수 있습니다.

02 저장 위치 찾기

사용자의 컴퓨터에 저장된 문서를 열기 위해 ❶[컴퓨터]를 클릭하고 ❷[찾아보기]를 클릭합니다.

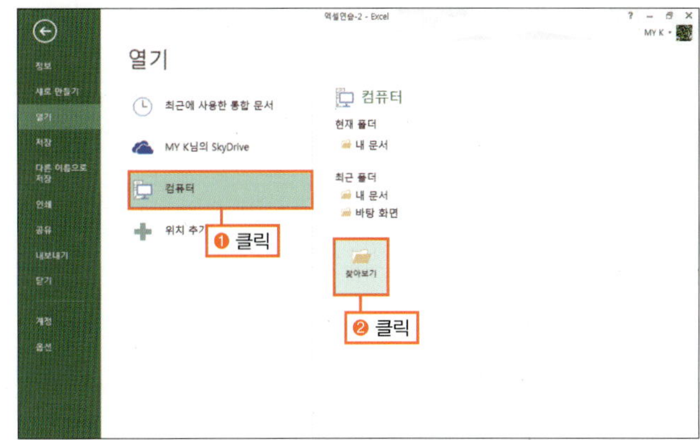

> **참고**
>
> [현재 폴더]와 [최근 폴더] 목록이 나타나므로 해당 폴더에 열고자 하는 분서가 있을 경우에는 클릭하면 [열기] 내화상자가 나타나면 선택한 폴더로 바로 이동할 수 있습니다.

03 [열기] 대화상자에서 파일 선택하기

[열기] 대화상자가 나타나면 예제 파일이 저장된 폴더로 이동해 ❶'03-01' 문서를 선택하고 ❷[열기]를 클릭합니다.

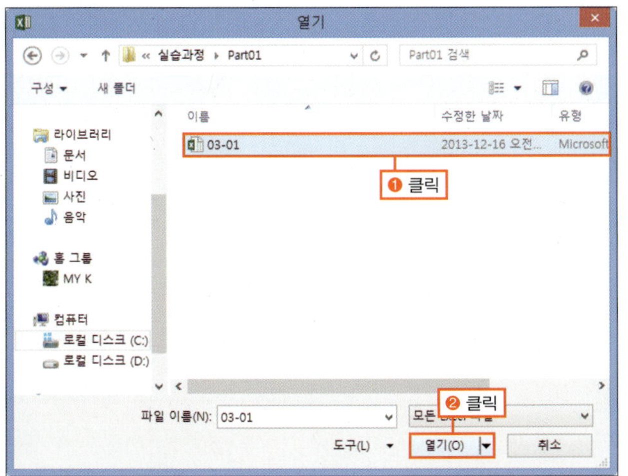

04 열린 문서 확인하기

선택한 문서가 열리고 내용이 나타납니다.

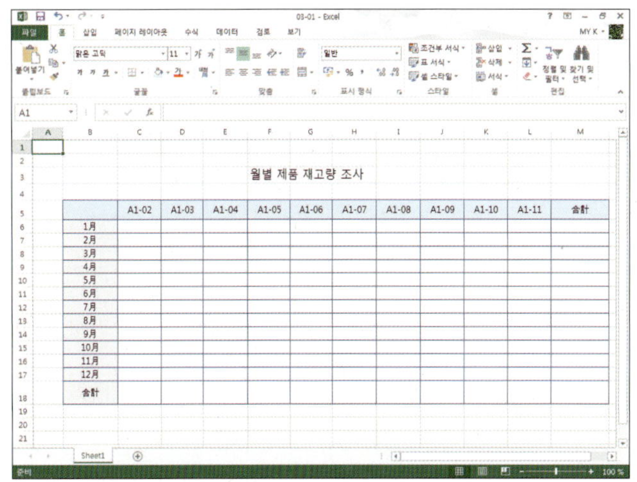

05 새 통합 문서 선택하기

이번에는 새 통합 문서를 열기 위해 ❶[파일] 탭을 클릭합니다. ❷[새로 만들기]를 선택한 후 목록에서 ❸[새 통합 문서]를 선택합니다.

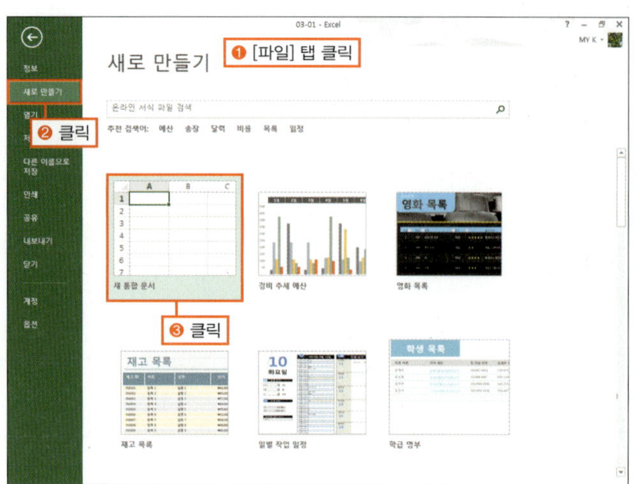

06 새 통합 문서 확인하기

기존에 열었던 '03-01' 문서는 그대로 있고 새 통합 문서가 새로 열립니다.

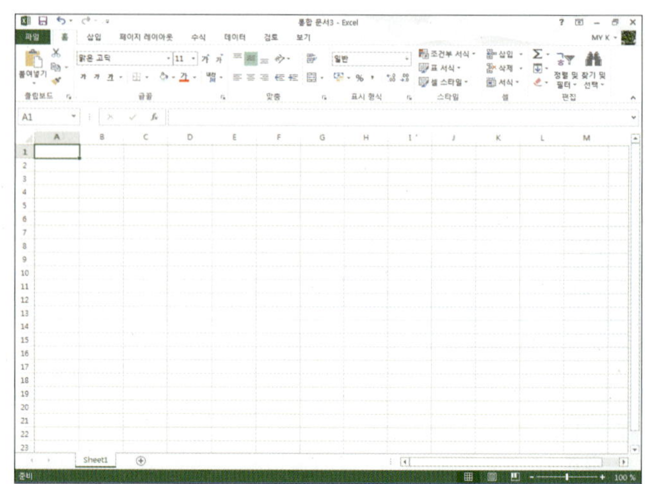

참고

통합 문서가 여러 개 열려 있는 경우에는 작업 표시줄에서 다른 창을 선택해 작업 창을 전환할 수 있고, [보기] 탭의 [창] 그룹에서 [창 전환]을 클릭해 열리는 목록에서 전환하고자 하는 문서의 이름을 선택해도 됩니다.

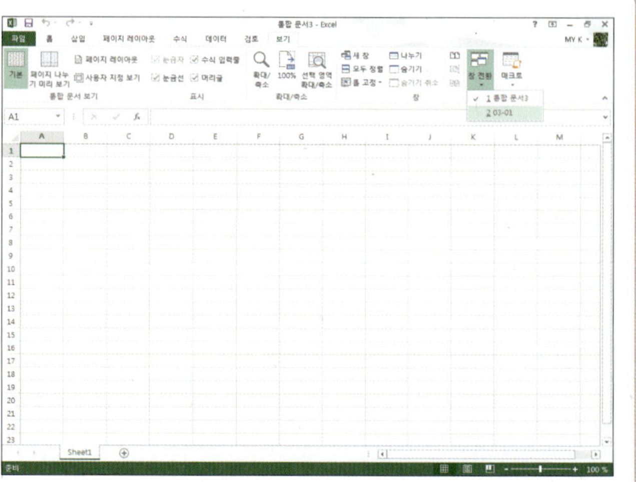

실습 과정 — 원드라이브(OneDrive)에 문서 저장한 후 공유하기

마이크로소프트사의 클라우드 서비스인 원드라이브에 작성한 문서를 저장하고, 저장된 문서를 불러오는 방법에 대해 알아봅니다.

◎ **시작 파일** : 엑셀\part01\03-01.xlsx

01 [OneDrive] 선택하기

시작 파일을 열고 ❶[파일] 탭을 클릭하고 ❷[다른 이름으로 저장]을 클릭합니다. 저장 위치에서 ❸[OneDrive]를 선택한 후 ❹[찾아보기]를 클릭합니다.

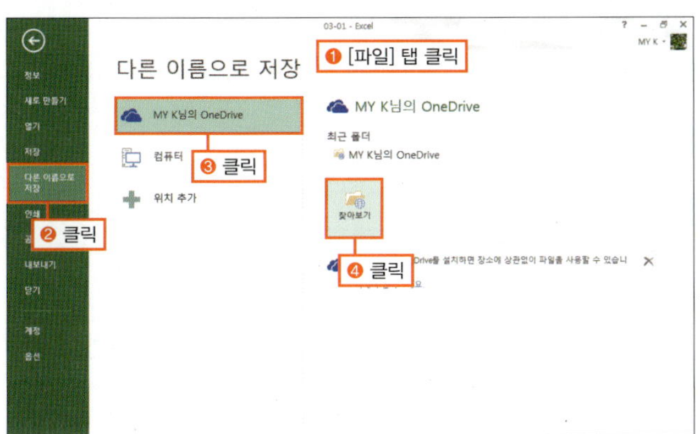

02 새 폴더 만들기

[다른 이름으로 저장] 대화상자가 나타나고 원드라이브에서의 저장 위치가 보입니다. ❶작업용 새 폴더를 만들기 위해 [새 폴더]를 클릭합니다.

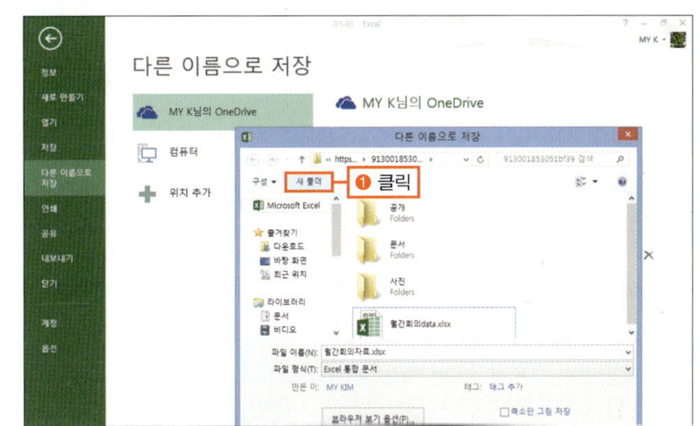

> **참고**
>
> 대화상자의 파일 경로 표시 부분에 웹 사이트 주소가 나타나는 것을 확인할 수 있습니다. 부록 CD의 '특진.pdf' 파일 1쪽에서 원드라이브를 이용하는 방법을 참고합니다.

03 경로와 파일 이름 지정해 저장하기

❶새 폴더가 삽입되면 '엑셀연습'이라고 입력한 후 ❷ Enter 를 눌러 새 폴더의 이름을 지정하고 ❸더블클릭해 '엑셀연습' 폴더로 이동합니다. ❹[파일 이름]에서 구분을 위해 파일 이름을 '03-01s'로 변경한 후 ❺[저장]을 클릭합니다.

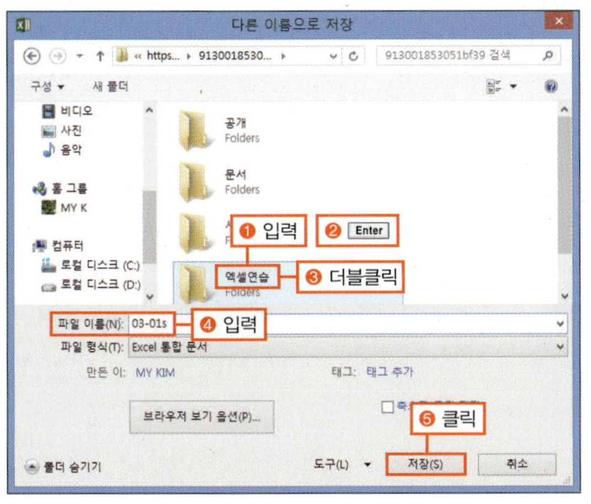

04 저장된 문서 확인하고 닫기

원드라이브에 저장된 이름으로 제목 표시줄이 변경된 것을 확인할 수 있습니다. ❶[파일] 탭에서 [닫기]를 클릭해 '03-01s' 문서를 닫습니다.

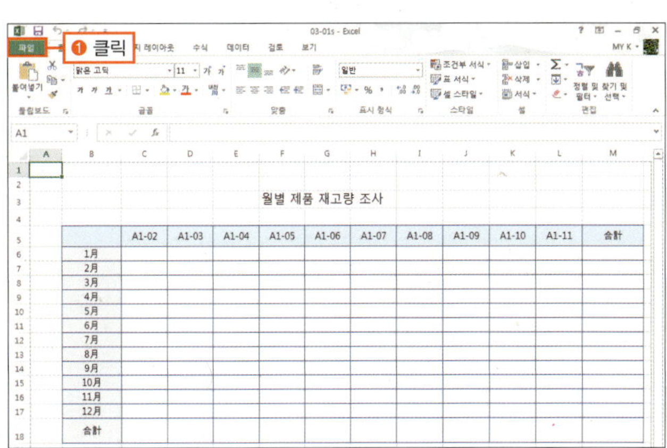

05 [OneDrive] 선택하기

❶다시 [파일] 탭에서 [열기]를 클릭하고 ❷[OneDrive]를
선택한 후 ❸[찾아보기]를 클릭합니다.

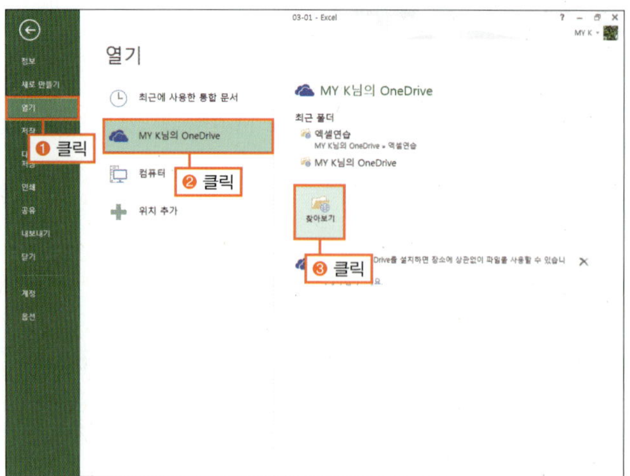

> ┌ 참고 ┐
>
> 최근에 저장한 문서이므로 [최근 폴더] 목록에도 '엑셀연습' 폴더가
> 나타납니다. 경로가 'OneDrive≫엑셀 연습'으로 표시되므로 클릭해
> 이동할 수도 있습니다. 또 원드라이브의 해당 폴더를 자주 사용하는
> 경우에는 오른쪽의 [이 항목을 목록에 고정](📌)을 클릭해 목록에
> 고정시킬 수 있습니다.

06 [열기] 대화상자에서 파일 선택하기

[열기] 대화상자가 나타나면 ❶[엑셀연습] 폴더를 더블클
릭해 선택한 후 ❷'03-01s' 문서를 클릭하고 ❸[열기]를 클
릭합니다. 원드라이브에 저장된 문서가 열립니다.

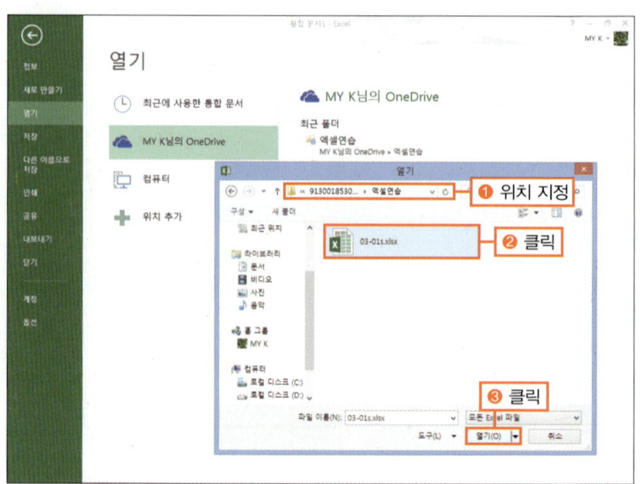

> ┌ 참고 ┐
>
> 원드라이브는 인터넷 기반의 클라우드 서비스이므로 인터넷에 연결
> 되어 있는 경우라면 처음 문서 작업을 했던 컴퓨터가 아닌 다른 장
> 소에 있는 컴퓨터에서도 언제든 문서를 불러와 작업할 수 있습니다.
> 또한 컴퓨터에 프로그램이 설치되어 있지 않아도 브라우저 기반의
> 오피스 서비스인 오피스 온라인(Office Online)을 이용해 문서를 열
> 어 편집하거나 다른 사용자와 공유할 수 있습니다.

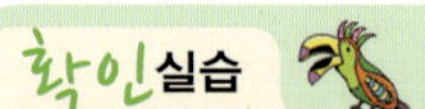
확인실습

**시작 파일을 열고 '1月'의 숫자 데이터를 그림과 같이 삽입하고 원
드라이브의 [엑셀연습] 폴더에 '03_실습1_완성.xlsx'로 저장해 보
세요.**

- ◎ **시작 파일** : 엑셀\part01\03_실습1.xlsx
- ◎ **완료 파일** : 엑셀\part01\03_실습1_완성.xlsx

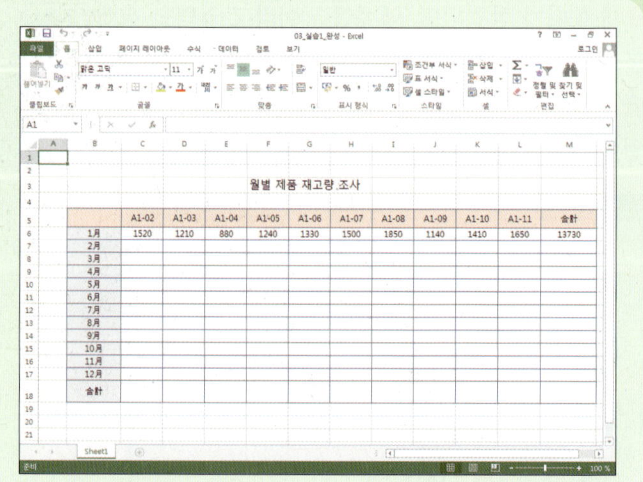

데이터 입력하고 수정하기

엑셀의 데이터 종류별 입력 방식에 대해 알아보고, 데이터를 입력한 후 정렬해 봅니다. 또 한자와 기호를 입력하는 방법과 채우기 핸들이나 빠른 채우기 기능을 이용한 데이터 채우기에 대해 알아봅니다.

다루는 내용
- 종류별 데이터 입력하고 정렬하기
- 한자와 기호 입력하기
- 채우기 핸들 다루기
- 빠른 채우기 활용하기

기능 정리 — 엑셀에서 입력 가능한 다양한 형식의 데이터 알아보기

엑셀에 입력할 수 있는 데이터는 문자, 숫자, 수식, 날짜, 등 여러 가지로 분류되며 데이터의 종류에 따라 입력되는 위치나 데이터 표현 방식이 달라집니다. 기본 형식으로 입력된 데이터도 엑셀의 표시 형식 지정 기능을 이용해 여러 가지 스타일로 표시 형식을 변경할 수 있습니다.

● 문자 데이터

한글이나 영문과 같은 문자 데이터는 기본적으로 왼쪽 기준으로 입력되며 정렬 기능을 이용해 가운데 또는 오른쪽으로 정렬할 수도 있습니다.

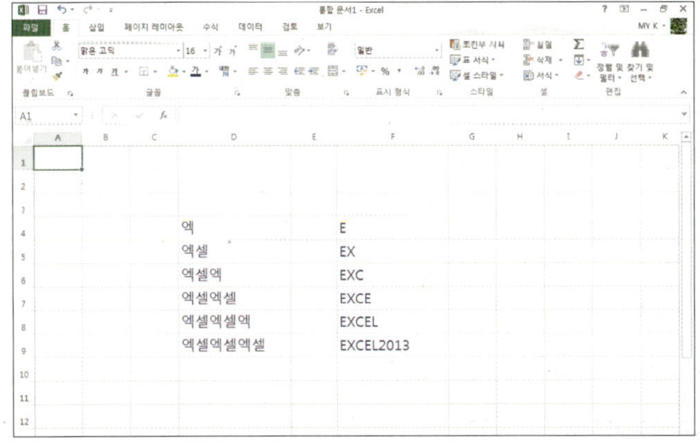

● 숫자 데이터

숫자 데이터는 기본적으로 오른쪽 기준으로 입력되며 필요에 따라 왼쪽이나 가운데 또는 소수점을 기준으로 정렬할 수도 있습니다.

● 날짜 데이터

날짜 데이터는 현재 날짜 또는 특
정 날짜를 문서 안에 입력한 것으
로, 연도와 월, 일은 '-' 또는 '/'로
구분해 입력합니다. 날짜 데이터
를 입력하면 데이터 형식을 별도
로 지정하지 않아도 자동으로 날
짜 형식으로 변경됩니다. 해당 셀
에 셀 포인터를 이동하면 [홈] 탭
의 [표시 형식] 그룹에서 현재 셀

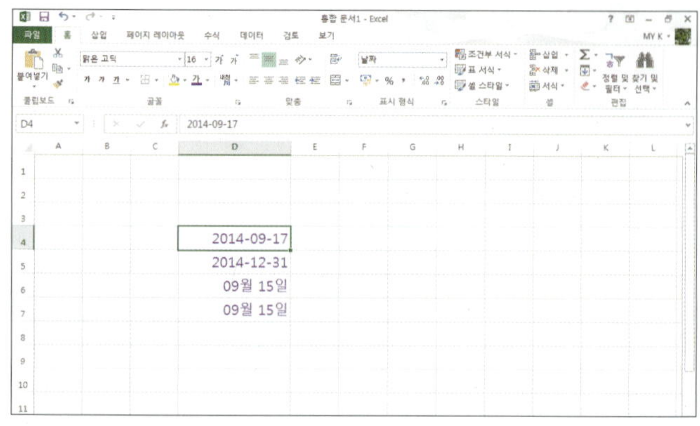

에 지정된 데이터 형식을 확인하고 변경할 수 있습니다. 데이터를 '2014-09-17', '2014/12/31',
'09-15', '09/15'의 순으로 입력하면 다음과 같은 결과가 나타납니다.

● 시간 데이터

시간 데이터는 시간 형식을 '시:
분:초'와 같은 형식으로 입력합니
다. '06:45', '22:50', '10:05:40',
'16:21:30'을 입력하면 다음과 같
이 나타납니다. 해당 셀에 셀 포인
터를 이동하면 수식 입력줄에 시
간과 함께 'AM', 'PM' 구분이 표시
됩니다. 시간 표시 형식은 사용자
가 [홈] 탭의 [표시 형식] 그룹에
서 다양하게 변경할 수 있습니다.

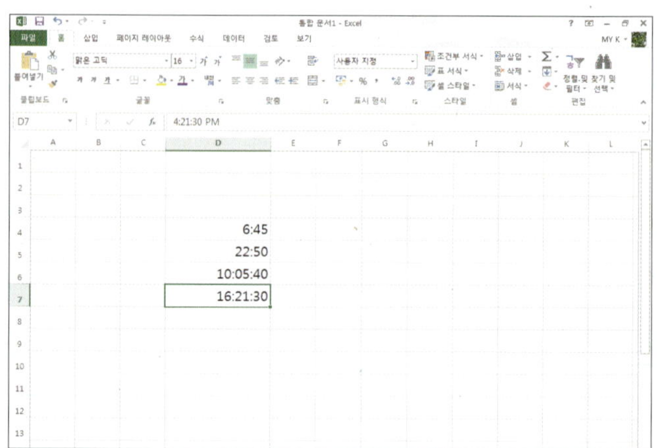

간단퀴즈

❶ 숫자 데이터를 입력하면 기본적으로 어느 쪽 기준으로 정렬이 될까요?

① 왼쪽 기준 ② 오른쪽 기준 ③ 가운데 기준

❷ 날짜 데이터의 경우, 입력 결과가 '2014-11-22'와 같이 나타나려면 어떻게 입력해야 할까요?

① 2014:11:22 ② 2014,11,22 ③ 2014.11.22 ④ 2014-11-22

답 : ❶ ②, ❷ ④

종류별 데이터 입력하고 정렬하기

워크시트에 다양한 데이터를 직접 입력해 보고 데이터가 셀에 표시되는 형식을 확인해 봅니다. 입력한 데이터를 수정하는 방법들에 대해서도 알아봅니다.

◎ **완료 파일** : 엑셀\part01\04-01_완성.xlsx

01 숫자와 문자 입력하기

새 문서를 열고 ❶다음과 같이 숫자와 문자를 입력해 내용을 작성합니다.

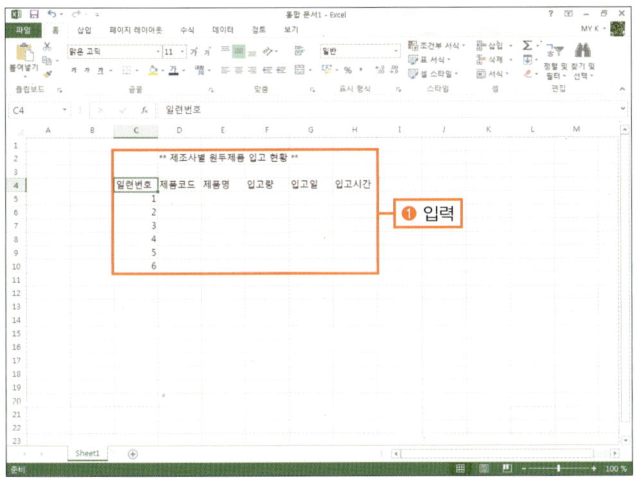

참고
> D2 셀의 너비보다 내용을 길게 입력하였지만 오른쪽에 다른 데이터가 입력되지 않았으므로 내용이 잘리지 않고 모두 보입니다.

02 텍스트 표시 형식 지정하기

❶D5셀에서 D10셀까지 다음과 같이 숫자를 입력한 후 ❷드래그해 범위로 지정합니다. ❸[홈] 탭의 [표시 형식] 그룹에서 [표시 형식]의 목록 단추를 클릭하고 ❹[텍스트]를 선택합니다.

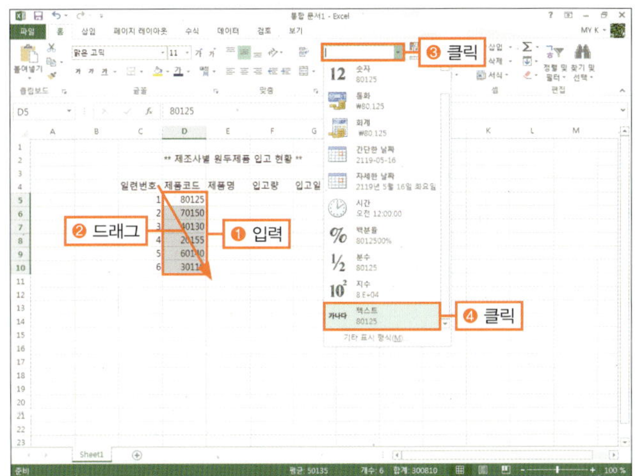

참고
> 부록 CD의 '특집.pdf' 파일 2쪽에서 데이터 표시 형식을 지정하는 방법을 참고합니다.

03 표시 형식 확인하기

표시 형식이 [텍스트]로 변경되어 데이터가 왼쪽 기준으로 정렬되는 것을 확인할 수 있습니다.

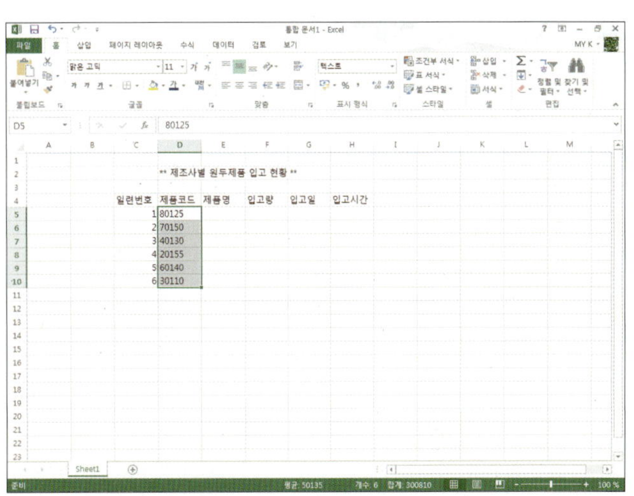

참고
> 데이터를 입력할 때 '80125와 같이 데이터 앞에 작은따옴표(')를 입력한 후 숫자를 입력하면 문자로 인식되므로 계산의 대상에서 제외할 수 있습니다.

04 긴 내용 입력하기

❶E5셀~E10셀에 다음과 같이 셀 너비를 넘어가는 긴 내용을 각각 입력합니다.

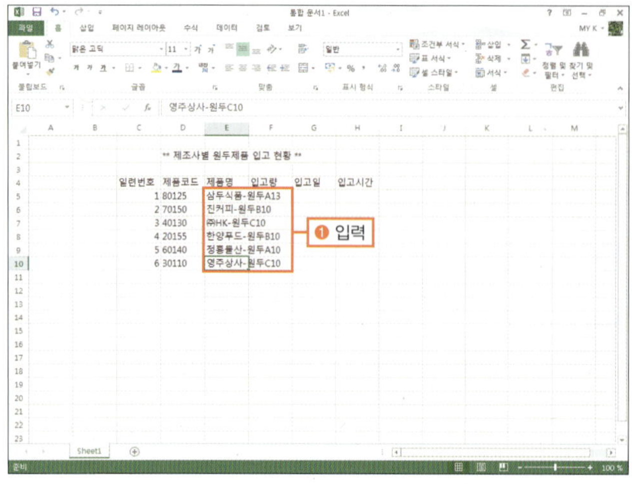

05 텍스트 줄 바꿈 실행하기

❶F5셀에서 F10셀까지 다음과 같이 입고량을 입력합니다.
❷다시 E5셀에서 E10셀까지 드래그해 범위를 지정한 후 ❸ [홈] 탭의 [맞춤] 그룹에서 [텍스트 줄 바꿈]을 클릭합니다.

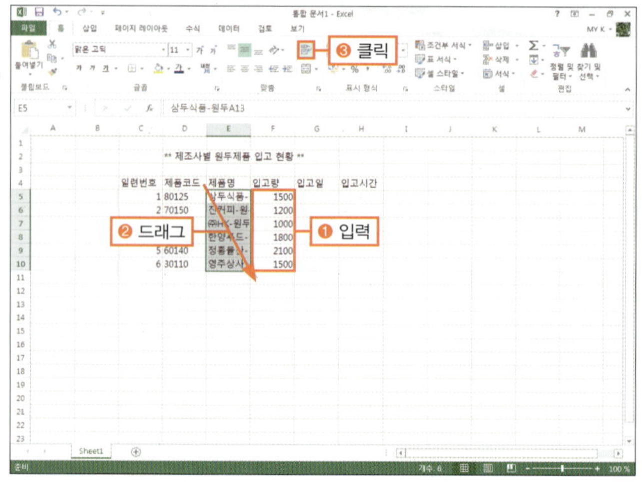

> **참고**
>
> [텍스트 줄 바꿈] 기능은 입력된 텍스트의 양이 셀 너비보다 길지만 셀 너비를 조절하면 안 되는 경우에 사용합니다.

06 텍스트 줄 바꿈 확인하기

셀에 입력된 내용이 2줄로 표시되어 내용을 모두 읽을 수 있게 됩니다.

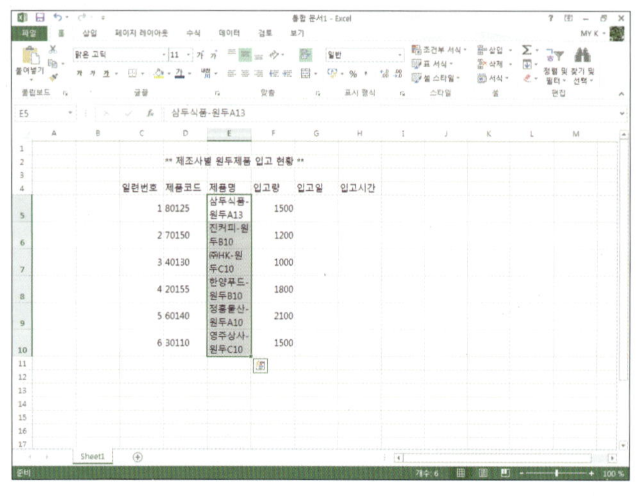

07 날짜 형식 입력하기

입고일을 날짜 형식으로 입력하기 위해 ❶G5셀에서 G10 셀까지 모두 '2014-05-10'을 입력합니다.

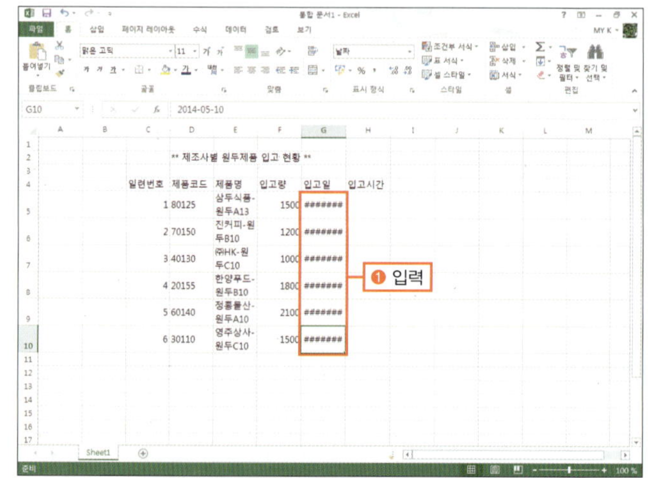

> **참고**
>
> 입력된 날짜 형식의 내용에 비해 셀 너비가 부족하기 때문에 에러 표시가 '######'와 같이 나타납니다.

08 에러 수정하기

G열의 열 머리글과 H열의 열 머리글 사이에서 마우스 포인터가 양쪽 화살표 모양으로 변경되면 ❶오른쪽으로 드래그해 열 너비를 '12'로 늘립니다.

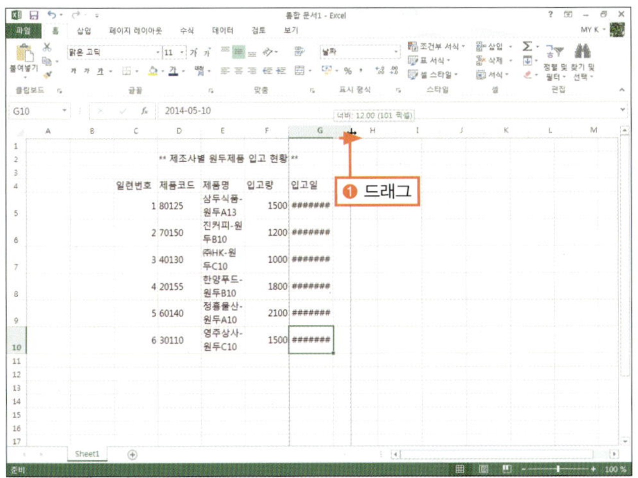

> **참고**
> 열 너비가 변경되면 현재 열 너비가 표시되므로 참고합니다.

09 에러 수정 확인하기

열 너비가 늘어나면서 에러 표시가 없어지고 입력된 날짜가 형식에 맞게 표시됩니다.

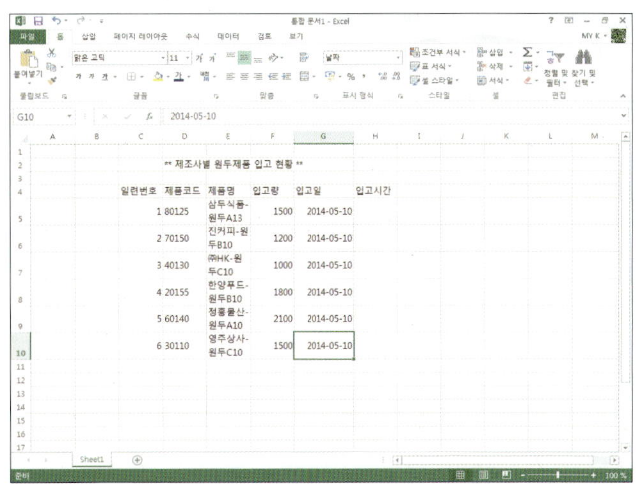

> **참고**
> 현재 날짜를 셀 안에 표시하려면 Ctrl 과 ; 를 동시에 누릅니다.

10 시간 형식으로 입력하기

❶H5셀에서 H10셀까지 모두 '17:30'을 입력한 후 범위로 지정합니다. ❷[홈] 탭의 [표시 형식] 그룹에서 [표시 형식]의 목록 단추를 클릭한 후 ❸[시간]을 선택합니다.

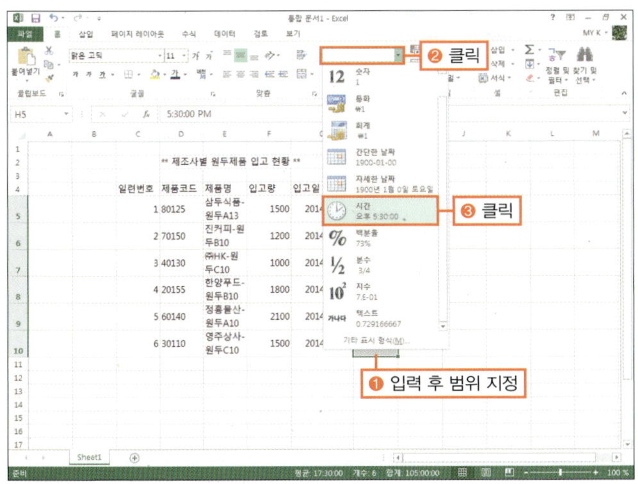

11 변경된 시간 형식 확인하기

시간 형식이 변경되어 '오후 5:30:00'으로 표시되는 것을 확인할 수 있습니다.

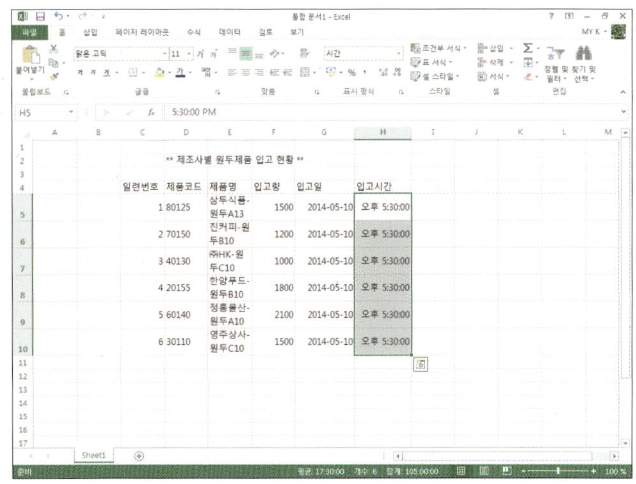

12 더블클릭해 데이터 수정하기

❶C4셀의 데이터를 수정하기 위해 C4셀을 더블클릭합니다. ❷셀 안에 커서가 생기면 '일련번호'를 '번호'로 수정한 후 ❸ Enter 를 누릅니다.

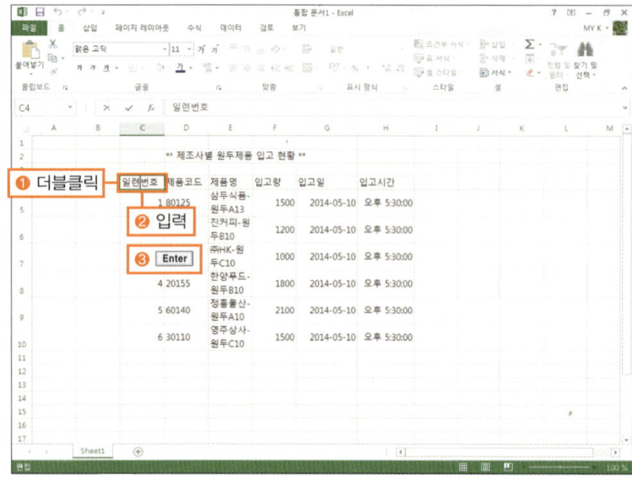

13 수식 입력줄에서 수정하기

C4셀의 내용이 '번호'로 변경되면 ❶다시 수식 입력줄 안을 클릭합니다. ❷커서가 생기면 '번호'를 '품번'으로 수정한 후 ❸[입력](✓)을 클릭하거나 Enter 를 누릅니다.

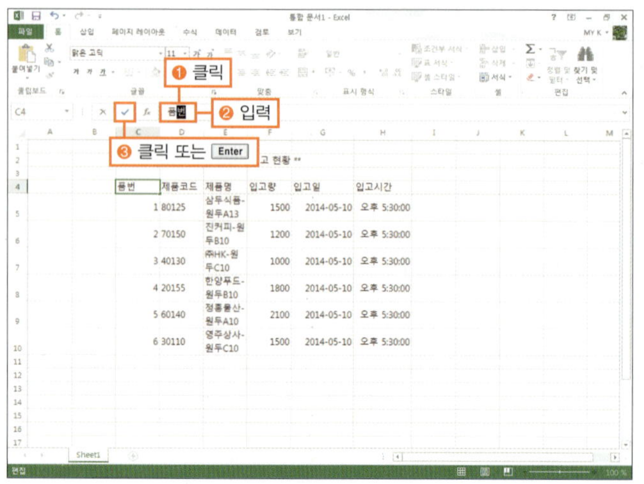

> **참고**
>
> 셀을 클릭한 후 F2 를 눌러도 커서가 생겨 수정할 수 있습니다.

한자와 기호 입력하기

워크시트에 한글을 입력한 후 한자로 변환하는 방법과 키보드에 없는 기호를 삽입하는 방법에 대해 알아봅니다.

- **시작 파일** : 엑셀\part01\04-02.xlsx
- **완료 파일** : 엑셀\part01\04-02_완성.xlsx

01 시작 파일 열기

❶B4셀을 클릭해 셀 포인터를 위치시킵니다.

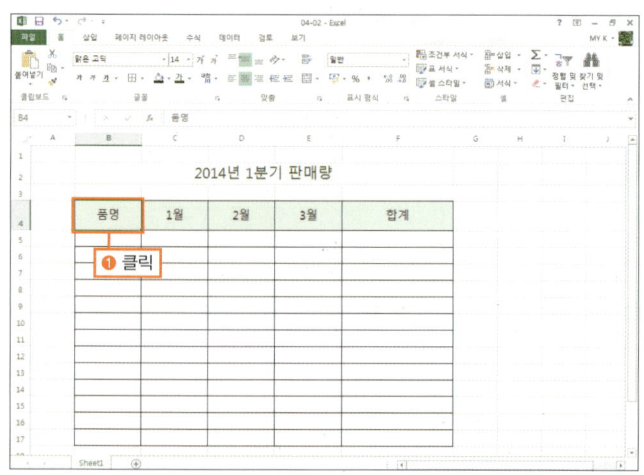

02 [한글/한자 변환] 선택하기

❶[검토] 탭으로 이동해 ❷[언어] 그룹에서 [한글/한자 변환]을 클릭합니다.

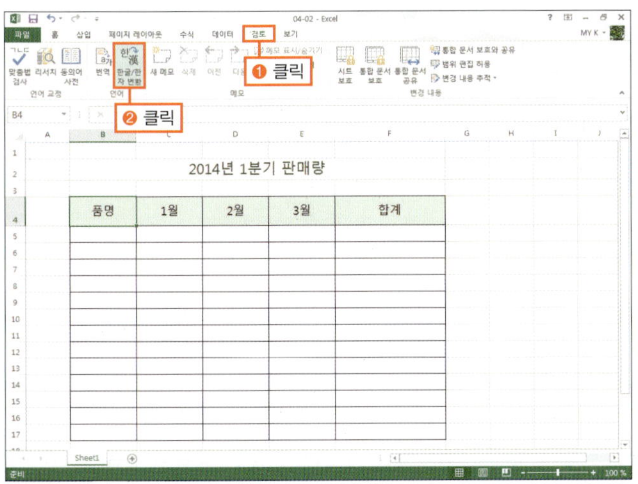

03 한자 사전 확인하기

[한글/한자 변환] 대화상자가 나타나면 ❶[한자 선택]에서 한자 단어를 선택하고 ❷[한자 사전](📖)을 클릭합니다. [한자 사전] 대화상자가 나타나고 선택한 한자의 음과 뜻, 획수 등이 표시되면 내용을 읽어본 후 ❸[확인]을 클릭합니다.

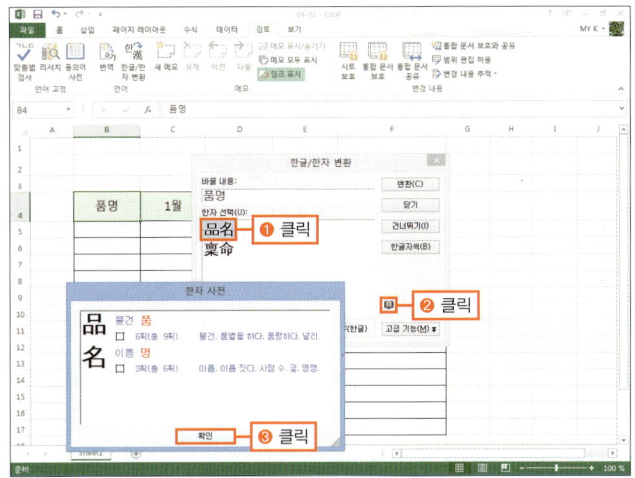

> **참고**
> 선택한 한자가 맞는지 확인하고자 하는 경우에만 [한자 사선]을 클릭합니다.

04 한자 변환하기

음과 뜻을 확인하였으므로 ❶[변환]을 클릭합니다.

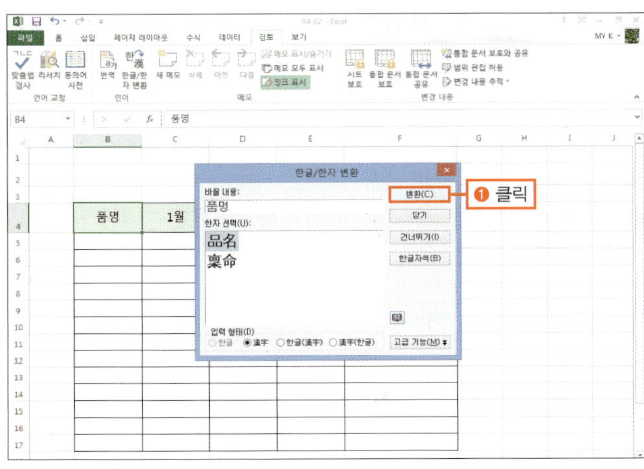

> **참고**
> [한글자씩]을 클릭하면 단어 단위로 변환하지 않고 한 글자씩 확인하면서 변환할 수 있습니다.

05 다음 글자 변환하기

선택한 한글이 한자로 변환되고 자동으로 다음 한자가 목록에 나타납니다. ❶'月'을 선택한 후 ❷[변환]을 클릭합니다.

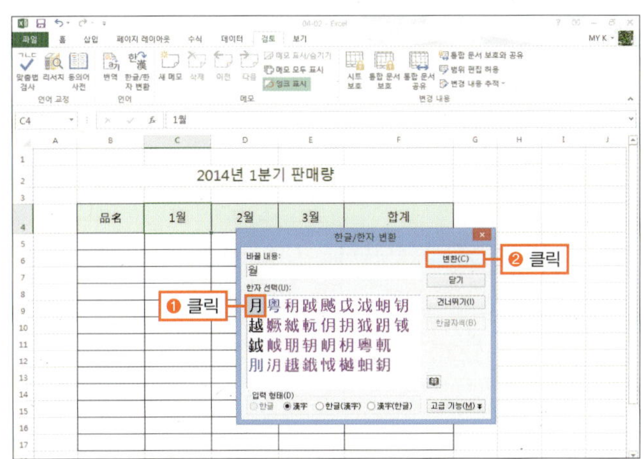

> **참고**
> 한자 변환을 끝낼 때는 [닫기]를 클릭하면 됩니다.

06 [건너뛰기] 실행하기

'1월'이 '1月'로 변경된 다음 '월'이 [바꿀 내용]에 나타납니다. '2월'과 '3월'은 변환하지 않기 위해 ❶[건너뛰기]를 2번 클릭합니다.

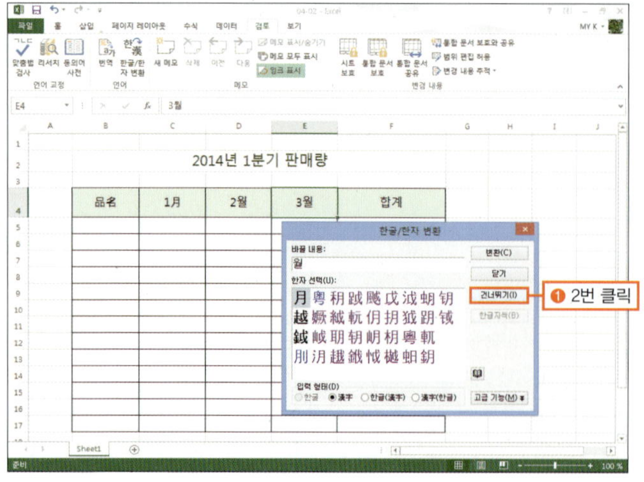

> **참고**
>
> 다음 글자가 나타나면 바꿀 내용이 있는 셀이 자동으로 선택되어 셀 포인터가 이동합니다.

07 입력 형태 변경하기

[바꿀 내용]에 '합계'가 나타나면 ❶[한자 선택]에서 '合計'를 선택하고 ❷[입력 형태]에서 '漢字(한글)'을 선택한 후 ❸[변환]을 클릭합니다.

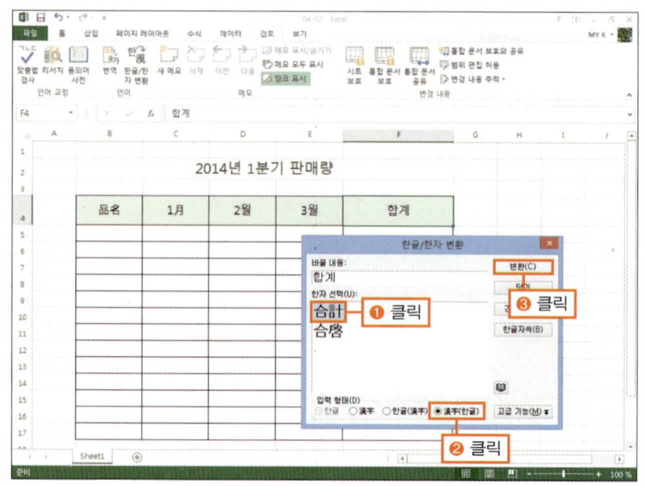

08 대화상자 닫기

다음과 같은 메시지 창이 나타나면 ❶[아니요]를 클릭해 대화상자를 닫습니다.

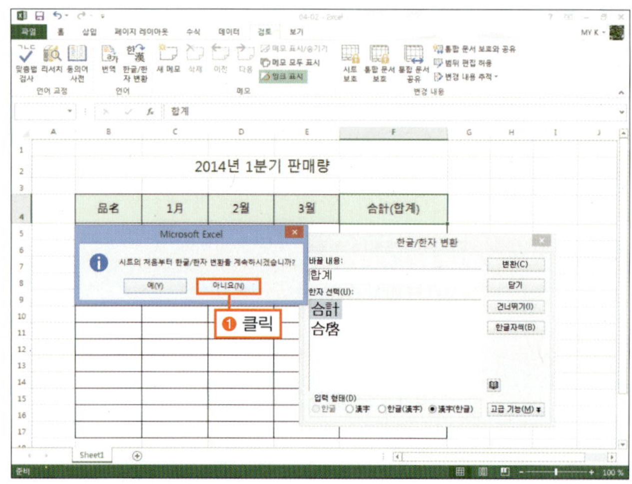

09 [기호] 도구 선택하기

❶제목을 더블클릭해 커서를 맨 앞에 위치시킨 후 ❷[삽입] 탭의 ❸[기호] 그룹에서 [기호]를 클릭하고 ❹다시 [기호]를 클릭합니다.

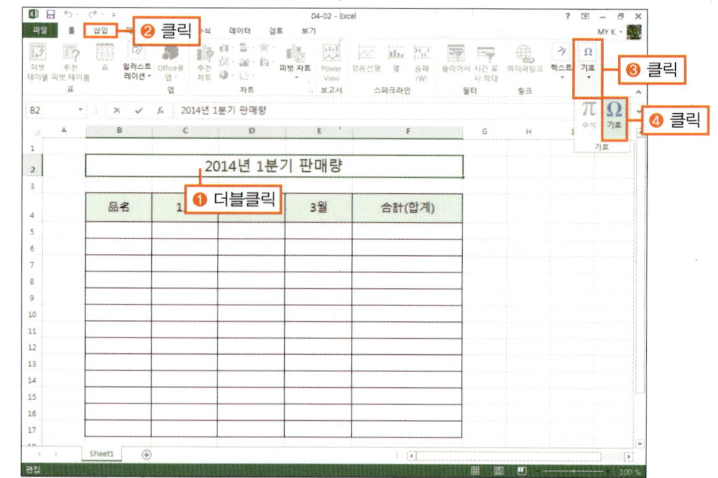

10 [하위 집합] 지정하기

[기호] 대화상자가 나타나면 [기호] 탭에서 ❶[하위 집합]
의 목록 단추를 클릭하고 ❷[도형 기호]를 선택합니다.

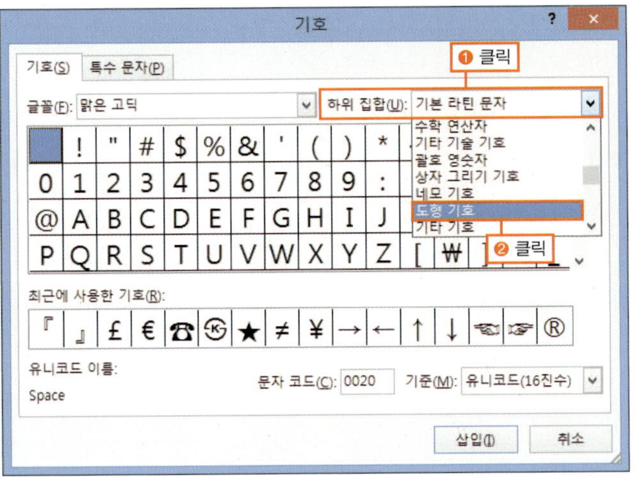

> **참고**
> [최근에 사용한 기호] 목록에는 사용자가 최근에 사용한 순서대로
> 기호 목록이 나타납니다.

11 기호 삽입하고 대화상자 닫기

❶목록에서 삽입할 기호를 찾아 선택한 후 ❷[삽입]을 클
릭해 기호를 삽입하고 [닫기]를 클릭해 대화상자를 닫습
니다.

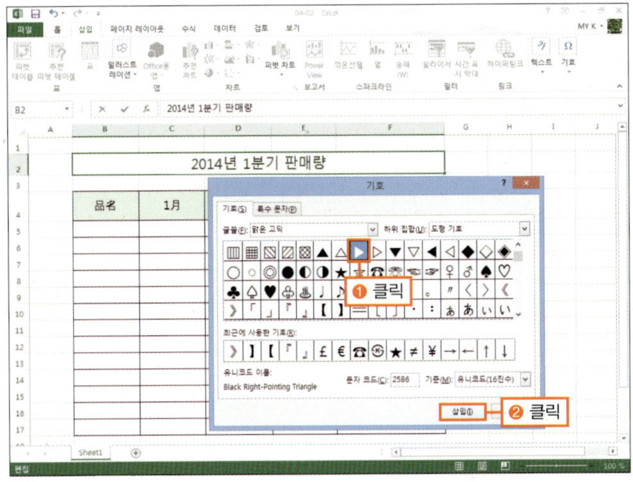

> **참고**
> [기호] 대화상자에서 [삽입]을 클릭하면 [취소]가 [닫기]로 변경됩니다.

12 삽입 위치 추가로 지정하기

제목 앞에 기호가 삽입되면 ❶제목 맨 뒤를 클릭해 커서를
두고 다시 ❷[삽입] 탭의 [기호] 그룹에서 [기호]-❸[기호]
를 클릭합니다.

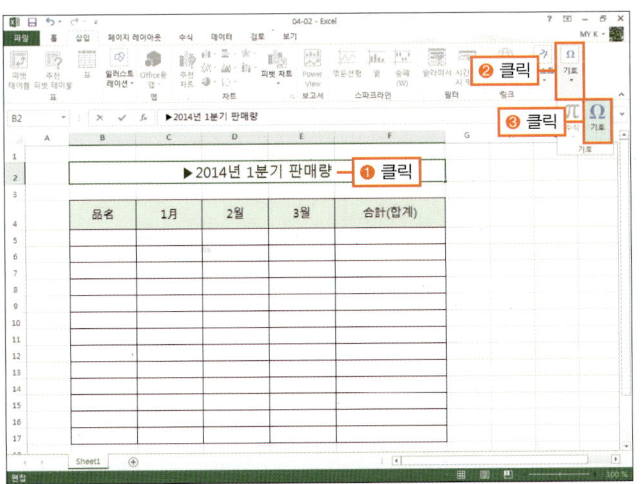

13 기호 삽입하고 대화상자 닫기

대화상자가 나타나면 ❶기호를 선택해 ❷[삽입]을 클릭한
후 ❸[닫기]를 클릭해 대화상자를 닫습니다.

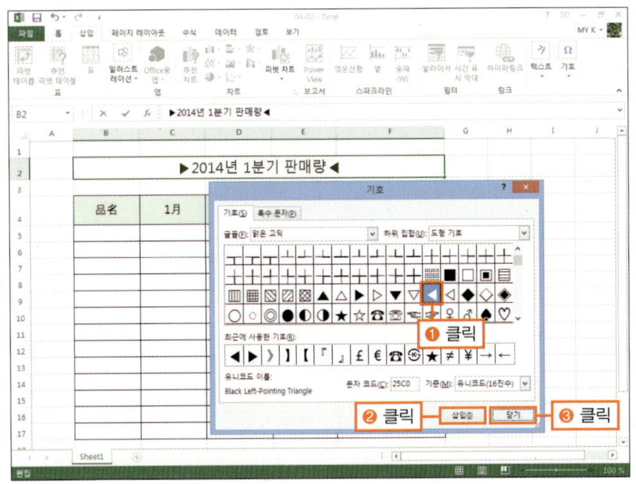

> **참고**
> [삽입]을 클릭하면 워크시트에 기호가 삽입된 것을 확인할 수 있습
> 니다.

 자동 채우기와 빠른 채우기 활용하기

채우기 핸들을 이용해 셀에 숫자나 요일, 월 등을 채워보고 자동 채우기와 빠른 채우기 기능을 활용해 빈 셀에 원하는 서식이나 내용으로 데이터를 채우는 방법에 대해 알아봅니다.

◎ **시작 파일** : 엑셀\part01\04-03.xlsx
◎ **완료 파일** : 엑셀\part01\04-03_완성.xlsx

01 채우기 핸들 드래그하기

❶B2셀에서 B3셀을 드래그해 범위로 지정합니다. ❷ 채우기 핸들 부분에서 마우스 포인터가 십자 모양으로 변경되면 11행까지 드래그합니다.

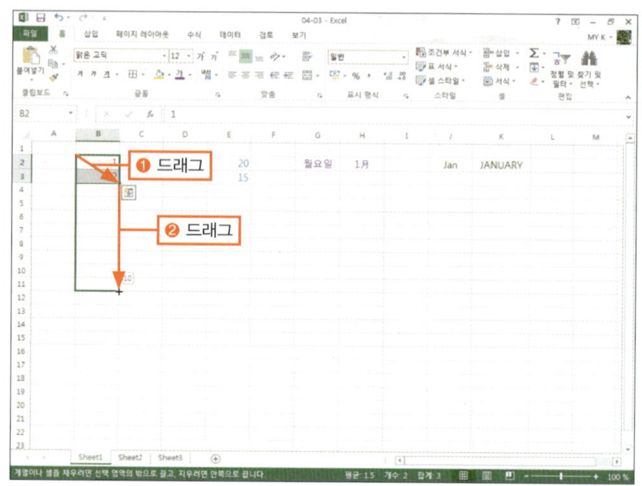

참고

채우기 핸들은 셀 포인터 또는 지정된 범위의 사각형에서 오른쪽 아래 꼭짓점 부분의 사각형 표시가 있는 곳으로, 마우스 포인터를 가져가면 십자 모양으로 바뀝니다.

02 여러 열 자동 채우기

빈 셀에 차례대로 나머지 숫자가 채워집니다. ❶다시 D2셀에서 E3셀까지 드래그해 범위로 지정한 후 채우기 핸들을 ❷11행까지 드래그합니다.

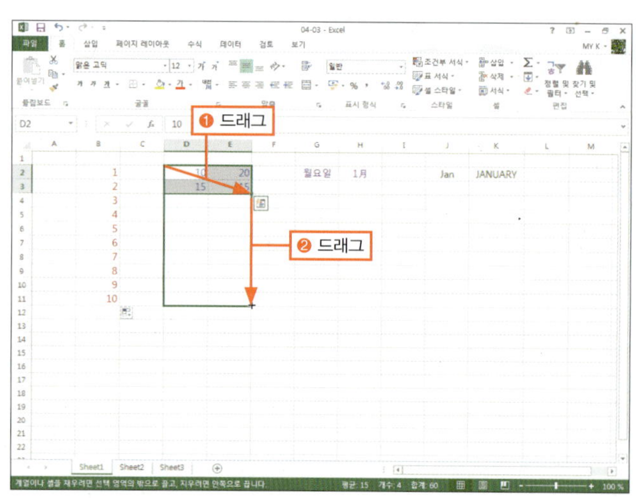

참고

자동 채우기 기능은 입력된 데이터의 증감하는 간격대로 나머지 빈 셀에 숫자 데이터를 채웁니다.

03 요일과 월 자동 채우기

D열은 5씩 증가하고 E열은 5씩 감소하면서 숫자가 채워집니다. ❶다시 G2셀에서 H2셀을 범위로 지정한 후 ❷채우기 핸들을 13행까지 드래그합니다.

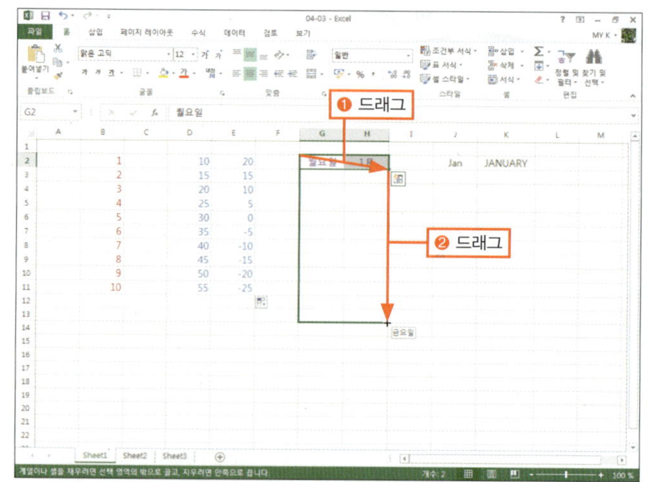

참고

요일, 월 등 일반적으로 사용되는 내용은 하나의 셀에만 내용을 입력해도 자동 채우기 기능을 이용해 채울 수 있습니다.

요일과 월이 각각 입력된 스타일로 G열과 H열에 채워집니다. ❶다시 J2셀과 K2셀을 범위로 지정한 후 ❷채우기 핸들을 13행까지 드래그합니다.

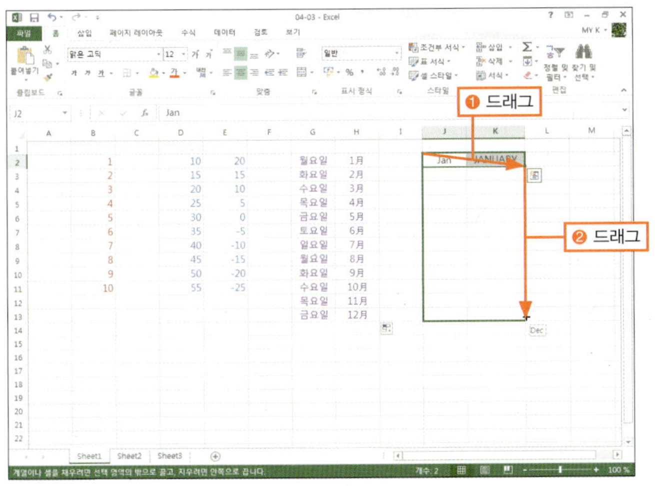

> **참고**
>
> G2셀에는 한글로 요일명을 입력하였고 H2셀에는 숫자와 한자로 월을 표시하였으므로 나머지 행에도 같은 스타일로 표시됩니다.

05 채우기 확인하기

나머지 셀에도 영문 스타일로 월의 이름이 순서대로 채워집니다. ❶다른 연습을 위해 시트 탭에서 'Sheet2'를 클릭합니다.

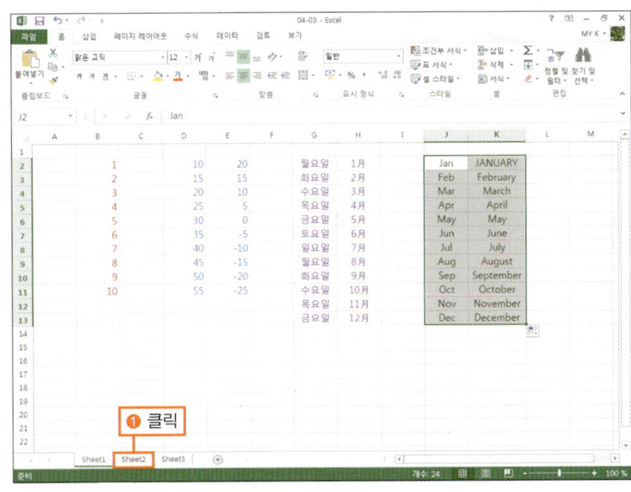

06 숫자 데이터 채우기

❶'Sheet2'에서 B2셀부터 B6셀까지 범위로 지정하고 ❷채우기 핸들을 B17셀까지 드래그한 후 마우스를 손에서 뗍니다.

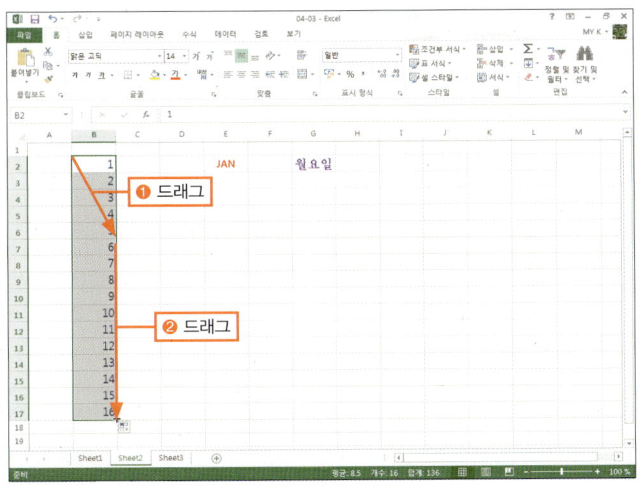

07 재동 채우기 옵션 지정하기

❶[자동 채우기 옵션](📋)이 나타나면 클릭하고 ❷자동 채우기 옵션 목록에서 [셀 복사]를 클릭합니다.

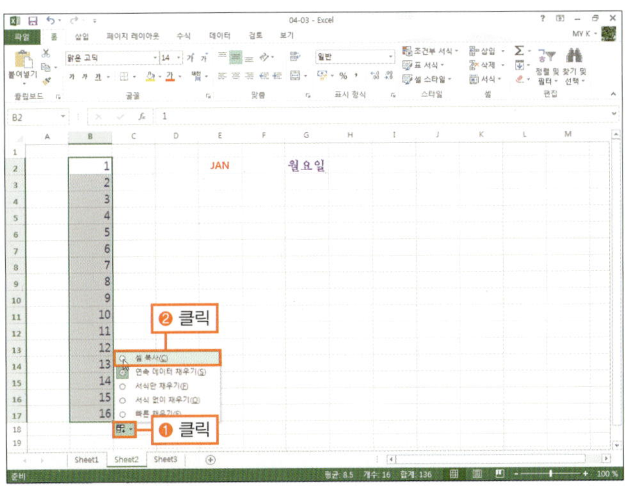

08 [서식 없이 채우기] 옵션 지정하기

❶E2셀에 셀 포인터를 놓고 ❷채우기 핸들을 E13셀까지 드래그합니다. ❸[자동 채우기 옵션](📑)이 나타나면 클릭하고 ❹목록에서 [서식 없이 채우기]를 클릭합니다.

09 [서식만 채우기] 옵션 지정하기

E3셀에서 E13셀에는 서식이 지정되지 않은 채 월 이름만 채워집니다. ❶다시 G2셀에 셀 포인터를 놓고 ❷채우기 핸들을 G8셀까지 드래그합니다. ❸[자동 채우기 옵션](📑)을 클릭하고 옵션 목록에서 ❹[서식만 채우기]를 클릭합니다.

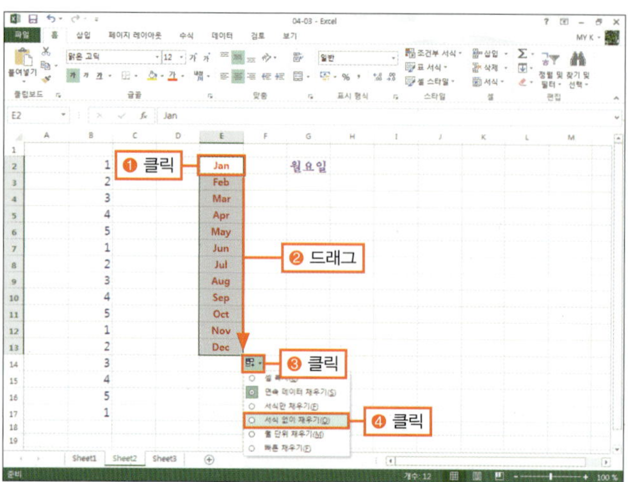

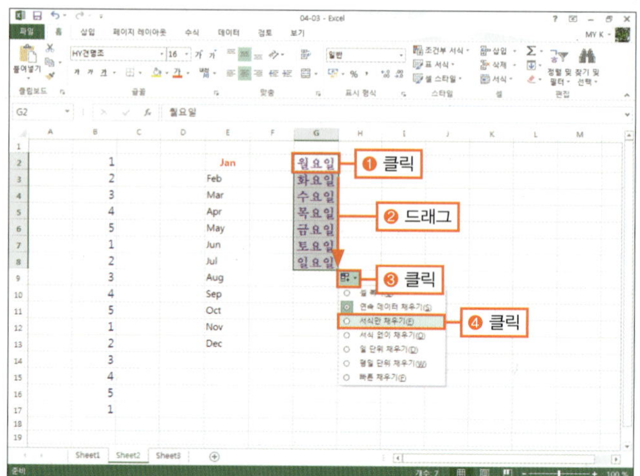

> **참고**
>
> 시작 파일에서 B2셀과 E2셀, G2셀에는 글자 색, 글꼴, 굵게 등의 글꼴 서식이 지정되어 있고 다른 모든 셀에는 서식이 지정되지 않은 상태입니다.

10 지정된 서식 확인하기

셀에 내용은 채워지지 않고 서식만 채워집니다. ❶확인을 위해 G4셀에 '월요일'을 입력하면 G2셀과 같은 글꼴 서식이 나타나는 것을 알 수 있습니다.

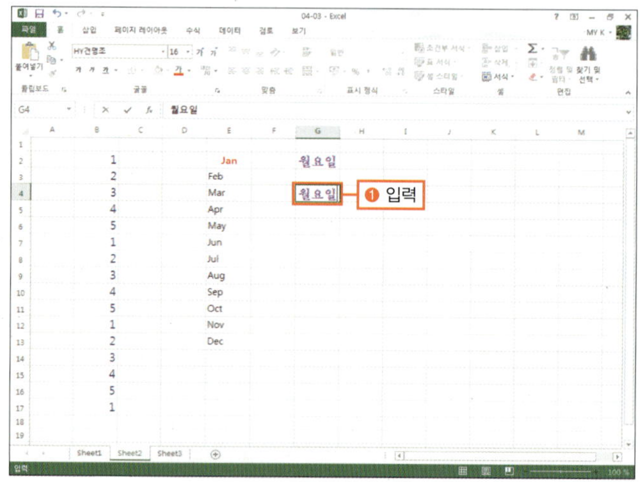

11 [빠른 채우기] 이용하기

① 'Sheet3'을 클릭해 이동한 후 ② G4셀에 'red'를 입력하고
③ **Enter** 를 누릅니다. ④ G5셀에 'g'를 입력하면 그림과 같
이 'gold'가 자동으로 나타나고 아래쪽 셀에 회색 목록으로
나머지 내용이 나타납니다. ⑤ **Enter** 를 누릅니다.

참고

예제의 표는 D열의 '고객ID'에서 색을 나타내는 텍스트만을 추출해
등급 셀에 채우기 위해 G3셀과 G4셀에 각각 'blue'와 'red'를 입력
하였습니다. 엑셀 2013의 새로운 기능인 [빠른 채우기]는 이 패턴을
인식해 다음에 넣을 데이터를 회색 목록으로 제시합니다.

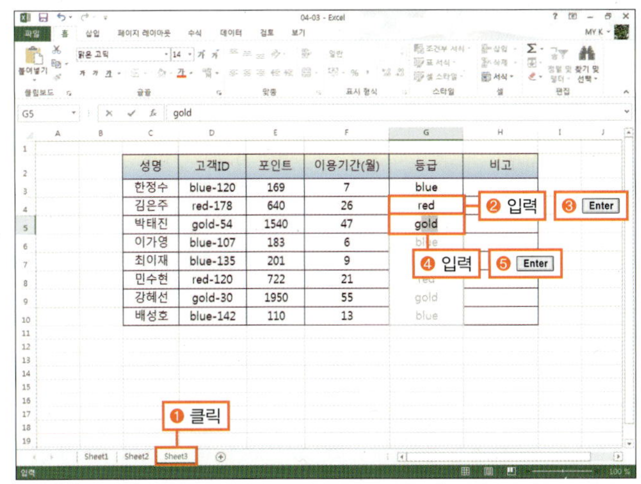

확인실습

한자와 기호를 삽입해 제목과 월을 입력하고 자동 채우기 기능을
이용해 세로 방향은 섹터를, 가로 방향은 재고량을 채워 다음과
같이 만들어 보세요.

◎ **완료 파일** : 엑셀\part01\04_실습1_완성.xlsx

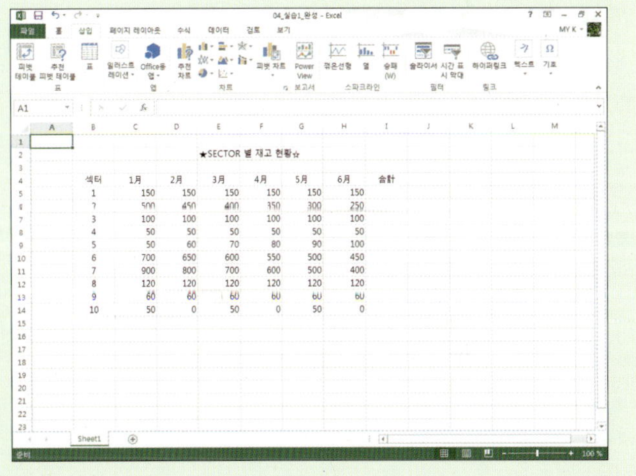

행과 열의 크기 조절하기

엑셀의 워크시트를 구성하는 행과 열의 기본 크기에 대해 살펴보고 드래그와 도구 단추를 이용해 행 높이와 열 너비를 조절하는 다양한 방법에 대해 알아봅니다.

다루는 내용

- 행 높이와 열 너비 조절하기
- 행/열 고정하기
- 행/열 숨기기

기능 정리 · 행 높이와 열 너비 알아보기

엑셀에서 워크시트를 구성하는 행과 열은 기본 크기가 지정되어 있으며 사용자의 필요에 따라 크기를 조절할 수 있습니다. 셀의 크기를 조절하는 방법은 드래그하는 방법과 리본 메뉴의 도구를 이용하는 방법이 있습니다.

● 행 높이 조절하기

행의 높이를 조절할 때는 행 머리글의 아래쪽 경계선을 위쪽 또는 아래쪽으로 드래그합니다. 기본 행의 높이는 '16.5'이며 행 높이가 바뀌면 바뀌는 높이가 표시됩니다.

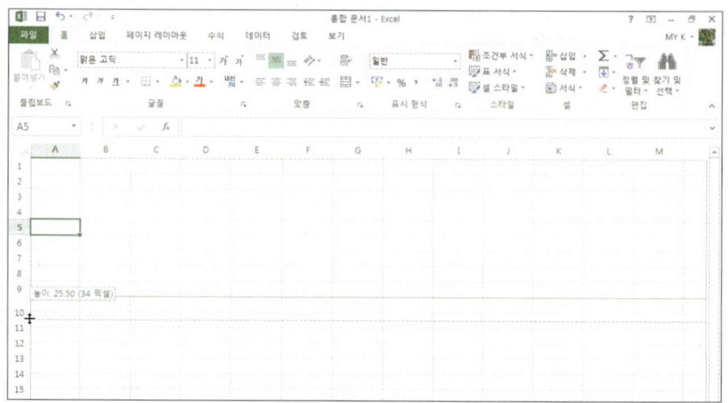

● 열 너비 조절하기

열의 너비를 조절할 때는 열 머리글의 오른쪽 경계선을 오른쪽 또는 는 왼쪽으로 드래그합니다. 열의 기본 너비는 '8.38'입니다.

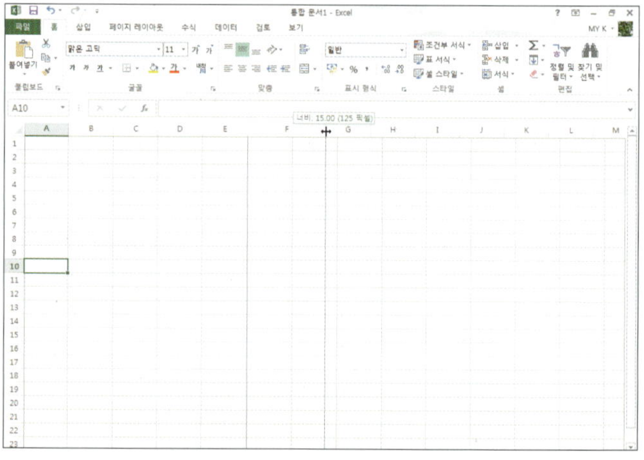

● 기본 열 너비 설정하기

모든 열에 기본적으로 설정된 너비인 '8.38'을 변경할 수 있습니다. [홈] 탭의 [셀] 그룹에서 [서식]을 클릭한 후 [기본 너비]를 선택합니다. [표준 너비] 대화상자가 나타나면 변경할 열 너비를 입력한 후 [확인]을 클릭합니다.

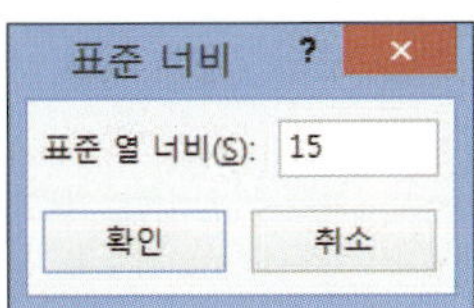

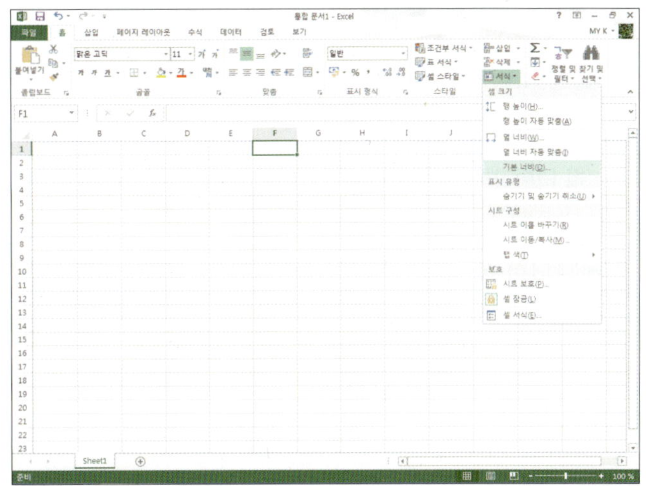

워크시트 전체의 열이 지정한 너비로 변경됩니다.

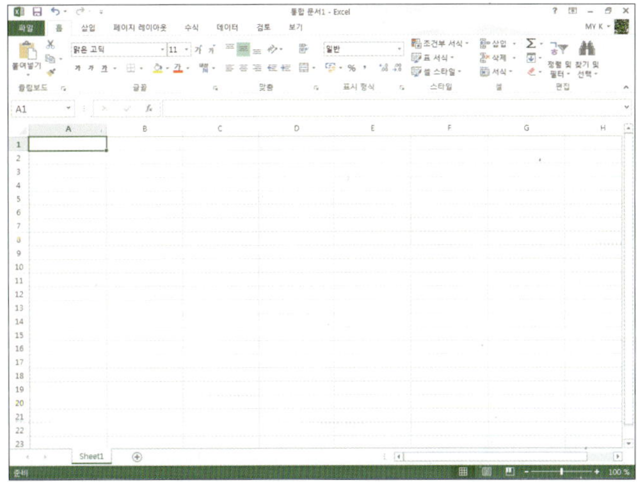

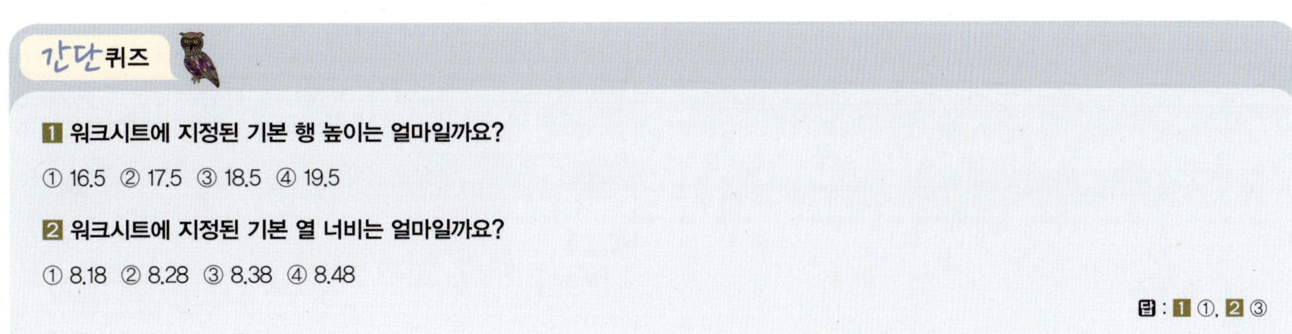

간단퀴즈

1 워크시트에 지정된 기본 행 높이는 얼마일까요?

① 16.5 ② 17.5 ③ 18.5 ④ 19.5

2 워크시트에 지정된 기본 열 너비는 얼마일까요?

① 8.18 ② 8.28 ③ 8.38 ④ 8.48

답 : **1** ①, **2** ③

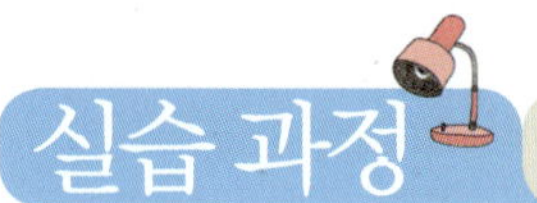

행과 열의 크기 조절하기

리본 메뉴의 도구 단추를 이용해 행의 높이나 열의 너비를 조절해 보고 행 높이와 열 너비 자동 맞춤 기능에 대해서도 알아봅니다.

01 열 너비 메뉴 선택하기

새 문서를 열고 ❶D1셀에 셀 포인터를 두고 ❷[홈] 탭의 [셀] 그룹에서 [서식]을 클릭한 후 ❸[열 너비]를 선택합니다.

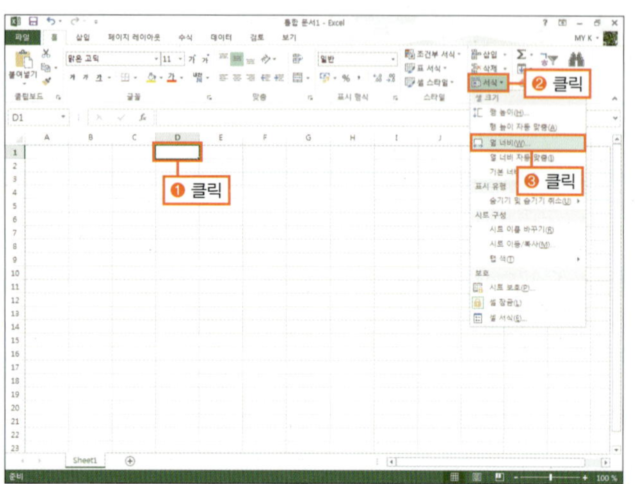

02 열 너비 지정하기

[열 너비] 대화상자가 나타나면 ❶[열 너비]에 '20'을 입력하고 ❷[확인]을 클릭합니다.

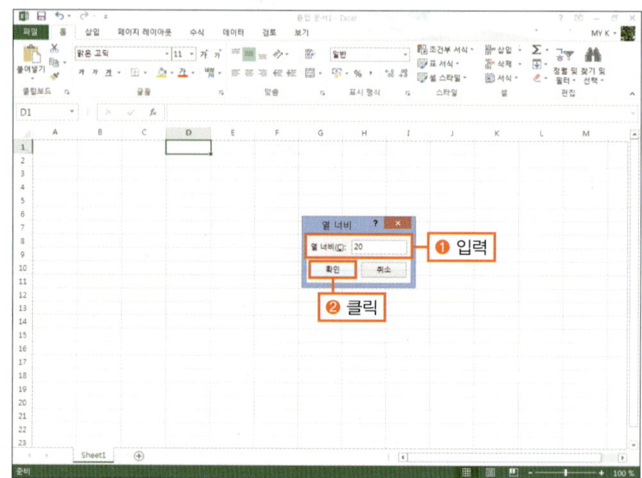

> **참고**
> D열의 열 너비를 조절하는 것이므로 셀 포인터가 D열의 어느 행에 위치해도 상관없습니다.

03 열 너비 확인하기

D열의 열 너비가 넓어진 것을 확인할 수 있습니다.

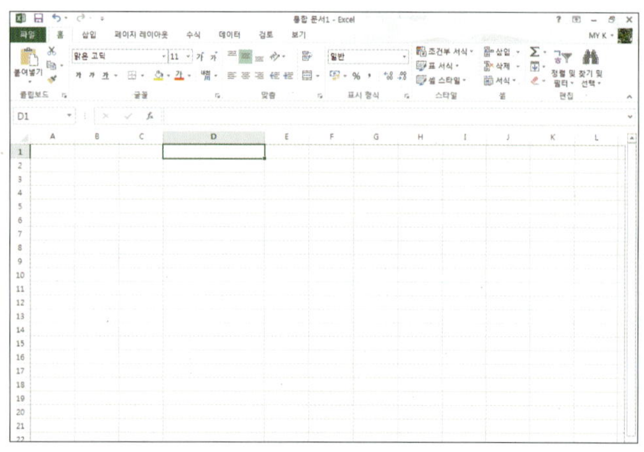

04 행 높이 메뉴 선택하기

❶A5셀에 셀 포인터를 놓고 ❷[홈] 탭의 [셀] 그룹에서 [서식]을 클릭해 ❸[행 높이]를 선택합니다.

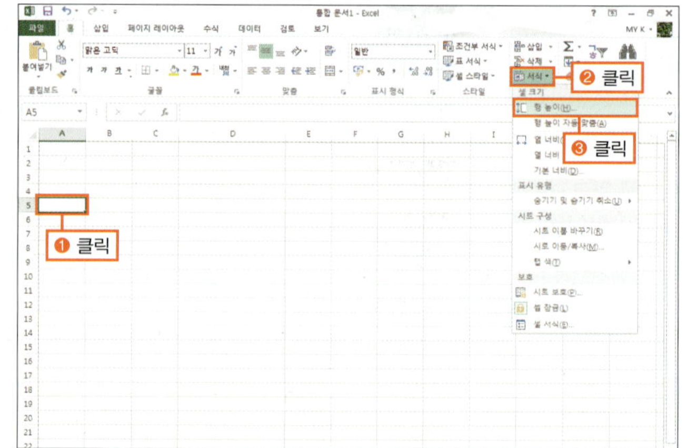

> **참고**
> 5행의 행 높이를 조절하는 것이므로 셀 포인터가 5행의 어느 열에 위치해도 상관없습니다.

05 행 높이 지정하기

[행 높이] 대화상자가 나타나면 ❶[행 높이]에 '40'을 입력하고 ❷[확인]을 클릭합니다.

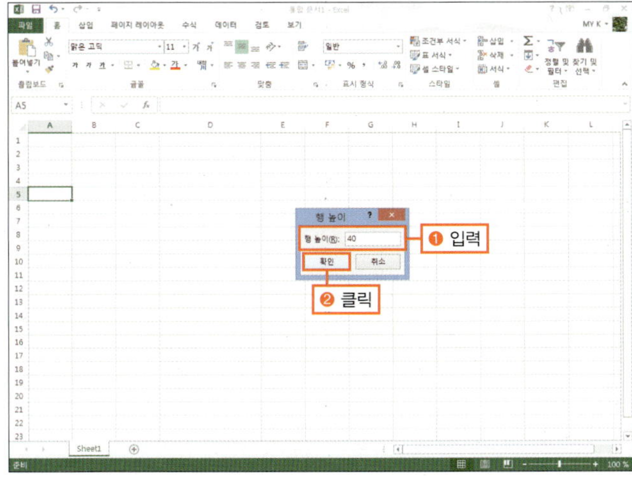

06 행 높이 확인하기

5행의 행 높이가 높아진 것을 확인할 수 있습니다.

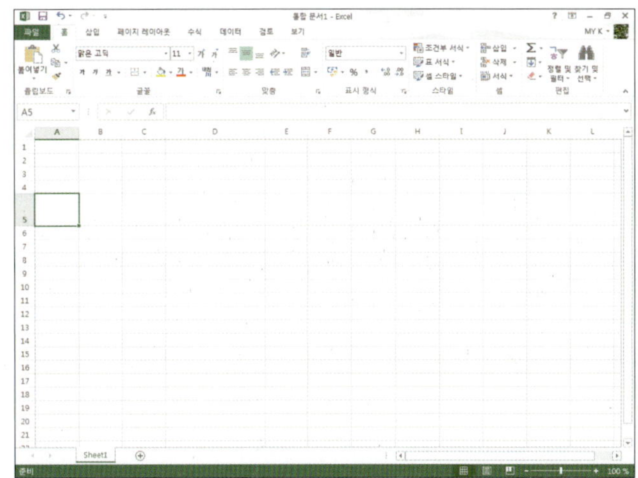

07 [열 너비 자동 맞춤] 메뉴 선택하기

❶F2셀에 '영업 실적 보고'를 입력한 다음 ❷[홈] 탭의 [셀] 그룹에서 [서식]을 클릭하고 ❸[열 너비 자동 맞춤]을 선택합니다.

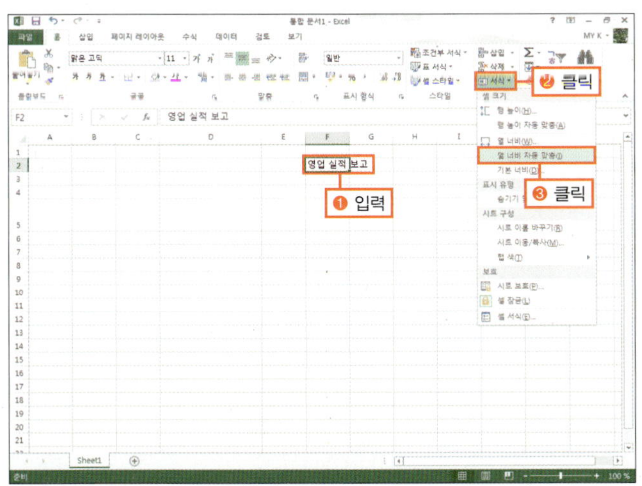

참고
[열 너비 자동 맞춤] 기능은 셀에 입력된 글자의 크기에 맞게 열의 너비를 자동으로 늘리거나 줄이는 기능입니다.

08 열 너비 확인하기

글자 너비에 맞게 열 너비가 늘어난 것을 알 수 있습니다.

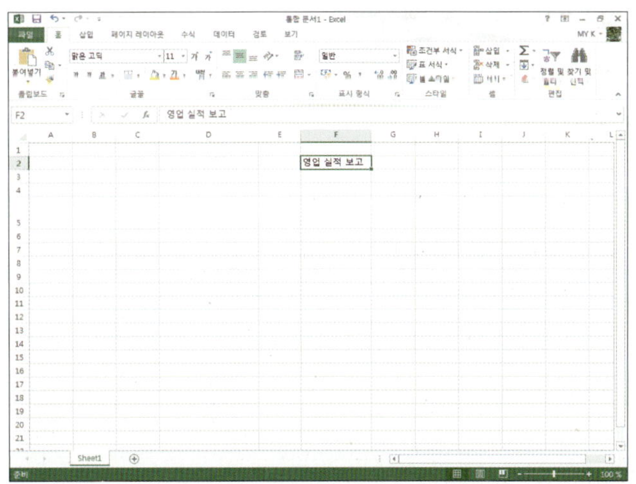

참고
입력된 글자가 원래 셀의 너비보다 크므로 열 너비가 늘어난 것을 확인할 수 있습니다.

❶B2셀에 '1월'을 입력한 다음 ❷[홈] 탭의 [셀] 그룹에서
[서식]을 클릭하고 ❸[열 너비 자동 맞춤]을 선택합니다.

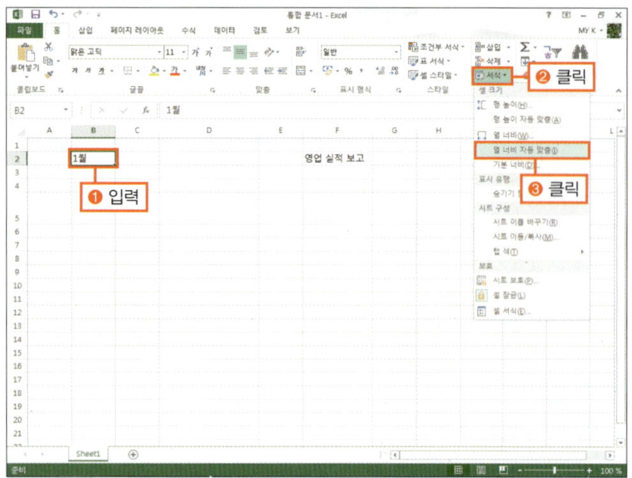

열 너비보다 적은 글자를 입력하였으므로 열 너비가 글자
에 맞게 줄어듭니다.

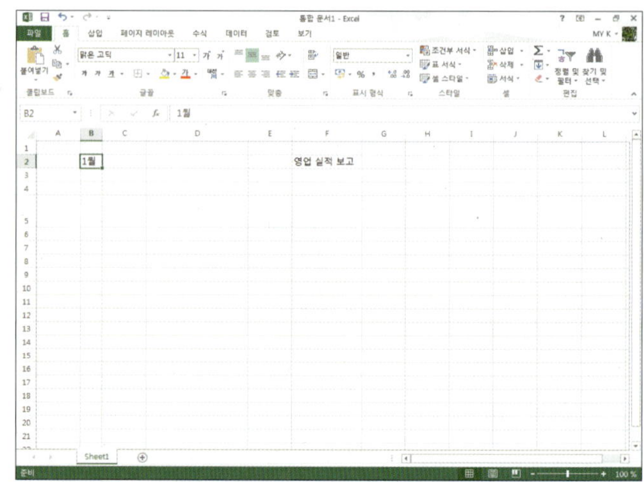

참고

[홈] 탭의 [셀] 그룹에서 [서식]을 클릭하고 [행 높이 자동 맞춤]을 선
택하면 입력된 글자의 크기에 맞게 행 높이를 늘리거나 줄일 수 있
습니다.

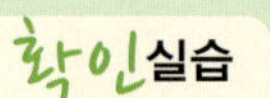 

**새 문서를 열고 다음 조건에 따라 행의 높이와 열의 너비를 조절
해 보세요.**

- 열의 기본 너비 : 13
- B열과 D열의 너비 : 20
- 4행과 10행의 높이 : 30

◎ **완료 파일** : 엑셀\part01\04_실습2_완성.xlsx

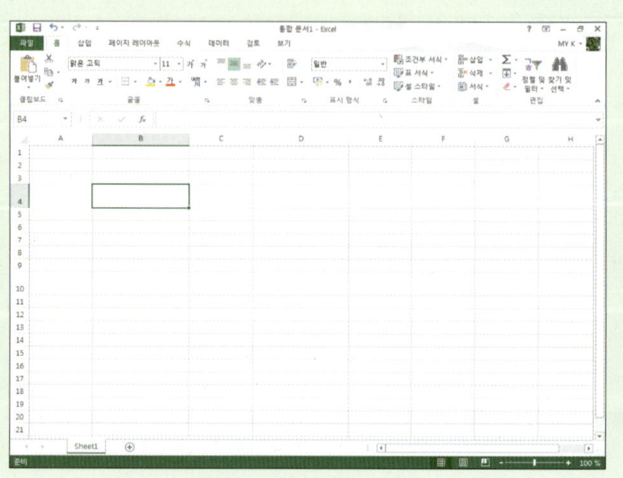

❶ 새 문서에서 다음과 같이 내용을 입력한 후 행 높이와 열 너비를 변경하고 '월별 제품 출고 현황'으로 저장해 보세요.

◎ **완료 파일** : 엑셀\part01\월별 제품 출고 현황_완료.xlsx
◎ **해설 파일** : 엑셀\해설파일\월별 제품 출고 현황.hwp, pdf

Before   After

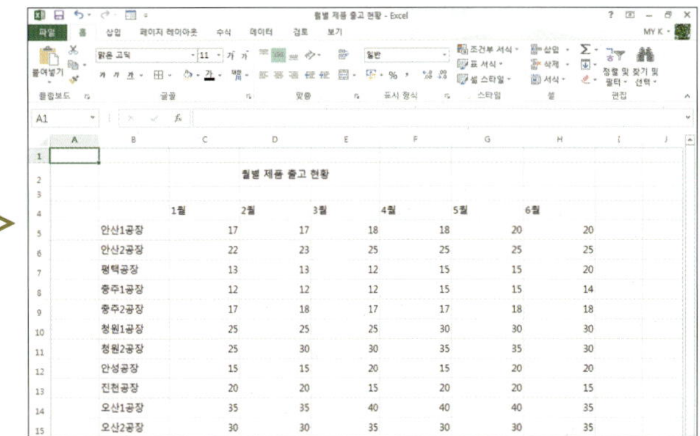

❶새 문서를 열고 내용 입력하기 ❷[홈]-[서식]-[열 너비] 메뉴 선택하기 ❸[열 너비] 대화상자에서 열 너비 입력하기 ❹[홈]-[서식]-[행 높이] 메뉴 선택하기 ❺[행 높이] 대화상자에서 행 높이 입력하기 ❻행 머리글 사이를 드래그해 행 높이 지정하기 ❼저장 메뉴 선택하고 [컴퓨터]-[찾아보기] 선택하기 ❽[다른 이름으로 저장] 대화상자에서 저장 위치와 이름 지정해 저장하기

❷ 시작 파일을 열고 '월'을 한자로 모두 변경한 후 제목에 다음과 같은 기호를 삽입하고 파일명을 '제품 출고 현황_완료'로 변경해 저장해 보세요.

◎ **시작 파일** : 엑셀\part01\제품 출고 현황.xlsx
◎ **완료 파일** : 엑셀\part01\제품 출고 현황_완료.xlsx
◎ **해설 파일** : 엑셀\해설파일\제품 출고 현황.hwp, pdf

Before   After

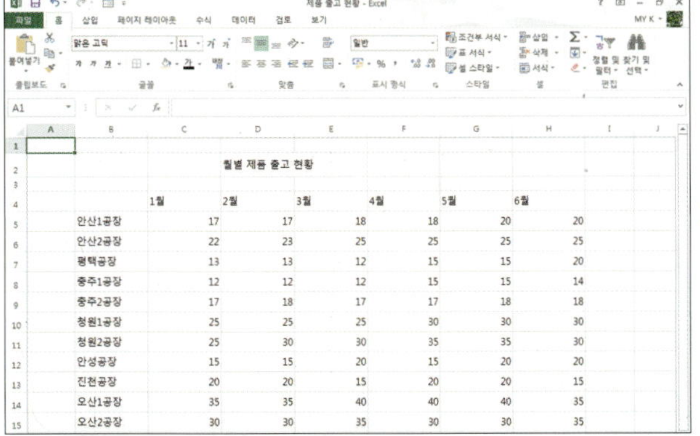

❶[검토] 탭에서 [한글/한자 변환] 메뉴 선택하기 ❷[한글/한자 변환] 대화상자에서 한자 선택해 삽입하기 ❸채우기 핸들로 자동 채우기 ❹[삽입] 탭에서 기호 도구 선택하기 ❺[기호] 대화상자에서 기호 선택해 삽입하기 ❻[삽입] 탭에서 기호 도구 선택하기 ❼[기호] 대화상자에서 기호 삽입하기 ❽범위 지정해 입력된 내용 가운데로 정렬하기

글꼴 스타일 설정하기

워크시트에서 여러 셀을 선택하는 다양한 방법을 알아보고 선택한 셀에 글꼴 스타일과 속성을 지정하는 방법에 대해 알아봅니다.

다루는 내용
- 셀 다중 선택 방법 알아보기
- 글꼴, 글꼴 크기 지정하기
- 글꼴 색과 속성 설정하기

기능 정리 · 다양한 셀 선택 방법 알아보기

워크시트에서 셀을 다중으로 선택하는 방법은 여러 가지가 있습니다. 다음과 같은 방법을 활용하면 여러 셀에 원하는 작업을 한 번에 수행할 수 있어 편리합니다.

● 떨어진 여러 셀 선택하기

Ctrl 을 누른 채 선택할 셀들을 차례대로 클릭 또는 드래그합니다.

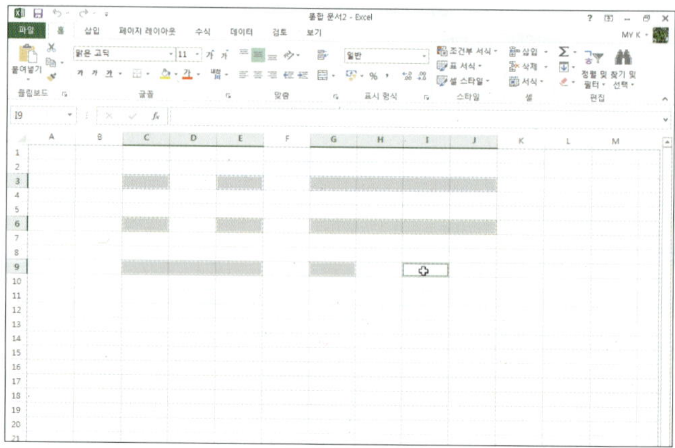

● 연속된 여러 셀 선택하기

좁은 범위의 영역을 지정할 때는 선택하고자 하는 셀을 드래그하면 됩니다. 넓은 범위의 영역을 지정할 때는 선택할 범위의 왼쪽 위의 첫 셀을 클릭한 후 Shift 를 누른 채 오른쪽 아래의 마지막 셀을 클릭하면 됩니다.

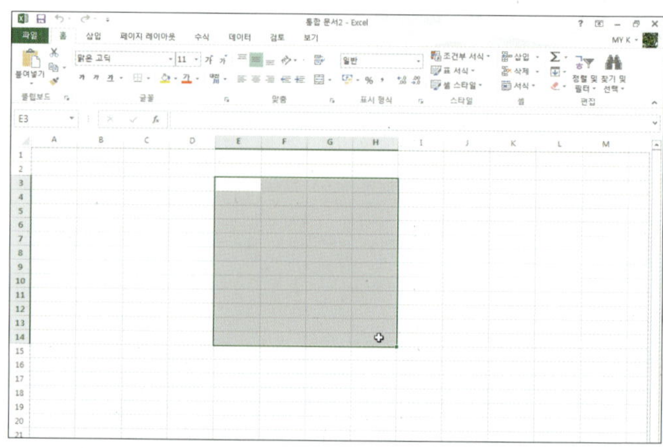

● **행 또는 열 선택하기**

행의 머리글이나 열의 머리글을 클릭하면 행 전체 또는 열 전체를 선택할 수 있습니다.

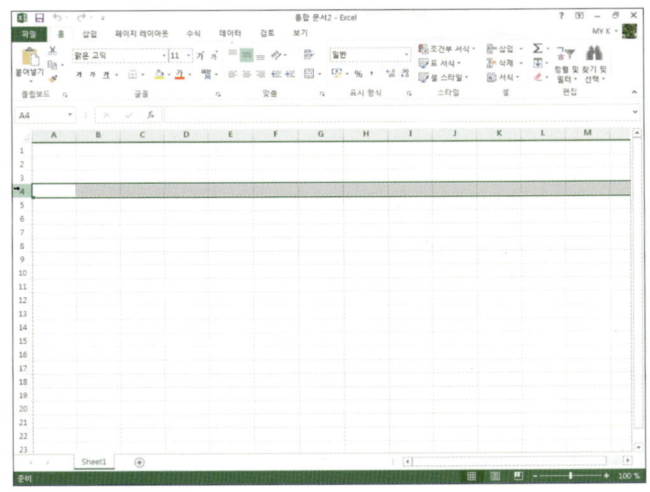

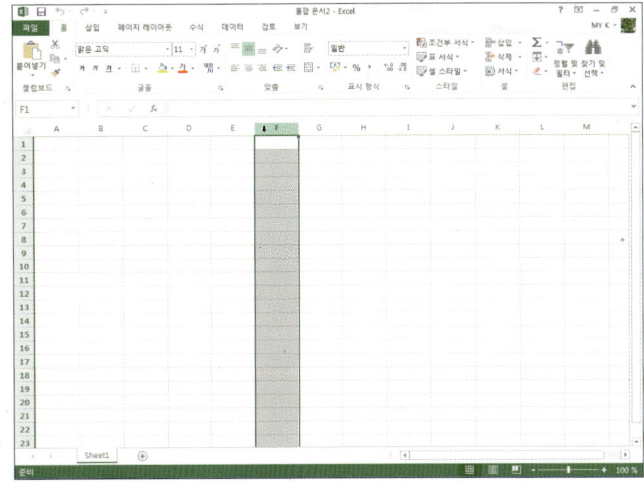

● **워크시트 전체 선택하기**

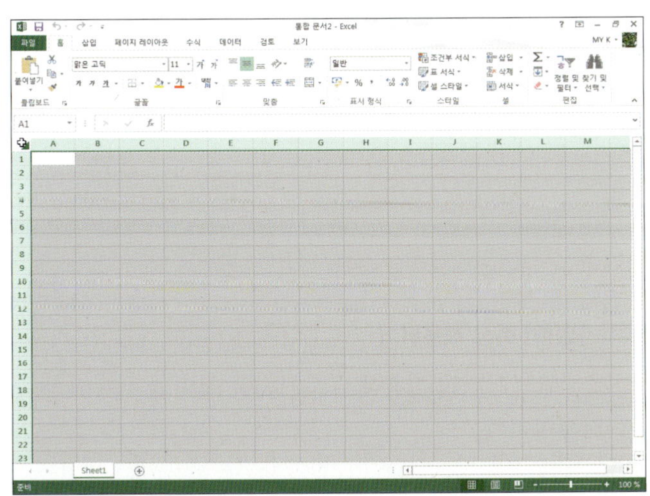

행의 머리글과 열의 머리글이 만나는 곳을 클릭하면 워크시트 전체를 범위로 지정해 선택할 수 있습니다.

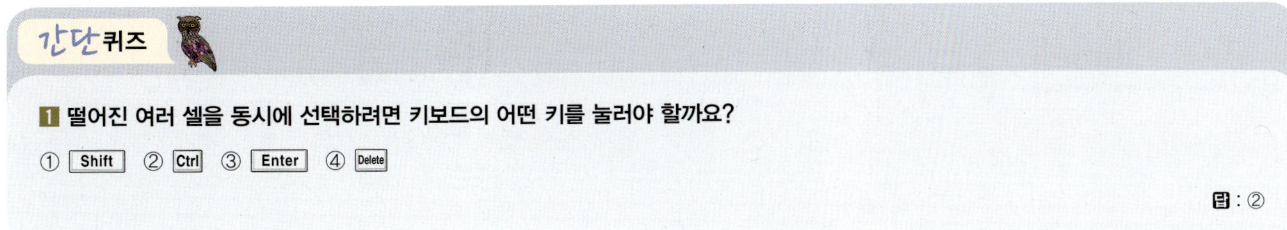

리본 메뉴의 도구를 이용해 텍스트의 글꼴과 글꼴 크기, 글꼴 색, 속성을 지정하는 방법에 대해 알아봅니다.

시작 파일 : 엑셀\part02\01-01.xlsx
완료 파일 : 엑셀\part02\01-01_완성.xlsx

01 제목에 글꼴 적용하기

❶E2셀을 클릭하고 ❷[홈] 탭의 [글꼴] 그룹에서 [글꼴]의 목록 단추를 클릭합니다. 글꼴 목록이 나타나면 ❸[HY동녘M]을 선택합니다.

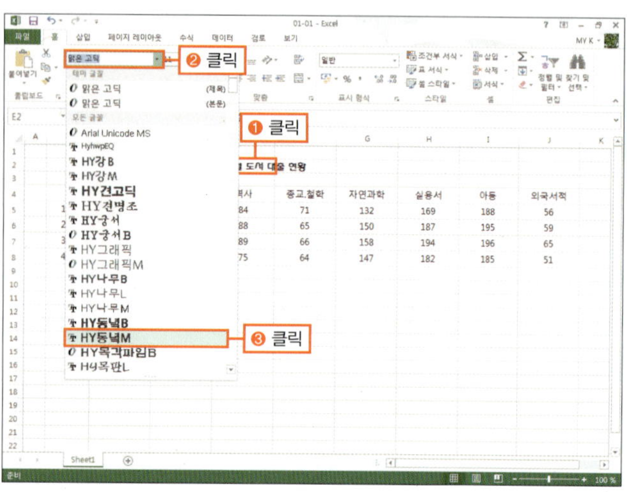

02 글꼴 크기 지정하기

E2셀에서 ❶[홈] 탭의 [글꼴] 그룹에서 [글꼴 크기]의 목록 단추를 클릭하고 ❷[18]을 선택합니다.

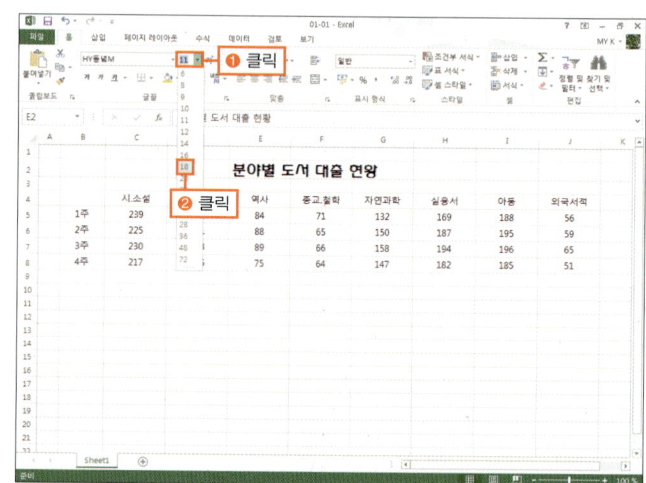

03 글꼴 색 지정하기

❶[홈] 탭의 [글꼴] 그룹에서 [글꼴 색]의 목록 단추를 클릭하고 ❷[파랑]을 선택합니다.

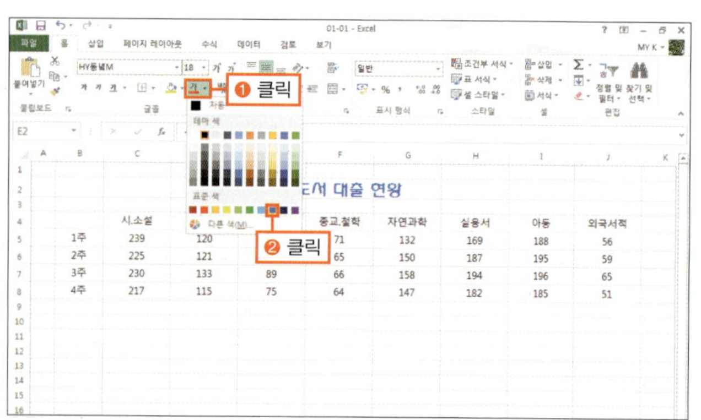

> **참고**
> 색 목록에 원하는 색이 없는 경우에는 [다른 색]을 클릭하면 열리는 [색] 대화상자의 [표준] 탭 또는 [사용자 지정] 탭에서 원하는 색을 선택할 수 있습니다.

04 [밑줄] 속성 적용하기

❶[홈] 탭의 [글꼴] 그룹에서 [밑줄]을 클릭해 제목에 밑줄을 적용합니다.

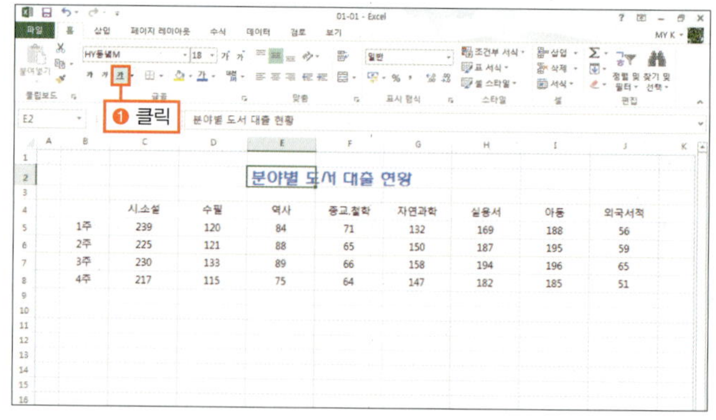

> **참고**
> [밑줄]의 목록 단추를 클릭하여 [이중 밑줄]을 선택할 수도 있습니다.

05 [굵게] 속성 적용하기

❶ B5셀에서 B8셀까지 드래그하여 범위로 지정한 후 ❷ [홈] 탭의 [글꼴] 그룹에서 [굵게]를 클릭하여 범위 안 텍스트의 굵기를 진하게 합니다.

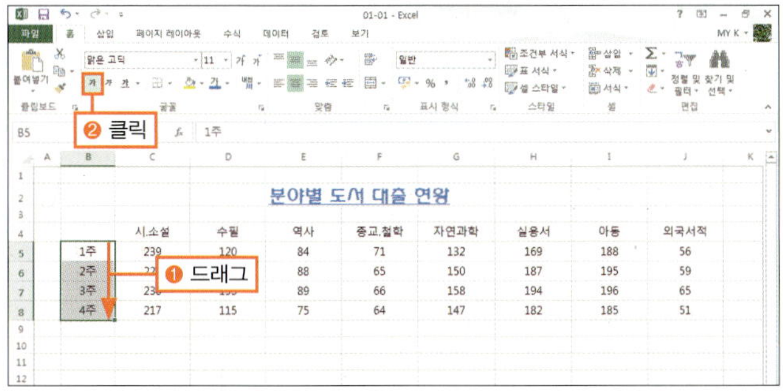

06 [기울임꼴] 속성 적용하기

❶ [홈] 탭의 [글꼴] 그룹에 있는 [기울임꼴]을 클릭하고 ❷ I10셀에 '5월 현황'을 입력합니다. [기울임꼴]이 적용된 텍스트가 입력됩니다.

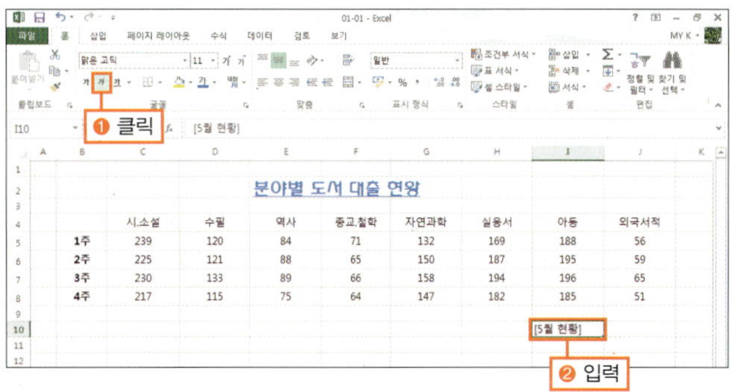

실습 과정 대화상자에서 글꼴 스타일 적용하기

[셀 서식] 대화상자를 이용하여 글꼴 스타일이나 속성 등을 한 번에 지정하는 방법을 알아봅니다.

◎ **시작 파일** : 엑셀\part02\01-02.xlsx
◎ **완료 파일** : 엑셀\part02\01-02_완성.xlsx

01 대화상자 열기

❶ E2셀을 클릭하고 ❷ [홈] 탭의 [글꼴] 그룹 오른쪽 하단에 위치한 [더 보기]( )를 클릭합니다.

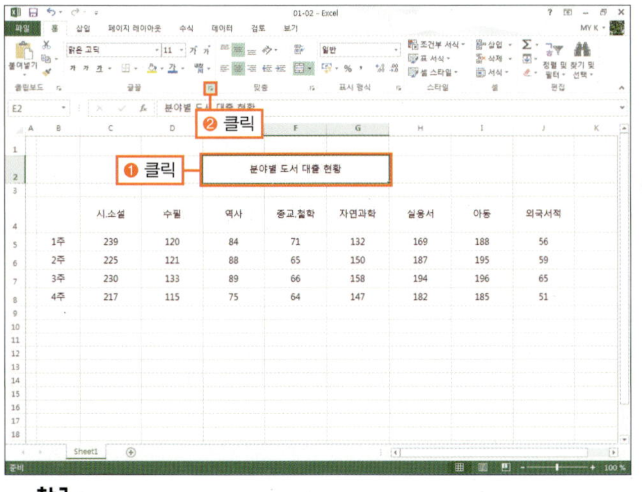

02 셀 서식 지정하기

[셀 서식] 대화상자의 [글꼴] 탭이 나타나면 ❶ [글꼴]은 [MD이솝체], ❷ [글꼴 스타일]은 [굵게], ❸ [크기]는 [20]을 선택합니다. ❹ [밑줄]은 [이중 실선], ❺ [색]은 [진한 빨강]을 선택한 후 ❻ [확인]을 클릭합니다.

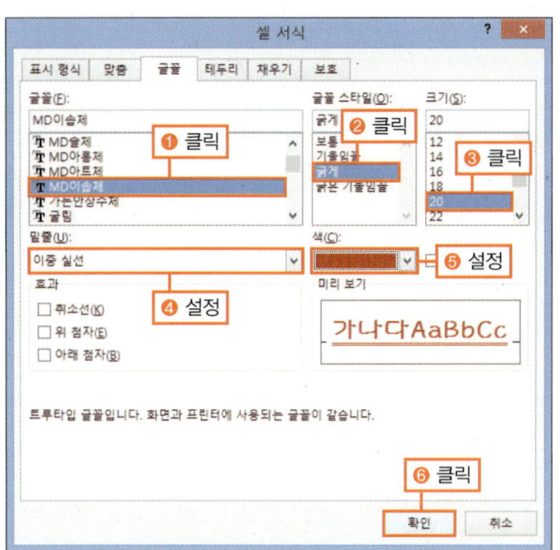

참고

리본 메뉴에서 그룹 오른쪽에 표시되는 [더 보기]( )를 클릭하면 해당 기능이 포함된 대화상자가 나타납니다.

설정한 글꼴 서식이 적용되어 제목 스타일이 변경됩니다. ❶B4셀에서 J8셀까지 드래그하여 범위를 지정한 후 ❷[홈] 탭의 [글꼴] 그룹에서 [더 보기](☐)를 클릭합니다.

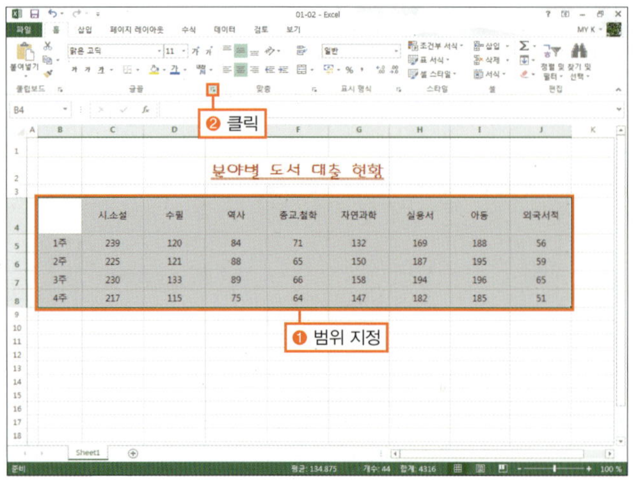

[셀 서식] 대화상자의 [글꼴] 탭이 나타나면 ❶[글꼴]에서 [HY강B]를, ❷[크기]에서 [14]를 선택하고 ❸[색]에서 [진한 파랑]을 선택한 후 ❹[확인]을 클릭합니다.

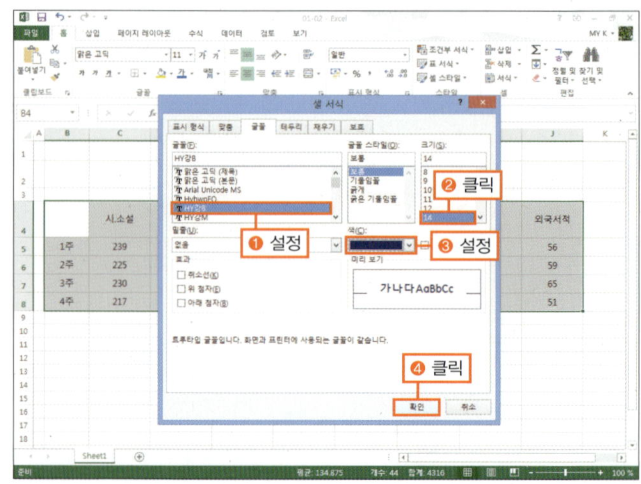

확인실습

시작 파일에서 글꼴과 글꼴 색, 글꼴 크기 등의 속성을 설정하여 다음과 같은 표를 만들어 보세요.

[항목명] 글꼴 : 양재인장체M, 글꼴 크기 : 18pt, 글꼴 색 : 자주색

[표 안의 내용] 글꼴 : 돋움체, 글꼴 크기 : 14pt, 글꼴 색 : 진한 빨강, 진한 파랑, 녹색, 강조 6, 50% 더 어둡게

◉ 시작 파일 : 엑셀\part02\01_실습1.xlsx
◉ 완료 파일 : 엑셀\part02\01_실습1_완성.xlsx

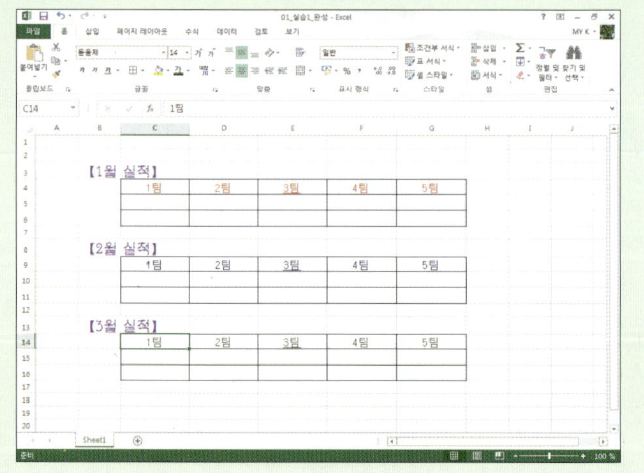

데이터 맞춤 형식 설정과 셀 병합하기

셀에 입력된 데이터의 위치를 설정하거나 방향을 회전하는 방법을 살펴봅니다. 또한 여러 셀을 하나로 병합하고 병합한 셀을 원래대로 분할하는 기능에 대해서 알아보겠습니다.

다루는 내용

- 셀 맞춤 설정하기
- 셀 방향 회전하기
- 셀 병합하기 및 셀 분할하기

기능 정리 — 맞춤 설정을 위한 방법 알아보기

데이터를 맞춤 설정하는 여러 가지 방법을 알아보겠습니다. [홈] 탭의 [맞춤] 그룹에서 선택된 셀의 데이터를 다양하게 맞춤 설정할 수 있습니다. 또는 셀을 병합하거나 텍스트를 회전할 수 있으며 [셀 서식] 대화상자의 [맞춤] 탭에 있는 도구를 이용하여 여러 가지 설정을 한 번에 적용할 수도 있습니다.

● [홈] 탭의 [맞춤] 그룹에서 설정하기

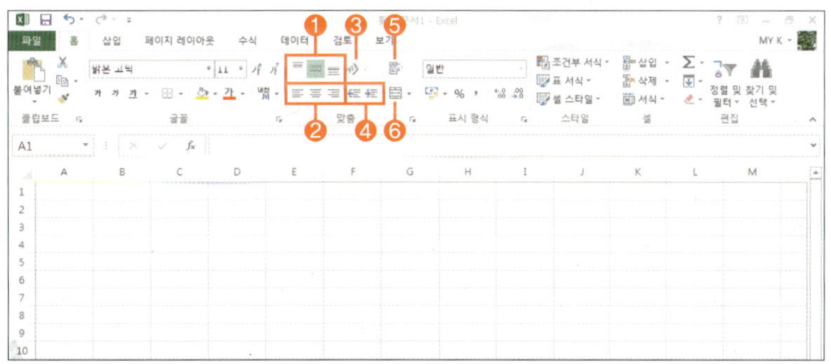

❶ **위쪽 맞춤/가운데 맞춤/아래쪽 맞춤** : 텍스트를 세로 방향 기준으로 위쪽이나 가운데, 아래쪽으로 맞춥니다.

❷ **왼쪽 맞춤/가운데 맞춤/오른쪽 맞춤** : 텍스트를 가로 방향 기준으로 왼쪽이나 가운데, 오른쪽으로 맞춥니다.

❸ **방향** : 텍스트를 위/아래로 회전하거나 시계 방향, 시계 반대 방향, 세로 방향 등으로 입력되도록 설정합니다.

❹ **내어쓰기/들여쓰기** : 텍스트를 오른쪽으로 들여쓰거나 들여쓴 텍스트를 내어씁니다.

❺ **텍스트 줄 바꿈** : 셀 너비보다 긴 내용을 입력할 때 셀 안에서 줄을 바꾸어 다음 줄에 입력합니다.

❻ **병합하고 가운데 맞춤** : 여러 셀을 하나로 병합하고 텍스트를 가운데로 정렬합니다.

● **[셀 서식] 대화상자의 [맞춤] 탭에서 설정하기**

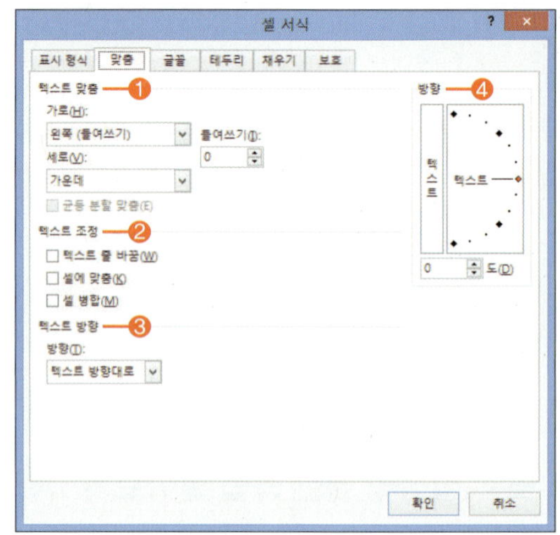

❶ **텍스트 맞춤** : 텍스트를 셀의 가로, 세로 방향으로 맞추거나 왼쪽, 가운데, 양쪽 맞춤, 균등 분할 등으로 맞춥니다. 들여쓰기 위치를 지정합니다.

❷ **텍스트 조정**

- **텍스트 줄 바꿈** : 셀 너비보다 긴 내용을 입력할 때 셀 안에서 줄을 바꾸어 다음 줄에 입력되도록 합니다.
- **셀에 맞춤** : 텍스트의 크기를 셀의 크기에 맞춰 조정합니다.
- **셀 병합** : 여러 셀을 하나의 셀로 병합합니다.

❸ **텍스트 방향** : 텍스트가 입력되는 방향을 변경합니다.

❹ **방향** : 텍스트를 세로 방향으로 입력하거나 설정한 각도만큼 회전하여 입력되도록 합니다.

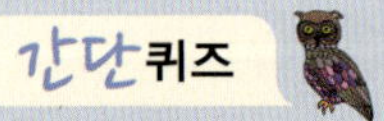

1 셀 너비보다 긴 내용을 입력할 때 셀 안에서 줄을 바꾸어 다음 줄에 입력하는 기능은 무엇일까요?

① 셀 병합 ② 셀 분할 ③ 텍스트 줄 바꿈 ④ 셀에 맞춤

답 : ③

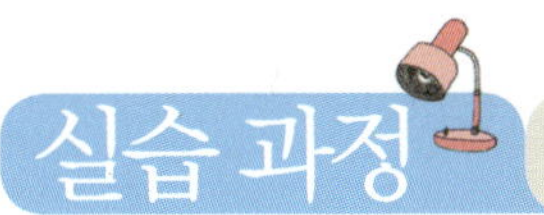

셀 병합하여 맞추기/셀 분할하기

여러 셀을 선택해 1개의 셀로 병합하는 방법과 병합한 셀을 다시 원래대로 분할하는 방법에 대해 알아보겠습니다.

- **시작 파일** : 엑셀\part02\02-01.xlsx
- **완료 파일** : 엑셀\part02\02-01_완성.xlsx

01 [병합하고 가운데 맞춤] 메뉴 선택하기

❶D2셀에서 G2셀까지 드래그하여 범위로 지정한 후 ❷ [홈] 탭의 [맞춤] 그룹에서 [병합하고 가운데 맞춤](🔳)을 클릭합니다.

02 [셀 병합] 메뉴 선택하기

4개의 셀이 1개의 셀로 병합되고 제목이 가운데로 맞춰집니다. ❶G3셀에서 H3셀까지 드래그하여 범위로 지정한 후 ❷[홈] 탭의 [맞춤] 그룹에서 [병합하고 가운데 맞춤](🔳)의 목록 단추를 클릭하고 ❸[셀 병합]을 선택합니다.

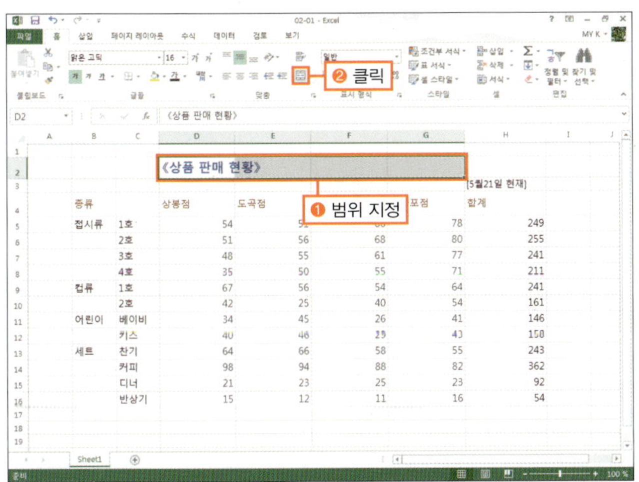

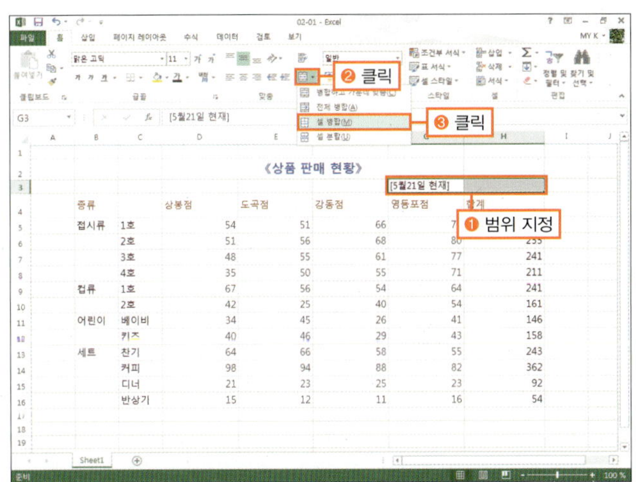

> **참고**
> 현재 D2셀에만 내용이 입력되어 있습니다.

> **참고**
> G3셀에 입력된 데이터는 별도의 맞춤 설정을 적용하지 않았으므로 왼쪽 맞춤 상태입니다.

03 세로 방향으로 셀 병합하기

G3셀에서 H3셀이 1개의 셀로 병합되고 텍스트 맞춤 상태는 왼쪽 맞춤을 유지합니다. ❶B5셀에서 B8셀까지 세로 방향으로 드래그하여 범위를 지정하고 ❷[홈] 탭의 [맞춤] 그룹에서 [병합하고 가운데 맞춤](🔳)의 목록 단추를 클릭한 후 ❸[병합하고 가운데 맞춤]을 선택합니다.

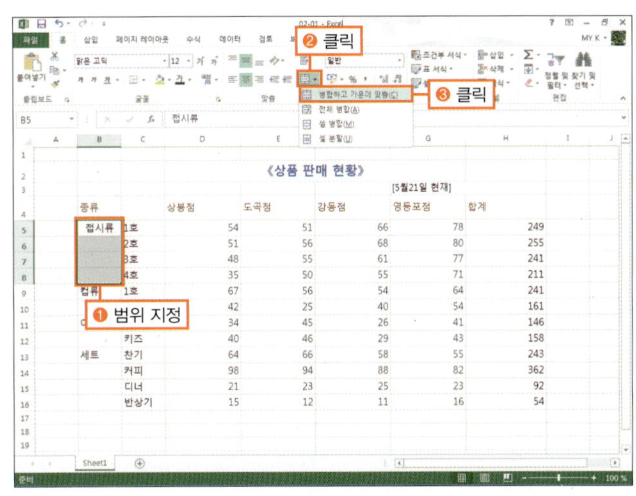

> **참고**
> [홈] 탭의 [맞춤] 그룹에서 [병합하고 가운데 맞춤](🔳)을 클릭해도 됩니다.

04 세로 방향으로 셀 병합하기

셀이 하나로 병합되고 텍스트가 가로, 세로 방향 모두 가운데로 정렬됩니다. ❶B9:B10셀, B11:B12셀, B13:B16셀을 각각 범위 지정한 후 ❷병합하고 가운데로 맞춥니다.

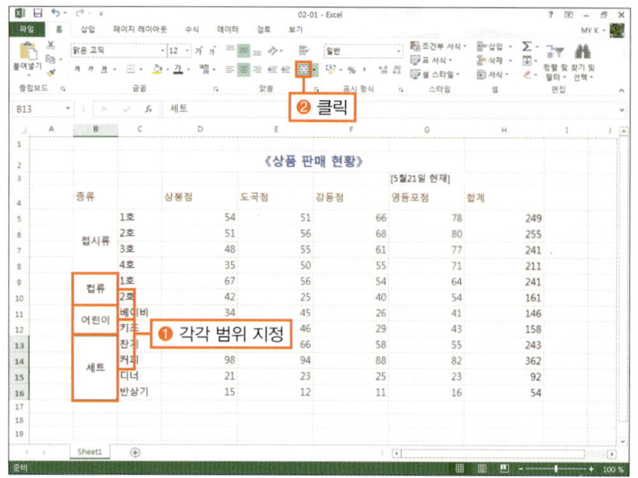

> **참고**
>
> B9:B10은 B9셀에서 B10셀까지의 셀 범위를 의미합니다.

05 셀 분할하기

❶앞에서 병합했던 G3셀을 선택한 후 ❷[홈] 탭의 [맞춤] 그룹에서 [병합하고 가운데 맞춤]( )의 목록 단추를 클릭한 후 ❸[셀 분할]을 선택합니다.

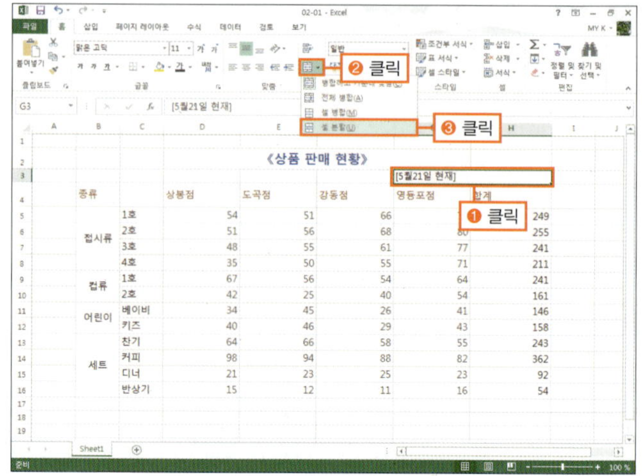

06 셀 분할 확인하기

병합되었던 셀이 2개의 셀로 분할됩니다.

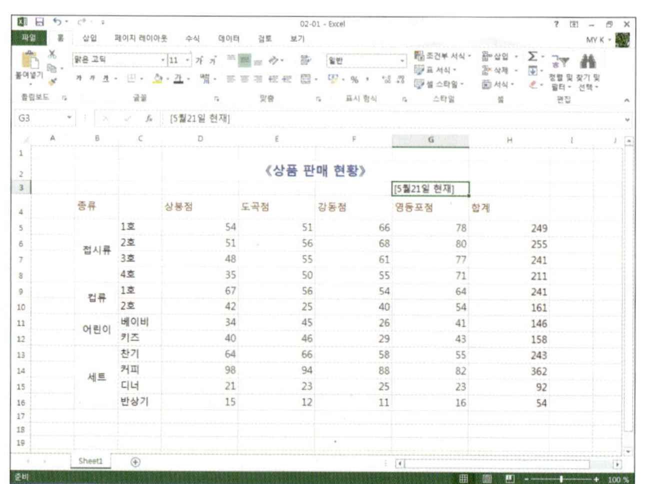

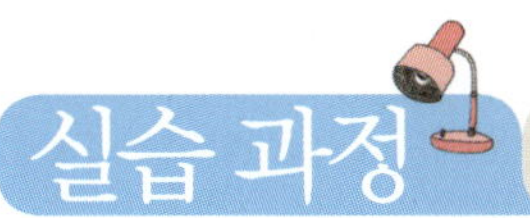

실습 과정 | 데이터 다양하게 정렬, 회전하기

텍스트를 여러 방향으로 회전하는 방법과 들여쓰거나 정렬하는 방법에 대해서 알아봅니다.

- 시작 파일 : 엑셀\part02\02-02.xlsx
- 완료 파일 : 엑셀\part02\02-02_완성.xlsx

01 [가운데 맞춤] 설정하기

❶D5:I16셀을 범위로 지정한 후 ❷[홈] 탭의 [맞춤] 그룹에서 [가운데 맞춤](≡)을 클릭합니다.

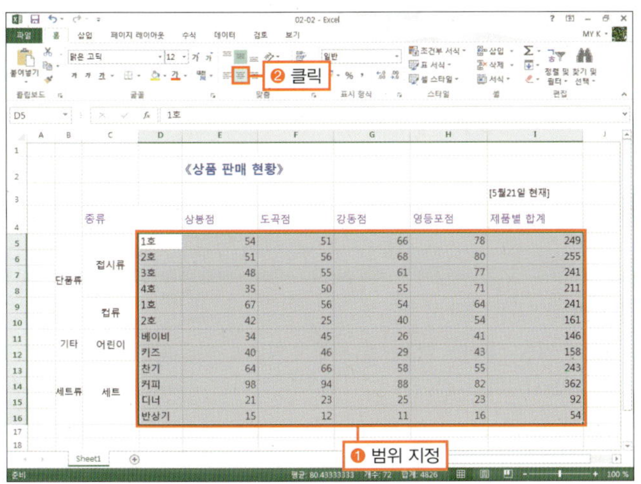

02 [위쪽 맞춤]과 [오른쪽 맞춤] 설정하기

❶I3셀을 선택한 후 ❷[홈] 탭의 [맞춤] 그룹에서 [위쪽 맞춤](≡)과 ❸[오른쪽 맞춤](≡)을 클릭합니다.

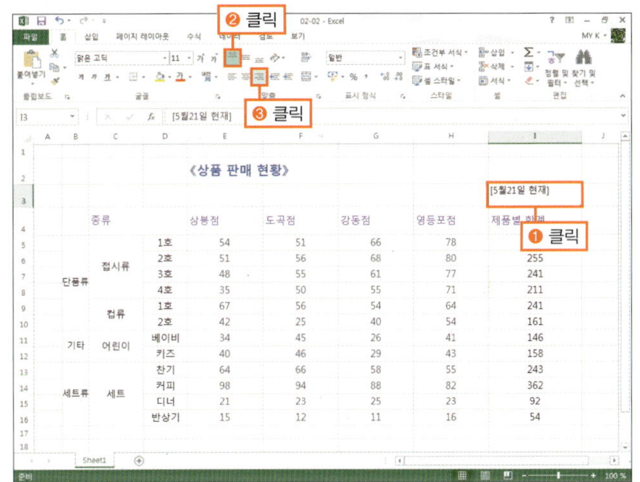

03 [들여쓰기] 설전하기

❶E2셀에서 ❷[홈] 탭의 [맞춤] 그룹에서 [들여쓰기](≡)를 3번 클릭합니다. 제목이 오른쪽으로 이동합니다.

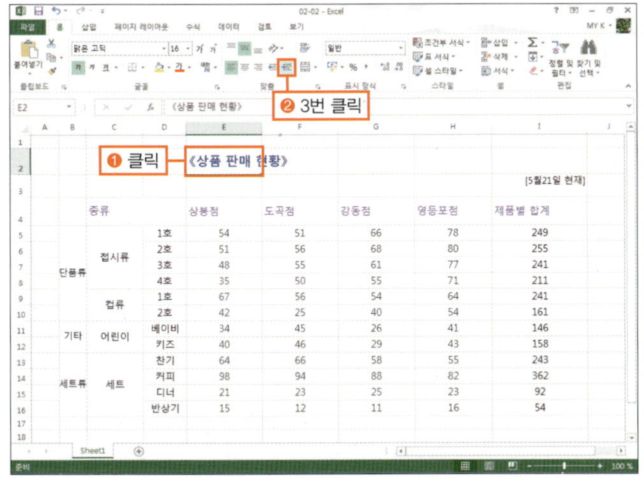

04 [셀 서식] 대화상자에서 [균등 분할] 설정하기

❶C4:I4셀을 드래그한 후 ❷[홈] 탭의 [맞춤] 그룹에서 [더 보기](⤢)를 클릭합니다. [셀 서식] 대화상자의 [맞춤] 탭에서 ❸[텍스트 맞춤]의 [가로]를 [균등 분할(들여쓰기)]로, ❹[들여쓰기]를 [1]로 설정하고 ❺[확인]을 클릭합니다.

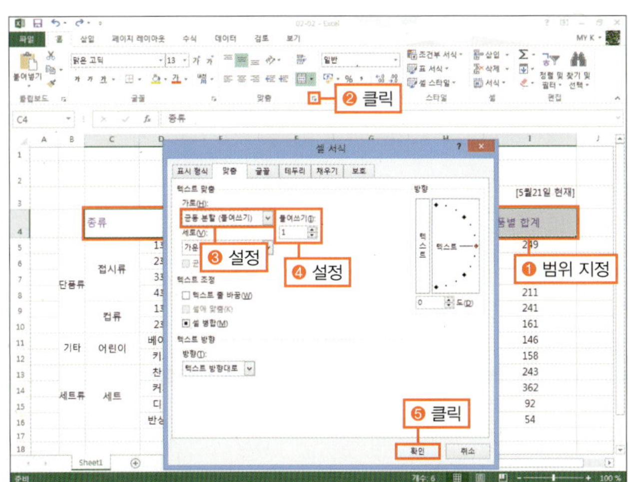

05 시계 반대 방향 표시하기

❶C5셀을 선택한 후 ❷[홈] 탭의 [맞춤] 그룹에서 [방향] ( )을 클릭하고 ❸목록에서 [시계 반대 방향 각도]를 선택합니다.

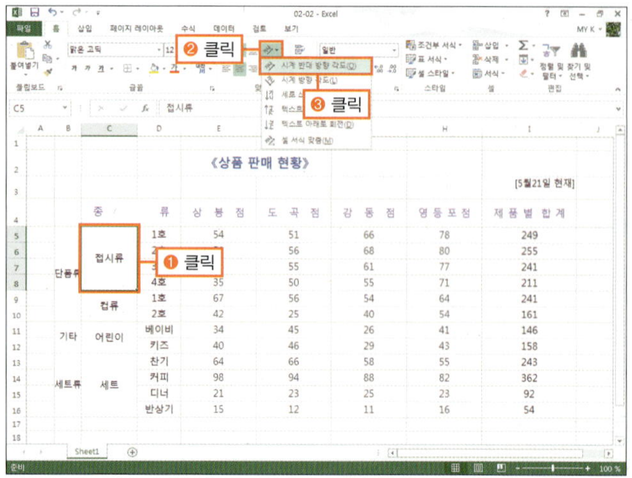

참고 ●

[시계 반대 방향 각도]는 텍스트를 시계 반대 방향으로 45° 회전하여 표시하는 기능입니다.

06 시계 방향으로 표시하기

텍스트가 시계 반대 방향으로 회전합니다. ❶C13셀을 선택한 후 ❷[홈] 탭의 [맞춤] 그룹에서 [방향]( )을 클릭하고 ❸목록에서 [시계 방향 각도]를 선택합니다.

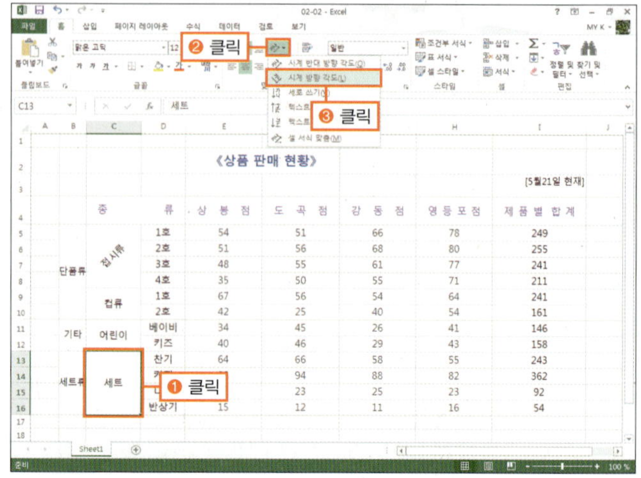

참고 ●

[시계 방향 각도]는 텍스트를 시계 방향으로 −45° 회전하여 표시하는 기능입니다.

07 세로 쓰기 설정하기

텍스트가 시계 방향으로 회전합니다. ❶B5셀을 선택한 후 ❷[홈] 탭의 [맞춤] 그룹에서 [방향]( )을 클릭하고 ❸목록에서 [세로 쓰기]를 선택합니다.

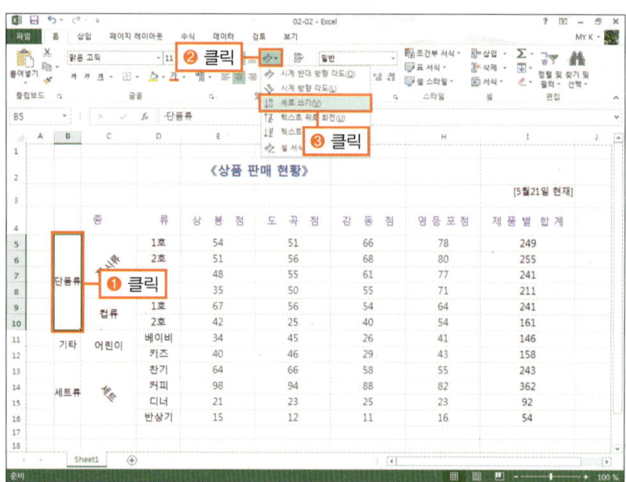

08 텍스트 위로 회전하기

텍스트가 세로 방향으로 표시됩니다. ❶B11셀을 선택한 후 ❷[홈] 탭의 [맞춤] 그룹에서 [방향]( )을 클릭하고 ❸목록에서 [텍스트 위로 회전]을 선택합니다.

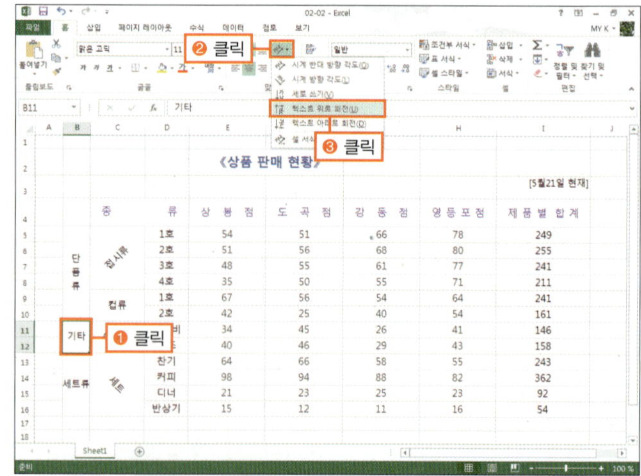

09 텍스트 아래로 회전하기

텍스트가 아래에서 위쪽 방향으로 90° 회전하여 표시됩니다. ❶B13셀을 선택한 후 ❷[홈] 탭의 [맞춤] 그룹에서 [방향]( )을 클릭하고 ❸목록에서 [텍스트 아래로 회전]을 선택합니다.

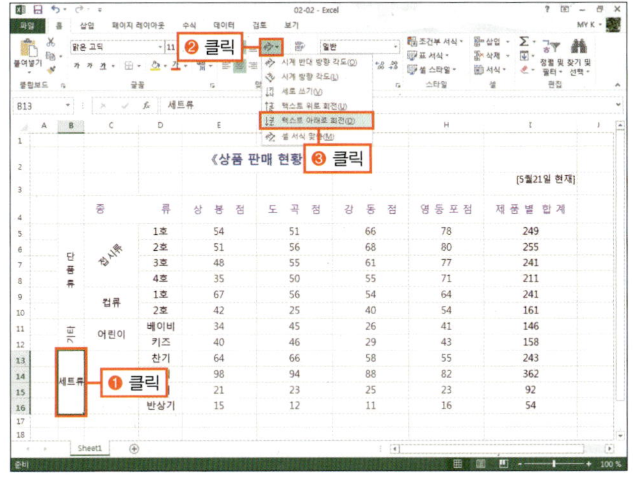

10 회전 결과 확인하기

텍스트가 위에서 아래쪽 방향으로 90° 회전하여 표시됩니다.

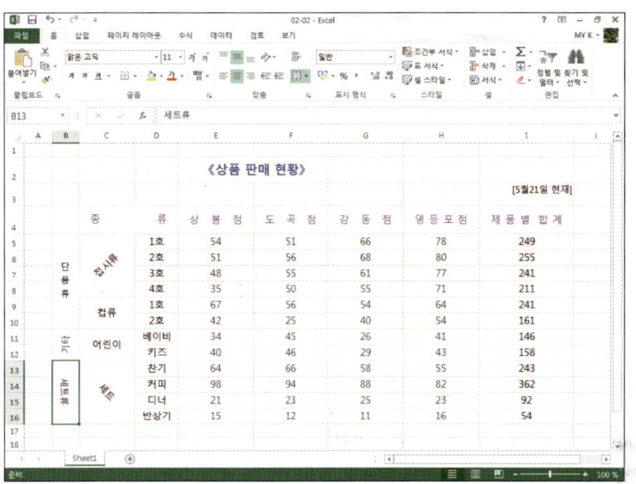

확인실습

시작 파일을 열고 [홈] 탭의 [맞춤] 그룹에서 맞춤과 회전 등을 설정하여 다음과 같은 표를 만들어 보세요.

- **시작 파일** : 엑셀\part02\02_실습2.xlsx
- **완료 파일** : 엑셀\part02\02_실습2_완성.xlsx

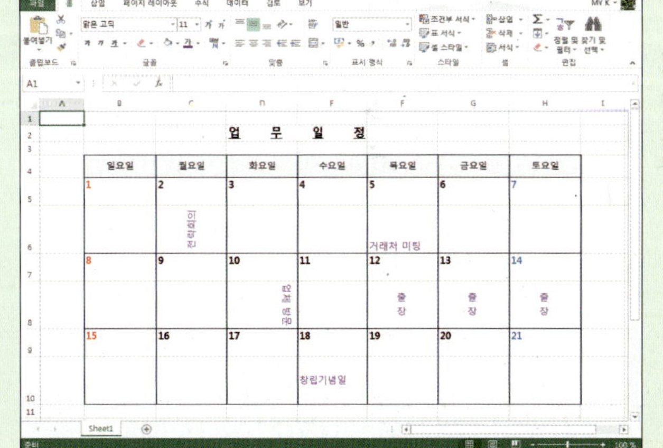

셀 테두리와 채우기로 표 작성하기

셀에 여러 색과 스타일의 테두리 선을 지정하여 표 형식으로 문서를 작성해 보고 채우기 색을 단색 또는 무늬, 그라데이션 등으로 다양하게 설정하는 방법에 대해 알아봅니다.

다루는 내용

- [셀 서식] 대화상자 알아보기
- 테두리 선과 채우기 색 설정하기
- 채우기 효과 지정하기

기능 정리 [셀 서식] 대화상자에서 테두리와 채우기 설정하기

셀에 테두리 선을 지정하면 표 형식으로 내용을 정리하여 깔끔한 문서로 만들 수 있습니다. 테두리 선의 색, 스타일, 위치 등은 리본 메뉴의 도구 단추를 이용하여 지정할 수 있으며 [셀 서식] 대화상자로 설정할 수도 있습니다.

● [셀 서식] 대화상자로 테두리 설정하기

테두리 선을 적용할 셀을 선택하여 범위로 지정한 후 [홈] 탭의 [글꼴] 그룹에서 [더 보기]([⬎])를 클릭하면 [셀 서식] 대화상자의 [테두리] 탭을 열 수 있습니다. [선] 항목의 [스타일]에서 선 스타일을 선택하고 [색]에서 선 색을 선택한 후 [테두리]에서 선을 적용할 위치를 설정합니다.

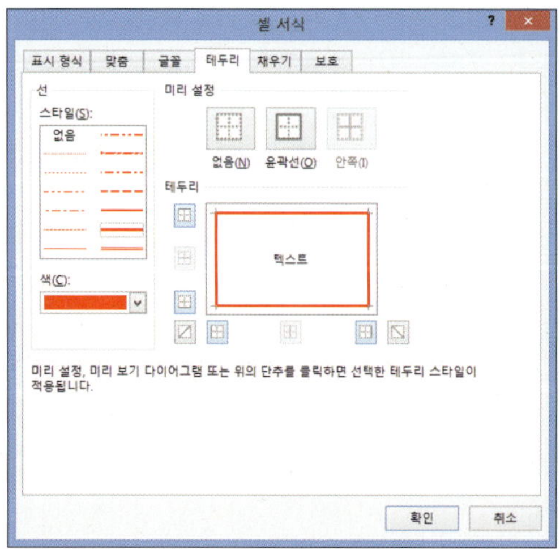

● **[셀 서식] 대화상자로 테두리, 안쪽 선 스타일 설정하기**

[셀 서식] 대화상자를 이용하면 테두리 스타일을 설정한 후 안쪽 선을 다른 스타일로 지정하는
등 한 번의 작업으로 여러 선의 스타일을 각각 다르게 설정할 수 있습니다.

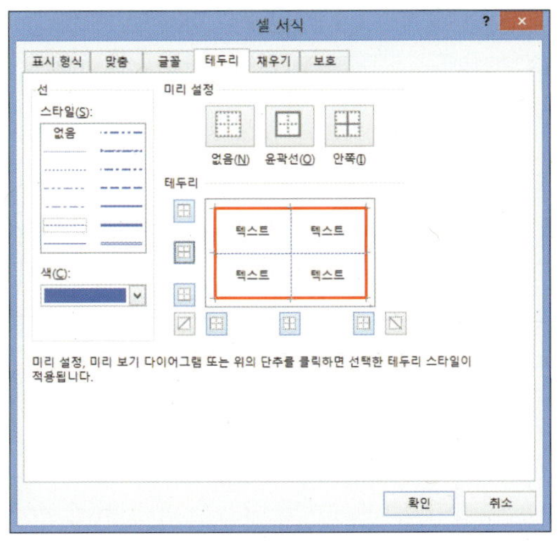

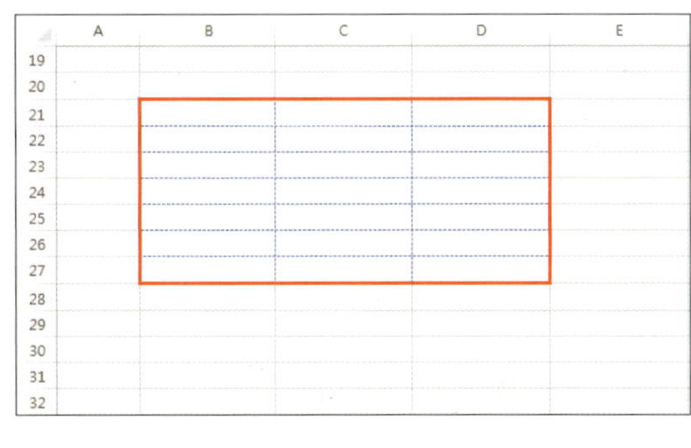

● **[셀 서식] 대화상자로 채우기 색 설정하기**

[채우기] 탭에서는 셀의 채우기 색과 다양한 무늬 스타일을 설정할 수 있습니다. [배경색]에서는
셀의 채우기 색을 선택할 수 있습니다. [무늬 색]과 [무늬 스타일]에서는 무늬 색과 무늬 스타일
을 선택하여 배경색과 함께 2가지 색으로 설정할 수 있습니다. 또한 [채우기 효과]를 클릭하여
채우기 색을 그라데이션으로 적용할 수도 있습니다.

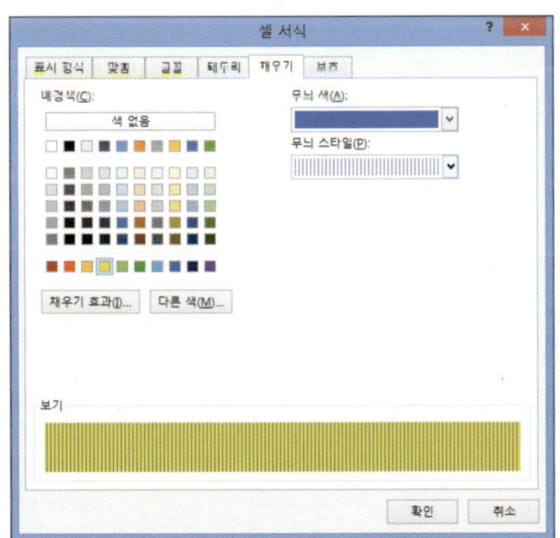

1 [셀 서식] 대화상자의 (　　　) 탭에서는 셀에 다양한 스타일과 색의 테두리 선을 지정할 수 있습니다. 또 (　　　) 탭에서는 셀 안에 여
러 가지 색이나 무늬, 그라데이션 등을 설정해 채울 수 있습니다. 괄호 안에 들어갈 말을 순서대로 쓰세요.

답 : 테두리, 채우기

도구 단추로 선 스타일과 채우기 색 설정하기

[홈] 탭의 도구 단추를 이용하여 셀에 여러 가지 스타일의 테두리 선과 채우기 색을 설정하는 방법에 대해 알아보겠습니다.

◎ **시작 파일** : 엑셀\part02\03-01.xlsx
◎ **완료 파일** : 엑셀\part02\03-01_완성.xlsx

01 [모든 테두리] 설정하기

❶B4:H16셀을 드래그하여 범위로 지정한 후 ❷[홈] 탭의 [글꼴] 그룹에서 [테두리]의 목록 단추를 클릭하고 ❸[모든 테두리]를 선택합니다.

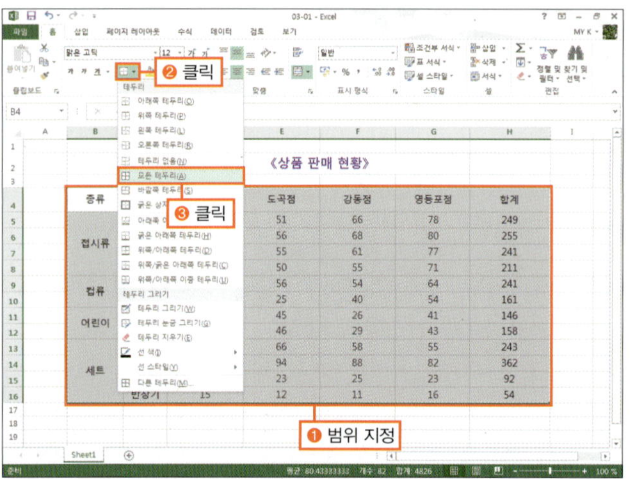

> **참고**
>
> 별도의 선 스타일을 선택하지 않았으므로 선 스타일은 검은색 실선인 기본 설정으로 적용됩니다.

02 선 색 선택하기

테두리 선에 색을 설정하기 위해 ❶B4:H4를 범위로 지정한 후 ❷[홈] 탭의 [글꼴] 그룹에서 [테두리]의 목록 단추를 클릭하고 ❸[선 색]-❹[자주]를 선택합니다.

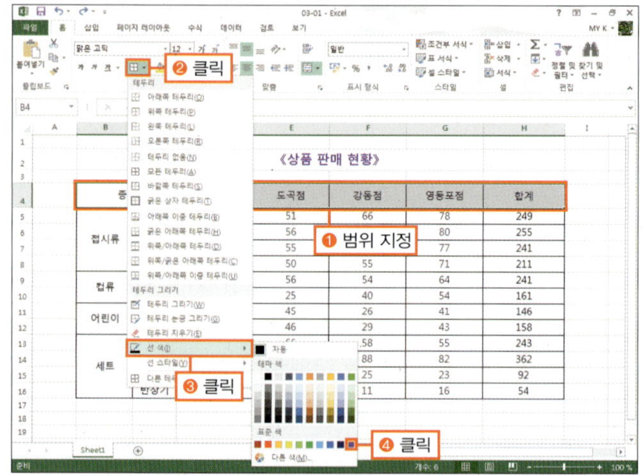

03 [아래쪽 이중 테두리] 설정하기

❶[테두리]의 목록 단추를 클릭하고 ❷[아래쪽 이중 테두리]를 선택합니다.

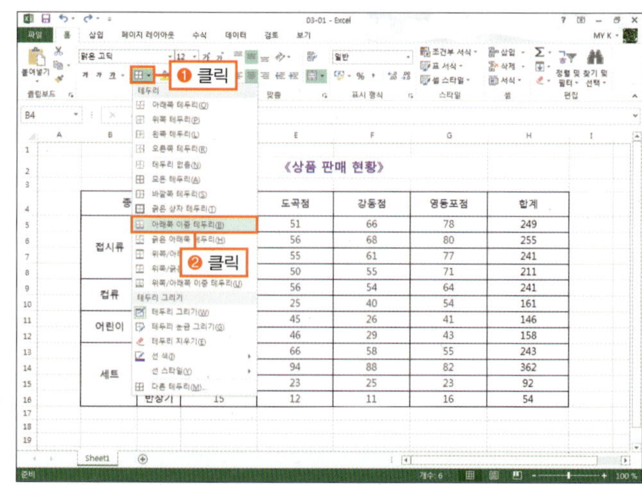

> **참고**
>
> 마우스 포인터가 연필 모양이 되었을 때 드래그하여 선을 그릴 수도 있습니다. 선 그리기 방법은 특집에서 자세히 설명하겠습니다.

04 [위쪽/아래쪽 테두리] 설정하기

❶이번에는 B9:H10을 범위로 지정하고 ❷[홈] 탭의 [글꼴] 그룹에서 [테두리]의 목록 단추를 클릭한 후 ❸[위쪽/아래쪽 테두리]를 선택합니다.

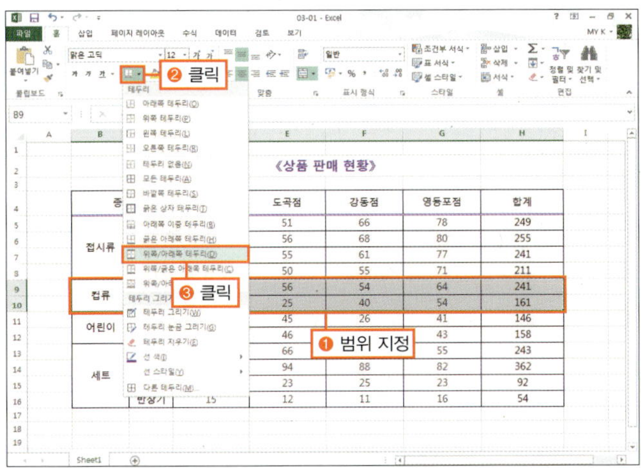

> **참고** ●
> 위쪽과 아래쪽은 지정된 범위를 큰 사각형이라고 했을 때 사각형의 위쪽과 아래쪽을 의미합니다.

05 [위쪽/굵은 아래쪽 테두리] 지정하기

❶B13:H16을 범위로 지정한 후 ❷[홈] 탭의 [글꼴] 그룹에서 [테두리]의 목록 단추를 클릭한 후 ❸[위쪽/굵은 아래쪽 테두리]를 선택합니다.

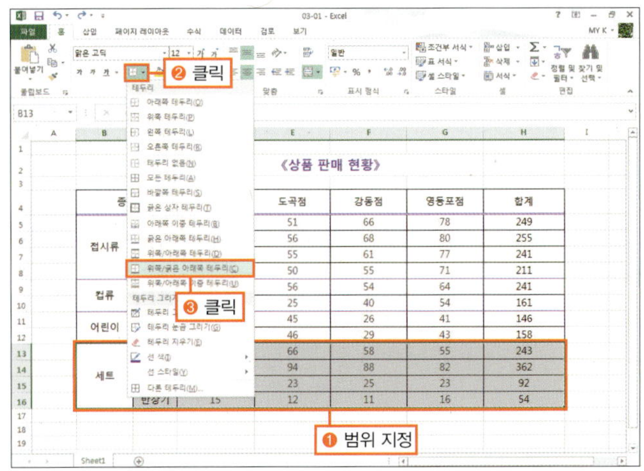

> **참고** ●
> 앞 단계에서 '자주'와 '이중 테두리'를 선택하였으므로 [모든 테두리]나 [위쪽 테두리] 등의 일반 선을 설정해도 자주색 이중 테두리로 적용됩니다. 따라서 선 색과 스타일을 변경한 후 선의 위치를 지정해야 합니다.

06 채우기 색 설정하기

❶B4:H4셀을 드래그하여 범위로 지정한 후 ❷[홈] 탭의 [글꼴] 그룹에서 [채우기 색]( )의 목록 단추를 클릭하고 ❸[주황, 강조 2, 60% 더 밝게]를 선택합니다.

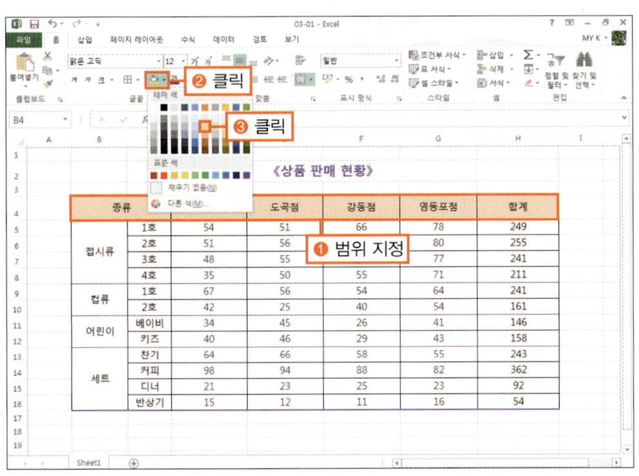

07 채우기 색 설정하기

❶B5:C16셀을 드래그하여 범위를 지정한 후 ❷[홈] 탭의 [글꼴] 그룹에서 [채우기 색]( )의 목록 단추를 클릭하고 ❸[흰색, 배경 1, 5% 더 어둡게]를 선택합니다.

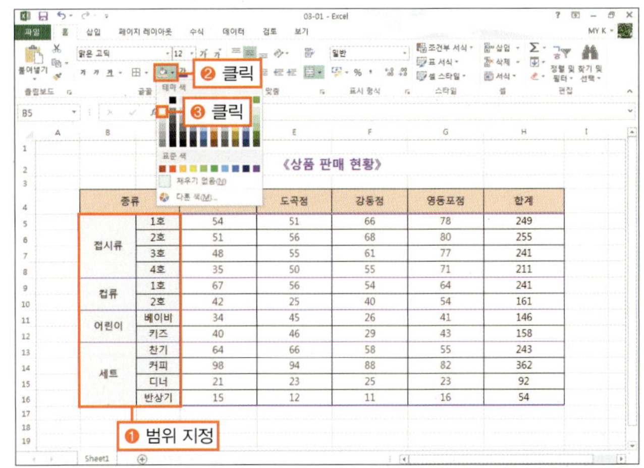

> **참고** ●
> [채우기 없음]을 선택하면 채우기 설정이 해제됩니다. 색상 표에 없는 색을 선택하려면 [다른 색]을 클릭합니다.

셀 채우기 효과 설정하기

[셀 서식] 대화상자에서 셀에 무늬나 그라데이션을 지정하는 방법에 대해 알아봅니다.

◎ **시작 파일** : 엑셀\part02\03-02.xlsx
◎ **완료 파일** : 엑셀\part02\03-02_완성.xlsx

01 [셀 서식] 대화상자 열기

❶E2셀을 선택한 후 ❷[홈] 탭의 [글꼴] 그룹에서 [더 보기](🔲)를 클릭합니다.

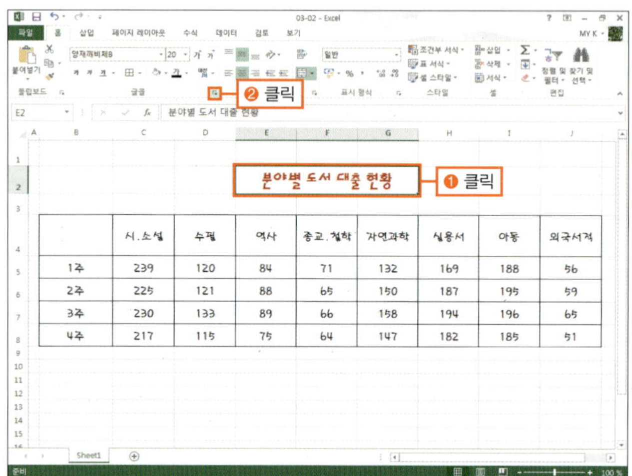

> **참고**
> E2:G2셀은 병합되어 있으므로 E2셀을 클릭하면 병합된 큰 셀이 선택됩니다.

02 배경색과 무늬 색 선택하기

[셀 서식] 대화상자의 ❶[채우기] 탭에서 ❷배경으로 지정할 색을 선택한 후 ❸[무늬 색]의 목록 단추를 클릭하고 ❹[파랑, 강조 1, 40% 더 밝게]를 선택합니다.

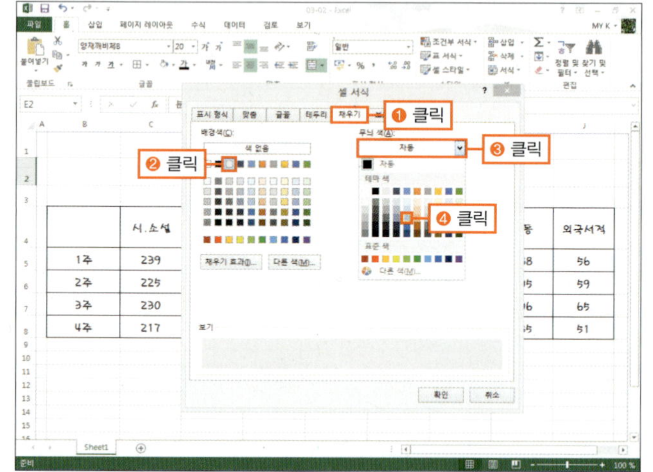

> **참고**
> 여기서는 배경색을 [회색-25%, 배경 2]로 지정하였습니다.

03 무늬 스타일 지정하기

❶[무늬 스타일]의 목록 단추를 클릭하고 ❷[가는 실선 가로줄]을 선택한 후 ❸[확인]을 클릭합니다.

> **참고**
> 대화상자 아래쪽의 [보기]에서 선택한 채우기 스타일을 미리 보여주기 때문에 적용하기 전에 참고할 수 있습니다.

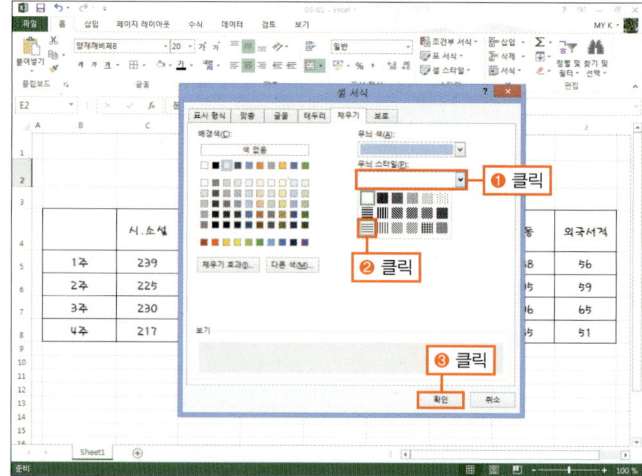

04 설정된 무늬 확인하기

설정한 무늬가 셀에 적용된 것을 확인할 수 있습니다. ❶ B4:J4셀을 드래그하여 범위를 지정한 후 ❷[홈] 탭의 [글꼴] 그룹에서 [더 보기](🗔)를 클릭합니다.

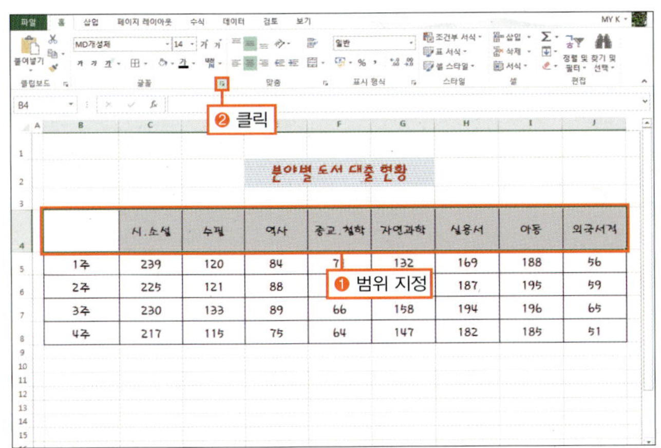

05 그라데이션 설정하기

[셀 서식] 대화상자의 ❶[채우기] 탭에서 ❷[채우기 효과]를 클릭합니다. ❸[색 1]에서 [파랑, 강조 5, 50% 더 어둡게]를, ❹[색 2]에서 [파랑, 강조 5, 25% 더 어둡게]를 선택한 후 ❺[확인]을 클릭하고 [셀 서식] 대화상자에서도 [확인]을 클릭합니다.

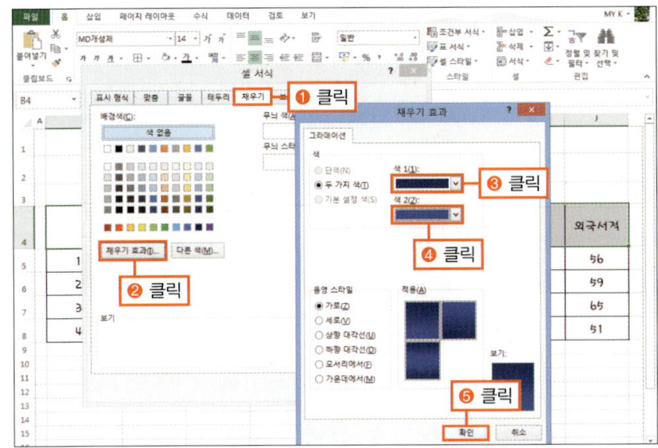

> **참고**
>
> [음영 스타일]에서 [가로]가 선택되어 있는지 확인합니다. [보기]에서는 선택한 색의 조합을 미리 확인할 수 있습니다.

06 글꼴 색 변경하기

그라데이션 채우기가 셀에 설정되면 ❶[홈] 탭의 [글꼴] 그룹에서 [글꼴 색]의 목록 단추를 클릭하고 ❷[황금색, 강조 4, 80% 더 밝게]를 선택해 글꼴 색을 변경합니다.

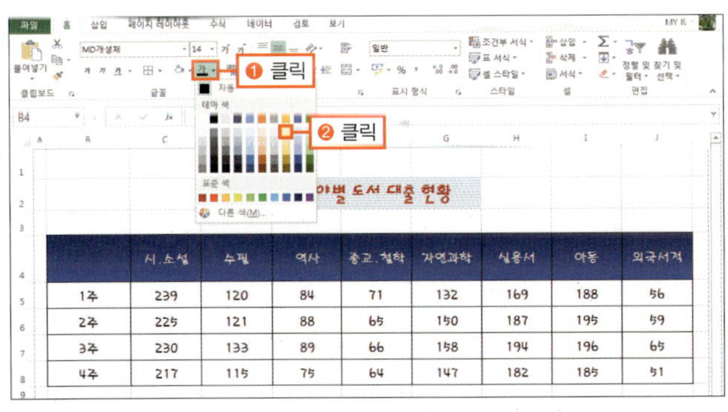

확인실습

테두리 선과 채우기 색을 설정하여 셀에 다음과 같은 색을 적용해 보세요.

- ◎ **시작 파일** : 엑셀\part02\03_실습1.xlsx
- ◎ **완료 파일** : 엑셀\part02\03_실습1_완성.xlsx

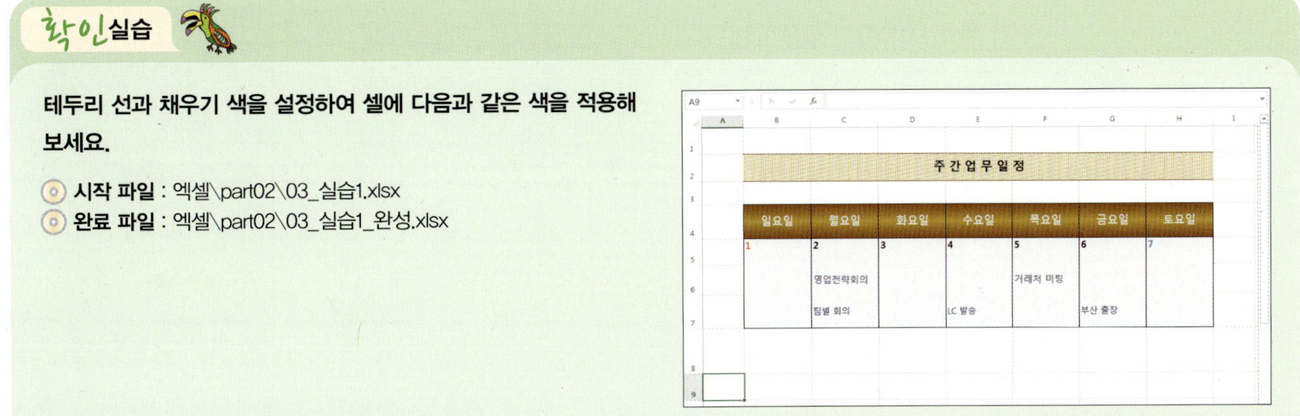

셀 스타일과 표 서식, 조건부 서식 지정하기

엑셀에서 제공하는 셀 스타일과 표 서식을 활용하여 셀과 표에 스타일을 적용하는 방법을 알아봅니다. 또 조건부 서식을 이용하여 특정 조건에 맞는 데이터를 강조하는 기능에 대해서도 알아봅니다.

다루는 내용
- 셀 스타일 지정하기
- 표 서식 지정하기
- 조건부 서식 설정하기

기능 정리 — 규칙별 조건부 서식 알아보기

조건부 서식은 특정 조건을 만족하는 데이터를 골라 표시하여 데이터 비교와 이해를 돕는 기능입니다. [홈] 탭의 [스타일] 그룹에서 [조건부 서식]을 클릭하여 여러 가지 종류 중 적절한 서식을 선택해 활용할 수 있습니다.

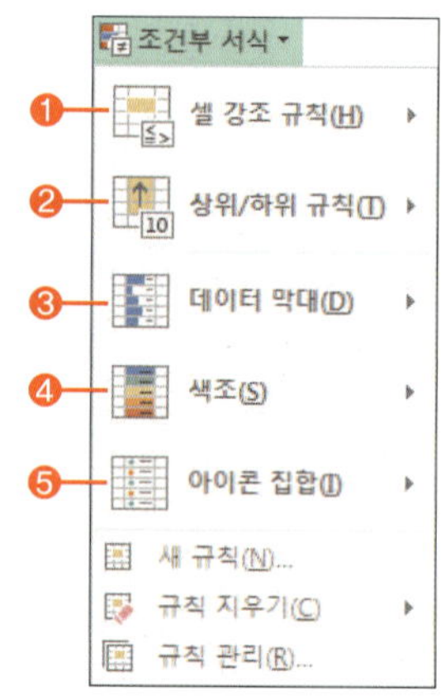

❶ 셀 강조 규칙

선택한 범위의 데이터 중 특정 조건에 맞는 숫자나 특정 단어를 포함하는 텍스트, 특정 날짜 등 조건에 맞는 데이터에만 글꼴 색이나 채우기 색을 지정하여 강조합니다.

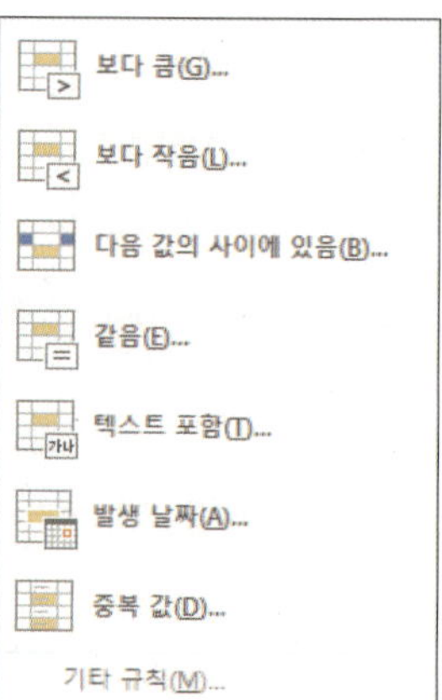

❷ **상위/하위 규칙**

선택한 범위의 데이터 중 상위 또는 하위의 특정 개수, 특정 퍼센트나 평균을 기준으로 위, 아래의 데이터에만 글꼴 색이나 채우기 색을 지정하여 강조합니다.

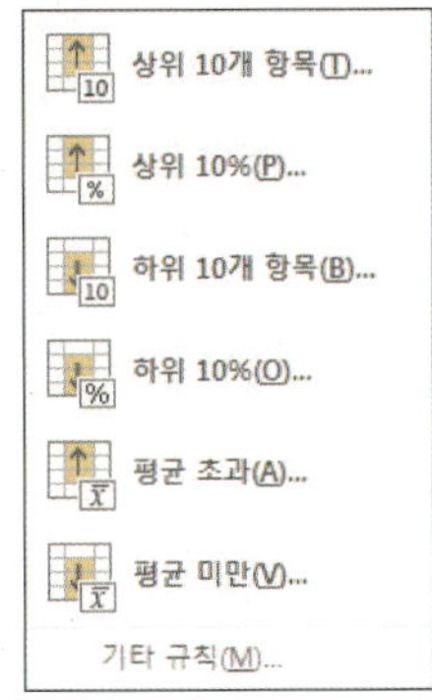

❸ **데이터 막대**

셀에 입력한 데이터의 크기에 따라 단색이나 그라데이션 색으로 셀 안에 막대 표시를 합니다.

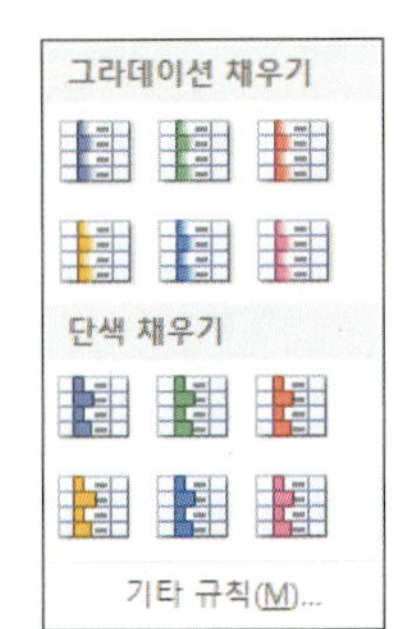

❹ **색조**

셀에 입력한 값의 크기에 따라 2개 또는 3개의 색으로 그라데이션을 설정하여 셀 안을 채웁니다.

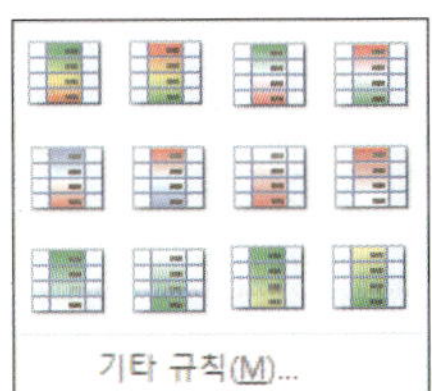

❺ **아이콘 집합**

셀에 입력한 값의 크기에 따라 각 셀 안의 데이터 옆에 지정한 모양의 아이콘을 표시합니다.

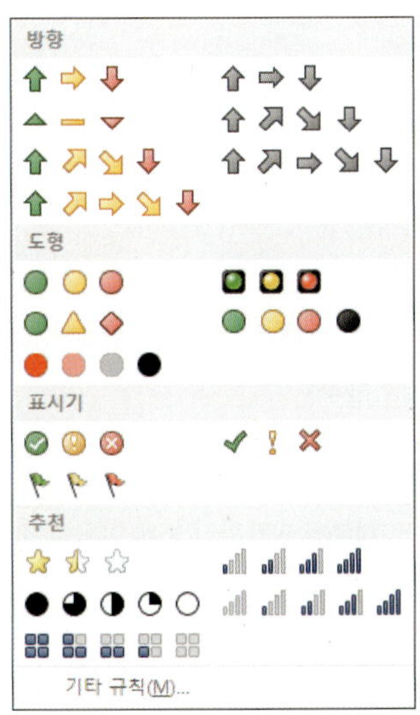

1 조건부 서식 중 데이터의 크기에 따라 지정한 단색 또는 그라데이션 색으로 셀 안에 막대 표시를 하는 것은 무엇일까요?

① 색조 ② 데이터 막대 ③ 셀 강조 규칙 ④ 아이콘 집합

답 : ②

실습 과정 · 셀 스타일과 표 서식 활용하기

셀 스타일 기능을 활용하여 데이터가 입력된 셀에 여러 가지 글꼴 스타일을 한 번에 적용해 봅니다. 테두리 선, 채우기 색 등의 표 서식을 목록에서 골라 바로 적용할 수 있는 표 서식 기능에 대해서도 알아봅니다.

◉ **시작 파일** : 엑셀\part02\04-01.xlsx
◉ **완료 파일** : 엑셀\part02\04-01_완성.xlsx

01 제목 셀 스타일 지정하기

❶F2셀을 선택한 후 ❷[홈] 탭의 [스타일] 그룹에서 [셀 스타일]을 클릭하고 ❸[제목 1]을 선택합니다.

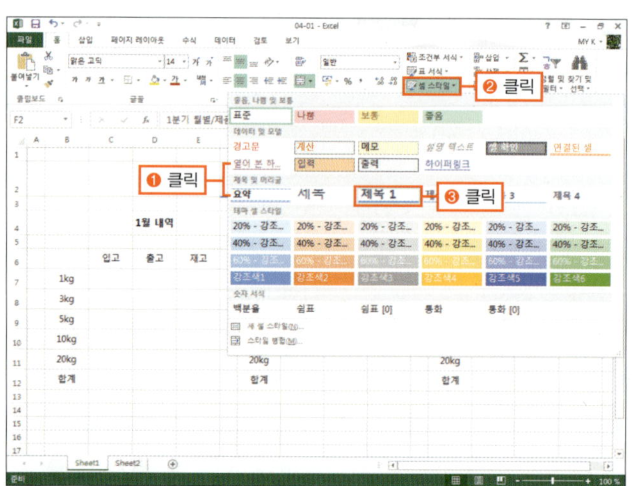

02 소제목 셀 스타일 지정하기

제목의 셀 스타일이 지정되면 ❶D4셀을 선택한 후 ❷[홈] 탭의 [스타일] 그룹에서 [셀 스타일]을 클릭하고 ❸[입력]을 선택합니다.

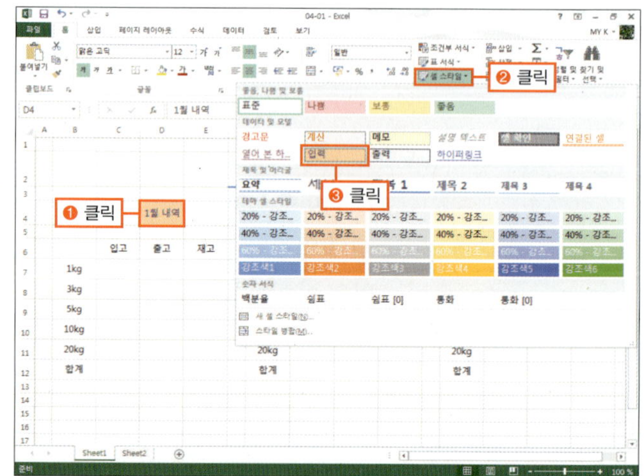

참고

F2셀의 데이터가 [제목 1] 스타일로 설정된 것을 확인할 수 있습니다. [셀 스타일]의 목록 중 [제목] 스타일은 글꼴 크기와 글꼴 등이 제목에 활용하기 좋게 만들어진 스타일입니다.

03 소제목 셀 스타일 지정하기

❶I4셀과 N4셀에도 각각 ❷[홈] 탭의 [스타일] 그룹에서 [셀 스타일]을 클릭하고 [출력]과 [메모]를 선택하여 적용합니다.

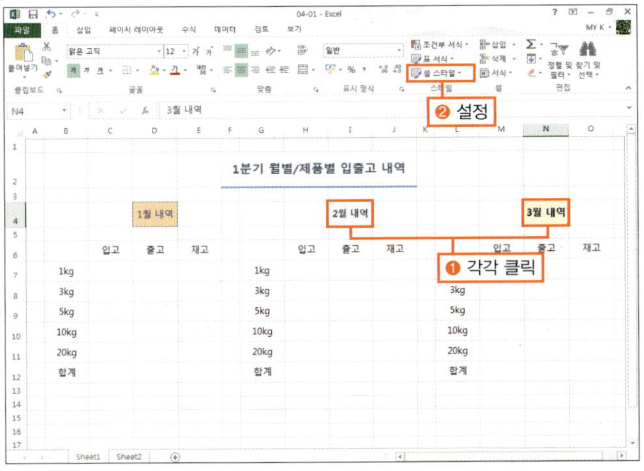

04 [강조색2] 적용하기

❶B6:E6셀을 드래그하여 범위를 지정한 후 ❷[홈] 탭의 [스타일] 그룹에서 [셀 스타일]을 클릭하고 ❸[강조색2]를 선택합니다.

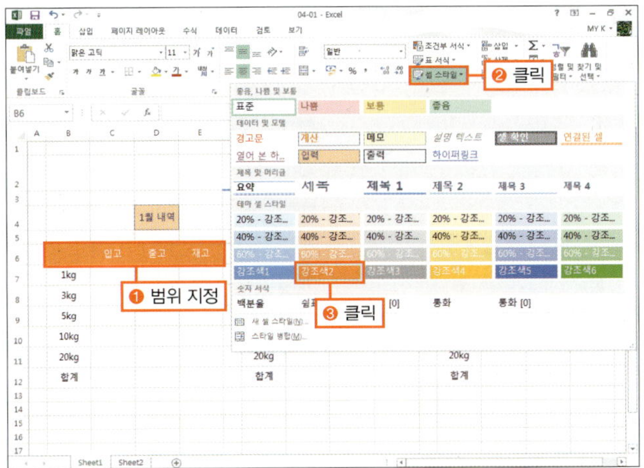

> **참고**
>
> 셀 스타일 목록에서 [표준]을 선택하면 기본 스타일로 되돌릴 수 있습니다.

05 [20%-강조색2] 직용하기

❶B7:B12셀을 드래그하여 범위를 지정하고 ❷Ctrl을 누른 채 C12:E12셀을 드래그하여 범위를 지정합니다. ❸[홈] 탭의 [스타일] 그룹에서 [셀 스타일]을 클릭하고 ❹[20%-강조색2]를 선택합니다.

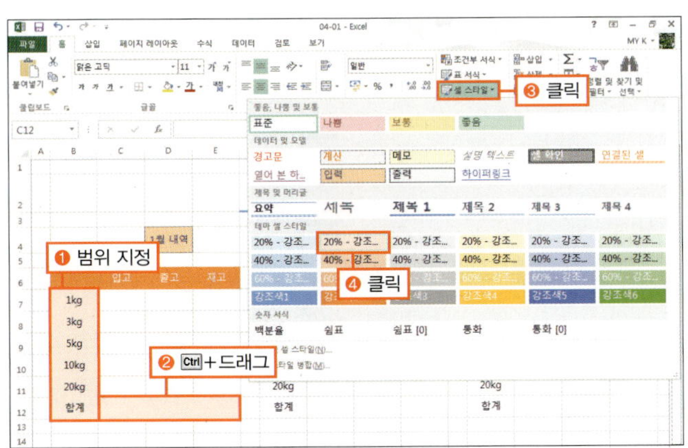

> **참고**
>
> Ctrl을 누른 채 드래그 또는 클릭하면 다중 범위를 선택할 수 있습니다.

06 셀 스타일 적용하기

나머지도 다음과 같이 셀 스타일을 적용해 모양을 꾸밉니다.

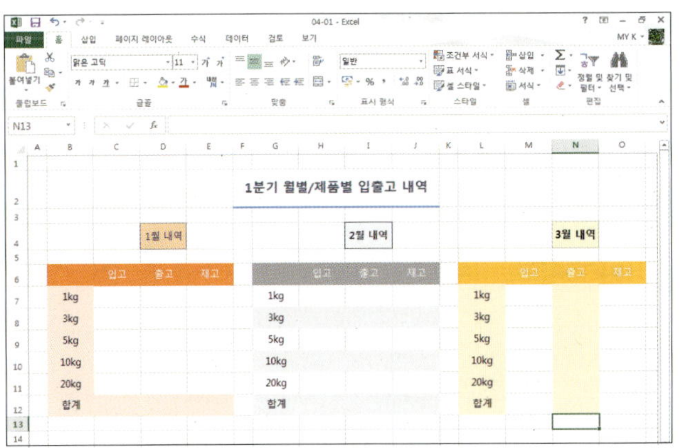

> **참고**
>
> G6:J6은 [강조색3], L6:O6은 [강조색4]입니다. G8:J8, G10:J10, G12:J12는 [20%-강조색3], L7:L12와 N7:N12 [20%-강조색4]를 적용하였습니다.

07 [밝게] 표 서식 선택하기

❶ 'Sheet2'를 클릭하여 이동한 후 ❷B6:E12셀을 범위로 지정합니다. ❸[홈] 탭의 [스타일] 그룹에서 [표 서식]을 클릭하고 ❹[표 스타일 밝게 9]를 선택합니다.

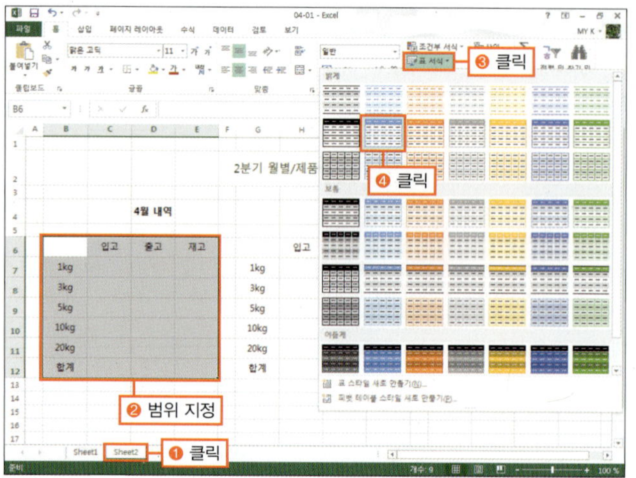

> **참고**
>
> 표 서식은 [밝게], [보통], [어둡게]의 3가지로 구분되어 제공됩니다.

09 필터 단추 제거하기

표 서식이 적용되고 리본 메뉴에 [표 도구-디자인] 탭이 나타납니다. [표 스타일 옵션] 그룹에서 ❶[필터 단추]를 클릭하여 체크 해제합니다.

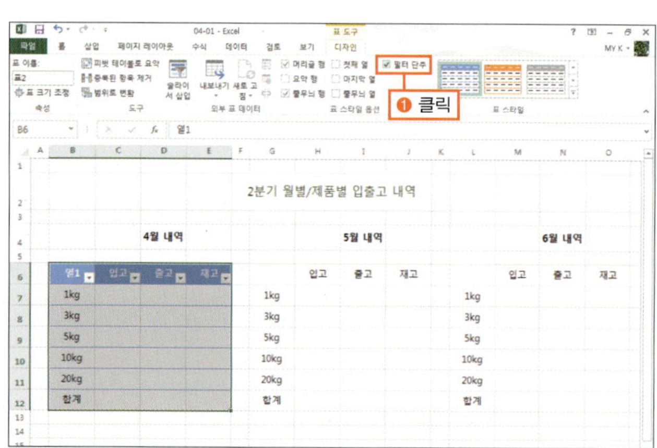

> **참고**
>
> [표 도구-디자인] 탭은 표 밖의 다른 셀을 클릭하면 보이지 않고 표 안을 클릭하면 다시 나타납니다. 위의 과정은 필터 기능을 사용하지 않기 때문에 체크 해제하였습니다.

08 표 서식 적용 범위 지정하기

[표 서식] 대화상자가 나타나면 표시되는 범위가 표를 만들 범위와 일치하는지 확인한 후 ❶[머리글 포함]을 클릭하여 체크하고 ❷[확인]을 클릭합니다.

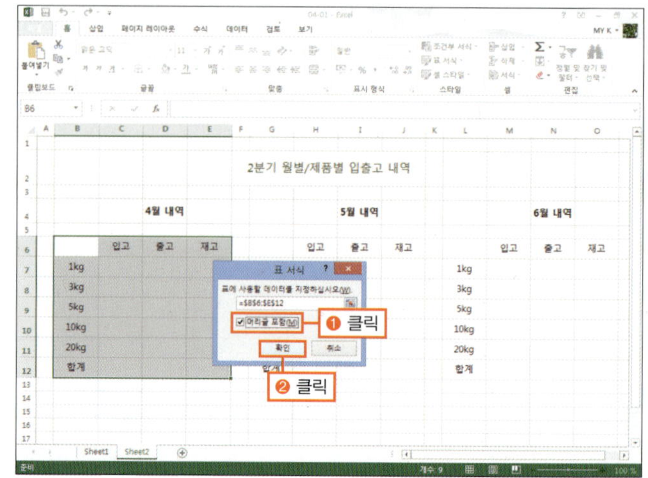

> **참고**
>
> [표 서식] 메뉴를 선택하기 전에 미리 범위를 지정하였으므로 해당 범위가 대화상자에 표시됩니다. 범위를 미리 지정하지 않은 경우에는 대화상자에서 셀 범위를 직접 지정할 수 있습니다.

10 [보통] 표 서식 선택하기

❶G6:J12셀을 범위로 지정한 후 ❷[홈] 탭의 [스타일] 그룹에서 [표 서식]을 클릭하고 ❸[표 스타일 보통 14]를 선택합니다.

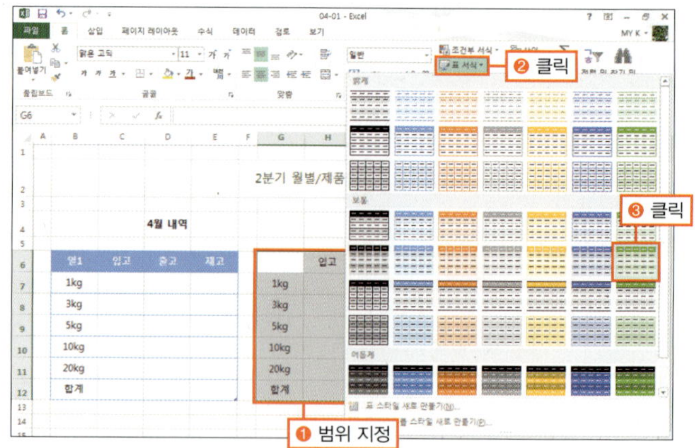

11 표 서식 적용 범위 지정하기

[표 서식] 대화상자가 나타나면 표시되는 범위가 표를 만들 범위와 일치하는 지 확인한 후 ❶[머리글 포함]을 클릭하여 체크하고 ❷[확인]을 클릭합니다. [표 도구-디자인] 탭이 나타나면 [필터 단추]를 체크 해제합니다.

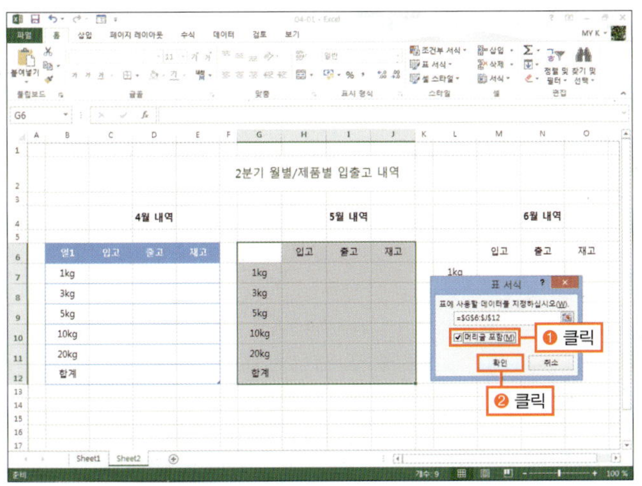

12 [어둡게] 표 서식 지정하기

❶L6:O12셀을 드래그하여 범위로 지정한 후 ❷[홈] 탭의 [스타일] 그룹에서 [표 서식]을 클릭하고 [표 스타일 어둡게 3]을 선택하여 적용합니다. ❸[표 서식] 대화상자가 나타나면 [머리글 포함]을 클릭하여 체크하고 ❹[확인]을 클릭합니다.

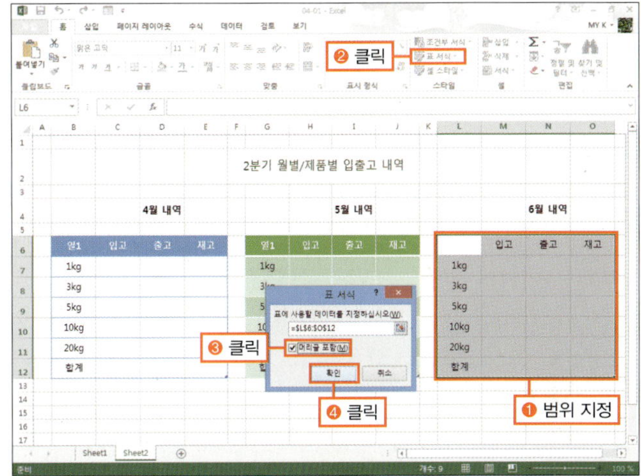

13 필터 단추 제거하기

❶[표 도구-디자인] 탭이 나타나면 [필터 단추]를 체크 해제하고 ❷[첫째 열]을 클릭하여 체크합니다.

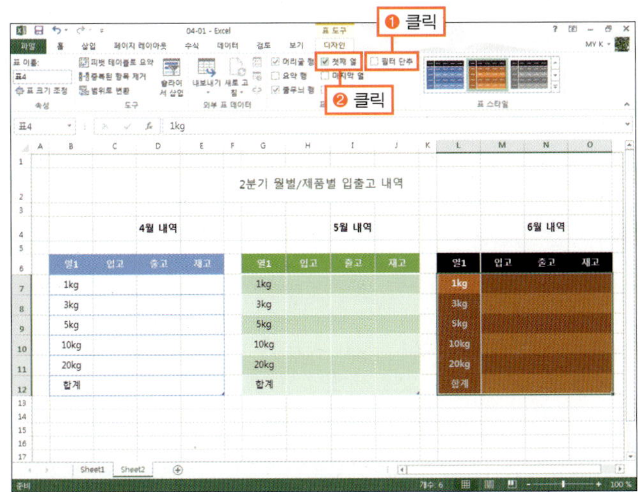

> **참고**
> [첫째 열]을 선택하면 표의 첫째 열에 해당하는 부분이 따로 구분되어 표시됩니다.

14 더블클릭해 데이터 수정하기

❶L11셀을 선택하고 ❷[홈] 탭으로 이동해 [스타일] 그룹에서 [셀 스타일]을 클릭한 후 ❸[강조색5]를 선택하여 '20kg'에 해당하는 데이터만 강조합니다.

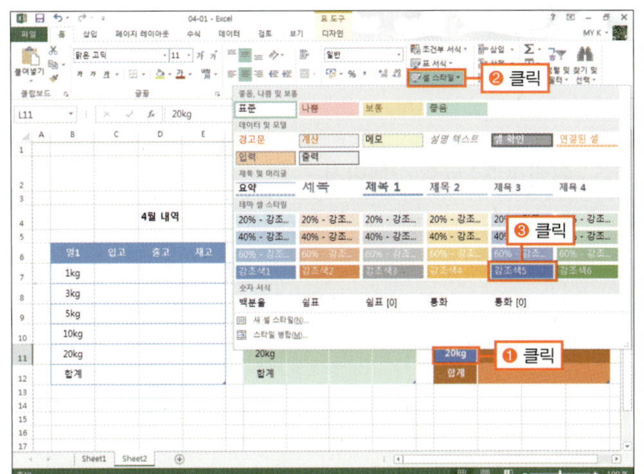

> **참고**
> 표 서식을 적용한 후 그 위에 셀 스타일을 함께 적용해 특정 셀을 강조할 수도 있습니다.

조건부 서식을 적용하여 해당 조건이나 규칙에 맞는 데이터에 막대, 색, 아이콘 등의 구분 표시를 적용하는 방법을 알아봅니다.

◎ **시작 파일** : 엑셀\part02\04-02.xlsx
◎ **완료 파일** : 엑셀\part02\04-02_완성.xlsx

01 [보다 작음] 규칙 선택하기

❶C5:C15셀을 범위로 지정한 후 ❷[홈] 탭의 [스타일] 그룹에서 [조건부 서식]을 클릭하고 ❸[셀 강조 규칙]-❹[보다 작음]을 선택합니다.

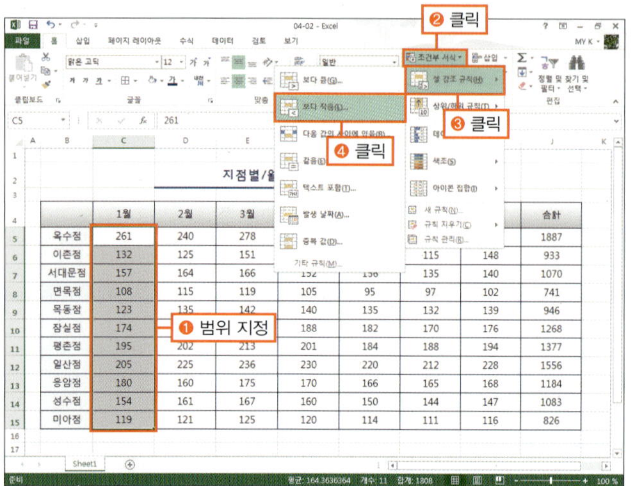

02 조건과 적용할 서식 지정하기

[보다 작음] 대화상자가 나타나면 ❶[다음 값보다 작은 셀의 서식 지정]에 '150'을 입력하고 ❷[확인]을 클릭합니다.

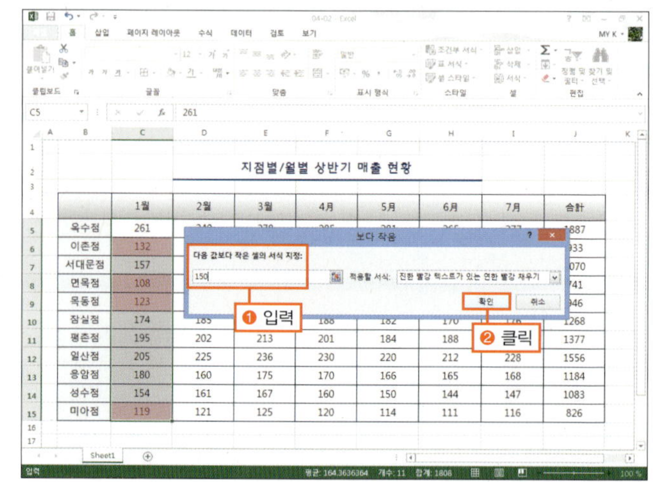

> **참고**
> 숫자 대신 셀 주소를 입력하거나 셀을 직접 클릭하는 방법도 있습니다. [적용할 서식]에는 [진한 빨강 텍스트가 있는 연한 빨강 채우기]가 지정되어 있는 것을 확인합니다.

03 [상위 10%] 규칙 선택하기

조건에 해당하는 셀만 셀 서식이 바뀌는 것을 알 수 있습니다. ❶D5:D15셀을 드래그하여 범위로 지정한 후 ❷[홈] 탭의 [스타일] 그룹에서 [조건부 서식]을 클릭하고 ❸[상위/하위 규칙]-❹[상위 10%]를 선택합니다.

> **참고**
> [상위 10%]는 지정된 범위 안의 숫자 데이터들 중에서 상위 10%에 해당하는 데이터를 의미합니다.

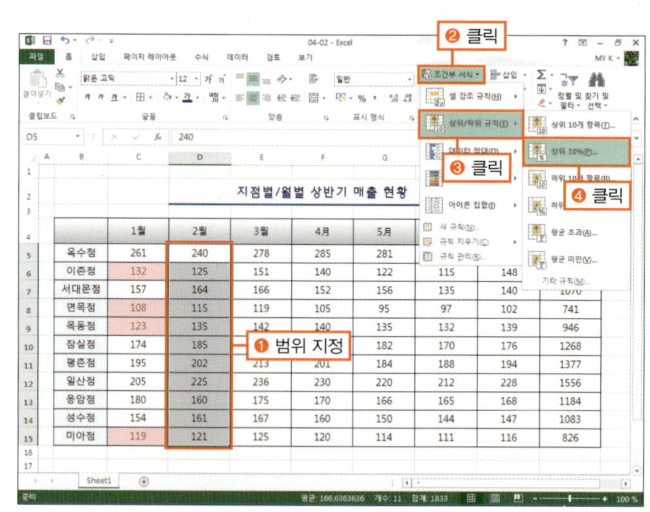

04 상위 순위와 적용할 서식 지정하기

❶[상위 10%] 대화상자에서 [10]으로 지정된 입력 상자를 [20]으로 수정하고 ❷[적용할 서식]을 클릭해 [진한 녹색 텍스트가 있는 녹색 채우기]를 선택한 후 ❸[확인]을 클릭합니다.

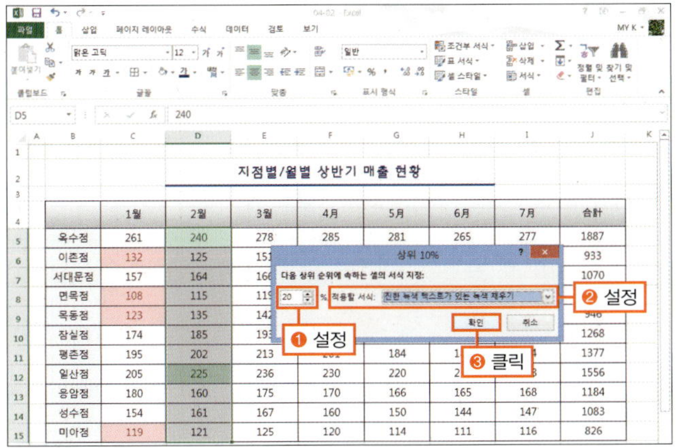

> **참고**
>
> 대화상자에서 상위 순위를 직접 지정하여 데이터를 추출할 수 있습니다.

06 적용할 서식 선택하기

[평균 미만] 대화상자가 나타나면 ❶[적용할 서식]에서 [진한 노랑 텍스트가 있는 노랑 채우기]를 선택하고 ❷[확인]을 클릭합니다.

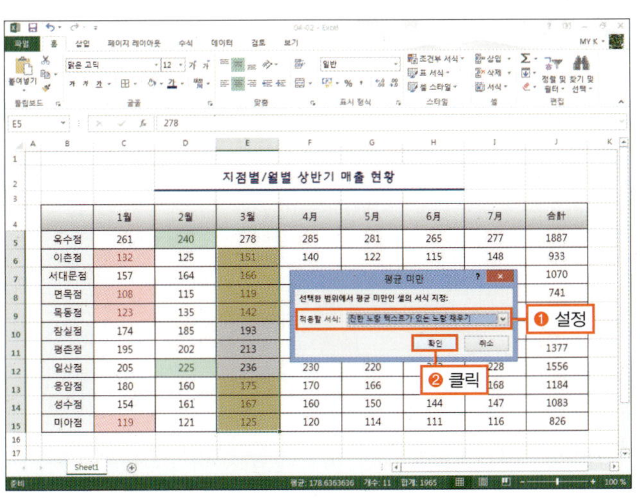

05 [평균 미만] 규칙 지정하기

상위 20%에 해당하는 셀들만 셀 서식이 변경됩니다. ❶E5:E15셀을 드래그하여 범위로 지정한 후 ❷[홈] 탭의 [스타일] 그룹에서 [조건부 서식]을 클릭하고 ❸[상위/하위 규칙]-❹[평균 미만]을 선택합니다.

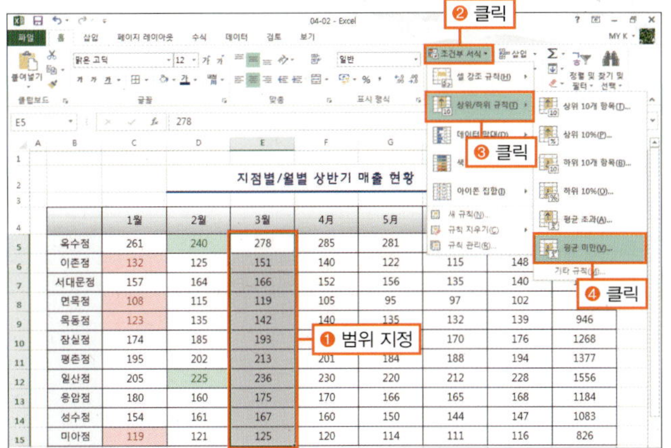

> **참고**
>
> [평균 미만]은 범위 안의 데이터들의 평균값을 구한 후 평균값 미만에 해당하는 데이터들을 추출하는 기능입니다.

07 주황 데이터 막대 선택하기

평균 이하의 데이터들만 셀 서식이 변경됩니다. ❶F5:F15셀을 선택한 후 ❷[홈] 탭에서 [조건부 서식]을 클릭하고 ❸[데이터 막대]-❹[난색 채우기-주황 데이터 막대]를 선택합니다.

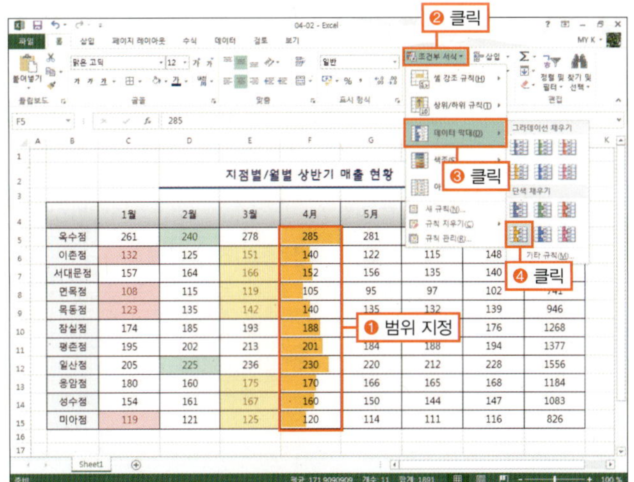

> **참고**
>
> [데이터 막대]는 범위 안에 입력된 데이터 값의 크기에 따라 막대의 길이를 다르게 표시합니다.

08 파랑 데이터 막대 선택하기

데이터별로 다른 길이의 막대가 표시됩니다. ❶G5:G15셀을 선택한 후 ❷[홈] 탭에서 [조건부 서식]을 클릭하고 ❸[데이터 막대]-❹[파랑 데이터 막대]를 선택합니다.

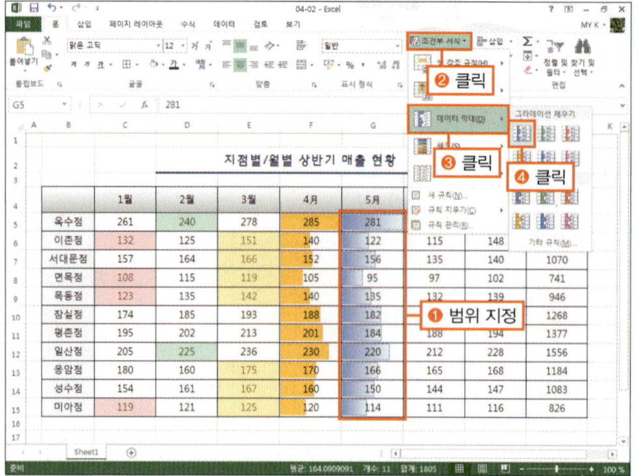

09 [색조] 도구 선택하기

❶H5:H15셀을 선택한 후 ❷[홈] 탭에서 [조건부 서식]을 클릭하고 ❸[색조]-❹[빨강-흰색 색조]를 선택합니다.

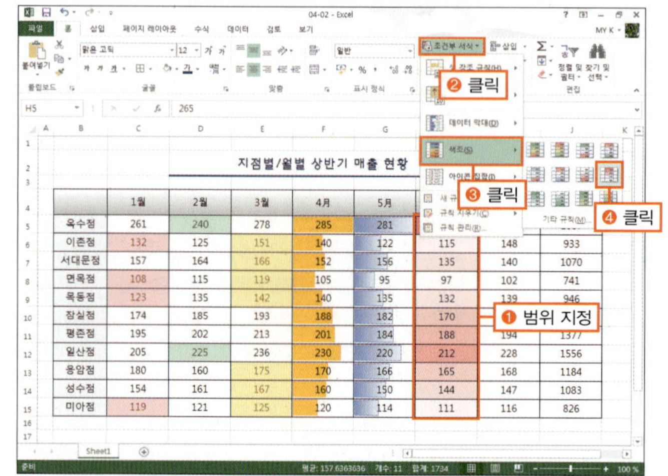

10 [아이콘 집합] 지정하기

❶J5:J15셀을 선택한 후 ❷[홈] 탭의 [스타일] 그룹에서 [조건부 서식]을 클릭하고 ❸[아이콘 집합]-❹[평점 4]를 선택합니다.

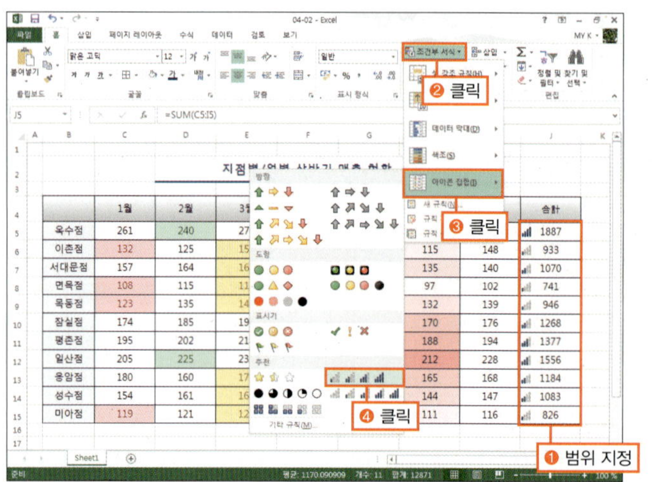

11 규칙 지우기

❶J5:J15셀을 드래그하여 범위로 지정한 후 ❷[홈] 탭에서 [조건부 서식]을 클릭하고 ❸[규칙 지우기]-❹[선택한 셀의 규칙 지우기]를 선택합니다.

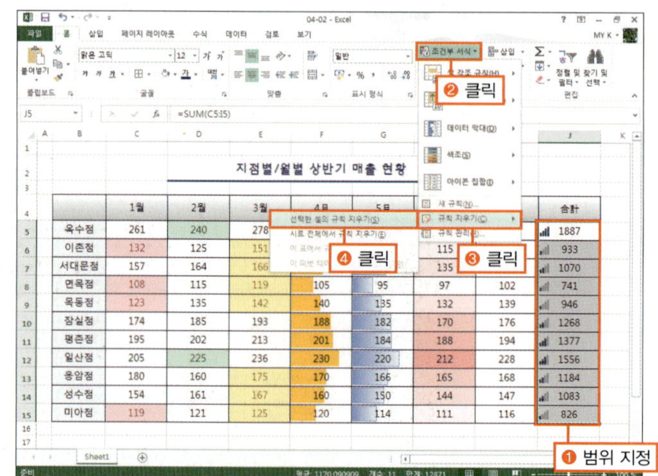

12 삭제된 규칙 확인하기

선택한 셀에 지정된 조건부 서식의 규칙이 삭제된 것을 확인할 수 있습니다.

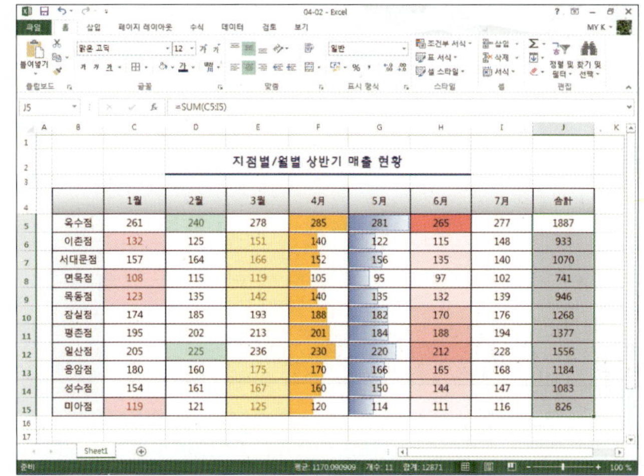

- C열 : 70보다 큼
- E열 : 상위 30%
- G열 : 데이터 막대
- H열 : 녹색–노랑 색조
- I열 : 3방향 화살표(컬러)

시작 파일 : 엑셀\part02\04_실습1.xlsx
완료 파일 : 엑셀\part02\04_실습1_완성.xlsx

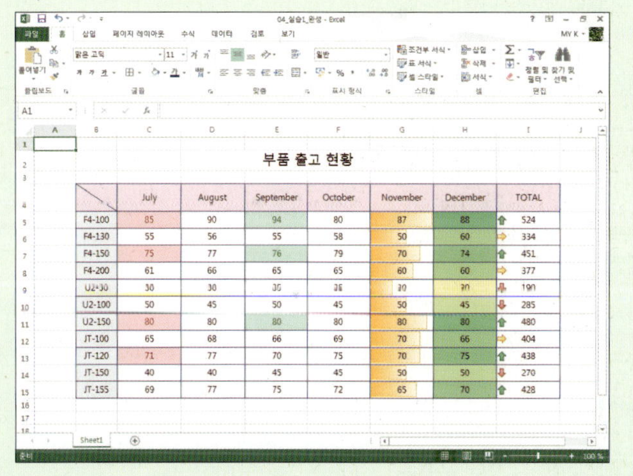

테두리 선 그리기

사용자가 직접 드래그해 테두리 선을 삽입할 수 있습니다. 먼저 [홈] 탭의 [글꼴] 그룹에서 [테두리]-[선 색]을 클릭해 선의 색을 선택한 후 [테두리]-[선 스타일]을 클릭해 선의 스타일을 지정합니다.

[홈] 탭의 [글꼴] 그룹에서 [테두리]-[테두리 그리기]를 선택합니다. 마우스 포인터가 연필 모양이 되면 대각선 방향으로 드래그해 표의 바깥쪽 테두리 선을 그립니다.

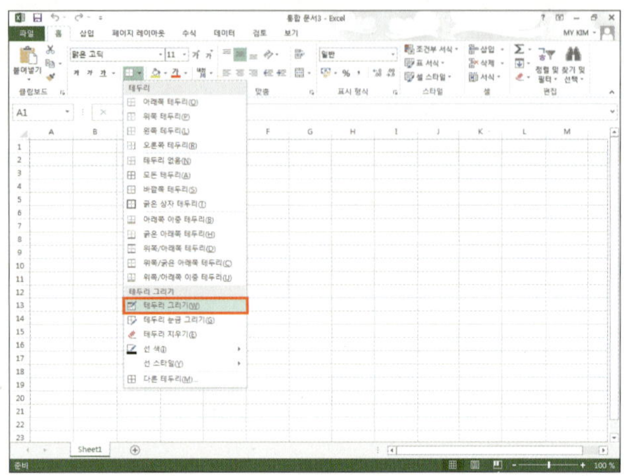

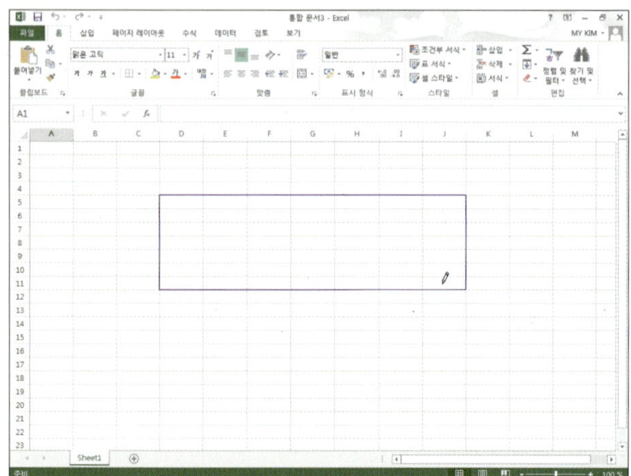

다시 표 안쪽을 드래그해 세로선 또는 가로선을 원하는 위치에 삽입할 수 있습니다. 특정 선을 지우려면 [테두리]-[테두리 지우기]를 선택한 후 마우스 포인터가 지우개 모양이 되면 지우려는 선을 드래그합니다.

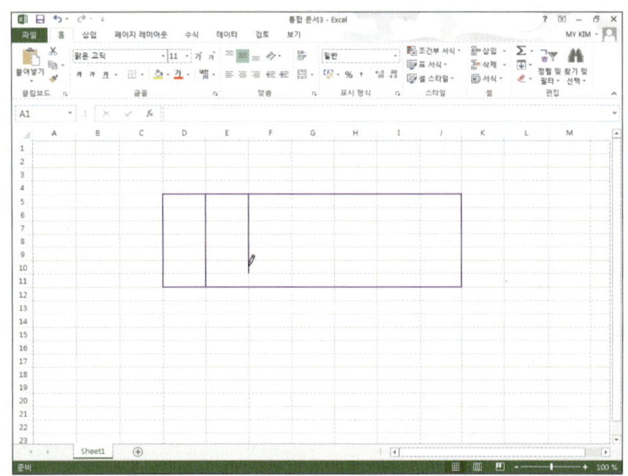

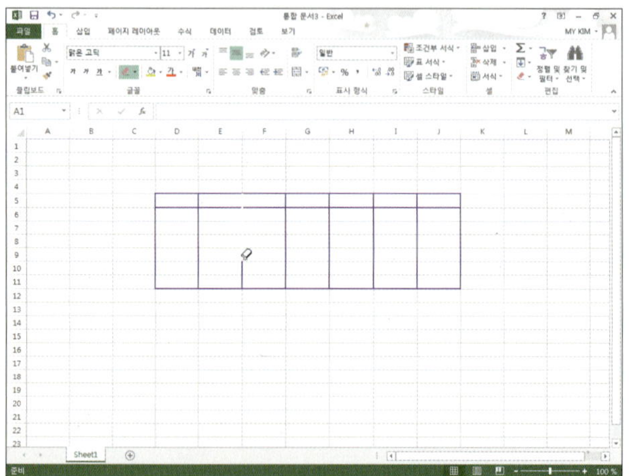

응용실습

1 시작 파일을 열고 제목에 셀 스타일을, 내용에 표 스타일을 지정한 후 셀 테두리와 채우기 스타일, 글꼴 서식을 추가로 지정하고 셀 병합 기능을 이용해 다음과 같은 모양이 되도록 작성해 보세요.

- **시작 파일** : 엑셀\part02\지역별 예약 현황.xlsx
- **완료 파일** : 엑셀\part02\지역별 예약 현황_완료.xlsx
- **해설 파일** : 엑셀\해설파일\지역별 예약 현황.hwp, pdf

Before   After

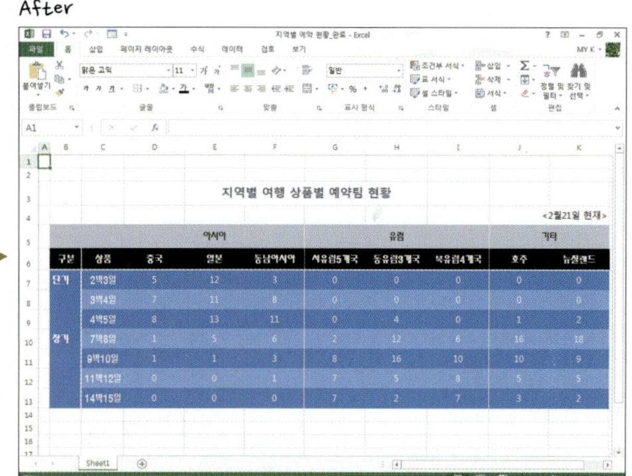

❶제목 셀에 [셀 스타일] 적용하기 ❷내용을 범위 지정하고 적용할 [표 서식] 선택하기 ❸[표 서식] 대화상자에서 적용 범위 확인하기 ❹[표 스타일 옵션]에서 필터 단추 해제하고 첫째 열 체크하기 ❺제목 셀에 [병합하고 가운데 맞춤] 지정하기 ❻[셀 병합] 기능으로 여러 셀 병합하기 ❼병합한 셀에 채우기 색 지정하기 ❽항목명의 글꼴 크기와 글꼴 지정하기 ❾선 색 지정하고 셀 범위 오른쪽에 구분 선 그리기 ❿표 내용에 [가운데 맞춤] 설정하기

3

워크시트 편집하고 인쇄하기

엑셀의 편집 기능을 이용하여 문서를 효율적으로 작성할 수 있습니다. 입력한 데이터를 복사, 이동, 삭제하는 데이터 편집 기능과 행, 열, 워크시트를 삽입, 삭제하고 탭을 관리하는 워크시트 편집 기능은 업무 시간을 단축할 뿐만 아니라 더욱 정확한 문서로 만들 수 있어서 매우 유용합니다. 편집 기능과 함께 인쇄할 용지의 방향과 여백, 머리글이나 바닥글 등을 설정하고 인쇄 영역을 지정하는 방법에 대해서도 살펴봅니다.

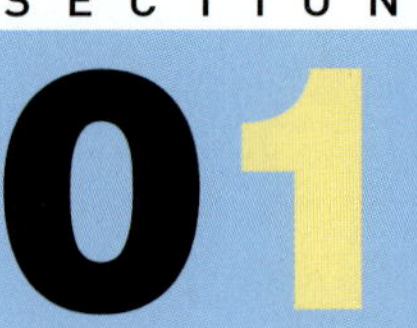

SECTION 01

셀과 행, 열 삽입하고 삭제하기

워크시트에서 원하는 위치에 셀과 행, 열을 삽입하고 특정 셀 또는 행, 열을 삭제하는 방법에 대해 알아봅니다.

 **삽입과 삭제 기능 살펴보기**

● 셀 삽입하기

워크시트에 셀을 삽입하면 선택한 위치의 셀이 오른쪽 또는 아래로 밀리면서 새 셀이 생깁니다.

● 행과 열 삽입하기

행 또는 열을 삽입하면 셀 포인터가 위치한 곳에 빈 행이나 열이 생기고 기존의 데이터는 오른쪽 또는 아래로 밀려 이동합니다.

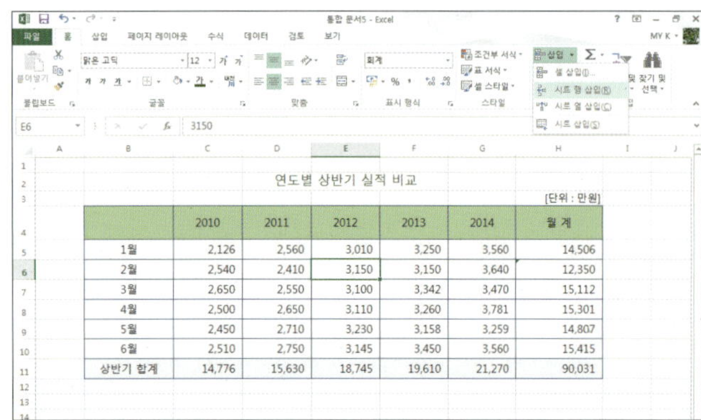

● 셀 삭제하기

워크시트에서 셀을 삭제하면 해당 셀의 오른쪽 또는 아래의 셀이 삭제된 셀의 위치로 밀립니다.

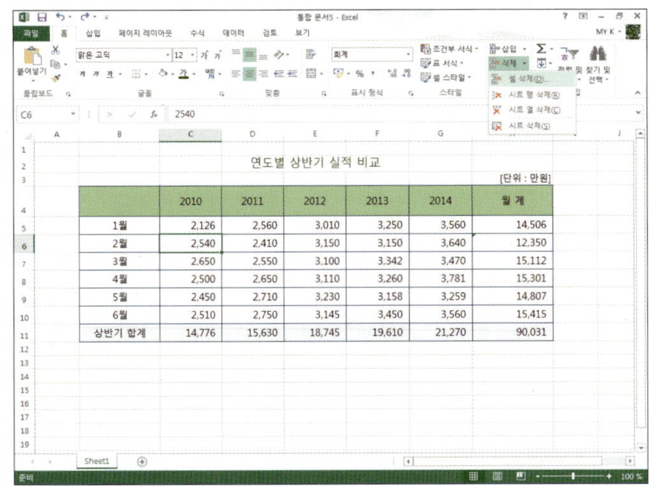 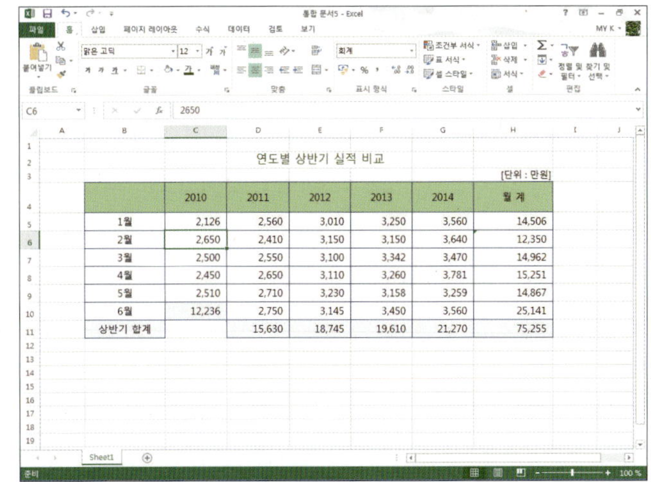

● 행과 열 삭제하기

행 또는 열을 삭제하면 셀 포인터가 위치한 행이나 열이 전부 삭제되고 인접한 행 또는 열이 당겨져 이동하게 됩니다.

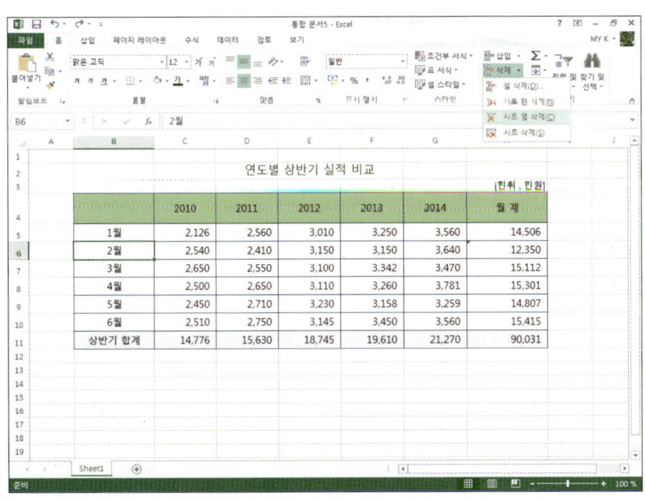 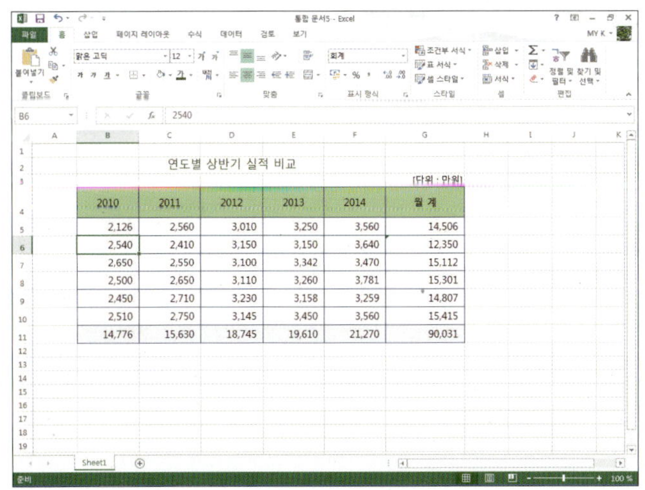

행과 열 삽입하고 삭제하기

워크시트의 특정 위치에 행 또는 열을 삽입하거나 삭제하는 방법을 알아보겠습니다.

◎ **시작 파일** : 엑셀\part03\01-01.xlsx

01 행 삽입하기

❶E7셀에 셀 포인터를 놓고 ❷[홈] 탭의 [셀] 그룹에서 [삽입]의 목록 단추를 클릭한 후 ❸[시트 행 삽입]을 선택합니다.

> **참고**
>
> 새로운 행을 삽입할 곳에 셀 포인터를 놓고 행 삽입 작업을 실행합니다. 7행에 빈 행이 삽입되면서 7~11행에 있던 내용은 한 행씩 아래로 밀려 내려갑니다.

02 열 삽입하기

7행에 빈 행이 삽입됩니다. 셀 포인터가 E7셀에 위치한 상태로 ❶[홈] 탭의 [셀] 그룹에서 [삽입]의 목록 단추를 클릭한 후 ❷[시트 열 삽입]을 선택합니다.

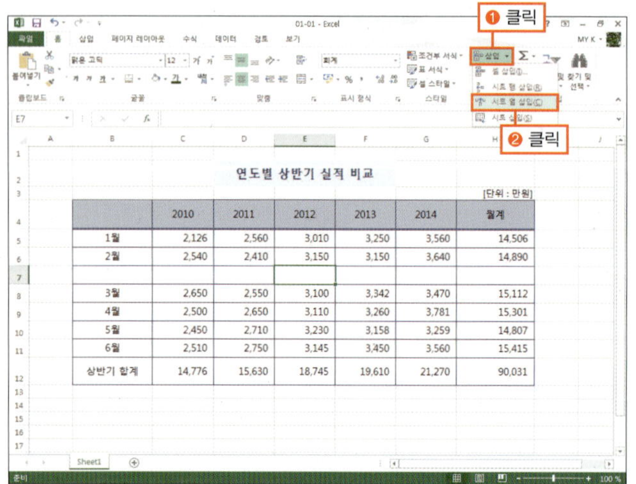

03 행 삭제하기

E열에 빈 열이 삽입됩니다. ❶B7셀에 셀 포인터를 놓고 ❷[홈] 탭의 [셀] 그룹에서 [삭제]의 목록 단추를 클릭한 후 ❸[시트 행 삭제]를 선택합니다.

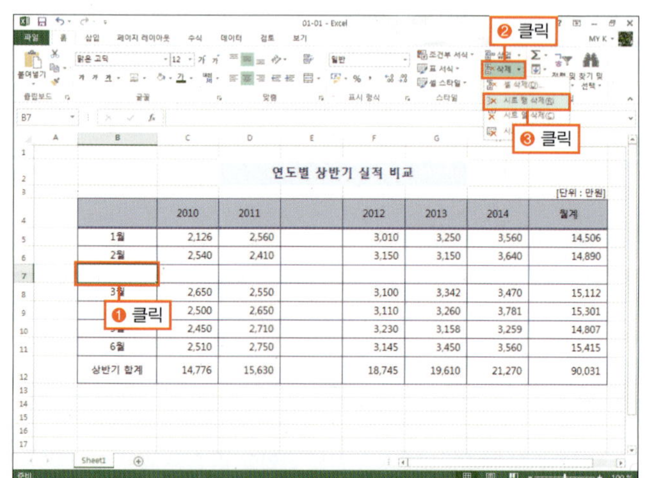

> **참고**
>
> 셀 포인터가 위치한 행 전체가 삭제되므로 작업 전에 주의하도록 합니다.

04 열 삭제하기

7행이 삭제되었습니다. ❶E4셀에 셀 포인터를 놓고 ❷[홈] 탭의 [셀] 그룹에서 [삭제]의 목록 단추를 클릭한 후 ❸ [시트 열 삭제]를 선택합니다.

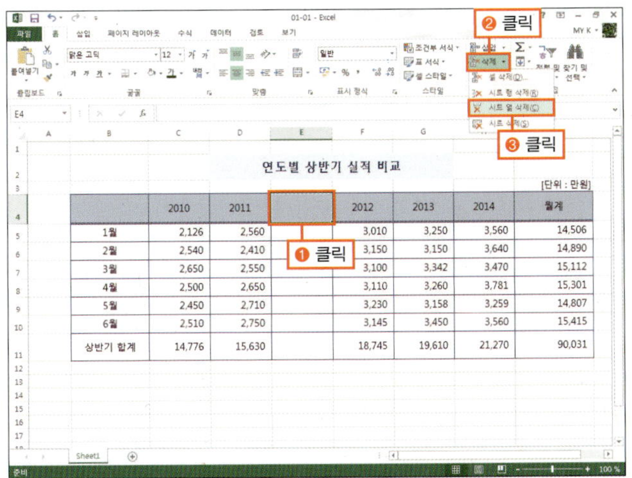

참고

[시트 삭제]를 선택하면 현재 워크시트 전체가 삭제됩니다.

05 열 삭제 확인하기

E열 전체가 삭제되어 빈 열이 사라지고 오른쪽에 있던 열들이 하나씩 당겨 이동한 것을 확인할 수 있습니다.

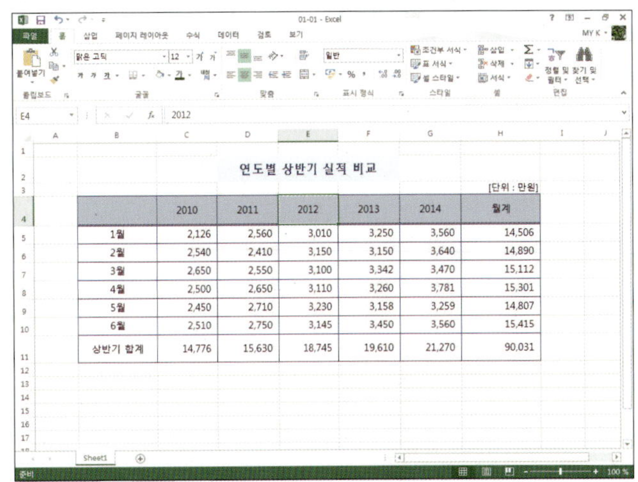

참고

실수로 잘못 삭제했을 경우에는 빠른 실행 도구 모음에서 [실행 취소](⎌)를 클릭합니다.

실습 과정 셀 삽입하고 삭제하기

워크시트의 특정 위치에 셀을 삽입하거나 특정 셀을 삭제하는 방법을 알아보겠습니다.

- **시작 파일** : 엑셀\part03\01-01.xlsx
- **완료 파일** : 엑셀\part03\01-01_완성.xlsx

01 셀 삭제하기

❶E10셀에 셀 포인터를 놓고 ❷[홈] 탭의 [셀] 그룹에서 [삭제]의 목록 단추를 클릭하고 ❸[셀 삭제]를 선택합니다.

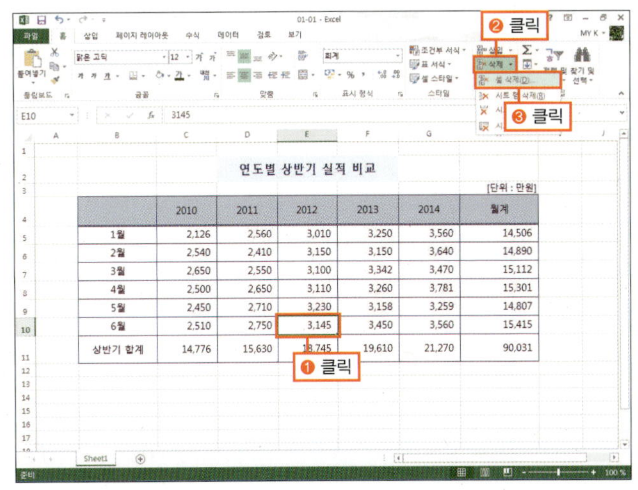

[삭제] 대화상자가 나타나면 ❶[셀을 왼쪽으로 밀기]를 클릭한 후 ❷[확인]을 클릭합니다.

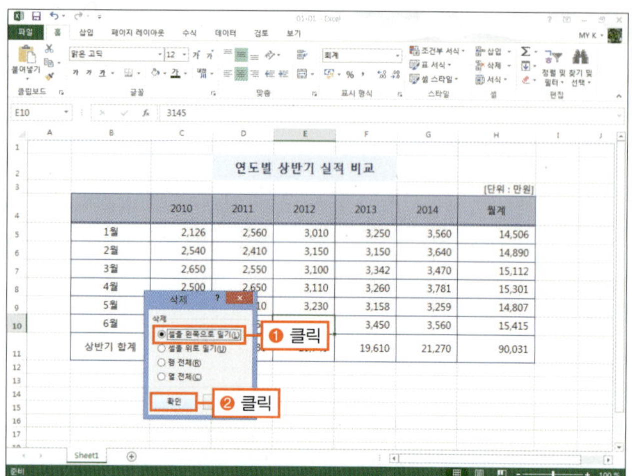

참고

[행 전체] 또는 [열 전체]를 선택하면 [삭제] 도구에서 [시트 행 삭제]
또는 [시트 열 삭제]를 선택한 것과 같이 행이나 열 전체를 삭제할
수 있습니다.

[삽입] 대화상자가 나타나면 ❶[셀을 오른쪽으로 밀기]를 선택한 후 ❷[확인]을 클릭합니다.

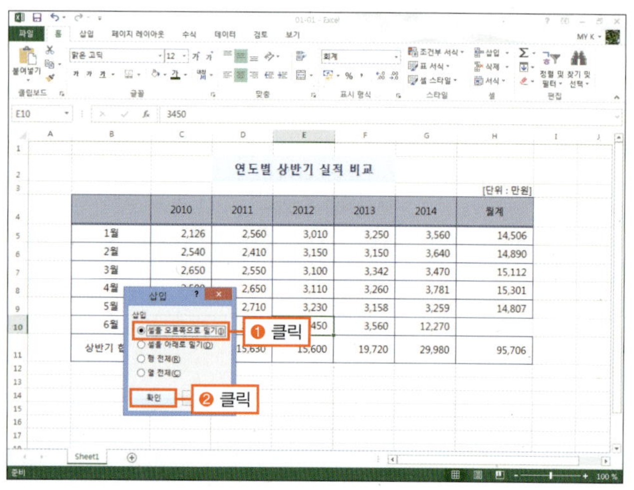

E10셀이 삭제되고 오른쪽 데이터들이 왼쪽으로 한 셀씩 당겨 이동합니다. 다시 E10셀에서 ❶[홈] 탭의 [셀] 그룹에서 [삽입]의 목록 단추를 클릭하고 ❷[셀 삽입]을 선택합니다.

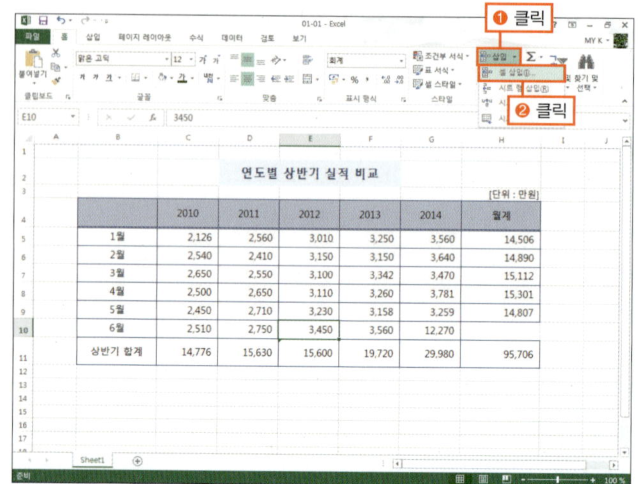

새 셀이 삽입되면서 E10셀~G10셀에 있던 데이터는 오른쪽으로 한 셀씩 밀려 이동합니다. ❶D8셀에 셀 포인터를 놓고 ❷[홈] 탭의 [셀] 그룹에서 [삽입]의 목록 단추를 클릭하고 ❸[셀 삽입]을 선택합니다.

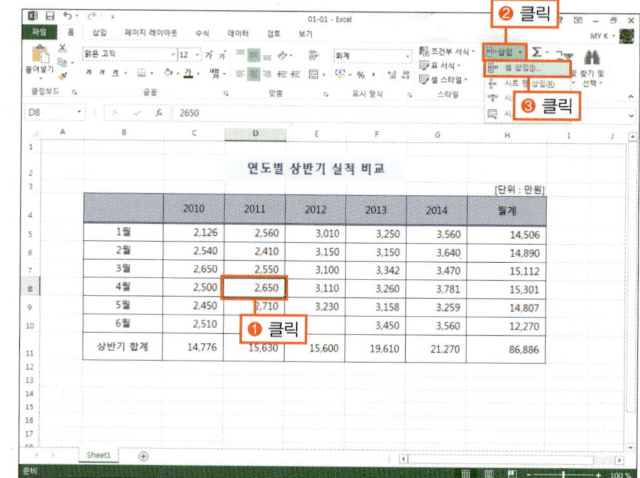

06 [삽입] 대화상자 지정하기

[삽입] 대화상자가 나타나면 ❶[셀을 아래로 밀기]를 선택한 후 ❷[확인]을 클릭합니다.

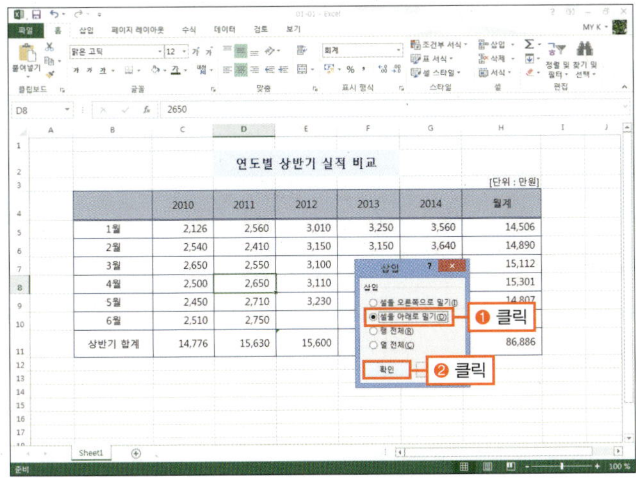

07 셀 삽입 확인하기

D8셀에 새 셀이 삽입되고 D8셀~D11셀에 있던 데이터는 아래쪽으로 한 셀씩 밀려 이동한 것을 확인할 수 있습니다.

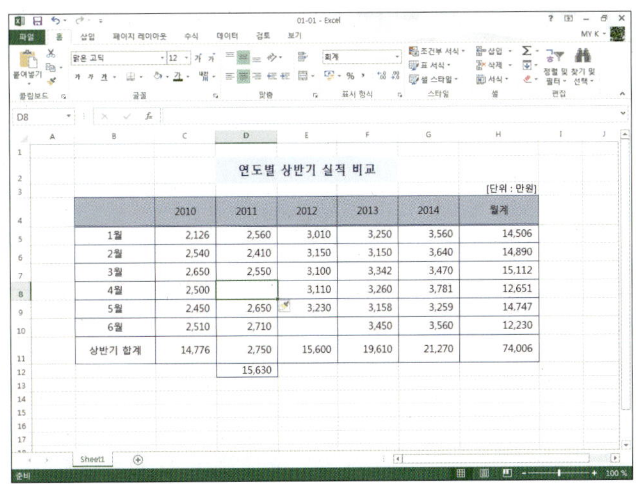

> **참고**
>
> 셀을 삽입할 때 나타나는 [삽입 옵션]( )을 클릭하면 [위와 같은 서식], [아래와 같은 서식], [서식 지우기] 메뉴 중 선택해 삽입한 셀의 서식을 지정할 수 있습니다.

확인실습

시작 파일을 열고 셀 삽입, 행 삭제, 열 삭제 기능을 이용해 나음과 같이 만들어 보세요.

- 셀 삽입 : D8셀(셀을 아래로 밀기), F9셀(셀을 오른쪽으로 밀기)
- 행 삭제 : 14행, 13행/열 삭제: I열/빈 곳에 테두리 지정

- **시작 파일** : 엑셀\part03\01_실습1.xlsx
- **완료 파일** : 엑셀\part03\01_실습1_완성.xlsx

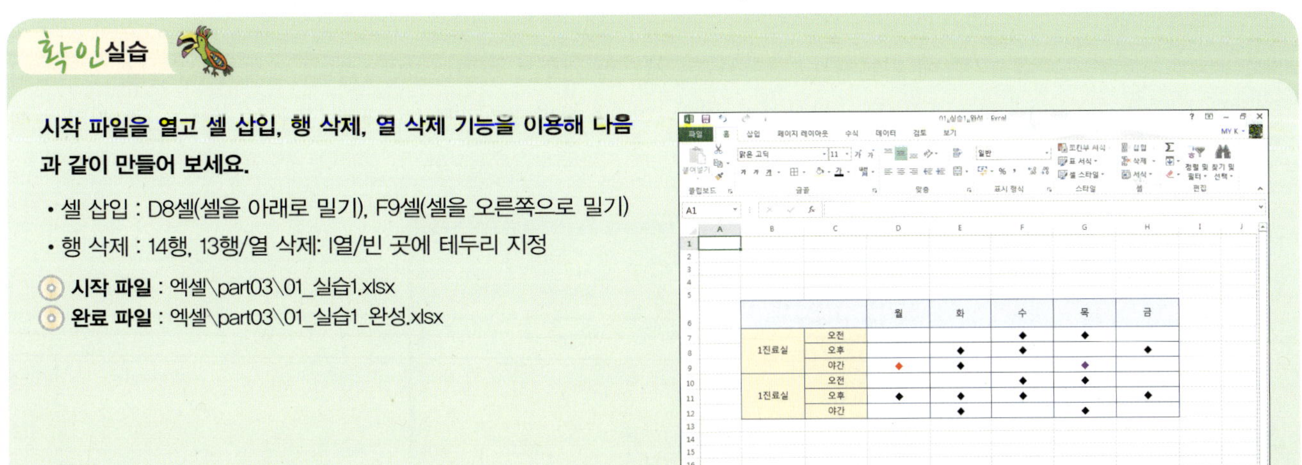

워크시트 관리하기

하나의 통합 문서에 여러 개의 워크시트를 작성할 수 있습니다. 워크시트를 삽입하거나 삭제하는 방법, 이동하고 복사하는 방법에 대해 살펴보고 탭의 색과 이름을 변경하는 등의 워크시트 관리 방법을 알아봅니다.

다루는 내용
- 워크시트 삽입하고 삭제하기
- 시트 탭의 색과 이름 변경하기
- 워크시트 이동 및 복사하기

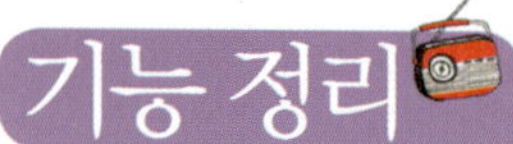 기능 정리

워크시트 삽입하고 삭제하기

엑셀 2013을 실행하면 기본적으로 1개의 워크시트가 열려 있습니다. 사용자는 필요에 따라 워크시트를 추가할 수 있고 특정 워크시트를 삭제할 수도 있습니다.

● 워크시트 삽입하기

화면 아래쪽의 시트 탭 오른쪽에 있는 [새 시트](⊕)를 클릭하면 새로운 시트가 추가됩니다. 추가되는 시트는 순서대로 'Sheet2', 'Sheet3', 'Sheet4' 등으로 이름이 부여됩니다. 추가된 시트 탭을 클릭하면 해당 시트로 이동할 수 있습니다.

워크시트에 기본적으로 나타나는 시트의 개수를 변경하려면 [파일] 탭에서 [옵션]을 선택합니다. [Excel 옵션] 대화상자가 나타나면 [새 통합 문서 만들기]에서 [포함할 시트 수]를 원하는 대로 조정합니다.

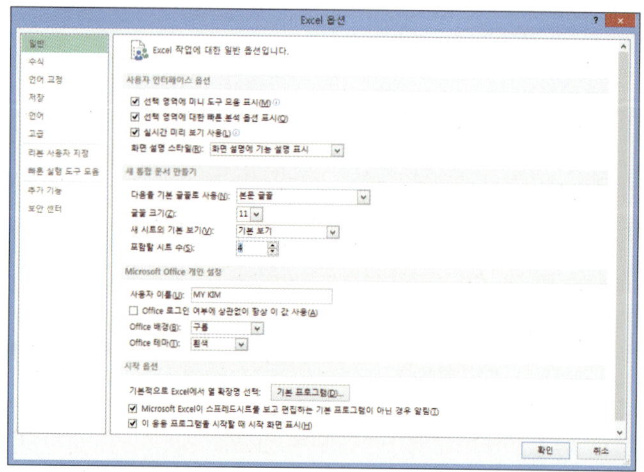

● **워크시트 삭제하기**

시트 탭에서 마우스 오른쪽 단추
를 클릭하고 나타나는 메뉴에서
[삭제]를 선택하면 해당 시트가
삭제됩니다.

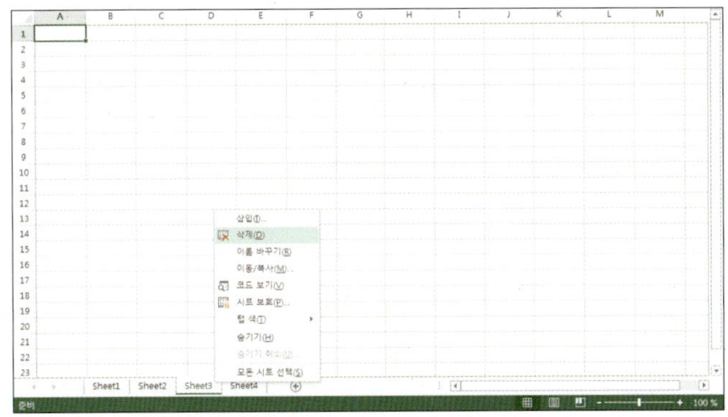

1 워크시트에 새 시트를 추가할 때와 삭제할 때 필요한 도구의 이름이 맞게 짝지어진 것은 무엇일까요?

① 삽입–삭제 ② 시트 추가–시트 삭제 ③ 새 시트–삭제 ④ 새 시트–시트 삭제

답 : ③

실습 과정 **시트 탭의 색과 이름 변경하기**

시트를 구분하거나 시트의 내용을 알기 쉽도록 시트 탭의 색과 이름을 변경하는 방법에 대해 알아봅니다.

◎ **완료 파일** : 엑셀\part03\02–01_완성.xlsx

01 새 시트 추가하기

새 통합 문서를 열고 ❶시트 탭 오른쪽에 있는 [새 시트]
(⊕)를 3번 클릭해 시트를 추가합니다.

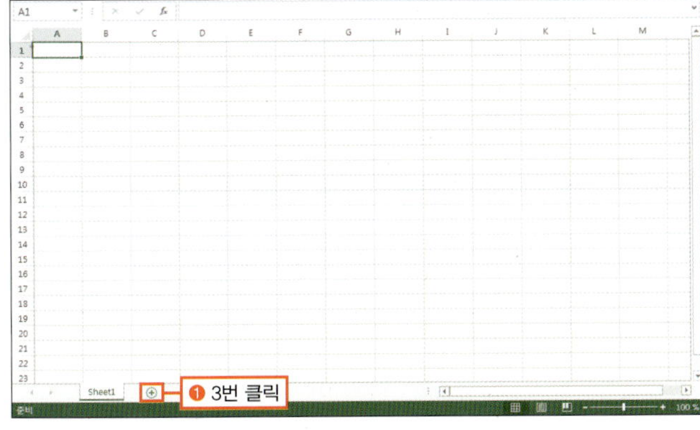

02 'Sheet1'의 탭 색 지정하기

❶'Sheet1'에서 마우스 오른쪽 단추를 클릭한 후 바로 가기
메뉴에서 ❷[탭 색]–❸[빨강]을 선택합니다.

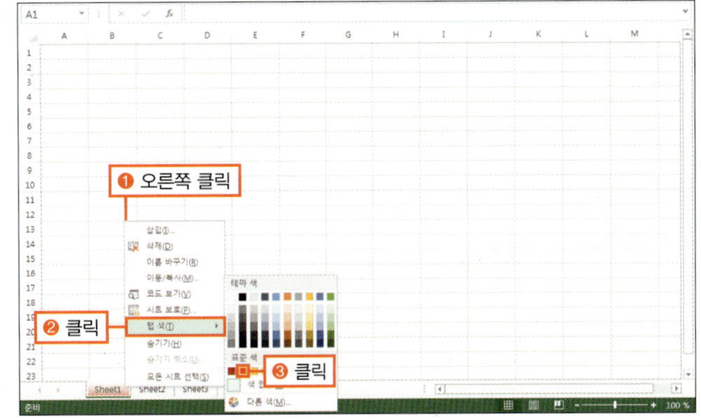

참고 •
[새 시트](⊕)를 클릭할 때마다 시트가 1개씩 추가되어 'Sheet4'까지 생깁니다.

03 나머지 시트의 탭 색 지정하기

❶ 'Sheet2', 'Sheet3', 'Sheet4'도 시트 탭에서 마우스 오른쪽 단추를 클릭한 후 ❷[탭 색]에서 [녹색], [주황], [자주]로 각각 지정합니다.

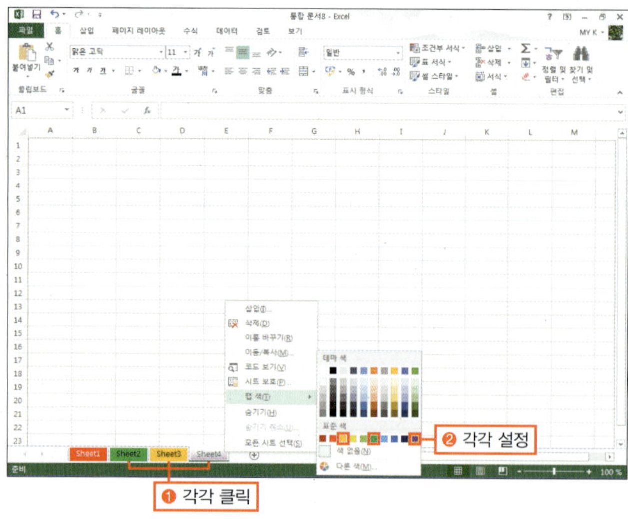

04 [이름 바꾸기] 선택하여 이름 바꾸기

❶ 'Sheet1'에서 마우스 오른쪽 단추를 클릭하고 바로 가기 메뉴에서 ❷[이름 바꾸기]를 선택합니다. ❸커서가 생기면 '1월'을 입력하고 ❹ Enter 를 누릅니다.

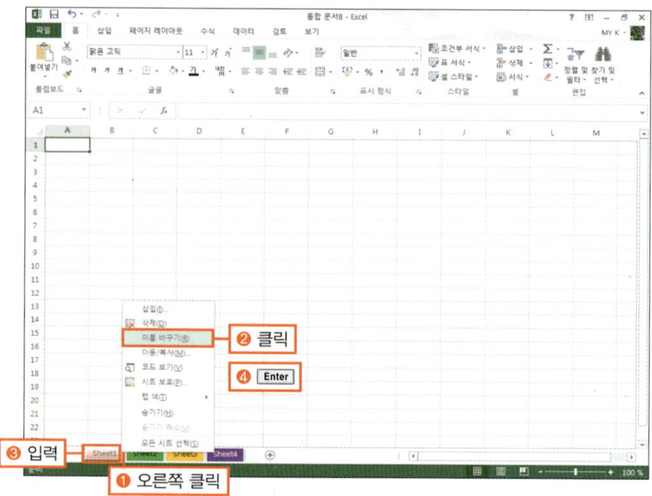

05 더블클릭해 이름 바꾸기

❶ 'Sheet2'의 시트 탭을 더블클릭합니다. 커서가 나타나면 ❷ '2월'이라고 입력하고 ❸ Enter 를 누릅니다.

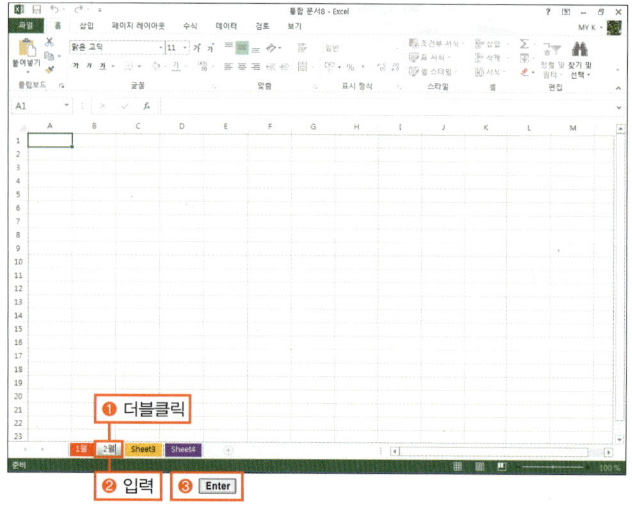

06 시트 탭 이름 바꾸기

❶ 'Sheet3'과 'Sheet4'의 이름도 각각 '3월'과 '4월'로 변경합니다.

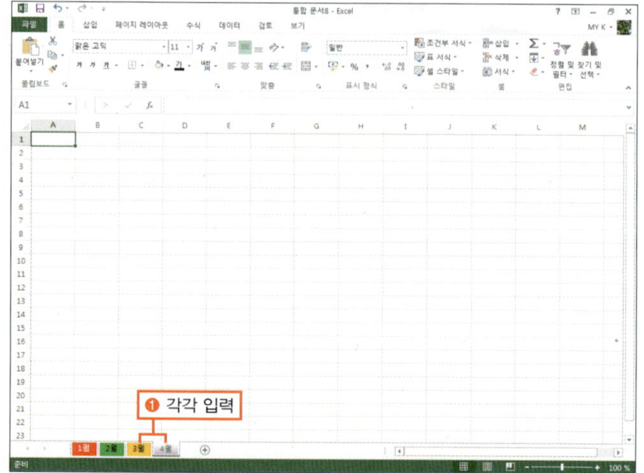

실습 과정 · 워크시트 이동 및 복사하기

여러 개의 워크시트로 구성된 통합 문서에서 워크시트의 위치를 이동하거나 복사하는 방법에 대해 알아봅니다.

◎ **시작 파일** : 엑셀\part03\02-02.xlsx
◎ **완료 파일** : 엑셀\part03\02-02_완성.xlsx

01 [이동/복사] 메뉴 선택하기

❶ '1월' 시트 탭에서 마우스 오른쪽 단추를 클릭한 후 바로
가기 메뉴에서 ❷[이동/복사]를 선택합니다.

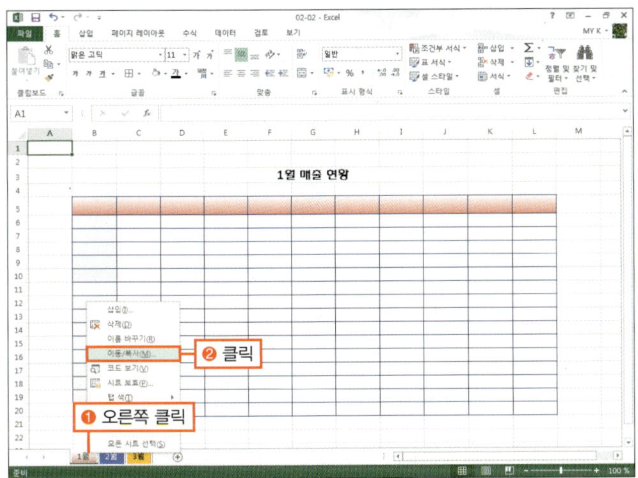

02 이동할 위치 지정하기

[이동/복사] 대화상자가 나타나면 ❶[다음 시트의 앞에]에
서 '3월'을 선택하고 ❷[확인]을 클릭합니다.

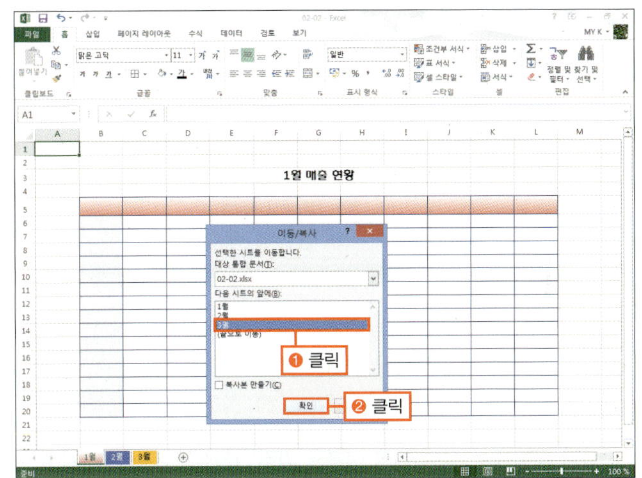

> **참고**
> 현재 시트가 선택한 시트 앞으로 이동합니다.

03 이동 확인하기

'1월' 시트가 '3월' 시트 앞으로 이동한 것을 확인할 수 있
습니다.

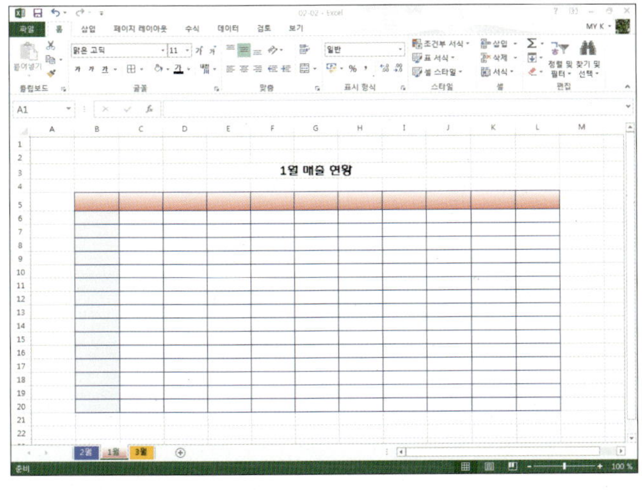

04 [이동/복사] 메뉴 선택하기

❶ '2월' 시트 탭에서 마우스 오른쪽 단추를 클릭하고 바로
가기 메뉴에서 ❷[이동/복사]를 선택합니다.

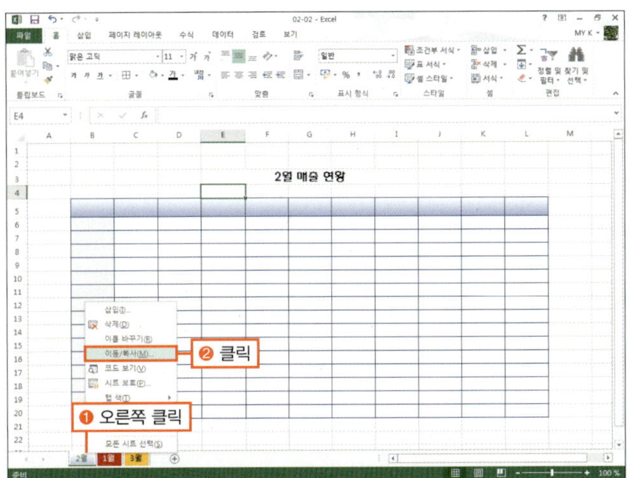

[이동/복사] 대화상자가 나타나면 ❶ [(끝으로 이동)]을 선택하고 ❷ [복사본 만들기]를 클릭해 체크한 후 ❸ [확인]을 클릭합니다.

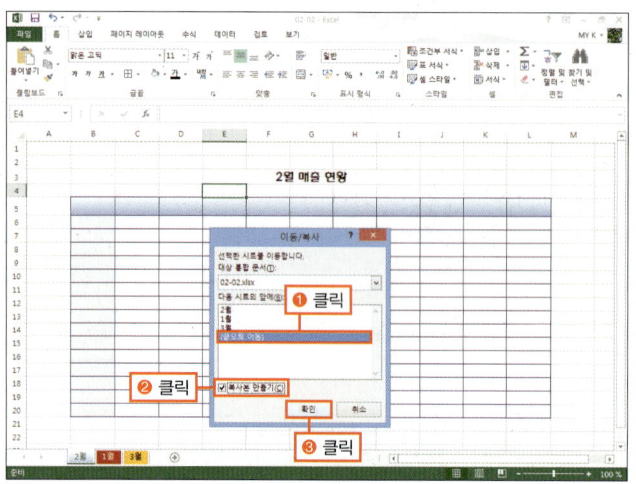

'2월' 시트가 복사되어 시트 탭의 맨 끝에 '2월 (2)' 시트가 생겼습니다. 시트 안의 내용도 동일한 것을 확인할 수 있습니다.

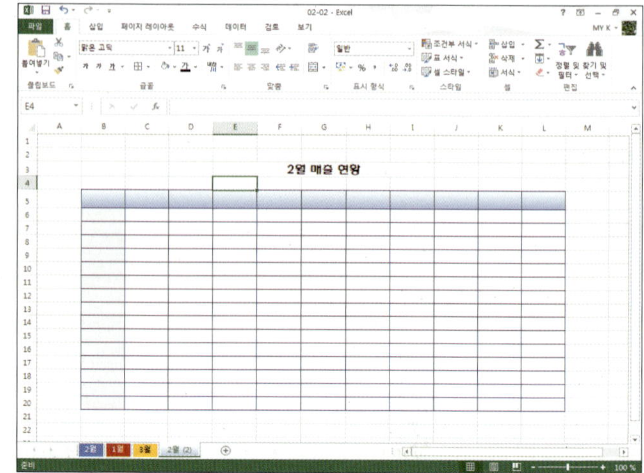

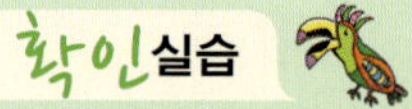
확인실습

시작 파일에서 시트 탭의 이름을 각각 '1지점', '2지점', '3지점'으로 변경하고 여러 가지 색으로 구분한 후 '1지점' 시트를 맨 끝으로 복사해 보세요.

◎ 시작 파일 : 엑셀\part03\02_실습1.xlsx
◎ 완료 파일 : 엑셀\part03\02_실습1_완성.xlsx

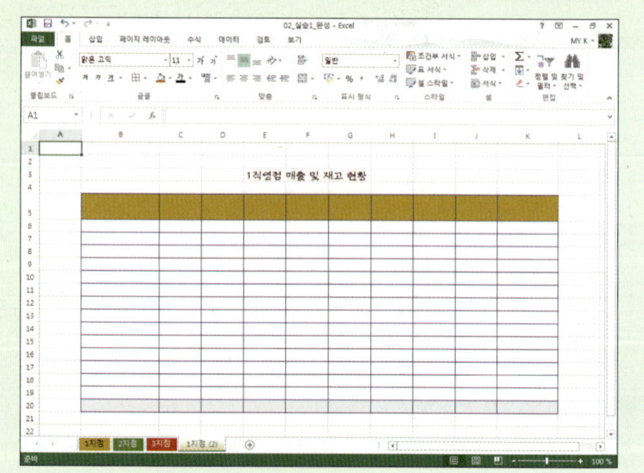

데이터 편집 기능 활용하기

데이터를 빠르고 정확하게 편집하기 위한 기능에는 잘라내기, 복사하기, 붙여넣기, 서식 복사 등이 있습니다. 작업 창과 도구 단추를 이용한 편집 기능 활용 방법에 대해 알아봅니다.

다루는 내용
- 데이터 편집 작업 창 알기
- 잘라내기와 붙여넣기
- 복사하기와 붙여넣기
- 서식 복사하기

기능 정리 — 데이터 편집 도구와 작업창 살펴보기

데이터를 편집하기 위한 도구는 [홈] 탭의 [클립보드] 그룹에 모여 있습니다. 편집할 범위를 지정한 후 [잘라내기]와 [복사], [붙여넣기]를 이용해 특정 데이터를 이동하거나 복사할 수 있으며 데이터를 제외한 서식만 복사할 수도 있습니다. 편집 기능을 많이 사용해야 하는 경우에는 [클립보드] 작업 창을 열어 활용합니다.

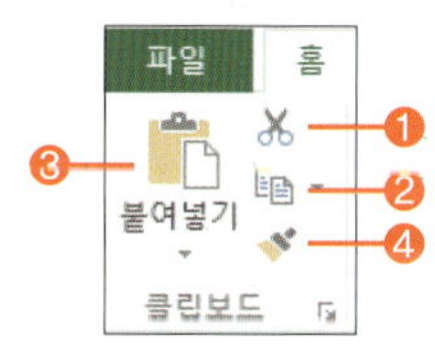

❶ **[잘라내기]**(✂) : 지정된 범위 안의 데이터를 잘라내 임시 기억 장소인 클립보드에 보관합니다.

❷ **[복사]**(📋) : 지정된 범위 안의 데이터를 복사해 임시 기억 장소인 클립보드에 보관합니다.

❸ **[붙여넣기]**(📋) : 잘라내거나 복사한 데이터를 지정한 셀을 기준으로 붙여넣습니다.

❹ **[서식 복사]**(🖌) : 지정된 범위 안에서 데이터는 제외하고 데이터에 적용된 서식만을 복사해 다른 영역에 적용합니다.

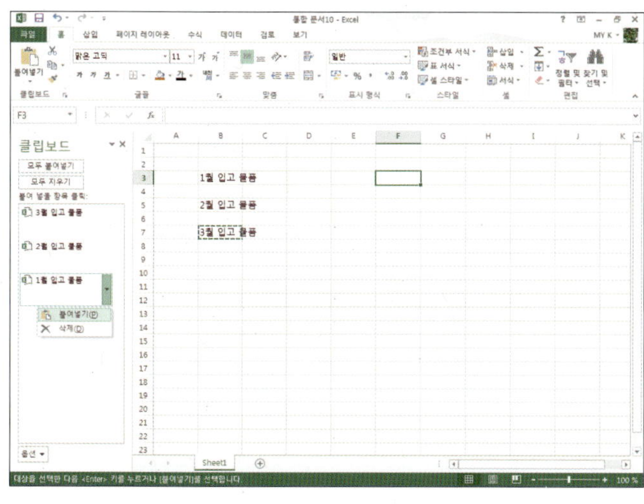

[홈] 탭의 [클립보드] 그룹에서 [더 보기](🔽)를 클릭하면 [클립보드] 작업 창이 열립니다. [클립보드] 작업창은 이전에 복사하거나 잘라냈던 여러 내용을 목록으로 확인할 수 있어 복사 또는 잘라내 붙이는 작업이 반복되는 경우에 활용하면 효율적입니다. 내용을 넣을 위치에 셀 포인터를 두고 붙여넣을 내용을 클릭하거나 목록 단추를 클릭한 후 [붙여넣기]를 선택합니다.

[모두 붙여넣기]를 클릭하면 클립보드의 내용을 모두 붙여넣을 수 있고 [모두 지우기]를 클릭하면 클립보드의 내용을 모두 삭제할 수 있습니다.

1 지정된 범위 안의 데이터를 복사해 다른 위치에 붙이려고 할 때 필요한 도구 단추는 무엇일까요?

① ✂, 🗐   ② 🗐, 🗐   ③ 🖌, 🗐

답 : ②

실습 과정 — 데이터 잘라내기와 복사하기

특정 위치의 데이터를 잘라내서 다른 위치에 붙이면 데이터를 이동하는 것과 같은 효과를 낼 수 있습니다. 잘라내서 붙이는 기능과 복사해서 붙이는 기능에 대해 알아보겠습니다.

◎ **시작 파일** : 엑셀\part03\03-01.xlsx
◎ **완료 파일** : 엑셀\part03\03-01_완성.xlsx

01 [복사] 메뉴 선택하기

❶C2셀을 선택한 후 ❷[홈] 탭의 [클립보드] 그룹에서 [복사](🗐)를 클릭합니다.

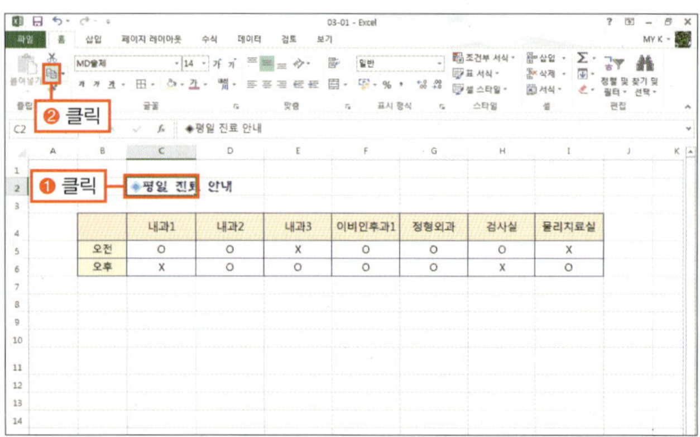

02 [붙여넣기] 실행하기

❶C9셀에 셀 포인터를 놓고 ❷[홈] 탭의 [클립보드] 그룹에서 [붙여넣기](🗐)를 클릭합니다.

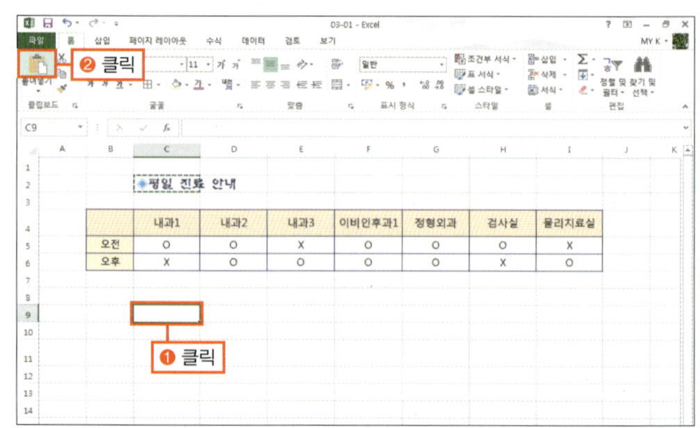

03 결과 확인 및 표 복사하기

❶복사한 제목의 글꼴 색과 내용을 다음과 같이 변경합니다. ❷드래그하여 B4:G6셀을 범위로 지정한 후 ❸[홈] 탭의 [클립보드] 그룹에서 [복사](🗐)를 클릭합니다.

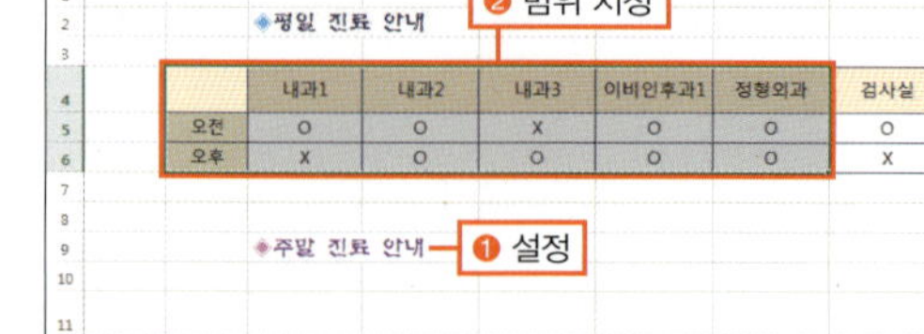

> **참고**
>
> [복사]의 단축키인 Ctrl+C 를 눌러도 됩니다.

04 [붙여넣기] 실행하기

❶B11셀에 셀 포인터를 놓고 ❷[홈] 탭의 [클립보드] 그룹에서 [붙여넣기]( )를 클릭합니다.

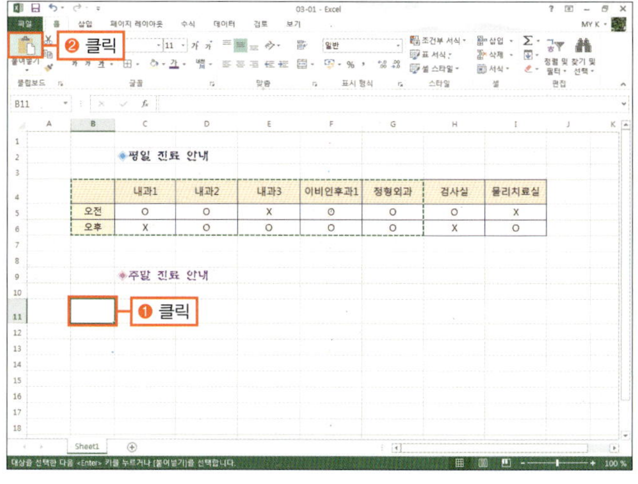

05 [잘라내기] 실행하기

표의 내용이 그대로 복사됩니다. ❶I4:I6셀을 범위로 지정한 후 ❷[홈] 탭의 [클립보드] 그룹에서 [잘라내기]( )를 클릭합니다.

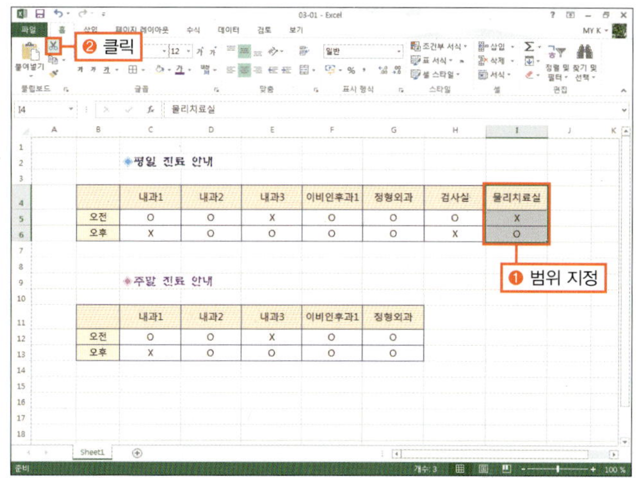

> **참고**
>
> [잘라내기]의 단축키인 Ctrl + X 를 눌러도 됩니다.

06 [붙여넣기] 실행하기

❶H11셀에 셀 포인터를 놓고 ❷[홈] 탭의 [클립보드] 그룹에서 [붙여넣기]( )를 클릭합니다.

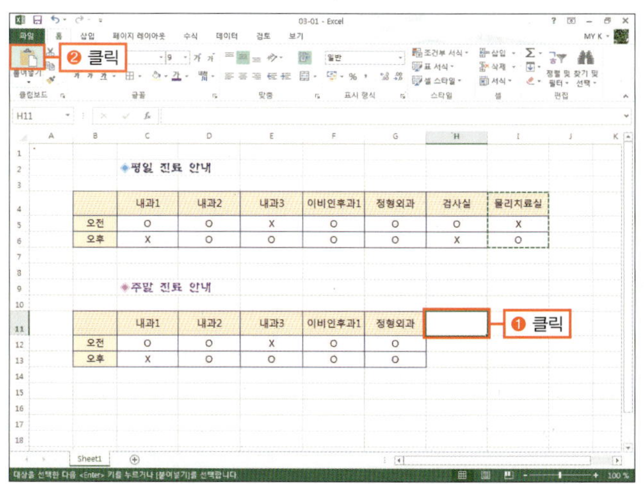

> **참고**
>
> [붙여넣기]의 단축키인 Ctrl + V 를 눌러도 됩니다.

07 결과 확인하기

위쪽 표에 있던 '물리치료실' 항목이 아래쪽 표의 끝으로 이동한 것을 확인할 수 있습니다.

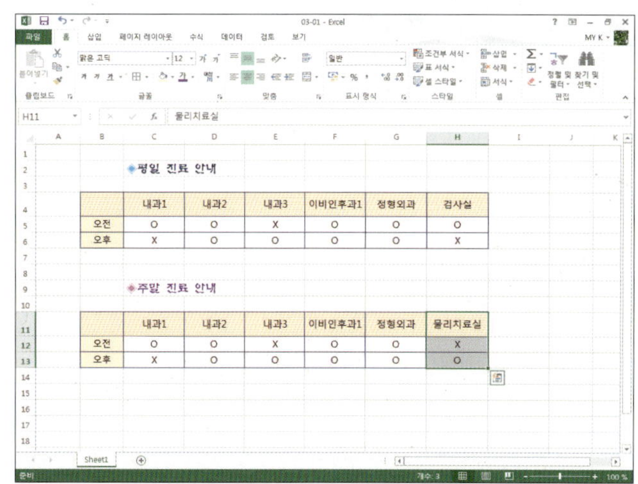

실습 과정 — 서식 복사하기와 지우기

글꼴 서식, 셀 테두리 및 채우기, 맞춤 등 셀에 적용된 서식만을 복사해 다른 영역에 적용하는 서식 복사 방법과 서식, 내용 등을 지우는 방법에 대해 알아봅니다.

◎ **시작 파일** : 엑셀\part03\03-02.xlsx
◎ **완료 파일** : 엑셀\part03\03-02_완성.xlsx

01 특정 셀의 서식 복사하기

❶C2셀을 선택한 후 ❷[홈] 탭의 [클립보드] 그룹에서 [서식 복사](🖌)를 클릭합니다.

> **참고**
> C2셀에는 [HY크리스탈M], [15], [주황, 강조 2, 25% 더 어둡게]의 글꼴 서식이 설정되어 있습니다.

02 서식 적용할 셀 선택하기

마우스 포인터의 모양이 🔁로 바뀌면 ❶C9셀을 클릭합니다. C2셀의 서식이 C9셀에 그대로 적용됩니다.

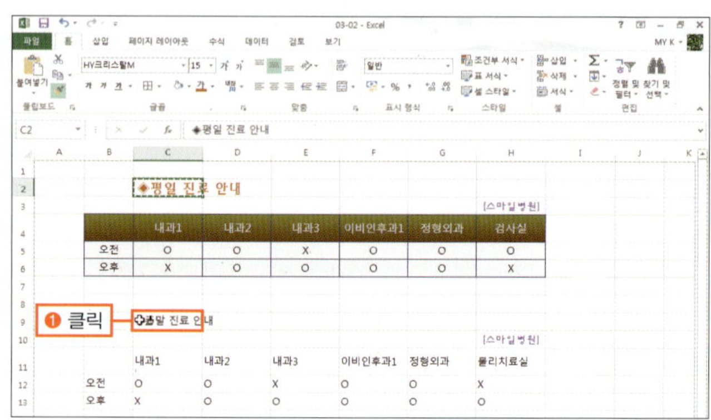

03 넓은 영역 서식 복사하기

❶B4:H6셀을 드래그해 범위로 지정한 후 ❷[홈] 탭의 [클립보드] 그룹에서 [서식 복사](🖌)를 클릭합니다.

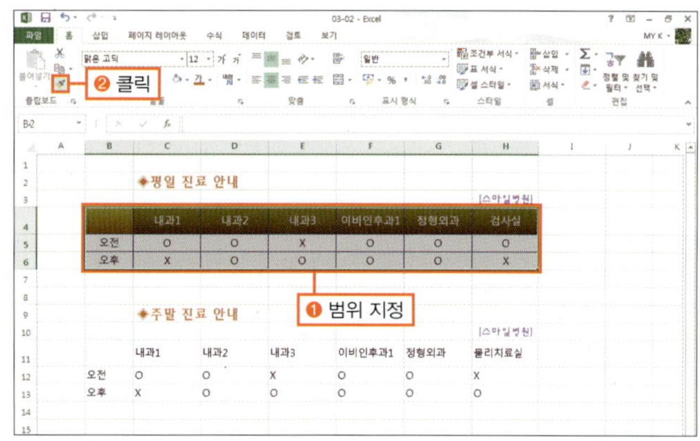

04 적용할 영역 드래그하기

복사한 서식을 적용할 영역을 지정하기 위해 ❶B11:H13셀을 드래그하여 범위로 지정합니다.

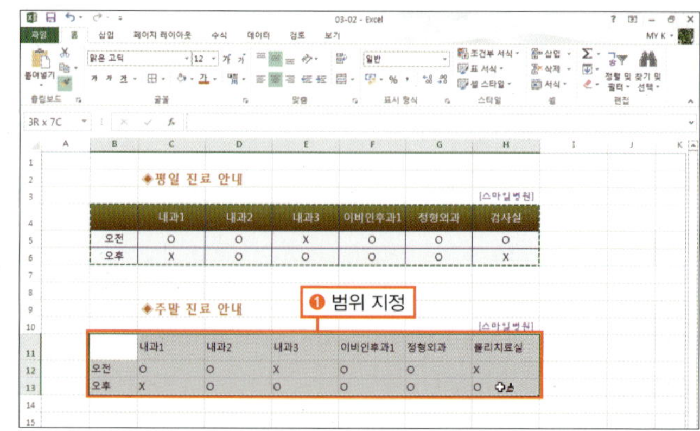

> **참고**
> 복사한 셀의 서식만 대상 셀에 적용되고 입력되어 있던 내용은 변경되지 않습니다.

05 서식 복사 확인하기

복사한 서식이 해당 셀 영역에 적용된 것을 확인할 수 있습니다.

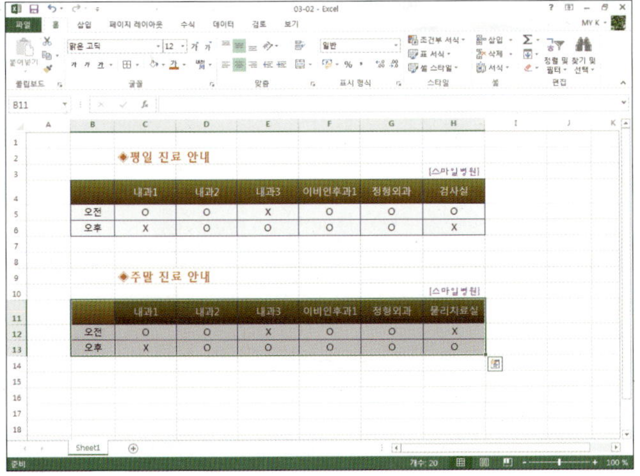

06 [서식 지우기] 선택하기

❶H3셀에 셀 포인터를 놓고 ❷[홈] 탭의 [편집] 그룹에서 [지우기]( )를 클릭하여 ❸[서식 지우기]를 선택합니다.

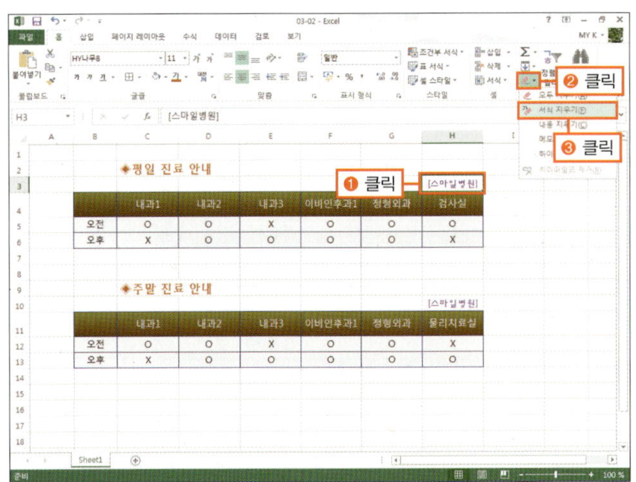

> **참고**
>
> [HY나무B] 글꼴과 [자주] 글꼴 색이 설정되어 있었으나 서식이 제거되어 기본 설정인 [맑은 고딕], [검정]으로 바뀐 것을 알 수 있습니다.

07 [내용 지우기] 선택하기

셀에 적용했던 서식이 제거되어 텍스트가 기본 스타일로 바뀝니다. ❶H10셀에 셀 포인터를 놓고 ❷[홈] 탭의 [편집] 그룹에서 [지우기]( )를 클릭하고 ❸[내용 지우기]를 선택합니다.

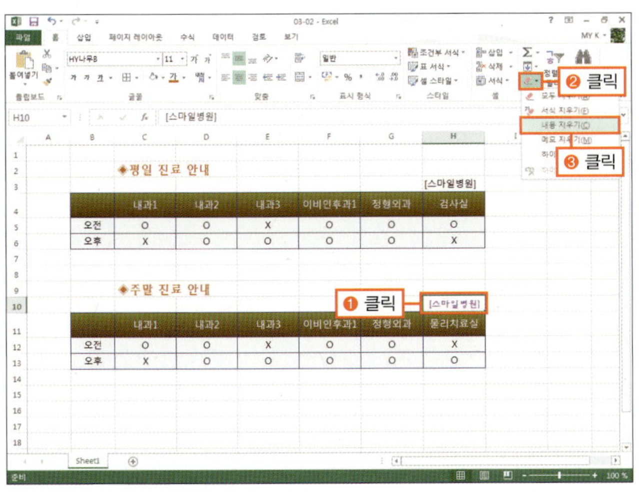

08 [내용 지우기] 결과 확인하기

H10셀의 내용이 삭제됩니다. ❶H10셀에 '해피병원'을 입력하면 기존 서식대로 내용이 입력되는 것을 확인할 수 있습니다.

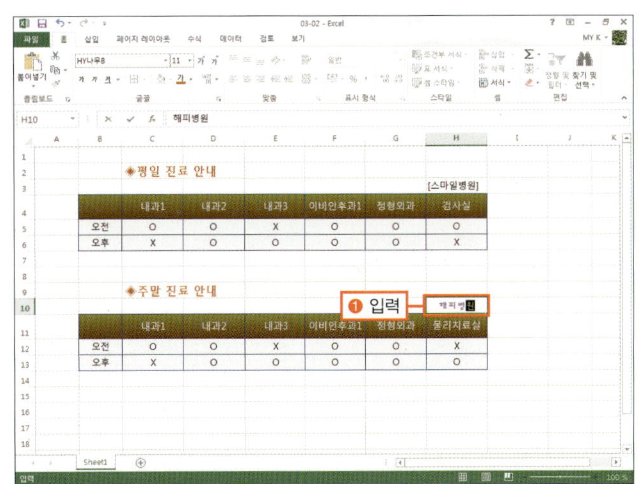

이번에는 서식과 내용 모두를 삭제하기 위해 ❶H10셀에 셀 포인터를 놓고 ❷[홈] 탭의 [편집] 그룹에서 [지우기](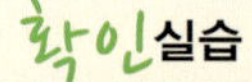 )를 클릭하고 ❸[모두 지우기]를 선택합니다.

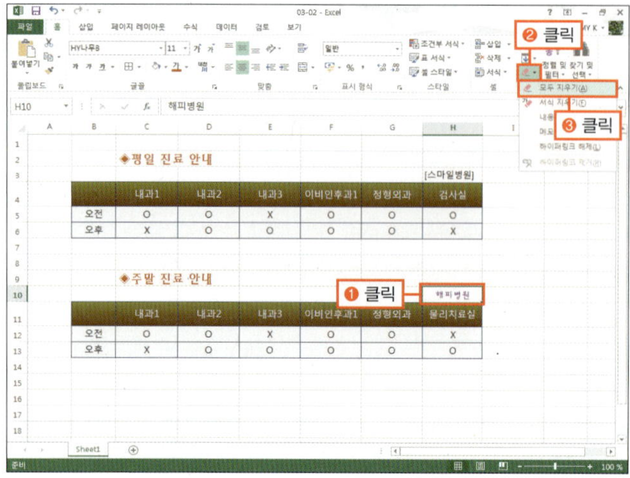

H10셀의 내용이 삭제됩니다. ❶H10셀에 다시 '해피병원'을 입력하면 기본 스타일로 내용이 입력되는 것을 확인할 수 있습니다.

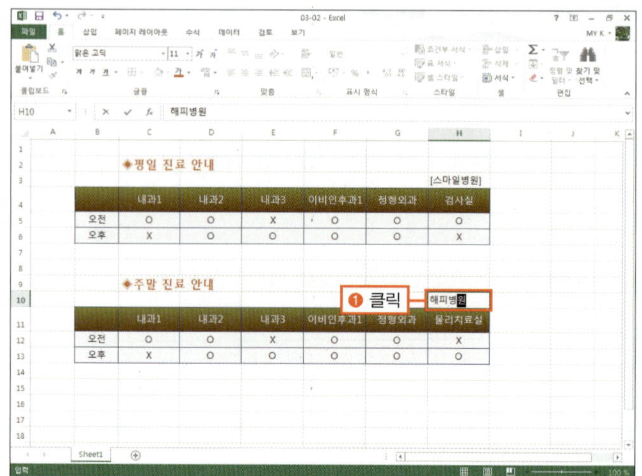

확인실습

시작 파일을 열고 복사와 잘라내기, 붙여넣기, 서식 복사 기능을 아래 조건에 맞게 활용해 하나의 표를 2개로 나누어 완성해 보세요.

- C4:C7셀→C13셀로 복사/붙여넣기
- G4:I7셀→D13셀로 잘라내기/붙여넣기
- C2셀→C11셀로 서식 복사 후 내용 입력

◎ **시작 파일** : 엑셀\part03\03_실습1.xlsx
◎ **완료 파일** : 엑셀\part03\03_실습1_완성.xlsx

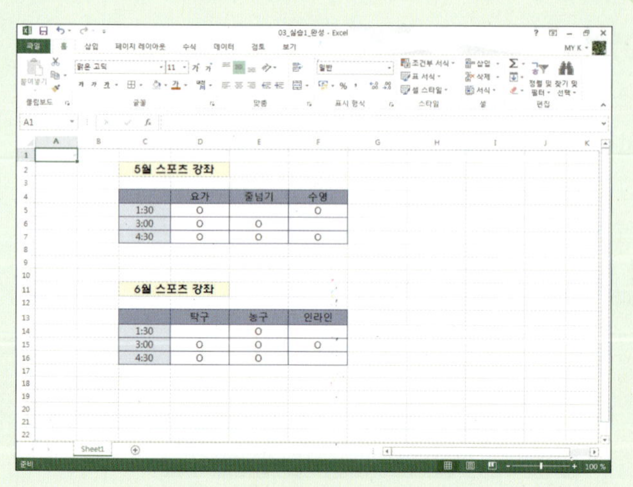

페이지 설정과 워크시트 인쇄하기

문서 작업 전에 인쇄용지와 방향, 여백, 머리글/바닥글 등을 미리 설정하면 편리하게 원하는 모양으로 인쇄할 수 있습니다. 인쇄에 필요한 다양한 설정과 인쇄 영역, 인쇄 옵션 설정에 따른 인쇄 결과에 대해 살펴보겠습니다.

배우는 내용
- 인쇄용지와 여백 설정하기
- 머리글/바닥글 설정하기
- 인쇄 영역 설정과 미리 보기
- 인쇄 옵션 설정과 인쇄하기

기능 정리 ― 인쇄용지와 여백 알아보기

같은 분량의 내용이라도 인쇄할 용지의 크기나 인쇄 여백, 용지의 방향 등에 따라 인쇄 결과물이 달라집니다. 따라서 작업 전에 미리 관련 설정을 맞춘 후 작업하면 빠르고 편리하게 문서를 인쇄할 수 있습니다. [페이지 레이아웃] 탭의 [페이지 설정] 그룹에서 인쇄 및 용지 관련 설정을 할 수 있습니다.

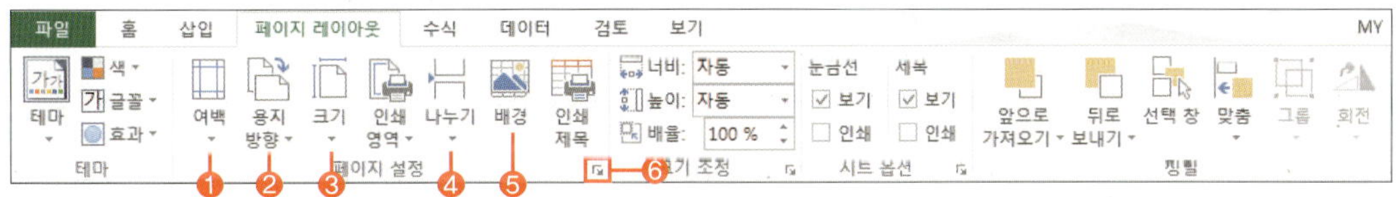

❶ [여백 조정](▥)

문서의 왼쪽, 오른쪽, 위쪽, 아래쪽 그리고 머리글, 바닥글의 여백을 설정합니다. 일반적으로 사용하는 여백을 [기본], [넓게], [좁게] 등 3가지로 제공하므로 간편하게 선택할 수 있습니다. 여백을 직접 지정하려면 [여백]을 클릭한 후 [사용자 지정 여백]을 선택합니다. [페이지 설정] 대화상자의 [여백] 탭에서 위치별로 여백을 직접 지정할 수 있고 지정된 여백을 미리 보거나 바로 인쇄할 수도 있습니다.

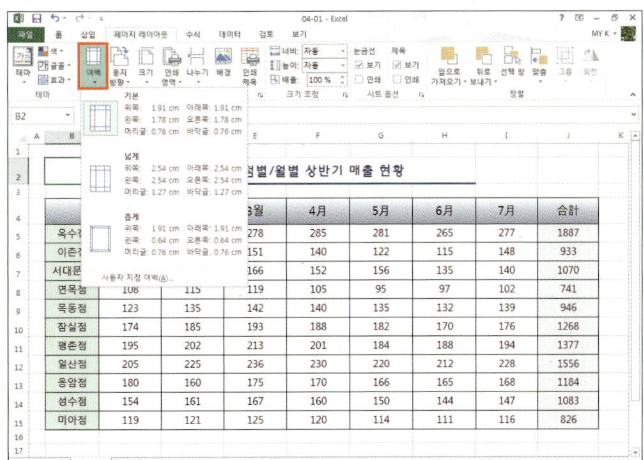
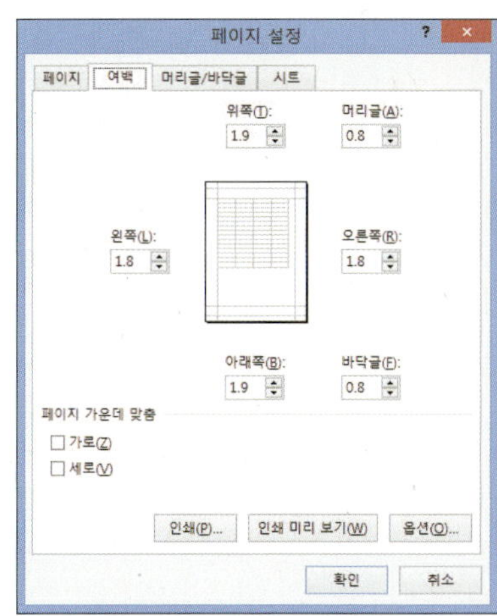

❷ **[페이지 방향 변경]**(image)

페이지의 레이아웃을 세로나 가
로 방향으로 설정할 수 있습니다.
기본 설정된 값은 [세로]입니다.

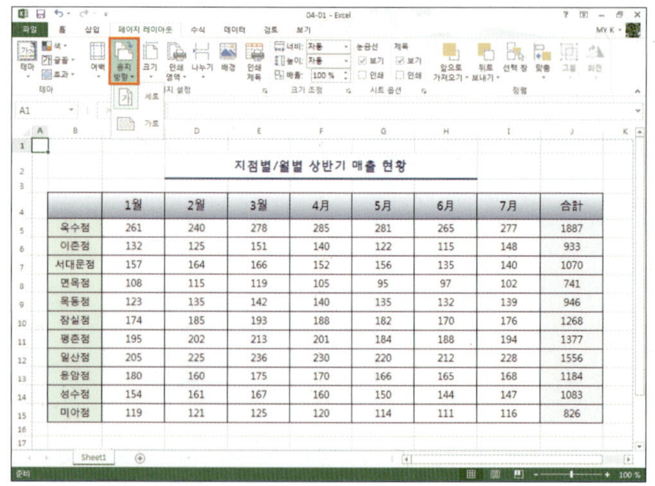

❸ **[페이지 크기 선택]**(image)

문서의 용지 크기를 선택합니다.
기본 설정은 가장 많이 사용하는
[A4(21cm×29.7cm)]이며 목록
에서 크기에 따라 인쇄용지를 선
택할 수 있습니다.

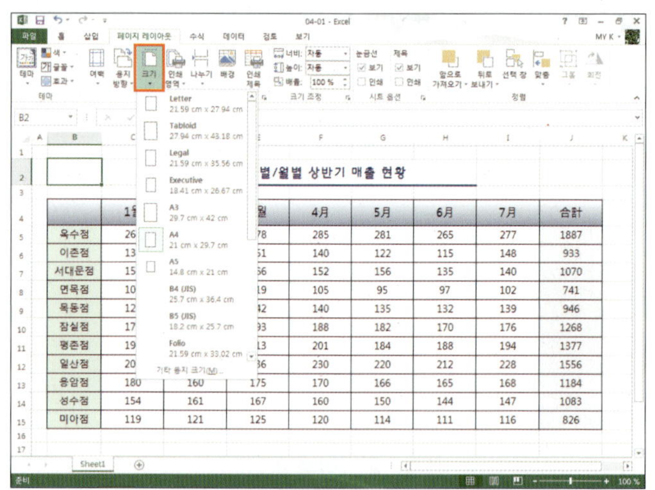

❹ **[나누기]**(image)

현재 커서가 위치한 셀을 기준으
로 페이지를 나눕니다. [페이지의
레이아웃] 탭의 [페이지 설정] 그
룹에서 [나누기]-[페이지 나누기
삽입]을 선택하면 현재 셀부터 다
음 페이지로 나눕니다. [페이지
나누기 제거]를 선택하면 나누기
설정이 해제됩니다.

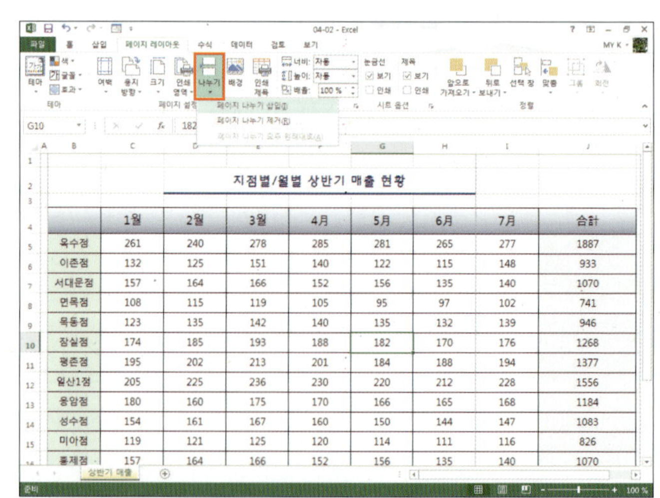

❺ [배경](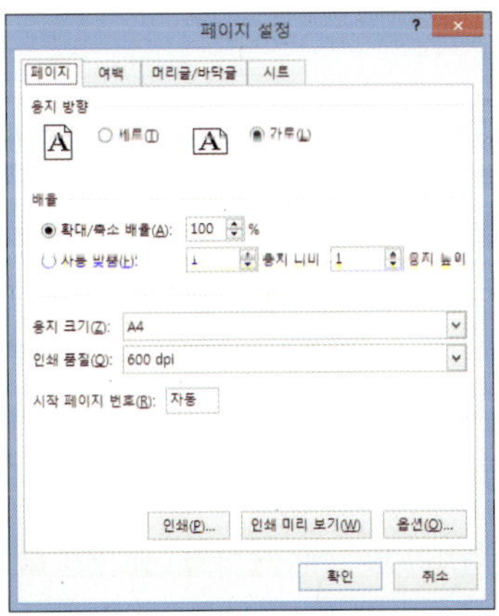)

[페이지의 레이아웃] 탭의 [페이지 설정] 그룹에서 [배경]을 클릭하면 나타나는 [그림 삽입] 대화상자에서 사용자가 가지고 있는 그림이나 클립 아트, 웹 이미지 등을 검색한 후 선택해 해당 그림을 엑셀 문서의 배경으로 설정할 수 있습니다. 배경은 채우기 색이 설정되지 않은 셀에만 나타납니다. 설정된 그림은 [배경 삭제]를 클릭하면 사라집니다.

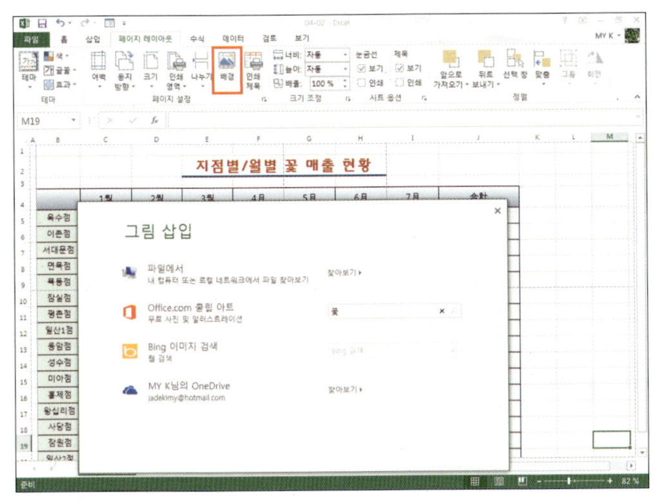
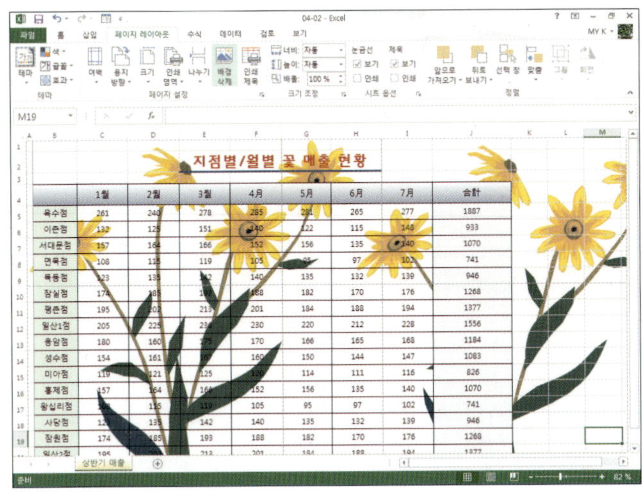

❻ [페이지 설정] 대화상자

[페이지의 레이아웃] 탭의 [페이지 설정] 그룹에서 [더 보기]([⌐])를 클릭하면 [페이지 설정] 대화상자가 나타납니다. [페이지] 탭에서 용지 방향과 용지 크기를 비롯해 확대/축소 배율이나 인쇄 품질 등을 설정할 수 있습니다. [페이지 설정] 그룹에서 [크기]-[기타 용지 크기]를 클릭해도 대화상자를 열 수 있습니다.

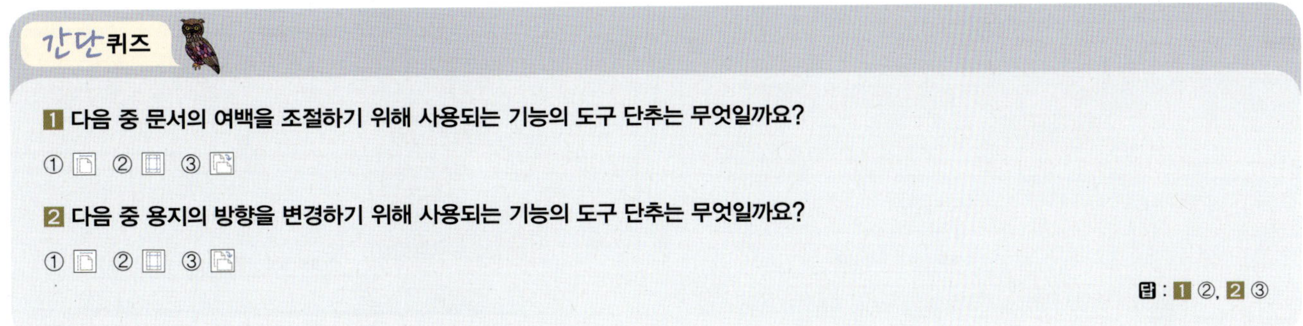

간단 퀴즈

1 다음 중 문서의 여백을 조절하기 위해 사용되는 기능의 도구 단추는 무엇일까요?

① [ ]　② [ ]　③ [ ]

2 다음 중 용지의 방향을 변경하기 위해 사용되는 기능의 도구 단추는 무엇일까요?

① [ ]　② [ ]　③ [ ]

답 : **1** ②, **2** ③

 머리글과 바닥글 설정하기

문서의 상단이나 하단에 페이지 번호, 날짜, 시간, 파일 이름, 소제목 등을 머리글과 바닥글로 삽입할 수 있습니다. 머리글과 바닥글의 삽입 방법에 대해 알아봅니다.

◎ **시작 파일** : 엑셀\part03\04-01.xlsx
◎ **완료 파일** : 엑셀\part03\04-01_완성.xlsx

01 페이지 레이아웃 보기로 전환하기

❶[보기] 탭의 ❷[통합 문서 보기] 그룹에서 [페이지 레이아웃]을 클릭합니다.

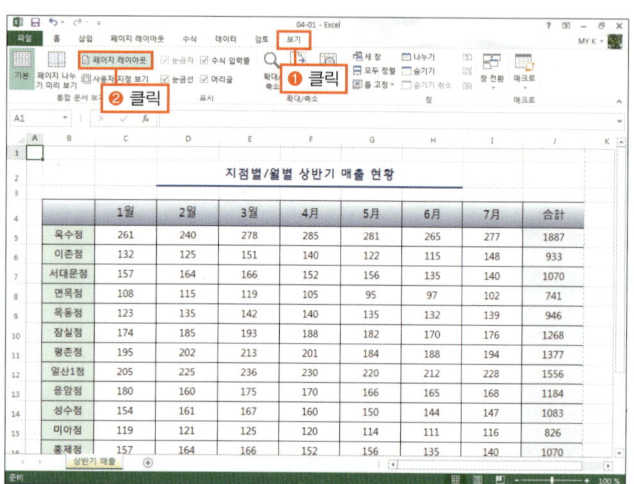

> **참고**
> 상태 표시줄에서 [페이지 레이아웃]을 클릭하거나 [삽입] 탭의 [텍스트] 그룹에서 [머리글/바닥글]을 클릭해도 됩니다.

02 머리글 입력 상자 선택하기

화면이 페이지 레이아웃 보기 상태로 전환되면 위쪽 가운데의 ❶[클릭하여 머리글 추가]를 클릭합니다.

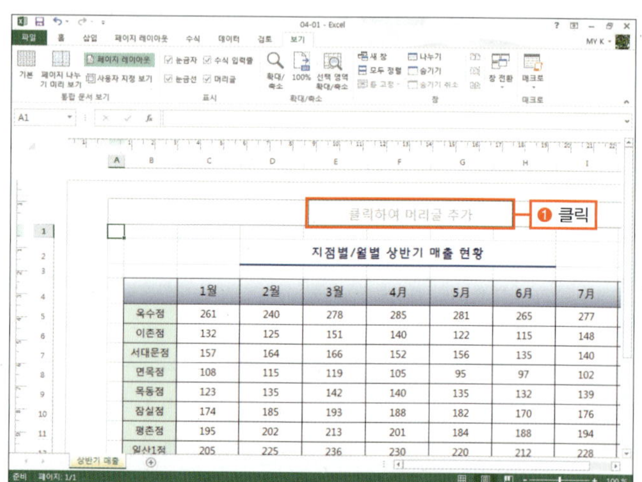

> **참고**
> 문서 위쪽과 아래쪽에 머리글과 바닥글을 입력할 수 있는 공간이 보입니다.

03 시트 이름 삽입하기

입력 상자에 커서가 생기면 ❶[머리글/바닥글 도구]-[디자인] 탭의 [머리글/바닥글 요소] 그룹에서 [시트 이름](▦)을 클릭합니다.

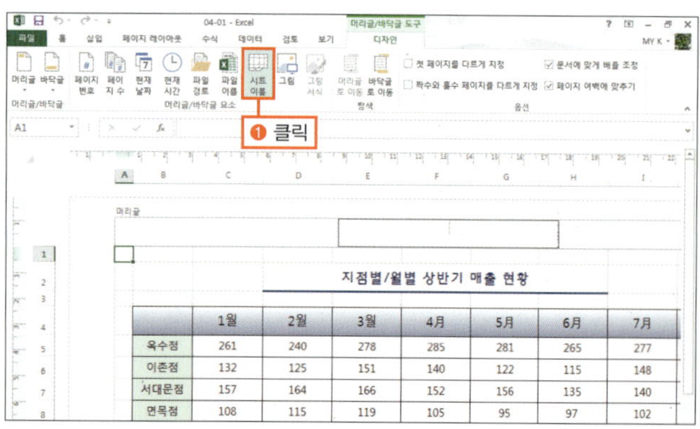

04 머리말 입력하고 서식 설정하기

❶상단 왼쪽 머리말 입력 상자를 클릭해 ❷'〈수도권〉'을 입력한 후 범위를 지정하여 ❸[홈] 탭의 [글꼴] 그룹에서 [진한 빨강], [12]로 글꼴 서식을 설정합니다.

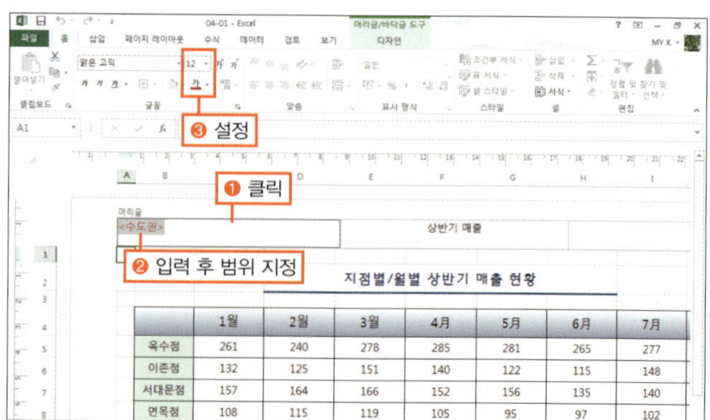

 바닥글 영역 선택하기

화면을 아래로 이동해 바닥글 영역이 보이면 ❶ 왼쪽 영역을 클릭합니다.

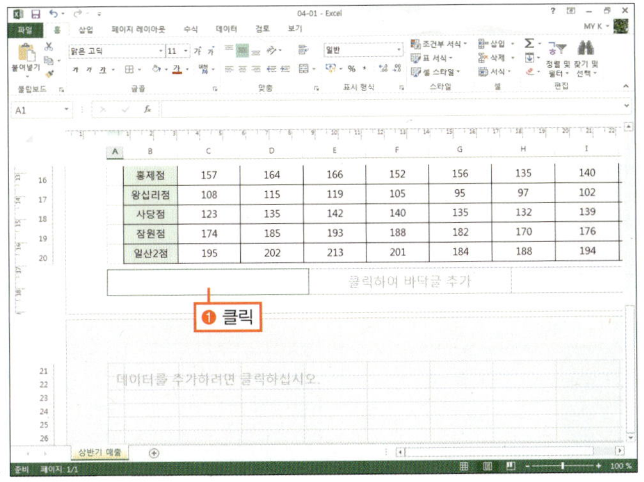

06 **바닥글에 페이지 번호 삽입하기**

커서가 생기면 ❶ [머리글/바닥글 도구]-[디자인] 탭의 [머리글/바닥글 요소] 그룹에서 [페이지 번호]를 클릭합니다.

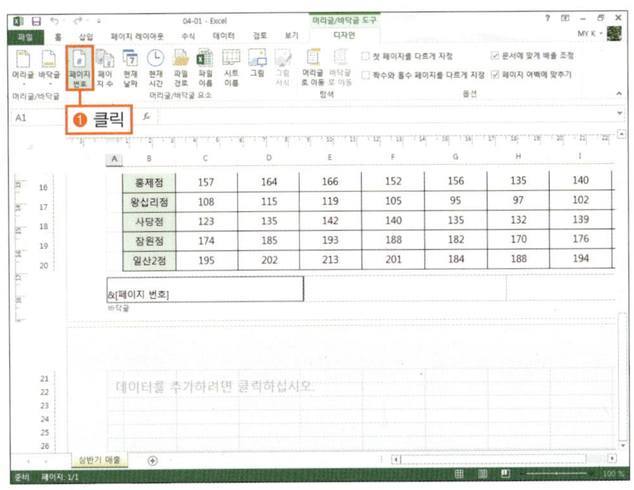

07 **바닥글 입력하고 서식 설정하기**

❶ 바닥글 영역의 오른쪽 부분을 클릭하고 ❷ '[내부회의용]'이라고 입력한 후 범위로 지정하여 ❸ [홈] 탭의 [글꼴] 그룹에서 ❹ [글꼴 색]을 [자주]로 설정합니다.

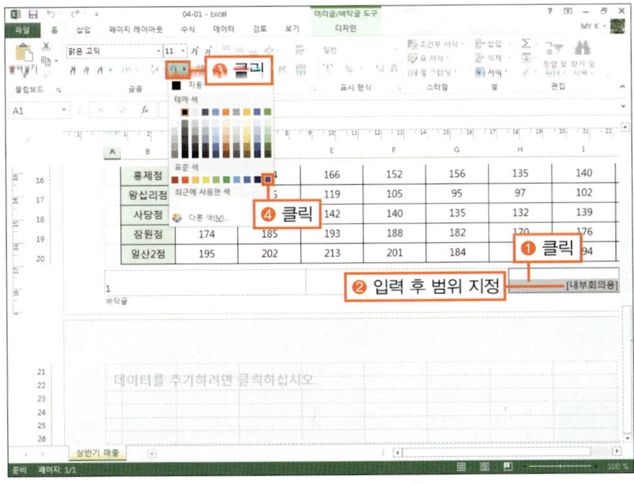

08 **인쇄 미리 보기로 확인하기**

❶ [파일] 탭을 클릭하고 ❷ [인쇄]를 선택합니다. 미리 보기 그림에서 머리글, 바닥글의 위치와 내용을 확인합니다.

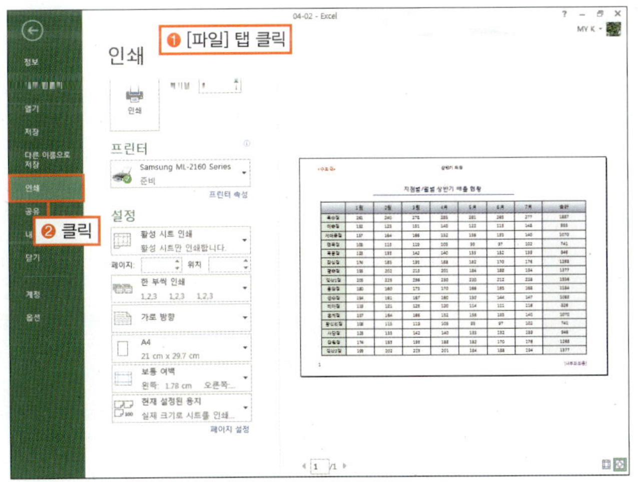

인쇄 영역 설정하고 미리 보기

워크시트에서 특정 영역을 선택해 데이터의 일부를 인쇄하도록 설정하는 방법에 대해 알아보겠습니다.

◎ **시작 파일** : 엑셀\part03\04-02.xlsx

01 용지의 현재 설정 확인하기

❶[파일] 탭을 클릭하고 ❷[인쇄]를 선택합니다. 용지의 방향이 가로로 되어 있는 것을 알 수 있습니다. 용지의 내용과 테두리 부분의 여백을 확인한 후 ❸메뉴 위쪽의 ⬅를 클릭합니다.

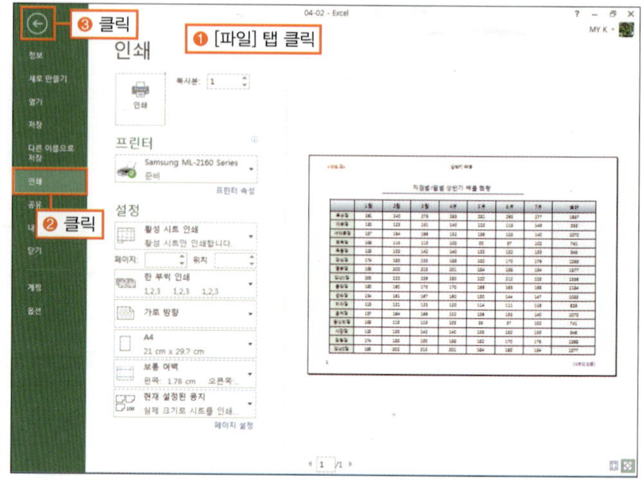

02 인쇄 영역 설정하기

❶B1:H20셀까지 드래그해 범위로 지정한 후 ❷[페이지 레이아웃] 탭의 ❸[페이지 설정] 그룹에서 [인쇄 영역]을 클릭하고 ❹[인쇄 영역 설정]을 선택합니다.

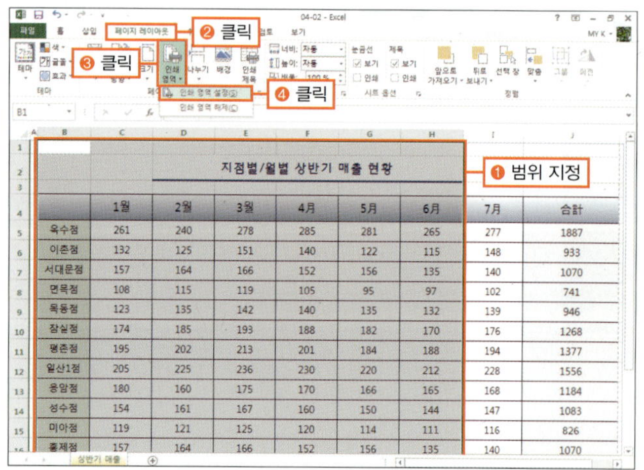

> **참고**
>
> 인쇄 영역이 설정되면 이름 상자에 셀 범위 대신 [Print_Area]라고 표시됩니다.

03 설정된 인쇄 영역 확인하기

❶[파일] 탭에서 ❷[인쇄]를 클릭하면 인쇄 영역 미리 보기가 나타나고 범위 지정된 부분만 인쇄할 영역으로 나타나는 것을 확인할 수 있습니다. ❸다시 ⬅를 클릭해 편집 창으로 이동합니다.

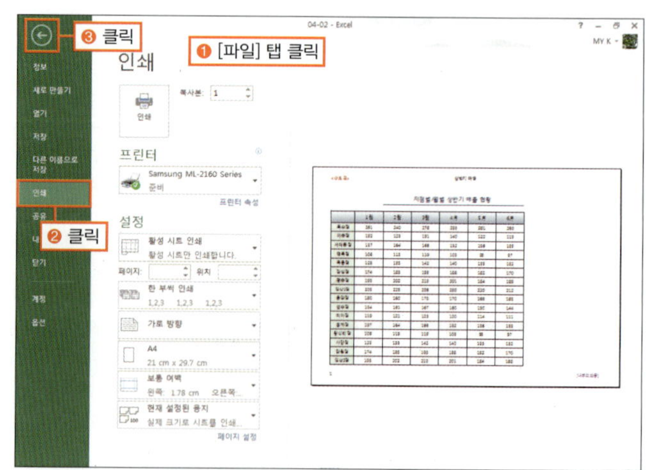

04 인쇄 영역 해제하기

❶[페이지 레이아웃] 탭의 [페이지 설정] 그룹에서 [인쇄 영역]을 클릭하고 ❷[인쇄 영역 해제]를 선택합니다.

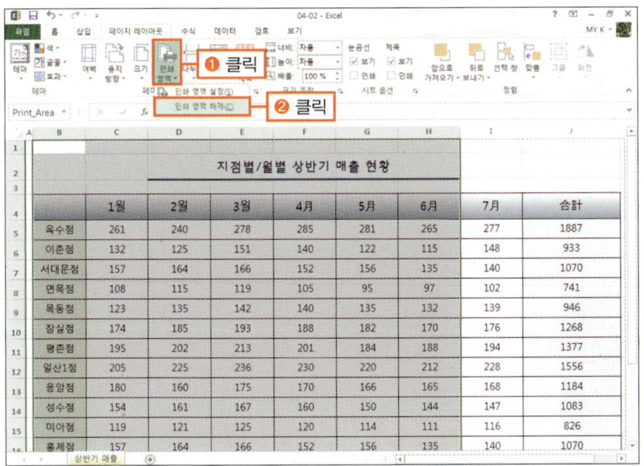

> **참고**
> 범위 지정이 해제된 상태에서 인쇄 영역을 해제하려면 이름 상자의 목록 단추를 클릭하여 [Print_Area]를 선택한 후 [인쇄 영역 해제] 메뉴를 클릭하면 됩니다.

05 인쇄 범위 지정하기

❶B4:J14셀을 범위로 지정한 후 ❷[파일] 탭을 클릭하고 [인쇄]를 선택합니다.

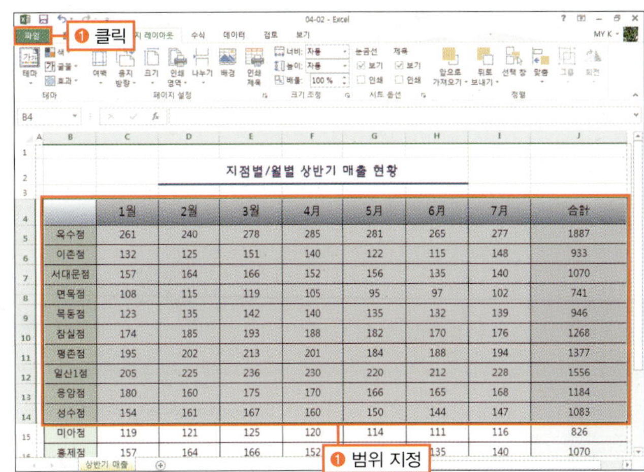

> **참고**
> 특정 영역을 한 번만 인쇄하는 경우에는 인쇄 영역을 설정하지 않고 범위를 지정해 인쇄하는 것이 편리합니다.

06 인쇄 범위 설정하기

[인쇄] 창이 나타나면 [설정]에서 ❶[활성 시트 인쇄]를 클릭하고 목록에서 ❷[선택 영역 인쇄]를 클릭합니다.

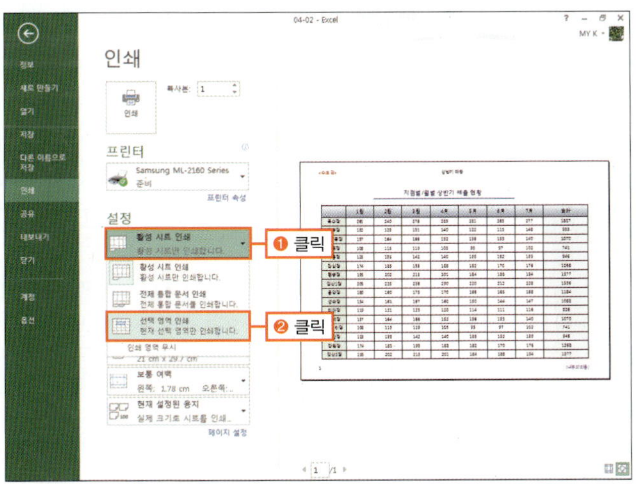

07 인쇄 영역 확인하기

미리 보기에서 인쇄될 영역이 지정된 범위로 변경된 것을 확인할 수 있습니다.

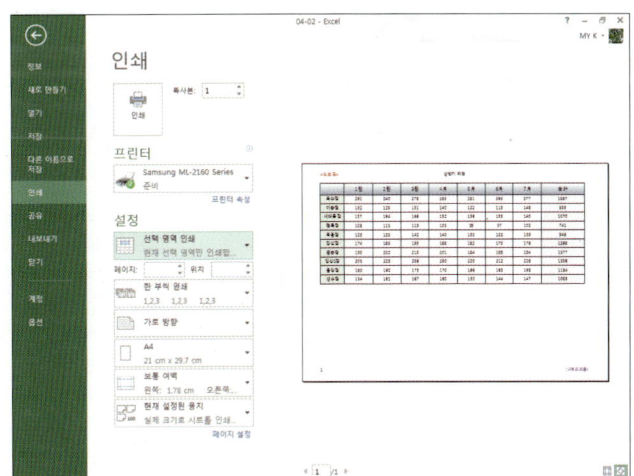

인쇄 옵션 설정해 인쇄하기

인쇄에 필요한 여러 가지 옵션을 지정하는 방법에 대해 알아보고 문서를 연결된 프린터로 인쇄해 봅니다.

시작 파일 : 엑셀\part03\04-03.xlsx
완료 파일 : 엑셀\part03\04-03_완성.xlsx

01 [인쇄] 창으로 이동하기

❶[파일] 탭을 클릭하고 ❷[인쇄]를 클릭해 [인쇄] 창으로 이동합니다.

02 페이지와 프린터 지정하기

❶[설정]에서 [페이지]를 '1'로 지정하고 ❷[프린터]를 클릭해 연결된 프린터를 목록에서 찾아 선택한 후 ❸[프린터 속성]을 클릭합니다.

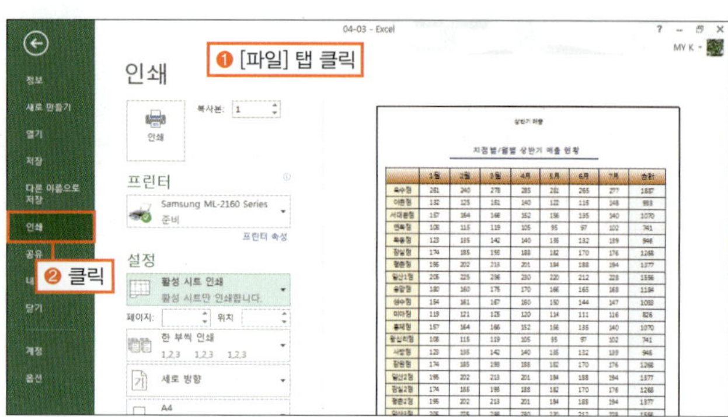

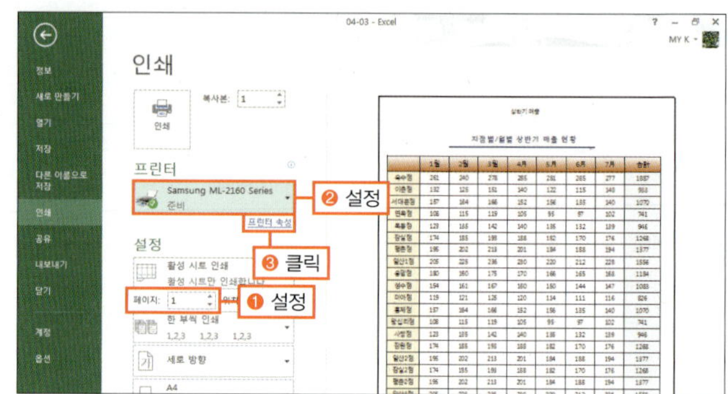

> **참고**
> 연결된 프린터가 목록에 없을 경우에는 [프린터 찾기]를 선택하여 연결된 프린터를 찾아 드라이버 파일을 설치합니다.

03 프린터 설정 확인하기

[인쇄 기본 설정] 대화상자가 나타나면 [기본] 탭과 [용지] 탭 등에서 현재 설정을 확인한 후 ❶[확인]을 클릭합니다.

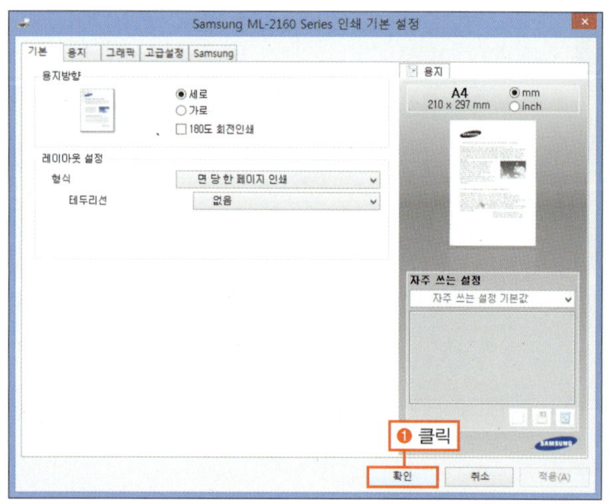

> **참고**
> 연결된 프린터는 사용자마다 다르므로 처음 인쇄할 때는 설정된 상태를 꼼꼼히 확인합니다.

04 인쇄 범위 설정하기

❶[설정]에서 [활성 시트 인쇄]를 클릭한 후 ❷[전체 통합 문서 인쇄]를 선택합니다.

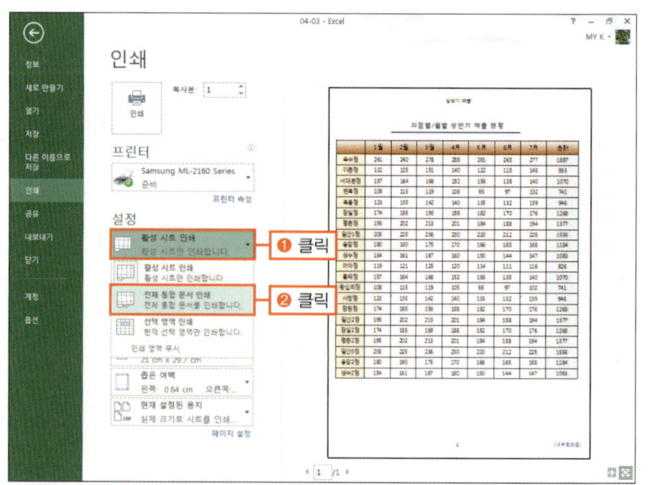

> **참고**
> [활성 시트 인쇄]를 선택하면 여러 개의 시트 탭으로 이루어진 통합 문서의 경우에 현재 활성화된 시트만 인쇄합니다.

05 인쇄 옵션 확인하기

[설정]에서 [한 부씩 인쇄], [A4], [좁은 여백]으로 설정되어 있는지 각각 확인합니다.

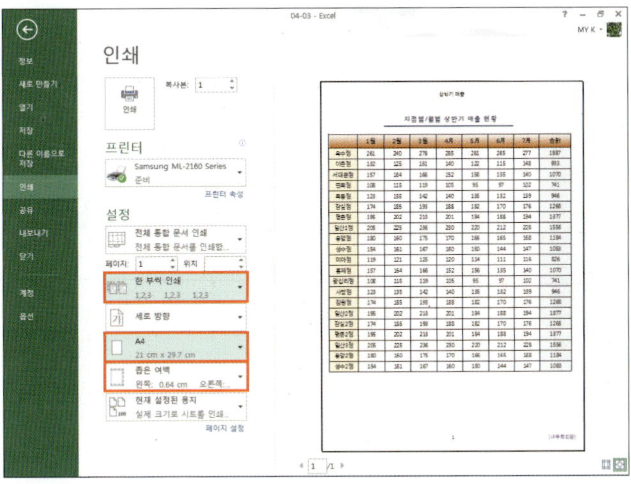

> **참고** •
>
> 2쪽으로 된 문서를 3부 인쇄해야 하는 경우, [복사본]에서 '3'을 지정한 후 [한 부씩 인쇄]를 선택하면 페이지 순서가 '1, 2', '1, 2', '1, 2'로 인쇄되어 문서를 묶기 편리합니다. [한 부씩 인쇄 안함]을 선택하면 '1, 1, 1, 2, 2, 2'의 순서로 인쇄됩니다.

07 인쇄 배율 조정하기

❶[현재 설정된 용지]를 클릭하고 ❷[한 페이지에 모든 행 맞추기]를 선택합니다.

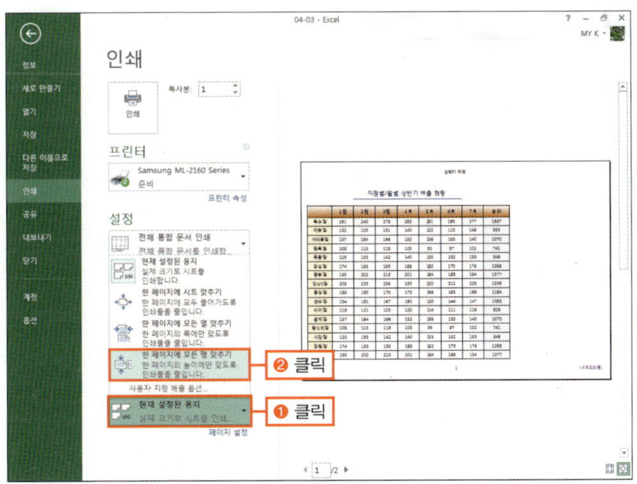

06 인쇄 방향 변경하기

❶[가로 방향]을 선택한 후 미리 보기를 확인하면 아래쪽의 내용이 잘려 두 페이지로 인쇄되는 것을 알 수 있습니다.

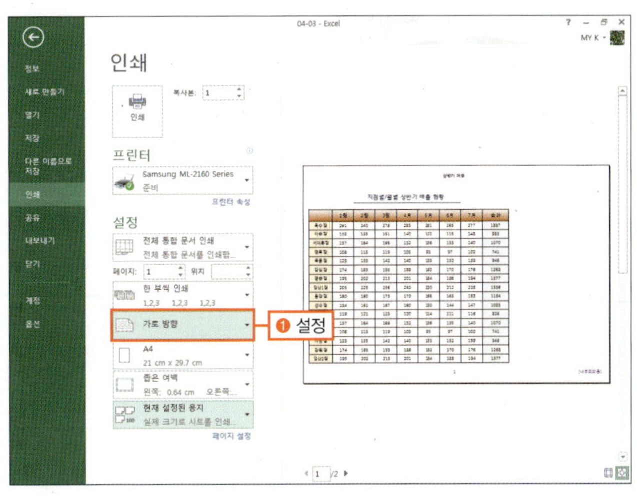

08 변경된 인쇄 배율 확인하기

자동으로 크기가 조정되어 한 페이지 안에 모든 내용이 들어갑니다.

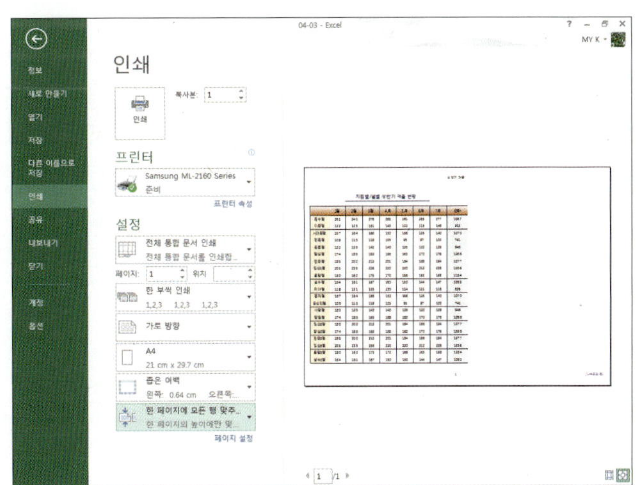

09 인쇄 여백 확인하기

창의 오른쪽 하단에 있는 ❶ 를 클릭해 현재 설정된 여백을 미리 보기에서 확인합니다.

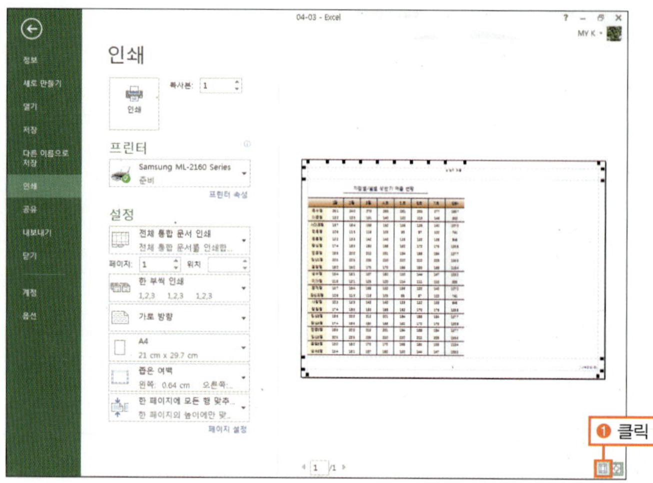

10 미리 보기 페이지 확대/축소하기

❶ 를 클릭해 미리 보기를 확대해 내용을 확인한 후 ❷ 다시 클릭해 미리 보기 화면을 축소합니다. 모든 옵션 설정을 마치면 ❸[인쇄]( )를 클릭해 문서를 인쇄합니다.

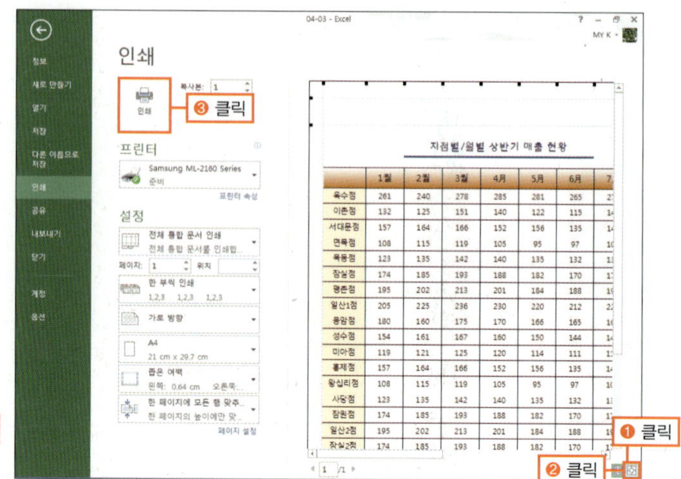

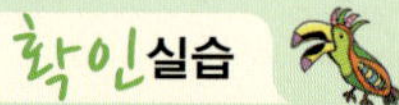

시작 파일을 열고 다음과 같은 조건으로 인쇄 영역과 옵션을 지정해 보세요.

- 인쇄 영역 : [A2:H25셀]
- 용지 방향 : [세로 방향]
- 용지 여백 : [좁게]
- 복사본 : [2]

◎ **시작 파일** : 엑셀\part03\04_실습1.xlsx
◎ **완료 파일** : 엑셀\part03\04_실습1_완성.xlsx

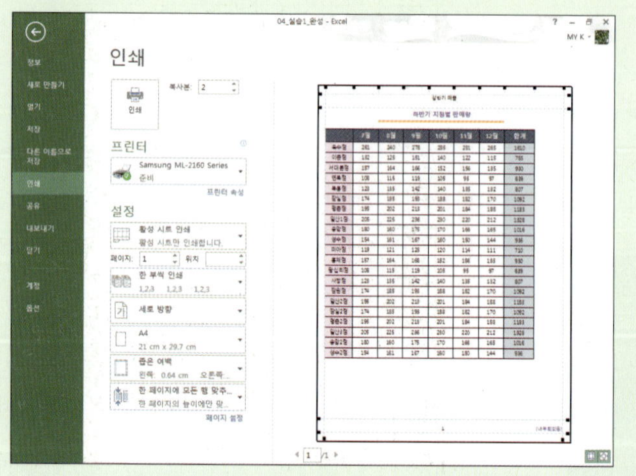

❶ 시작 파일에서 10행을 삭제하고 G열을 삽입한 후 복사 기능을 이용하여 내용을 입력해 보세요. 시트 탭의 이름과 색을 그림과 같이 바꾸고 워크시트를 복사한 후 다음 조건에 따라 인쇄 옵션을 지정해 인쇄해 보세요.

[인쇄 조건] 인쇄 영역 : [B5:H16셀], 용지 방향 : [가로 방향], 용지 여백 : [넓게], 복사본 : [2]

- **시작 파일** : 엑셀\part03\개설 강좌 안내.xlsx
- **완료 파일** : 엑셀\part03\개설 강좌 안내_완료.xlsx
- **해설 파일** : 엑셀\해설파일\part03_개설 강좌 안내.hwp, pdf

Before

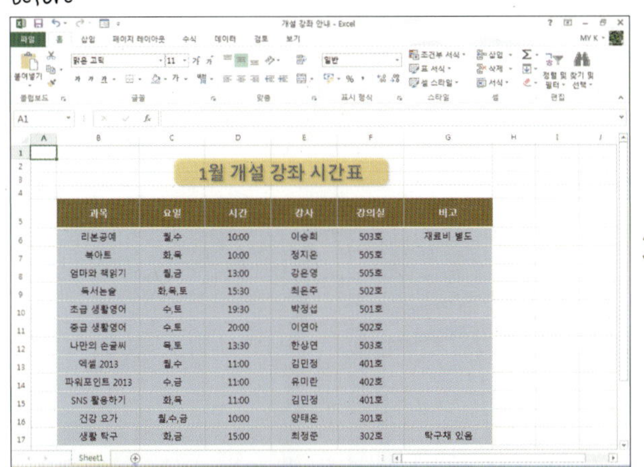

After

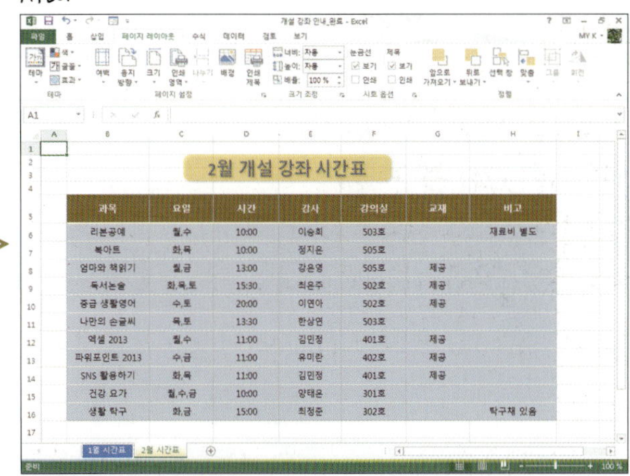

❶10행을 선택해 행 삭제하기 ❷G열에 새로운 열 삽입하기 ❸삽입된 셀에 내용 입력하고 복사해 붙여넣기 ❹시트 탭을 더블클릭해 이름 바꾸고, [이동/복사] 메뉴 선택하기 ❺[이동/복사] 대화상자에서 시트 복사 지정하기 ❻시트 탭 이름 변경하고 제목 상자에서 제목 수정하기 ❼두 시트 탭의 색 변경하기 ❽백스테이지의 인쇄 창을 열고 용지 방향을 가로로 지정하기 ❾워크시트에서 범위 지정하고 인쇄 영역 설정하기 ❿인쇄 여백과 복사본 수를 지정하고 프린터로 인쇄하기

워크시트에서
그래픽 개체 활용하기

다양한 표현을 위해서는 그래픽 개체를 활용하는 것이 좋은 방법입니다. 엑셀에서는 사용자가 가지고 있는 그림 파일을 워크시트에 삽입해 필요에 따라 자르고 회전하거나 여러 가지 효과를 적용해 꾸밀 수 있습니다. 또한 내용과 관련된 클립 아트를 검색해 삽입할 수 있으며 여러 가지 모양의 도형이나 스마트아트를 삽입해 복잡한 내용을 이해하기 쉽게 도식화할 수도 있습니다. 캡처 기능을 활용하면 열려 있는 창을 캡처해 워크시트에 삽입할 수 있어 다양한 활용이 가능합니다. 그래픽 개체를 통해 문서를 더욱 풍성하게 작성할 수 있는 여러 방법에 대해 살펴봅니다.

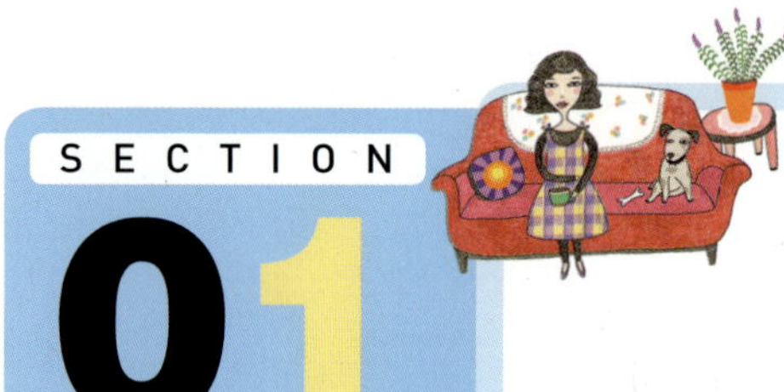

클립 아트와 워드아트 삽입하기

워크시트에 클립 아트와 워드아트를 삽입한 후 디자인과 색, 크기 등을 변경하는 방법에 대해 알아봅니다.

다루는 내용
- 온라인 클립 아트 삽입하기
- 워드아트 삽입하기

기능 정리 | 클립 아트와 워드아트 알아보기

워크시트에 다양한 개체를 삽입할 수 있습니다. 클립 아트는 여러 가지 주제에 맞는 조각 그림들을 만들어 제공하는 기능으로, 2013 버전부터는 온라인에서 클립 아트를 제공합니다. 워드아트는 텍스트를 개체 형태로 삽입한 후 그 형태와 디자인을 사용자가 자유롭게 설정할 수 있도록 하여 활용도가 높습니다.

● 클립 아트 삽입하기

[삽입] 탭의 [일러스트레이션] 그룹에서 [온라인 그림]을 클릭하면 나타나는 [그림 삽입] 대화상자에서 원하는 검색어를 입력합니다. 목록이 나타나면 삽입할 그림을 선택할 수 있습니다.

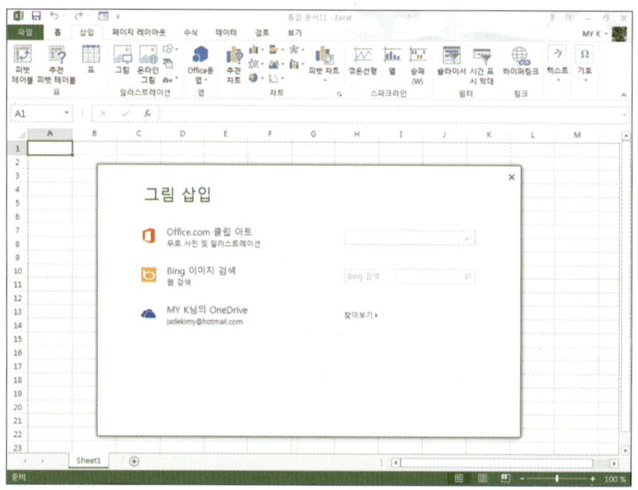

- **[Office.com 클립 아트]** : Office.com에 연결하여 사용자가 입력한 단어와 관련된 조각 그림의 목록을 표시합니다.
- **[Bing 이미지 검색]** : 입력한 단어와 관련된 이미지를 웹에서 검색하여 그 결과를 보여 줍니다.
- **[OneDrive]** : 사용자의 원드라이브에 저장되어 있는 파일을 찾아서 삽입할 수 있습니다.

클립 아트 또는 그림이 삽입되면 자동으로 [그림 도구]-[서식] 탭이 나타납니다. 삽입한 그림에 적용할 수 있는 다양한 설정을 도구 단추에서 골라 사용할 수 있습니다.

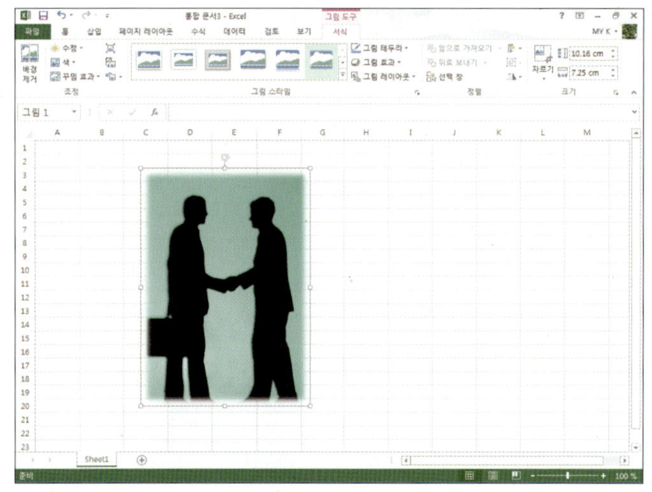

● **워드아트(WordArt) 삽입하기**

[삽입] 탭의 [텍스트] 그룹에서 [WordArt 삽입](가)을 클릭하면 나타나는 목록에서 삽입할 워드아트의 스타일을 선택할 수 있습니다. 선택한 스타일의 틀이 삽입되면 내용을 입력합니다. [그리기 도구]-[서식] 탭의 [WordArt] 그룹에서 색, 모양, 효과 등을 변경할 수 있습니다

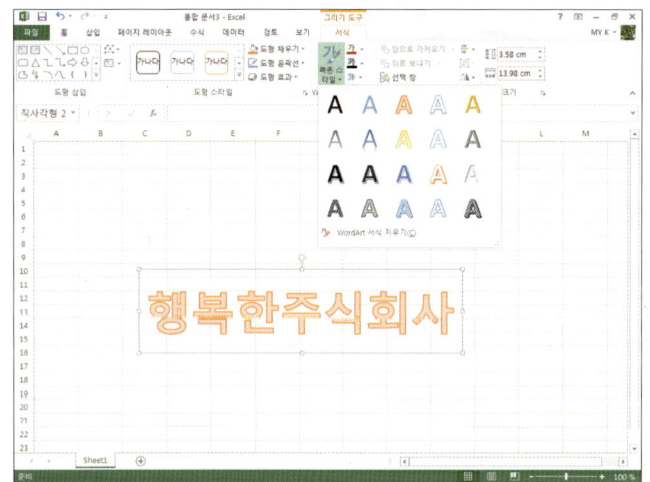

간단퀴즈

1 워크시트에 삽입할 수 있는 개체 중 텍스트를 입력하고 디자인, 색, 효과 등의 스타일을 설정해 꾸밀 수 있는 기능은 무엇일까요?

① 클립 아트　② SmartArt　③ WordArt　④ 피벗 차트

답 : ③

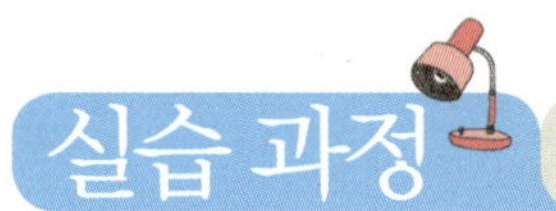

[온라인 그림] 기능을 이용하여 오피스닷컴에서 제공하는 클립 아트를 검색하고 워크시트 안에 원하는 스타일로 삽입하는 방법을 알아봅니다.

◎ **완료 파일** : 엑셀\part04\01-01_완성.xlsx

01 [온라인 그림]에서 검색어 입력하기

새 문서를 열고 ❶[삽입] 탭의 ❷[일러스트레이션] 그룹에서 [온라인 그림](▣)을 클릭합니다. [그림 삽입] 대화상자가 나타나면 ❸[Office.com 클립 아트]의 검색 상자에 '주식'을 입력하고 ❹ Enter 를 누릅니다.

02 클립 아트 선택하기

검색 결과가 나타나면 목록에서 ❶클립 아트를 선택한 후 ❷[삽입]을 클릭합니다.

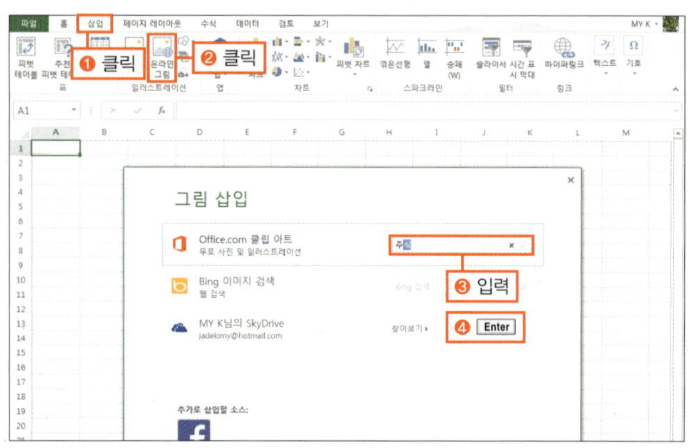

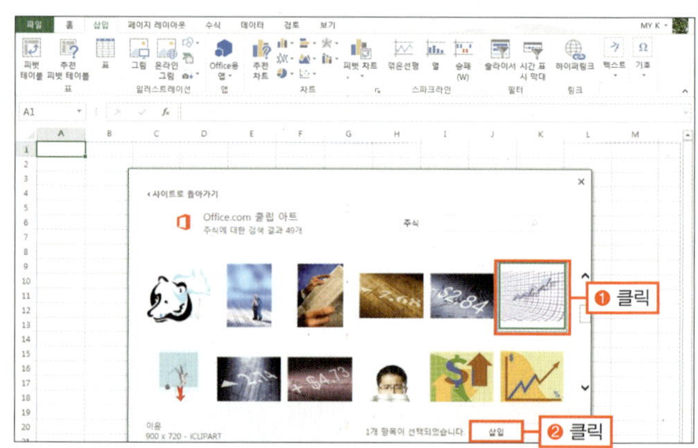

> **참고** •
> 검색어를 입력한 후 검색 상자 오른쪽의 ▣를 클릭해도 됩니다.

03 그림의 크기와 색 조정하기

클립 아트가 삽입되면 ❶조절점을 안쪽으로 드래그해 그림 크기를 창에 맞게 축소합니다. ❷[그림 도구]-[서식] 탭의 [조정] 그룹에 있는 [색]을 클릭하고 ❸[회색-25%, 배경색 2 밝게]를 선택합니다.

04 두 번째 검색어 입력하기

❶다시 [삽입] 탭의 [일러스트레이션] 그룹에서 [온라인 그림](▣)을 클릭합니다. [그림 삽입] 대화상자에서 ❷[Office.com 클립 아트]의 검색 상자에 '화살표'를 입력하고 ❸ Enter 를 누릅니다.

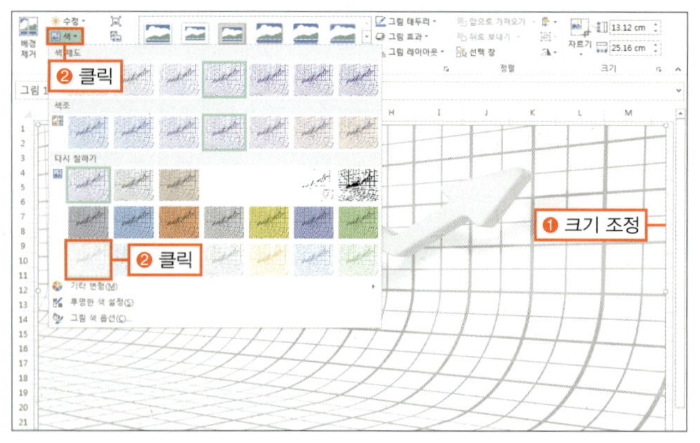

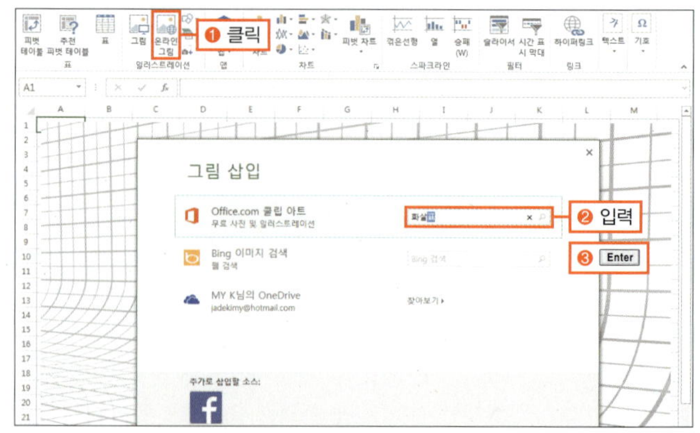

05 클립 아트 선택하기

검색 결과가 나타나면 목록에서 ❶클립 아트를 선택한 후
❷[삽입]을 클릭합니다.

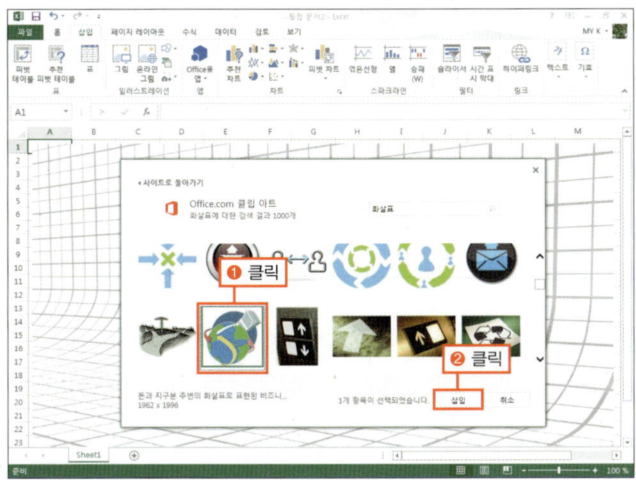

06 그림 크기와 위치 조절하기

클립 아트가 삽입되면 ❶크기와 위치를 다음과 같이 조절
합니다.

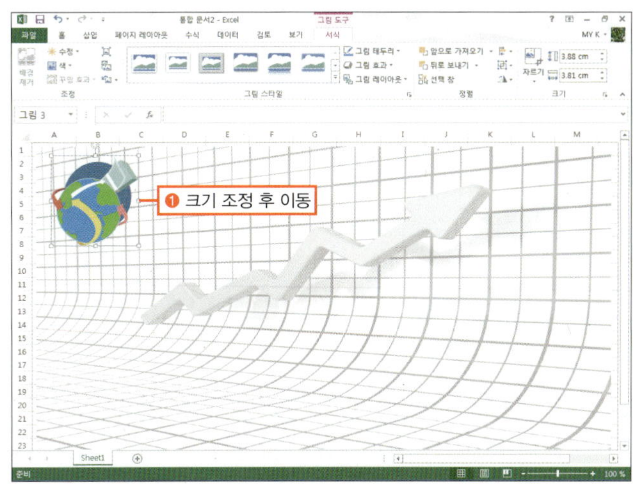

실습 과정 · 워드아트 삽입하고 꾸미기

워드아트 기능으로 워크시트에 텍스트를 개체 형태로 삽입하여 다양한 색과 디자인으로 꾸며 봅니다.

  시작 파일 : 엑셀\part04\01-02.xlsx
  완료 파일 : 엑셀\part04\01-02_완성.xlsx

01 워드아트 선택하기

❶[삽입] 탭의 ❷[텍스트] 그룹에서 [WordArt 삽입]을 클
릭한 후 ❸목록에서 [채우기-황금색, 강조 4, 부드러운 입
체]를 선택합니다.

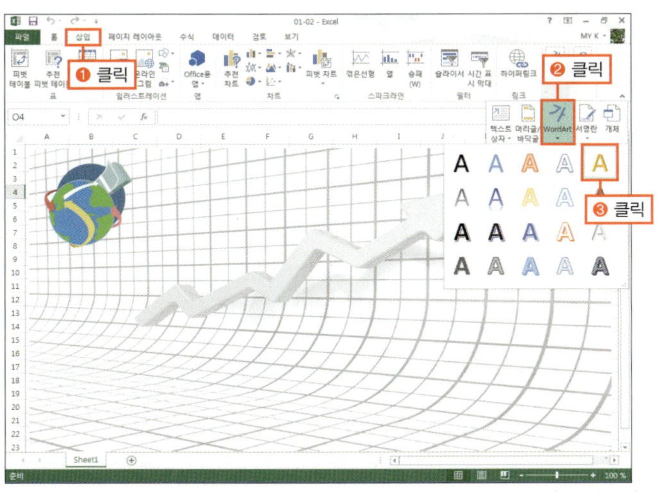

02 텍스트 상자 내용 입력하기

워드아트 텍스트 상자가 삽입되면 ❶'제17차 주주총회 자
료'를 입력합니다.

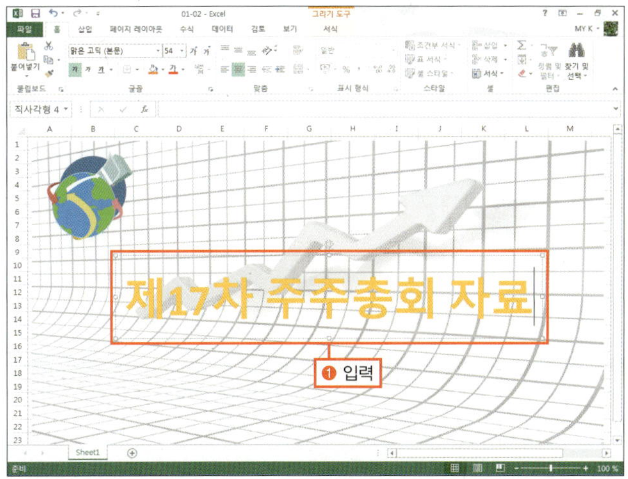

03 위치와 크기 조절하기

❶ 워드아트의 위치를 이동한 후 조절점을 드래그해 텍스트 상자의 크기를 약간 확대합니다.

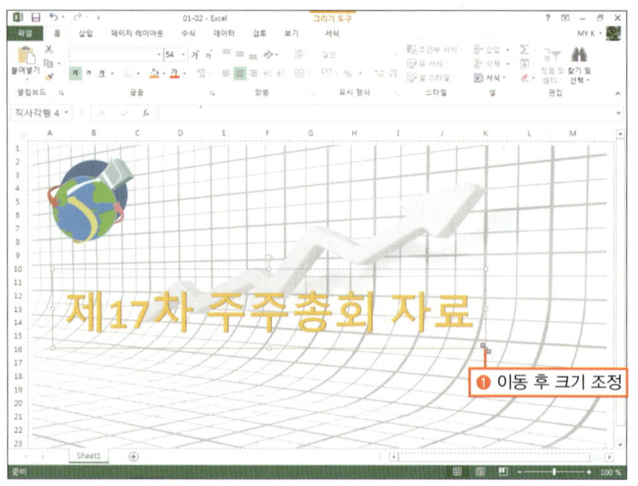

참고

커서가 깜박이는 상태에서는 내용을 수정할 수 있으며 텍스트 상자의 조절점 부분을 클릭해 커서가 보이지 않는 상태로 전환되면 이동과 크기 조절이 가능합니다.

04 워드아트 스타일 변경하기

❶ [그리기 도구]-[서식] 탭의 [WordArt 스타일] 그룹에서 [WordArt 빠른 스타일]을 클릭하고 ❷ [채우기-검정, 텍스트 1, 윤곽선-배경 1, 진한 그림자-배경 1]을 선택합니다.

05 텍스트 채우기 색 변경하기

❶ [그리기 도구]-[서식] 탭의 [WordArt 스타일] 그룹에서 [텍스트 채우기](🔲)의 목록 단추를 클릭하고 ❷ [진한 빨강]을 선택합니다.

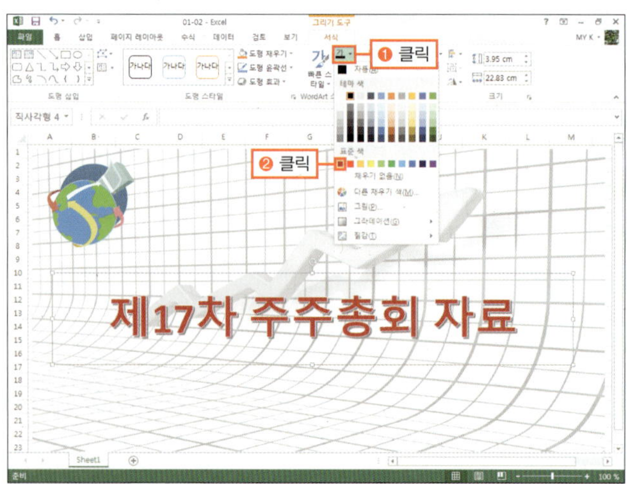

06 반사 효과 지정하기

❶ [그리기 도구]-[서식] 탭의 [WordArt 스타일] 그룹에서 [텍스트 효과](🔲)를 클릭하고 ❷ [반사]-❸ [근접 반사, 터치]를 선택합니다.

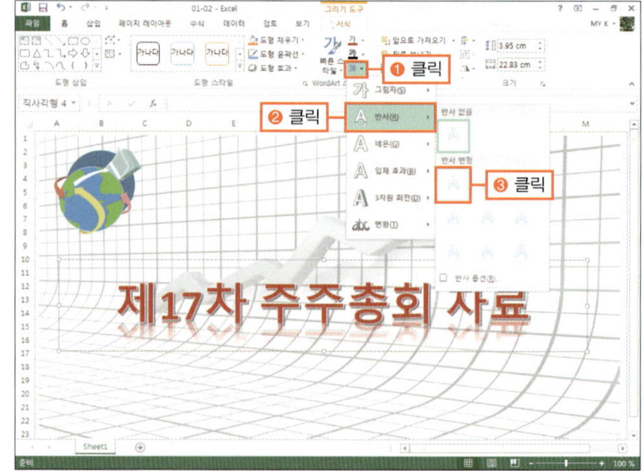

07 변환 효과 지정하기

❶[그리기 도구]-[서식] 탭의 [WordArt 스타일] 그룹에서
[텍스트 효과](图 ▼)를 클릭하고 ❷[변환]-❸[역갈매기형
수장]을 선택합니다.

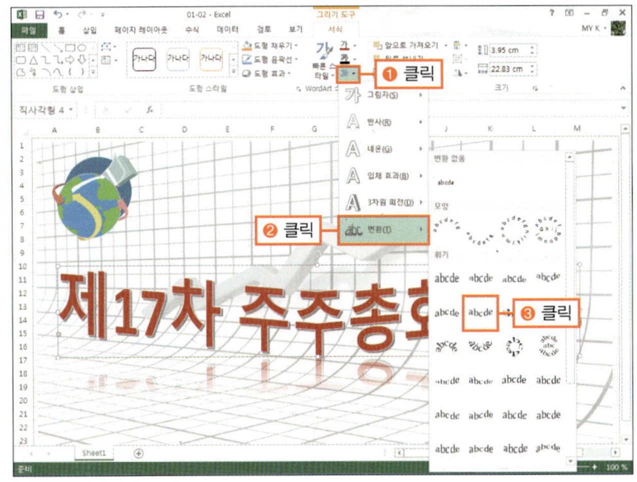

 **확인실습**

새 문서를 열고 클립 아트에서 '인사'로 검색해 그림을 삽입한 후
워드아트를 2개 입력하고 색과 텍스트 효과를 설정해 다음과 같
이 꾸며 보세요.

◎ **완료 파일** : 엑셀\part04\01_실습1_완성.xlsx

엑셀 문서에 그림 활용하기

엑셀 문서에 사용자가 가지고 있는 그림을 삽입할 수 있습니다. 삽입한 그림은 위치나 크기를 조절하고 여러 가지 효과를 지정해 원하는 스타일로 꾸밀 수 있습니다. 그림을 삽입하고 활용하는 방법에 대해 알아봅니다.

다루는 내용
- 그림 삽입하기
- 그림에 효과 지정하기
- 온라인 그림 삽입하고 효과 지정하기

기능 정리 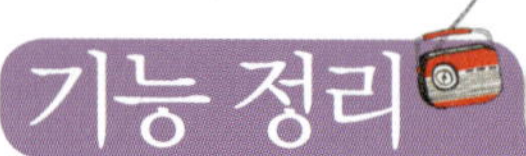 그림 삽입하고 다루는 법 알아보기

워크시트에 삽입한 그림은 크기와 위치를 조절할 수 있으며 복사하거나 삭제할 수도 있습니다. 또한 그림의 회전 핸들을 이용해 원하는 각도로 자유롭게 회전할 수 있습니다.

● 그림 크기 조절하고 이동하기

그림을 클릭하여 선택한 후 드래그해 이동할 수 있습니다. 그림을 선택하면 총 8개의 조절점이 생성됩니다. 각 면의 중앙 조절점을 드래그하면 가로 또는 세로의 크기를 조절할 수 있고, 각 모서리의 조절점을 드래그하면 전체적인 크기를 동시에 조절할 수 있습니다.

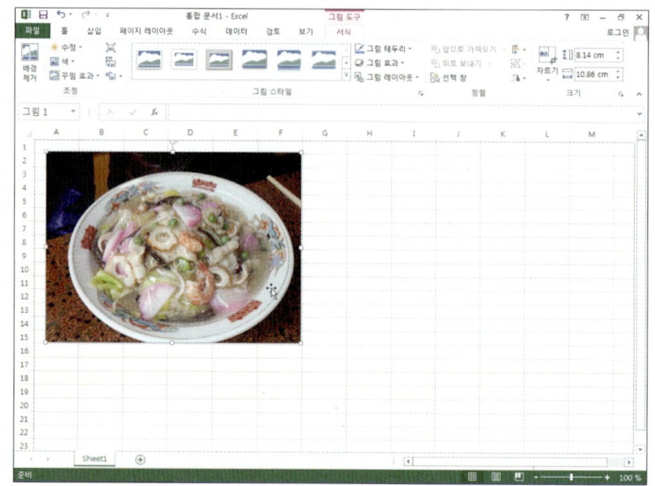

● **그림 복사하고 삭제하기**

Ctrl을 누른 채 드래그하면 그림을 여러 개 복사할 수 있습니다. 또는 그림을 선택한 후 [홈] 탭의 [클립보드] 그룹에서 [복사]를 클릭하고 복사할 위치에서 [붙여넣기]를 클릭해도 됩니다. 한 번 복사한 내용은 여러 번 [붙여넣기]를 실행할 수 있습니다. 그림을 삭제하려면 그림이 선택된 상태에서 Delete를 누릅니다.

● **그림 회전하고 배치하기**

그림을 선택하면 위쪽 중앙에 회전 핸들이 생성됩니다. 회전 핸들을 드래그하면 그림을 원하는 방향으로 360도 회전할 수 있습니다. 여러 개의 그림을 삽입하는 경우에는 [그림 도구]-[서식] 탭의 [정렬] 그룹에서 [뒤로 보내기] 또는 [앞으로 가져오기]를 클릭하여 선택한 그림을 뒤나 앞으로 겹치도록 배치할 수 있습니다.

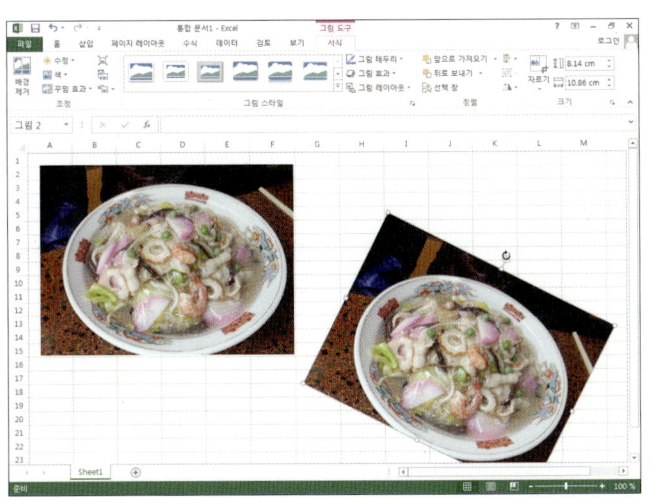 

1 Ctrl 를 누른 채 그림을 드래그하면 어떤 기능이 실행될까요?

① 이동 ② 삭제 ③ 복사 ④ 회전

답 : ③

실습 과정 · 그림 파일 삽입하고 효과 지정하기

워크시트에 그림을 삽입한 후 그림의 일부를 잘라내고 여러 가지 효과를 지정하는 방법에 대해 알아보겠습니다.

◎ **완료 파일** : 엑셀\part04\02-01_완성.xlsx

01 그림 삽입 도구 선택하기

새 통합 문서를 열고 ❶제목을 입력한 후 ❷[삽입] 탭의 [일러스트레이션] 그룹에서 [파일에서](📷)를 클릭합니다.

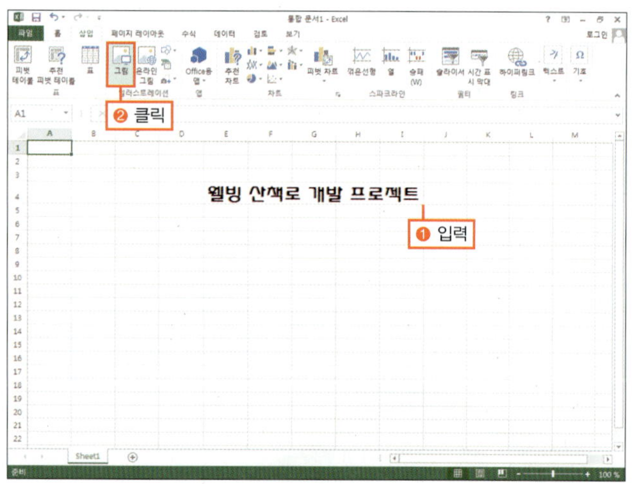

02 [그림 삽입] 대화상자 지정하기

[그림 삽입] 대화상자가 나타나면 ❶예제 파일이 있는 폴더를 선택하고 ❷'02-03_그림1.jpg' 파일을 선택한 후 ❸[삽입]을 클릭합니다.

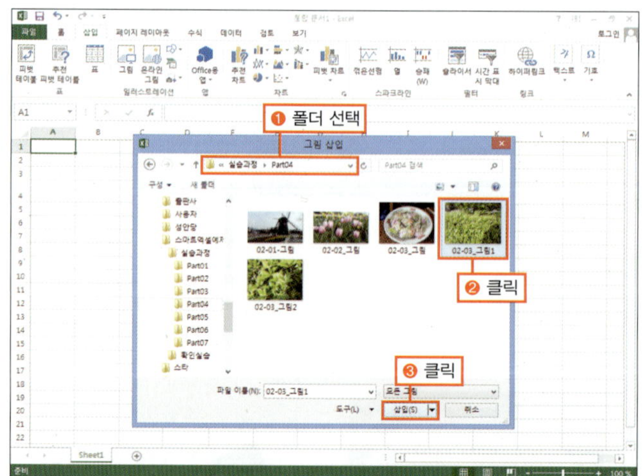

참고 ·

글꼴 : [HY동녘M], 글꼴 크기 : [22]

03 그림 크기와 위치 조절하기

그림이 삽입되면 ❶조절점을 드래그해 크기를 줄이고 왼쪽 위로 이동합니다.

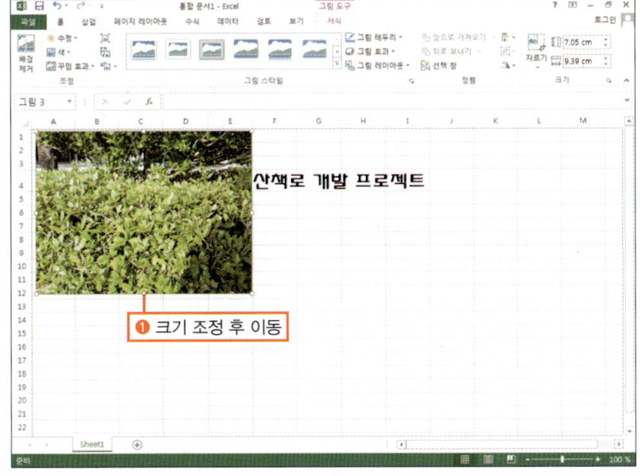

04 [자르기] 실행하기

❶[그림 도구]-[서식] 탭의 [크기] 그룹에서 [자르기](   )를 클릭하고 조절점이 검은 선으로 바뀌면 ❷그림 안쪽으로 드래그해 잘라낼 부분을 표시합니다. ❸ Esc 를 눌러 자르기를 완료합니다.

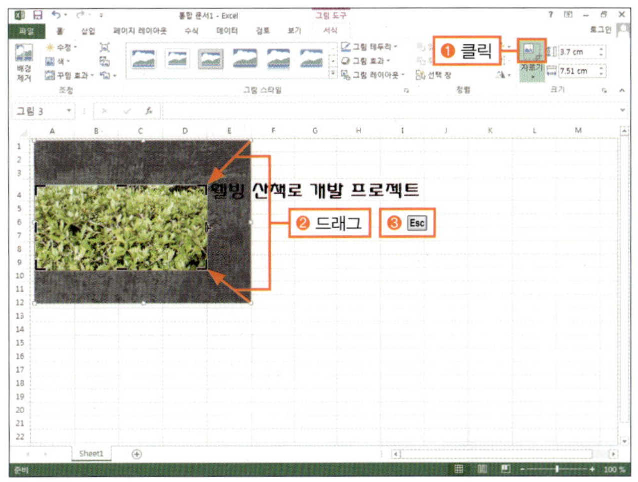

> **참고**
> 잘라낼 부분을 표시한 후 워크시트의 빈 부분을 클릭해도 자르기 작업이 완료됩니다.

05 [부드러운 가장자리] 효과 지정하기

❶그림의 위치를 다음과 같이 이동합니다. ❷[그림 도구]-[서식] 탭의 [그림 스타일] 그룹에서 [그림 효과]를 클릭한 후 ❸[부드러운 가장자리]-❹[5 포인트]를 선택합니다.

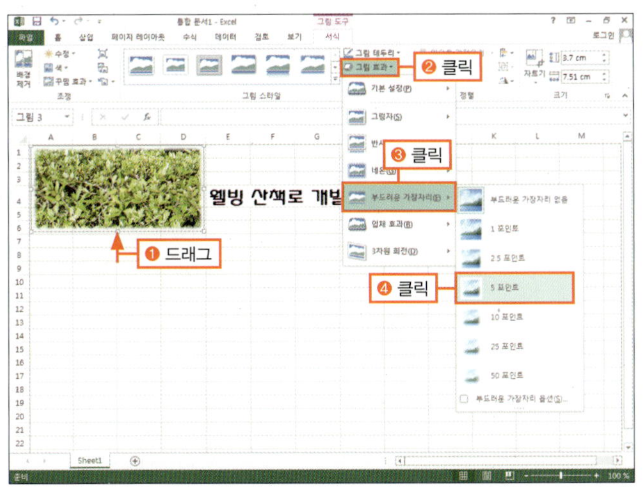

06 밝기와 대비 지정하기

❶[그림 도구]-[서식] 탭의 [조정] 그룹에서 [수정]을 클릭하고 ❷[밝기:+40% 대비:-40%]를 선택해 그림의 밝기와 대비를 변경합니다.

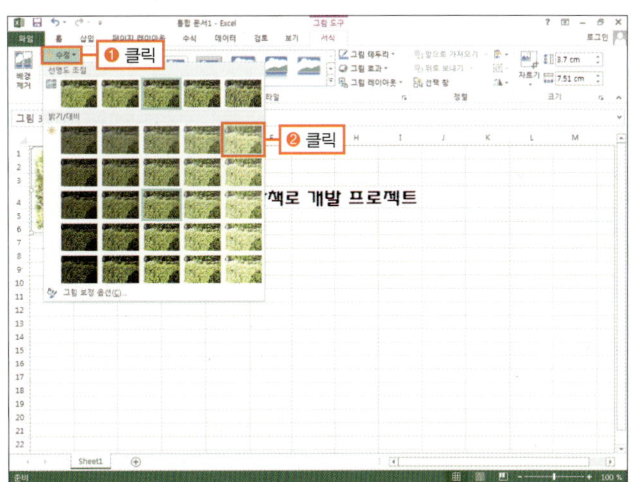

07 그림 복사하기

❶ Ctrl 을 누른 채 그림을 오른쪽으로 드래그해 복사합니다.

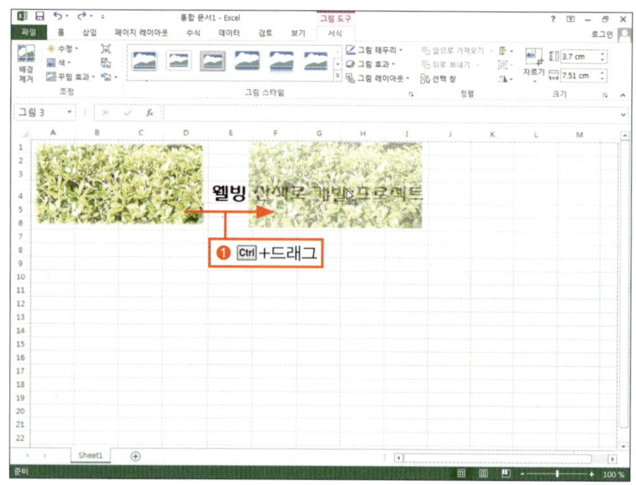

08 그림 복사 확인하기

그림이 복사된 것을 확인할 수 있습니다.

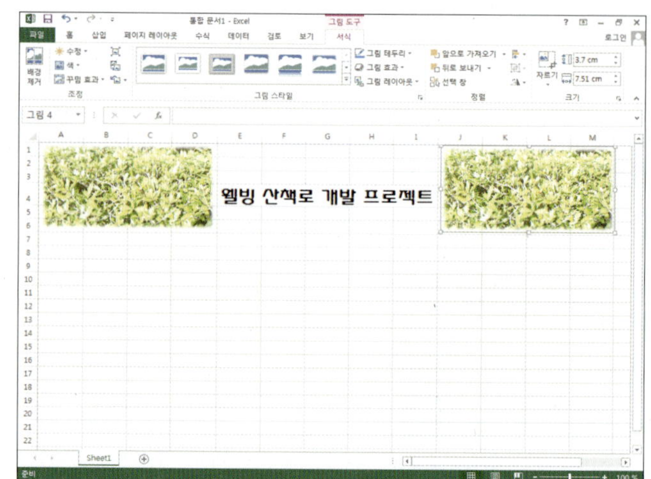

> **참고**
>
> 그림을 수직 또는 수평으로 정확히 복사하려면 Ctrl 과 Shift 를 동시에 누른 채 드래그합니다.

실습 과정 · 온라인 그림 삽입하고 스타일 설정하기

온라인에서 이미지를 검색한 후 워크시트에 삽입하고 이미지에 다양한 스타일을 지정하는 방법에 대해 알아봅니다.

◎ **완료 파일** : 엑셀\part04\02-02_완성.xlsx

01 검색어 입력하기

새 문서를 열고 ❶[삽입] 탭의 [일러스트레이션] 그룹에서 [온라인 그림](📷)을 클릭합니다. [그림 삽입] 대화상자가 나타나면 ❷[Bing 이미지 검색]의 검색 상자에 '꽃'을 입력하고 ❸ Enter 를 누릅니다.

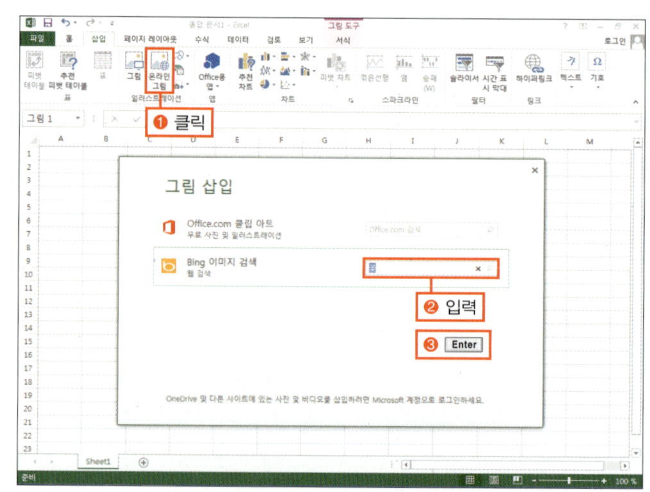

검색어 관련 온라인 이미지가 목록으로 표시됩니다. ❶그림을 선택한 후 ❷[삽입]을 클릭합니다. 이때 그림을 올린 사람의 저작권을 침해하지 않는지 확인해야 합니다.

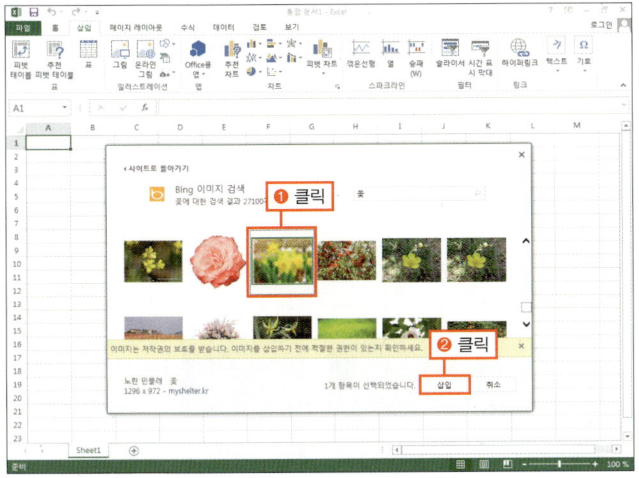

참고

온라인에 올려져 있더라도 사진을 찍거나 그림을 그린 사람에게 저작권이 있으므로 함부로 사용하지 않도록 주의합니다.

03 그림 크기와 위치 조절하기

그림이 삽입되면 ❶크기와 위치를 다음과 같이 조절한 후 ❷'꽃'으로 검색해 그림을 하나 더 삽입합니다.

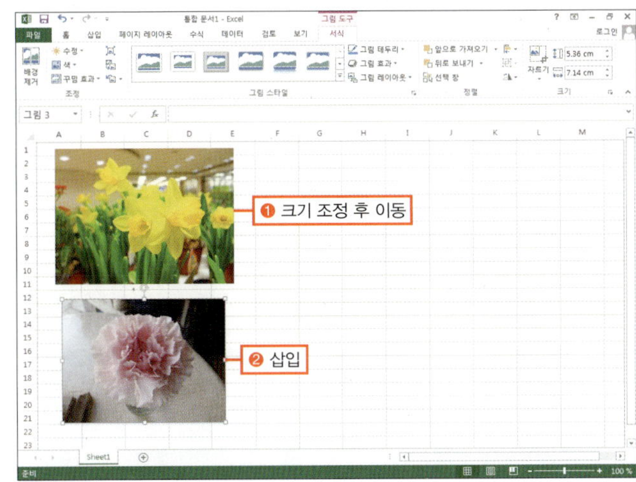

04 그림 자르기

두 번째 그림을 선택한 상태에서 ❶[그림 도구]-[서식] 탭의 [크기] 그룹에서 [자르기]를 클릭해 그림의 바깥쪽 부분을 다음과 같이 자릅니다.

05 복사 위치 지정하기

❶Ctrl 과 Shift 를 누른 채 드래그해 그림을 오른쪽으로 복사하여 다음과 같이 여러 개의 그림을 배치합니다.

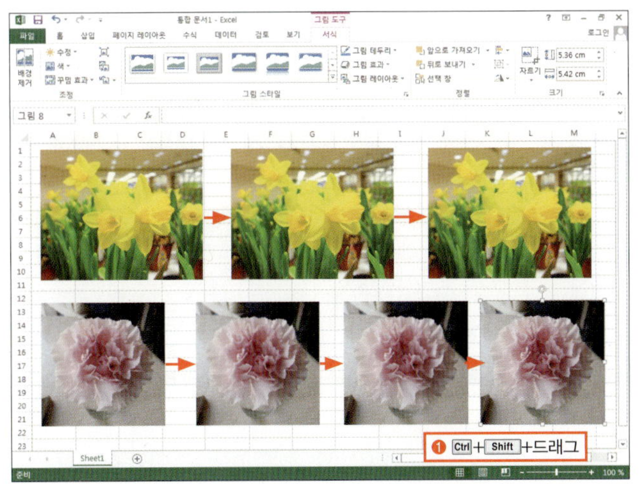

06 복사 결과 확인하기

❶ Shift 를 누른 채 클릭하여 위쪽 3개의 사진을 모두 선택한 후 ❷[그림 도구]-[서식] 탭의 [정렬] 그룹에서 [개체 맞춤](▦)을 클릭하고 ❸[가로 간격을 동일하게]를 선택합니다.

07 그림 스타일 지정하기

❶첫 번째 그림을 선택한 후 ❷[그림 도구]-[서식] 탭의 [그림 스타일] 그룹에서 그림 스타일 목록 중에 [둥근 대각선 모서리, 흰색]을 선택해 지정합니다.

08 그림 스타일 지정하기

❶두 번째 그림에는 그림 스타일 목록에서 [입체 원근감]을, ❷세 번째 그림에는 [회전, 흰색]을 각각 선택해 지정합니다.

09 그림 스타일 지정하기

❶아래의 첫 번째 그림을 선택한 후 ❷[그림 도구]-[서식] 탭의 [그림 스타일] 그룹에서 [그림 효과]를 클릭하고 ❸[반사]-❹[근접 반사, 터치]를 선택합니다.

10 색 조정하기

❶아래의 두 번째 그림을 선택한 후 ❷[그림 도구]-[서식] 탭의 [조정] 그룹에서 [색]을 클릭하고 ❸[채도:400%]를 선택해 붉은색이 더 강해지도록 조정합니다.

11 가장자리 자르기

❶아래의 세 번째 그림을 선택한 후 ❷[그림 도구]-[서식] 탭의 [그림 스타일] 그룹에서 그림 스타일 목록 중에 [부드러운 가장자리 타원]을 선택합니다. ❸네 번째 그림을 선택하고 ❹[그림 도구]-[서식] 탭의 [크기] 그룹에서 [자르기]의 목록 단추를 클릭한 후 ❺[도형에 맞춰 자르기]-❻[십각형]을 선택해 지정한 모양으로 잘라냅니다.

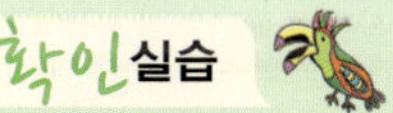

새 문서를 열고 예제 그림과 클립 아트를 삽입한 후 그림 스타일을 지정해 다음과 같은 문서를 완성해 보세요.

◉ 그림 파일 : 엑셀\part04\02-03_그림2.jpg
◉ 완료 파일 : 엑셀\part04\02_실습2_완성.xlsx

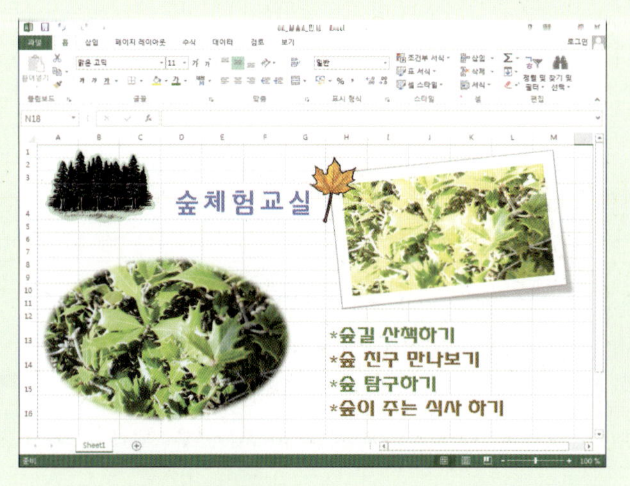

도형 삽입하고 편집하기

엑셀 2013은 다양한 종류의 도형을 워크시트에 삽입하고 편집하는 기능을 제공합니다. 도형을 활용하면 복잡한 내용을 깔끔하게 도식화할 수 있고 도형 안에 글자를 삽입해 꾸밀 수도 있습니다. 도형의 삽입과 스타일 설정, 편집 기능을 알아봅니다.

다루는 내용
- 도형의 종류 살펴보기
- 도형 삽입하고 윤곽선/채우기 설정하기
- 도형 효과 지정하기
- 도형 정렬하고 텍스트 삽입하기

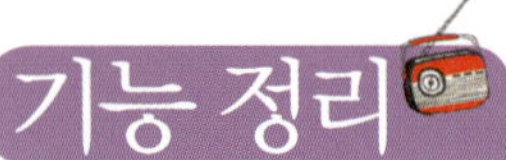

도형의 종류와 기본 구조 살펴보기

워크시트에 여러 종류의 도형을 삽입할 수 있습니다. 도형은 기본적으로 직선이나 곡선으로 이루어져 있으며 사용자가 클릭 또는 드래그해 다양한 모양과 크기로 만들 수 있습니다.

삽입한 도형의 윤곽선 색과 두께, 대시 스타일은 사용자가 자유롭게 지정할 수 있으며 도형의 면에도 채우기 색이나 그라데이션 스타일, 질감이 느껴지는 스타일 등을 지정할 수 있습니다. 도형은 모두 조절점을 가지고 있습니다. 조절점을 드래그하면 도형의 크기를 조절할 수 있으며, 노란색의 모양 조절 핸들을 드래그하면 도형의 일부 모양을 조절할 수 있습니다.

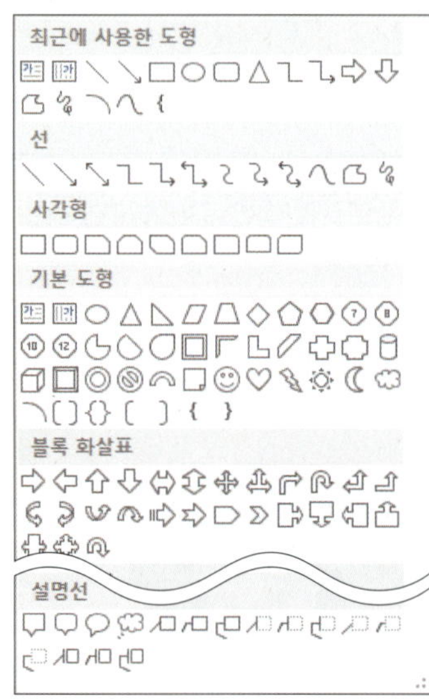

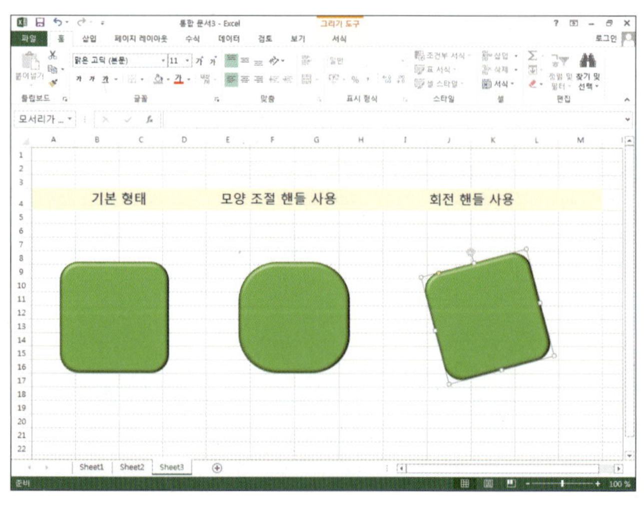

간단퀴즈

1 도형을 구성하고 있는 요소가 아닌 것은 무엇일까요?

① 조절점 ② 선택점 ③ 회전 핸들 ④ 크기 조절 핸들

답 : ②

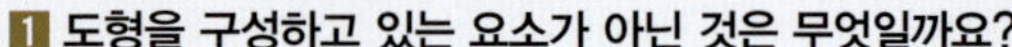

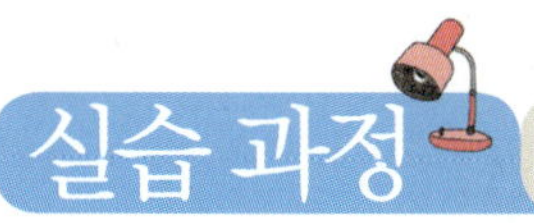

도형 삽입하고 윤곽선과 채우기 색 설정하기

워크시트에 여러 가지 도형을 삽입하고 윤곽선과 채우기 스타일을 지정하는 방법에 대해 알아봅니다.

◎ **완료 파일** : 엑셀\part04\03-01_완성.xlsx

01 [정육면체] 도형 선택하기

새 문서를 열고 ❶[삽입] 탭의 [일러스트레이션] 그룹에서 [도형](🖸▾)을 클릭한 후 ❷[정육면체]를 클릭합니다.

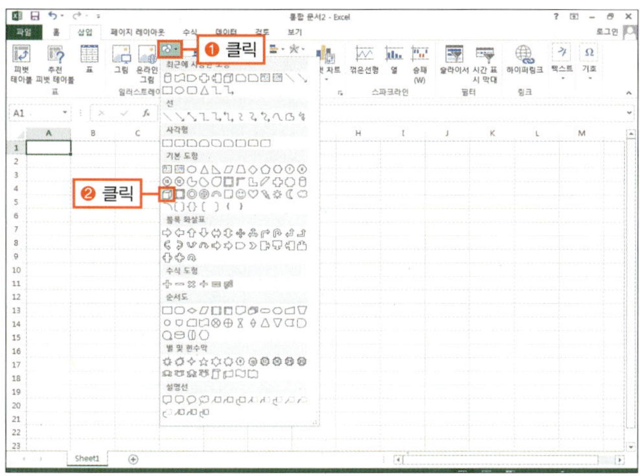

02 도형 삽입하기

마우스 포인터가 십자 모양으로 바뀌면 ❶드래그하여 원하는 크기와 모양을 만듭니다.

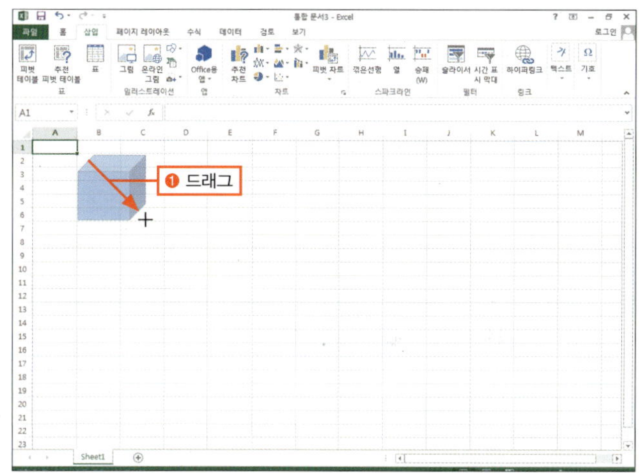

03 화살표와 사각형 삽입하기

다시 ❶[삽입] 탭의 [일러스트레이션] 그룹에서 [도형](🖸▾)을 클릭한 후 ❷[오른쪽 화살표]와 [한쪽 모서리가 잘린 사각형]을 각각 삽입합니다.

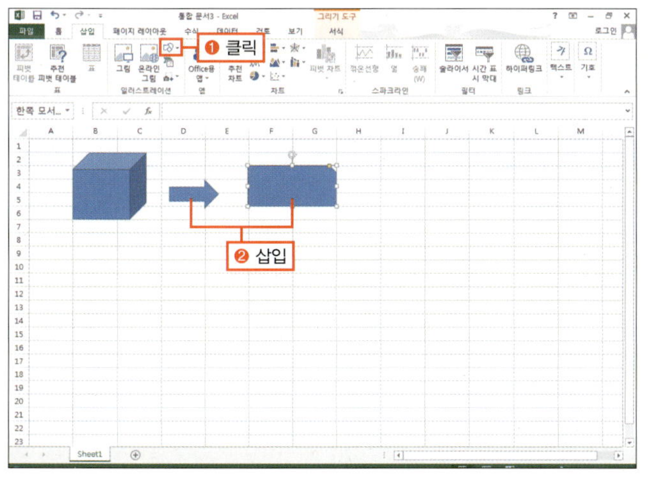

04 [자유형] 도형 삽입하기

❶[톱니 모양이 오른쪽 화살표]와 [오각형]을 각각 삽입한 후 ❷[자유형]을 선택합니다. ❸꼭짓점이 될 부분을 클릭해 가며 다음과 같이 'ㄱ'자 모양의 도형을 완성합니다.

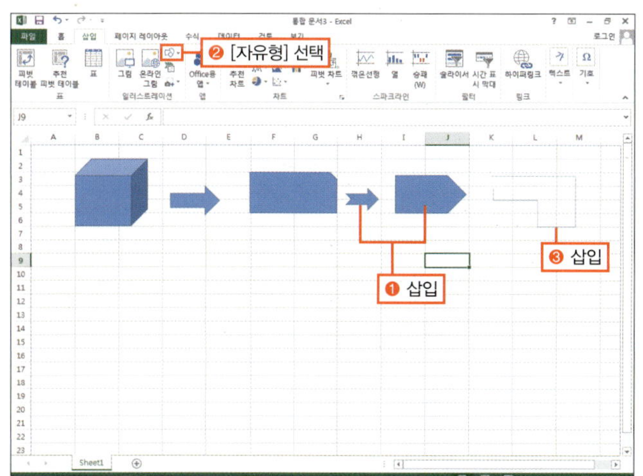

> **참고**
>
> [자유형] 도형은 시작과 끝 부분이 만나거나 사용자가 더블클릭하면 삽입이 완료됩니다.

05 여러 가지 도형 삽입하기

❶다음과 같이 화살표 도형과 [왼쪽 화살표 설명선], [다이아몬드], [순서도: 천공테이프], [원통]을 순서대로 워크시트에 삽입합니다.

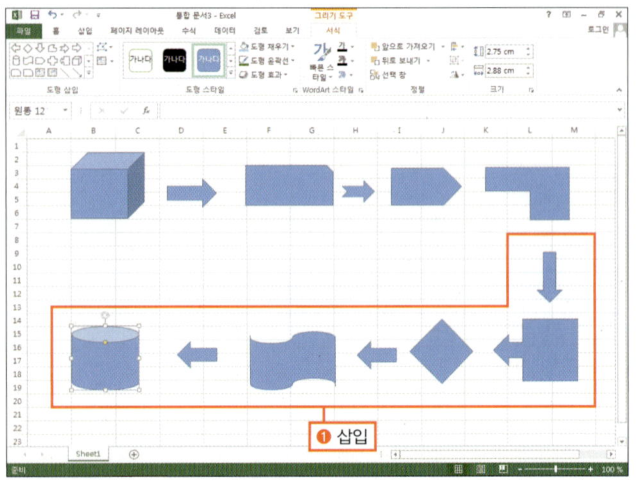

06 도형 스타일 선택하기

❶정육면체를 선택한 후 ❷[그리기 도구]-[서식] 탭의 [도형 스타일] 그룹에서 [자세히](▽)를 클릭해 ❸[강한 효과-주황, 강조 2]를 선택합니다.

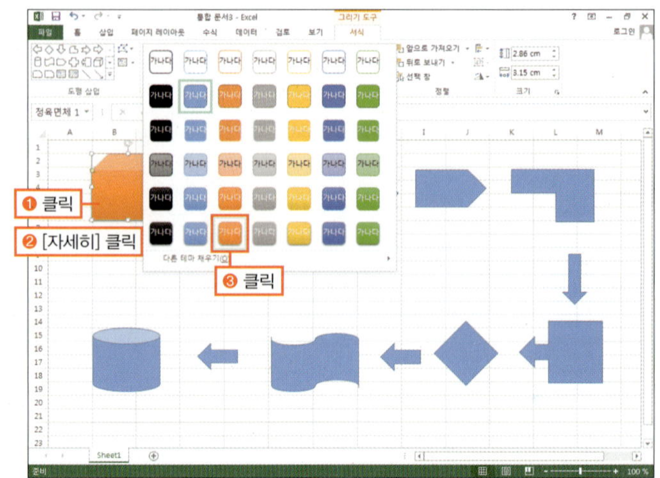

07 도형 스타일 선택하기

❶원통을 선택한 후 ❷[그리기 도구]-[서식] 탭의 [도형 스타일] 그룹에서 [자세히](▽)를 클릭해 [강한 효과-녹색, 강조 6]을 선택합니다. ❸화살표 도형을 모두 선택한 후 [도형 스타일] 목록에서 ❹[강한 효과-회색-50%, 강조 3]을 선택합니다.

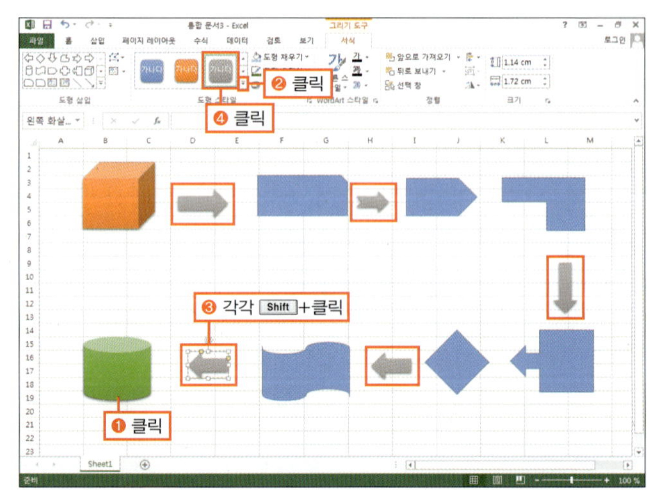

> **참고**
>
> Ctrl 또는 Shift 를 누른 채 도형을 클릭하면 여러 도형을 선택할 수 있습니다.

08 도형 채우기 색 지정하기

❶[순서도: 천공 테이프] 도형을 선택한 후 ❷[그리기 도구]-[서식] 탭의 [도형 스타일] 그룹에서 [도형 채우기]의 목록 단추를 클릭하고 ❸[녹색, 강조 6, 40% 더 밝게]를 선택합니다.

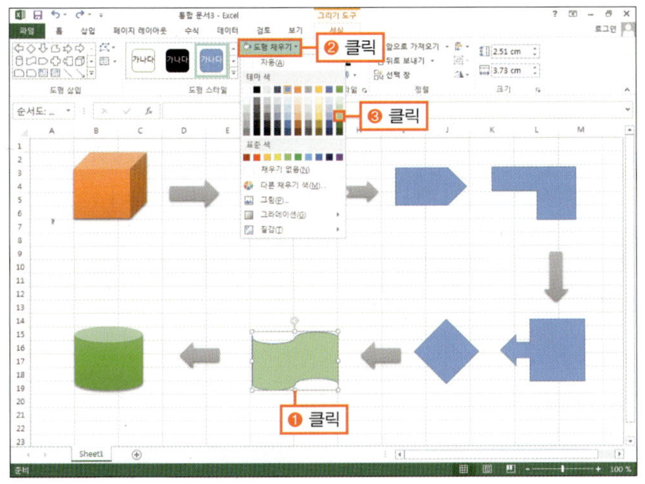

09 도형 윤곽선 색 지정하기

[순서도: 천공 테이프] 도형이 선택된 상태에서 ❶[그리기 도구]-[서식] 탭의 [도현 스타일] 그룹에서 [도형 윤곽선]을 클릭하고 ❷[녹색, 강조 6, 50% 더 어둡게]를 선택합니다.

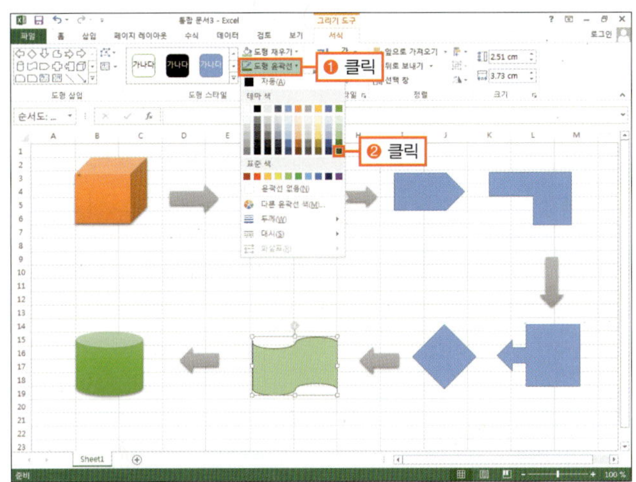

10 도형 윤곽선 두께 지정하기

다시 ❶[그리기 도구]-[서식] 탭의 [도형 스타일] 그룹에서 [도형 윤곽선]을 클릭하고 ❷[두께]-❸[2pt]를 선택해 윤곽선의 두께를 조정합니다.

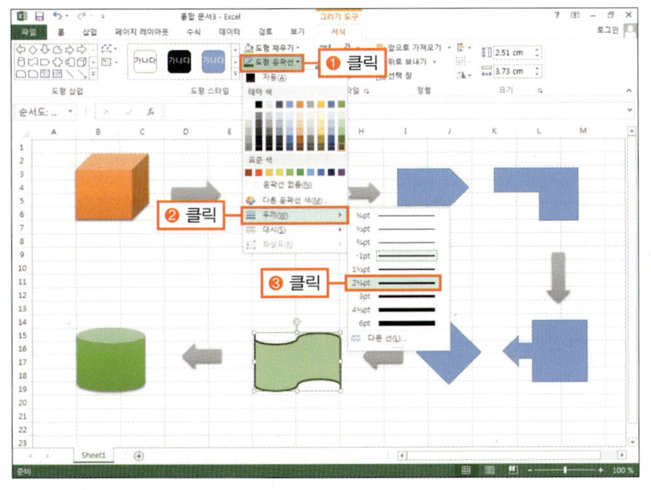

11 도형 채우기와 윤곽선 지정하기

다음과 같이 다양한 색과 두께로 도형 스타일을 변경해 봅니다.

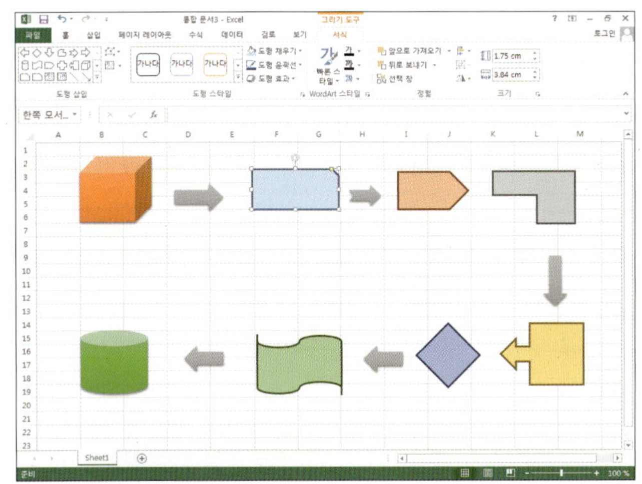

도형에 채우기 스타일과 효과 설정하기

도형에 그라데이션, 질감, 그림 등으로 채우기 설정을 하고 도형 효과 기능을 이용해 여러 가지 효과를 지정하는 방법에 대해 알아봅니다.

◉ **시작 파일** : 엑셀\part04\03-02.xlsx
◉ **완료 파일** : 엑셀\part04\03-02_완성.xlsx

01 밝은 그라데이션 지정하기

❶두 번째 도형을 선택합니다. ❷[그리기 도구]-[서식] 탭의 [도형 스타일] 그룹에서 [도형 채우기]를 클릭하고 ❸[그라데이션]에서 ❹[밝은 그라데이션] 항목의 [가운데에서]를 선택합니다.

02 어두운 그라데이션 지정하기

❶세 번째 도형을 선택합니다. ❷[그리기 도구]-[서식] 탭의 [도형 스타일] 그룹에서 [도형 채우기]를 클릭하고 ❸[그라데이션]에서 ❹[어두운 그라데이션] 항목의 [선형 위쪽]을 선택합니다.

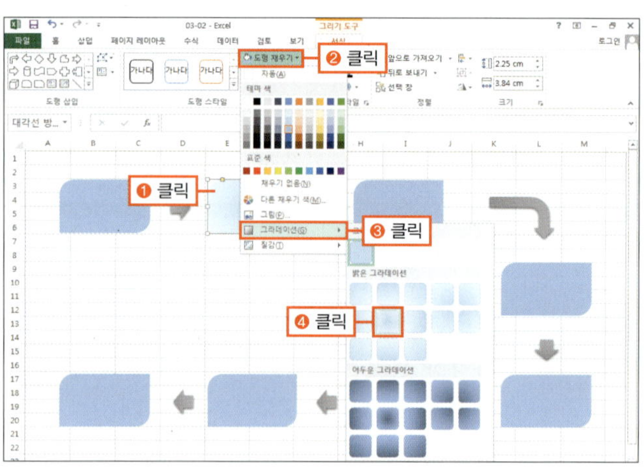

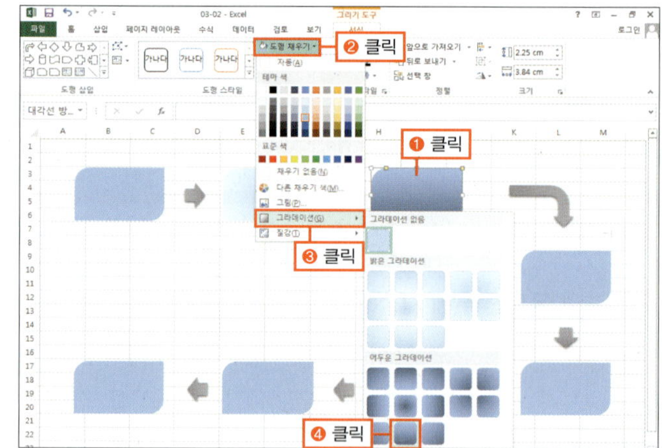

03 질감으로 채우기

❶네 번째 도형을 선택합니다. ❷[그리기 도구]-[서식] 탭의 [도형 스타일] 그룹에서 [도형 채우기]를 클릭하고 ❸[질감]에서 ❹[작은 물방울]을 선택합니다.

04 [그림 삽입] 대화상자 지정하기

❶다섯 번째 도형을 선택한 후 ❷[그리기 도구]-[서식] 탭의 [도형 스타일] 그룹에서 [도형 채우기]-[그림]을 선택합니다. [그림 삽입] 대화상자가 나타나면 ❸[파일에서]의 [찾아보기]를 클릭합니다.

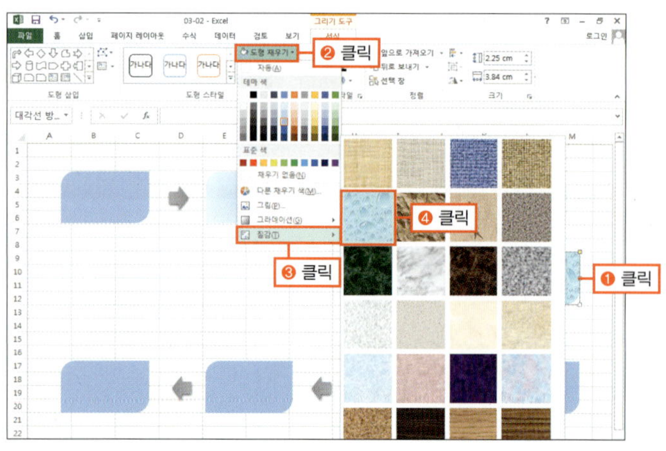

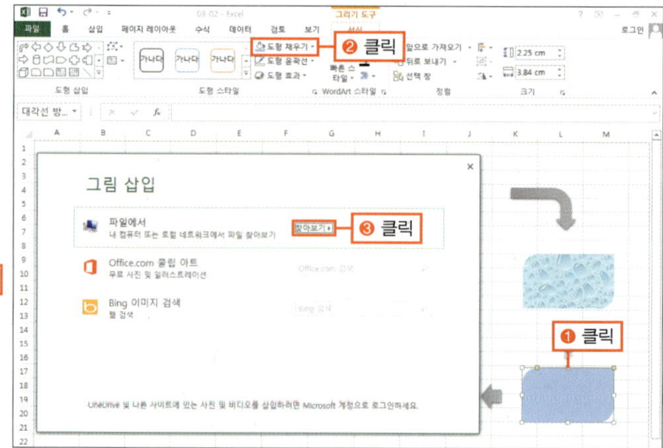

05 그림 선택해 삽입하기

[그림 삽입] 대화상자가 나타나면 ❶삽입할 그림 파일이 위치한 폴더를 선택하고 ❷그림 파일을 선택한 후 ❸[삽입]을 클릭합니다.

참고
여기서는 앞서 사용했던 '02-03_그림1' 파일을 선택하였습니다.

06 네온 효과 적용하기

❶여섯 번째 도형을 선택합니다. ❷[그리기 도구]-[서식] 탭의 [도형 스타일] 그룹에서 [도형 효과]를 클릭한 후 ❸ [네온]-❹[녹색, 11pt 네온, 강조색 6]을 선택합니다.

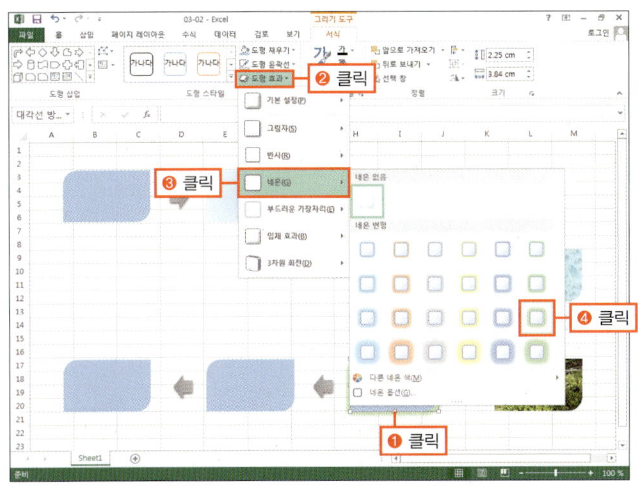

07 입체 효과 적용하기

❶일곱 번째 도형을 선택합니다. ❷[그리기 도구]-[서식] 탭의 [도형 스타일] 그룹에서 [도형 효과]를 클릭한 후 ❸ [입체 효과]-❹[둥글게]를 선택합니다.

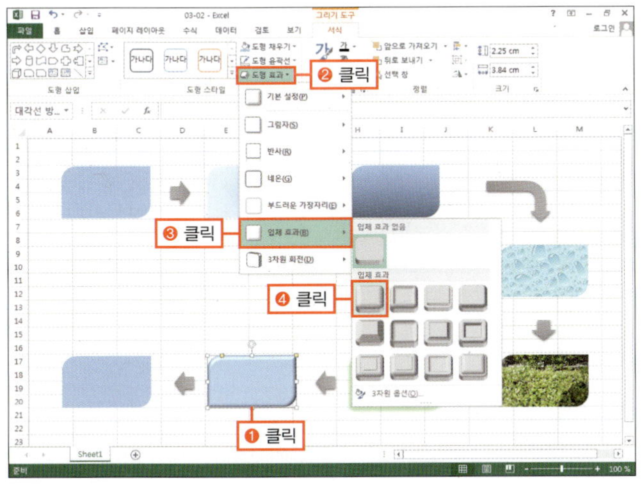

08 그림자 효과 적용하기

❶여덟 번째 도형을 선택합니다. ❷[그리기 도구]-[서식] 탭의 [도형 스타일] 그룹에서 [도형 효과]를 클릭한 후 ❸ [그림자]-❹[원근감 대각선 왼쪽 아래]를 선택합니다.

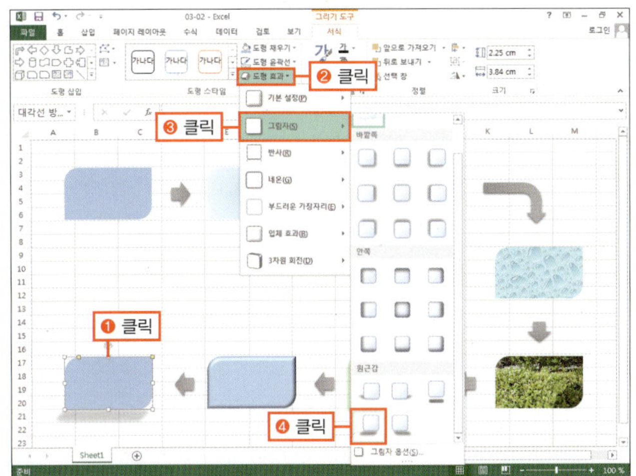

09 3차원 회전 효과 적용하기

❶ Shift 를 누른 채 네 번째와 다섯 번째 도형을 클릭해 선택한 후 ❷[그리기 도구]-[서식] 탭의 [도형 스타일] 그룹에서 [도형 효과]를 클릭한 후 ❸[3차원 회전]-❹[원근감 대조적으로(왼쪽)]을 선택합니다.

10 결과 확인하기

도형마다 다른 효과가 적용되어 도형 스타일이 모두 달라진 것을 확인할 수 있습니다.

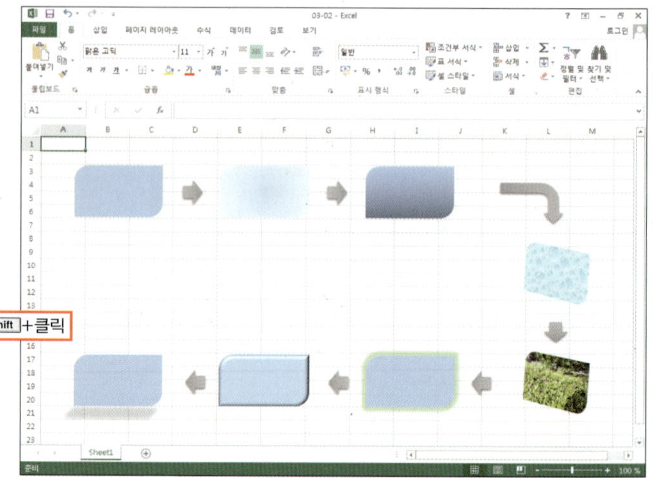

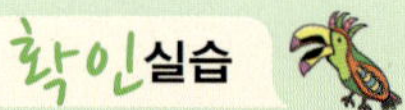

화살표와 직선을 삽입해 다음과 같은 모양을 만들고 도형에 채우기와 윤곽선, 효과 등을 설정해 꾸미세요.

◎ **완료 파일** : 엑셀\part04\03_실습1_완성.xlsx

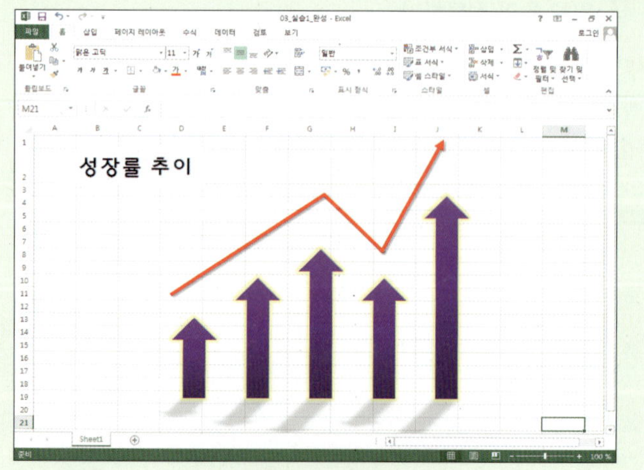

도형 정렬하고 텍스트 삽입하기

워크시트에 삽입한 여러 도형의 위치나 간격을 동일하게 정렬해 봅니다. 또한 도형 안에 텍스트를 입력하는 방법을 알아보겠습니다.

워크시트에 여러 개의 도형을 삽입한 후 도형들의 간격이나 위치를 조정할 수 있습니다. Shift 를 누른 채 도형들을 클릭해 모두 선택한 후 [그리기 도구]-[서식] 탭의 [정렬] 그룹에서 [개체 맞춤]( )을 클릭하고 [아래쪽 맞춤]을 선택하면 가장 아래쪽에 위치한 도형을 기준으로 정렬할 수 있습니다.

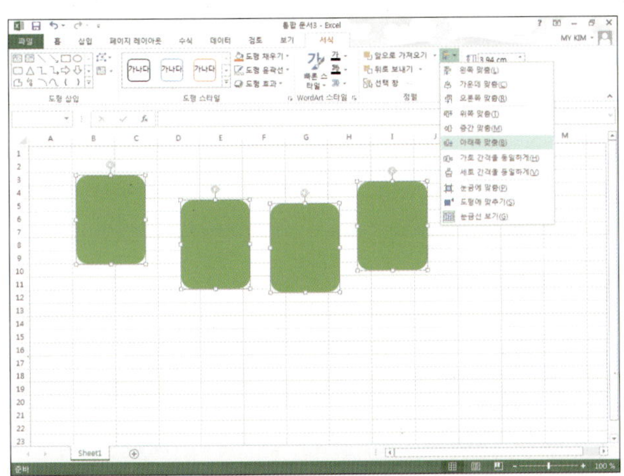
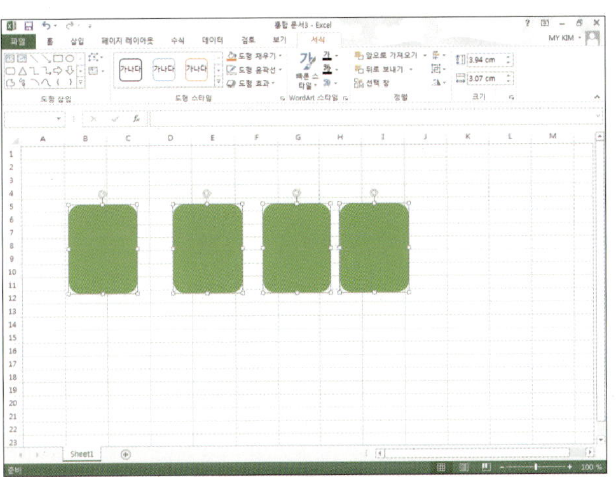

[그리기 도구]-[서식] 탭의 [정렬] 그룹에서 [개체 맞춤]( )을 클릭하고 [가로 간격을 동일하게]를 선택하면 왼쪽과 오른쪽 끝의 도형을 기준으로 모든 도형을 같은 간격으로 재배지합니다.

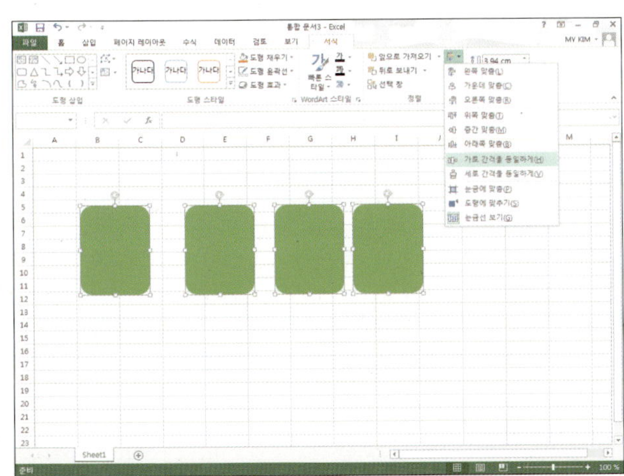
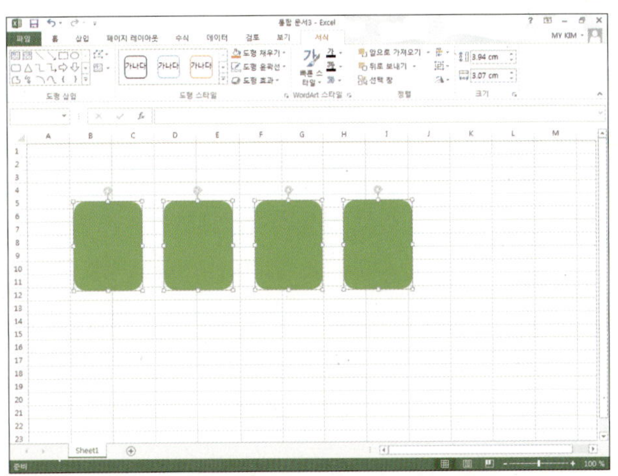

또한 도형을 선택한 상태에서 텍스트를 입력하면 도형 안에 원하는 내용을 삽입할 수 있고, [홈] 탭의 [맞춤] 그룹에서 도형 내 텍스트의 위치를 정렬할 수도 있습니다.

스마트아트와 화면 캡처 이용하기

내용의 흐름이나 계층 구조, 관계 등을 도형을 이용해 알기 쉽게 만들어 제공하는 SmartArt의 사용법을 알아봅니다. 또 현재 컴퓨터에 열려 있는 창 중에서 원하는 화면을 캡처해 워크시트 안에 삽입할 수 있는 화면 캡처 기능에 대해서도 알아봅니다.

다루는 내용

- 스마트아트 개념 잡기
- 화면 캡처 기능 이해하기
- 스마트아트 활용하기
- 화면 캡처하기

기능 정리 — 스마트아트와 화면 캡처 이해하기

● [SmartArt](📇)란?

문서에서 표현하고자 하는 내용이 특정한 흐름을 가지고 있거나 조직도와 같이 계층 구조를 이루고 있는 경우, 또는 복잡한 관계로 이루어진 경우에 도형을 활용해 내용을 도식화하여 사용자의 이해를 돕습니다. 사용자는 목록에

서 원하는 형태를 선택할 수 있으며 다양한 스타일로 변경하거나 필요에 따라 도형을 추가, 삭제할 수도 있습니다.

● [화면 캡처](📷+) 기능이란?

엑셀 2013은 화면 캡처 기능을 제공합니다. 현재 열려 있는 창 중에서 사용자가 선택한 창을 보이는 그대로 캡처하여 워크시트 안에 그림과 같은 개체로 삽입합니다.

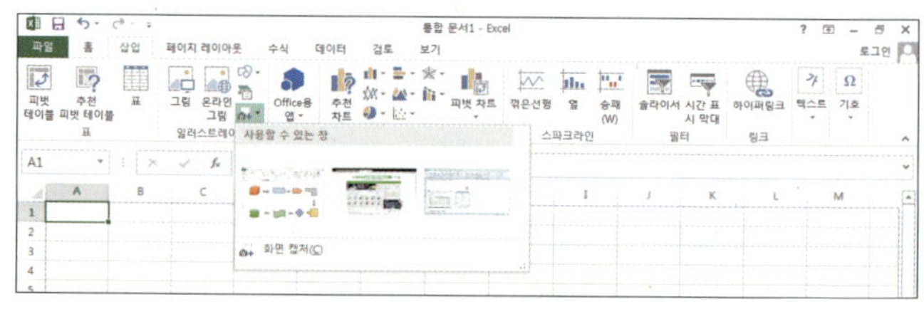

창 전체를 캡처할 수도 있고 화면 캡처를 실행한 후 원하는 부분을 드래그해 일부만 캡처할 수도 있습니다.

간단퀴즈 

1 내용의 흐름이나 계층 구조, 관계 등을 도형을 이용해 알기 쉽게 만들어 제공하는 것은 무엇일까요?

① WordArt ② Text Box ③ SmartArt ④ 슬라이서

답 : ③

실습 과정 · 스마트아트로 조직도 작성하기

스마트아트로 계층 구조를 파악할 수 있는 조직도를 작성하고 디자인 서식을 적용해 봅니다.

◉ **시작 파일** : 엑셀\part04\04-01.xlsx
◉ **완료 파일** : 엑셀\part04\04-01_완성.xlsx

01 도구 단추 선택하기

❶[삽입] 탭의 [일러스트레이션] 그룹에서 [SmartArt 그래픽 삽입](📄)을 클릭합니다.

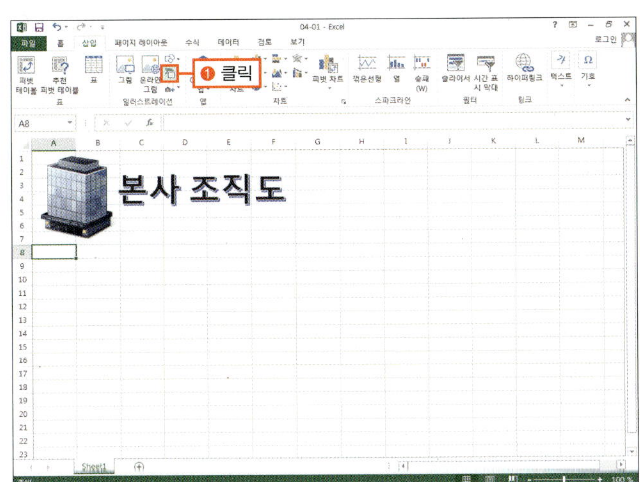

02 조직도 선택하기

[SmartArt 그래픽 선택] 대화상자가 나타나면 ❶[계층 구조형]을 선택하고 목록에서 ❷[조직도형]을 선택한 후 ❸[확인]을 클릭합니다.

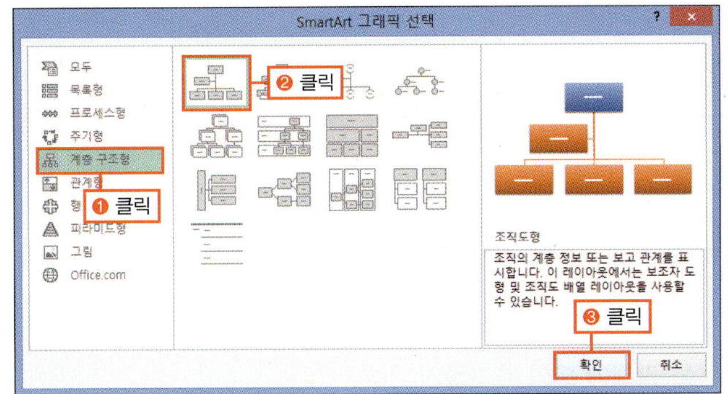

> **참고**
> 목록에서 스마트아트를 선택하면 간단한 설명과 함께 모양을 미리 보기로 확인할 수 있습니다.

03 내용 입력하기

조직도가 삽입되면 ❶'텍스트'라고 되어 있는 부분을 클릭해 다음과 같이 내용을 모두 입력합니다.

> **참고**
> 조절점 왼쪽 가운데의 ◁를 클릭해 텍스트 입력 창을 열어서 입력할 수도 있습니다.

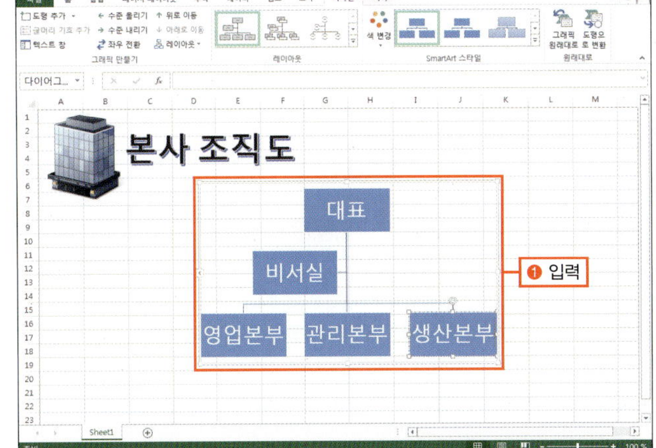

04 색 변경하기

조직도가 선택된 상태에서 ❶[SMARTART 도구]-[디자인] 탭의 [SmartArt 스타일] 그룹에 있는 [색 변경]을 클릭하고 ❷[색상형-강조색]을 선택합니다.

05 스타일 지정하기

[SMARTART 도구]-[디자인] 탭의 [SmartArt 스타일] 그룹에서 ❶[자세히](▾)를 클릭하고 목록이 펼쳐지면 ❷[경사]를 선택합니다.

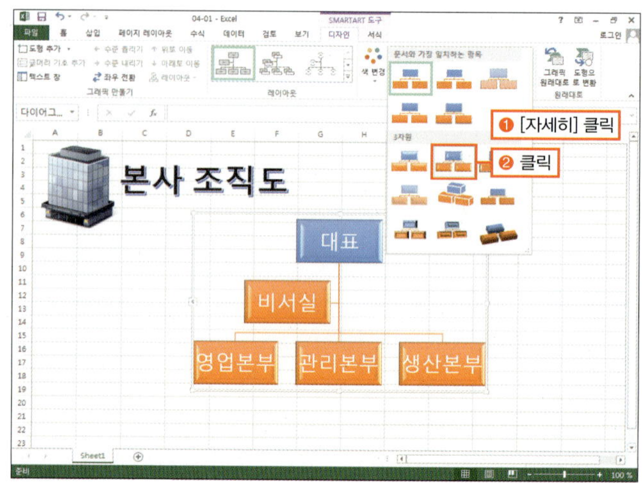

06 아래에 도형 추가하기

❶'영업본부' 도형을 선택하고 ❷[SMARTART 도구]-[디자인] 탭의 [그래픽 만들기] 그룹에서 [도형 추가]의 목록 단추를 클릭하고 ❸[아래에 도형 추가]를 선택합니다.

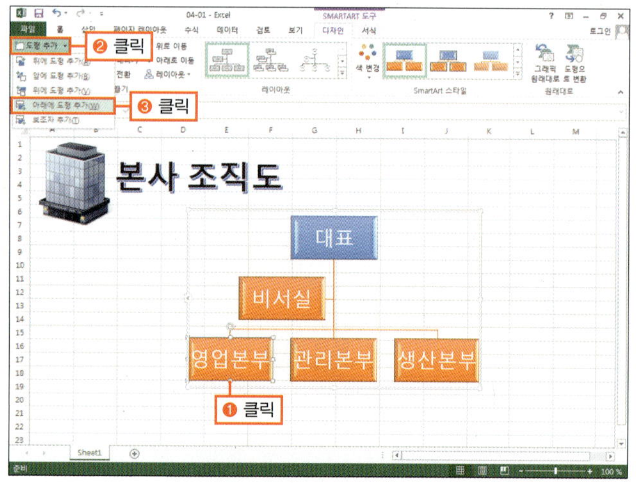

07 뒤에 도형 추가하기

❶새로 추가된 도형을 선택하고 ❷[SMARTART 도구]-[디자인] 탭의 [그래픽 만들기] 그룹에서 [도형 추가]의 목록 단추를 클릭하고 ❸[뒤에 도형 추가]를 선택합니다.

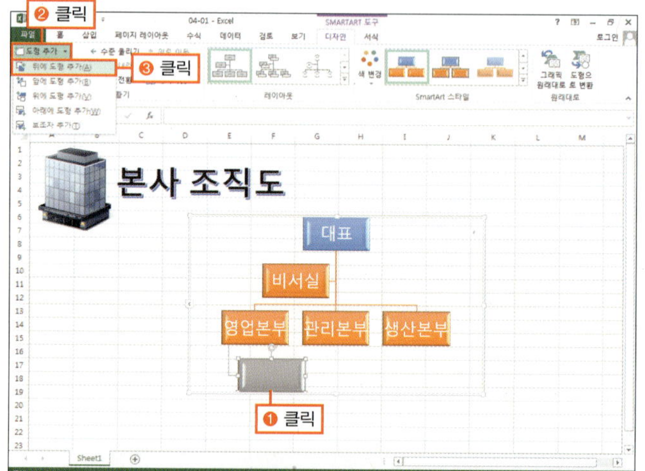

> **참고**
>
> 목록 단추를 클릭하지 않고 [도형 추가]를 바로 클릭하면 아래쪽에 도형이 삽입됩니다.

"

❶ '생산본부' 도형을 선택하고 ❷ [SMARTART 도구]-[디자인] 탭의 [그래픽 만들기] 그룹에서 [도형 추가]를 클릭합니다.

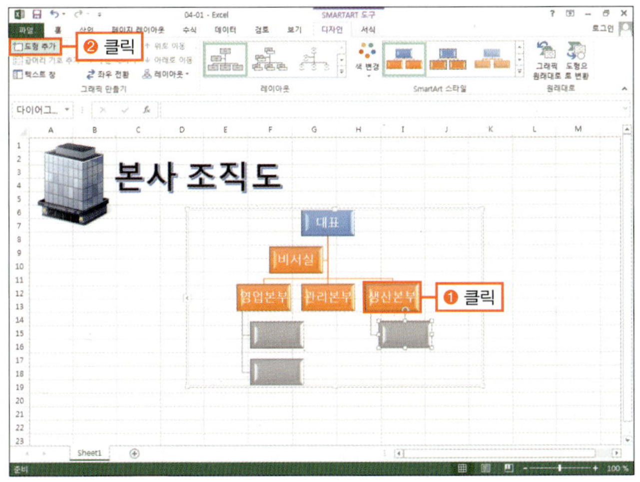

08 수준 올리기

❶ 새로 추가된 도형을 선택하고 ❷ [SMARTART 도구]-[디자인] 탭의 [그래픽 만들기] 그룹에서 [수준 올리기]를 클릭합니다.

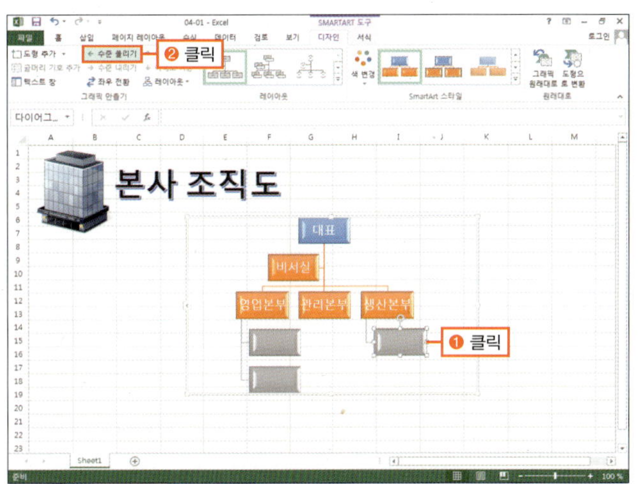

> **참고**
> 도형이 늘어나면서 스마트아트의 전체 크기가 자동으로 줄어드는 것을 확인할 수 있습니다.

10 크기 조절하기

❶ 스마트아트의 테두리 조절점을 바깥쪽으로 드래그해 조직도의 크기를 확대합니다.

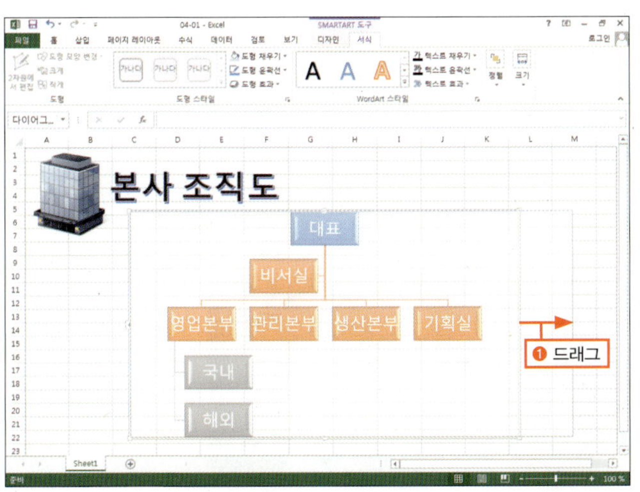

11 텍스트 효과 지정하기

스마트아트가 선택된 상태에서 ❶ [SMARTART 도구]-[서식] 탭의 ❷ [WordArt 스타일] 그룹에서 [텍스트 효과]를 클릭한 후 ❸ [그림자]-❹ [오프셋 대각선 오른쪽 아래]를 선택합니다.

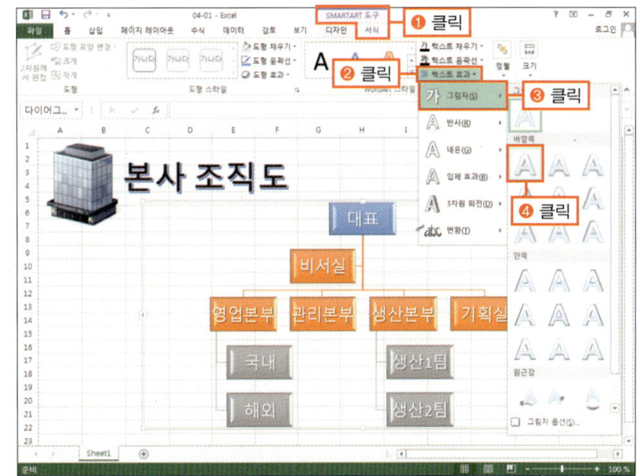

> **참고**
> 도형 안의 글자에 그림자가 적용되어 더욱 선명해 보입니다.

화면 캡처 기능 활용하기

현재 열려 있는 창 중에서 특정 창의 전체 또는 일부를 캡처하여 엑셀의 워크시트 안에 삽입하는 화면 캡처 기능에 대해 알아봅니다.

◎ **시작 파일** : 엑셀\part04\04-03.xlsx, 04-04.xlsx
◎ **완료 파일** : 엑셀\part04\04-02_완성.xlsx

01 예제 파일 열기

'04-03.xlsx'와 '04-04.xlsx' 파일을 각각 엽니다. 인터넷 익스플로러 창도 실행합니다.

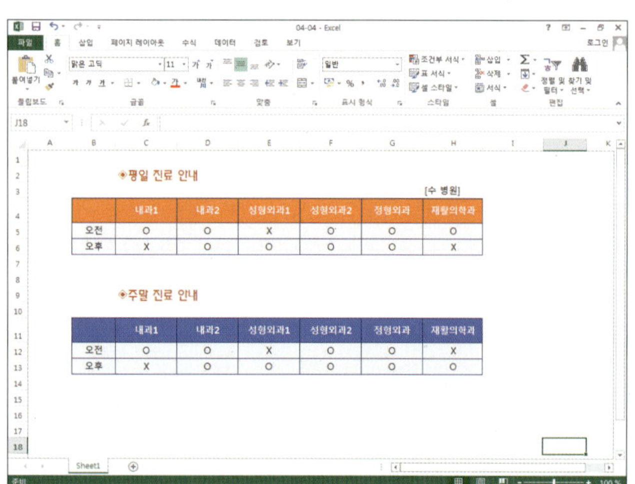

02 캡처할 창 선택하기

새 문서를 열고 ❶[삽입] 탭의 [일러스트레이션] 그룹에서 [화면 캡처](📷▾)를 클릭합니다. [사용할 수 있는 창] 목록이 나타나면 ❷조직도 그림이 있는 '04-03.xlsx' 문서 창을 클릭합니다.

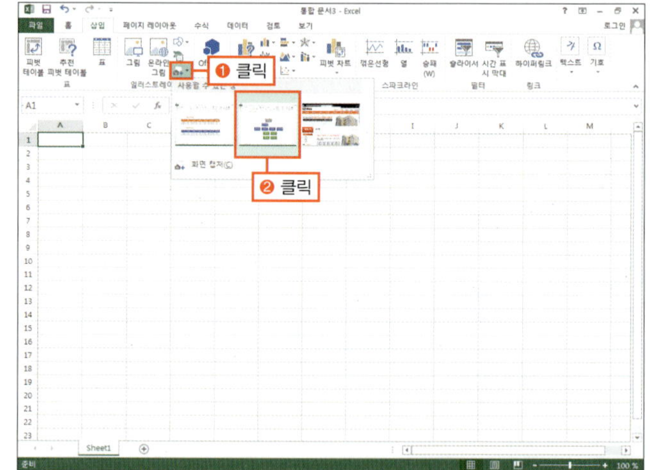

참고 •

현재 열려 있는 모든 창이 목록에 나타납니다. 따라서 독자들의 목록에는 다른 창이 더 나타날 수도 있습니다.

03 삽입 그림 자르기

선택한 창이 삽입되면 ❶드래그해 크기를 줄입니다. ❷[그림 도구]-[서식] 탭의 [크기] 그룹에서 [자르기]를 클릭하고 ❸자르기 조절점을 각각 안쪽으로 드래그해 잘라냅니다.

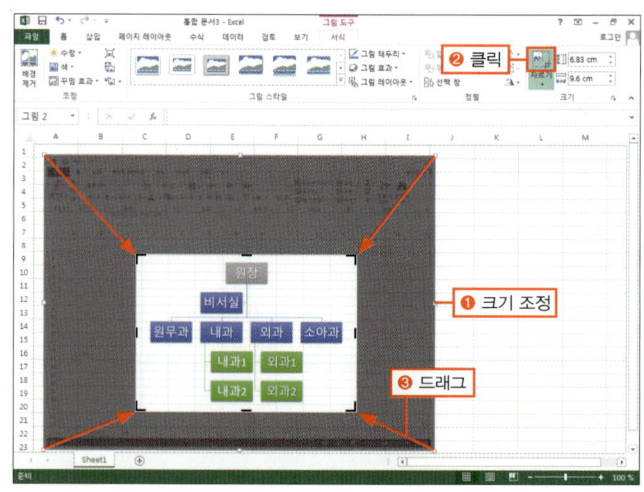

04 창 삽입하기

❶다시 [삽입] 탭의 [일러스트레이션] 그룹에서 [화면 캡처]([📷▾])를 클릭하고 목록이 나타나면 ❷표 그림이 있는 '04-04.xlsx' 문서 창을 클릭합니다.

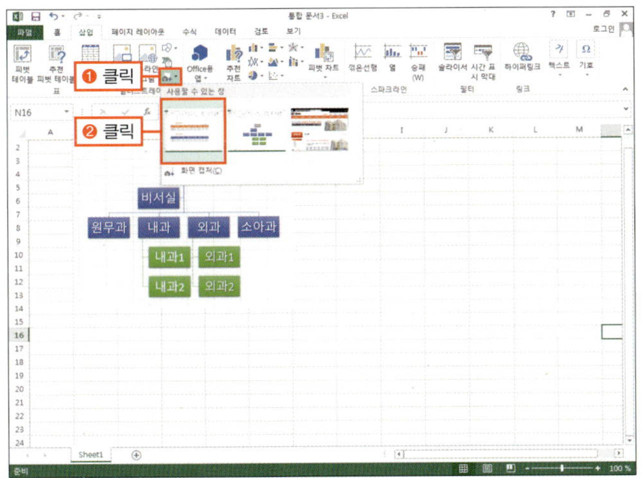

05 삽입 그림 자르기

선택한 창이 삽입되면 ❶드래그해 크기를 줄입니다. ❷[그림 도구]-[서식] 탭의 [크기] 그룹에서 [자르기]를 클릭하고 ❸조절점을 각각 안쪽으로 드래그해 잘라냅니다.

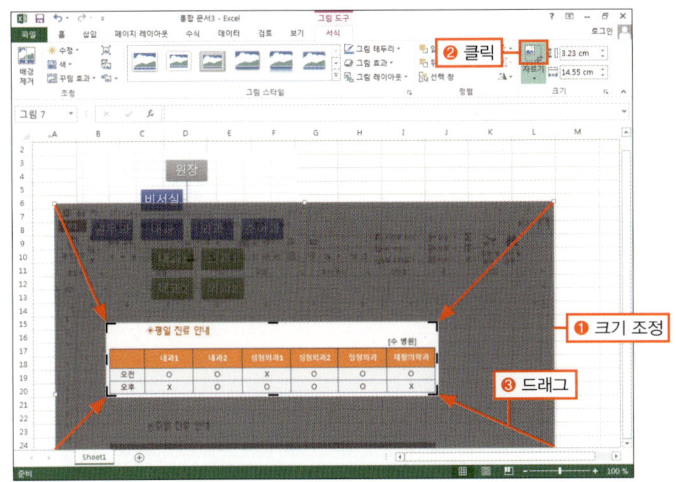

06 [화면 캡처] 선택하기

인터넷 익스플로러 창에서 잘라낼 부분을 미리 확인한 후 다시 엑셀 창으로 이동해 ❶[화면 캡처]([📷▾])를 클릭하고 ❷[화면 캡처]를 선택합니다.

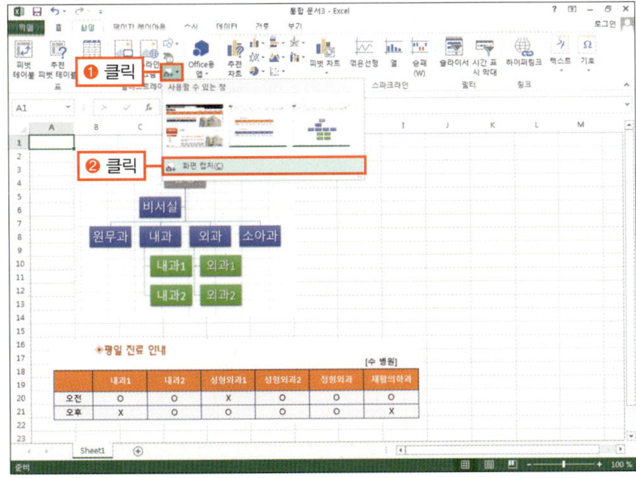

> **참고**
> 방금 확인했던 인터넷 창이 가장 왼쪽에 보입니다.

07 삽입할 부분 선택하기

인터넷 익스플로러 창이 나타나고 화면이 흐리게 바뀌면 ❶필요한 부분을 드래그합니다.

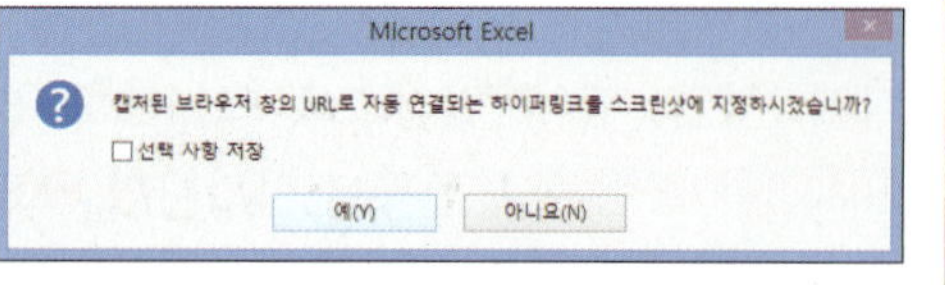

08 삽입 그림에 효과 지정하기

삽입한 그림을 각각 선택해 [그림 도구]-[서식] 탭에서 그
림 효과를 지정합니다.

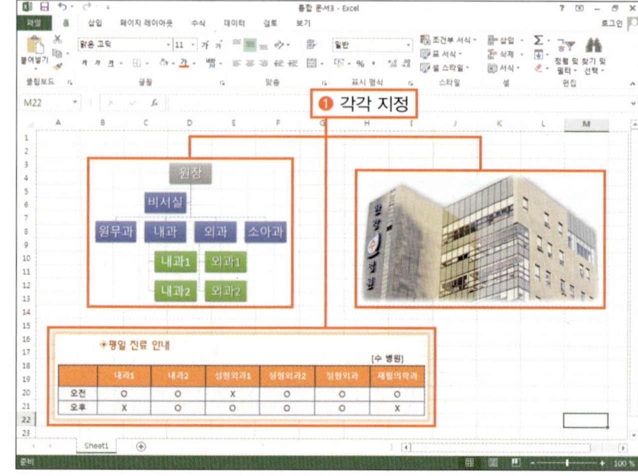

참고

여기서는 [자르기]-[도형에 맞춰 자르기]와 [그림 효과]-[부드러운
가장자리], [네온] 기능을 사용하였습니다.

확인실습

[SmartArt]의 [프로세스형]에서 [단계 하락 프로세스형]을 삽입
하고 다음과 같이 도형을 추가한 후 디자인과 서식을 적용해 보
세요.

◎ 완료 파일 : 엑셀\part04\04_실습1_완성.xlsx

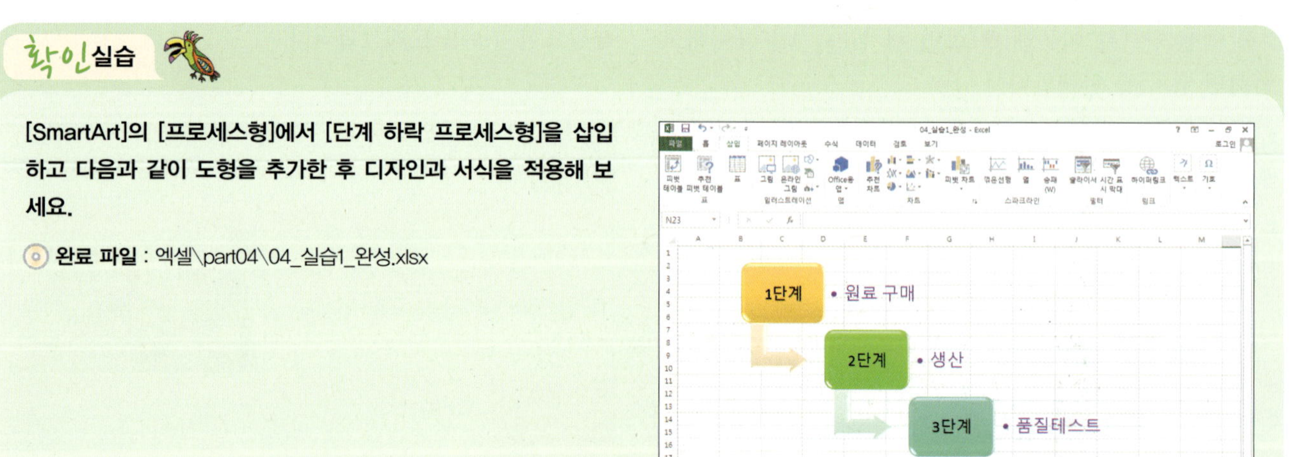

1 새 문서를 열고 스마트아트에서 피라미드형을 삽입해 스타일과 서식을 지정하고 워드아트를 삽입해 제목을 설정해 보세요. 도형 기능을 이용해 설명 상자를 만들어 스타일을 지정하고 '아파트'로 클립 아트를 검색해 삽입한 후 디자인과 색을 다음과 같이 변경해 보세요.

◎ **완료 파일** : 엑셀\part04\주택 공급 현황_완료.xlsx
◎ **해설 파일** : 엑셀\해설파일\주택 공급 현황.hwp, pdf

Before

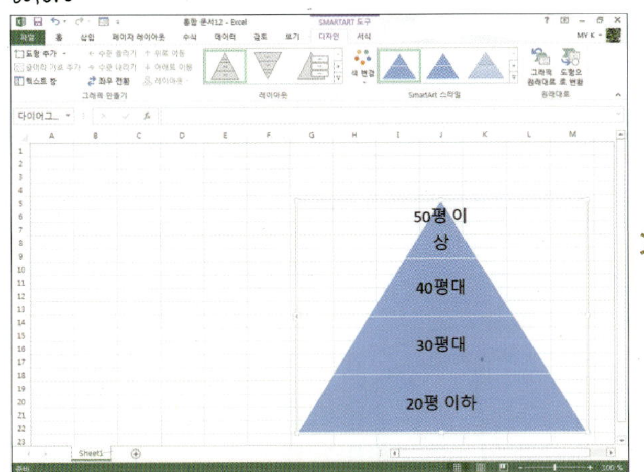

After

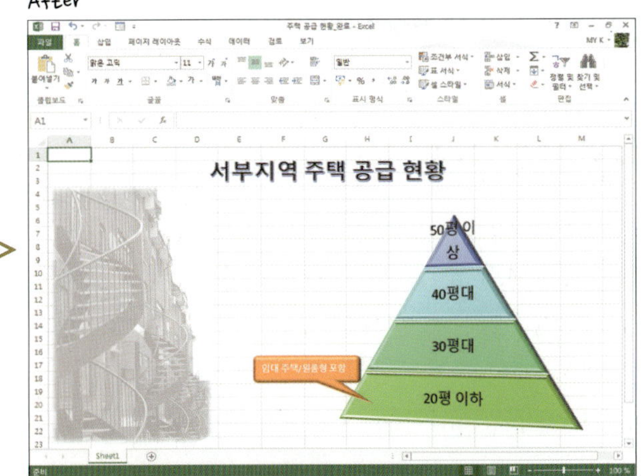

❶피라미드형 스마트아트 삽입하기 ❷스마트아트에 도형 추가하고 내용 입력하기 ❸[색 변경] 지정하고 스마트아트 스타일 선택하기 ❹워드아트 선택해 삽입하기 ❺워드아트에 내용 입력하고 크기와 위치 지정하기 ❻설명선 도형 선택해 삽입하기 ❼도형 안에 내용 삽입하고 도형 모양 조절하기 ❽도형 채우기 색과 도형 윤곽선 선택하기 ❾[도형 효과] 기능으로 도형에 입체 효과 지정하기 ❿클립 아트 검색하기 ⓫목록에서 클립 아트 선택해 삽입하기 ⓬그림 크기 조절하고 그림 스타일 선택하기 ⓭그림의 색을 회색톤으로 변경하기

5

워크시트에서 데이터를 시각화하는 차트 활용하기

엑셀은 프로그램 특성상 방대한 양의 숫자 데이터를 이용해 문서를 작성하는 경우가 많습니다. 이러한 숫자 데이터의 내용을 알기 쉽게 부여주고 데이터 간의 비교나 의사 결정을 도와주는 기능이 차트입니다. 숫자 데이터를 범위로 지정하여 손쉽게 차트를 작성할 수 있으며 다양한 종류의 차트를 제공하여 사용자가 데이터를 통해 나타내려는 부분을 정확히 표현합니다. 또한 차트에 다양한 디자인과 서식, 효과 등을 지정하여 꾸밀 수 있습니다. 엑셀의 차트 기능에 대해 살펴봅니다.

SECTION 01 스파크라인으로 추세 파악하기
SECTION 02 엑셀 차트 작성하기
SECTION 03 구성 요소별 차트의 서식 설정하기
SECTION 04 콤보 차트와 차트 수정 방법 알기

스파크라인으로 추세 파악하기

표 안에 스파크라인을 만들어 데이터의 추세를 한눈에 파악할 수 있습니다. 스파크라인에 대해 알아보고 표에 스파크라인을 삽입하고 편집하는 방법을 알아봅니다.

다루는 내용
- 스파크라인 이해하기
- 스파크라인 삽입하기
- 스파크라인 편집하기

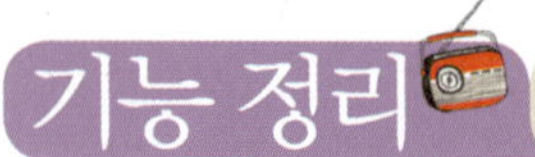

표 안의 미니 차트, 스파크라인

● 스파크라인의 개념 살펴보기

스파크라인은 표의 셀 안에 미니 차트를 삽입해 데이터를 한눈에 파악할 수 있도록 만든 기능입니다. 표로 작성한 숫자 데이터는 정확하지만 데이터의 양이 많아 내용을 쉽게 파악하기 어렵습니다. 차트는 이러한 문제점을 보완하는 좋은 기능이지만 차트를 작성하기 위해서는 시간과 워크시트 내의 공간이 필요합니다. 따라서 짧은 시간에 간단히 만들 수 있고 공간을 차지하지 않으면서도 데이터의 추세나 패턴, 최고값 등을 알기 쉽게 보여주는 스파크라인을 이용합니다. 작성된 스파크라인은 데이터 값을 수정하면 수정한 내용이 자동으로 반영되므로 편리하게 활용할 수 있습니다.

● 스파크라인의 종류 알아보기

엑셀 2013에서는 3가지 종류의 스파크라인을 제공합니다.

- **선 스파크라인** : 선 스파크라인은 표에 입력된 데이터의 추세를 꺾은선형 차트 형식으로 간단히 나타내며 최고점이나 최저점을 표시할 수 있습니다.

품목별 판매량 추세

	1월	2월	3월	4월	5월	6월	7월	8월	판매 추세
k-125	112	150	119	101	100	115	135	141	
k-126	105	145	110	95	90	110	131	140	
k-130	109	148	150	145	150	156	140	130	
k-131	133	121	133	120	125	125	135	130	
k-133	120	125	130	135	130	125	120	110	
k-150	105	115	125	90	85	88	80	110	
k-155	125	126	138	100	95	92	90	124	
k-200	96	116	133	154	150	120	115	154	
k-210	85	112	130	151	147	118	111	152	
k-250	88	115	126	150	155	121	120	155	
k-300	54	59	66	65	80	85	60	65	
k-310	45	51	59	60	60	65	60	60	
k-312	43	58	65	88	95	110	125	100	
합계	1220	1441	1484	1454	1462	1430	1422	1571	
평균	94	111	114	112	112	110	109	121	

- **열 스파크라인** : 열 스파크라인은 표에 입력된 데이터의 추세를 막대형 차트 형식으로 간단히 나타내며 최고값이나 최저값을 다른 색 막대로 표시할 수 있습니다.

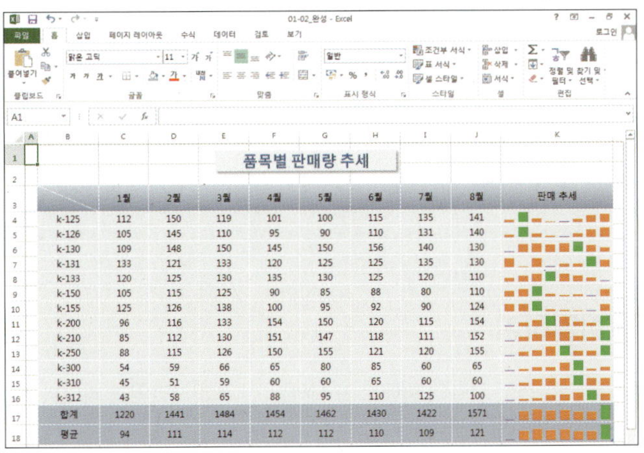

- **승패 스파크라인** : 승패 스파크라인은 열 스파크라인과 같이 막대 형식으로 데이터의 추세를 표시하지만 양수값과 음수값을 구분하여 다른 색으로 나타냅니다.

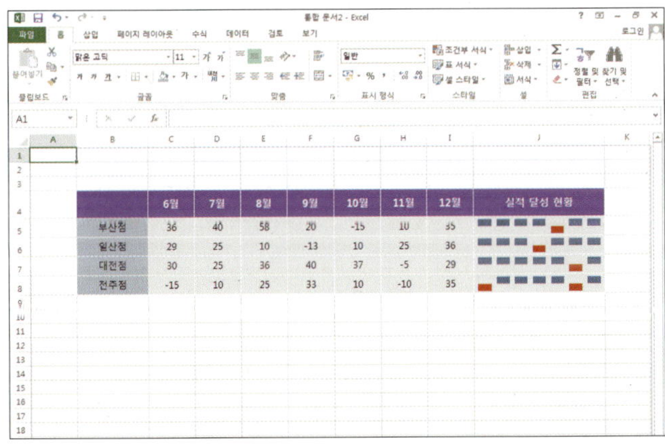

다음과 같이 하나의 데이터를 2가지 스파크라인으로 표시할 수도 있습니다. 이러한 방법은 각 스파크라인의 장점을 모두 활용할 수 있어 필요한 경우에 사용합니다. 또한 J12셀처럼 스파크라인에 텍스트를 삽입해 특정 표시를 할 수도 있습니다.

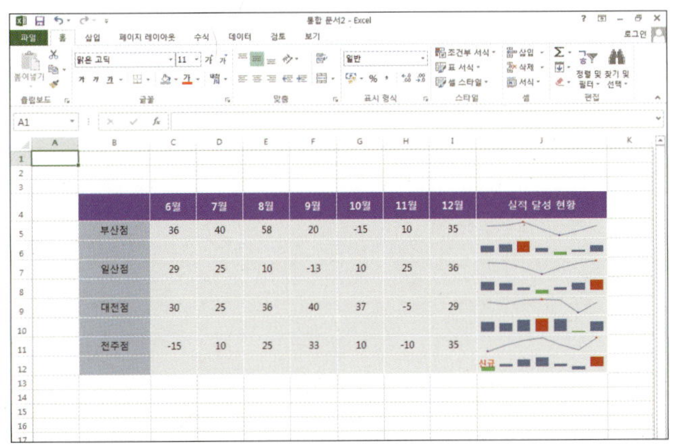

1 다음 중 엑셀 2013에서 제공하는 스파크라인의 종류가 아닌 것은 무엇일까요?

① 행 스파크라인 ② 열 스파크라인 ③ 선 스파크라인 ④ 승패 스파크라인

답 : ①

실습 과정 스파크라인 삽입하기

데이터의 변화 추세를 꺾은선형 차트의 형태로 표시하는 선 스파크라인과 막대형 차트 형태로 표시하는 열 스파크
라인을 삽입하는 방법에 대해 알아봅니다.

◉ **시작 파일** : 엑셀\part05\01-01.xlsx
◉ **완료 파일** : 엑셀\part05\01-01_완성.xlsx

01 [선 스파크라인] 선택하기

❶K4:K18셀을 드래그해 범위로 지정한 후 ❷[삽입] 탭의 [스파크라인] 그룹에서 [선 스파크라인](⬚)을 클릭합니다.

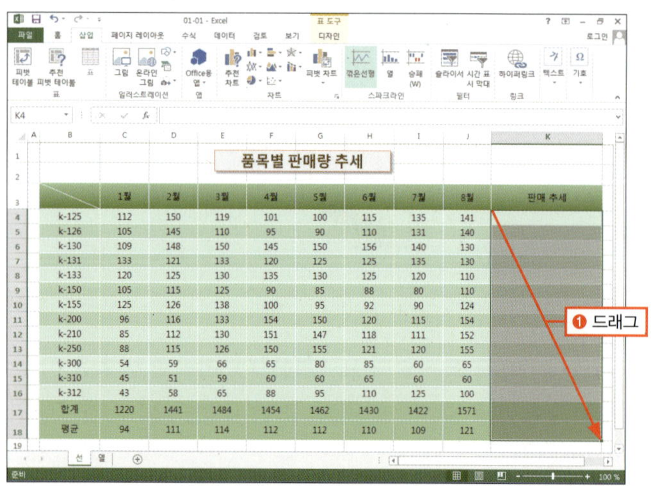

02 대화상자 지정하기

[스파크라인 만들기] 대화상자가 나타나면 범위를 지정하기 위해 ❶[데이터 범위]의 ▦를 클릭합니다.

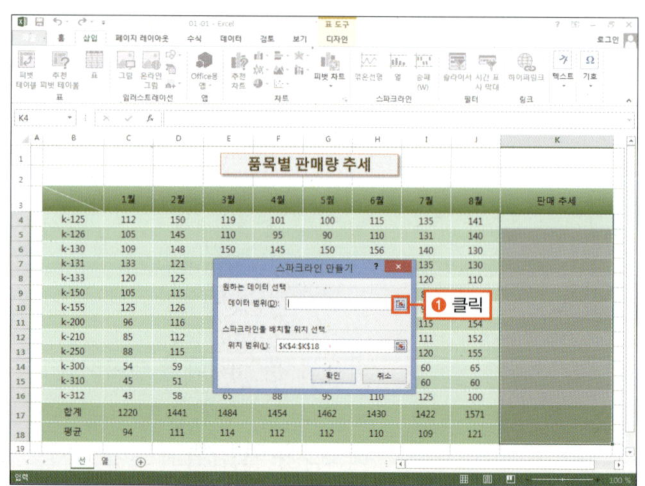

참고

범위를 직접 지정하지 않고 셀 범위의 주소를 입력해도 됩니다.

03 데이터 범위 지정하기

데이터가 위치한 ❶C4셀에서 J18셀까지 드래그해 범위를 지정하고 ❷[스파크라인 만들기] 대화상자에서 ▣를 클릭합니다.

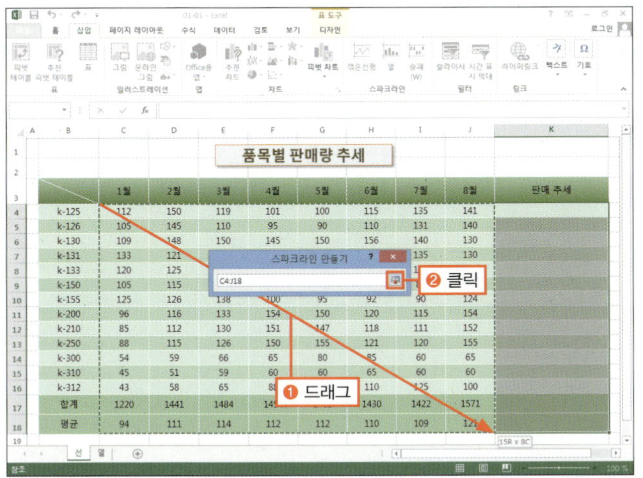

> **참고**
>
> 드래그하면 점선으로 범위가 표시되고 대화상자 안에 'C4:J18'과 같이 범위가 표시됩니다.

04 대화상자 지정 마치기

데이터의 범위와 스파크라인이 표시될 위치가 모두 표시되면 ❶[확인]을 클릭합니다.

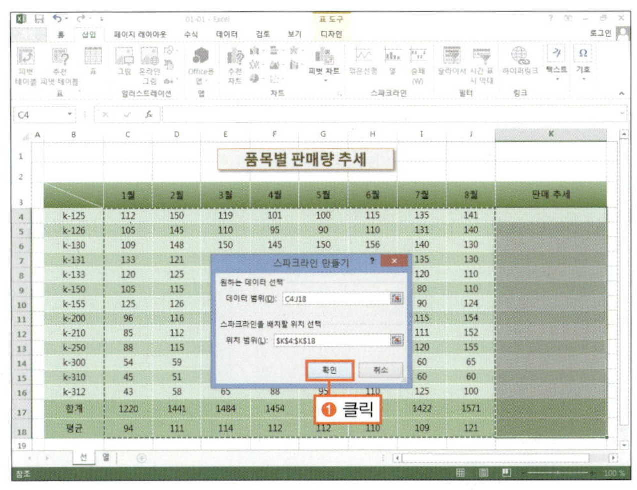

05 선 스파크라인 확인하기

스파크라인이 삽입되어 판매 추세가 꺾은선 스타일로 표시됩니다.

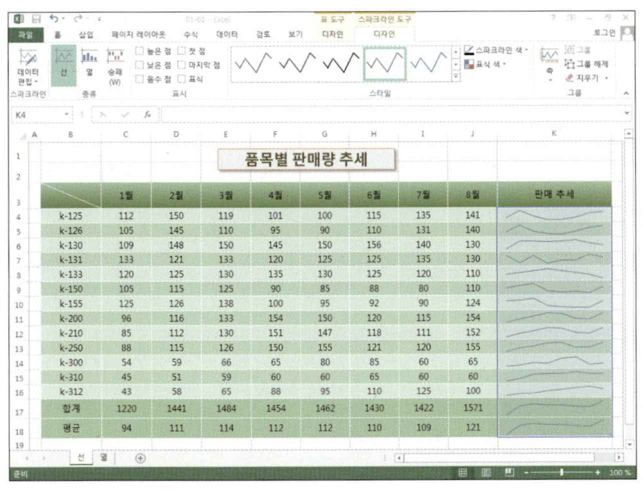

06 [열 스파크라인] 선택하기

❶[열] 탭을 클릭해 이동한 후 ❷K4:K18셀을 드래그해 범위로 지정한 후 ❸[삽입] 탭의 [스파크라인] 그룹에서 [열 스파크라인]을 클릭합니다.

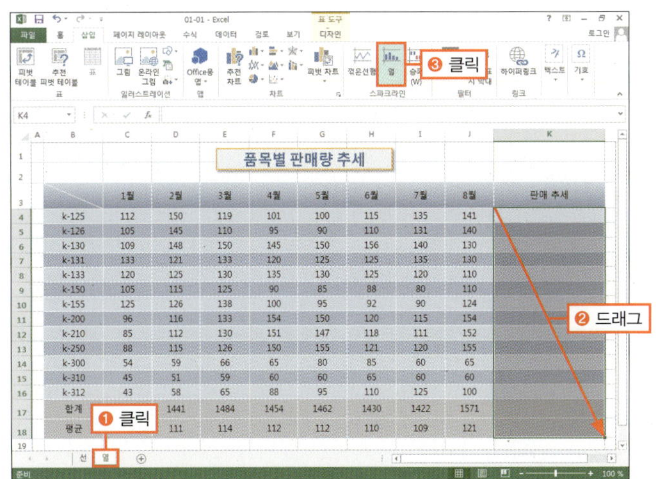

07 대화상자 지정하기

[스파크라인 만들기] 대화상자가 나타나면 범위를 지정하기 위해 ❶[데이터 범위]의 █를 클릭합니다.

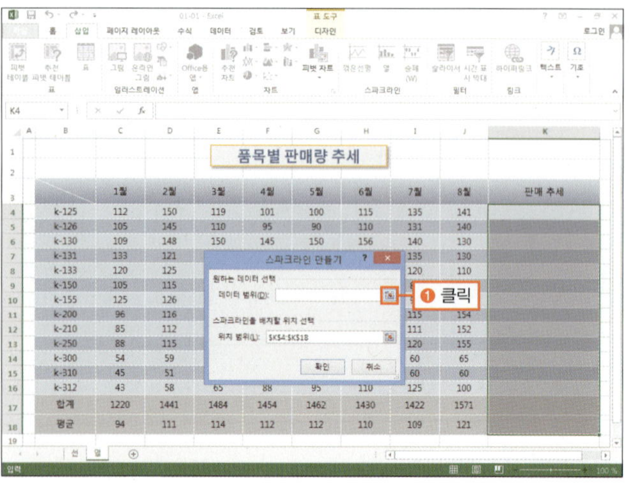

08 데이터 범위 지정하기

데이터가 위치한 ❶C4셀에서 J18셀까지 드래그해 범위를 지정하고 ❷[스파크라인 만들기] 대화상자에서 █를 클릭합니다.

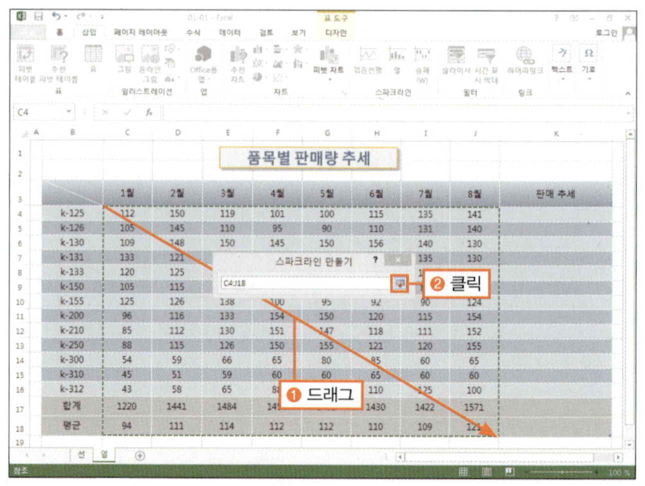

09 대화상자 지정 마치기

데이터의 범위와 스파크라인이 표시될 위치가 모두 표시되면 ❶[확인]을 클릭합니다.

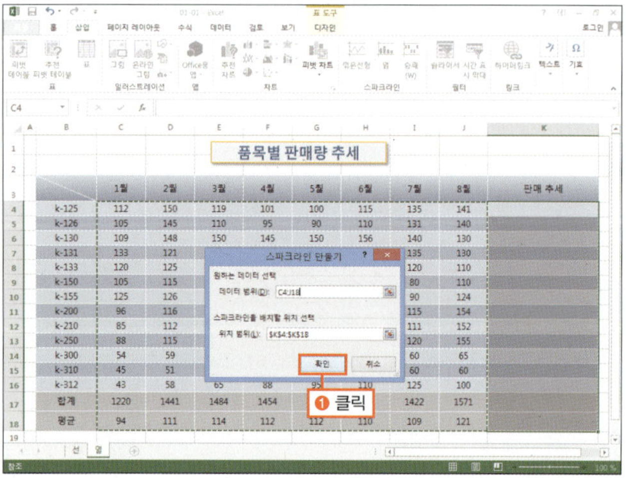

10 열 스파크라인 확인하기

스파크라인이 삽입되어 판매 추세가 막대 차트 스타일로 표시됩니다.

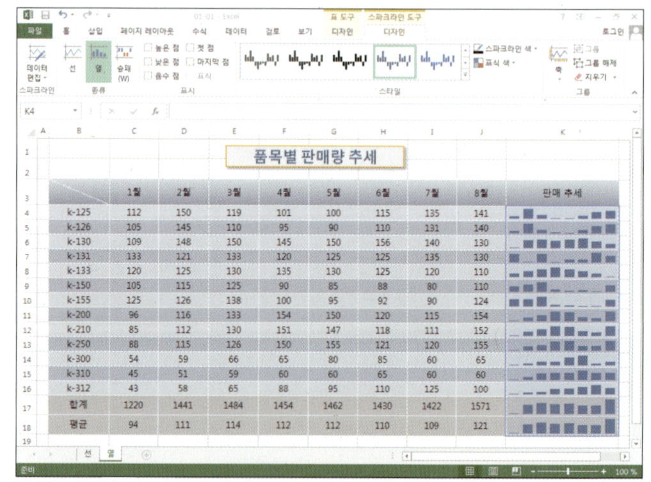

스파크라인 편집하기

스파크라인에 여러 가지 스타일과 서식을 지정하는 방법을 알아보고 데이터를 수정하면 스파크라인이 어떻게 변경되는지 살펴봅니다.

◎ **시작 파일** : 엑셀\part05\01-02.xlsx
◎ **완료 파일** : 엑셀\part05\01-02_완성.xlsx

01 셀 채우기 색 변경하기

❶K4:K18셀을 범위로 지정한 후 ❷[홈] 탭의 [글꼴] 그룹에서 [채우기 색]의 목록 단추를 클릭하고 ❸목록에서 [녹색, 강조 6, 50% 더 어둡게]를 클릭합니다.

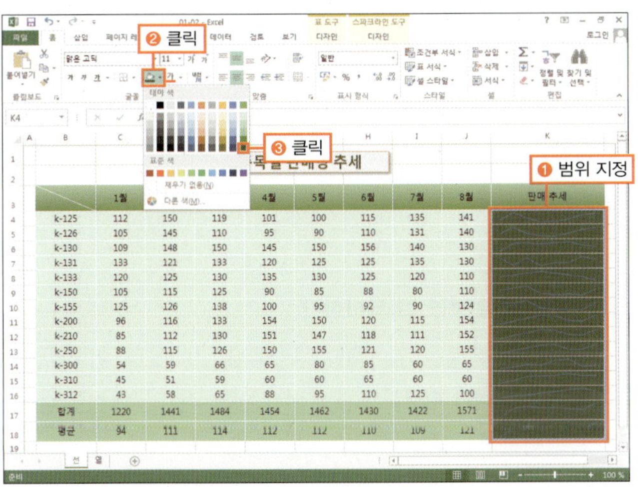

02 스파크라인 스타일 지정하기

❶[스파크라인 도구]-[디자인] 탭의 ❷[스타일] 목록에서 [자세히]를 클릭하고 ❸[스파크라인 스타일 강조 4, 40% 더 밝게]를 선택합니다.

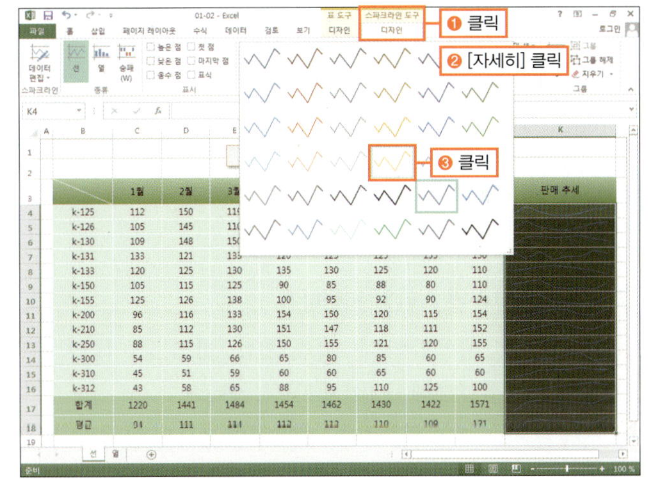

03 높은 점과 낮은 점 표시하기

최고점과 최저점을 쉽게 알아볼 수 있도록 ❶[스파크라인 도구]-[디자인] 탭의 [표시] 그룹에서 [높은 점]과 [낮은 점]을 각각 클릭해 체크합니다.

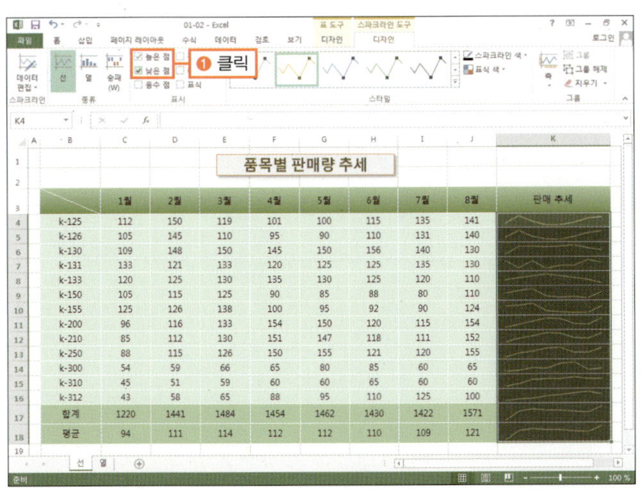

04 높은 점 표식 색 변경하기

최고점의 표식 색을 변경하기 위해 ❶[스파크라인 도구]-[디자인] 탭의 [스타일] 그룹에서 [표식 색]을 클릭하고 ❷[높은 점]-❸[빨강]을 선택합니다.

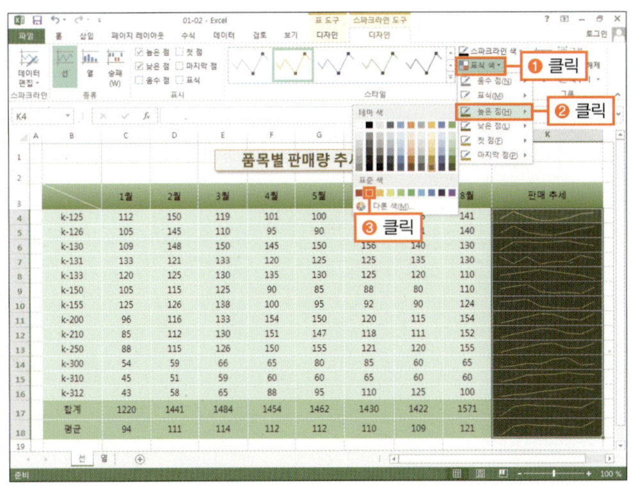

05 낮은 점 표식 색 변경하기

최저점의 표식 색을 변경하기 위해 ❶[스파크라인 도구]-
[디자인] 탭의 [스타일] 그룹에서 [표식 색]을 클릭하고 ❷
[낮은 점]-❸[연한 파랑]을 선택합니다.

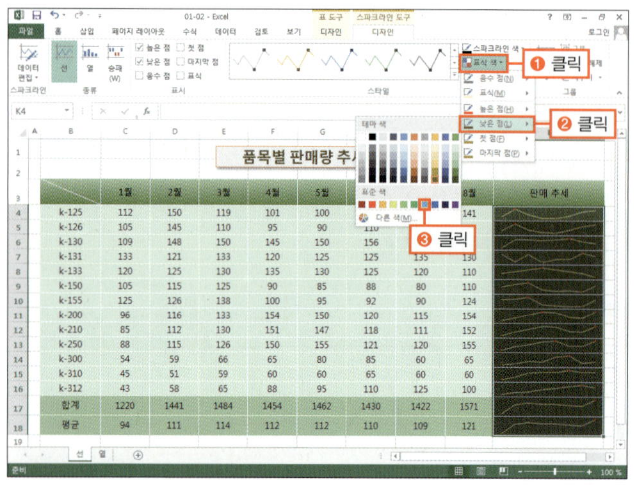

06 설정 결과 확인하기

결과를 확인하기 위해 ❶표 밖의 다른 셀을 클릭합니다. 추
세 차트와 함께 높은 점과 낮은 점의 표식이 보입니다.

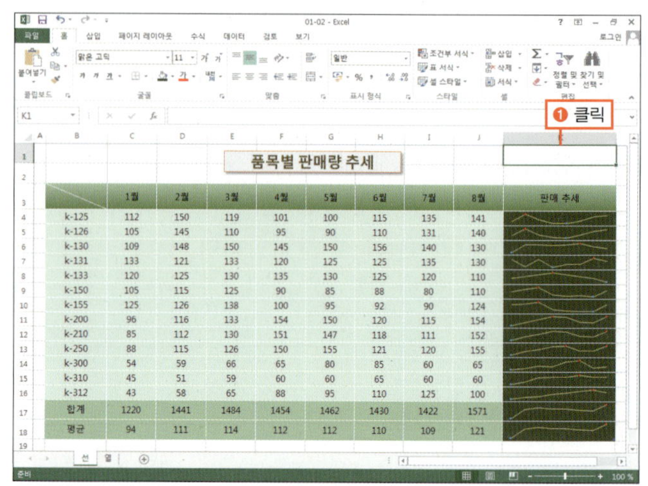

07 열 스파크라인 스타일 지정하기

❶[열] 탭으로 이동합니다. ❷[스파크라인 도구]-[디자인]
탭의 [스타일] 그룹에서 [자세히]를 클릭하고 ❸[스파크라
인 스타일 강조 2, (어둡게 또는 밝게 없음)]을 선택합니다.

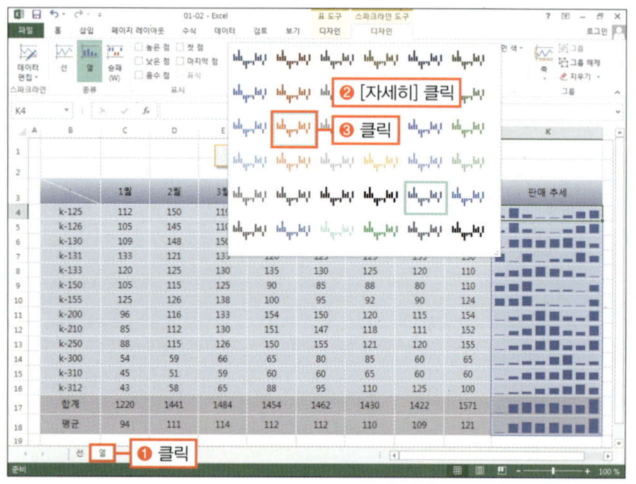

08 높은 점과 낮은 점 표시하기

최고점과 최저점을 표시하기 위해 ❶[스파크라인 도구]-
[디자인] 탭의 [표시] 그룹에서 [높은 점]과 [낮은 점]을
각각 클릭해 체크합니다.

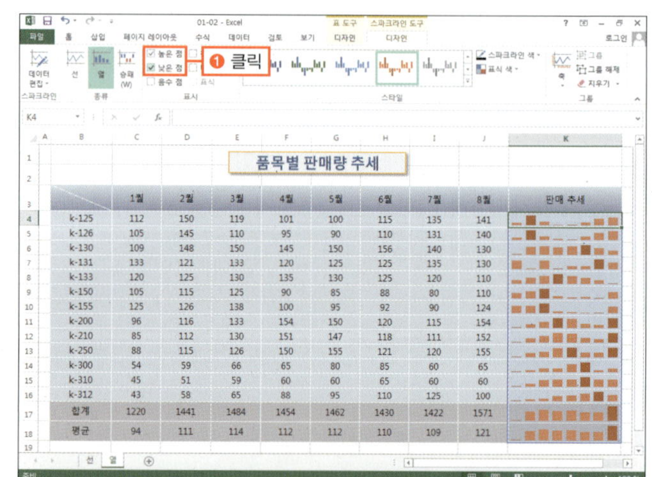

09 높은 점과 낮은 점의 표식 색 변경하기

❶[스파크라인 도구]-[디자인] 탭의 [스타일] 그룹에서 [표식 색]을 클릭하고 ❷[높은 점]-❸[파랑]을 선택합니다. ❹다시 [표식 색]-❺[낮은 점]-❻[녹색]을 선택해 최저점 색을 지정합니다.

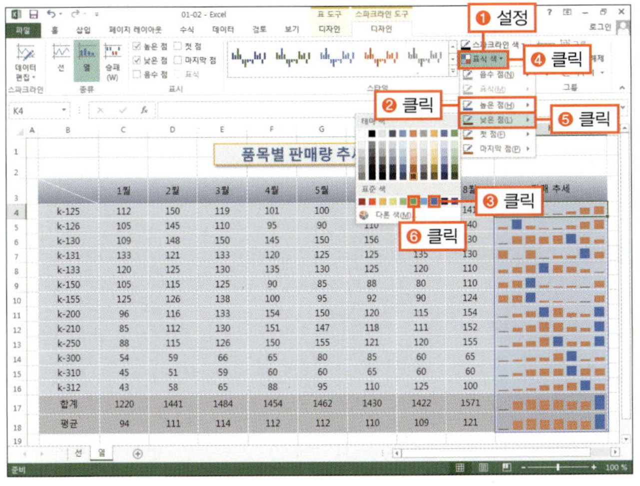

10 수정할 데이터 찾기

11행의 데이터는 '4월'과 '8월'의 값이 '154'로 동일하여 높은 점이 2개 표시됩니다. ❶J11셀을 클릭해 값을 '160'으로 수정합니다. 높은 점을 표시하는 파란 막대가 하나로 변경됩니다.

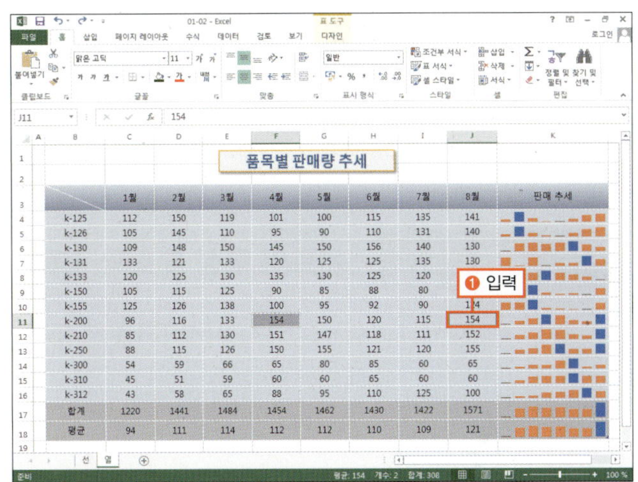

시작 파일을 열고 다음과 같이 열 스파크라인을 삽입한 후 높은 점과 낮은 점을 각각 다른 색으로 표시해 보세요.

- **시작 파일** : 엑셀\part05\01_실습1.xlsx
- **완료 파일** : 엑셀\part05\01_실습1_완성.xlsx

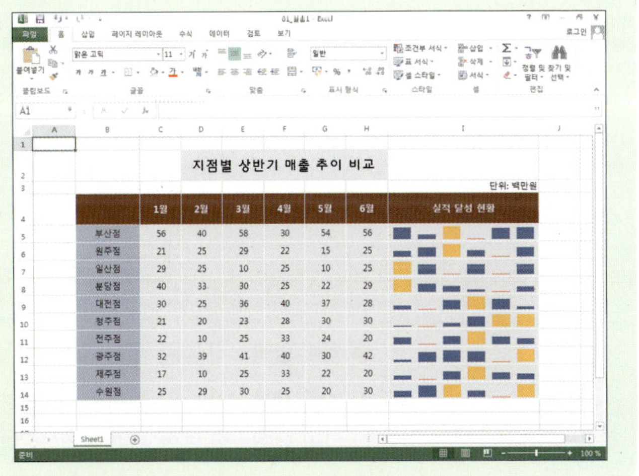

엑셀 차트 작성하기

엑셀 2013은 다양한 종류의 차트를 제공합니다. 차트의 종류와 구성 요소를 살펴본 후 가장 많이 사용되는 막대형 차트와 꺾은선형 차트를 작성하는 방법에 대해 알아봅니다.

다루는 내용
- 차트의 구성 요소, 종류 알기
- 막대형 차트 작성하기
- 꺾은선형 차트 작성하기

기능 정리 — 차트의 구성 요소와 종류 알아보기

엑셀의 차트는 데이터를 먼저 입력하고 차트로 만들 부분을 범위로 지정한 후 차트의 종류를 선택하여 만들 수 있습니다. 차트는 다음과 같은 구성 요소로 이루어지며 종류에 따라 각기 다른 특성을 가지고 있으므로 용도에 맞는 차트를 선택해 사용하는 것이 좋습니다.

● **차트의 구성 요소**

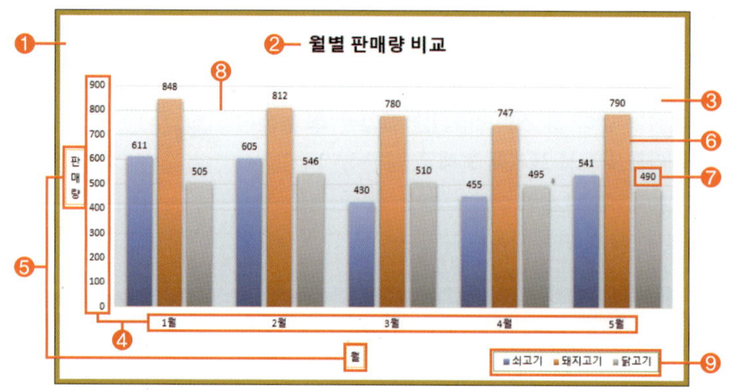

❶ **차트 영역** : 차트의 제목과 계열, 배경, 범례 등 모든 요소가 포함된 차트 전체 영역입니다.

❷ **차트 제목** : 차트의 제목을 글상자에 표시합니다.

❸ **그림 영역** : 차트의 계열이 표시되는 영역입니다.

❹ **축** : 차트의 수평 방향(X축)과 수직 방향(Y축)에 각각의 항목이 나타내는 내용 또는 수치를 표시합니다.

❺ **축 제목** : X축, Y축에서 나타내는 내용을 제목으로 표시합니다.

❻ **데이터 계열** : 데이터의 계열 값들을 막대나 선, 기타 도형으로 표시한 것을 말합니다. 각각의 계열에 구분하기 쉽도록 여러 가지 색이나 질감 등을 지정할 수 있습니다.

❼ **데이터 레이블** : 데이터의 계열 값을 계열 근처에 표시합니다.

❽ **눈금선** : 그림 영역 안에서 데이터의 값이나 계열을 표시하는 단위를 수직선 또는 수평선으로 구분해 표시합니다.

❾ **범례** : 데이터의 계열이나 항목을 구분하도록 지정된 색이나 무늬 등을 표시해 놓은 상자입니다.

● 차트의 종류

엑셀 2013은 세로 막대형, 꺾은선형, 원형, 가로 막대형, 영역형, 분산형, 주식형, 표면형, 방사형, 콤보 차트를 제공합니다. 또한 엑셀 2013부터는 데이터의 특성에 가장 잘 맞을 만한 차트를 골라 사용자에게 제안하는 [추천 차트] 기능이 새롭게 추가되었습니다.

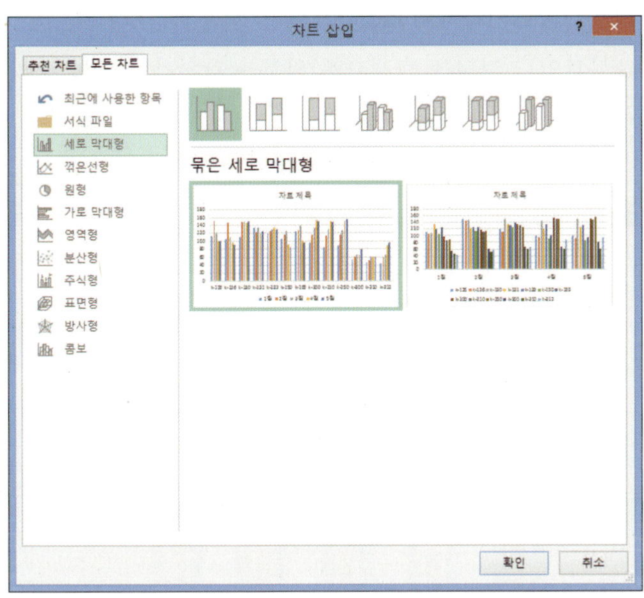

▲ 차트의 종류

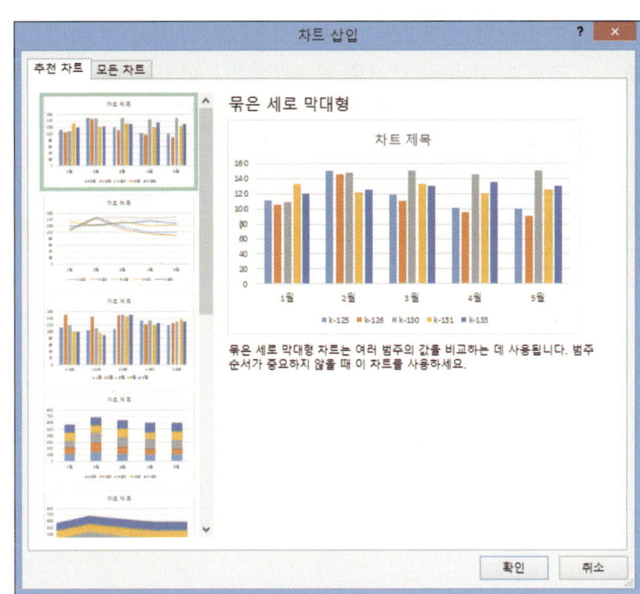

▲ 추천 차트 기능

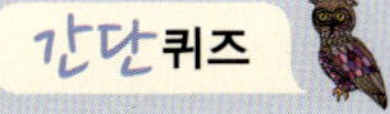

1 '차트의 제목과 계열, 배경, 범례 등 모든 요소가 포함된 차트 전체 영역을 말한다.'는 어떤 차트 구성 요소에 대한 설명일까요?

① 차트 영역 ② 그림 영역 ③ 데이터 계열 ④ 데이터 레이블

답 : ①

막대형 차트 작성하기

막대형 차트는 데이터 값의 비교에 가장 적당한 차트 양식이기 때문에 차트 중에서도 가장 많이 사용됩니다. 2차원 막대형 차트를 삽입하고 크기와 위치를 조정한 후 3차원 차트로 변경해 봅니다.

◎ **시작 파일** : 엑셀\part05\02-01.xlsx
◎ **완료 파일** : 엑셀\part05\02-01_완성.xlsx

01 막대형 차트 삽입하기

❶B4:G7셀을 범위로 지정한 후 ❷[삽입] 탭의 ❸[차트] 그룹에서 [세로 막대형 차트 삽입](🔲▾)을 클릭하고 ❹[묶은 세로 막대형]을 선택합니다.

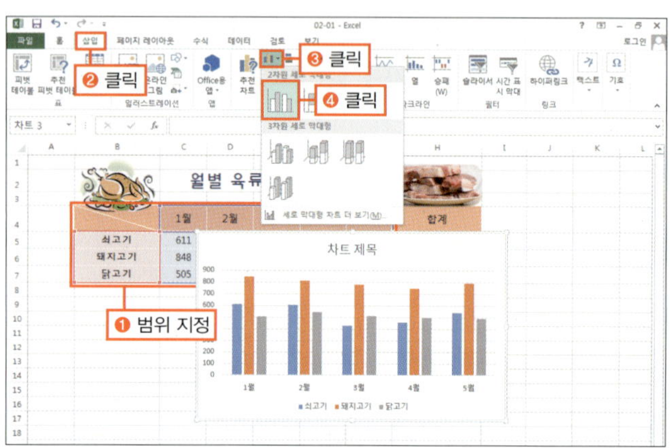

02 그림 크기와 위치 조정하기

❶차트의 조절점을 드래그해 원하는 크기가 되도록 조정한 후 표의 아래쪽으로 이동합니다.

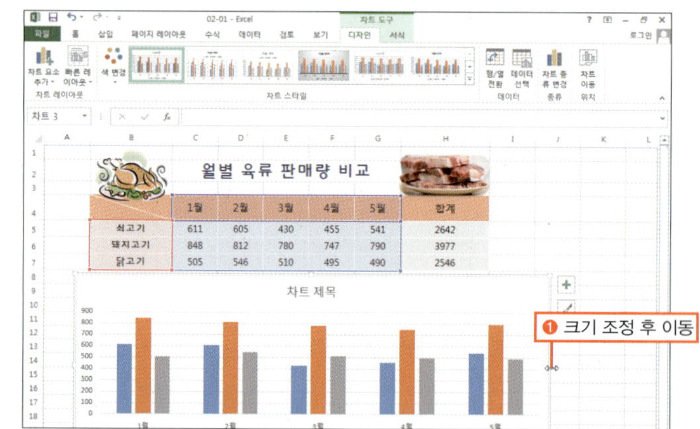

참고

차트 목록으로 마우스 포인터를 가져가면 해당 차트의 모양을 미리 확인할 수 있습니다.

03 차트 제목 입력하기

❶'차트 제목'을 2번 클릭해 커서가 생기면 '육류 판매량'을 입력합니다.

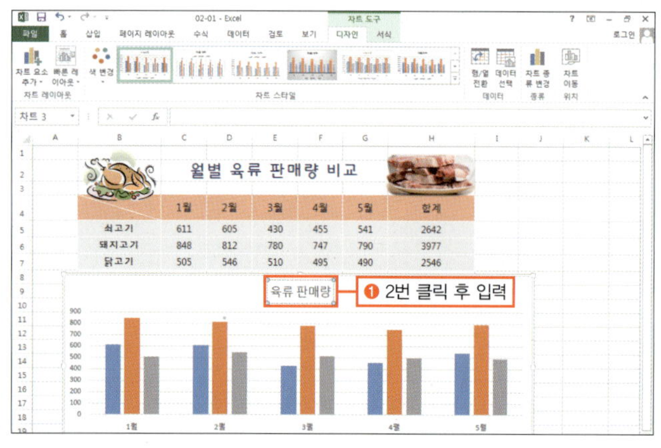

04 차트 종류 바꾸기

❶[차트 도구]-[디자인] 탭의 [종류] 그룹에서 [차트 종류 변경]을 클릭합니다. [차트 종류 변경] 대화상자가 나타나면 ❷[세로 막대형]에서 [3차원 묶은 세로 막대형]을 선택하고 ❸[확인]을 클릭합니다.

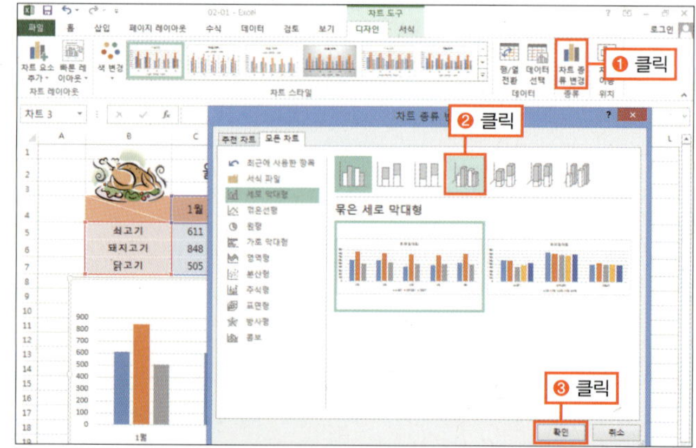

05 3차원 막대형 차트 확인하기

차트가 선택한 스타일로 변경된 것을 확인할 수 있습니다.

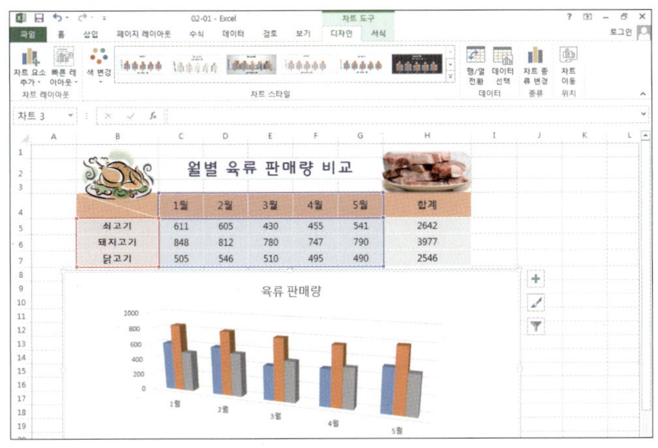

06 차트 스타일 변경하기

❶ [차트 도구]-[디자인] 탭의 [차트 스타일] 그룹에서 [스타일 3]을 선택합니다.

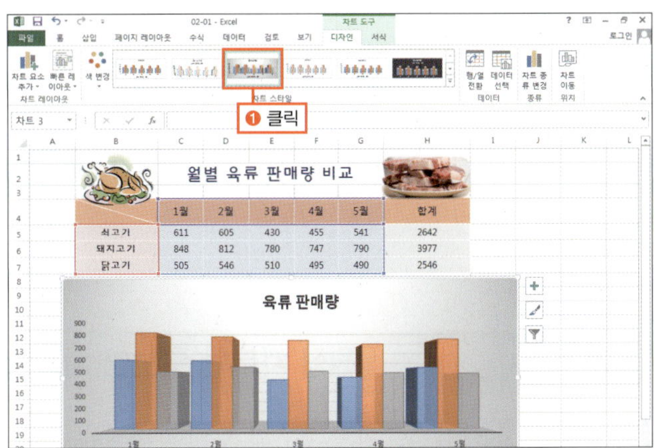

> **참고**
>
> 부록 CD의 '특집.pdf' 파일 3~5쪽에서 꺾은선형 차트를 작성하는 방법을 참고합니다.

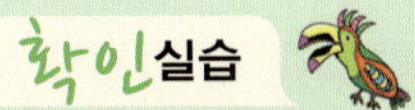

확인실습

1 시작 파일을 열고 [막대형 차트] 탭에서 표의 데이터를 이용해 [3차원 묶은 세로 막대형] 차트를 삽입해 다음과 같이 만들어 보세요.

- **시작 파일** : 엑셀\part05\02_실습1.xlsx
- **완료 파일** : 엑셀\part05\02_실습1_완성.xlsx

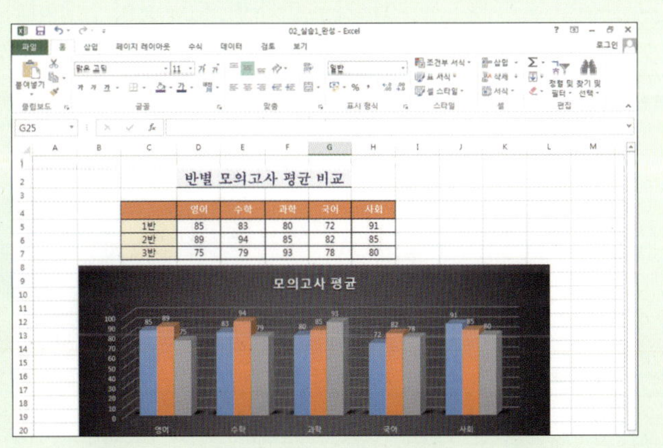

2 시작 파일을 열고 [꺾은선형 차트] 탭에서 표의 데이터를 이용해 [표식이 있는 꺾은선형] 차트를 삽입해 다음과 같이 만들어 보세요.

- **시작 파일** : 엑셀\part05\02_실습1.xlsx
- **완료 파일** : 엑셀\part05\02_실습2_완성.xlsx

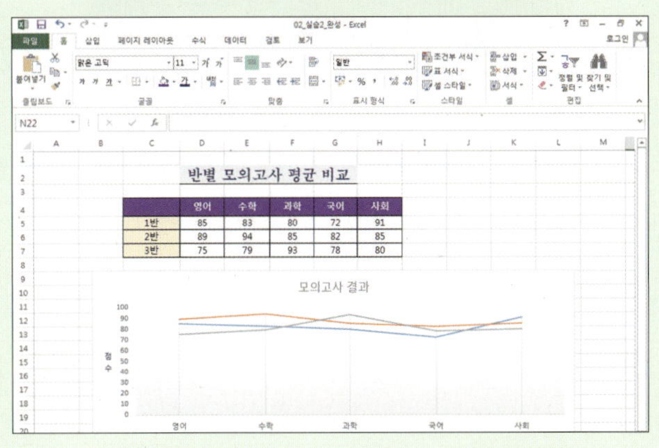

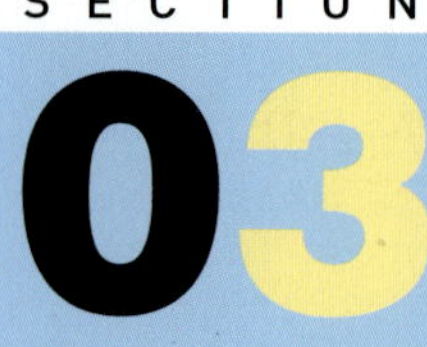

구성 요소별 차트의 서식 설정하기

원형 차트와 도넛형 차트에 대해 살펴보고 차트의 계열 색을 변경하는 방법과 범례, 데이터 레이블 설정 방법을 알아봅니다.

다루는 내용
- 원형 차트 알아보기
- 원형 차트의 계열 색 설정하기
- 도넛형 차트의 범례와 데이터 레이블 설정하기

기능 정리 · 원형 차트와 도넛형 차트 알아보기

원형 차트와 도넛형 차트는 전체를 100으로 보았을 때 해당 계열이 차지하는 비율을 파악하는 데 가장 적합한 차트입니다. 백분율로 계산된 값을 입력하지 않아도 자동으로 크기가 표시되므로 유용하게 활용할 수 있습니다. 단, 항목이 너무 많은 경우에는 크고 작음을 한눈에 알아보기 어려우므로 항목이 많지 않은 경우에 사용합니다. 도넛형 차트는 가운데에 구멍이 있어 도넛 모양으로 표시됩니다. 전체에 대한 비율을 표시하는 것은 원형 차트와 같지만 도넛형 차트는 2개 이상의 계열을 표시할 수 있습니다. 원형 차트의 종류에는 원형, 3차원 원형, 원형 대 원형, 원형 대 가로 막대형, 도넛형이 있습니다.

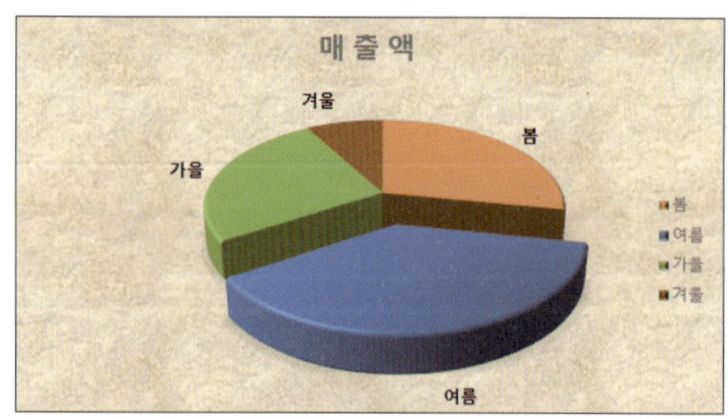

▲ 원형 차트

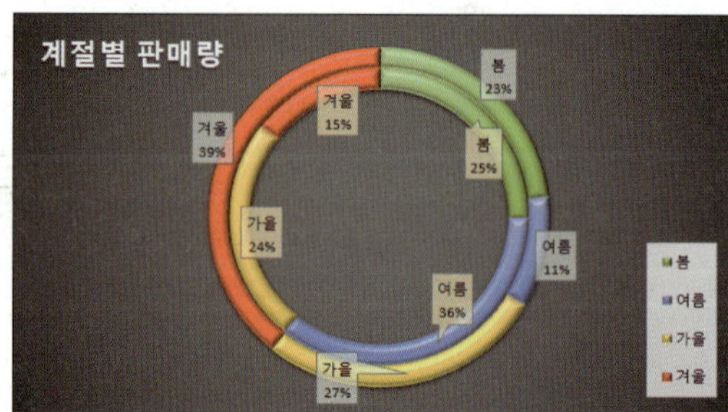

▲ 도넛형 차트

간단퀴즈 

1 다음 중 원형 차트의 종류가 아닌 것은 무엇일까요?

① 3차원 원형 ② 원형 대 원형 ③ 원형 대 세로 막대형 ④ 도넛형

답 : ③

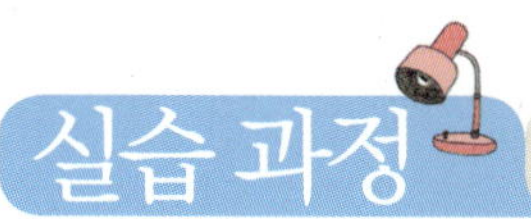

원형 차트 삽입하고 강조하기

원형 차트를 삽입해 각 항목의 색을 변경하고 특정 조각을 분리해 강조하는 방법에 대해 알아봅니다.

- **시작 파일** : 엑셀\part05\03-01.xlsx
- **완료 파일** : 엑셀\part05\03-01_완성.xlsx

01 3차원 원형 차트 삽입하기

❶B4:F5셀을 범위로 지정한 후 ❷[삽입] 탭의 [차트] 그룹에서 [원형 또는 도넛형 차트 삽입](🥧)을 클릭하고 ❸[3차원 원형]을 선택합니다.

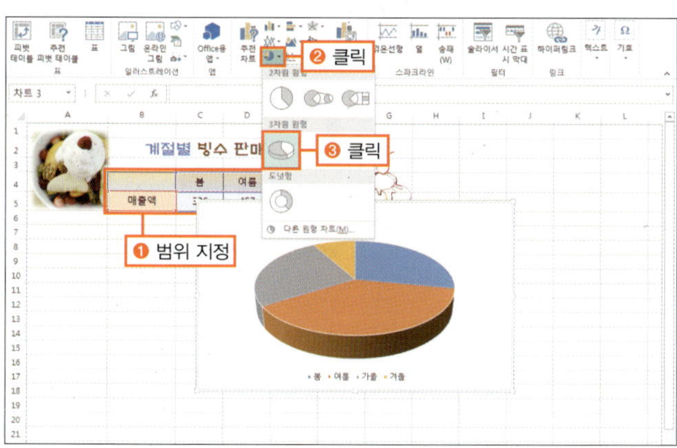

02 차트 스타일 지정하기

차트가 삽입되면 ❶크기와 위치를 조절한 후 ❷[차트 도구]-[디자인] 탭의 [차트 스타일] 그룹에서 [자세히]를 클릭하고 ❸[스타일 8]을 선택해 적용합니다.

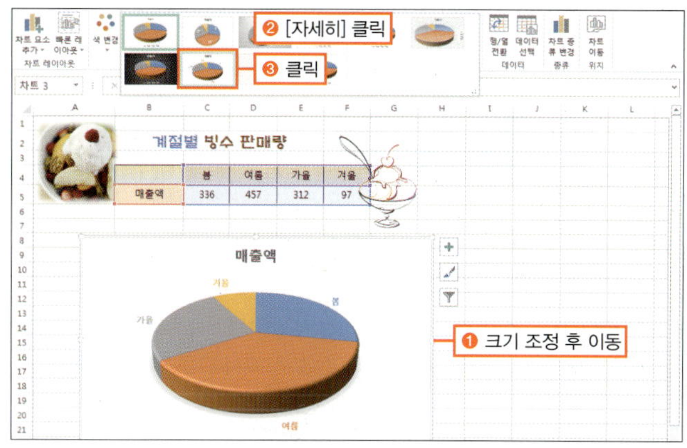

03 화살표와 사각형 도형 삽입하기

차트의 배색을 변경하기 위해 ❶[차트 도구]-[디자인] 탭의 [차트 스타일] 그룹에서 [색 변경](🎨)을 클릭하고 ❷[색 3]을 선택합니다.

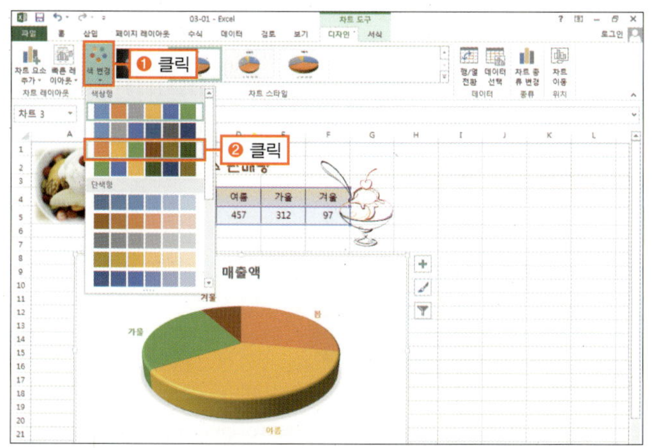

04 '여름' 조각 선택하여 채우기 색 변경하기

차트의 요소 조각들 중에서 ❶노란색의 '여름' 조각을 2번 클릭해 해당 조각만 선택합니다. ❷[차트 도구]-[서식] 탭의 ❸[도형 스타일] 그룹에서 [도형 채우기]를 클릭하고 ❹[파랑]을 선택합니다.

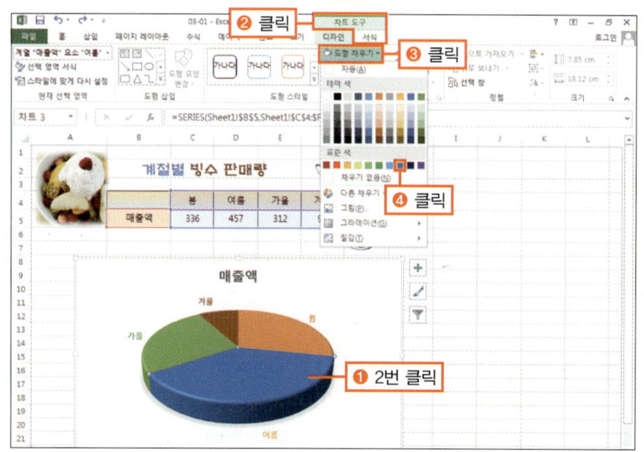

참고

특정 조각을 한 번 클릭하면 전체가 선택되고 2번 클릭하면 해당 조각만 따로 선택할 수 있습니다.

05 그라데이션 지정하기

선택한 조각의 색이 변경됩니다. ❶다시 [도형 채우기]를 클릭하고 ❷[그라데이션]에서 ❸[어두운 그라데이션] 항목의 [오른쪽 아래 모서리에서]를 클릭합니다.

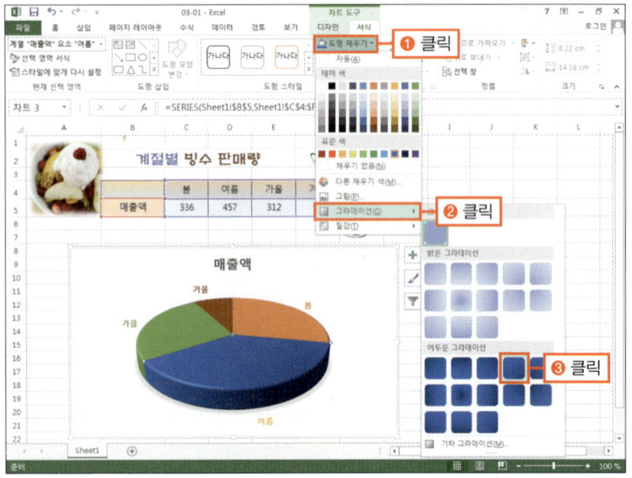

참고

그라데이션 색은 현재 도형에 지정된 색을 기준으로 나타나며 [기타 그라데이션]을 선택해 [도형 서식] 작업 창에서 다른 색으로 지정할 수도 있습니다.

06 차트 영역에 질감 설정하기

❶차트 전체를 선택한 후 ❷[차트 도구]-[서식] 탭의 [도형 스타일] 그룹에서 [도형 채우기]를 클릭하고 ❸[질감]-❹ [편지지]를 선택합니다.

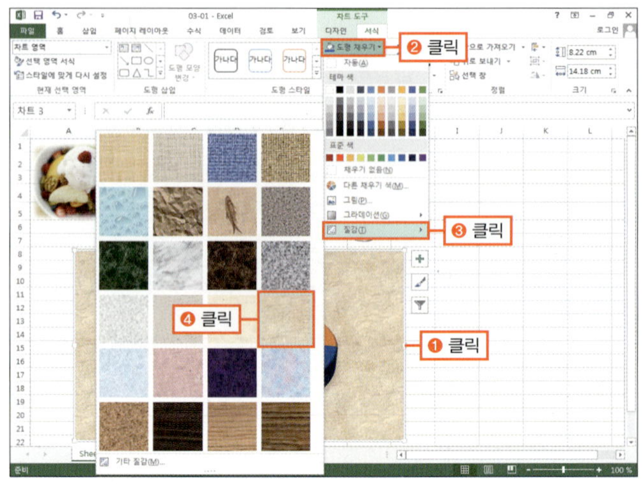

07 차트 조각 분리하기

차트 영역이 선택한 질감으로 채워집니다. ❶다시 파란색의 '여름' 조각을 2번 클릭해 선택한 후 ❷아래쪽으로 드래그해 그림과 같이 조각을 분리합니다.

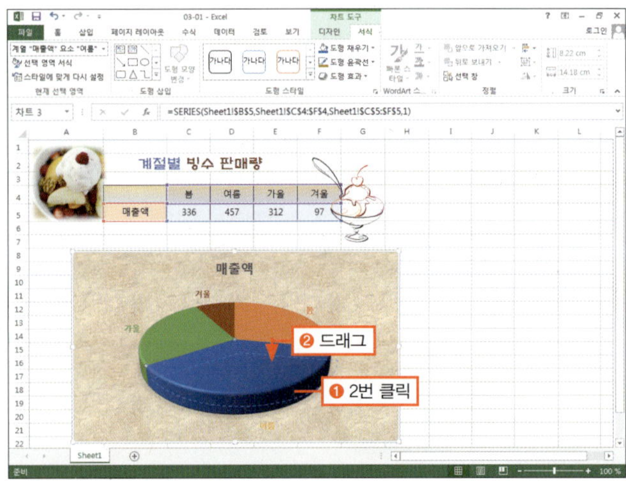

08 요소 이름의 색 변경하기

❶요소 이름 중 하나를 클릭해 전체 요소 이름을 선택한 후 ❷[차트 도구]-[서식] 탭의 [WordArt] 그룹에서 [텍스트 채우기]를 클릭하고 ❸[검정, 텍스트 1]을 선택합니다.

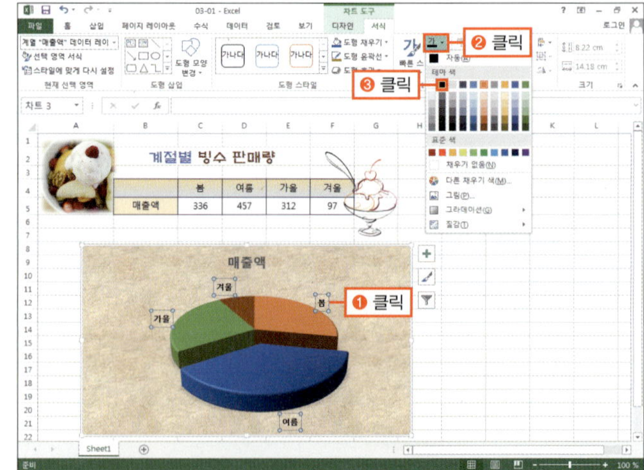

도넛형 차트 삽입하고 범례와 데이터 레이블 지정하기

2개의 계열로 구성된 도넛형 차트를 삽입한 후 범례의 위치와 스타일을 변경하고 데이터 레이블을 지정하는 방법에 대해 알아봅니다.

◉ **시작 파일** : 엑셀\part05\03-02.xlsx
◉ **완료 파일** : 엑셀\part05\03-02_완성.xlsx

01 도넛형 차트 삽입하기

❶C4:G6셀을 범위로 지정한 후 ❷[삽입] 탭의 [차트] 그룹에서 [원형 또는 도넛형 차트 삽입](🥧▾)을 클릭하고 ❸[도넛형]을 선택합니다.

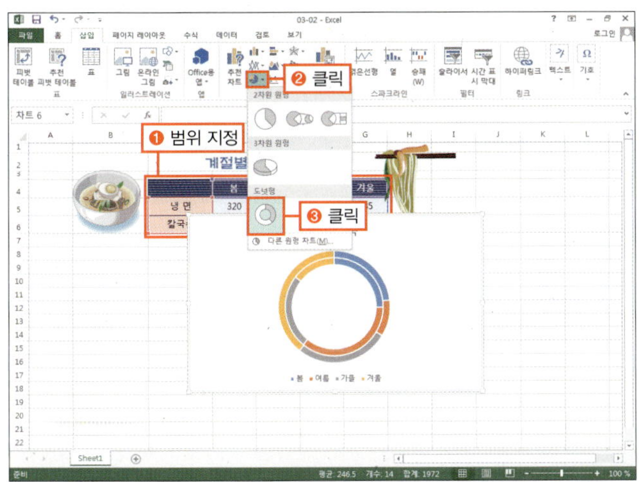

02 차트 크기와 위치, 제목 설정하기

차트가 삽입되면 ❶크기와 위치를 조절한 후 ❷차트의 제목을 입력합니다.

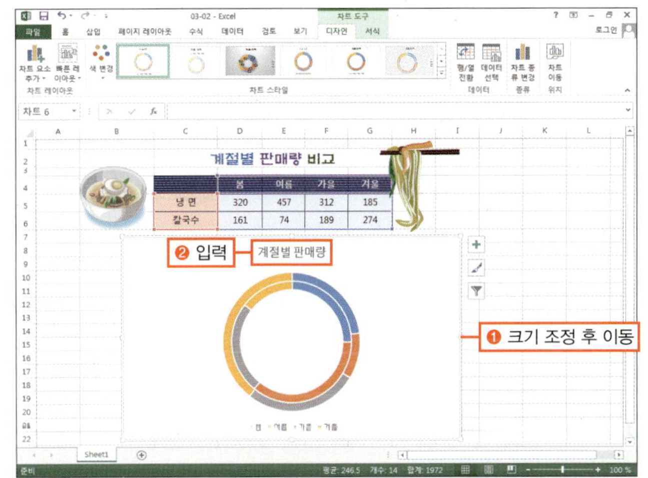

> **참고**
>
> 데이터에 2개의 계열이 있으므로 도넛의 원이 두 겹인 것을 알 수 있습니다.

03 차트 배색 바꾸기

차트의 배색을 변경하기 위해 ❶[차트 도구]-[디자인] 탭의 [차트 스타일] 그룹에서 [색 변경](🎨)을 클릭하고 ❷[색 4]를 선택합니다.

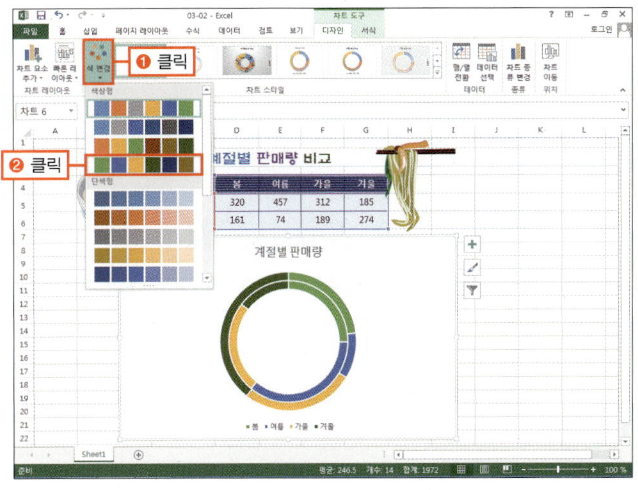

04 차트 스타일 선택하기

❶[차트 도구]-[디자인] 탭의 [차트 스타일] 그룹에서 [스타일 7]을 선택해 적용합니다.

05 요소 색 변경하기

❶진한 녹색의 '겨울' 요소를 2번씩 클릭해 선택하고 ❷[차트 도구]-[서식] 탭의 [도형 스타일] 그룹에서 [도형 채우기]의 목록 단추를 클릭해 각각 [빨강]으로 변경합니다.

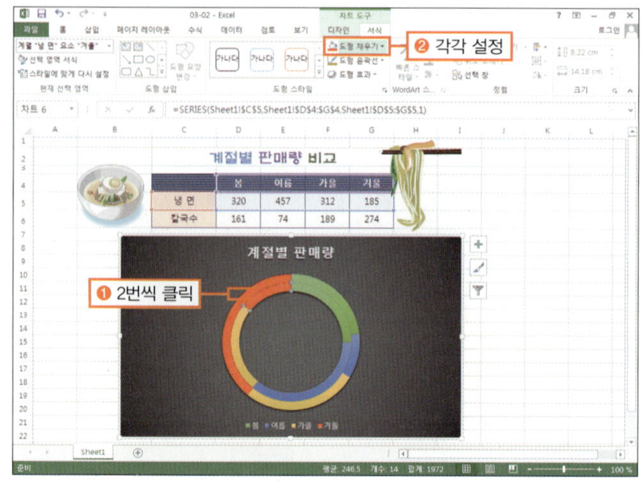

06 차트에 입체 효과 지정하기

❶'칼국수' 계열 도넛을 클릭해 선택한 후 ❷[차트 도구]-[서식] 탭의 [도형 스타일] 그룹에서 [도형 효과]를 클릭하고 ❸[입체 효과]-❹[둥글게]를 선택합니다. ❺'냉면' 계열도 선택해 [도형 효과]-[입체 효과]에서 [둥글게] 효과를 지정합니다.

07 범례 위치와 모양 바꾸기

❶범례를 드래그해 오른쪽으로 이동한 후 ❷조절점을 드래그해 다음과 같이 모양을 변경합니다.

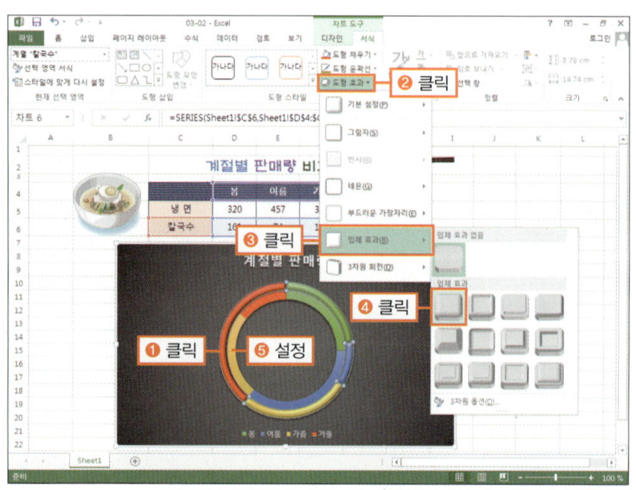

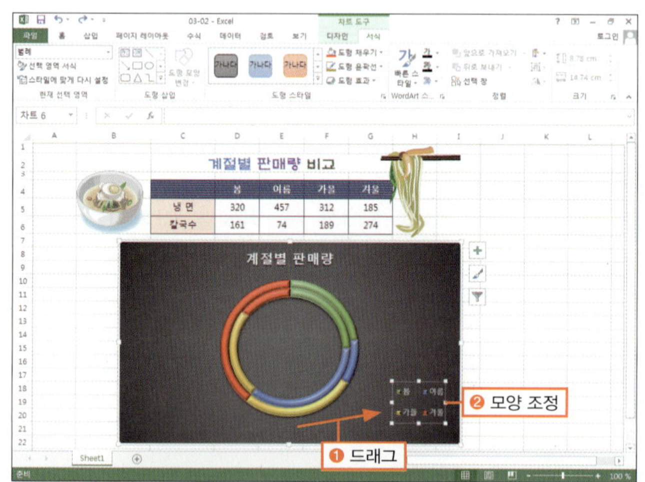

> **참고**
>
> 하나의 계열만 선택되어 있는 상태에서는 차트 바깥쪽을 한 번 클릭해 선택을 해제한 후 다시 차트 도넛을 클릭해 선택합니다.

> **참고**
>
> 범례는 텍스트 상자 형태로 만들어져 있으므로 사용자가 드래그해 자유롭게 위치를 이동할 수 있으며 텍스트 서식도 변경할 수 있습니다.

08 범례에 스타일 적용하기

범례를 선택한 상태에서 ❶[차트 도구]-[서식] 탭의 [도형 스타일] 그룹에서 [미세효과-검정, 어둡게 1]을 선택합니다.

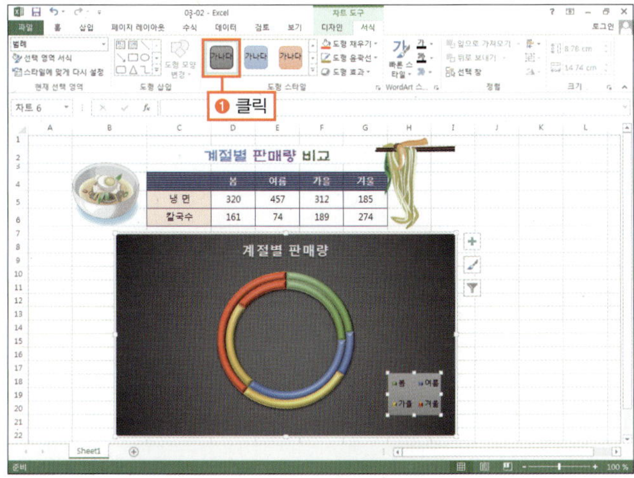

09 그림자 효과 적용하기

❶그림 영역을 선택한 후 ❷조절점을 드래그해 도넛형의 크기를 확대합니다.

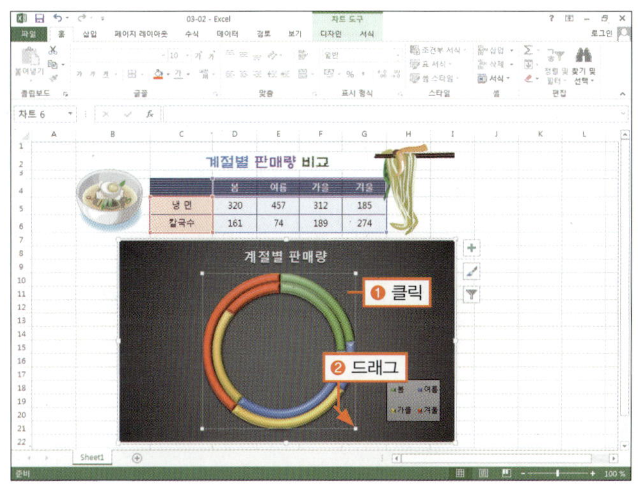

> **참고**
>
> 그림 영역을 선택한 후 크기를 조절하면 차트 전체의 크기는 변하지 않고 계열을 표시하는 도형의 크기만 변경할 수 있습니다.

확인실습

시작 파일의 데이터를 이용해 3차원 원형 차트를 작성하고 다음과 같이 디자인을 설정한 후 '노랑' 요소를 분리해 강조해 보세요.

- **시작 파일** : 엑셀\part05\03_실습1.xlsx
- **완료 파일** : 엑셀\part05\03_실습1_완성.xlsx

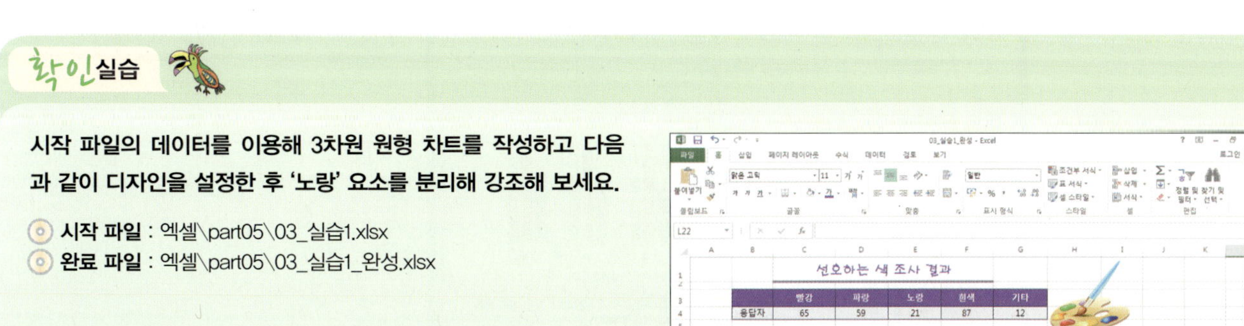

콤보 차트와 차트 수정 방법 알기

엑셀 2013에 새롭게 추가된 추천 차트 기능을 살펴보고 한 차트 안에 2가지 종류의 차트가 있는 콤보 차트의 작성 방법에 대해 알아봅니다.

다루는 내용
- 추천 차트 기능 알기
- 콤보 차트 삽입하기

기능 정리 — 추천 차트 기능 알아보기

● [추천 차트]( )란?

[추천 차트]는 엑셀 2013의 신기능으로, 사용자가 차트 작성을 위해 데이터를 범위로 지정하면 엑셀에서 그 데이터를 가장 잘 표현할 수 있는 차트를 골라 추천해 주는 기능입니다. 데이터 범위 지정 후 [삽입] 탭의 [차트] 그룹에서 [추천 차트]( )를 클릭하면 [차트 삽입] 대화상자의 [추천 차트] 탭이 나타나고 현재 데이터에 적합한 차트가 목록으로 표시됩니다. 차트를 선택한 후 [확인]을 클릭하면 해당 차트가 워크시트에 삽입됩니다.

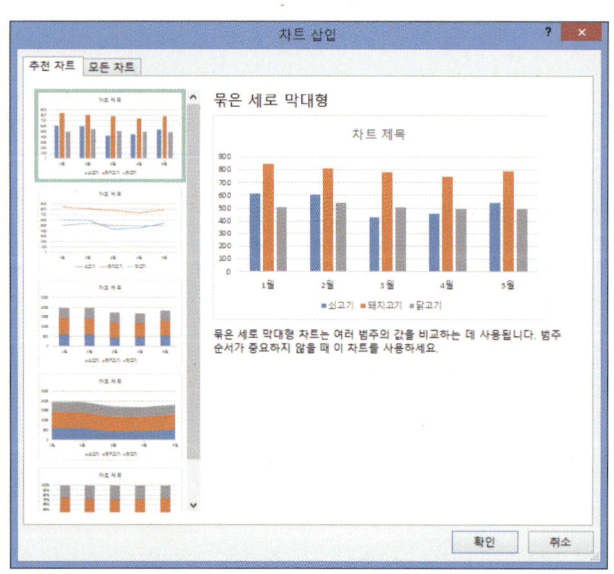

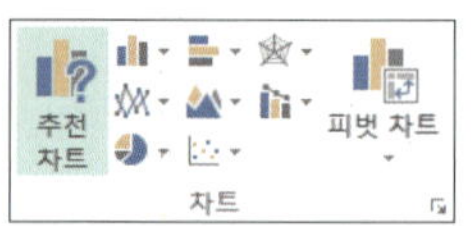

간단 퀴즈

1 사용자가 차트 작성을 위해 데이터를 범위로 지정하면 엑셀에서 해당 데이터에 적합한 차트를 골라 제안하는 기능은 무엇일까요?

① 피벗 차트　② 제안 차트　③ 추천 차트　④ 데이터 차트

답 : ③

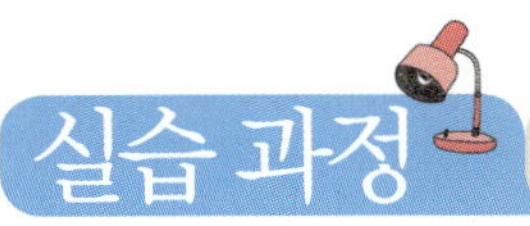

콤보 차트 삽입하기

2가지 차트를 하나로 합친 콤보 차트를 삽입하고 스타일과 서식을 지정하는 방법에 대해 알아봅니다. 또한 새롭게 추가된 차트 단추 기능을 활용해 봅니다.

⊙ **시작 파일** : 엑셀\part05\04-01.xlsx
⊙ **완료 파일** : 엑셀\part05\04-01_완성.xlsx

01 콤보 차트 선택하기

❶B4:G6셀을 범위로 지정한 후 ❷[삽입] 탭의 [차트] 그룹에서 [콤보 차트 삽입](📊)을 클릭하고 ❸[묶은 세로 막대형-꺾은선형, 보조 축]을 클릭합니다.

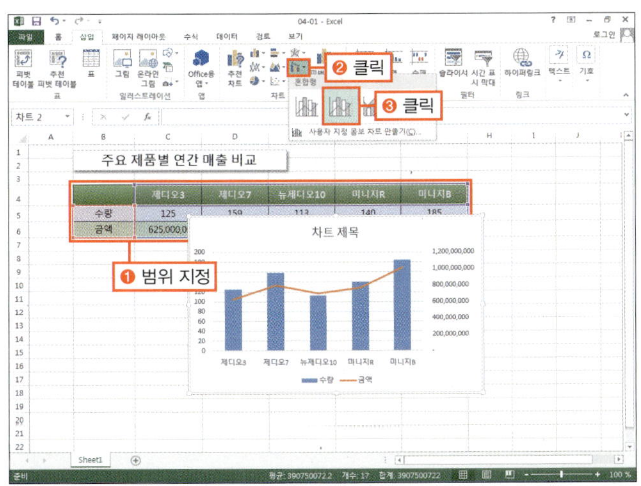

02 차트 제목과 모양 지정하기

❶드래그하여 차트의 크기와 위치를 다음과 같이 조절한 후 ❷차트 제목을 입력합니다.

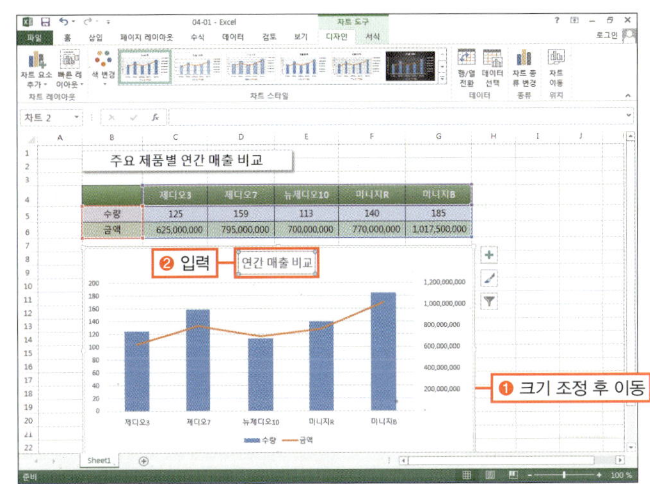

> **참고**
>
> 수량과 금액은 값의 편차가 매우 크므로 콤보 차트는 두 계열의 단위를 왼쪽과 오른쪽에 별도로 표시해 보여 줍니다.

03 막대 도형에 효과 지정하기

❶'수량' 계열을 표시하는 막대 도형 하나를 클릭해 모든 막대를 선택한 후 ❷[차트 도구]-[서식] 탭의 [도형 스타일] 그룹에서 ❸[도형 효과]-❹[입체 효과]-❺[아트 데코]를 선택합니다.

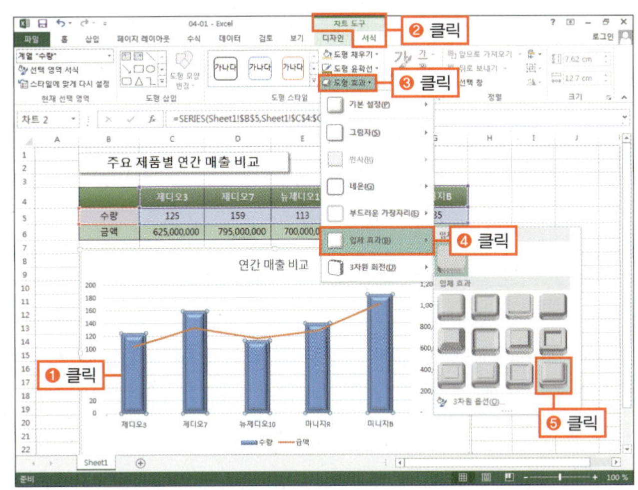

이번에는 ❶'금액' 계열을 표시하는 선 도형을 선택한 후 ❷[차트 도구]-[서식] 탭의 [도형 스타일] 그룹에서 [도형 윤곽선]을 클릭하고 ❸[두께]-❹[3pt]를 선택합니다.

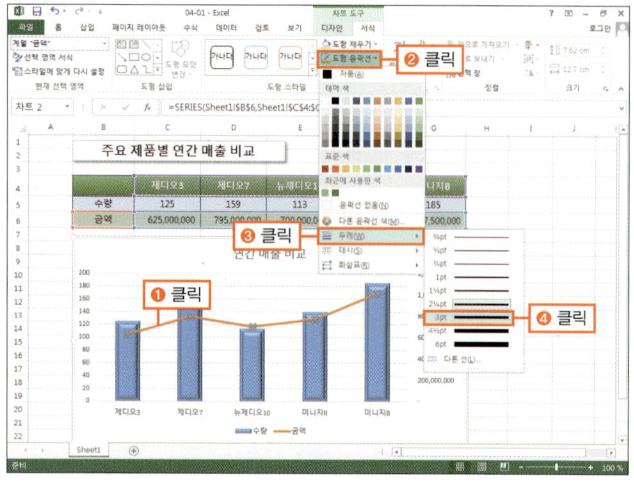

선 도형의 두께가 두꺼워지면 ❶[도형 효과]를 클릭하고 ❷[그림자]-❸[오프셋 대각선 오른쪽 아래]를 선택합니다.

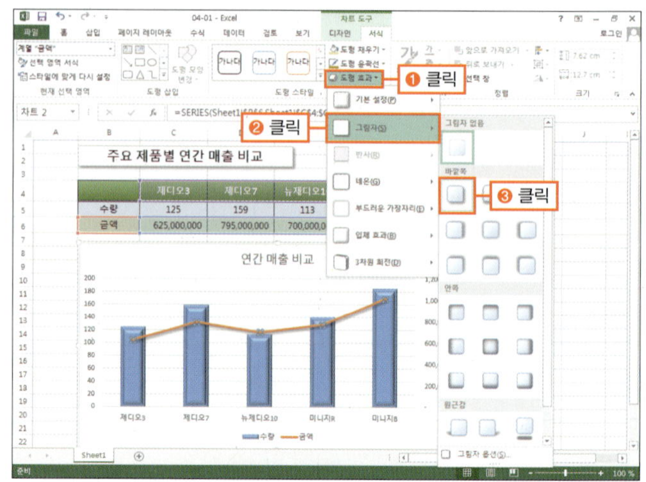

❶차트 영역을 선택하고 ❷[차트 도구]-[서식] 탭의 [도형 스타일] 그룹에서 [더 보기](▫)를 클릭해 [차트 영역 서식] 작업 창을 엽니다.

❶[차트 옵션]의 [채우기 및 선](◇)에서 [그라데이션 채우기]를 선택하고 ❷[그라데이션 중지점]의 [중지점1/2]을 클릭한 후 ❸[색]에서 ❹[청회색, 텍스트 2, 40% 더 밝게]를 선택합니다.

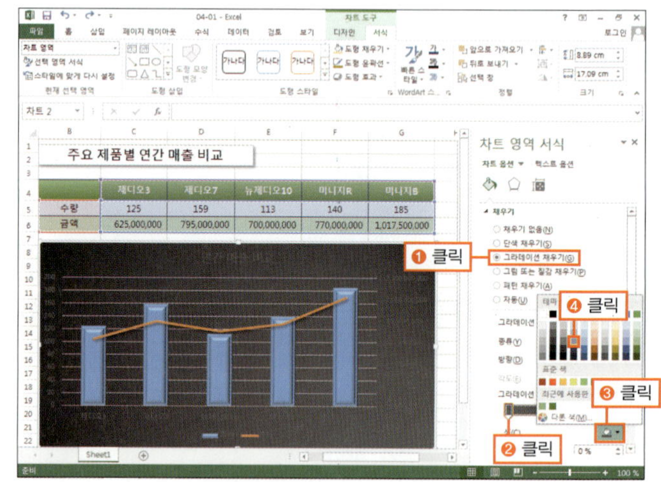

참고

[그라데이션 채우기]를 선택하면 중지점이 [1/4]~[4/4]의 4개로 지정되어 있는데 여기서는 안쪽에 위치한 [2/4]와 [3/4]을 각각 선택한 후 [그라데이션 중지점 제거](▫)를 클릭해 제거하고 2개의 중지점으로만 작업하였습니다.

08 그라데이션 종류와 방향 선택하기

❶[중지점2/2]를 클릭하고 ❷[색]에서 [흰색, 배경 1]을 선택합니다. ❸[종류]에서 [선형]을 선택하고 ❹[방향]에서 [선형 위쪽]을 선택합니다. ❺작업 창을 닫습니다.

> **참고**
>
> 그라데이션 외에도 그림이나 질감, 패턴 등으로 차트의 배경을 자유롭게 지정할 수 있습니다.

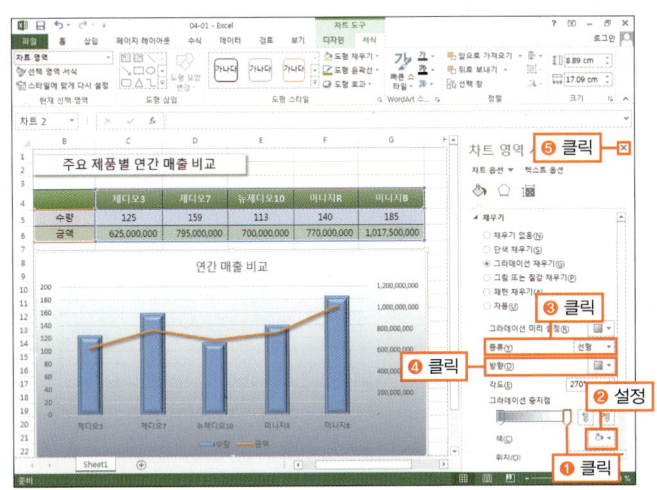

09 수준 올리기

작업 창을 닫고 ❶[차트 단추] 중 [차트 요소]([+])를 클릭한 후 ❷[차트 요소] 목록에서 [축 제목]을 클릭해 체크합니다. 축 제목 2개가 삽입되면 ❸각각 내용을 입력합니다.

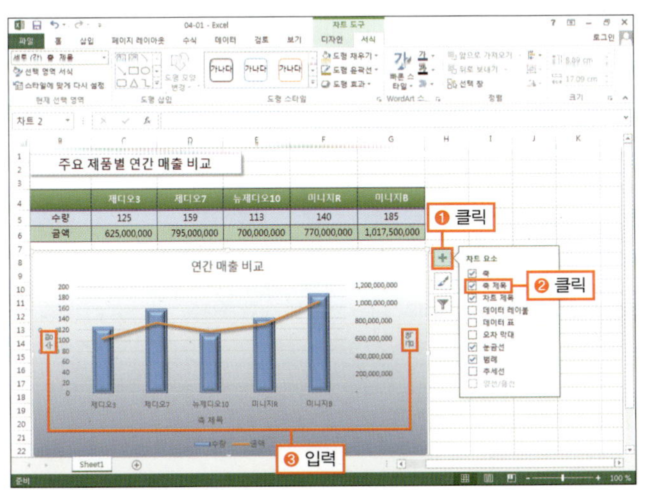

10 특정 값 강조하기

특정 값을 강조하기 위해 ❶두 번째 막대를 2번 클릭해 선택합니다. ❷[차트 도구]-[서식] 탭의 [도형 스타일] 그룹에서 [도형 채우기]를 클릭하고 ❸[자주]를 선택해 색을 변경합니다.

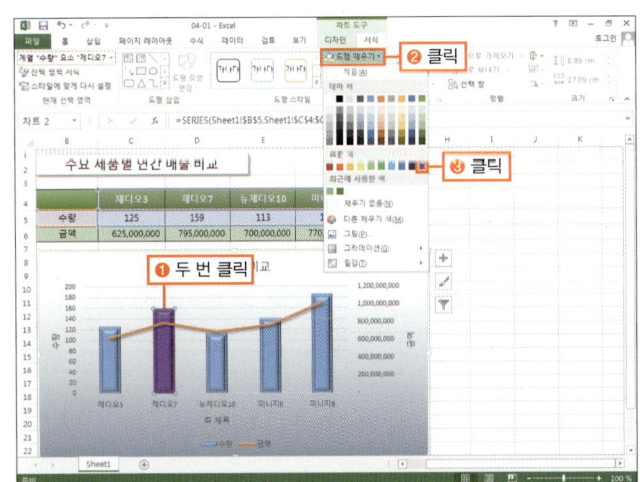

> **참고**
>
> 막대형 차트에서는 동일한 계열의 특정 요소의 색만 변경해 강조할 수 있습니다.

11 텍스트 효과 지정하기

❶가로축 제목을 입력하고 ❷축 제목과 ❸범례의 글꼴 서식을 각각 설정합니다. 차트의 크기와 범례의 위치를 알맞게 재조정해 문서를 완성합니다.

참고

여기서는 축 제목의 글꼴 색을 각각 [진한 파랑]과 [밤색]으로 변경하였고, 범례를 선택한 후 [차트 도구]-[서식] 탭의 [도형 스타일] 그룹에서 [도형 윤곽선]을 [검정, 텍스트 1, 25% 더 밝게]로 지정하였습니다.

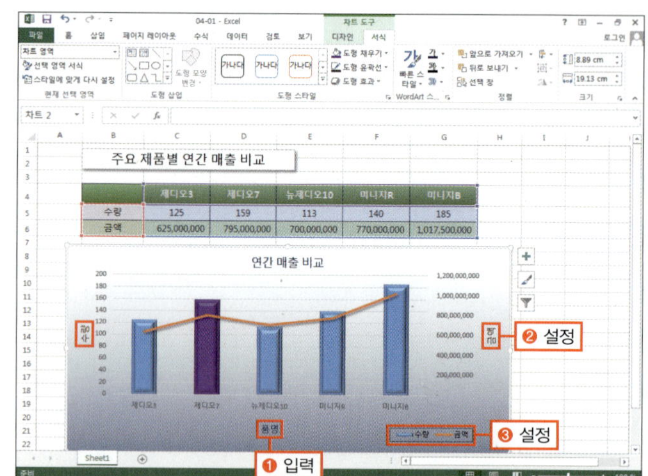

확인실습

시작 파일의 데이터를 이용해 다음과 같이 콤보 차트를 작성하고 차트 영역과 막대의 채우기 스타일을 지정한 후 축 제목을 지정해 보세요.

- **시작 파일** : 엑셀\part05\04_실습1.xlsx
- **완료 파일** : 엑셀\part05\04_실습1_완성.xlsx

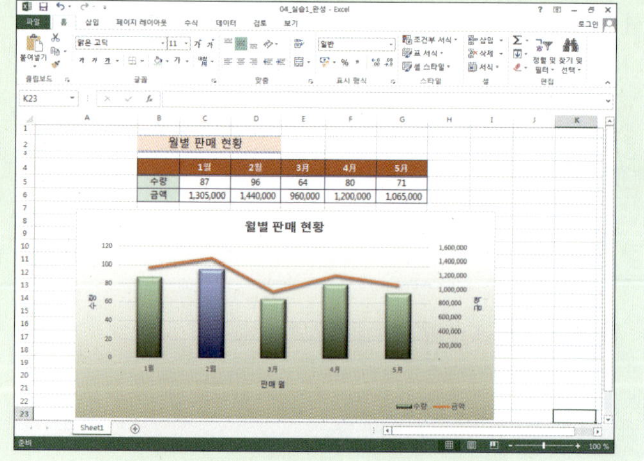

1 시작 파일을 열어 3차원 묶은 세로 막대형 차트를 삽입하고 차트 디자인과 서식을 적용해 다음과 같은 모양으로 작성해 보세요.

- **시작 파일** : 엑셀\part05\전산 기기 교체 현황.xlsx
- **완료 파일** : 엑셀\part05\전산 기기 교체 현황_완료.xlsx
- **해설 파일** : 엑셀\해설파일\전산 기기 교체 현황.hwp, pdf

Before

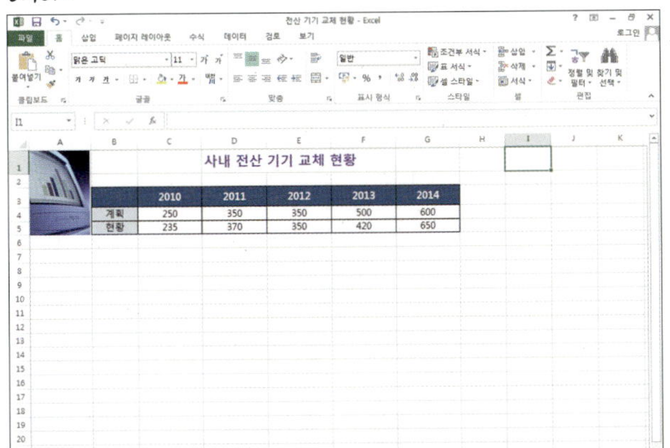

After

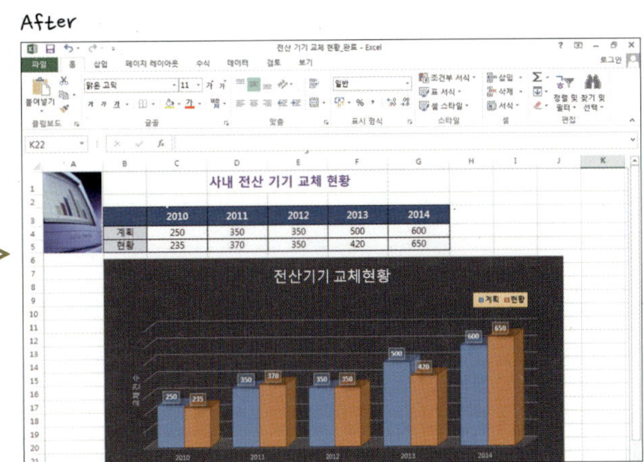

❶[삽입] 탭에서 [3차원 묶은 세로 막대형] 차트 삽입하기 ❷차트의 위치와 크기 조정하기 ❸차트 스타일 지정하고 차트 제목 입력하기 ❹ 차트 요소 중 가로 눈금선 추가하기 ❺차트 요소 중 기본 세로 축 제목 삽입하기 ❻범례에 도형 스타일 지정하고 이동하기

2 시작 파일을 열고 계열별로 3차원 원형 차트를 각각 삽입한 후 차트 디자인과 색을 설정하고 강조할 조각을 분리해 두 차트를 비교해 보세요.

- **시작 파일** : 엑셀\part05\전산 기기 교체 현황2.xlsx
- **완료 파일** : 엑셀\part05\전산 기기 교체 현황2_완료.xlsx
- **해설 파일** : 엑셀\해설파일\전산 기기 교체 현황2.hwp, pdf

Before

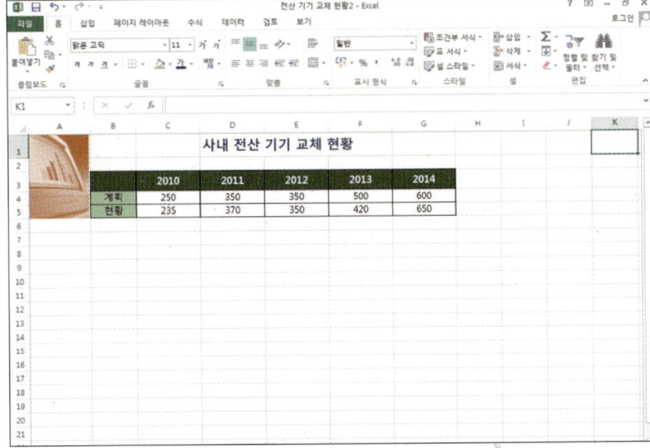

After

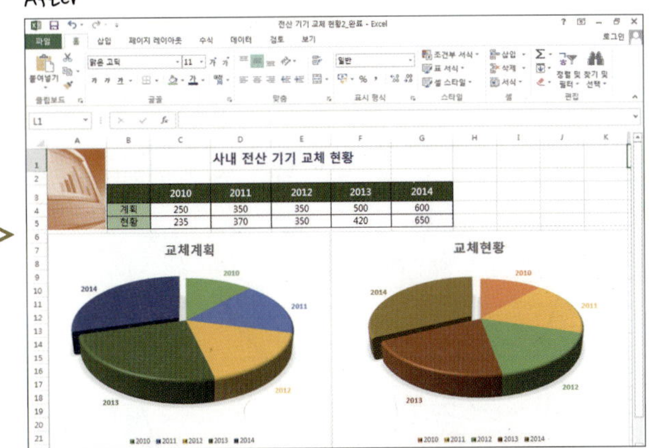

❶떨어진 두 범위 지정하기 ❷[3차원 원형] 차트 선택해 삽입하기 ❸차트 스타일 지정하고 차트 제목 입력하기 ❹차트 색 변경하기 ❺차트 요소 중 범례 추가하기 ❻강조할 조각 분리하기 ❼[3차원 원형] 차트 추가로 삽입하기 ❽차트 스타일 지정하고 차트 제목 입력하기 ❾ 차트 색 변경하기 ❿범례 추가하고 강조할 조각 분리하기

6

수식과 함수 기능 활용하기

엑셀의 주된 기능이자 가장 강력한 기능은 바로 계산 기능입니다. 엑셀은 방대한 양의 데이터를 빠르고 정확히 계산해 사용자가 필요로 하는 정보를 제공합니다. 기본적으로 사용되는 사칙연산뿐만 아니라 함수식을 이용하면 복잡한 계산도 데이터의 입력과 범위 지정만으로 손쉽게 수행할 수 있습니다. 또한 데이터를 수정하면 결과 값도 자동으로 재계산되므로 데이터의 수정과 추가, 삭제가 수월하며 수식을 복사해 사용할 수도 있습니다. 엑셀의 수식 관련 개념부터 함수식 사용 방법까지 모든 과정을 알아봅니다.

수식 작성과 셀 참조 방식 알아보기

엑셀에서 사용하는 수식의 기본 구조를 살펴본 후 연산자 이용법과 셀 참조 방식을 이용해 수식을 작성하는 방법을 알아봅니다. 또한 자주 사용하는 자동 계산 기능을 익혀 봅니다.

다루는 내용
- 수식의 구조와 셀 참조 방식 알기
- 수식 입력하기
- 자동 계산 기능 이용하기

기능 정리 | 엑셀 수식과 셀 참조 방식 이해하기

● 엑셀 수식의 구조 알아보기

엑셀 수식은 숫자와 셀 주소, 연산자를 결합해 작성할 수 있습니다. 먼저 결과 값이 들어갈 셀을 클릭해 셀 포인터를 위치시킨 후 수식을 입력합니다. 수식 앞에는 다음에 입력되는 내용이 수식임을 알리는 기호인 '='를 입력합니다.

다음 수식은 숫자 '12'와 '17'을 더하라는 수식으로, 사용자가 직접 값을 입력하였습니다. 따라서 결과는 무조건 '29'가 됩니다.

=12+17

다음 수식은 C3셀에 입력된 값과 D3셀에 입력된 값을 더하라는 수식입니다. 따라서 해당 셀에 입력된 값에 따라 결과 값이 달라집니다.

=C3+D3

다음 수식은 해당 범위 안에 있는 모든 값을 더하라는 뜻의 함수인 'SUM'을 사용한 함수식입니다.

=SUM(C3:F3)

● 엑셀의 연산자 알아보기

셀에 입력된 값을 계산하기 위해 사용하는 연산자에는 다음과 같이 산술 연산자, 비교 연산자, 참조 연산자 등이 있습니다.

산술 연산자	뜻	비교 연산자	뜻	참조 연산자	뜻
+	더하기	=	같다	공백	두 개의 참조에서 공통되는 셀(교집합)을 참조한다.
−	빼기	〈	작다	:	두 참조와 그 사이의 모든 셀을 참조한다.
*	곱하기	〉	크다	,	쉼표로 구분한 모든 셀을 참조한다.
/	나누기	〉=	크거나 같다		
^	거듭제곱	〉〈	같지 않다		

● **엑셀의 셀 참조 방식 알아보기**

엑셀에서 수식을 처리할 때 계산할 값이 입력된 위치를 표시하는 셀 참조 방식은 상대참조, 절대참조, 혼합참조인 3가지가 있습니다. 방식에 따라 셀에 입력되는 값을 달리하거나 수식을 복사할 수 있으며 지정한 셀의 값만을 절대적으로 참조할 수도 있습니다. 각 참조 방식은 다음과 같습니다.

• **상대참조**

상대참조는 엑셀에서 기본적으로 사용되는 참조 방식으로, 결과 값이 들어갈 셀로부터 계산할 셀이 얼마나 떨어져 있는지를 참조해 표시하는 방식입니다. 예를 들어 다음 그림의 C6셀에 입력된 수식인 '=C3+C4+C5'는 결과 값이 들어갈 C6셀로부터 위쪽으로 각각 3칸, 2칸, 1칸 떨어진 셀에 입력된 값을 모두 더하라는 뜻을 가지고 있습니다. 따라서 해당 셀의 값에 따라 결과가 달라질 수 있으며 수식을 D6셀이나 E6셀에 복사해도 해당 셀로부터 위쪽으로 떨어진 위치를 참조하므로 올바른 계산 값이 나타납니다.

		1월	2월	3월	합계
	서울	20	25	30	
	부산	15	25	35	
	광주	25	30	25	
	합계	60	80	90	

• **절대참조**

절대참조는 데이터의 위치와는 상관없이 무조건 정해진 셀의 값을 계산하는 방식입니다. 절대참조 방식은 '$C$2'와 같이 행 이름과 열 번호 앞에 '$' 표시를 붙여 구분합니다. 예를 들어 다음 그림의 E4셀에 'A Type' 근무자의 야근수당, 특별수당, 기본급을 합친 값의 수식을 '=C4+D4+$G$4'라고 입력합니다. 기본급의 값이 있는 셀을 절대참조 방식으로 표시한 것입니다. 이 수식을 E5셀에 복사하면 '=C5+D5+$G$4'와 같이 앞의 두 셀은 5행을 계산하도록 변경되지만 G4셀은 변하지 않습니다.

		야근수당	특별수당	합 계		기본급
	A Type	80,000	50,000	130,000		800,000
	B Type	120,000	50,000	170,000		
	C Type	60,000	50,000	110,000		

• **혼합참조**

혼합참조는 셀 주소를 표현할 때 행 번호와 열 이름 중 하나만 절대참조를 사용하는 방식을 말합니다. 예를 들어 'A$1'은 행 번호 '1'에만 절대참조 방식을 지정하였으므로 수식을 복사하면 'B$1, C$1,…'과 같이 열 이름만 변경됩니다. 마찬가지로 '$A1'은 열 이름에만 절대참조 방식을 지정하였으므로 수식을 복사하면 '$A2, $A3,…'과 같이 행 번호만 변경됩니다. 예를 들어 다음 그림의 D5셀에 입력된 수식은 '=C5*B$12'로, C5셀의 값에 B12셀의 값을 곱하도록 되어 있습니다. 열 값인 B는 상대참조, 행 값인 '12'는 절대참조로 표현한 혼합참조 방식입니다. 따라서 D열의 수식을 E열로 복사한 후 E5셀의 수식을 보면 B열이 C열로 변경되지만 행은 변하지 않습니다.

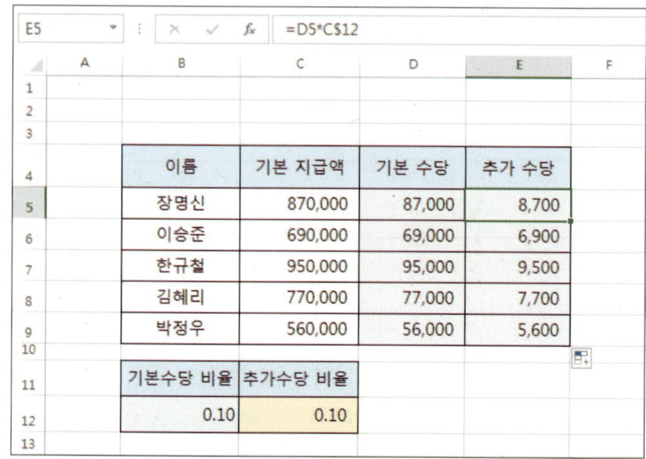

---

1 다음 중 절대참조 방식을 사용한 것은 무엇일까요?

① =$A1+$C1　② =D3*C3−E3　③ =$K$5*C$2　④ =$A$1+$K$1

답 : ④

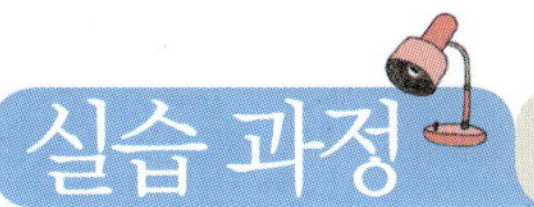

수식 입력해 계산하기

계산할 값을 직접 입력하거나 셀 주소를 입력해 수식을 작성해 봅니다. 작성한 수식을 복사하는 방법에 대해서도 알아봅니다.

◉ **시작 파일** : 엑셀\part06\01-01.xlsx
◉ **완료 파일** : 엑셀\part06\01-01_완성.xlsx

01 가로 합계 수식 입력하기

'101동'의 합계 인원을 구하기 위해 ❶G5셀을 클릭합니다. ❷'=41+35+12+20'을 입력한 다음 ❸ Enter 를 누릅니다.

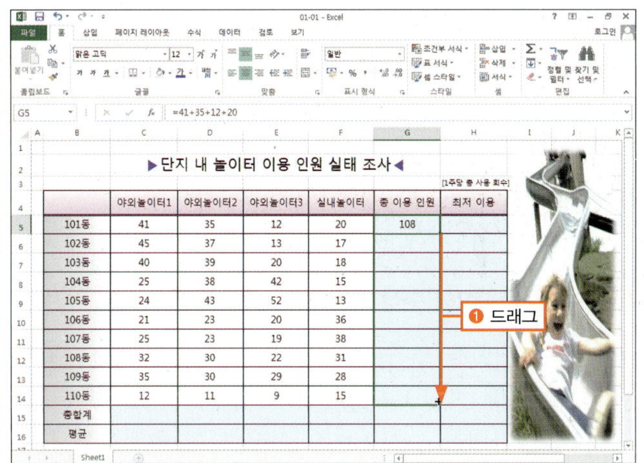

> **참고**
> 수식 앞에는 수식임을 약속하는 기호인 '='를 꼭 입력해야 합니다.

02 수식 복사하기

계산 결과가 G5셀에 입력됩니다. ❶G5셀의 오른쪽 아래에 있는 채우기 핸들을 G14셀까지 드래그합니다.

> **참고**
> 마우스 포인터를 채우기 핸들에 가져가면 십자 모양으로 바뀝니다.

03 복사 결과 확인하기

동일한 결과 값이 복사된 것을 확인할 수 있습니다. 잘못된 값이므로 ❶ Delete 를 눌러 수식을 모두 삭제합니다.

04 상대 참조 방식으로 수식 만들기

❶다시 G5셀을 클릭하고 상대참조 방식을 이용해 ❷'=C5+D5+E5+F5'와 같이 수식을 입력한 후 ❸ Enter 를 누릅니다.

05 수식 복사하기

계산 결과가 G5셀에 입력됩니다. ❶다시 G5셀의 채우기 핸들을 G14셀까지 드래그해 수식을 복사합니다.

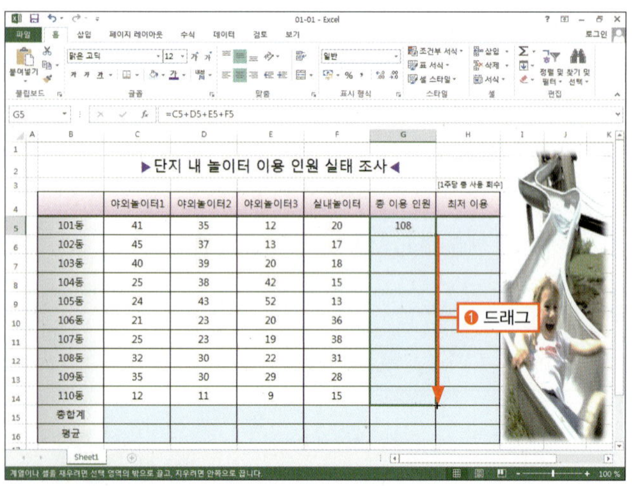

06 수식 복사 결과 확인하기

상대참조로 수식이 복사되어 올바른 계산 값이 나타나는 것을 확인할 수 있습니다.

07 셀 주소 클릭해 수식 입력하기

이번에는 셀 주소를 클릭해 세로 방향의 총합계를 구합니다. ❶C15셀에 '='를 입력한 후 ❷C5셀을 클릭합니다. ❸이어서 '+'를 입력하고 ❹C6셀을 클릭합니다. ❺계속해서 '+'를 입력해 가며 C14셀까지 클릭해 셀 주소를 수식 안에 삽입합니다. 수식이 완성되면 ❻[입력](✔)을 클릭합니다.

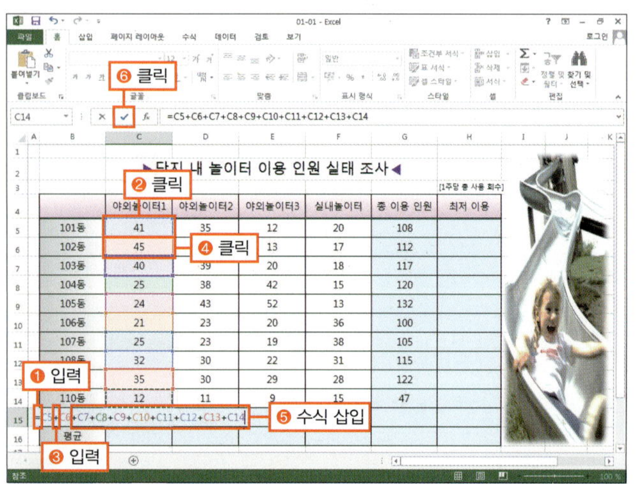

08 수식 복사하기

결과 값이 입력되면 ❶채우기 핸들을 G15셀까지 드래그해 수식을 복사합니다.

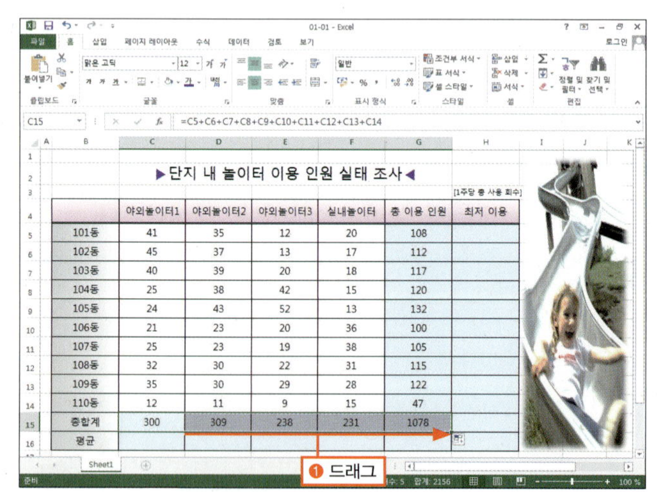

참고

수식에 셀 주소를 많이 입력해야 할 때 자칫 셀 주소를 잘못 입력할 수도 있습니다. 이럴 경우에는 셀 주소를 클릭해 입력하는 것이 더욱 정확합니다.

09 평균 계산식 입력하기

놀이터별 평균값을 구하기 위해 ❶C16셀에 '=C15/10'을 입력한 후 ❷ Enter 를 누릅니다.

10 수식 복사하기

❶완성된 수식을 G16셀까지 드래그해 복사합니다.

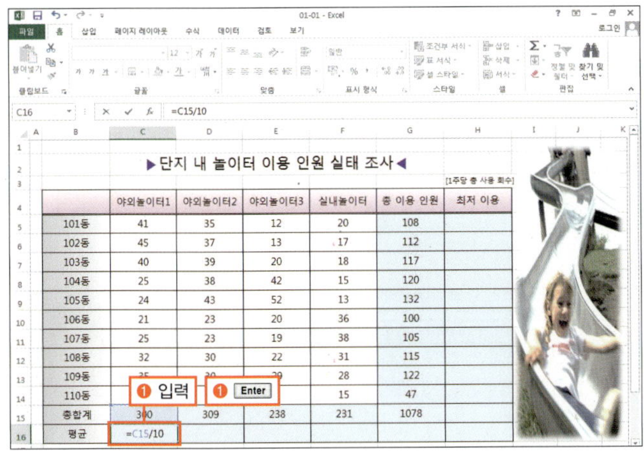

> **참고**
> 평균값은 소수점 이하로도 표시되며 소수점 이하 자릿수는 사용자가 설정할 수 있습니다.

실습 과정 — 자동 합계 기능으로 계산하기

합계, 평균, 최대값, 최소값 등을 구하는 자동 합계 기능에 대해 알아봅니다.

◎ **시작 파일** : 엑셀\part06\01-02.xlsx
◎ **완료 파일** : 엑셀\part06\01-02_완성.xlsx

01 [합계] 선택하기

❶G5셀을 클릭합니다. ❷[홈] 탭의 [편집] 그룹에서 [합계] (∑·)의 목록 단추를 클릭하고 ❸[합계]를 선택합니다.

02 함수식 확인하기

가로 방향의 합계를 구하는 수식이 G5셀에 표시되고 합계를 구할 범위가 점선으로 표시됩니다. 범위와 수식이 맞는지 확인한 후 ❶ Enter 를 누릅니다.

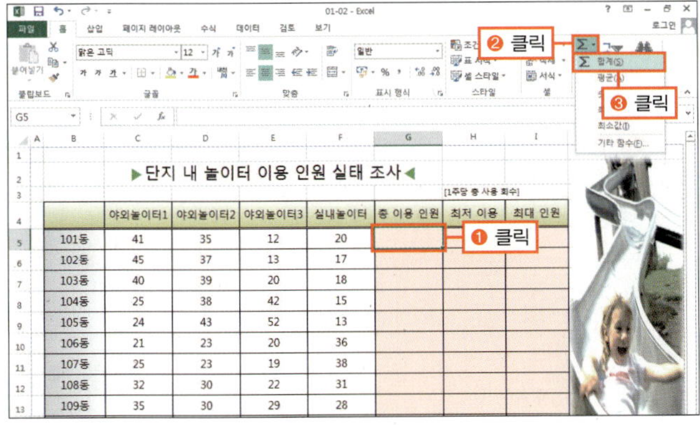

> **참고**
> [SUM] 함수는 지정한 셀 범위 안의 모든 데이터의 합계를 구하는 함수입니다.

03 수식 복사하기

❶G5셀의 채우기 핸들을 G14셀까지 드래그해 수식을 복사합니다.

04 세로 합계 구하기

❶C15셀에 셀 포인터를 놓고 ❷[홈] 탭의 [편집] 그룹에서 [합계](∑)를 클릭합니다. 수식을 확인한 후 ❸다시 [합계](∑)를 클릭해 삽입합니다. ❹채우기 핸들을 G15셀까지 드래그해 복사합니다.

> **참고**
>
> 합계를 구할 때는 목록 단추를 누르지 않고 [합계](∑)를 2번 클릭해도 됩니다.

05 [평균] 선택하기

❶C16셀을 클릭해 셀 포인터를 놓습니다. ❷[홈] 탭의 [편집] 그룹에서 [합계](∑ ·)의 목록 단추를 클릭하고 ❸[평균]을 선택합니다.

06 평균 수식 확인하기

세로 방향의 평균을 구하는 수식이 표시됩니다. 범위 안에 '총합계' 값인 C15셀이 포함되어 있으므로 ❶C5셀에서 C14셀까지 다시 드래그해 범위를 정정한 후 ❷ Enter 를 누릅니다.

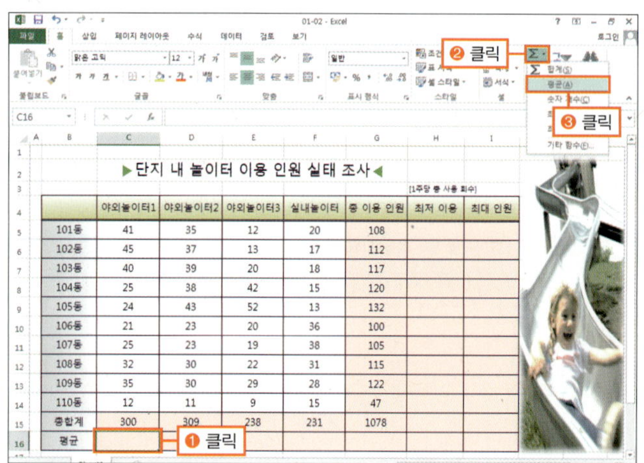

> **참고**
>
> [AVERAGE] 함수는 지정한 셀 범위 안의 모든 데이터에 대해 합계를 구한 후 개수로 나누어 평균값을 구하는 함수입니다.

07 평균식 복사하고 자릿수 줄이기

결과 값이 삽입되면 ❶ 채우기 핸들을 G16셀까지 드래그해 수식을 복사합니다. 범위로 지정된 상태에서 ❷ [홈] 탭의 [표시 형식] 그룹에서 [자릿수 줄임]( )을 클릭하여 소수점 이하 자릿수를 줄입니다.

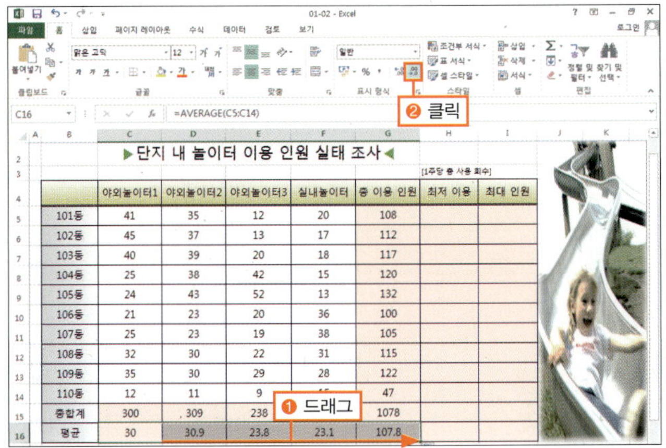

참고

[자릿수 줄임]을 클릭할 때마다 소수점 이하 자릿수가 한 자리씩 줄어듭니다. 또 [자릿수 늘림]을 클릭할 때마다 소수점 이하 자릿수가 한 자리씩 늘어납니다.

08 [최소값] 선택하기

❶ H5셀에 셀 포인터를 놓습니다. ❷ [홈] 탭의 [편집] 그룹에서 [합계]( )의 목록 단추를 클릭하고 ❸ [최소값]을 선택합니다.

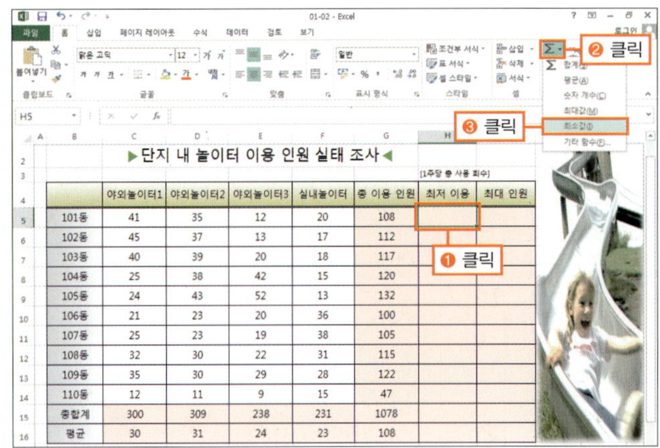

참고

[MIN] 함수는 지정한 셀 범위 안의 모든 데이터 중 가장 작은 값을 구하는 함수입니다.

09 최소값 수식 확인하기

가로 방향의 데이터 중 최소값을 구하는 수식이 표시됩니다. 범위 안에 '총 이용 인원'인 G5셀이 포함되어 있으므로 ❶ C5셀에서 F5셀까지 다시 드래그해 범위를 정정한 후 ❷ Enter 를 누릅니다.

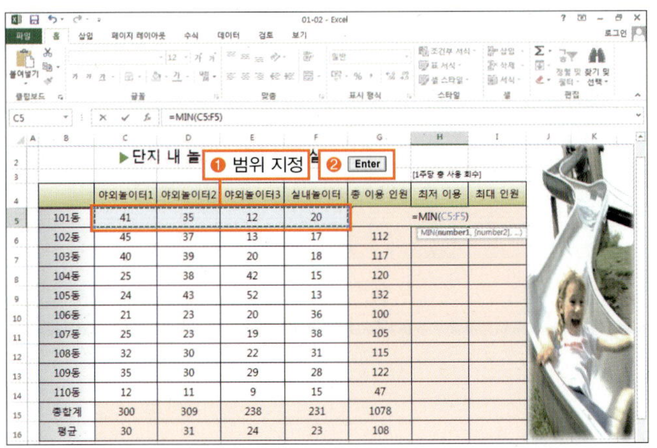

10 [최대값] 선택하기

❶ I5셀에 셀 포인터를 놓은 후 ❷ [홈] 탭의 [편집] 그룹에서 [합계]( )의 목록 단추를 클릭하고 ❸ [최대값]을 선택합니다.

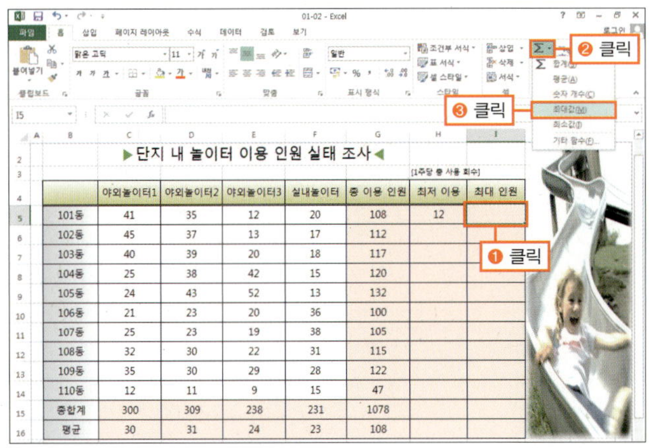

참고

[MAX] 함수는 지정한 셀 범위 안의 모든 데이터 중 가장 큰 값을 구하는 함수입니다.

11 최대값 수식 확인하기

가로 방향의 데이터 중 최대값을 구하는 수식이 표시됩니다. 범위 안에 '총 이용 인원'과 '최저 이용'인 G5셀, H5셀이 포함되어 있으므로 ❶C5셀에서 F5셀까지 다시 드래그해 범위를 정정한 후 ❷ Enter 를 누릅니다.

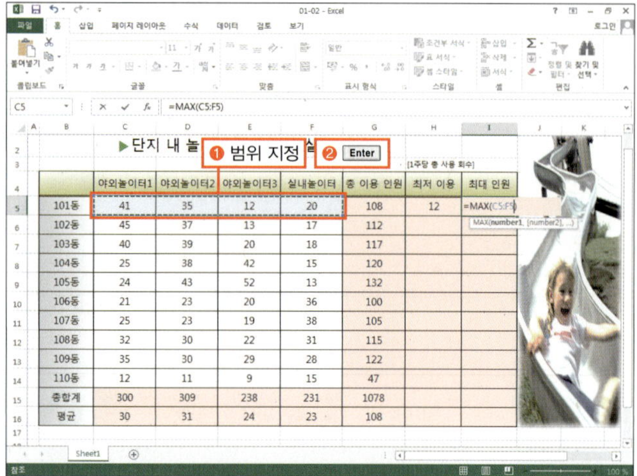

12 여러 수식 한 번에 복사하기

❶H5:I5셀을 드래그해 범위로 지정한 후 ❷채우기 핸들을 16행까지 드래그해 2개의 수식을 한꺼번에 복사합니다.

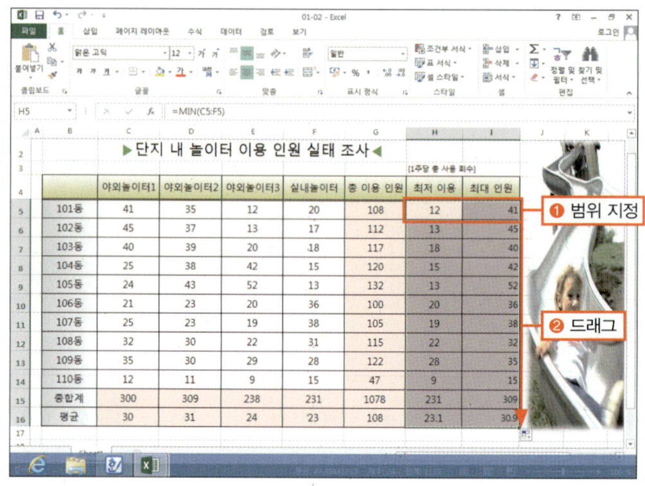

> **참고**
>
> [MAX]와 [MIN] 함수식 모두 상대참조를 사용했으므로 두 수식을 한꺼번에 복사해도 됩니다.

확인실습

시작 파일을 열고 자동 계산 기능의 [합계], [평균], [최대값], [최소값] 기능을 이용해 다음과 같이 표를 완성해 보세요.

- **시작 파일** : 엑셀\part06\01_실습1.xlsx
- **완료 파일** : 엑셀\part06\01_실습1_완성.xlsx

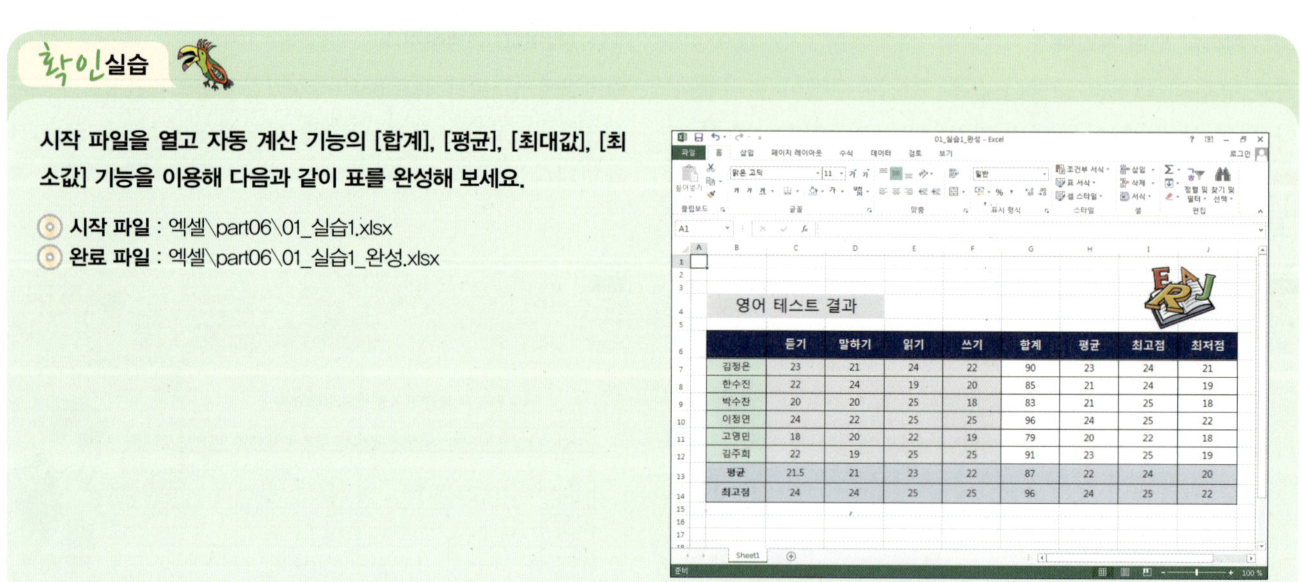

함수 마법사와 빠른 분석 활용하기

함수를 손쉽게 골라 사용할 수 있도록 도와주는 함수 마법사 기능에 대해 알아보고 엑셀 2013에 새롭게 추가된 빠른 분석 기능을 활용해 함수식을 적용해 봅니다.

다루는 내용
- 함수 마법사 알아보기
- 함수 마법사 활용하기
- 빠른 분석의 계산 기능 활용하기

기능 정리 | 함수의 종류와 형식 이해하기

[수식] 탭의 [함수 라이브러리] 그룹은 엑셀에서 사용 가능한 함수를 기능별로 분류하여 다음과 같이 9개의 도구로 묶어 제공합니다.

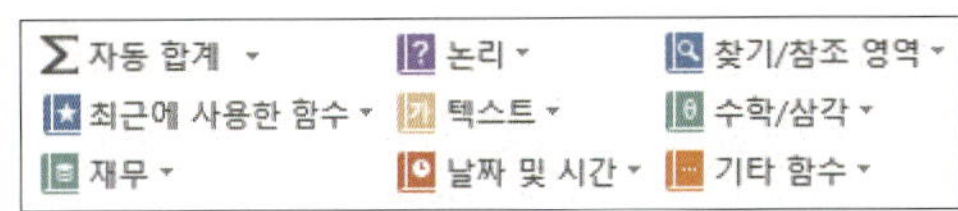

● 함수식의 구조와 형식

함수식은 정해진 규칙에 맞게 작성해야 오류가 생기지 않습니다. 먼저 계산식임을 나타내는 기호 '='와 함수의 종류를 나타내는 명령어, 그리고 그 뒤의 괄호 안에 표시되는 특정 값이나 계산 범위와 같은 인수들로 구성됩니다.

다음 그림에서 I5셀에 입력된 함수식은 C5, E5, G5셀에 각각 입력된 값들의 합계를 구하는 함수식이고 J5셀에 입력된 함수식은 C5셀부터 H5셀까지 입력된 모든 값의 합계를 구하는 함수식입니다. 떨어진 셀 값에 대한 합계를 구하거나 셀 범위가 작은 경우에는 앞의 방법을 사용하는 것이 편리하지만 연속되고 넓은 범위에 대한 합계를 구할 때는 이 방법을 사용하는 것이 편리합니다.

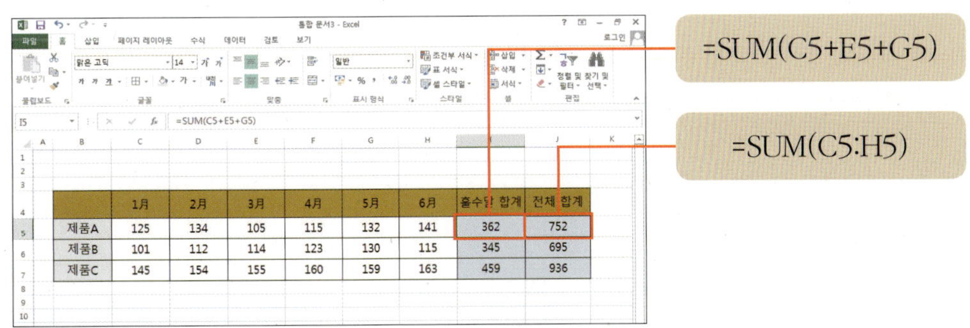

간단 퀴즈

1 다음 중 함수식을 구성하는 요소가 아닌 것은 무엇일까요?

① 인수 ② 명령어 ③ '=' 기호 ④ 범례

 답 : ④

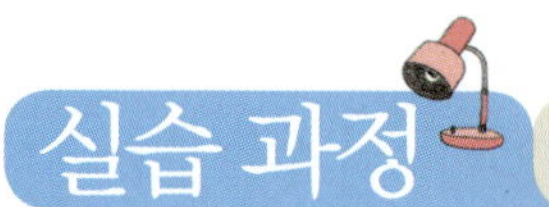

함수 마법사로 함수식 작성하기

함수 마법사 기능을 이용해 필요한 함수식을 선택하고 계산 결과를 구하는 방법에 대해 알아봅니다.

◉ **시작 파일** : 엑셀\part06\02-01.xlsx
◉ **완료 파일** : 엑셀\part06\02-01_완성.xlsx

01 함수 마법사 열기

❶G6셀에 셀 포인터를 놓고 ❷[수식] 탭의 ❸[함수 라이브러리] 그룹에서 [함수 삽입](f_x)을 클릭합니다.

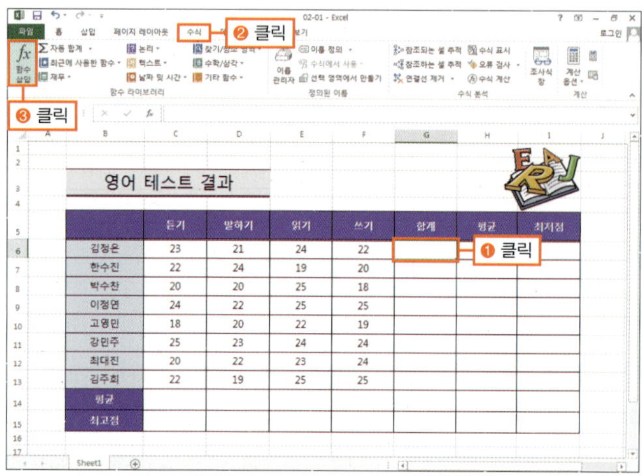

> **참고**
> 수식 입력줄 옆의 [함수 삽입](f_x)을 클릭해도 됩니다.

02 함수 선택하기

[함수 마법사] 대화상자가 나타나면 ❶[범주 선택]에서 [수학/삼각]을 선택한 후 [함수 선택] 목록에서 ❷[SUM]을 찾아 선택하고 ❸[확인]을 클릭합니다.

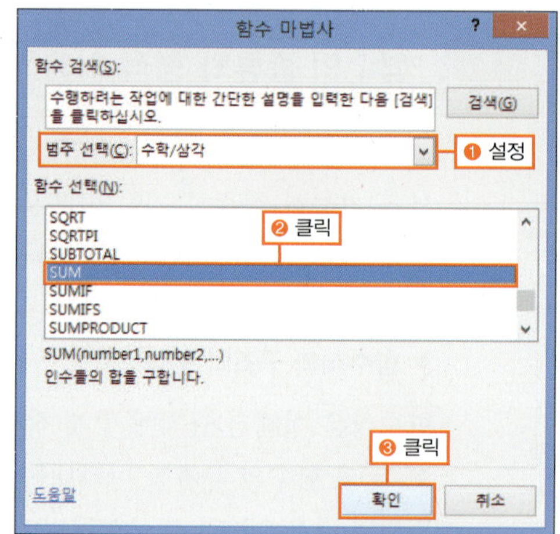

03 함수 인수 지정하기

[함수 인수] 대화상자가 나타나면 합계를 구할 범위를 지정하기 위해 ❶[Number1]에서 아이콘을 클릭합니다.

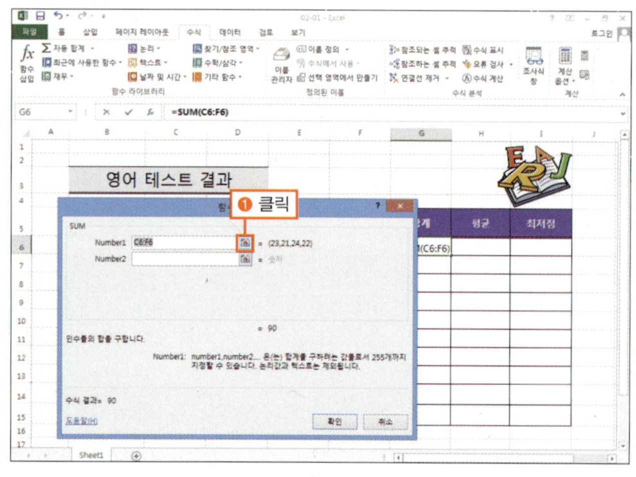

04 범위 지정하기

대화상자가 최소화되면 ❶C6:F6셀을 드래그하고 ❷아이콘을 클릭합니다.

05 인수 지정 완료하기

다시 [함수 인수] 대화상자가 나타나고 지정한 범위가 표시되면 ❶[확인]을 클릭합니다.

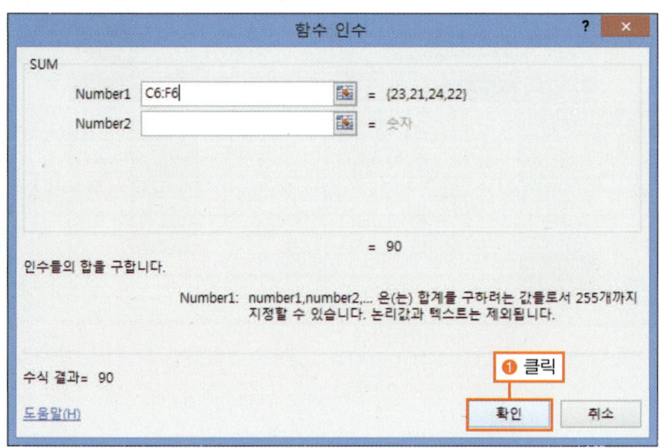

> **참고**
> 수식 결과를 대화상자에서 미리 확인할 수 있습니다.

06 수식 복사하기

계산 결과가 입력되면 ❶함수식을 G13셀까지 복사합니다. 평균을 구하기 위해 ❷H6셀에 셀 포인터를 놓고 [수식] 탭의 [함수 라이브러리] 그룹에서 ❸[함수 삽입]을 클릭합니다.

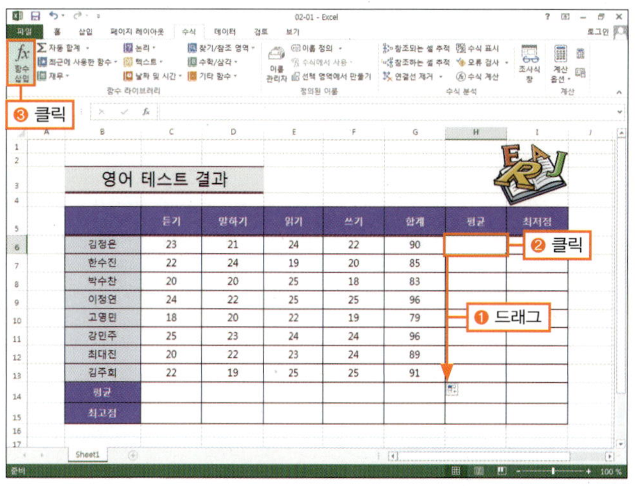

07 함수 선택하기

[함수 마법사] 대화상자가 나타나면 ❶[범주 선택]에서 [통계]를 선택한 후 ❷[함수 선택] 목록에서 [AVERAGE]를 선택하고 ❸[확인]을 클릭합니다.

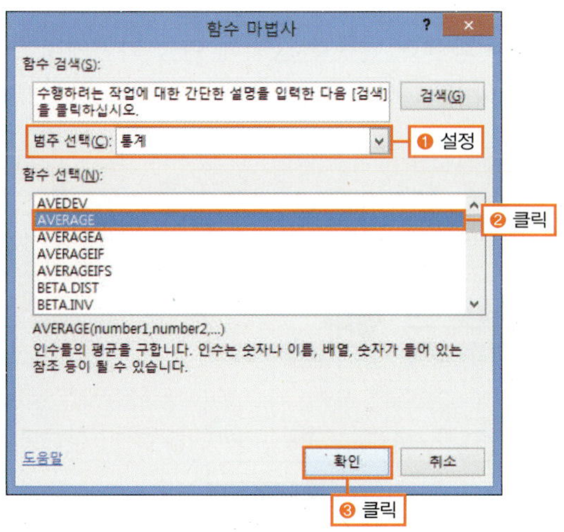

08 [함수 인수] 대화상자 지정하기

[함수 인수] 대화상자가 나타나면 ❶[Number1]의 입력 상자에 'C6:F6'을 입력한 후 ❷[확인]을 클릭합니다.

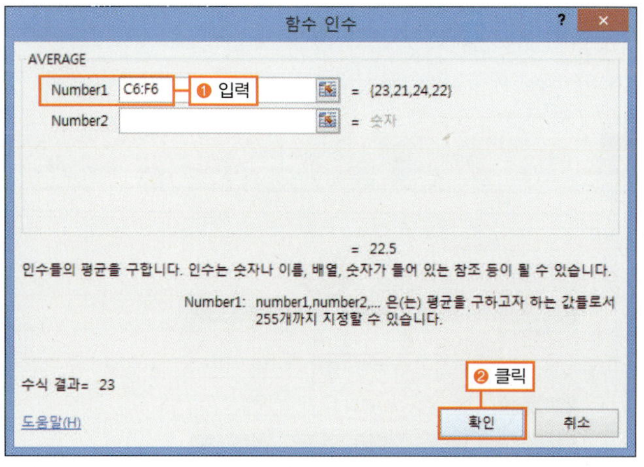

> **참고**
> 인수의 범위를 정확히 알고 있는 경우에는 직접 입력해도 됩니다.

계산 결과가 입력되면 ❶ 함수식을 H13셀까지 복사합니다.

실습 과정 — 빠른 분석 도구로 편리하게 계산하기

엑셀 2013에 새롭게 추가된 빠른 분석 기능을 이용해 해당 작업에 필요한 계산을 간단히 수행하는 방법을 알아봅니다.

◎ **시작 파일** : 엑셀\part06\02-02.xlsx
◎ **완료 파일** : 엑셀\part06\02-02_완성.xlsx

---

01 [빠른 분석] 아이콘 클릭하기

❶C5:C8셀을 범위로 지정한 후 자동으로 나타나는 ❷[빠른 분석](🔲) 아이콘을 클릭합니다.

02 [평균] 도구 선택하기

목록이 나타나면 ❶[합계]를 클릭한 후 세로 평균을 구하기 위해 ❷오른쪽 화살표 단추를 클릭해 다음 화면에서 ❸[평균]을 클릭합니다.

> **참고**
>
> 빠른 분석 기능은 현재 상태에서 사용자가 할 수 있는 작업을 목록으로 제시하여 메뉴를 열지 않고도 빠르게 실행할 수 있습니다.

03 [빠른 분석] 아이콘 클릭하기

❶C12:C15셀을 범위로 지정한 후 자동으로 나타나는 ❷ [빠른 분석]() 아이콘을 클릭합니다.

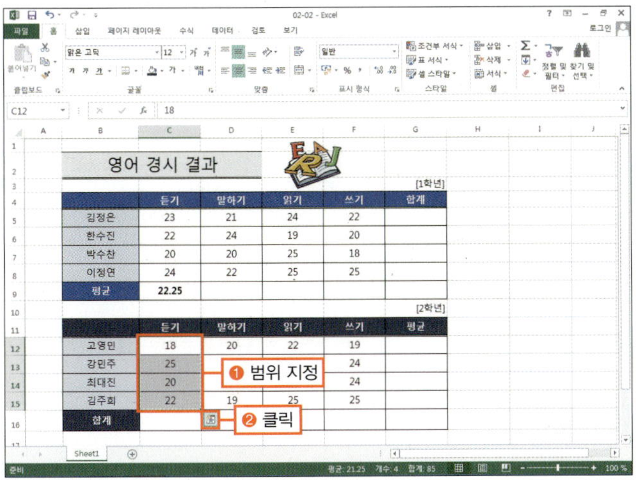

04 [합계] 도구 선택하기

목록이 나타나면 ❶[합계]를 클릭하고 세로 합계를 구하기 위해 ❷[합계]를 클릭합니다.

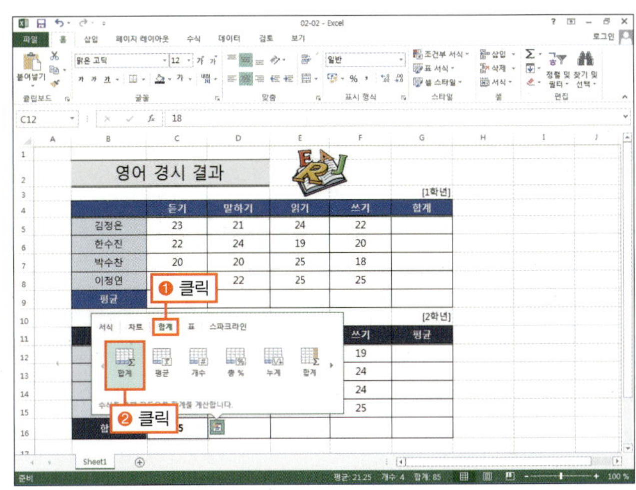

05 함수식 복사하기

수식의 결과가 입력되면 ❶C9셀과 ❷C16셀의 수식을 각각 F열까지 드래그해 복사합니다.

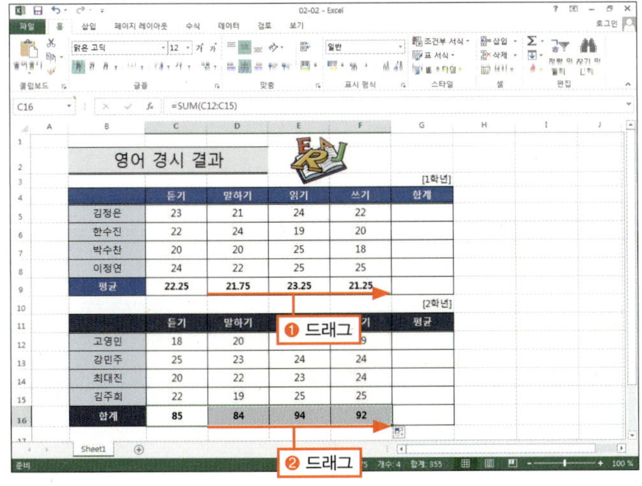

06 [빠른 분석] 아이콘 클릭하기

이번에는 가로 방향의 합계를 구해봅니다. ❶C5:F5셀을 범위로 지정한 후 자동으로 나타나는 ❷[빠른 분석]() 아이콘을 클릭합니다.

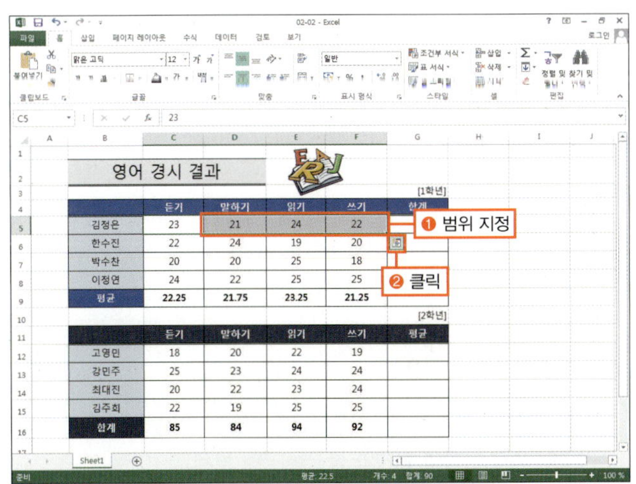

❶[합계]를 클릭하고 ❷오른쪽 화살표 단추를 클릭해 다음 화면으로 이동한 후 ❸[합계]를 선택합니다.

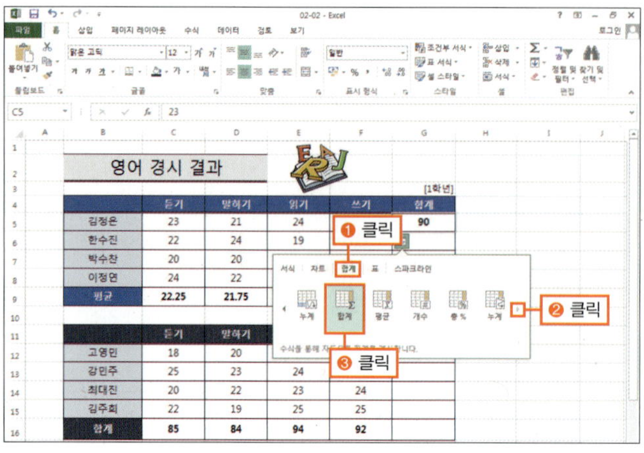

❶C12:F12셀을 범위로 지정한 후 자동으로 나타나는 ❷ [빠른 분석]( ) 아이콘을 클릭합니다.

목록이 나타나면 ❶[합계]를 클릭하고 ❷오른쪽 화살표 단추를 클릭해 다음 화면으로 이동한 후 ❸[평균]을 클릭합니다. 값이 입력되면 G5셀과 G12셀의 수식을 각각 9행, 16행까지 드래그해 복사합니다.

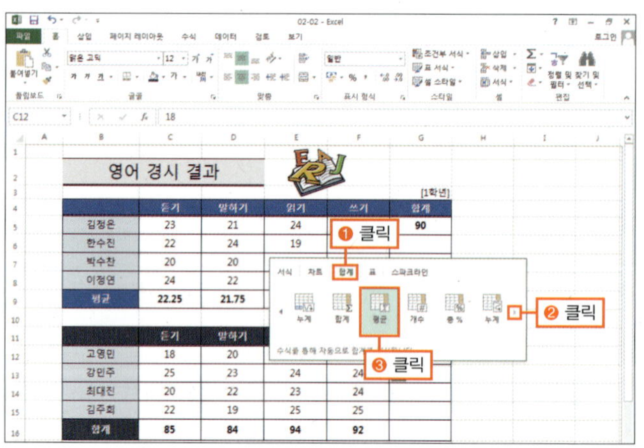

확인실습

시작 파일을 열고 표의 [빠른 분석] 기능을 이용해 다음과 같이 가로와 세로 방향의 합계와 평균을 구해 보세요.

◎ 시작 파일 : 엑셀\part06\02_실습1.xlsx
◎ 완료 파일 : 엑셀\part06\02_실습1_완성.xlsx

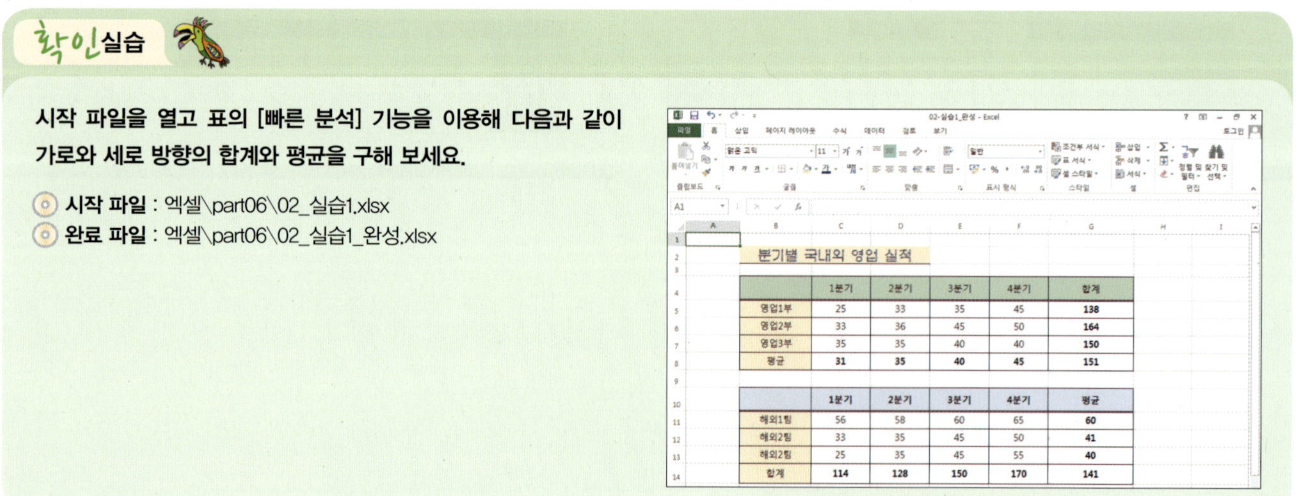

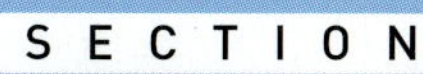
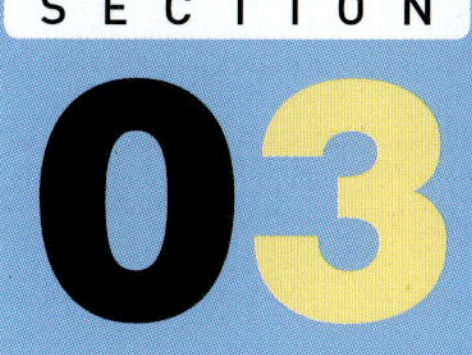

통계 함수와 텍스트 함수 사용하기

데이터들의 평균이나 개수, 순위 등을 구하는 통계 함수와 텍스트 데이터에서 특정 문자열을 추출하거나 대소문자를 변환하는 텍스트 함수에 대해 알아봅니다.

다룰 내용
- 함수의 종류와 기능 알기
- 통계 함수 활용하기
- 텍스트 함수 활용하기

기능 정리 ● 통계 함수와 텍스트 함수 이해하기

● 통계 함수

통계 함수는 범위 안의 데이터들에 대해 순위를 매기거나 평균이나 최대값, 최소값을 구하는 등 통계 작업과 관련된 함수입니다.

함수	기능 및 입력 형식
AVERAGE	=AVERAGE(number1, number2, …)
	인수들의 평균을 구합니다.
COUNT	=COUNT(value1, value2, …)
	인수 목록에서 숫자가 포함된 셀의 개수를 구합니다.
COUNTA	=COUNTA(value1, value2, …)
	인수 목록에서 데이터가 입력된 셀의 개수를 구합니다.
COUNTBLANK	=COUNTBLANK(range)
	범위 안에서 빈 셀의 개수를 구합니다.
COUNTIF	=COUNTIF(range, criteria)
	범위 안에서 해당 조건을 만족하는 셀의 개수를 구합니다.
MAX	=MAX(number1, number2, …)
	인수 목록에서 최대값을 찾아 표시합니다.
MIN	=MIN(number1, number2, …)
	인수 목록에서 최소값을 찾아 표시합니다.
RANK.AVG / RANK.EQ	=RANK.AVG(number, ref, order) / RANK.EQ(number, ref, order)
	범위(ref)에서 특정 셀의 순위를 내림차순 또는 오름차순으로 구합니다.

● 텍스트 함수

텍스트 함수는 텍스트 형식으로 입력된 데이터에서 사용자가 지정한 특정 위치의 내용만 골라 그 결과를 표시하거나 영문의 대소문자를 변경하는 등 텍스트 관련 명령으로 이루어진 함수입니다.

함수	기능 및 입력 형식
LEFT	=LEFT(text, num_chars)
	문자의 왼쪽부터 지정한 개수만큼의 문자를 추출해 표시합니다.
LEN	=NEN(text)
	문자의 개수를 구합니다.
LOWER	=LOWER(text)
	모든 문자를 소문자로 변환합니다.
MID	=MID(text, start_num, num_chars)
	지정한 위치부터 지정한 개수만큼의 문자를 추출해 표시합니다.
REPLACE	=REPLACE(old_text, start_num, num_chars, new_text)
	특정 위치의 문자부터 지정한 개수만큼의 문자를 다른 문자(new_text)로 변경합니다.
TRIM	=TRIM(text)
	문자의 양쪽 끝에 공백이 있는 경우에 공백을 제거합니다.
UPPER	=UPPER(text)
	모든 문자를 대문자로 변환합니다.

간단퀴즈

1 다음 중 통계 함수가 아닌 것은 무엇일까요?

① AVERAGE ② MAX ③ LEN ④ COUNT

답 : ③

실습 과정 — 통계 함수로 최대값과 순위, 개수 구하기

MAX 함수로 최대값을, RANK.AVG 함수로 순위를, COUNTIF 함수로 조건에 맞는 셀의 개수를 구하는 방법을 알아봅니다.

- **시작 파일** : 엑셀\part06\03-01.xlsx
- **완료 파일** : 엑셀\part06\03-01_완성.xlsx

01 MAX 함수 선택하기

❶C18셀에 셀 포인터를 놓고 ❷[수식] 탭의 ❸[함수 라이브러리] 그룹에서 [기타 함수]를 클릭한 후 ❹[통계]-❺[MAX]를 선택합니다.

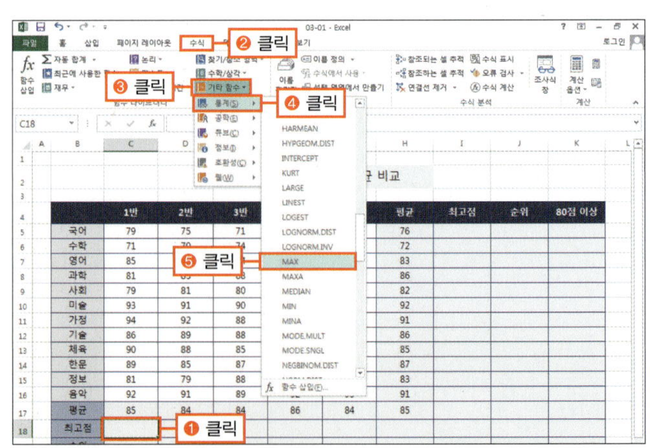

참고 •

MAX 함수는 AVERAGE, SUM, MIN 등의 함수와 함께 자주 사용하는 함수이므로 [함수 라이브러리] 그룹의 [자동 합계]나 [홈] 탭의 [편집] 그룹에 있는 [합계]를 클릭해 선택할 수도 있습니다.

02 함수식의 범위 지정하기

[함수 인수] 대화상자가 나타나면 ❶C5:C16셀을 드래그하여 [Number1]의 범위를 다시 지정합니다.

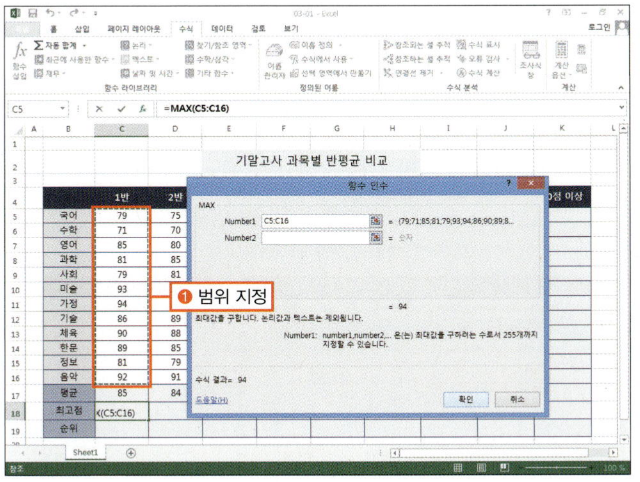

> **참고**
>
> 엑셀 수식에서는 인접한 셀을 자동으로 범위로 인식해 제공하므로 대화상자에 범위가 나타나면 잘못된 범위인지 확인해야 합니다. 이때 위 그림에서와 같이 범위가 잘못된 경우에는 범위를 새로 지정해야 합니다.

03 대화상자 지정하기

지정한 범위가 [Number1]에 나타나면 ❶[확인]을 클릭합니다.

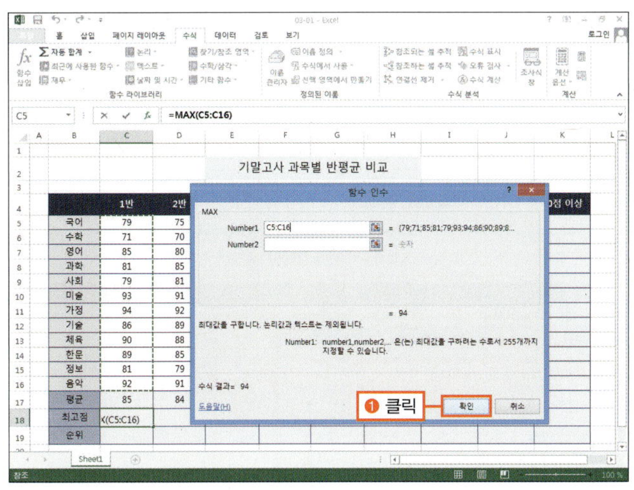

04 MAX 함수 지정하기

❶I5셀에 셀 포인터를 놓고 ❷[수식] 탭의 [함수 라이브러리] 그룹에서 [기타 함수]를 클릭한 후 [통계]-[MAX]를 선택합니다. [함수 인수] 대화상자에서 나타나면 ❸C5:G5셀을 드래그한 후 ❹[확인]을 클릭합니다.

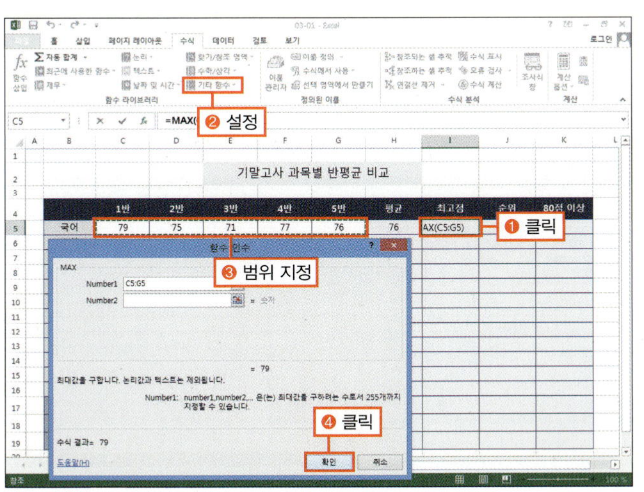

05 RANK.AVG 함수 선택하기

❶J5셀에 셀 포인터를 놓고 ❷[수식] 탭의 [함수 라이브러리] 그룹에서 [기타 함수]를 클릭한 후 ❸[통계]-❹[RANK.AVG]를 선택합니다.

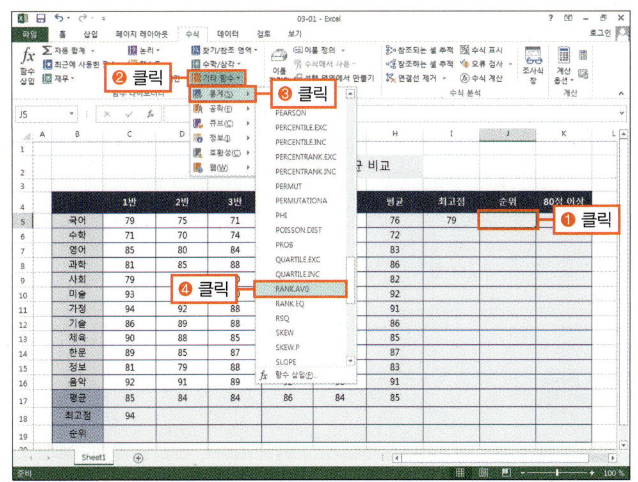

[함수 인수] 대화상자에서 ❶[Number]에 '국어'의 '평균'이 입력된 'H5'를 입력합니다. ❷[Ref]에는 '국어'와 비교할 다른 과목의 평균인 H5:H16셀을 드래그해 범위로 지정한 후 절대참조 형식으로 변경하기 위해 ❸ F4 를 누릅니다.

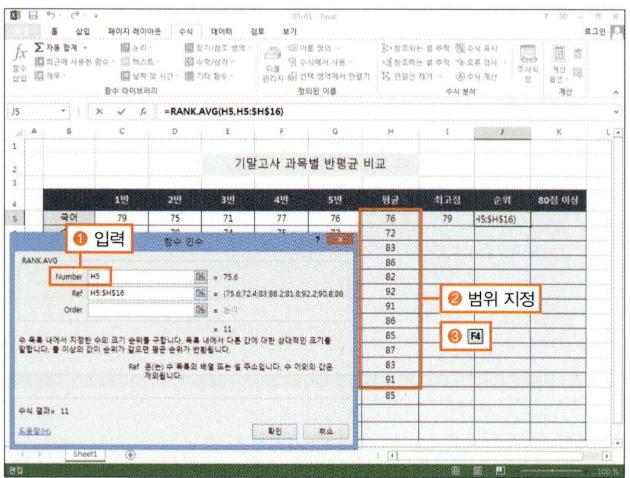

큰 값이 1위가 되도록 ❶[Order]에 '0'을 입력한 후 ❷[확인]을 클릭합니다.

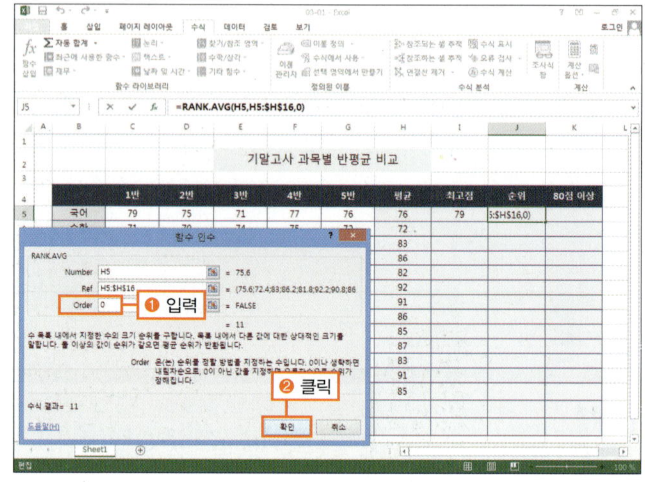

> **참고**
> [Order]에 '0'을 입력하거나 생략하면 내림차순으로, '0'이 아닌 값을 지정하면 오름차순으로 순위가 정해집니다.

❶K5셀에 셀 포인터를 놓고 ❷[수식] 탭에서 [기타 함수]를 클릭한 후 ❸[통계]-❹[COUNTIF]를 선택합니다.

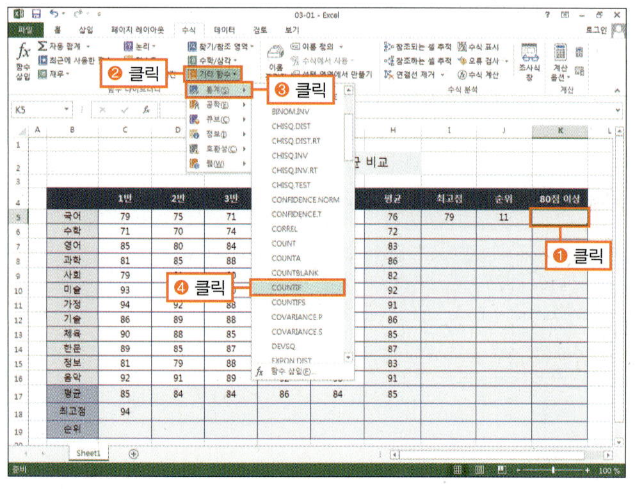

❶[Range]에서 값을 비교할 범위인 C5:G5셀을 드래그합니다. ❷[Criteria]에서 개수를 구할 조건인 '>=80'을 입력하고 ❸[확인]을 클릭합니다.

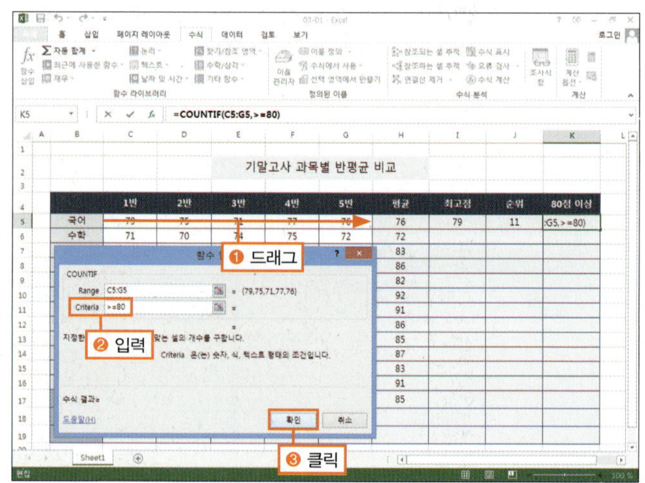

10 결과 확인하고 수식 복사하기

결과가 입력됩니다. ❶나머지 빈 셀에 다음과 같이 수식을
복사하고 ❷19행에도 [RANK.AVG] 함수를 이용해 순위를
구합니다.

참고 •

C19셀에 '=RANK.AVG(C17,$C$17:$G$17,0)'와 같이 수식을 설정한
후 오른쪽으로 수식을 복사합니다.

실습 과정 **텍스트의 위치에 따른 값 구하기**

[RIGHT] 함수와 [MID] 함수, [UPPER] 함수를 이용해 텍스트 데이터에서 원하는 문자를 추출하고 영문의 대소문자를
변경하는 방법을 알아봅니다.

◎ **시작 파일** : 엑셀\part06\03-02.xlsx
◎ **완료 파일** : 엑셀\part06\03-02_완성.xlsx

---

01 [RIGHT] 함수 선택하기

❶G5셀에 셀 포인터를 놓고 ❷[수식] 탭의 [함수 라이브러
리] 그룹에서 [텍스트]-❸[RIGHT]를 선택합니다.

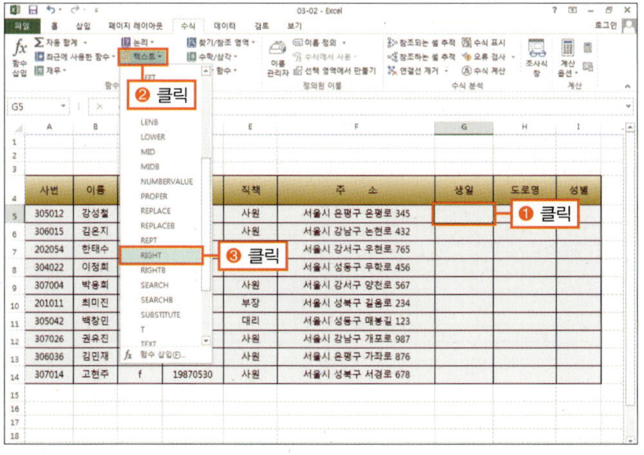

02 [함수 인수] 대화상자 지정하기

[함수 인수] 대화상자가 나타나면 ❶[Text]에 'D5'를 입력
하고 ❷[Num_chars]에 '4'를 입력한 후 ❸[확인]을 클릭합
니다.

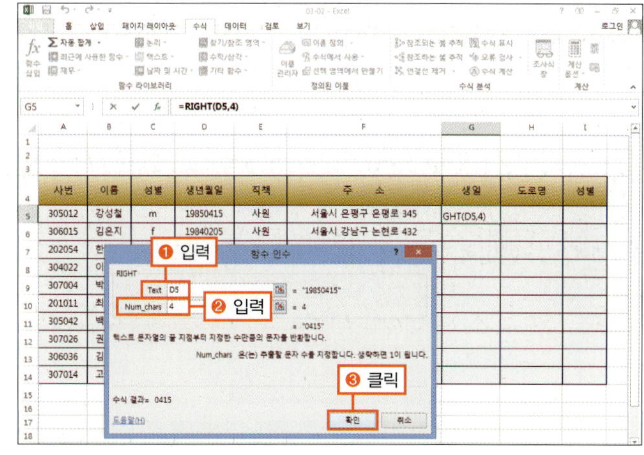

참고 •

[Text]에 'D5'를 입력하는 대신 D5셀을 직접 클릭해도 자동으로 입
력됩니다.

'생년월일' 항목에서 월과 일의 네 자리만 추출되어 '생일' 항목에 나타납니다. ❶G5셀의 채우기 핸들을 G14셀까지 드래그해 함수식을 복사합니다.

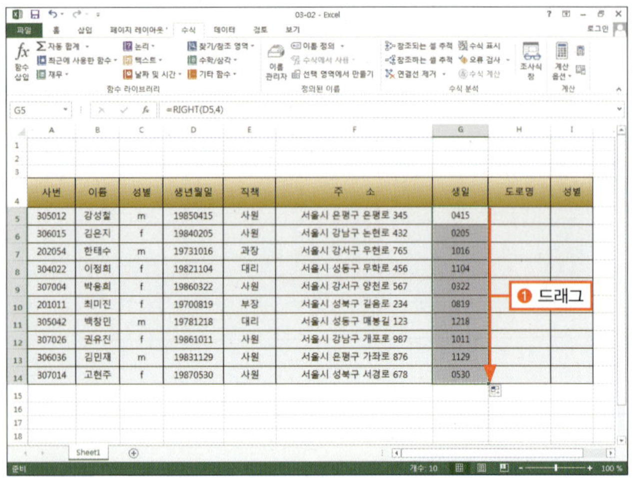

> **참고** •
> 상대참조를 사용한 함수이므로 복사해도 해당 생일이 올바르게 추출되어 나타납니다.

04 [MID] 함수 선택하기

❶H5셀에 셀 포인터를 놓고 ❷[수식] 탭의 [함수 라이브러리] 그룹에서 [텍스트]-❸[MID]를 선택합니다.

05 [함수 인수] 대화상자 지정하기

[함수 인수] 대화상자가 나타나면 ❶[Text]에 'F5'를 입력하고 ❷[Start-num]에 '9'를 입력합니다. ❸[Num_chars]에 '3'을 입력한 후 ❹[확인]을 클릭합니다.

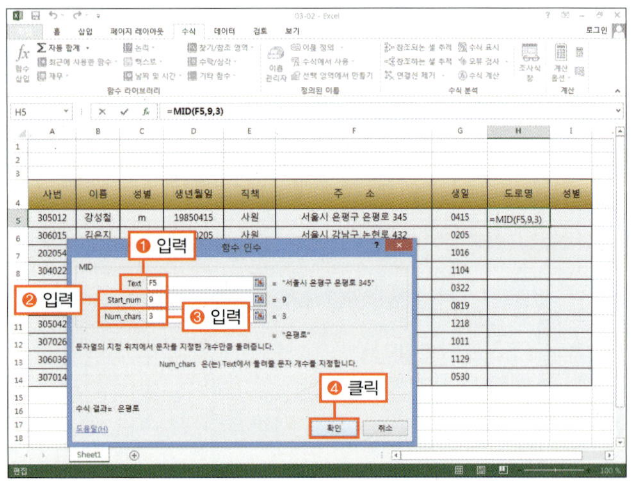

06 결과 확인 및 수식 복사하기

'주소' 항목에서 9번째 글자부터 3개의 글자가 추출되어 '도로명' 항목에 나타납니다. ❶H5셀의 채우기 핸들을 H14셀까지 드래그해 함수식을 복사합니다.

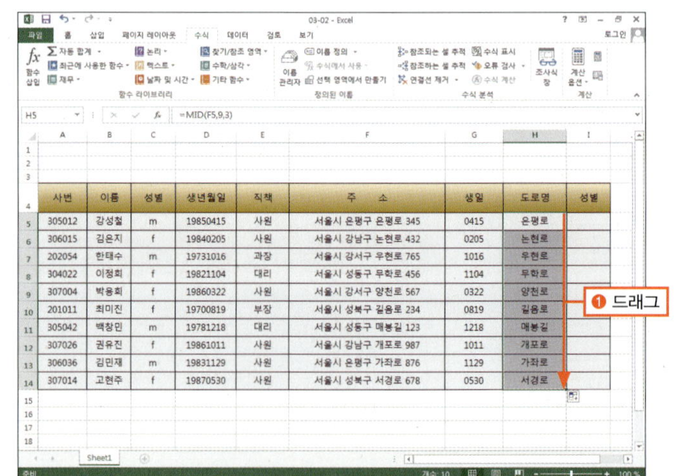

> **참고** •
> 위 수식은 F5셀의 9번째 문자부터 시작해 3개의 문자를 추출하라는 의미입니다. 이때 빈 칸도 개수에 포함되므로 유의합니다.

07 [UPPER] 함수 선택하기

❶I5셀에 셀 포인터를 놓고 ❷[수식] 탭의 [함수 라이브러리] 그룹에서 [텍스트]-❸[UPPER]를 선택합니다.

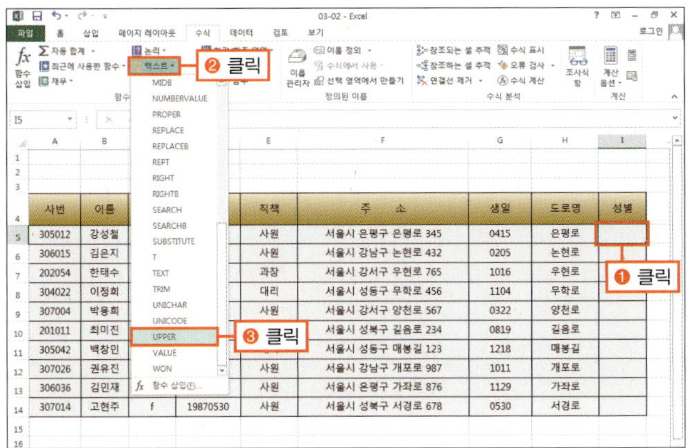

08 [함수 인수] 대화상자 지정하기

[함수 인수] 대화상자가 나타나면 ❶[Text]에 'C5'를 입력하고 ❷[확인]을 클릭합니다.

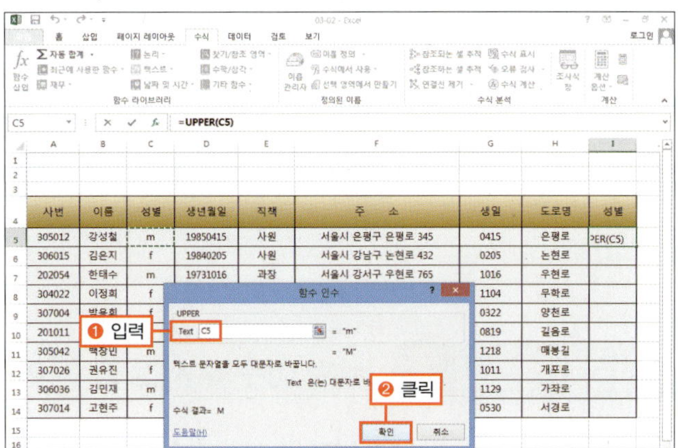

09 결과 확인 및 수식 복사하기

C5셀의 'm'이 복사되어 대문자로 표시됩니다. ❶I5셀의 채우기 핸들을 I14셀까지 드래그해 함수식을 복사합니다.

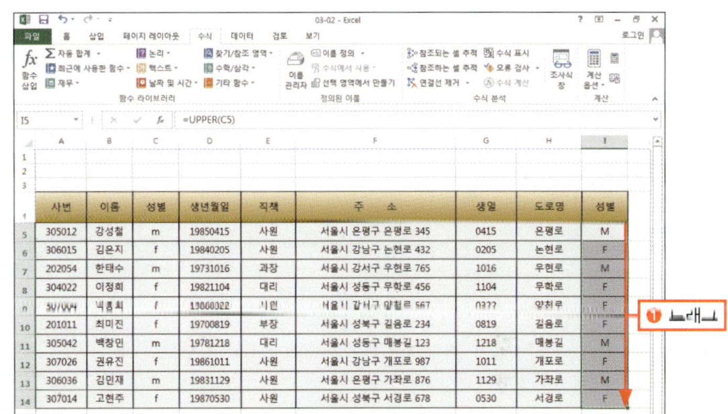

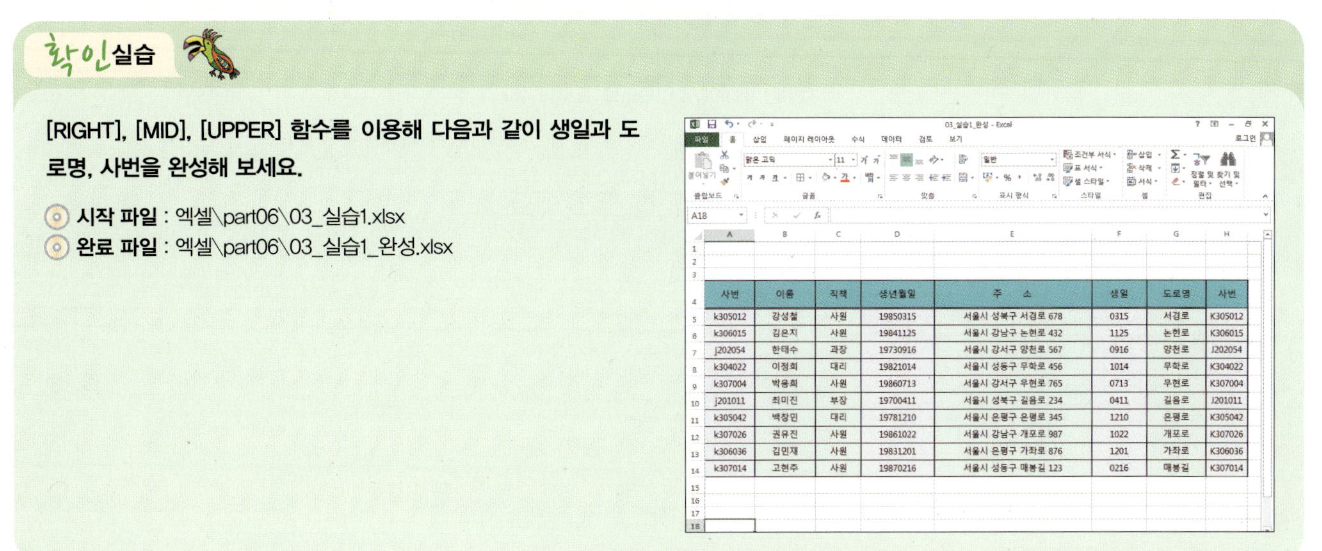

[RIGHT], [MID], [UPPER] 함수를 이용해 다음과 같이 생일과 도로명, 사번을 완성해 보세요.

◎ **시작 파일** : 엑셀\part06\03_실습1.xlsx
◎ **완료 파일** : 엑셀\part06\03_실습1_완성.xlsx

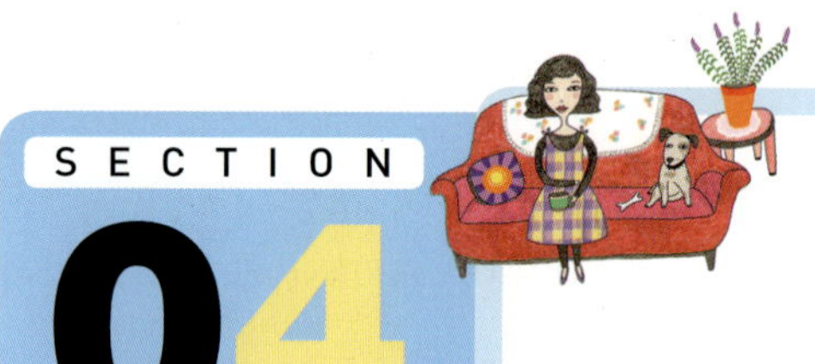

날짜 및 시간 함수 사용하기

날짜와 시간 관련 함수의 종류와 기능을 살펴보고 함수식을 작성하는 방법을 연습해 봅니다.

- 날짜/시간 함수 기능 알기
- 날짜 함수 활용하기
- 시간 함수 활용하기

기능 정리　날짜 함수와 시간 함수 이해하기

● 날짜 및 시간 함수 알아보기

날짜 관련 함수로 셀에 현재 날짜를 삽입하거나 두 날짜 사이의 일 수를 계산할 수 있습니다. 시간 관련 함수는 셀에 현재 시간을 삽입하거나 특정 형식에 맞게 시간을 표시할 때 사용합니다. 날짜 및 시간 관련 주요 함수는 다음과 같습니다.

함수	기능 및 입력 형식
DATE	=DATE(year, month, day)
	연도, 월, 일을 지정하여 날짜를 표시합니다.
DAYS360	=DAYS360(start_date, end_date, method)
	360일을 기준으로 두 날짜 사이의 일 수를 계산합니다.
HOUR	=HOUR(serial_number)
	지정한 날짜와 시간에서 시간만 표시합니다.
NOW	=NOW()
	현재 날짜와 시간을 표시합니다.
TODAY	=TODAY()
	현재 날짜를 표시합니다.
YEAR	=YEAR(serial_number)
	지정한 날짜에서 연도만 표시합니다.

간단 퀴즈 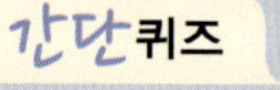

1 다음 중 현재 날짜와 시간을 표시하는 함수는 무엇일까요?

① TODAY　② YEAR　③ NOW　④ DATE

답 : ③

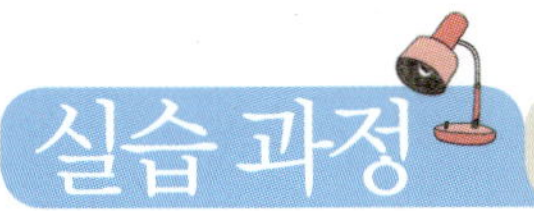

날짜와 시간 함수 활용하기

[TODAY], [DAYS360], [DATE] 함수와 [TIME] 함수의 사용법에 대해 알아봅니다.

◎ **시작 파일** : 엑셀\part06\04-01.xlsx
◎ **완료 파일** : 엑셀\part06\04-01_완성.xlsx

01 [TODAY] 함수 선택하기

❶H3셀에 셀 포인터를 놓고 ❷[수식] 탭의 [함수 라이브러리] 그룹에서 [날짜 및 시간]-❸[TODAY]를 선택합니다.

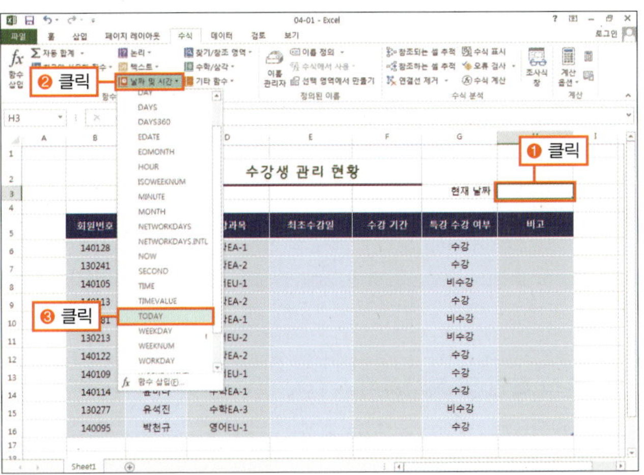

02 [함수 인수] 대화상자 확인하기

[함수 인수] 대화상자가 나타나면 인수 지정이 필요 없다는 메시지를 확인하고 ❶[확인]을 클릭합니다.

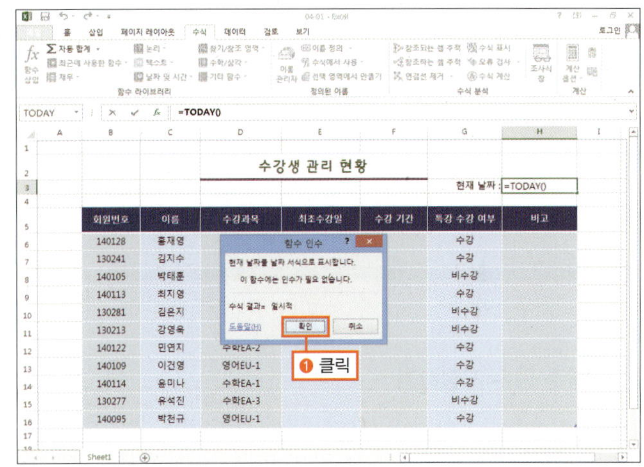

03 [DATE] 함수 선택하기

H3셀에 현재 날짜가 실시간으로 표시됩니다. ❶E6셀에 셀 포인터를 놓고 ❷[수식] 탭의 [함수 라이브러리] 그룹에서 [날짜 및 시간]-❸[DATE]를 선택합니다.

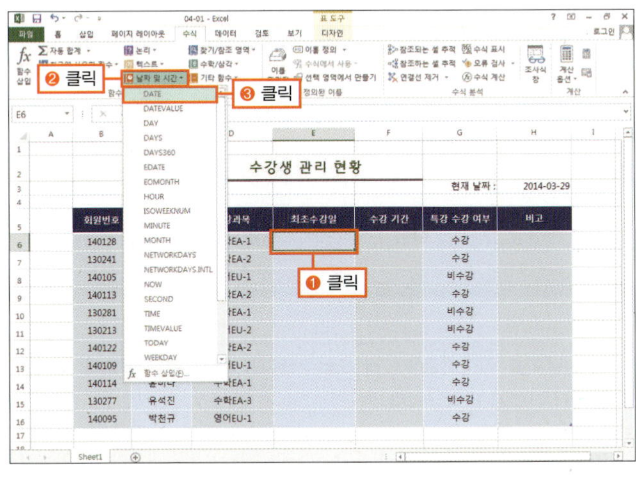

04 [함수 인수] 대화상자 지정하기

[함수 인수] 대화상자가 나타나면 ❶[Year]에 '2014'를 입력하고 [Month]에 '1', [Day]에 '5'를 입력한 후 ❷[확인]을 클릭합니다.

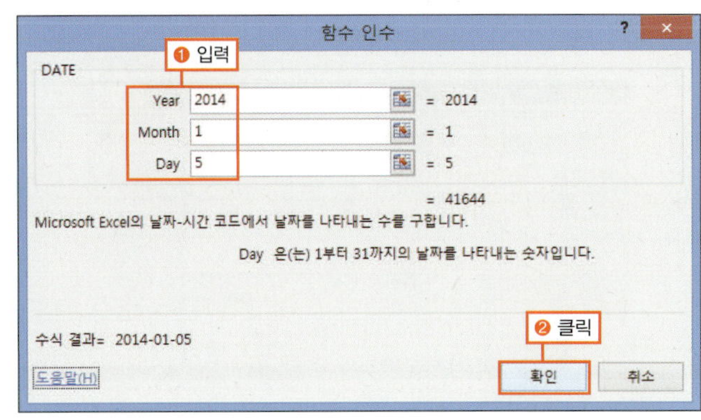

> **참고**
>
> [TODAY] 함수는 현재 날짜가 실시간으로 표시되므로 사용자가 현재 작업하고 있는 날짜가 표시되며, 날짜가 지나면 표시되는 날짜도 변경됩니다.

지정한 날짜가 표시됩니다. ❶E7셀에서 E16셀까지 각각 [DATE] 함수를 이용해 다음과 같이 날짜를 입력합니다.

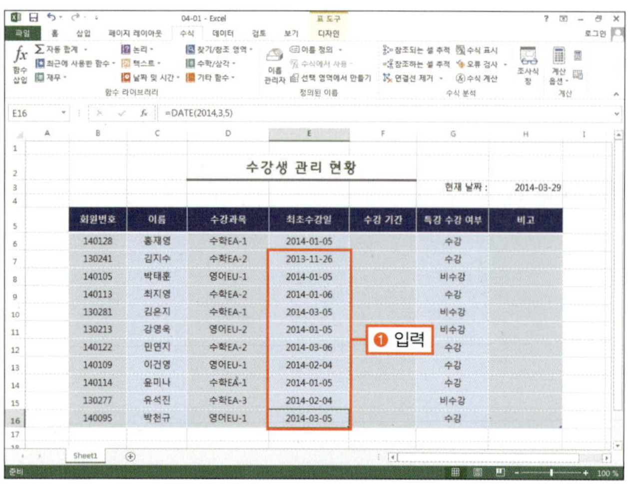

이번에는 날짜 사이의 간격을 구하기 위해 ❶F6셀에 셀 포인터를 놓고 ❷[수식] 탭의 [함수 라이브러리] 그룹에서 [날짜 및 시간]-❸[DAYS360]을 선택합니다.

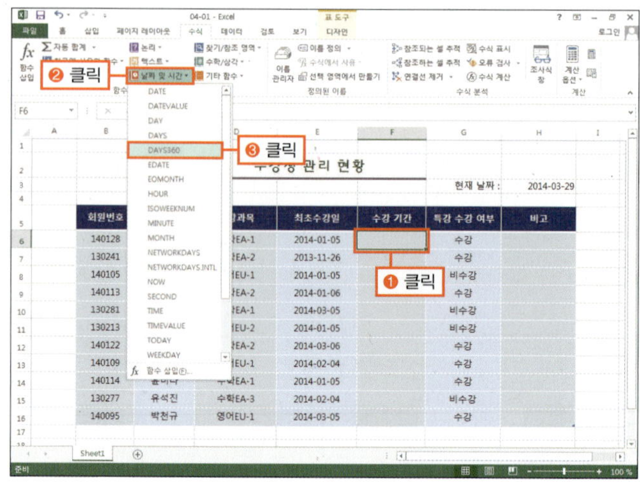

[함수 인수] 대화상자의 ❶[Start_date]에 최초 수강일이 있는 E6셀을 입력합니다. ❷[End_date]에 현재 날짜가 입력된 H3셀을 클릭해 지정한 후 ❸F4를 눌러 절대참조 형식으로 변경하고 ❹[확인]을 클릭합니다.

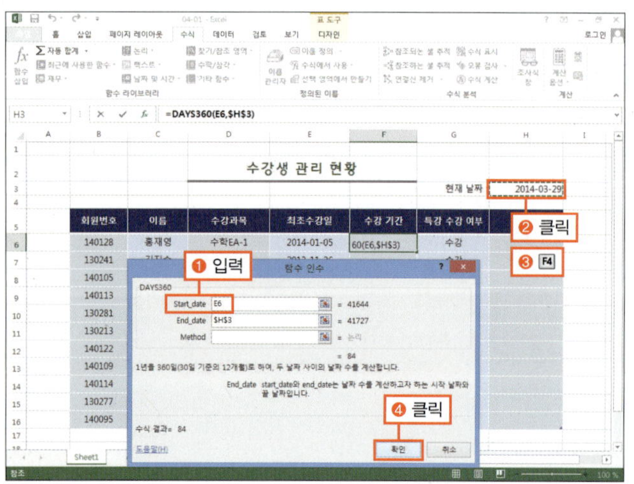

최초 수강일로부터 오늘까지 며칠이 지났는지 계산해 날짜가 표시됩니다. ❶수식을 F16셀까지 복사합니다.

> **참고**
>
> 현재 날짜를 기준으로 계산되므로 사용자가 작업하는 날짜에 따라 결과가 다르게 나타납니다.

09 [TIME] 함수 선택하기

❶G4셀에 내용을 입력하고 ❷H4셀에 셀 포인터를 놓습니다. ❸[수식] 탭의 [함수 라이브러리] 그룹에서 [날짜 및 시간]-❹[TIME]을 선택합니다.

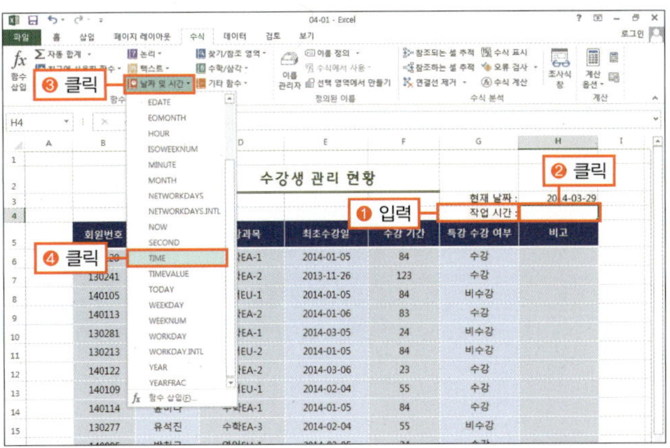

10 [함수 인수] 대화상자 지정하기

[함수 인수] 대화상자가 나타나면 ❶[Hour]에 '15'를, [Minute]와 [Second]에 '00'을 입력하고 ❷[확인]을 클릭합니다.

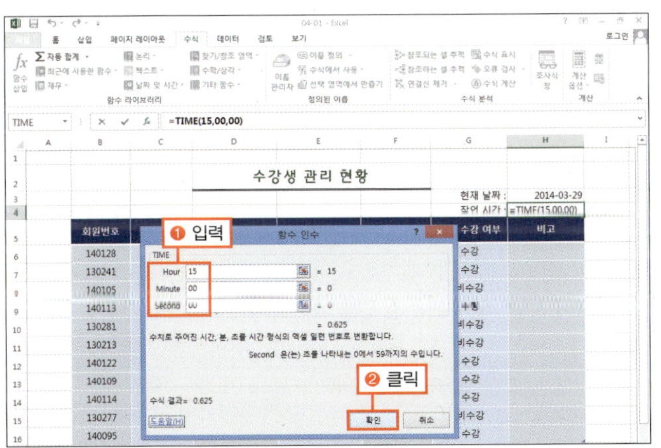

11 결과 확인하기

지정한 시간이 표시된 것을 확인할 수 있습니다.

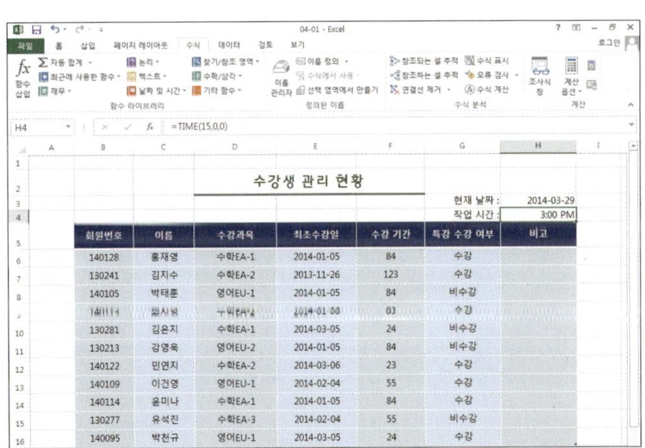

확인실습

[DATE]와 [TIME] 함수를 이용해 다음과 같이 날짜와 시간을 입력해 보세요.

◉ 시작 파일 : 엑셀\part06\04_실습1.xlsx
◉ 완료 파일 : 엑셀\part06\04_실습1_완성.xlsx

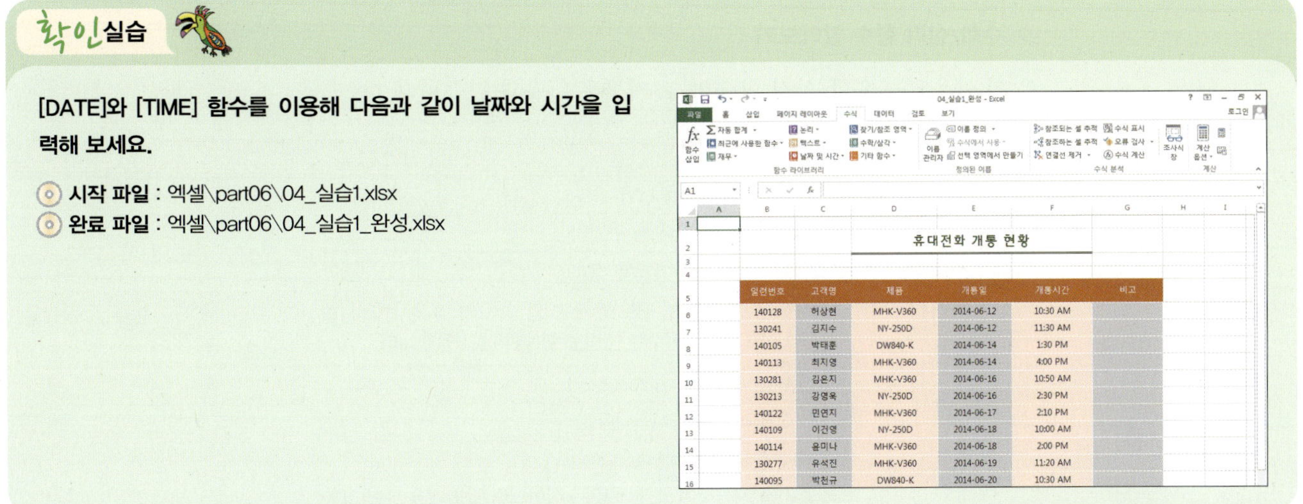

논리 함수와 수학/삼각 함수로 조건별 데이터 찾기

조건을 지정해 해당 조건에 맞는 데이터를 추출하는 논리 함수의 기능에 대해 살펴보고 함수식을 작성하는 방법을 연습해 봅니다.

다루는 내용

- 논리 함수, 수학/삼각 함수 기능 알기
- 논리 함수 활용하기
- 수학/삼각 함수 활용하기

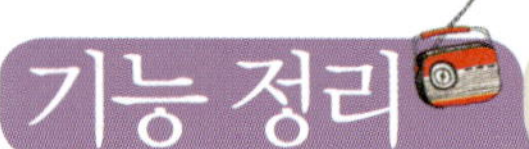 **기능 정리** **논리 함수와 수학/삼각 함수 이해하기**

● 논리 함수 알아보기

논리 함수는 조건에 따라 데이터를 구분합니다. 주요 함수와 그 기능은 다음과 같습니다.

함수	기능 및 입력 형식
AND	=AND(logical1, logical2, …)
	인수가 모두 참인 경우에만 참 값을 표시합니다.
FALSE	=FALSE
	거짓 값을 표시합니다. 인수를 사용하지 않습니다.
IF	=IF(logical_test, value_if_true, value_if_false)
	조건을 지정하여 그 결과가 참인 경우와 거짓인 경우로 나누어 각각 다른 결과를 표시합니다.
NOT	=NOT(logical)
	값이 참인 경우에는 거짓을, 값이 거짓인 경우에는 참 값을 표시합니다.
OR	=OR(logical1, logical2, …)
	인수 중 하나 이상이 참인 경우에 참 값을 표시합니다.
TRUE	=TRUE
	참 값을 표시합니다. 인수를 사용하지 않습니다.

● 수학/삼각 함수 알아보기

많이 사용되는 수학/삼각 함수와 그 기능은 다음과 같습니다.

함수	기능 및 입력 형식
MOD	=MOD(number, divisor)
	나눗셈을 한 나머지를 구합니다.
ROUND	=ROUND(number, num_digits)
	지정한 자릿수가 되도록 소수점 이하의 수를 반올림합니다. ROUNDUP 함수는 올림을, ROUNDDOWN 함수는 내림을 할 경우에 사용합니다.
SUM	=SUM(number1, number2, …)
	인수들의 합을 표시합니다.
SUMIF	=SUMIF(range, criteria, sum_range)
	조건을 지정하여 조건에 맞는 데이터들의 합계를 구합니다.

SUMIFS	=SUMIFS(sum_range, criteria_range1, criteria1, criteria_range2, criteria2, …)
	조건이 여러 개일 경우에 범위 안에서 조건에 맞는 데이터들의 합계를 구합니다.

간단퀴즈

1 다음 중 논리 함수가 아닌 함수는 무엇일까요?

① IF ② TRUE ③ AND ④ MID

답 : ④

실습 과정 IF 함수식 사용하기

[IF] 함수를 이용해 조건에 맞는 데이터와 맞지 않는 데이터에 대해 값을 지정하고 [AND] 함수를 함께 사용하여 2개의 조건을 모두 만족하는 데이터를 골라내는 방법을 알아봅니다.

◎ **시작 파일** : 엑셀\part06\05-01.xlsx
◎ **완료 파일** : 엑셀\part06\05-01_완성.xlsx

01 [IF] 함수 선택하기

❶H5셀에 셀 포인터를 놓고 ❷[수식] 탭의 [함수 라이브러리] 그룹에서 [논리]-❸[IF]를 선택합니다.

02 [함수 인수] 대화상자 확인하기

[함수 인수] 대화상자가 나타나면 ❶[Logical_test]에 'G5>=100'을 입력하고 [Value_if_true]에 '달성'을 입력합니다. [Value_if_false]에 '미달'을 입력한 후 ❷[확인]을 클릭합니다.

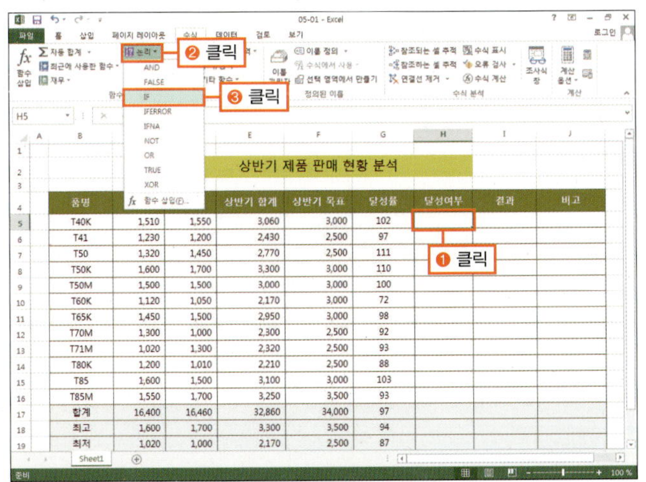

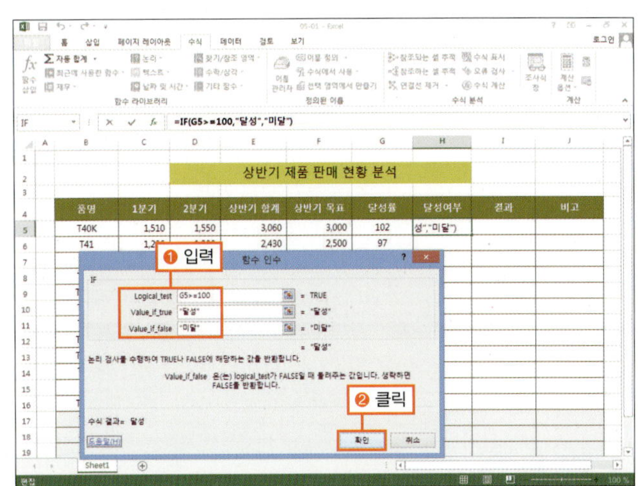

> **참고**
>
> '달성률'이 '100' 이상이면 '달성', 그렇지 않으면 '미달'이 나타나도록 조건을 지정하였습니다.

03 함수 실행 결과 확인하기

함수식의 결과가 나타납니다. ❶채우기 핸들을 드래그해 H16셀까지 수식을 복사합니다.

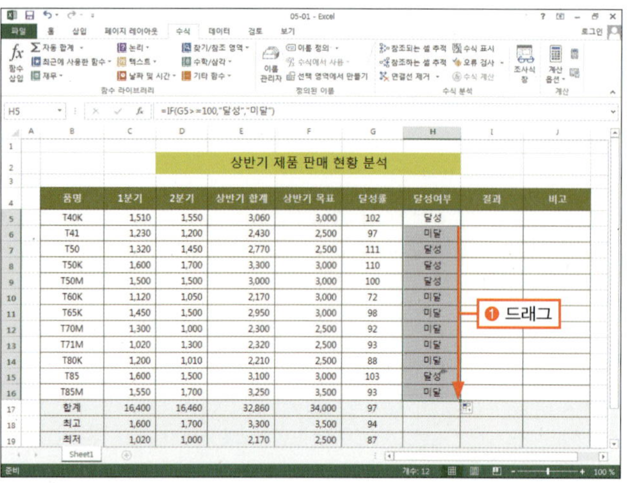

04 [IF] 함수 선택하기

❶I5셀에 셀 포인터를 놓고 ❷[수식] 탭의 [함수 라이브러리] 그룹에서 [논리]-❸[IF]를 선택합니다.

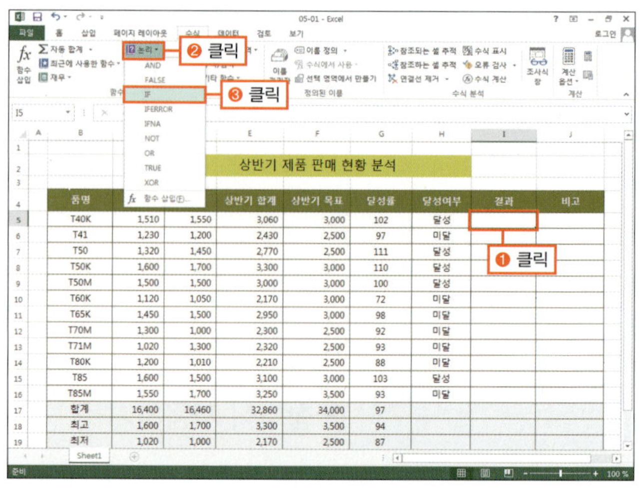

05 [함수 인수] 대화상자 지정하기

[함수 인수] 대화상자가 나타나면 ❶[Value_if_true]에 '계속 생산'을 입력하고 [Value_if_false]에 '생산 중단'을 입력합니다.

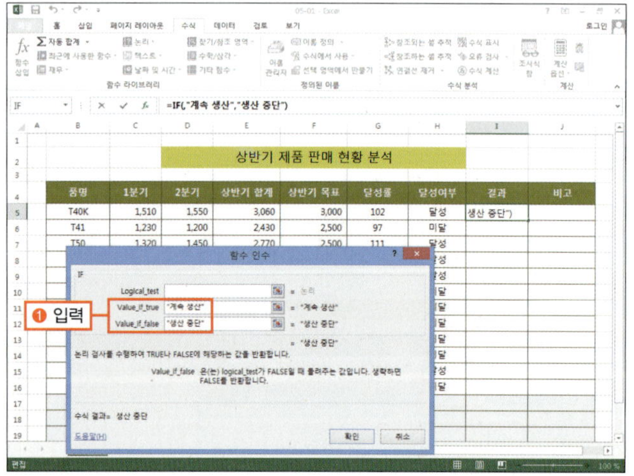

06 함수 추가하기

❶[Logical_test]에 커서를 놓고 추가로 함수식을 만들기 위해 ❷이름 상자의 목록 단추를 클릭한 후 ❸[함수 추가]를 선택합니다.

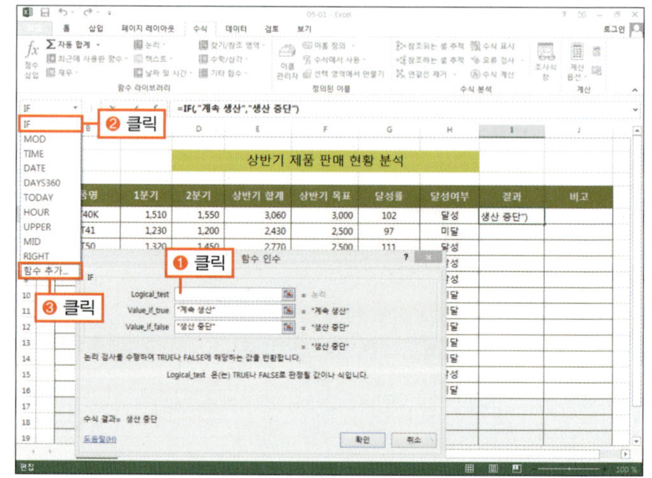

> **참고**
>
> 추가하려는 함수가 목록에 있는 경우에는 바로 선택합니다.

07 함수 선택하기

[함수 마법사] 대화상자가 나타나면 ❶[함수 선택]에서 [AND]를 선택하고 ❷[확인]을 클릭합니다.

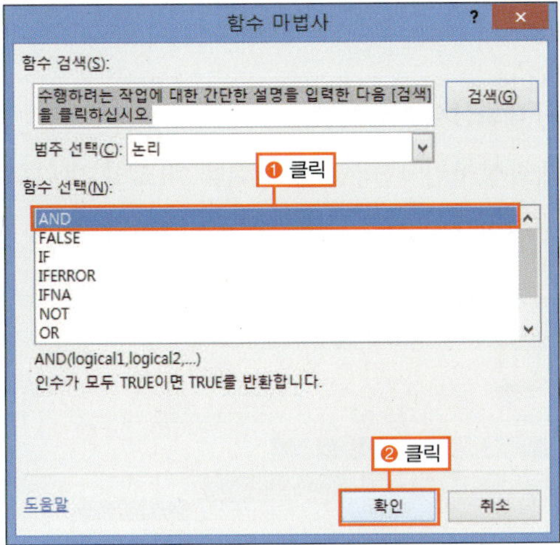

08 [AND] 함수의 인수 지정하기

[함수 인수] 대화상자가 나타나면 ❶[Logical1]에 'D5>=C5'를 입력하고 [Logical2]에 'E5>=F5'를 입력한 후 ❷[확인]을 클릭합니다.

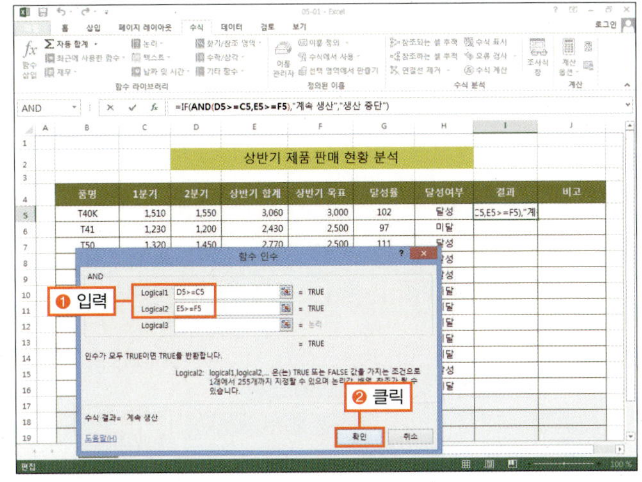

> **참고**
>
> [AND] 함수를 사용하였으므로 '2분기' 실적이 '1분기' 실적보다 크거나 같고, '상반기 합계'가 '상반기 목표'보다 크거나 같은 조건들을 동시에 만족하는 경우에만 'true' 값을 나타내도록 지정하였습니다.

09 결과 확인하기

함수식의 결과가 나타납니다. ❶I16셀까지 수식을 복사해 결과를 확인합니다.

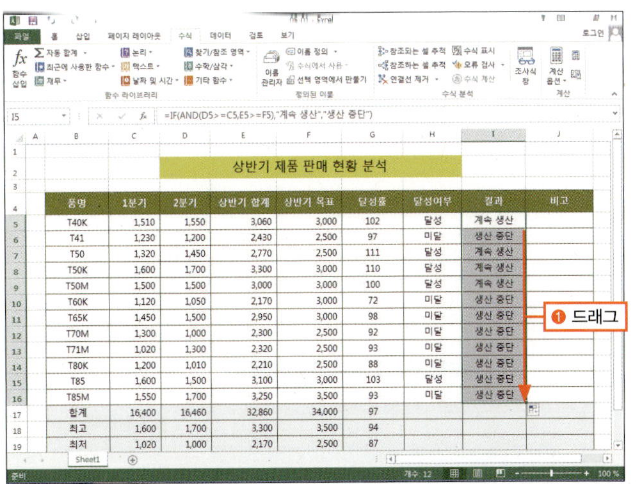

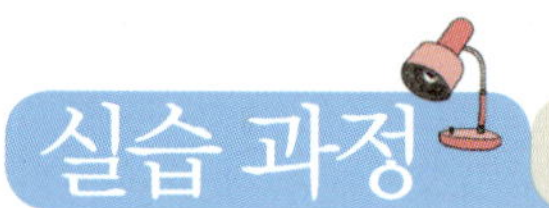

SUMIF 함수로 조건에 맞는 데이터만 더하기

[SUMIF] 함수를 이용해 지정한 조건에 맞는 데이터를 추출한 후 해당 데이터들의 합을 구하는 방법에 대해 알아봅니다.

◉ **시작 파일** : 엑셀\part06\05-02.xlsx
◉ **완료 파일** : 엑셀\part06\05-02_완성.xlsx

01 [SUMIF] 함수 선택하기

❶J6셀에 셀 포인터를 놓습니다. ❷[수식] 탭의 [함수 라이브러리] 그룹에서 [수학/삼각]-❸[SUMIF]를 선택합니다.

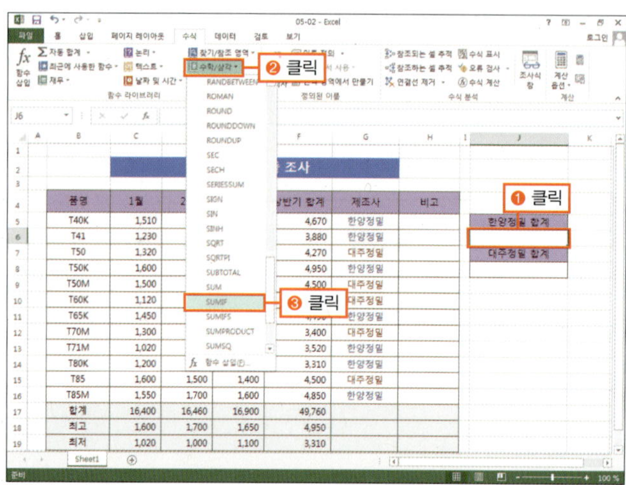

02 [함수 인수] 대화상자 지정하기

[함수 인수] 대화상자가 나타나면 조건을 비교할 범위를 지정하기 위해 ❶[Range]에 있는 🔢를 클릭합니다.

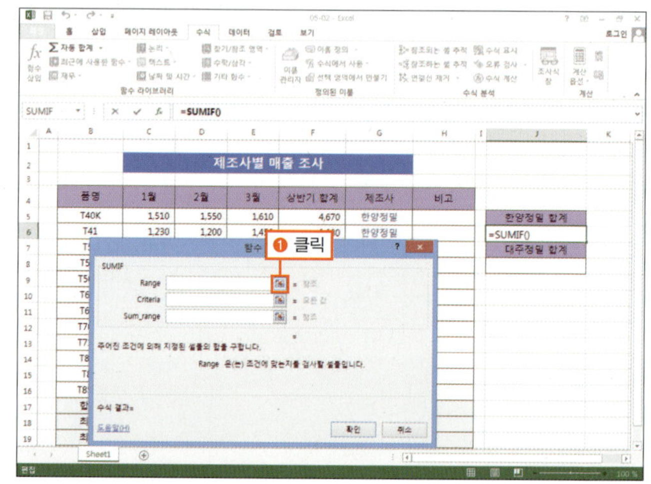

03 비교 범위 지정하기

❶G5:G16셀을 드래그해 범위로 지정한 후 ❷🔢를 클릭해 대화상자로 돌아갑니다.

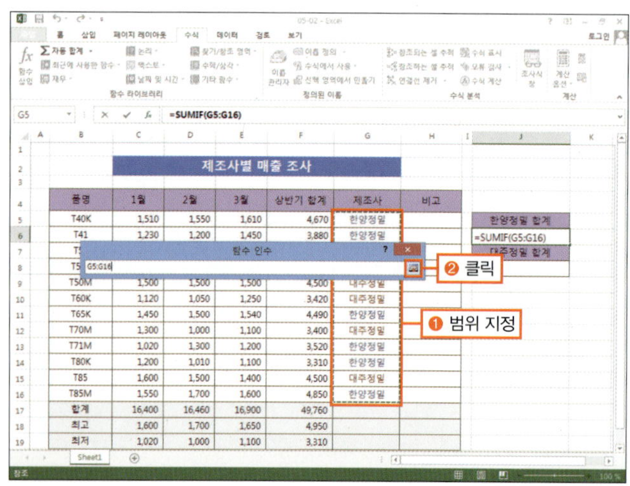

04 함수 인수 지정하기

❶[Criteria]에 '한양정밀'을 입력하고 ❷[Sum_range]에서 F5:F16셀을 드래그해 범위로 지정합니다. ❸[확인]을 클릭합니다.

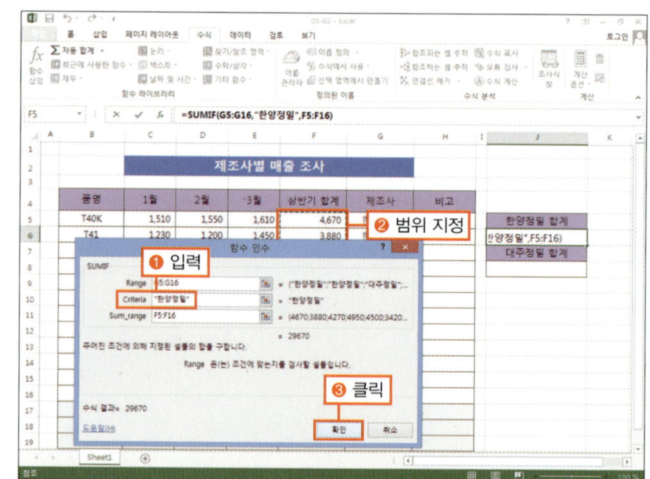

J6셀에 '한양정밀'의 상반기 합계액을 더한 값이 표시됩니다. 이번에는 '대주정밀'의 합계액을 더하기 위해 ❶J8셀에 셀 포인터를 놓습니다. ❷[수식] 탭의 [함수 라이브러리] 그룹에서 [수학/삼각]-❸[SUMIF]를 선택합니다.

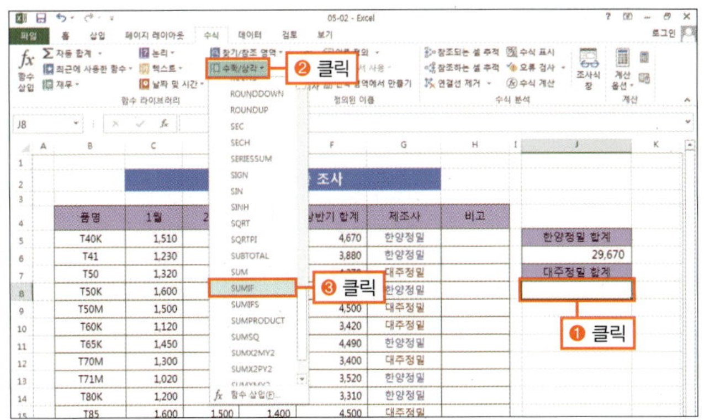

06 [함수 인수] 대화상자 지정하기

[함수 인수] 대화상자가 나타나면 ❶[Range]에 G5:G16셀을, [Criteria]에 '대주정밀'을, [Sum_range]에 F5:F16셀을 입력합니다. ❷[확인]을 클릭합니다.

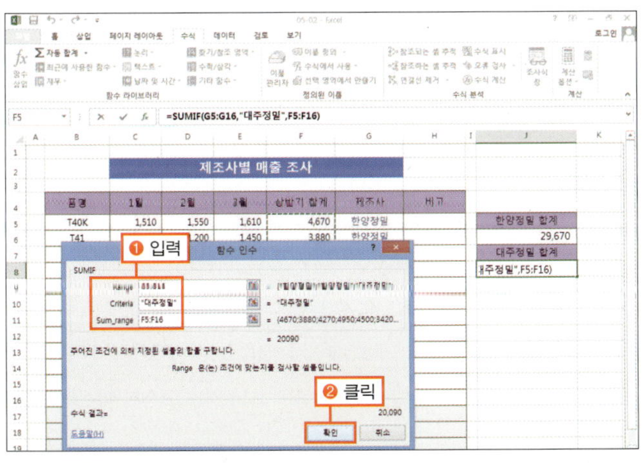

07 결과 확인하기

J8셀에 '대주정밀'의 상반기 합계액만 추출해 더한 값이 표시됩니다.

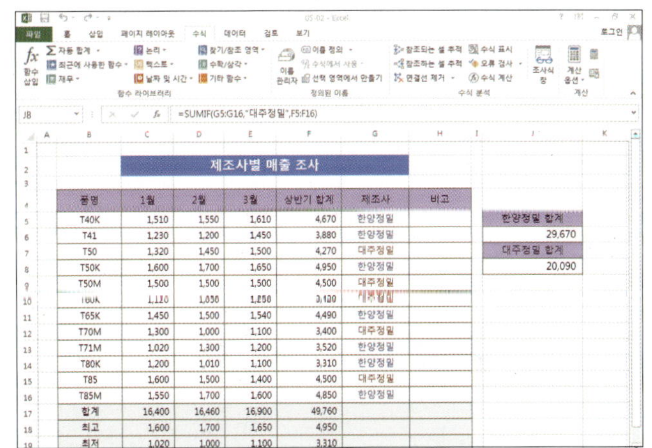

확인실습

[SUMIF] 함수를 이용해 다음과 같이 영업1팀과 영업2팀의 2분기 합계를 더한 값을 구해 보세요.

◎ 시작 파일 : 엑셀\part06\05_실습1.xlsx
◎ 완료 파일 : 엑셀\part06\05_실습1_완성.xlsx

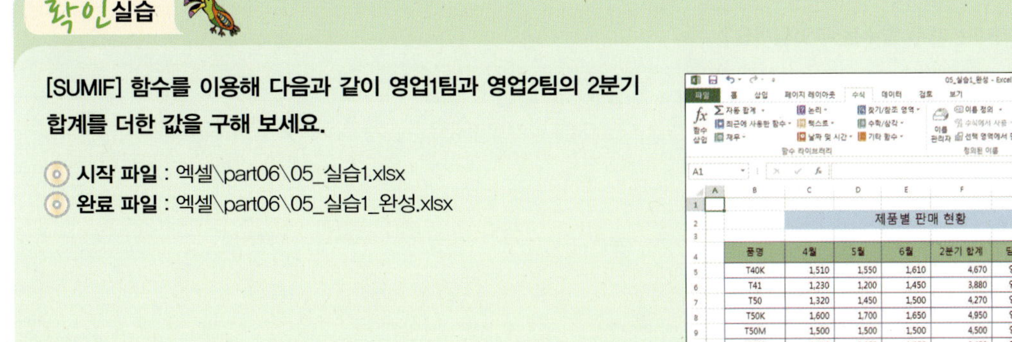

재무 함수 활용하기

재무 관리나 자산 관리 등에 사용하는 재무 함수를 이용하면 금융 상품의 이율이나 만기 지급액 등 복잡한 계산도 간편하게 활용할 수 있습니다. 재무 함수의 사용법을 알아봅니다.

- 재무 함수 기능 알기
- 재무 함수 활용하기

기능 정리 | 재무 함수 이해하기

● 재무 함수 알아보기

재무 함수는 금융, 재무, 자산 관리 등에 활용합니다. 주요 함수와 그 기능은 다음과 같습니다.

함수	기능 및 입력 형식
FV	=FV(rate, nper, pmt, pv, type)
	만기 때의 희망 금액을 계산합니다.
NPER	=NPER(rate, pmt, pv, fv, type)
	투자한 기간을 나타냅니다.(정기적금의 경우는 납부 기간, 예금의 경우는 예치 기간)
PMT	=PMT(rate, nper, pv, fv, type)
	주기적, 고정적으로 매월 납입하는 금액입니다.(예: 정기적금, 연금 등)
PV	=PV(rate, nper, pmt, fv, type)
	투자 총액의 현재 가치를 계산합니다.
RATE	=RATE(nper, pmt, pv, fv, type, guess)
	이자 지급 기간(년 또는 월)당 이율을 구합니다.

간단 퀴즈 

1 다음 중 투자한 기간을 나타내는 재무 함수는 무엇일까요?

① PV ② FV ③ RATE ④ NPER

답 : ④

FV 함수로 만기 금액 계산하기

[FV] 함수를 이용해 고정 금액을 주기적으로 납입하는 적금이나 예금을 이용할 때 발생하는 만기 지급액을 구하는 방법에 대해 알아봅니다.

◎ **시작 파일** : 엑셀\part06\06-01.xlsx
◎ **완료 파일** : 엑셀\part06\06-01_완성.xlsx

01 [FV] 함수 선택하기

❶C8셀에 셀 포인터를 놓고 ❷[수식] 탭의 [함수 라이브러리] 그룹에서 [재무]-❸[FV]를 선택합니다.

02 함수 인수 지정하기

[함수 인수] 대화상자가 나타나면 ❶[Rate]에 'C7', [Nper]에 'C6', [Pmt]에 '-C5'를 입력합니다. [Pv]와 [Type]에는 '0'을 입력한 후 ❷[확인]을 클릭합니다.

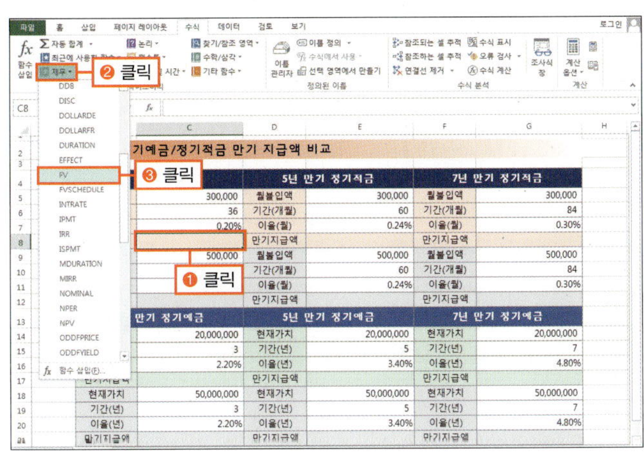

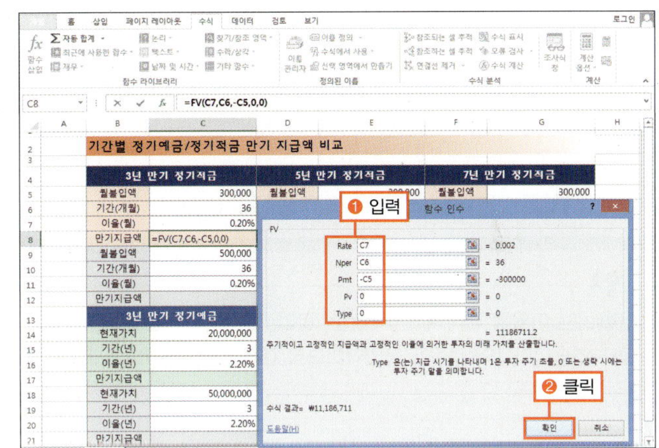

참고

[Rate]는 이율을 나타내고 [Nper]는 납입 기간을, [Pmt]는 월 납입액을 의미합니다. [Pmt]는 납입해야 하는 금액이므로 음수로 입력하였습니다. [Pv]는 현재 가치를 의미하므로 '0'을 입력하였습니다. [Type]에 '0'을 입력하면 월말에 납입하는 것을 기준으로 계산됩니다.

03 결과 확인하고 함수식 복사하기

수식의 결과가 입력됩니다. C8셀에서 ❶[홈] 탭의 [클립보드] 그룹에서 [복사]를 클릭한 후 ❷C12셀에서 ❸[붙여넣기]를 클릭해 함수식을 복사합니다.

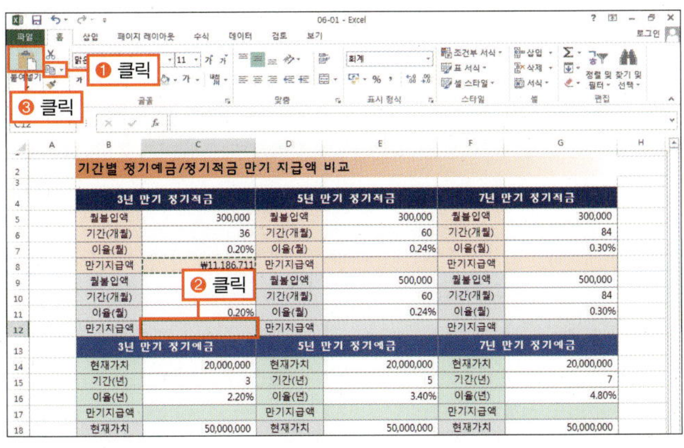

04 함수식 복사하기

복사한 함수식을 ❶E8셀과 E12셀, G8셀, G12셀에 각각 붙여넣습니다.

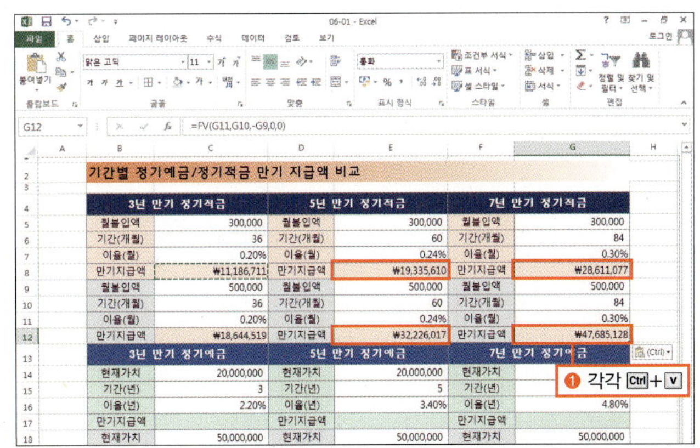

❶C17셀에 셀 포인터를 놓고 ❷[수식] 탭의 [함수 라이브러리] 그룹에서 [재무]-❸[FV]를 선택합니다.

[함수 인수] 대화상자가 나타나면 ❶[Rate]에 'C16/12'를, [Nper]에 'C15*12'를 입력합니다. [Pmt]에 '0'을, [Pv]에는 '-C14'를, [Type]에는 '0'을 입력한 후 ❷[확인]을 입력합니다.

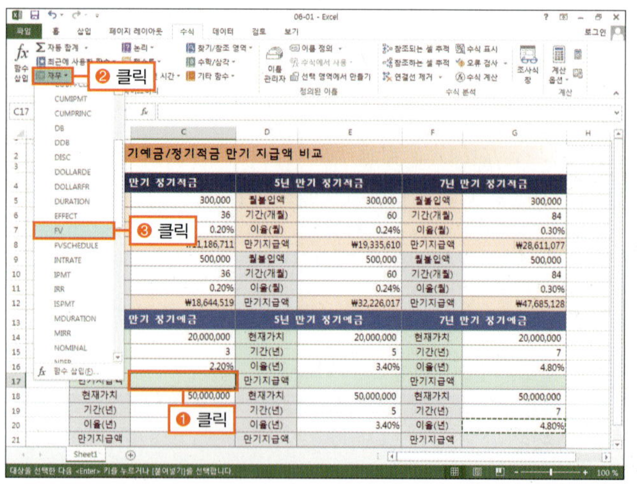

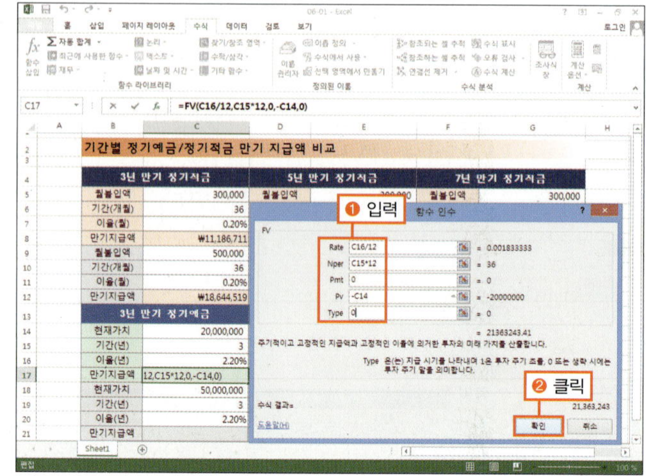

참고

[Rate]는 이율을 나타내고 [Nper]는 불입 기간을 의미합니다. 여기서는 년 이율이므로 12개월로 나누었으며, 불입 기간도 년 단위이므로 12개월을 곱하였습니다. [Pmt]는 월 불입액이므로 '0'을 입력하였고 [Pv]는 현재 가치인데 예탁하였으므로 '−C14'를 입력하였습니다.

07 결과 확인하고 수식 복사하기

함수식의 결과가 나타납니다. ❶C17셀의 수식을 복사해 ❷C21셀, E17셀, E21셀, G17셀, G21셀에 각각 붙여넣습니다.

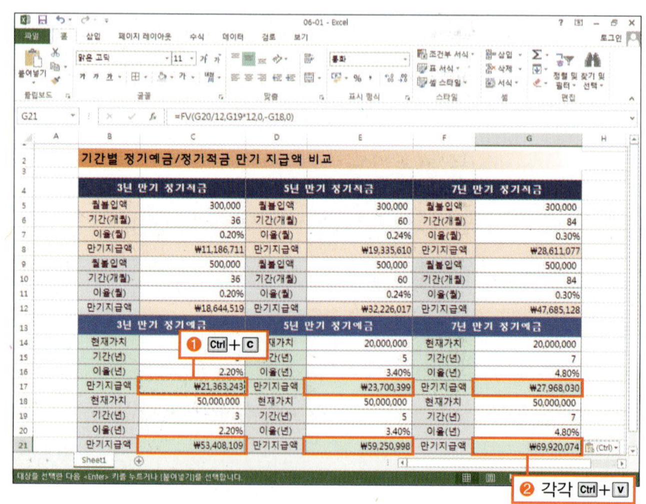

실습 과정 **PMT 함수로 매월 납입액 계산하기**

[PMT] 함수를 사용하여 특정 금액을 지정한 기간 동안 모으기 위해 매월 납입해야 하는 액수를 알아봅니다.

◎ **시작 파일** : 엑셀\part06\06-02.xlsx
◎ **완료 파일** : 엑셀\part06\06-02_완성.xlsx

01 [PMT] 함수 선택하기

❶C4셀에 셀 포인터를 놓습니다. ❷[수식] 탭의 [함수 라이브러리] 그룹에서 [재무]-❸[PMT]를 선택합니다.

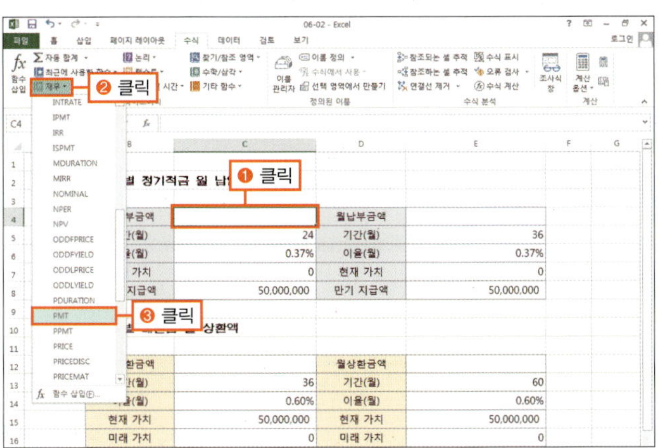

02 [함수 인수] 대화상자 지정하기

[함수 인수] 대화상자가 나타나면 ❶[Rate]에 'C6', [Nper]에 'C5', [Pv]에 'C7'을 입력합니다. [Fv]에는 'C8', [Type]에 '1'을 입력한 후 ❷[확인]을 클릭합니다.

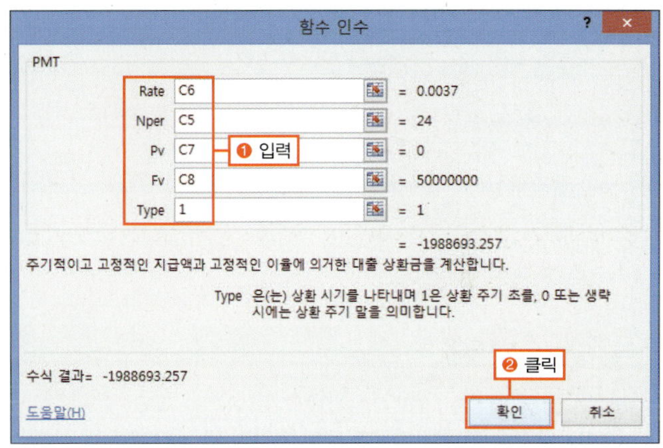

> **참고**
> [Rate]는 이율, [Nper]는 불입 기간, [Pv]는 현재 가치를 의미합니다. [Fv]는 만기 지급액을 의미하며 [Type]에 '1'을 입력하면 매월 초에 불입하는 것을 의미합니다.

03 결과 확인하고 수식 복사하기

결과가 입력되면 '월납부금액'을 확인하고 ❶Ctrl+C를 눌러 수식을 복사한 후 ❷E4셀에서 Ctrl+V를 눌러 붙여넣습니다.

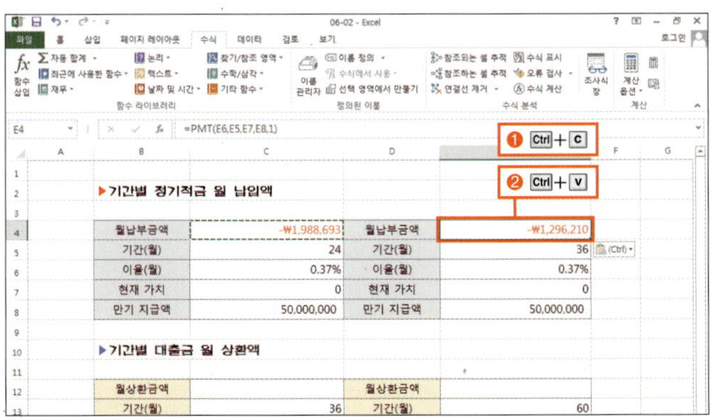

04 [PMT] 함수 선택하기

이번에는 대출금의 월 상환액을 알아보기 위해 ❶C12셀에 셀 포인터를 놓습니다. ❷[수식] 탭의 [함수 라이브러리] 그룹에서 [재무]-❸[PMT]를 선택합니다.

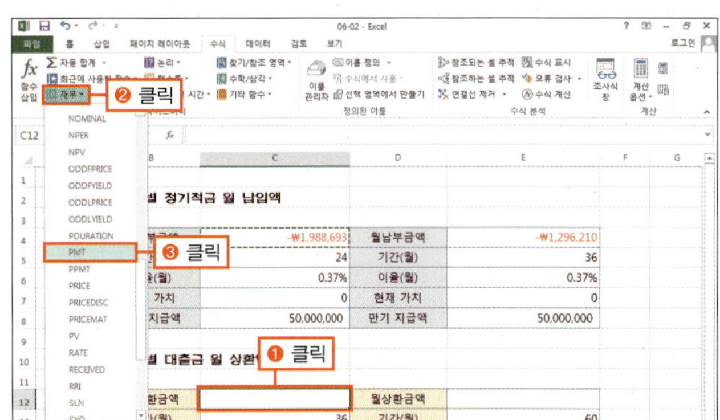

> **참고**
> 월 납부금은 납입해야 할 금액이므로 음수로 표시됩니다.

05 [함수 인수] 대화상자 지정하기

[함수 인수] 대화상자가 나타나면 ❶[Rate]에 'C14', [Nper]에 'C13', [Pv]에 'C15'을 입력합니다. [Fv]에는 'C16', [Type]에 '1'을 입력한 후 ❷[확인]을 클릭합니다.

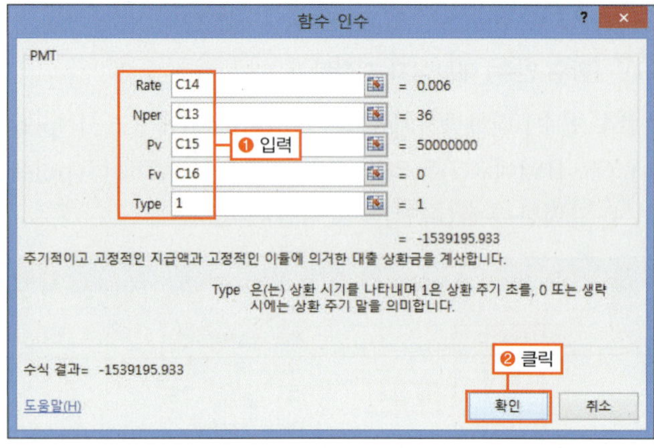

06 결과 확인하고 수식 복사하기

결과가 입력되면 '월상환금액'을 확인하고 ❶Ctrl+C를 눌러 수식을 복사한 후 ❷E12셀에서 Ctrl+V를 눌러 붙여넣습니다.

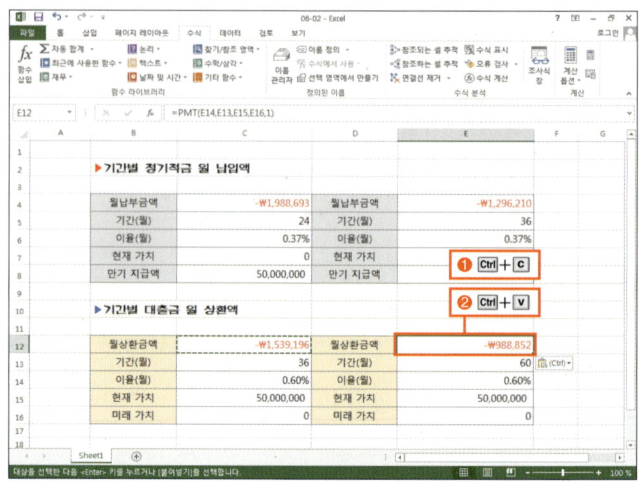

[PMT] 함수를 이용해 다음과 같이 기간별 월 납입액과 월 상환액을 계산해 보세요.

◎ 시작 파일 : 엑셀\part06\06_실습1.xlsx
◎ 완료 파일 : 엑셀\part06\06_실습1_완성.xlsx

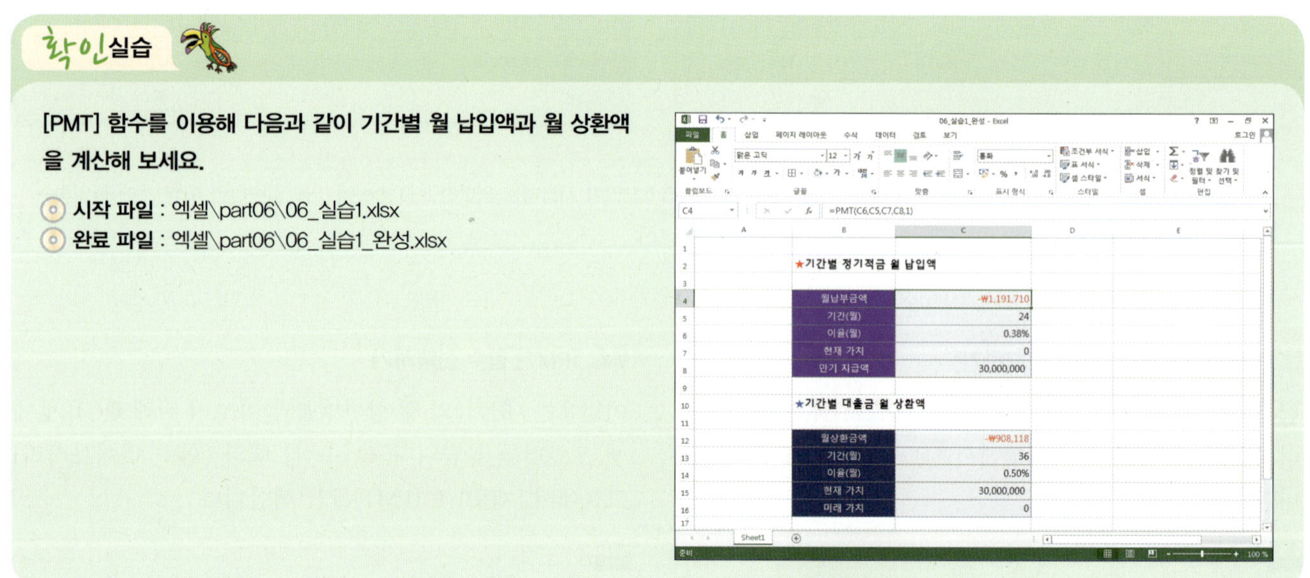

1 시작 파일을 열고 [IF] 함수와 [AND] 함수를 이용해 '실적 추가점'이 '25' 이상이면서 동시에 '합계'가 '700' 이상인 사람에 대해 '결과'란에 '승진'을 표시하고 조건에 해당하지 않는 사람들은 '보류'로 표시되도록 수식을 설정해 보세요.

- **시작 파일** : 엑셀\part06\승진대상자 검토 결과.xlsx
- **완료 파일** : 엑셀\part06\승진대상자 검토 결과_완료.xlsx
- **해설 파일** : 엑셀\해설파일\승진대상자 검토 결과_해설.hwp, pdf

Before

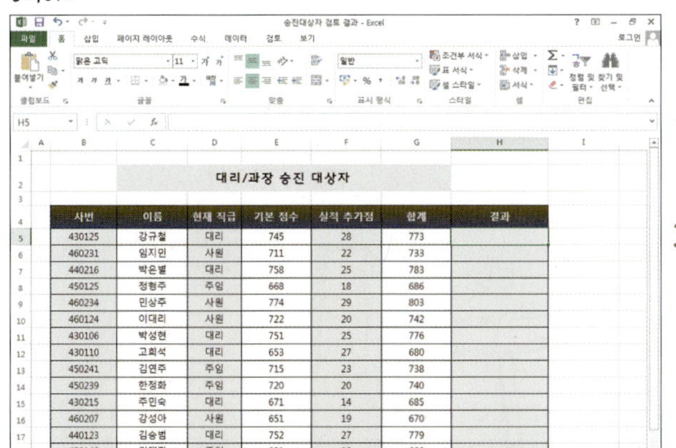

After

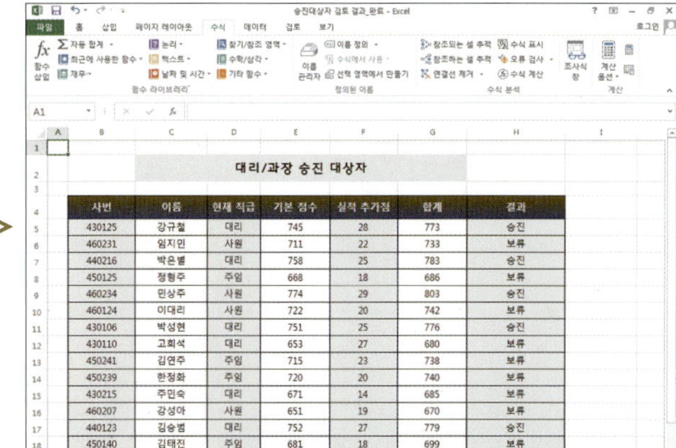

❶[IF] 함수 선택하기 ❷[함수 인수] 대화상자 지정하기 ❸[함수 추가] 선택하기 ❹[AND] 함수 선택하기 ❺[AND] 함수의 인수 지정하기 ❻수식의 결과 확인하기 ❼수식 복사하기

2 시작 파일을 열고 [SUMIF] 함수를 이용해 다음과 같이 승진 대상자들의 실적 추가점 합계와 보류 대상자들의 실적 추가점 합계를 구해 보세요.

- **시작 파일** : 엑셀\part06\승진대상자 검토 결과2.xlsx
- **완료 파일** : 엑셀\part06\승진대상자 검토 결과2_완료.xlsx
- **해설 파일** : 엑셀\해설파일\승진대상자 검토 결과2.hwp, pdf

Before

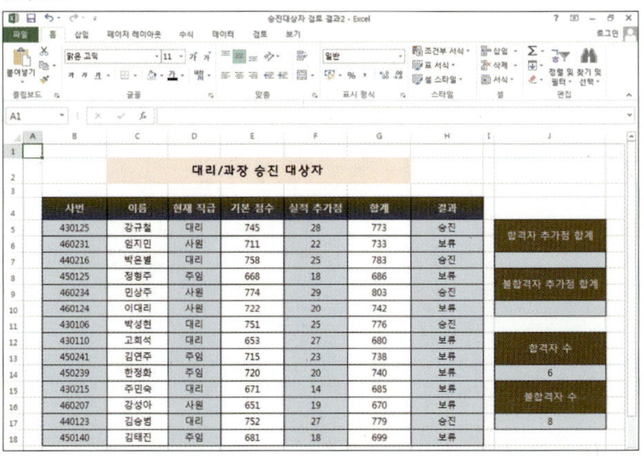

After

> [그림: =SUMIF(H5:H18,"보류",F5:F18)]

❶[SUMIF] 함수 선택하기 ❷[함수 인수] 대화상자에서 [Range] 인수 지정하기 ❸비교할 범위 지정하기 ❹함수 인수 지정하기 ❺결과 확인하고 다시 [SUMIF] 함수 선택하기 ❻[함수 인수] 대화상자 지정하기 ❼결과 확인하기

7

데이터 관리와 분석을 위한 고급 기능 익히기

다량의 숫자 데이터로 만들어지는 엑셀 문서에서 필요한 정보를 골라내는 일은 가장 중요한 기능 중 하나입니다. 엑셀에서는 데이터를 레코드, 필드 등의 단위로 분류해 인식하고 데이터 관리 기능을 이용해 데이터를 정렬하거나 추가, 삭제, 수정할 수 있습니다. 또한 사용자가 원하는 데이터를 추출하거나 재배치하는 필터 기능이나 피벗 테이블, 슬라이서 기능 등을 제공합니다. 특정 값을 변경할 경우에는 가상 분석 도구를 이용해 결과를 미리 예측해 의사 결정에 도움을 주기도 합니다. 엑셀의 다양한 데이터 관리와 분석 기능에 대해 알아봅니다.

레코드 관리하고 데이터 정렬하기

레코드 기능을 이용해 데이터를 추가, 삭제하는 방법과 데이터를 오름차순 또는 내림차순으로 정렬하는 방법에 대해 알아봅니다.

다루는 내용
- 레코드 개념 이해하기
- 레코드 관리하기
- 데이터 정렬하기

기능 정리 　레코드의 개념 이해하기

● 레코드의 구조 살펴보기

엑셀의 가장 작은 입력 단위는 셀입니다. 셀 단위로 입력되는 항목을 '필드', 필드가 여러 개 모인 한 행의 데이터 집합을 '레코드'라고 합니다. 또 레코드가 여러 줄 모여 만들어진 데이터들의 집합을 '파일'이라고 합니다.

- **필드** : 아래의 표에서 '품명'에 해당하는 'T40K'나 '1분기'에 해당하는 값인 '1,510', '달성률'에 해당하는 '102' 등은 각각 하나의 필드에 해당됩니다. '품명'부터 '결과'까지 모두 8개의 필드명으로 이루어져 있으며 각각의 필드명에 해당하는 필드 값들이 세로 방향으로 5행에서 16행까지 입력되어 있습니다.
- **레코드** : 각 항목명에 해당하는 필드 값들이 하나씩 행 방향으로 이루어진 것을 레코드라고 합니다. 여기서는 B5:I5셀의 내용이 하나의 레코드에 해당합니다. 따라서 이 표는 5행에서 16행까지 모두 12개의 레코드로 구성되어 있습니다. 이 워크시트를 저장하면 12개의 레코드로 구성된 하나의 파일이 됩니다.

품명	1분기	2분기	상반기 합계	상반기 목표	달성률	달성여부	결과
T40K	1,510	1,550	3,060	3,000	102	달성	계속 생산
T41	1,230	1,200	2,430	2,500	97	미달	생산 중단
T50	1,320	1,450	2,770	2,500	111	달성	계속 생산
T50K	1,600	1,700	3,300	3,000	110	달성	계속 생산
T50M	1,500	1,500	3,000	3,000	100	달성	계속 생산
T60K	1,120	1,050	2,170	3,000	72	미달	생산 중단
T65K	1,450	1,500	2,950	3,000	98	미달	생산 중단
T70M	1,300	1,000	2,300	2,500	92	미달	생산 중단
T71M	1,020	1,300	2,320	2,500	93	미달	생산 중단
T80K	1,200	1,010	2,210	2,500	88	미달	생산 중단
T85	1,600	1,500	3,100	3,000	103	달성	생산 중단
T85M	1,550	1,700	3,250	3,500	93	미달	생산 중단
합계	16,400	16,460	32,860	34,000	97		
최고	1,600	1,700	3,300	3,500	94		

엑셀의 레코드 관리 기능을 사용해 레코드 단위로 데이터를 검색하거나 추가, 삭제하는 등 편리하게 관리할 수 있습니다.

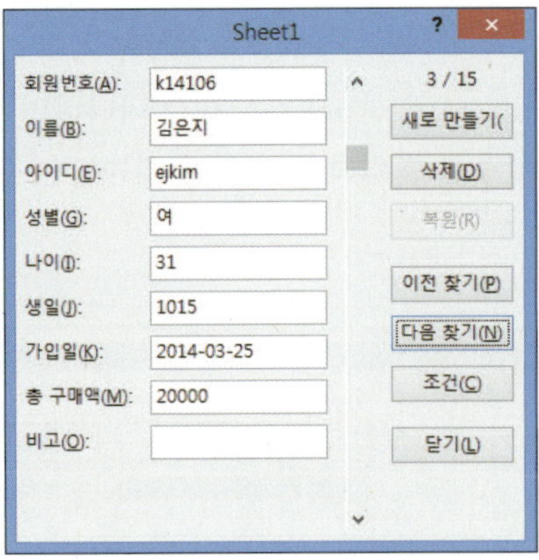

간단 퀴즈

1 다음 중 엑셀의 데이터를 이루는 단위가 작은 것부터 순서대로 표시된 것은 무엇일까요?

① 레코드〈필드〈파일 ② 필드〈레코드〈파일 ③ 레코드〈파일〈필드 ④ 필드〈파일〈레코드

답 : ②

실습 과정 — 레코드 관리하기

직접 값을 입력하거나 셀 주소를 입력해 수식을 작성해 봅니다. 작성한 수식을 복사하는 방법에 대해서도 알아봅니다.

- **시작 파일** : 엑셀\part07\01-01.xlsx
- **완료 파일** : 엑셀\part07\01-01_완성.xlsx

01 빠른 실행 도구 모음 선택하기

❶ [빠른 실행 도구 모음 사용자 지정]을 클릭하고 ❷ [기타 명령]을 선택합니다.

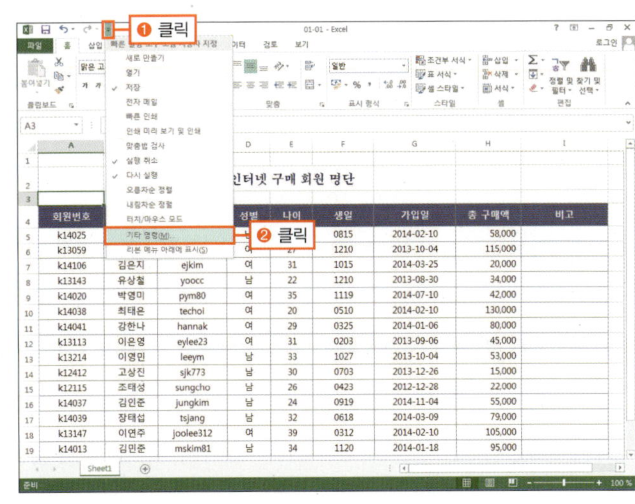

참고

리본 메뉴에 [레코드 관리] 도구가 없으므로 빠른 실행 도구 모음에 추가하기 위해 [빠른 실행 도구 모음 사용자 지정]을 선택하였습니다.

02 대화상자에서 명령 선택하기

[Excel 옵션] 대화상자가 나타나면 ❶[명령 선택]의 목록 단추를 클릭하고 ❷[리본 메뉴에 없는 명령]을 선택합니다.

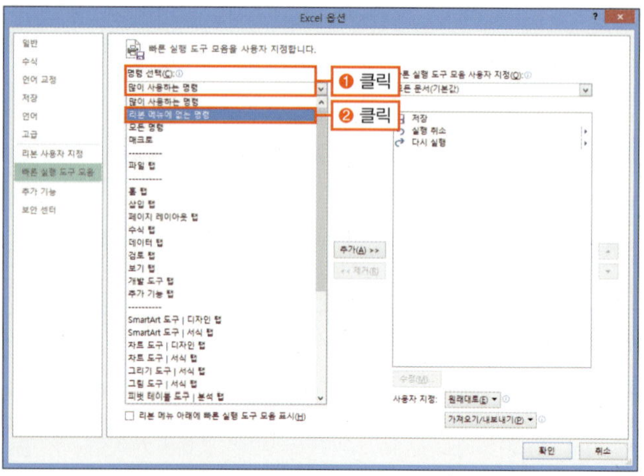

03 명령 추가하기

리본 메뉴에 없는 도구들의 목록이 나타납니다. 왼쪽 목록 에서 ❶[레코드 관리]를 찾아 선택하고 ❷[추가]를 클릭합 니다. 오른쪽 목록에 [레코드 관리]가 추가되면 ❸[확인]을 클릭합니다.

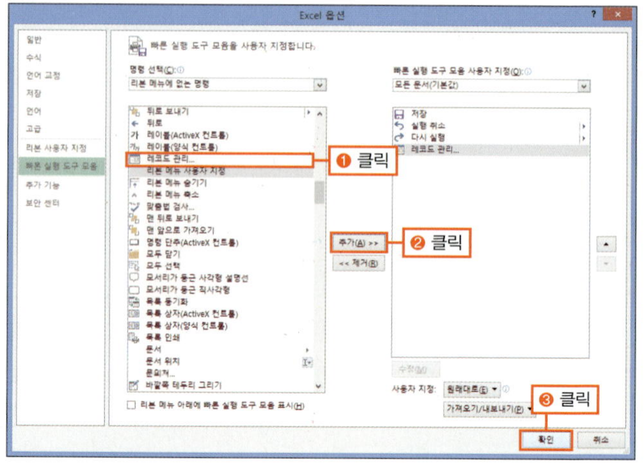

04 [레코드 관리] 도구 선택하기

빠른 실행 도구 모음에 [레코드 관리](🗔)가 추가된 것을 확인할 수 있습니다. ❶A4셀에 셀 포인터를 놓고 ❷[레코 드 관리](🗔)를 클릭합니다.

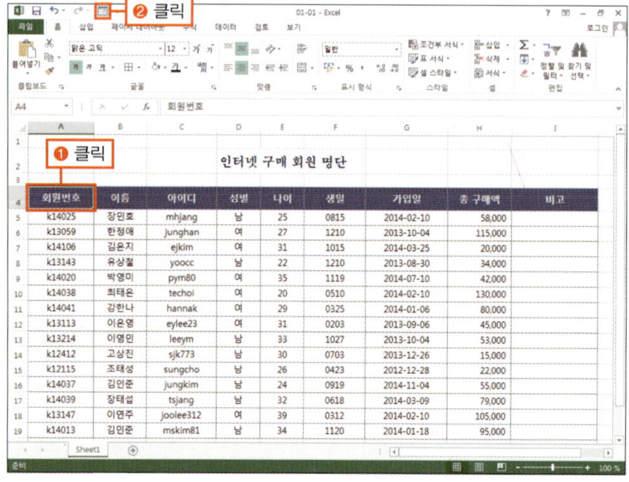

05 다음 레코드로 이동하기

[Sheet1] 대화상자가 나타나고 첫 번째 레코드가 각각의 필드별로 표시됩니다. 다음 레코드로 이동하기 위해 ❶[다 음 찾기]를 클릭합니다.

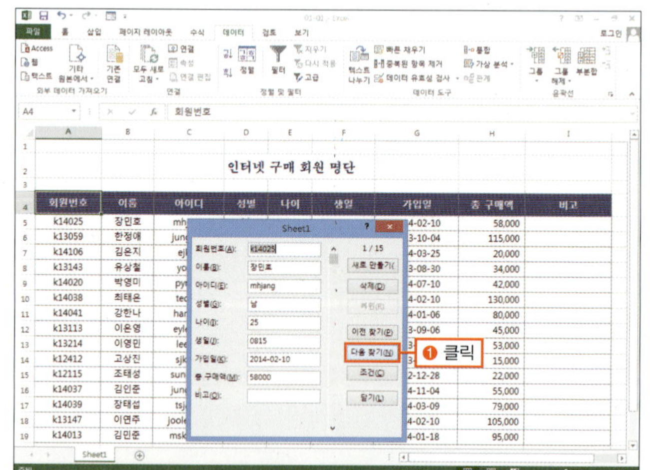

두 번째 레코드의 내용이 나타납니다. 이번에는 특정 조건을 가진 레코드를 검색하기 위해 ❶[조건]을 클릭합니다.

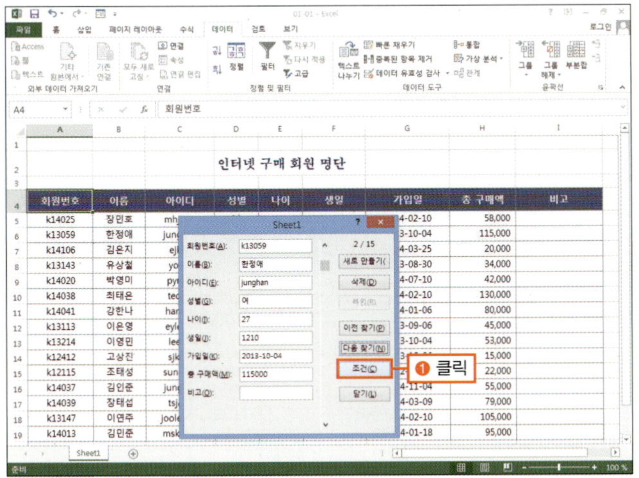

❶[성별] 필드에 '남'을 입력하고 [나이] 필드에 '32'를 입력한 후 ❷[다음 찾기]를 클릭합니다.

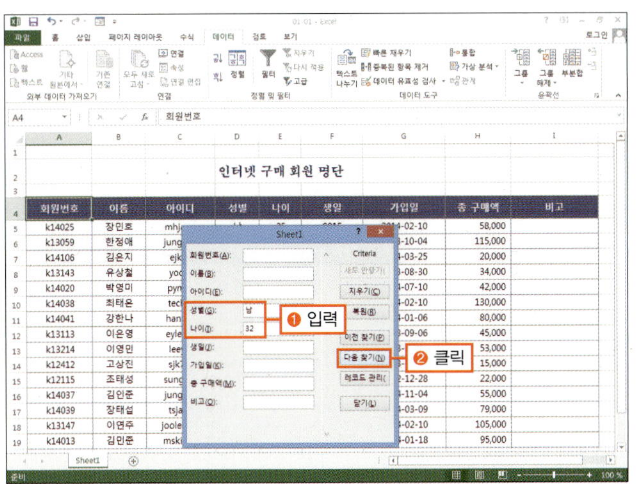

> **참고**
> [이전 찾기]를 클릭하면 이전 레코드로 이동합니다.

조건에 맞는 레코드가 나타나면 ❶[총 구매액] 필드의 값을 '85000'으로 수정하고 ❷ Enter 를 누릅니다.

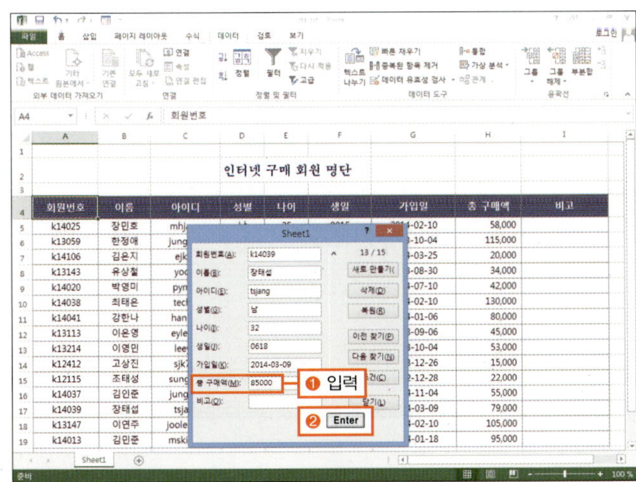

> **참고**
> 내용을 수정한 후 [다음 찾기]를 클릭해도 됩니다.

다음 레코드가 나타나면 ❶[삭제]를 클릭합니다.

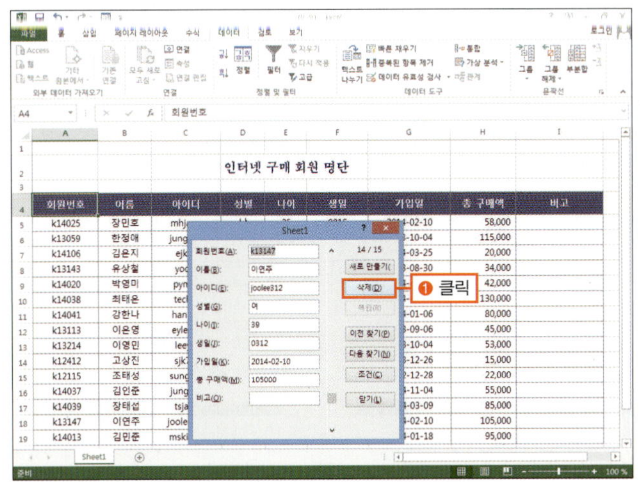

10 삭제 결과 확인하기

데이터가 영구 삭제된다는 메시지가 나타나면 ❶[확인]을 클릭합니다. 대화상자 뒤쪽의 레코드 목록에서 해당 레코드가 삭제된 것을 확인할 수 있습니다.

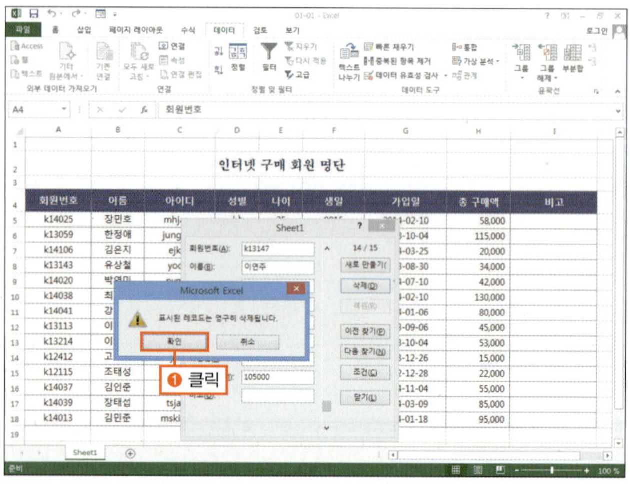

11 레코드 추가하기

❶스크롤바를 위로 드래그해 '이영민' 회원의 레코드로 이동합니다. ❷[새로 만들기]를 클릭합니다.

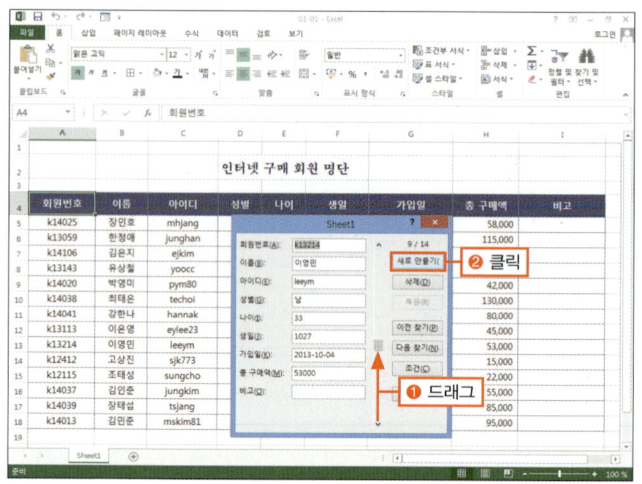

12 새 레코드 입력하기

빈 레코드가 나타나면 다음과 같이 ❶새로운 레코드의 내용을 입력하고 ❷ Enter 를 누릅니다. ❸[닫기]를 클릭합니다.

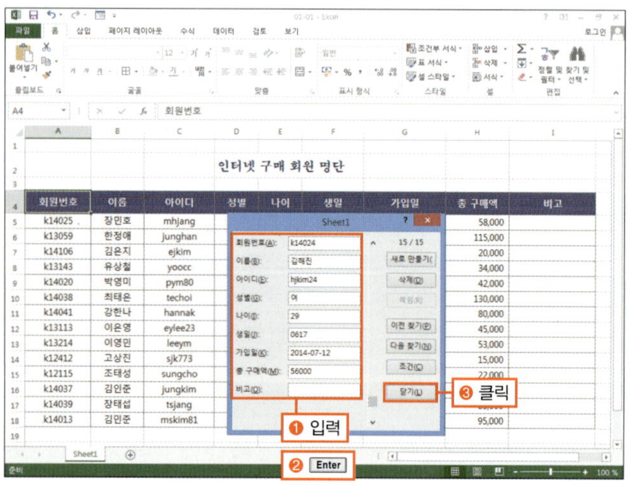

13 추가된 레코드 확인하기

추가된 레코드를 확인합니다.

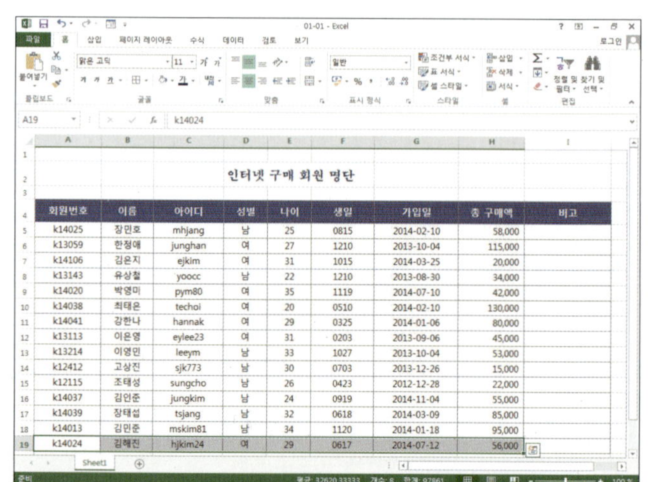

> **참고**
>
> 맨 아래쪽에 새 레코드가 삽입된 것을 알 수 있습니다.

데이터에 정렬 기준을 설정한 후 오름차순 또는 내림차순으로 정렬해 봅니다. 또한 2가지 이상의 조건을 지정해 정렬하는 방법을 알아봅니다.

◉ **시작 파일** : 엑셀\part07\01-02.xlsx
◉ **완료 파일** : 엑셀\part07\01-02_완성.xlsx

01 [텍스트 오름차순 정렬] 선택하기

❶B5셀을 클릭합니다. ❷[데이터] 탭의 ❸[정렬 및 필터] 그룹에서 [텍스트 오름차순 정렬](⬇)을 클릭합니다. 데이터가 이름을 기준으로 오름차순 정렬됩니다.

02 [텍스트 내림차순 정렬] 선택하기

❶C5셀에 셀 포인터를 놓고 ❷[데이터] 탭의 [정렬 및 필터] 그룹에서 [텍스트 내림차순 정렬](⬆)을 클릭합니다. 데이터가 아이디를 기준으로 내림차순 정렬됩니다.

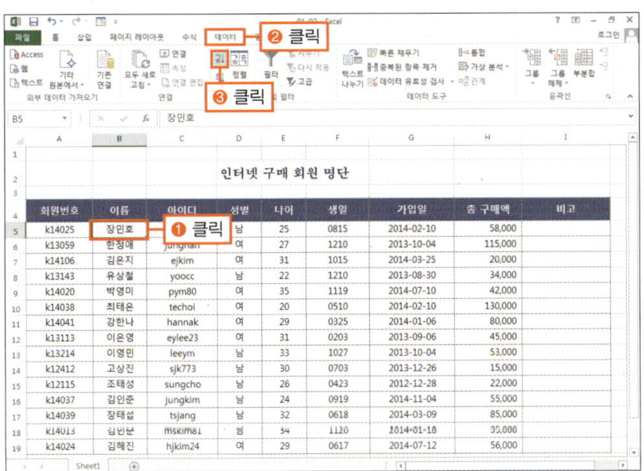

03 [정렬] 선택하기

이번에는 여러 조건을 지정하기 위해 ❶A5셀에 셀 포인터를 놓고 ❷[데이터] 탭의 [정렬 및 필터] 그룹에서 [정렬](⬆⬇)을 클릭합니다.

04 첫 번째 정렬 기준 설정하기

[정렬] 대화상자가 나타나면 ❶[열]에서 [정렬 기준]의 목록 단추를 클릭하고 [나이]를 선택합니다. ❷[정렬]에서 목록 단추를 클릭해 [오름차순]을 선택합니다. 기준을 추가하기 위해 ❸[기준 추가]를 클릭합니다.

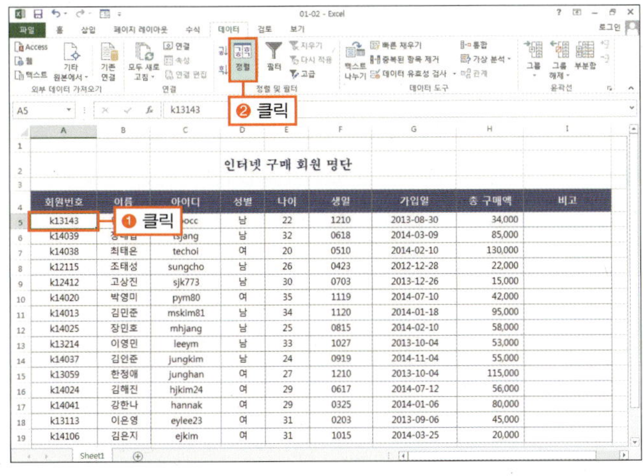

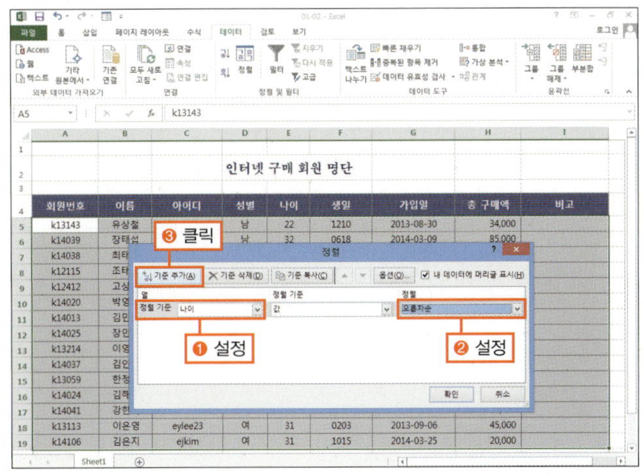

❶[다음 기준]에서 목록 단추를 클릭하고 [이름]을 선택한 후 ❷[정렬]에서 [내림차순]을 선택합니다. ❸[확인]을 클릭합니다.

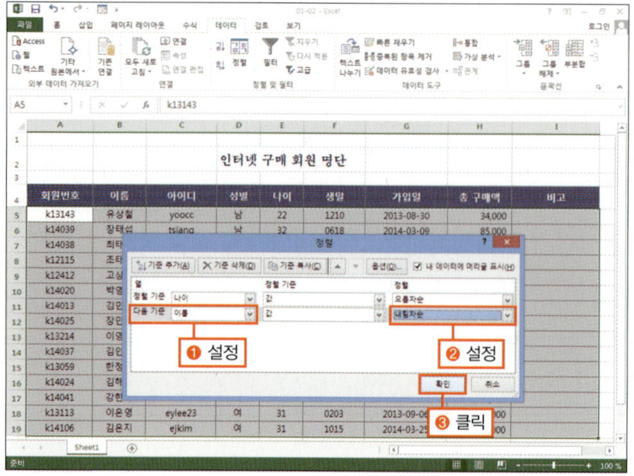

데이터가 나이를 기준으로 오름차순 정렬되었습니다. 나이가 같은 레코드는 이름을 기준으로 내림차순 정렬된 것을 확인할 수 있습니다.

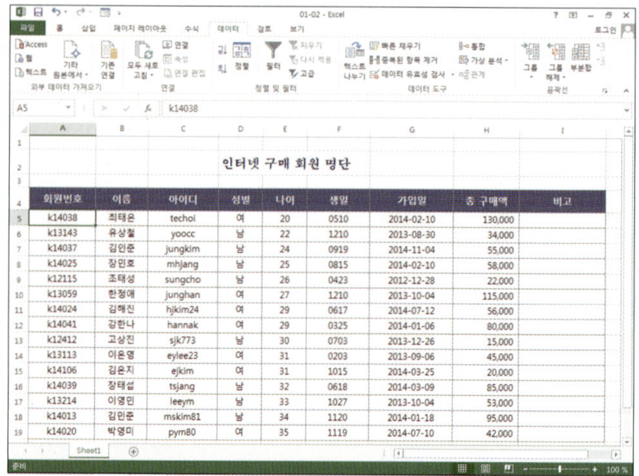

 참고

두 번째 정렬 기준은 첫 번째 기준으로 정렬하였을 때 기준 값이 같을 경우에만 적용됩니다.

확인실습

시작 파일을 열고 데이터를 다음 조건에 따라 정렬해 보세요.

- 첫 번째 기준 : 국어, 내림차순
- 두 번째 기준 : 수학, 내림차순
- 세 번째 기준 : 사회, 내림차순

◉ **시작 파일** : 엑셀\part07\01_실습1.xlsx
◉ **완료 파일** : 엑셀\part07\01_실습1_완성.xlsx

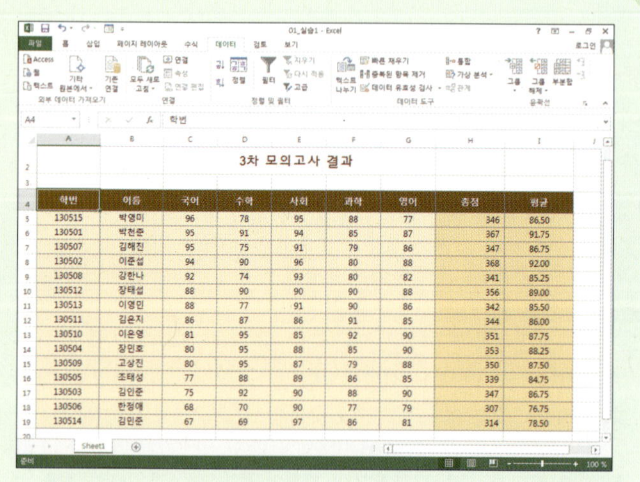

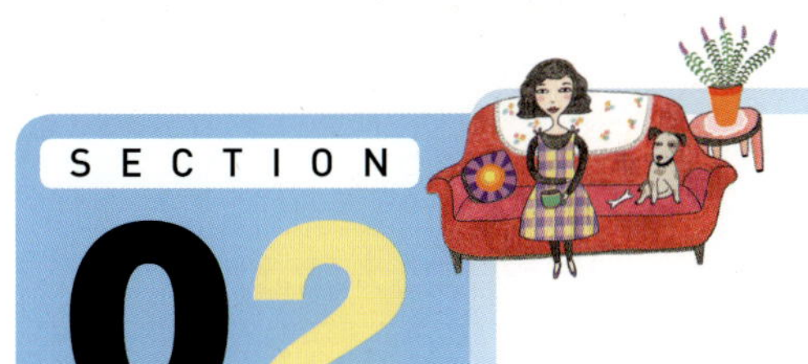

필터 기능으로 원하는 데이터 추출하기

필터 기능은 방대한 양의 데이터에서 사용자가 필요로 하는 데이터만을 추출합니다. 엑셀의 자동 필터 기능과 고급 필터 기능을 이용해 원하는 데이터를 걸러 내는 방법을 알아봅니다.

- 필터 기능 이해하기
- 자동 필터 기능 사용하기
- 고급 필터 기능 사용하기

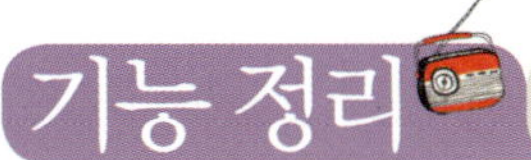 **필터 기능 이해하기**

필터 기능을 사용하면 전체 데이터 중에서 필요한 데이터만을 골라서 볼 수 있습니다. 엑셀의 필터 기능은 2가지로 나눕니다.

● 자동 필터 알아보기

자동 필터 기능은 사용자가 필터 단추를 이용해 직접 조건을 선택할 수 있으며 2가지 이상의 조건을 지정할 수 있는 기능입니다. 필터를 지정하면 조건에 맞는 레코드만 표시되고 나머지 데이터는 보이지 않게 되므로 원하는 데이터만 인쇄하거나 복사하는 등의 추가 작업이 가능합니다.

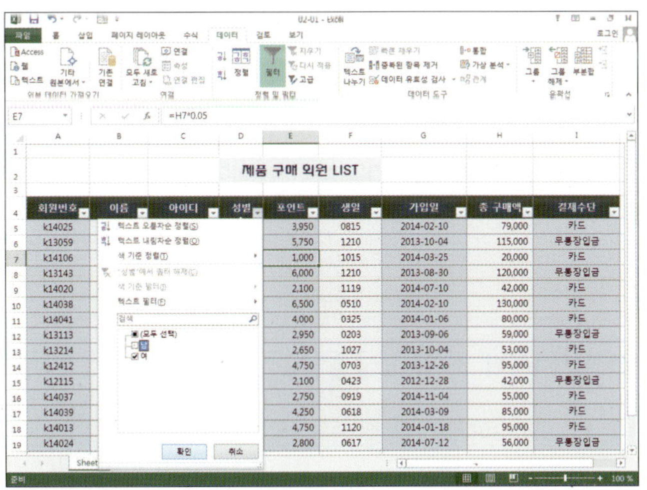

● 고급 필터 알아보기

고급 필터 기능은 특정한 조건을 미리 입력해 놓은 다음 전체 데이터 범위에서 해당 조건에 맞는 데이터만 추출하는 기능입니다. 필요에 따라 추출한 데이터를 다른 장소에 복사할 수도 있습니다.

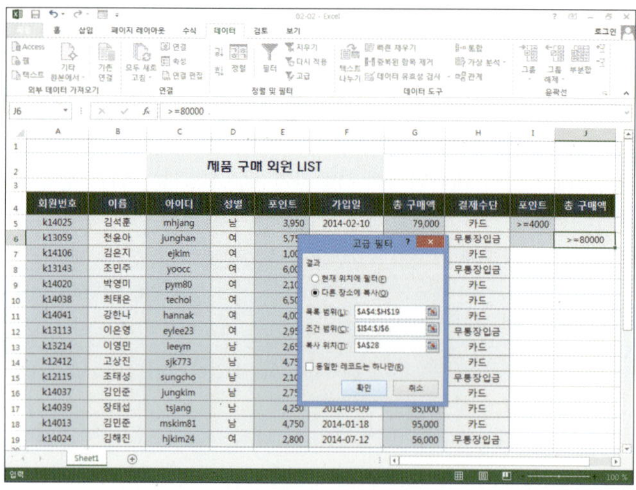

1 다음 중 괄호 안에 들어갈 말로 알맞은 것은 무엇일까요?

많은 양의 데이터 중 필요한 데이터만을 골라 추출하는 기능을 (   )라고 합니다.

① 필드 ② 레코드 ③ 정렬 ④ 필터

답 : ④

실습 과정 — 자동 필터로 데이터 추출하기

자동 필터 기능을 이용해 필드에 원하는 조건을 중복 지정하여 데이터를 추출하는 방법에 대해 알아봅니다.

⊙ **시작 파일** : 엑셀\part07\02-01.xlsx

01 [필터] 선택하기

❶표 안에 셀 포인터를 놓고 ❷[데이터] 탭의 [정렬 및 필터] 그룹에서 [필터]를 클릭합니다.

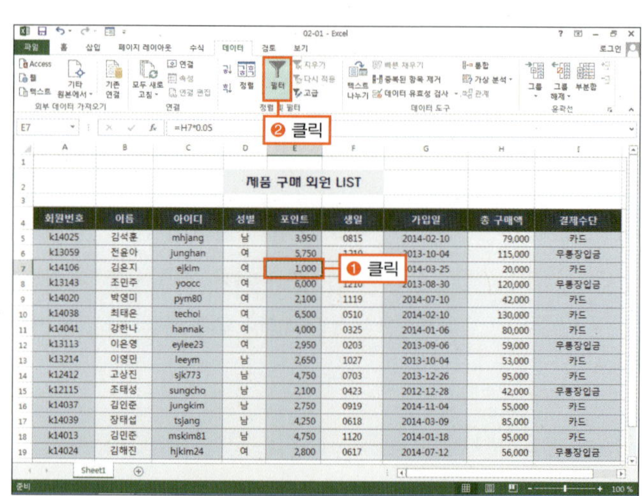

참고 •

[홈] 탭의 [편집] 그룹에서 [정렬 및 필터]-[필터]를 선택해도 됩니다.

02 [성별] 필드 조건 지정하기

각각의 필드명에 필터 단추가 생성됩니다. ❶[성별] 필드의
단추를 클릭하고 ❷'남'을 클릭해 체크 표시를 해제합니다.
❸[확인]을 클릭합니다.

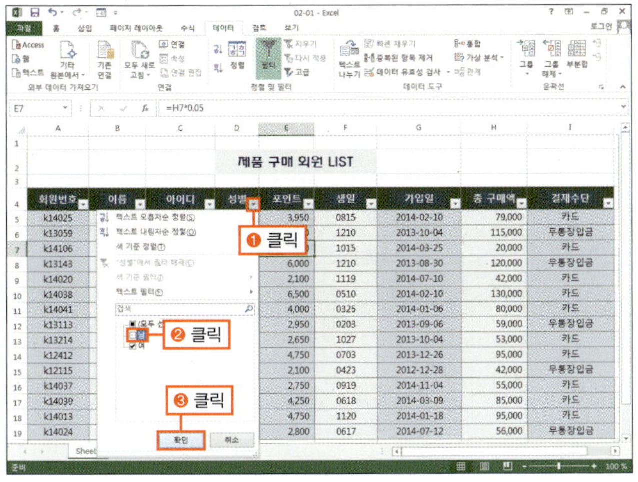

03 01. 필터 결과 확인하기

여성 회원의 데이터만 나타나고 필터가 지정된 [성별] 필
드의 단추 모양이 으로 변경됩니다.

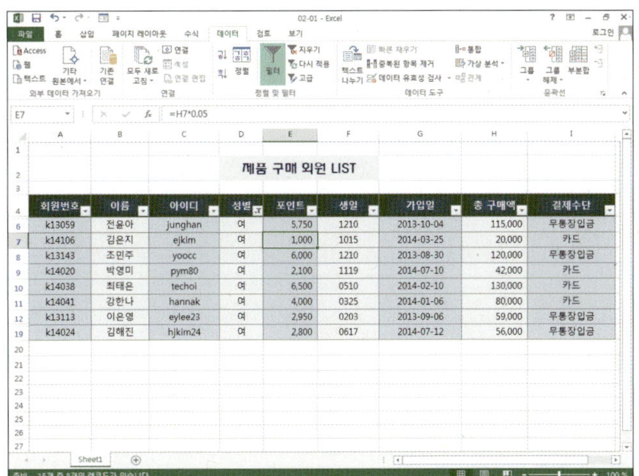

04 [포인트] 필드의 조건 지정하기

필터를 추가로 지정하기 위해 ❶[포인트] 필드의 단추를
클릭하고 ❷[숫자 필터]-❸[크거나 같음]을 선택합니다.

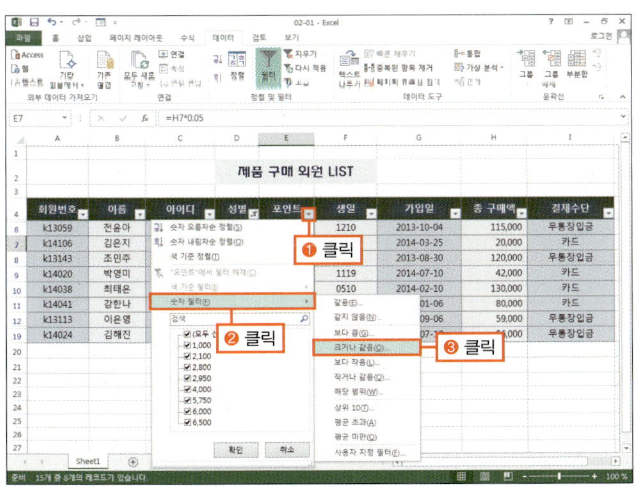

05 [사용자 지정 자동 필터] 대화상자 지정하기

[사용자 지정 자동 필터] 대화상자가 나타나면 ❶[찾을 조
건]에서 '5000'을 입력하고 ❷[확인]을 클릭합니다.

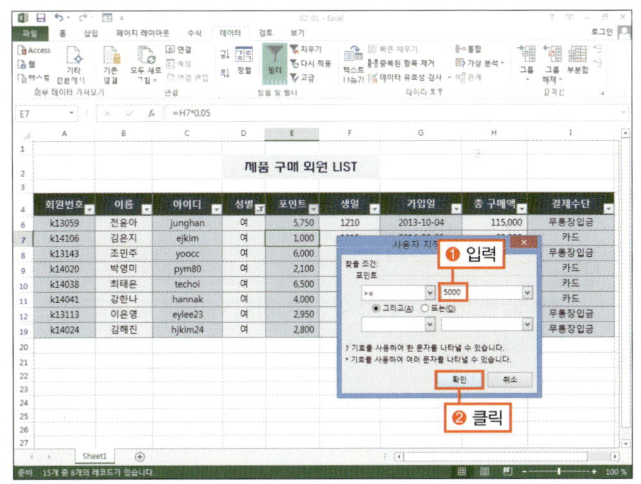

> **참고**
>
> [그리고]나 [또는]을 선택한 후 아래쪽에 다른 조건을 추가로 지정할
> 수도 있습니다.

06 필터 결과 확인하기

두 조건이 중복 지정되어 성별이 여자이면서 포인트가
5000점 이상인 회원들에 대한 레코드만 나타납니다.

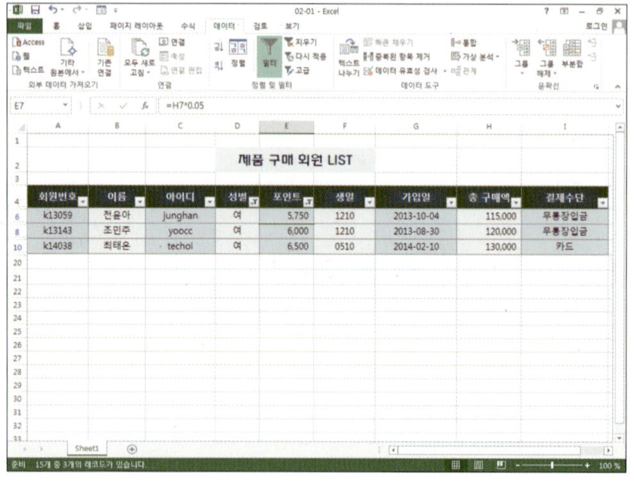

07 필터 지정 해제하기

❶[포인트] 필드의 단추를 클릭하고 ❷[모두 선택]을 클릭
한 후 ❸[확인]을 클릭해 이 필드에 대한 필터 지정을 해제
합니다.

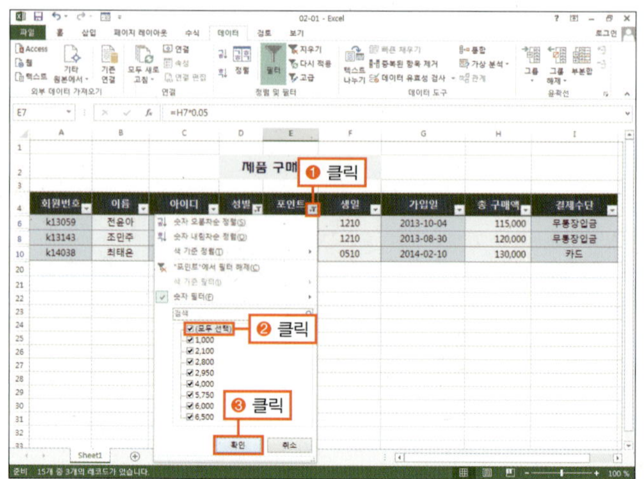

08 모든 필터 지정 해제하기

[포인트] 필드의 필터 지정이 해제됩니다. ❶[성별] 필드의
단추를 클릭하고 ❷[모두 선택]을 클릭한 후 ❸[확인]을 클
릭해 모든 필터 지정을 해제합니다.

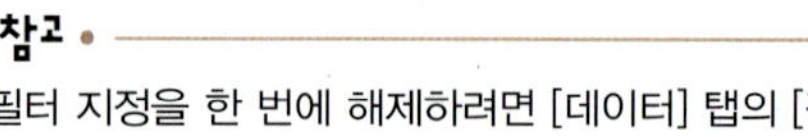

참고

필터 지정을 한 번에 해제하려면 [데이터] 탭의 [정렬 및 필터] 그룹
에서 [필터]를 다시 클릭해도 됩니다.

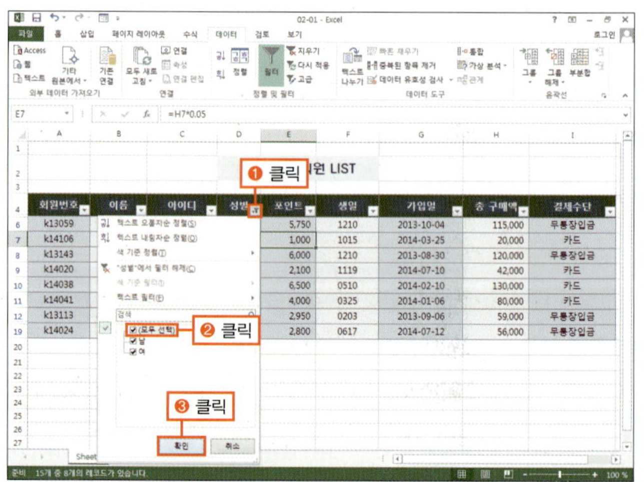

고급 필터로 데이터 추출해 복사하기

고급 필터 기능을 이용해 사용자가 지정한 조건에 맞는 데이터를 추출한 후 다른 위치에 복사해 봅니다.

◉ **시작 파일** : 엑셀\part07\02-02.xlsx
◉ **완료 파일** : 엑셀\part07\02-02_완성.xlsx

01 고급 필터 선택하기

I열과 J열에 입력된 조건을 확인한 후 ❶[데이터] 탭의 [정렬 및 필터] 그룹에서 [고급]을 클릭합니다.

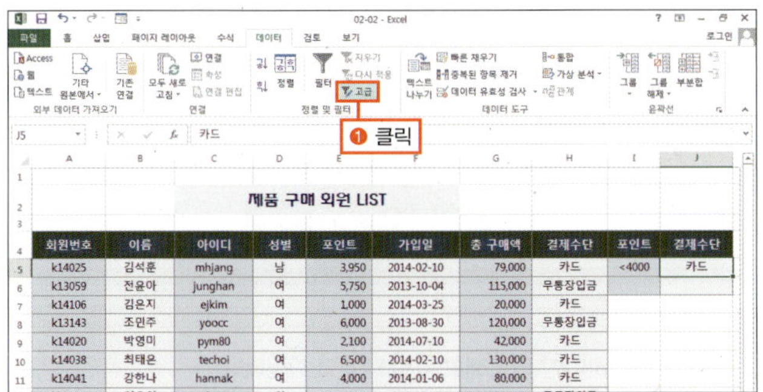

> **참고** •
> 고급 필터의 조건 지정을 위해 데이터 안의 필드명과 같은 필드명을 지정하고 조건을 입력하였습니다.

02 대화상자 지정하기

[고급 필터] 대화상자가 나타나면 ❶[다른 장소에 복사]를 클릭해 체크합니다. ❷[목록 범위]에 '$A$4:$H$19'를, [조건 범위]에 '$I$4:$J$5'를 입력합니다. [복사 위치]에는 'A21'을 입력한 후 ❸F4를 눌러 절대참조 형식으로 변환하고 ❹[확인]을 클릭합니다.

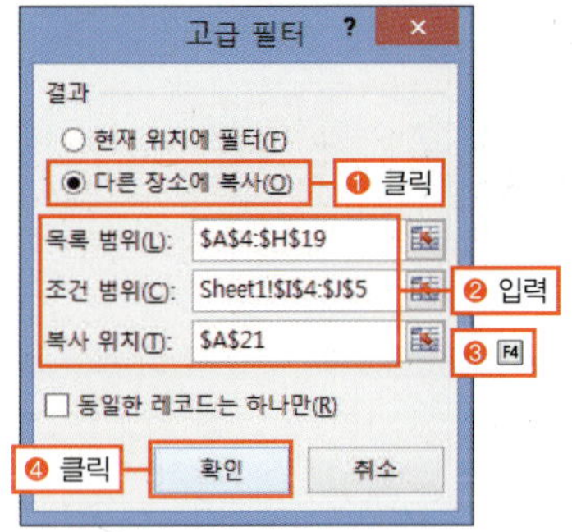

> **참고** •
> [현재 위치에 필터]를 선택하면 자동 필터 기능을 사용할 때와 같이 현재 위치인 A4셀부터 추출된 데이터가 나타납니다.

03 필터 결과 확인하기

필터가 실행되어 포인트가 4000 미만이면서 동시에 결제수단이 '카드'인 레코드 목록이 A21셀에 복사되어 나타납니다.

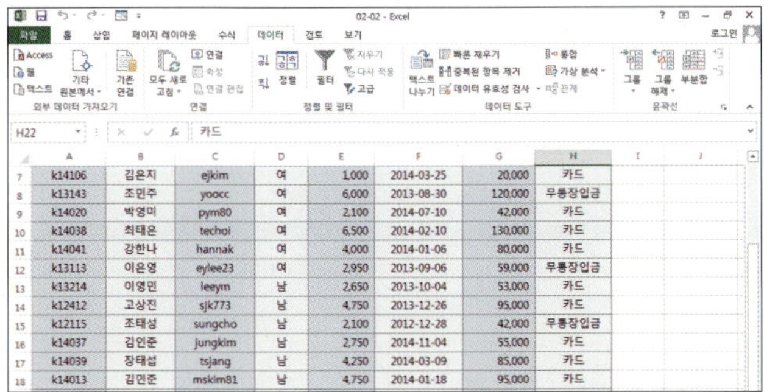

04 필터 조건 수정하기

조건을 바꾸기 위해 ❶I5셀에 '>=4000'을 입력하고 ❷J4셀에는 '총 구매액'을, J5셀의 내용은 삭제한 후 J6셀에는 '>=80000'을 입력합니다. 조건이 수정되면 ❸[데이터] 탭의 [정렬 및 필터] 그룹에서 [고급]을 클릭합니다.

> **참고** •
> 두 조건 중 하나만 만족해도 데이터를 추출하기 위해 두 조건을 다른 행에 입력하였습니다.

[고급 필터] 대화상자가 나타나면 ❶ [다른 장소에 복사]를 클릭해 체크하고 ❷ [목록 범위]에 '$A$4:$H$19'를 입력하고 [조건 범위]에 '$I$4:$J$6'를 입력합니다. [복사 위치]에는 'A28'을 입력한 후 ❸ F4 를 눌러 절대 참조 형식으로 변환하고 ❹ [확인]을 클릭합니다.

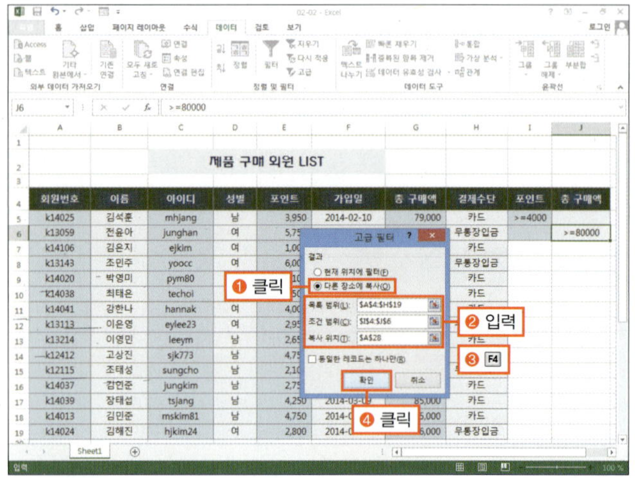

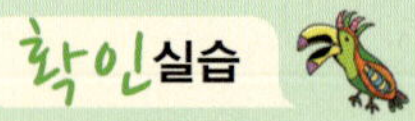

포인트가 '4000' 이상이거나 총 구매액이 '80000' 이상인 레코드들만 추출되어 A28셀에 나타나는 것을 확인할 수 있습니다.

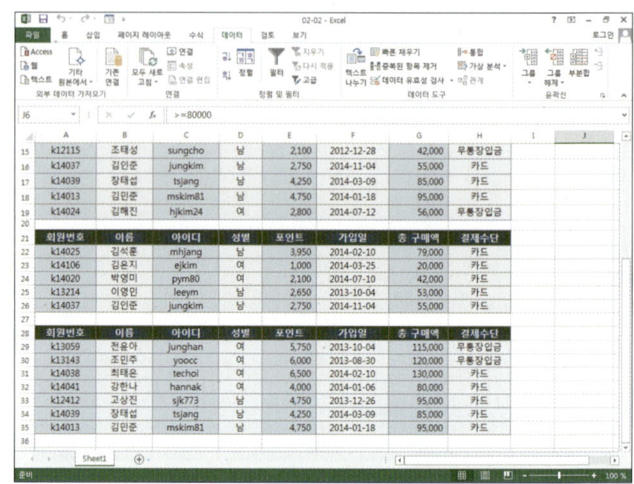

> **참고**
>
> 두 조건 중 하나만 만족해도 추출되어 표시됩니다.

확인실습

시작 파일을 열고 고급 필터 기능을 이용해 '수학'이 '90' 이상이면서 동시에 '총점'이 '345' 이상인 레코드들만 추출한 후 A19셀에 복사되도록 설정해 보세요.

- **시작 파일** : 엑셀\part07\02_실습1.xlsx
- **완료 파일** : 엑셀\part07\02_실습1_완성.xlsx

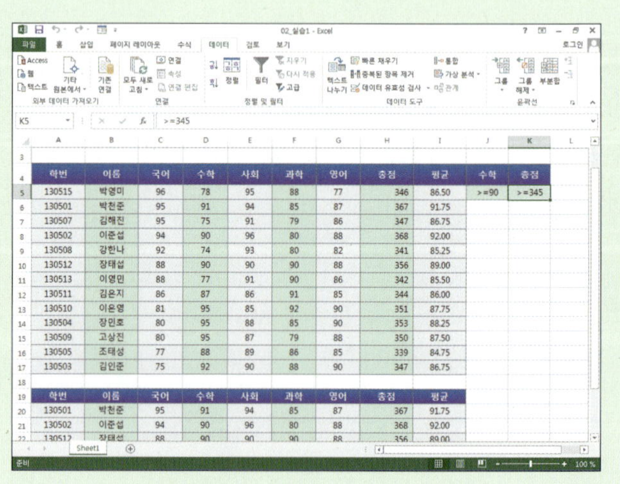

SECTION 03

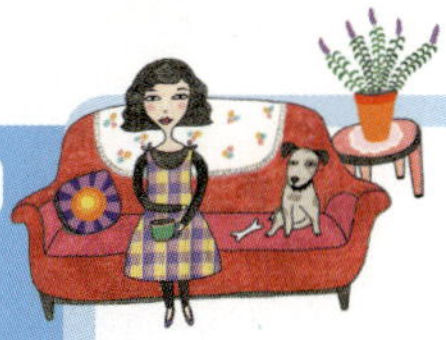

피벗 테이블과 슬라이서로 데이터 재구성하기

피벗 테이블 기능을 이용해 데이터의 일부를 선택해 재구성하는 방법을 알아봅니다.

다루는 내용
- 피벗 테이블 이해하기
- 피벗 테이블 작성하기
- 슬라이서 활용하기

기능 정리 피벗 테이블 이해하기

여러 개의 필드로 이루어진 데이터는 사용자가 쉽게 이해하고 분석하기 어렵습니다. 피벗 테이블은 전체 데이터에서 특정 필드를 선택해 표의 형태로 재구성하는 기능입니다. 다음과 같이 [피벗 테이블 필드] 작업 창을 열고 원하는 필드를 선택하면 왼쪽 워크시트에 선택한 필드들로 이루어진 피벗 테이블이 자동으로 나타납니다.

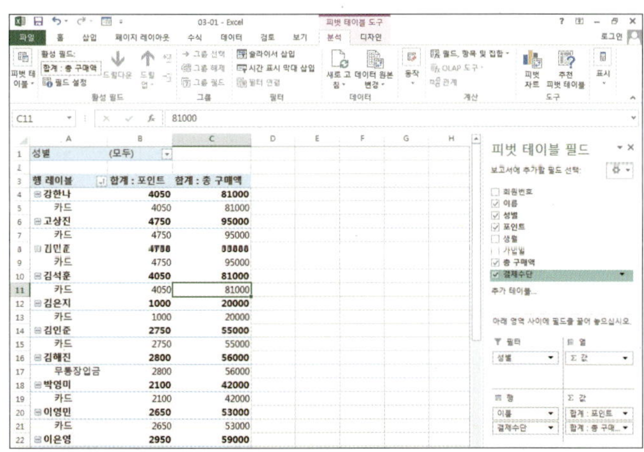

생성된 필드의 구조나 항목은 [피벗 테이블 필드] 작업 창에서 재조정할 수 있습니다.

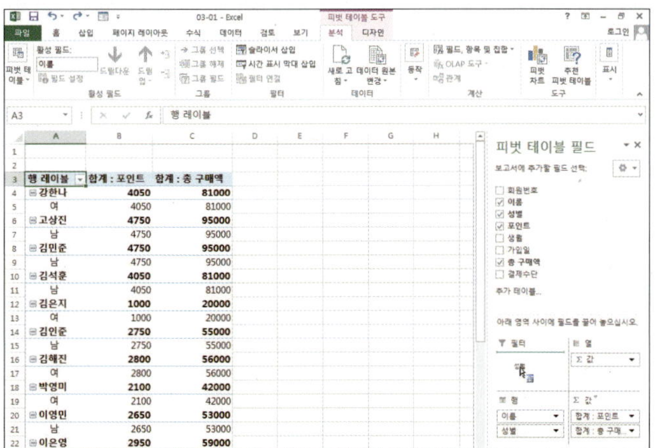

간단퀴즈

1 피벗 테이블은 다음 중 엑셀 사용자의 어떤 작업을 도와주는 기능일까요?

① 계산 ② 도식화 ③ 데이터 분석 ④ 화면 캡처

답 : ③

실습 과정 · 피벗 테이블 작성하기

피벗 테이블 기능을 이용해 특정 필드를 선택하고 재구성해 원하는 모양의 표 형태로 완성하는 방법을 알아봅니다.

◎ **시작 파일** : 엑셀\part07\03-01.xlsx
◎ **완료 파일** : 엑셀\part07\03-01_완성.xlsx

01 [피벗 테이블] 선택하기

표 안에 셀 포인터를 놓고 ❶[삽입] 탭의 ❷[표] 그룹에서 [피벗 테이블](📊)을 클릭합니다.

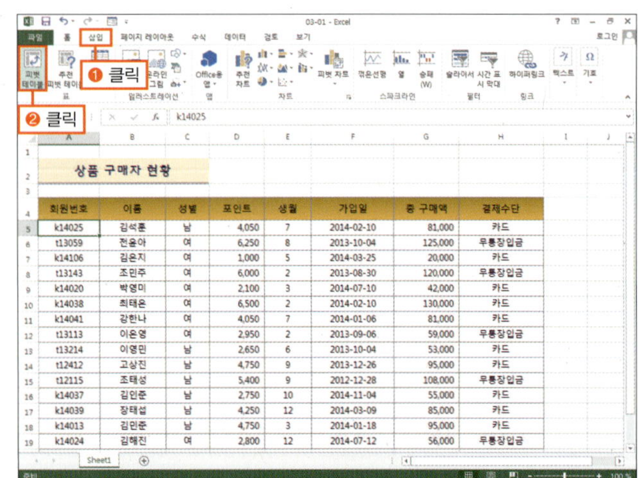

02 대화상자 지정하기

[피벗 테이블 만들기] 대화상자가 나타나면 [표 또는 범위 선택]의 [표 범위]에 나타나는 범위가 맞는지 확인합니다. ❶[새 워크시트]를 선택한 후 ❷[확인]을 클릭합니다.

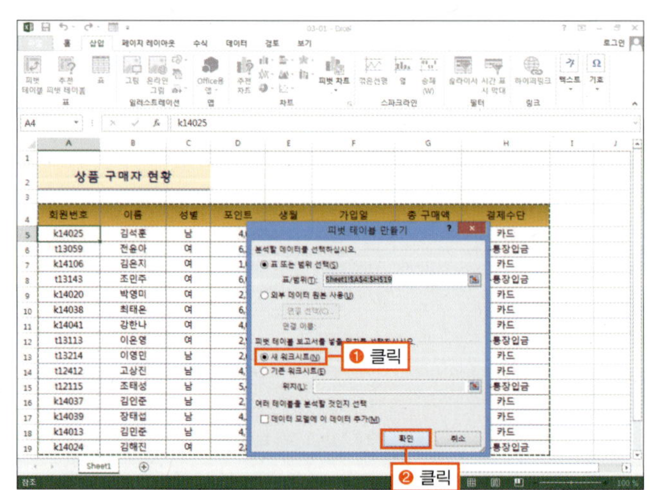

> **참고** ·
> 기존 워크시트의 특정 셀이 아닌 새 시트에 표시할 것이므로 [새 워크시트]를 선택하였습니다.

03 추가된 워크시트 확인하기

'Sheet1'의 왼쪽에 'Sheet2'가 추가로 생성되고, [피벗 테이블 필드] 작업 창이 나타납니다.

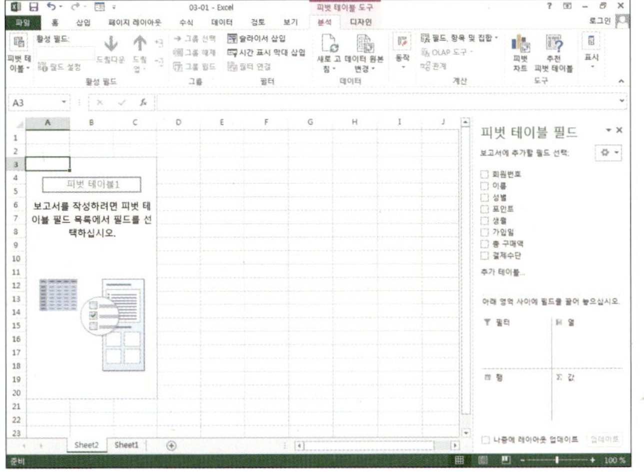

04 필드 선택하기

[피벗 테이블 필드] 작업 창의 [보고서에 추가할 필드 선택]에서 ❶[이름], [성별], [포인트], [총 구매액]을 클릭해 체크합니다.

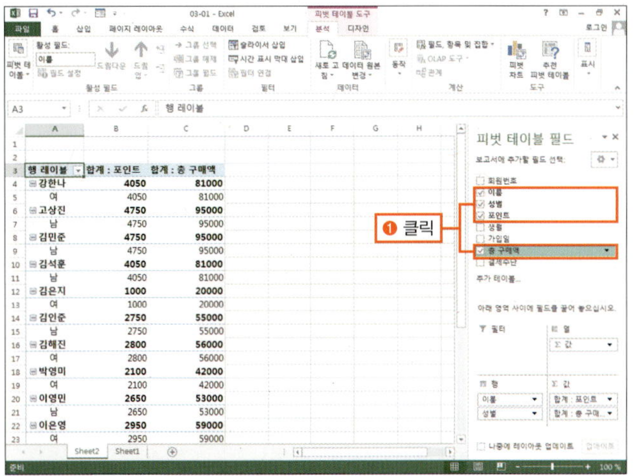

참고

필드를 체크하면 왼쪽 보고서 시트 창에 해당 필드가 표시됩니다.

05 필드의 영역 이동하기

❶[행] 영역에 있는 [성별] 필드를 [필터] 필드로 드래그합니다.

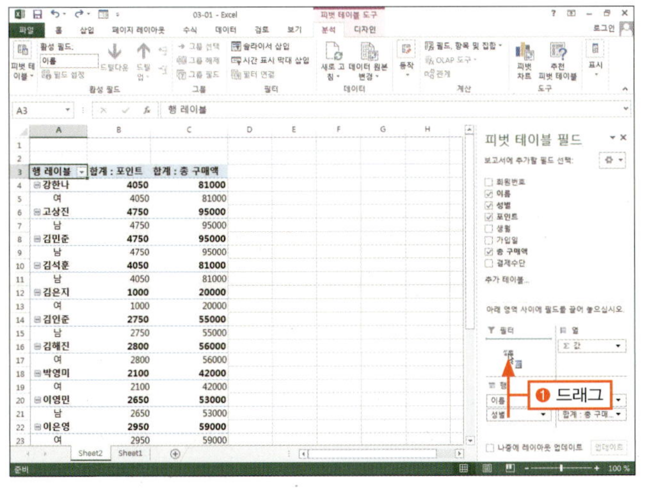

06 [성별]의 필터 실행하기

시트의 상단에 [성별] 필드가 필터 단추와 함께 추가됩니다. ❶필터 단추를 클릭하고 ❷[여]를 선택한 후 ❸[확인]을 클릭합니다.

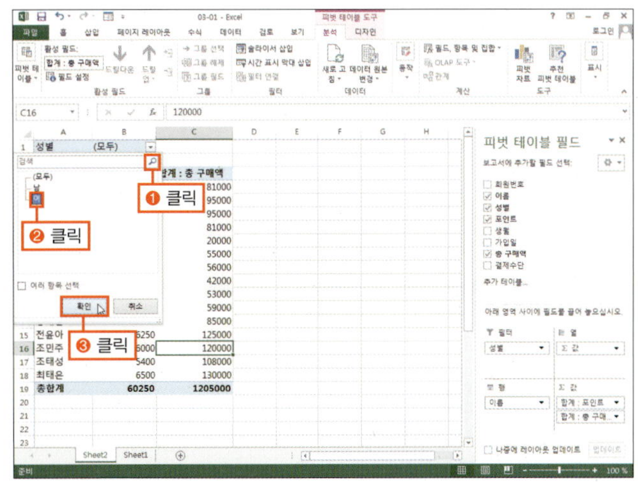

07 필터 결과 확인하기

[여] 필드의 필터 단추 모양이 바뀌면서 성별이 여자인 사람들의 데이터만 추출되어 나타납니다.

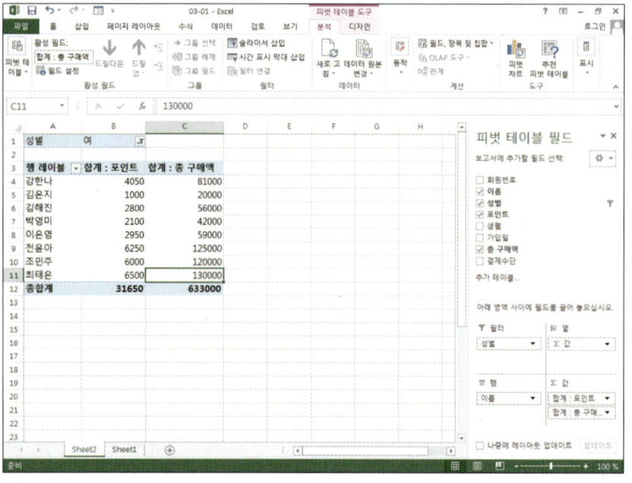

08 필터 해제하기

❶다시 [성별]의 필터 단추를 클릭하고 ❷[모두]를 선택한 후 ❸[확인]을 클릭해 필터를 해제합니다.

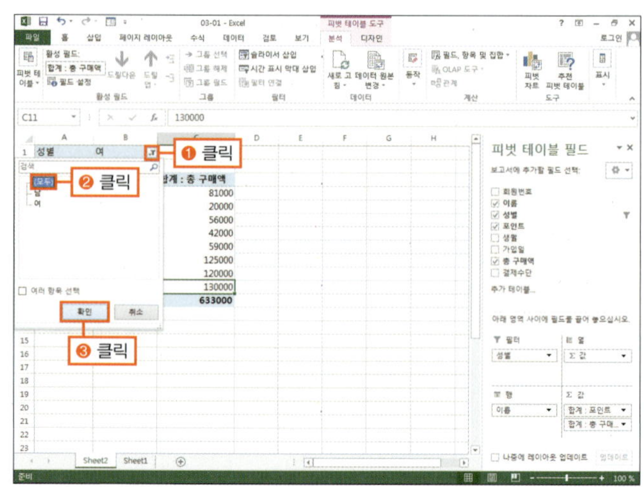

09 이름을 오름차순 정렬하기

❶[행 레이블]에서 필터 단추를 클릭하고 ❷[텍스트 오름차순 정렬]을 선택합니다.

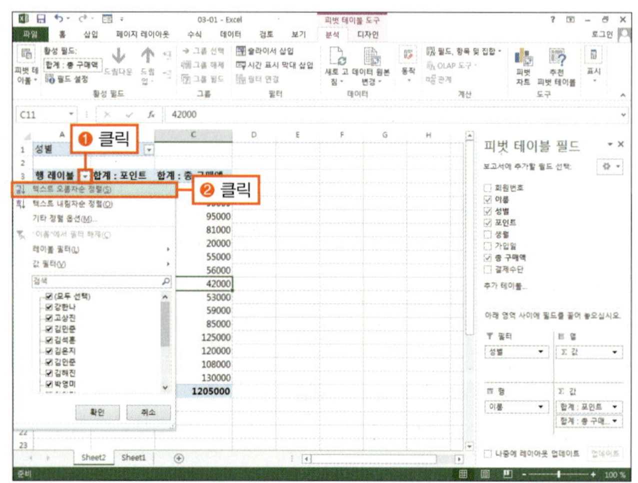

10 행 레이블에 필드 추가하기

데이터가 이름을 기준으로 오름차순 정렬되어 나타납니다. [보고서에 추가할 필드 선택]에서 ❶[결제수단]을 클릭해 행 레이블에 추가합니다.

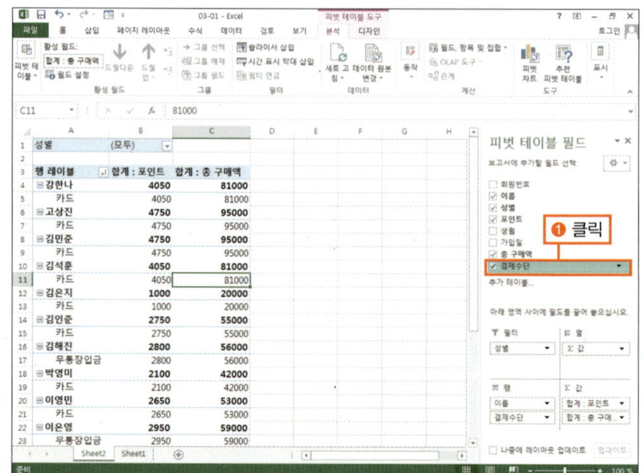

엑셀 2013의 새로운 기능인 슬라이서를 워크시트 안에 삽입해 필요한 정보만 추출해 활용하는 방법을 알아봅니다.

◉ **시작 파일** : 엑셀\part07\03-02.xlsx
◉ **완료 파일** : 엑셀\part07\03-02_완성.xlsx

01 [슬라이서 삽입] 선택하기

❶ 'Sheet2' 피벗 테이블 안에 셀 포인터를 놓습니다. ❷ [피 벗 테이블 도구]-[분석] 탭의 [필터] 그룹에서 [슬라이서 삽입](🔽)을 클릭합니다.

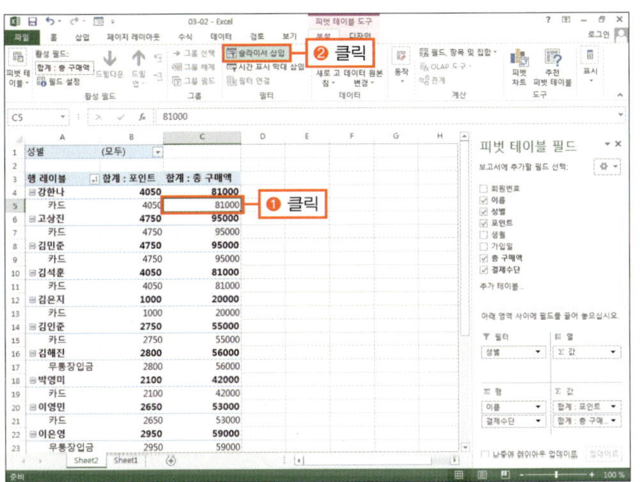

02 슬라이서를 삽입할 필드 선택하기

[슬라이서 삽입] 대화상자가 나타나면 ❶[이름], [총 구매액], [결제수단]을 클릭해 체크하고 ❷[확인]을 클릭합니다.

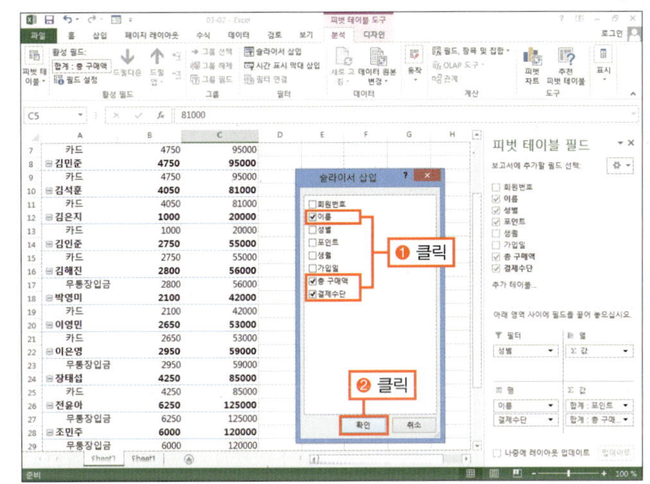

03 슬라이서 배치하기

3개의 슬라이서가 삽입되면 각각 드래그해 다음과 같이 보 기 편하도록 배치합니다.

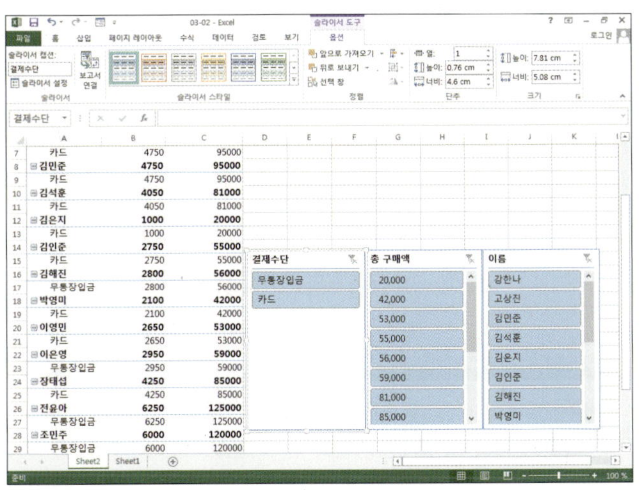

04 슬라이서 스타일 지정하기

슬라이서 간의 편리한 구분을 위해 ❶[총 구매액] 슬라이서 를 선택한 후 ❷[슬라이서 도구]-[옵션] 탭의 [슬라이서 스 타일] 그룹에서 [슬라이서 스타일 밝게 2]를 선택합니다.

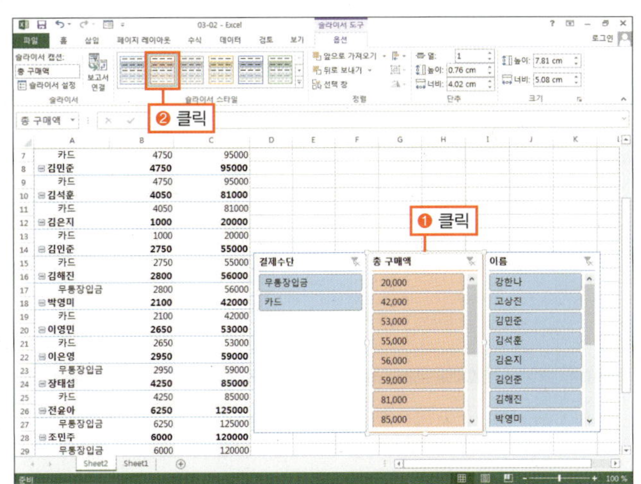

❶[이름] 슬라이서를 선택한 후 ❷[슬라이서 도구]–[옵션]
탭의 [슬라이서 스타일] 그룹에서 [슬라이서 스타일 밝게
6]을 선택합니다.

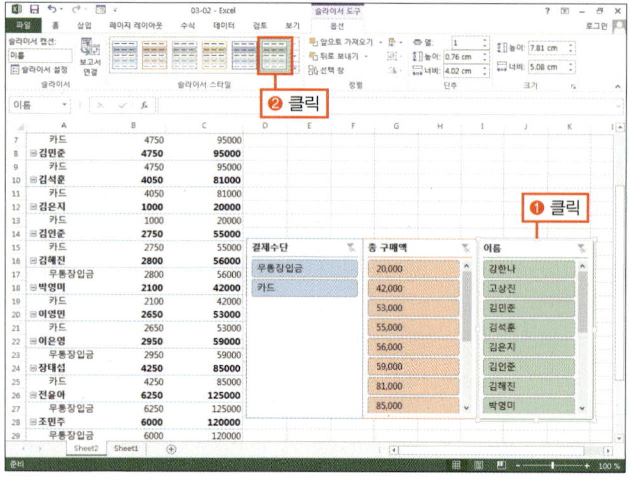

❶[결제수단]에서 '무통장입금'을 클릭합니다. [총 구매액]
과 [이름] 슬라이서에 무통장으로 입금한 회원의 데이터
만 표시되고 나머지는 흐리게 표시됩니다.

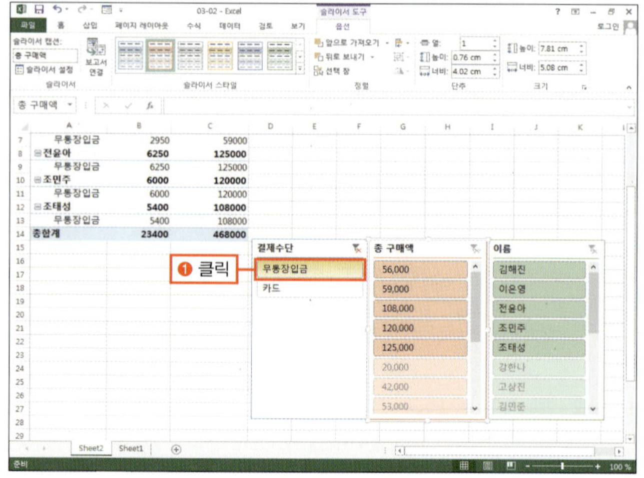

참고

워크시트 안의 피벗 테이블에도 무통장으로 입금한 데이터들만 표
시됩니다.

필터를 해제하기 위해 ❶[결제수단] 슬라이서의 [필터 지
우기](🔽)를 클릭합니다.

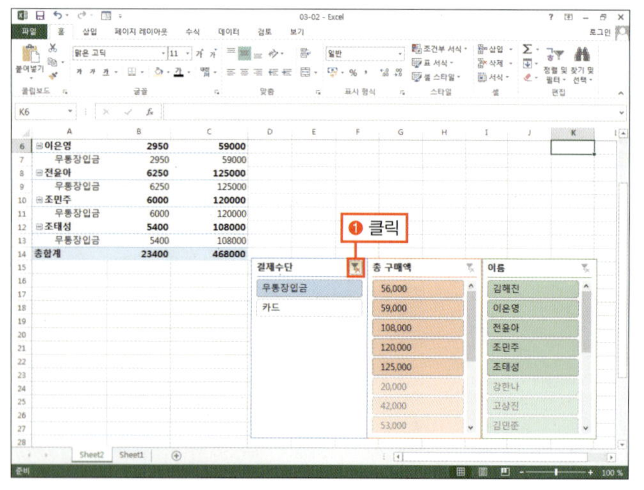

두 조건을 만족하는 데이터를 찾기 위해 ❶[결제수단]에
서 '카드'를 클릭하고 ❷[총 구매액]에서 '95,000'을 클릭
합니다.

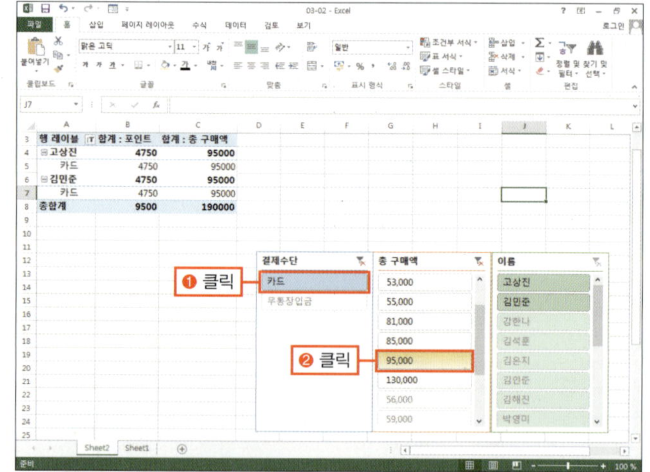

참고

카드로 95,000원을 결제한 사람의 데이터만 표시됩니다.

09 복수 항목 선택하기

하나의 필드 안에서 여러 개의 항목을 선택하기 위해 ❶ Ctrl 을 누른 채 '130,000'을 클릭합니다. 카드로 '95,000'원 또는 '130,000'원을 결재한 사람의 이름이 나타납니다.

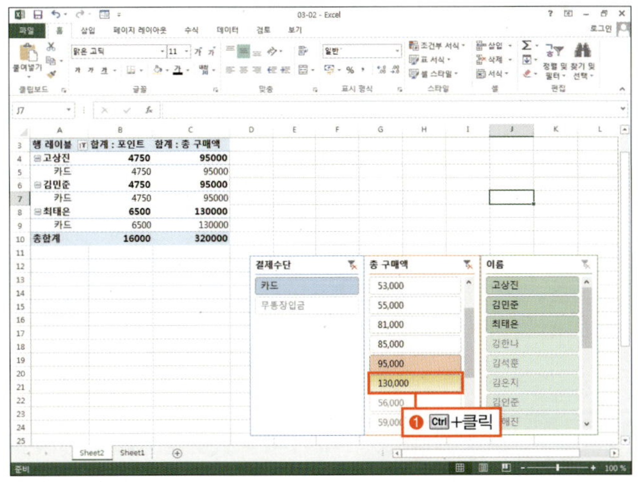

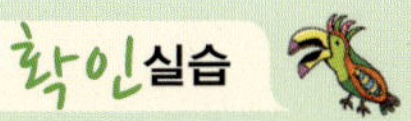

시작 파일에서 피벗 테이블을 삽입해 다음과 같이 [행 레이블]에 [이름] 필드를, [필터] 영역에 [과학] 필드를, [값] 영역에는 [수학], [총점], [평균] 필드를 배치해 보세요.

◎ 시작 파일 : 엑셀\part07\03_실습1.xlsx
◎ 완료 파일 : 엑셀\part07\03_실습1_완성.xlsx

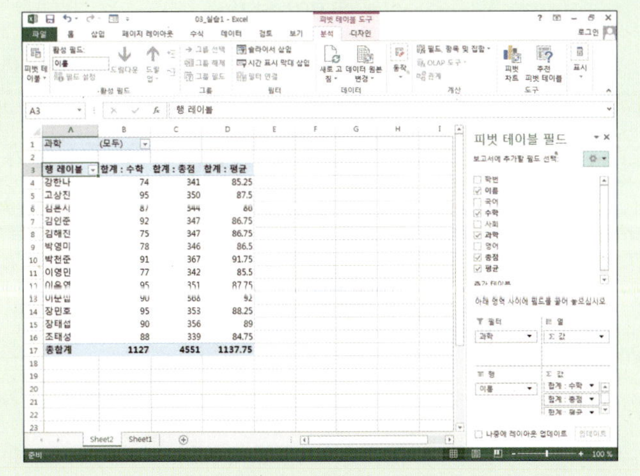

다양한 데이터 분석 기능 활용하기

데이터 분석 기능을 통해 결과를 예측하여 사용자의 의사 결정을 돕는 [목표값 찾기]와 [시나리오 관리자] 기능에 대해 살펴보고 유효성 검사를 통해 잘못된 데이터를 골라내는 방법도 함께 알아봅니다.

다루는 내용
- 가상 분석 도구 이해하기
- 목표값 찾기와 시나리오 분석 방법 알기
- 유효성 검사하기

기능 정리 · 데이터 가상 분석 도구 이해하기

엑셀은 가상으로 데이터를 분석하고 예측하기 위한 기능을 제공합니다. 그중 [목표값 찾기]와 [시나리오 관리자]의 기능은 다음과 같습니다.

● 목표값 찾기

[목표값 찾기]는 수식의 결과를 특정한 목표값으로 미리 지정한 다음 그러한 결과가 되기 위해서 참조하는 셀이 어떤 값을 가져야 하는지 예측하는 가상 분석 기능입니다. 예를 들어 순이익을 10% 내기 위해서 매출액이 얼마가 되어야 하는지를 미리 알아보는 기능입니다. [목표값 찾기] 기능은 [데이터] 탭의 [데이터 도구] 그룹에서 [가상 분석]-[목표값 찾기]를 클릭해 실행할 수 있습니다.

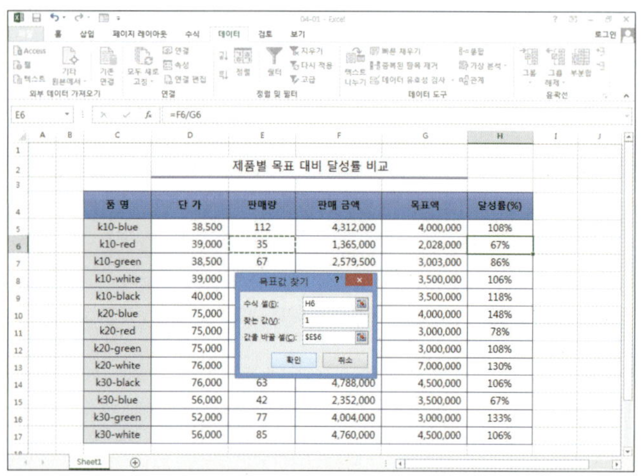

● 시나리오 관리자

[시나리오 관리자]는 수식에서 참조하는 특정 값을 변경하면 수식의 결과 값이 어떻게 달라지는지 예측해 사용자의 데이터 분석과 의사 결정에 도움을 주는 기능입니다. 예를 들어 제품의 판매가를 3% 인상할 경우와 5% 인상할 경우 기존에 비해 각각 수익이 얼마나 늘어나는지 등을 알아

볼 수 있습니다. [시나리오 관리자] 기능은 [데이터] 탭의 [데이터 도구] 그룹에서 [가상 분석]-[시나리오 관리자]를 클릭해 실행할 수 있습니다.

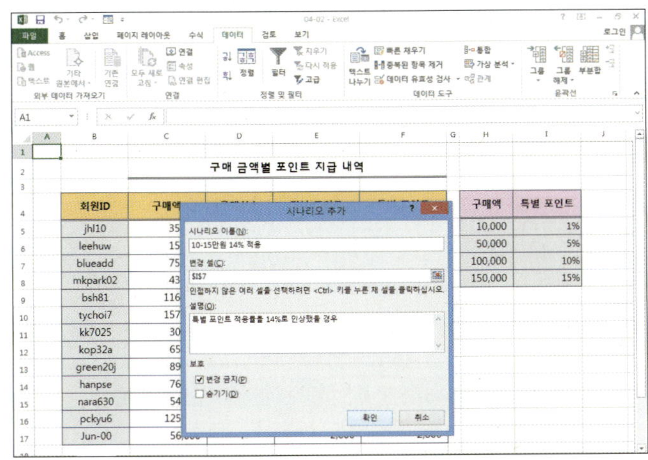 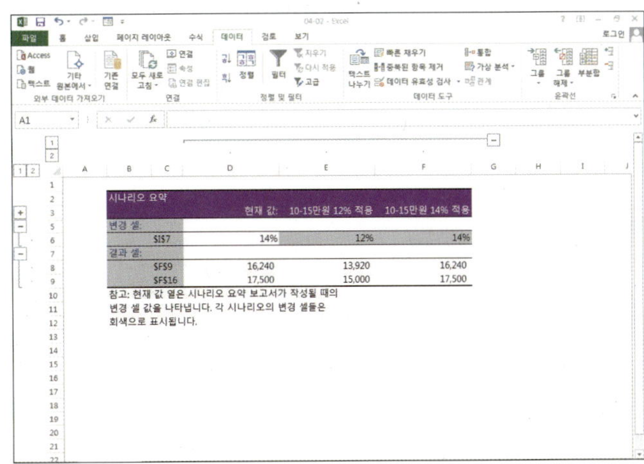

1 엑셀의 기능 중 가상 상황을 이용해 데이터를 분석하고 예측하는 기능은 어느 것일까요?

① 필터 ② 시나리오 관리자 ③ 피벗 테이블 ④ SmartArt

답 : ②

실습 과정 — 가상 분석해 목표값 찾기

[목표값 찾기]를 이용해 달성률이 특정 값이 되기 위해서 판매 실적을 얼마나 올려야 하는지 미리 확인하는 방법에 대해 알아봅니다.

◉ **시작 파일** : 엑셀\part07\04-01.xlsx

01 데이터 확인하기

'판매 금액'과 '달성률'에 입력된 수식을 확인하고 내용을 살펴봅니다. 현재 '판매 금액'은 '단가×판매량'으로, '달성률'은 '판매금액/목표액'의 백분율 형식으로 계산되어 있습니다.

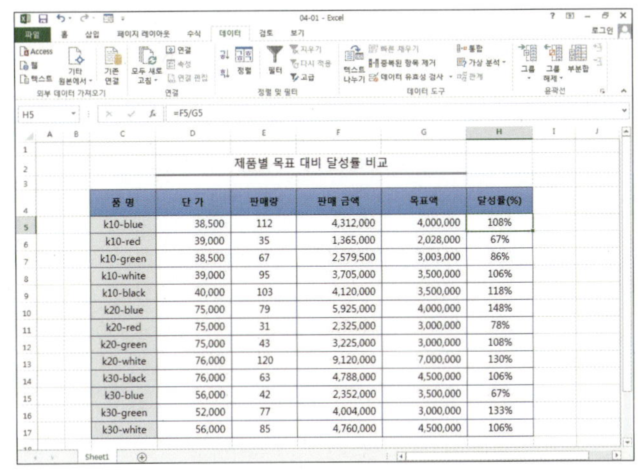

02 [목표값 찾기] 선택하기

현재 '67%'인 'k10-red' 제품의 달성률이 '100%'가 되려면 판매량이 얼마나 되어야 하는지 알아보도록 합니다. ❶ H6셀에 셀 포인터를 놓고 ❷[데이터] 탭의 ❸[데이터 도구] 그룹에서 [가상 분석](📊)을 클릭하고 ❹[목표값 찾기]를 선택합니다.

03 [목표값 찾기] 대화상자 지정하기

[목표값 찾기] 대화상자가 나타나고 [수식 셀]에 'H6'이 표시됩니다. ❶[찾는 값]에 '1'을 입력하고 ❷[값을 바꿀 셀]에서 E6셀을 클릭합니다. ❸[확인]을 클릭합니다.

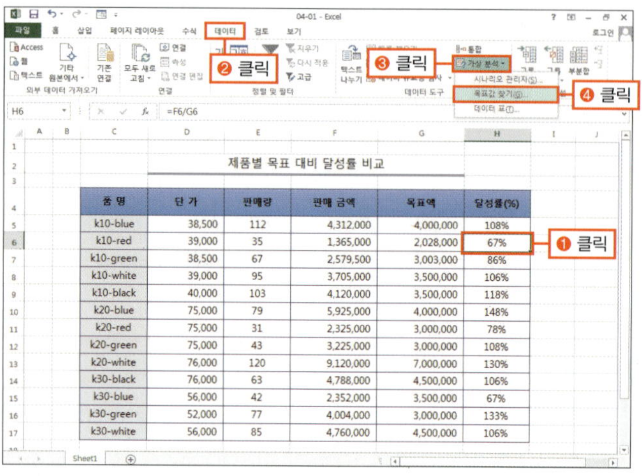

> **참고**
>
> 100%일 때를 찾으므로 [찾는 값]에 '1'을 입력합니다. 백분율 형식으로 지정되어 있으므로 표시되는 값은 '100%'이지만 입력하는 값은 '1'입니다.
> [값을 바꿀 셀]은 자동으로 절대참조 형식으로 나타납니다.

04 [목표값 찾기] 결과 확인하기

[목표값 찾기 상태] 대화상자가 나타나고 값 찾기 답을 찾았다는 메시지가 나타납니다. 이와 함께 '35'였던 E6셀의 값이 '52'로, '67%'였던 H6셀의 값이 '100%'로 변경된 것을 확인할 수 있습니다. ❶[취소]를 클릭해 대화상자를 닫습니다.

05 [목표값 찾기] 취소하기

E6셀의 판매량과 H6셀의 달성률 값이 원래대로 변경됩니다.

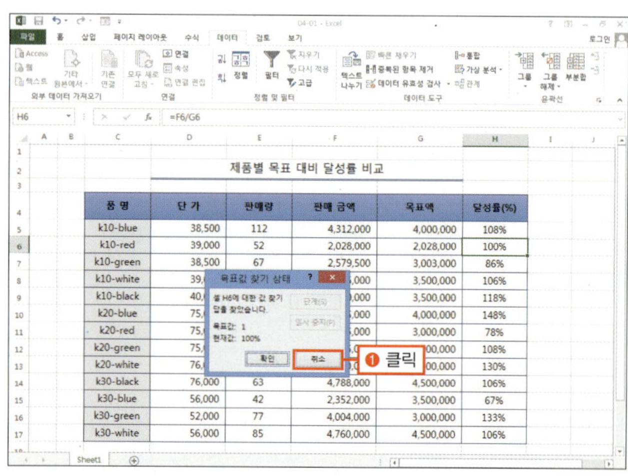

시나리오 관리자로 가상 분석하기

[시나리오 관리자]를 이용해 특정 값을 변경하였을 경우에 결과가 어떻게 달라지는지 미리 확인하는 방법에 대해 알아봅니다.

◎ **시작 파일** : 엑셀\part07\04-02.xlsx
◎ **완료 파일** : 엑셀\part07\04-02_완성.xlsx

01 [시나리오 관리자] 선택하기

‘기본 포인트’와 ‘특별 포인트’에 지정된 수식을 확인합니다. ❶[데이터] 탭의 ❷[데이터 도구] 그룹에서 [가상 분석]( )을 클릭하고 ❸[시나리오 관리자]를 선택합니다.

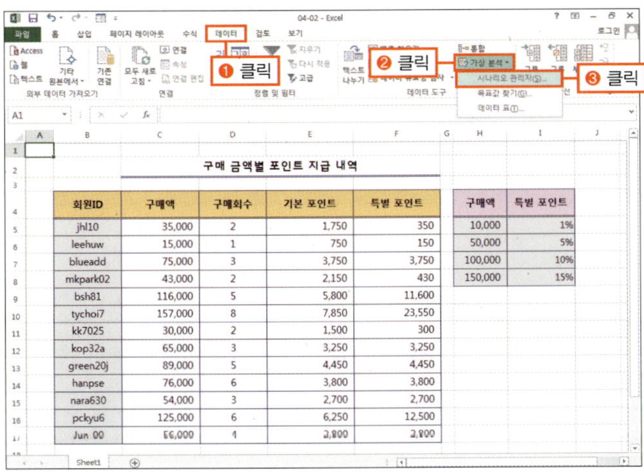

02 시나리오 추가하기

[시나리오 관리자] 대화상자가 나타나면 새 시나리오를 추가하기 위해 ❶[추가]를 클릭합니다.

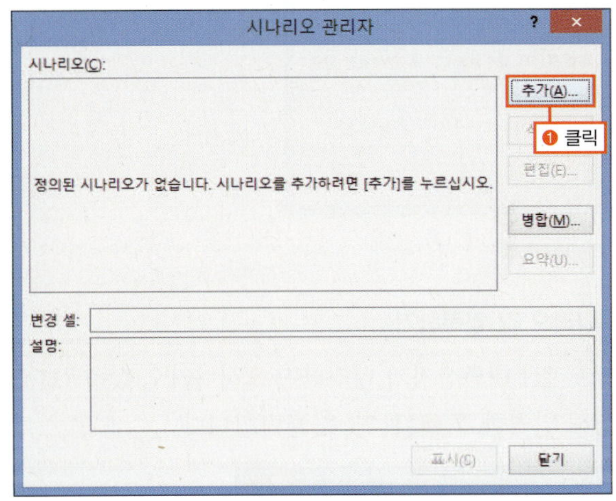

03 [시나리오 추가] 대화상자 지정하기

❶[시나리오 이름]에 ‘10-15만원 12% 적용’을 입력하고 ❷[변경 셀]에서 I7셀을 클릭합니다. ❸[설명]에 내용을 이해할 수 있도록 간단한 설명을 입력한 후 ❹[확인]을 클릭합니다.

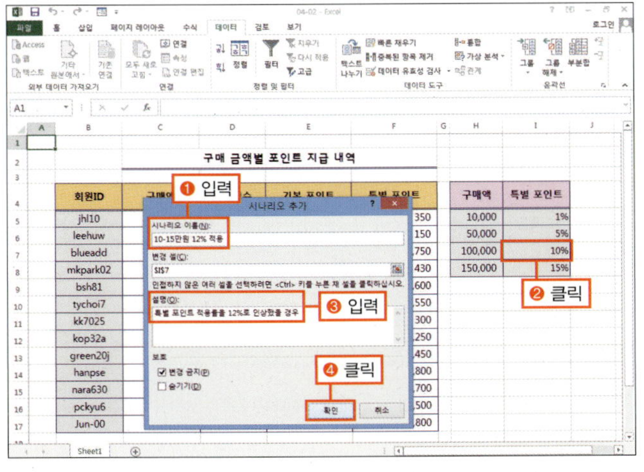

04 변경할 시나리오 값 입력하기

[시나리오 값] 대화상자가 나타나면 ‘0.1’로 되어 있는 ❶ 시나리오 값을 ‘0.12’로 변경해 입력한 후 ❷[확인]을 클릭합니다.

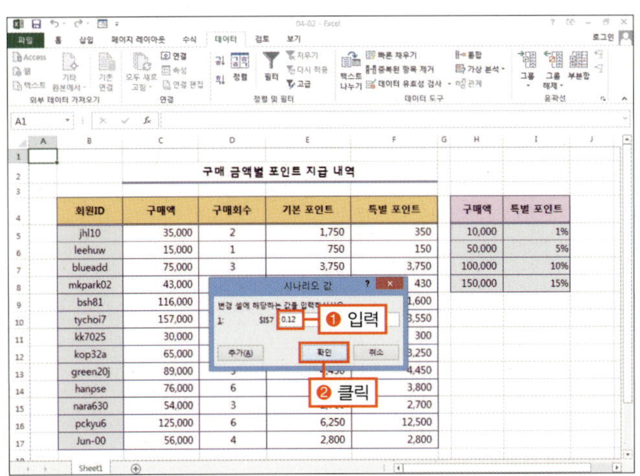

05 시나리오 추가하기

[시나리오 관리자] 대화상자의 [시나리오] 목록에 작성한 시나리오가 나타납니다. 시나리오를 추가하기 위해 ❶[추가]를 클릭합니다.

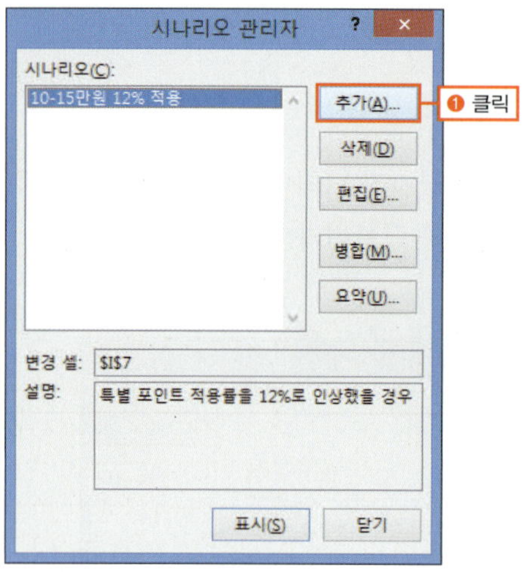

06 [시나리오 추가] 대화상자 지정하기

❶[시나리오 이름]에 '10-15만원 14% 적용'을 입력하고 ❷[변경 셀]에서 값을 변경할 셀인 I7셀을 클릭합니다. ❸[설명]에 간단한 설명을 입력한 후 ❹[확인]을 클릭합니다.

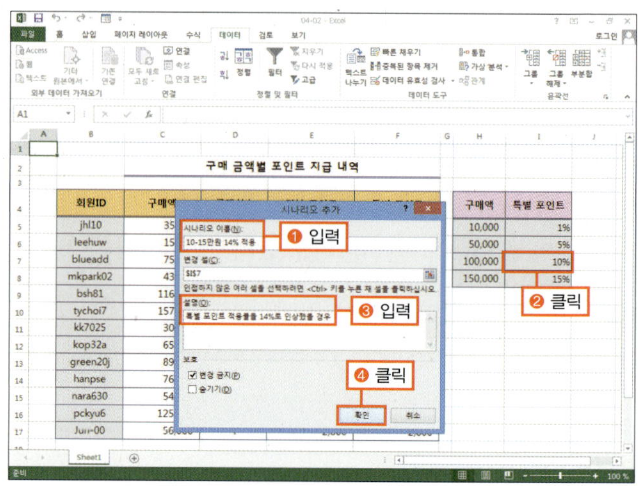

07 시나리오 값 입력하기

[시나리오 값] 대화상자가 나타나면 ❶시나리오 값을 '0.14'로 변경해 입력한 후 ❷[확인]을 클릭합니다.

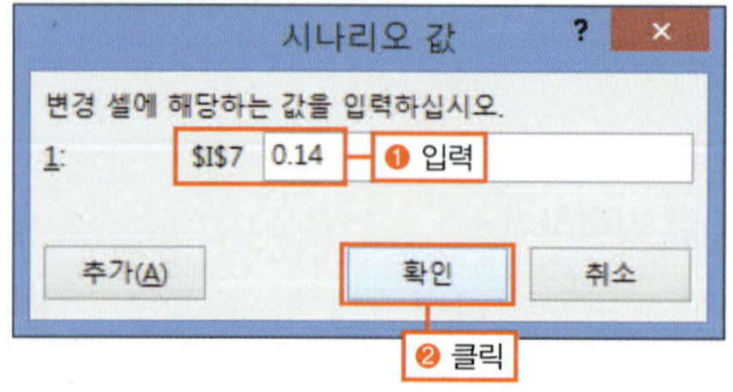

08 첫 번째 시나리오 표시하기

[시나리오 관리자] 대화상자의 [시나리오] 목록에서 ❶[10-15만원 12% 적용]을 선택하고 ❷[표시]를 클릭합니다.

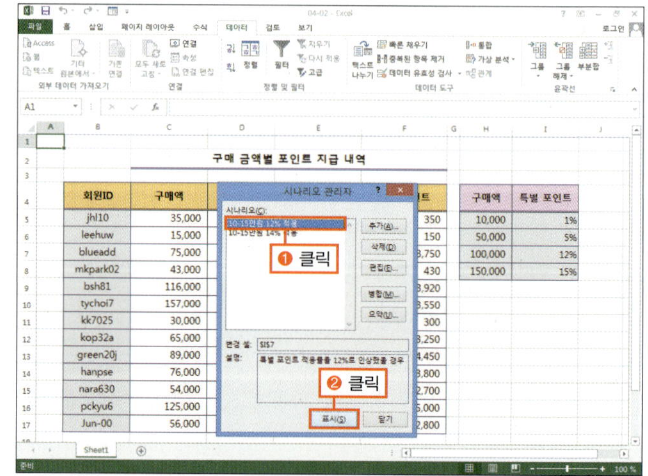

09 첫 번째 시나리오 결과 확인하기

대화상자를 오른쪽으로 이동한 후 구매액이 10만원~15만원인 회원의 특별 포인트인 F9셀과 F16셀의 값을 확인합니다.

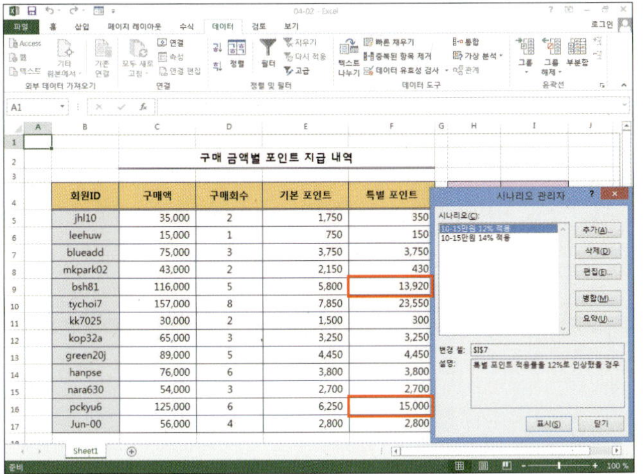

> **참고**
> 변경 전에 비해 특별 포인트가 인상된 것을 확인할 수 있습니다.

11 시나리오 결과 요약하기

변경된 셀에 대한 정보를 요약해서 확인하기 위해 대화상자에서 ❶[요약]을 클릭합니다.

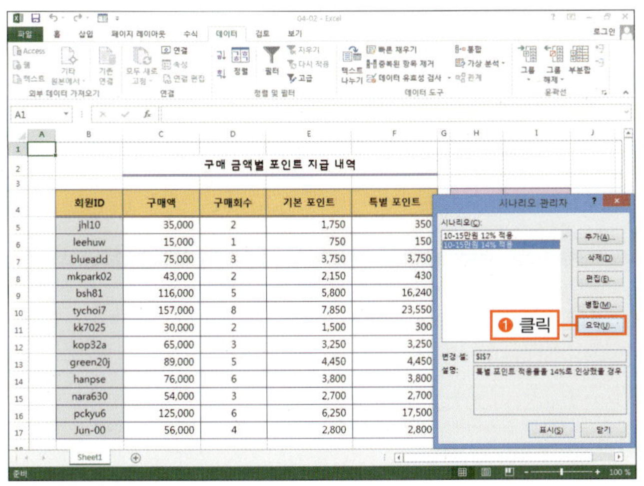

10 두 번째 시나리오 결과 확인하기

❶[10-15만원 14% 적용]을 선택하고 ❷[표시]를 클릭합니다. 구매액이 10만원~15만원인 회원의 특별 포인트인 F9셀과 F16셀의 값이 더 커진 것을 확인할 수 있습니다.

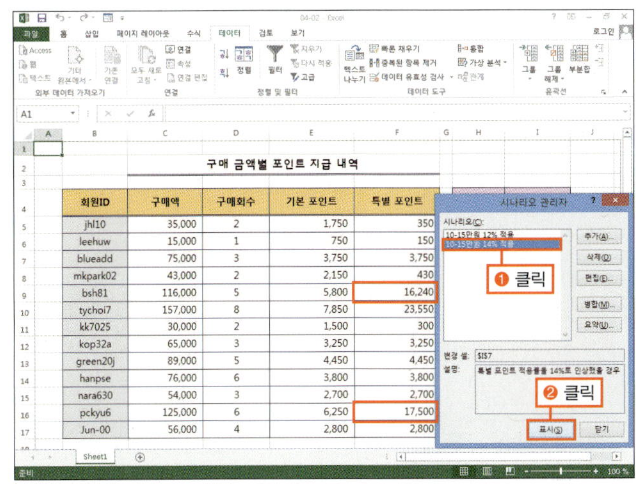

12 [시나리오 요약] 대화상자 지정하기

[시나리오 요약] 대화상자가 나타나면 [보고서 종류]에서 ❶[시나리오 요약]을 선택하고 [결과 셀]에 'F9,F16'이 표시되면 ❷[확인]을 클릭합니다.

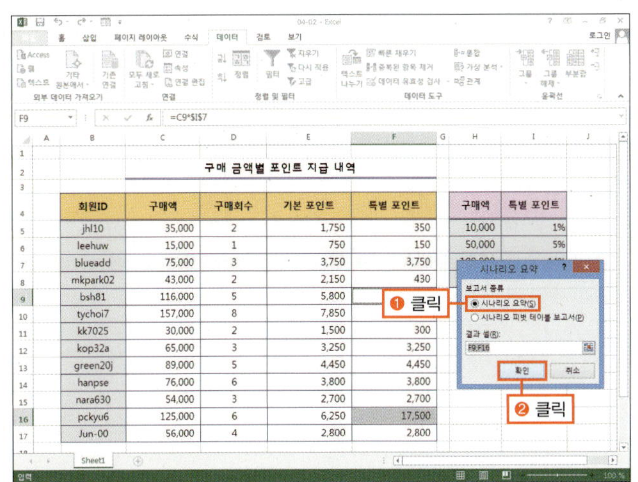

13 시나리오 요약 결과 확인하기

'시나리오 요약' 시트가 추가되고 요약 결과가 표로 나타납니다. 특별 포인트를 12%로 설정했을 경우와 14%로 설정하였을 경우의 변경 값을 미리 확인할 수 있습니다.

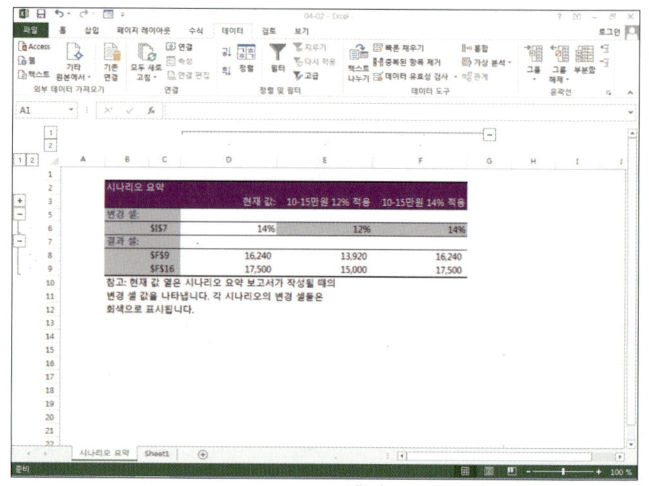

시작 파일에서 구매액 5만원~10만원인 사용자에게 '5%' 지급되도록 지정된 특별 포인트를 '7%'로 변경해 시나리오 관리자를 지정하고 다음과 같이 요약해 보세요.

◉ **시작 파일** : 엑셀\part07\04_실습1.xlsx
◉ **완료 파일** : 엑셀\part07\04_실습1_완성.xlsx

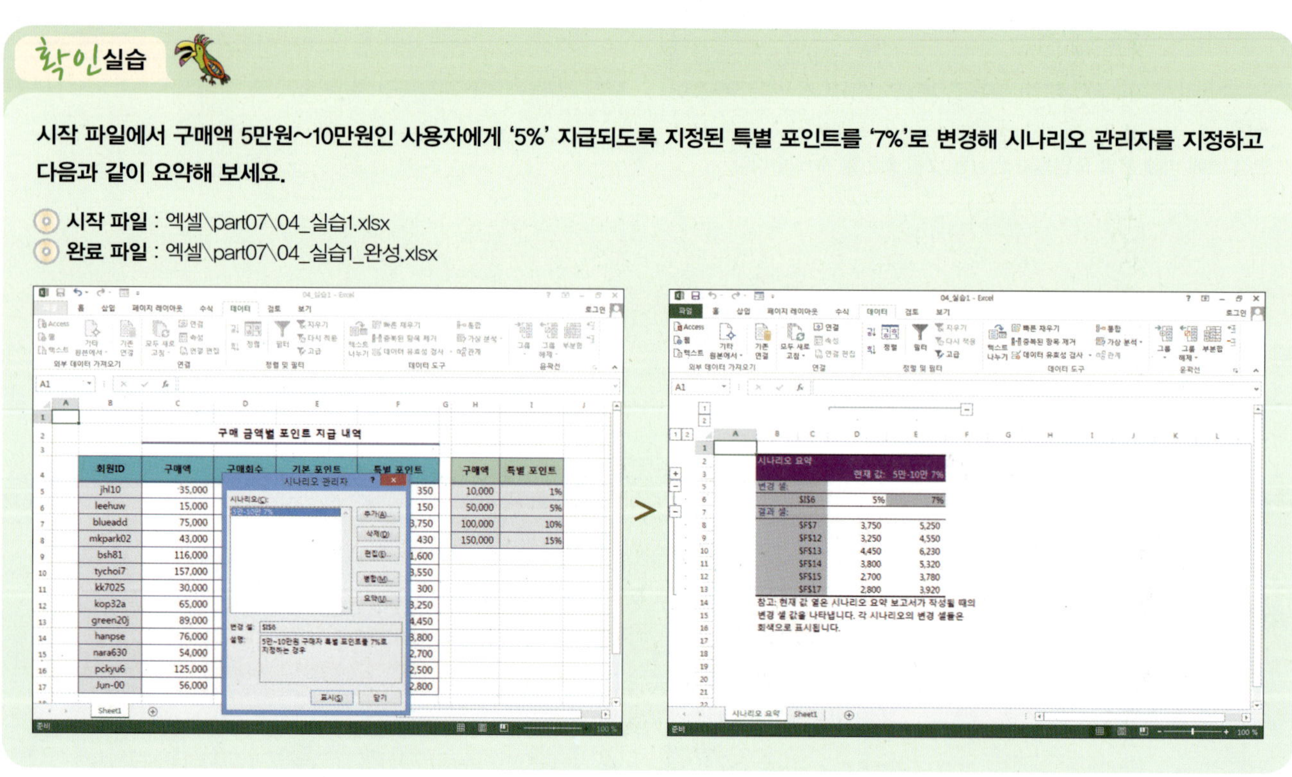

❶ 시작 파일을 열고 다음 조건에 맞게 데이터를 정렬해보세요. 정렬된 데이터에서 필터 기능을 이용해 '성별'이 '여'이면서 '현재 수강 강좌'가 '초간단 요리'인 데이터를 추출해 보세요.

 **정렬**
첫 번째 기준 : '기존 수강 수', 내림차순
두 번째 기준 : '이름', 오름차순

◉ **시작 파일** : 엑셀\part07\수강생 리스트.xlsx
◉ **완료 파일** : 엑셀\part07\수강생 리스트_완료.xlsx
◉ **해설 파일** : 엑셀\해설파일\수강생 리스트.hwp, pdf

Before

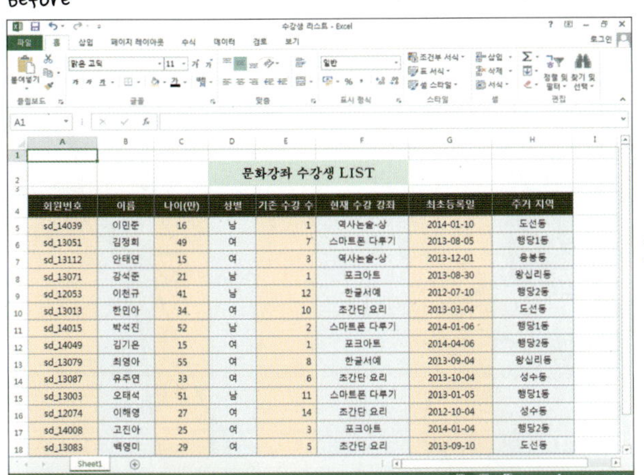

After

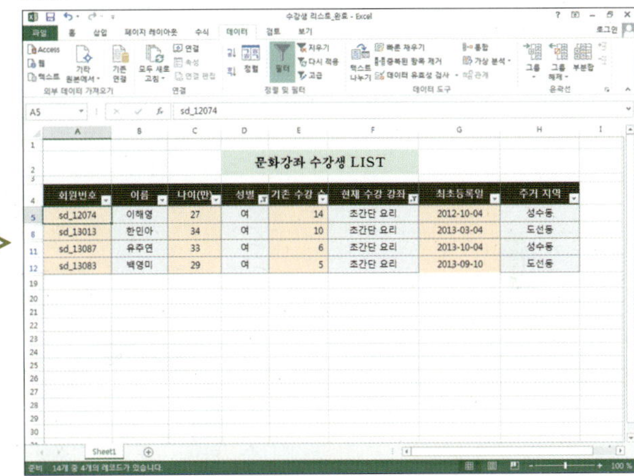

❶[정렬] 도구 선택하기 ❷첫 번째 정렬 기준 지정하기 ❸두 번째 정렬 기준 지정하기 ❹[필터] 선택하기 ❺성별이 여자인 사람 추출하기
❻'초간단 요리' 수강자 추출하기 ❼필터 결과 확인하기

실무를 완벽하게 대비하는
종합 실습 문제

엑셀 2013을 종합적으로 활용할 수 있는 능력을 키워주는 실전 프로젝트입니다. 총 2개의 문제로 구성되어 있으며, PDF 해설 파일과 동영상 해설 파일(부록 CD 및 QR 코드)이 제공됩니다.

PROJECT 01 분기별 배출 이익 분석하기
PROJECT 02 매출 현황 파악하여 우수 가맹점 찾기

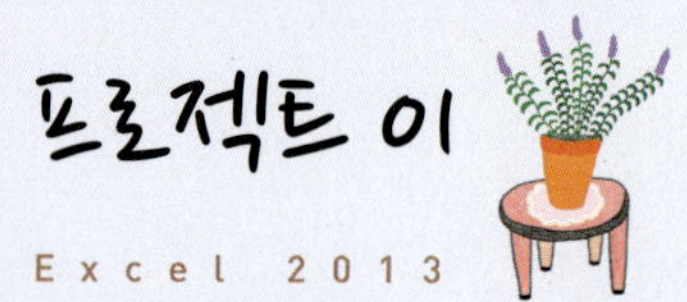

분기별 매출 이익 분석하기

시작 파일을 열고 셀 스타일과 테두리를 지정한 후 합계를 구하는 수식과 로고 그림을 삽입합니다. 데이터에 조건부 서식과 스파크라인을 지정한 후 좁은 여백과 가로 방향으로 한 장에 인쇄되도록 지정하여 3매를 인쇄합니다.

- **시작 파일** : 엑셀\프로젝트\분기별 매출이익 분석.xlsx
- **완료 파일** : 엑셀\프로젝트\분기별 매출이익 분석_완료.xlsx
- **해설 파일** : 엑셀\해설파일\project01-해설.hwp, pdf
- **동영상 해설 파일** : 엑셀\해설파일\exc_project01_exp.mp4

2013 - 2014 품목별 분기별 매출이익 분석

(단위:십만원)

품명	code	2013년				2014년				2013 매출이익	2014 매출이익	추세
		1분기	2분기	3분기	4분기	1분기	2분기	3분기	4분기			
MH-6100	31561	173	180	182	195	177	185	196	180	730	738	
MH-6200	31562	125	130	133	132	120	126	142	151	520	539	
MH-6300	31563	160	170	171	185	172	182	192	190	686	736	
MH-6400	31564	155	156	164	170	162	175	188	160	645	685	
MH-6500	31565	165	166	170	175	178	189	191	199	676	757	
MH-7400	31642	175	179	185	190	180	185	199	205	729	769	
MH-7500	31643	145	143	145	140	140	145	137	140	573	562	
MH-7600	31644	160	170	170	175	180	185	190	210	675	765	
MH-8000	31770	142	137	140	145	135	135	140	140	564	550	
MH-8100	31771	146	150	156	155	150	155	150	155	607	610	
MH-8200	31772	150	160	165	160	150	155	155	165	635	625	
MH-8300	31773	146	147	140	150	155	164	166	169	583	654	
MC-1500	31842	210	220	220	230	230	240	250	260	880	980	
MC-1550	31843	215	215	220	220	225	225	230	230	870	910	
MC-1600	31844	205	215	225	225	235	240	245	255	870	975	
MC-1700	31845	220	241	245	250	250	250	300	300	956	1,100	
MK-2500	32105	210	215	221	225	225	232	235	346	871	1,038	
MK-2600	32106	230	230	230	250	250	260	270	270	940	1,050	
MK-2700	32107	225	235	225	220	245	240	255	260	905	1,000	
MK-2800	32108	230	220	210	230	235	240	245	230	890	950	
MK-2900	32109	235	230	340	245	240	245	250	240	1,050	975	

1단계 : 제목 셀 병합하고 제목의 셀 스타일 지정

2단계 : 테두리 선 지정하고 채우기 색 지정해 표 모양으로 작성

3단계 : 연도별 매출이익 합계 수식 입력하고 수식 복사

4단계 : 로고 그림 삽입하고 크기와 위치 조정

5단계 : 조건부 서식으로 하위 10% 데이터 골라 강조하기

6단계 : 조건부 서식으로 연도별 매출이익 합계에 데이터 막대 표시

7단계 : 선 스파크라인 삽입하고 스파크라인 색과 표식 색 지정

8단계 : 용지 여백과 용지 방향 지정하기

9단계 : 복사본 매수와 인쇄 설정 사항을 지정해 인쇄하기

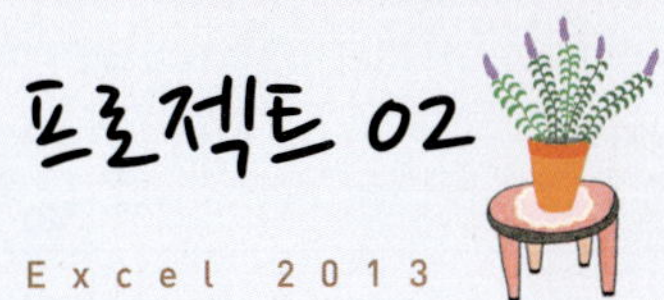

매출 현황 파악하여 우수 가맹점 찾기

시작 파일을 열고 셀 스타일과 테두리를 지정한 후 합계를 구하는 수식과 로고 그림을 삽입합니다. 데이터에 조건부 서식과 스파크라인을 지정한 후 좁은 여백과 가로 방향으로 한 장에 인쇄되도록 지정하여 3매를 인쇄합니다.

- **시작 파일** : 엑셀\프로젝트\가맹점별 상반기 매출현황.xlsx
- **완료 파일** : 엑셀\프로젝트\가맹점별 상반기 매출현황_완료.xlsx
- **해설 파일** : 엑셀\해설파일\project02-해설.hwp, pdf
- **동영상 해설 파일** : 엑셀\해설파일\exc_project02_exp.mp4

가맹점별 상반기 매출 현황

소속지역	가맹점명	1월	2월	3월	4월	5월	6월	상반기계	순위	결과
서울강남	청담점	510	500	520	510	500	500	3,040	9	우수
	압구정점	650	640	660	660	650	650	3,910	1	우수
	신사점	450	410	420	450	460	440	2,630	19	보통
서울성동	왕십리점	400	410	420	420	430	450	2,530	22	보통
서울성북	성북점	410	440	460	450	470	450	2,680	17	보통
서울강동	강동1점	480	490	480	490	500	500	2,940	13	보통
	강동2점	390	380	380	370	350	370	2,240	32	보통
서울양천	양천점	500	540	550	540	550	560	3,240	8	우수
경기일산	일산1점	430	420	430	430	420	410	2,540	21	보통
	일산2점	450	460	460	450	460	470	2,750	16	보통
	일산3점	300	300	280	300	290	300	1,770	35	보통
경기성남	분당점	610	600	590	590	610	600	3,600	3	우수
	야탑점	650	640	640	630	630	610	3,800	2	우수
	서현점	510	500	500	510	500	500	3,020	10	우수
서울송파	잠실점	540	550	560	600	530	540	3,320	5	우수
	송파점	420	410	390	390	400	410	2,420	25	보통
서울은평	응암점	450	470	480	490	490	500	2,880	14	보통
	녹번점	500	510	560	540	570	590	3,270	6	우수
	구산점	420	430	420	430	430	440	2,570	20	보통
서울서대문	홍제점	510	500	490	490	500	500	2,990	11	보통
	신촌점	350	390	400	410	400	410	2,360	28	보통
서울동대문	동대문점	410	390	380	390	370	360	2,300	31	보통
서울서초	서초점	220	230	280	280	270	300	1,580	38	보통
경기과천	과천점	380	390	400	400	410	400	2,380	27	보통
경기안양	안양점	490	510	550	540	570	590	3,250	7	우수
인천계양	계양점	410	430	500	430	430	440	2,640	18	보통
인천남동	남동점	510	500	480	490	500	500	2,980	12	보통
서울종로	종로점	360	390	420	410	400	410	2,390	26	보통
	인사동점	400	390	400	390	370	360	2,310	30	보통
서울광진	자양점	290	230	300	280	270	300	1,670	37	보통
	구의점	440	390	430	400	410	430	2,500	23	보통
서울노원	월계점	330	320	340	390	330	320	1,990	34	보통
	중계점	460	470	460	470	480	490	2,830	15	보통
서울중랑	중랑점	410	390	410	390	370	350	2,320	29	보통
서울구로	구로점	[illegible]	[illegible]	[illegible]	[illegible]	[illegible]	[illegible]	1,740	36	보통
서울마포	마포점	420	390	430	400	410	430	2,480	24	보통
서울영등포	영등포점	330	380	340	390	330	390	2,120	33	보통
서울관악	관악점	510	550	560	600	570	580	3,370	4	우수

1단계 : 상반기 합계 구하고 수식 복사하기, 쉼표 스타일 지정

2단계 : [RANK] 함수로 합계 데이터의 순위 구하기

3단계 : '결과'에 [IF] 함수를 지정해 '상반기계'가 '3000'이상이고 '6월'의 값이 '500'이상인 두 조건을 만족하면 '우수', 아니면 '보통'으로 표시되도록 설정

4단계 : 시트 탭의 이름과 탭 색 변경하기

5단계 : 우수 가맹점만 골라 3차원 묶은 세로 막대형 차트로 만들기

6단계 : 차트를 다른 시트로 이동하고 차트에 스타일 지정

7단계 : 차트 요소 추가하고 데이터 계열 서식 지정

8단계 : 두 개의 탭에 각각 다르게 인쇄 옵션 지정하고 문서 인쇄

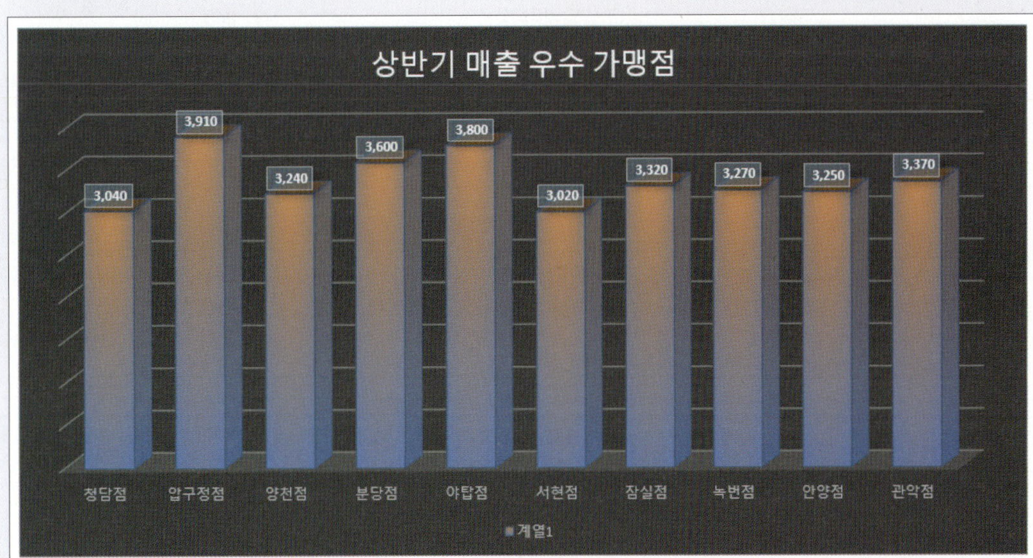

파워포인트 2013

한유미 지음

PART 01 파워포인트 2013 기본기 떼기

새롭게 향상된 파워포인트 2013을 살펴봅니다. 프레젠테이션의 개념과 파워포인트 2013의 화면 구성, 새 프레젠테이션 만들고 저장하기 등의 기본 기능에 대해서 알아보겠습니다.

SECTION 01. 파워포인트 2013 시작하기

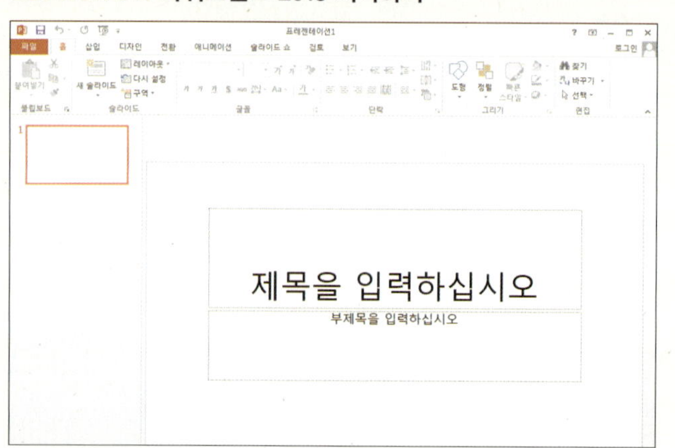

SECTION 02. 파워포인트 2013 기본 다루기

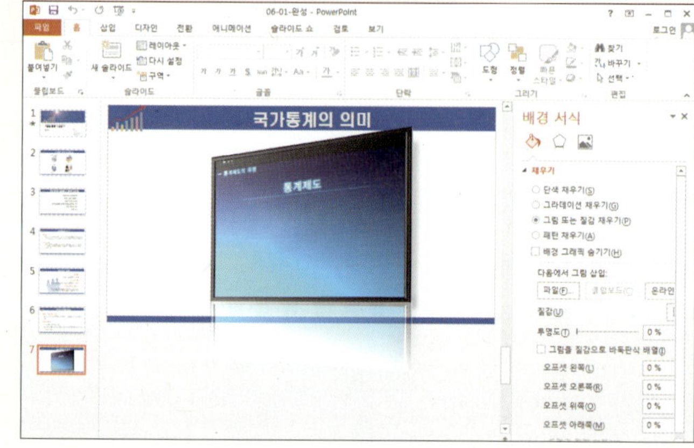

PART 02 텍스트 슬라이드 만들고 다양한 효과 적용하기

프레젠테이션 문서 작성의 기본은 개체 틀에 텍스트를 입력하는 것입니다. 입력한 텍스트에 다양한 글꼴 서식과 단락 서식, 텍스트 효과를 적용한 프레젠테이션을 만들 수 있습니다. 텍스트 입력 방법과 글꼴, 단락 서식의 변경, 파일의 비교 병합 및 검토 기능에 대해 알아보도록 합니다.

SECTION 01. 텍스트 슬라이드 작성하기 

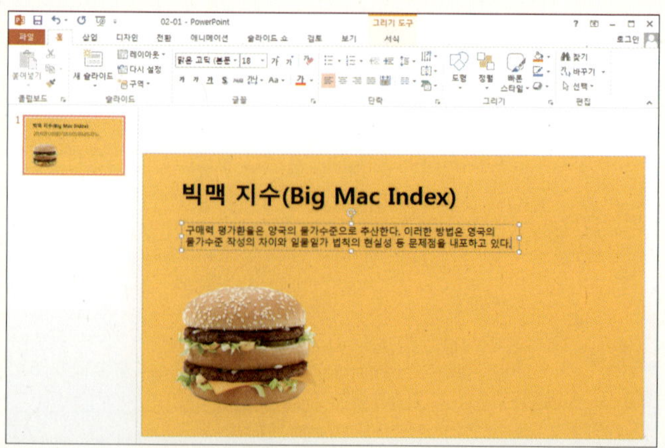

SECTION 02. 텍스트 편집하기

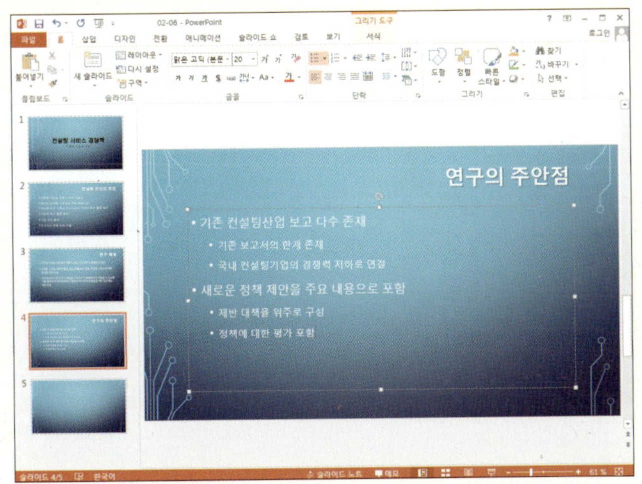

SECTION 03. 워드아트 스타일 지정하기

 **P A R T 03**

테마와 슬라이드 마스터 활용하기

프레젠테이션은 첫 슬라이드부터 마지막 슬라이드까지 일관된 디자인과 구성으로 작업하는 것이 중요합니다. 슬라이드 마스터 지정은 프레젠테이션 문서의 틀을 만드는 작업입니다. 슬라이드 마스터 영역에서 배경과 글꼴 등을 지정하고 로고 등의 그래픽 개체를 삽입하면 전체적으로 적용되어 각 슬라이드에 서식을 일일이 지정하지 않아도 일관된 문서를 만들 수 있습니다. 슬라이드 마스터를 활용하는 방법에 대해 알아봅니다.

SECTION 01. 테마와 슬라이드 배경으로 프레젠테이션 꾸미기

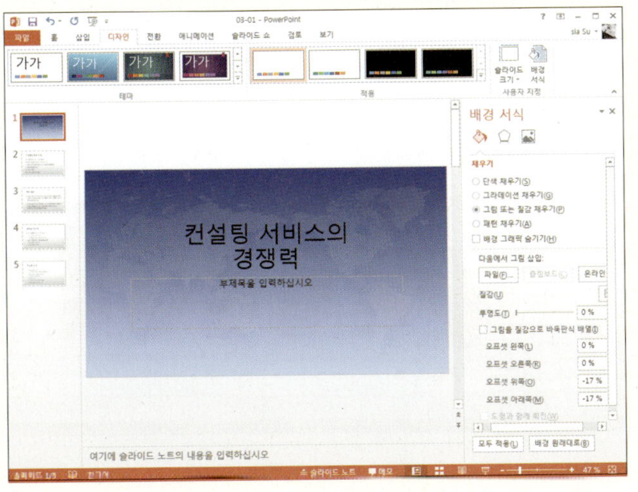

SECTION 02. 슬라이드 마스터 편집하기

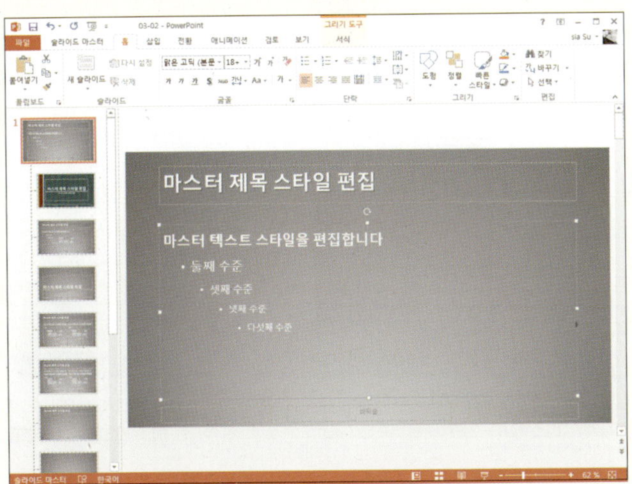

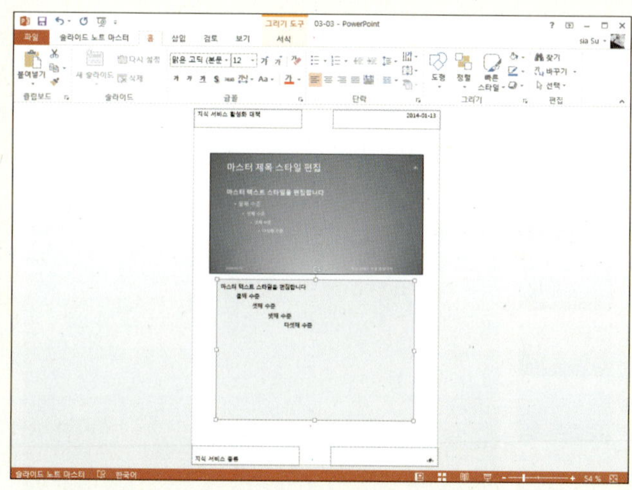

PART 04 디자인 요소로 돋보이는 프레젠테이션 꾸미기

도형과 스마트아트를 사용하여 프레젠테이션의 내용을 텍스트보다 훨씬 명확하게 전달할 수 있습니다. 또한 슬라이드에 그림이나 클립아트를 삽입하면 프레젠테이션의 내용을 직관적으로 전달할 수 있습니다. 내 컴퓨터에 있는 그림 파일은 물론이고 파워포인트에서 제공하는 클립아트, 클라우드 장치에 저장된 그림이나 Bing 검색을 통해 웹 이미지도 슬라이드에 삽입할 수 있습니다. 다양한 모양의 도형과 스마트아트, 그림을 슬라이드에 삽입하고 편집하여 눈에 띄는 프레젠테이션을 작성해봅니다.

SECTION 01. 도형 만들고 꾸미기

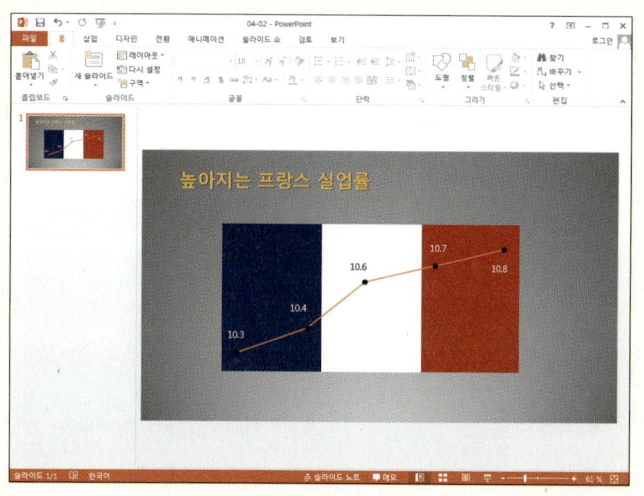

SECTION 02. 도형 조화롭게 배치하기

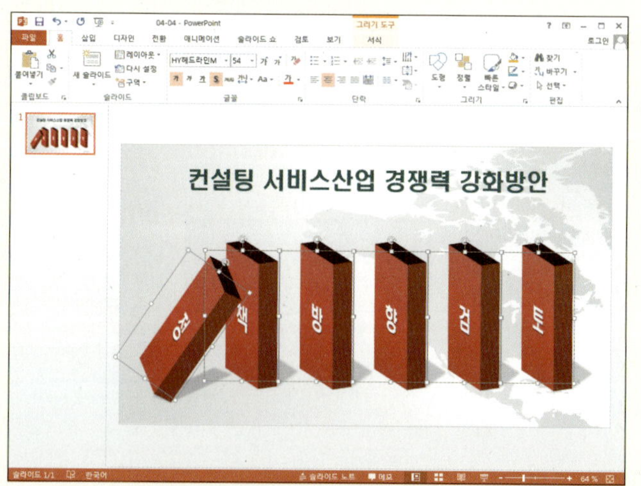

SECTION 03. 스마트아트 삽입하고 디자인 변경하기

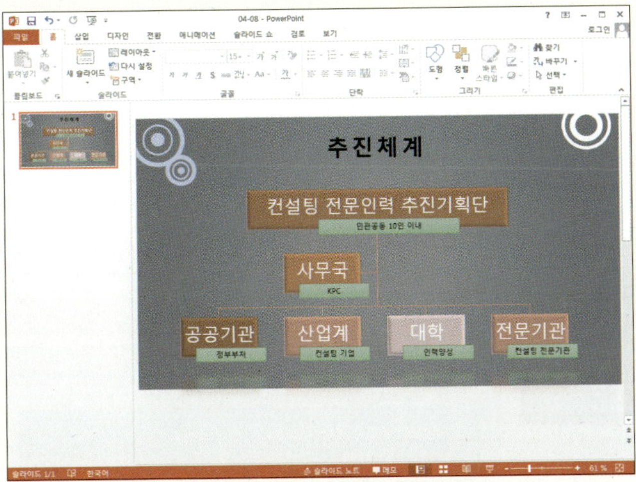

SECTION 04. 그림 삽입하고 편집하기

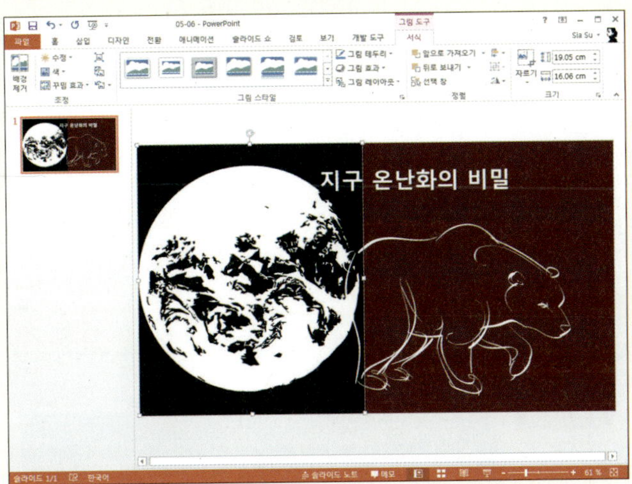

SECTION 05. 온라인 그림 삽입하고 편집하기

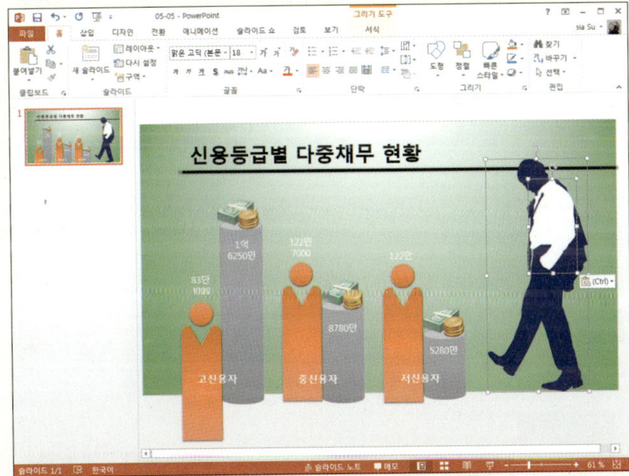

데이터가 한눈에 보이는 표와 차트 작성하기

텍스트나 숫자를 표와 차트로 표현하면 데이터를 보기 쉽게 정리할 수 있습니다. 프레젠테이션에 표와 차트를 사용하는 이유는 텍스트와 숫자 정보의 산만함을 명확하게 전달하여 청중의 이해를 도울 수 있다는 장점 때문입니다. 파워포인트 2013의 향상된 기능을 사용하여 슬라이드에 표와 차트를 삽입하는 방법을 알아봅니다.

SECTION 01. 표 삽입하고 편집하기

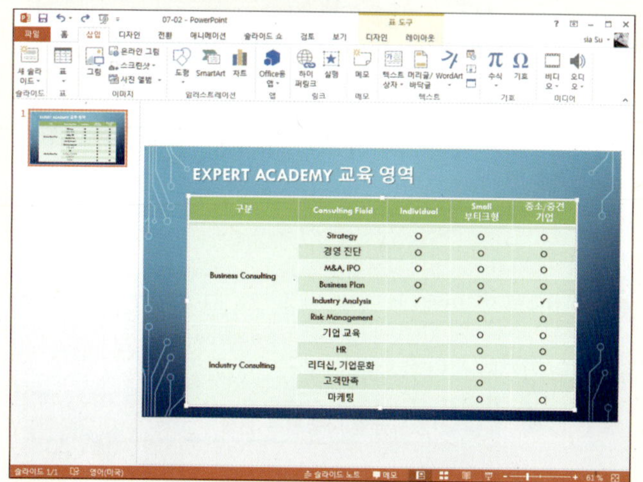

SECTION 02. 표 스타일과 서식 지정하기

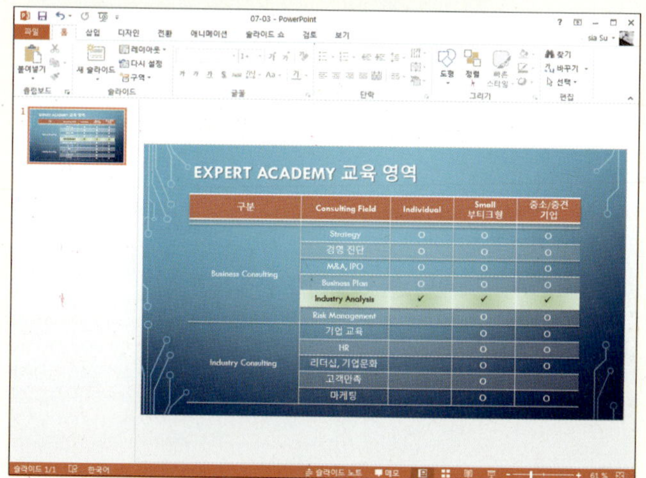

SECTION 03. 차트 삽입하고 편집하기

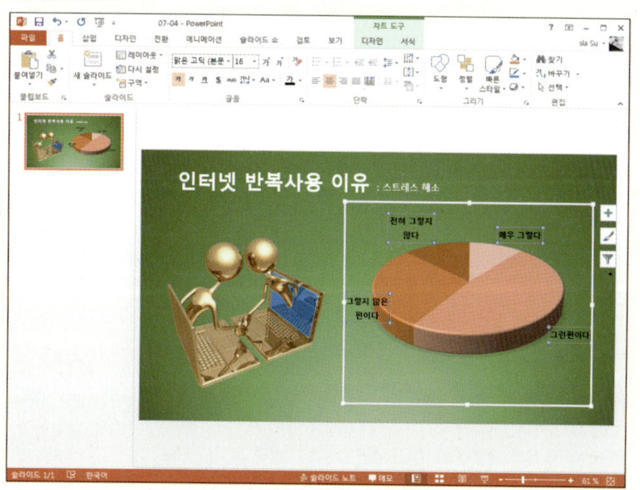

SECTION 04. 차트 서식 변경하기

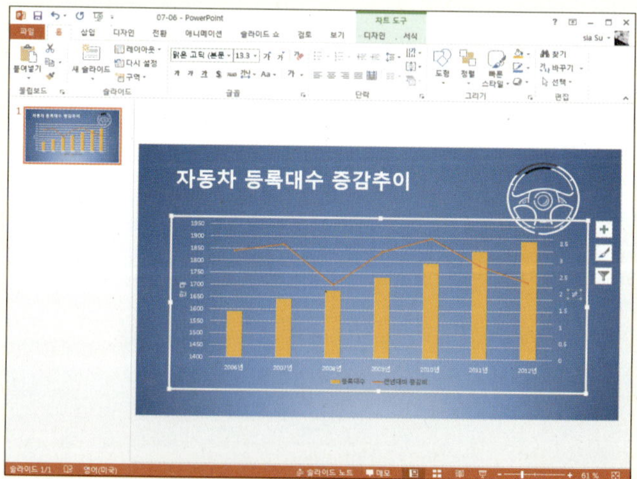

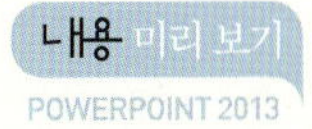

P A R T 06

멀티미디어와 애니메이션으로 생동감 주기

파워포인트 2013에는 여러 가지 기본 코덱이 포함되어 있어 다양한 형식의 비디오와 오디오 파일을 삽입할 수 있게 되었습니다. 슬라이드에 다양한 멀티미디어 파일을 삽입하고 개체에 하이퍼링크를 지정하는 방법에 대해 알아봅니다. 또한 이전 버전에 비해 향상된 전환 효과와 애니메이션 기능을 사용하여 동적인 프레젠테이션을 사용해 봅니다.

SECTION 01. 비디오와 오디오 삽입하고 편집하기

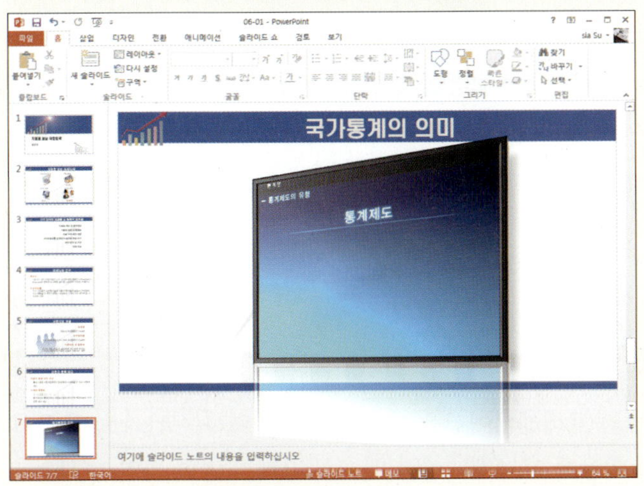

SECTION 02. 플래시 동영상과 개체 삽입하기

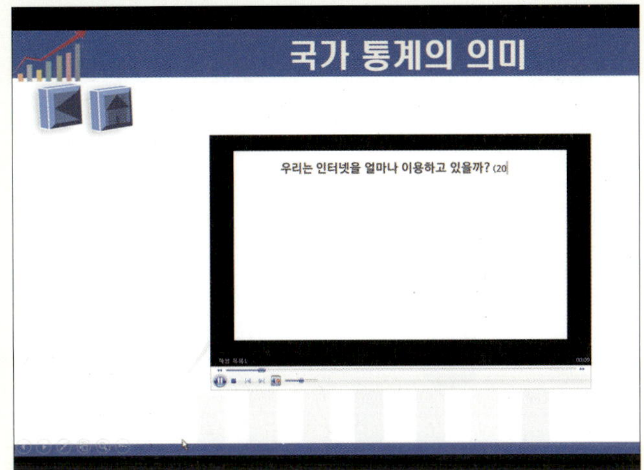

SECTION 03. 하이퍼링크 설정하기

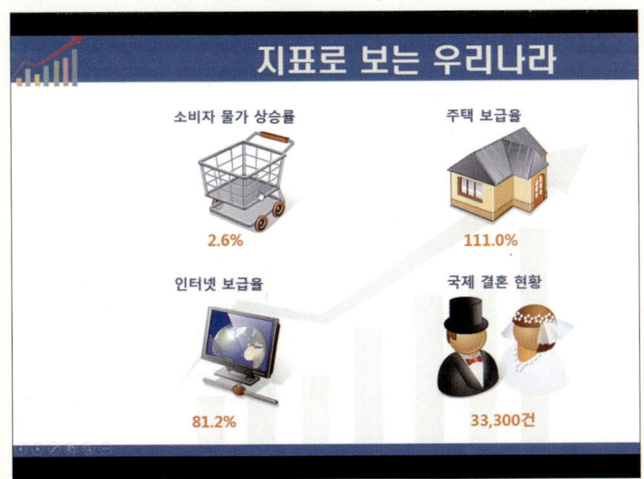

SECTION 04. 화면 전환과 애니메이션 효과 적용하기

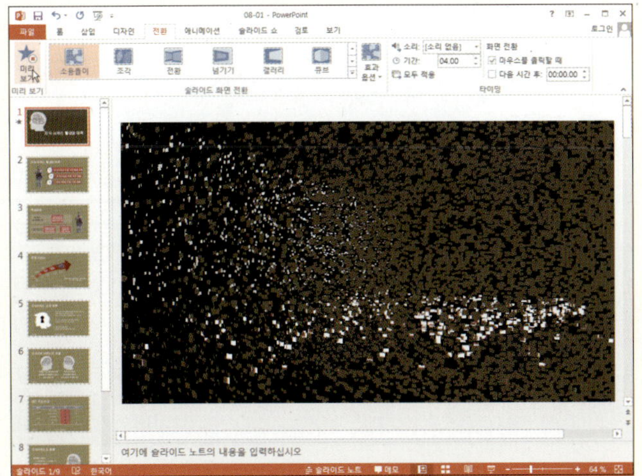

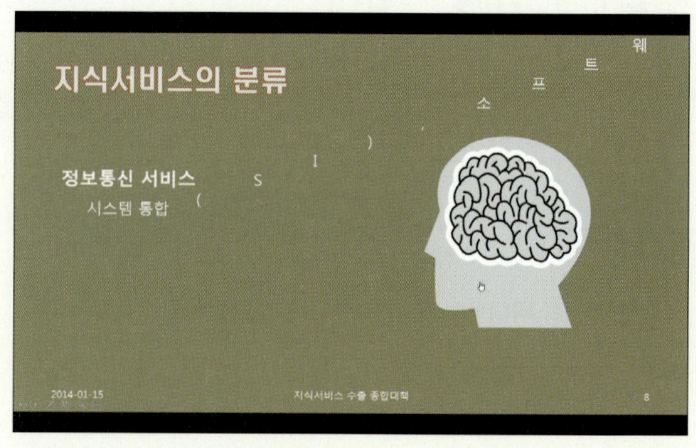

PART 07 프레젠테이션 발표 및 배포하기

프레젠테이션 발표를 위해 필요한 기능과 프레젠테이션을 여러 형태로 출력하는 인쇄 방법을 살펴봅니다. 또한 클라우드 저장 공간을 활용한 프레젠테이션 배포 방법과 다양한 파일 형식으로 저장하여 프레젠테이션을 배포하는 방법에 대해 알아봅니다.

SECTION 01. 슬라이드 쇼 진행하기

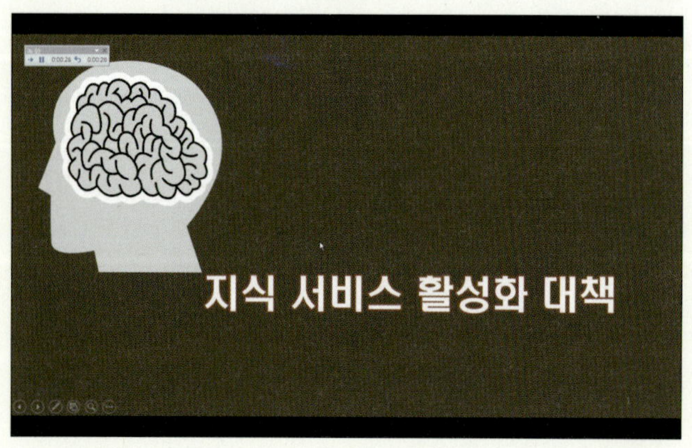

SECTION 02. 슬라이드 인쇄하기

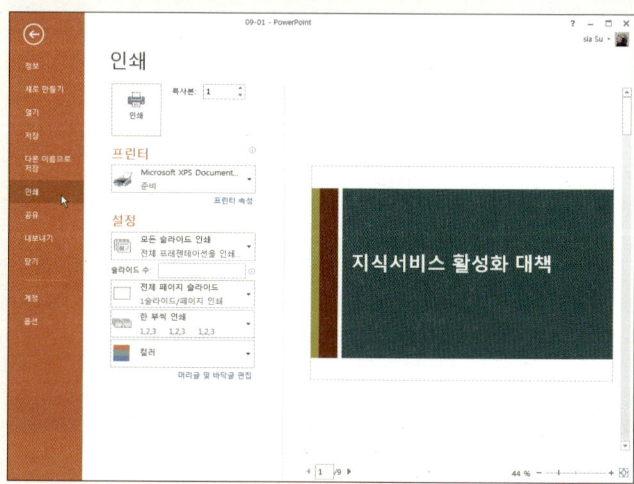

SECTION 03. 클라우드와 인터넷을 이용해 프레젠테이션 공유하기

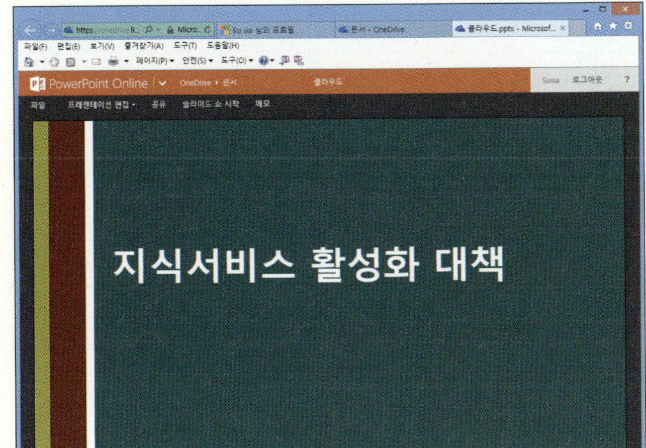

SECTION 04. 다양한 파일 형식으로 문서 배포하기

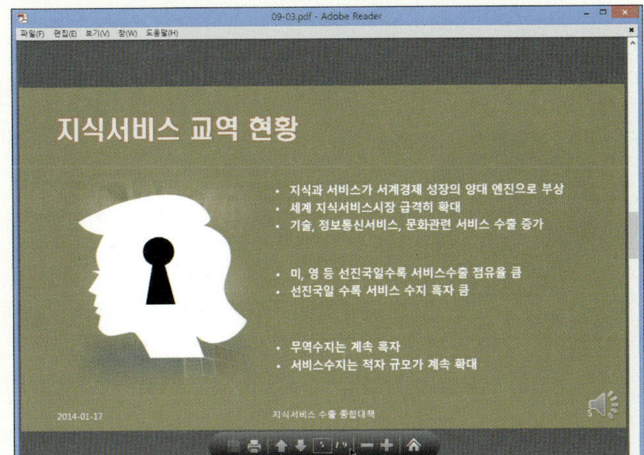

PROJECT  실무를 완벽하게 대비하는 종합 실습 문제

파워포인트 2013을 종합적으로 활용할 수 있는 능력을 키워주는 실전 프로젝트입니다. 총 3개의 문제로 구성되어 있으며, PDF 해설 파일과 동영상 해설 파일(부록 CD 및 QR 코드)이 제공됩니다.

PROJECT 01. 자기 소개서 작성하기

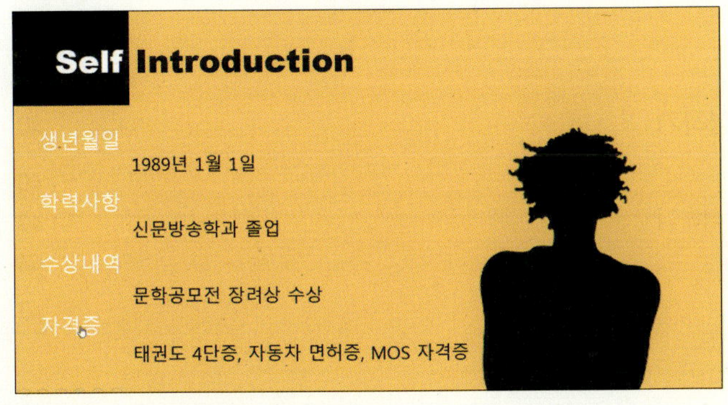

PROJECT 02. 비교 보고서 작성하기

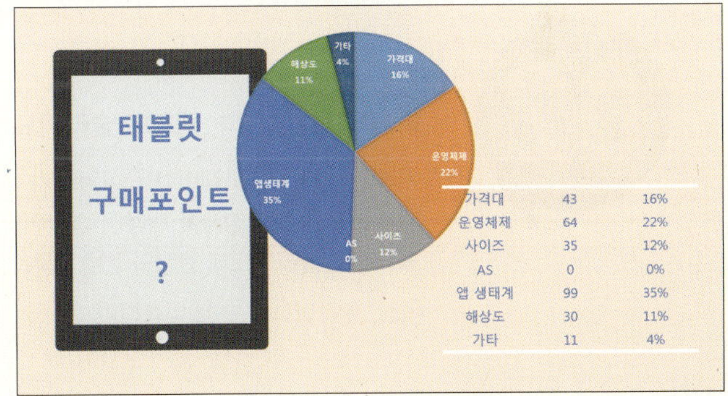

가격대	43	16%
운영체제	64	22%
사이즈	35	12%
AS	0	0%
앱 생태계	99	35%
해상도	30	11%
가타	11	4%

PROJECT 03. 조사 보고서 작성하기

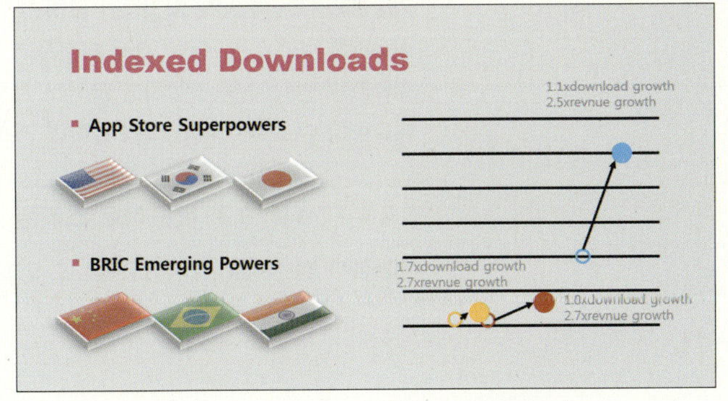

PART **05** 데이터가 한눈에 보이는 표와 차트 작성하기   147

PART 06

멀티미디어와 애니메이션으로 생동감 주기 175

PART 07 프레젠테이션 발표 및 배포하기 207

PROJECT

프로젝트

실무를 완벽하게 대비하는 종합 실습 문제　239

1

파워포인트 2013
기본기 떼기

새롭게 향상된 파워포인트 2013을 살펴봅니다. 프레젠테이션의 개념과 파워포인트 2013의 화면 구성, 새 프레젠테이션 만들고 저장하기 등의 기본 기능에 대해서 알아보겠습니다.

파워포인트 2013 시작하기

프레젠테이션의 개념과 파워포인트 2013의 신기능을 알아본 후 파워포인트를 실행하고 종료하는 방법에 대해 살펴보도록 합니다.

배우는 내용
- 프레젠테이션과 파워포인트 개념 알기
- 파워포인트 2013의 신기능 이해하기
- 파워포인트 2013 실행 및 종료하기

기능 정리 | 프레젠테이션의 개념과 파워포인트 2013의 신기능 둘러보기

● **프레젠테이션과 파워포인트 2013**

프레젠테이션(Presentation)은 정보 전달 수단의 일종으로, 청중에게 정보, 기획 등을 제안하고 설명하는 행위입니다. 파워포인트는 프레젠테이션 제작을 위해 가장 널리 쓰이는 프로그램입니다. 최근에 출시된 마이크로소프트 오피스 2013의 파워포인트 2013은 발표를 위한 프레젠테이션뿐만 아니라 웹을 이용한 공동 작업과 클라우드를 이용한 배포 등 그 활용 범위를 넓혔습니다.

● **프레젠테이션에 필요한 장비**

프레젠테이션을 하기 위해 필요한 장비를 살펴봅니다.

- **컴퓨터(데스크톱, 노트북, 태블릿 PC 등의 기기)** :
  프레젠테이션 문서를 프로젝트에 연결하여
  보여주기 위해 프레젠테이션이 저장되어 있
  는 컴퓨터는 필수입니다.

- **프로젝터** : 컴퓨터와 연결하여 프레젠테이션 내용을 스크린에
  투사하는 장비입니다. 빔 프로젝터, LCD 프로젝터, DLP 프로젝
  터 등 다양한 종류가 있습니다.

- **스크린** : 프레젠테이션 내용이 프로젝터를 통해 스크린에 표시됩
  니다.

- **기타 장비** : 마이크, 레이저 포인터, 프레젠테이
  션용 리모트컨트롤 등의 보조 장비가 있습니다.

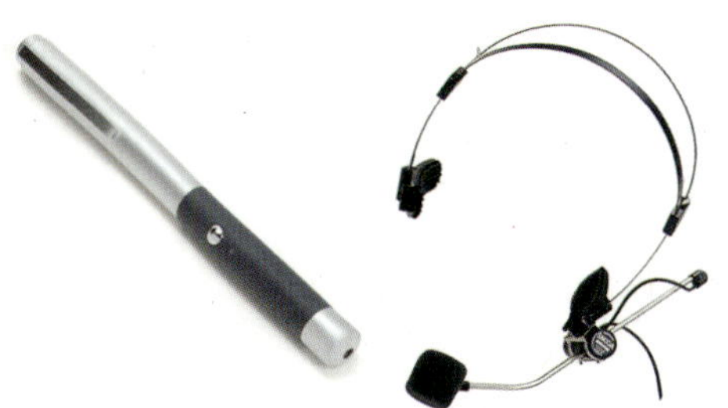

● 파워포인트 2013의 신기능

파워포인트 2013 버전에 새롭게 추가된 신기능을 살펴봅니다.

• 다양한 시작 옵션

파워포인트 2013은 프로그램을
실행할 때 빈 프레젠테이션이 열
리는 대신 서식 파일, 테마, 최근
에 본 프레젠테이션, 이전에 열었
던 프레젠테이션, 빈 프레젠테이
션 등 여러 가지 방법 중에서 선택
하여 시작할 수 있습니다.

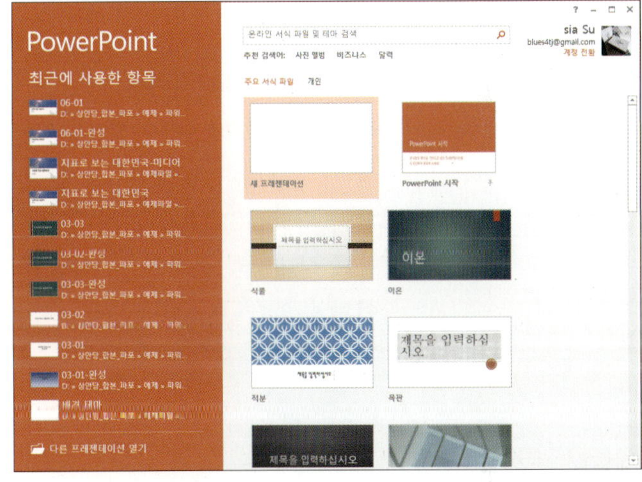

• 간편해진 발표자 도구

발표자 도구를 사용하면 발표자
의 모니터에는 슬라이드 노트를
표시하고 청중에게는 슬라이드만
보여줄 수 있습니다. 돋보기를 클
릭하면 차트, 다이어그램은 물론
청중에게 강조하려는 모든 요소
를 확대할 수 있습니다.

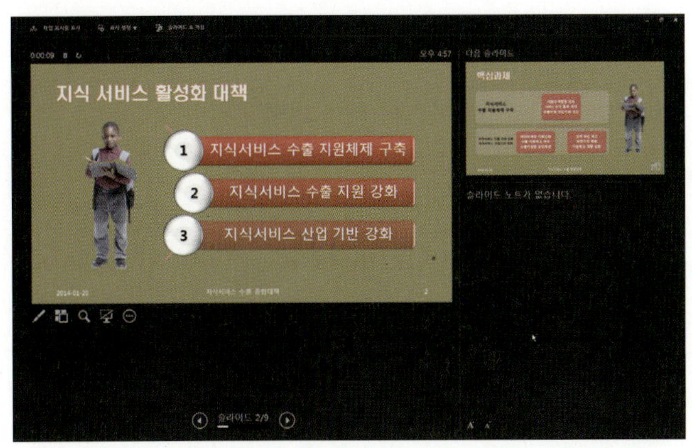

• 친숙한 와이드 스크린

전 세계 TV와 비디오의 상당 부분이 와이드 스크린 및 HD 형식으로 전환되었기 때문에 파워포인트에서도 이를 지원합니다. 16:9 해상도의 레이아웃이 기본으로 제공되며 와이드 스크린 기능을 사용하도록 디자인된 새로운 테마가 포함되어 있습니다.

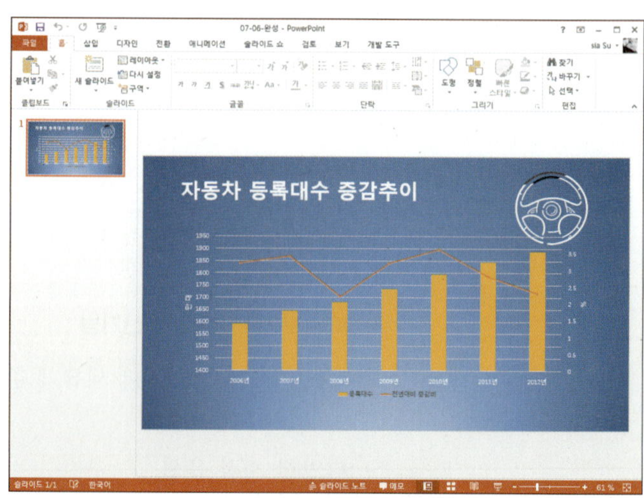

• 온라인 프레젠테이션

웹을 통해 프레젠테이션을 공유할 수 있습니다. 슬라이드로 연결되는 링크를 보내거나 이메일을 통해 상대방과 온라인 모임에 참여할 수 있습니다.

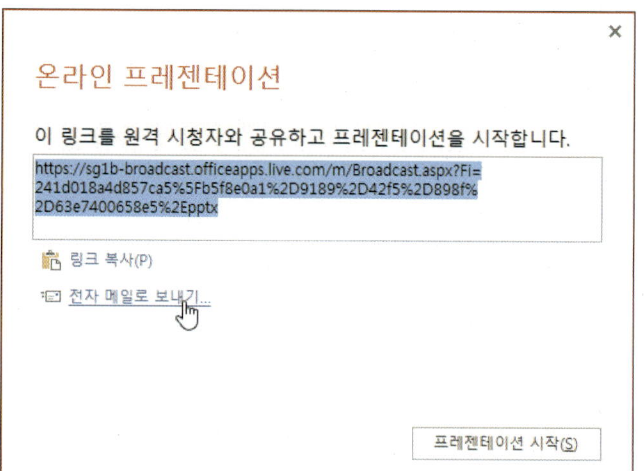

• 테마 변형

파워포인트 2013에서는 표준 크기 테마와 함께 새로운 와이드 스크린 테마를 제공합니다. 테마와 다양한 색상 표 및 글꼴과 같은 일련의 변형이 포함되어 있어 선택한 테마의 색상과 글꼴을 한 번에 변경할 수 있습니다.

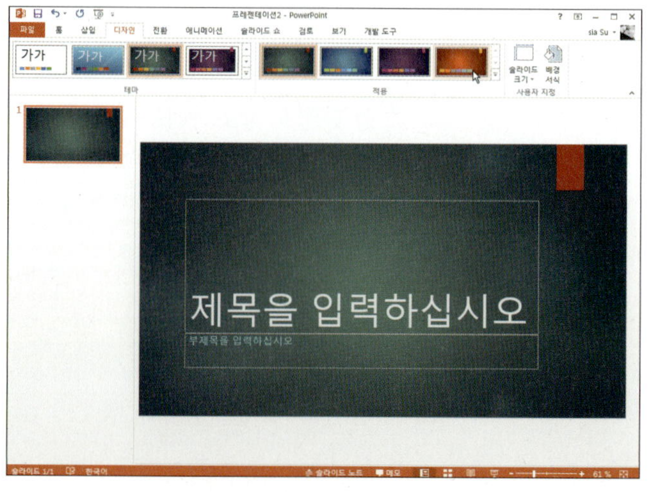

• 균등한 간격으로 개체 정렬

그림, 도형 등의 개체를 배치할 때 자동으로 스마트 가이드가 나타나며 개체가 균등한 간격으로 배치되면 이를 알려줍니다.

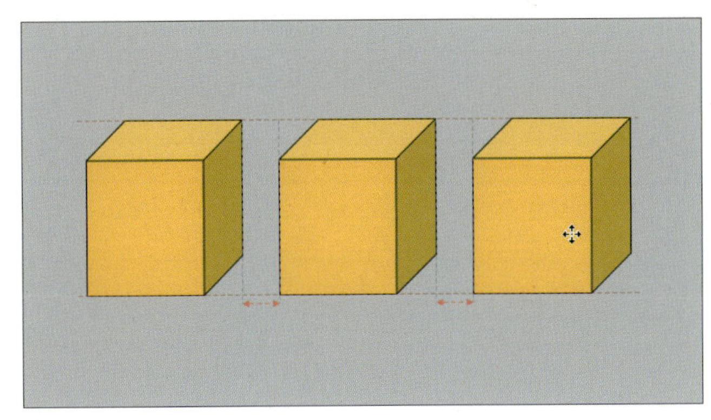

• 향상된 애니메이션 이동 경로

애니메이션 이동 경로를 만들 때 개체의 최종 위치가 표시됩니다. 개체를 원하는 곳에 배치하면 고스트 이미지가 경로를 따라 끝점으로 이동합니다.

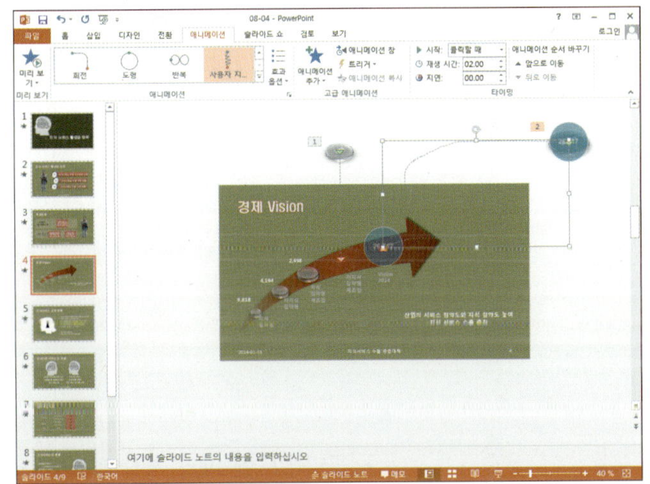

• 도형 병합

슬라이드에서 일반 도형을 2개 이상 선택하고 결합하여 새로운 도형을 만들 수 있습니다.

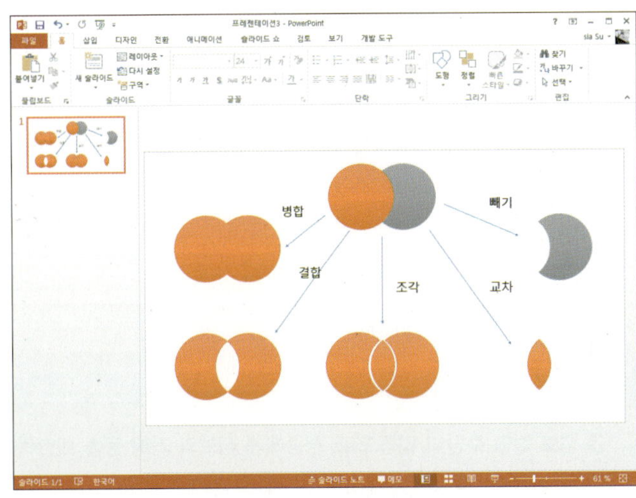

- **색 일치를 위한 스포이트**

특정 개체에서 색을 뽑아내 다른 개체에 적용할 수 있습니다.

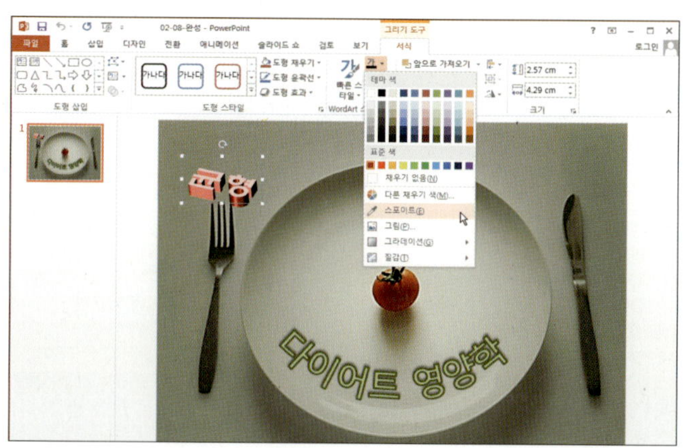

- **필요시 오피스에 로그인**

마이크로소프트 계정을 사용하여 오피스를 설치할 수 있고 파일을 원드라이브에 저장하여 손쉽게 접근할 수 있습니다. 계정에 설정되어 있는 사용자의 개인 사진, 이름 등은 어디서나 유지할 수 있습니다.

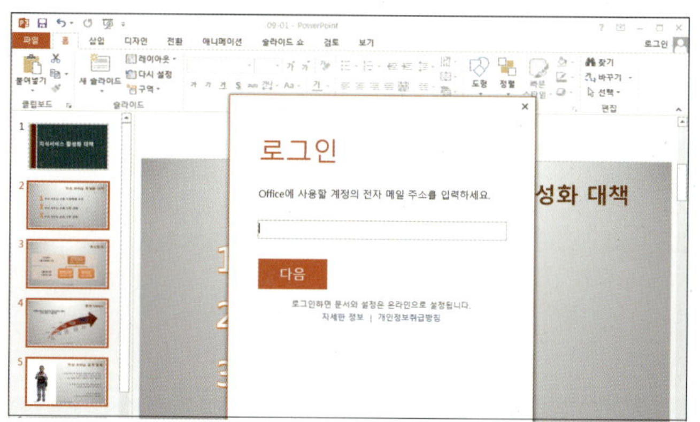

- **클라우드에 파일 저장 및 공유**

클라우드 기반 저장 공간인 원드라이브(OneDrive)를 제공하여 문서를 저장할 때 컴퓨터, 원드라이브, 셰어포인트를 선택하여 저장하고 공유할 수 있습니다. 또한 동시에 같은 파일로 동료와 협업이 가능합니다.

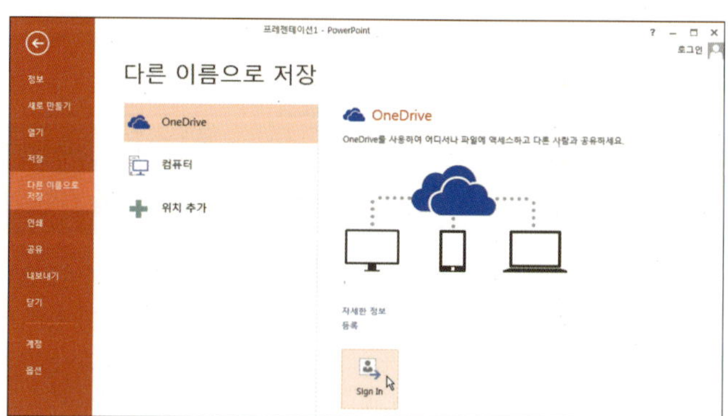

간단퀴즈

1 정보 전달 수단의 일종으로, 청중에게 정보와 기획 등을 제안하고 설명하는 행위는 무엇일까요?

① 파워포인트 ② 프레젠테이션 ③ 클립아트 ④ 엑셀

답 : ②

파워포인트 2013 실행하고 종료하기

파워포인트 2013을 실행하고 종료하는 방법에 대해 알아봅니다.

01 파워포인트 앱 실행하기

윈도우 8의 메트로 시작 화면에서 ❶[PowerPoint 2013]을 클릭합니다.

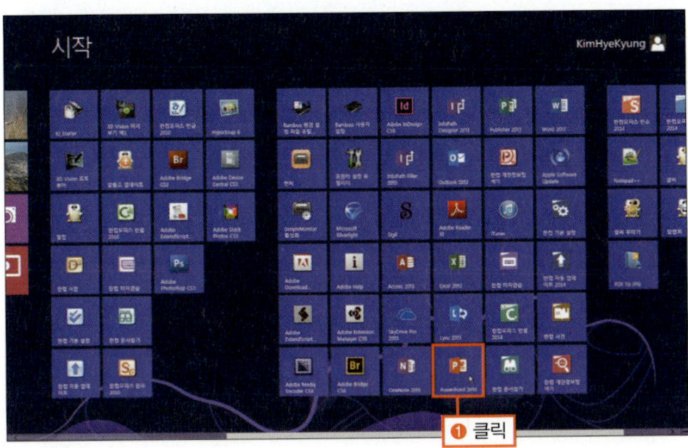

02 파워포인트 시작 화면 확인하기

파워포인트 2013을 실행하면 다음과 같은 화면이 나타납니다. [새로 만들기] 항목에서 ❶[새 프레젠테이션]을 클릭합니다.

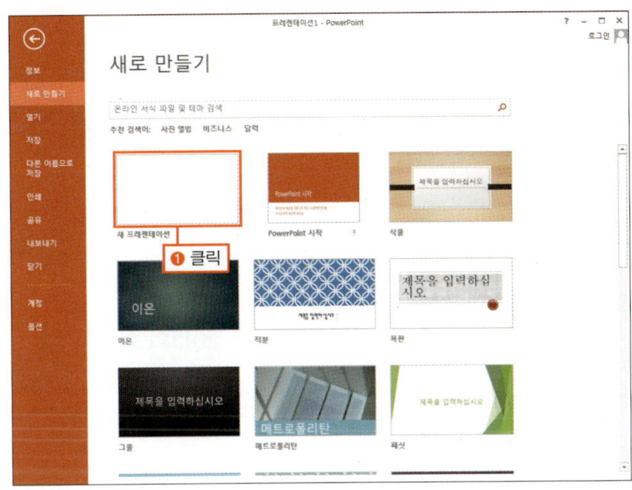

03 파워포인트 2013 기본 화면 보기

프로그램의 화면이 기본 화면 상태로 나타납니다.

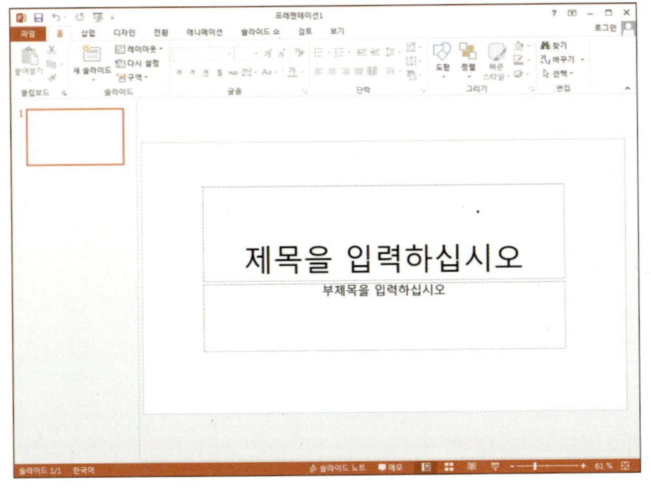

04 프로그램 종료하기

실행 중인 파워포인트를 종료할 때는 ❶제목 표시줄의 [닫기](×)를 클릭하거나 ❷키보드의 Alt + F4 를 누릅니다.

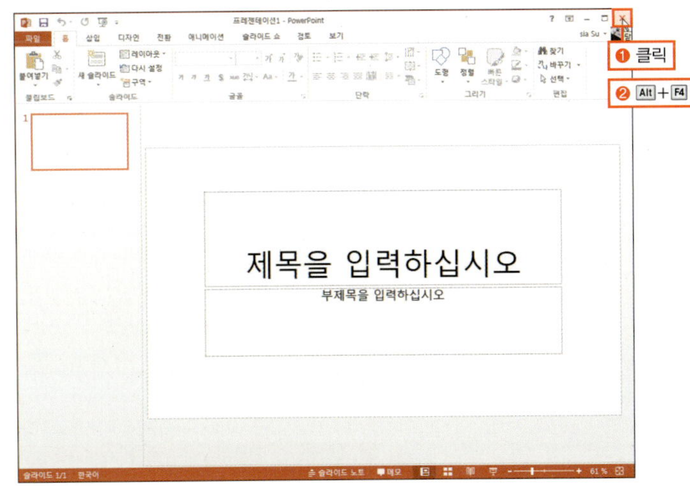

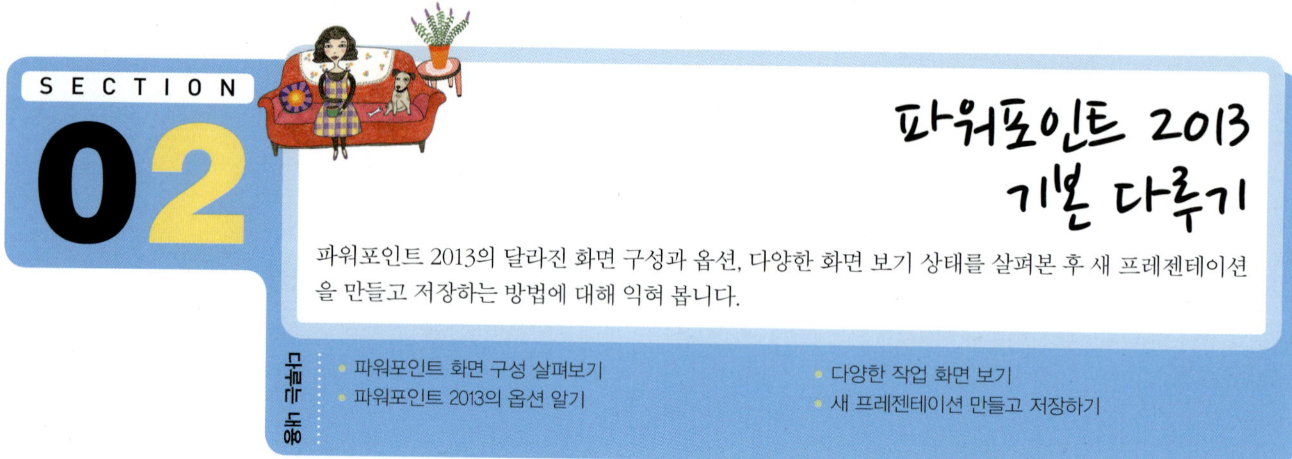

기능 정리 — 파워포인트 2013 구성 익히고 새 프레젠테이션 만들기

파워포인트 2013의 달라진 화면 구성과 옵션에 대해 살펴본 후 새 프레젠테이션을 만들고 슬라이드를 추가해 문서를 완성하고 저장하는 방법을 알아봅니다.

● 파워포인트 2013의 화면 구성

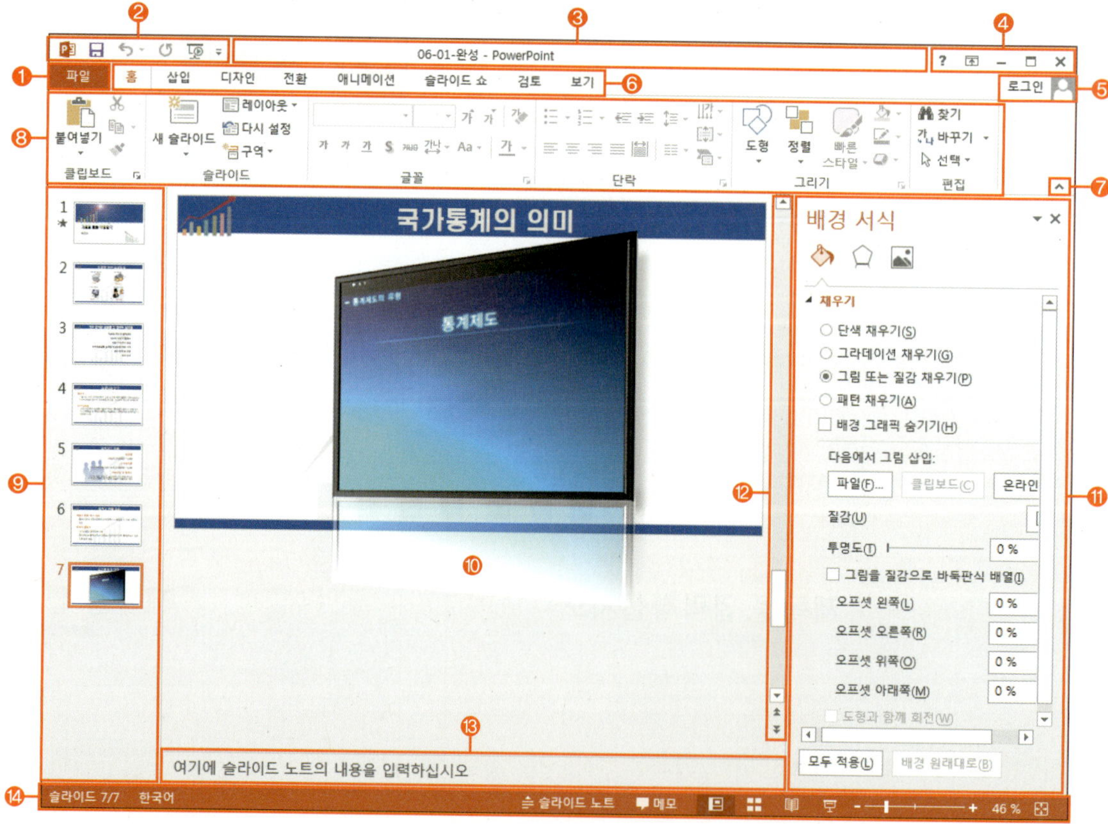

❶ **[파일] 탭(** 파일 **)** : [파일] 탭을 클릭하면 파워포인트 백 스테이지 보기 창이 나타납니다. 저장, 열기, 공유, 계정, 문서의 정보 등을 포함하여 문서 관리와 클라우드 계정 관리에 필요한 명령

을 모두 모아 두었습니다. 백 스테이지 화면에서 슬라이드 편집 화면으로 돌아갈 때는 ←를 클릭합니다.

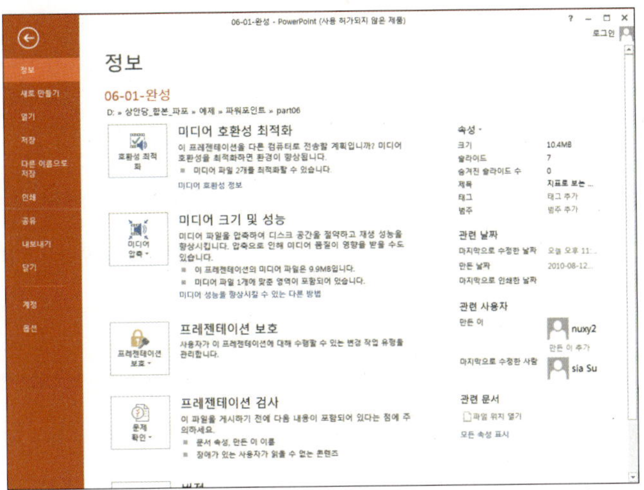

❷ **빠른 실행 도구 모음** : 기본적으로 [저장], [실행 취소], [다시 실행], [슬라이드 쇼 처음부터 시작]이 표시되어 있으며 목록 단추를 클릭하거나 [옵션] 대화상자에서 다른 명령을 추가할 수 있습니다.

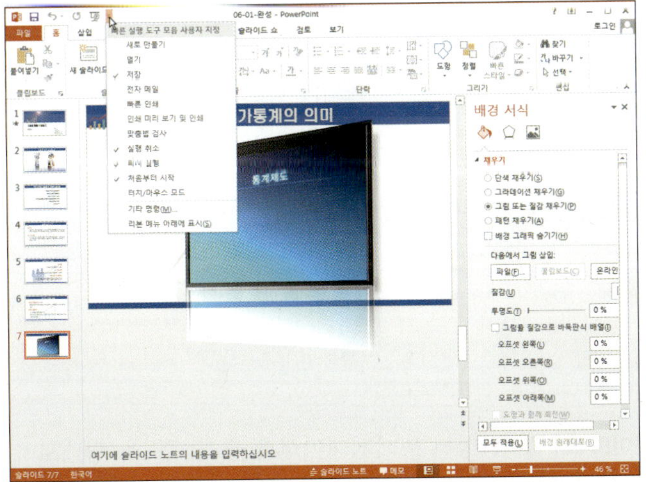

❸ **제목 표시줄** : 사용 중인 파워포인트의 파일명이 표시됩니다.

❹ **화면 조절 단추** : 도움말, 리본 메뉴 표시 옵션, 창의 최소화, 최대화, 닫기 단추가 있습니다.

❺ **로그인 사용자** : 마이크로소프트 계정을 사용하여 오피스에 로그인할 수 있습니다. 오피스에 로그인한 후 클라우드에 자료를 저장하고 공유할 수 있습니다.

❻ **리본 메뉴** : 리본 메뉴는 [파일] 탭(파일)을 포함하여 기본적으로 9개로 구성됩니다. 필요에 따라 그 외의 리본 탭을 표시하거나 추가할 수 있습니다. 리본 메뉴의 각 탭을 클릭하면 비슷한 기능이 있는 그룹을 보여줍니다.

- **[홈] 탭** : 프레젠테이션 작업 중 가장 많이 사용하는 탭입니다. 글꼴, 단락, 그리기 등의 기본 기능을 모아 놓은 탭입니다.

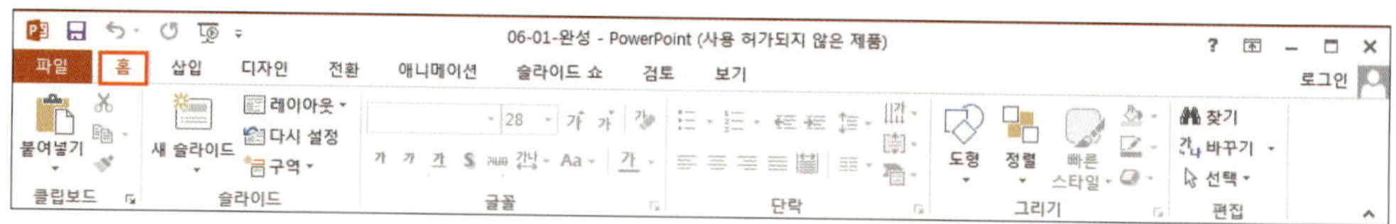

- **[삽입] 탭** : 문서에 그림, 표, 도형, 스마트아트, 차트 등 다양한 개체를 삽입할 수 있습니다.

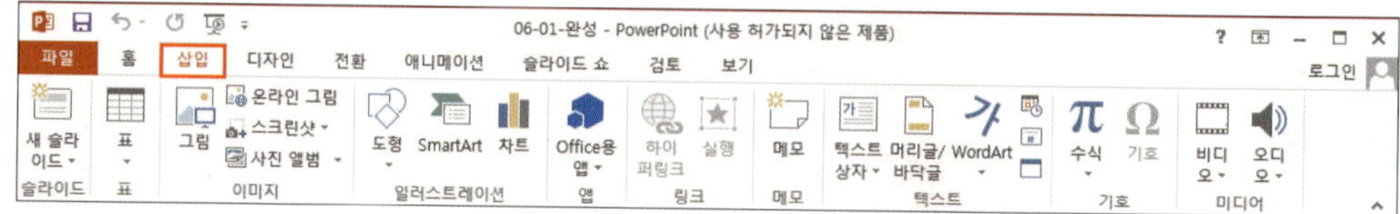

- **[디자인] 탭** : 슬라이드의 테마나 배경색 등 디자인과 관련된 명령이 있습니다.

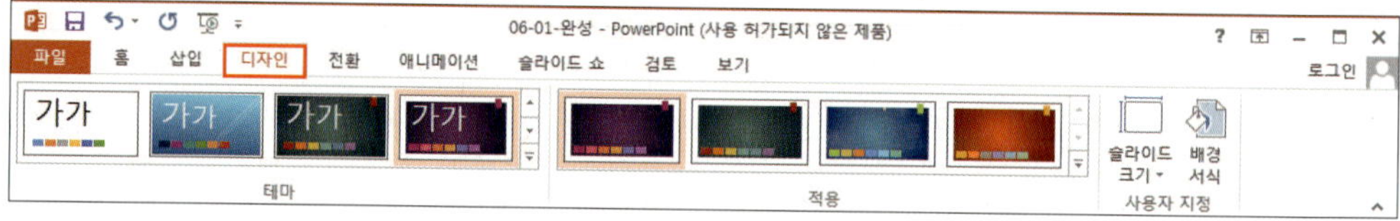

- **[전환] 탭** : 슬라이드의 화면 전환 효과를 설정할 수 있습니다.

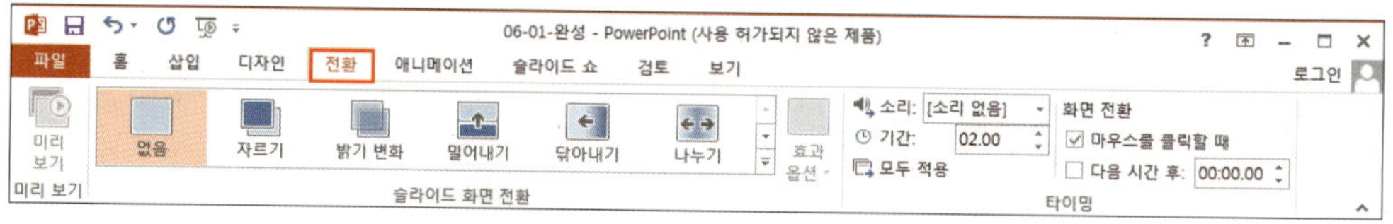

- **[애니메이션] 탭** : 슬라이드 개체에 다양한 애니메이션 효과를 설정할 수 있습니다.

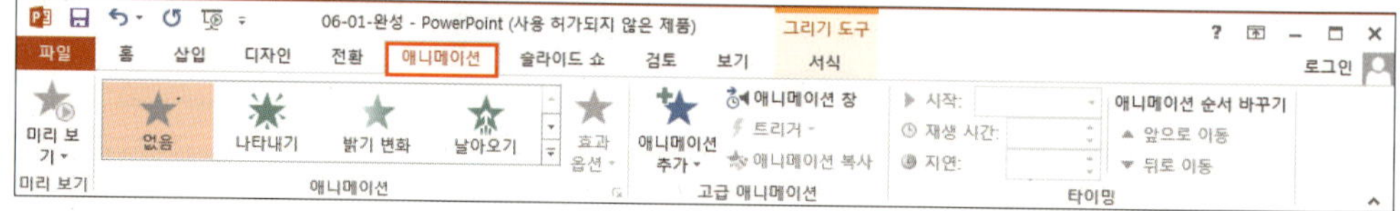

- **[슬라이드 쇼] 탭** : 완성된 프레젠테이션을 슬라이드 쇼 형태로 실행하거나 슬라이드 쇼 예행 연습, 녹화, 슬라이드 쇼 설정 등을 할 수 있습니다.

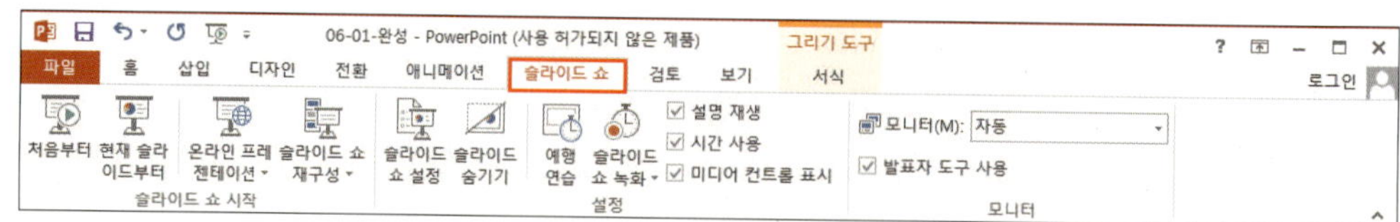

- **[검토] 탭** : 맞춤법 검사, 번역, 한자 변환, 비교 등의 기능을 모아 놓았습니다.

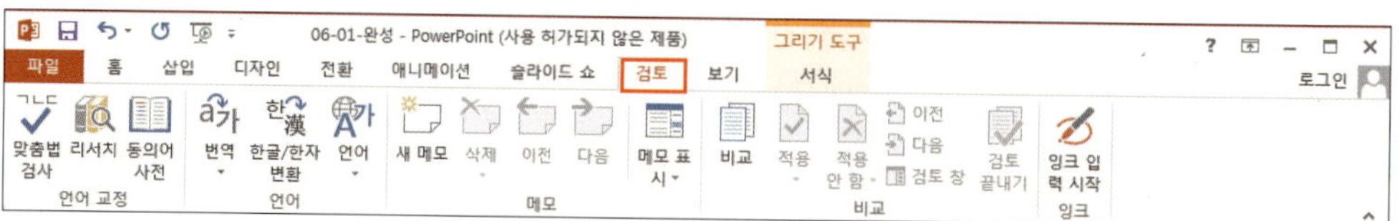

- **[보기] 탭** : 슬라이드의 보기 형태를 설정할 수 있으며 눈금자, 눈금선, 화면 확대/축소 등의 기능을 모아 놓았습니다.

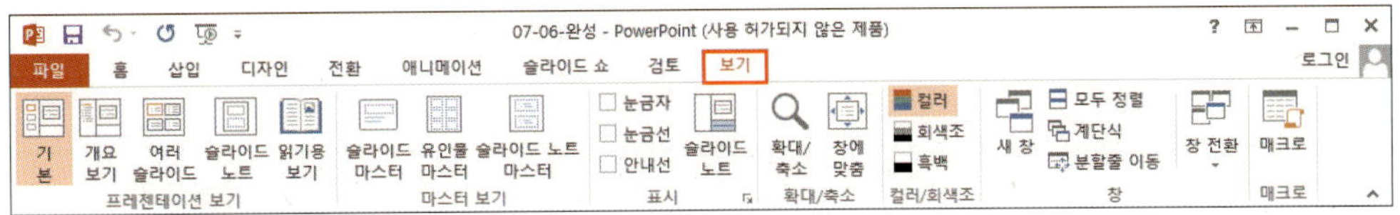

- **기타 관련 탭** : 특정 작업을 할 때만 나타나는 탭입니다. 슬라이드에 차트를 삽입하면 아래 그림과 같이 차트와 관련된 기능을 모아 놓은 탭이 해당 새롭게 나타납니다. 이처럼 상황별로 나타나는 관련 탭은 해당 개체의 바깥 영역을 클릭하면 사라집니다.

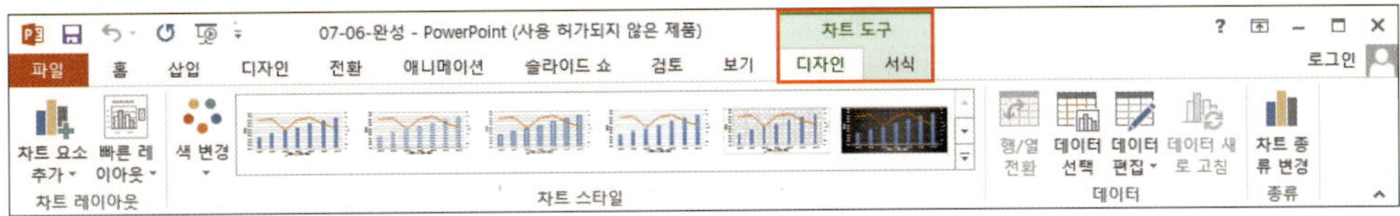

❼ **[리본 메뉴 축소] 단추(∧)** : 단추를 클릭하면 화면에서 리본 메뉴를 숨겨 슬라이드 창을 넓게 쓸 수 있습니다. 다시 표시할 때는 리본 탭을 클릭한 후 📌를 클릭하여 리본 메뉴를 고정합니다.

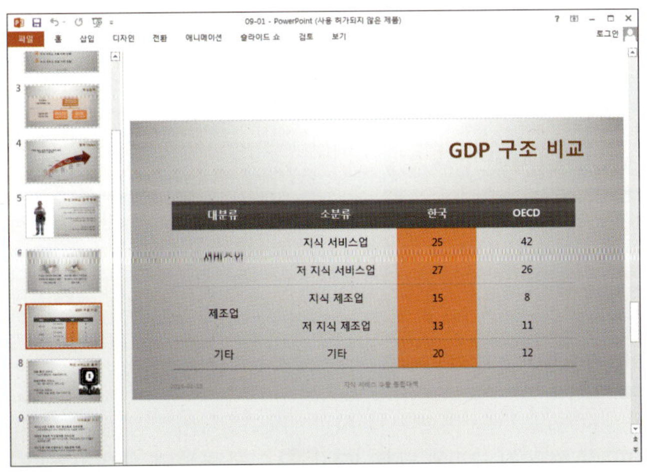

❽ **그룹** : 각 리본 메뉴에서 기능을 종류별로 묶은 후 [글꼴], [단락]과 같은 명칭을 붙인 것입니다.

❾ **축소판 그림** : 슬라이드 번호와 함께 슬라이드가 축소판 형태의 그림으로 표시되는 영역입니다.

❿ **슬라이드 창** : 현재 작업 중인 슬라이드가 표시되는 영역이며 와이드 스크린 슬라이드 크기를 제공합니다.

⓫ **서식 작업 창** : 개체의 서식을 편집할 때 대화 상자 대신 서식 작업 창이 화면의 오른쪽에 표시됩니다.

⓬ **슬라이드 스크롤 막대** : 스크롤 막대를 드래그하여 다른 슬라이드로 이동할 수 있습니다.

⓭ **슬라이드 노트** : 현재 작업 중인 슬라이드에 관련된 내용을 입력할 수 있는 영역입니다. 슬라이드 노트 영역을 화면에 표시하거나 숨길 때는 상태 표시줄의 [슬라이드 노트]를 클릭합니다.

⓮ **상태 표시줄** : 상태 표시줄에서 마우스 오른쪽 단추를 클릭하면 상태 표시줄에 나타내고 싶은 옵션을 선택할 수 있습니다.

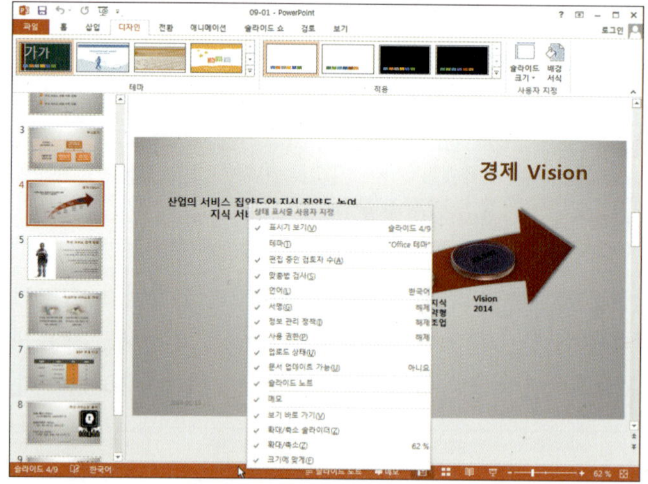

- **화면 보기 단추(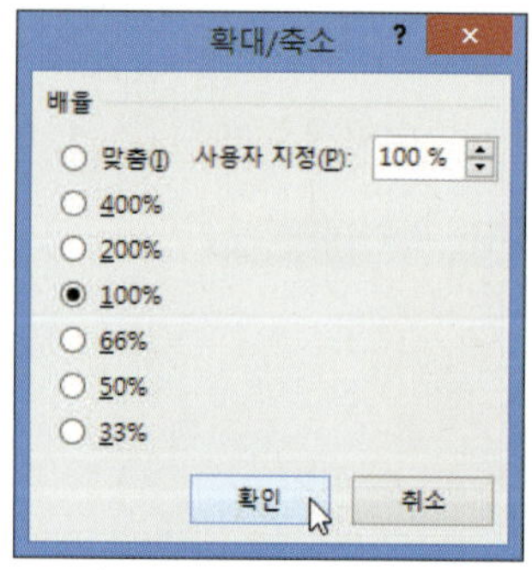)** : 기본, 여러 슬라이드, 읽기용 보기, 슬라이드 쇼의 4가지 화면 보기 중에서 선택할 수 있습니다.

- **확대/축소 슬라이더( )** : 슬라이더를 드래그하여 10%~400%까지 화면을 축소하거나 확대합니다.

- **확대/축소 비율(45%)** : 클릭하면 [확대/축소] 대화상자가 나타나며 화면의 비율을 설정합니다.

- **슬라이드를 현재 창 크기에 맞춥니다.( )** : 클릭하면 확대하거나 축소했던 창이 현재 화면 크기에 맞춰집니다.

● 파워포인트 2013의 다양한 옵션

프레젠테이션을 효율적으로 관리하고 작성할 수 있도록 도와주는 다양한 옵션 기능은 [파일] 탭(파일)의 [옵션]을 클릭하여 사용할 수 있습니다. [PowerPoint 옵션] 대화상자의 몇 가지 기능을 살펴봅니다.

• [일반] 탭

오피스 테마나 화면 설명 스타일 등의 사용자 인터페이스 옵션이나 개인 설정 옵션, 시작 옵션을
제공합니다.

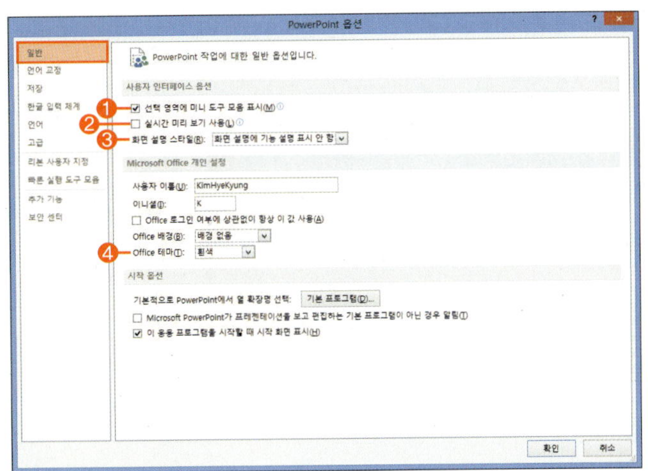

❶ 체크하면 텍스트를 범위로 선택했을 때 옆에 미
니 도구 모음이 표시됩니다.

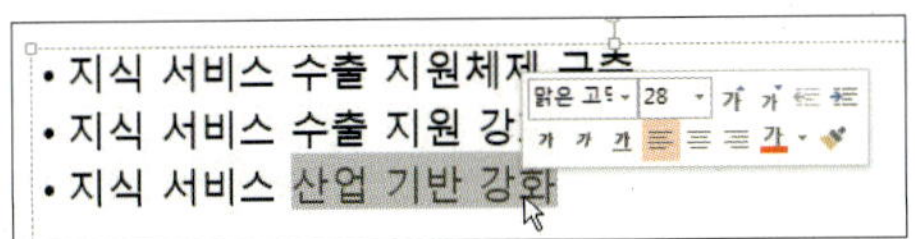

❷ 체크하면 슬라이드에 삽입한 텍스트 및 개체를 선택하고 마우스 포인터로 서식의 옵션을 가
리키면 해당 옵션이 적용된 결과를 즉석에서 미리 확인할 수 있습니다.

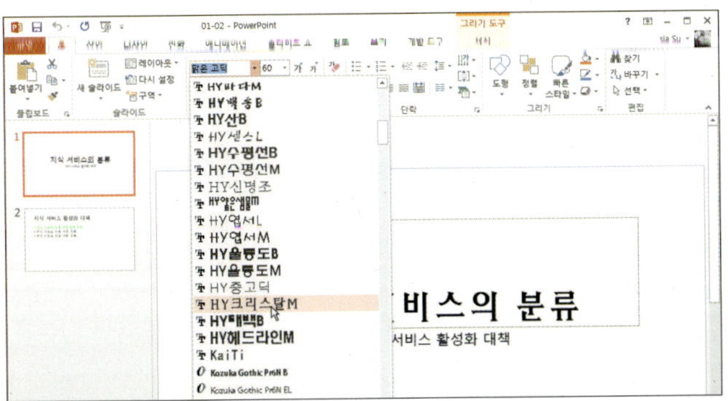

❸ 마우스 포인터로 리본 메뉴의 명령 아이콘을 가리킬 때 기능에 대한 설명을 말풍선으로 표시
할 것인지 선택합니다.

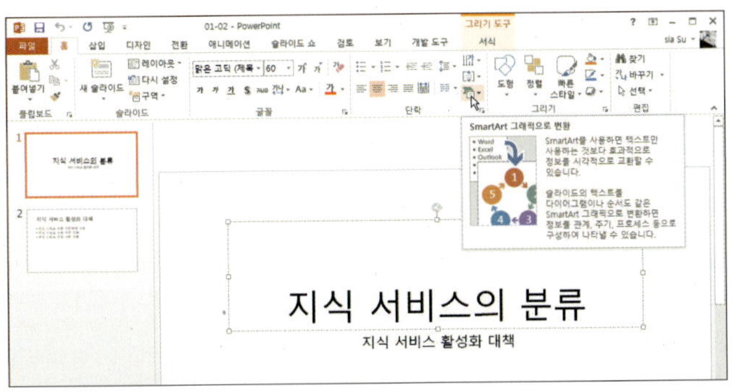

❹ 파워포인트 창의 색상과 배경 이미지를 선택합니다.

• [언어 교정] 탭

[언어 교정] 항목에서는 자동 맞춤법 검사, 대/소문자 자동 수정, 자동 고침 등의 언어 교정과 관련된 옵션을 설정합니다. [PowerPoint에서 맞춤법 검사]의 [입력할 때 자동으로 맞춤법 검사]를 선택하면 맞춤법이 틀린 단어에 빨간색 밑줄이 표시됩니다.

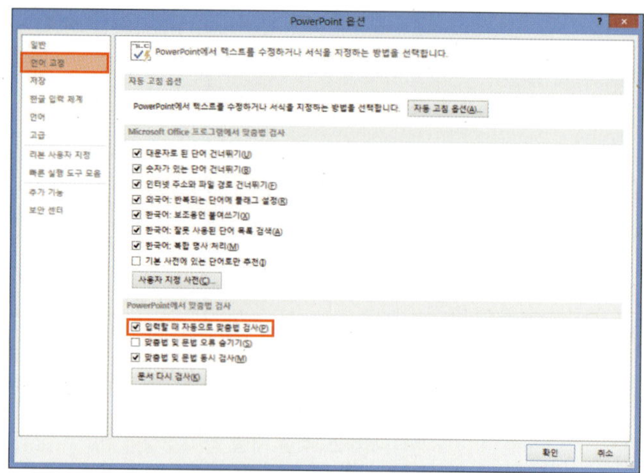
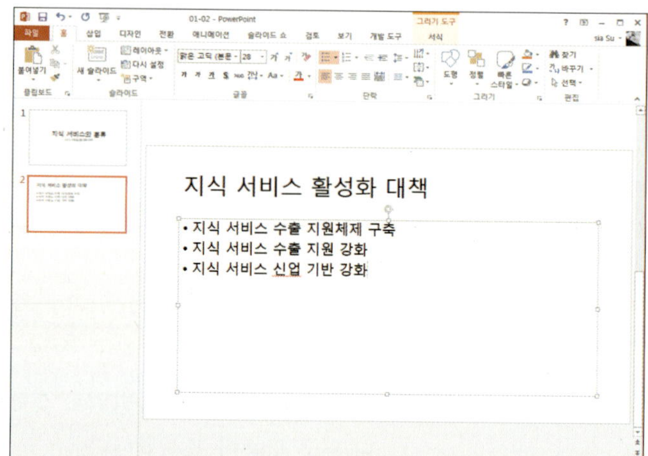

• [고급] 탭

[고급] 탭의 [편집 옵션] 항목에서 [실행 취소 최대 횟수]를 변경할 수 있습니다. 실행 취소의 최대 횟수는 150회입니다. 또 [파일] 탭(파일)의 [열기]를 클릭했을 때 [최근에 사용한 프레젠테이션]에 표시되는 최근 문서의 개수를 [표시] 항목의 [표시할 최근 프레젠테이션 수]에서 지정할 수 있으며 최대 개수는 50개입니다.

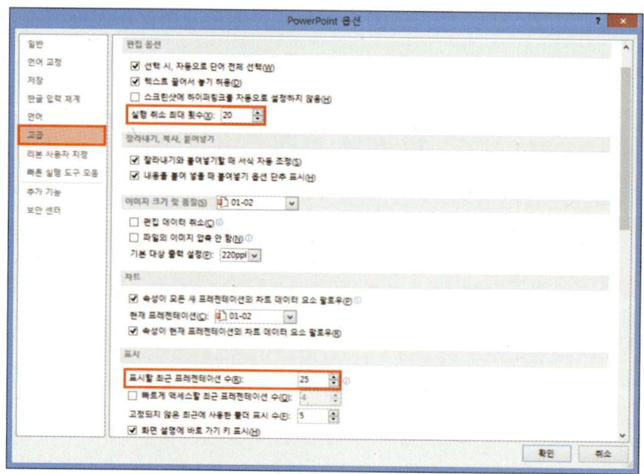

1 [파일] 탭을 포함하여 기본적으로 9개의 탭으로 구성되어 있으며 비슷한 기능을 [그룹]으로 모아 표시하는 것은 무엇일까요?

① 상태 표시줄 ② 제목 표시줄 ③ 리본 메뉴(리본 탭) ④ 빠른 실행 도구 모음

2 표시할 최근 프레젠테이션의 최대 개수를 [PowerPoint 옵션]에서 확인하고 그 값이 얼마인지 알아보세요.

답 : **1** ③, **2** 50개

실습 과정 · 다양한 화면 보기 방법 살펴보고 확대/축소하기

파워포인트는 기본 화면 외에 다양한 형태로 작업 화면을 볼 수 있습니다. 작업 화면을 바꾸는 방법과 화면을 확대하는 방법에 대해 알아봅니다.

◎ **시작 파일** : 파워포인트\part01\01-01.pptx

01 여러 슬라이드 보기

❶ [보기] 탭의 ❷[프레젠테이션 보기] 그룹에서 [여러 슬라이드](圖)를 클릭하면 슬라이드가 한 화면에 모두 보이는 여러 슬라이드 보기 형태로 변경됩니다.

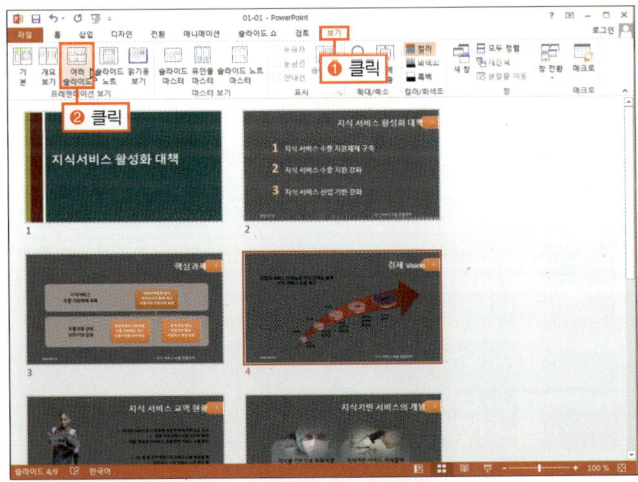

02 개요 보기

[보기] 탭의 [프레젠테이션 보기] 그룹에서 ❶[개요 보기](圖)를 클릭하면 슬라이드 축소판 그림 영역에 슬라이드의 텍스트가 표시됩니다.

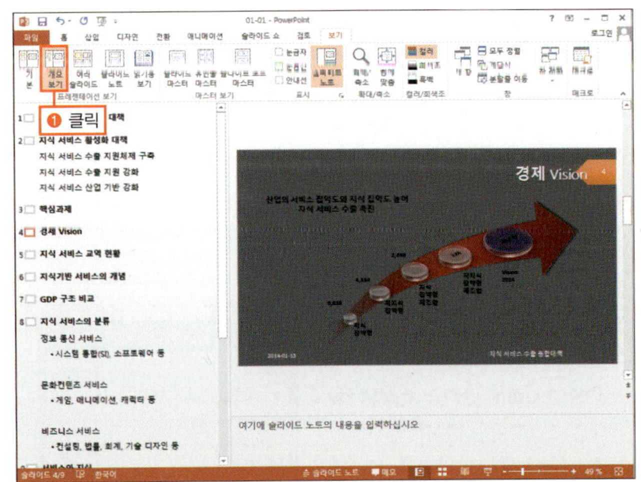

> **참고** ●
> 상태 표시줄의 [여러 슬라이드](田)를 클릭해도 됩니다.

03 읽기용 보기

[보기] 탭의 [프레젠테이션 보기] 그룹에서 ❶[읽기용 보기](▤)를 클릭하면 파워포인트 창에서 프레젠테이션을 볼 수 있습니다.

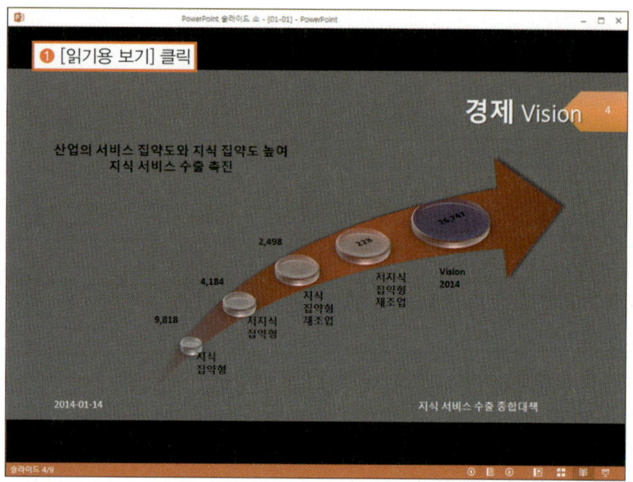

참고

상태 표시줄의 [읽기용 보기](▤)를 클릭해도 됩니다.

04 슬라이드 쇼 보기

❶[슬라이드 쇼] 탭의 ❷[슬라이드 쇼 시작] 그룹에서 [처음부터](▤)를 클릭하면 프레젠테이션의 첫 슬라이드부터 슬라이드 쇼가 시작됩니다. ❸[현재 슬라이드부터](▤)를 클릭하면 선택된 슬라이드부터 슬라이드 쇼가 시작됩니다.

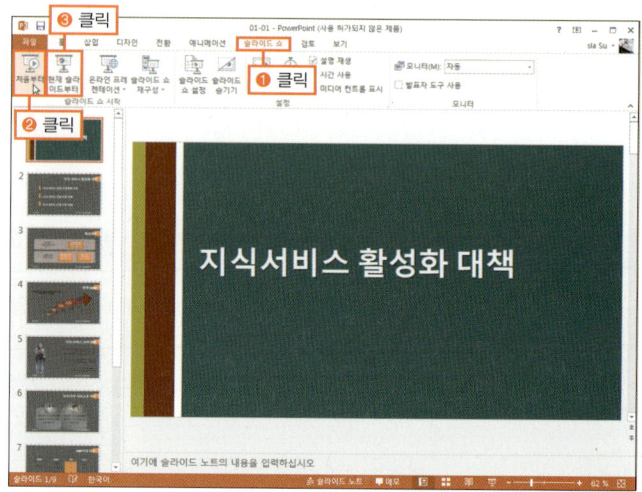

참고

처음부터 슬라이드 쇼를 시작할 때는 F5를 눌러도 됩니다. 현재 선택된 슬라이드부터 슬라이드 쇼를 시작할 때는 Shift + F5를 누르거나 상태 표시줄의 [슬라이드 쇼](▤)를 클릭해도 됩니다.

05 화면 확대/축소하기

화면을 확대하거나 축소할 때는 ❶상태 표시줄에서 [확대/축소]의 [확대](+)나 축소(-)를 여러 번 클릭하여 원하는 크기로 설정합니다.

참고 ● [확대/축소] 대화상자 살펴보기

[보기] 탭의 [확대/축소] 그룹에서 [확대/축소](🔍)를 클릭하거나 상태 표시줄에 숫자로 표시된 [확대/축소 비율]을 클릭하면 [확대/축소] 대화상자가 나타납니다. 대화상자에서 원하는 배율을 클릭하거나 [사용자 지정]에서 '%' 값을 직접 지정합니다.

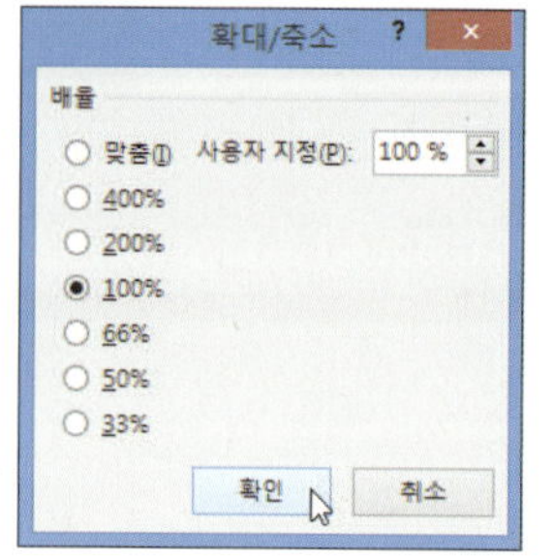

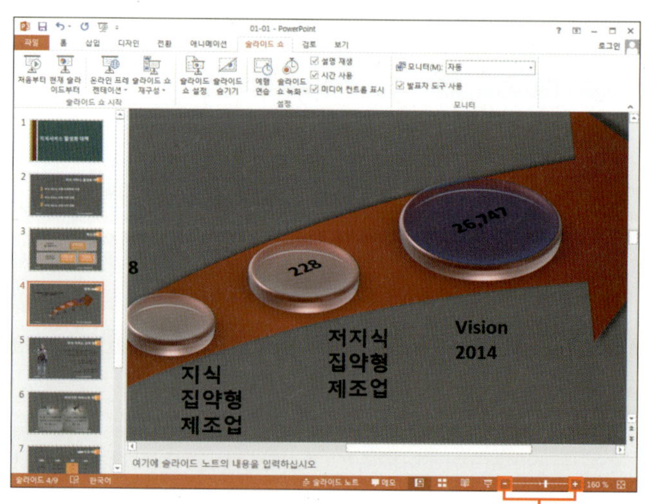

확대하거나 축소한 작업 화면을 다시 파워포인트 작업 창에 맞출 때는 ❶상태 표시줄의 [슬라이드를 현재 창 크기에 맞춥니다.](⊞)를 클릭합니다.

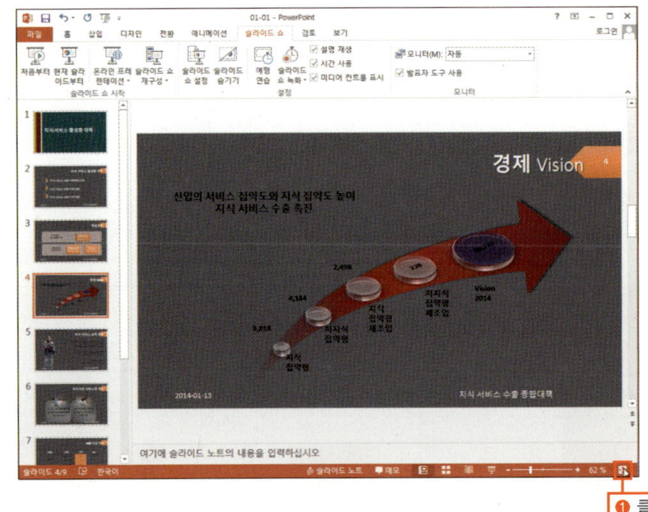

❶ 클릭

확인실습

시작 파일을 불러온 후 다양한 형태의 화면 보기를 실행해 보세요.

◎ **시작 파일** : 파워포인트\part01\01-실습1.pptx

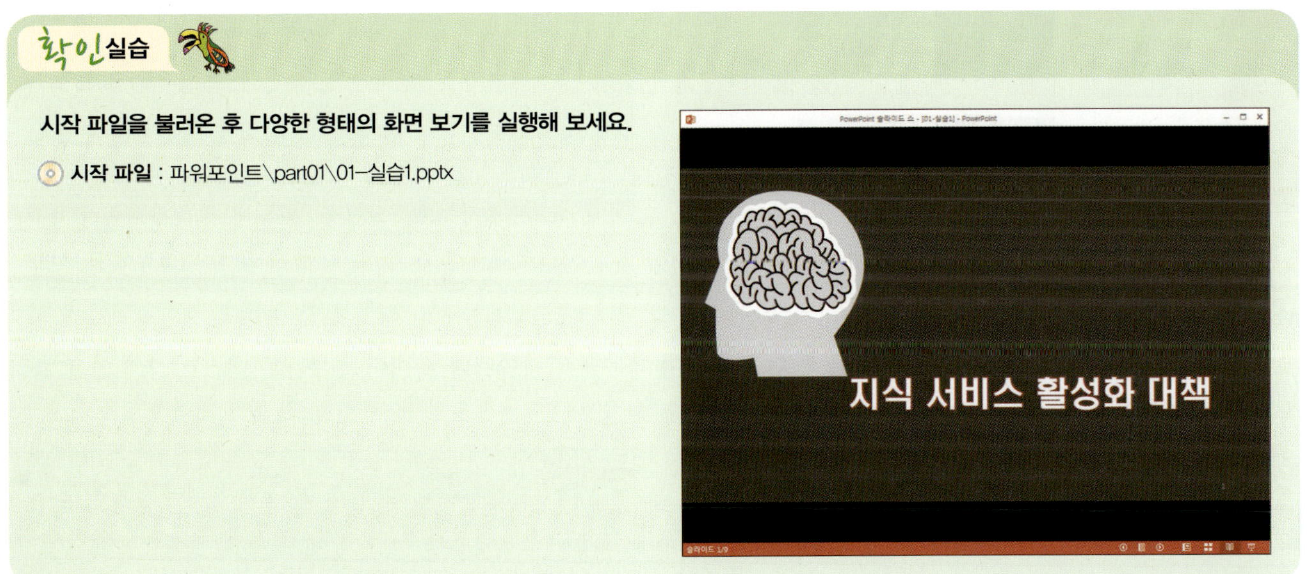

새로운 프레젠테이션을 열고 텍스트를 입력하여 완성한 문서를 저장하는 방법에 대해 알아봅니다.

01 [새 프레젠테이션] 선택하기

❶[파일] 탭(파일)의 ❷[새로 만들기]를 선택한 후 ❸[새 프레젠테이션]을 클릭합니다.

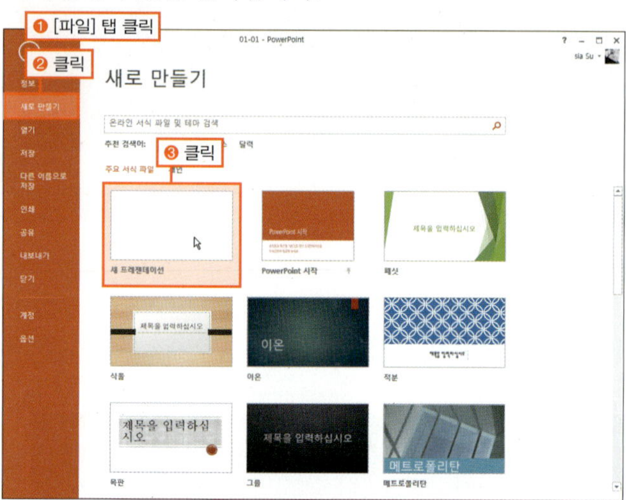

02 기본 문서 확인하기

어떤 서식도 지정되지 않은 기본 문서가 나타납니다.

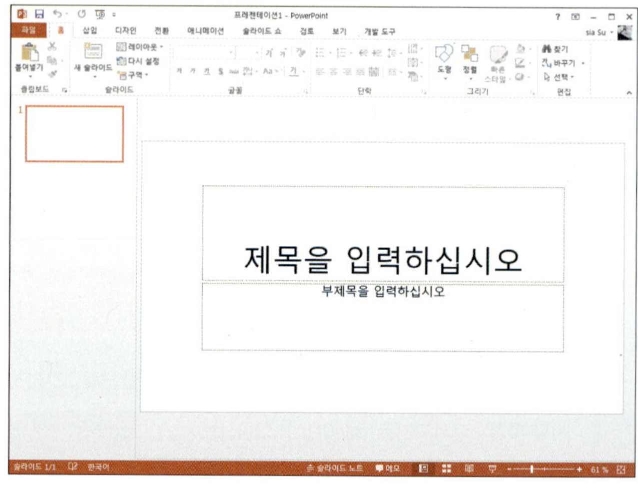

03 제목 입력하기

❶슬라이드의 제목 텍스트 상자 안을 클릭한 후 다음과 같이 제목을 입력합니다. ❷이어서 부제목 텍스트 상자 안을 클릭한 후 내용을 입력합니다.

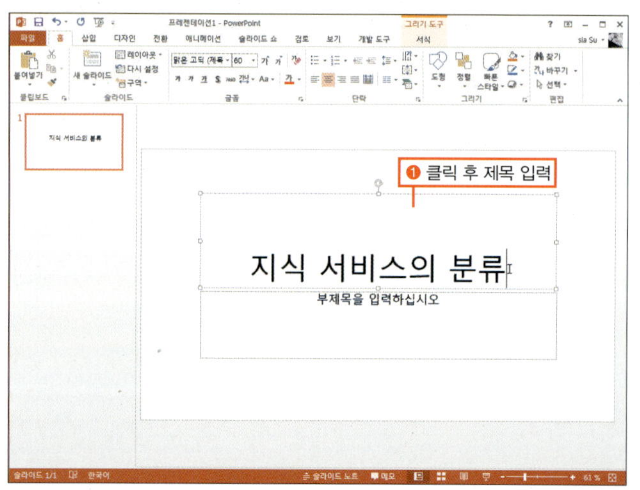

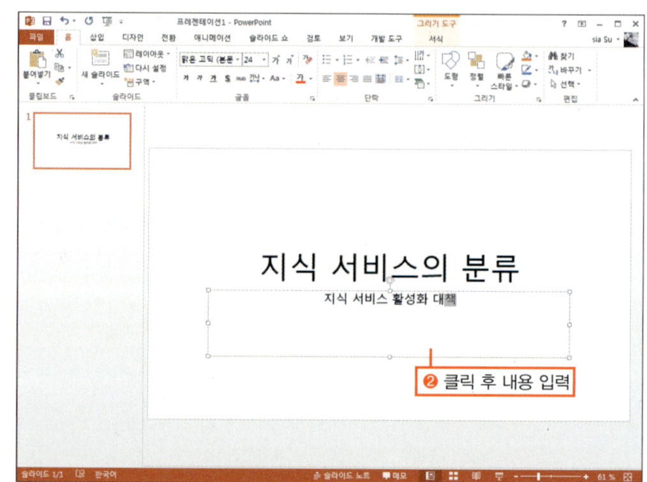

04 새 슬라이드 삽입하기

❶[홈] 탭의 [슬라이드] 그룹에서 [새 슬라이드](▤)를 클릭합니다.

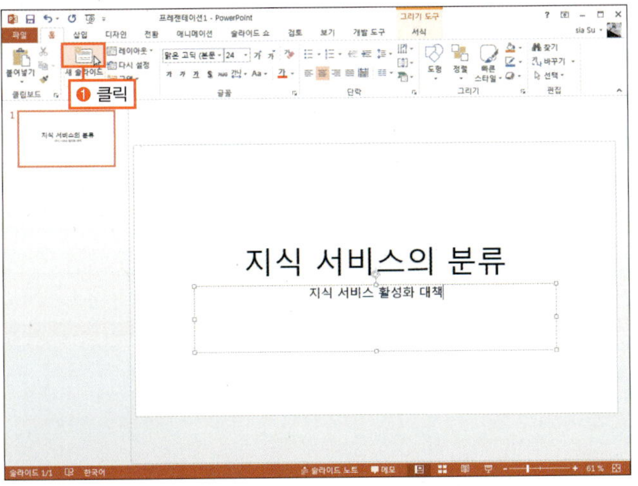

05 추가한 슬라이드 확인하기

[제목 및 내용] 슬라이드가 새롭게 삽입되면 ❶제목 텍스트 상자와 내용 텍스트 상자를 각각 클릭하여 다음과 같이 텍스트를 입력합니다.

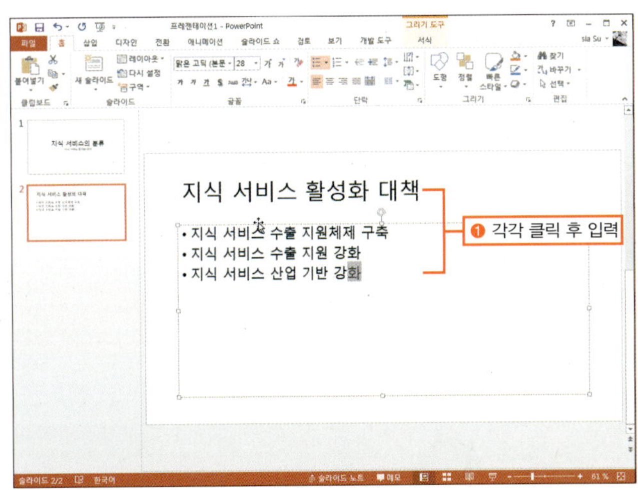

06 저장 선택하기

❶[파일] 탭(파일)의 ❷[다른 이름으로 저장]을 선택하고 ❸저장 위치에서 [컴퓨터]를 클릭한 후 ❹[찾아보기]를 클릭합니다.

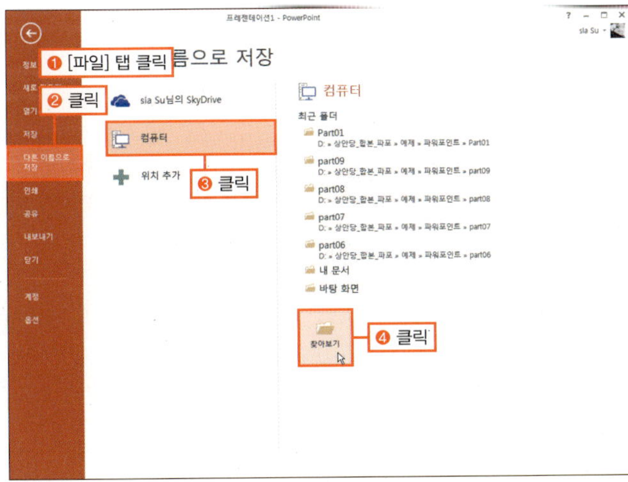

07 파일 저장하기

[다른 이름으로 저장] 대화상자가 나타나면 ❶저장할 폴더를 선택하고 ❷파일 이름을 입력한 후 ❸[저장]을 클릭합니다.

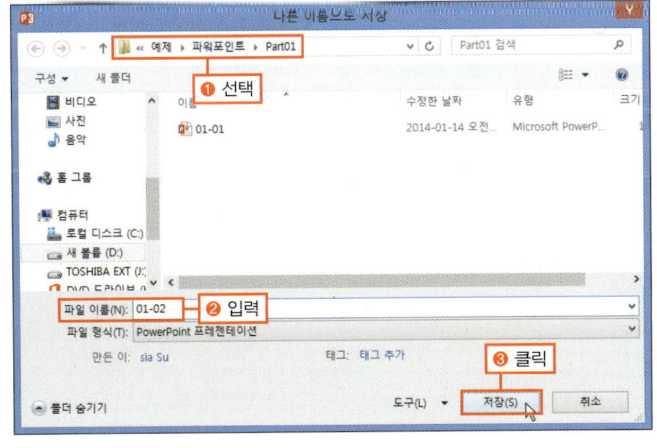

저장이 완료된 후에는 파워포인트 창의 제목 표시줄에 저장한 파일의 이름이 표시됩니다.

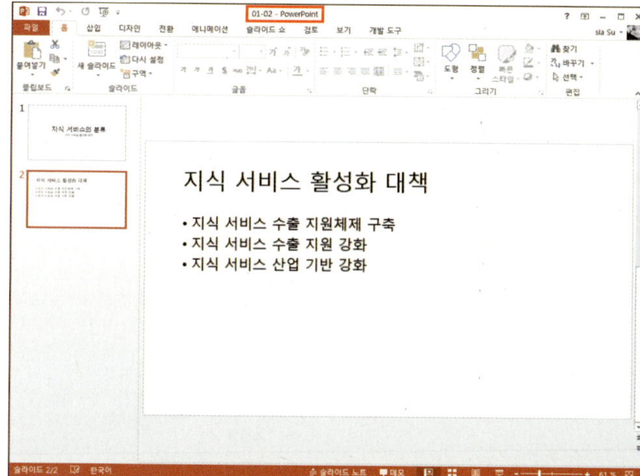

참고

부록 CD의 '특집.pdf' 파일 1쪽에서 파워포인트 2013의 향상된 저장 및 열기 기능에 대해 참고합니다.

확인실습

새 프레젠테이션에 다음과 같은 내용의 슬라이드를 작성한 후 저장해 보세요.

◎ **완료 파일** : 파워포인트\part01\01-실습2.pptx

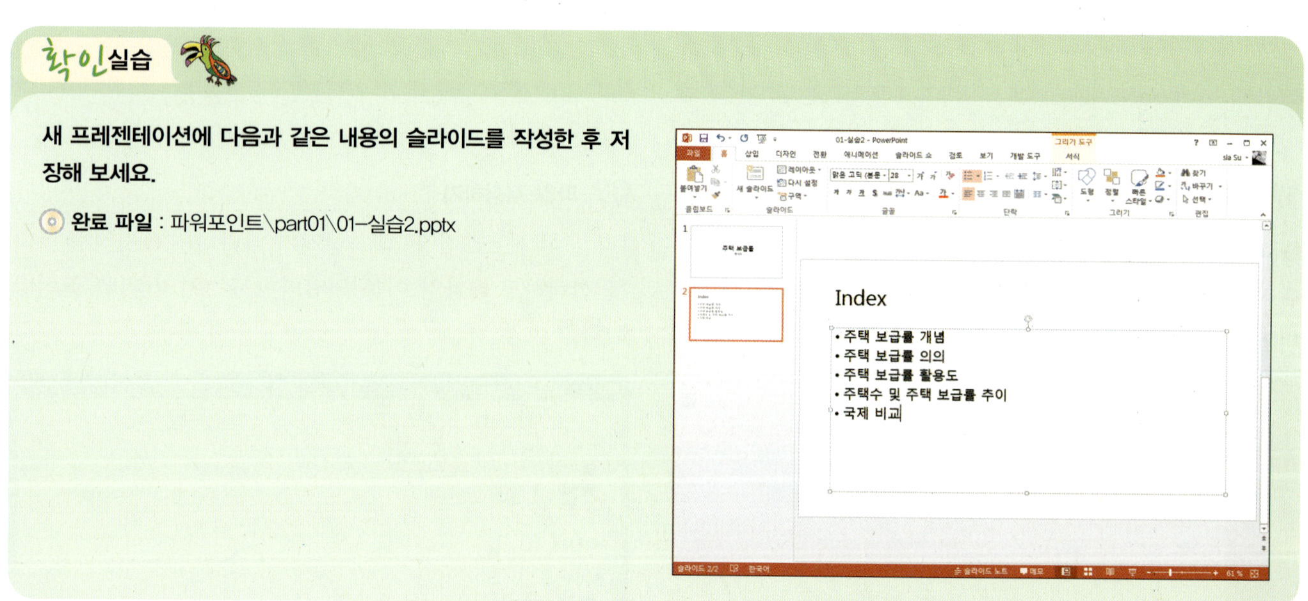

1 파워포인트를 실행한 후 제목 슬라이드와 제목 및 내용 슬라이드를 다음과 같이 완성해 보세요.

◎ **완료 파일** : 파워포인트\part01\01-응용실습1-완성.pptx
◎ **해설 파일** : 파워포인트\해설파일\01-응용실습1-해설.hwp, pdf

Before

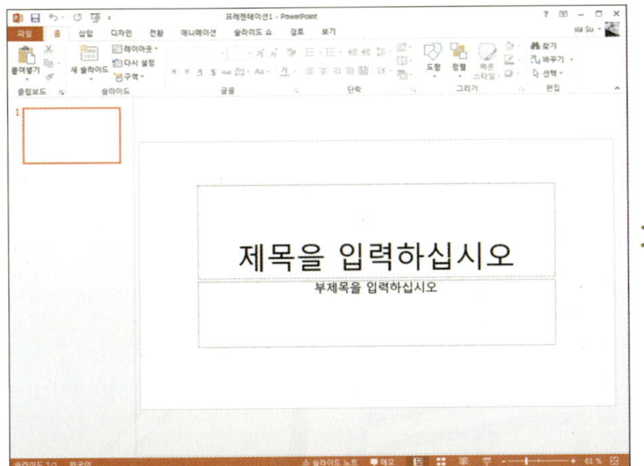

After

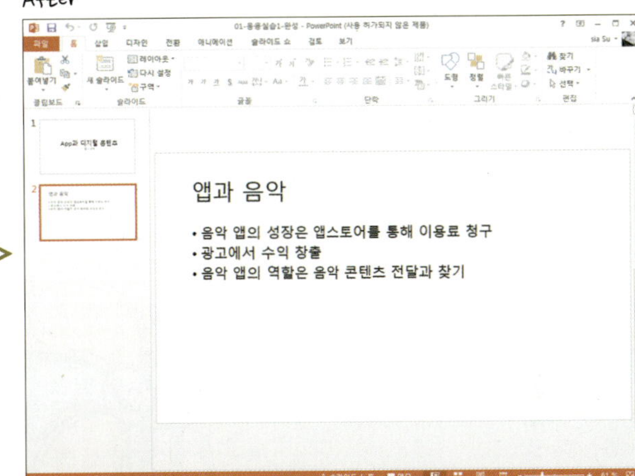

❶제목 슬라이드에 프레젠테이션의 제목, 부제목 입력 ❷[홈] 탭의 [슬라이드] 그룹에서 [새 슬라이드](▦)를 클릭하여 새로운 슬라이드 추가 후 내용 입력

2 파워포인트를 실행한 후 제목 슬라이드와 제목 및 내용 슬라이드를 다음과 같이 완성해 보세요.

◎ **완료 파일** : 파워포인트\part01\01-응용실습2-완성.pptx
◎ **해설 파일** : 파워포인트\해설파일\01-응용실습2-해설.hwp, pdf

Before

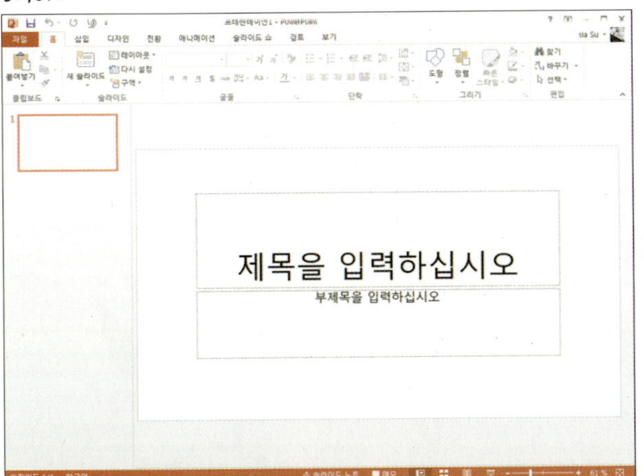

After

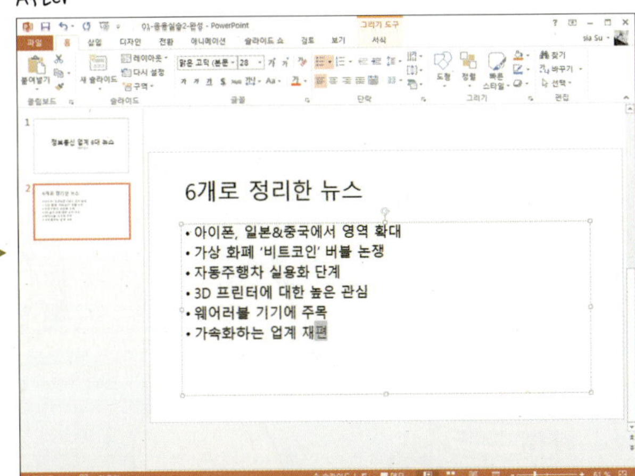

❶제목 슬라이드에 프레젠테이션의 제목, 부제목 입력 ❷[홈] 탭의 [슬라이드] 그룹에서 [새 슬라이드](▦)를 클릭하여 새로운 슬라이드 추가 후 내용 입력

2

텍스트 슬라이드 만들고 다양한 효과 적용하기

프레젠테이션 문서 작성의 기본은 개체 틀에 텍스트를 입력하는 것입니다. 입력한 텍스트에 다양한 글꼴 서식과 단락 서식, 텍스트 효과를 적용한 프레젠테이션을 만들 수 있습니다. 텍스트 입력 방법과 글꼴, 단락 서식의 변경, 파일의 비교 병합 및 검토 기능에 대해 알아보도록 합니다.

텍스트 슬라이드 작성하기

텍스트 상자를 삽입하여 텍스트를 입력하는 방법과 슬라이드에 한자와 기호를 입력하는 방법을 살펴봅니다.

다루는 내용
- 슬라이드 레이아웃 살펴보기
- 텍스트 상자 삽입하기
- 한자와 기호 입력하기

기능 정리　슬라이드 레이아웃 살펴보기

슬라이드 레이아웃과 개체 틀에 대해 알아본 후 개체 틀을 클릭하여 텍스트를 입력해 보겠습니다.

● 슬라이드 레이아웃 살펴보기

슬라이드 레이아웃에는 슬라이드에 표시되는 모든 콘텐츠의 서식과 개체 틀이 포함되어 있습니다. 개체 틀이란 텍스트, 표, 그림, 차트 등의 개체를 입력할 수 있는 컨테이너 역할을 하는 틀입니다.

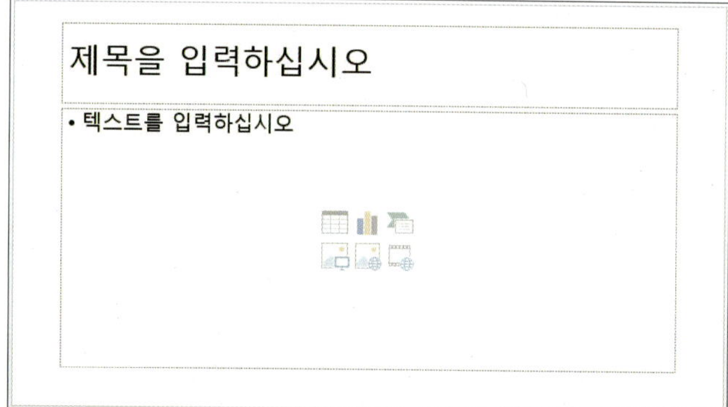

▲ 개체 틀

파워포인트를 실행하면 기본적으로 '제목 슬라이드' 레이아웃이 나타납니다. [홈] 탭의 [슬라이드] 그룹에서 [새 슬라이드]()를 클릭하여 새로운 슬라이드를 추가하면 '제목 및 내용' 레이아웃의 슬라이드가 삽입됩니다. [홈] 탭의 [슬라이드] 그룹에서 [레이아웃]()을 클릭하면 이미 적용한 레이아웃을 다른 레이아웃으로 변경할 수 있으며 [새 슬라이드]()의 목록 단추를 클릭하여 새로운 슬라이드를 원하는 레이아웃으로 추가할 수도 있습니다.

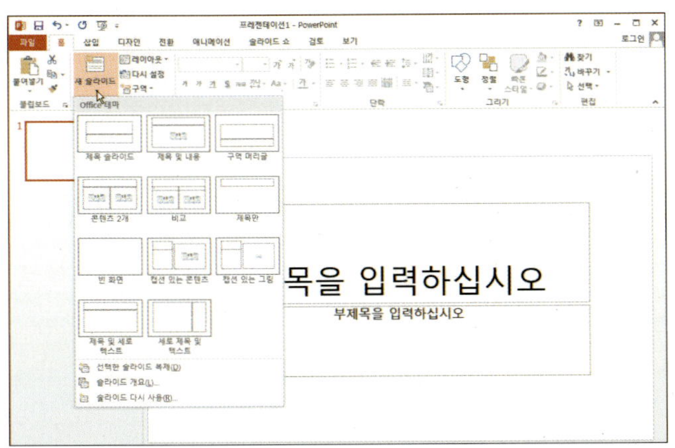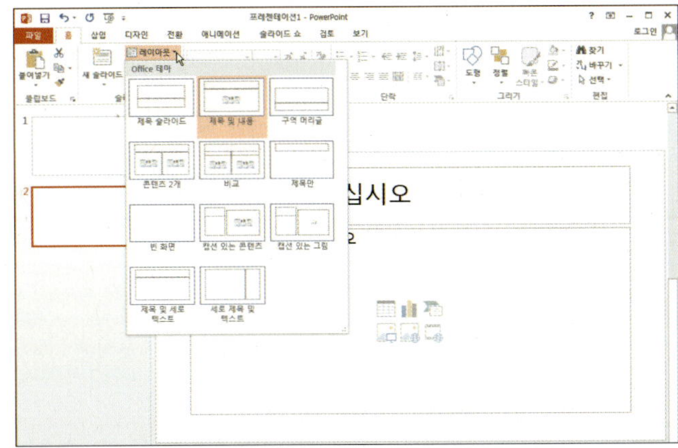

[홈] 탭의 [슬라이드] 그룹 외에도 [삽입] 탭의 [슬라이드] 그룹에서 [새 슬라이드](📄)를 클릭하여 새로운 슬라이드를 추가할 수 있습니다. 원하는 슬라이드 레이아웃을 지정하여 삽입할 때는 마찬가지로 [새 슬라이드](📄)의 목록 단추를 클릭하여 선택합니다.

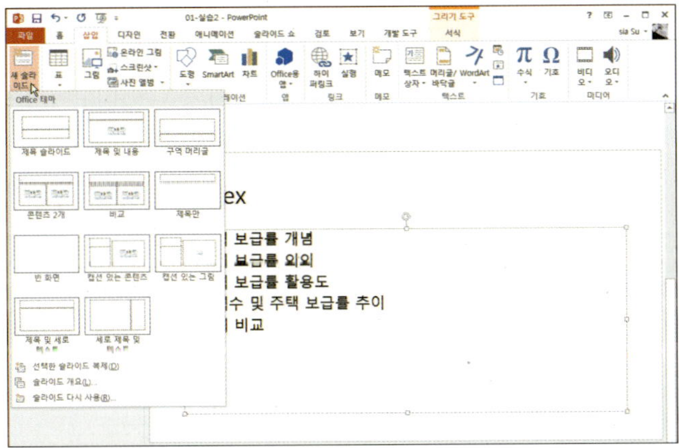

새롭게 추가한 슬라이드의 레이아웃은 직전 슬라이드의 레이아웃을 따라갑니다. 추가한 슬라이드의 레이아웃을 변경할 때는 [홈] 탭의 [슬라이드] 그룹에서 [레이아웃](📄)을 클릭하고 목록이 나타나면 원하는 레이아웃을 선택합니다. 슬라이드가 선택한 레이아웃으로 변경됩니다.

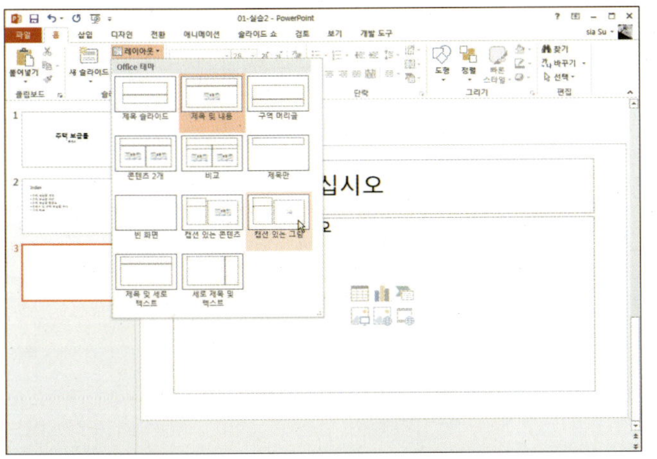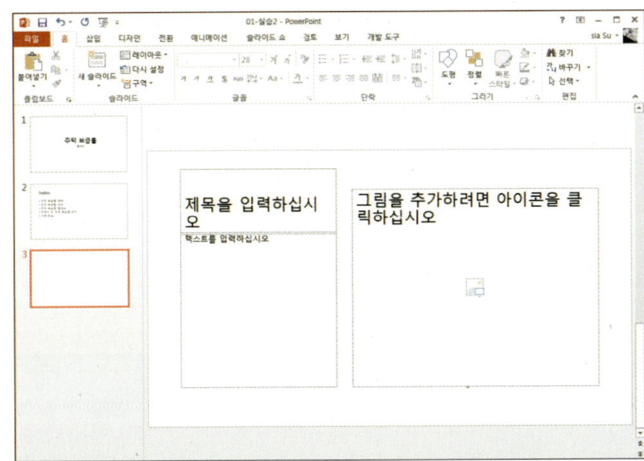

1 슬라이드에 텍스트, 그림, 표 등의 개체를 삽입할 수 있도록 컨테이너 역할을 하는 것은 무엇일까요? (　　　　　)

2 새로운 슬라이드를 삽입한 후 슬라이드의 레이아웃을 변경할 때 선택해야 하는 기능은 무엇일까요?

① [새 슬라이드] ② [새 슬라이드]의 목록 단추 클릭 – 레이아웃 선택 ③ [레이아웃] ④ [복사]

답 : **1** 개체 틀, **2** ③

실습 과정　텍스트 상자를 이용해 슬라이드 작성하기

빈 화면의 슬라이드나 제목만 있는 슬라이드 레이아웃에서 [텍스트 상자](〚가〛)를 이용해 텍스트를 입력해 보겠습니다.

◎ **시작 파일** : 파워포인트\part02\02-01.pptx
◎ **완료 파일** : 파워포인트\part02\02-01-완성.pptx

01 파일 열기

❶[파일] 탭(〚파일〛)의 ❷[열기]를 선택한 후 ❸[컴퓨터]의 ❹[찾아보기]를 클릭합니다.

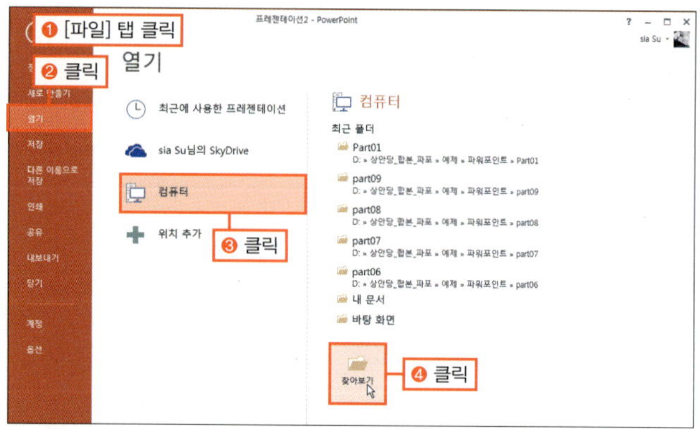

02 파일 선택하기

[열기] 대화상자가 나타나면 ❶불러올 파일을 선택한 후 ❷[열기]를 클릭합니다.

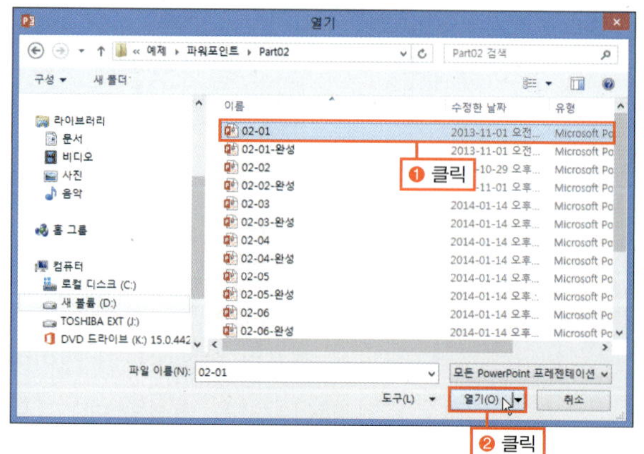

03 [텍스트 상자] 선택하기

선택한 파일을 불러온 후 ❶[삽입] 탭의 ❷[텍스트] 그룹에서 [텍스트 상자](〚가〛)를 클릭하고 마우스 포인터의 모양이 〚↓〛로 변경되면 ❸슬라이드를 클릭합니다.

04 텍스트 입력하기

❶원하는 위치까지 텍스트를 입력한 후 Enter 를 누릅니다. ❷줄이 바뀌면 나머지 내용을 입력합니다.

05 세로 텍스트 상자 선택하기

세로 방향의 텍스트를 입력하기 위해 [삽입] 탭의 ❶[텍스트] 그룹에서 [텍스트 상자]( )의 목록 단추를 클릭한 후 ❷[세로 텍스트 상자]를 선택합니다.

06 텍스트 상자 크기 지정하기

마우스 포인터의 모양이 변경되면 ❶원하는 크기만큼 슬라이드에 드래그합니다.

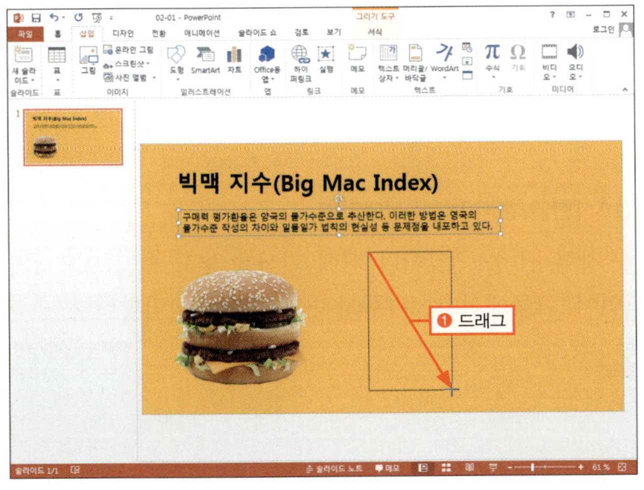

07 세로 텍스트 입력하기

텍스트 상자가 생성되면 ❶텍스트를 입력합니다. Enter 를 누르지 않아도 지정한 위치에 커서가 왔을 때 자농 술 바꿈이 됩니다.

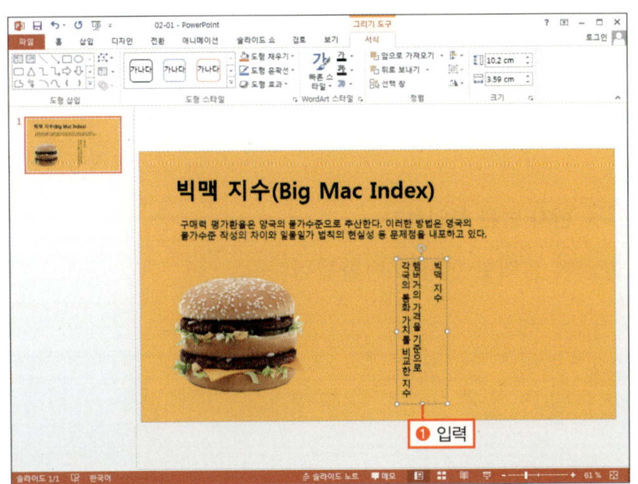

> **참고**
> 부록 CD의 '특집.pdf' 파일 2쪽에서 슬라이드를 이동하고 복사하는 방법에 대해 참고합니다.

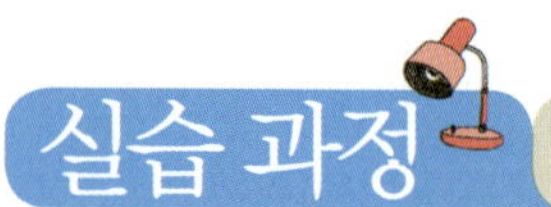

슬라이드에 한자와 기호를 입력하는 방법에 대해 알아봅니다.

◎ **시작 파일** : 파워포인트\part02\02–03.pptx
◎ **완료 파일** : 파워포인트\part02\02–03–완성.pptx

01 [한글/한자 변환] 선택하기

❶슬라이드 2를 선택합니다. ❷제목 텍스트 상자를 클릭하여 '목차' 텍스트의 앞이나 뒤에 커서를 두고 ❸[검토] 탭의 ❹[언어] 그룹에서 [한글/한자 변환](漢)을 클릭합니다.

02 한자 선택하기

[한글/한자 변환] 대화상자가 나타나면 ❶[한자 선택] 항목에서 변환할 한자를 선택한 후 ❷[변환]을 클릭합니다.

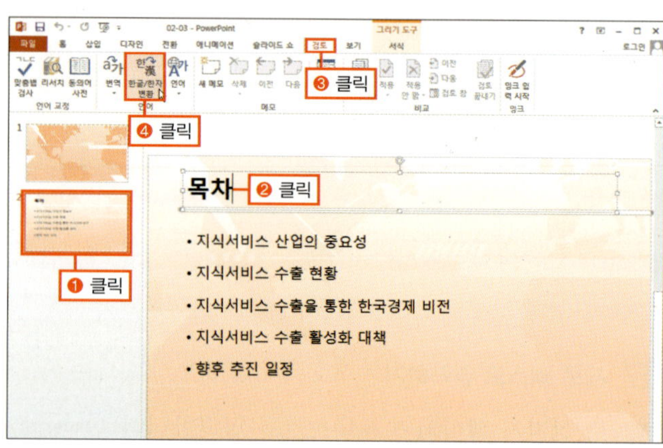
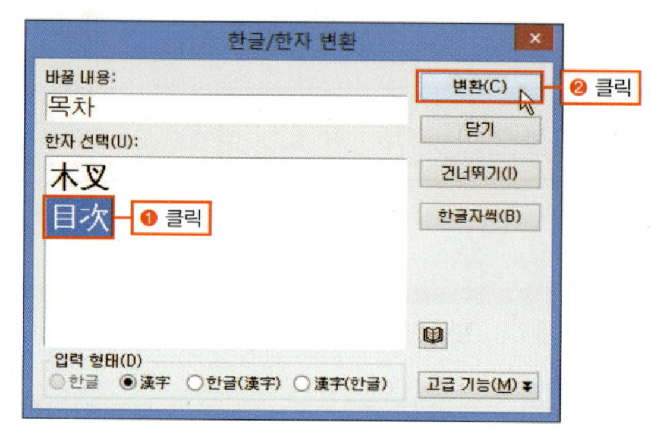

참고 ● 입력 형태 살펴보기

[한글/한자 변환] 대화상자의 [입력 형태]에 따라 한자 표기법이 달라집니다.

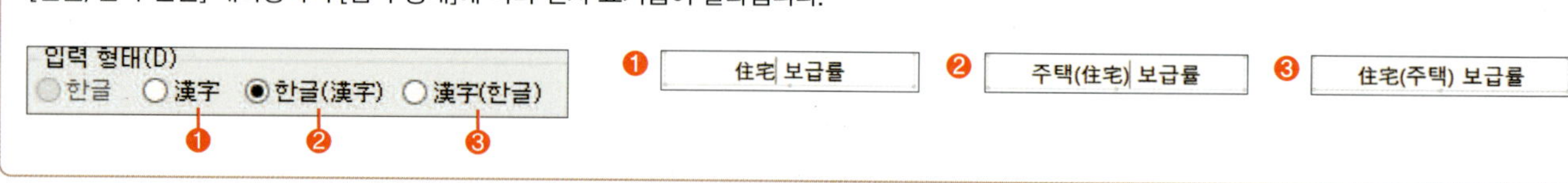

---

03 한자 변환 확인하기

한글이 선택한 한자로 변환됩니다.

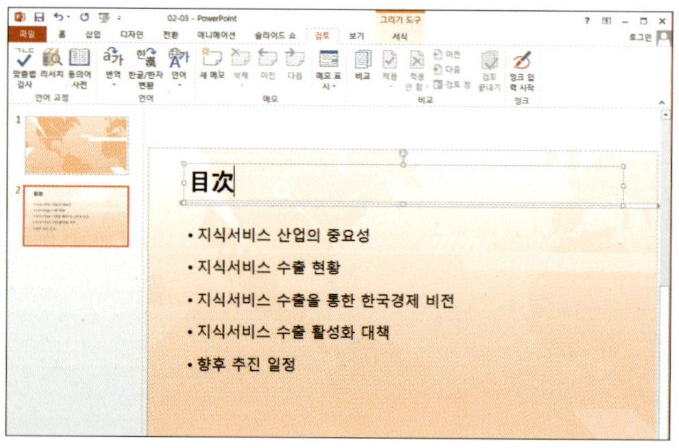

04 [한글/한자 변환] 선택하기

❶'지식 서비스' 앞이나 뒤에 커서를 놓고 ❷[검토] 탭의 [언어] 그룹에서 [한글/한자 변환](漢)을 클릭합니다.

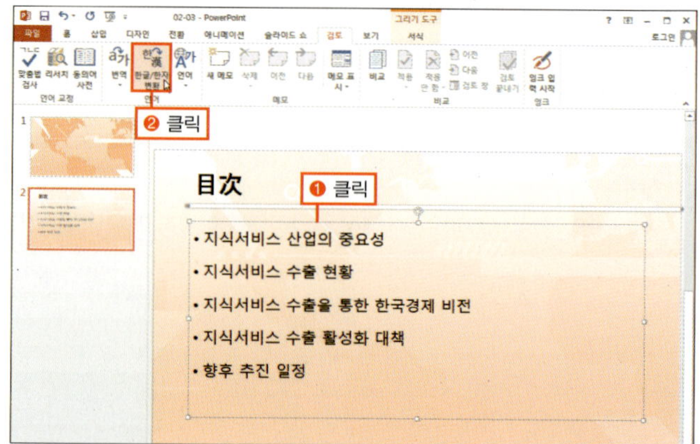

05 한자 선택하기

❶[한글/한자 변환] 대화상자에서 변환할 한자를 선택하고 ❷[입력 형태]에서 [한글(漢字)]를 클릭한 후 ❸[변환]을 클릭합니다. 한글을 등록된 한자로 변환한 후 다음 단어에 대한 한자 변환 대화상자가 나타납니다. ❹한자 변환이 필요 없는 단어일 때는 [닫기]를 클릭합니다.

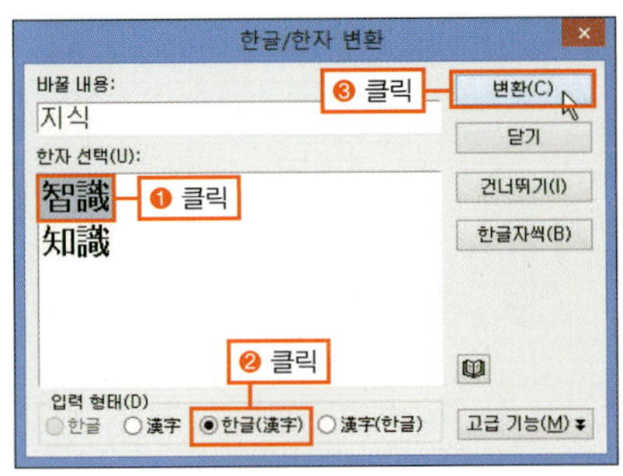
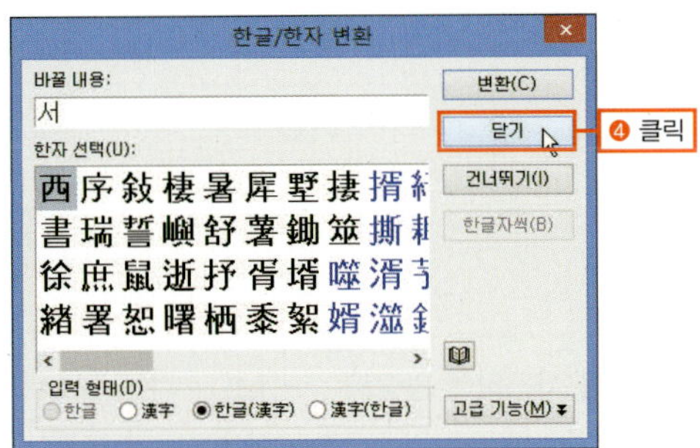

06 기호 선택하기

❶제목 텍스트 상자의 제목 앞에 커서를 두고 ❷[삽입] 탭의 ❸[기호] 그룹에서 [기호](Ω)를 클릭합니다.

07 기호 선택하기

[기호] 대화상자가 나타나면 ❶[글꼴]의 목록 단추를 클릭하여 'Webdings'로 설정하고 ❷기호 목록에서 다음과 같이 책 모양의 기호를 선택한 후 ❸[삽입]과 ❹[닫기]를 각각 클릭합니다.

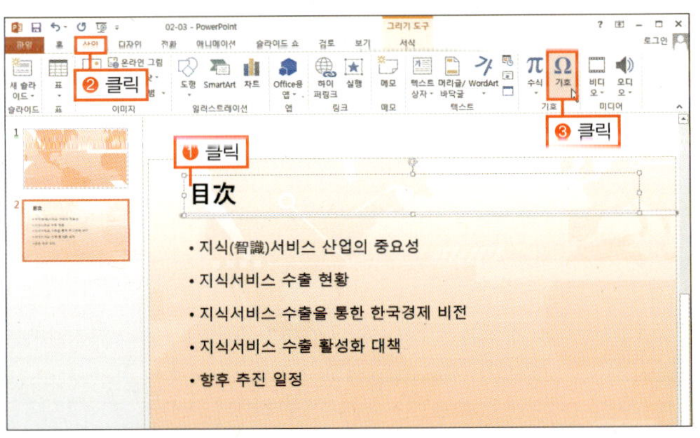
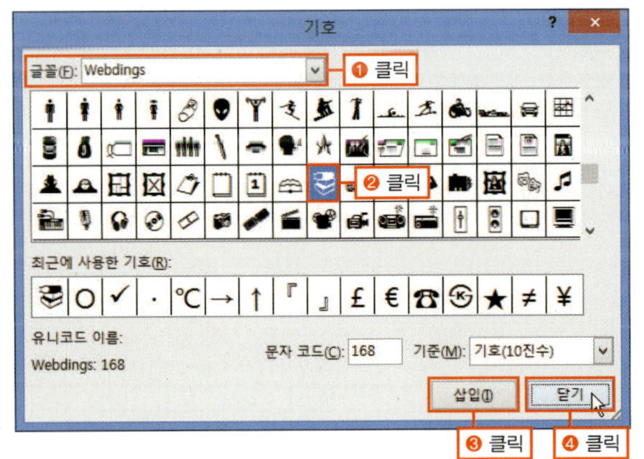

08 기호 삽입 확인하기

커서 위치에 선택한 기호가 삽입됩니다.

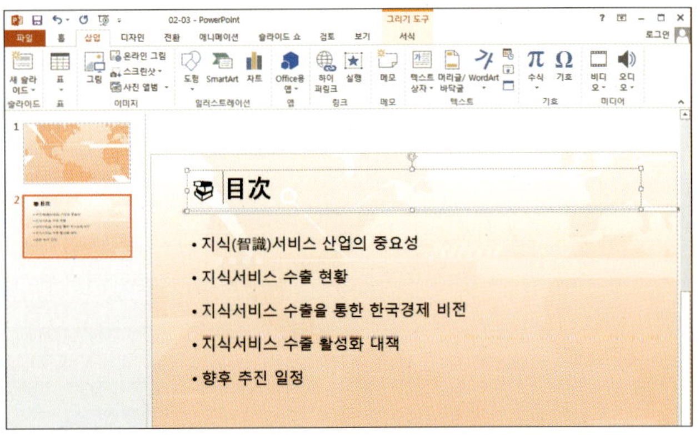

한자로 변환할 단어 뒤에 커서를 놓고 키보드의 █를 누르면 한자 목록이 표시됩니다. 변환하려는 한자를 선택하면 커서 앞의 단어가 한자로 변환됩니다. [한글/한자 변환] 대화상자를 거치지 않고 간단히 한자로 변환할 수 있지만 [입력 형태]를 지정할 수는 없습니다.

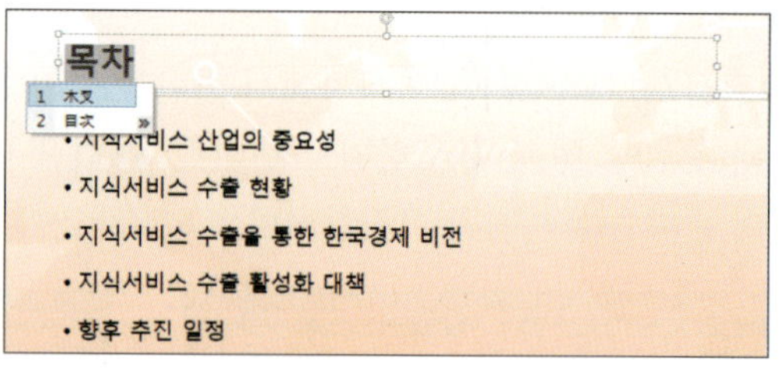

확인실습

시작 파일에서 텍스트 상자와 한자 변환 기능을 사용하여 완성해 보세요.

◎ **시작 파일** : 파워포인트\part02\02-실습1.pptx
◎ **완료 파일** : 파워포인트\part02\02-실습1-완성.pptx

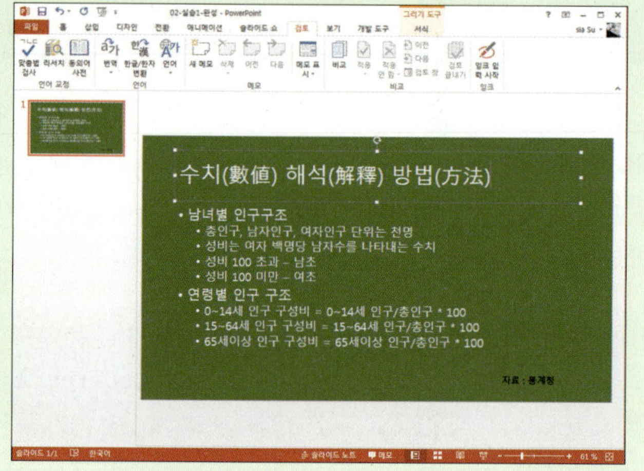

슬라이드에 수식 입력하기

슬라이드에 방정식이나 수학 기호 등을 삽입할 때 [수식](π) 기능을 사용합니다. 슬라이드에 수식을 삽입하는 방법에 대해 알아봅니다.

◎ **시작 파일 :** 파워포인트\part02\수식.pptx

---

1 수식 선택하기

❶내용 텍스트 상자에 커서를 두고 ❷[삽입] 탭의 ❸[기호] 그룹에서 [수식](π)을 클릭합니다.

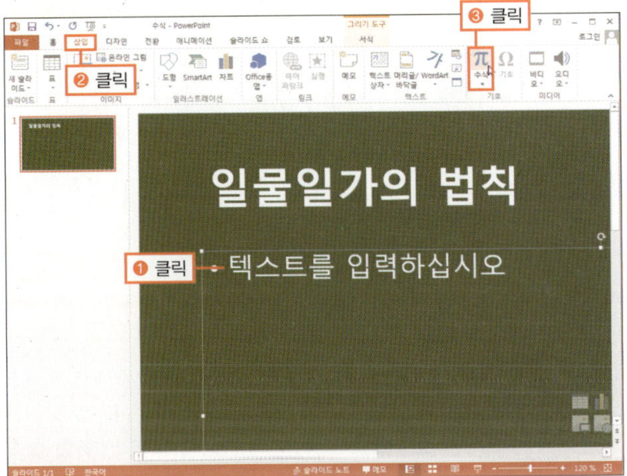

2 수식 도구 확인하기

'여기에 수식을 입력하십시오.' 라는 문구가 나타나면서 리본 메뉴에 [수식 도구–디자인] 탭이 표시됩니다.

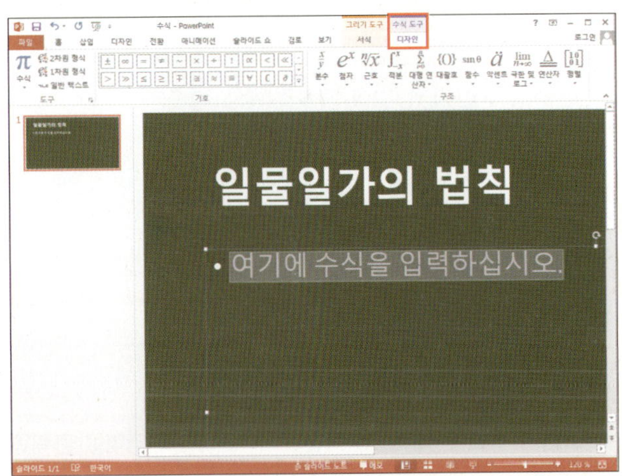

3 수식 입력하기

❶[수식 도구–디자인] 탭의 [구조] 그룹에서 [첨자](e^x)를 클릭한 후 ❷[위 첨자–아래 첨자]를 선택합니다.

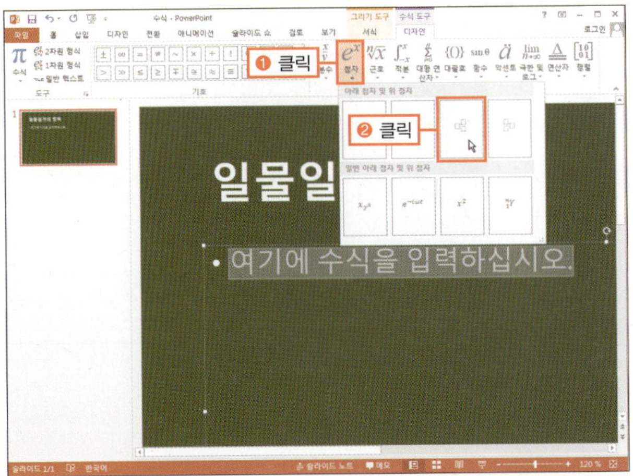

4 수식 틀 확인하기

수식을 입력할 수 있는 틀이 삽입됩니다.

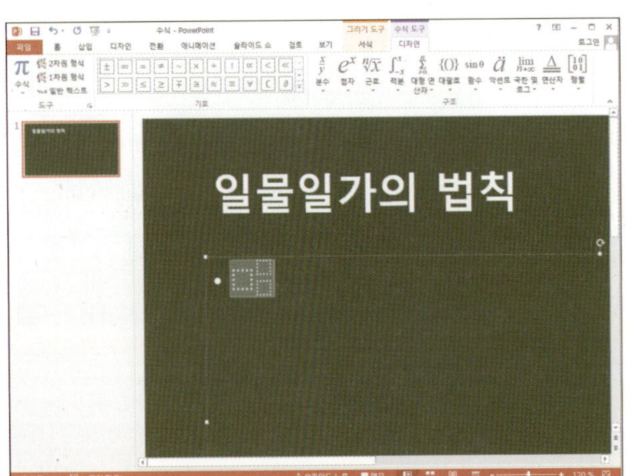

5 수식 입력하기

❶수식 틀의 네모 상자를 각각 클릭하여 수식을 입력합니다. 삽입한 첨자의 수식 입력을 완료한 후 ❷ Tab 을 누르면 기호나 다른 수식 틀을 삽입할 수 있습니다. ❸[수식 도구-디자인] 탭의 [기호] 그룹에서 삽입하려는 연산 기호를 클릭합니다.

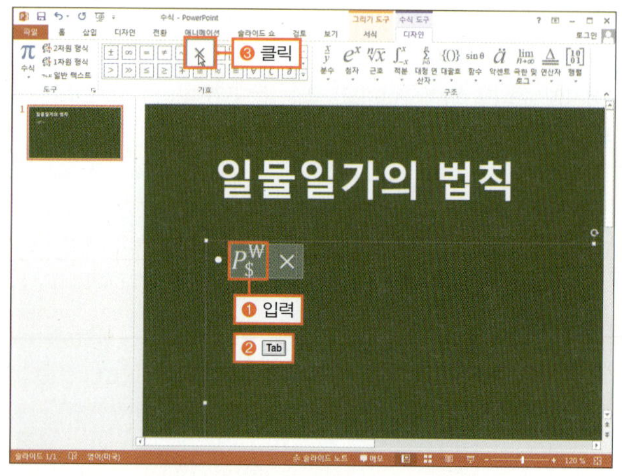

6 수식 완성하기

❶같은 방법으로 다음과 같이 수식을 완성합니다.

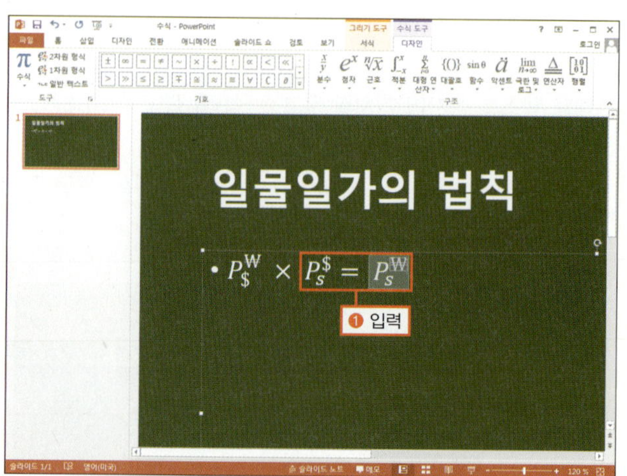

7 수식 빠져나오기

수식 입력 상태를 빠져나올 때는 ❶수식 이외의 영역을 클릭합니다.

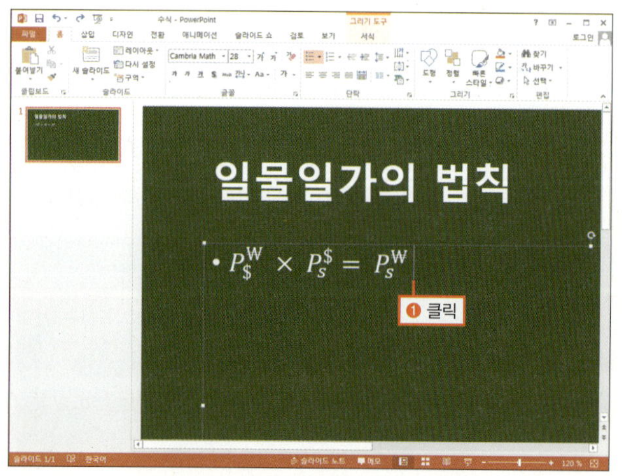

8 자주 쓰이는 수식 선택하기

❶[삽입] 탭의 ❷[기호] 그룹에서 [수식](π)의 목록 단추를 클릭하면 자주 사용하는 수식의 목록이 나타납니다. 여기서 수식을 선택하여 삽입할 수 있습니다.

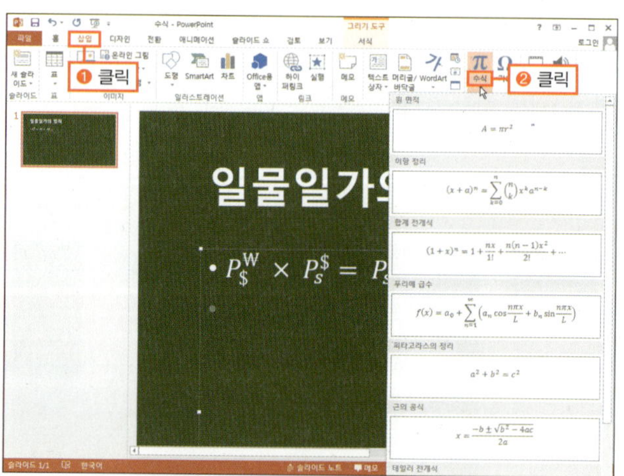

텍스트 편집하기

파워포인트 2013에서 제공하는 기본 글꼴과 글꼴 크기 등의 텍스트 서식과 단락 서식을 사용자 임의대로 지정하는 방법에 대해 알아봅니다. 또한 슬라이드의 내용을 정리하는 글머리 기호와 번호 매기기 기능에 대해 살펴보겠습니다.

다루는 내용

- 서식 지정하기
- 서식 복사하기
- 글머리 기호 삽입하기
- 번호 매기기로 변경하기
- 그림 글머리 기호 삽입하기

기능 정리 ─ 텍스트 서식 지정하고 글머리 및 번호 넣기

● 서식 지정하기

[홈] 탭의 [글꼴] 그룹에서는 선택한 텍스트의 글꼴, 크기, 색상, 문자 간격 등의 텍스트 서식을 지정할 수 있습니다.

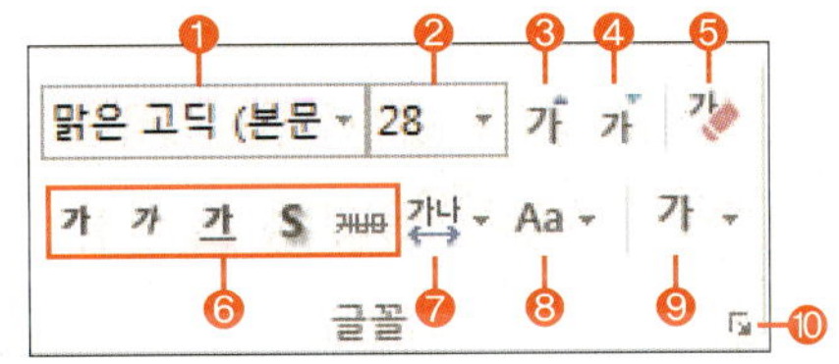

❶ **글꼴** : 텍스트의 글꼴을 변경합니다.

❷ **글꼴 크기** : 텍스트의 크기를 조절합니다.

❸ **글꼴 크기 크게** : 클릭할 때마다 텍스트의 크기가 일정 비율로 커집니다.

❹ **글꼴 크기 작게** : 클릭할 때마다 텍스트의 크기가 일정 비율로 작아집니다.

❺ **모든 서식 지우기** : 텍스트에 지정한 글꼴 서식을 기본 서식으로 되돌립니다.

❻ **글꼴 속성** : 텍스트에 [굵게], [기울임꼴], [밑줄], [텍스트 그림자], [취소선] 등의 속성을 지정합니다.

❼ **문자 간격** : 텍스트 사이의 간격을 좁히거나 넓힙니다.

❽ **대/소문자 바꾸기** : 영문으로 입력된 텍스트를 대문자나 소문자로 변경합니다.

❾ **글꼴 색** : 텍스트의 색상을 변경합니다.

❿ ▣ : 클릭하면 [글꼴] 대화상자가 나타나며 [글꼴] 그룹에 표시되지 않은 세부 옵션을 설정할 수 있습니다.

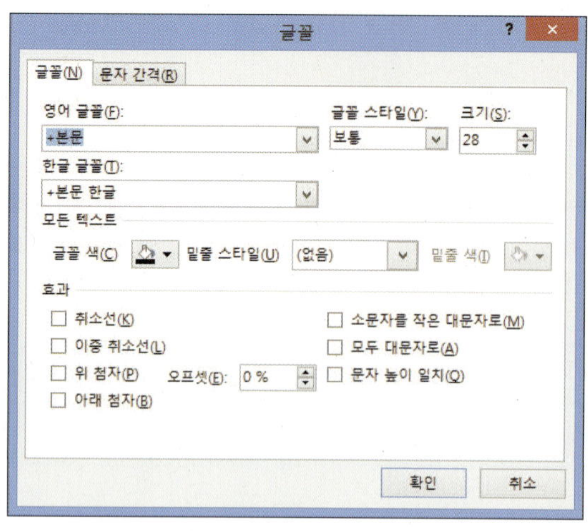

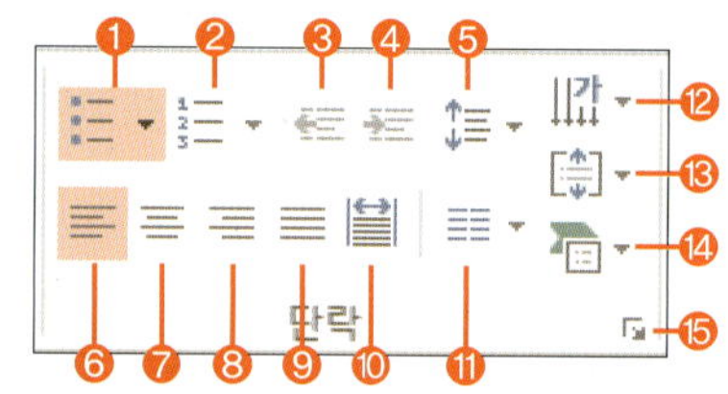

'단락'이란 텍스트가 이어지다가 문맥에 따라 줄이 바뀌는 것을 말합니다. [홈] 탭의 [단락] 그룹에서는 줄 간격, 텍스트 정렬 등 단락의 서식을 지정할 수 있습니다.

❶ **글머리 기호** : 목록 단추를 클릭하여 단락의 글머리 기호를 선택합니다. [글머리 기호]의 선택을 해제하면 단락에서 글머리 기호 표시를 없앨 수 있습니다.

❷ **번호 매기기** : 목록 단추를 클릭하여 단락의 번호 매기기 기호를 선택합니다. [번호 매기기]의 선택을 해제하면 단락에서 번호 매기기 기호 표시를 없앨 수 있습니다.

❸ **목록 수준 줄임** : 단락이 안쪽으로 들여쓰기된 상태에서 텍스트가 왼쪽 여백으로 내어쓰기됩니다.

❹ **목록 수준 늘림** : 단락이 안쪽으로 들여쓰기됩니다.

❺ **줄 간격** : 텍스트 줄 사이의 간격 혹은 단락 사이의 간격을 지정합니다.

❻ **왼쪽 맞춤** : 단락의 텍스트가 왼쪽을 기준으로 정렬됩니다.

❼ **가운데 맞춤** : 단락의 텍스트가 가운데를 기준으로 정렬됩니다.

❽ **오른쪽 맞춤** : 단락의 텍스트가 오른쪽을 기준으로 정렬됩니다.

❾ **양쪽 맞춤** : 텍스트 상자의 왼쪽, 오른쪽에 맞춰 텍스트가 정렬됩니다.

❿ **균등 분할** : 문자 사이에 공백을 추가하여 단락을 텍스트 상자의 왼쪽, 오른쪽에 꽉 차도록 맞춰 정렬합니다.

⓫ **열 추가 또는 제거** : 텍스트를 2개 이상의 열(단)로 나누거나 원래대로 합칩니다.

⓬ **텍스트 방향** : 텍스트의 방향을 가로, 세로 형식으로 변경합니다.

⓭ **텍스트 맞춤** : 텍스트 상자의 위쪽, 중간, 아래쪽으로 단락의 기준을 맞춥니다.

⓮ **SmartArt 그래픽으로 변환** : 단락의 내용을 스마트아트 도형으로 변환합니다.

⓯ 🔲 : 클릭하면 [단락] 대화상자가 나타나며 들여쓰기 간격이나 한글 단어 잘림 허용 등의 세부 옵션을 설정할 수 있습니다.

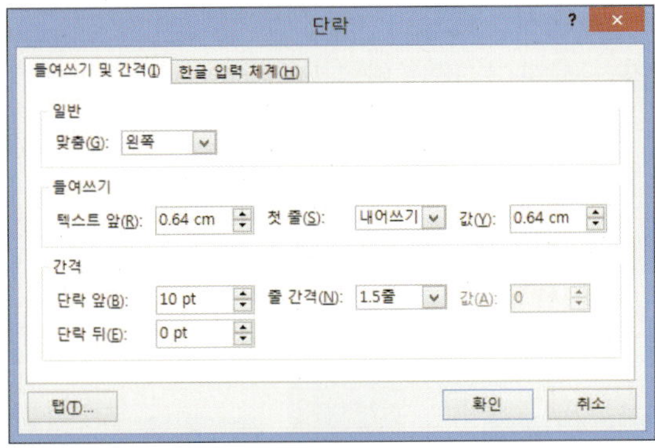

● 서식 복사하기

서식 복사는 글자나 단락의 모양, 스타일 등을 다른 곳으로 간편하게 복사하는 기능입니다. 특정 서식을 반복적으로 지정해야 하는 경우에 편리하게 사용할 수 있습니다.

· 여러 개의 개체에 서식을 반복 복사

서식을 복사할 개체를 선택한 후 [홈] 탭의 [클립보드] 그룹에서 [서식 복사](✔)를 더블클릭합니다. 마우스 포인터의 모양이 ▲로 변경되면 서식을 적용하려는 개체를 클릭합니다.

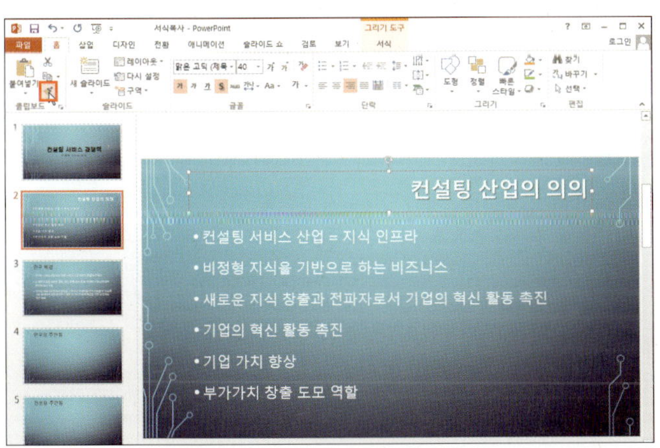
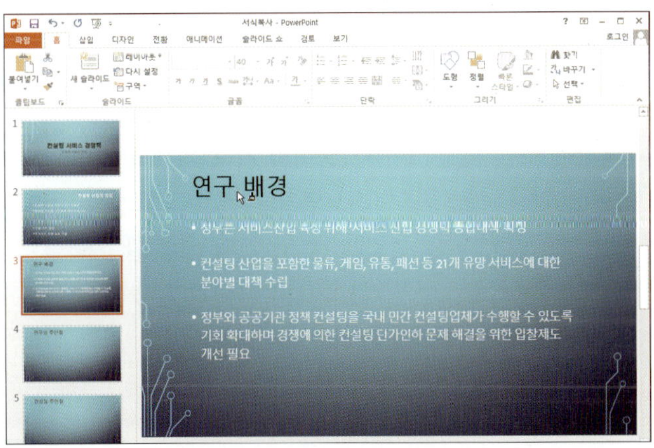

마우스 포인터의 모양이 ▲로 계속 유지됩니다. 연속하여 서식을 적용할 개체를 클릭하면 여러 개의 개체에 서식 복사가 이루어집니다. 서식 복사를 끝내려면 Esc 를 누릅니다.

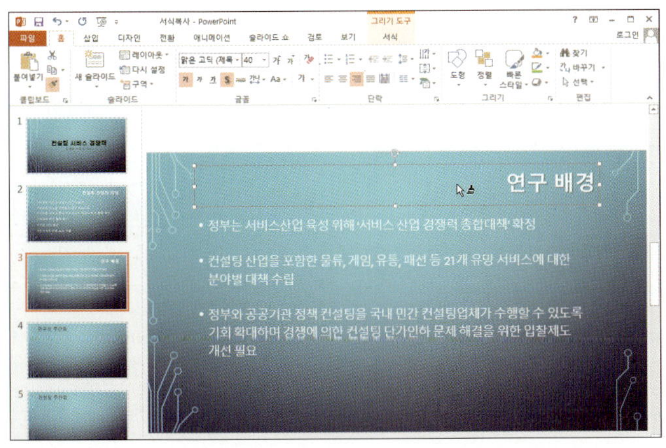
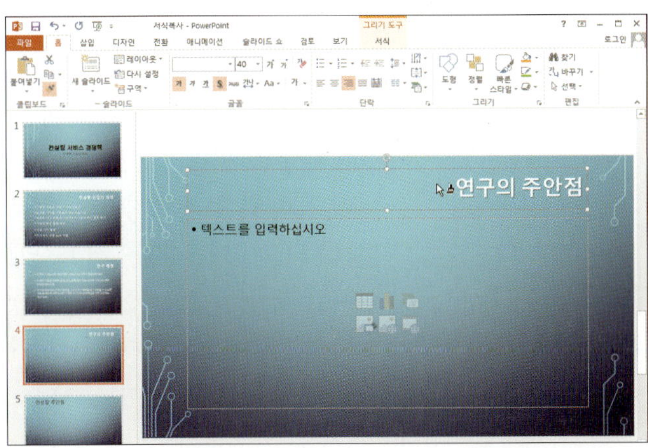

- **한 개의 개체에 서식을 복사**

서식을 복사할 개체를 선택한 후 [홈] 탭의 [클립보드] 그룹에서 [서식 복사]를 클릭합니다. 마우스 포인터의 모양이 변경되면 서식을 적용할 개체를 클릭하여 서식 복사를 실행합니다. 서식 복사가 이루어지면 마우스 포인터의 모양이 원래대로 돌아옵니다.

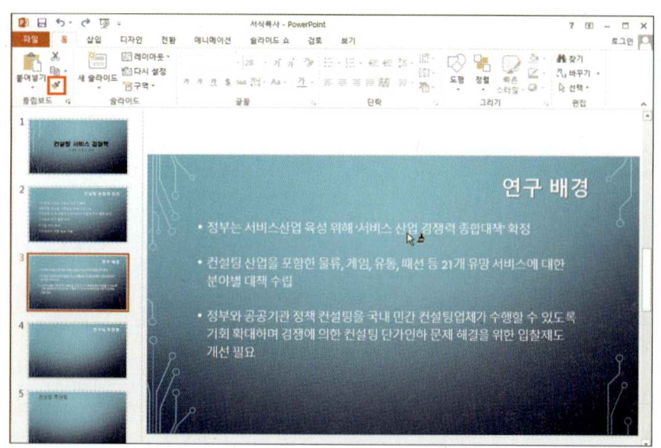
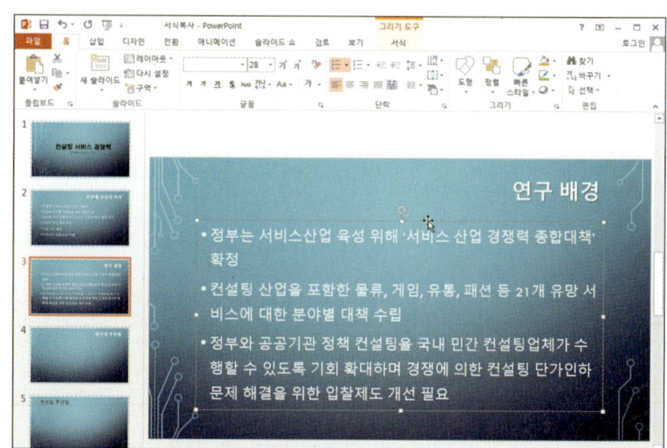

● **글머리 기호와 번호 매기기의 종류 알아보기**

파워포인트는 둥근 모양의 글머리 기호가 기본적으로 표시됩니다. 이 글머리 기호는 다양한 모양으로 변경하여 삽입할 수 있으며 경우에 따라 번호 매기기로 변경하기도 합니다.

- **[글머리 기호]의 종류**

[홈] 탭의 [단락] 그룹에서 [글머리 기호]의 목록 단추를 클릭하여 기본 글머리 기호의 종류를 확인할 수 있습니다.

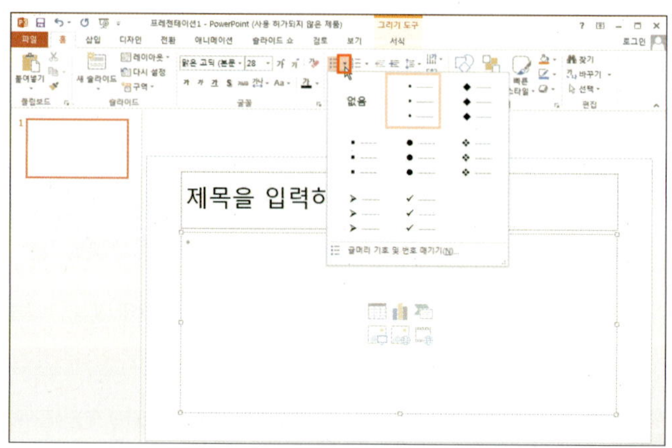

더욱 다양한 글머리 기호를 적용하려면 [홈] 탭의 [단락] 그룹에서 [글머리 기호]의 목록 단추를 클릭하고 [글머리 기호 및 번호 매기기]를 선택합니다. [글머리 기호 및 번호 매기기] 대화상자에서 [그림]이나 [사용자 지정]을 클릭하면 클립아트나 저장되어 있는 이미지, 특수 문자 등을 글머리 기호로 삽입할 수 있습니다.

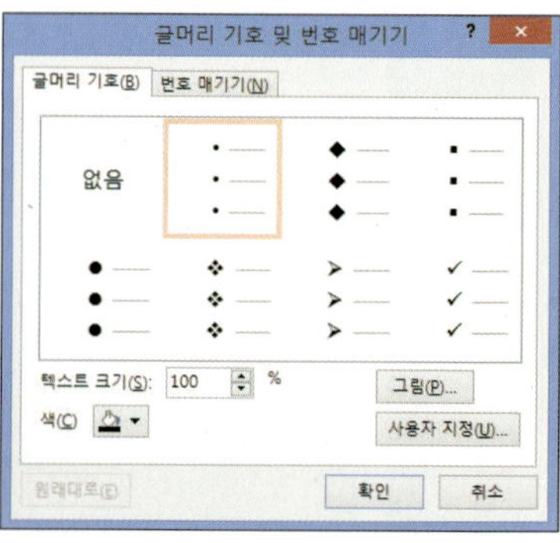

- **[번호 매기기]의 종류**

[홈] 탭의 [단락] 그룹에서 [번호 매기기]()의 목록 단추를 클릭하여 원하는 번호 모양을 선택하면 글머리 기호를 번호 매기기 형태로 변경할 수 있습니다. [글머리 기호 및 번호 매기기] 대화상자의 [번호 매기기] 탭에서는 번호의 색상, 크기, 시작 번호 등을 지정할 수 있습니다.

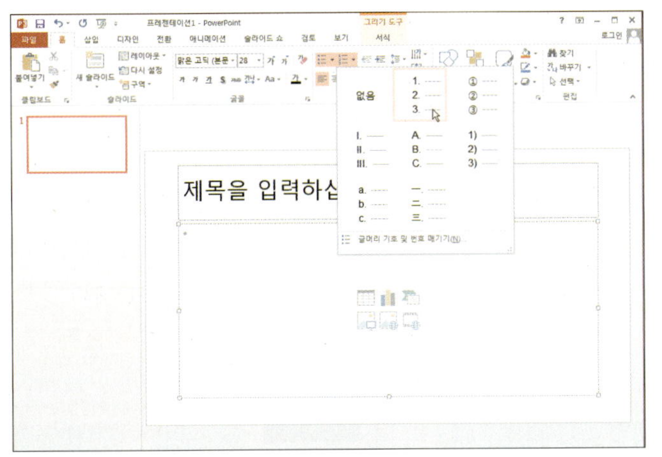 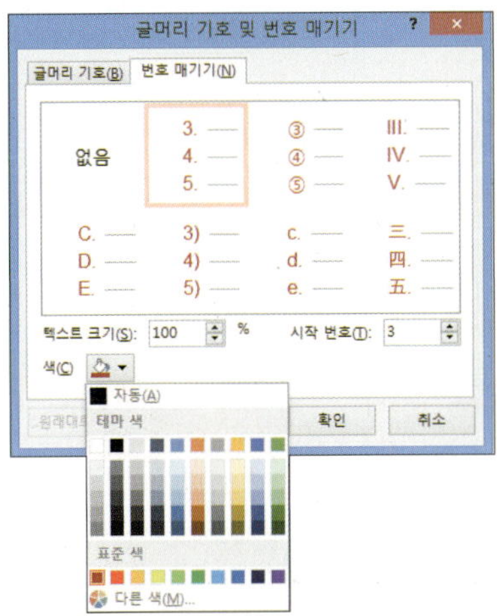

텍스트 및 단락 서식 지정하기

슬라이드에 입력한 텍스트의 서식을 변경하고 단락 서식을 지정하는 방법에 대해 알아봅니다.

◎ **시작 파일** : 파워포인트\part02\02-04.pptx
◎ **완료 파일** : 파워포인트\part02\02-04-완성.pptx

01 글꼴 선택하기

❶첫 번째 슬라이드의 제목 텍스트 상자를 선택한 후 ❷ [홈] 탭의 [글꼴] 그룹에서 [글꼴]의 목록 단추를 클릭하고 ❸[HY헤드라인M]을 선택합니다.

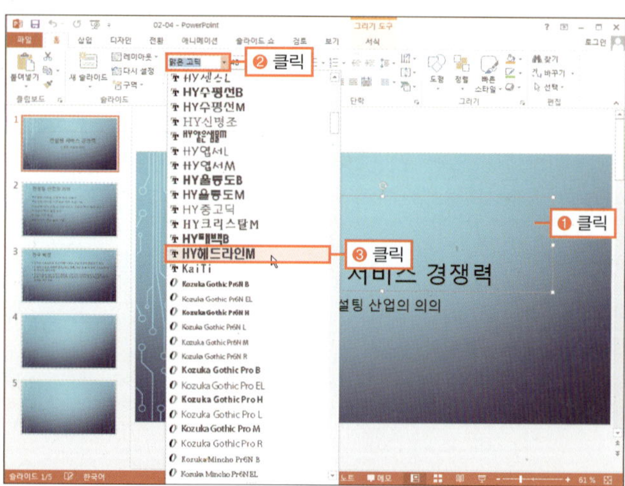

02 글꼴 크기 선택하기

텍스트가 선택한 글꼴로 변경되면 선택 영역을 그대로 둔 채 ❶[홈] 탭의 [글꼴] 그룹에서 [글꼴 크기]의 목록 단추를 클릭한 후 ❷[54]를 선택합니다.

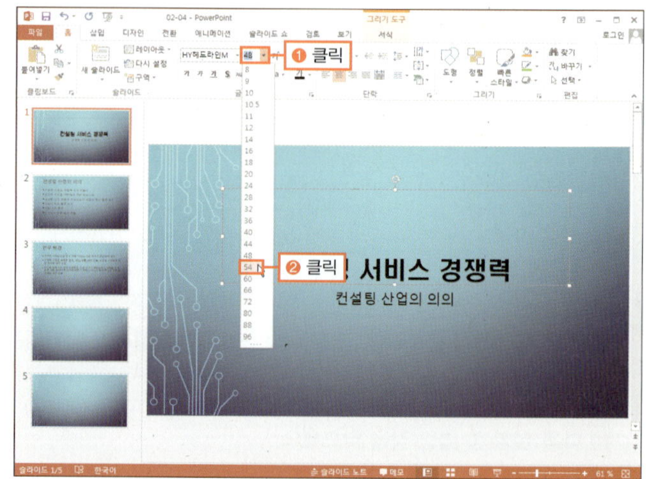

03 글꼴 색 변경하기

❶두 번째 슬라이드를 선택한 후 ❷제목과 내용 텍스트 상자를 모두 선택한 후 ❸[홈] 탭의 [글꼴] 그룹에서 [글꼴 색](🔲)의 목록 단추를 클릭하고 ❹색상 표에서 [흰색, 텍스트 1]을 클릭합니다.

> **참고** ● 텍스트 범위 지정하기
>
> 원하는 범위의 시작 지점에서 끝 지점까지 드래그하거나 시작 지점에 커서를 둔 후 Shift 를 누른 상태에서 범위의 끝 지점을 클릭하면 연속된 범위를 지정할 수 있습니다. Ctrl 을 누른 상태에서 원하는 텍스트 영역을 드래그하면 떨어져 있는 텍스트의 범위를 함께 지정할 수 있습니다. 그 외에도 마우스를 더블클릭하면 한 단어를, 세 번 클릭하면 한 단락 전체를 범위로 지정할 수 있습니다.

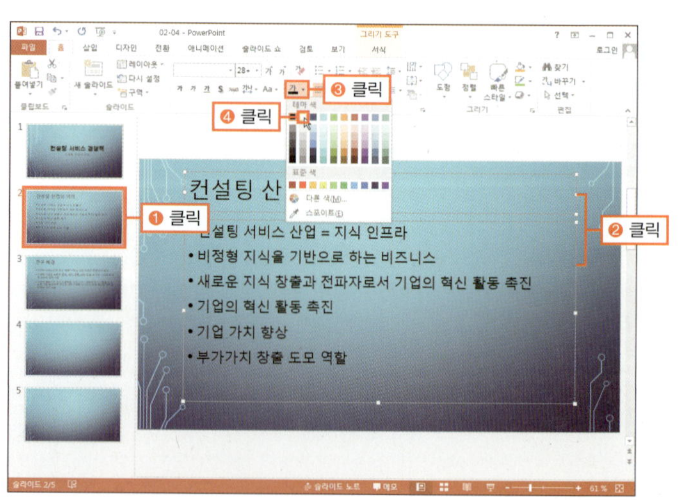

04 [굵게] 속성 지정하기

글꼴 색이 변경되면 ❶제목 텍스트 상자를 선택한 후 ❷ [홈] 탭의 [글꼴] 그룹에서 [글꼴 크기 작게](🔽)를 클릭하여 크기를 줄이고 ❸[텍스트 그림자](S)와 [굵게](가)를 클릭합니다. 글꼴 크기가 조절된 텍스트에 두꺼운 획과 그림자 효과가 적용됩니다.

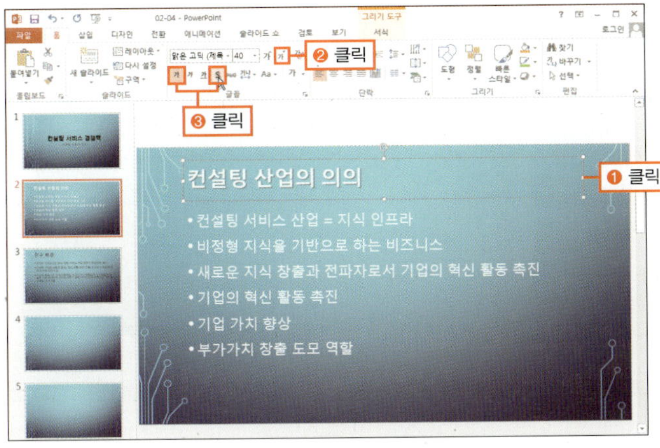

05 문자 간격 조절하기

❶슬라이드 3의 ❷내용 텍스트 상자를 선택하고 ❸[홈] 탭의 [글꼴] 그룹에서 [문자 간격](가)의 목록 단추를 클릭한 후 ❹[좁게]를 선택합니다.

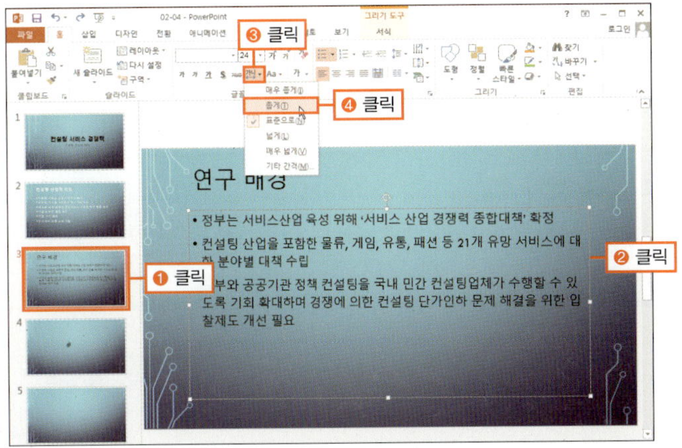

> **참고**
>
> 문자 간격을 조절한 후 제목 텍스트 상자와 내용 텍스트 상자이 글꼴 색을 [흰색, 텍스트 1]로 변경합니다.

06 줄 간격 조절하기

❶슬라이드 2의 ❷내용 텍스트 상자를 선택한 후 ❸[홈] 탭의 [단락] 그룹에서 [줄 간격](한줄)의 목록 단추를 클릭하고 ❹[1.5]를 선택합니다. 단락의 줄 간격이 '1'에서 '1.5'로 변경됩니다.

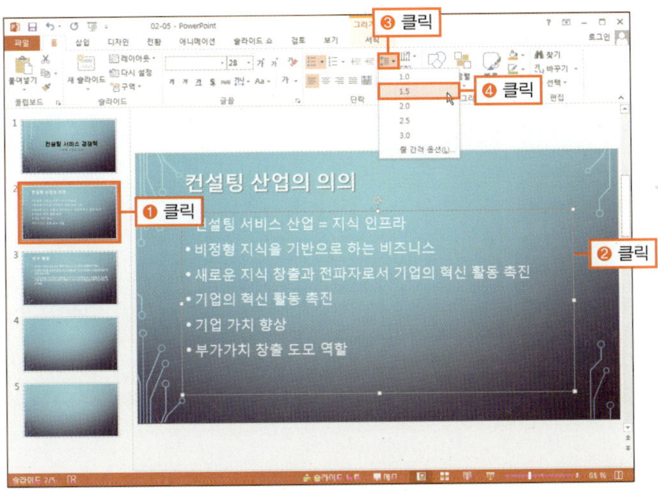

07 [단락] 대화상자 실행하기

❶슬라이드 3의 ❷내용 텍스트 상자를 선택합니다. 리본 메뉴에 표시되지 않은 기능을 사용하기 위해 ❸[홈] 탭의 [단락] 그룹에서 ▢를 클릭합니다.

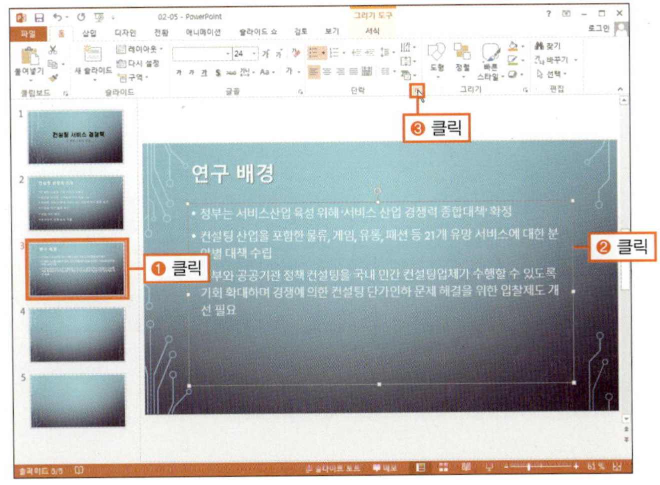

08 단어 잘림 기능 해제하기

[단락] 대화상자가 나타나면 ❶[한글 입력 체계] 탭을 선택한 후 ❷[한글 단어 잘림 허용]의 선택을 해제하고 ❸[확인]을 클릭합니다.

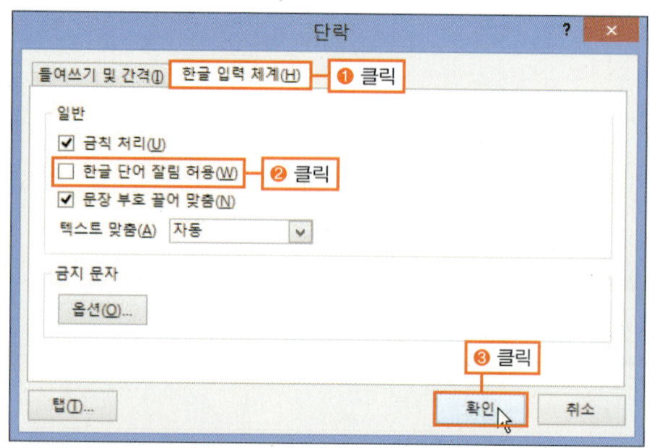

> **참고**
>
> 단어의 일부 음절이 다음 줄에 표시되는 것을 막아 가독성을 높일 때 [한글 단어 잘림 허용]의 선택을 해제합니다.

10 줄 간격 조절하기

[단락] 대화상자에서 원하는 수치를 입력하여 단락의 간격을 세밀하게 지정할 수 있습니다. 슬라이드 3의 내용 텍스트 상자가 선택된 상태에서 ❶[홈] 탭의 [단락] 그룹에서 ▣를 클릭하여 [단락] 대화상자를 엽니다. ❷[단락 뒤]의 간격을 [24pt]로 변경한 후 ❸[확인]을 클릭합니다.

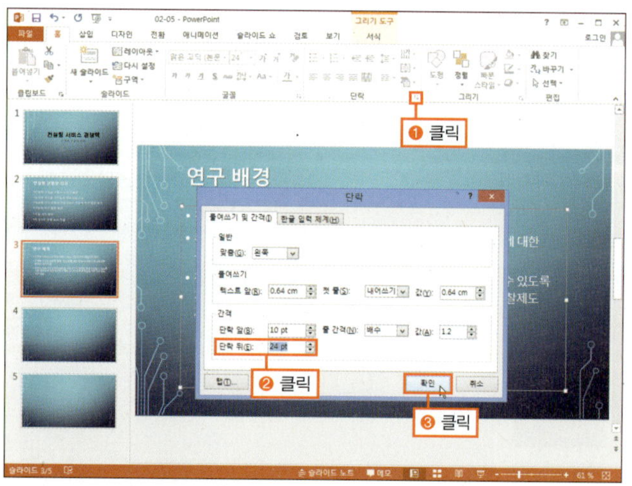

09 단어 잘림 해제 확인하기

'분야별'이라는 단어가 잘리지 않고 다음 줄로 이동한 것을 확인할 수 있습니다.

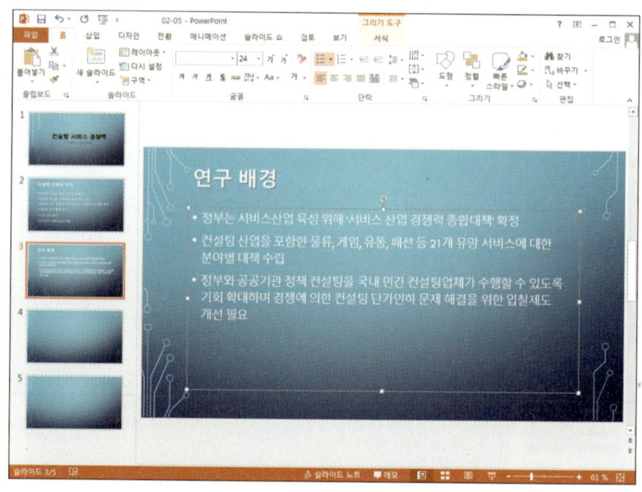

11 줄 간격 확인하기

단락 뒤의 간격이 지정한 간격만큼 조절된 것을 확인할 수 있습니다.

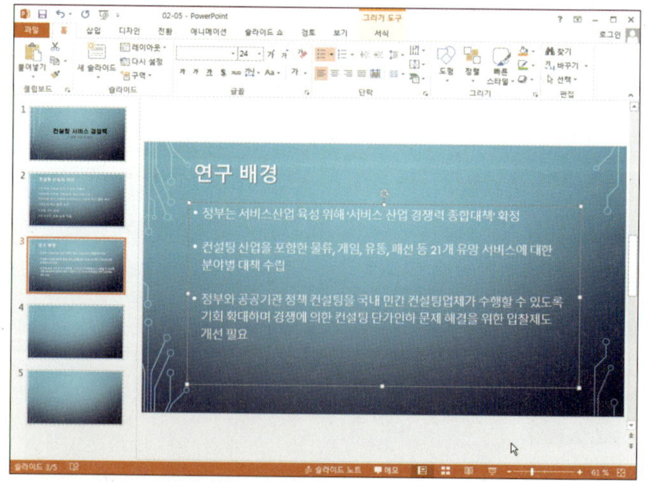

12 단락 정렬하기

❶제목 텍스트 상자에 커서를 두고 ❷[홈] 탭의 [단락] 그룹에서 [오른쪽 맞춤](▤)을 클릭합니다.

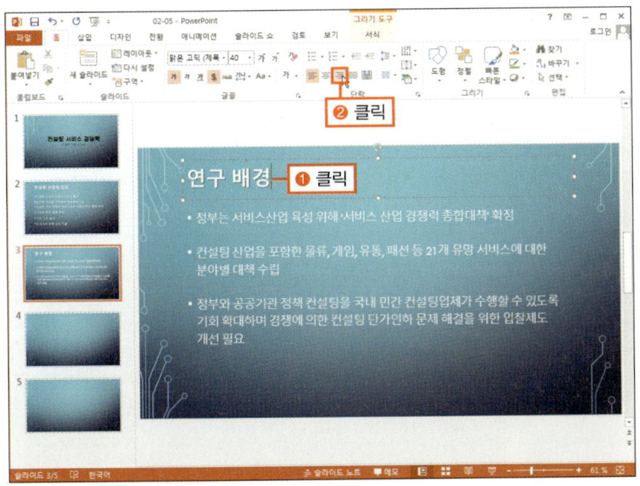

13 단락 정렬 확인하기

커서가 있는 위치의 단락이 텍스트 상자의 오른쪽으로 맞춰 정렬됩니다.

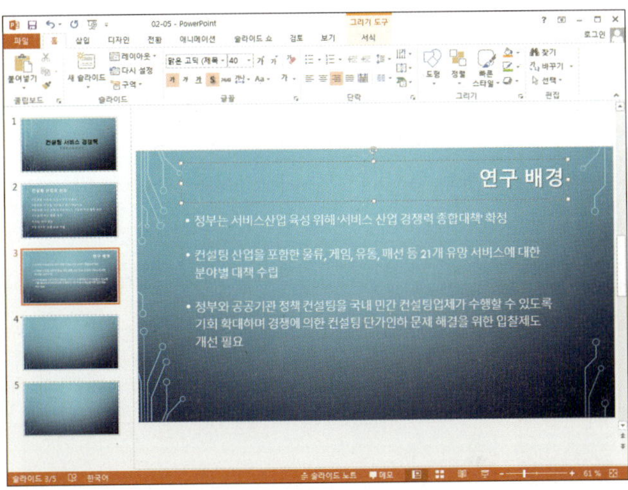

글꼴과 단락 서식을 변경하여 다음과 같은 슬라이드를 완성해 보세요.

- 시작 파일 : 파워포인트\part02\02-실습2.pptx
- 완료 파일 : 파워포인트\part02\02-실습2-완성.pptx

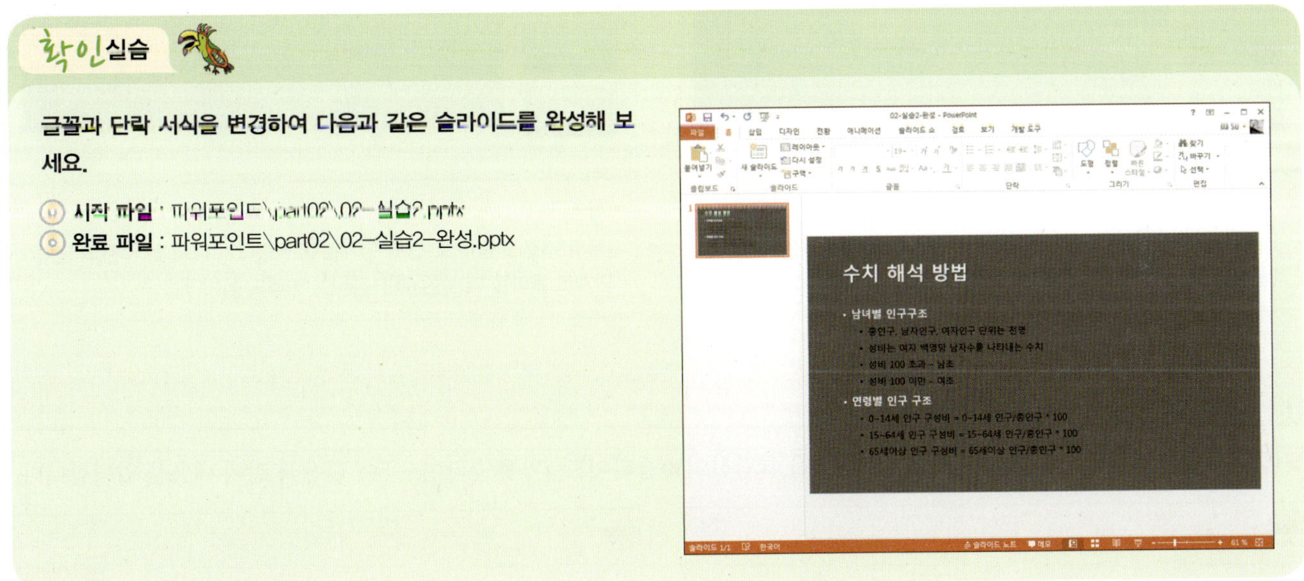

실습 과정 — 단락 수준 조절하고 글머리 기호 삽입하기

단락의 수준을 조절하고 글머리 기호를 지정해 봅니다.

◎ **시작 파일** : 파워포인트\part02\02-06.pptx

01 목록 수준 늘리기

❶슬라이드 4를 선택하고 ❷다음과 같이 제목 텍스트와 내용 텍스트를 입력하고 ❸ `Enter` 를 눌러 다음 줄로 이동한 후 ❹[홈] 탭의 [단락] 그룹에서 [목록 수준 늘림](≣)을 클릭합니다.

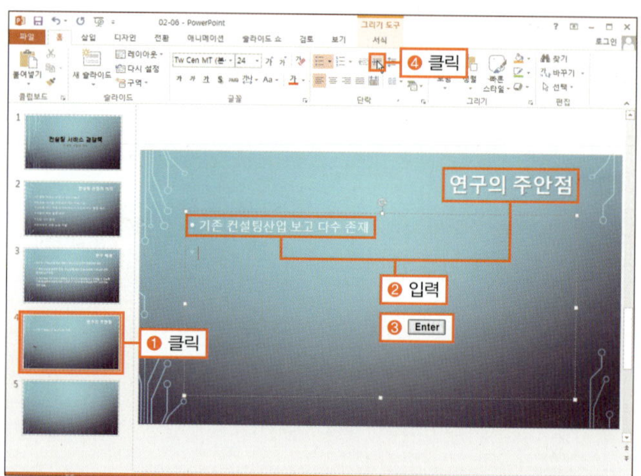

> **참고**
> `Tab` 을 눌러도 [목록 수준 늘림]을 적용할 수 있습니다. `Tab` 을 누를 때마다 단락은 조금씩 안쪽으로 들여쓰기됩니다.

02 목록 수준 줄이기

두 번째 줄의 텍스트는 텍스트 상자 안쪽으로 들여쓰기됩니다. ❶텍스트를 입력한 후 다시 원래의 단락 수준으로 돌아가기 위해 ❷[홈] 탭의 [단락] 그룹에서 [목록 수준 줄임](≣)을 클릭합니다.

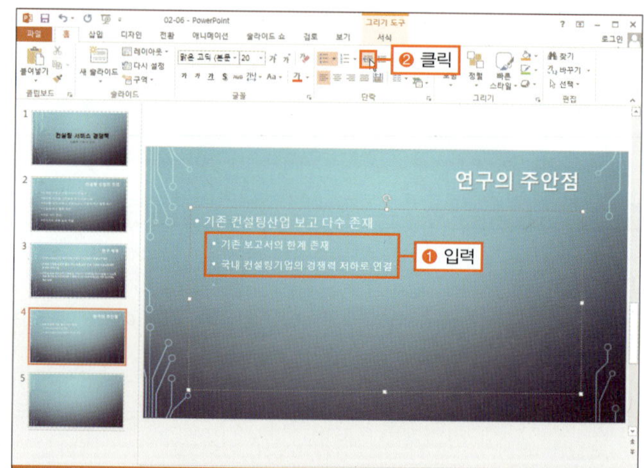

> **참고**
> [목록 수준 늘림]으로 단락 단계를 조절했다가 다시 앞 수준의 단락 단계로 돌아올 때는 `Shift` + `Tab` 을 눌러도 됩니다.

03 목록 수준 조절해서 내용 완성하기

❶[목록 수준 늘림](≣)과 [목록 수준 줄임](≣)을 클릭하여 ❷슬라이드 4와 ❸슬라이드 5에 다음과 같이 내용을 입력합니다.

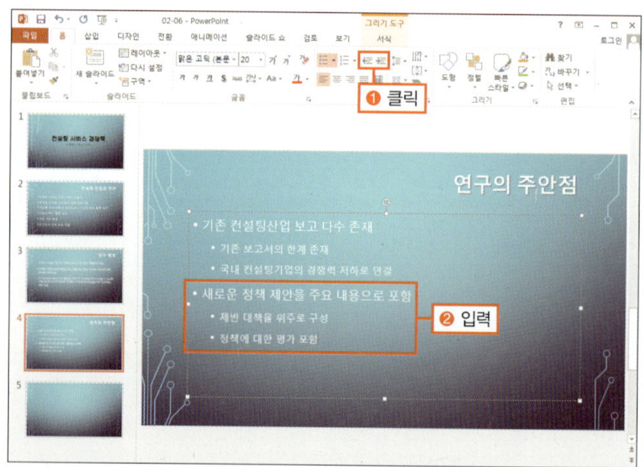

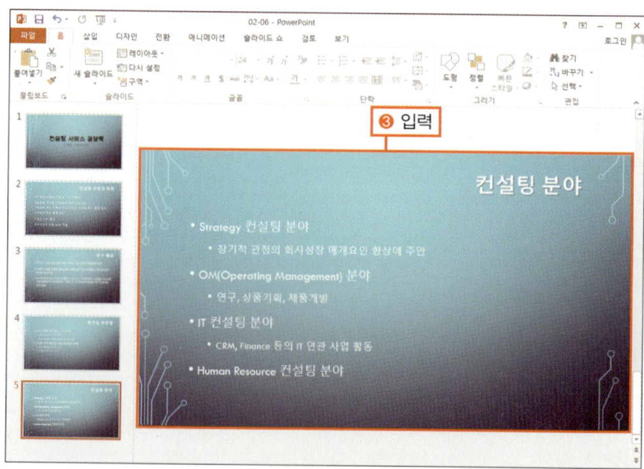

04 글머리 기호 변경하기

❶ Ctrl 을 누른 채 그림과 같이 단락을 선택 범위로 지정한 후 ❷[홈] 탭의 [단락] 그룹에서 [글머리 기호](▤)의 목록 단추를 클릭하고 ❸[대조표 글머리 기호]를 선택합니다.

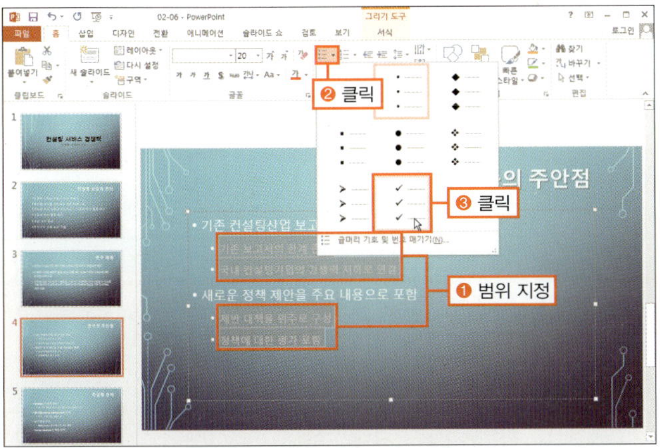

05 글머리 기호 해제하기

❶다음과 같이 단락을 범위로 지정한 후 ❷[홈] 탭의 [단락] 그룹에서 [글머리 기호](▤)를 클릭하여 선택을 해제합니다. 기본 글머리 기호가 사라집니다.

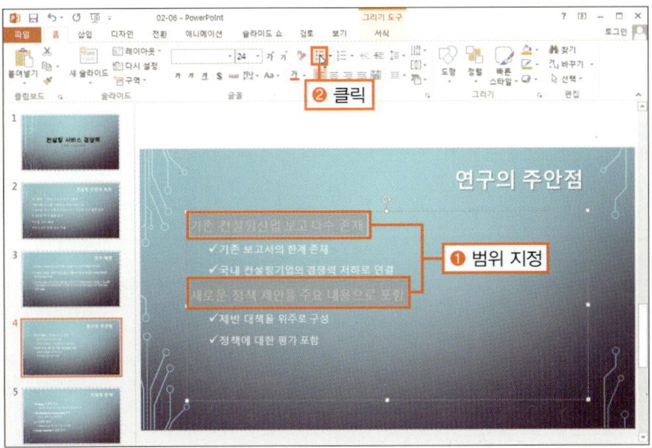

> **참고**
> Ctrl 을 누른 채 드래그하면 연속되지 않은 영역의 텍스트도 한꺼번에 범위 지정할 수 있습니다.

실습 과정 — 번호 매기기와 그림 글머리 기호 삽입하기

글머리 기호를 번호로 변경하고 그림 글머리 기호를 검색한 후 삽입하는 방법에 대해 알아봅니다

◎ **시작 파일** : 파워포인트\part02\02-06.pptx
◎ **완료 파일** : 파워포인트\part02\02-06-완성.pptx

01 번호 매기기 선택하기

❶슬라이드 5의 내용 텍스트 상자를 선택한 후 ❷[홈] 탭의 [단락] 그룹에서 [번호 매기기](▤)의 목록 단추를 클릭하여 ❸[번호 매기기] 목록에서 [1. 2. 3.]을 선택합니다.

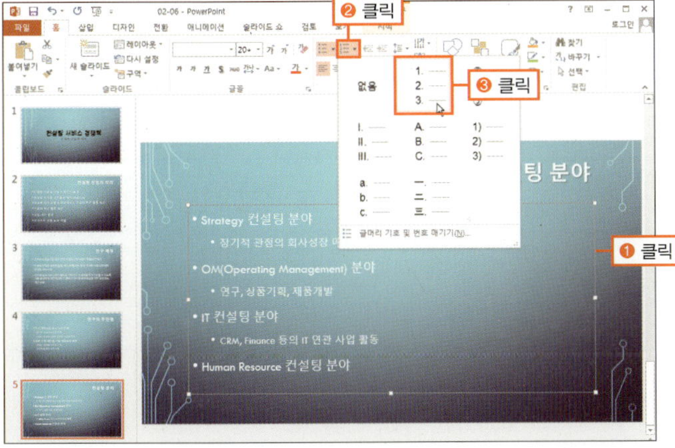

02 번호 매기기 서식 선택하기

❶ Ctrl 을 누른 채 다음과 같이 단락을 선택하고 ❷[홈] 탭의 [단락] 그룹에서 [번호 매기기](▤)의 목록 단추를 클릭한 후 ❸[글머리 기호 및 번호 매기기]를 선택합니다.

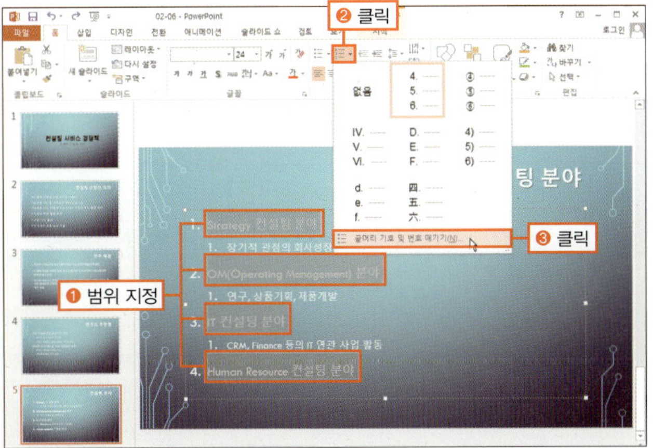

03 번호 매기기 서식 지정하기

[글머리 기호 및 번호 매기기] 대화상자가 나타나면 ❶[텍스트 크기]를 [150%], [색]을 [빨강, 강조 3]으로 변경한 후 ❷[확인]을 클릭합니다.

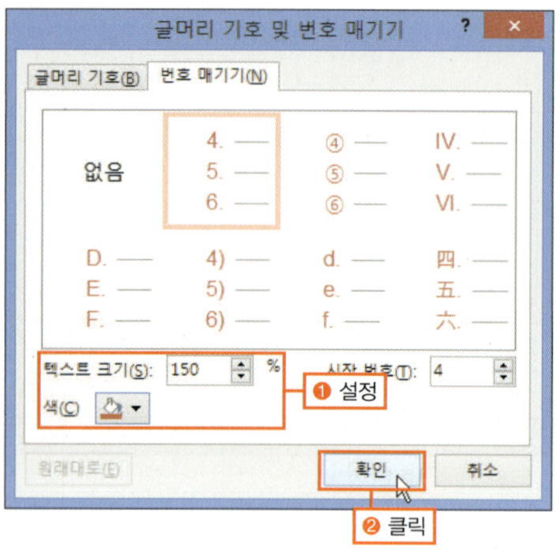

04 번호 매기기 서식 선택하기

선택 영역의 단락 번호가 지정한 색상과 크기로 변경되었습니다. ❶두 번째 수준의 단락을 범위로 지정한 후 ❷[홈] 탭의 [단락] 그룹에서 [번호 매기기](❏)의 목록 단추를 클릭하여 ❸[글머리 기호 및 번호 매기기]를 선택합니다.

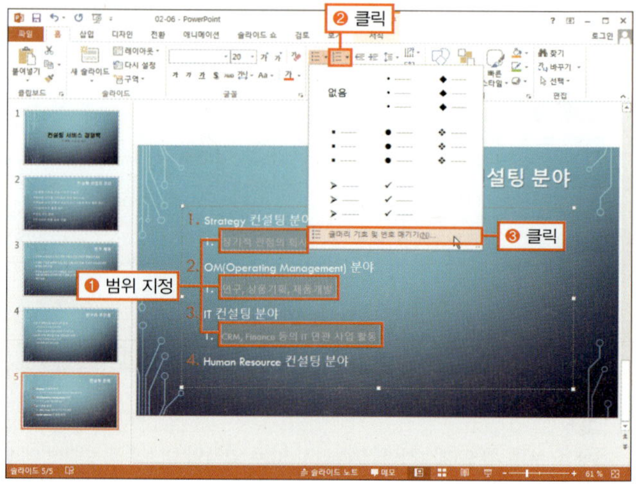

05 [그림] 선택하기

[글머리 기호 및 번호 매기기] 대화상자가 나타나면 ❶[글머리 기호] 탭을 클릭한 후 ❷[그림]을 선택합니다.

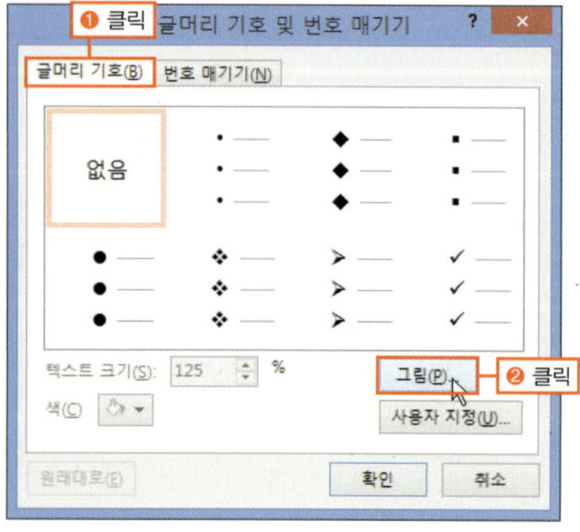

06 글머리 기호 검색하기

[그림 삽입] 대화상자가 나타나면 ❶[Office.com 클립 아트]의 검색 상자에 '글머리 기호'를 입력한 후 ❷ Enter 를 누릅니다.

그림 글머리 기호가 검색 결과 화면에 나타나면 ❶글머리 기호를 선택한 후 ❷[삽입]을 클릭합니다.

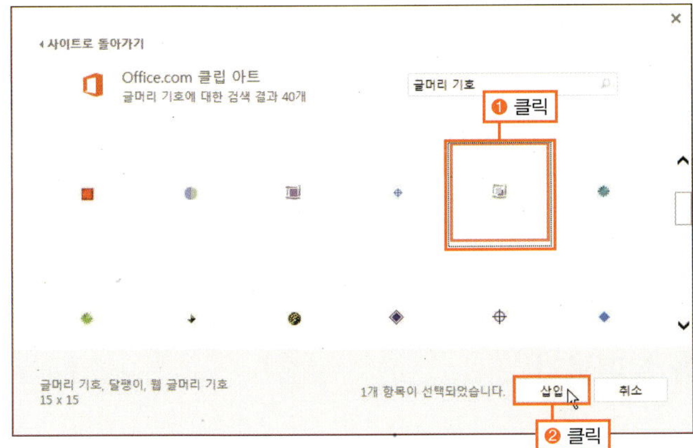

선택 영역의 단락에 그림 글머리 기호가 삽입된 것을 확인할 수 있습니다.

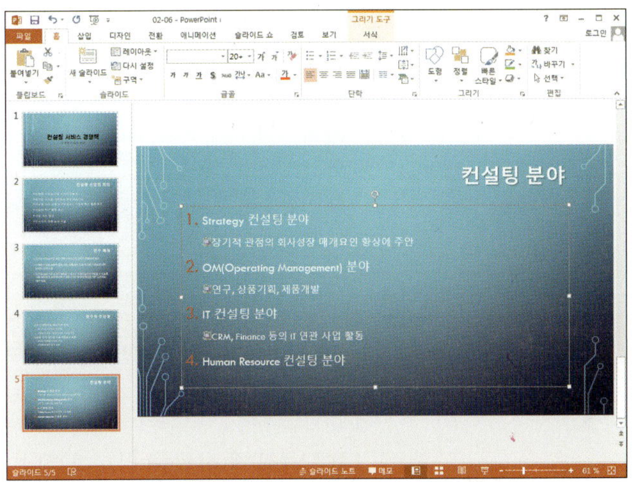

참고

부록 CD의 '특집.pdf' 파일 4쪽에서 글머리 기호와 텍스트 사이의 간격을 조절하는 방법에 대해 참고합니다. 6쪽에서는 2개의 프레젠테이션을 비교 · 검토한 후 병합하는 방법을 참고하세요.

확인실습

글머리 기호와 번호 매기기를 사용하여 다음과 같은 슬라이드를 완성하세요.

◉ **시작 파일** : 파워포인트\part02\02-실습3.pptx
◉ **완료 파일** : 파워포인트\part02\02-실습3-완성.pptx

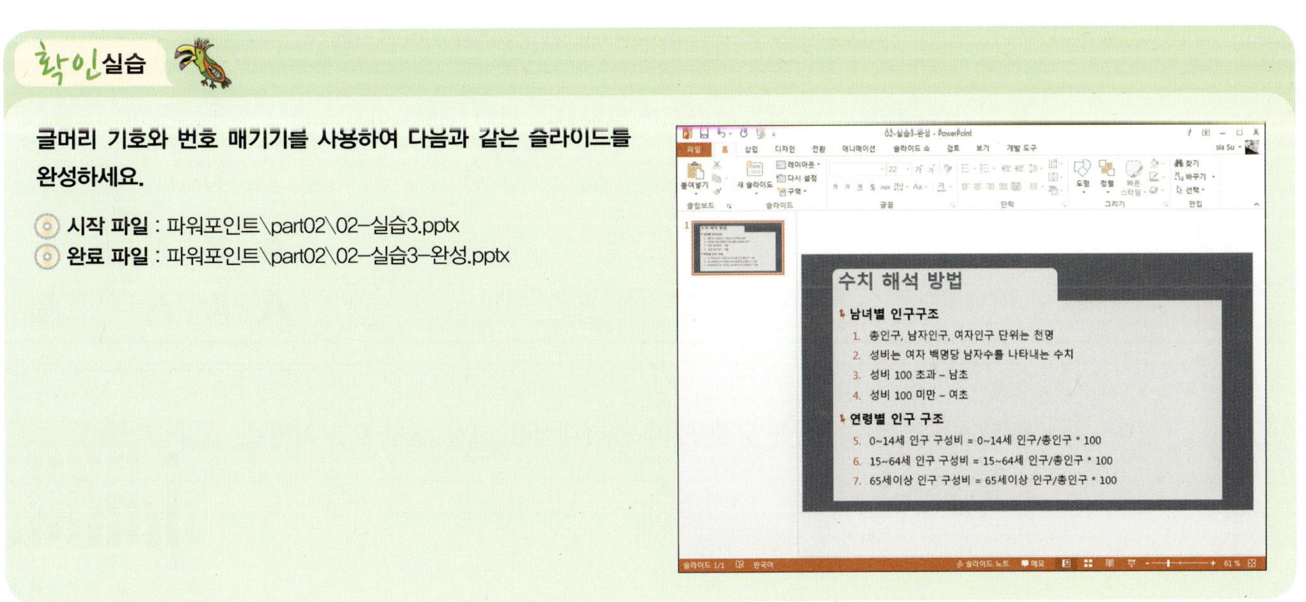

워드아트를 사용하면 텍스트에 특수 효과를 적용할 수 있습니다. 텍스트를 늘이거나 기울이고 제목을 강조하는 등의 변환 효과를 주는 워드아트로 텍스트를 꾸미는 방법을 알아보도록 합니다.

다루는 내용
- 워드아트 삽입하기
- 텍스트 효과 지정하기
- 3차원 텍스트 효과 지정하기

기능 정리 · 워드아트 스타일과 텍스트 효과 살펴보기

[삽입] 탭의 [텍스트] 그룹에서 [WordArt](가)를 클릭하여 텍스트를 워드아트로 변환할 수 있습니다. 새롭게 삽입한 워드아트나 기존의 텍스트는 [WordArt 스타일] 그룹에서 다양한 모양의 스타일과 텍스트 효과를 지정할 수 있습니다.

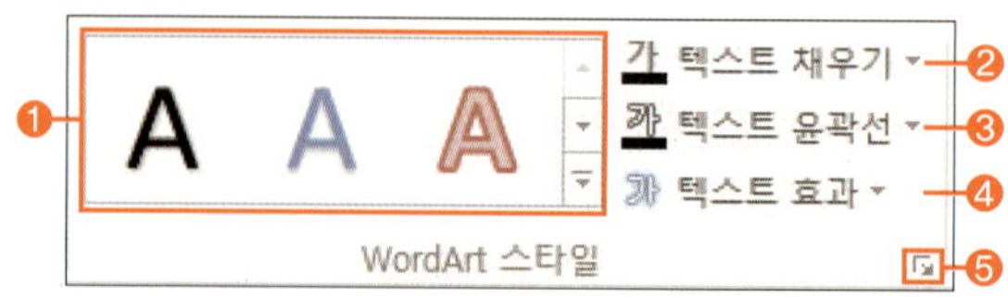

❶ 삽입한 워드아트나 기존 텍스트에 다양한 스타일의 워드아트 서식을 지정합니다.

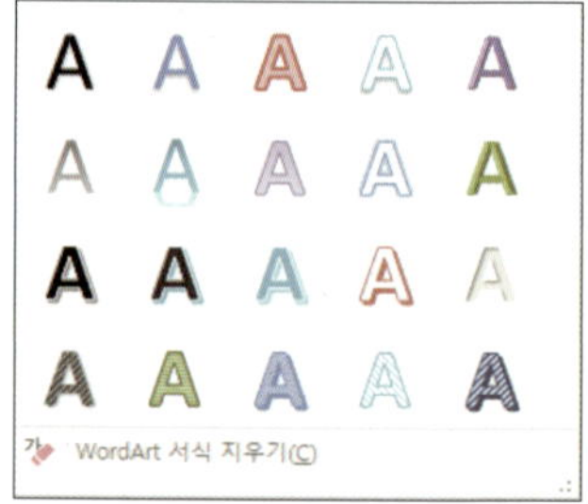

❷ 텍스트의 채우기 색을 설정하거나 그라데이션, 그림, 질감 등을 지정합니다.

❸ 텍스트 윤곽선의 색상이나 두께, 모양 등을 지정합니다.

❹ 그림자, 반사 등의 텍스트 효과를 지정하거나 기울이기, 휘기 등의 텍스트 변환 효과를 지정합니다.

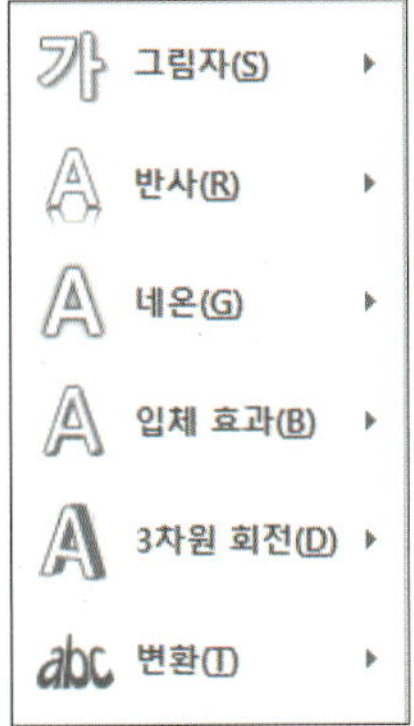

❺ 클릭하면 [도형 서식] 작업 창이 나타납니다. [도형 서식] 작업 창의 [텍스트 효과](가)를 클릭하면 워드아트의 서식을 지정할 수 있습니다.

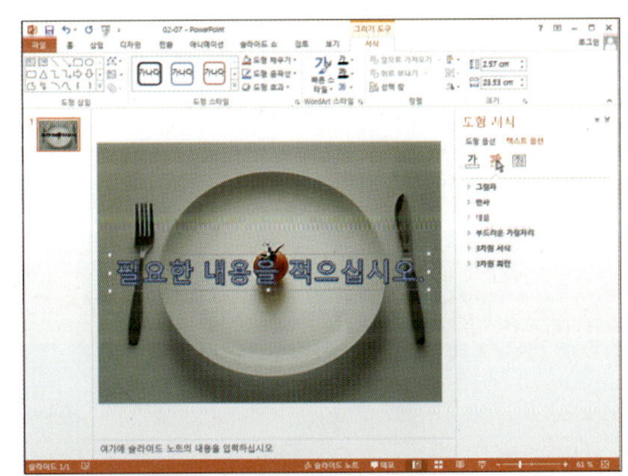

작업 창에는 리본 메뉴에 나타나지 않는 자세한 옵션이 표시됩니다. 예를 들어 텍스트에 그림자 효과를 지정할 때 리본 메뉴에서는 그림자의 방향만을 선택할 수 있지만 작업 창에서는 그림자의 투명도, 크기, 각도 등을 세밀하게 조절할 수 있습니다. [텍스트 효과]의 세부 옵션을 설정할 때 작업 창을 사용합니다.

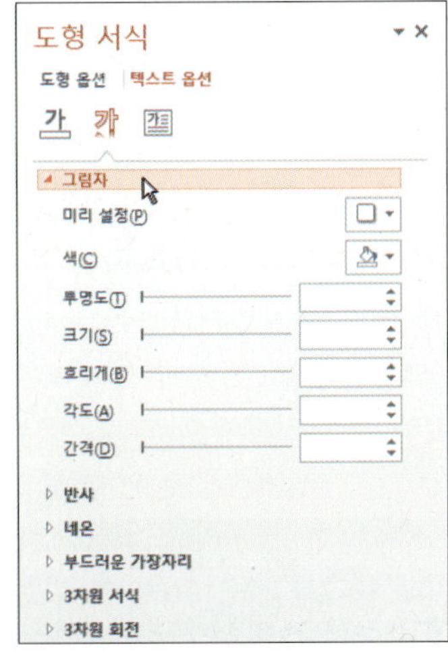

다음 중 맞는 설명에는 'O', 틀린 설명에는 'X'를 표시하세요.

1 반사, 네온 등의 텍스트 효과를 적용하면 서식을 제거할 수 없다. (   )
2 워드아트 스타일이 지정된 텍스트의 일부만 서식을 제거할 수 있다. (   )

답 : **1** ×, **2** ○

실습 과정 — 워드아트 삽입하고 텍스트 효과 지정하기

슬라이드에 워드아트를 삽입하고 다양한 텍스트 효과를 지정하는 방법에 대해 알아봅니다.

◎ **시작 파일** : 파워포인트\part02\02-07.pptx
◎ **완료 파일** : 파워포인트\part02\02-07-완성.pptx

01 워드아트 스타일 선택하기

❶[삽입] 탭의 ❷[텍스트] 그룹에서 [WordArt]()를 클릭한 후 ❸원하는 스타일을 선택합니다.

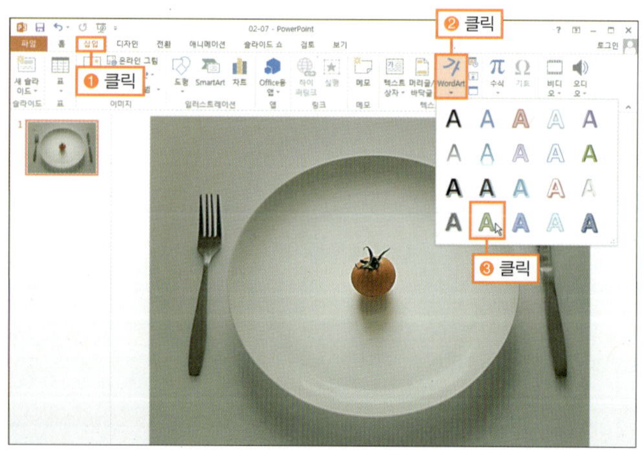

02 워드아트 텍스트 상자 확인하기

슬라이드 중앙에 선택한 스타일로 텍스트를 삽입할 수 있는 워드아트 텍스트 상자가 나타납니다.

03 워드아트 변환 선택하기

❶워드아트 텍스트 상자에 '다이어트 영양학'이라고 입력한 후 ❷[그리기 도구-서식] 탭의 [WordArt 스타일] 그룹에서 [텍스트 효과](가)를 클릭한 후 ❸[변환]의 ❹[아래쪽 원호]를 선택합니다.

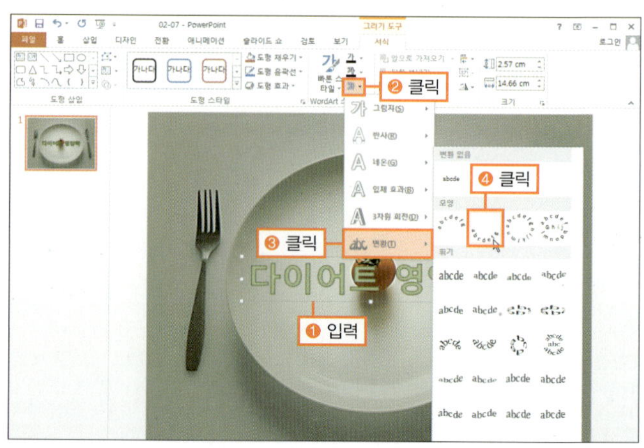

04 변환 스타일 확인하기

워드아트 텍스트가 선택한 스타일로 변경됩니다.

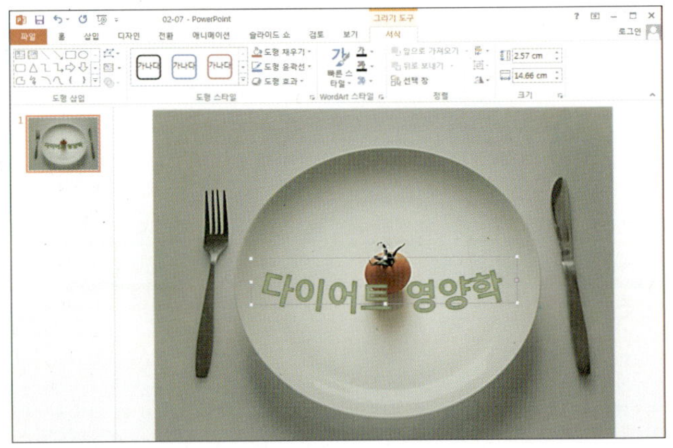

05 변환 곡률 변경하기

❶ 워드아트 텍스트 상자의 위쪽 중앙 조절점을 드래그하여 크기를 늘리면 워드아트의 모양이 좀 더 둥글게 변경됩니다.

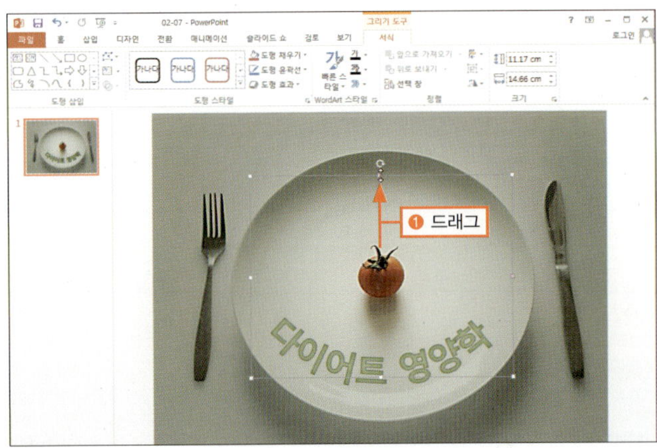

참고

워드아트를 적용하면 나타나는 분홍색 조절점을 드래그하여 모양을 변경할 수 있습니다.

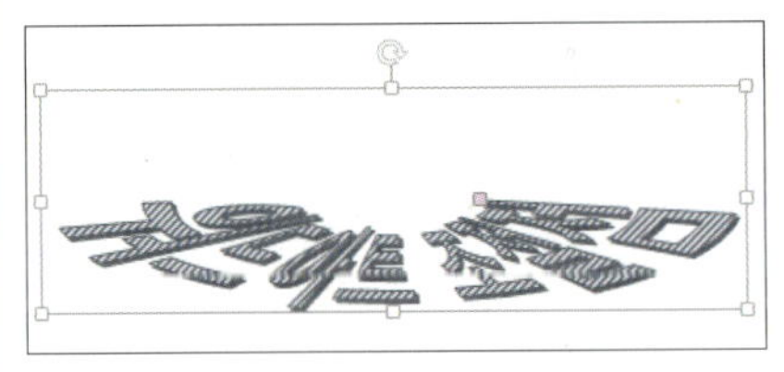
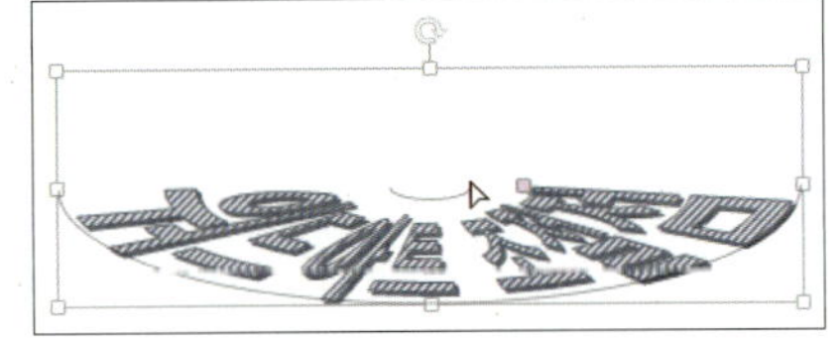
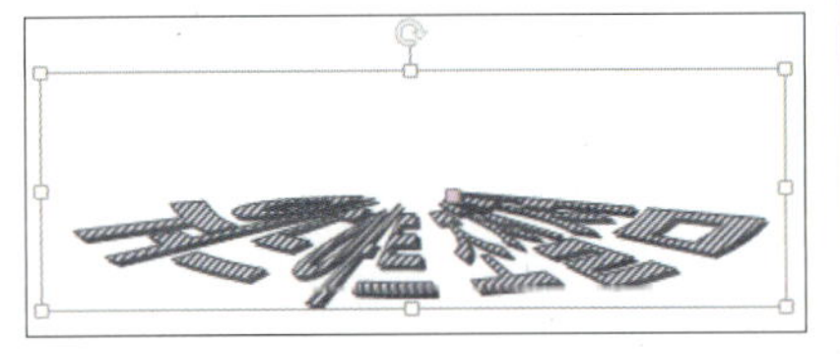

---

06 그림자 효과 선택하기

❶ [그리기 도구-서식] 탭의 [WordArt 스타일] 그룹에서 [텍스트 효과](㉮)를 클릭한 후 ❷ [그림자]의 ❸ [오프셋 위쪽]을 선택합니다.

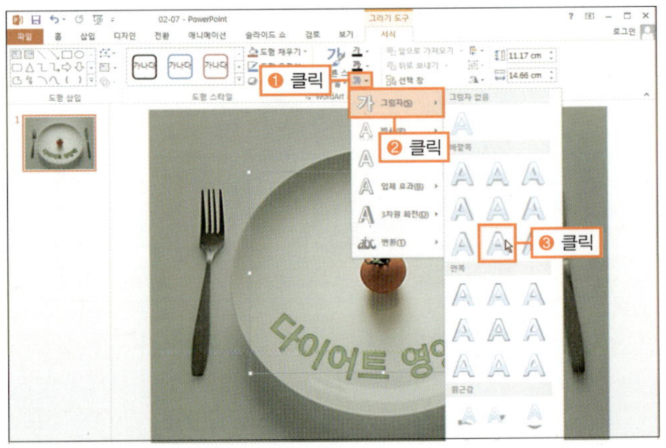

07 텍스트 윤곽선 지정하기

워드아트 텍스트에 그림자 효과가 적용됩니다. ❶ [그리기 도구-서식] 탭의 [WordArt 스타일] 그룹에서 [텍스트 윤곽선](㉮)의 목록 단추를 클릭한 후 ❷ [테마 색]을 [황록색, 강조 3, 50% 더 어둡게]로 지정합니다. ❸ [두께]는 ❹ [3pt]를 선택합니다.

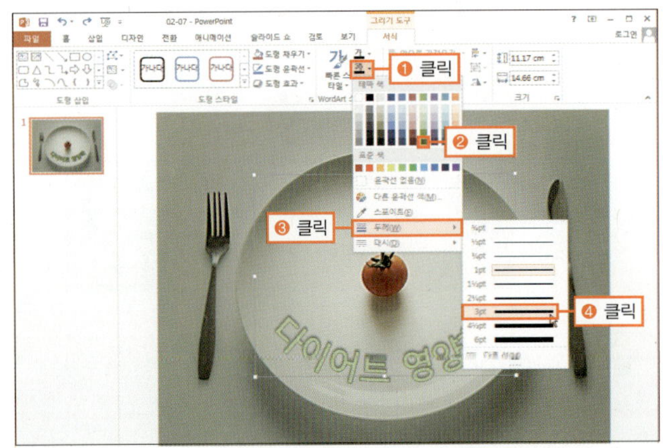

08 텍스트 서식 확인하기

텍스트의 윤곽이 선택한 색상과 두께로 변경된 것을 확인
할 수 있습니다.

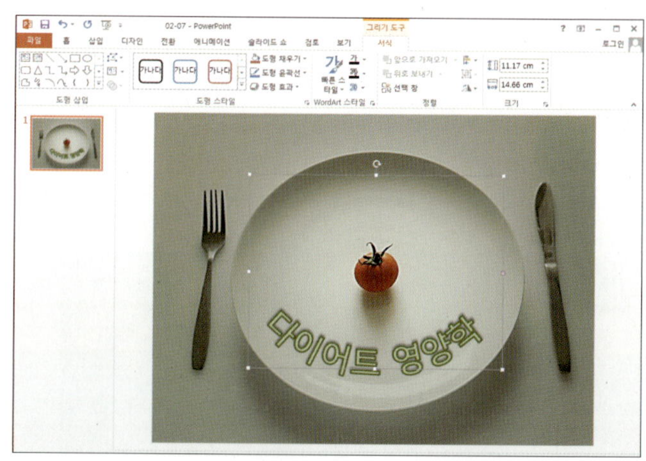

워드아트에 3차원 효과 지정하기

텍스트에 3차원 입체 효과를 지정하는 방법에 대해 알아봅니다.

- **시작 파일** : 파워포인트\part02\02-08.pptx
- **완료 파일** : 파워포인트\part02\02-08-완성.pptx

01 텍스트 삽입한 후 글꼴 색 변경하기

❶[삽입] 탭의 [텍스트] 그룹에서 [텍스트 상자](가)를 클
릭하여 다음과 같이 '균형'이라고 입력합니다. ❷[그리기
도구-서식] 탭의 [WordArt 스타일] 그룹에서 ❸[텍스트
채우기](가)의 목록 단추를 클릭한 후 ❹색상을 [진한 빨
강]으로 변경합니다.

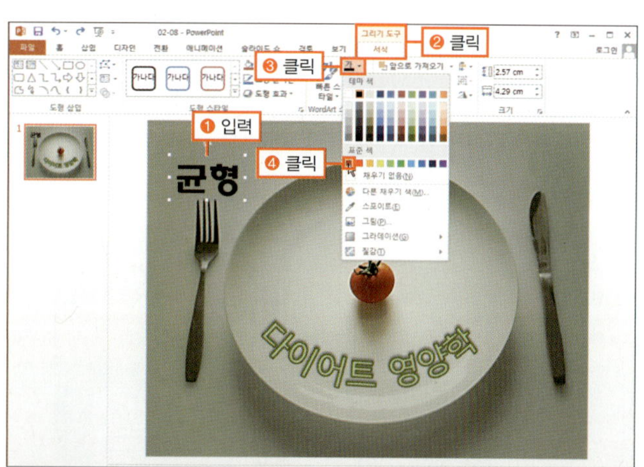

02 3차원 회전 지정하기

글꼴 색이 변경된 것을 확인한 후 ❶[그리기 도구-서식]
탭의 [WordArt 스타일] 그룹에서 [텍스트 효과](가)를 클
릭한 후 ❷[3차원 회전]-❸[축 분리 2 위로]를 선택합니다.

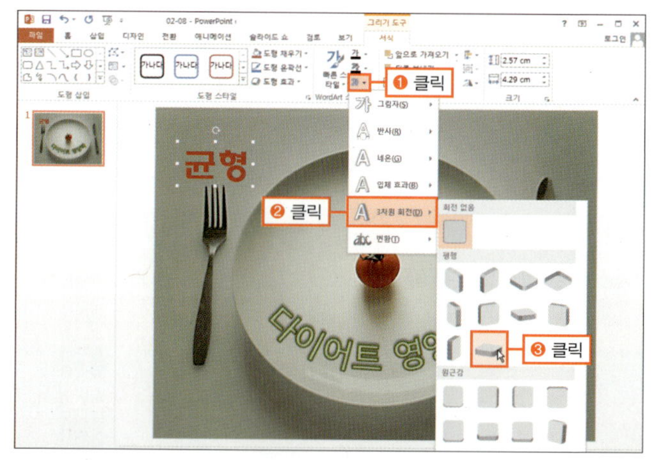

> **참고**
>
> 텍스트 상자를 삽입하여 '균형'을 입력한 후 [홈] 탭의 [글꼴] 그룹에
> 서 [글꼴]을 [HY울릉도M], [글꼴 크기]를 [54]로 지정합니다.

03 3차원 옵션 선택하기

텍스트가 3차원 회전 형태로 변경되면 다시 ❶[그리기 도구-서식] 탭의 [WordArt 스타일] 그룹에서 [텍스트 효과] (가)를 클릭한 후 ❷[입체 효과]-❸[3차원 옵션]을 선택합니다.

04 텍스트 두께 지정하기

[도형 서식] 작업 창이 나타나면 [3차원 서식]의 [위쪽 입체] 항목에서 ❶[높이]를 [20]으로 변경합니다. 텍스트에 두께가 적용되어 입체적 느낌을 줍니다.

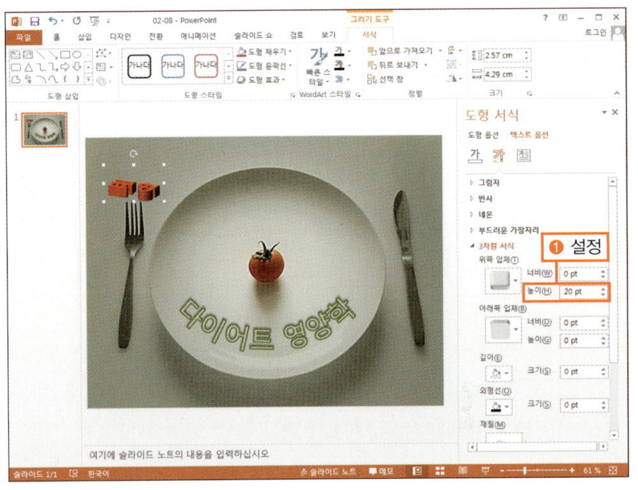

05 입체 도형 재질 지정하기

❶[도형 서식] 작업 창의 [재질]을 클릭하여 ❷[진한 가장자리]를 선택합니다.

06 회전 값 조절하기

이번에는 [도형 서식] 작업 장의 ❶[3차원 회전] 항목에서 [X], [Y], [Z] 회전 값을 다음과 같이 설정합니다. 슬라이드에서 회전 값이 소설된 텍스트를 확인할 수 있습니다.

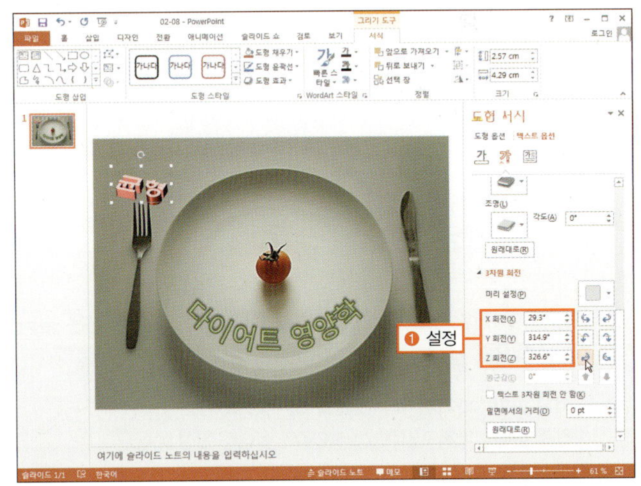

글꼴 색을 변경할 때 스포이트 도구를 사용해 특정 색상을 뽑아내어 적용할 수 있습니다. ❶[그리기 도구-서식] 탭의 [WordArt 스타일] 그룹에서 [텍스트 채우기]의 목록 단추를 클릭하고 ❷[스포이트]를 선택합니다.

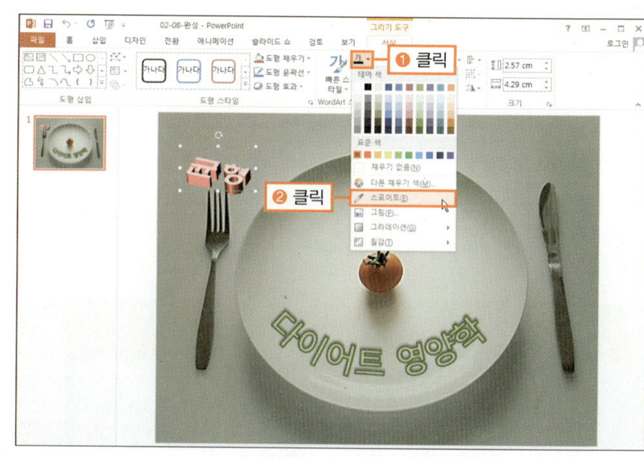

08 색상 뽑기

마우스 포인터가 스포이트 모양으로 변경되면 ❶뽑으려는 색상이 있는 개체를 클릭합니다.

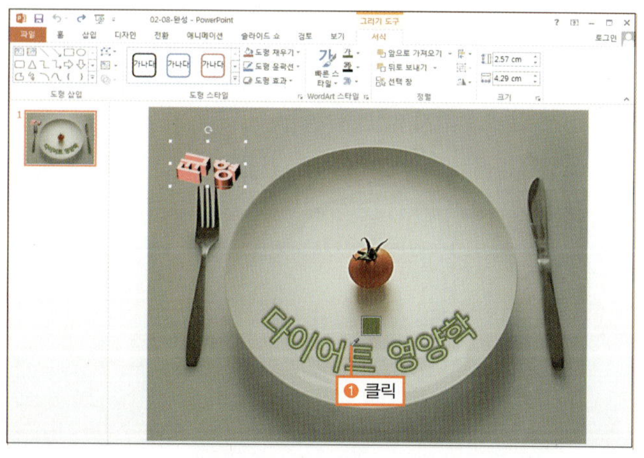

09 색상 변경 확인하기

텍스트의 색상이 스포이트 도구로 뽑아낸 색상으로 변경된 것을 확인할 수 있습니다.

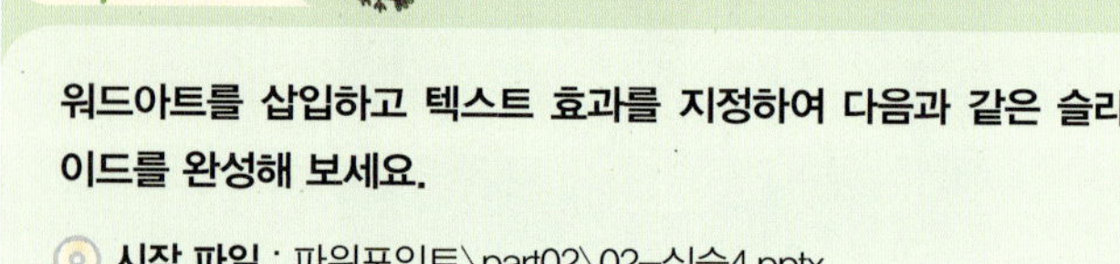

워드아트를 삽입하고 텍스트 효과를 지정하여 다음과 같은 슬라이드를 완성해 보세요.

- 시작 파일 : 파워포인트\part02\02-실습4.pptx
- 완료 파일 : 파워포인트\part02\02-실습4-완성.pptx

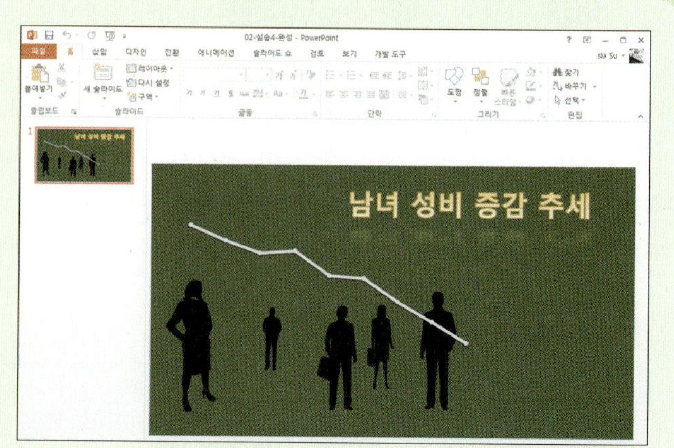

① 텍스트 서식과 단락 서식을 이용해 다음과 같은 슬라이드를 완성해 보세요.

- **시작 파일** : 파워포인트\part02\02-응용실습1.pptx
- **완료 파일** : 파워포인트\part02\02-응용실습1-완성.pptx
- **해설 파일** : 파워포인트\해설파일\02-응용실습1-해설.hwp, pdf

Before

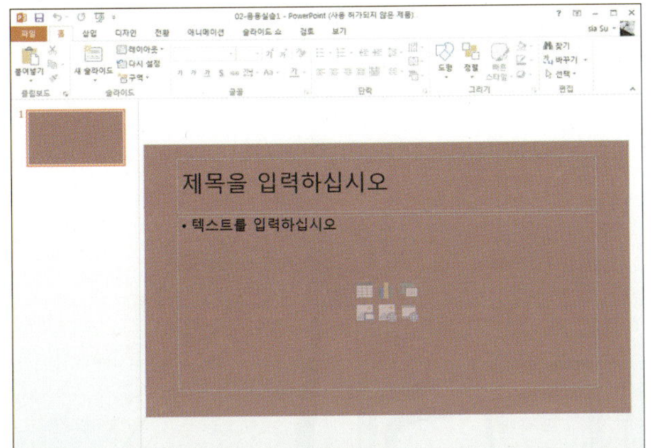

After

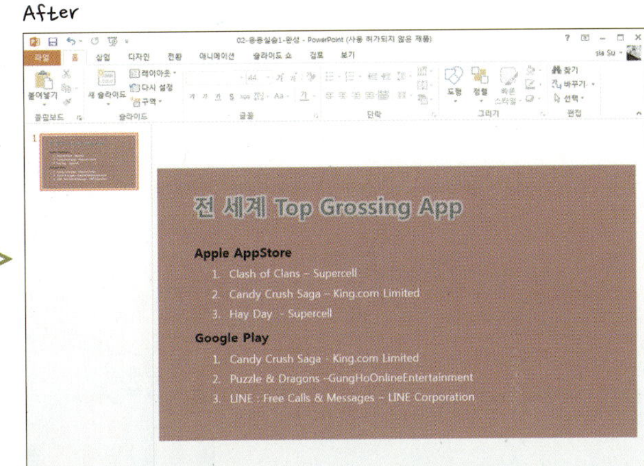

❶텍스트 입력 후 제목 텍스트에 워드아트 서식 [무늬 채우기 – 회색–50%, 강조 3, 좁은 가로선, 안쪽 그림자] 지정 ❷제목 텍스트에 [네온] 효과 지정 ❸내용 텍스트 상자 [1.5] 줄 간격 조절 ❹내용 텍스트 상자 단락 글머리 기호와 번호 매기기 지정

② 워드아트를 삽입하고 변환과 텍스트 효과를 이용해 다음과 같은 슬라이드를 완성하세요.

- **시작 파일** : 파워포인트\part02\02-응용실습2.pptx
- **완료 파일** : 파워포인트\part02\02-응용실습2-완성.pptx
- **해설 파일** : 파워포인트\해설파일\02-응용실습2-해설.hwp, pdf

Before

After

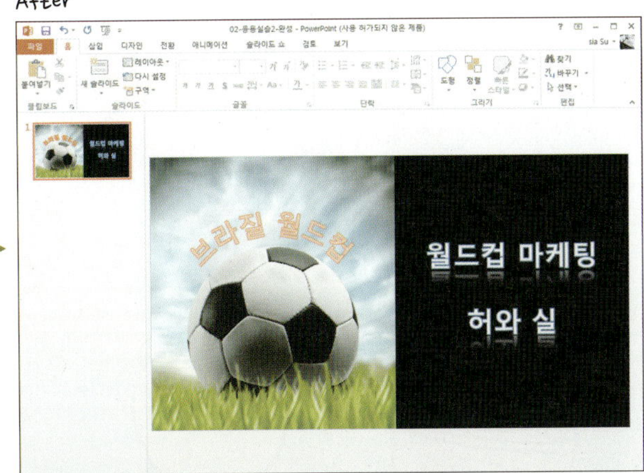

❶[채우기-주황, 강조 2, 윤곽선-강조2] 스타일의 워드아트 삽입 ❷[채우기-흰색, 윤곽선-강조 1, 네온-강조 1] 스타일의 워드아트 삽입 ❸변환 효과인 [위쪽 원호] 지정 후 크기 조절점 드래그하여 모양 조절 ❹텍스트에 반사 효과인 [근접 반사, 8pt 오프셋] 지정

3

테마와 슬라이드 마스터 활용하기

프레젠테이션은 첫 슬라이드부터 마지막 슬라이드까지 일관된 디자인과 구성으로 작업하는 것이 중요합니다. 슬라이드 마스터 지정은 프레젠테이션 문서의 틀을 만드는 작업입니다. 슬라이드 마스터 영역에서 배경과 글꼴 등을 지정하고 로고 등의 그래픽 개체를 삽입하면 전체적으로 적용되어 각 슬라이드에 서식을 일일이 지정하지 않아도 일관된 문서를 만들 수 있습니다. 슬라이드 마스터를 활용하는 방법에 대해 알아봅니다.

테마와 슬라이드 배경으로 프레젠테이션 꾸미기

프레젠테이션의 배경을 직접 디자인할 수 없다면 파워포인트에서 제공하는 테마를 사용하는 것이 좋습니다. [디자인] 탭의 테마와 [배경 서식]을 사용하여 슬라이드 배경을 지정하는 방법에 대해 알아봅니다.

배우는 내용

- 슬라이드에 테마 적용하기
- 슬라이드에 배경 지정하기
- 슬라이드 구역 지정하기

기능 정리　디자인 테마 적용 방법 살펴보기

테마는 색, 글꼴, 그래픽 등을 사용하여 일관된 프레젠테이션 양식을 제공합니다. 테마를 사용하면 프레젠테이션에 전문가 수준의 디자인을 쉽게 적용할 수 있습니다.

● 테마 적용하기

흰색 배경과 기본 글꼴로 표시되는 슬라이드에 [디자인] 탭의 [테마] 그룹에서 [자세히](▾)를 클릭하여 테마를 적용합니다.

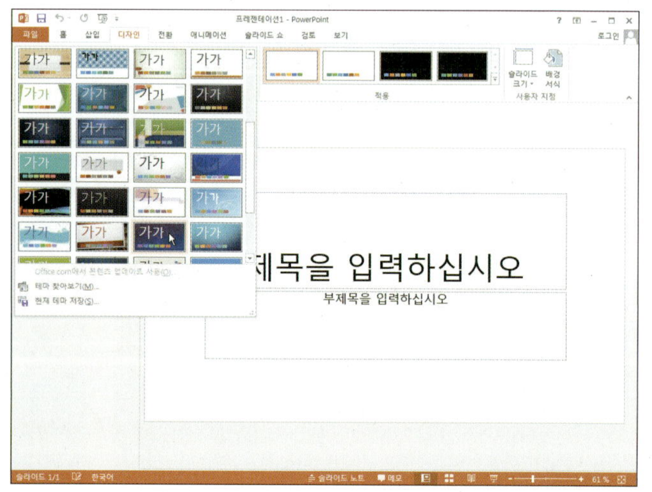

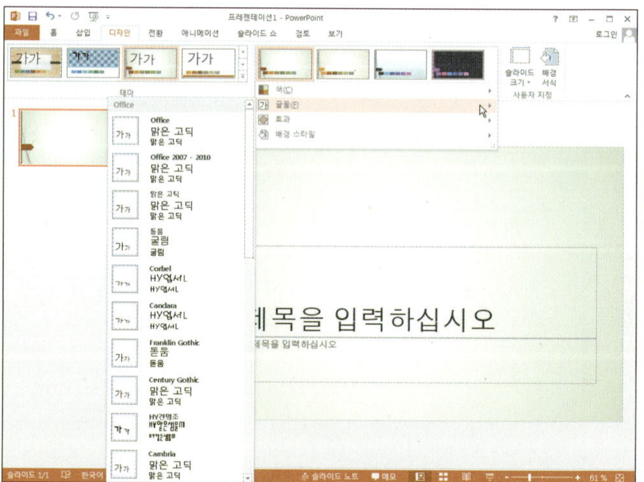

● 테마가 적용된 새 프레젠테이션 시작하기

새 프레젠테이션을 테마가 적용된 상태로 시작할 수 있습니다. [파일] 탭(파일)의 [새로 만들기]를 클릭한 후 [새로 만들기]의 테마 목록에서 적용하려는 테마를 선택하거나 온라인 테마를 검색합니다.

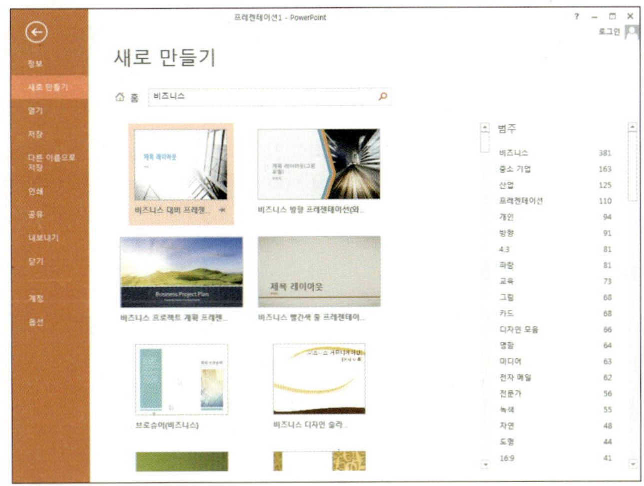

● 오피스닷컴에서 서식 파일 다운로드하기

오피스닷컴(http://office.microsoft.com/ko-kr/)에서 서식 파일을 다운로드하여 작업 중인 프레젠테이션에 적용할 수 있습니다.

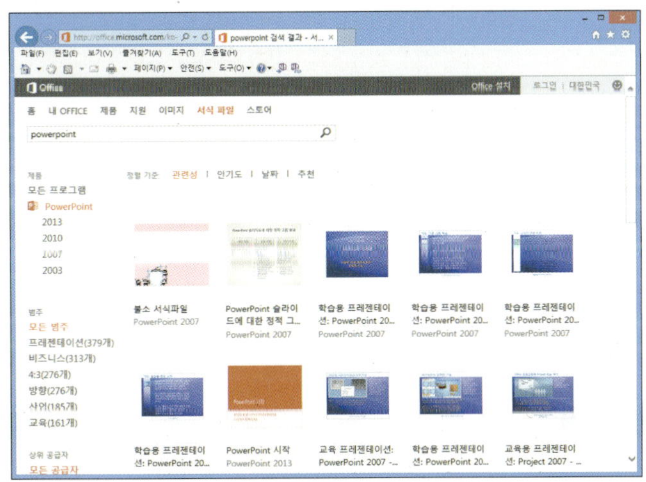

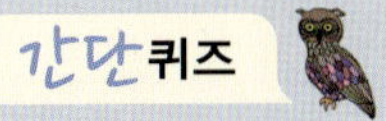

1 색, 글꼴, 그래픽을 사용하여 일관된 프레젠테이션 양식을 제공하는 디자인 요소의 집합은 무엇일까요?

① 빠른 스타일 ② 온라인 프레젠테이션 ③ 테마 ④ 슬라이드 쇼

답 : ③

슬라이드에 단색 혹은 그라데이션, 그림 파일 등을 배경으로 지정하는 방법에 대해 알아봅니다.

◎ **시작 파일** : 파워포인트\part03\03-01.pptx
◎ **완료 파일** : 파워포인트\part03\03-01-완성.pptx

01 배경 선택하기

기본적으로 제공되는 슬라이드 배경을 적용하기 위해 ❶ [디자인] 탭의 [적용] 그룹에서 [자세히](▾)를 클릭한 후 ❷ [배경 스타일]의 ❸ [스타일 9]를 선택합니다.

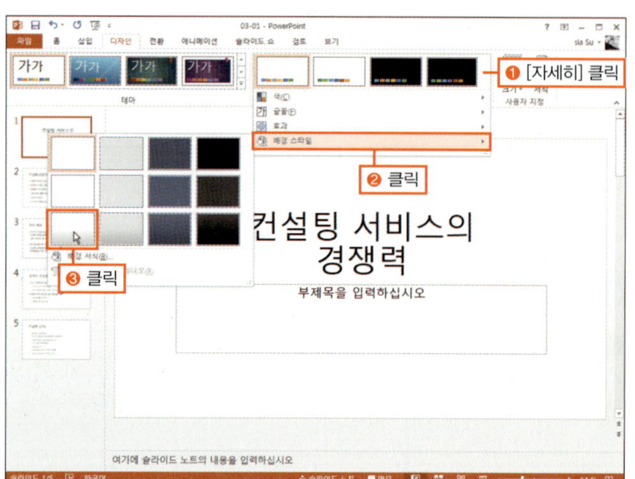

02 배경 적용 확인하기

전체 슬라이드에 선택한 배경 스타일이 적용된 것을 확인할 수 있습니다.

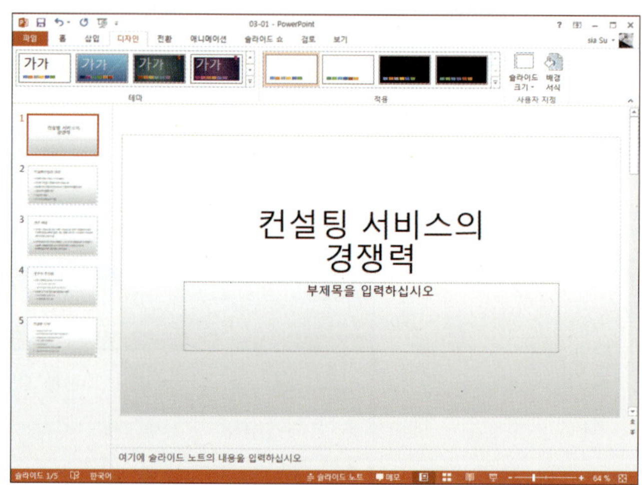

참고 • 선택한 슬라이드에만 배경색 지정하기

[배경 스타일] 목록에서 배경색을 선택하고 마우스 오른쪽 단추를 클릭한 후 [선택한 슬라이드에 적용]을 선택하면 선택한 슬라이드에만 배경색을 적용할 수 있습니다.

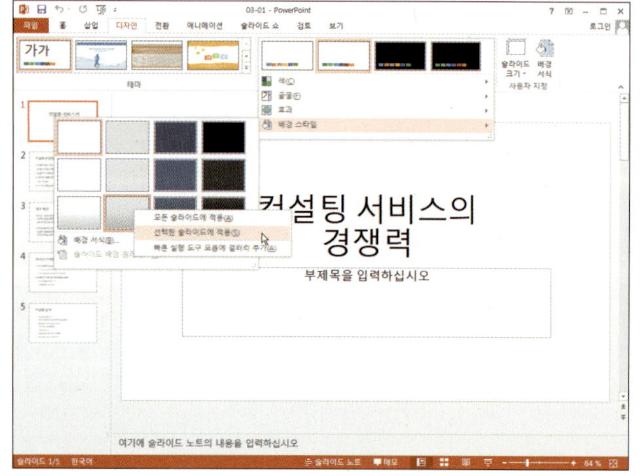

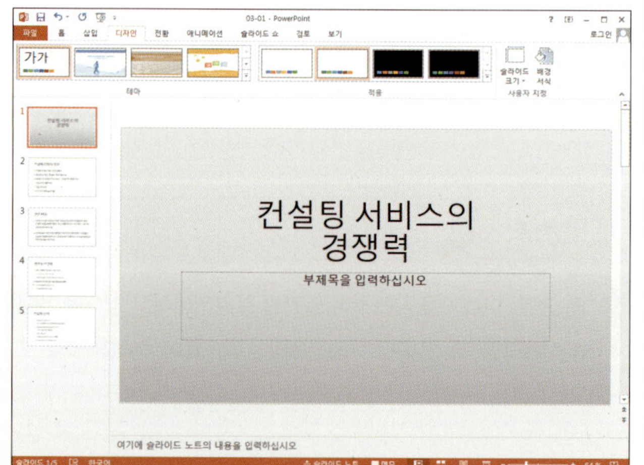

03 배경 서식 작업 창 표시하기

[디자인] 탭의 [사용자 지정] 그룹에서 ❶[배경 서식]을 클릭하면 [배경 서식] 작업 창이 나타납니다. 그림 파일 을 슬라이드 배경으로 지정할 때는 ❷[채우기] 항목에서 [그림 또는 질감 채우기]를 선택한 후 ❸[파일]을 클릭합 니다.

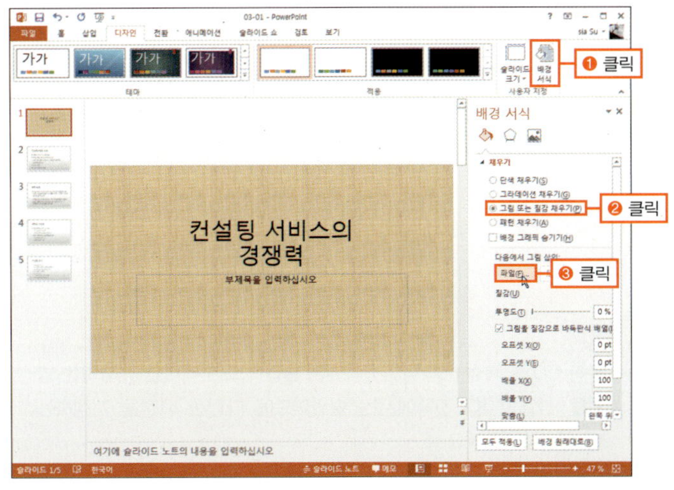

참고 • [배경 서식] 작업 창 표시하기

슬라이드의 배경에서 마우스 오른쪽 단추를 클릭하고 바로 가기 메뉴 의 [배경 서식]을 선택해도 [배경 서식] 작업 창을 화면에 표시할 수 있 습니다.

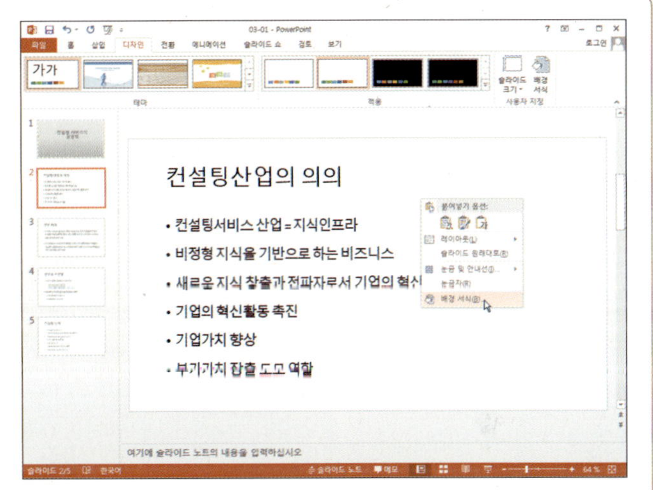

---

04 그림 선택하기

[그림 삽입] 대화상자가 나타나면 ❶'배경1.jpg' 파일을 선 택한 후 ❷[삽입]을 클릭합니다.

05 슬라이드 배경 그림 확인하기

선택한 그림 파일이 슬라이드 배경으로 적용된 것을 확인
할 수 있습니다. [배경 서식] 작업 창의 [모두 적용]을 클릭
하면 전체 슬라이드에 동일한 배경 그림이 적용됩니다.

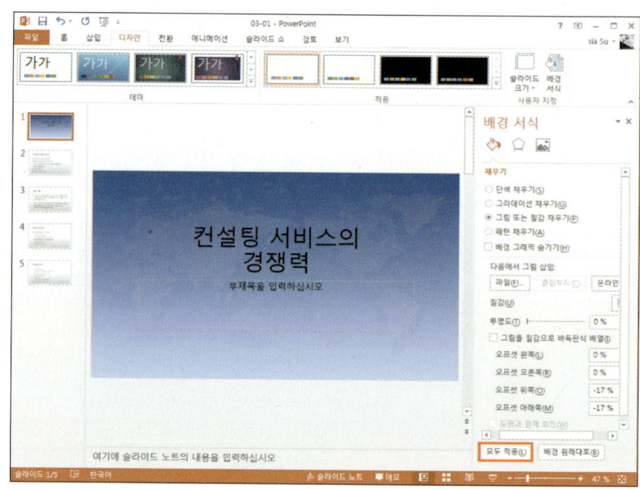

 **참고**

부록 CD의 '특집.pdf' 파일 8쪽에서 슬라이드에 테마를 적용하는 방
법을 참고합니다. 9쪽에서는 슬라이드에 다양한 배경을 지정하는
방법을 참고하세요.

확인실습

새 프레젠테이션을 시작할 때 온라인 서식을 '비즈니스'로 검색하
여 시작해 보세요.

◎ **완료 파일** : 파워포인트\part03\03-실습1-완성.pptx

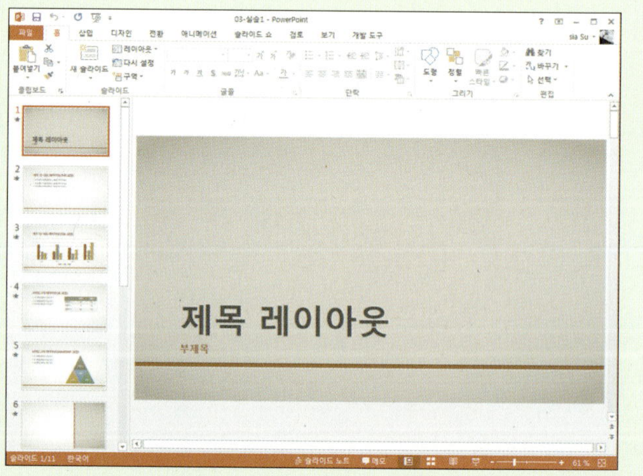

PART 03.
테마와 슬라이드 마스터 활용하기

슬라이드에 구역 지정하기

폴더를 만들어 파일을 구분하는 것처럼 구역을 사용하여 슬라이드를 의미 있는 그룹으로 분류할 수 있습니다. 구역을 나누고 구역마다 테마를 다르게 적용하는 방법을 알아봅니다.

◉ **시작 파일** : 파워포인트\part03\09-02.pptx

1 구역 추가하기

❶슬라이드 6을 선택하고 ❷[홈] 탭의 [슬라이드] 그룹에서 [구역]([구역])을 클릭한 후 ❸[구역 추가]를 선택합니다.

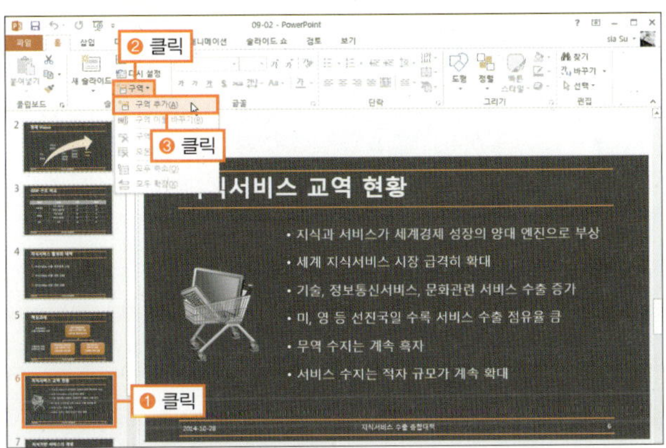

2 구역 추가 확인하기

슬라이드 1~5와 슬라이드 6~9가 [기본 구역]과 [제목 없는 구역]으로 나뉜 것을 확인할 수 있습니다.

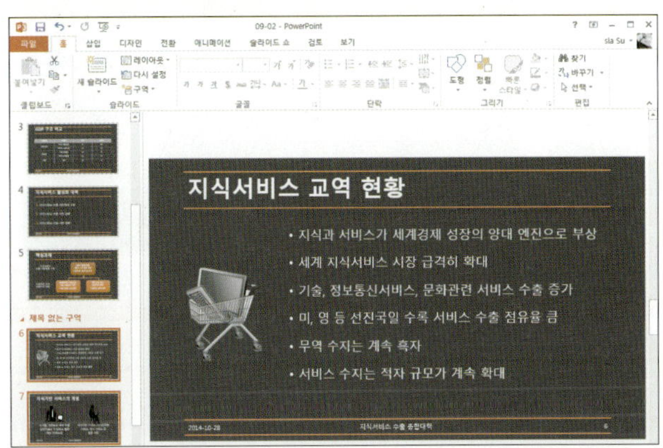

3 구역 이름 변경하기

[제목 없는 구역]이라고 지정된 구역 이름을 다른 이름으로 변경할 때는 ❶구역의 이름을 클릭하여 클릭한 구역의 슬라이드를 모두 선택하고 ❷[홈] 탭의 [슬라이드] 그룹에서 [구역]([구역])을 클릭한 후 ❸[구역 이름 바꾸기]를 선택합니다.

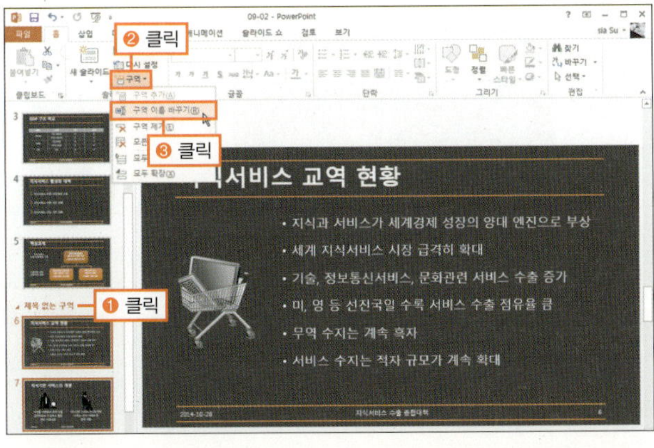

4 구역 이름 변경하기

[구역 이름 바꾸기] 대화상자가 나타나면 ❶구역 이름을 입력한 후 ❷[이름 바꾸기]를 클릭합니다.

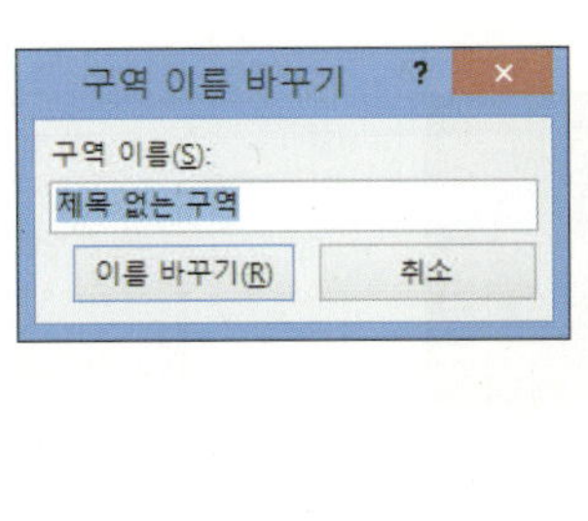
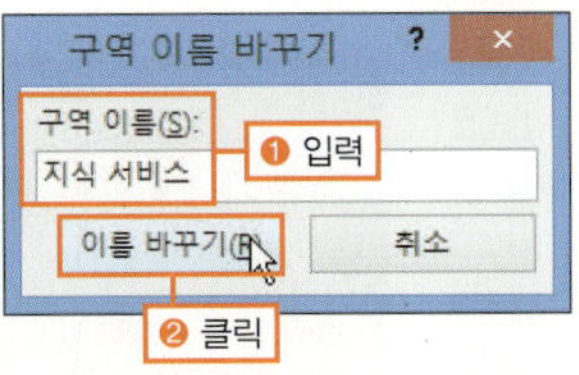

참고

슬라이드 축소판 영역의 [구역 이름]에서 마우스 오른쪽 단추를 클릭한 후 바로 가기 메뉴의 [구역 이름 바꾸기]를 선택해도 구역의 이름을 변경할 수 있습니다.

5 구역 이름 변경 확인하기

구역 이름이 변경된 것을 확인합니다.

6 구역에 다른 슬라이드 배경색 지정하기

구역을 나누면 구역마다 슬라이드 배경이나 테마를 다르게 지정해 구분할 수 있습니다. ❶새롭게 추가한 구역의 이름을 클릭하여 선택한 후 ❷[디자인] 탭의 ❸[사용자 지정] 그룹에서 [배경 서식](圖)을 클릭합니다.

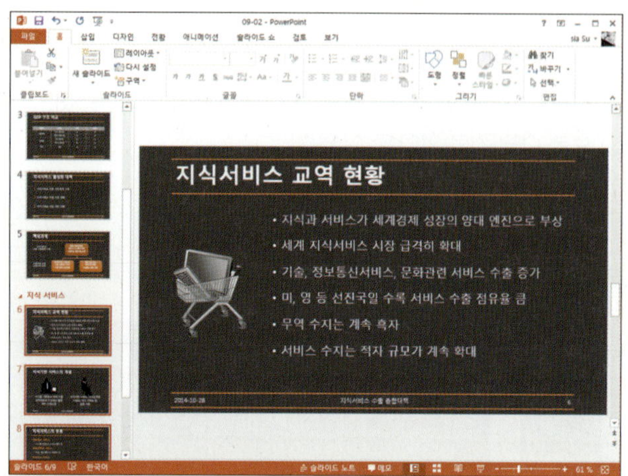

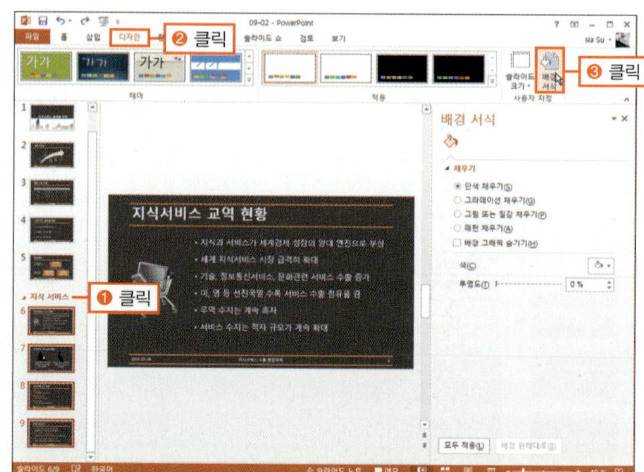

7 배경색 바꾸기

[배경 서식] 작업 창의 [채우기] 항목의 [단색 채우기]에서 ❶[색]을 클릭하여 ❷색상 표에서 변경할 색상을 선택합니다.

8 구역 배경색 확인하기

선택한 구역의 슬라이드 배경색이 변경된 것을 확인할 수 있습니다. 구역마다 다른 배경색, 테마 등을 지정할 수 있습니다.

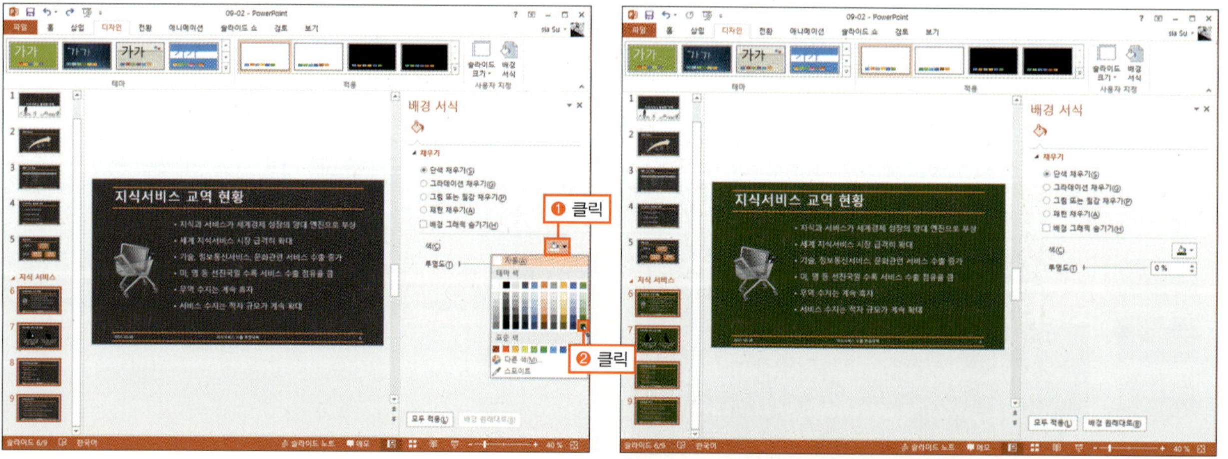

슬라이드 마스터 편집하기

슬라이드 마스터의 개념을 알아본 후 슬라이드 마스터 편집 화면에서 슬라이드 배경과 개체 틀에 서식을 지정하는 방법에 대해 살펴보도록 합니다.

다음은 내용

- 슬라이드 마스터 이해하기
- 슬라이드 마스터 적용하기
- 머리글/바닥글 삽입하기

기능 정리 — 슬라이드 마스터 이해하기

슬라이드 마스터는 슬라이드 배경, 색, 글꼴, 효과, 개체 틀의 위치 및 크기를 포함한 슬라이드 레이아웃과 테마의 모든 정보를 저장하고 있는 최상위의 슬라이드를 의미합니다. 슬라이드 마스터를 사용자 임의대로 지정하면 나중에 프레젠테이션의 모든 슬라이드에 스타일을 일괄적으로 적용할 수 있습니다.

● 슬라이드 마스터 살펴보기

슬라이드 마스터는 많은 슬라이드로 구성된 긴 프레젠테이션에서 편리하게 사용할 수 있습니다. 슬라이드 마스터 편집 화면은 [보기] 탭의 [마스터 보기] 그룹에서 [슬라이드 마스터](■)를 클릭하여 실행합니다.

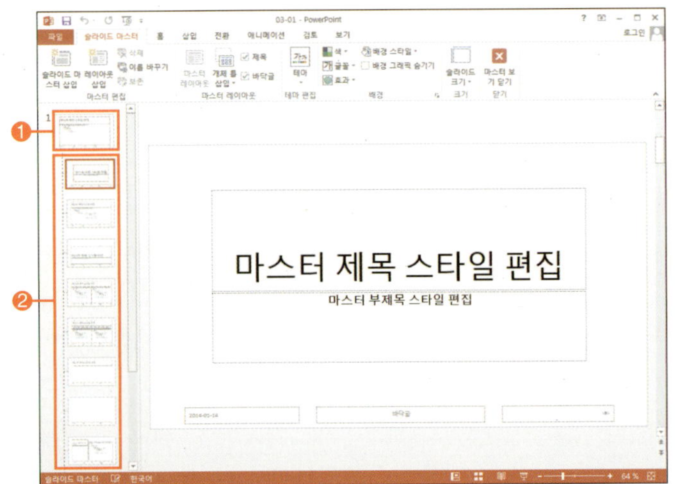

❶ **슬라이드 마스터 보기의 슬라이드 마스터(Office 테마 슬라이드 마스터)** : 슬라이드 마스터에 서식을 설정하면 나머지 슬라이드 레이아웃에 동일한 서식이 지정됩니다.

❷ **슬라이드 마스터와 연결된 슬라이드 레이아웃** : 슬라이드 마스터에 연결된 여러 종류의 슬라이드 레이아웃입니다. 각각의 슬라이드 레이아웃을 선택하고 서식을 지정하면 해당 레이아웃에만 서식을 지정할 수 있습니다.

● 서식 파일로 저장하기

슬라이드 마스터 기능으로 서식을 지정한 프레젠테이션 문서를 별도의 서식 파일로 저장하면 언제든 새 프레젠테이션에 저장한 서식 파일을 적용할 수 있습니다.

• 서식 파일 저장하기

슬라이드 마스터로 서식을 지정한 프레젠테이션 파일을 열고 슬라이드 축소판 영역에서 슬라이드를 모두 선택한 후 Delete를 눌러 슬라이드 내용을 모두 삭제합니다. [파일] 탭(파일)을 클릭한 후 [다른 이름으로 저장]을 선택합니다. [다른 이름으로 저장] 대화상자가 나타나면 [파일 형식]을 'PowerPoint 서식 파일'로 지정합니다. 저장 폴더가 [사용자 지정 Office 서식 파일] 폴더로 자동 변경되면 파일 이름을 입력한 후 [저장]을 클릭합니다.

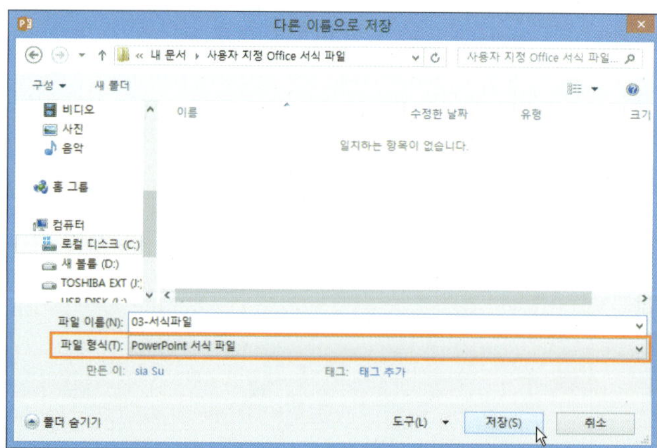

• 서식 파일 적용하기

새 프레젠테이션을 열고 [디자인] 탭의 [테마] 그룹에서 [자세히](⬇)를 클릭한 후 [테마 찾아보기]를 선택합니다. [사용자 지정 Office 서식 파일] 폴더에서 저장한 서식 파일을 선택한 후 [적용]을 클릭하면 저장해 둔 서식 파일을 새 프레젠테이션에 적용할 수 있습니다.

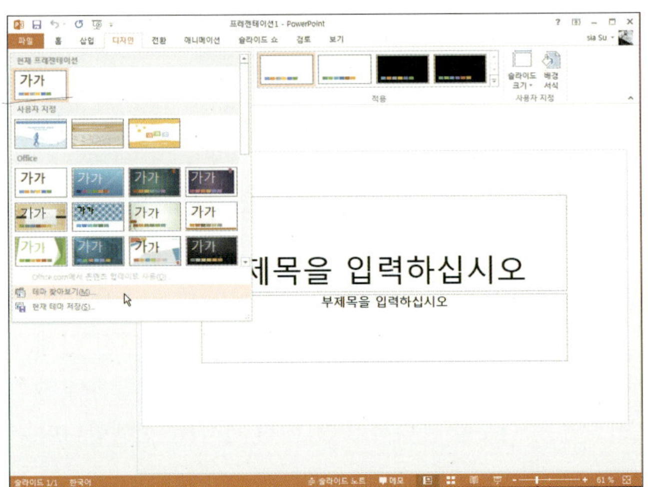
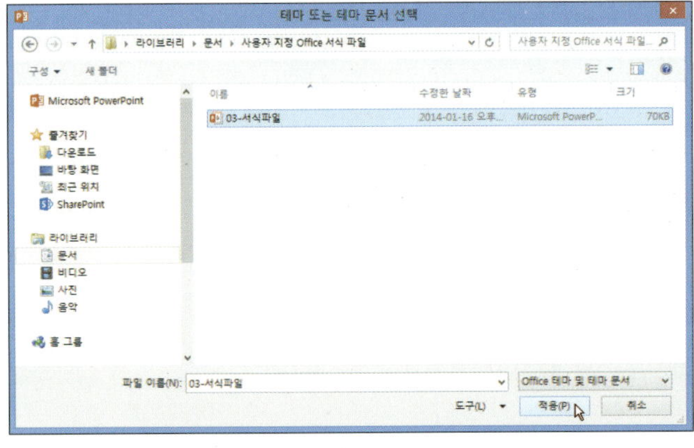

---

1 '프레젠테이션 전체에 일관된 디자인과 형식을 적용하기 위해 미리 만들어 둔 틀'은 다음 중 어떤 기능을 설명한 것일까요?

① 슬라이드 쇼   ② 슬라이드 배경   ③ 슬라이드 마스터   ④ 슬라이드 레이아웃

답 : ③

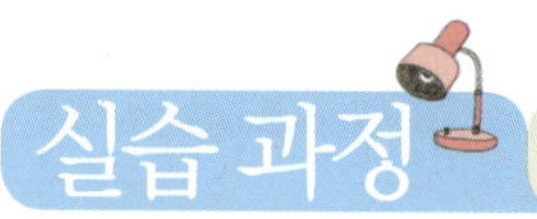

슬라이드 마스터 적용하기

기본 배경이 적용된 프레젠테이션 파일을 열고 슬라이드 마스터를 적용해 봅니다.

◉ **시작 파일** : 파워포인트\part03\03-02.pptx

01 슬라이드 마스터 선택하기

❶[보기] 탭의 ❷[마스터 보기] 그룹에서 [슬라이드 마스터](▭)를 클릭합니다.

02 [배경 서식] 선택하기

파워포인트 화면 보기 상태가 슬라이드 마스터 보기 화면으로 바뀌면 [제목 슬라이드 레이아웃]이 선택된 상태로 나타납니다. ❶[제목 슬라이드 레이아웃]의 배경에서 마우스 오른쪽 단추를 클릭하고 ❷[배경 서식]을 선택합니다.

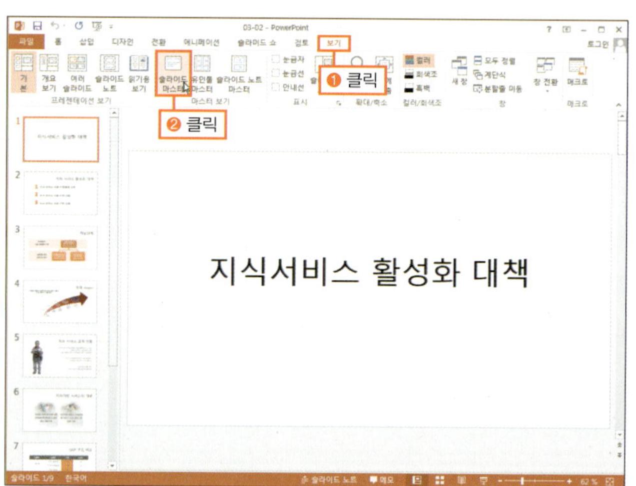

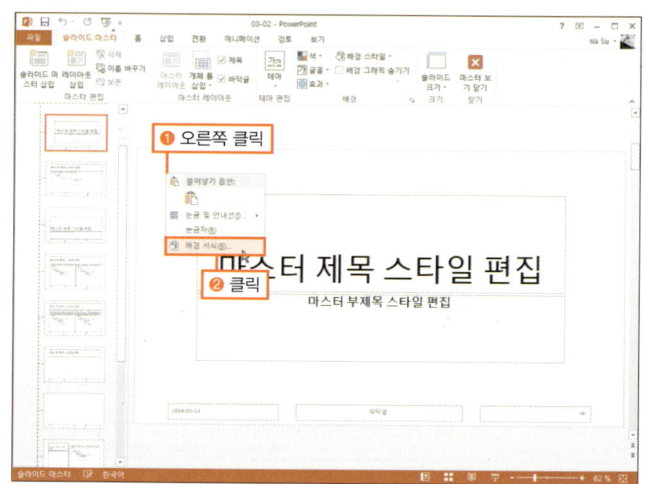

03 [배경 그림] 선택하기

[배경 서식] 작업 창이 나타나면 ❶[채우기] 항목의 [그림 또는 질감 채우기]를 선택한 후 ❷[파일]을 클릭합니다. [그림 삽입] 대화상자가 나타나면 ❸'배경2.jpg' 파일을 선택한 후 ❹[삽입]을 클릭합니다.

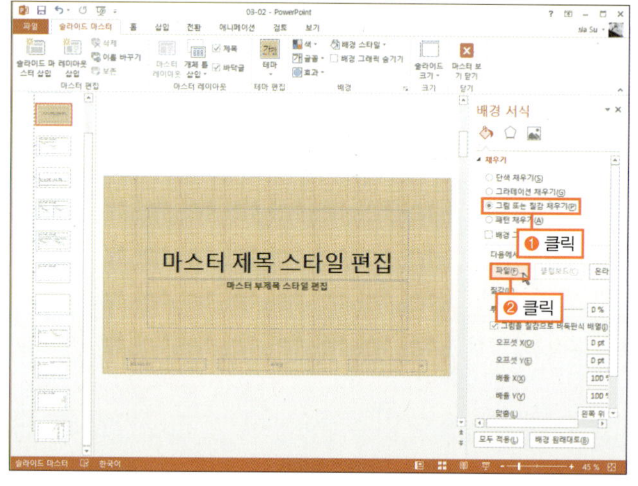

04 슬라이드 배경 확인하기

[제목 슬라이드 레이아웃]에 선택한 배경 이미지가 적용된 것을 확인할 수 있습니다.

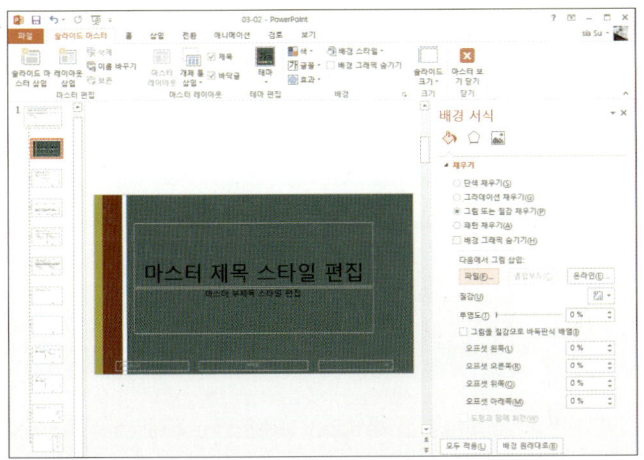

05 오피스 테마 배경 지정하기

❶[Office 테마 슬라이드 마스터]를 선택하고 ❷[배경 서식] 작업 창의 [채우기] 항목에서 [그라데이션 채우기]를 클릭합니다. ❸[그라데이션 미리 설정]을 클릭한 후 ❹[아래쪽 스포트라이트 – 강조 3]을 선택합니다.

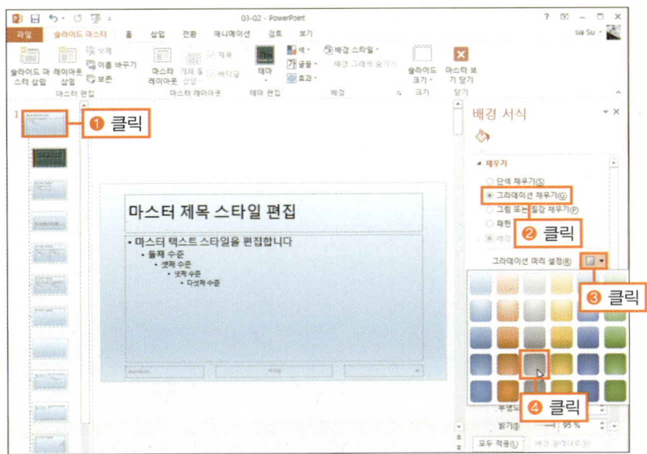

> **참고**
>
> [Office 테마 슬라이드 마스터] 레이아웃을 선택한 상태에서 서식을 지정하면 모든 슬라이드에 똑같은 서식이 적용되므로 특정 레이아웃의 마스터만 서식을 지정하고 싶을 때는 해당 레이아웃을 선택한 후 서식을 지정합니다.

실습 과정 ─ 슬라이드 마스터와 레이아웃 영역 편집하기

슬라이드 배경을 지정한 슬라이드 마스터 레이아웃의 각 영역을 편집하는 방법에 대해 알아봅니다.

시작 파일 : 파워포인트\part03\03-02.pptx

01 제목 텍스트 상자 서식 변경하기

앞서 [Office 테마 슬라이드 마스터]에서 지정한 그라데이션 색상이 [제목 슬라이드 레이아웃]을 제외한 모든 슬라이드 마스터 레이아웃에 적용된 것을 확인합니다. ❶[Office 테마 슬라이드 마스터]의 제목 텍스트 상자를 선택하고 ❷글꼴 크기와 서식을 다음과 같이 지정합니다.

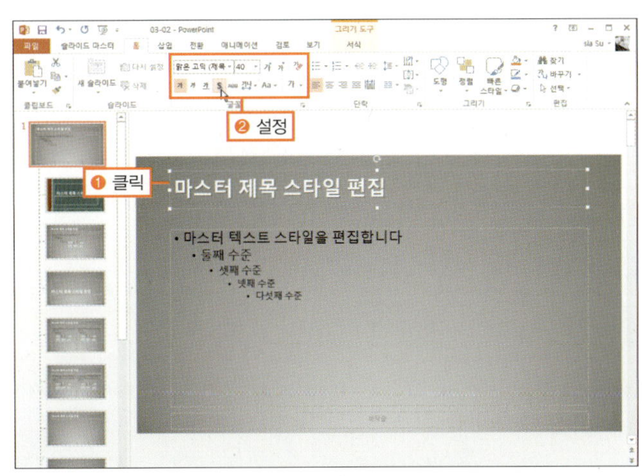

> **참고** 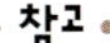
>
> 제목 텍스트 상자의 크기를 줄인 후 [글꼴 크기]는 [40], [글꼴 색]은 [흰색, 배경 1], [굵게], [텍스트 그림자] 효과를 지정합니다.

02 내용 텍스트 상자 서식 변경하기

❶이번에는 내용 텍스트 상자를 선택하고 ❷[글꼴 색]을 [흰색, 배경 1]로 변경합니다. ❸[홈] 탭의 [단락] 그룹에서 [줄 간격]($\boxed{\vdots}$)을 클릭한 후 ❹[1.5]를 선택합니다.

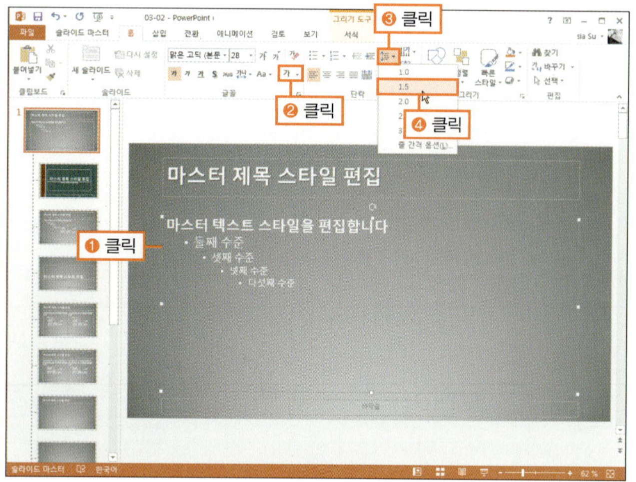

03 서식 변경 확인하기

[Office 테마 슬라이드 마스터] 영역의 내용 텍스트 상자의 글꼴 색과 단락 서식이 변경된 것을 확인할 수 있습니다.

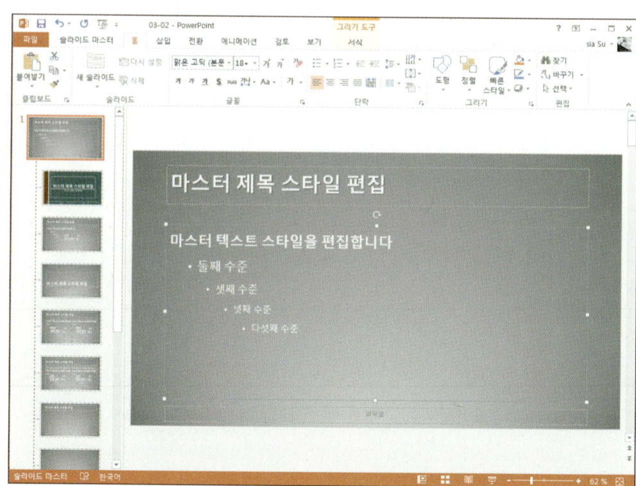

> **참고**
>
> [Office 테마 슬라이드 마스터]를 선택하고 개체 틀의 서식을 변경하면 연결된 슬라이드 레이아웃의 서식이 모두 동일하게 변경됩니다. 특정 슬라이드 레이아웃에 원하는 효과를 적용할 때는 개별적으로 슬라이드 레이아웃을 선택하면 됩니다.

04 제목 슬라이드 마스터 서식 확인하기

❶[제목 슬라이드 레이아웃]을 선택합니다. 제목 텍스트 상자와 부제목 텍스트 상자의 글꼴 서식도 [Office 테마 슬라이드 마스터] 서식과 동일하게 변경된 것을 확인할 수 있습니다.

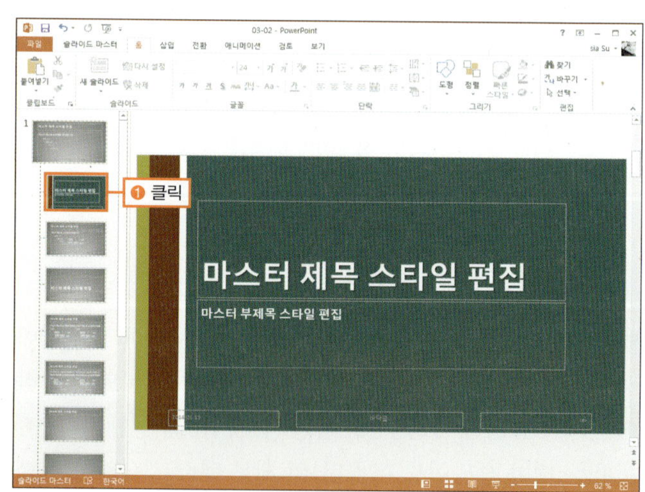

실습 과정 머리글/바닥글 삽입하기

슬라이드 마스터 화면에서 프레젠테이션의 머리글/바닥글을 삽입하는 방법에 대해 알아봅니다.

시작 파일 : 파워포인트\part03\03-02.pptx
완료 파일 : 파워포인트\part03\03-02-완성.pptx

01 머리글/바닥글 선택하기

❶[Office 테마 슬라이드 마스터]를 선택한 후 ❷[삽입] 탭의 ❸[텍스트] 그룹에서 [머리글/바닥글]( )을 클릭합니다.

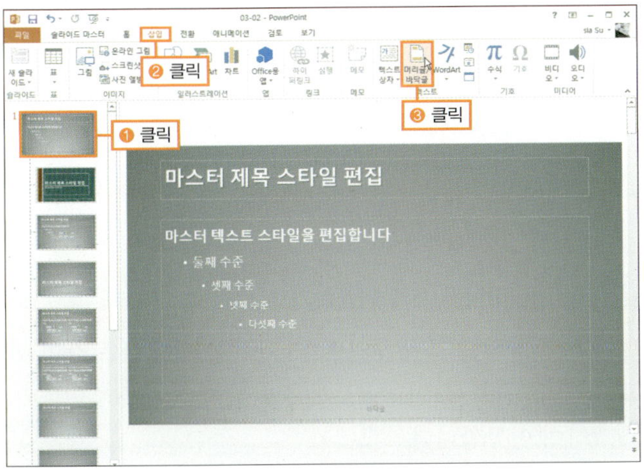

02 머리글/바닥글 입력하기

[머리글/바닥글] 대화상자가 나타나면 다음과 같이 ❶[날짜 및 시간], [슬라이드 번호], [바닥글] 등을 지정한 후 ❷[모두 적용]을 클릭합니다.

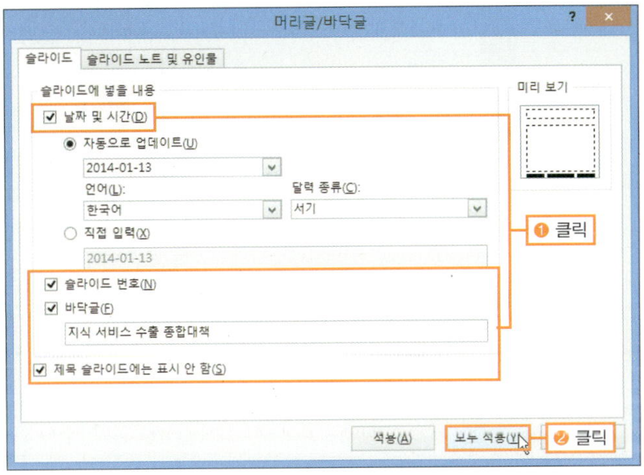

참고
[제목 슬라이드에는 표시 안 함]을 선택하면 제목 슬라이드에는 바닥글과 슬라이드 번호, 날짜를 표시하지 않습니다.

03 머리글/바닥글 확인하기

슬라이드의 [머리글/바닥글] 영역에 지정한 내용이 표시되는 것을 확인한 후 ❶머리글과 바닥글 개체를 모두 선택합니다.

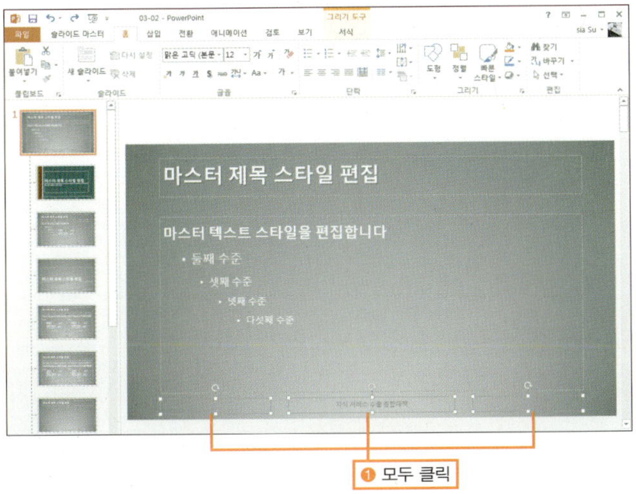

04 머리글/바닥글 서식 변경하기

❶[홈] 탭의 [글꼴] 그룹에서 [글꼴 색]( )을 [흰색, 배경 1]로 변경하고 ❷[글꼴 크기 크게]( )를 클릭하여 [16pt]로 변경합니다.

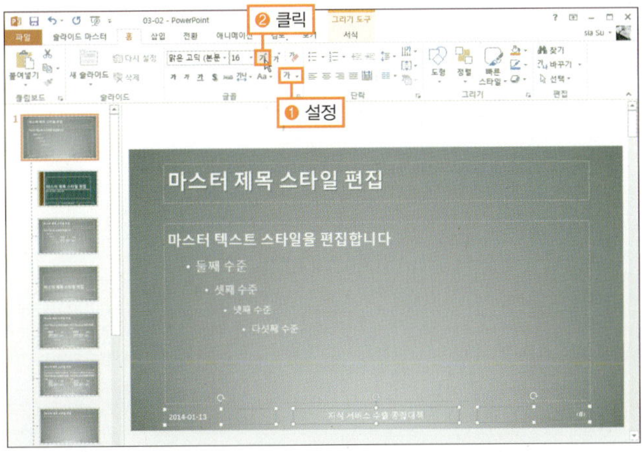

❶[삽입] 탭의 ❷[일러스트레이션] 그룹에서 [도형](▧)을 클릭한 후 ❸[오각형]을 선택합니다.

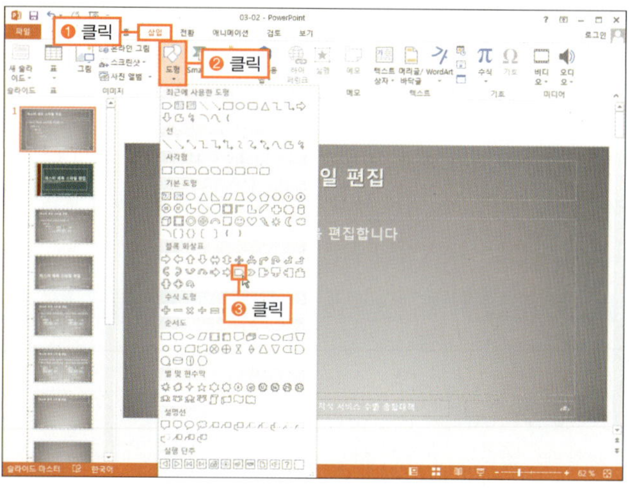

06 도형 회전하기

❶[그리기 도구-서식] 탭의 [정렬] 그룹에서 ❷[개체 회전]을 클릭하고 ❸[좌우 대칭]을 선택합니다.

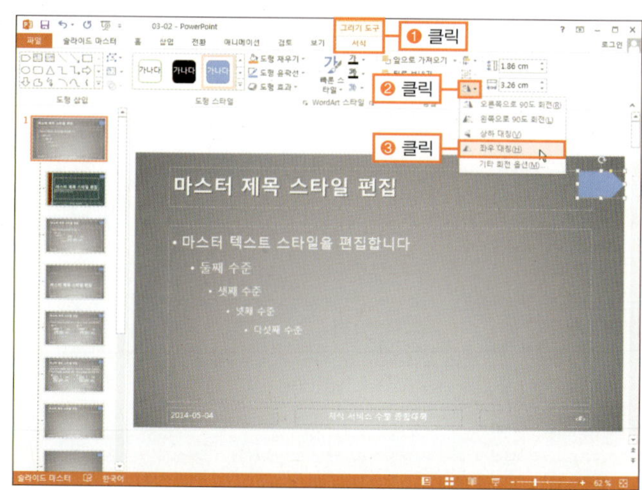

07 도형 스타일 변경하기

❶도형 스타일을 [강한 효과-주황, 강조2]로 지정합니다.

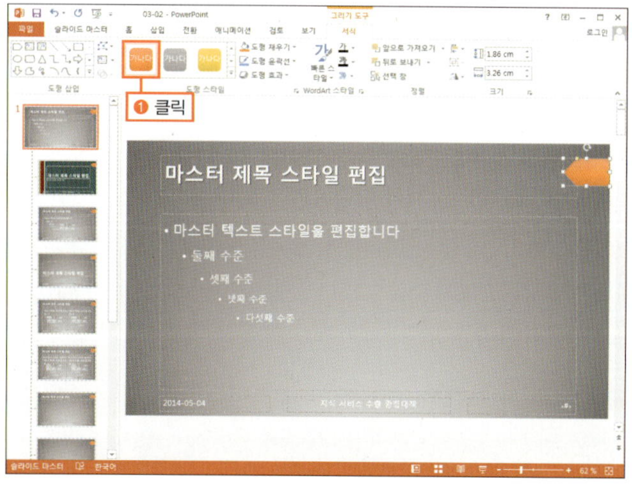

08 머리글/바닥글 개체 이동하기

❶머리글/바닥글 개체 중 [번호] 개체를 삽입한 오각형 위로 이동합니다. ❷[바닥글] 개체의 위치를 오른쪽으로 드래그하여 이동합니다.

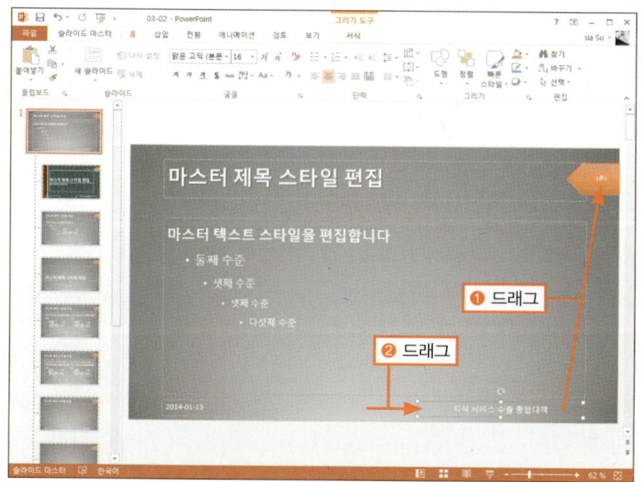

09 개체 정렬하기

❶[그리기 도구-서식] 탭의 [정렬] 그룹에서 ❷[앞으로 가져오기]-❸[맨 앞으로 가져오기]를 선택합니다.

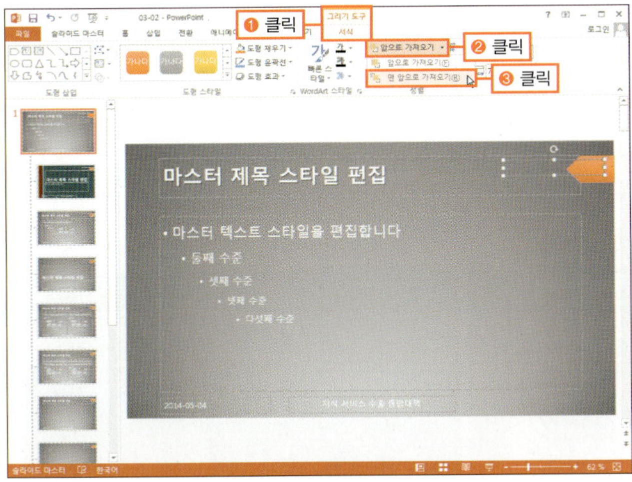

10 슬라이드 마스터 종료하기

❶[슬라이드 마스터] 탭의 ❷[닫기] 그룹에서 [마스터 보기 닫기](☒)를 클릭하여 슬라이드 작업 창으로 돌아옵니다.

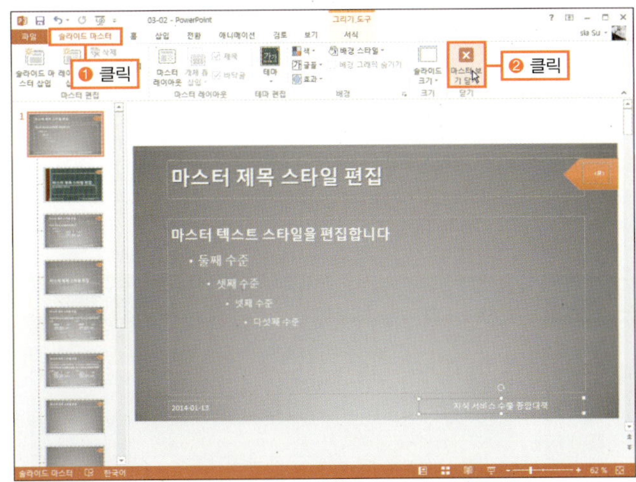

11 머리글/바닥글 확인하기

슬라이드 마스터 화면을 빠져나와 파워포인트 편집 화면으로 돌아오면 슬라이드에 날짜와 바닥글, 오각형과 슬라이드 번호가 표시된 것을 확인할 수 있습니다. [제목 슬라이드]에는 날짜와 바닥글, 슬라이드 번호가 표시되지 않는 것도 함께 확인합니다.

> **참고**
>
> 머리글/바닥글뿐만 아니라 [슬라이드 마스터]와 [제목 슬라이드 레이아웃]과 [Office 테마 슬라이드 마스터] 영역에서 지정한 슬라이드 배경, 텍스트 상자의 서식 등이 프레젠테이션에 적용된 것을 확인할 수 있습니다.

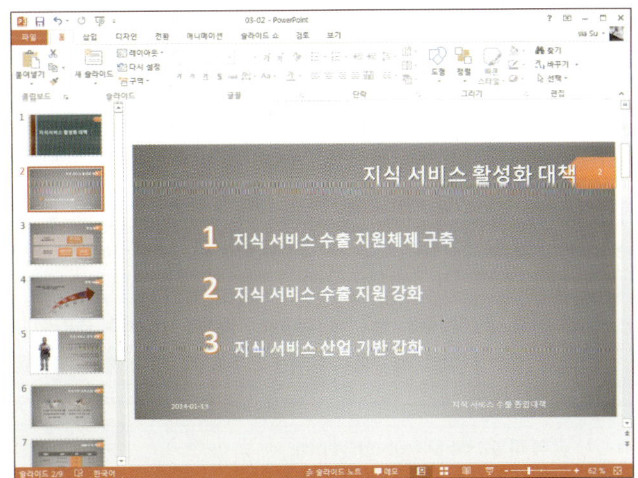

12 특정 슬라이드 레이아웃에 서식 지정하기

❶ [보기] 탭의 [마스터 보기] 그룹에서 [슬라이드 마스터] (▣)를 클릭하여 슬라이드 마스터 화면으로 이동합니다. ❷ [Office 테마 슬라이드 마스터]에서 삽입한 오각형을 Ctrl + X 를 눌러 잘라낸 후 ❸ [제목 및 내용 레이아웃]을 선택하고 ❹ Ctrl + V 를 눌러 붙여넣습니다.

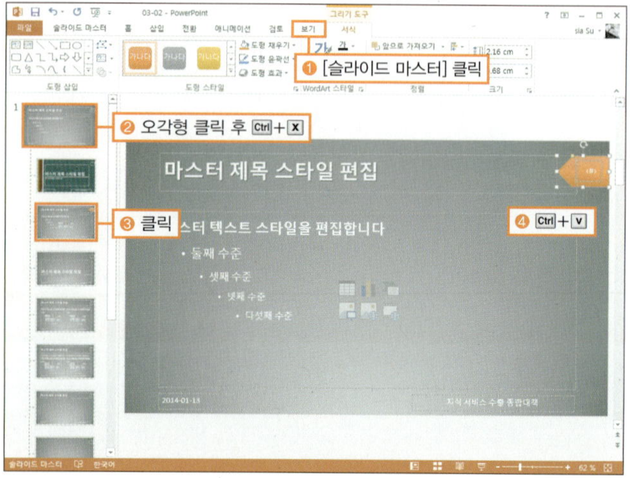

> **참고**
> 개별 레이아웃을 선택하고 [오각형]을 삽입하면 해당 슬라이드 레이아웃에만 도형이 삽입됩니다.

13 슬라이드 확인하기

[슬라이드 마스터] 탭의 [닫기] 그룹에서 [마스터 보기 닫기](▣)를 클릭하여 슬라이드 편집 화면으로 돌아옵니다. 제목 슬라이드에서 오각형이 사라진 것을 확인할 수 있습니다. 나머지 '제목 및 내용' 슬라이드 레이아웃에서는 도형을 확인할 수 있습니다.

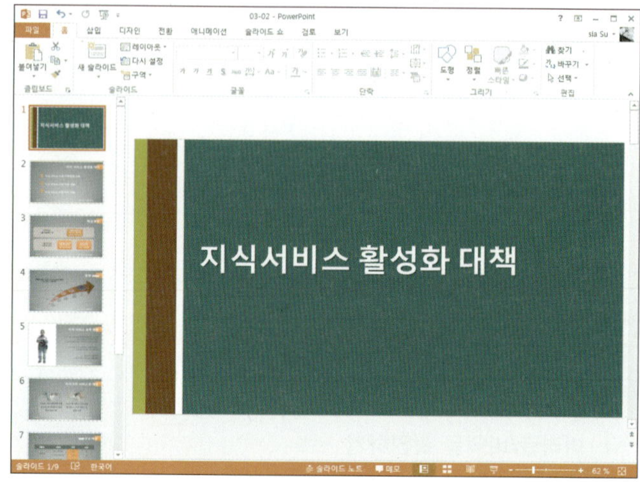

> **참고**
> 부록 CD의 '특집.pdf' 파일 11쪽에서 프레젠테이션에 1개 이상의 슬라이드 마스터를 적용하는 방법을 참고합니다.

배경 이미지인 '배경3.jpg', '배경4.jpg' 파일을 삽입하여 슬라이드 마스터 배경 서식을 지정하고 슬라이드 마스터 개체 틀의 서식을 변경해 보세요.

◉ 시작 파일 : part03\01-실습1.pptx
◉ 완료 파일 : part03\01-실습1-완성.pptx

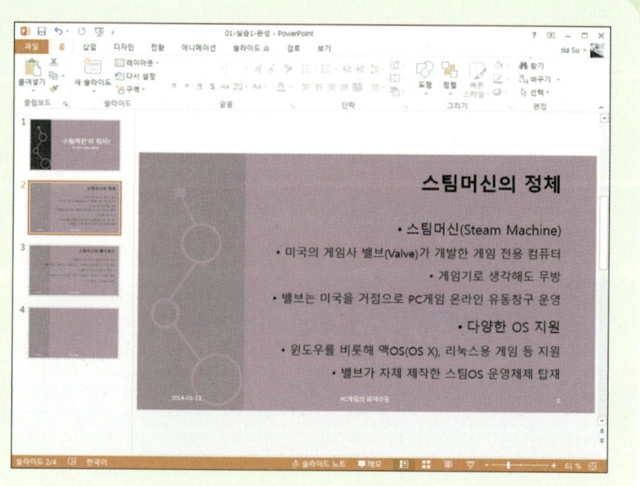

슬라이드 유인물 마스터와 노트 마스터 지정하기

프레젠테이션을 진행하는 동안 참석자에게 나눠 줄 유인물의 서식을 지정하는 유인물 마스터와 발표자가 비공개로 볼 수 있는 슬라이드 노트의 서식을 지정하는 방법에 대해 알아봅니다.

다루는 내용

- 유인물 마스터 지정하기
- 슬라이드 노트 마스터 지정하기

기능 정리 ─ 유인물과 슬라이드 노트 마스터 이해하기

● 유인물

프레젠테이션을 하기 전이나 끝마친 후에 청중에게 배포하는 자료를 유인물이라고 합니다. 유인물은 프레젠테이션과는 달리 많은 양의 내용으로 구성하기도 합니다. 유인물의 배경이나 머리글, 바닥글 등의 서식은 슬라이드 유인물 마스터에서 지정할 수 있습니다.

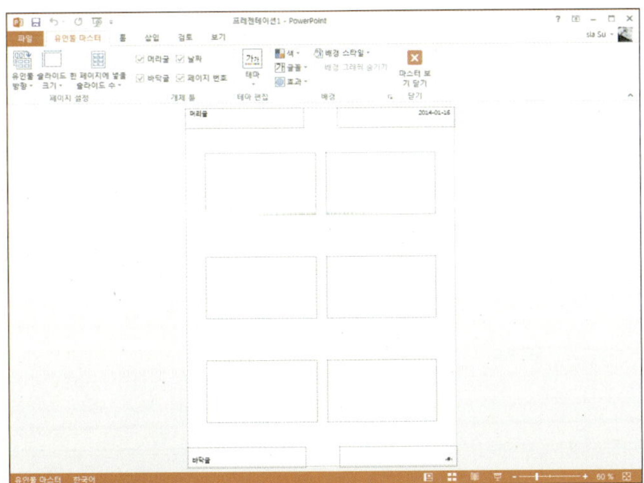

● 슬라이드 노트

슬라이드 노트는 각 슬라이드에 대한 보충 설명을 입력할 수 있는 영역입니다. 슬라이드 노트 마스터에서 일관된 디자인의 슬라이드 노트 서식을 지정할 수 있습니다.

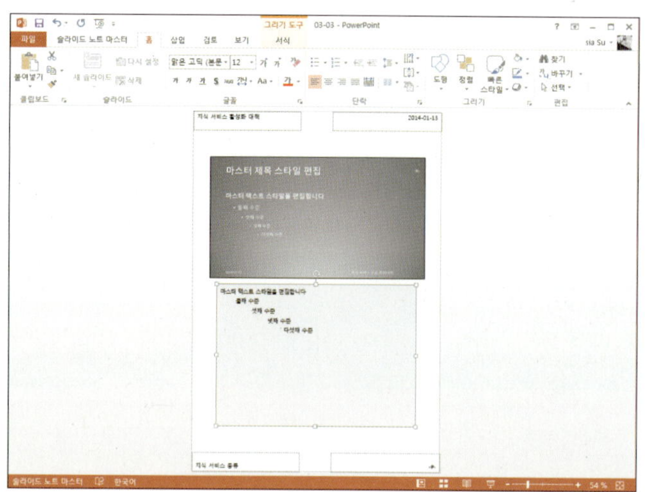

간단 퀴즈

다음 설명의 괄호 안을 채우세요.

1 프레젠테이션을 하기 전이나 끝마친 후에 청중에게 배포하는 자료는 (   ) 이다.

2 각 슬라이드에 대한 보충 설명을 입력할 수 있는 영역은 (   ) 이다.

답 : **1** 유인물, **2** 슬라이드 노트

실습 과정 유인물 마스터 작성하기

유인물 마스터 화면으로 이동하여 유인물 마스터를 작성하는 방법에 대해 알아봅니다.

시작 파일 : 파워포인트\part03\03-03.pptx

01 유인물 마스터 선택하기

❶[보기] 탭의 ❷[마스터 보기] 그룹에서 [유인물 마스터]
(▦)를 클릭합니다.

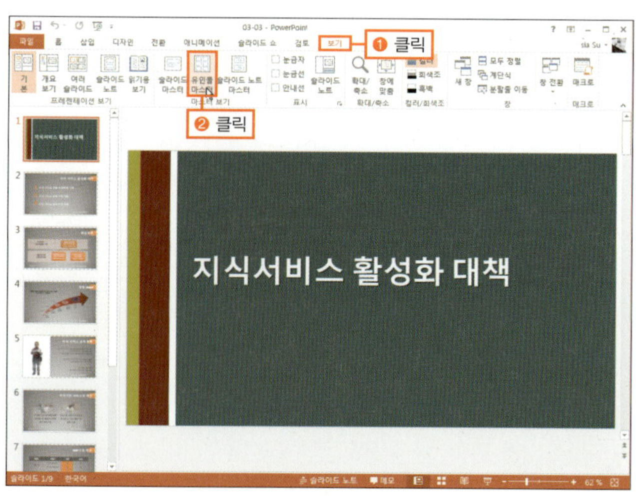

02 유인물 슬라이드 수 지정하기

유인물 마스터 보기 화면 상태로 바뀌면 ❶[유인물 마스터] 탭의 [페이지 설정] 그룹에서 [한 페이지에 넣을 수 있는 슬라이드 수]를 클릭하고 ❷[3슬라이드]를 선택합니다.

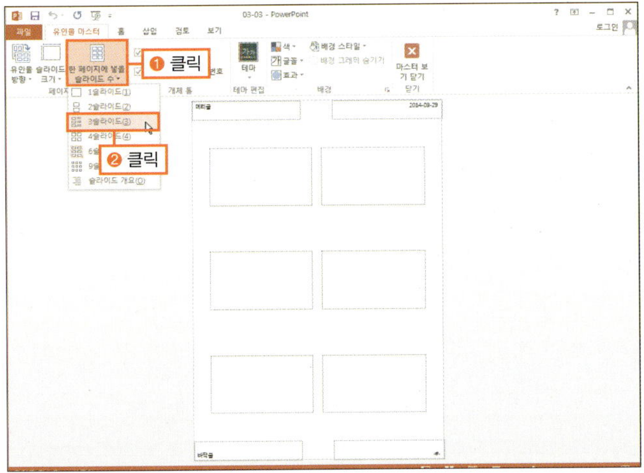

03 온라인 그림 검색하기

❶[삽입] 탭의 ❷[이미지] 그룹에서 [온라인 그림]을 클릭합니다. [그림 삽입] 대화상자가 나타나면 ❸[Office.com 클립 아트]의 검색 상자에 '비즈니스, 실루엣'을 입력한 후 ❹ Enter 를 누릅니다.

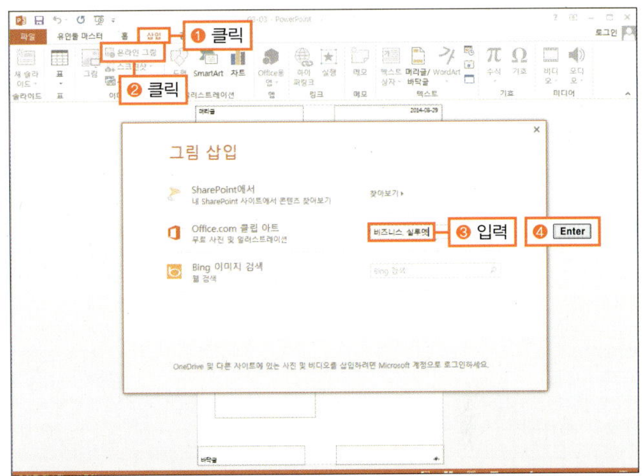

> **참고**
> [온라인 그림]에 대한 자세한 설명은 Part 4에서 다룹니다

04 검색 결과 확인하기

온라인 그림이 검색되면 ❶그림을 선택한 후 ❷[삽입]을 클릭합니다.

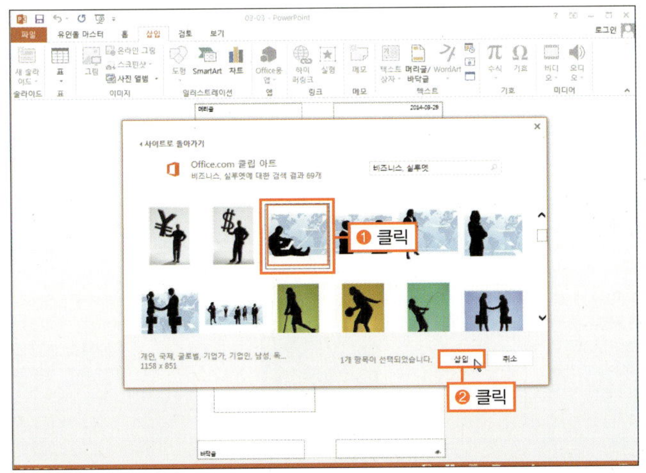

05 온라인 그림 색상 변경하기

온라인 그림이 슬라이드에 삽입되면 원하는 위치로 이동한 후 ❶[그림 도구-서식] 탭의 [조정] 그룹에서 [색]을 클릭하고 ❷[회색-25%, 배경색 2 밝게]를 선택합니다.

> **참고**
> 삽입한 그림의 서식을 변경하는 방법은 Part 4에서 자세히 다룹니다.

06 그림 색 변경 확인하기

변경한 그림 색을 확인합니다.

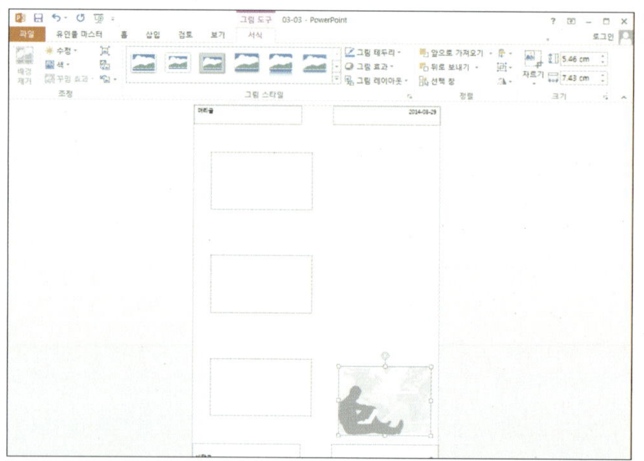

07 머리글/바닥글 삽입하기

❶[삽입] 탭의 ❷[텍스트] 그룹에서 [머리글/바닥글](▣) 을 클릭합니다. ❸[머리글/바닥글] 대화상자가 나타나면 [슬라이드 노트 및 유인물]의 [머리글], [바닥글]을 다음과 같이 입력하고 ❹[모두 적용]을 클릭합니다.

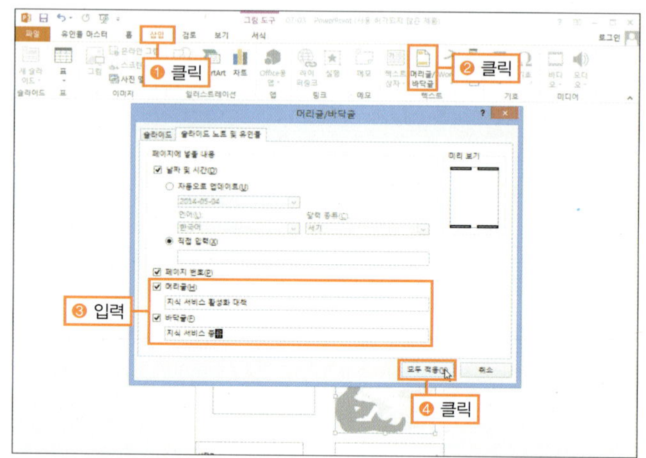

08 유인물 확인하기

[유인물 마스터] 탭의 [닫기] 그룹에서 [마스터 보기 닫기] (▣)를 클릭하여 슬라이드 편집 화면으로 돌아온 후 ❶[파일] 탭(　파일　)의 [인쇄]를 선택합니다. 문서의 미리 보기가 표시되고 왼쪽에 인쇄 옵션이 나타나면 ❷[인쇄 모양] 을 클릭한 후 [유인물]-[3슬라이드]를 선택합니다.

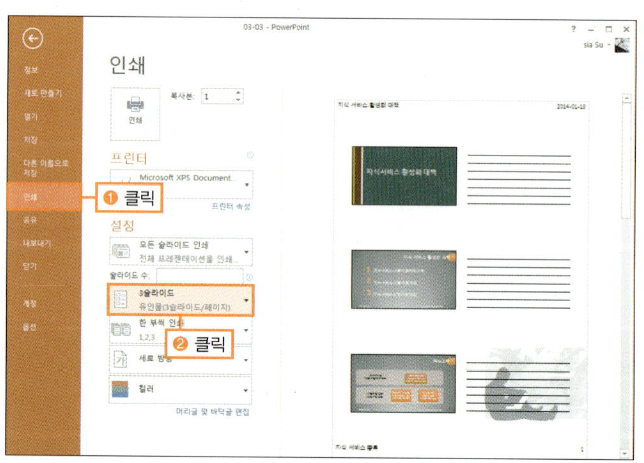

참고 ● MS 워드에서 유인물 작성하기

[파일] 탭(　파일　)의 [내보내기]를 선택하고 [유인물 만들기]–[유인물 만들기]를 클릭하면 MS 워드에서 유인물을 작성할 수 있습니다. [Microsoft Word로 보내기] 대화상자가 나타나면 레이아웃을 선택한 후 [확인]을 클릭합니다. MS 워드 프로그램에 해당 프레젠테이션이 선택한 레이아웃으로 삽입됩니다.

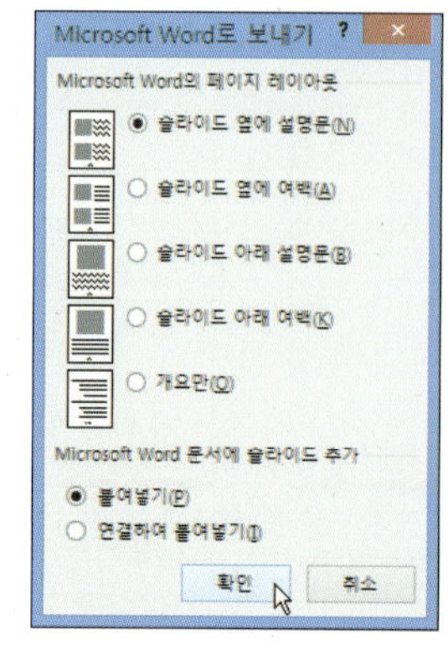

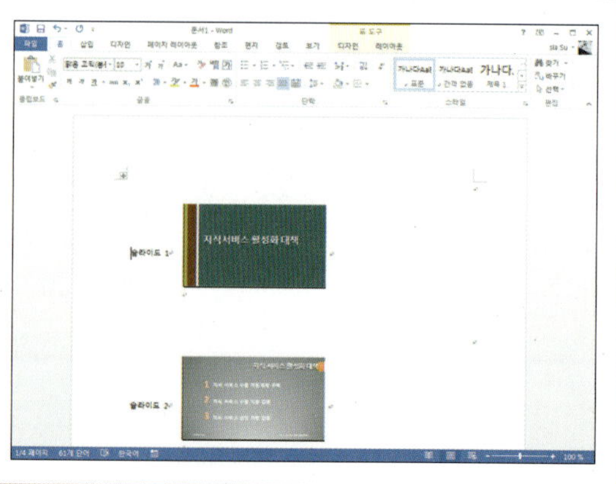

슬라이드 노트 마스터 작성하기

슬라이드 노트 마스터 화면 보기를 선택하여 슬라이드 노트 마스터를 작성하는 방법에 대해 알아봅니다.

◎ **시작 파일** : 파워포인트\part03\03-03.pptx
◎ **완료 파일** : 파워포인트\part03\03-03-완성.pptx

01 슬라이드 노트 창 표시하기

❶[보기] 탭의 ❷[표시] 그룹에서 [슬라이드 노트](▤)를 클릭합니다. 화면 아래에 슬라이드 노트 영역이 표시되면 ❸슬라이드 노트 영역의 경계를 드래그하여 슬라이드 노트 영역을 늘립니다.

02 슬라이드 노트 입력하기

❶슬라이드 노트 영역에 텍스트를 입력한 후 ❷[보기] 탭의 [마스터 보기] 그룹에서 [슬라이드 노트 마스터](▤)를 클릭합니다.

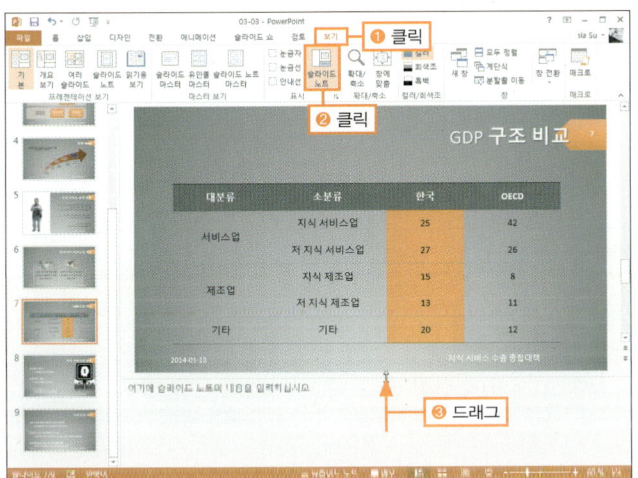

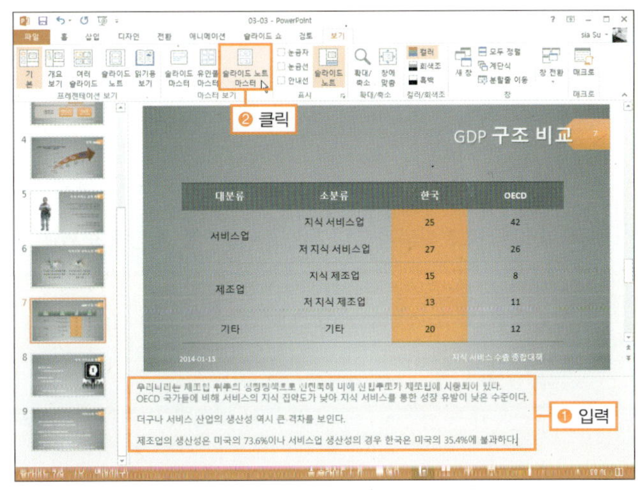

> **참고**
>
> 기본 보기 화면에서 슬라이드 노트 영역이 보이지 않을 때는 작업 표시줄의 [슬라이드 노트](≣ 슬라이드 노트)를 클릭하거나 [보기] 탭의 [표시] 그룹에서 [슬라이드 노트](▤)를 클릭하여 활성화합니다.

03 텍스트 상자 서식 지정하기

슬라이드 노트 화면으로 변경되면 ❶슬라이드 노트가 표시될 텍스트 상자의 서식을 다음과 같이 변경합니다.

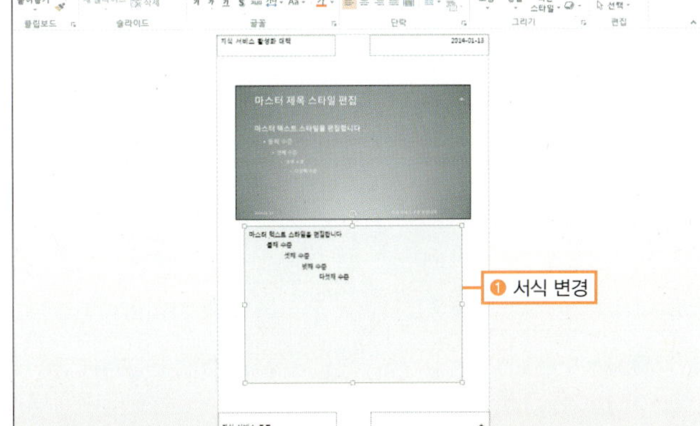

> **참고**
>
> 단락의 줄 간격 : [1.5], 텍스트 상자의 채우기 색 : [흰색, 배경 1, 5% 더 어둡게]

04 슬라이드 노트 확인하기

[슬라이드 노트 마스터] 탭의 [닫기] 그룹에서 [마스터 보기 닫기](⊠)를 클릭하여 슬라이드 편집 화면으로 돌아온 후 ❶[파일] 탭(파일)의 [인쇄]를 선택합니다. ❷[인쇄 모양]을 [슬라이드 노트]로 지정하여 슬라이드 노트에 적용된 마스터를 확인합니다.

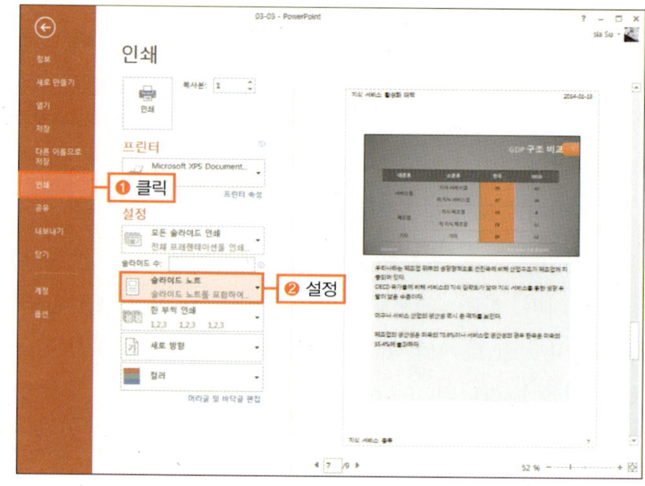

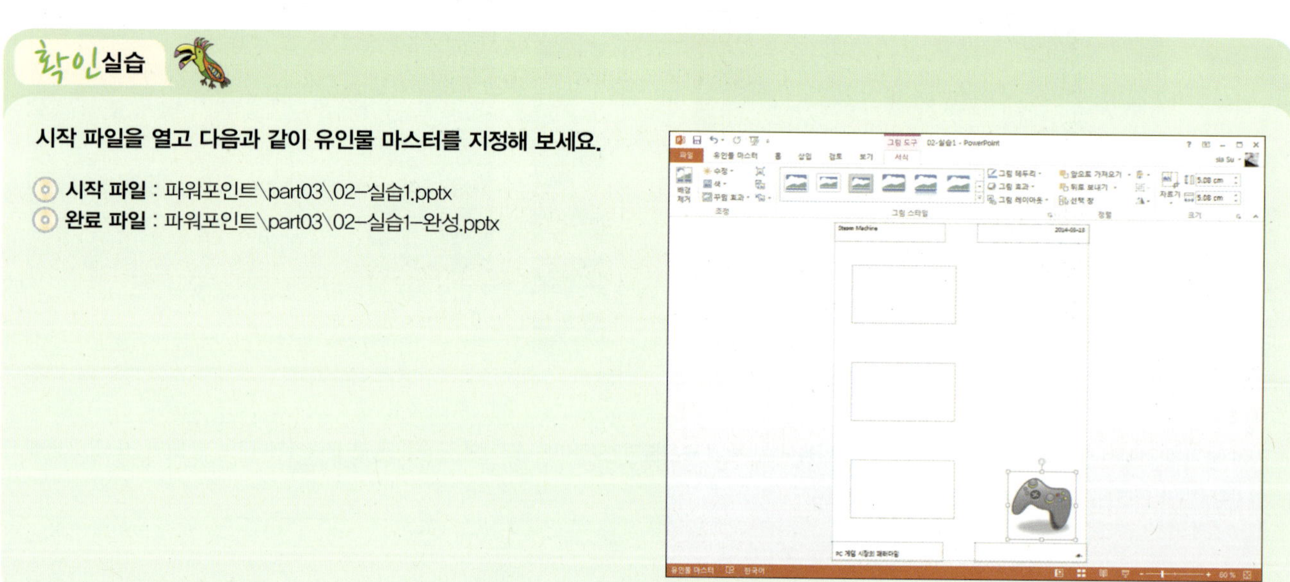

시작 파일을 열고 다음과 같이 유인물 마스터를 지정해 보세요.

◎ **시작 파일** : 파워포인트\part03\02-실습1.pptx
◎ **완료 파일** : 파워포인트\part03\02-실습1-완성.pptx

❶ 텍스트 서식과 단락 서식을 이용해 다음과 같은 슬라이드를 완성해 보세요.

- **시작 파일** : 파워포인트\part03\03-응용실습1.pptx
- **완료 파일** : 파워포인트\part03\03-응용실습1-완성.pptx
- **해설 파일** : 파워포인트\해설파일\03-응용실습1-해설.hwp, pdf

Before

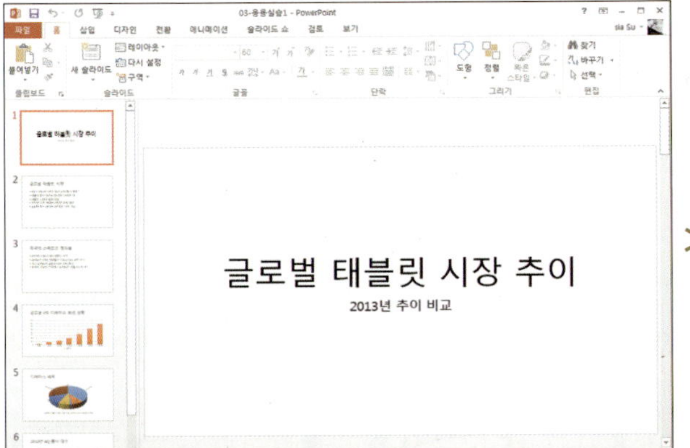

After

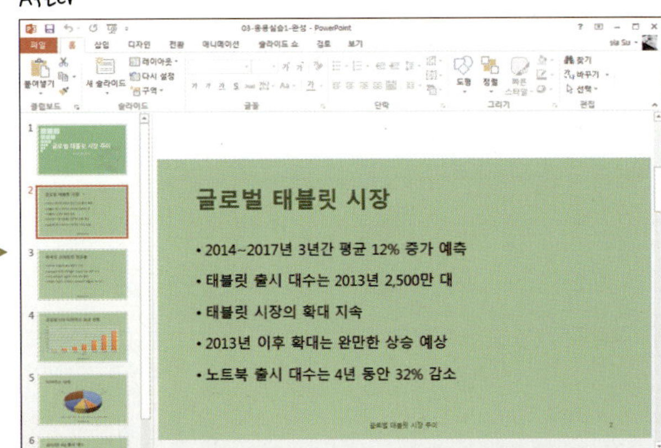

❶슬라이드 마스터의 [제목 슬라이드 레이아웃] 선택 후 배경에 '배경5.jpg' 파일 지정 ❷[제목 슬라이드 레이아웃]의 제목 텍스트 상자 서식 [굵게], [글꼴 색]-[흰색, 배경 1] 변경, 네온 텍스트 효과 지정 ❸Office 테마 슬라이드 마스터 선택 후 슬라이드 배경에 단색 [녹색, 강조 6, 40% 더 밝게] 채우기 ❹제목 텍스트 상자 서식 [굵게], [글꼴 색]-[녹색, 강조 6, 50% 더 어둡게] 변경 ❺내용 텍스트 상자 줄 간격 [1.5] 시성 ❻[머리글/바닥글] 삽입

❷ 슬라이드 노트 마스터를 이용해 다음과 같이 완성해 보세요.

- **시작 파일** : 파워포인트\part03\03-응용실습2.pptx
- **완료 파일** : 파워포인트\part04\03-응용실습2-완성.pptx
- **해설 파일** : 파워포인트\해설파일\03-응용실습2-해설.hwp, pdf

Before

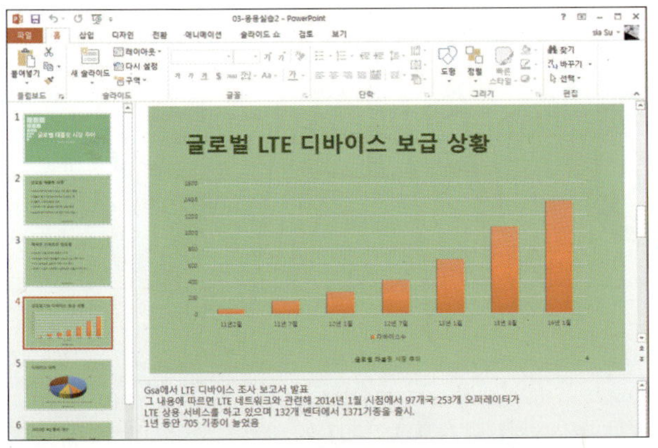

After

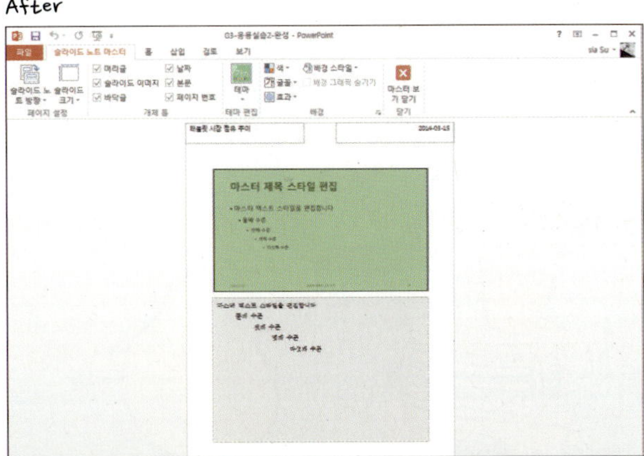

❶슬라이드 노트 마스터 화면 전환 ❷슬라이드 노트 마스터의 노트 영역 텍스트 상자외 채우기 색상 [흰색, -25%, 배경 2] 변경 ❸텍스트 상자의 줄 간격 [1.5], 글꼴은 [바탕체]로 변경 ❹[머리글/바닥글] 삽입

4

디자인 요소로 돋보이는 프레젠테이션 꾸미기

도형과 스마트아트를 사용하여 프레젠테이션의 내용을 텍스트보다 훨씬 명확하게 전달할 수 있습니다. 또한 슬라이드에 그림이나 클립아트를 삽입하면 프레젠테이션의 내용을 직관적으로 전달할 수 있습니다. 내 컴퓨터에 있는 그림 파일은 물론이고 파워포인트에서 제공하는 클립아트, 클라우드 장치에 저장된 그림이나 Bing 검색을 통한 웹 이미지도 슬라이드에 삽입할 수 있습니다. 다양한 모양의 도형과 스마트아트, 그림을 슬라이드에 삽입하고 편집하여 눈에 띄는 프레젠테이션을 작성해 봅니다.

도형 만들고 꾸미기

슬라이드에 도형을 삽입한 후 크기와 위치를 변경하는 방법과 복사하는 방법에 대해 알아봅니다.
또한 기본 서식으로 삽입한 도형을 다양한 스타일로 변경하는 방법에 대해 살펴봅니다.

다루는 내용
- 도형 삽입하기
- 도형 선택하기
- 도형 이동, 복사하기
- 도형 스타일/서식 변경하기
- 도형에 3차원 서식 지정하기

기능 정리 · 도형 선택하고 서식 지정하기

슬라이드에 삽입한 도형을 선택하는 방법과 도형을 꾸밀 때 사용하는 [도형 스타일] 그룹에 대해
살펴봅니다.

● 도형 선택하기

슬라이드에 삽입한 도형은 클릭하여 선택합니다. 1개 이상의 도형을 선택할 경우에는 Shift 나
Ctrl 을 누른 상태에서 도형을 클릭합니다. 선택하려는 도형이 많거나 분포되었을 경우에는 드래
그하여 영역을 지정한 뒤 선택하는 방법도 있습니다.

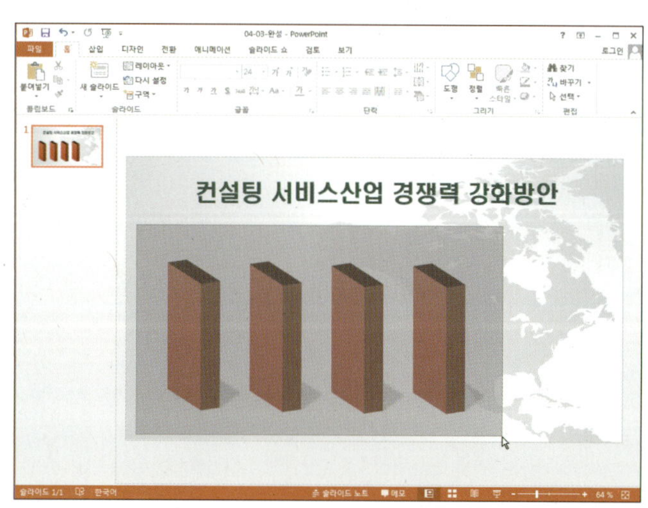

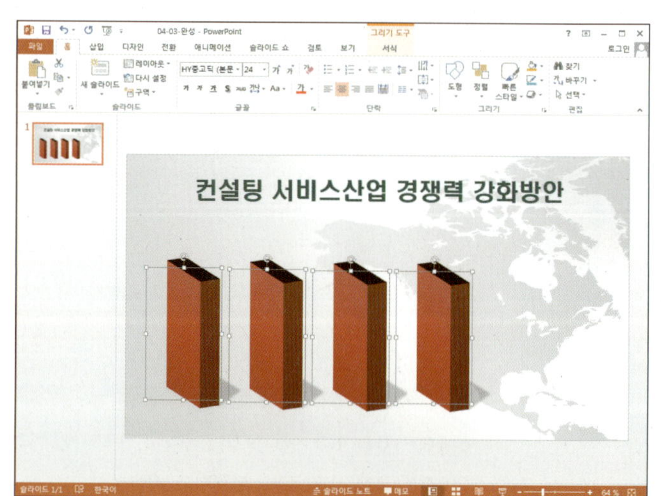

● [도형 스타일] 그룹 살펴보기

도형을 삽입한 후 [그리기 도구-서식] 탭의 [도형 스타일] 그룹에서 [자세히](▽)를 클릭하면 도
형의 스타일을 한꺼번에 지정할 수 있는 [빠른 스타일 갤러리]가 표시됩니다. 또한 [도형 채우
기](▧), [도형 윤곽선](▨), [도형 효과](▧) 등을 선택하여 도형의 서식을 원하는 대로 지정할
수 있습니다.

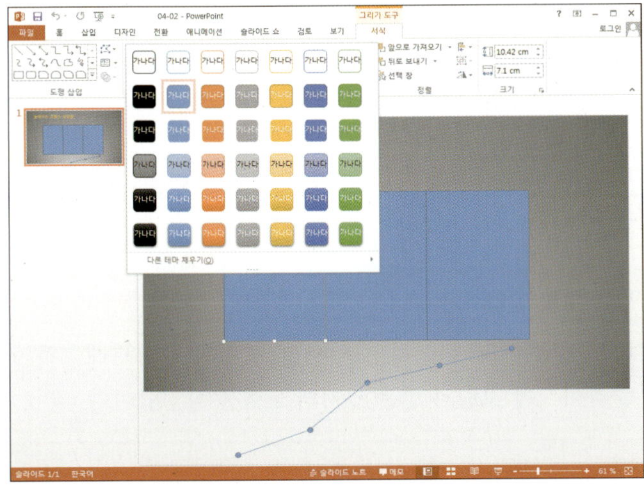
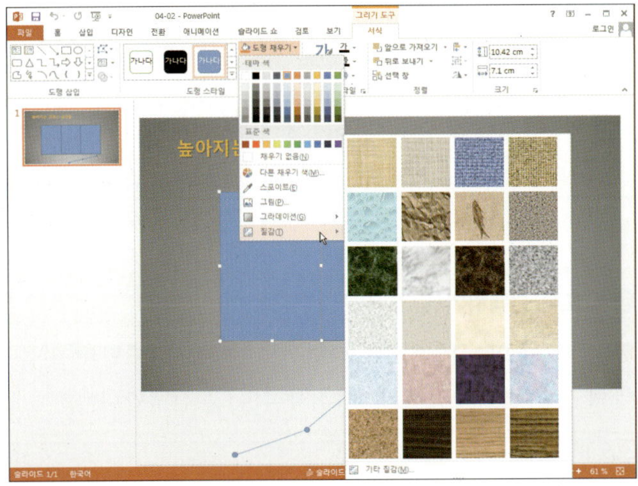
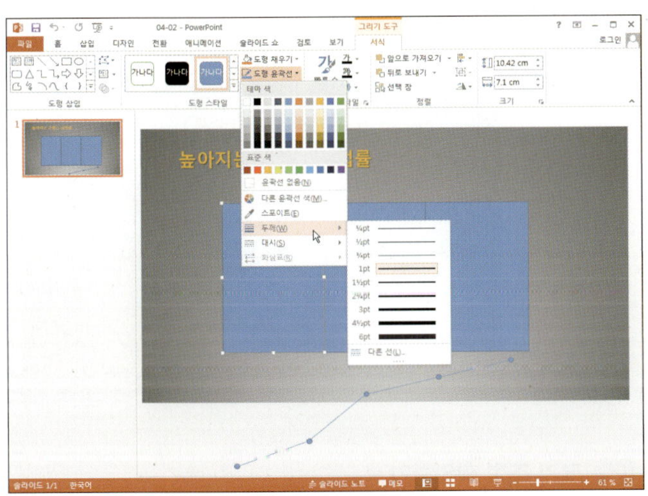
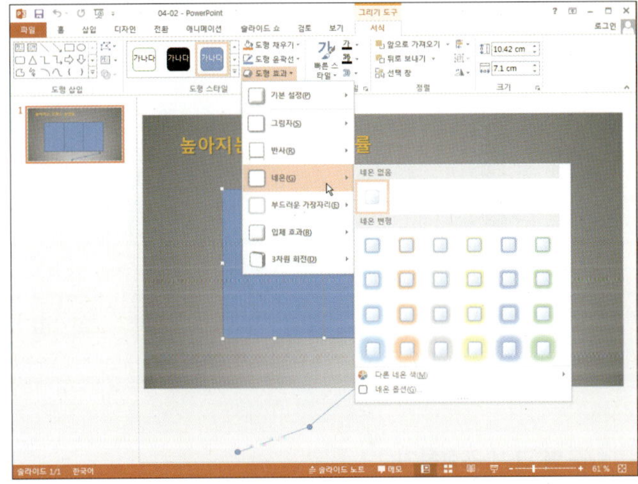

1 슬라이드에 삽입한 여러 개의 도형을 한 번에 선택할 때는 다음 중 어떤 키를 같이 누른 상태에서 클릭해야 할까요?

① Tab   ② Shift   ③ Alt   ④ Ctrl

2 다음 중 [도형 스타일] 그룹에 속하지 않는 기능은 무엇인가요?

① [도형 채우기]   ② [도형 효과]   ③ [점 편집]   ④ [빠른 스타일 갤러리]

답 : **1** ②, ④, **2** ③

실습 과정 | 도형 삽입 후 편집하기

도형 목록에서 원하는 도형을 선택하여 슬라이드에 삽입한 후 크기를 조절해 봅니다. 또한 도형을 이동하고 복사하는 방법에 대해 살펴보겠습니다.

⊚ **시작 파일** : 파워포인트\part04\04-01.pptx
⊚ **완료 파일** : 파워포인트\part04\04-01-완성.pptx

01 도형 선택하기

❶[삽입] 탭의 ❷[일러스트레이션] 그룹에서 [도형](⬚)을 클릭한 후 ❸도형 목록에서 [직사각형]을 선택합니다.

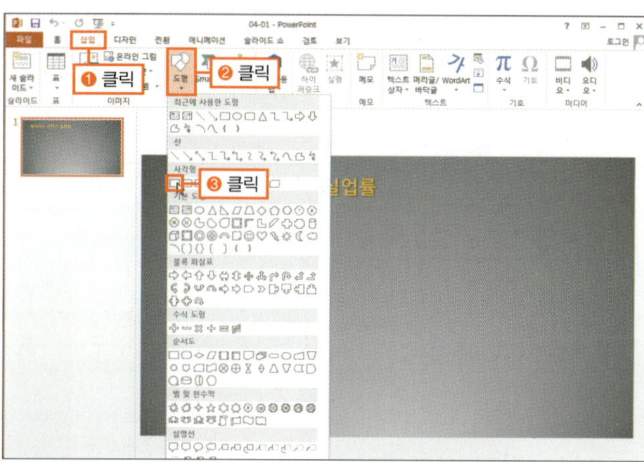

02 도형 삽입하기

마우스 포인터가 십자 모양으로 변경되면 ❶드래그하여 슬라이드에 그림과 같은 크기의 도형을 삽입합니다.

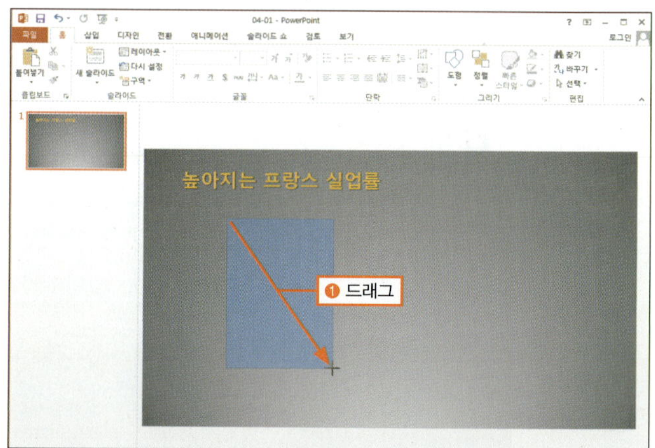

03 도형 크기 조절하기

도형을 삽입하면 도형의 상하좌우 중앙과 모서리에 크기 조절점이 나타납니다. ❶오른쪽 가운데 조절점을 안쪽으로 드래그합니다.

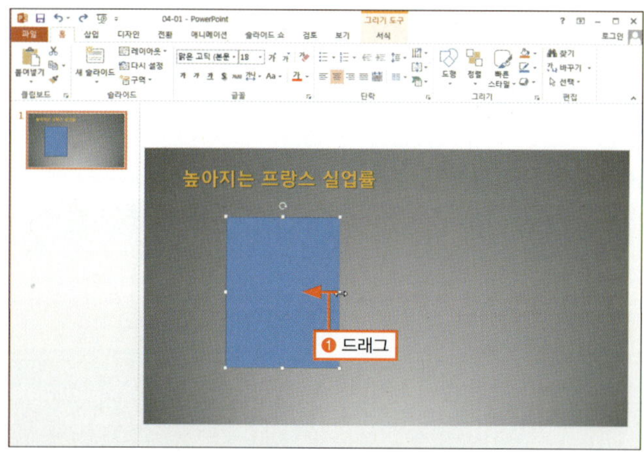

04 크기 조절 확인하기

도형의 가로 너비가 줄어든 것을 확인할 수 있습니다.

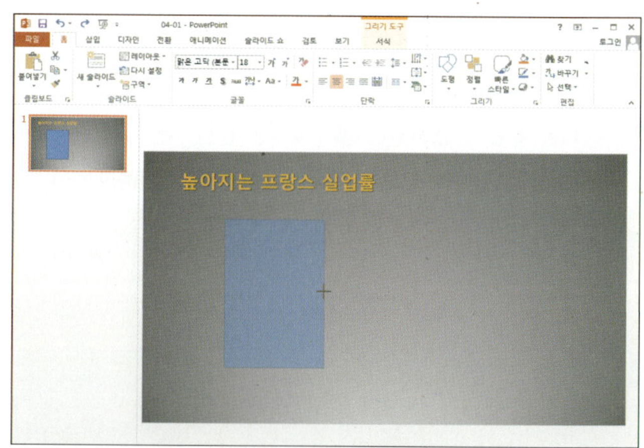

> **참고 ● 도형 이동하기**
> 도형을 선택한 후 마우스 포인터의 모양이 ⊹로 변경되면 드래그하여 도형을 원하는 위치로 이동할 수 있습니다.

05 도형 복사하기

❶복사할 도형을 선택하고 Ctrl 을 누르면 마우스 포인터의
모양이 🔀로 변경됩니다. ❷Ctrl 을 누른 채 드래그하면 선
택한 도형을 복사할 수 있습니다.

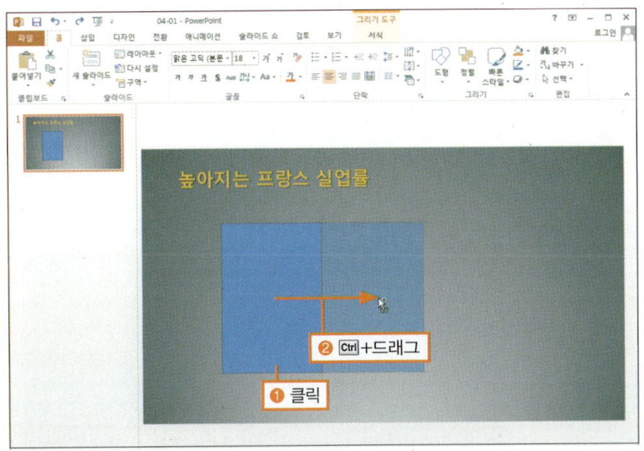

참고 ● Ctrl 과 Shift 를 이용하여 도형 편집하기

슬라이드에 삽입한 도형의 크기를 조절하거나 이동, 복사해야 할 경우 Shift 와 Ctrl 을 활용하면 효율적으로 도형을 편집할 수 있습니다.

삽입할 도형을 선택하고 Shift 를 누른 채 드래그하면 도형이 정방형으로 삽입됩니다. 삽입한 도형의 모서리 조절점을 Shift 를 누른 채 드래그하
면 가로세로 비율을 그대로 유지하면서 크기를 조절할 수 있습니다. Shift 를 누른 채 드래그하여 도형을 이동하면 수직, 수평 방향으로 움직입니
다. 또한 선을 그릴 때 Shift 를 누른고 드래그하면 45° 각도로 그릴 수 있습니다.

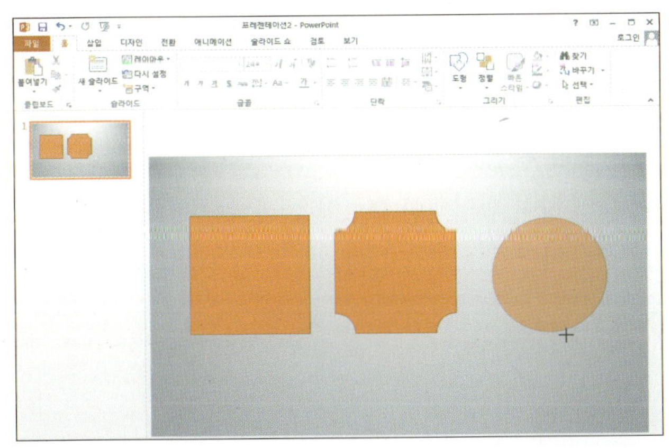
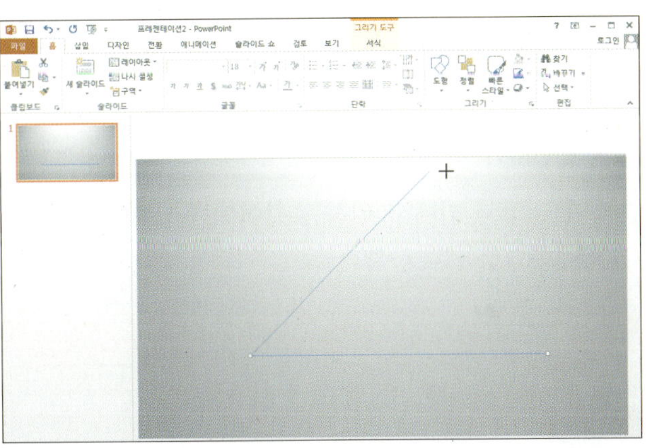

도형을 삽입할 때 Ctrl 을 누른 채 드래그하면 마우스 포인터를 중심으로 도형을 그릴 수 있습니다. 삽입한 도형을 선택한 후 Ctrl 을 누른 채 모서리
조절점을 드래그하면 도형의 중심을 기준으로 크기가 조절됩니다. 또한 Ctrl 을 누른 채 도형을 드래그하여 복사할 수 있습니다. 도형을 선택한 후
Ctrl 을 누른 상태에서 방향키를 눌러 선택한 도형을 미세한 간격으로 이동할 수도 있습니다.

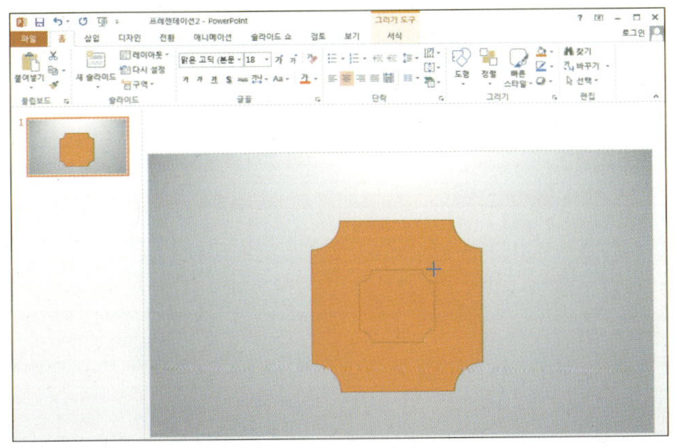
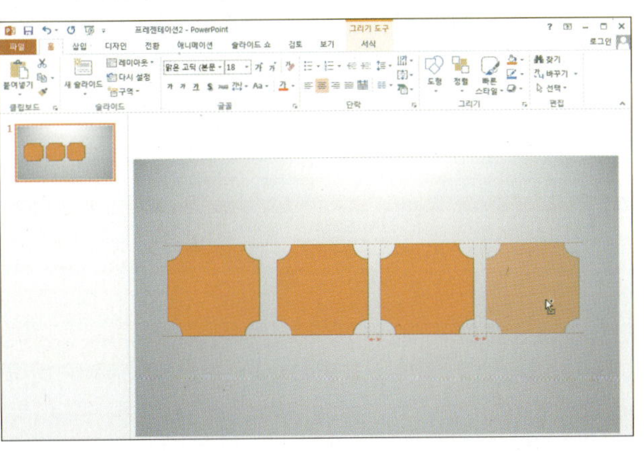

06 도형 여러 개 복사하기

같은 방법으로 ❶도형을 하나 더 복사합니다.

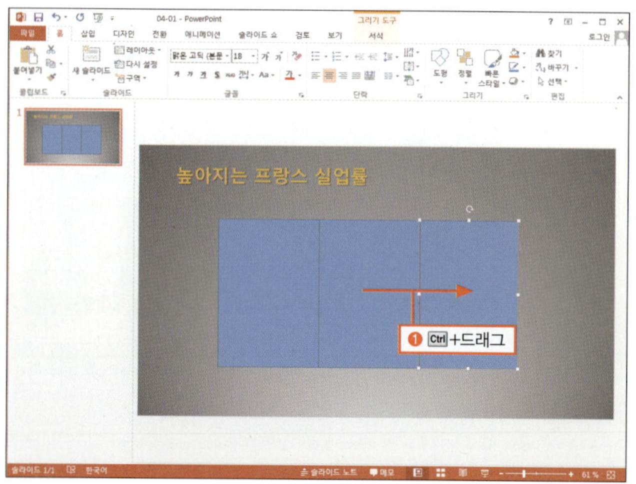

07 직선 선택하기

슬라이드에 직선을 삽입하기 위해 ❶[홈] 탭의 [그리기]
그룹에서 [도형]( )을 선택한 후 ❷[선]을 선택합니다.

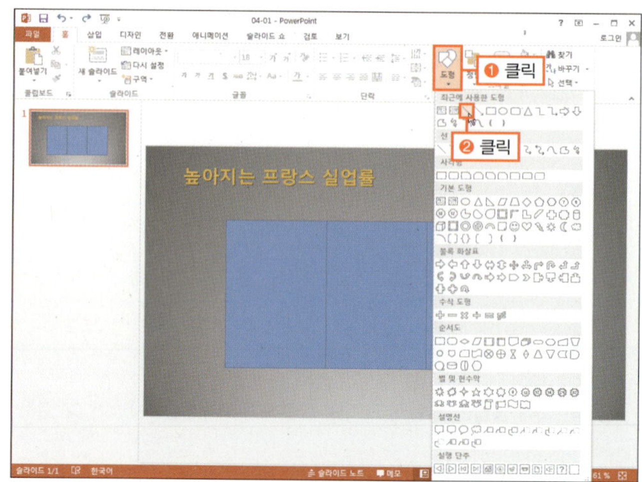

> **참고**
>
> 최근에 사용했던 도형은 [도형]( )-[최근에 사용한 도형] 목록에 나타납니다. 사용했던 도형을 빠르게 선택하려면 [최근에 사용한 도형]에서 클릭합니다.

08 선 삽입하기

❶슬라이드 영역 밖에서 원하는 길이만큼 드래그하여 선
을 그립니다.

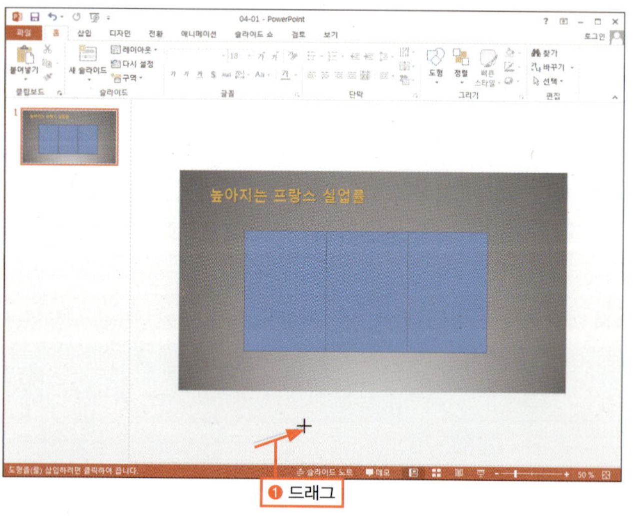

09 도형 복사하기

직선 도형이 삽입되면 ❶도형을 선택한 상태에서 Ctrl + D
를 누릅니다.

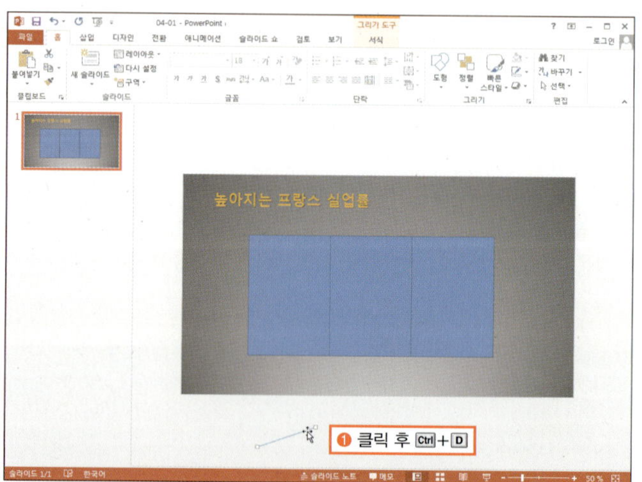

10 도형 복사 확인하기

선택한 도형 아래에 같은 도형이 복사된 것을 확인할 수 있습니다.

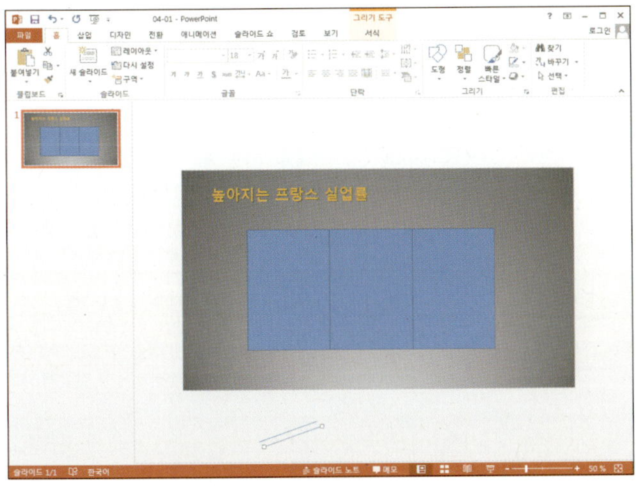

11 도형 이동하기

❶복사된 도형을 드래그하여 먼저 삽입한 직선의 끝점에 맞춥니다.

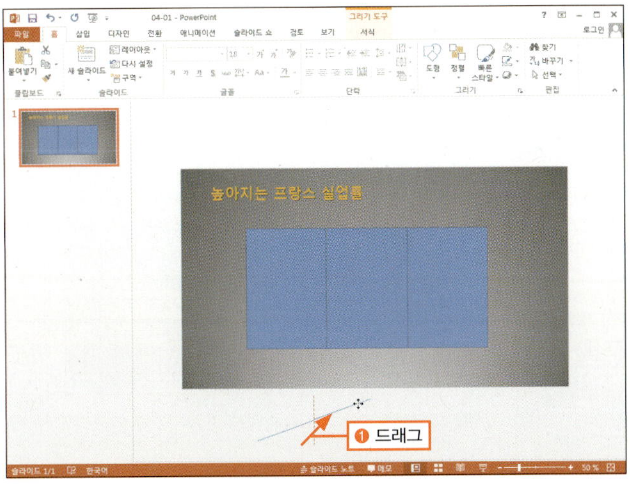

12 선의 방향 변경하기

직선 도형의 끝점에 마우스 포인터를 두면 양방향 화살표 모양으로 변경됩니다. ❶위쪽으로 드래그하여 선의 방향을 변경합니다.

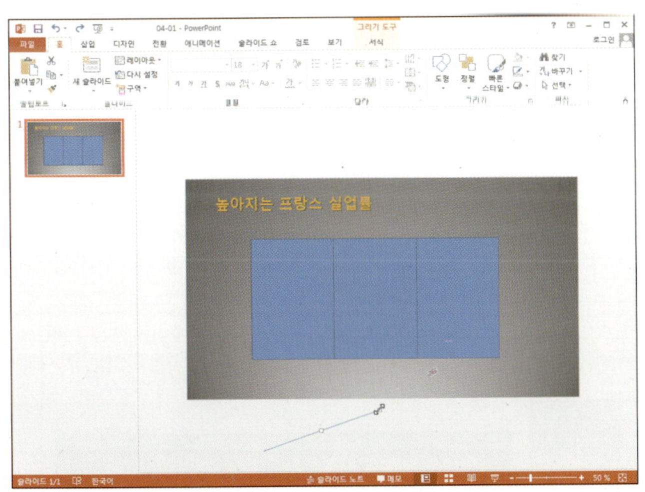

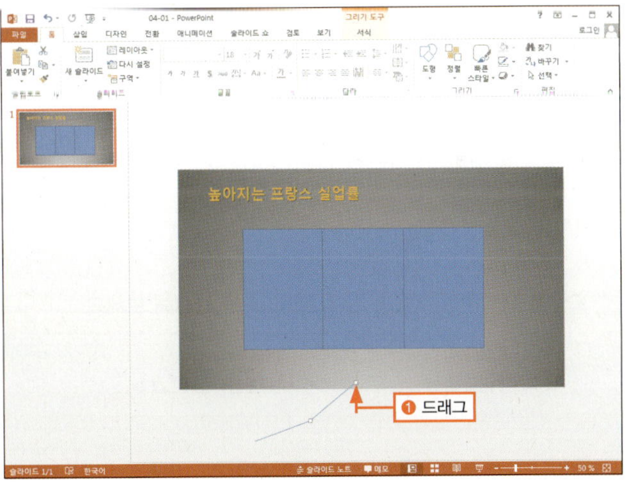

13 선의 복사와 방향 변경 반복하기

❶같은 방법으로 2개의 직선을 복사하고 그림과 같은 위치로 이동한 후 방향을 변경합니다.

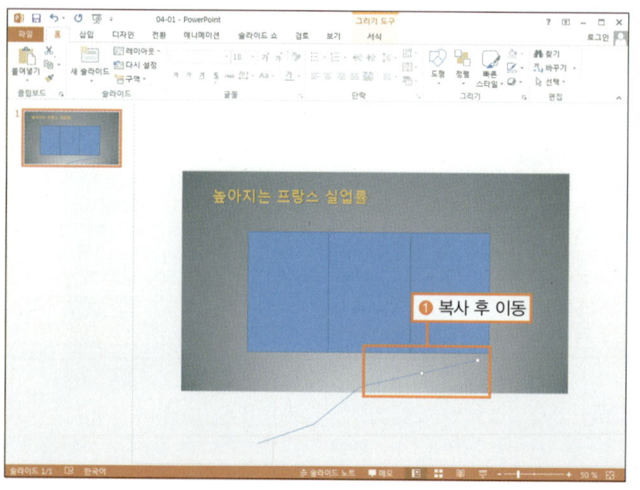

14 타원 삽입 후 복사하기

❶[홈]탭의 [그리기] 그룹에서 [도형]을 클릭하여 슬라이드에 타원을 삽입한 후 ❷선과 선의 연결 지점에 복사합니다.

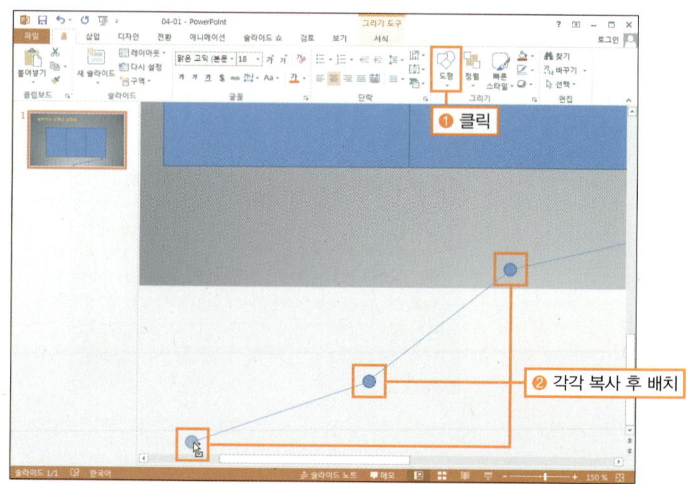

참고 • 도형의 조절점 알아보기

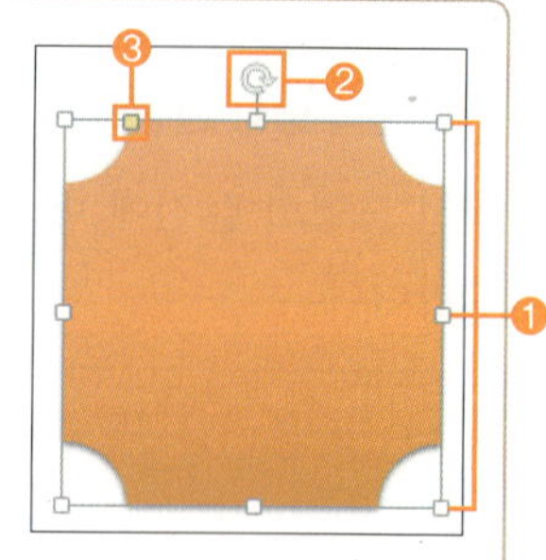

❶ **크기 조절 핸들** : 모서리와 상하좌우 중앙의 사각형 조절점은 도형의 크기를 조절하는 조절 핸들입니다. 모서리 조절점은 도형의 가로, 세로 크기가 동시에 조절되며 중앙의 사각 조절점은 드래그한 방향으로만 크기 조절이 됩니다.

❷ **회전 조절 핸들** : 도형 상단의 원형 화살표는 도형을 회전시킬 수 있는 조절점입니다. 조절점을 마우스로 드래그하여 원하는 방향으로 도형을 회전시킬 수 있습니다.

❸ **모양 조절 핸들** : 노란색의 조절점은 각도나 기울기를 조절하여 도형의 모양을 변형할 수 있는 조절점입니다. 도형에 따라 조절점이 1개만 표시될 수도 있고 여러 개가 표시될 수도 있습니다.

확인실습

도형을 삽입하여 다음과 같은 슬라이드를 완성해 보세요.

◉ **시작 파일** : 파워포인트\part04\01–실습1.pptx
◉ **완료 파일** : 파워포인트\part04\01–실습1–완성.pptx

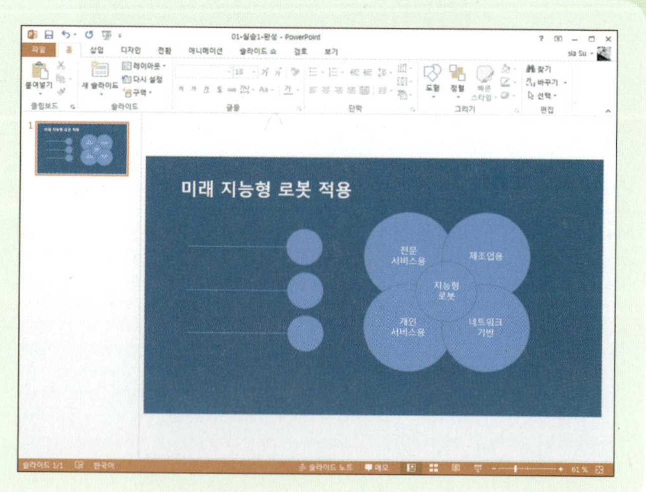

스타일과 도형 서식 지정하기

파워포인트의 기본 서식으로 삽입된 도형의 스타일과 서식을 변경해 봅니다.

◎ **시작 파일** : 파워포인트\part04\04-02.pptx
◎ **완료 파일** : 파워포인트\part04\004-02-완성.pptx

01 도형 선택하기

❶직사각형 도형이 모두 선택되도록 드래그합니다.

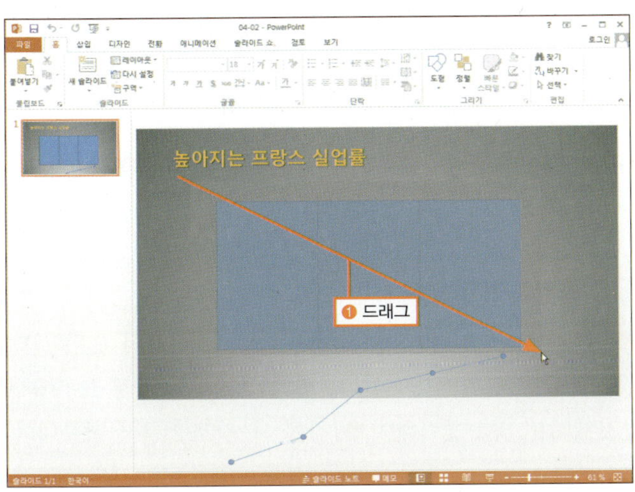

02 도형 윤곽선 지정하기

도형이 모두 선택되면 ❶[그리기 도구-서식] 탭의 ❷[도형 스타일] 그룹에서 [도형 윤곽선](📝)을 클릭한 후 ❸[윤곽선 없음]을 선택합니다.

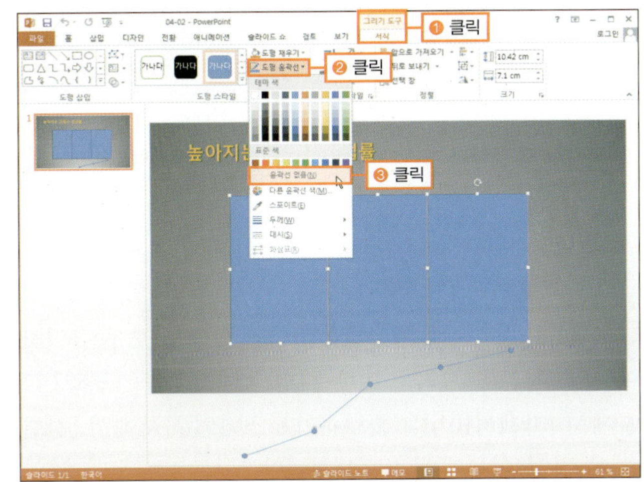

03 도형 채우기 색 선택하기

선택한 도형의 윤곽선이 제거된 것을 확인할 수 있습니다. ❶첫 번째 직사각형을 선택한 후 ❷[그리기 도구-서식] 탭의 [도형 스타일] 그룹에서 [도형 채우기](🖼)를 클릭하고 ❸[진한 파랑]을 선택합니다.

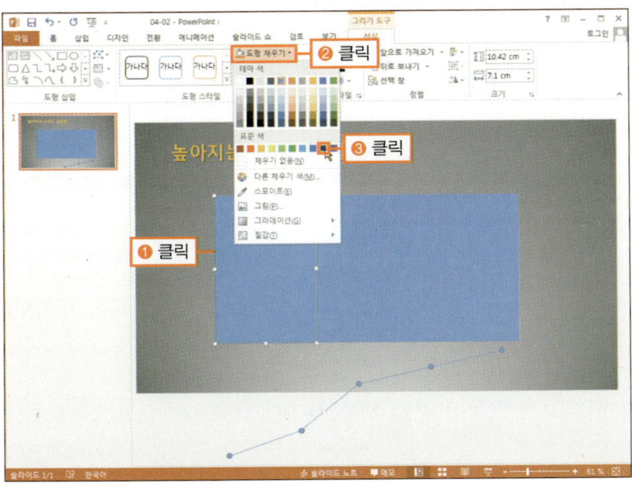

04 나머지 도형 색상 변경하기

❶나머지 직사각형 도형을 각각 선택한 후 도형의 채우기 색을 다음과 같이 [흰색, 배경 1]과 [진한 빨강]으로 변경합니다.

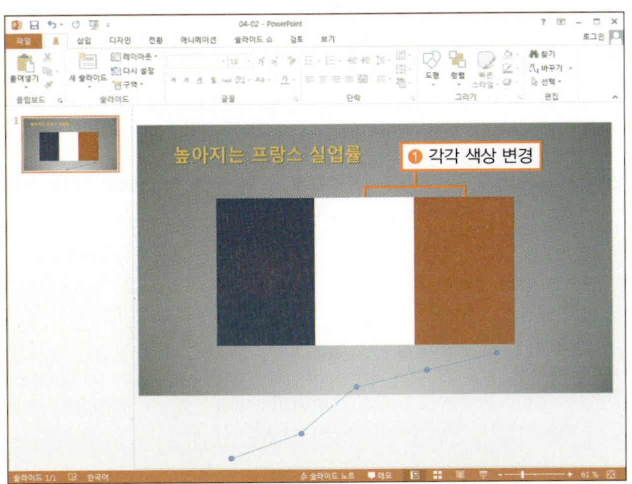

슬라이드에 삽입한 개체에서 색상을 추출하여 다른 개체에 적용할 때는 [스포이트] 기능을 사용합니다. 색상을 적용할 도형을 선택한 후 [그리기 도구—서식] 탭의 [도형 스타일] 그룹에서 [도형 채우기]( )를 클릭하고 [스포이트]를 선택하면 마우스 포인터가 스포이트 모양으로 변경됩니다. 슬라이드에 삽입한 개체 중 색상 추출을 원하는 개체를 클릭하면 선택한 개체에 같은 색상을 적용할 수 있습니다.

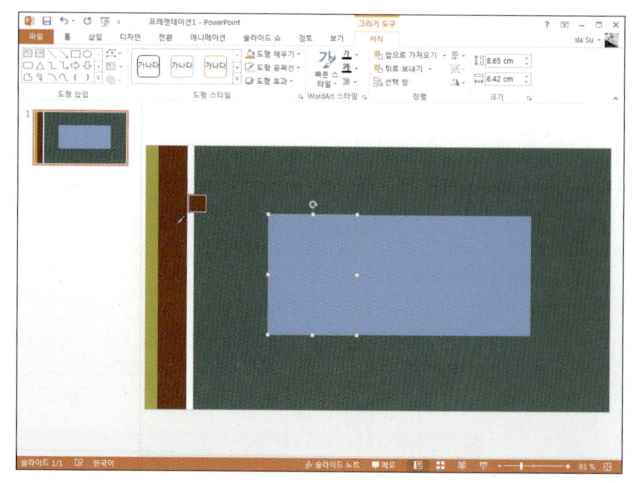
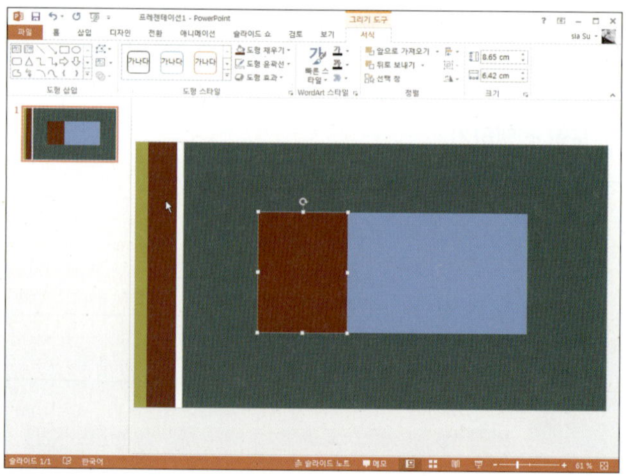

05 타원 스타일 변경하기

❶ Shift 를 누른 채 슬라이드의 타원 도형을 모두 클릭하여 선택한 후 ❷[그리기 도구-서식] 탭의 [도형 스타일] 그룹에서 [자세히]( )를 클릭하여 ❸스타일 목록에서 [강한 효과-검정, 어둡게 1]을 선택합니다.

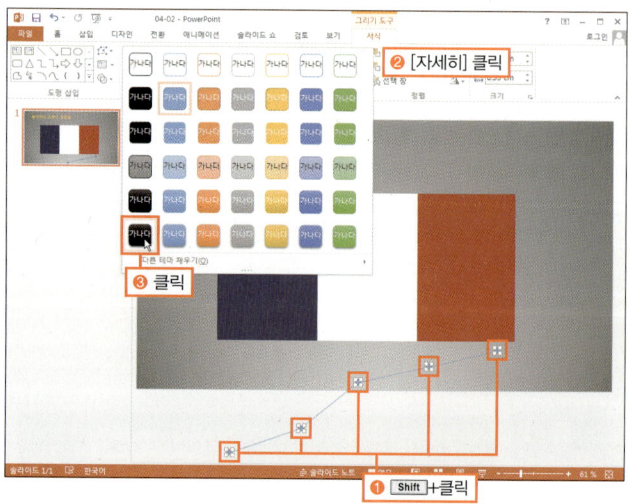

06 스타일 변경하기

❶ Shift 를 누른 채 직선 도형을 각각 클릭하여 모두 선택한 후 ❷[그리기 도구-서식] 탭의 [도형 스타일] 그룹에서 [자세히]( )를 클릭하여 ❸[강한 선-강조 2]를 선택합니다.

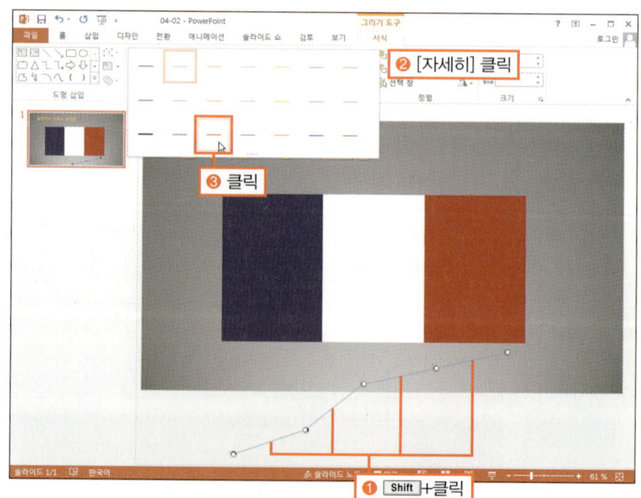

07 선 두께 변경하기

선이 선택된 상태에서 ❶[그리기 도구-서식] 탭의 [도형 스타일] 그룹에서 [도형 윤곽선](✎)을 클릭한 후 ❷[두께]-❸[3pt]를 선택합니다.

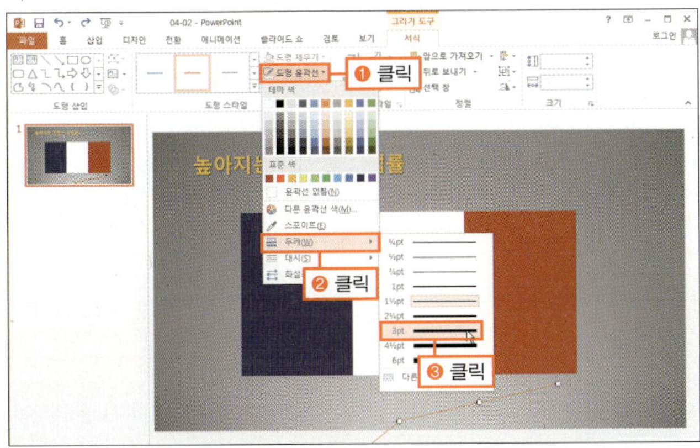

08 도형 이동하기

❶스타일을 변경한 선과 타원을 모두 선택한 후 드래그하여 프랑스 국기 내부로 이동합니다.

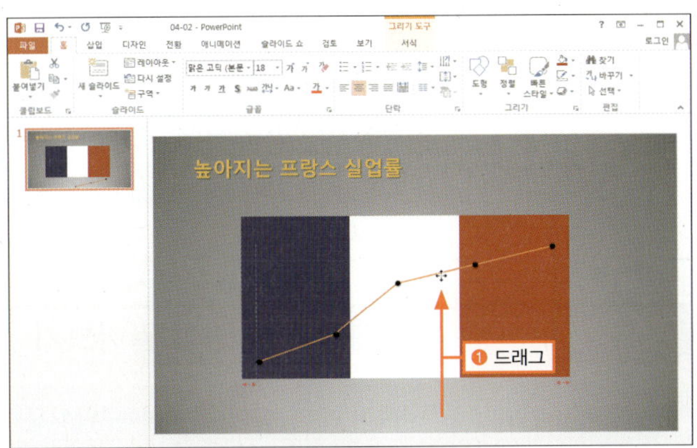

09 텍스트 상자 입력하기

프랑스 국기 내부에 ❶텍스트 상자를 삽입하여 다음과 같이 내용을 입력합니다.

> **참고**
>
> 부록 CD의 '특집.pdf' 파일 13쪽에서 도형에 3차원 입체 효과를 지정하는 방법을 참고합니다. 16쪽에서는 도형에 그라데이션 색상을 적용하는 방법을 참고하세요.

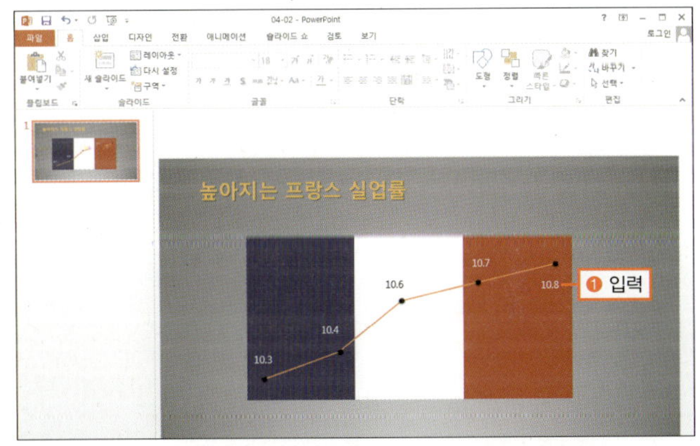

확인실습

도형에 [도형 채우기]와 [도형 윤곽선]을 지정하여 다음과 같은 슬라이드를 완성해 보세요.

- **시작 파일** : 파워포인트\part04\01-실습2.pptx
- **완료 파일** : 파워포인트\part04\01-실습2-완성.pptx

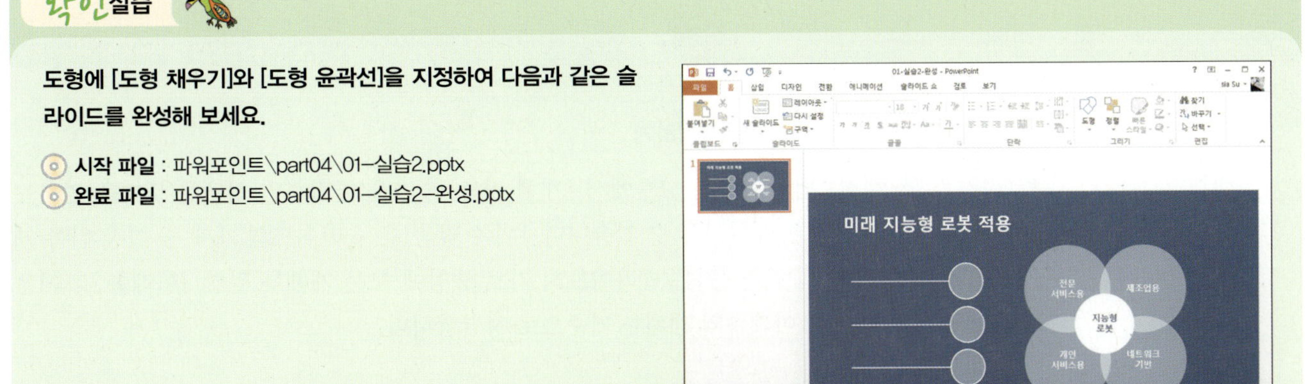

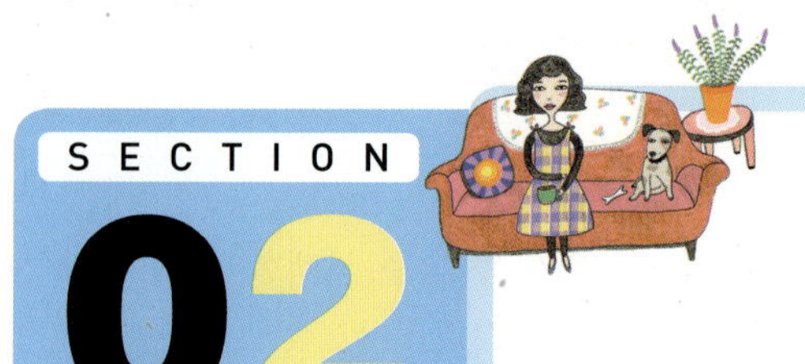

도형 조화롭게 배치하기

슬라이드에 삽입한 여러 개의 도형을 한 방향을 기준으로 정렬하고 간격을 조절하는 방법에 대해 알아보고 여러 개의 도형을 병합하거나 하나로 묶는 방법에 대해 살펴보겠습니다.

다루는 내용

- 도형 회전하고 정렬하기
- 도형 병합하기
- 도형의 순서 변경하고 그룹으로 묶기

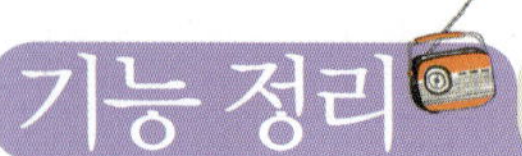

기능 정리 개체 정렬 방법 알아보기

여러 개의 도형을 원하는 위치를 기준으로 정렬하거나 가로, 세로 방향으로 개체의 간격을 동일하게 정렬하는 방법에 대해 알아봅니다.

● 스마트 가이드로 개체 정렬하기

개체를 선택하고 드래그하면 주변 개체를 기준으로 균등한 간격으로 배치할 수 있도록 빨간색 점선의 스마트 가이드가 나타납니다. 파워포인트 2013에 새롭게 추가된 기능으로, 주변 개체의 상하, 중앙에 정확히 정렬되면 점선으로 표시되며 동일한 간격으로 나열되면 양방향 점선 화살표가 도형 사이에 표시됩니다.

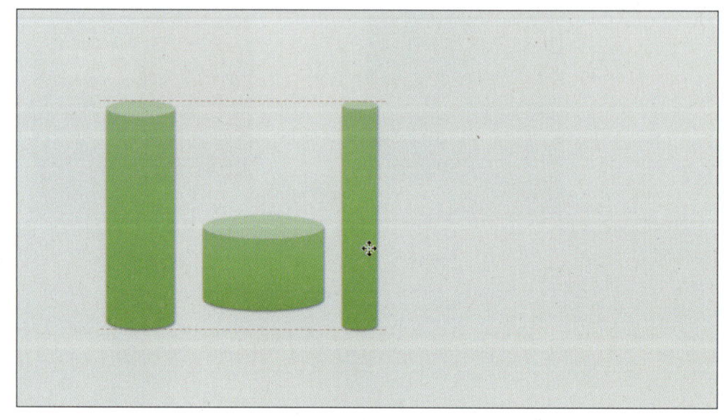 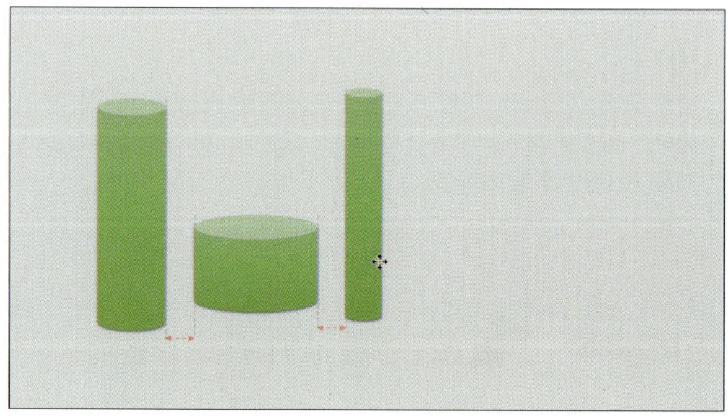

● [정렬] 그룹에서 [개체 맞춤] 지정하기

[그리기 도구-서식] 탭의 [정렬] 그룹에서 [개체 맞춤]( )을 클릭하면 선택한 도형을 원하는 위치에서 균일한 간격으로 정렬할 수 있습니다. [위쪽 맞춤]은 슬라이드의 개체 중 가장 위쪽 개체에 맞춰 정렬되며 [중간 맞춤]은 슬라이드의 가로 중앙에 모든 개체를 정렬, [아래쪽 맞춤]은 슬라이드 개체 중 가장 아래쪽의 개체를 기준으로 정렬합니다.

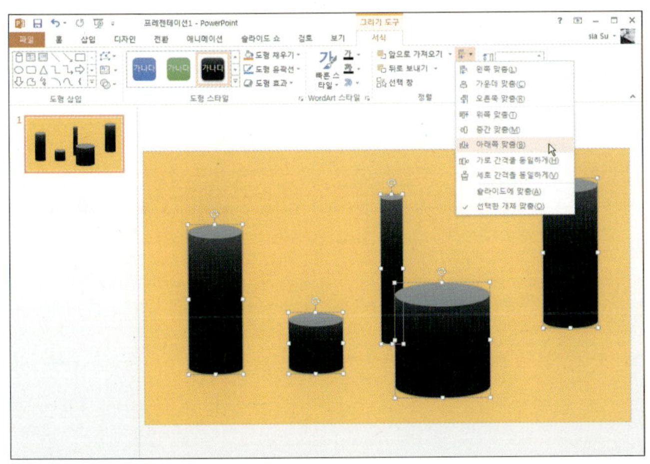 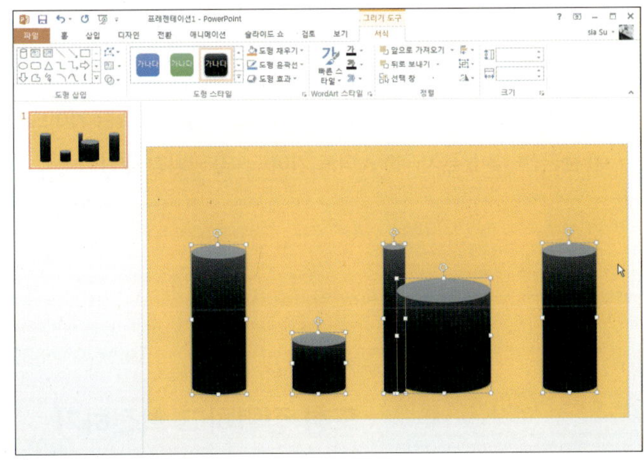

[왼쪽 맞춤]은 슬라이드의 가장 왼쪽에 위치한 개체를 기준으로 정렬하며 [가운데 맞춤]은 슬라이드의 가운데를 중심으로 정렬됩니다. 마지막으로 [오른쪽 맞춤]은 가장 오른쪽에 위치한 개체를 기준으로 모든 개체를 정렬합니다.

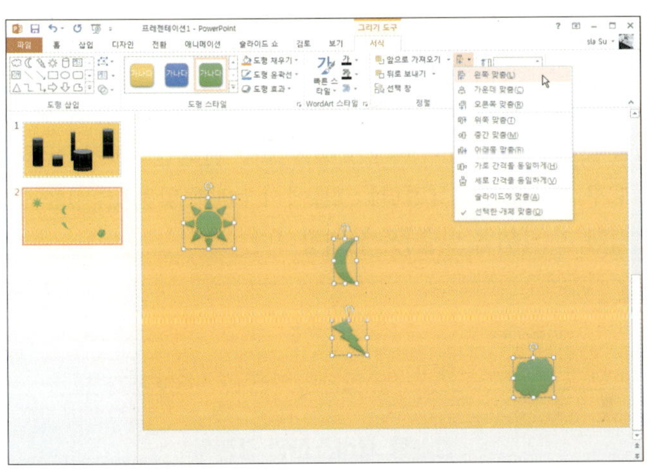 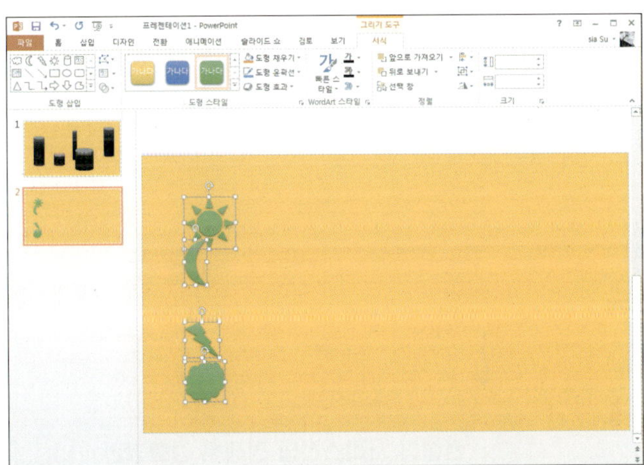

여러 개체의 간격을 균등하게 정렬할 때는 [가로 간격을 동일하게] 또는 [세로 간격을 동일하게]를 선택합니다.

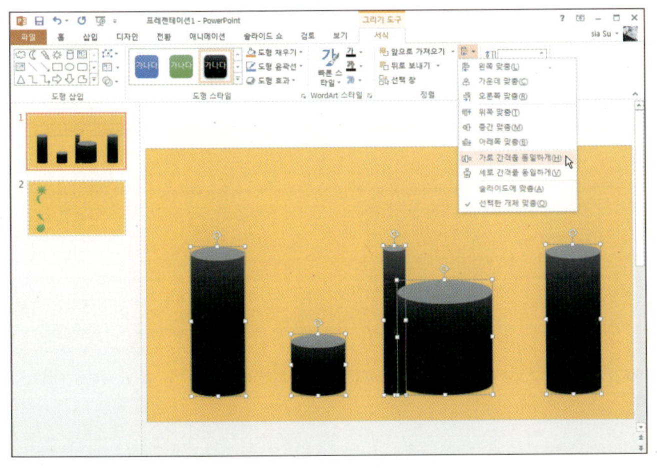 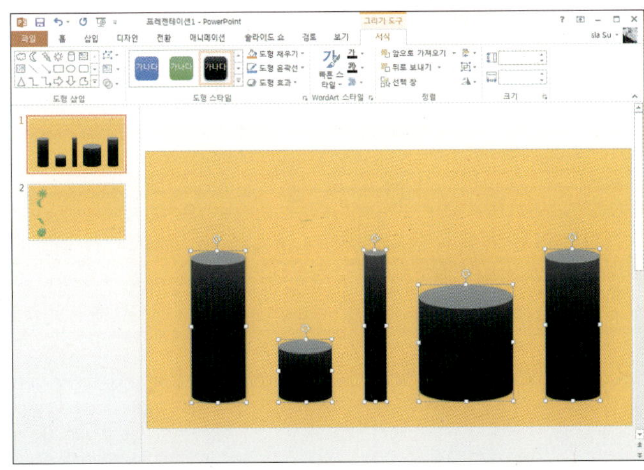

1 개체를 드래그하면 주변 개체를 기준으로 정렬을 위한 가이드 선이 나타납니다. 이 가이드 선을 무엇이라고 할까요?

① 눈금선 ② 눈금자 ③ 스마트 가이드 ④ 양방향 점선

답 : ③

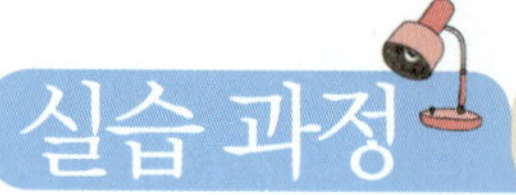

실습 과정 — 도형 정렬하고 회전하기

도형을 여러 개 복사한 후 특정 위치와 간격으로 정렬하고 회전시키는 방법에 대해 알아봅니다.

⊙ **시작 파일** : 파워포인트\part04\04-04.pptx
⊙ **완료 파일** : 파워포인트\part04\04-04-완성.pptx

01 도형 복사하기

❶슬라이드의 도형을 선택한 후 ❷Ctrl+D를 5번 눌러 같은 도형을 5개 복사합니다.

02 정렬 방법 선택하기

❶복사한 도형 중 하나를 클릭한 후 슬라이드의 오른쪽으로 드래그하여 위치를 변경합니다. ❷위치가 변경된 도형을 포함하여 슬라이드의 도형을 모두 선택한 후 ❸[그리기 도구-서식] 탭의 [정렬] 그룹에서 [개체 맞춤](📐)을 클릭하고 ❹[위쪽 맞춤]을 선택합니다.

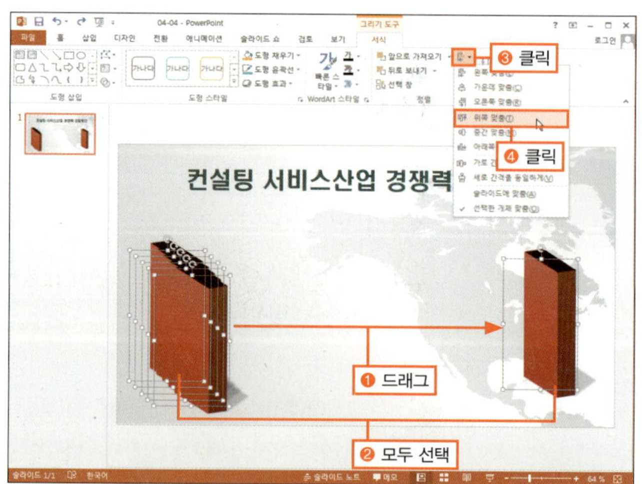

03 간격 조절하기

도형이 가장 위쪽의 도형 위치에 맞춰 정렬됩니다. 도형이 전부 선택된 상태에서 ❶ [그리기 도구-서식] 탭의 [정렬] 그룹에서 [개체 맞춤]([⊞▾])을 클릭하고 ❷ [가로 간격을 동일하게]를 선택합니다.

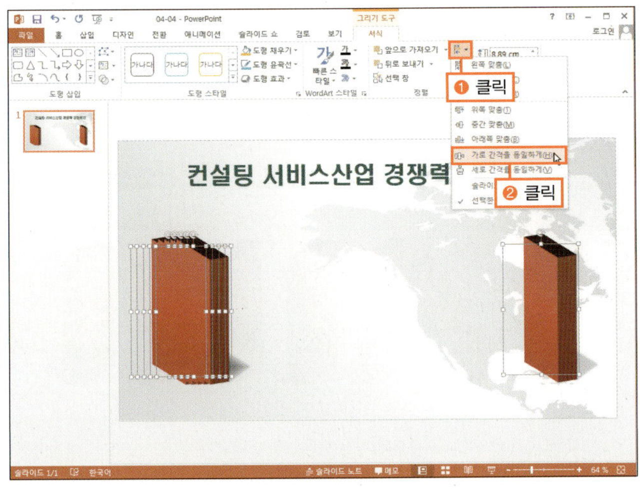

04 도형 간격 확인하기

선택한 도형이 모두 같은 간격으로 정렬된 것을 확인할 수 있습니다.

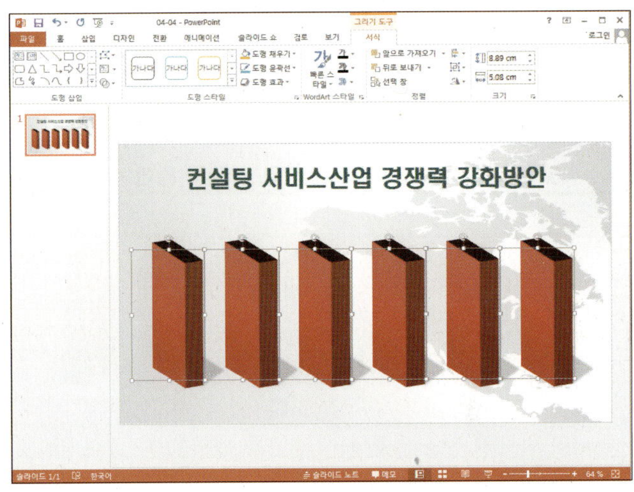

05 도형의 회전 조절점 확인하기

❶ 첫 번째 도형을 선택한 후 도형의 회전 조절점에 마우스 포인터를 두면 모양이 바뀝니다.

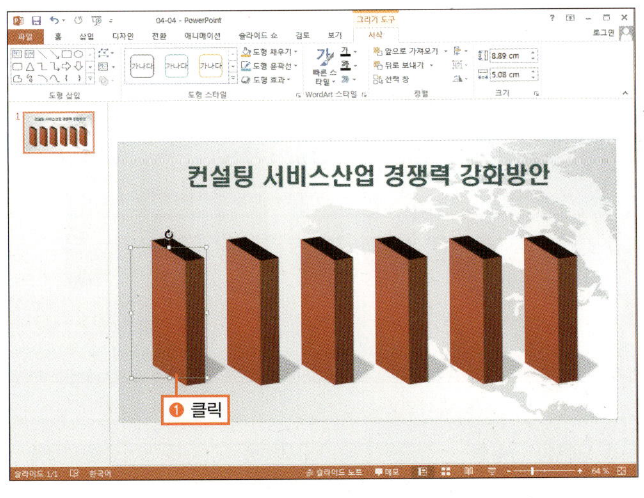

06 도형 회전하기

❶ 회전 조절점을 오른쪽으로 드래그하여 도형을 회전시킵니다.

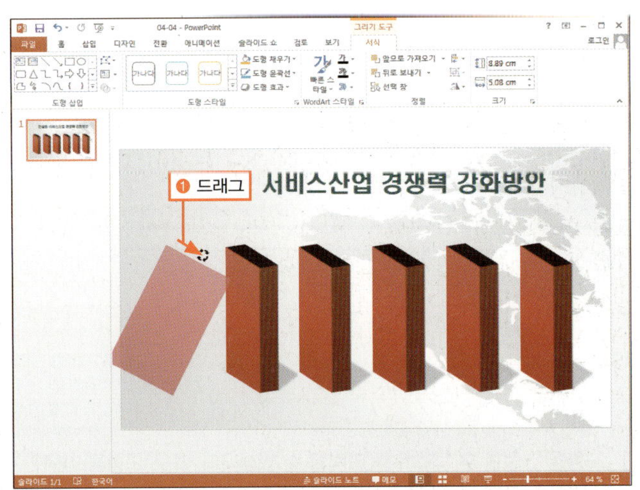

도형의 회전을 확인한 후 오른쪽 도형보다 앞에 배열하기 위해 ❶[그리기 도구-서식] 탭의 [정렬] 그룹에서 [앞으로 가져오기](📑)의 목록 단추를 클릭한 후 ❷[맨 앞으로 가져오기]를 선택합니다.

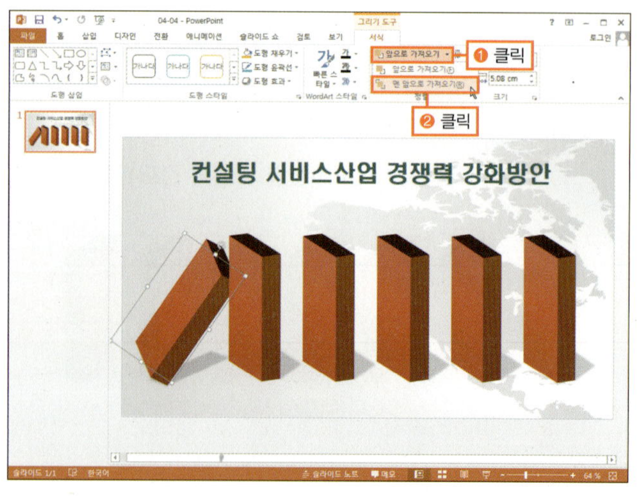

선택한 도형의 순서가 가장 앞으로 오면서 훨씬 자연스러운 그림이 완성됩니다.

09 도형에 텍스트 입력하기

❶각 도형을 선택한 후 다음과 같이 텍스트를 입력합니다.

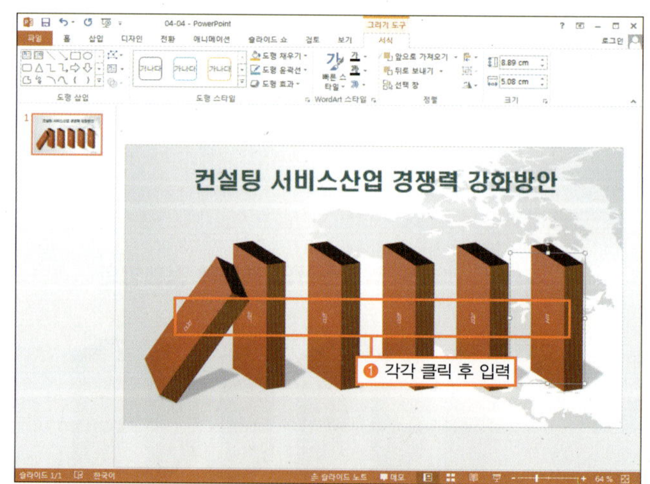

참고 • 도형에 텍스트 입력하기

도형을 선택한 후 텍스트를 입력할 수 있습니다. 또는 도형을 선택한 후 마우스 오른쪽 단추를 클릭하고 바로 가기 메뉴에서 [텍스트 편집]을 선택해도 됩니다.

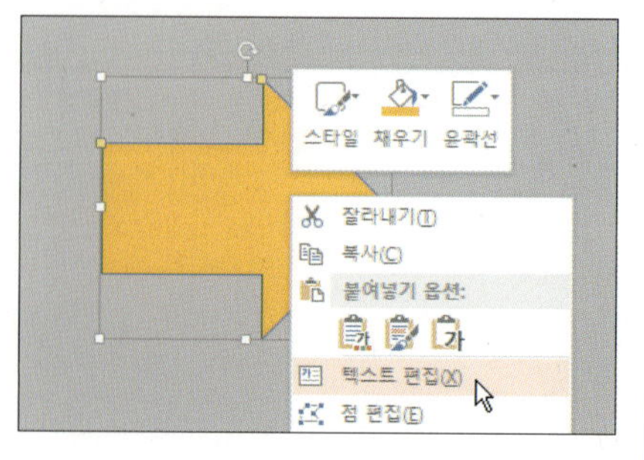

10 텍스트 서식 변경하기

❶텍스트가 입력된 도형을 모두 선택한 후 ❷[홈] 탭의 [글꼴] 그룹에서 텍스트의 서식을 다음과 같이 지정합니다.

참고
글꼴 : [HY헤드라인M], 글꼴 크기 : [54], [굵게], [텍스트 그림자]

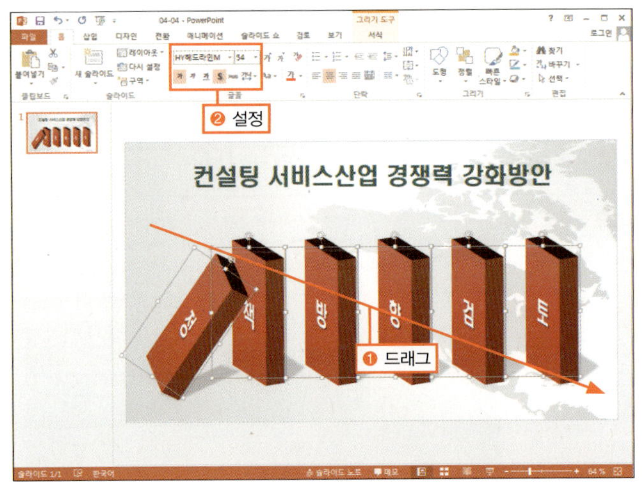

실습 과정 · 도형 병합하기

도형 병합 기능은 파워포인트 2013에 새롭게 추가된 기능입니다. 여러 개의 도형을 선택한 후 병합, 결합, 교차 등의 기능을 적용하여 새로운 도형으로 만드는 방법에 대해 알아봅니다.

- **시작 파일** : 파워포인트\part04\04-05.pptx
- **완료 파일** : 파워포인트\part04\04-05-완성.pptx

01 도형 삽입하기

❶슬라이드에 직사각형을 삽입한 후 ❷ Ctrl 을 누른 상태에서 위로 드래그하여 복사합니다.

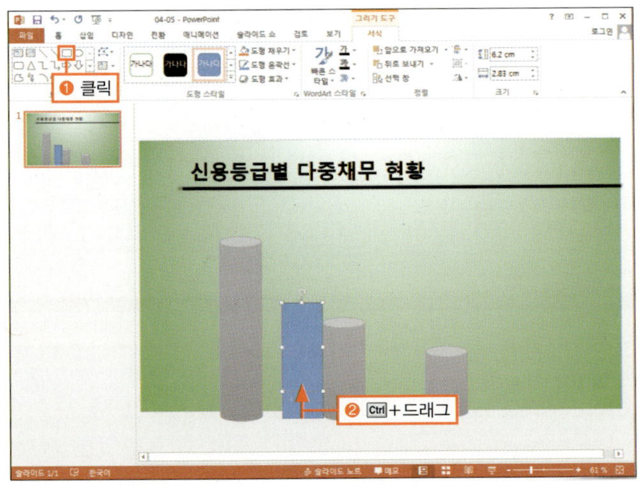

02 도형 변경하기

❶[그리기 도구-서식] 탭의 [도형 삽입] 그룹에서 [도형 편집](도형 편집)을 클릭하고 ❷[도형 모양 변경]-❸[모서리가 둥근 직사각형]을 선택합니다.

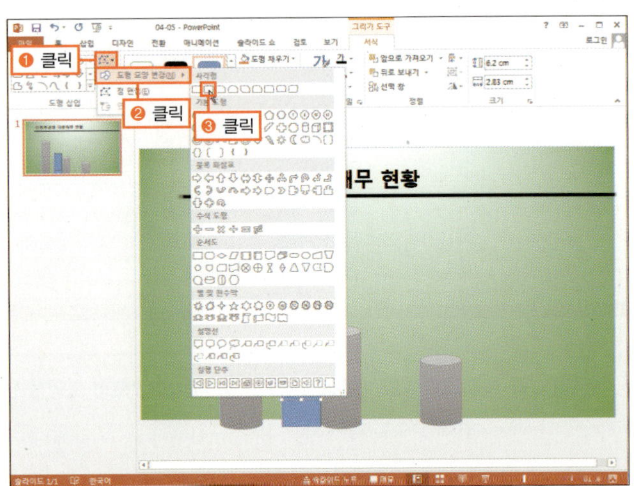

03 도형 병합하기

복사한 직사각형이 모서리가 둥근 사각형으로 변경되면 ❶ 직사각형과 모서리가 둥근 사각형을 모두 선택한 후 ❷[그리기 도구-서식] 탭의 [도형 삽입] 그룹에서 [도형 병합](⬡)을 클릭하고 ❸[병합]을 선택합니다.

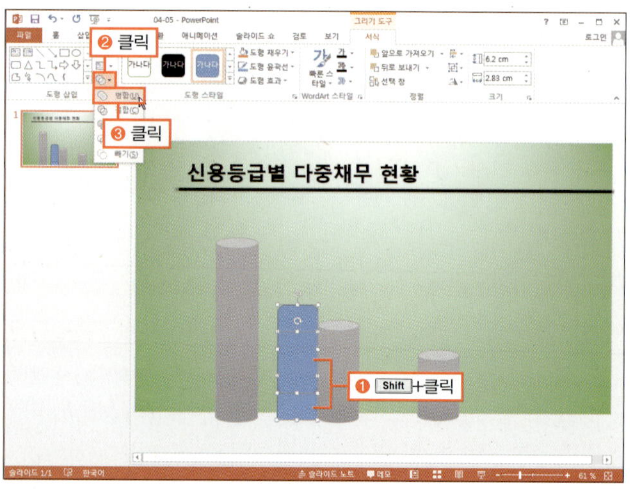

04 대칭 종류 선택하기

❶이등변 삼각형을 다음과 같은 크기로 삽입한 후 ❷[그리기 도구-서식] 탭의 [정렬] 그룹에서 [개체 회전](⬡)을 클릭하고 ❸[상하 대칭]을 선택합니다.

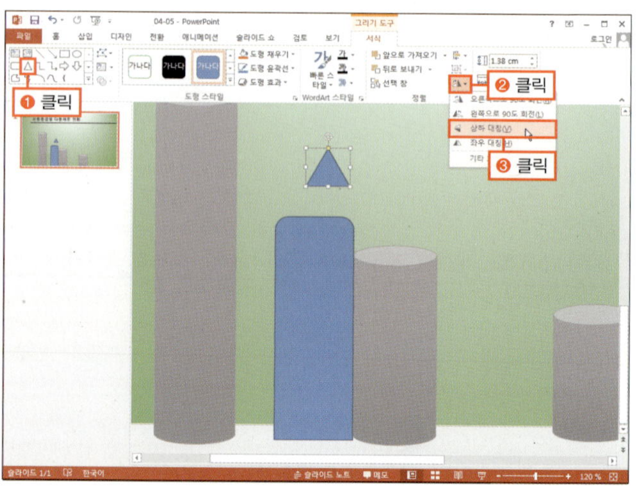

05 도형 이동하기

이등변 삼각형이 회전한 것을 확인한 후 ❶도형을 드래그 하여 앞서 병합한 도형 내부의 위쪽 중앙에 맞춥니다.

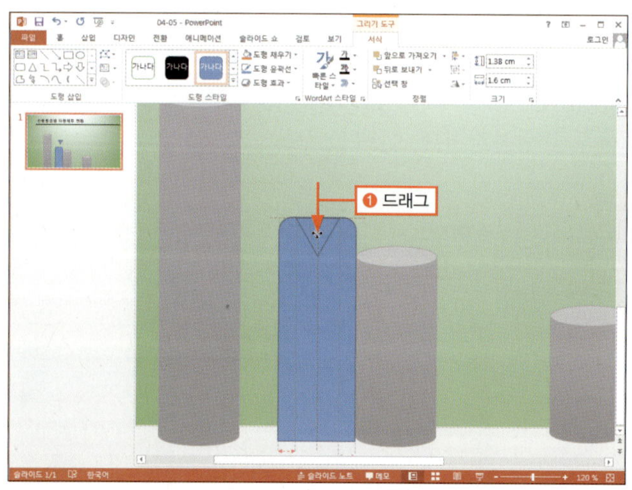

06 병합 종류 선택하기

❶병합한 도형과 삼각형을 모두 선택한 후 ❷[그리기 도구-서식] 탭의 [도형 삽입] 그룹에서 [도형병합](⬡)을 클릭하고 ❸[결합]을 선택합니다.

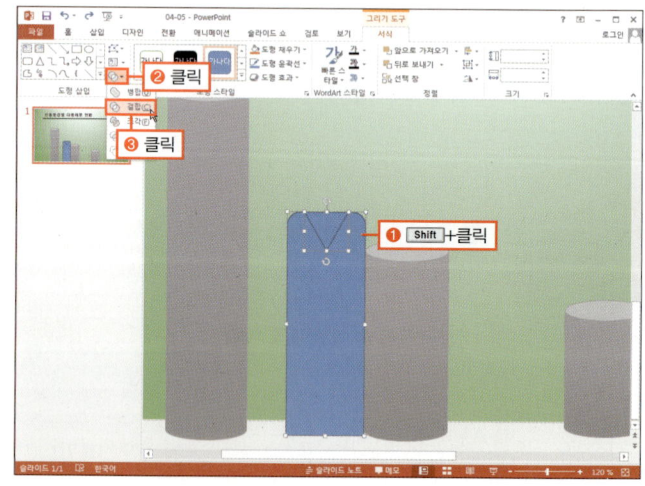

> **참고**
> 부록 CD의 '특집.pdf' 파일 18쪽에서 [점 편집] 기능으로 도형 모양을 변경하는 방법을 참고합니다.

07 결합 확인하고 도형 삽입하기

도형의 결합을 확인한 후 ❶타원을 다음과 같이 삽입합니다.

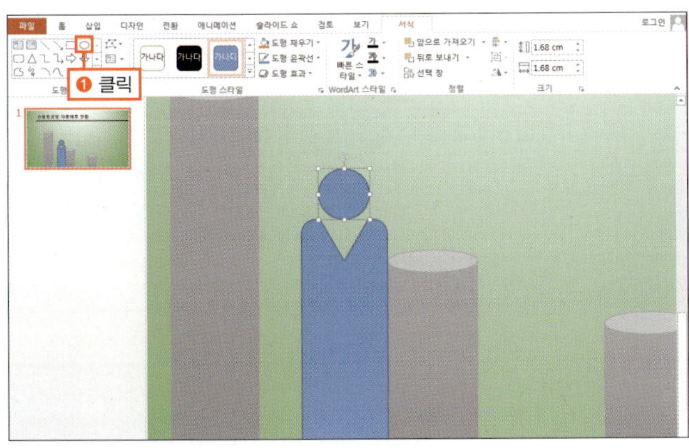

08 도형 스타일 변경하기

❶병합한 도형과 타원을 모두 선택한 후 ❷[그리기 도구-서식] 탭의 [도형 스타일] 그룹에서 [자세히](▾)를 클릭하여 [강한 효과-주황, 강조 2]를 선택합니다.

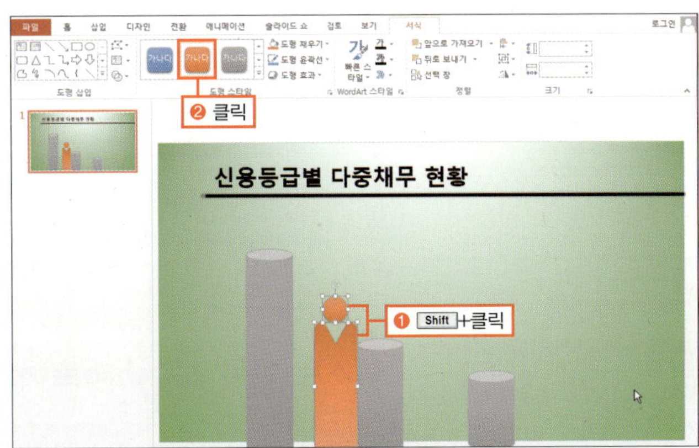

09 도형 스타일 확인하고 복사하기

선택한 도형의 스타일이 변경되면 ❶ Ctrl 을 누른 채 드래그하여 그림과 같이 여러 개 복사합니다.

참고 ·

슬라이드 쇼를 실행하면 슬라이드 영역 밖으로 나온 부분은 보이지 않으므로 복사한 도형 중 하나는 높이를 조절하기 위해 도형의 일부를 슬라이드 영역 밖에 위치시킵니다.

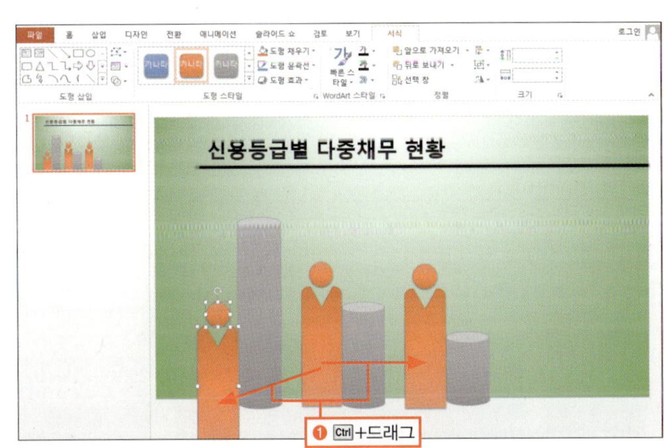

확인실습

도형의 병합, 스타일, 그룹 등의 기능을 사용하여 다음과 같은 슬라이드를 완성하세요.

⊙ **시작 파일** : 파워포인트\part04\02-실습1.pptx
⊙ **완료 파일** : 파워포인트\part04\02-실습1-완성.pptx

참고 ·

부록 CD의 '특집.pdf' 파일 20쪽에서 도형을 그룹화하는 방법을 참고합니다.

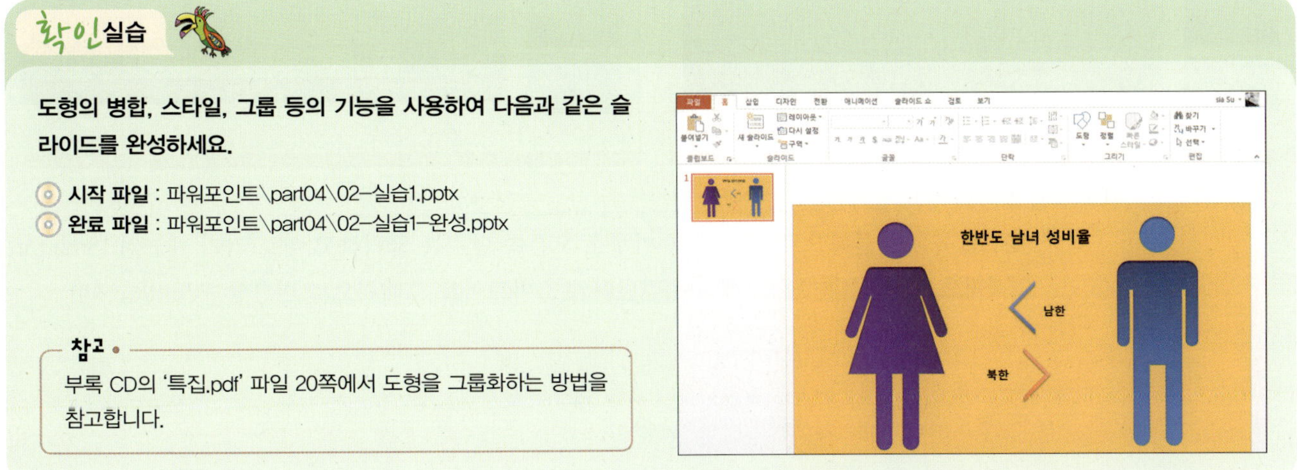

스마트아트 삽입하고 디자인 변경하기

스마트아트(SmartArt)는 슬라이드에 여러 가지 모양의 도형을 배열하여 도해를 간단하게 작성할 수 있게 도와주는 기능입니다. 기본적으로 제공하는 다양한 형태의 스마트아트 그래픽을 사용하여 슬라이드를 작성하는 방법에 대해 알아봅니다.

다루는 내용
• 스마트아트 삽입하기
• 스마트아트 편집하기

기능 정리 ‖ 텍스트 목록으로 스마트아트 만들기

[삽입] 탭의 [일러스트레이션] 그룹에서 [SmartArt]( )를 클릭하면 슬라이드에 스마트아트 그래픽을 삽입할 수 있습니다. 먼저 스마트아트 그래픽을 삽입한 후 도형에 텍스트를 입력하는 순서로 스마트아트 그래픽을 완성하는 것이 보통이지만 이미 입력된 텍스트 목록을 선택하여 스마트아트 그래픽을 만드는 방법도 있습니다.

텍스트 상자를 선택한 후 [홈] 탭의 [단락] 그룹에서 [SmartArt 그래픽으로 변환]( )을 클릭하고 스마트아트 그래픽 목록에서 원하는 유형을 선택합니다. 텍스트 목록이 선택한 스마트아트 그래픽으로 변환됩니다.

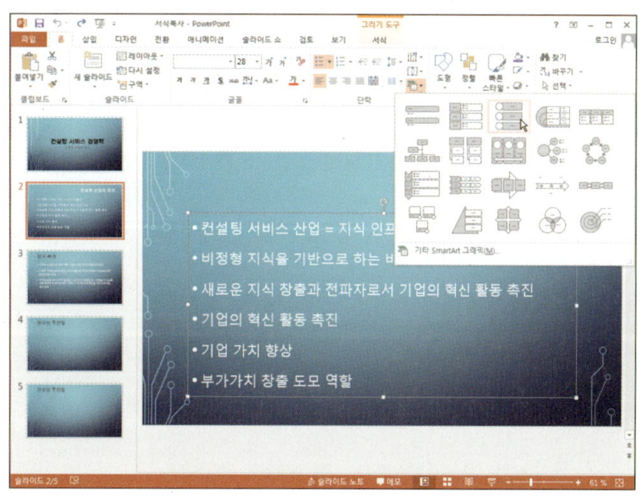

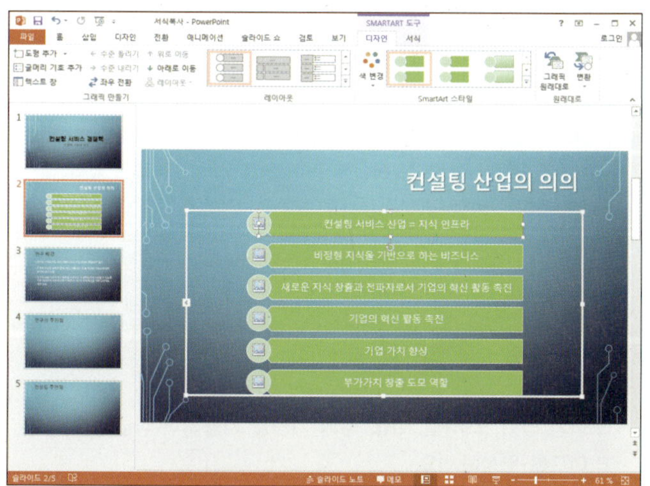

텍스트 목록을 블록으로 지정한 후 마우스 오른쪽 단추를 클릭하고 바로 가기 메뉴의 [SmartArt 그래픽으로 변환]( )을 선택하여 간단하게 스마트아트 그래픽으로 변환할 수도 있습니다.

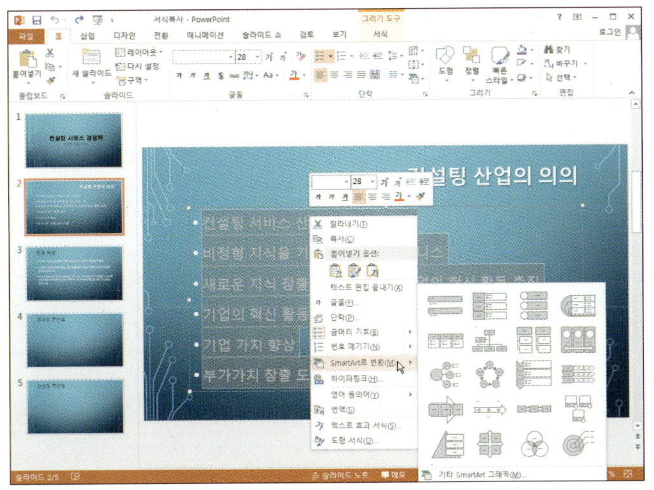

1 파워포인트에서 전문적인 모양의 다이어그램을 쉽게 작성할 수 있도록 도와주는 기능은 무엇일까요?

① 워드아트 ② 온라인 그림 ③ 도형 스타일 ④ 스마트아트

답 : ④

스마트아트 삽입하고 도형 추가하기

슬라이드에 스마트아트 그래픽을 추가하는 방법에 대해 알아봅니다.

⊚ **시작 파일** : 파워포인트\part04\04-07.pptx
⊚ **완료 파일** : 파워포인트\part04\04-07-완성.pptx

01 스마트아트 선택하기

❶[삽입] 탭의 ❷[일러스트레이션] 그룹에서 [SmartArt]
(▣)를 클릭합니다.

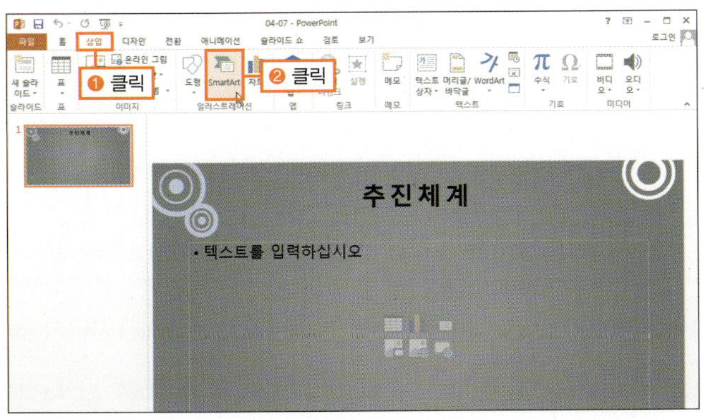

02 스마트아트 유형 선택하기

[SmartArt 그래픽 선택] 대화상자가 나타나면 ❶[계층 구
조형]의 ❷[이름 및 직위 조직도형]을 선택한 후 ❸[확인]
을 클릭합니다.

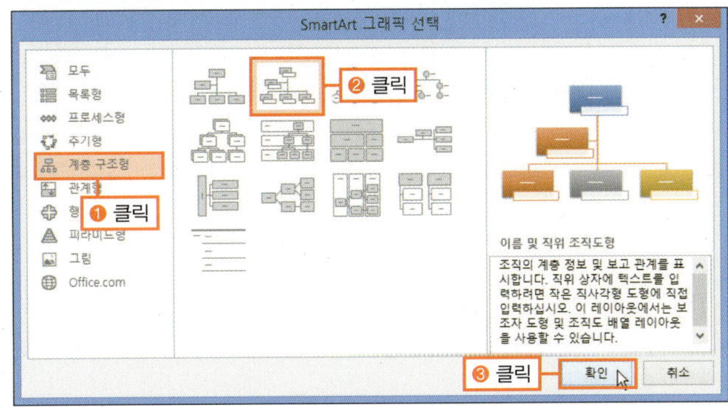

03 스마트아트 도형 추가하기

슬라이드에 선택한 유형의 스마트아트가 삽입되면 ❶다음
과 같이 스마트 아트 도형을 선택하고 ❷[SmartArt 도구-
디자인] 탭의 [그래픽 만들기] 그룹에서 [도형 추가](▢)
의 ❸[뒤에 도형 추가]를 클릭합니다.

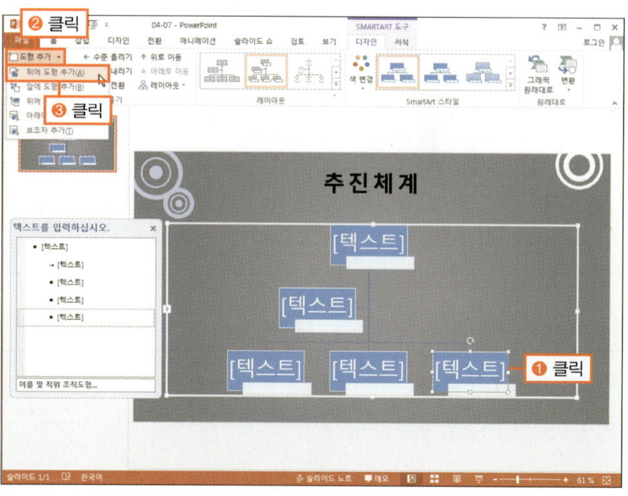

04 스마트아트 도형 크기 조절하기

삽입한 스마트아트 그래픽 중 ❶가장 위의 도형을 클릭한
후 가운데 크기 조절점을 드래그하여 크기를 조절합니다.

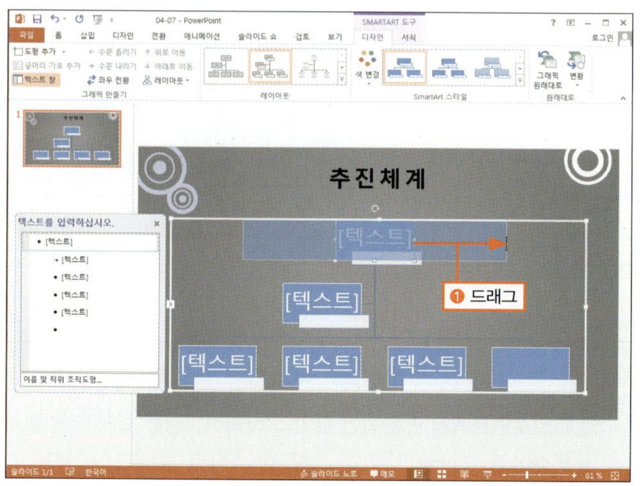

05 도형에 텍스트 입력하기

❶각각의 도형을 클릭하여 그림과 같이 텍스트를 입력합
니다.

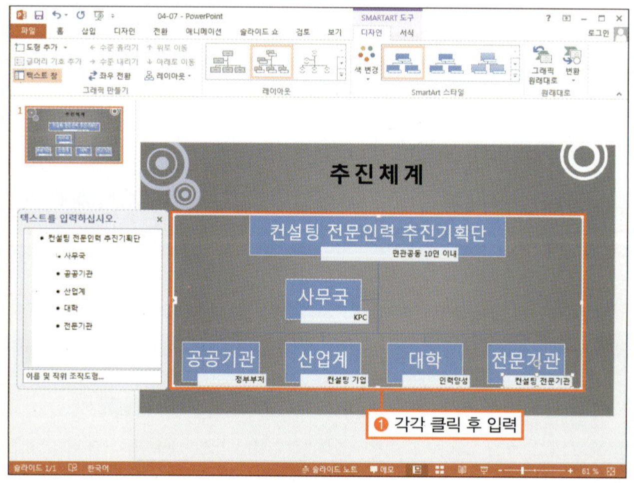

06 스마트아트 도형 텍스트 정렬하기

스마트아트 도형 중 ❶흰색 직사각형을 모두 선택한 후 ❷
[홈] 탭의 [단락] 그룹에서 [가운데 맞춤](▤)을 클릭하여
도형 안의 텍스트를 가운데 맞춤으로 정렬합니다.

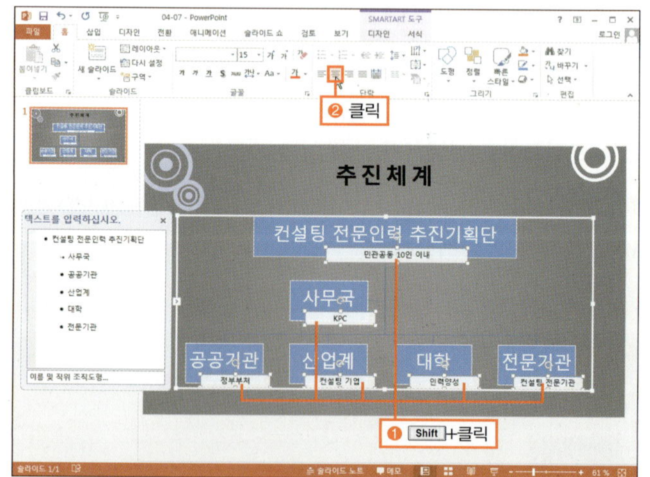

> **참고**
>
> 여러 개의 도형을 선택할 때는 Shift 를 누른 상태에서 선택하려는
> 도형을 각각 클릭합니다.

스마트아트 그래픽을 삽입하면 스마트아트 도형의 왼쪽 옆에 텍스트 창이 나타납니다. 스마트아트 도형을 클릭하여 직접 텍스트를 입력하기도 하지만 [텍스트 창]에서 입력하기도 합니다. [텍스트 창]은 [SmartArt 도구-디자인] 탭의 [그래픽 만들기] 그룹에서 [텍스트 창](▣)을 클릭하여 슬라이드에서 숨기거나 표시할 수 있습니다. 또는 스마트아트 그래픽 왼쪽 테두리의 ◀와 ▶를 클릭해도 됩니다.

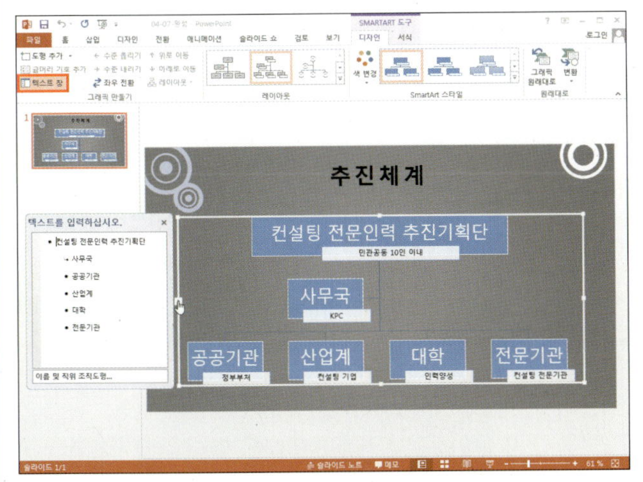
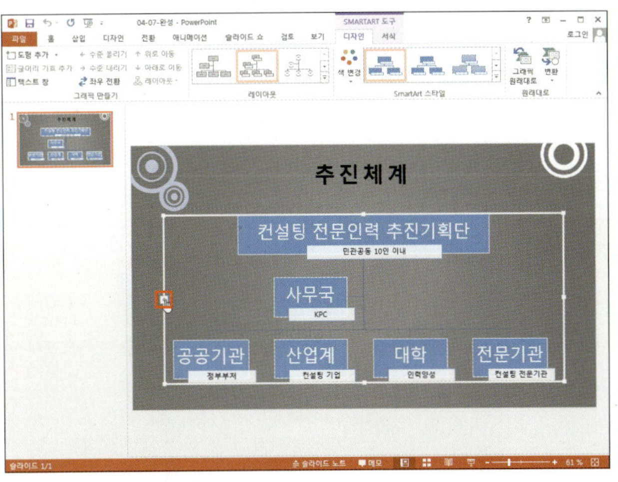

실습 과정

스마트아트 스타일과 서식 변경하기

슬라이드에 삽입한 스마트아트 그래픽에 스타일을 지정하고 도형의 서식을 변경하는 방법에 대해 알아봅니다.

◎ **시작 파일** : 파워포인트\part04\04-08.pptx
◎ **완료 파일** : 파워포인트\part04\04-08-완성.pptx

01 스마트아트 색 변경하기

❶스마트아트 그래픽을 선택하고 ❷[SmartArt 도구-디자인] 탭의 [SmartArt 스타일] 그룹에서 [색 변경](⬚)을 클릭한 후 ❸[그라데이션 반복-강조 2]를 선택합니다.

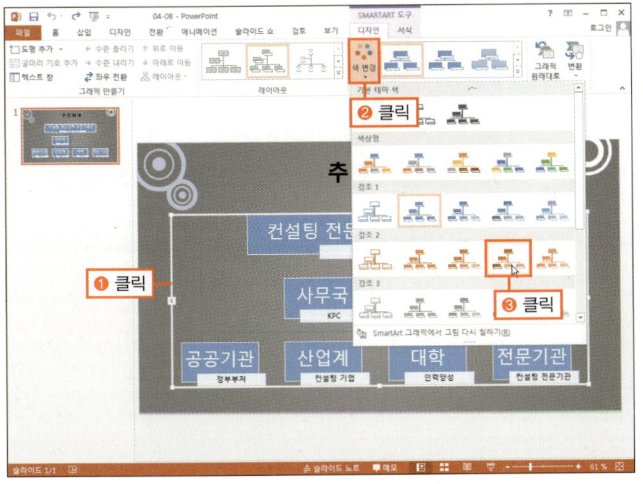

02 스마트아트 스타일 변경하기

색상이 변경된 것을 확인한 후 [SmartArt 도구-디자인] 탭의 [SmartArt 스타일] 그룹에서 ❶[자세히](▾)를 클릭하고 ❷[파우더]를 선택합니다.

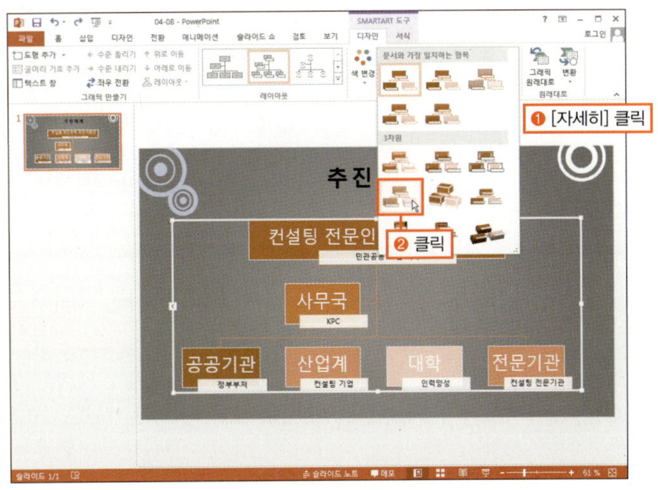

스마트아트 도형이 지정한 색상과 스타일로 변경된 것을 확인할 수 있습니다.

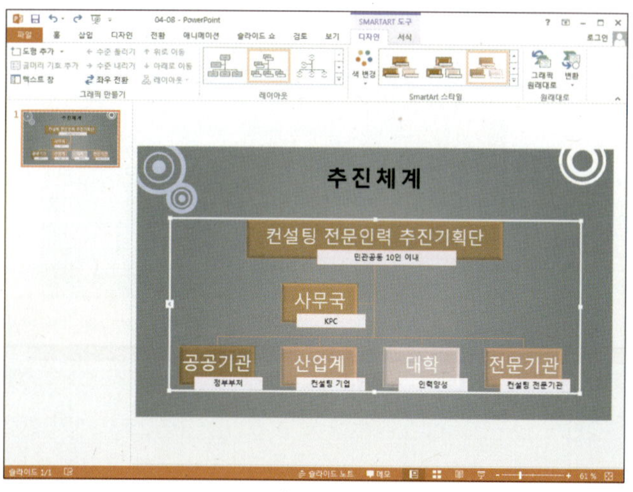

스마트아트 그래픽 중 ❶작은 직사각형을 모두 선택하고 ❷[SmartArt 도구-서식] 탭의 [도형 스타일] 그룹에서 ❸ [자세히]()를 클릭한 후 ❹[미세 효과-녹색, 강조 6]을 선택합니다.

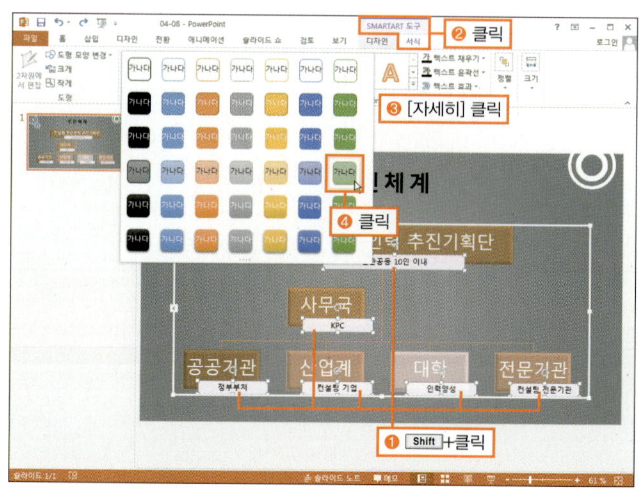

선태한 도형이 지정한 스타일로 변경된 것을 확인합니다.

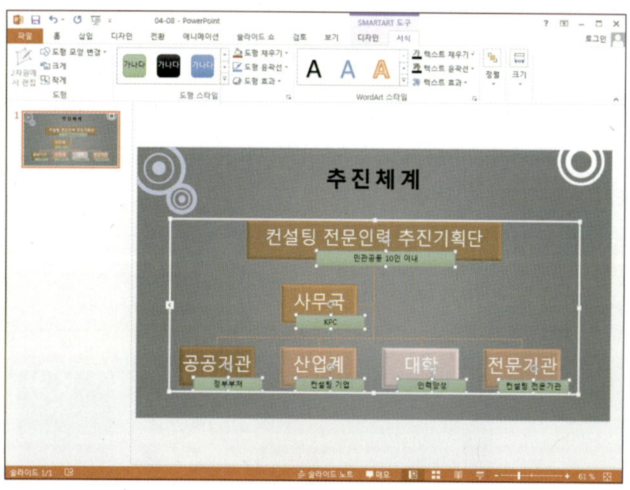

❶스마트아트 그래픽을 선택하고 ❷[SmartArt 도구-서식] 탭의 [도형 스타일] 그룹에서 [도형 효과]()을 클릭한 후 ❸[반사]-❹[근접 반사, 8pt 오프셋]을 선택합니다.

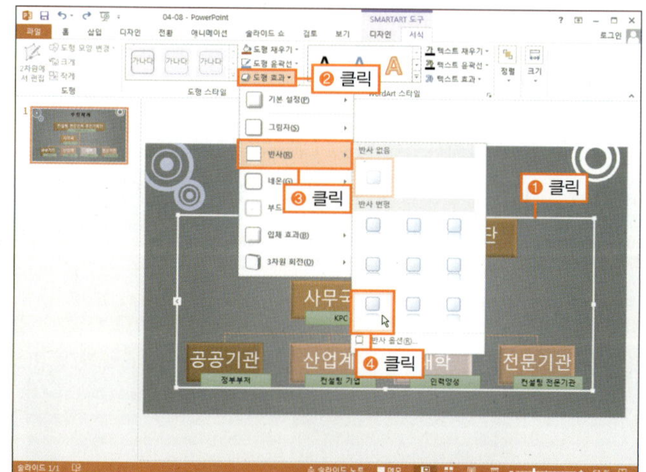

07 반사 옵션 선택하기

스마트아트 그래픽에 지정한 반사 효과가 적용되면 반사 효과의 옵션을 조절하기 위해 [도형 스타일] 그룹에서 ❶ [도형 효과](□)를 클릭한 후 ❷[반사]-❸[반사 옵션]을 선택합니다.

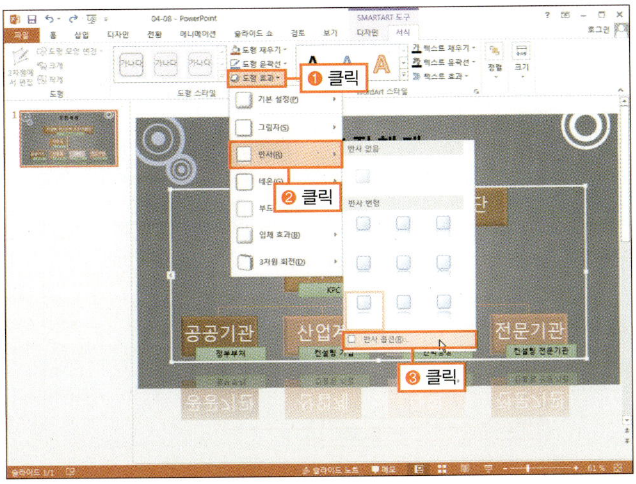

08 반사 옵션 지정하기

[도형 서식] 작업 창이 나타나면 ❶다음과 같이 반사 효과 의 크기와 투명도 등을 지정합니다.

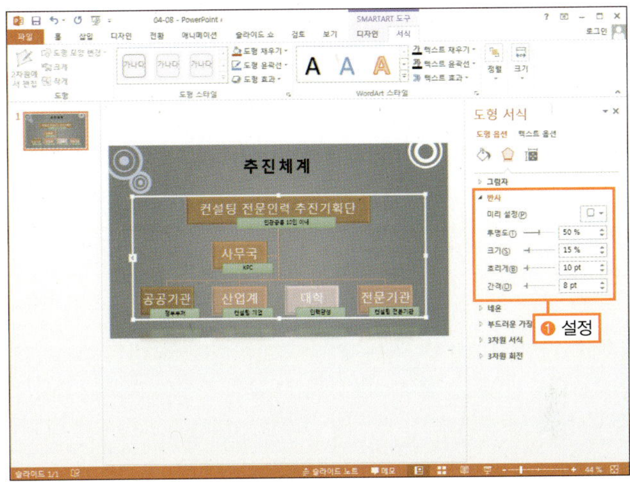

확인실습

스마트아트를 삽입하여 다음과 같은 슬라이드를 완성하세요.

◎ **시작 파일** : 파워포인트\part04\03-실습1.pptx
◎ **완료 파일** : 파워포인트\part04\03-실습1-완성.pptx

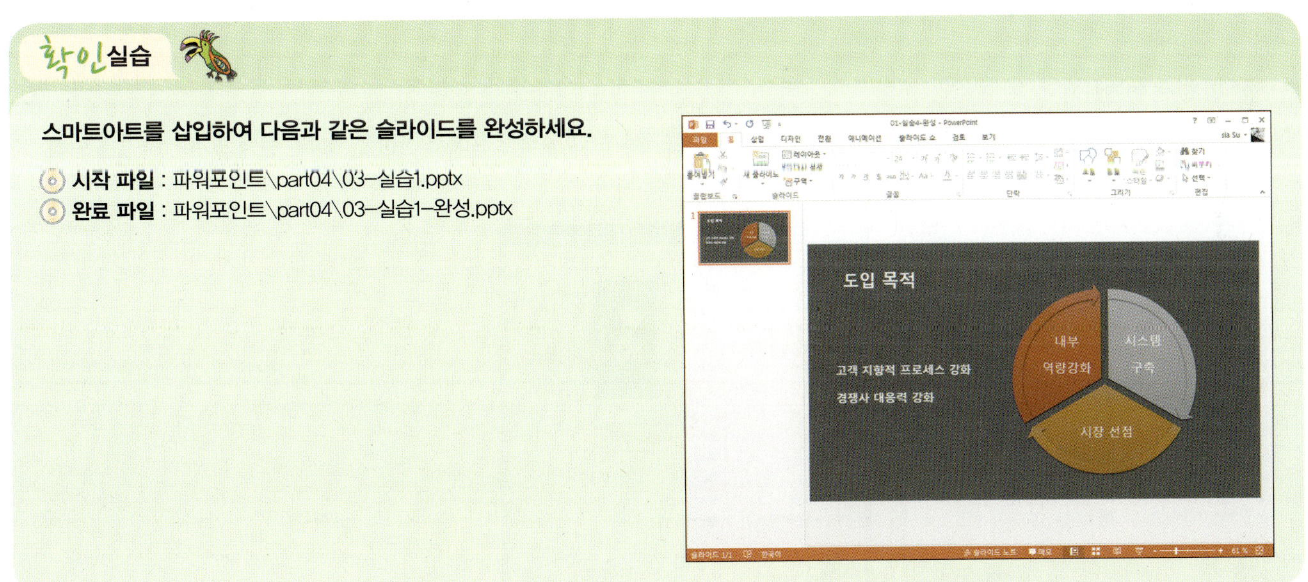

기본 강조 색 바꿔 스마트아트 그래픽 꾸미기

슬라이드에 스마트아트를 삽입할 때 기본적으로 적용되는 색상을 사용자가 원하는 색상으로 변경할 때는 [색 사용자 지정]을 이용합니다.

1 [색 사용자 지정] 선택하기

❶[디자인] 탭의 ❷[적용] 그룹에서 [자세히](▽)를 클릭하고 ❸ [색]—❹[색 사용자 지정]을 선택합니다.

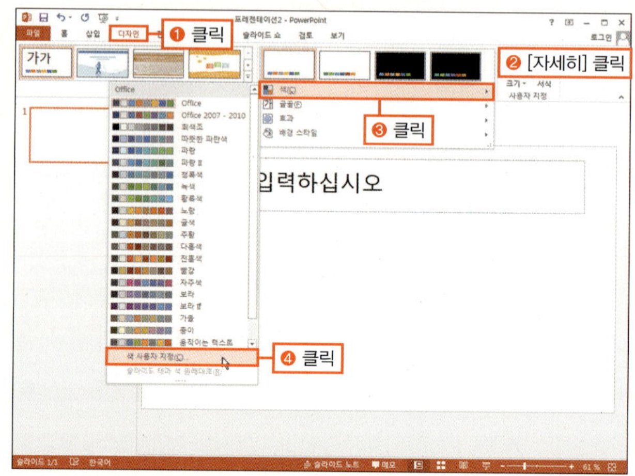

2 강조 색 변경하기

[새 테마 색 만들기] 대화상자가 나타나면 ❶[강조 1]의 색 단추를 클릭하고 ❷색상 표에서 변경할 색상을 선택합니다. ❸같은 방법으로 [강조 2]~[강조 6]의 색상을 모두 변경한 후 ❹[저장]을 클릭합니다.

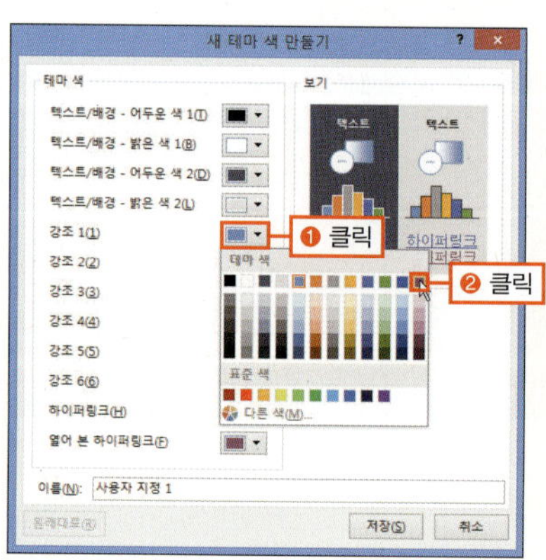

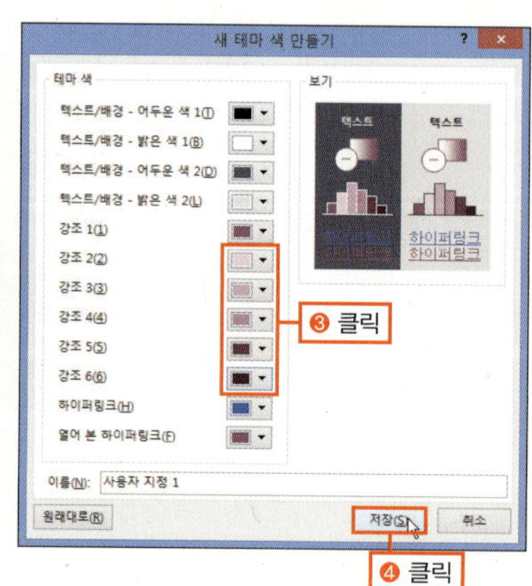

❸ 스마트아트 그래픽 삽입하기

❶[삽입] 탭의 ❷[일러스트레이션] 그룹에서 [SmartArt](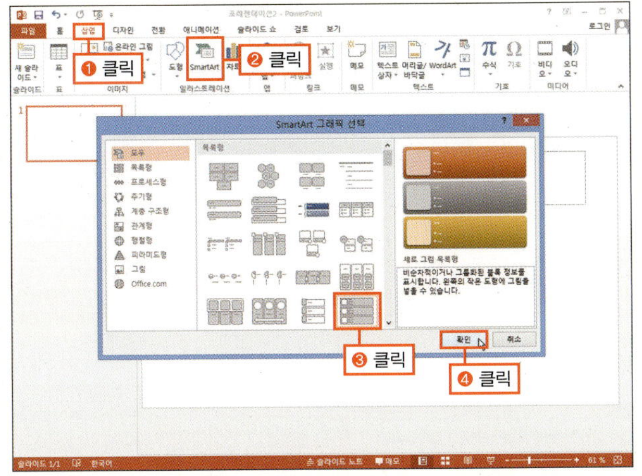)를 클릭합니다. ❸[SmartArt 그래픽 선택] 대화상자가 나타나면 원하는 스마트아트 유형을 선택한 후 ❹[확인]을 클릭합니다.

❹ 새 테마 색 확인하기

슬라이드에 삽입한 스마트아트 도형의 기본 색이 [새 테마 색 만들기] 대화상자에서 지정한 색상으로 나타납니다.

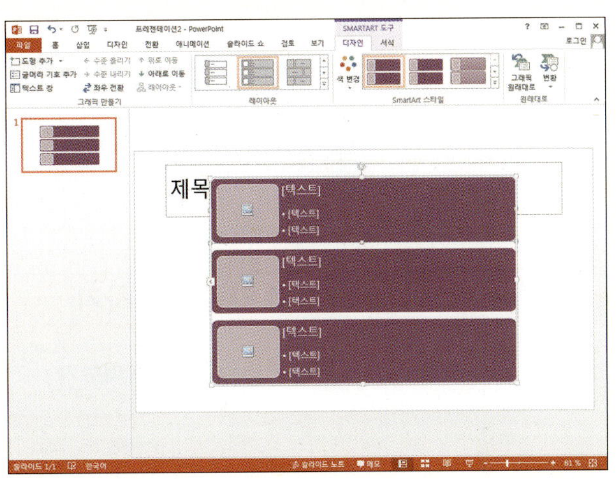

❺ 변경된 강조 색 확인하기

❶[SmartArt 도구–디자인] 탭의 [SmartArt 스타일] 그룹에서 [색 변경](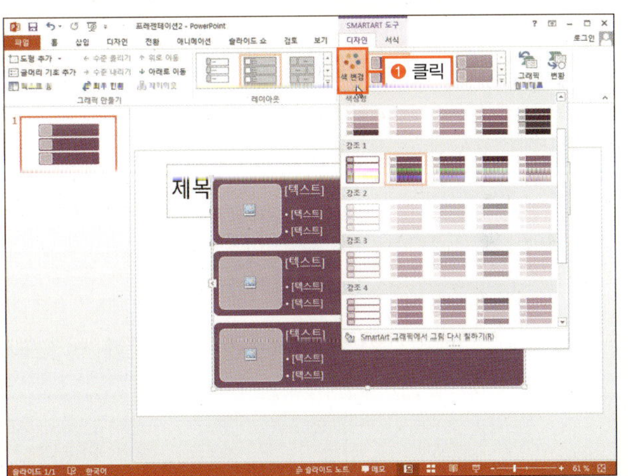)을 클릭하면 스마트아트 그래픽 색상이 변경된 강조색으로 나타나는 것을 확인할 수 있습니다.

그림 삽입하고 편집하기

컴퓨터에 저장한 그림 파일을 슬라이드에 삽입한 후 그림을 자르고 정렬하는 등의 편집 방법에 대해 알아봅니다. 또한 그림에 스타일과 효과를 지정하여 꾸미는 방법에 대해서도 알아봅니다.

다루는 내용

- 그림 삽입하기
- 그림 자르고 정렬하기
- 스크린샷으로 그림 캡처하기
- 그림 스타일 지정하기
- 그림에 다양한 효과 지정하기

 기능 정리 — 그림 스타일 지정하기

● **[그림 스타일] 그룹 살펴보기**

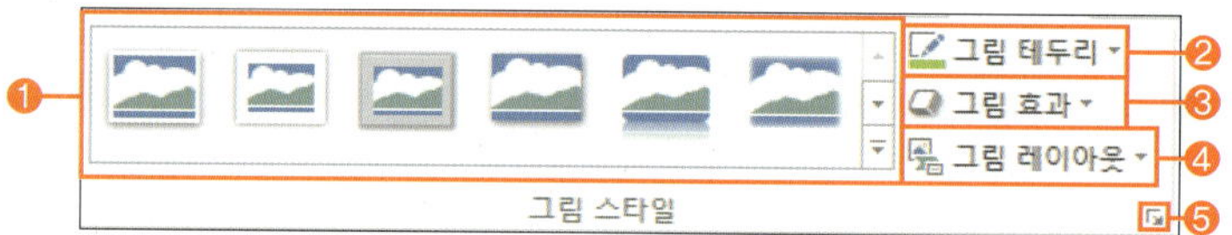

❶ 미리 정의된 스타일을 선택하여 그림 전체 스타일을 변경합니다.

❷ 그림 테두리의 색, 두께, 선 스타일을 선택합니다.

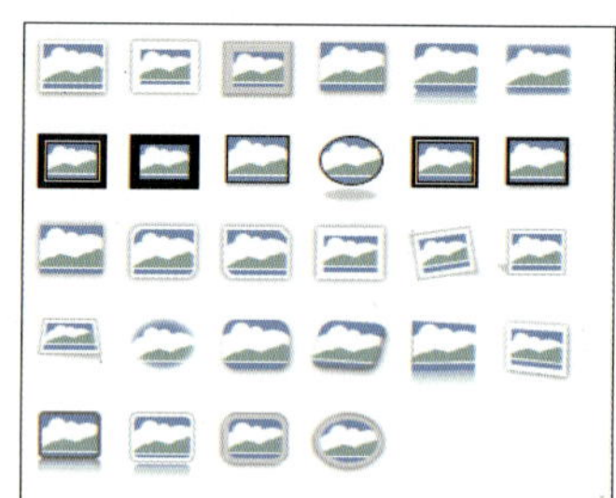

❸ 그림에 반사, 네온, 입체 효과 등의 다양한 시각 효과를 적용합니다.

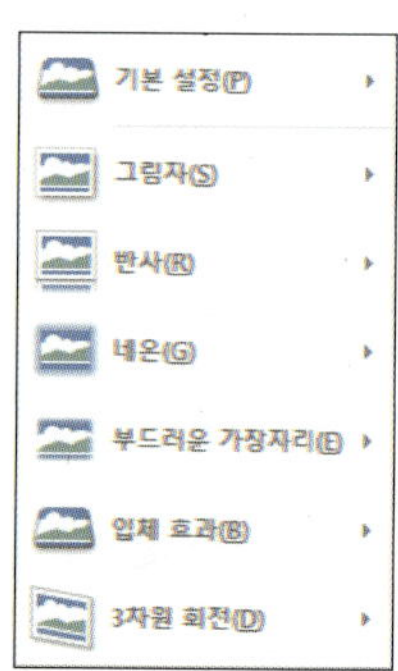

❹ 선택한 그림을 스마트아트 도형으로 변환합니다.

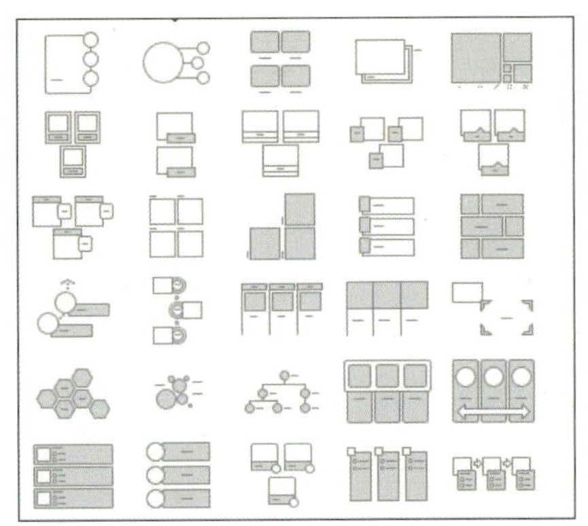

❺ 클릭하면 [그림 서식] 작업 창을 표시합니다. 선택한 그림에서 마우스 오른쪽 단추를 클릭한 후 바로 가기 메뉴의 [그림 서식]을 선택해도 [그림 서식] 작업 창을 표시할 수 있습니다.

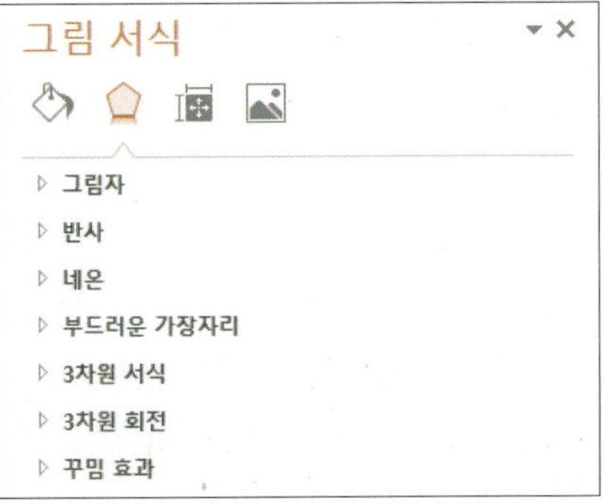

● **[조정] 그룹 살펴보기**

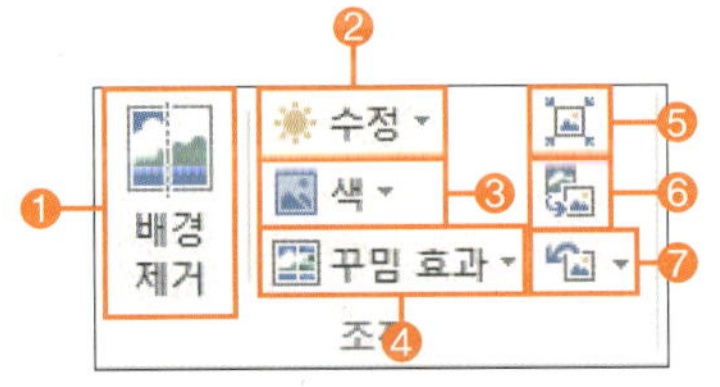

❶ 삽입한 그림의 배경을 제거합니다.
❷ 그림의 밝기, 대비, 선명도를 조절합니다.

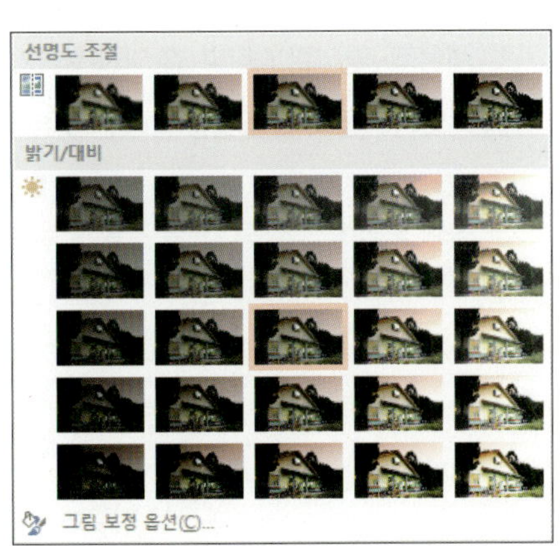

❸ 그림의 채도, 색조 등을 변경합니다.

❹ 포토샵의 필터와 같은 기능으로, 그림이 스케치나
회화처럼 보이도록 효과를 줍니다.

❺ 문서에 그림을 압축해 파일의 크기를 줄입니다.
❻ 현재 그림의 서식과 크기를 유지하면서 다른 그림으로 변경합니다.
❼ 선택한 그림에 적용되거나 변경된 서식을 모두 취소합니다.

간단퀴즈 

1 그림에 스케치나 회화처럼 보일 수 있도록 효과를 지정하는 기능은 다음 중 무엇일까요?

① 회색조 ② 그림 스타일 ③ 다시 칠하기 ④ 꾸밈 효과

2 자르기 기능의 옵션 설명 중 맞는 것은 무엇일까요?

① 자르기 조절점을 드래그한 후 Esc 를 누르면 드래그한 영역이 잘린다.
② 특정 도형 모양으로 그림을 자를 수 없다.
③ 원하는 비율로 그림을 자를 수 없다.

답 : **1** ④, **2** ①

그림 삽입하고 편집하기

슬라이드에 그림을 삽입한 후 크기와 위치를 변경하고 필요 없는 부분을 잘라내는 방법과 그림을 정렬하는 방법에 대해 알아봅니다.

◉ **시작 파일** : 파워포인트\part04\05-01.pptx
◉ **완료 파일** : 파워포인트\part04\05-01-완성.pptx

01 [그림] 삽입 선택하기

❶[삽입] 탭의 ❷[이미지] 그룹에서 [그림](📷)을 클릭합니다.

> **참고** ● 개체 틀에서 그림 삽입하기
> 리본 메뉴를 사용하지 않고 내용 텍스트 상자 개체 틀의 [그림](📷)을 클릭해도 그림을 삽입할 수 있습니다.

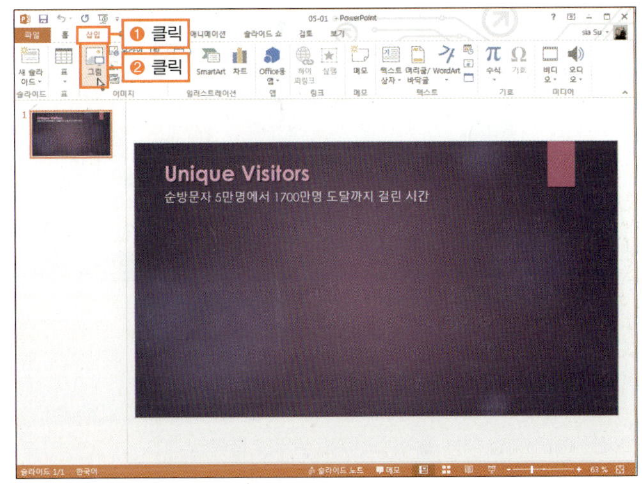

02 그림 파일 선택하기

[그림 삽입] 대화상자가 나타나면 ❶삽입할 그림 파일을 모두 선택한 후 ❷[삽입]을 클릭합니다.

> **참고** ●
> [그림 삽입] 대화상자에서 그림을 여러 개 선택할 때는 Ctrl 이나 Shift 를 누른 채 원하는 그림 파일을 클릭합니다.

03 그림 이동하고 [자르기] 선택하기

❶겹쳐서 삽입된 그림을 슬라이드의 빈 영역으로 드래그한 후 ❷다음과 같이 그림을 선택하고 ❸[그림 도구-서식] 탭의 [크기] 그룹에서 [자르기]( )를 클릭합니다.

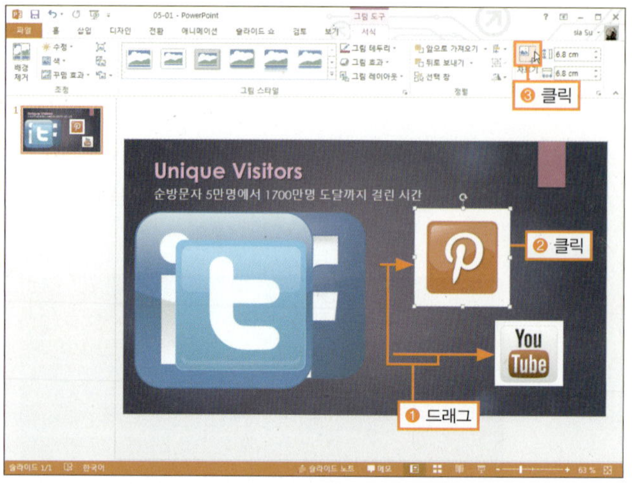

참고

여러 개의 그림을 삽입하면 그림이 모두 선택된 상태로 삽입됩니다. 선택을 해제할 때는 슬라이드의 빈 영역을 클릭합니다.

04 이미지 자르기

자르기 조절점이 나타나면 ❶드래그하여 잘라낼 부분을 선택합니다. ❷[그림 도구-서식] 탭의 [크기] 그룹에서 [자르기]( )를 클릭하거나 Esc 를 누릅니다.

05 그림 확인하기

선택한 그림에서 필요 없는 부분이 잘린 것을 확인할 수 있습니다.

06 도형에 맞춰 자르기

❶[그림 도구-서식] 탭의 [크기] 그룹에서 [자르기]( )의 목록 단추를 클릭한 후 ❷[도형에 맞춰 자르기]-❸[타원]을 선택합니다.

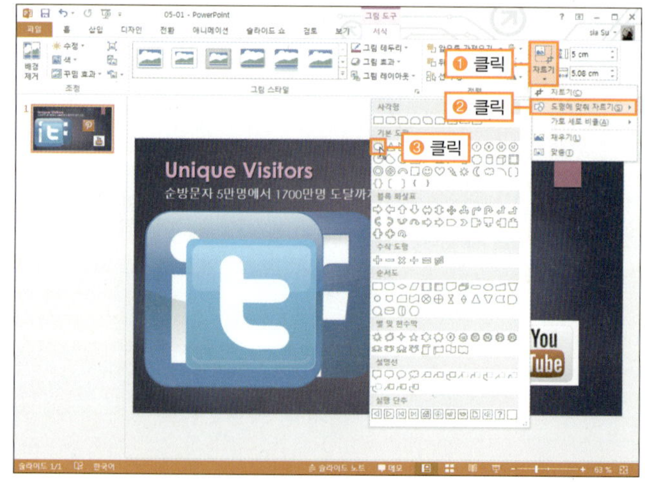

07 그림 확인하기

그림이 타원형으로 잘린 것을 확인할 수 있습니다.

08 나머지 그림에 적용하기

❶같은 방법으로 나머지 그림의 필요 없는 부분을 잘라낸 후 타원 모양으로 자릅니다.

09 그림 크기 맞추기

같은 크기로 맞추기 위해 ❶그림을 모두 선택한 후 ❷[그림 도구-서식] 탭의 [크기] 그룹에서 [도형 높이]의 값을 [2.5]로 시정합니다.

10 개체 맞춤 지정하기

그림이 모두 선택된 상태에서 ❶[그림 도구-서식] 탭의 [정렬] 그룹에서 [개체 맞춤](□)을 클릭한 후 ❷[왼쪽 맞춤]을 신닥합니다.

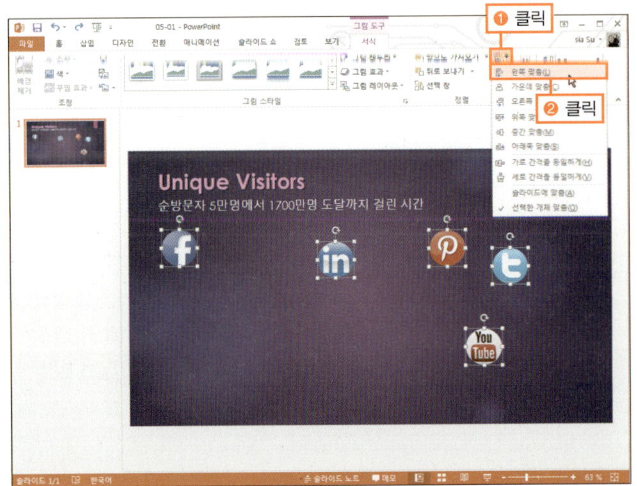

11 개체 맞춤 확인하기

선택한 그림 중 가장 왼쪽에 위치한 그림을 기준으로 개체 맞추기가 적용됩니다.

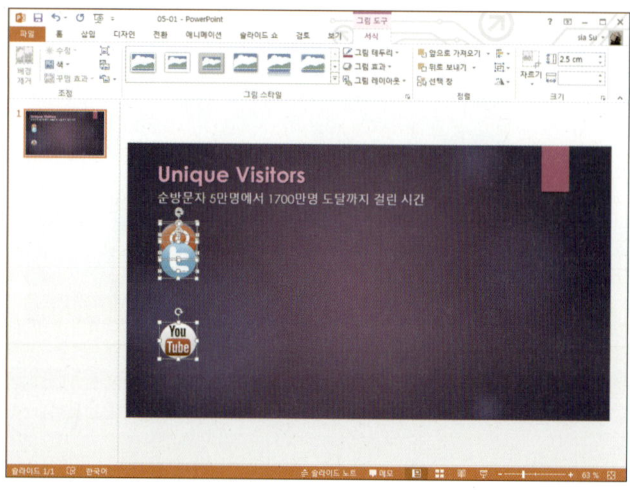

12 그림 간격 조절하기

❶ 가장 아래쪽에 있는 그림을 클릭한 후 아래쪽으로 드래 그하여 위치를 이동합니다. ❷ 그림을 모두 선택하고 ❸ [그림 도구-서식] 탭의 [정렬] 그룹에서 [개체 맞춤](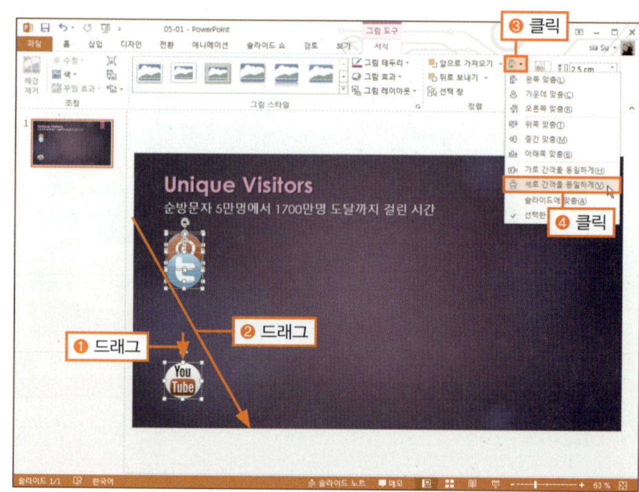)을 클릭하고 ❹ [세로 간격을 동일하게]를 선택합니다.

13 그림 간격 확인하기

그림 사이의 세로 간격이 동일하게 조정됩니다.

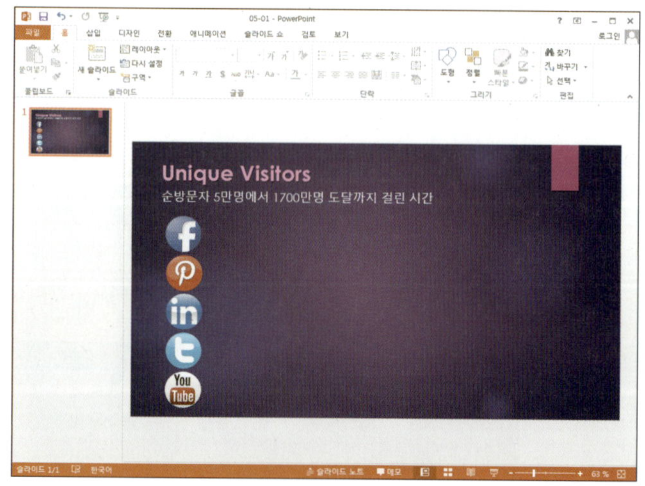

> **참고**
>
> 부록 CD의 '특집.pdf' 파일 23쪽에서 삽입한 그림의 크기를 조절하는 방법에 대해 참고합니다. 24쪽에서는 다양한 그림 자르기 옵션에 대해, 25쪽에서는 이미지를 삽입하여 사진 앨범을 만드는 방법에 대해 참고하세요.

스크린샷으로 캡처 그림 삽입하기

사용 중인 프로그램의 스크린샷을 슬라이드에 삽입하는 방법에 대해 알아봅니다.

◉ **시작 파일** : 파워포인트\part04\05-02.pptx
◉ **완료 파일** : 파워포인트\part04\05-02-완성.pptx

01 스크린샷 선택하기

❶슬라이드 2를 선택하고 ❷[삽입] 탭의 [이미지] 그룹에서 [스크린샷](📷)을 클릭하면 열려 있는 프로그램의 전체 창이 목록으로 표시됩니다. ❸그중 하나를 클릭합니다.

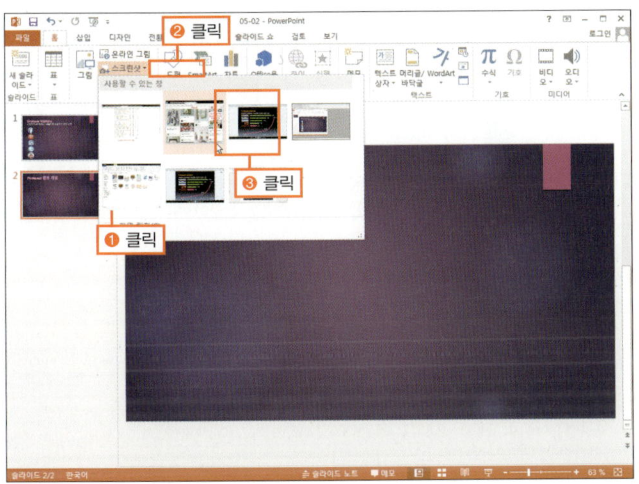

02 하이퍼링크 지정하기

스크린샷으로 삽입한 그림을 클릭하면 자동으로 URL이 연결되는 하이퍼링크를 지정하기 위해 ❶[예]를 클릭합니다.

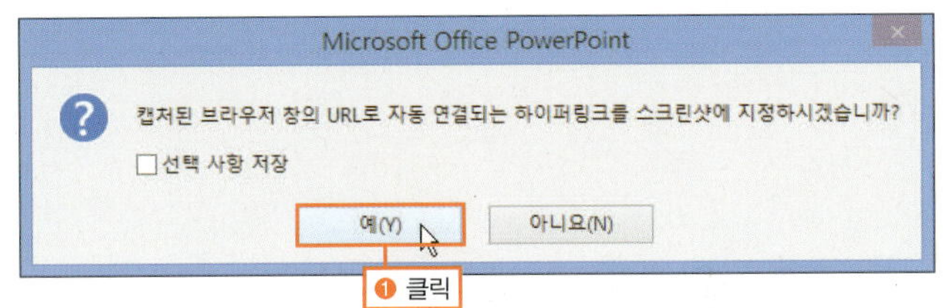

03 스크린샷 확인하기

슬라이드 중앙에 선택한 창의 스크린샷이 삽입됩니다.

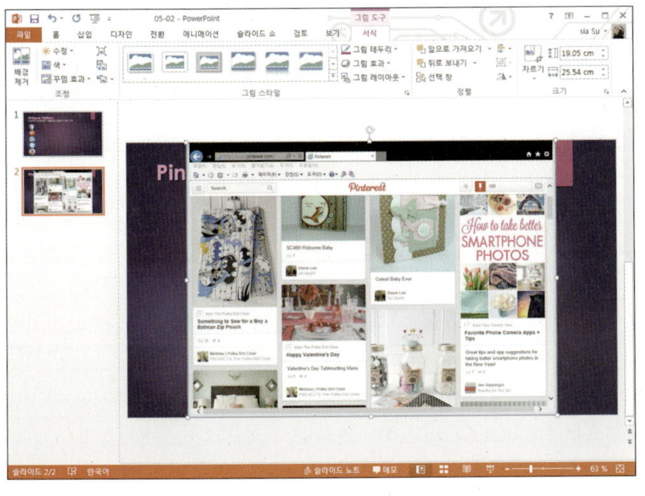

04 화면 캡처 선택하기

❶슬라이드에 삽입한 스크린샷의 크기와 위치를 조절한 후 ❷[삽입] 탭의 [이미지] 그룹에서 [스크린샷](📷)을 클릭하고 ❸[화면 캡처]를 선택합니다.

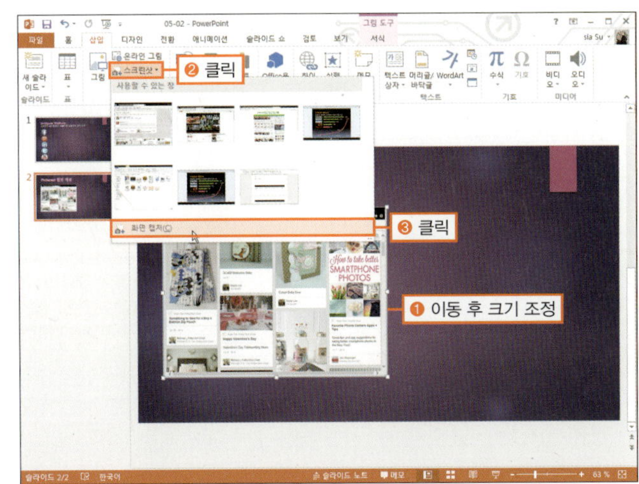

화면의 일부를 캡처할 수 있도록 컴퓨터의 바탕 화면이 흐릿하게 나타납니다. ❶마우스로 캡처할 부분을 드래그하면 해당 영역이 밝게 표시되고 나머지 영역은 흐리게 표시됩니다.

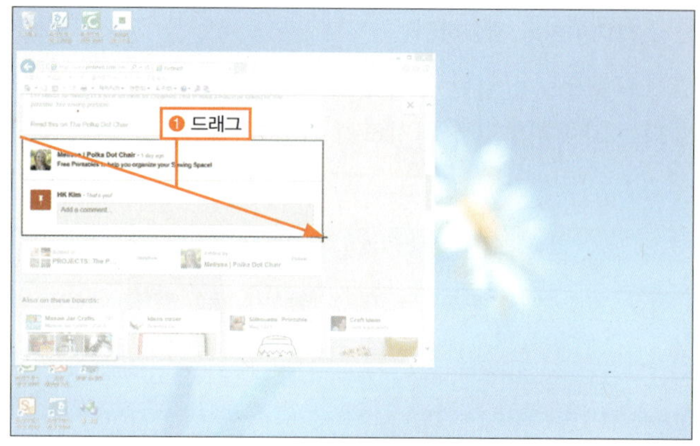

슬라이드에 캡처한 이미지가 삽입되면 ❶크기와 위치를 다음과 같이 조절합니다.

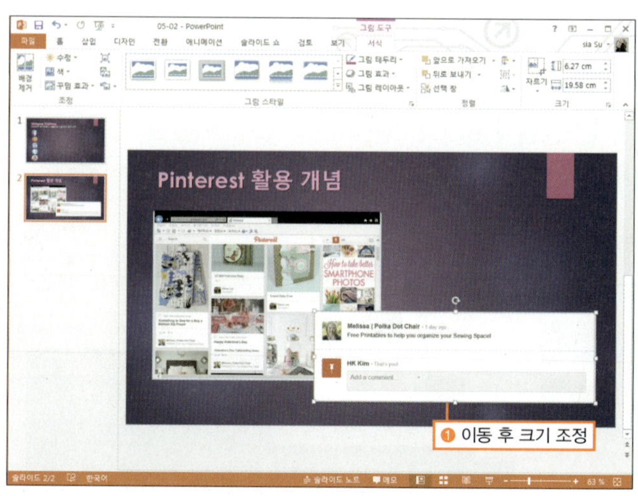

확인실습

슬라이드에 '앱1~앱3.PNG' 파일을 삽입한 후 원하는 크기로 자르고 정렬해 보세요.

◎ 시작 파일 : 파워포인트\part04\04-실습1.pptx
◎ 완료 파일 : 파워포인트\part04\04-실습1-완성.pptx

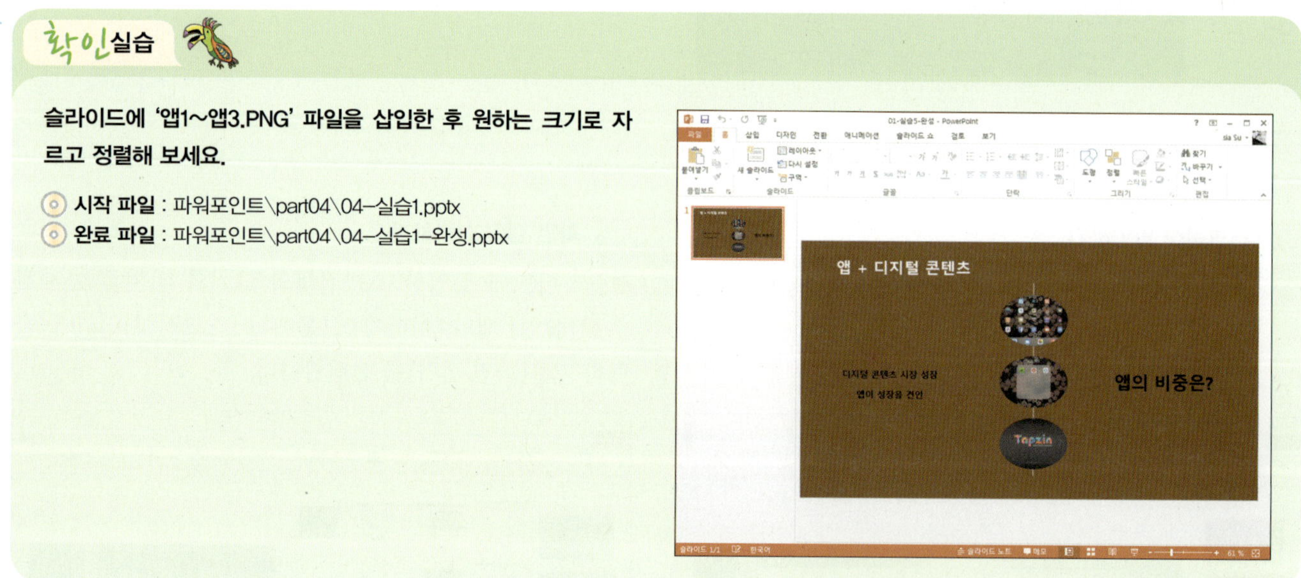

그림에 스타일과 테두리 지정하기

그림에 스타일과 테두리를 지정하는 방법에 대해 알아봅니다.

◎ **시작 파일 :** 파워포인트\part04\05-03.pptx

01 스타일 선택하기

❶슬라이드 2를 클릭하고 ❷그림을 선택합니다. ❸[그림 도구-서식] 탭의 [그림 스타일] 그룹에서 [자세히]( )를 클릭한 후 ❹[반사형 입체, 검정]을 선택합니다.

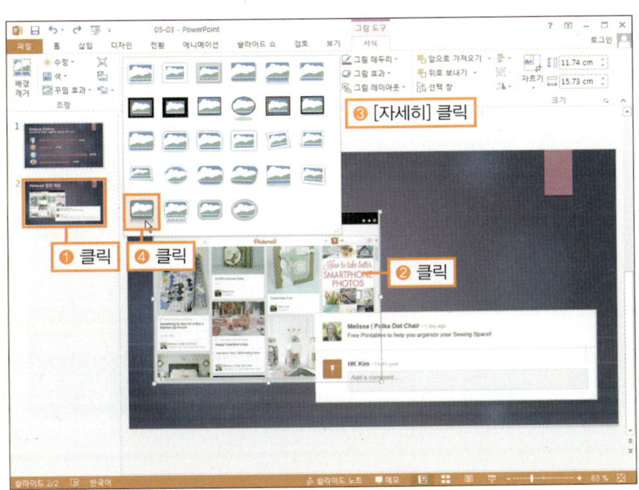

02 그림 테두리 지정하기

그림에 선택한 스타일이 적용된 것을 확인합니다. ❶다른 그림을 선택한 후 ❷[그림 도구-서식] 탭의 [그림 스타일] 그룹에서 [그림 테두리]( )를 클릭하고 ❸[회색-25%, 텍스트 2, 10% 더 어둡게]를 선택합니다.

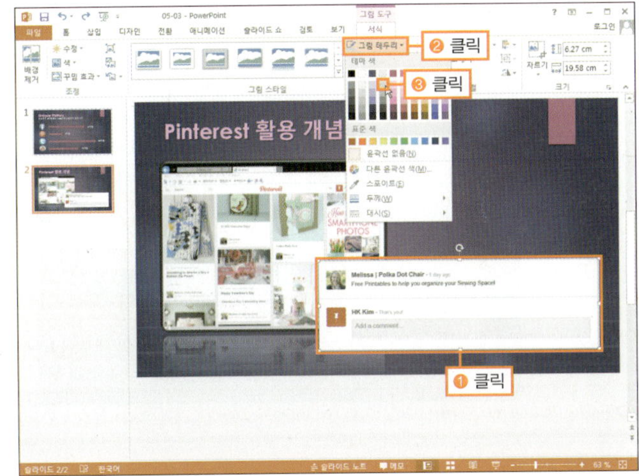

03 그림 테두리 두께 지정하기

그림에 선택한 색상의 테두리가 지정되면 다시 ❶[그림 도구-서식] 탭의 [그림 스타일] 그룹에서 [그림 테두리]( ) 를 클릭하고 ❷[두께]-❸[4½pt]를 선택합니다.

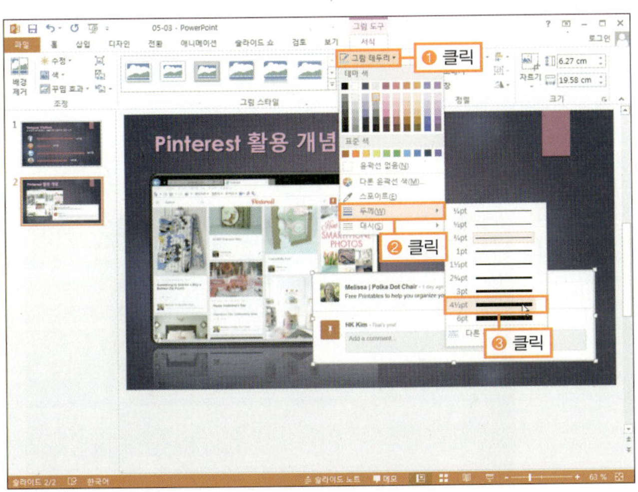

04 그림 테두리 확인하기

그림의 테두리 두께가 변경된 것을 확인할 수 있습니다.

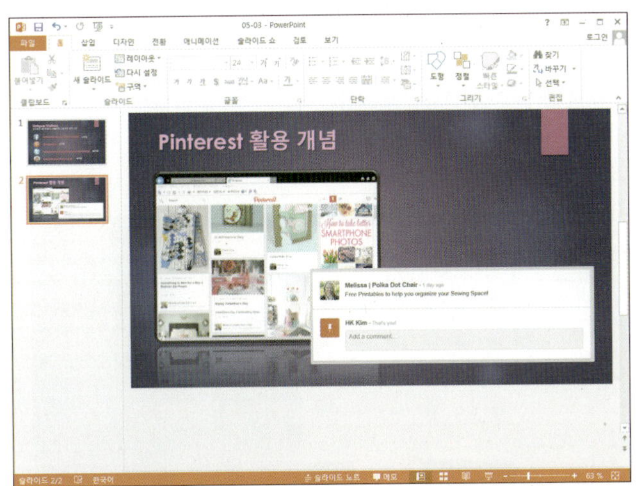

실습 과정 · 그림에 다양한 효과 지정하기

그림에 반사, 네온, 3차원 회전 등의 그림 효과를 지정하는 방법에 대해 알아봅니다.

◉ **시작 파일** : 파워포인트\part04\05-03.pptx
◉ **완료 파일** : 파워포인트\part04\05-03-완성.pptx

01 기본 그림 효과 지정하기

❶슬라이드 1의 그림을 모두 선택합니다. ❷[그림 도구-서식] 탭의 [그림 스타일] 그룹에서 [그림 효과]를 클릭하고 ❸[기본 설정]-❹[기본 설정 10]을 선택합니다.

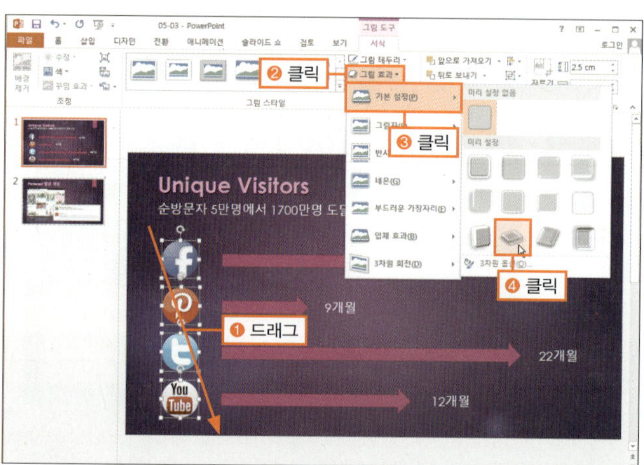

02 네온 효과 지정하기

그림을 모두 선택한 상태에서 ❶[그림 도구-서식] 탭의 [그림 스타일] 그룹에서 [그림 효과]의 ❷[네온]-❸ [주황, 18pt 네온, 강조색 4]를 선택합니다.

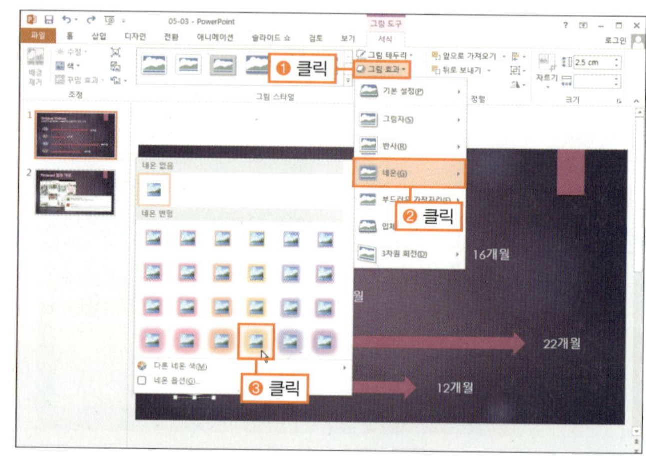

> **참고**
>
> [그림 효과]의 [기본 설정]은 네온, 입체 효과 등의 다양한 그림 효과를 미리 설정해 둔 그림 스타일입니다.

03 네온 색 변경하기

❶[그림 도구-서식] 탭의 [그림 스타일] 그룹에서 [그림 효과]의 ❷[네온]-❸[다른 네온 색]을 클릭하고 ❹색상 표에서 [흰색, 텍스트 1]을 선택합니다.

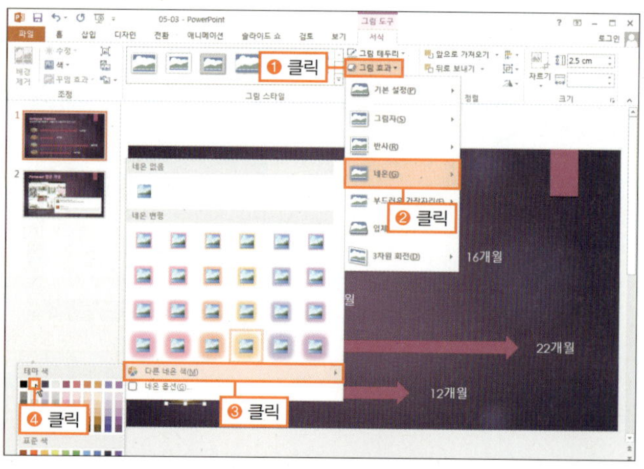

04 네온 효과 확인하기

선택한 그림에 네온 효과가 적용된 것을 확인할 수 있습니다.

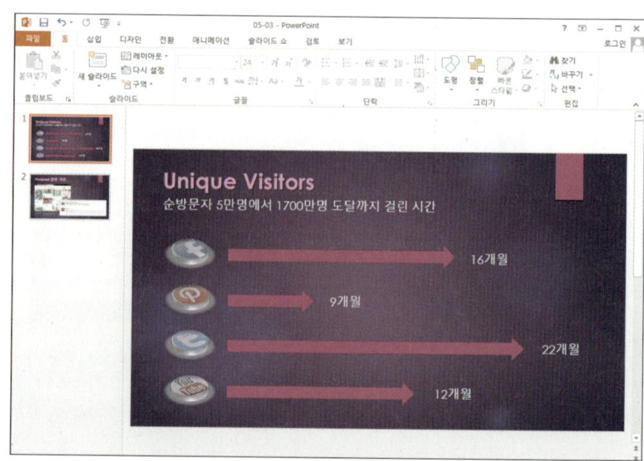

조정 기능으로 그림에 색과 꾸밈 효과 지정하기

[그림 도구-서식] 탭의 [조정] 그룹의 기능을 활용해 그림을 수정해 봅니다.

◎ **시작 파일** : 파워포인트\part04\05-06.pptx
◎ **완료 파일** : 파워포인트\part04\05-06-완성.pptx

01 그림의 선명도 조절하기

❶왼쪽 그림을 선택하고 ❷[그림 도구-서식] 탭의 [조정] 그룹에서 [수정]([수정])을 클릭한 후 ❸[선명하게: 25%]를 선택합니다.

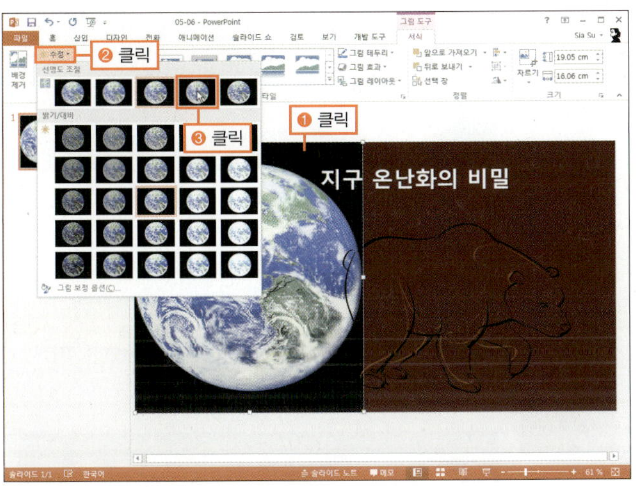

02 밝기와 대비 조정하기

그림의 선명도가 조절되면 ❶[그림 도구-서식] 탭의 [조정] 그룹에서 [수정]([수정])을 클릭한 후 ❷[밝기: 0%, 대비: +20%]를 선택합니다.

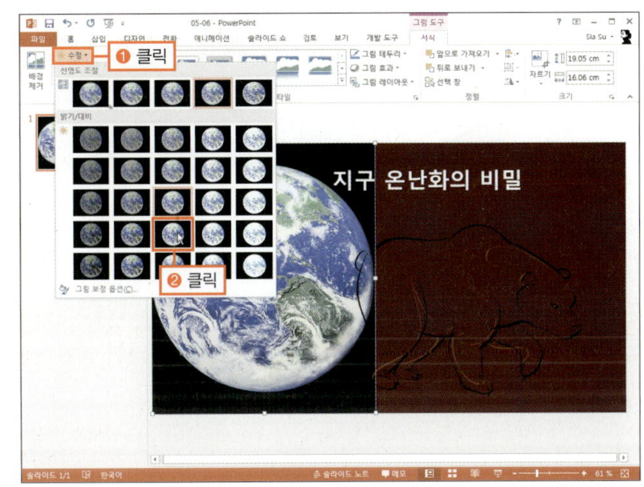

03 그림의 색 조정하기

❶[그림 도구-서식] 탭의 [조정] 그룹에서 [색]([색])을 클릭한 후 ❷[흑백: 50%]를 선택합니다.

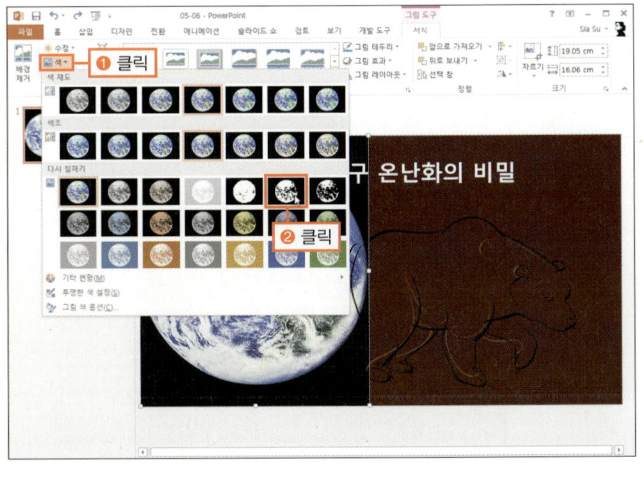

04 나머지 그림 색 변경하기

선택한 그림의 색이 흑백으로 변경되면 ❶나머지 그림을 선택하고 ❷[그림 도구-서식] 탭의 [조정] 그룹에서 [색]([색])을 클릭한 후 ❸[회색 - 25%, 배경색 2 밝게]를 선택합니다.

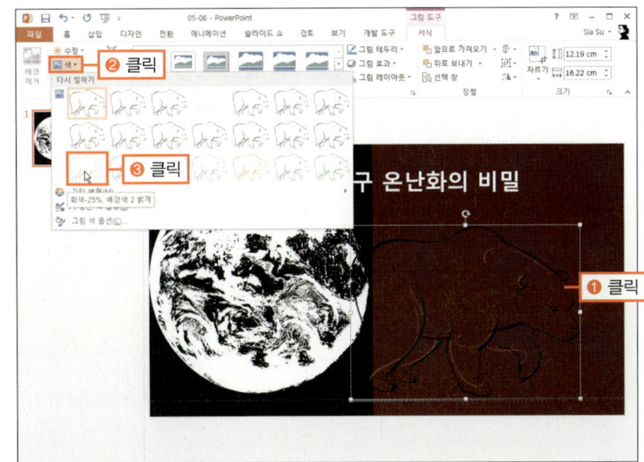

그림의 색이 변경되면 ❶[그림 도구-서식] 탭의 [조정] 그룹에서 [수정](수정)을 클릭한 후 ❷[밝기: +40% 대비: +40%]를 선택합니다.

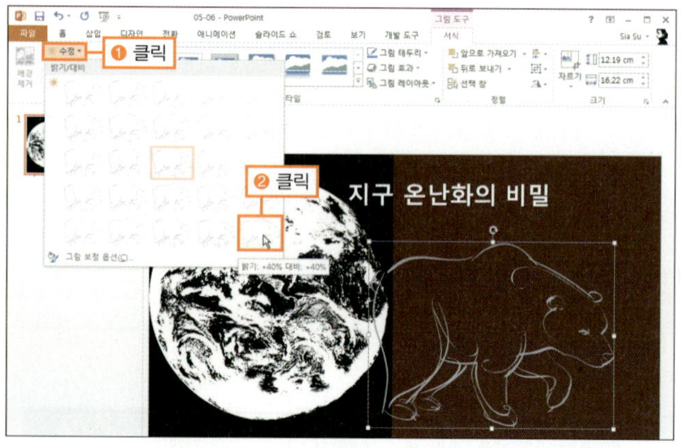

04 꾸밈 효과 지정하기

❶지구 그림을 선택하고 ❷[그림 도구-서식] 탭의 [조정] 그룹에서 [꾸밈 효과](꾸밈 효과)를 클릭한 후 ❸꾸밈 효과 목록에서 [강조]를 선택합니다.

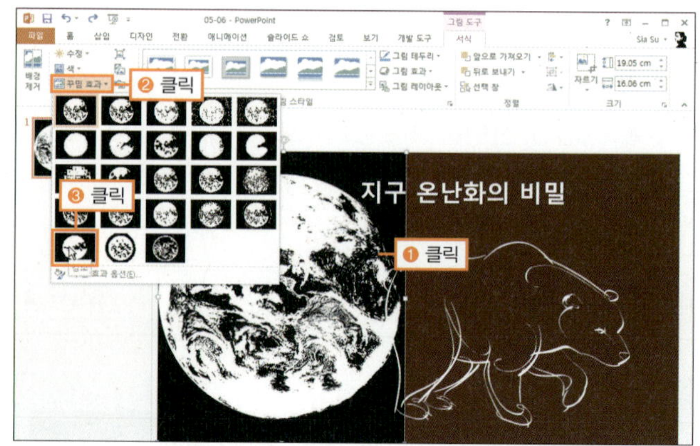

07 꾸밈 효과 확인하기

선택한 그림에 꾸밈 효과가 적용된 것을 확인합니다.

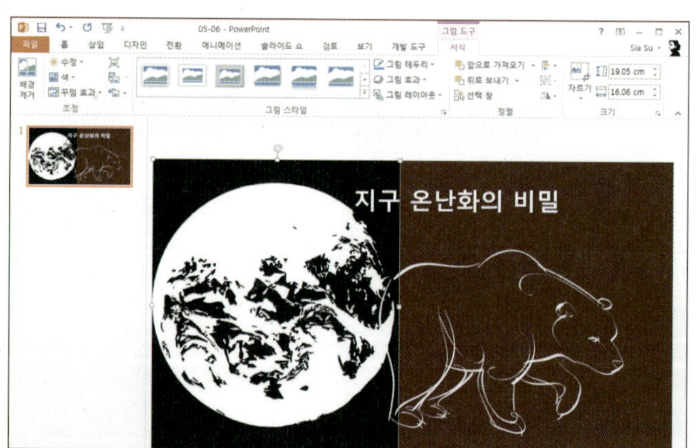

확인실습

슬라이드 그림에 스타일과 수정, 꾸밈 효과 등을 지정해 보세요.

- **시작 파일** : 파워포인트\part04\04-실습2.pptx
- **완료 파일** : 파워포인트\part04\04-실습2-완성.pptx

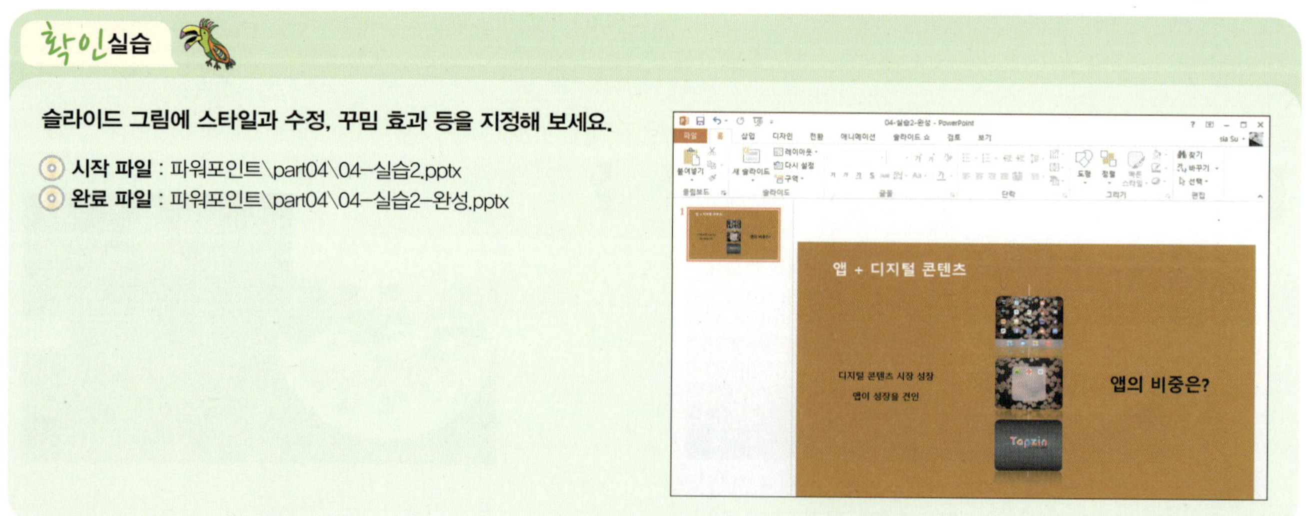

온라인 그림 삽입하고 편집하기

온라인 그림은 사용자의 컴퓨터 내에 있는 이미지 외에 클립 아트, 클라우드에 저장한 이미지 등을 말합니다. 슬라이드에 온라인 그림을 삽입하고 편집하는 방법에 대해 알아봅니다.

다루는 내용
- 온라인 그림 검색하기
- 온라인 그림 삽입하기
- 온라인 그림 편집하기

기능 정리 ▶ 온라인 그림을 검색하는 다양한 방법 알아보기

오피스닷컴(Office.com)의 클립 아트, 빙(Bing)으로 검색한 이미지, 원드라이브(OneDrive)의 이미지 등을 온라인 그림이라고 합니다. [삽입] 탭의 [이미지] 그룹에서 [온라인 그림](圖)을 클릭하면 다양한 방법으로 온라인 그림을 선택할 수 있습니다.

● 오피스닷컴(Office.com) 클립 아트 삽입하기

[그림 삽입] 대화상자의 [Office.com 클립 아트] 검색 상자에 검색어를 입력하면 마이크로소프트에서 제공하는 무료 사진 및 일러스트레이션 이미지를 슬라이드에 삽입할 수 있습니다.

● 빙(Bing) 이미지 검색하기

빙(Bing) 검색을 통해 웹의 이미지를 슬라이드에 삽입할 수 있습니다. 클립 아트보다 많은 검색 결과를 볼 수 있지만 이미지 저작권에 주의해야 합니다.

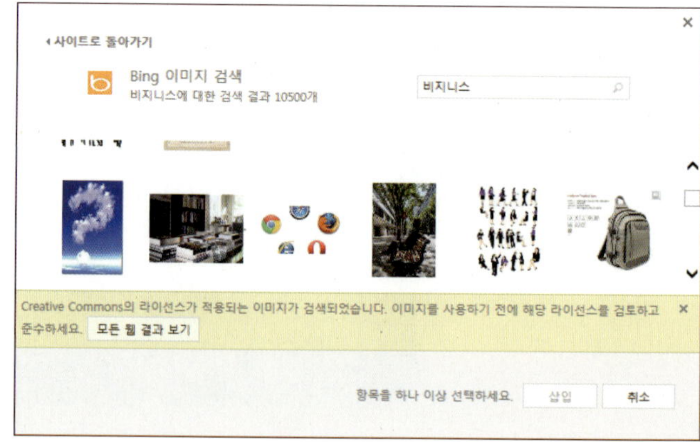

● 원라이브(OneDrive)에서 찾기

클라우드 저장 공간인 원드라이브에 저장해 둔 이미지 파일을 슬라이드에 삽입할 수 있습니다.
원드라이브에서 그림을 가져오려면 오피스닷컴에 로그인해야 합니다.

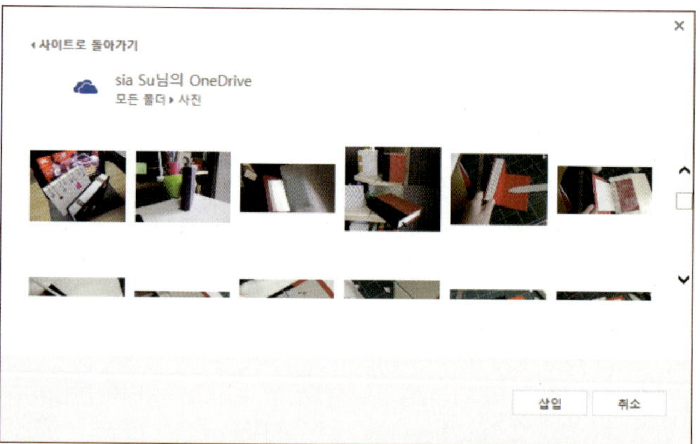

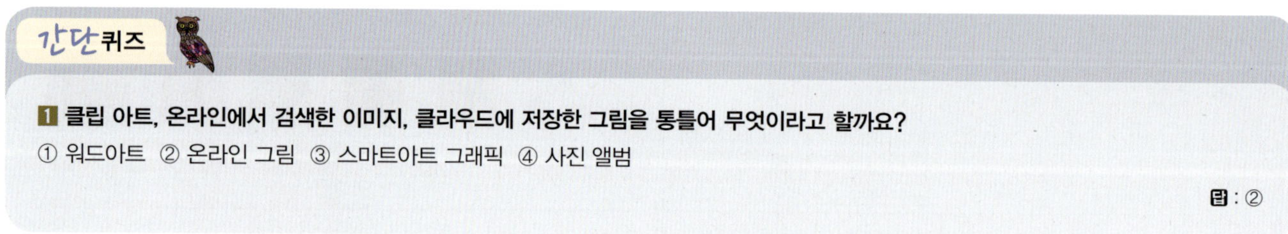

1 클립 아트, 온라인에서 검색한 이미지, 클라우드에 저장한 그림을 통틀어 무엇이라고 할까요?
① 워드아트 ② 온라인 그림 ③ 스마트아트 그래픽 ④ 사진 앨범

답 : ②

클립 아트 삽입하기

[Office.com 클립 아트]를 검색하고 슬라이드에 삽입하는 방법에 대해 알아봅니다.

◉ **시작 파일** : 파워포인트\part04\05-04.pptx
◉ **완료 파일** : 파워포인트\part04\05-04-완성.pptx

01 온라인 그림 선택하기

❶[삽입] 탭의 ❷[이미지] 그룹에서 [온라인 그림](📊)을 클릭합니다.

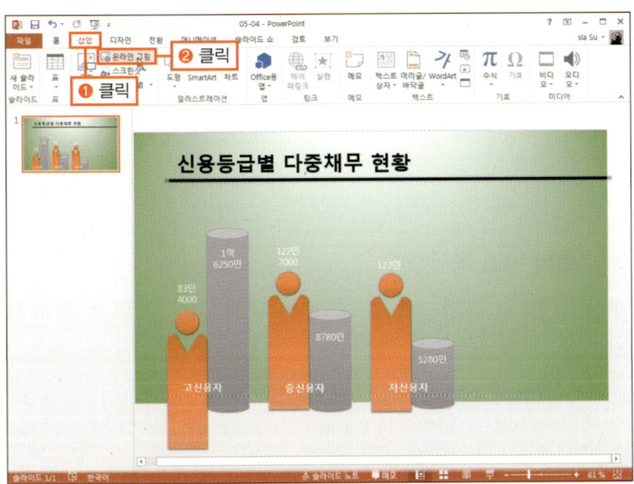

02 클립 아트 검색어 입력하기

[그림 삽입] 대화상자가 나타나면 ❶[Office.com 클립 아트]의 검색 상자에 '화폐'를 입력한 후 ❷ Enter 를 누릅니다.

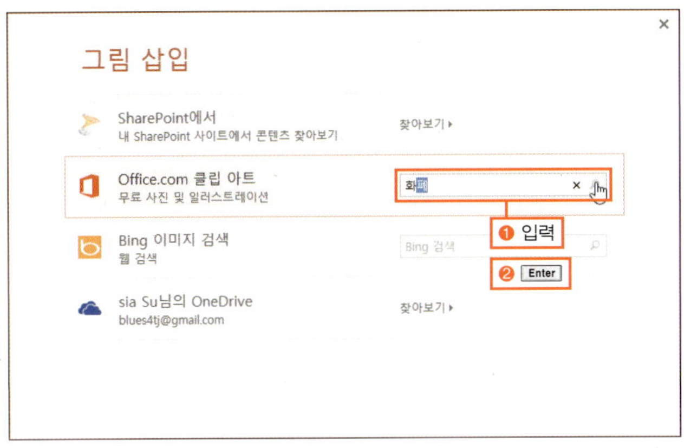

03 검색 결과 확인하기

검색 결과가 나타나면 ❶클립 아트를 선택한 후 ❷[삽입]을 클릭합니다.

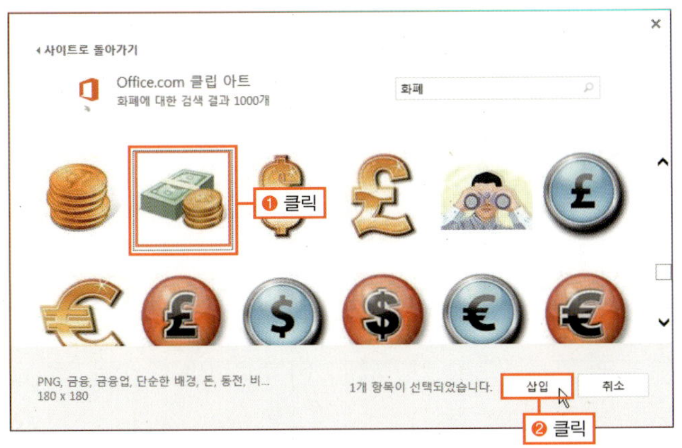

04 클립 아트 삽입 확인하기

슬라이드 중앙에 선택한 클립 아트가 삽입됩니다.

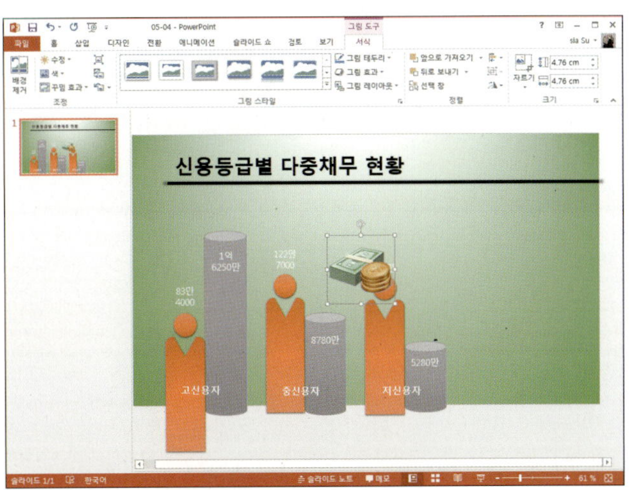

클립 아트를 검색하면 사진, 일러스트레이션 등 모든 이미지 범위를 포함하는 검색 결과가 나타나지만 '검색어, 파일 포맷' 형식으로 검색하면 검색 결과를 좁힐 수 있습니다. 예를 들어 '비즈니스, png'라고 검색어를 입력하면 png 파일 포맷의 이미지만 표시됩니다. 슬라이드에 삽입할 이미지에 통일감을 주고 싶다면 동일한 파일 포맷으로 검색한 후 삽입하는 것이 좋습니다.

05 클립 아트 복사하기

❶삽입한 클립 아트의 크기를 조절한 후 드래그하여 원하는 위치로 이동합니다. ❷ Ctrl 을 누른 상태에서 드래그하여 이미지를 복사합니다.

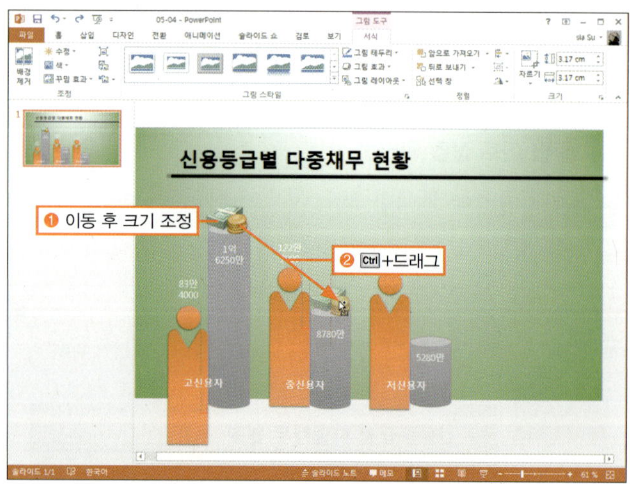

06 클립 아트 복사하기

❶한 번 더 복사하여 다음과 같이 원통형 도형 위로 이동합니다.

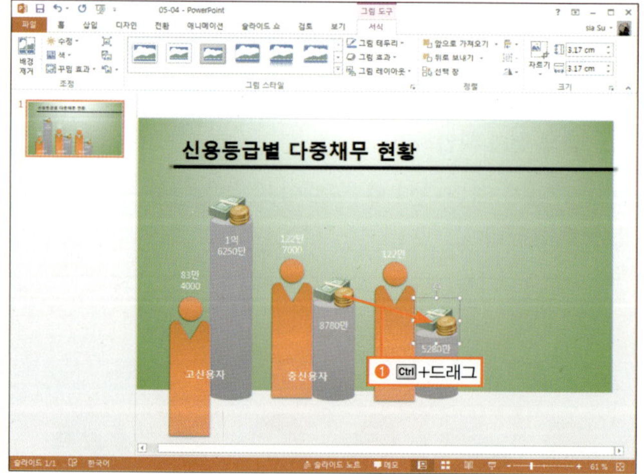

삽입한 온라인 그림 편집하기

슬라이드에 온라인 그림을 삽입한 후 그룹을 해제하여 원하는 부분만 사용하는 방법에 대해 알아봅니다.

◎ **시작 파일** : 파워포인트\part04\05-05.pptx
◎ **완료 파일** : 파워포인트\part04\05-05-완성.pptx

01 검색어 입력하기

❶[삽입] 탭의 [이미지] 그룹에서 [온라인 그림](🖼)을 클릭하고 [그림 삽입] 대화상자가 나타나면 ❷[Office.com 클립 아트]에 '사람, 실루엣'을 입력한 후 ❸ Enter 를 누릅니다.

02 클립 아트 삽입하기

❶검색 결과가 나타나면 이미지를 선택한 후 ❷[삽입]을 클릭합니다.

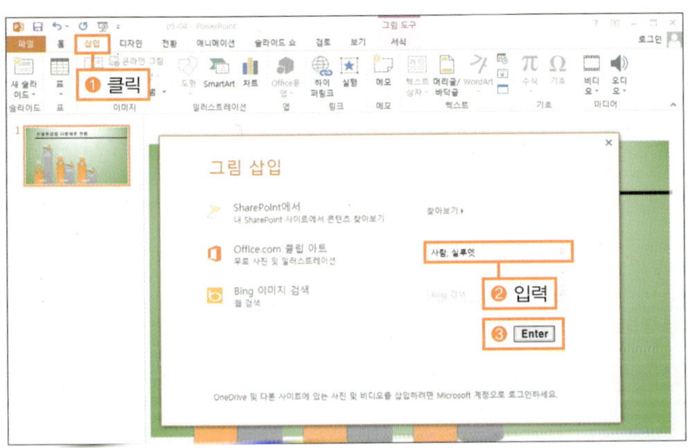

> **참고**
> 검색어를 '사람, 실루엣'이라고 입력하면 이미지 중 '실루엣' 형태이 '사람' 클립 아트만 검색되여 표시하므로 긴세 결과를 찾일 수 있습니다.

03 클립 아트의 크기와 위치 조절하기

❶슬라이드 중앙에 삽입된 클립 아트의 크기와 위치를 다음과 같이 조절합니다.

04 그룹 해제 선택하기

❶클립 아트를 선택하고 마우스 오른쪽 단추를 클릭한 후 ❷바로 가기 메뉴의 [그룹]-❸[그룹 해제]를 선택합니다.

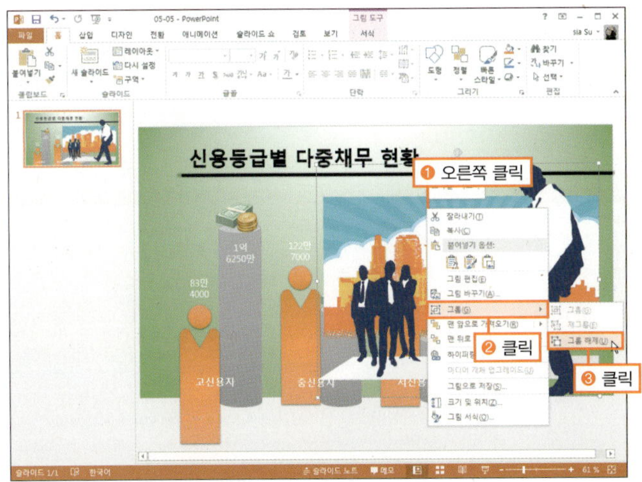

 그리기 개체 변환하기

다음과 같은 메시지 창이 나타나면 ❶ [예]를 클릭합니다.

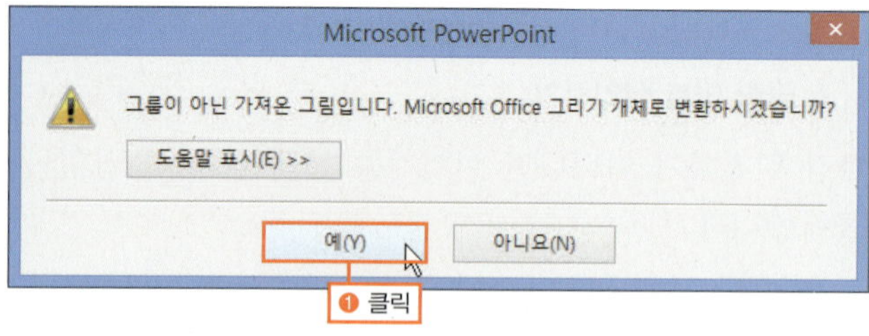

06 **이미지 일부분 선택하고 잘라내기**

여러 개의 이미지로 그룹 해제된 클립 아트 이미지 중에서 ❶표시할 이미지만을 선택하고 ❷마우스 오른쪽 단추를 클릭한 후 ❸[잘라내기]를 선택합니다.

07 **필요 없는 이미지 삭제하기**

선택한 이미지가 사라지면 ❶나머지 이미지는 Delete 를 눌러 삭제합니다. 슬라이드에서 이미지가 사라진 것을 확인합니다.

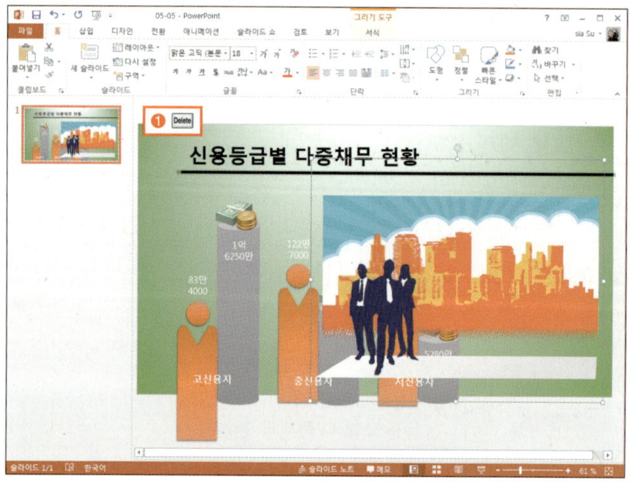

08 **잘라낸 이미지 붙여넣기**

❶ Ctrl + V 를 눌러 잘라냈던 이미지를 슬라이드에 붙여넣습니다.

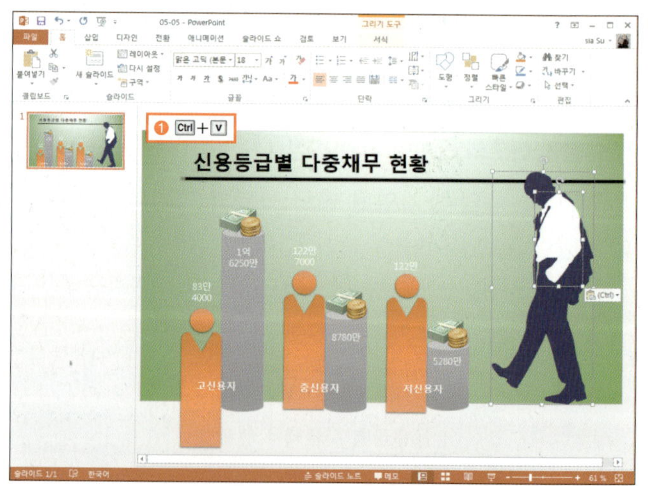

> **참고**
>
> 잘라낸 이미지는 클립보드에 임시로 저장되었다가 Ctrl + V 를 누르거나 [홈] 탭의 [클립보드] 그룹에서 [붙여넣기]( )를 선택하면 슬라이드에 표시됩니다.

실습 과정 ─ 원드라이브(OneDrive)에서 그림 삽입하기

원드라이브(OneDrive)에 저장해 놓은 그림을 슬라이드에 삽입하는 방법에 대해 알아봅니다.

◎ **시작 파일** : 파워포인트\part05\04-07.pptx
◎ **완료 파일** : 파워포인트\part05\04-07-완성.pptx

01 원드라이브 선택하기

❶ [삽입] 탭의 [이미지] 그룹에서 [온라인 그림](📷)을 클릭한 후 [그림 삽입] 대화상자가 나타나면 ❷ [OneDrive]의 [찾아보기]를 클릭합니다.

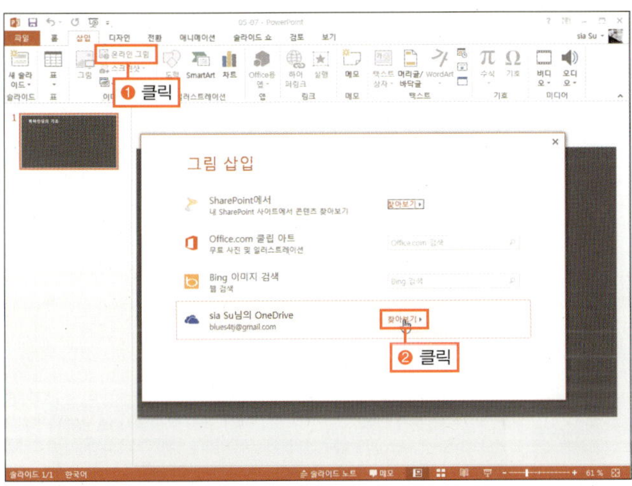

02 원드라이브 폴더 선택하기

사용자의 원드라이브가 연결되어 폴더가 표시되면 ❶ 그림이 저장된 폴더를 선택합니다.

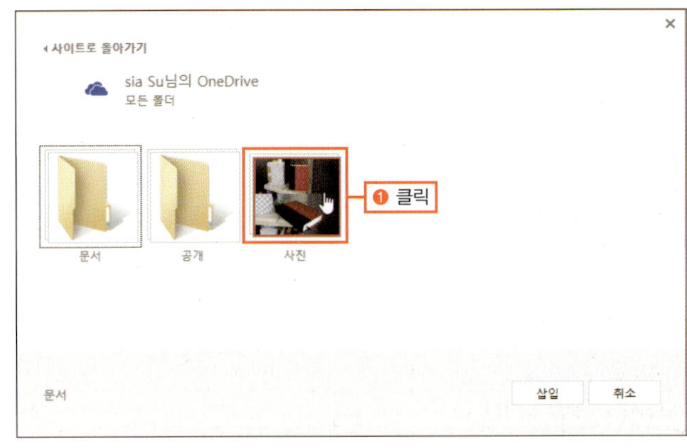

03 그림 선택하기

그림의 목록이 표시되면 ❶ Shift 를 누른 채 클릭하여 슬라이드에 삽입할 그림을 여러 개 선택합니다.

04 그림 삽입 확인하기

클라우드 저장 장치의 그림이 슬라이드에 삽입됩니다.

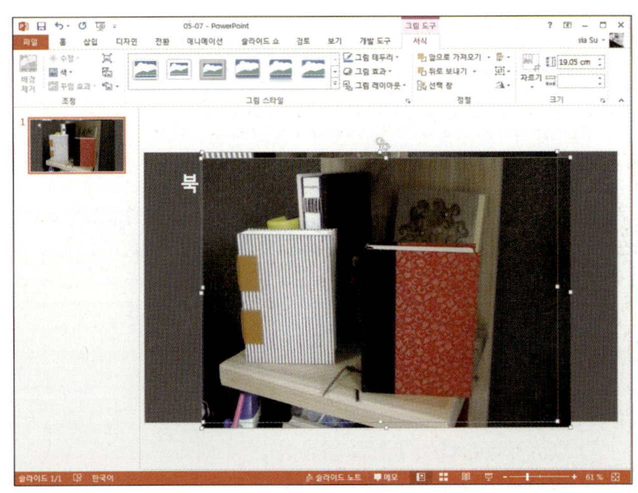

05 그림에 효과주기

❶ 슬라이드에 삽입한 그림의 크기를 조절하고 [반사형 모서리가 둥근 사각형] 스타일을 지정합니다.

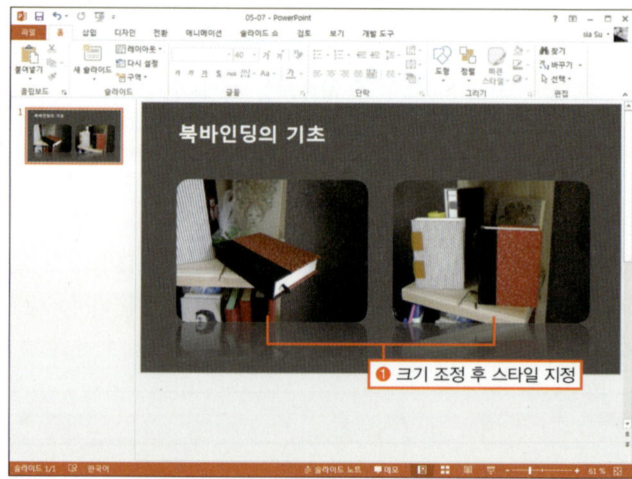

참고

[그림 도구—서식] 탭의 [그림 스타일] 그룹에서 [자세히](▽)를 클릭하여 [반사형 모서리가 둥근 사각형] 스타일을 선택합니다.

확인실습

온라인 클립 아트를 슬라이드 마스터 영역에 삽입한 후 그룹을 해제하여 슬라이드 배경으로 지정해 보세요(클립 아트 검색어 : 스포츠, 실루엣).

◎ **시작 파일** : 파워포인트\part04\05—실습1.pptx
◎ **완료 파일** : 파워포인트\part04\05—실습1—완성.pptx

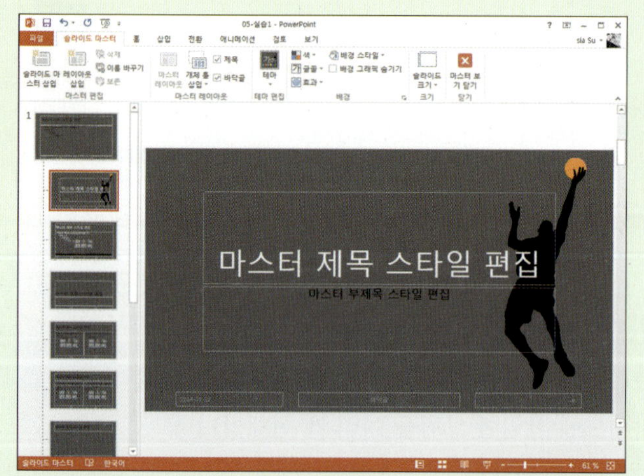

① 도형을 삽입하여 다음과 같은 슬라이드를 완성해 보세요.

- **시작 파일** : 파워포인트\part04\04-응용실습1.pptx
- **완료 파일** : 파워포인트\part04\04-응용실습1-완성.pptx
- **해설 파일** : 파워포인트\해설파일\04-응용실습1-해설.hwp, pdf

Before

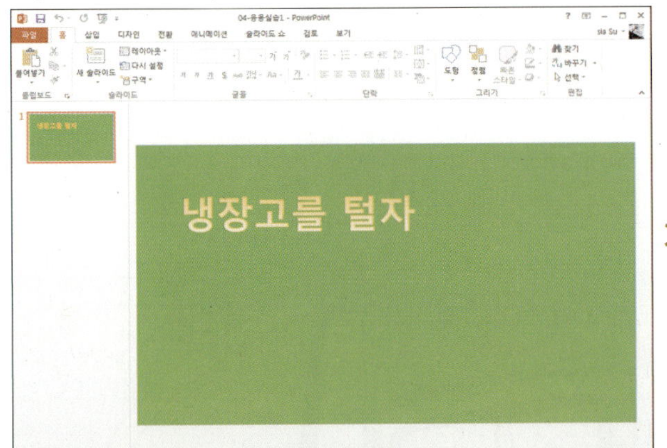

After

❶직선 삽입 후 선 색을 [흰색, 배경 1], 두께는 [6pt]로 지정 ❷타원 삽입 – 도넛 도형 삽입 – 도형 결함 ❸모서리가 둥근 직사각형 삽입 – 직사각형 삽입 – 막힌 원호 삽입 후 회전, 복사 – 도형 병합 ❹도형 채우기 – 도형에 반사 효과 지정

② 슬라이드 마스터에서 도형과 그림을 삽입하여 다음과 같은 배경을 완성해 보세요.

- **시작 파일** : 파워포인트\part04\04-응용실습2.pptx
- **완료 파일** : 파워포인트\part04\04-응용실습2-완성.pptx
- **해설 파일** : 파워포인트\해설파일\04-응용실습2-해설.hwp, pdf

Before

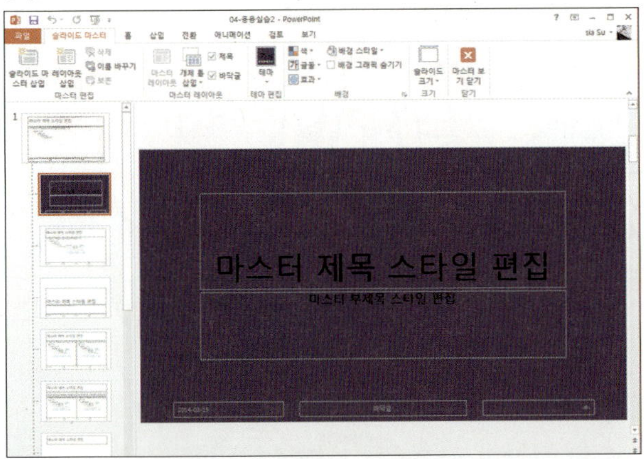

After

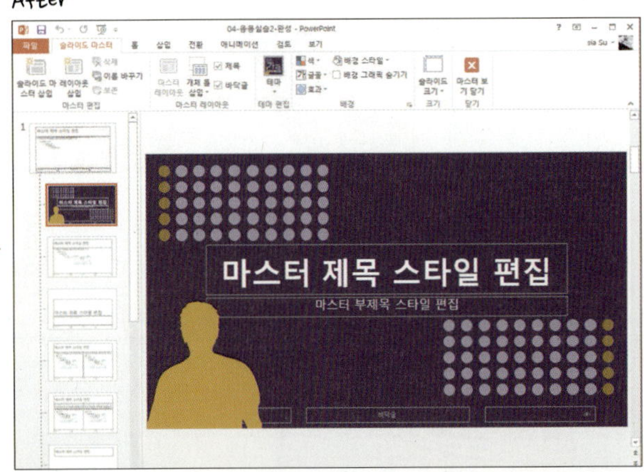

❶타원 삽입 후 복사 – 왼쪽 맞춤, 세로 간격 동일하게 정렬 – 도형 선택 후 그룹화 ❷그룹화한 도형 복사 – 위쪽 맞춤, 가로 간격 동일하게 정렬 – 도형 선택 후 그룹화 ❸그룹화한 도형 선택 후 Ctrl + 드래그로 복사 – 복사한 도형 좌우대칭 정렬 ❹'man1.jpg' 그림 삽입 – 색 변경 – 꾸밈 효과 [페인트 브러시] 지정, 그림자 효과 지정

5

데이터가 한눈에 보이는 표와 차트 작성하기

텍스트나 숫자를 표와 차트로 표현하면 데이터를 보기 쉽게 정리할 수 있습니다. 프레젠테이션에 표와 차트를 사용하는 이유는 텍스트와 숫자 정보의 산만함을 명확하게 전달하여 청중의 이해를 도울 수 있다는 장점 때문입니다. 파워포인트 2013의 향상된 기능을 사용하여 슬라이드에 표와 차트를 삽입하는 방법을 알아봅니다.

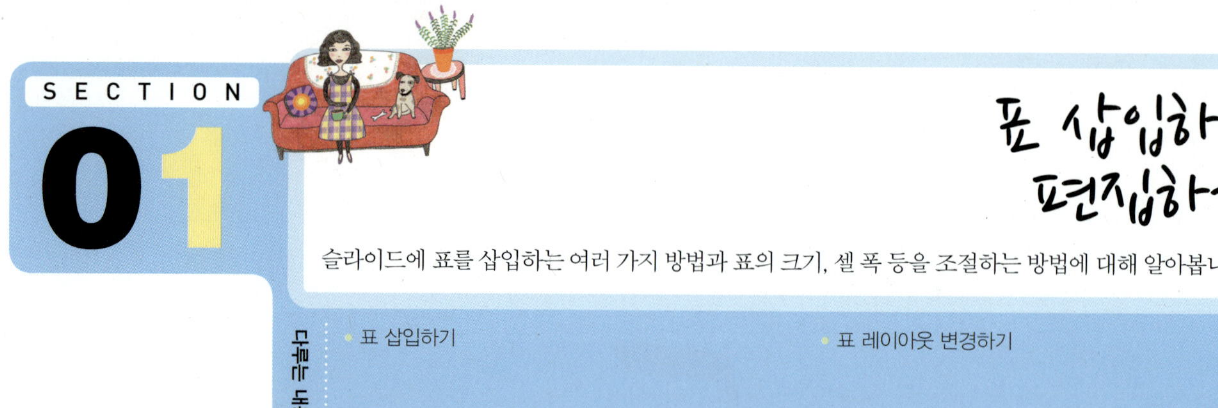

표 삽입하고 편집하기

슬라이드에 표를 삽입하는 여러 가지 방법과 표의 크기, 셀 폭 등을 조절하는 방법에 대해 알아봅니다.

다루는 내용
- 표 삽입하기
- 표 레이아웃 변경하기

기능 정리 | 표를 삽입하는 다양한 방법 살펴보기

● [표] 그룹에서 삽입하기

[삽입] 탭의 [표] 그룹에서 [표](▦)를 클릭한 후 바둑판 모양의 칸에서 원하는 크기만큼 드래그합니다. 바둑판 모양의 칸은 표의 각 셀을 의미합니다. 드래그한 크기의 표가 슬라이드에 삽입됩니다. 바둑판 모양의 칸을 드래그하여 삽입할 수 있는 표의 크기는 '10열 8행(10×8)'이 최대입니다.

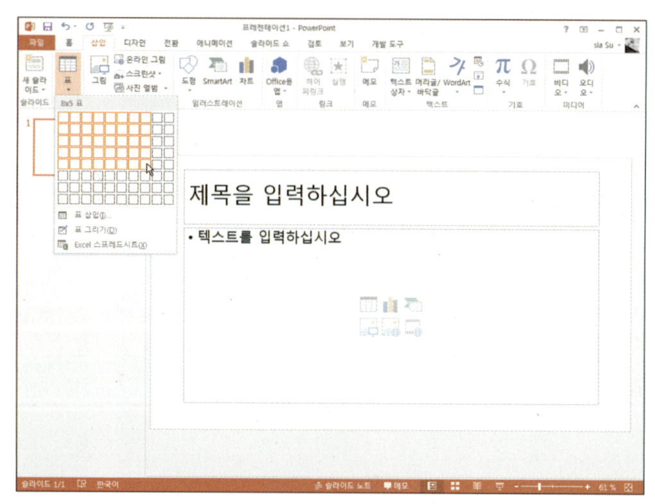
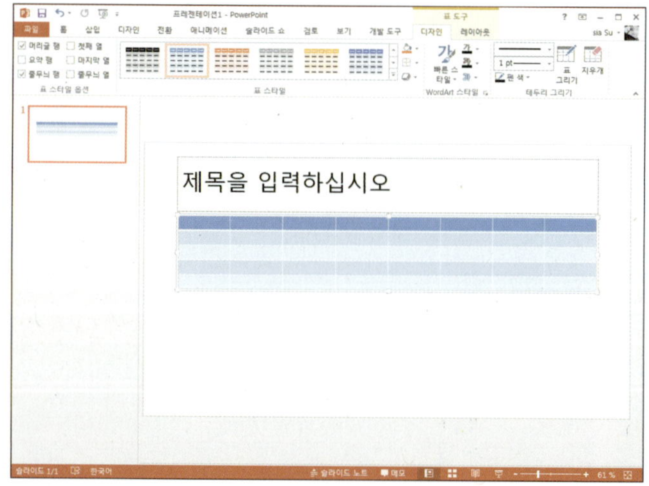

[삽입] 탭의 [표] 그룹에서 [표](▦)를 클릭한 후 [표 삽입]을 선택하면 [표 삽입] 대화상자가 나타납니다. [표 삽입] 대화상자에서 열과 행의 개수를 입력하여 표의 크기를 지정할 수 있습니다. [표 삽입] 대화상자에서 지정할 수 있는 표의 크기는 행과 열 모두 '75'가 최대입니다.

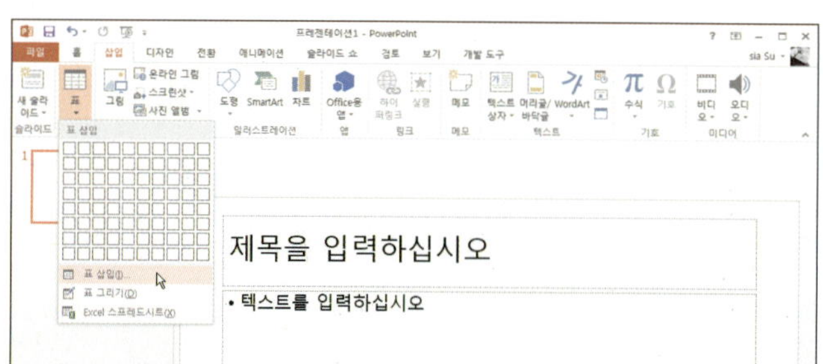
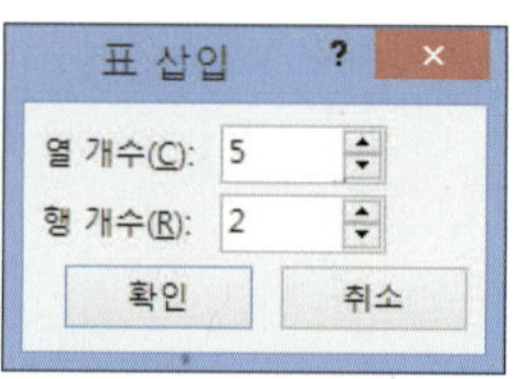

● **기본 레이아웃에서 표 삽입하기**

슬라이드 레이아웃 중 [제목 및 내용], [콘텐츠 2개], [비교] 등의 레이아웃을 선택하면 슬라이드 레이아웃에서 직접 표를 삽입할 수 있습니다. 슬라이드 중앙의 [표 삽입](🔲) 아이콘을 클릭하면 [표 삽입] 대화상자가 나타납니다.

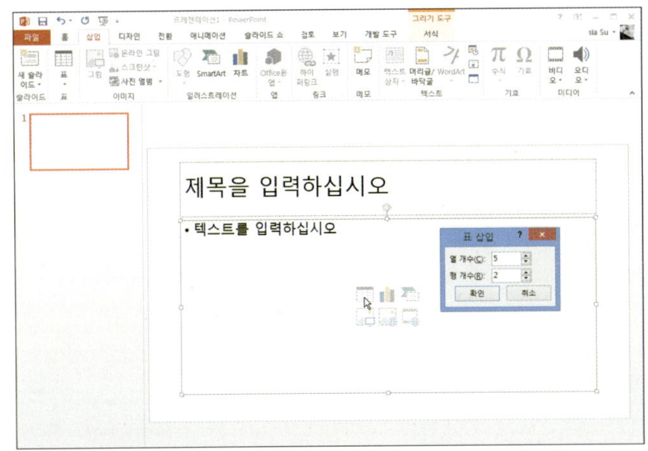

● **표 그리기**

표를 마우스로 직접 그릴 수 있습니다. [삽입] 탭의 [표] 그룹에서 [표](🔲)를 클릭한 후 [표 그리기](✏️)를 선택하고 마우스 포인터가 연필 모양(✏️)으로 변경되면 슬라이드에 원하는 크기만큼 드래그합니다. 슬라이드에 표가 그려지면 [표 도구-디자인] 탭의 [테두리 그리기] 그룹에서 [표 그리기](✏️)를 클릭한 후 표의 내부를 드래그하여 내부 선을 그립니다.

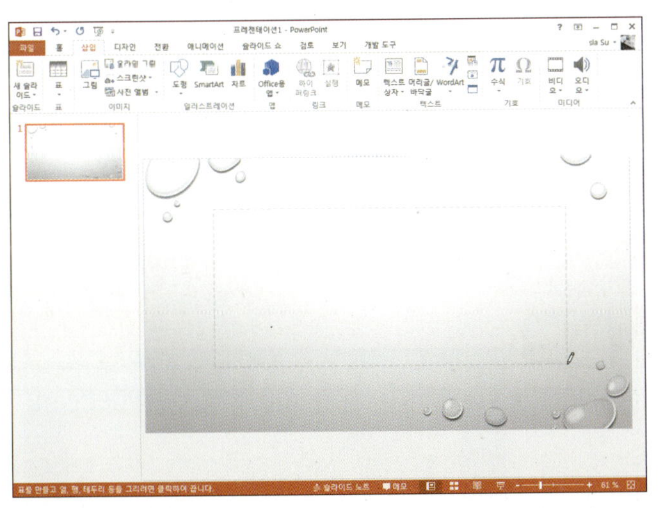

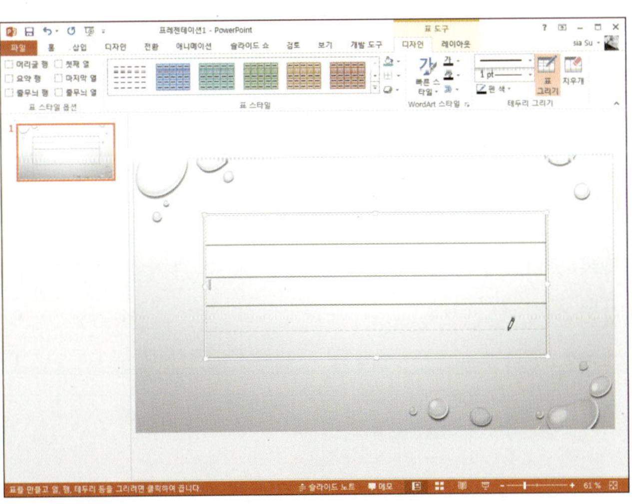

1 다음 설명의 괄호에 들어갈 용어를 쓰세요.

표는 행과 열로 구성된다. 표의 가로 줄은 (　　　), 세로 줄은 (　　　) 이다.

2 표를 구성하는 각각의 사각형을 무엇이라고 할까요?

① 행　② 열　③ 표　④ 셀

답 : 1 행, 열, 2 ④

표 삽입하기

슬라이드에 표를 삽입하고 표와 셀의 크기를 조절하는 방법에 대해 알아봅니다.

◎ **시작 파일** : 파워포인트\part05\07-01.pptx
◎ **완료 파일** : 파워포인트\part05\07-01-완성.pptx

01 [표 삽입] 선택하기

❶슬라이드 개체 틀의 [표 삽입](▦)을 클릭합니다.

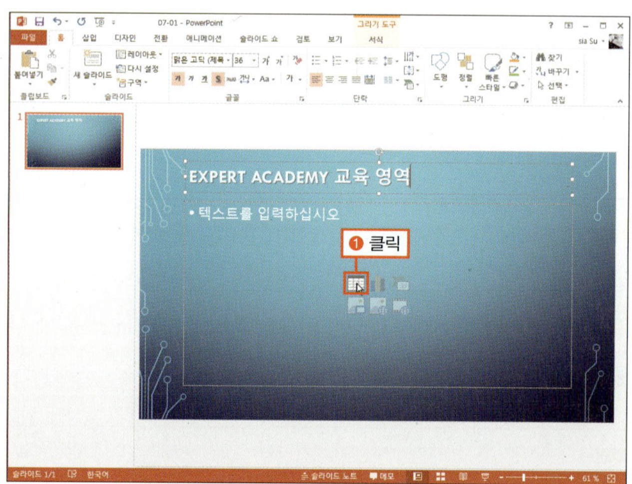

02 표의 크기 지정하기

[표 삽입] 대화상자가 나타나면 ❶열 개수와 행 개수를 각각 [5]와 [12]로 지정한 후 ❷[확인]을 클릭합니다.

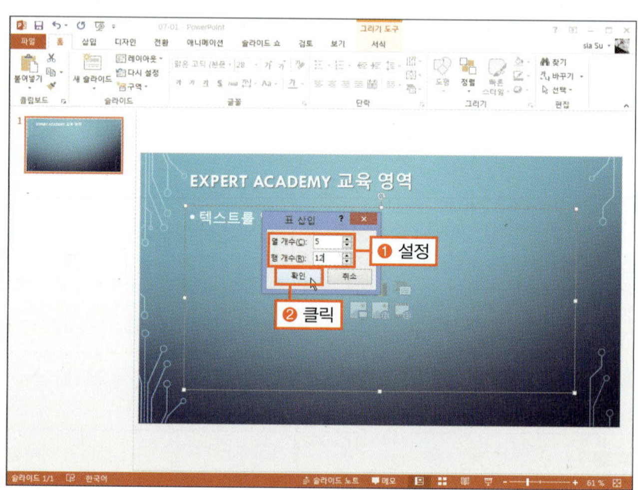

03 표 삽입 확인하기

슬라이드에 지정한 크기의 표가 삽입됩니다. 표의 각 모서리와 상하좌우 중앙의 사각형 점은 표의 크기를 조절할 수 있는 조절점입니다.

참고 ● 표의 구성 요소 살펴보기

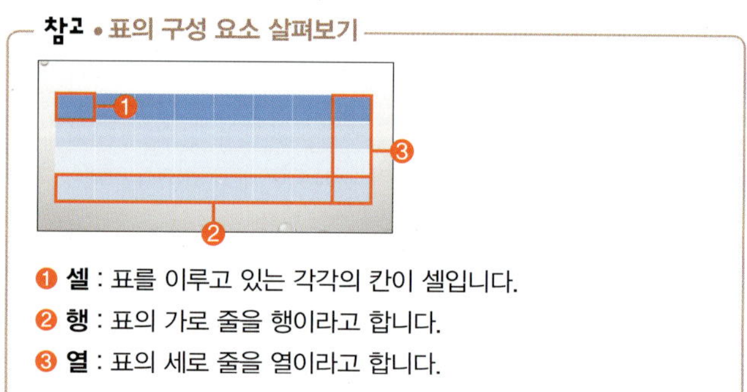

❶ **셀** : 표를 이루고 있는 각각의 칸이 셀입니다.
❷ **행** : 표의 가로 줄을 행이라고 합니다.
❸ **열** : 표의 세로 줄을 열이라고 합니다.

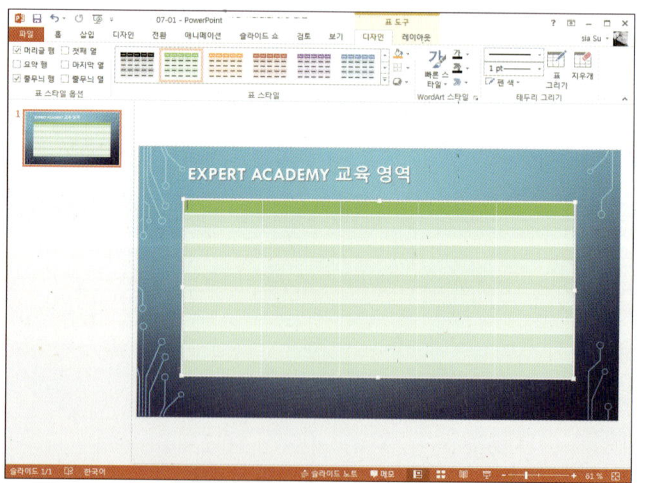

04 표의 크기 조절하기

표의 하단 중앙 조절점에 마우스를 두면 포인터의 모양이
양방향 화살표로 변경됩니다. ❶아래쪽으로 드래그하여
표의 크기를 늘립니다.

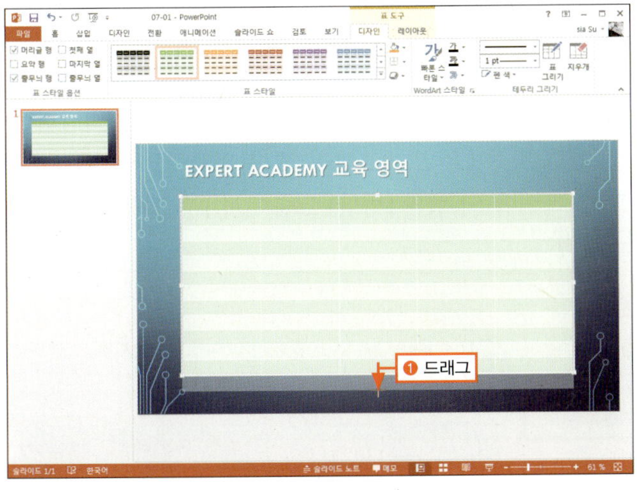

05 셀 폭 조절하기

❶1열과 2열의 경계에 마우스 포인터를 놓고 오른쪽으로
드래그합니다.

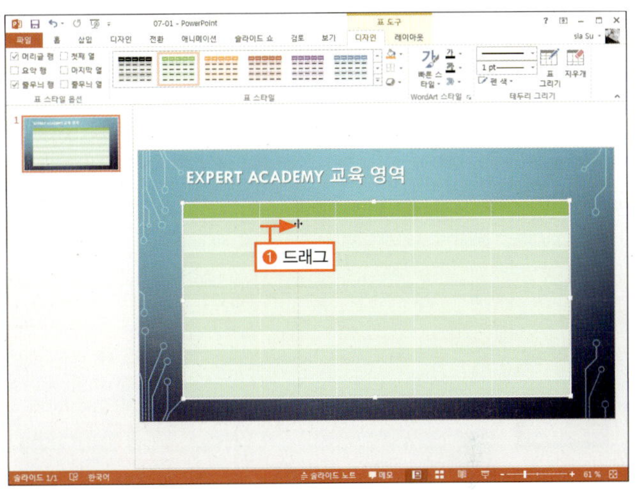

06 셀 폭 조절 확인하기

1열의 셀 폭이 드래그한 만큼 넓어진 것을 확인하고 ❶같
은 방법으로 2열의 크기를 조절합니다. ❷3, 4, 5열을 드래
그하여 셀 범위로 지정한 후 ❸[표 도구-레이아웃] 탭의 ❹
[셀 크기] 그룹에서 [열 너비를 같게](▦)를 클릭합니다.

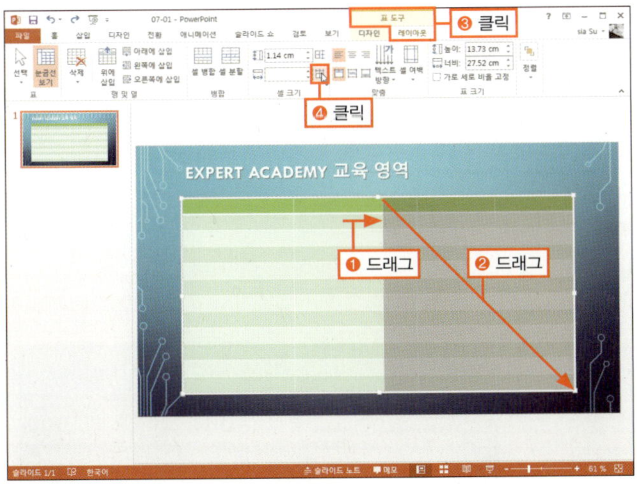

> **참고**
> 부록 CD의 '특집.pdf' 파일 28쪽에서 표의 셀을 범위로 지정하는 방
> 법에 대해 참고합니다.

07 셀 높이 조절하기

❶2행 전체를 범위로 지정합니다. ❷[홈] 탭의 [글꼴] 그룹
에서 [글꼴 크기]를 [1]로 지정한 후 ❸2행과 3행의 경계에
마우스 포인터를 두고 위쪽으로 드래그합니다. 셀 높이를
가장 작게 지정할 수 있습니다.

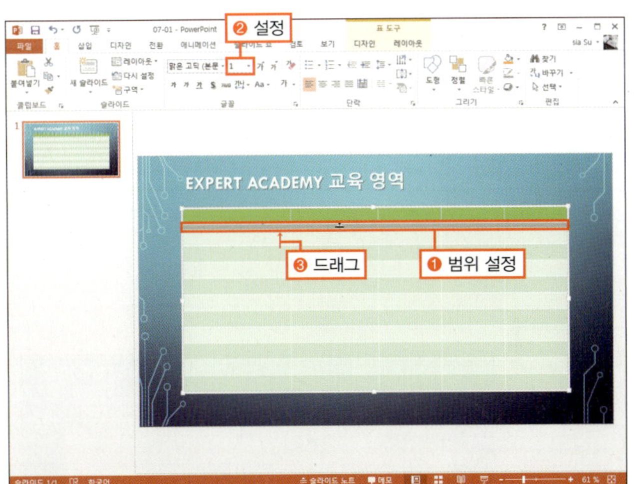

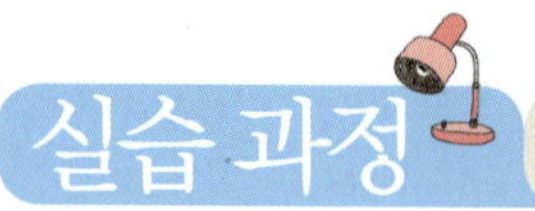

셀을 추가하고 병합하여 표 레이아웃을 변경하는 방법에 대해 알아봅니다.

시작 파일 : 파워포인트\part05\07-02.pptx
완료 파일 : 파워포인트\part05\07-02-완성.pptx

01 텍스트 입력하기

❶표의 셀 안에 커서를 놓고 다음과 같이 텍스트를 입력합니다. ❷마지막 행에 커서를 놓고 ❸[표 도구-레이아웃] 탭의 [행 및 열] 그룹에서 [아래에 삽입](▦)을 클릭합니다.

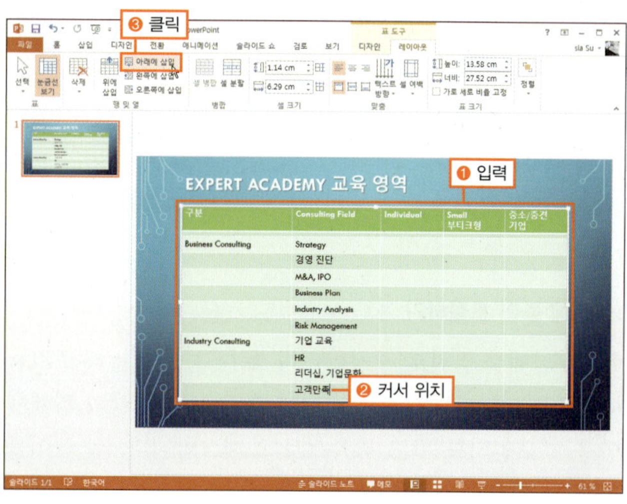

02 셀 병합하기

새로운 열이 추가되면 ❶셀에 '마케팅'이라고 입력합니다. ❷1열의 3~8행을 드래그하여 셀 범위로 지정한 후 ❸[표 도구-레이아웃] 탭의 [병합] 그룹에서 [셀 병합](▦)을 클릭합니다.

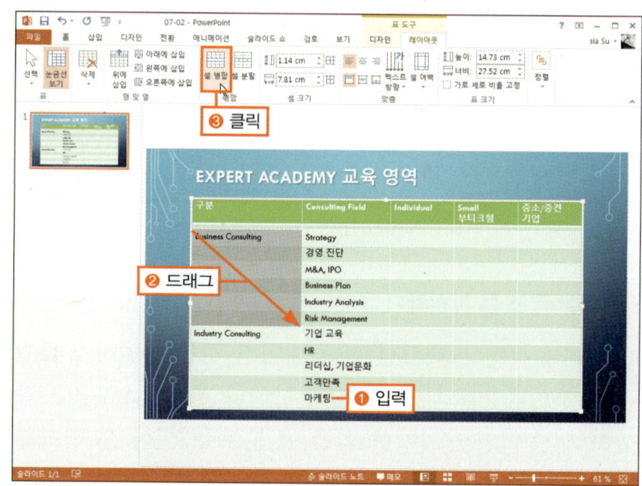

03 셀 병합 확인하기

셀 범위로 지정했던 여러 개의 셀이 1개의 셀로 병합된 것을 확인합니다.

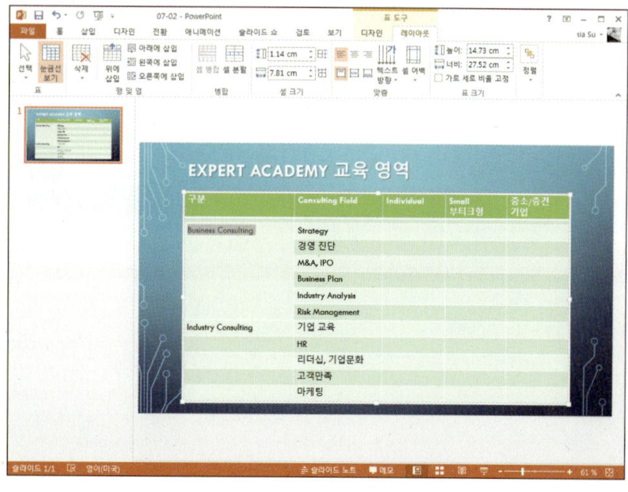

04 셀 병합하고 확인하기

❶같은 방법으로 1열의 9~13행을 범위로 지정한 후 ❷병합합니다.

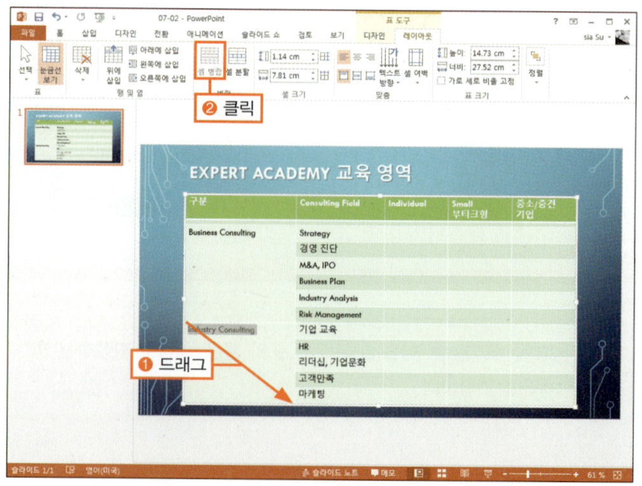

05 표 텍스트 맞춤 지정하기

❶표의 경계를 클릭하여 표 전체를 선택한 후 ❷[표 도구-레이아웃] 탭의 [맞춤] 그룹에서 [가운데 맞춤](≣)과 ❸[세로 가운데 맞춤](≣)을 클릭하여 표의 텍스트를 셀의 중앙에 위치하도록 지정합니다.

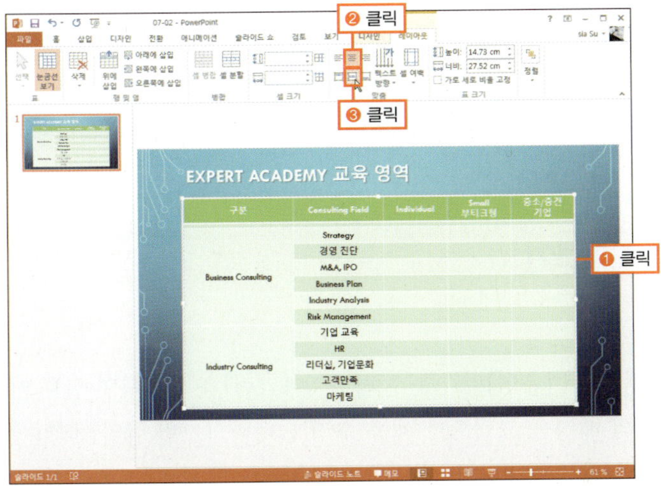

06 표 내용 완성하기

❶나머지 셀에 다음과 같이 기호를 입력하여 표 내용을 완성합니다.

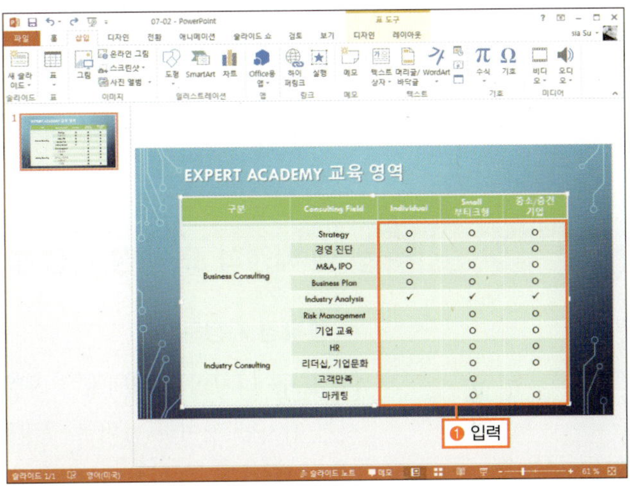

> **참고**
>
> 셀에 입력한 기호는 [삽입] 탭의 [기호] 그룹에서 [기호](Ω)를 클릭한 후 [기호] 대화상자의 [Latha] 글꼴에서 [O]를, [Windings] 글꼴에서 [V]를 선택합니다

확인실습

슬라이드에 '5×5' 크기의 표를 삽입하고 셀 병합한 후 다음과 같이 텍스트를 입력하세요.

◎ **시작 파일** : 파워포인트\part05\01-실습1.pptx
◎ **완료 파일** : 파워포인트\part05\01-실습1-완성.pptx

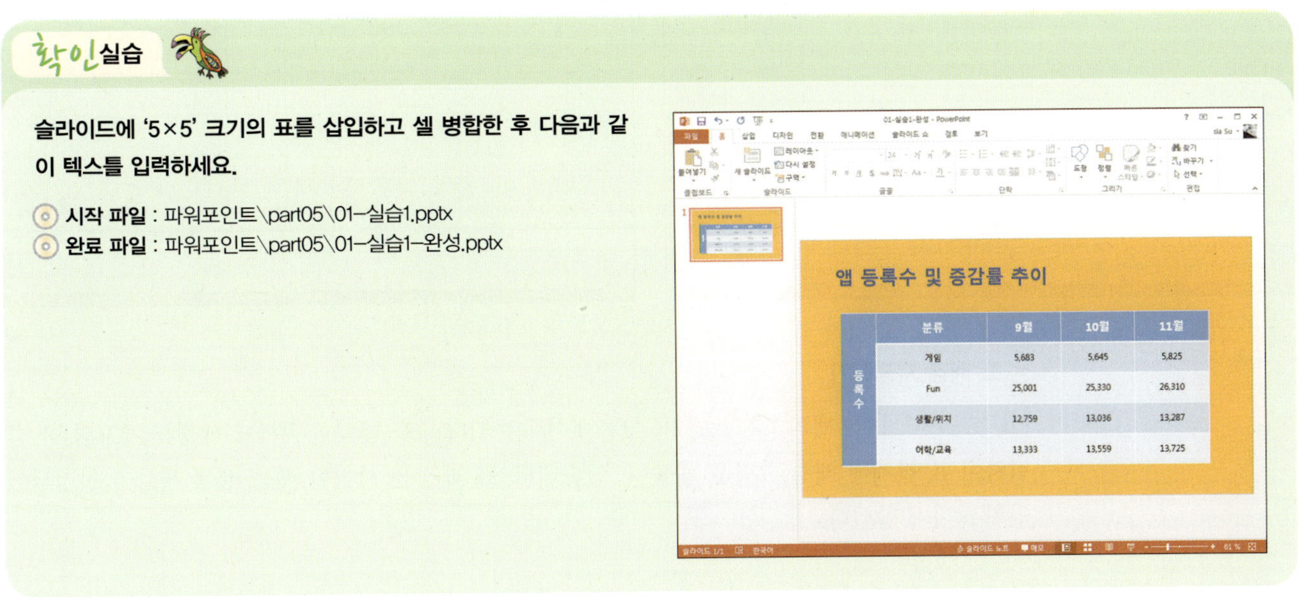

표 스타일과 서식 지정하기

표에 스타일을 지정하고 셀 테두리와 음영, 효과 등을 지정할 수 있는 표의 서식에 대해 알아보도록 합니다.

다루는 내용
- 표 스타일 지정하기
- 셀 테두리 변경하기
- 셀 서식 지정하기

기능 정리 | 셀 배경과 표 배경 지정 방법 살펴보기

● 셀 배경 지정하기

[표 도구-디자인] 탭의 [표 스타일] 그룹에서 [음영]( )을 클릭한 후 [그림]을 선택하면 현재 커서가 위치한 셀이나 범위로 지정한 셀의 배경을 그림으로 채울 수 있습니다. [그림 삽입] 대화상자가 나타나면 [찾아보기]를 클릭하고 원하는 이미지를 선택합니다.

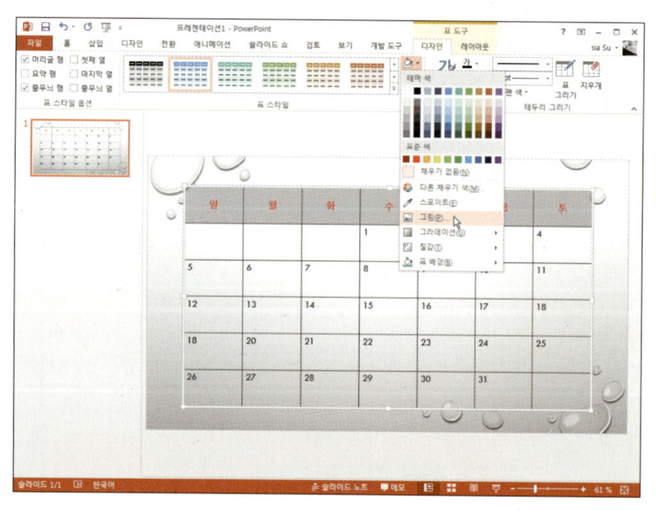
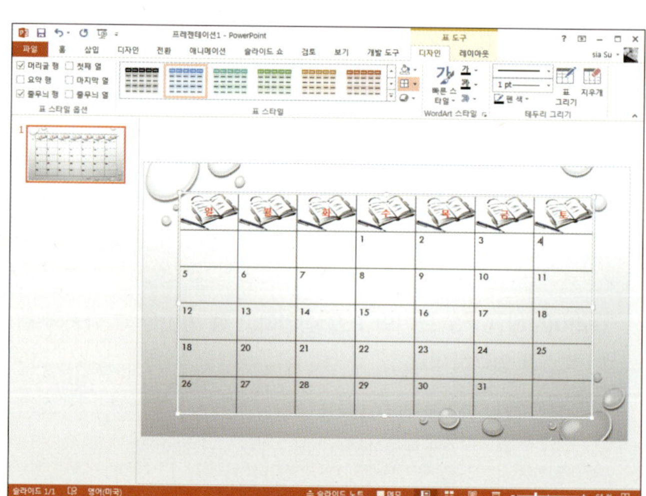

● 표 배경 지정하기

[표 도구-디자인] 탭의 [표 스타일] 그룹에서 [음영]( )을 클릭한 후 [표 배경]의 [그림]을 클릭하여 표 전체에 배경 그림을 채울 수 있습니다. 표 배경을 지정할 때는 셀에 색상이 지정되어 있지 않아야 합니다.

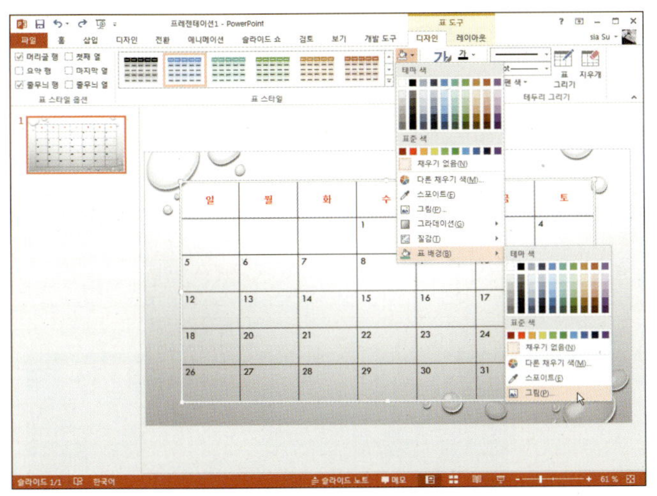 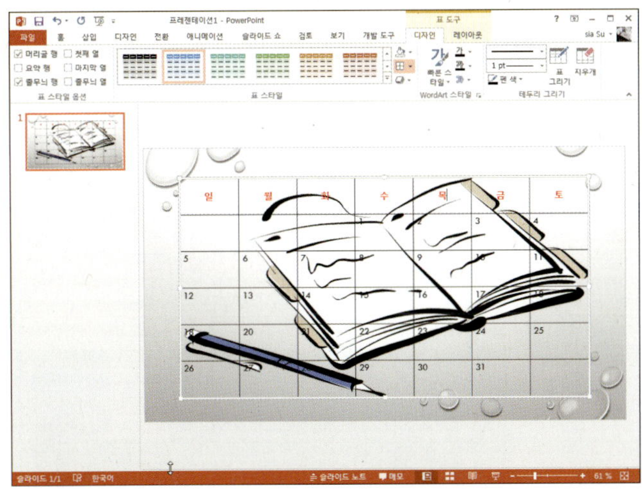

1 셀 배경과 표 배경의 차이에 대해 설명하세요.

① 셀 배경 :

② 표 배경 :

답 : ① 표를 구성하는 각각의 셀에 배경을 지정, ② 표 전체에 배경을 지정

실습 과정 표 스타일과 셀 테두리 변경하기

기본 스타일의 표를 다른 스타일로 바꾸고 셀 테두리를 변경하는 방법에 대해 알아봅니다.

시작 파일 : 파워포인트\part05\07-03.pptx

01 표 스타일 선택하기

❶표를 선택하고 ❷[표 도구-디자인] 탭의 [표 스타일] 그룹에서 [자세히](⌄)를 클릭한 후 표 스타일 목록에서 ❸ [밝은 스타일 3]을 선택합니다.

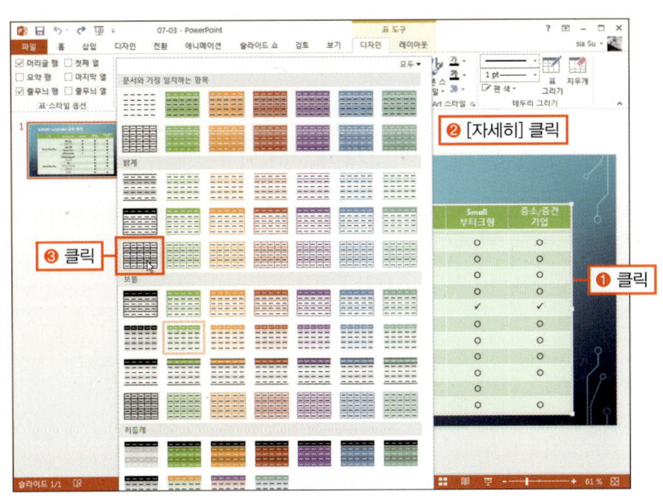

02 테두리 변경하기

❶표를 선택하고 ❷[표 도구-디자인] 탭의 [테두리 그리기] 그룹에서 [펜 스타일]의 목록 단추를 클릭한 후 ❸[테두리 없음]을 선택합니다.

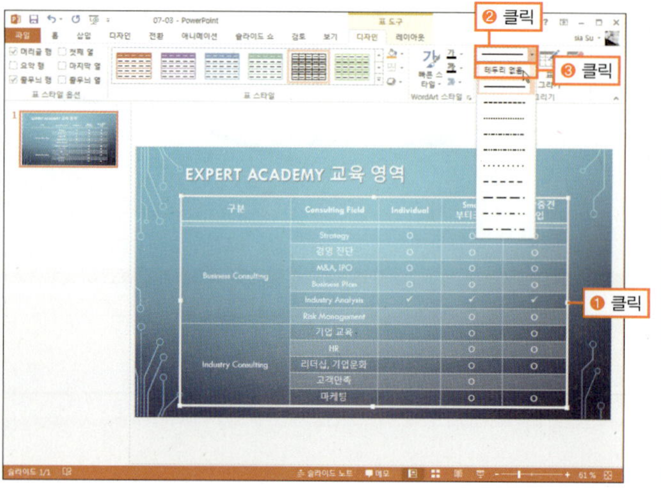

03 왼쪽 테두리 적용하기

❶[표 도구-디자인] 탭의 [표 스타일] 그룹에서 [테두리]의 목록 단추를 클릭하고 ❷[왼쪽 테두리]를 선택합니다.

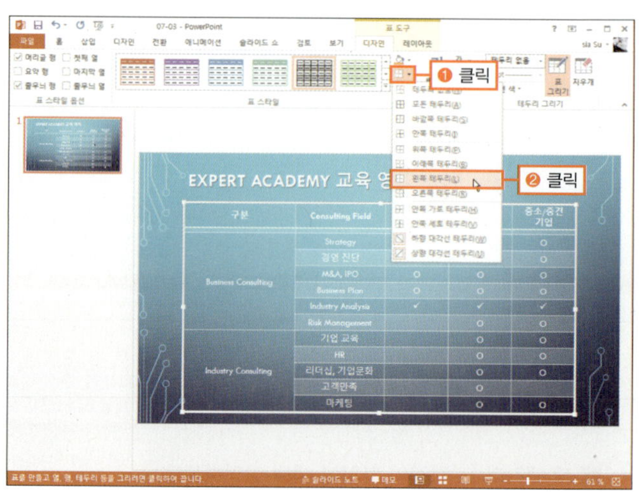

04 오른쪽 테두리 적용하기

❶다시 [표 도구-디자인] 탭의 [표 스타일] 그룹에서 [테두리]의 목록 단추를 클릭하고 ❷[오른쪽 테두리]를 선택합니다.

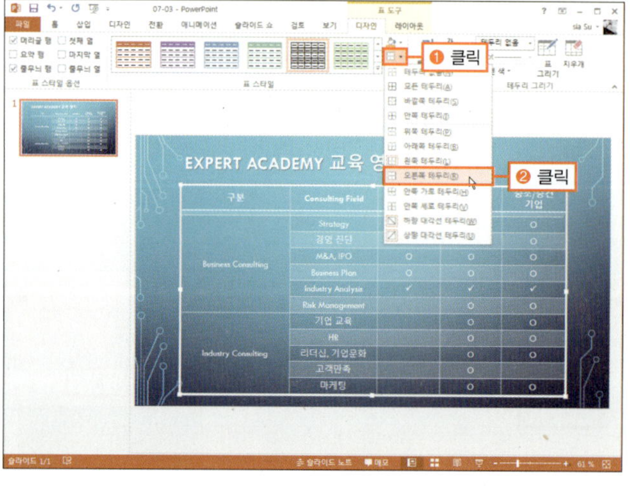

05 테두리 적용 확인하기

❶표 이외의 영역을 클릭하여 표 선택을 해제한 후 표의 왼쪽과 오른쪽에 [테두리 없음]이 적용된 것을 확인합니다.

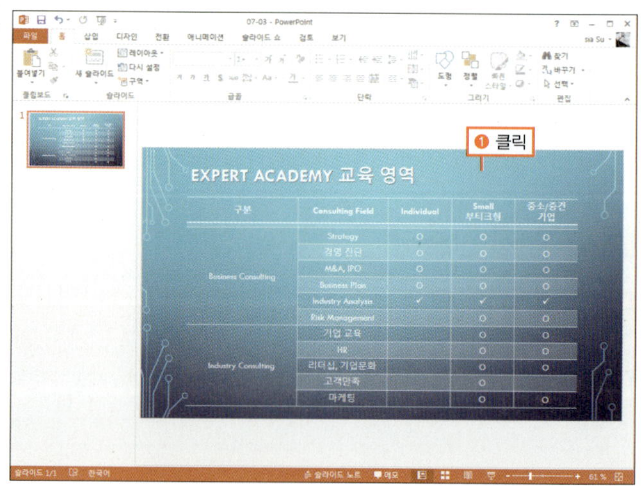

[표 도구-디자인] 탭의 [테두리 그리기] 그룹에서 [지우개](   )를 클릭하고 마우스 포인터의 모양이   로 변경되면 표의 테두리를 드래그합니다.

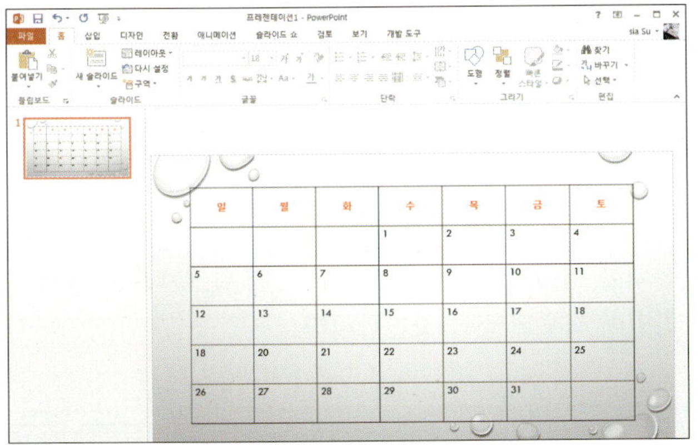

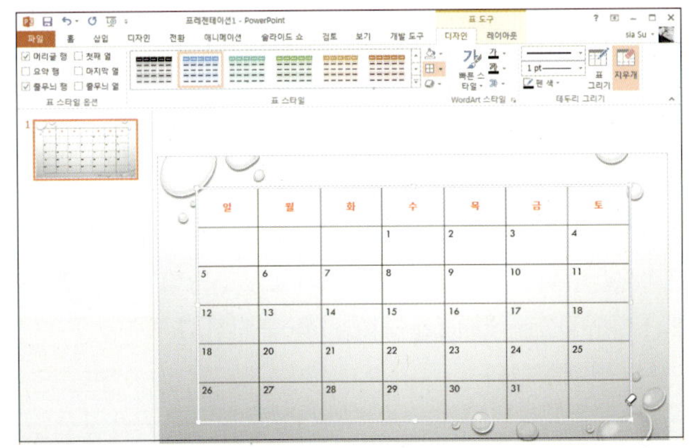

드래그한 표의 테두리가 삭제되어 [테두리 없음] 효과를 얻을 수 있습니다.

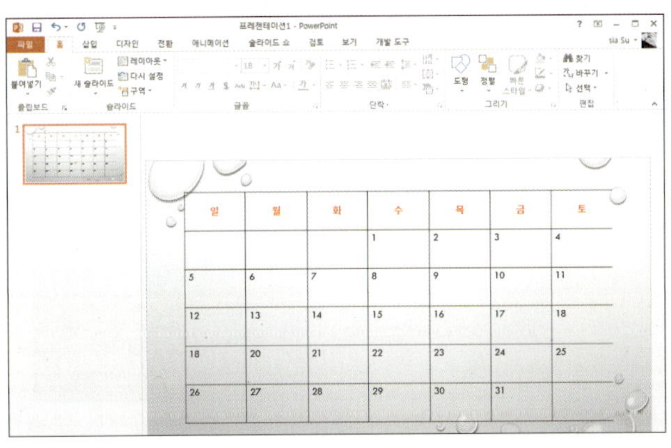

06 표 테두리 스타일 지정하기

❶표의 1행을 모두 선택한 후 ❷[표 도구-디자인] 탭의 [테두리 그리기] 그룹에서 [펜 스타일]을 실선으로, [펜 두께]를 [3pt]로 지정하고 ❸[펜 색]에서 [흰색, 텍스트 1]을 선택합니다.

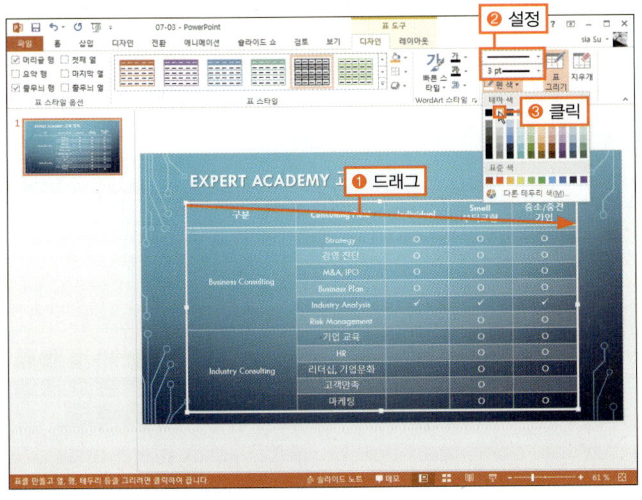

07 테두리 적용하기

❶[표 도구-디자인] 탭의 [표 스타일] 그룹에서 [테두리]의 목록을 클릭한 후 ❷[위쪽 테두리]와 [아래쪽 테두리]를 각각 선택합니다.

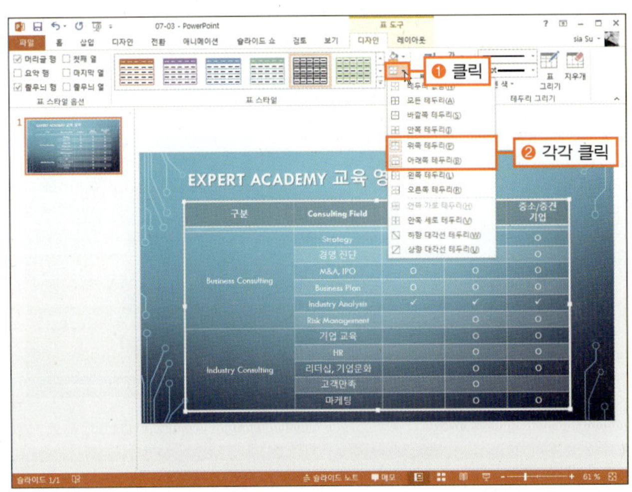

표와 셀에 다양한 효과 지정하기

셀의 일부와 표 전체에 그림자나 입체 효과 등을 지정하는 방법에 대해 알아봅니다.

◎ **시작 파일** : 파워포인트\part05\07-03.pptx
◎ **완료 파일** : 파워포인트\part05\07-03-완성.pptx

01 셀 음영 지정하기

1행의 셀 범위를 그대로 둔 채 ❶[표 도구-디자인] 탭의 [표 스타일] 그룹에서 [음영]([🎨])을 클릭한 후 ❷[빨강, 강조 3]을 선택합니다.

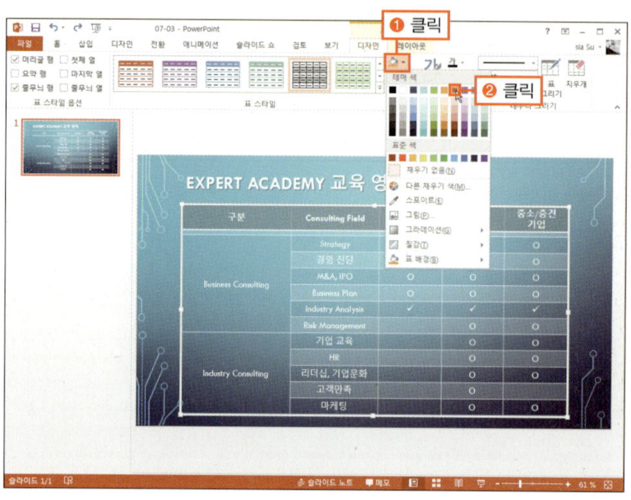

02 셀 음영과 테두리 확인하기

선택한 행에 셀 음영과 앞서 지정한 위, 아래 테두리의 스타일이 적용된 것을 확인합니다.

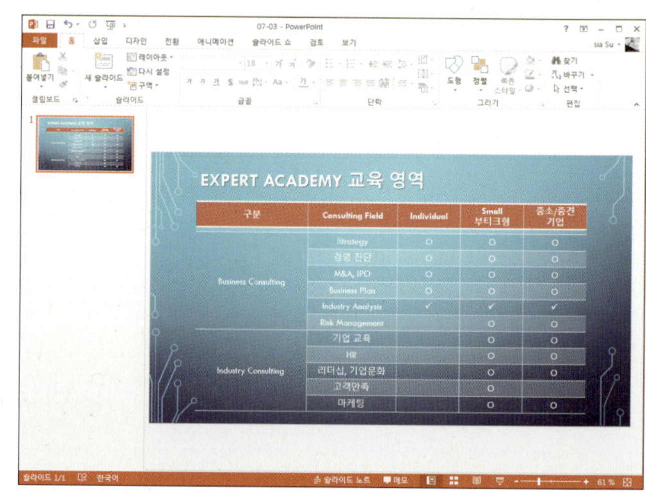

03 셀 텍스트 색상 변경하기

❶셀 범위를 다음과 같이 지정한 후 ❷[홈] 탭의 [글꼴] 그룹에서 [글꼴 색]([가])의 목록 단추를 클릭하여 ❸[검정, 배경 1]을 선택합니다.

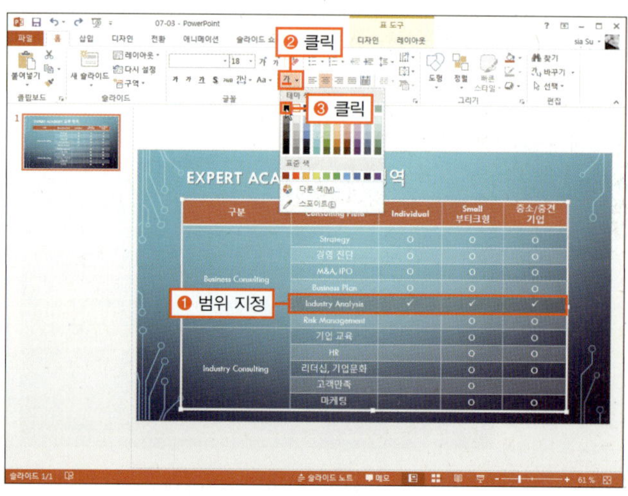

04 셀 배경 지정하기

셀 범위를 그대로 두고 ❶[표 도구-디자인] 탭의 [표 스타일] 그룹에서 [음영]([🎨])을 클릭한 후 ❷[그라데이션]에서 ❸[가운데에서]를 선택합니다.

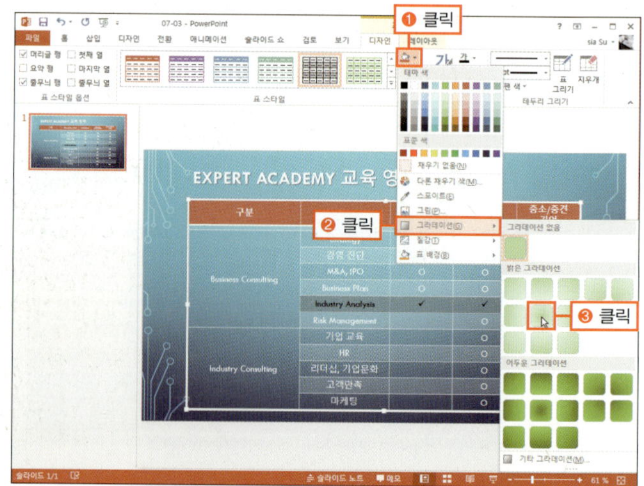

05 그라데이션 확인하기

범위로 지정한 셀의 색상이 선택한 그라데이션 색상으로 변경됩니다.

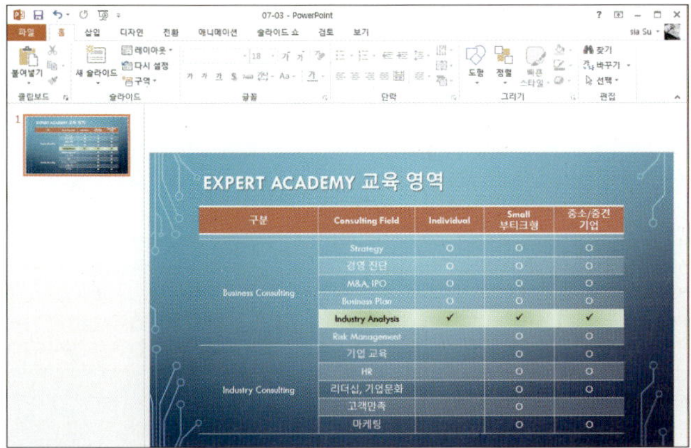

06 표에 그림자 효과 지정하기

❶표 전체를 선택하고 ❷[표 도구-디자인] 탭의 [표 스타일] 그룹에서 [효과](◩)를 클릭하고 ❸[그림자]에서 ❹[오프셋 아래쪽]을 선택합니다.

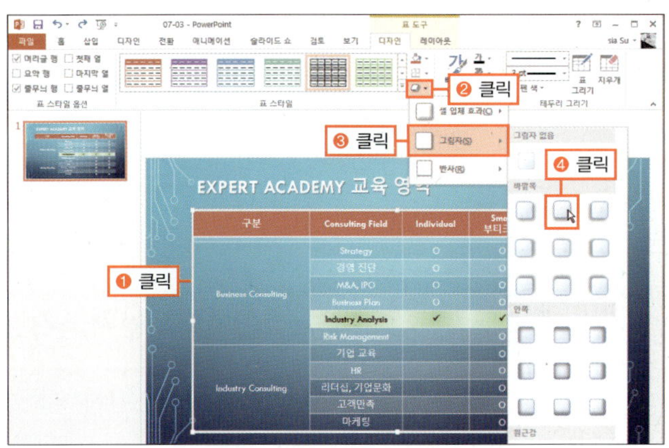

07 그림자 효과 확인하기

표에 그림자 효과가 적용된 것을 확인합니다.

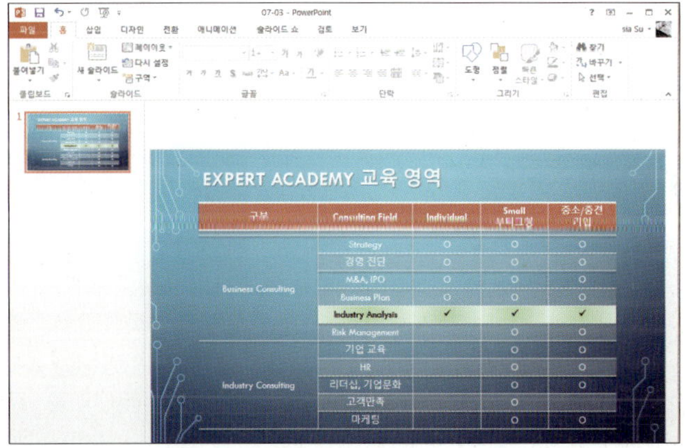

> **참고**
>
> 부록 CD의 '특집.pdf' 파일 29쪽에서 표를 그림 파일로 저장하는 방법을 참고합니다.

시작 파일의 표 테두리를 다음과 같이 변경하고 셀 음영을 지정해 보세요.

- **시작 파일** : 파워포인트\part05\02-실습1.pptx
- **완료 파일** : 파워포인트\part05\02-실습1-완성.pptx

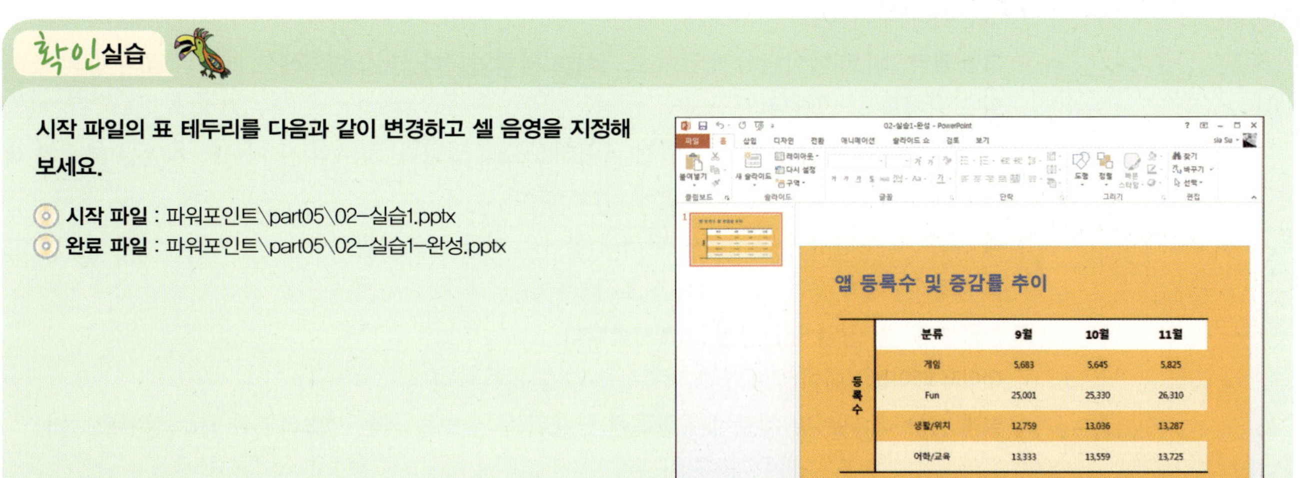

차트 삽입하고 편집하기

차트를 삽입하면 복잡한 숫자 데이터나 여러 줄의 텍스트 내용을 한 눈에 파악할 수 있습니다. 차트의 각 요소에 대해 살펴본 후 슬라이드에 차트를 삽입하고 편집하는 방법에 대해 알아봅니다.

배우는 내용
- 차트의 구성 요소 알기
- 차트 삽입하기
- 차트 레이아웃과 스타일 변경하기

 기능 정리 **차트 구성 요소 살펴보기**

차트를 구성하는 여러 가지 요소에 대해 알아보도록 합니다.

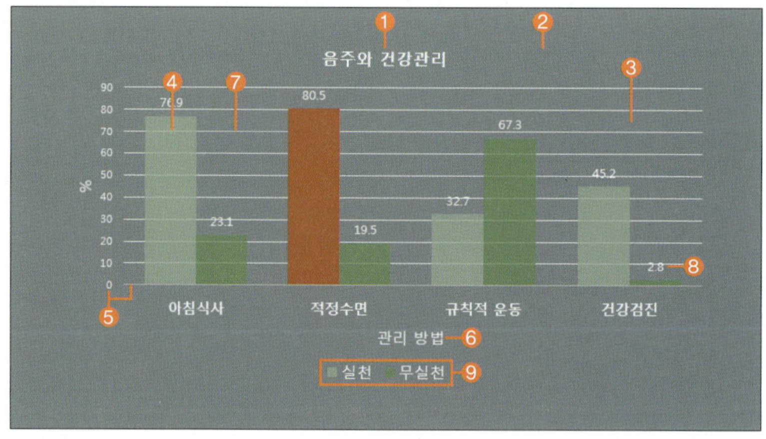

❶ **차트 제목** : 차트의 제목을 표시합니다.

❷ **차트 영역** : 차트 전체의 영역입니다. 차트 영역에 배경과 텍스트의 속성, 효과 등을 지정할 수 있습니다.

❸ **그림 영역** : 차트 데이터의 계열이 표시되는 영역입니다. 그림 영역에도 배경과 효과 등의 스타일을 지정할 수 있습니다.

❹ **데이터 계열** : 차트에 그려지는 관련 데이터 요소들입니다. 차트의 각 데이터 계열은 고유의 색이나 무늬를 가지며 차트 범례 안에 나타납니다.

❺ **축** : 차트의 수평과 수직 방향에 단위나 항목의 이름을 표시합니다.

❻ **축 제목** : 수평과 수직 축에 제목을 표시합니다.

❼ **눈금선** : 그림 영역에 눈금선을 표시합니다.

❽ **데이터 레이블** : 데이터 계열에 해당하는 값을 표시합니다.

❾ **범례** : 차트의 데이터 계열이나 항목에 할당된 무늬 또는 색을 식별하도록 하는 상자입니다.

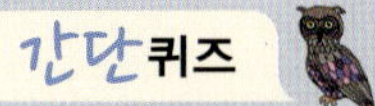

1 차트의 요소 중 '데이터 차트의 계열이나 항목에 할당된 무늬 또는 색을 식별 가능하도록 하는 상자'는 어느 것일까요?

① 차트 제목 ② 데이터 계열 ③ 범례 ④ 데이터 레이블

답 : ③

실습 과정 | 차트 삽입하기

슬라이드에 차트를 삽입하는 방법에 대해 알아보도록 합니다.

◎ **시작 파일** : 파워포인트\part05\07-04.pptx

01 차트 선택하기

❶[삽입] 탭의 ❷[일러스트레이션] 그룹에서 [차트](📊)를 클릭합니다.

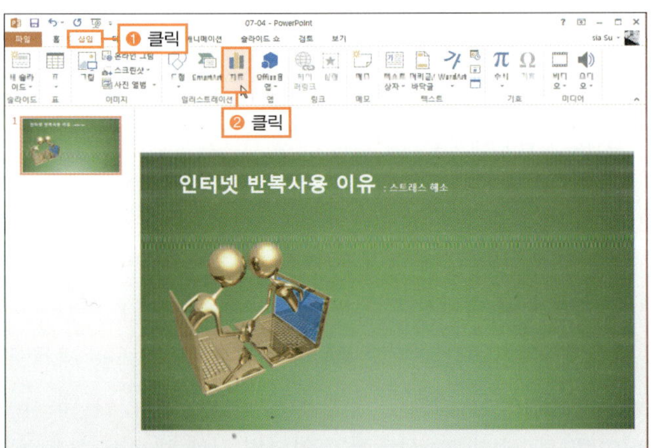

02 차트 종류 선택하기

[차트 삽입] 대화상자가 나타나면 ❶[원형]을 클릭하고 ❷[3차원 원형]을 선택한 후 ❸[확인]을 클릭합니다.

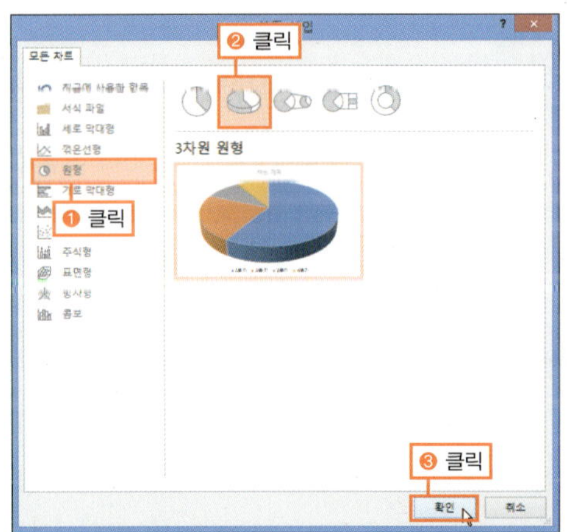

03 차트의 임시 데이터 확인하기

차트의 종류를 선택하면 다음과 같이 데이터를 입력할 수 있는 엑셀 창이 나타납니다. 엑셀 창의 데이터는 임시 데이터이며 이 임시 데이터가 적용된 차트가 슬라이드에 표시됩니다.

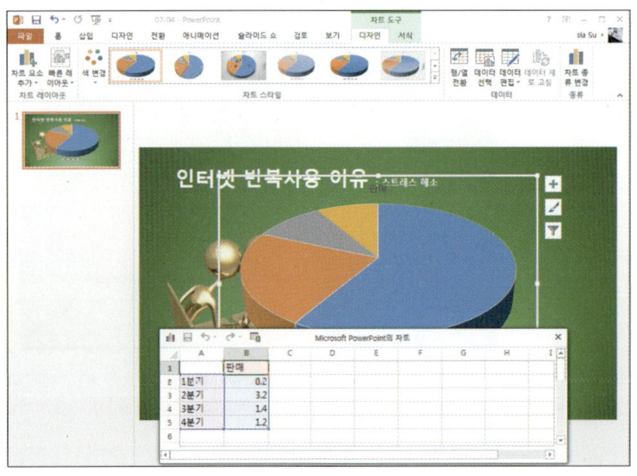

04 차트 데이터 입력하기

임시 데이터를 삭제하고 ❶다음과 같이 차트의 데이터를 입력합니다. ❷엑셀 파일을 닫습니다.

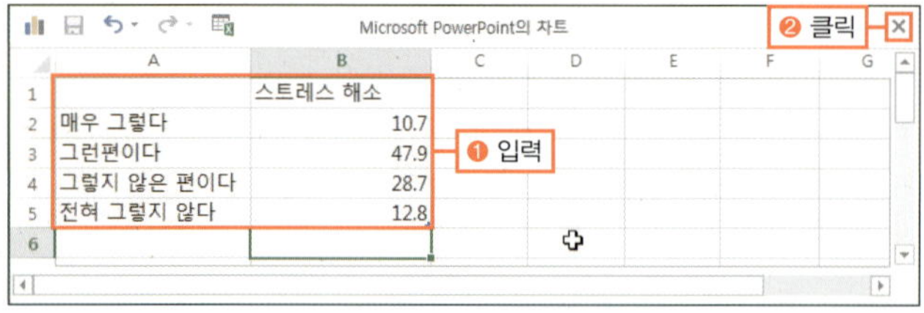

05 차트 확인하기

입력한 데이터에 맞는 차트가 슬라이드에 삽입됩니다. ❶ 차트의 모서리 조절점을 드래그하여 크기를 조절한 후 적당한 위치로 드래그하여 이동합니다.

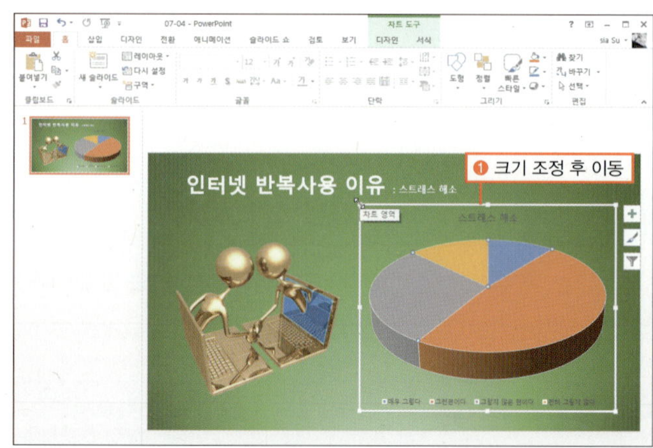

실습 과정 　**차트 레이아웃과 스타일 변경하기**

다양한 방법으로 차트의 레이아웃과 스타일을 변경하는 방법에 대해 알아봅니다.

- **시작 파일** : 파워포인트\part05\07-04.pptx
- **완료 파일** : 파워포인트\part05\07-04-완성.pptx

01 차트 단추 클릭하기

차트 옆의 [차트 단추]는 차트의 요소, 스타일, 데이터 필터 등을 쉽게 편집할 수 있도록 팝업 창으로 기능을 표시합니다. [차트 단추] 중 ❶[차트 요소](➕)를 클릭합니다.

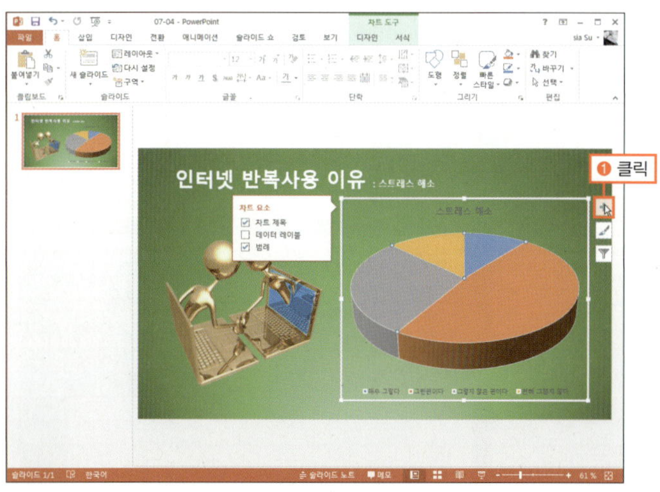

02 차트 제목 숨기기

팝업 창의 [차트 요소] 중 ❶[차트 제목]의 선택을 해제하면 차트에서 '차트 제목'을 표시하지 않습니다. ❷[데이터 레이블]과 [범례]도 선택이 되었다면 선택 해제합니다.

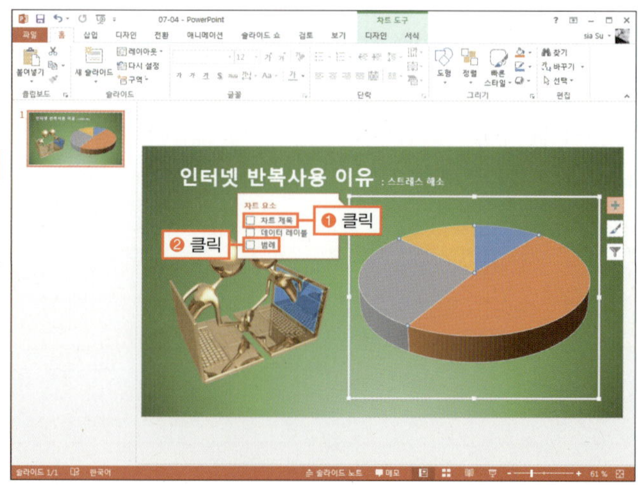

03 차트 스타일 선택하기

❶ [차트 단추] 중 [차트 스타일](✐)을 클릭하고 차트 스타일의 목록이 팝업 창에 나타나면 목록에서 ❷ [스타일 8]을 선택합니다.

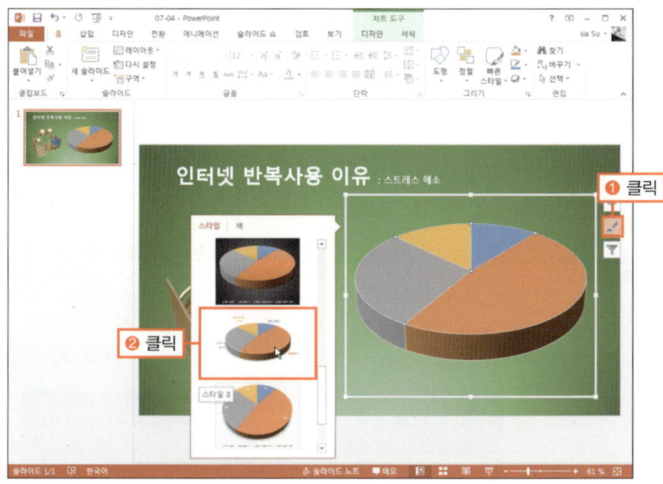

04 차트 색 변경하기

선택한 차트 스타일이 적용됩니다. ❶ [차트 도구-디자인] 탭의 ❷ [차트 스타일] 그룹에서 [색 변경](🎨)을 클릭하고 ❸ [색 13]을 선택합니다.

05 차트 색 변경 확인하기

차트의 색상이 지정한 색으로 변경된 것을 확인합니다.

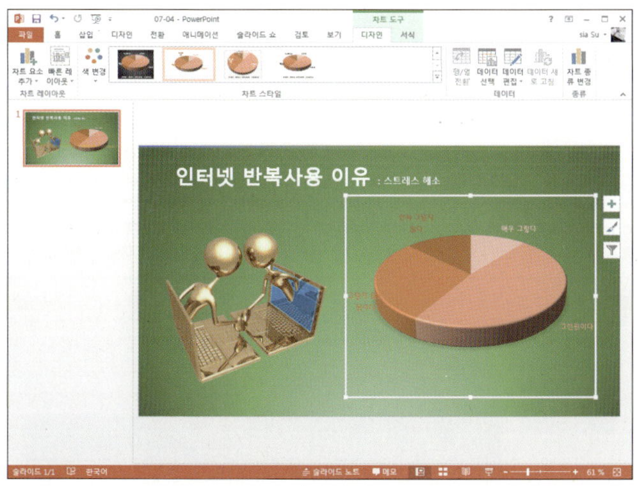

06 데이터 계열 글꼴 색 변경하기

❶ 그림과 같이 데이터 계열을 클릭한 후 ❷ [홈] 탭의 [글꼴] 그룹에서 [글꼴 크기]를 [16pt], [글꼴 색]을 [검정, 텍스트 1], [굵게] 속성을 지정합니다.

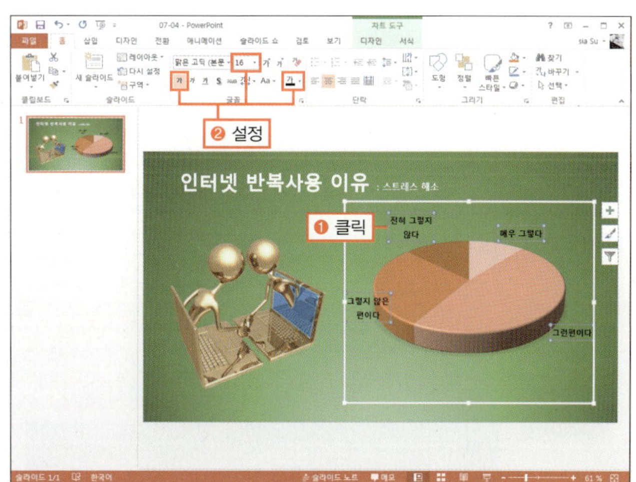

> **참고**
>
> 부록 CD의 '특집.pdf' 파일 31쪽에서 [빠른 레이아웃] 기능을 사용하여 차트의 레이아웃을 변경하는 방법을 참고합니다.

슬라이드에 엑셀 차트 삽입하기

엑셀에서 작업한 차트를 복사한 후 파워포인트 슬라이드에 삽입하는 방법에 대해 알아봅니다.

◉ **시작 파일** : 파워포인트\part05\07-07.pptx /엑셀차트.xlsx
◉ **완료 파일** : 파워포인트\part05\07-07-완성.pptx

01 엑셀 차트 복사하기

❶엑셀 파일을 불러옵니다. ❷워크시트에 삽입된 차트를 선택한 후 마우스 오른쪽 단추를 클릭하여 ❸바로 가기 메뉴의 [복사]를 선택합니다.

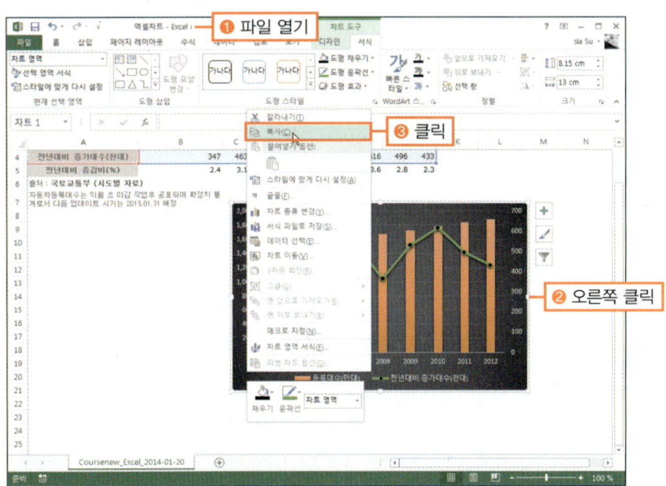

02 슬라이드에 차트 붙여넣기

❶파워포인트 슬라이드에서 마우스 오른쪽 단추를 클릭한 후 ❷바로 가기 메뉴의 [붙여넣기 옵션] 중 [원본 서식 유지 및 데이터 연결]을 선택합니다.

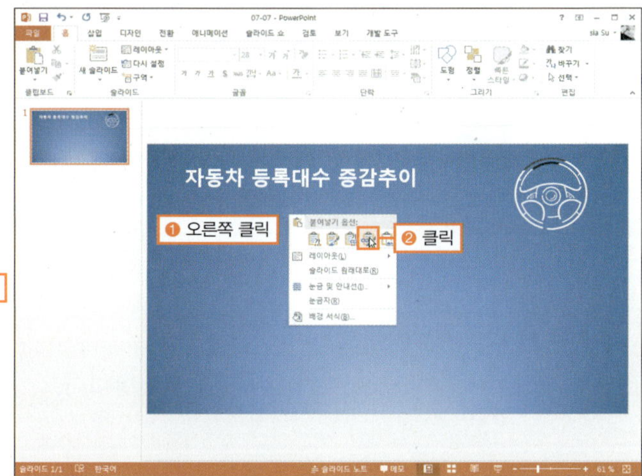

03 차트 스타일 변경하기

❶삽입한 엑셀 차트의 모서리를 드래그하여 크기를 조절한 후 ❷[차트 도구-디자인] 탭의 [차트 스타일] 그룹에서 [자세히]([ꔋ])를 클릭하고 ❸스타일 목록에서 [스타일 8]을 선택합니다.

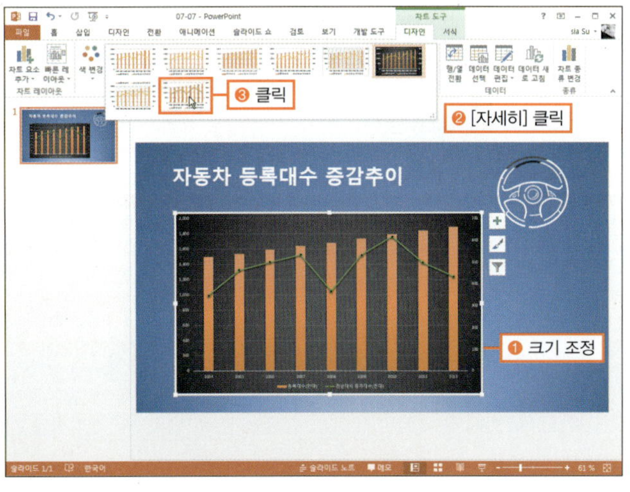

04 차트 스타일 변경 확인하기

차트의 스타일이 변경된 것을 확인합니다.

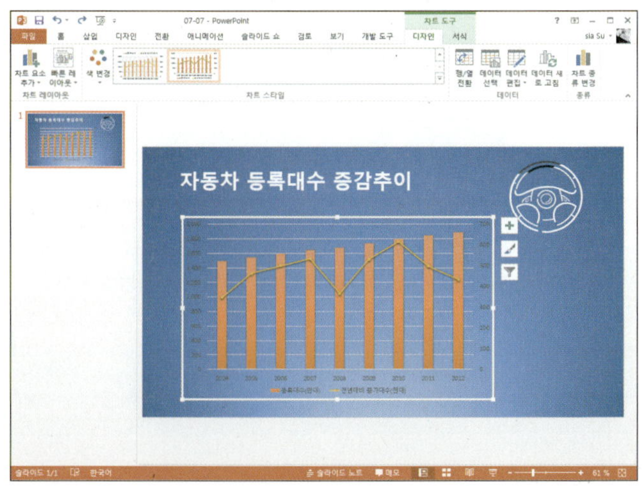

엑셀의 차트 데이터에서 ❶B3셀의 데이터를 '140'으로 입력합니다.

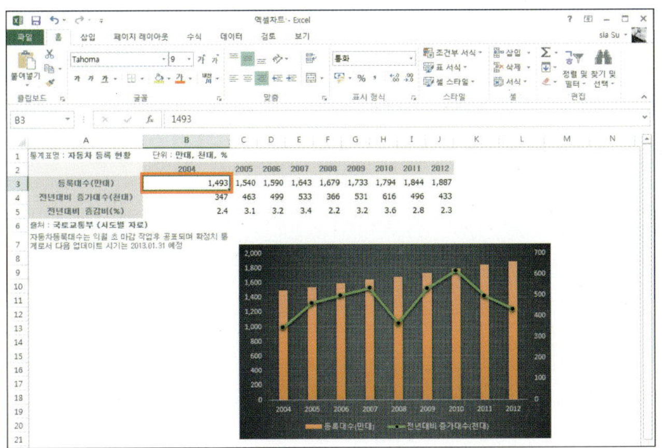

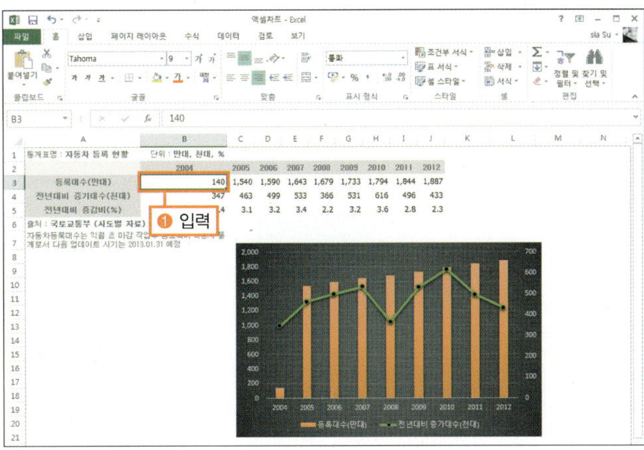

06 변경 데이터 확인하기

연결된 슬라이드의 차트 데이터도 함께 변경된 것을 확인
할 수 있습니다.

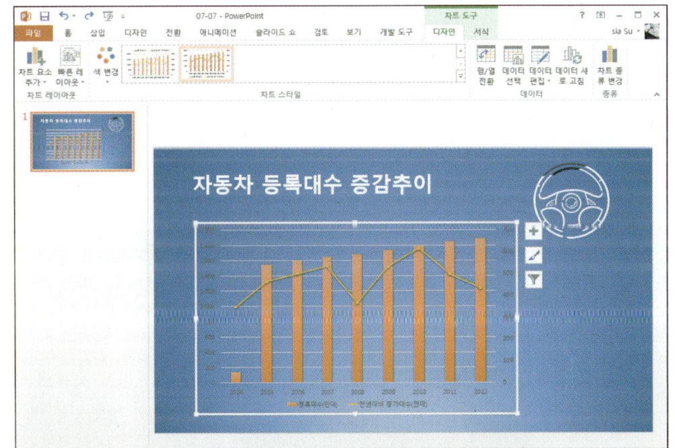

확인실습

아래의 차트 데이터를 사용하여 다음과 같은 차트를 만들어 보세요.

⊙ **시작 파일** : 파워포인트\part05\03-실습1.pptx
⊙ **완료 파일** : 파워포인트\part05\03-실습1-완성.pptx

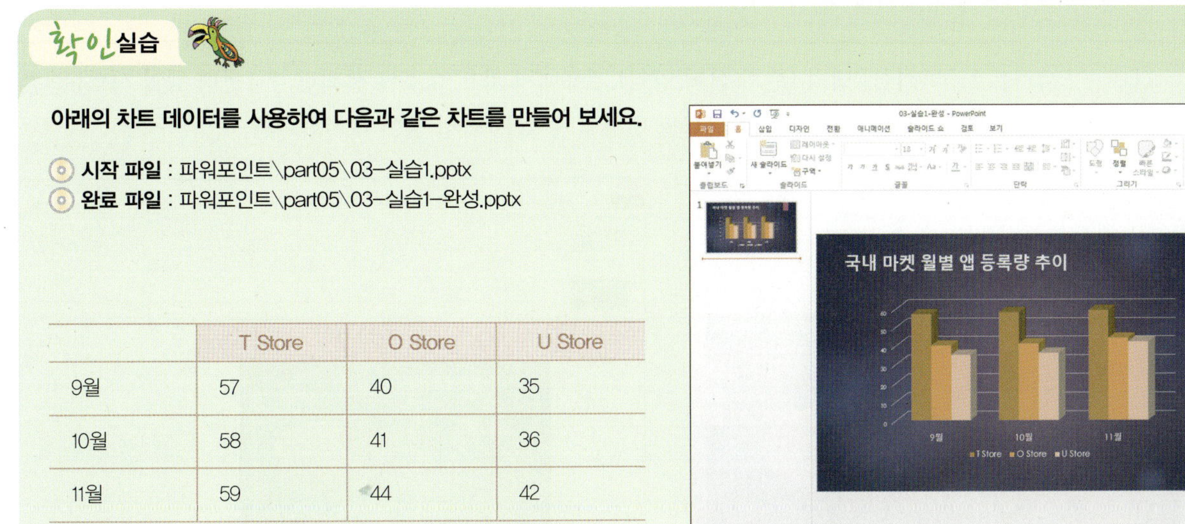

	T Store	O Store	U Store
9월	57	40	35
10월	58	41	36
11월	59	44	42

▲ 차트 데이터

차트 서식 변경하기

기본 형태로 삽입한 차트의 서식을 변경하여 원하는 디자인의 차트로 변경할 수 있습니다. 차트의 개별 요소를 선택하여 서식을 다양하게 변경하는 방법에 대해 알아봅니다.

배우는 내용
- 차트 요소 선택하기
- 차트 서식 지정하기
- 혼합 차트 만들기

기능 정리 · 차트의 각 요소 서식 선택하기

차트를 구성하는 각 요소의 서식은 서식 작업 창에서 변경할 수 있습니다. 차트의 요소를 선택할 때는 더블클릭하거나 각 요소에서 마우스 오른쪽 단추를 클릭한 후 [영역 서식]을 선택합니다. 화면 오른쪽에 선택한 차트 요소의 서식 작업 창이 나타나면 배경색, 테두리, 효과, 텍스트 옵션 등을 지정할 수 있습니다.

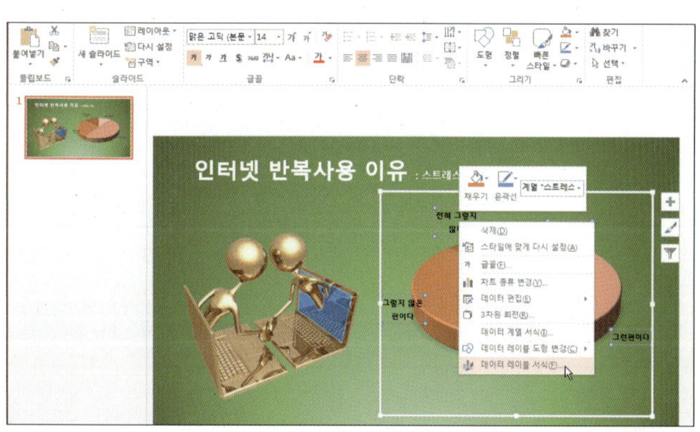
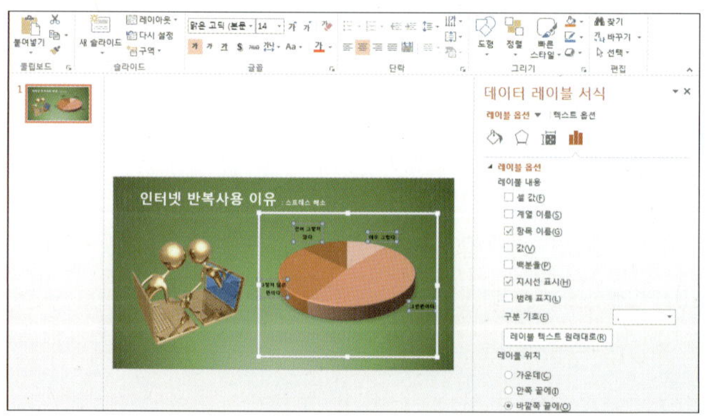

[차트 도구-서식] 탭의 [현재 선택 영역] 그룹에서 차트 요소를 선택한 후 [선택 영역 서식]을 클릭해도 해당하는 차트 요소의 서식을 변경할 수 있는 작업 창이 나타납니다.

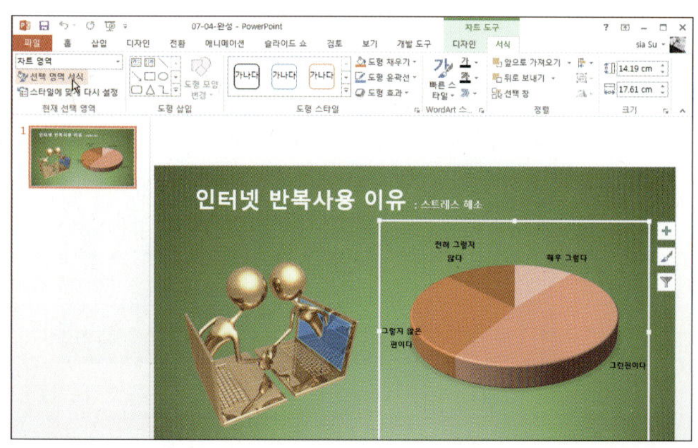
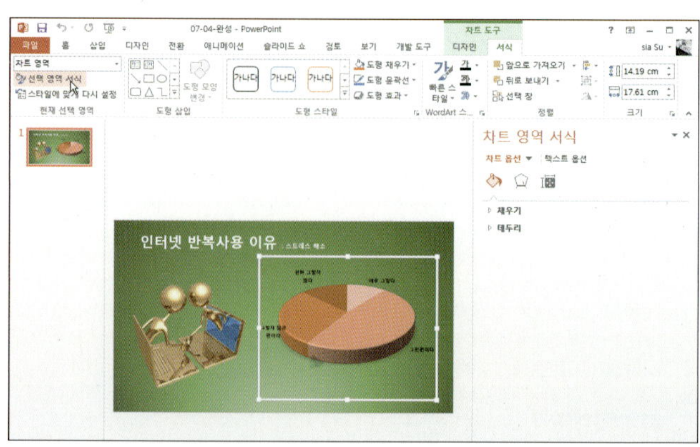

차트에 3차원 서식 지정하기

차트의 종류를 변경하고 3차원 서식을 지정하는 방법에 대해 알아봅니다.

시작 파일 : 파워포인트\part05\07-05.pptx
완료 파일 : 파워포인트\part05\07-05-완성.pptx

01 차트 스타일 지정하기

❶슬라이드의 차트를 선택합니다. ❷[차트 도구-디자인] 탭의 [차트 스타일] 그룹에서 [자세히]([▾])를 클릭하고 ❸ [스타일 13]을 선택합니다.

02 차트 계열 도형 서식 변경하기

차트 스타일이 적용되면 ❶데이터 계열 중 '실천'의 '적정 수면' 계열을 2번 클릭하여 선택한 후 ❷[차트 도구-서식] 탭의 [도형 스타일] 그룹에서 [도형 채우기]([🖌도형 채우기])를 클릭하고 ❸[진한 빨강]을 선택합니다.

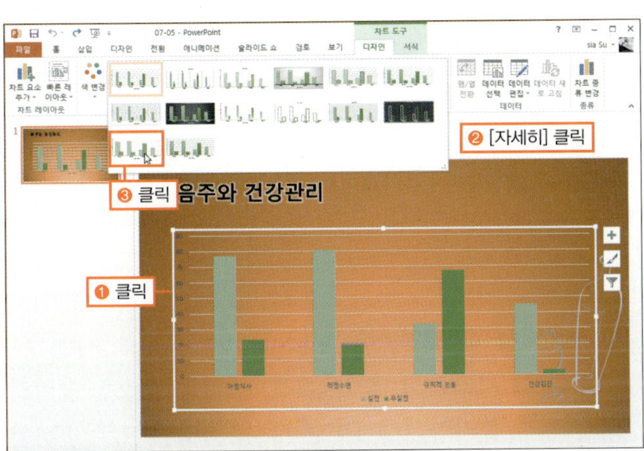
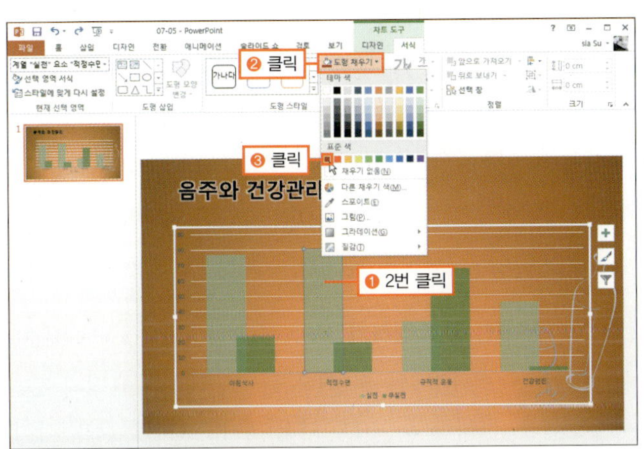

─ **참고** ─
차트의 계열을 클릭하면 해당 계열의 모든 도형이 선택되지만 한 번 더 클릭하면 해당 도형만 따로 선택됩니다.

03 차트 종류 변경하기

차트의 종류를 변경하기 위해 ❶[차트 도구-디자인] 탭의 [종류] 그룹에서 [차트 종류 변경]([📊])을 선택합니다.

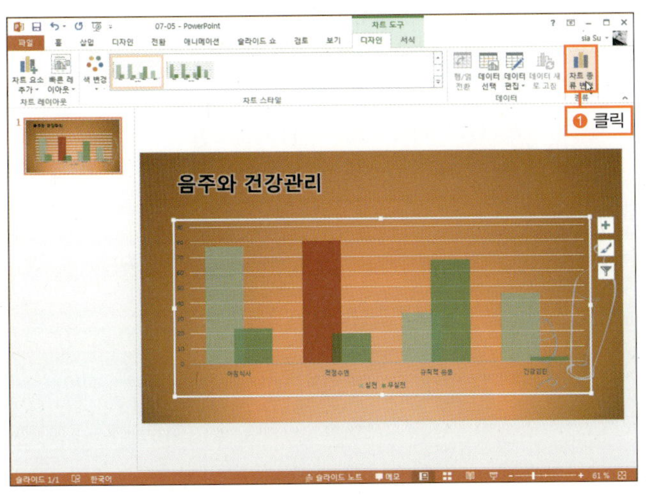

04 차트 종류 선택하기

[차트 종류 변경] 대화상자가 나타나면 ❶[3차원 묶은 세로 막대형]을 선택한 후 ❷[확인]을 클릭합니다.

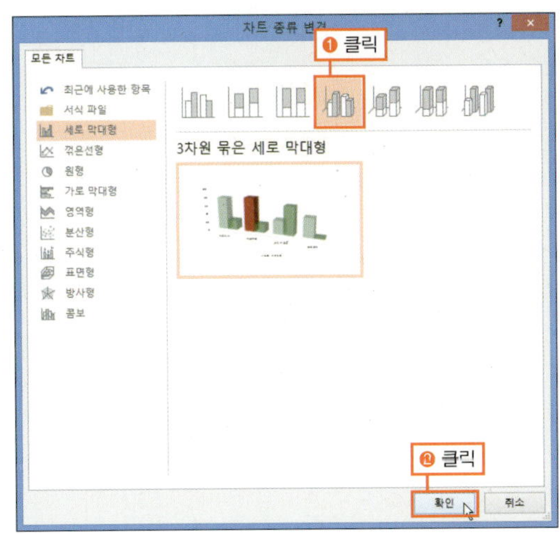

3차원 차트 모양으로 변경되면 ❶차트 요소 중 차트 영역에서 마우스 오른쪽 단추를 클릭하고 ❷바로 가기 메뉴의 [차트 영역 서식]을 선택합니다.

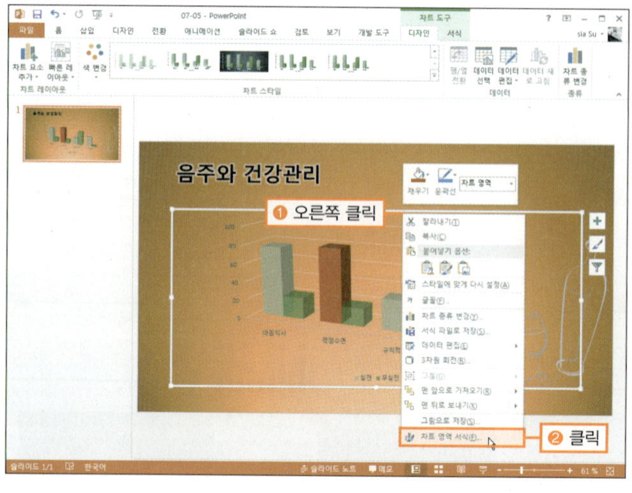

[차트 영역 서식] 작업 창이 표시되면 ❶[차트 옵션] 항목의 [효과](□)를 클릭합니다.

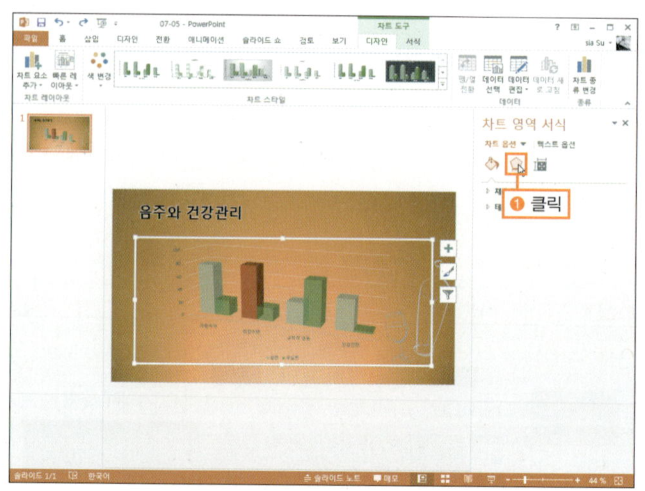

❶[효과](□)의 [3차원 회전]을 클릭합니다. ❷[직각으로 축 고정]을 선택한 후 ❸[X 회전]과 [Y 회전] 값을 각각 [70]과 [20]으로 변경합니다. 3차원 회전 값을 변경하면 슬라이드 창에 바로 적용됩니다.

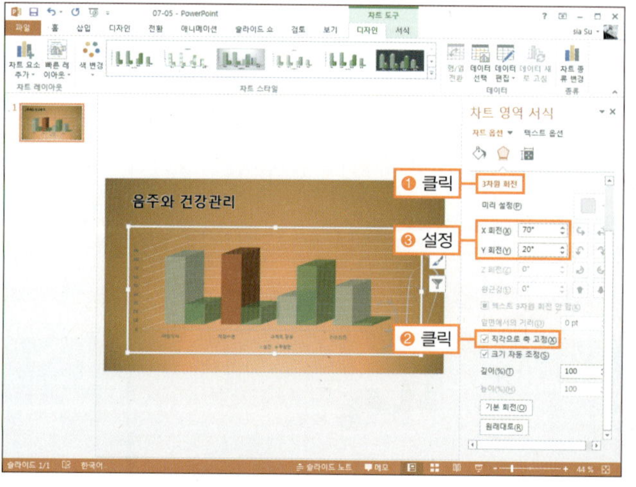

❶차트 영역 서식에서 [차트 옵션]의 목록 단추를 클릭하여 [밑면]을 클릭합니다. [밑면 서식] 작업 창으로 변경됩니다. ❷[채우기](□)의 [단색 채우기]를 선택한 후 ❸[색]을 클릭하고 [검정, 텍스트 1, 35% 더 밝게]를 선택합니다.

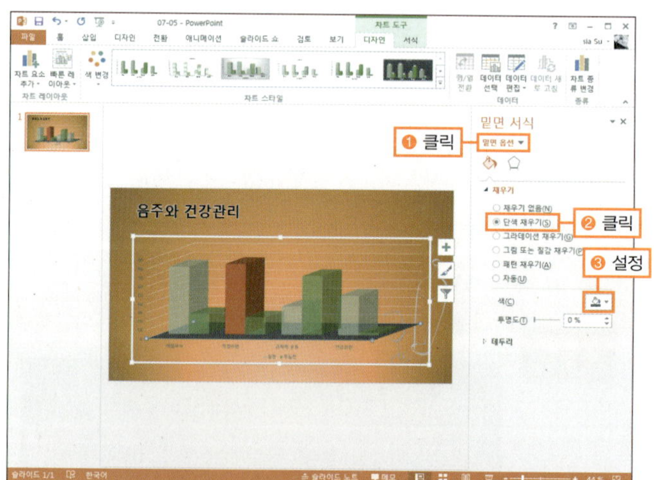

차트에 표시되지 않은 요소를 추가할 때는 [차트 도구-디자인] 탭의 [차트 레이아웃] 그룹에서 [차트 요소 추가]( )를 클릭합니다. 차트 요소를 선택하면 차트에 요소가 추가됩니다.

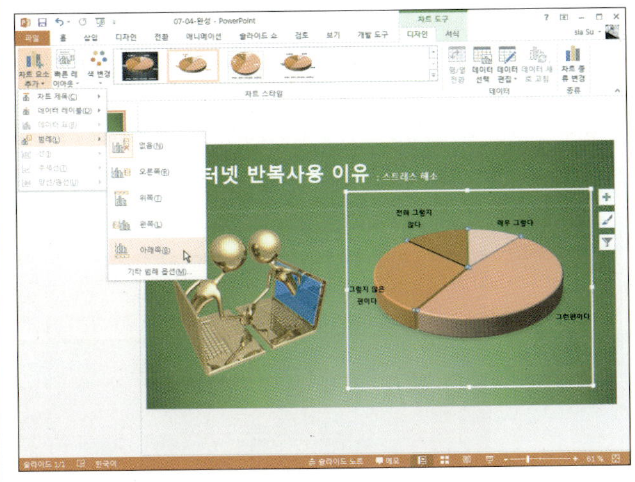
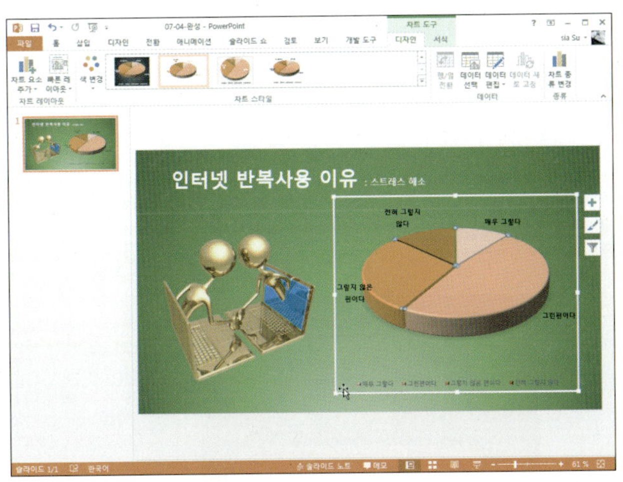

09 계열 요소 선택하기

[밑면 서식] 작업 창의 ❶[밑면 옵션]에서 목록 단추를 클릭하면 차트 유소 목록이 표시됩니다. ❷[계열 "실천"]을 선택합니다.

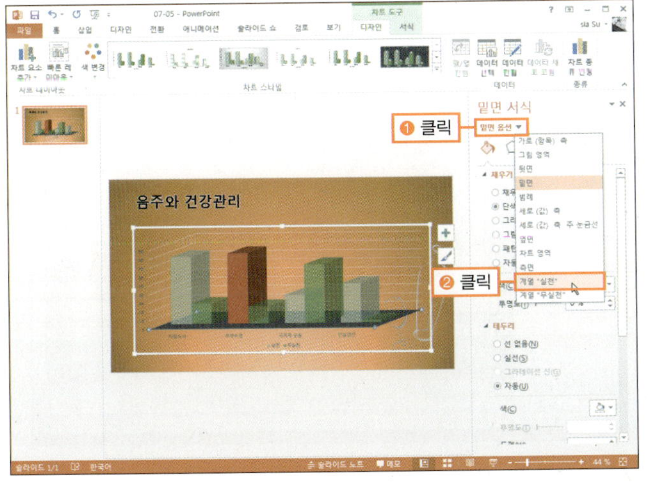

10 계열 모양 변경하기

[계열 "실천"]의 계열 도형이 모두 선택되면서 [데이터 계열 서식] 작업 창으로 변경됩니다. ❶[계열 옵션]( )을 클릭한 후 ❷[세로 막대 모양]을 [원통형]으로 변경합니다.

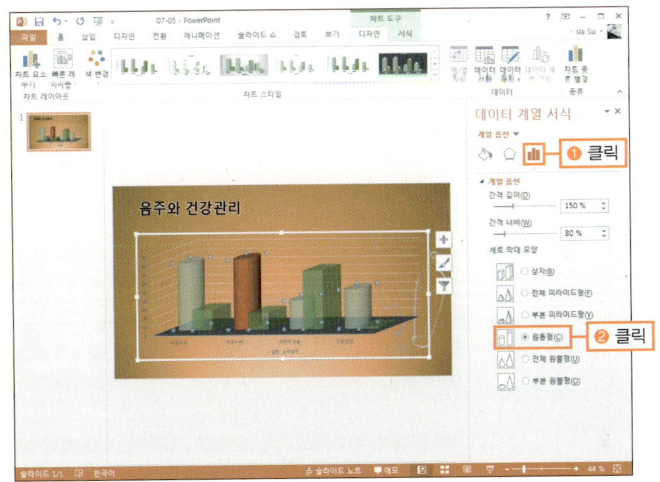

11 축 옵션 변경하기

차트에서 다음과 같이 ❶축을 클릭한 후 [축 서식] 작업 창의 ❷[축 옵션](📊)에서 ❸[경계]의 [최대값]을 100으로 변경합니다.

12 축의 글꼴 색 변경하기

❶차트의 가로, 세로축을 각각 클릭한 후 ❷텍스트 색을 [흰색, 배경 1]로 모두 변경합니다.

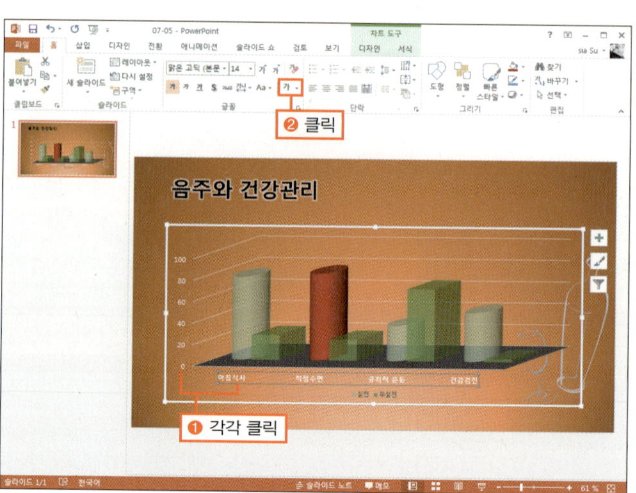

참고 ● 차트 필터 살펴보기

차트 도구 단추의 [차트 필터](▽)는 차트의 데이터 계열을 표시하거나 숨깁니다. 차트 옆의 [차트 필터](▽)를 클릭한 후 팝업 메뉴가 나타나면 [계열]이나 [범주] 항목의 목록에서 계열을 취소하거나 선택하고 [적용]을 클릭합니다. 선택을 해제한 계열이나 범주의 항목은 사라지고 선택한 차트 데이터는 표시됩니다.

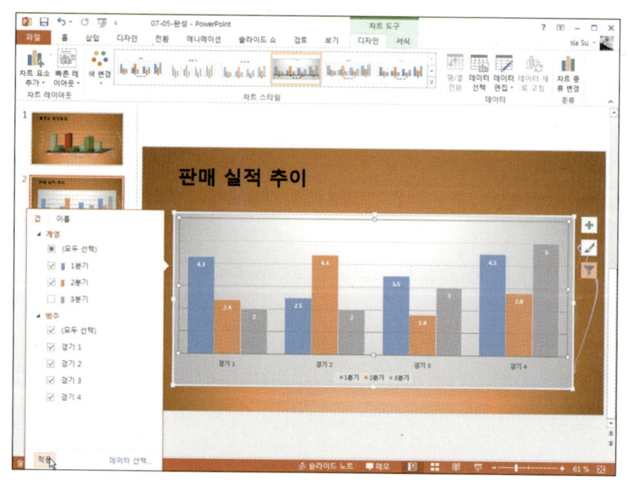

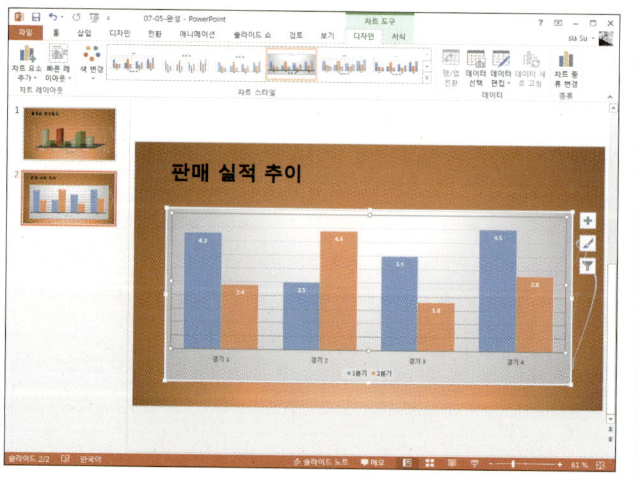

혼합 차트 작성하기

하나의 차트에 여러 종류의 차트를 혼합해서 사용할 수 있는 혼합 차트를 만들어 봅니다.

◎ **시작 파일** : 파워포인트\part05\07-06.pptx
◎ **완료 파일** : 파워포인트\part05\07-06-완성.pptx

01 계열 선택하기

❶[차트 도구-서식] 탭의 [현재 선택 영역] 그룹에서 차트 요소의 목록 단추를 클릭한 후 ❷[계열 "전년대비 증감비"]를 선택합니다.

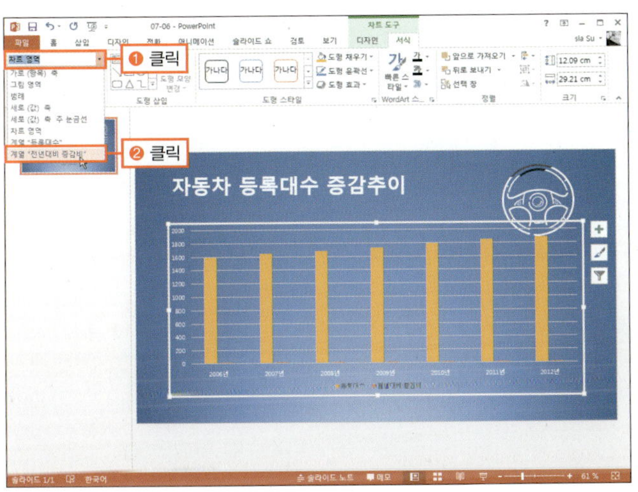

02 계열 차트 종류 변경 선택

차트에서 [계열 "전년대비 증감비"]가 선택됩니다. ❶선택한 계열에서 마우스 오른쪽 단추를 클릭하고 ❷바로 가기 메뉴의 [계열 차트 종류 변경]을 선택합니다.

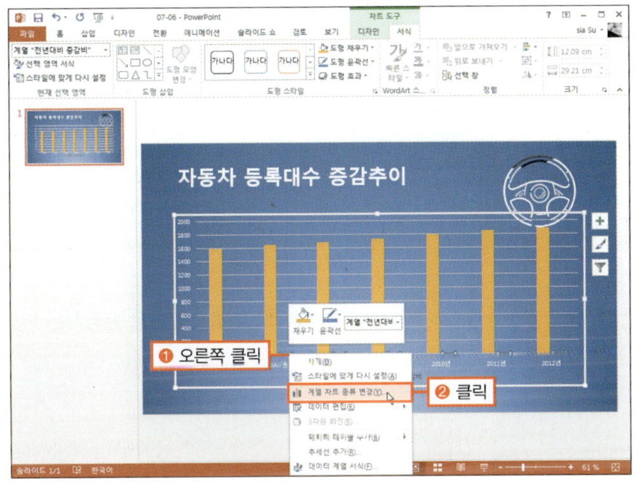

03 차트 종류 변경하기

[차트 종류 변경] 대화상자가 나타나면 ❶[전년 대비 증감비] 계열의 목록 단추를 클릭하고 ❷차트의 종류를 [표식이 있는 꺾은선형]으로 지정한 후 ❸[보조축]을 선택합니다.

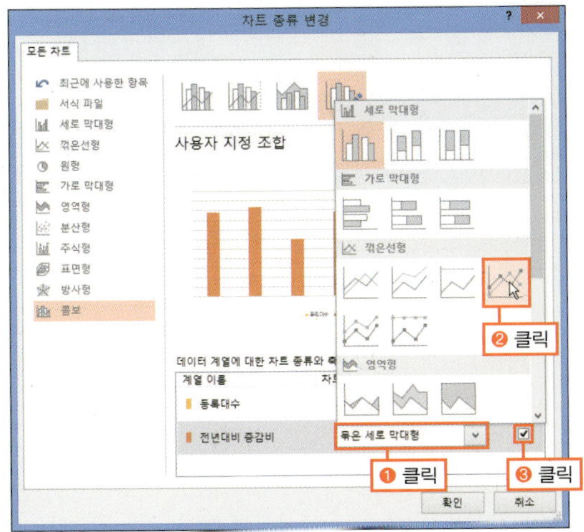

04 차트 종류 변경 확인하기

선택한 계열의 차트가 [표식이 있는 꺾은선형]으로 변경된 것을 확인한 후 ❶[확인]을 클릭합니다. 혼합 차트가 완성됩니다.

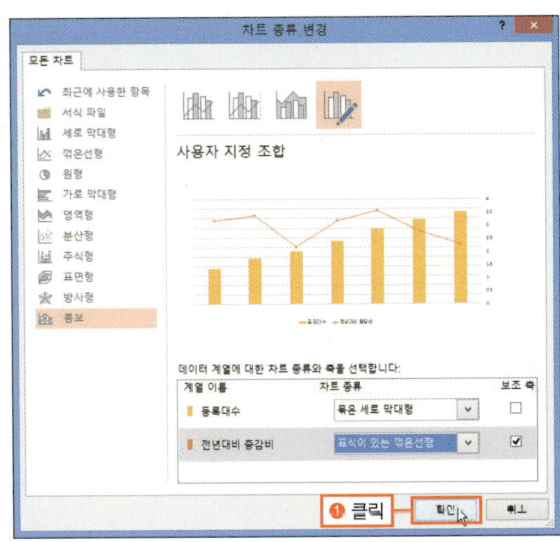

05 축 제목 추가하기

❶ 차트 보조 축 값의 글자를 [흰색, 배경 1]로 변경한 후 ❷ [차트 단추]의 [차트 요소](➕)를 클릭하고 ❸ 팝업 메뉴의 [축 제목]-❹ [기본 세로]와 [보조 세로]를 선택합니다.

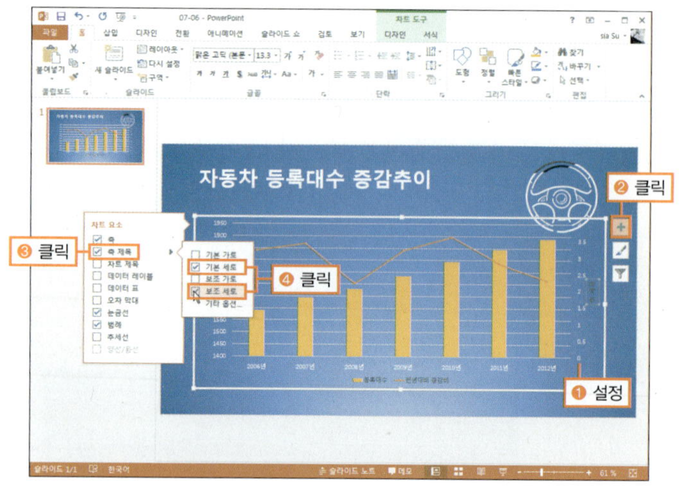

06 축 제목 입력하기

차트의 기본 세로축과 보조 세로축에 축 제목 요소가 삽입됩니다. ❶ 축 제목을 각각 '만 대'와 '%'로 입력하고 ❷ 글꼴 색을 [흰색, 배경 1]로 변경합니다.

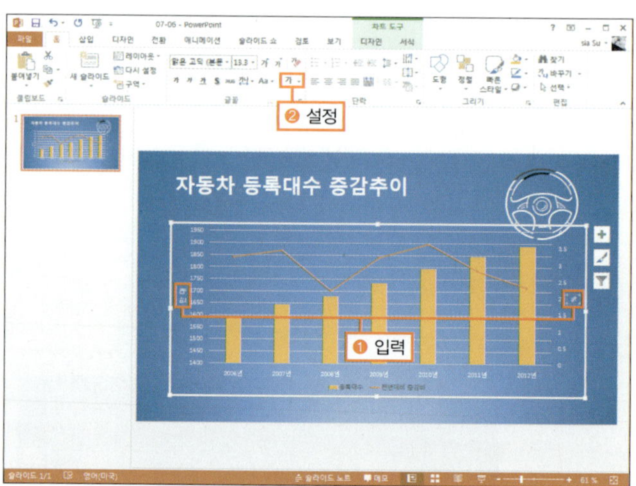

참고

부록 CD의 '특집.pdf' 파일 32쪽에서 차트를 서식 파일로 저장하는 방법을 참고합니다.

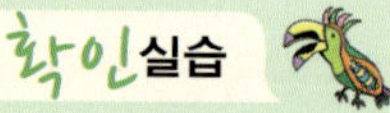

시작 파일을 열고 차트의 3차원 회전 값을 변경하고 데이터 레이블을 표시해 보세요(X회전:50, Y회전:−30).

◎ **시작 파일** : 파워포인트\part05\04-실습1.pptx
◎ **완료 파일** : 파워포인트\part05\04-실습1-완성.pptx

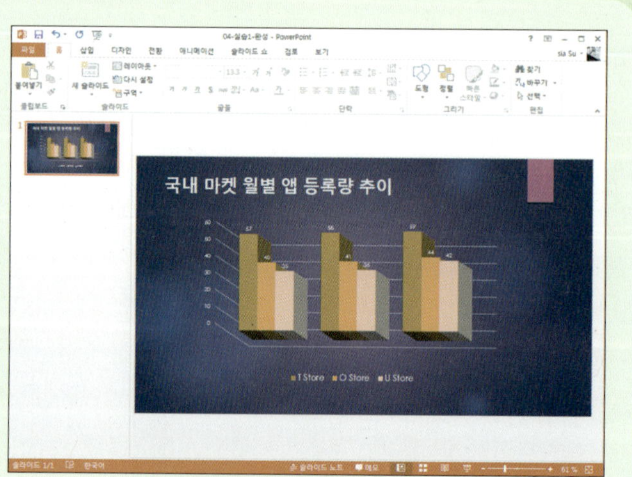

1 슬라이드에 표를 삽입하고 테두리와 셀 색상을 다음과 같이 변경해 보세요.

◎ **완료 파일** : 파워포인트\part05\05-응용실습1-완성.pptx
◎ **해설 파일** : 파워포인트\해설파일\05-응용실습1-해설.hwp, pdf

Before

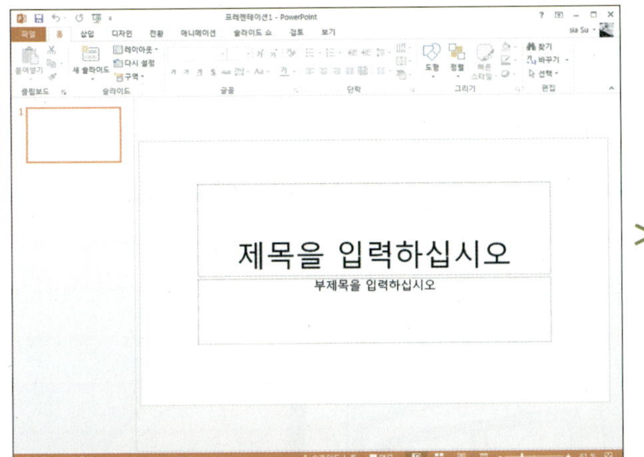

After

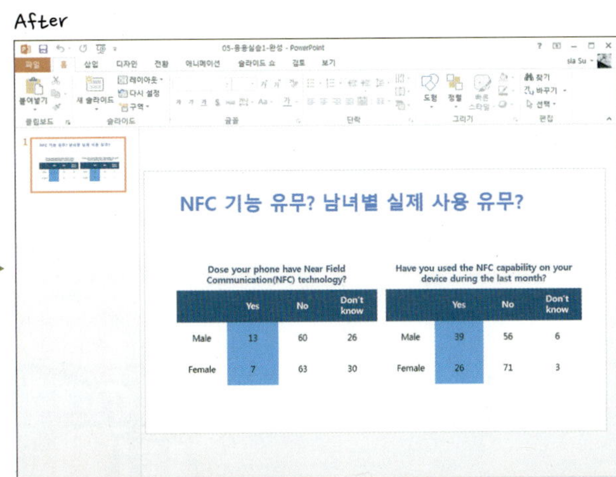

❶9×4 크기 표 삽입 – 5열의 셀 폭 조절 – 1, 2, 3, 4와 6, 7, 8, 9열의 열 너비 동일하게 조절 ❷1행 1, 2, 3, 4열 병합, 1행 6, 7, 8, 9열 병합
– 텍스트 입력 후 가운데 맞춤, 세로 가운데 맞춤 정렬 ❸5열 채우기 없음 음영 지정, 1행 텍스트 색상 [파랑, 강조 5, 50% 더 어둡게]로
변경 ❹2행 1, 2, 3, 4와 2행 6, 7, 8, 9열 음영 색상 변경, 3행 2열, 3행 7열 색상 변경 ❺표 선택 후 테두리 없음 지정

2 슬라이드에 차트를 삽입하고 나음과 같은 서식의 혼합 차트로 변경해 보세요.

◎ **시작 파일** : 파워포인트\part05\05-응용실습2.pptx
◎ **완료 파일** : 파워포인트\part05\05-응용실습2-완성.pptx
◎ **해설 파일** : 파워포인트\해설파일\05-응용실습2-해설.hwp, pdf

Before

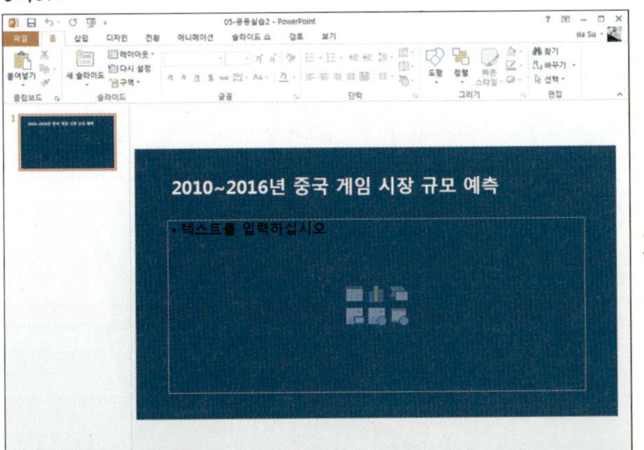

After

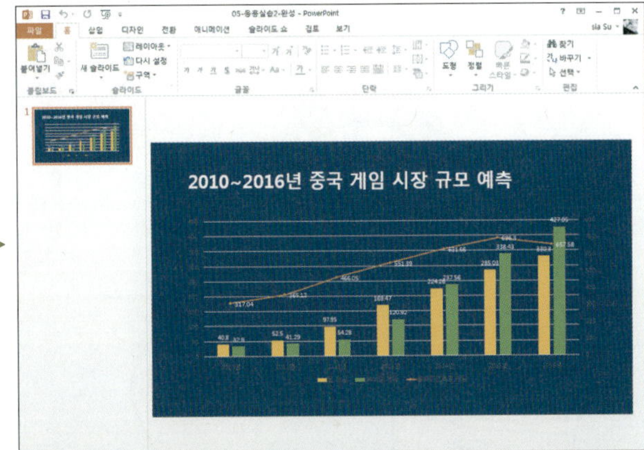

❶묶은 세로 막대형 차트 삽입 후 차트 데이터 입력 ❷차트 색을 [색 3]으로 변경 – 차트 요소 중 차트 제목 표시 없앤 후 데이터 레이블 표
시 ❸데이터 레이블의 글꼴 색을 [흰색, 배경 1]으로 변경 ❹'클라이언트 게임' 계열의 계열 차트 [표식이 있는 꺾은선형, 보조축 표시]로 변경

6

멀티미디어와 애니메이션으로 생동감 주기

파워포인트 2013에는 여러 가지 기본 코덱이 포함되어 있어 다양한 형식의 비디오와 오디오 파일을 삽입할 수 있게 되었습니다. 슬라이드에 다양한 멀티미디어 파일을 삽입하고 개체에 하이퍼링크를 지정하는 방법에 대해 알아봅니다. 또한 이전 버전에 비해 향상된 전환 효과와 애니메이션 기능을 사용하여 동적인 프레젠테이션을 작성해 봅니다.

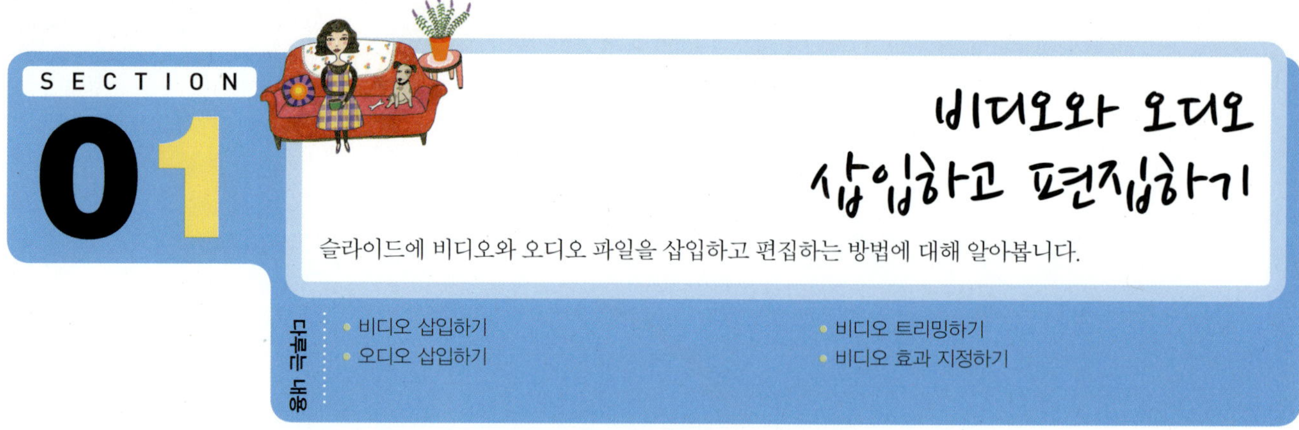

기능 정리  향상된 멀티미디어 기능 살펴보기

슬라이드에 비디오 파일을 삽입했을 때 사용할 수 있는 다양한 기능에 대해 알아봅니다. 오디오를 삽입해도 비디오를 삽입한 것과 동일한 기능을 적용할 수 있습니다.

● [비디오 도구─서식] 탭의 기능 살펴보기

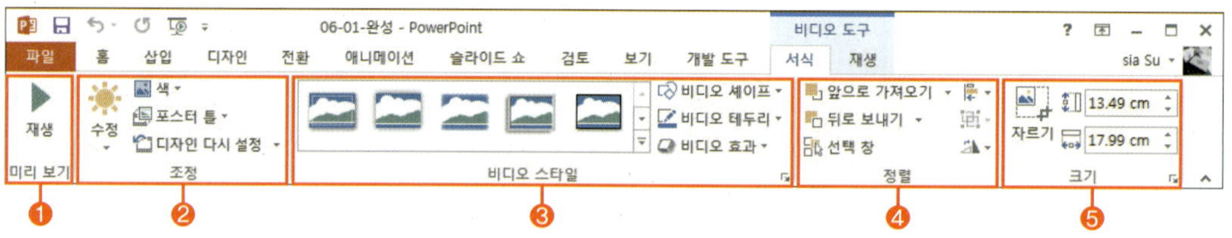

❶ 슬라이드에 삽입한 비디오를 슬라이드 편집 화면에서 재생하여 확인합니다.

❷ 비디오의 밝기와 대비, 색 등을 조정할 수 있습니다. 그림을 삽입했을 때와 같은 방법으로 비디오 효과를 조정합니다.

❸ 삽입한 비디오에 스타일과 테두리 효과 등을 지정합니다.

❹ 비디오와 다른 슬라이드 개체 간의 순서와 위치, 간격 등을 지정합니다.

❺ 비디오의 크기를 조절합니다.

● [비디오 도구─재생] 탭의 기능 살펴보기

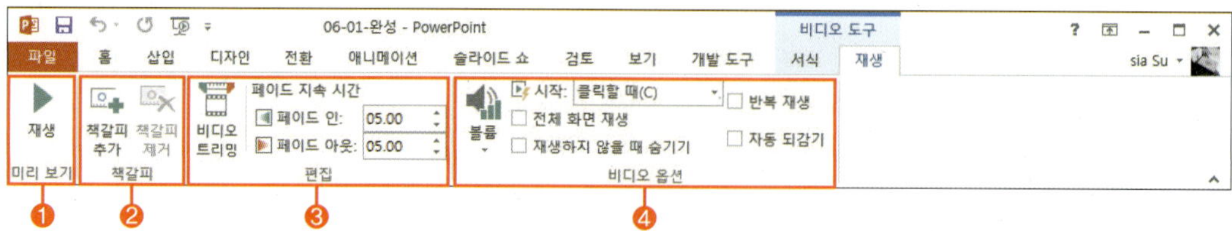

❶ 슬라이드에 삽입한 비디오를 슬라이드 편집 화면에서 재생하여 확인합니다.

❷ 비디오의 특정 위치를 표시할 때 [책갈피]를 추가합니다.

❸ 비디오의 일부를 잘라내거나 페이드 인/페이드 아웃 효과를 지정합니다.

❹ 비디오의 볼륨과 시작 시점 등의 재생 옵션을 지정합니다.

1 비디오의 일부를 잘라내는 기능은 다음 중 어느 것일까요?

① 페이드 인/페이드 아웃 ② 책갈피 ③ 재생 ④ 비디오 트리밍

답 : ④

실습 과정 슬라이드에 오디오와 비디오 파일 삽입하기

슬라이드에 오디오와 비디오 파일을 삽입하는 방법에 대해 알아봅니다.

◎ **시작 파일** : 파워포인트\part06\06–01.pptx

01 [내 PC의 오디오] 선택하기

❶슬라이드 7을 선택한 후 ❷[삽입] 탭의 [미디어] 그룹에서 [비디오](▣)-❸[내 PC의 비디오]를 선택합니다.

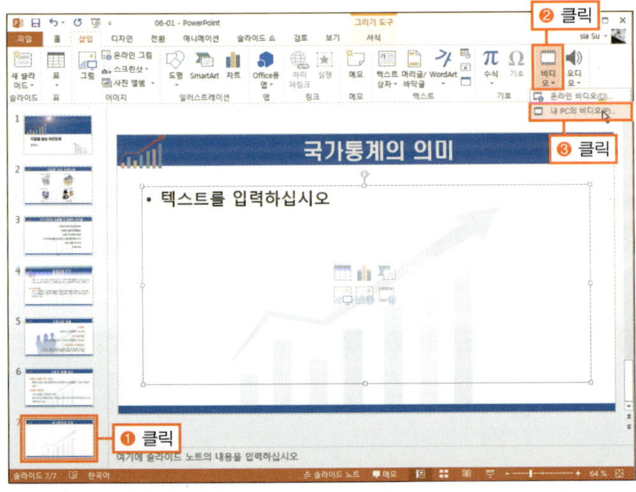

02 비디오 파일 선택하기

[비디오 삽입] 대화상자가 나타나면 ❶'통계' 파일을 선택하고 ❷[삽입]을 클릭합니다.

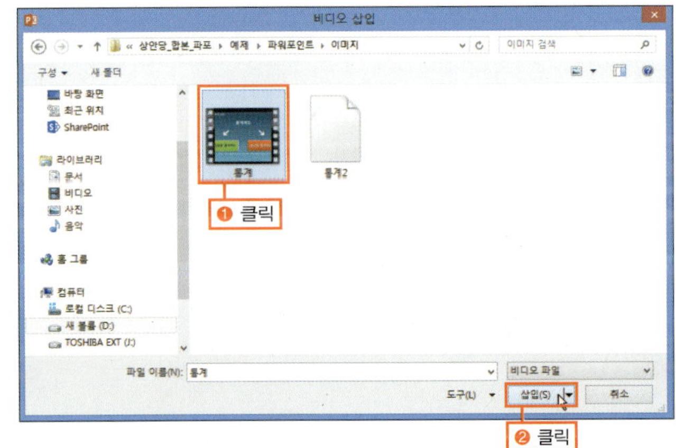

03 비디오 삽입 확인하기

슬라이드 중앙에 선택한 비디오 파일이 삽입된 것을 확인합니다.

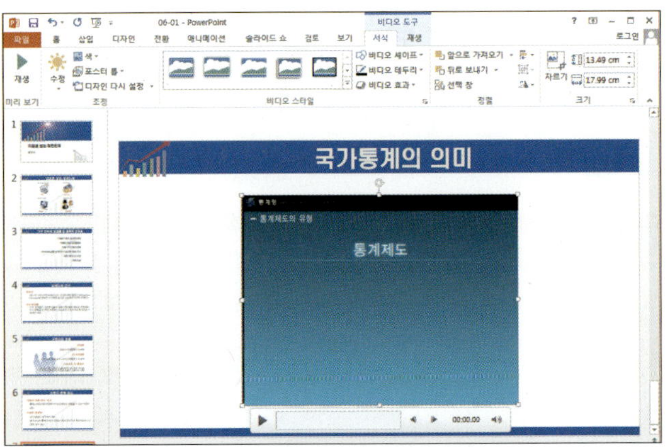

04 오디오 삽입하기

❶슬라이드 1을 선택한 후 ❷[삽입] 탭의 [미디어] 그룹에서 [오디오](🔊)-[내 PC의 오디오]를 선택합니다. [오디오 삽입] 대화상자에서 ❸'music.mp3'를 선택하고 ❹[삽입]을 클릭합니다.

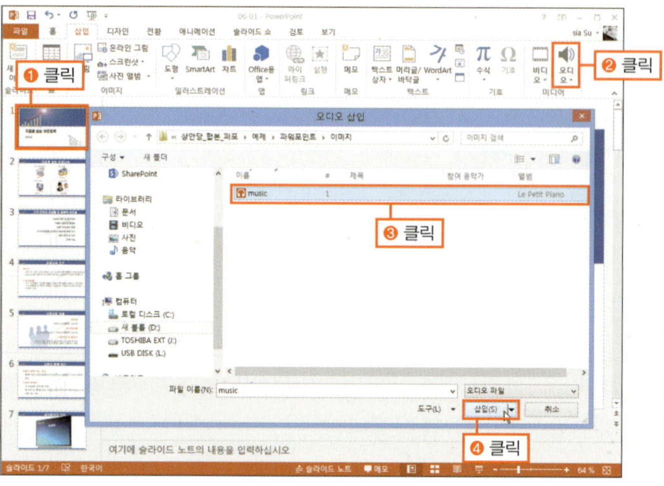

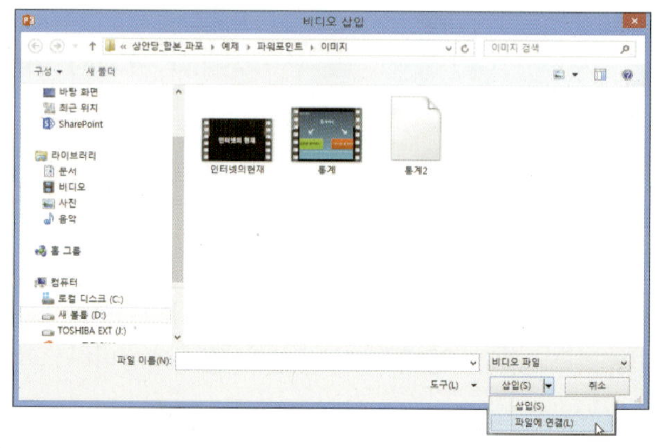

05 오디오 삽입 확인하기

오디오 파일이 슬라이드 중앙에 삽입됩니다. ❶[오디오 도구-재생] 탭의 ❷[오디오 옵션] 그룹에서 [쇼 동안 숨기기] 항목을 선택합니다.

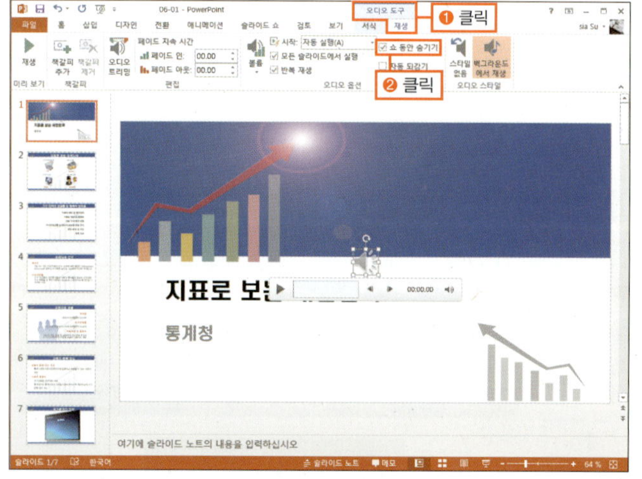

06 슬라이드 쇼에서 확인하기

❶F5를 눌러 슬라이드 쇼를 실행하면 오디오 삽입 아이콘이 슬라이드에서 숨겨진 것을 확인할 수 있습니다. 오디오는 배경음으로 재생됩니다.

참고 •

[쇼 동안 숨기기] 항목을 클릭하면 [오디오 도구-재생] 탭의 [오디오 스타일] 그룹에서 [백그라운드에서 재생] 항목이 선택됩니다.

비디오 파일 트리밍하고 효과 지정하기

슬라이드에 삽입한 비디오에 비디오 효과를 지정하고 파일의 일부를 잘라내는 트리밍 방법에 대해 알아봅니다.

◉ **시작 파일** : 파워포인트\part06\06-01.pptx
◉ **완료 파일** : 파워포인트\part06\06-01-완성.pptx

01 비디오 스타일 지정하기

❶슬라이드 7을 선택합니다. ❷[비디오 도구-서식] 탭의 [비디오 스타일] 그룹에서 [자세히]( )를 클릭하고 ❸스타일 목록에서 [모니터, 회색]을 선택합니다.

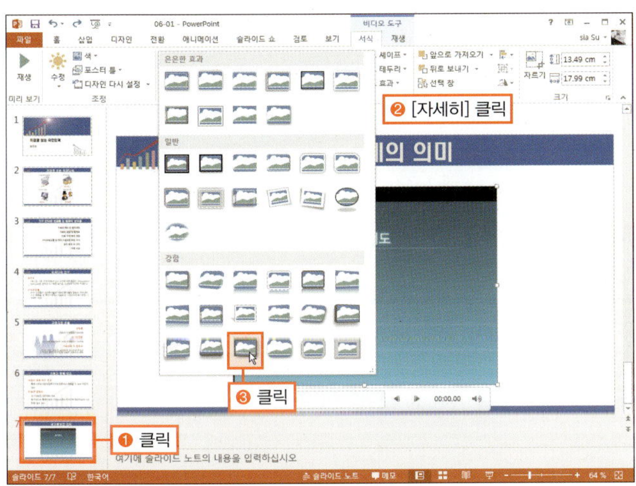

02 비디오 트리밍 선택하기

삽입한 비디오 파일에 [모니터, 회색] 효과가 적용된 것을 확인한 후 ❶[비디오 도구-재생] 탭의 ❷[편집] 그룹에서 [비디오 트리밍]( )을 클릭합니다.

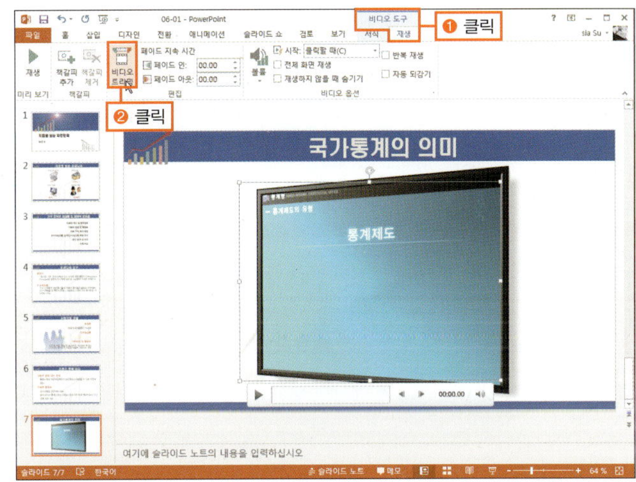

03 비디오 트리밍하기

[비디오 맞추기] 대화상자가 나타나면 비디오의 시작점과 끝점에 각각 초록색과 빨간색의 조절점이 표시됩니다. 트리밍 조절점을 좌우로 드래그하면 비디오의 앞, 뒤를 잘라낼 수 있습니다. ❶조절점을 원하는 만큼 드래그하여 비디오의 앞, 뒤를 잘라냅니다.

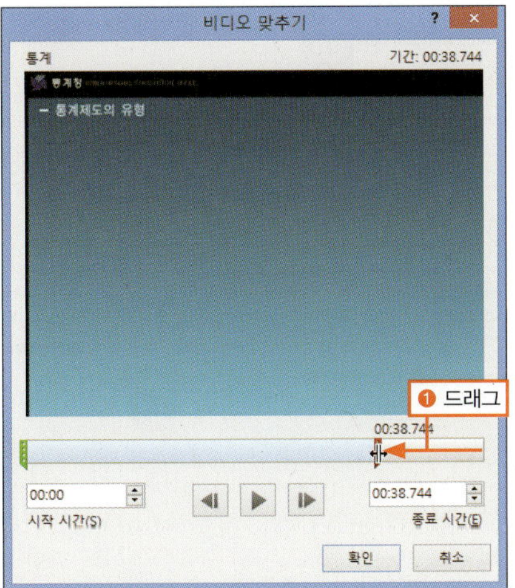

04 페이드 효과 지정하기

비디오 트리밍 후 ❶[비디오 도구-재생] 탭의 [편집] 그룹
에서 [페이드 지속 시간]의 [페이드 인]과 [페이드 아웃]의
값을 각 [5초]로 변경합니다.

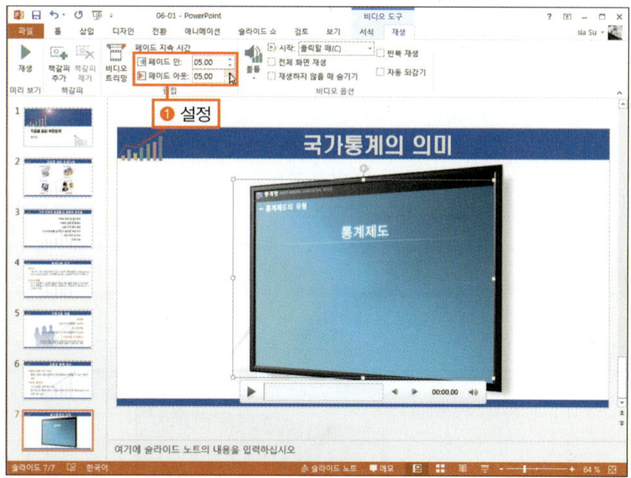

> **참고 • 페이드 인/페이드 아웃 기능**
>
> 페이드 효과는 비디오를 시작하거나 종료할 때 지정한 시간만큼 동
> 영상이 다음 장면과 겹쳐 보이는 효과입니다.

05 밝기와 대비 수정하기

❶[비디오 도구-서식] 탭의 [조정] 그룹에서 [수정](수정)
을 클릭하고 ❷[밝기:-20%, 대비:+20%]를 선택합니다.

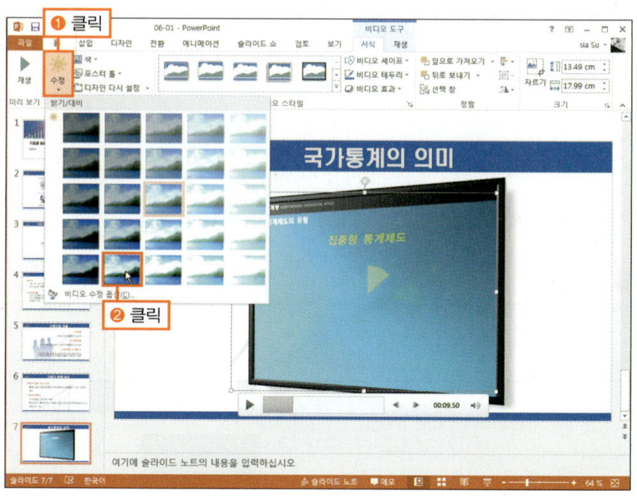

06 반사 효과 지정하기

❶[비디오 도구-서식] 탭의 [비디오 스타일] 그룹에서 [비
디오 효과]( )를 클릭한 후 ❷[반사]-❸[근접 반사, 8pt
오프셋]을 선택합니다.

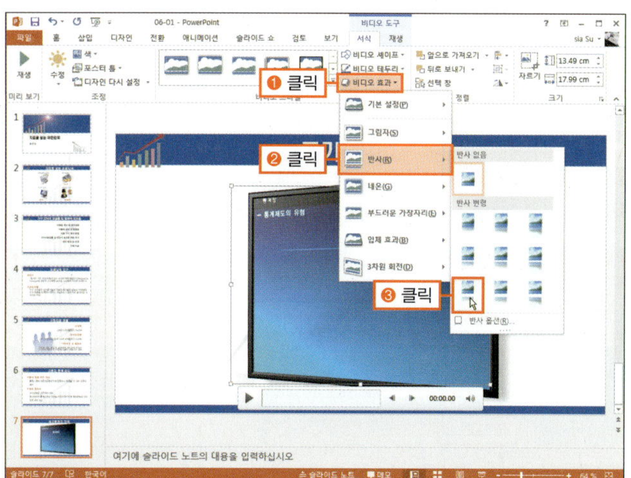

07 반사 효과 확인하기

삽입한 비디오에 반사 효과가 적용된 것을 확인합니다.

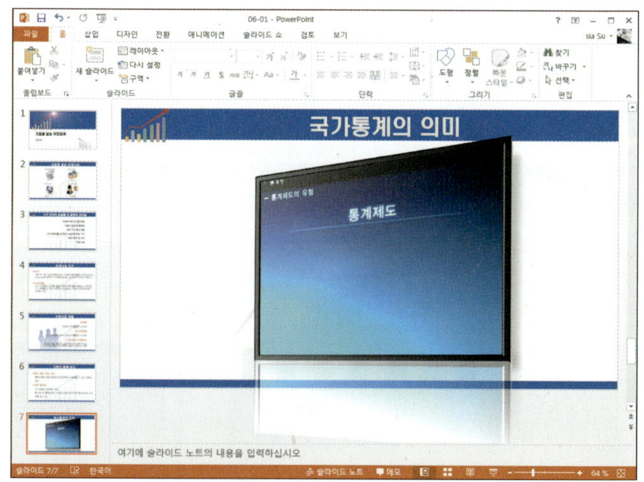

읽던 책의 특정 위치를 책갈피로 표시하듯 비디오나 오디오 클립에도 책갈피를 추가하여 원하는 재생 시점을 표시할 수 있습니다. 비디오나 오디오 파일의 특정 위치에 책갈피를 삽입하기 위해 원하는 위치에서 재생을 멈춘 후 [비디오 도구-재생] 탭의 [책갈피] 그룹에서 [책갈피 추가](🔲)를 클릭합니다. 멈춘 위치에 노란색 타원의 책갈피가 추가되면 클릭하여 책갈피 위치부터 재생을 시작할 수 있습니다.

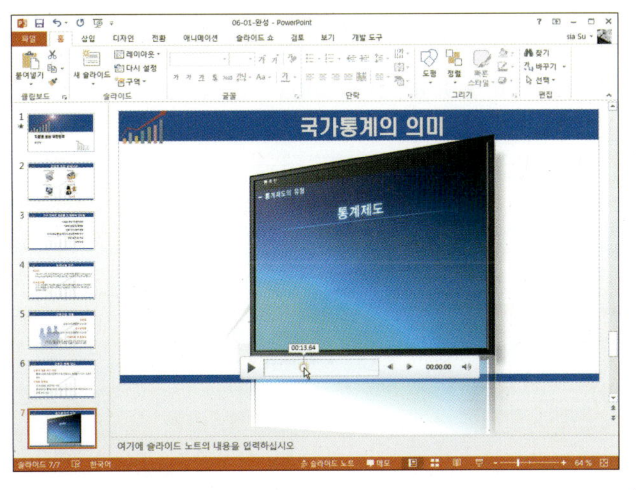

실습 과정 온라인 비디오 가져오기

클라우드 장치에 저장된 비디오를 슬라이드에 삽입하는 방법에 대해 알아봅니다.

◉ **시작 파일** : 파워포인트\part06\06-02.pptx
◉ **완료 파일** : 파워포인트\part06\06-02-완성.pptx

01 온라인 비디오 선택하기

❶슬라이드 7을 선택한 후 ❷[삽입] 탭의 ❸[미디어] 그룹에서 [비디오](🔲)를 클릭하고 ❹[온라인 비디오]를 선택합니다.

02 원드라이브에서 찾기

[비디오 삽입] 대화상자가 나타나면 ❶[OneDrive]의 [찾아보기]를 클릭합니다.

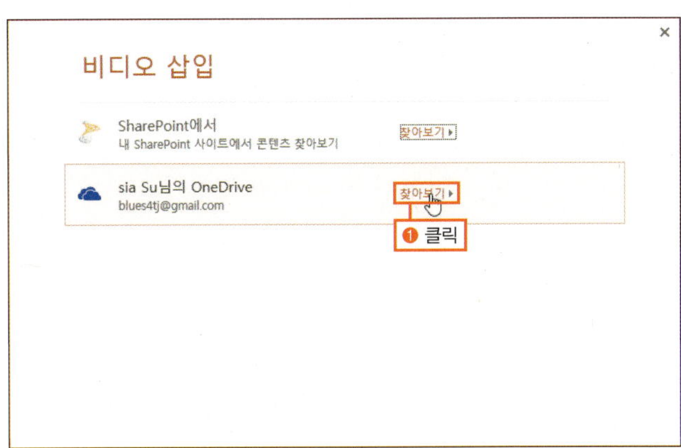

원드라이브에서 동영상이 저장된 폴더를 클릭하여 목록에서 ❶삽입할 동영상 '통계2.mp4' 파일을 선택하고 ❷[삽입]을 클릭합니다.

슬라이드에 비디오 파일이 삽입됩니다.

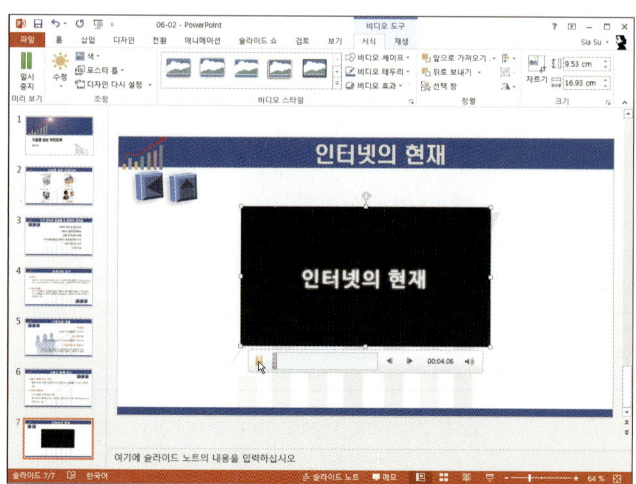

참고

부록 CD의 '특집.pdf' 파일 33쪽에서 파워포인트 2013이 지원하는 멀티미디어 파일 형식을 참고합니다.

확인실습

슬라이드 8에 동영상 파일(sns.mp4)을 삽입한 후 스타일을 지정하고 '포스터 틀'을 그림과 같이 지정해 보세요.

◎ **시작 파일** : 파워포인트\part06\01−실습1.pptx
◎ **완료 파일** : 파워포인트\part06\01−실습1−완성.pptx

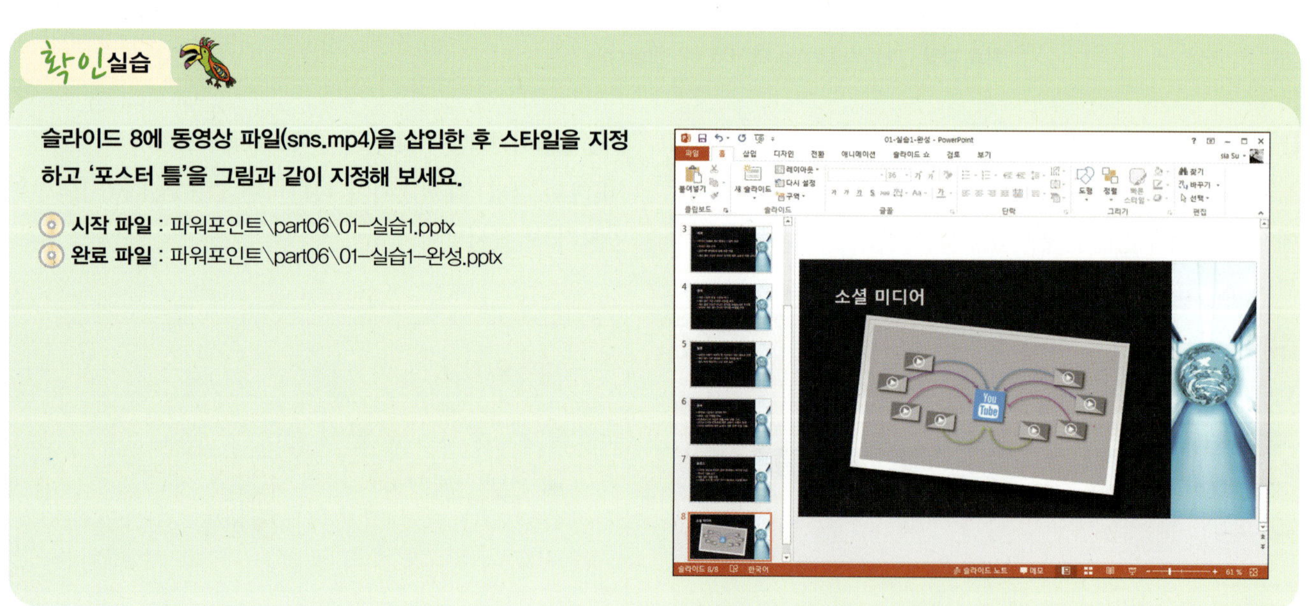

플래시 동영상과 개체 삽입하기

슬라이드에 플래시 동영상과 그 외의 개체를 삽입하는 방법에 대해 알아봅니다.

- 플래시 동영상 삽입하기
- 윈도우 미디어 플레이어 삽입하기

기능 정리 ― 개발 도구 탭 표시하고 기타 컨트롤 살펴보기

슬라이드에 플래시 파일을 삽입할 때는 리본 메뉴에 [개발 도구] 탭을 표시해야 합니다. 기본적으로 [개발 도구] 탭은 표시되지 않습니다. [개발 도구] 탭을 표시하고 [기타 컨트롤](⚙) 대화상자를 실행하는 방법에 대해 알아봅니다.

● [개발 도구] 탭 표시하기

[파일] 탭(파일)의 [옵션]을 선택하고 [PowerPoint 옵션] 대화상자가 나타나면 [리본 사용자 지정] 항목을 클릭합니다. [리본 메뉴 사용자 지정]의 [기본 탭] 목록에서 [개발 도구] 탭을 선택합니다. [개발 도구] 탭이 리본 메뉴에 나타납니다.

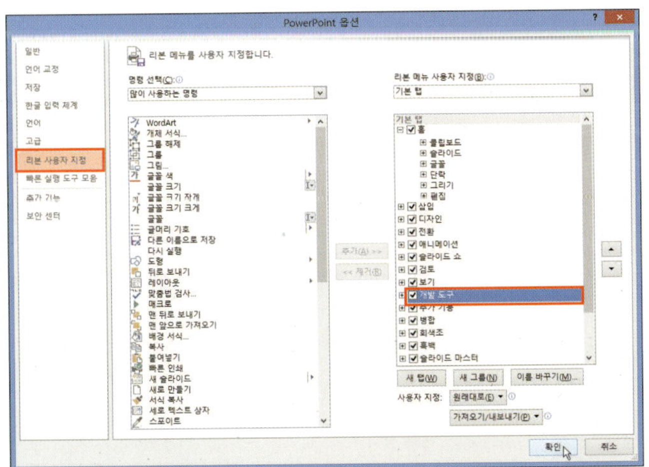

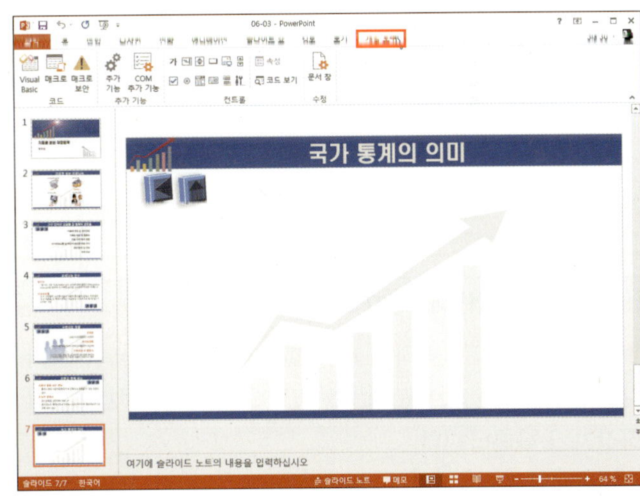

● [기타 컨트롤] 대화상자 표시하기

[개발 도구] 탭의 [컨트롤] 그룹에서 [기타 컨트롤]( )을 클릭하면 [기타 컨트롤] 대화상자가 나타납니다. [기타 컨트롤] 대화상자에서 슬라이드에 삽입할 개체를 선택합니다.

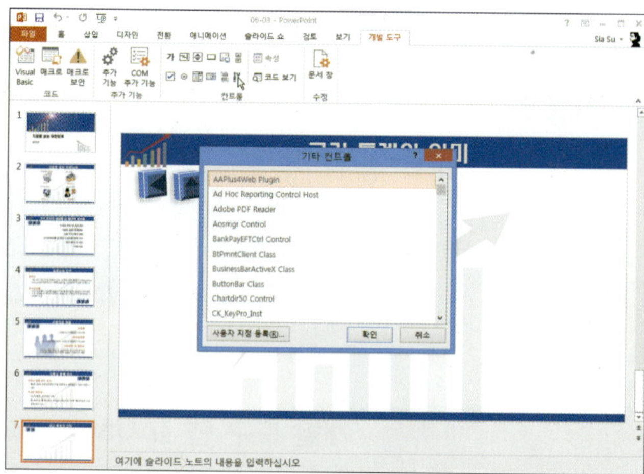

1 슬라이드에 플래시 비디오 파일을 삽입하기 위해 표시해야 하는 탭은 무엇일까요?

① [삽입] 탭 ② [홈] 탭 ③ [검토] 탭 ④ [개발 도구] 탭

답 : ④

실습 과정 슬라이드에 플래시 삽입하기

슬라이드에 플래시 비디오를 삽입하는 방법에 대해 알아봅니다.

◎ **시작 파일** : 파워포인트\part06\06-03.pptx
◎ **완료 파일** : 파워포인트\part06\06-03-완성.pptx

01 [기타 컨트롤] 대화상자 표시하기

❶슬라이드 7을 선택하고 ❷[개발 도구] 탭의 ❸[컨트롤] 그룹에서 [기타 컨트롤]( )을 클릭하면 [기타 컨트롤] 대화상자가 나타납니다.

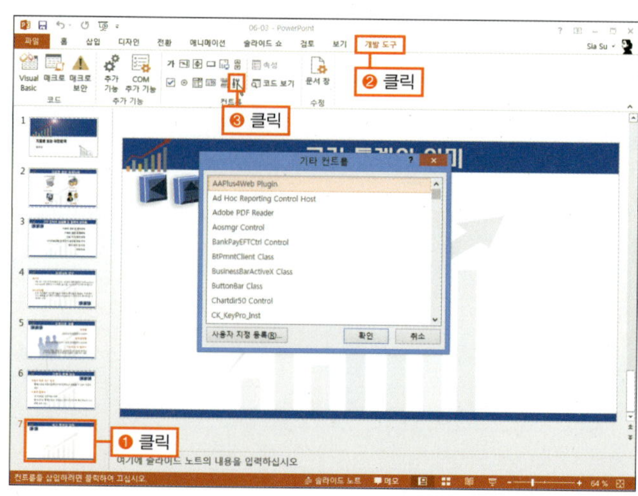

02 컨트롤 개체 종류 선택하기

[기타 컨트롤] 대화상자에서 ❶[Shockwave Flash Object]
를 찾아 선택하고 ❷[확인]을 클릭합니다.

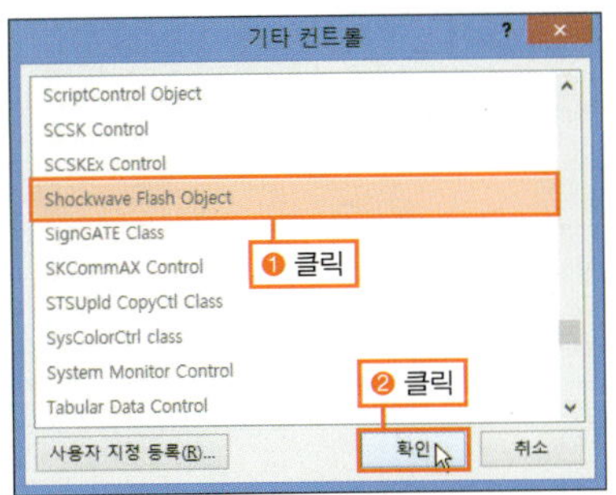

03 개체 삽입 크기 지정하기

❶슬라이드에 원하는 크기만큼 드래그하면 다음과 같은 플래시 컨트롤이 삽입됩니다.

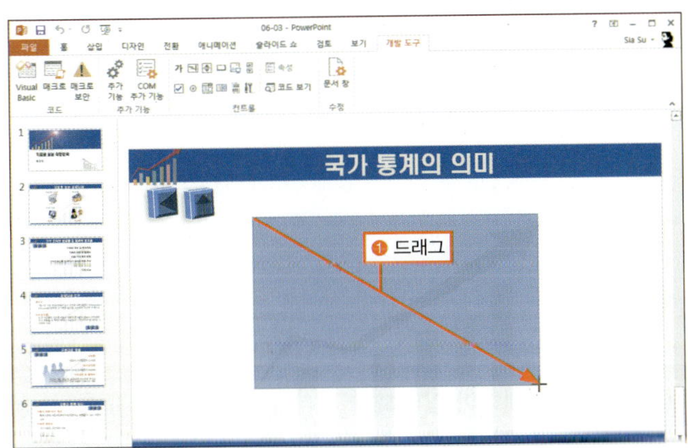

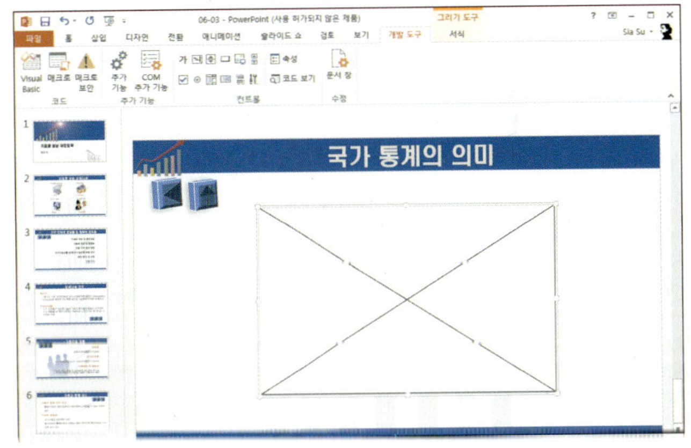

04 개체 속성 선택하기

❶삽입한 개체 컨트롤에서 마우스 오른쪽 단추를 클릭하
고 ❷바로 가기 메뉴의 [속성 시트]를 선택합니다.

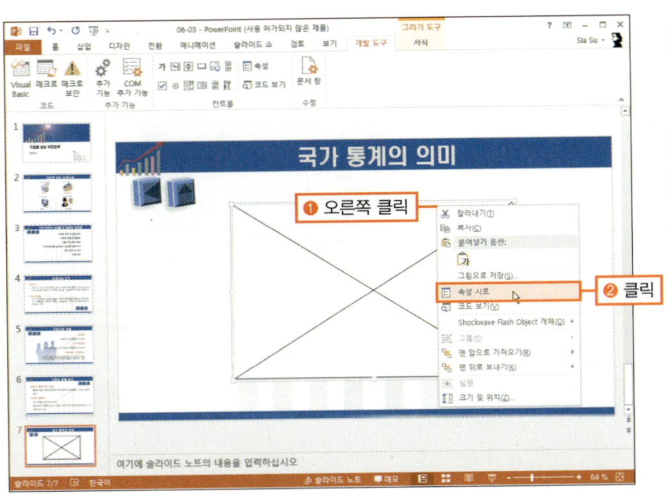

05 플래시 파일 경로 지정하기

[속성] 대화상자가 나타나면 ❶[Movie] 항목의 빈 칸에 재
생할 플래시 파일이 있는 파일의 경로를 파일 이름을 포함
하여 입력합니다(예: d:\예제\이미지\통계2.swf).

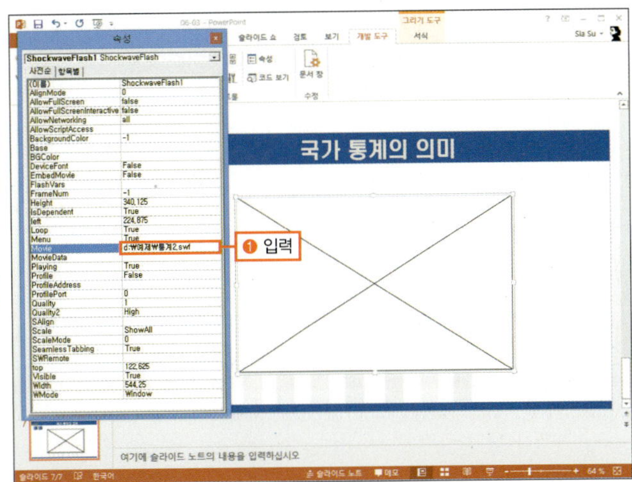

06 슬라이드 쇼 실행하기

❶ Shift + F5 를 눌러 현재 슬라이드부터 슬라이드 쇼를 시작하면 삽입한 플래시 비디오가 재생됩니다.

슬라이드에 윈도우 미디어 플레이어 삽입하기

비디오 파일이 윈도우 미디어 플레이어로 재생되도록 슬라이드에 윈도우 미디어 플레이어 개체를 삽입하는 방법에 대해 알아봅니다.

시작 파일 : 파워포인트\part06\06-04.pptx
완료 파일 : 파워포인트\part06\06-04-완성.pptx

01 컨트롤 선택하기

❶슬라이드 7을 선택하고 ❷[개발 도구] 탭의 [컨트롤] 그룹에서 [기타 컨트롤]([IT])을 클릭하면 [기타 컨트롤] 대화상자가 나타납니다. ❸[Windows Media Player]를 선택하고 ❹[확인]을 클릭합니다.

02 미디어 플레이어 삽입하기

❶슬라이드에 원하는 크기만큼 드래그하여 윈도우 미디어 플레이어를 삽입합니다.

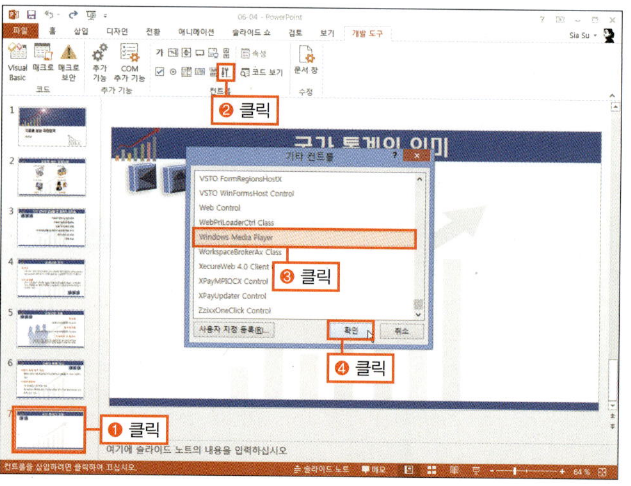

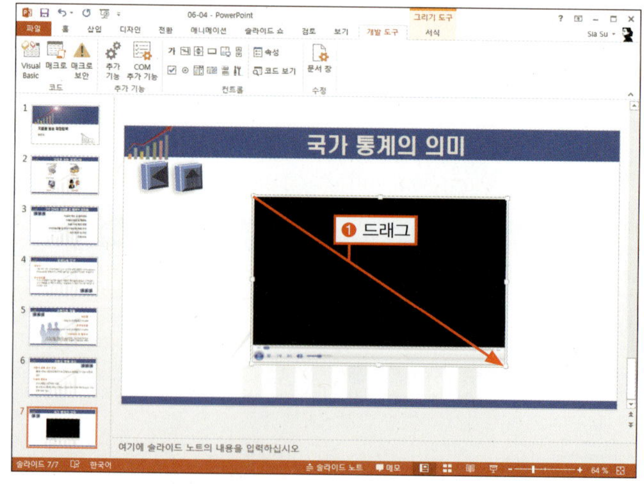

03 속성 선택하기

삽입한 윈도우 미디어 플레이어에서 ❶마우스 오른쪽 단추를 클릭한 후 ❷바로가기 메뉴의 [속성 시트]를 선택합니다.

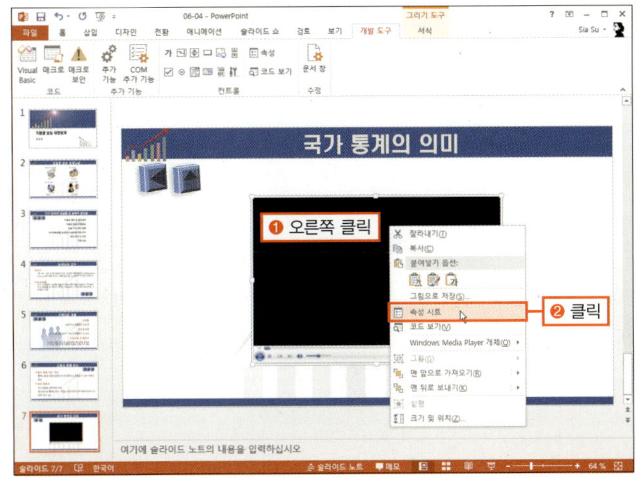

04 속성 지정하기

[속성] 대화상자가 나타나면 ❶[사용자 정의]의 □□을 클릭합니다. [Windows Media Player 속성] 대화상자가 나타나면 ❷[찾아보기]를 클릭합니다.

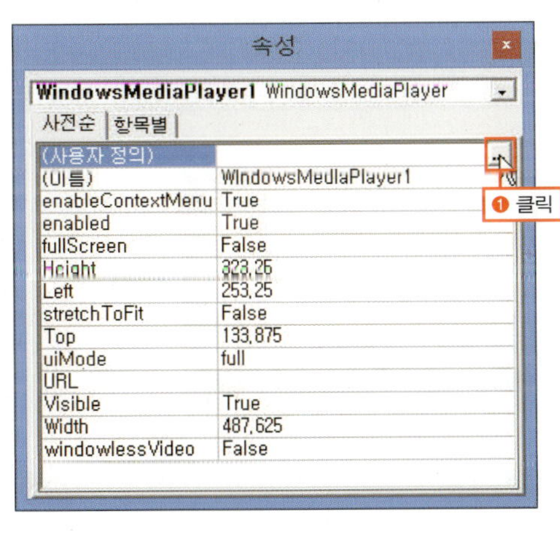

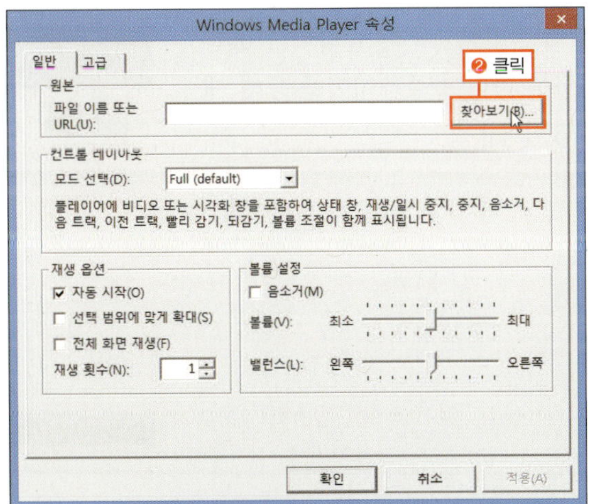

05 파일 선택하기

[열기] 대화상자가 나타나면 ❶삽입할 비디오를 선택한 후 ❷[열기]를 클릭합니다.

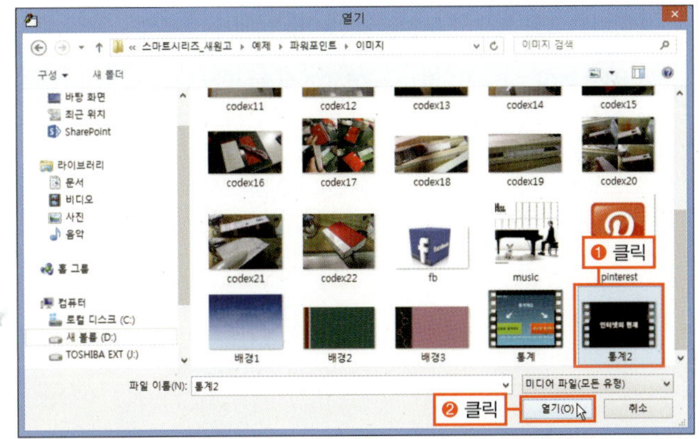

[Windows Media Player 속성] 대화상자에 선택한 파일의 경로가 표시되면 ❶ [확인]을 클릭합니다. [속성] 대화상자로 돌아오면 [URL] 항목에 파일의 경로가 표시됩니다.

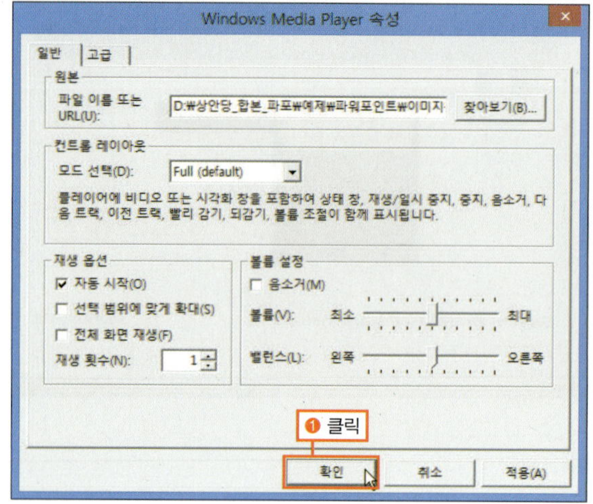

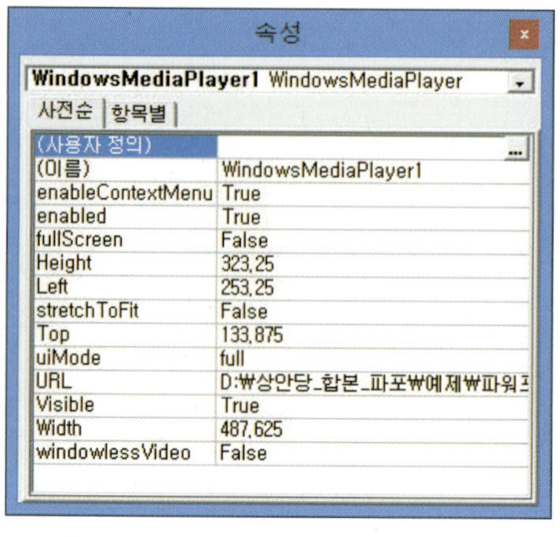

❶ Shift + F5 를 누르면 현재 슬라이드부터 슬라이드 쇼가 실행됩니다. 비디오가 윈도우 미디어 플레이어를 통해 재생되는 것을 확인할 수 있습니다.

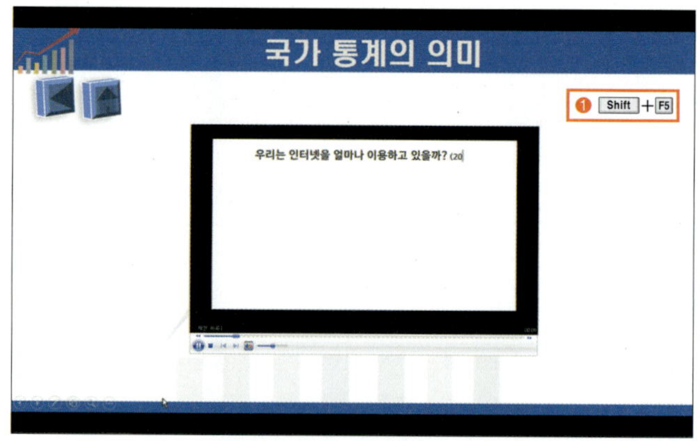

확인실습

슬라이드 8에 플래시 파일(sns.swf)을 삽입해 보세요.

◎ 시작 파일 : 파워포인트\part06\02-실습1.pptx
◎ 완료 파일 : 파워포인트\part06\02-실습1-완성.pptx

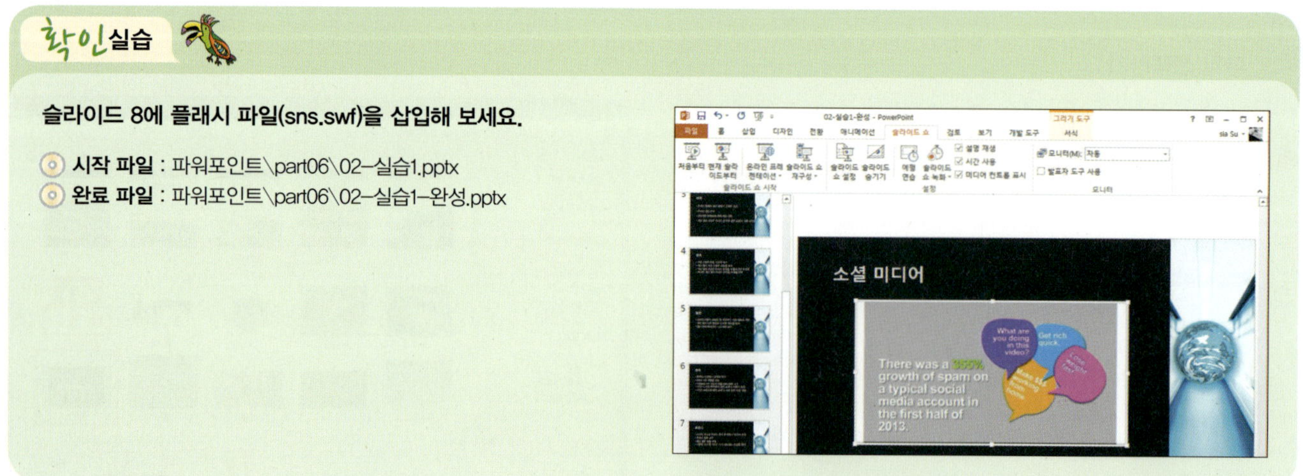

하이퍼링크 설정하기

[하이퍼링크]와 [실행] 기능을 사용하여 슬라이드 간의 연결이나 파일, 웹 사이트와의 연결을 지정해 봅니다. 또한 도형 목록의 [실행 단추]로 하이퍼링크를 설정하는 방법에 대해 알아봅니다.

다루는 내용

- 하이퍼링크 지정하기
- 실행 설정하기
- 실행 단추 사용하기

기능 정리 | 하이퍼링크 기능 살펴보기

[하이퍼링크](📖)는 프레젠테이션의 슬라이드 간 연결이나 다른 프레젠테이션의 슬라이드, 전자 메일 주소, 웹 페이지 또는 파일과의 연결을 지정하는 기능입니다. 텍스트나 텍스트 상자, 그림, 그래프, 도형, 워드아트 등의 개체에 하이퍼링크를 지정하면 해당 개체를 클릭했을 때 연결된 슬라이드나 문서로 바로 이동하게 됩니다.

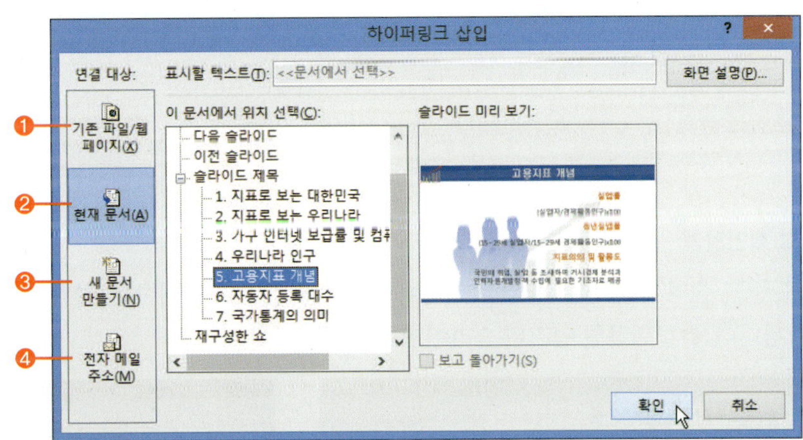

❶ 기존의 프레젠테이션 파일이나 웹 사이트 주소를 하이퍼링크 대상으로 지정합니다.

❷ 현재 문서의 특정 슬라이드를 하이퍼링크 대상으로 지정합니다.

❸ 새 문서를 작성하여 하이퍼링크 대상으로 지정합니다.

❹ 전자 메일 주소를 입력하여 하이퍼링크 대상으로 지정합니다.

간단퀴즈 

■ 하이퍼링크 연결 대상 중 특정 웹 페이지를 연결할 때는 어느 것을 선택해야 할까요?

① 기존 파일/웹 페이지 ② 현재 문서 ③ 새 문서 만들기 ④ 전자 메일 주소

답 : ①

슬라이드에 삽입한 개체에 하이퍼링크를 지정하는 방법에 대해 알아봅니다.

◎ **시작 파일** : 파워포인트\part06\06-01.pptx

01 하이퍼링크 선택하기

❶슬라이드 2의 '소비자 물가 상승률' 클립아트 개체를 선택하고 ❷[삽입] 탭의 [링크] 그룹에서 [하이퍼링크](🌐)를 클릭합니다.

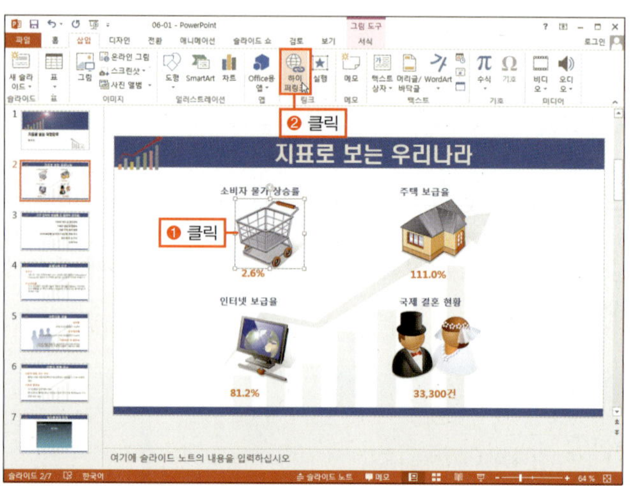

02 연결 대상 선택하기

[하이퍼링크 삽입] 대화상자가 나타나면 ❶[연결 대상]에서 [현재 문서]를 선택하고 ❷[이 문서에서 위치 선택]에서 연결할 슬라이드 번호를 선택한 후 ❸[확인]을 클릭합니다.

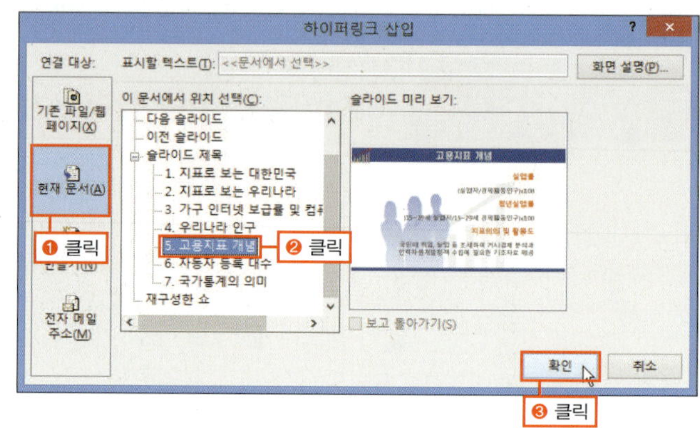

03 하이퍼링크 확인하기

❶ Shift + F5 를 눌러 슬라이드 쇼를 실행하고 하이퍼링크를 지정한 클립아트 개체에 마우스 포인터를 가져가면 손가락 모양으로 변경됩니다. ❷클릭하면 연결된 슬라이드로 이동합니다.

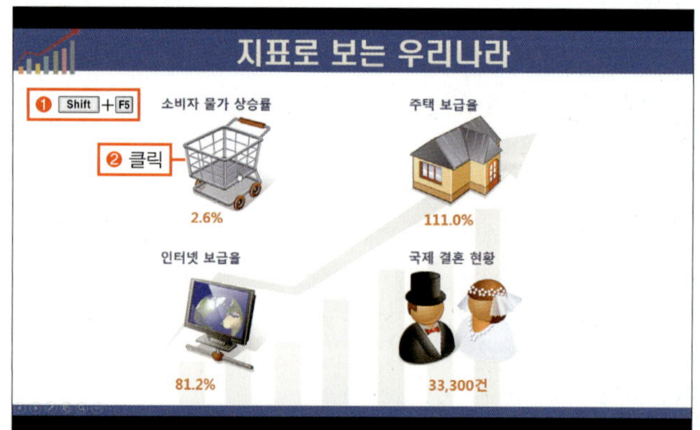

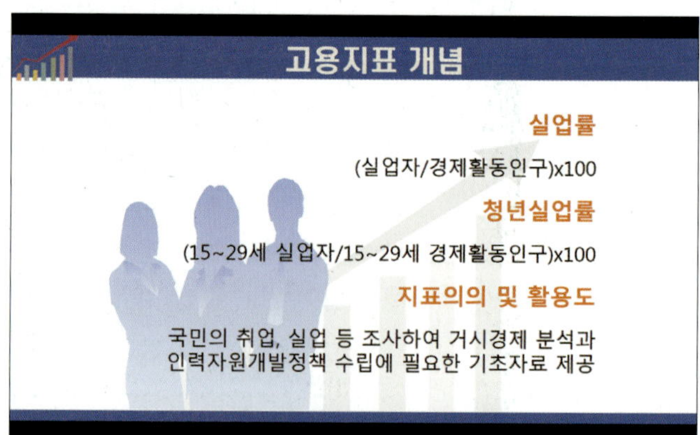

04 하이퍼링크 선택하기

❶ '인터넷 보급률' 클립아트를 선택한 후 마우스 오른쪽 단추를 클릭하고 ❷ 바로가기 메뉴의 [하이퍼링크]를 선택합니다.

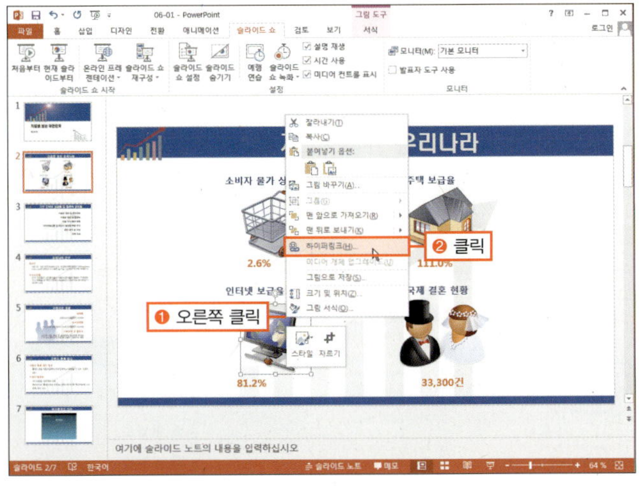

05 웹 페이지 주소 입력하기

[하이퍼링크 삽입] 대화상자가 나타나면 ❶ [연결 대상]을 [기존 파일/웹 페이지]로 선택하고 ❷ [주소] 항목에 연결할 사이트의 주소를 입력한 후 ❸ [화면 설명]을 클릭합니다.

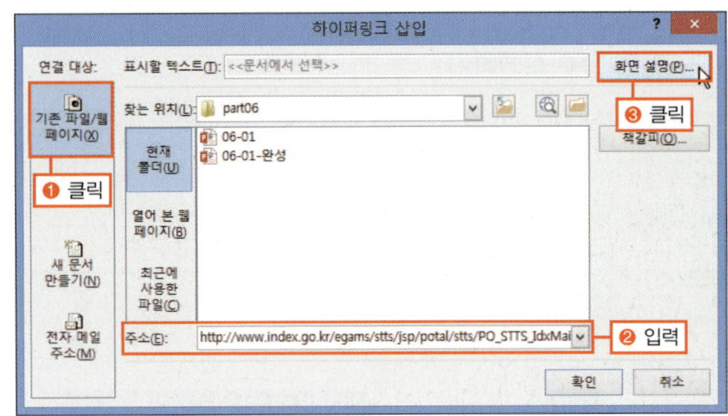

> **참고**
> [주소] 입력란에 연결할 인터넷 사이트의 주소를 입력할 때 웹 브라우저의 주소를 복사한 후 붙여넣으면 간단합니다.

06 화면 설명 넣기

[하이퍼링크 화면 설명 설정] 대화상자가 나타나면 ❶ 다음과 같이 텍스트를 입력한 후 ❷ [확인]을 클릭합니다.

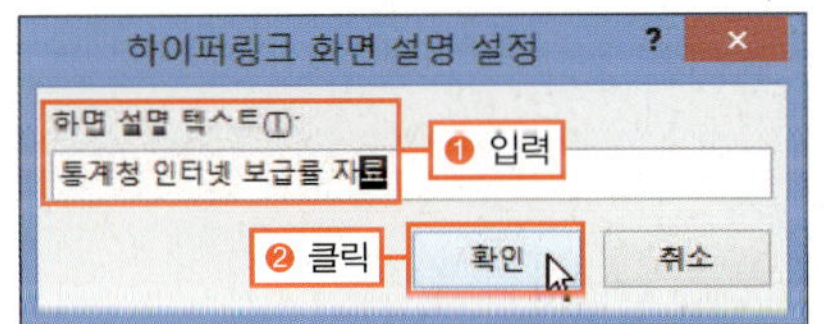

07 슬라이드 쇼 확인하기

[하이퍼링크 삽입] 대화상자로 다시 돌아오면 [확인]을 클릭합니다. ❶ 슬라이드 쇼를 실행하고 웹 페이지를 연결한 클립아트 개체에 마우스 포인터를 가져가면 앞서 입력한 화면 설명이 표시됩니다. ❷ 클립아트를 클릭하면 하이퍼링크로 지정한 웹 사이트가 열립니다.

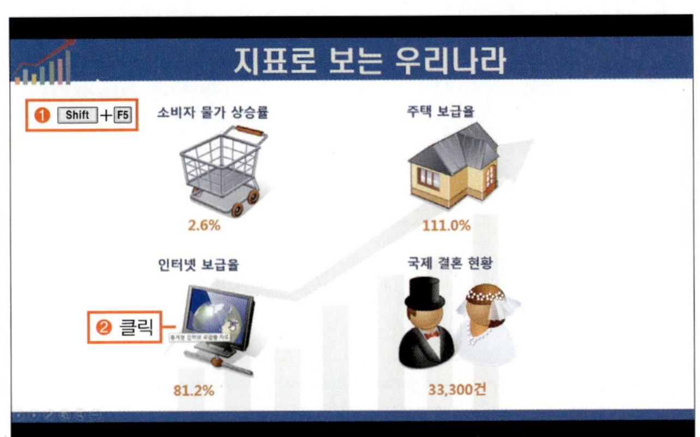

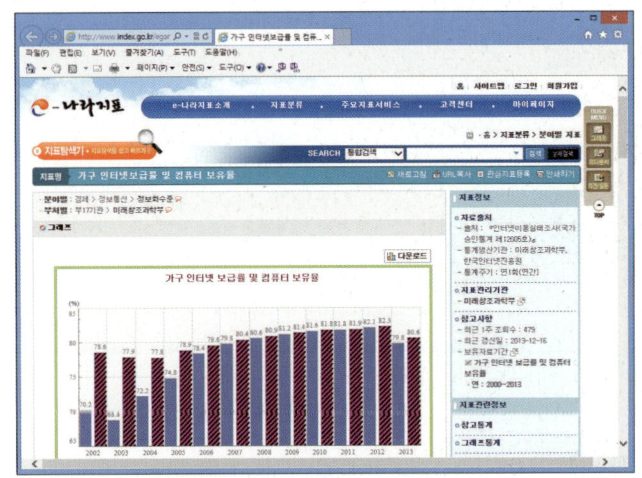

슬라이드에 [실행 단추]를 삽입한 후 [실행 설정] 대화상자에서 하이퍼링크를 지정해 봅니다.

◎ **시작 파일** : 파워포인트\part06\06-05.pptx
◎ **완료 파일** : 파워포인트\part06\06-05-완성.pptx

01 실행 단추 선택하기

❶슬라이드 3을 선택하고 ❷[삽입] 탭의 [일러스트레이션] 그룹에서 [도형]()을 클릭하고 도형 목록에서 ❸[실행 단추 : 뒤로 또는 이전]을 선택합니다.

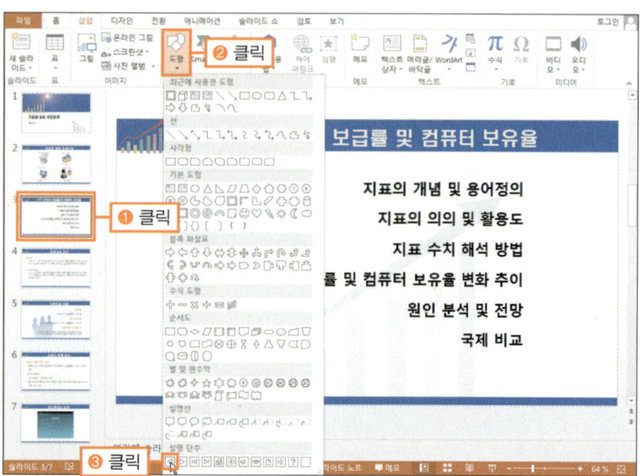

02 실행 단추 삽입하기

❶원하는 크기만큼 드래그하면 [실행 설정] 대화상자가 [하이퍼링크]의 [이전 슬라이드]가 선택된 상태로 나타납니다. 기본 설정을 그대로 두고 ❷[확인]을 클릭합니다.

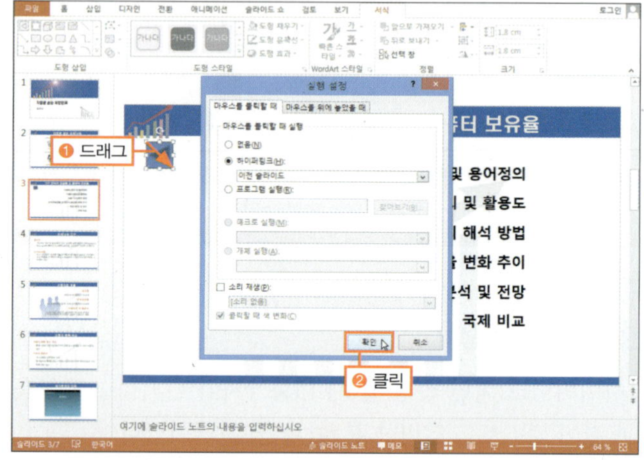

03 실행 단추 복사하고 도형 변경하기

❶실행 단추를 선택하고 Ctrl 을 누른 채 드래그하여 복사합니다. 복사한 실행 단추를 선택하고 ❷[그리기 도구-서식] 탭의 [도형 삽입] 그룹에서 [도형 편집]()을 클릭한 후 ❸[도형 모양 변경]-❹[실행 단추 : 앞으로 또는 다음]을 선택합니다.

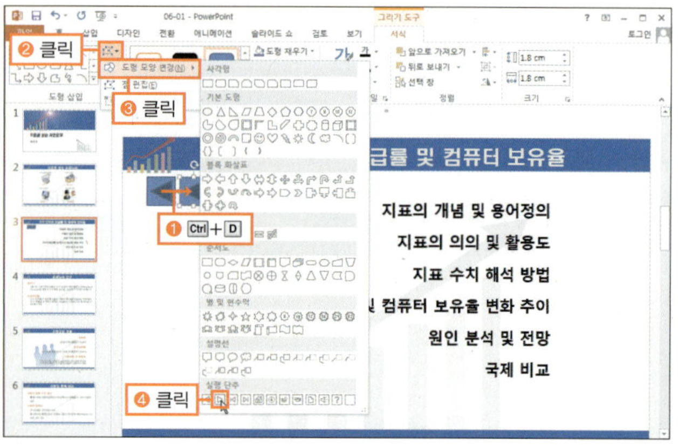

04 실행 설정 지정하기

[실행 설정] 대화상자가 [하이퍼링크]의 [다음 슬라이드]가 선택된 상태로 나타납니다. ❶[확인]을 클릭합니다.

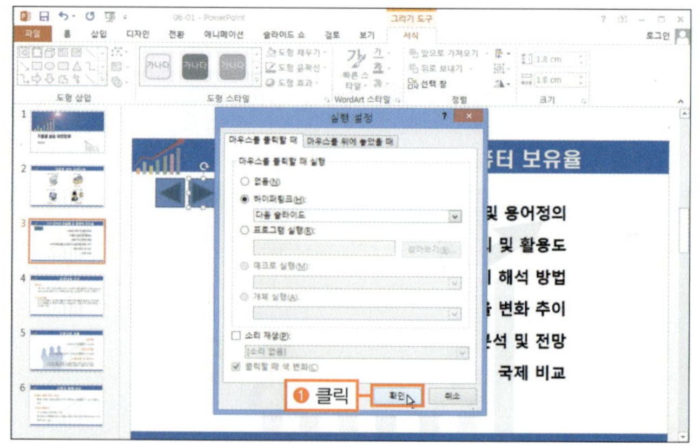

> **참고**
>
> 같은 방법으로 실행 단추를 하나 더 복사한 후 도형의 모양을 [실행 단추 : 홈]으로 변경하고 [실행 설정]을 지정합니다.

05 실행 단추 도형 효과 지정하기

❶3개의 실행 단추를 모두 선택한 후 ❷[그리기 도구-서식] 탭의 [도형 스타일] 그룹에서 [도형 효과](📷)를 클릭하고 ❸[기본 설정]-❹[기본 설정 9]를 선택합니다.

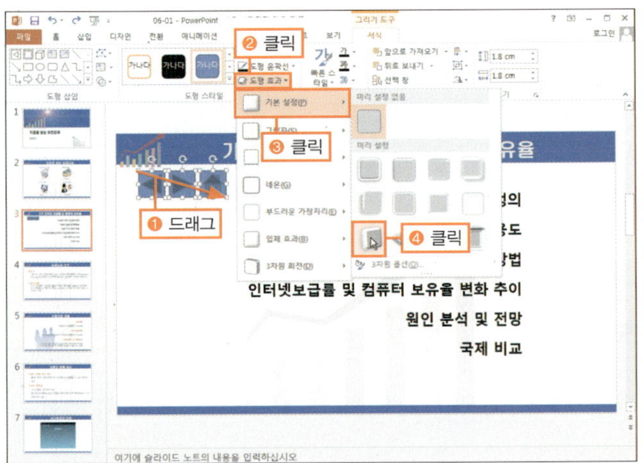

06 실행 단추 복사하기

도형이 선택한 스타일로 변경되면 ❶[홈] 탭의 [클립보드] 그룹에서 [복사](📋)를 클릭합니다. ❷슬라이드 4, 5, 6, 7을 각각 선택하여 ❸Ctrl+V를 눌러 붙여넣습니다.

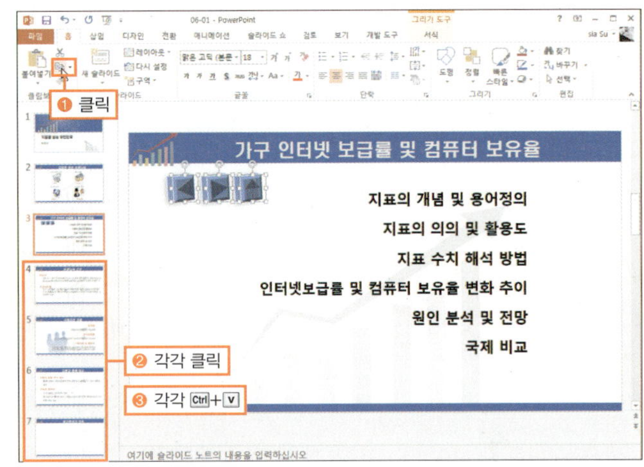

07 슬라이드 쇼로 확인하기

슬라이드 쇼를 실행한 후 실행 단추에 마우스 포인터를 가져가면 손가락 모양으로 변경됩니다. ❶클릭하면 하이퍼링크가 지정된 슬라이드로 이동합니다.

참고

부록 CD의 '특집.pdf' 파일 34쪽에서 다른 프로그램으로 하이퍼링크를 지정하는 방법을 참고합니다.

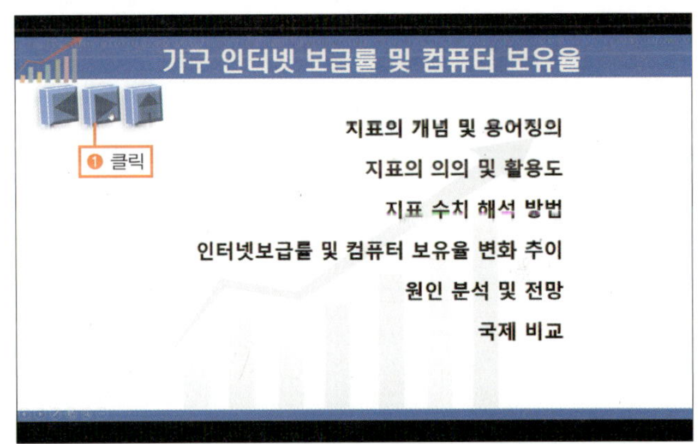

확인실습

모든 슬라이드에 실행 단추를 삽입한 후 슬라이드 2의 각 국기에 일치하는 나라 이름의 슬라이드를 하이퍼링크로 지정해 보세요.

◉ **시작 파일** : 파워포인트\part06\03-실습1.pptx
◉ **완료 파일** : 파워포인트\part06\03-실습1-완성.pptx

화면 전환과 애니메이션 효과 적용하기

화면 전환 효과는 슬라이드 쇼 화면에서 다음 슬라이드로 이동할 때 애니메이션 효과를 지정하는 것이고 애니메이션 효과는 슬라이드에 삽입한 개체의 애니메이션 효과를 지정하는 것입니다. 프레젠테이션의 화면 전환과 슬라이드 개체의 애니메이션 효과에 대해 살펴봅니다.

- 화면 전환 효과 지정하기
- 슬라이드 개체에 애니메이션 지정하기

전환 탭과 애니메이션 탭 살펴보기

화면 전환 효과를 지정하는 [전환] 탭과 개체 애니메이션 효과를 지정하는 [애니메이션] 탭의 기능에 대해 알아봅니다.

● [전환] 탭 살펴보기

[전환] 탭에서는 현재 슬라이드에서 다음 슬라이드로 넘어갈 때 나타나는 애니메이션 효과와 옵션을 지정할 수 있습니다. 파워포인트 2013에는 더욱 다양한 전환 효과가 추가되었습니다.

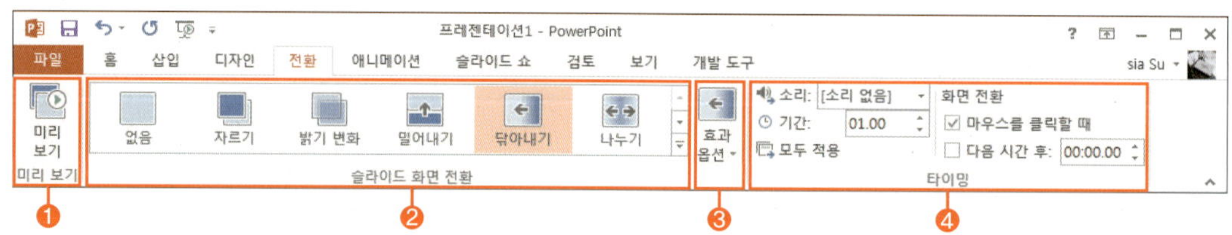

❶ 미리 보기 : 슬라이드 화면 전환 효과를 지정한 후 편집 화면에서 효과를 미리 확인합니다.

❷ 슬라이드 화면 전환 목록 : [자세히]( )를 클릭하면 슬라이드에 적용할 수 있는 화면 전환 효과의 목록이 나타납니다. ( )와 ( )를 클릭하여 목록을 확인하고 선택할 수도 있습니다.

❸ 효과 옵션 : 화면 전환 효과를 선택한 후 효과의 옵션을 선택합니다.

❹ 타이밍 : 화면 전환 속도와 소리 등을 설정합니다.

● [애니메이션] 탭 살펴보기

[애니메이션] 탭에서는 슬라이드에 삽입한 다양한 개체(텍스트, 도형, 차트, 스마트아트 등)에 적용할 애니메이션 효과를 지정합니다.

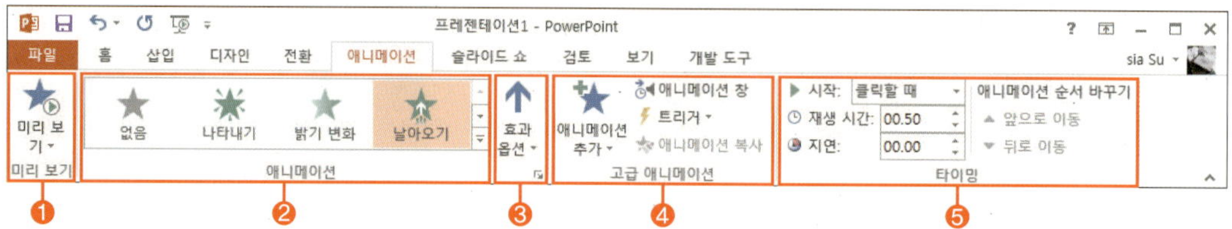

❶ **미리 보기** : 개체에 애니메이션 효과를 지정하고 편집 창에서 효과를 미리 확인합니다.

❷ **애니메이션** : 애니메이션 효과 목록으로, [자세히](⊡)를 클릭하면 애니메이션 효과 전체의 목록이 표시됩니다.

❸ **효과 옵션** : 지정한 애니메이션 효과의 옵션을 선택합니다.

❹ **고급 애니메이션** : [애니메이션 창]을 나타내고 트리거, 애니메이션 복사, 애니메이션 추가 등의 기능을 지정합니다.

❺ **타이밍** : 애니메이션의 시작 시점, 재생 시간, 순서 등을 지정합니다.

간단**퀴즈** 

■ 화면 전환과 애니메이션의 차이점에 대해 설명해 보세요.

① 화면 전환 효과 :

② 애니메이션 효과 :

📖 : ① 슬라이드와 슬라이드 사이의 화면 전환용 애니메이션, ② 슬라이드에 삽입한 개체에 지정하는 애니메이션

실습 과정 화면 전환 효과 지정하기

슬라이드 쇼에서 슬라이드를 이동할 때 나타나는 화면 전환 효과를 지정하는 방법에 대해 알아봅니다.

◉ **시작 파일** : 파워포인트\part06\08-01.pptx
◉ **완료 파일** : 파워포인트\part06\08-01-완성.pptx

---

01 전환 효과 선택하기

❶[전환] 탭의 ❷[슬라이드 화면 전환] 그룹에서 [자세히](⊡)를 클릭한 후 효과 목록에서 ❸[소용돌이]를 선택합니다.

02 전환 효과 확인하기

선택한 슬라이드 번호 아래에 ★ 표시가 나타납니다. ❶[전환] 탭의 [미리 보기] 그룹에서 [미리 보기]](▶)를 클릭하면 슬라이드 작업 창에서 화면 전환 효과를 미리 확인할 수 있습니다.

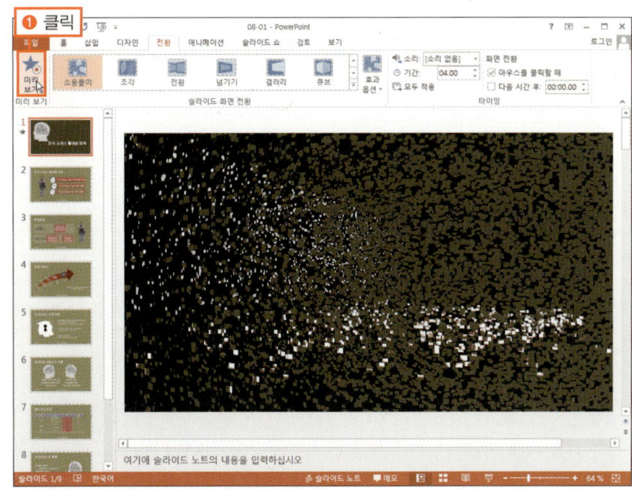

❶ [전환] 탭의 [타이밍] 그룹에서 [소리](🔊)의 목록 단추를 클릭한 후 ❷ [미풍]을 선택합니다.

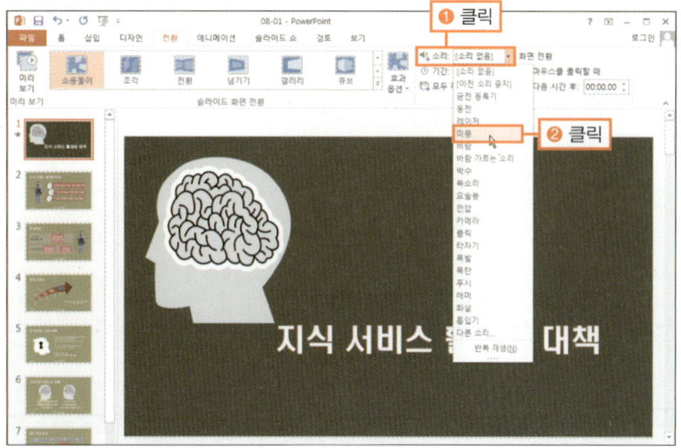

❶ [전환] 탭의 [타이밍] 그룹에서 [모두 적용]을 클릭합니다. ❷ F5 를 눌러 슬라이드 쇼를 실행하여 효과를 확인합니다.

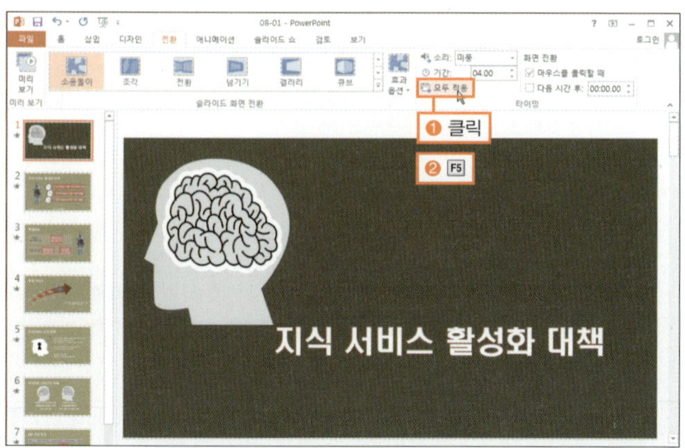

참고

모든 슬라이드의 번호 아래에 ★가 표시됩니다.

실습 과정 · 슬라이드 개체에 애니메이션 효과 지정하기

슬라이드에 삽입한 그림이나 텍스트 상자 등의 개체에 애니메이션 효과를 지정하는 방법에 대해 알아봅니다.

◉ **시작 파일** : 파워포인트\part06\08-02.pptx
◉ **완료 파일** : 파워포인트\part06\08-02-완성.pptx

01 애니메이션 효과 선택하기

❶ 슬라이드 8의 제목 텍스트 상자를 선택하고 ❷ [애니메이션] 탭의 ❸ [애니메이션] 그룹에서 [자세히](▾)를 클릭한 후 ❹ 애니메이션 목록에서 [흔들기]를 선택합니다.

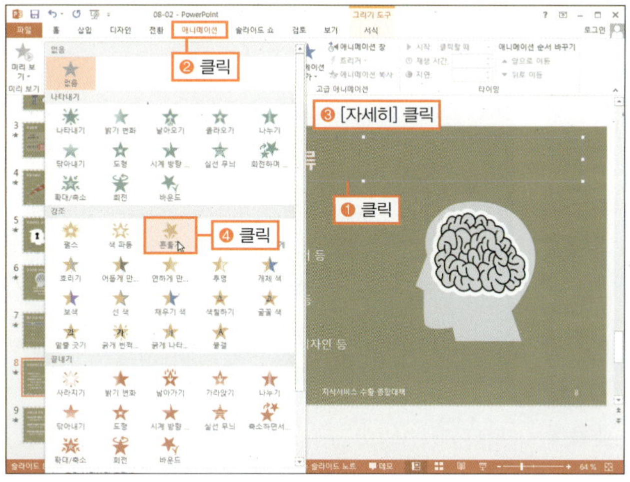

02 애니메이션 효과 선택하기

❶ 이번에는 슬라이드의 그림 개체를 선택하고 ❷ [애니메이션] 탭의 [애니메이션] 그룹에서 [자세히](▾)를 클릭한 후 ❸ [닦아내기] 효과를 선택합니다.

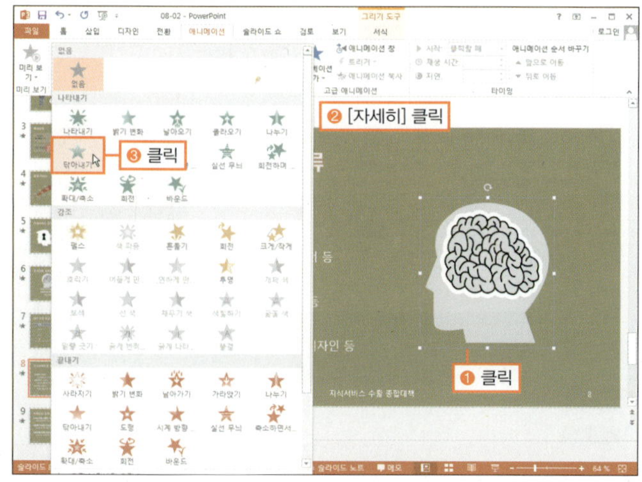

03 애니메이션 적용 확인하기

개체에 애니메이션을 적용한 순서대로 번호가 표시됩니다.

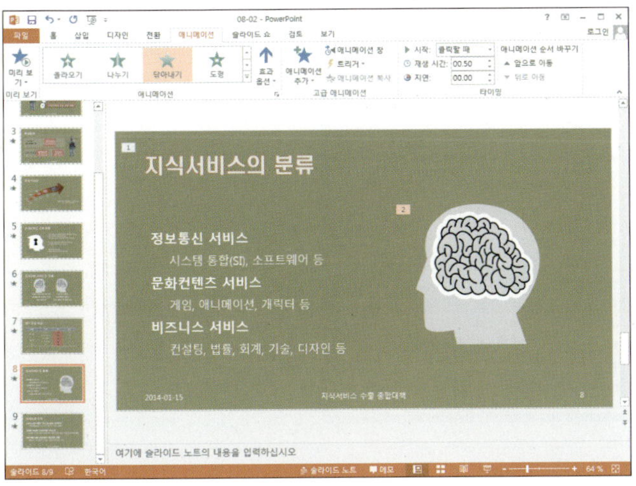

04 내용 텍스트 상자에 애니메이션 적용하기

❶슬라이드의 내용 텍스트 상자를 선택하고 ❷애니메이션 효과 중 [날아오기] 효과를 적용합니다.

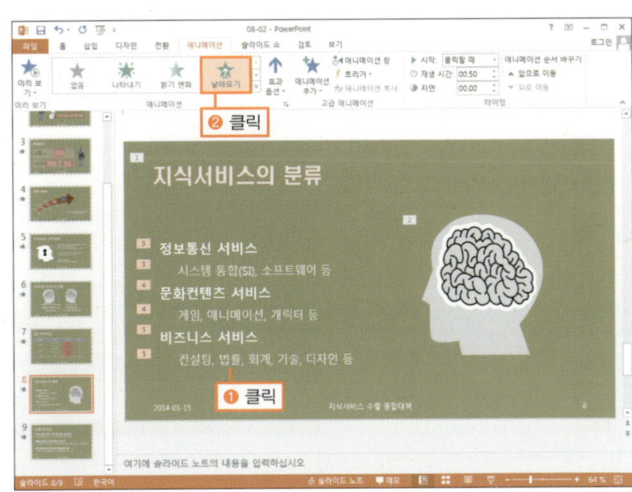

05 효과 옵션 변경하기

내용 텍스트 상자에 적용한 애니메이션 효과의 옵션을 변경하기 위해 ❶[애니메이션] 탭의 [애니메이션] 그룹에서 [효과 옵션](↑)을 클릭한 후 목록에서 ❷[오른쪽 위에서]를 선택합니다.

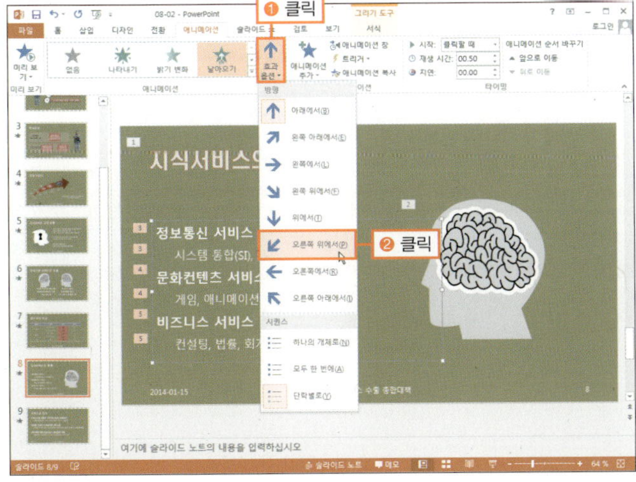

06 슬라이드 쇼에서 애니메이션 확인하기

❶ Shift + F5 를 눌러 현재 슬라이드부터 슬라이드 쇼를 시작합니다. 화면을 클릭하면 개체에 적용한 애니메이션 효과가 실행됩니다.

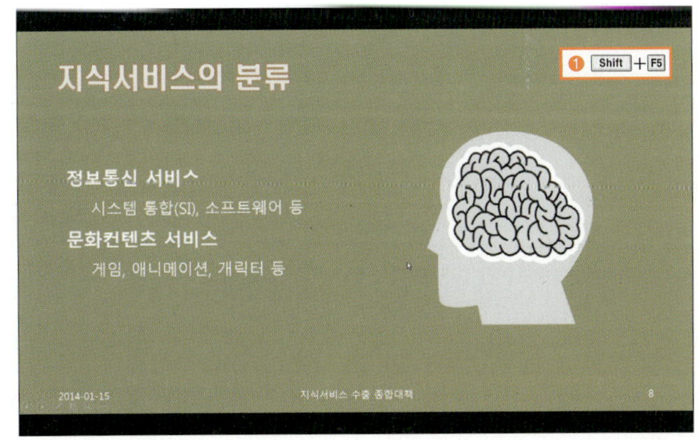

애니메이션 효과 목록에 표시되는 효과 외에 더 다양한 애니메이션 효과를 사용하고 싶을 때는 애니메이션 효과 목록의 [추가 나타내기 효과], [추가 강조하기 효과], [추가 끝내기 효과]를 클릭합니다.

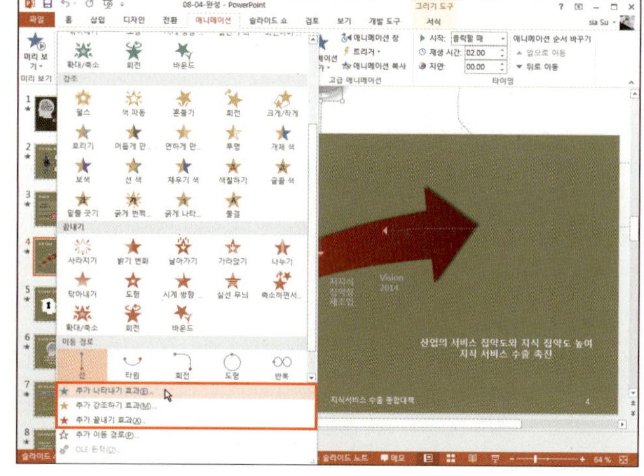

확인실습

내용 텍스트 상자에 애니메이션 효과를 지정해 보세요(애니메이션 효과 : 날아오기).

◉ **시작 파일** : 파워포인트\part06\04-실습1.pptx
◉ **완료 파일** : 파워포인트\part06\04-실습1-완성.pptx

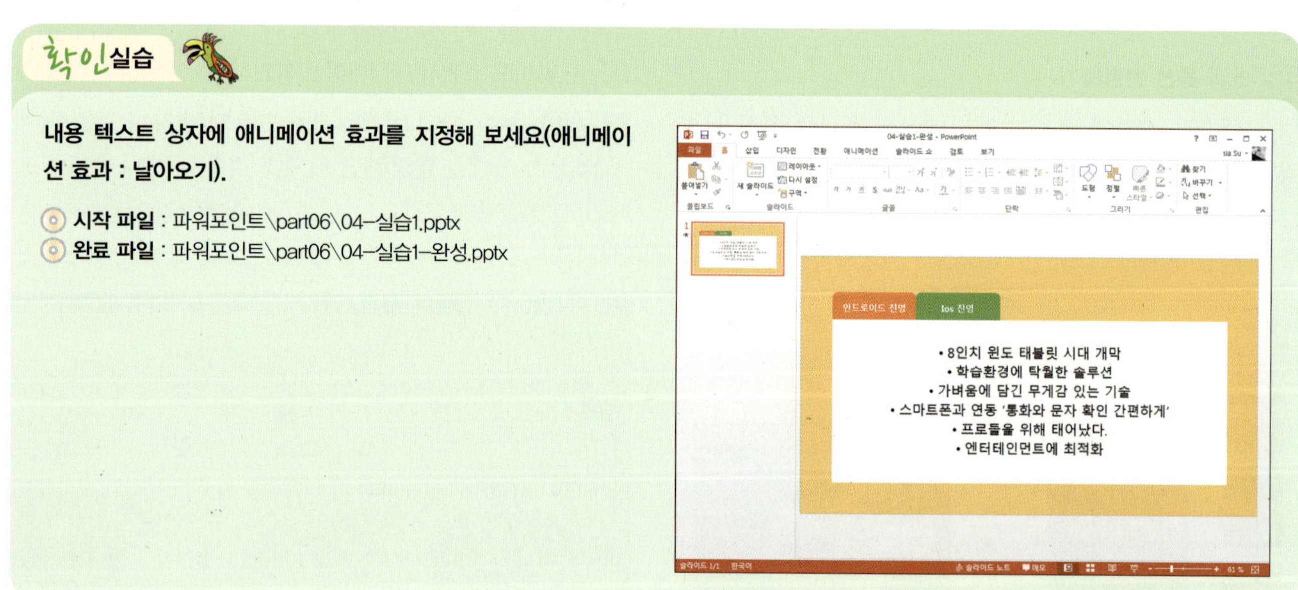

고급 애니메이션 효과 지정하기

슬라이드 개체에 애니메이션 효과를 지정할 때 [애니메이션] 작업 창을 표시하여 세부 옵션을 지정하고 애니메이션 복사와 트리거 등의 기능으로 고급 애니메이션 효과를 적용하는 방법을 알아봅니다.

다루는 내용
- 애니메이션 복사하기
- 애니메이션 추가하기
- 애니메이션 트리거 지정하기
- 애니메이션의 효과 옵션 알기

 **기능 정리**

고급 애니메이션/타이밍 그룹 살펴보기

[애니메이션] 탭의 [고급 애니메이션] 그룹에는 애니메이션 복사, 추가 등의 고급 기능이 포함되어 있으며 [타이밍] 그룹에는 애니메이션의 시작 시점, 재생과 지연 시간 등을 지정하는 기능이 있습니다.

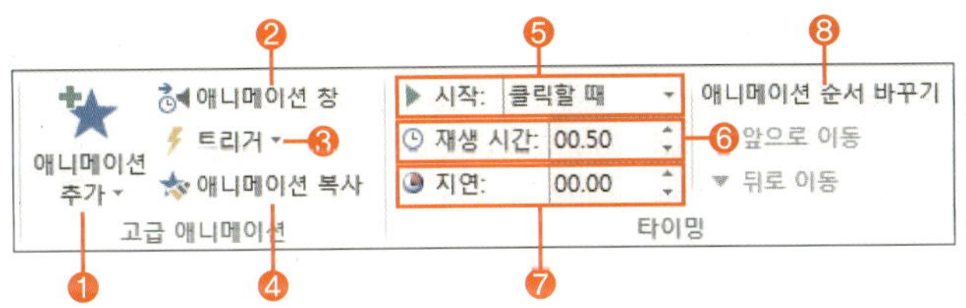

❶ **애니메이션 추가** : 개체에 애니메이션을 적용하거나 이미 애니메이션이 적용된 개체에 애니메이션 효과를 추가합니다.

❷ **애니메이션 창** : 슬라이드 개체에 적용된 애니메이션 목록을 모두 볼 수 있는 작업 창이 오른쪽에 나타납니다. 애니메이션의 순서, 재생 시간 등의 애니메이션 정보를 표시합니다.

❸ **트리거** : [옵션] 대화상자의 [시작 옵션]과 같은 기능으로, 특정 개체를 클릭하면 애니메이션이 시작되도록 지정합니다.

❹ **애니메이션 복사** : 애니메이션 효과를 다른 개체에 그대로 복사합니다.

❺ **시작** : 애니메이션의 시작 타이밍을 설정합니다.

❻ **재생 시간** : 애니메이션 효과의 속도를 설정합니다.

❼ **지연** : 여러 애니메이션 효과 사이의 효과 지연 시간을 설정합니다.

❽ **애니메이션 순서 바꾸기** : 지정한 애니메이션의 순서를 변경합니다.

간단퀴즈 

1 특정 개체를 클릭하면 애니메이션이 실행되도록 지정하려면 다음 중 어떤 기능을 사용해야 할까요?

① 트리거　② 애니메이션 복사　③ 애니메이션 지연　④ 애니메이션 추가

답 : ①

 애니메이션 지정하고 트리거 적용하기

개체에 애니메이션 효과를 추가한 후 복사하여 다른 개체에 적용해 봅니다. 또한 트리거 기능을 지정해 봅니다.

◎ **시작 파일** : 파워포인트\part06\08-03.pptx
◎ **완료 파일** : 파워포인트\part06\08-03-완성.pptx

01 [애니메이션 창] 표시하기

❶[애니메이션] 탭의 ❷[고급 애니메이션] 그룹에서 애니메이션 창을 클릭하면 작업 화면에 [애니메이션 창]이 표시됩니다. ❸'관련 학과 졸업 유무' 텍스트 상자를 클릭합니다.

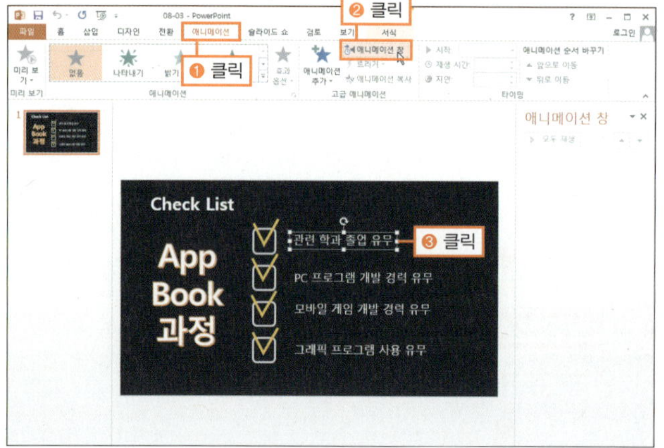

> **참고** •
> [애니메이션 창]에는 개체에 적용한 애니메이션의 목록이 표시됩니다.

02 효과 적용하고 옵션 설정하기

❶[애니메이션] 탭의 [애니메이션] 그룹에서 [날아오기] 효과를 지정하고 ❷[효과 옵션](↑)을 클릭한 후 ❸[오른쪽에서]를 선택합니다.

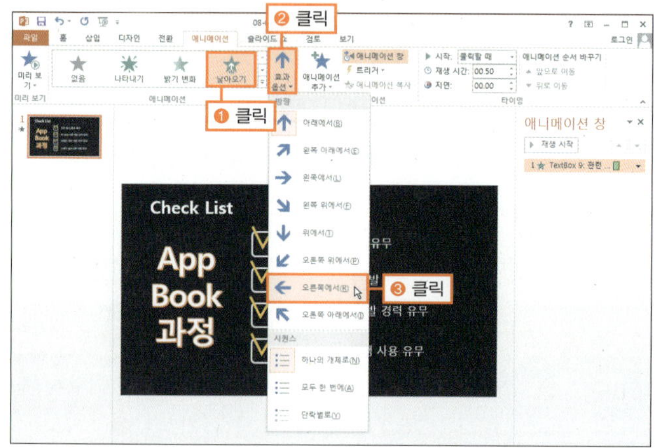

03 애니메이션 추가하기

❶[애니메이션] 탭의 [고급 애니메이션] 그룹에서 [애니메이션 추가](★)를 클릭하고 ❷[굵게 번쩍] 효과를 선택합니다.

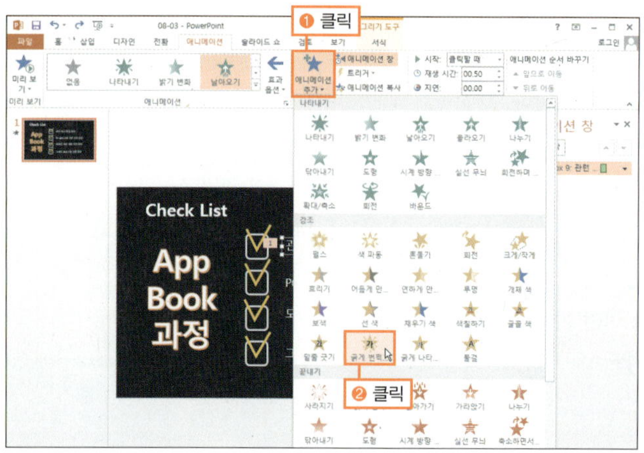

04 애니메이션 추가 확인하기

1개의 개체에 2개의 애니메이션 효과가 적용된 것을 확인할 수 있습니다.

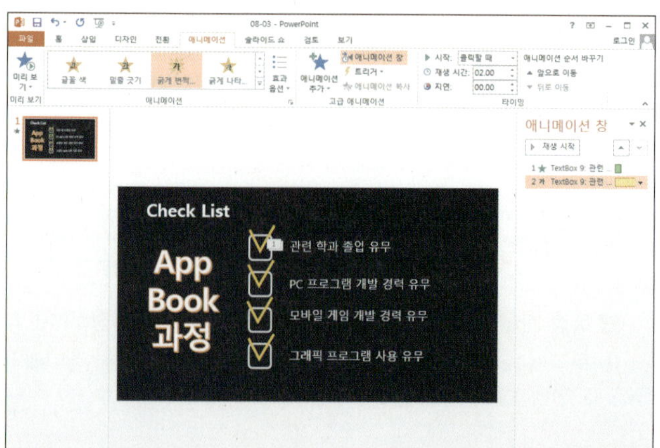

05 애니메이션 효과 지정하기

❶슬라이드의 'ⅴ' 개체를 클릭합니다. ❷[애니메이션] 탭의 [애니메이션] 그룹에서 [닦아내기]를 선택합니다.

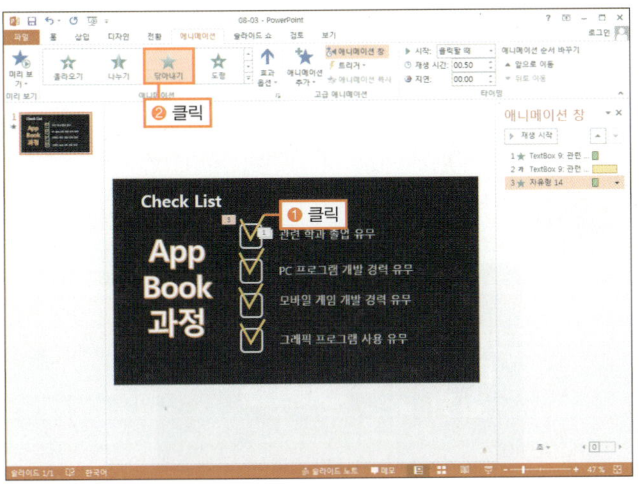

06 애니메이션 복사 선택하기

❶2개의 애니메이션이 지정된 텍스트 상자를 선택하고 ❷[애니메이션] 탭의 [고급 애니메이션] 그룹에서 [애니메이션 복사](★ 애니메이션 복사)를 더블클릭합니다.

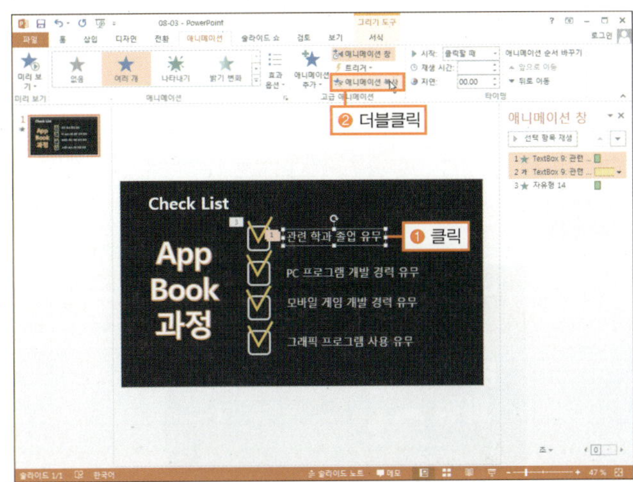

07 다른 개체에 복사하기

마우스 포인터의 모양이 로 변경되면 ❶복사한 애니메이션을 적용할 다른 텍스트 상자를 클릭합니다. ❷나머지 텍스트 상자에 모두 같은 효과를 복사합니다. ❸Esc를 누릅니다.

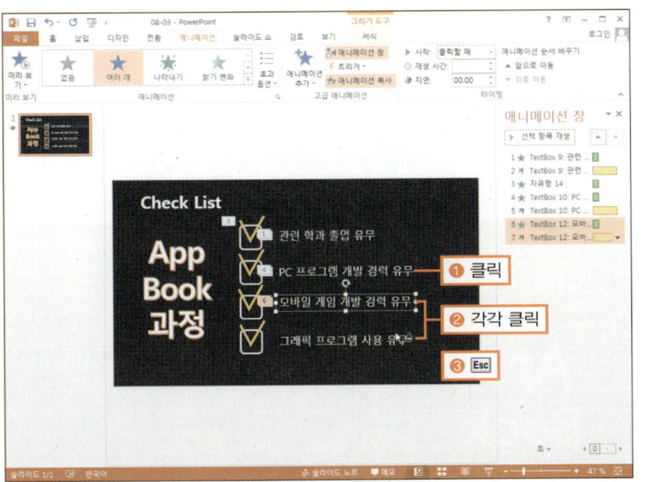

08 애니메이션 복사하기

❶'ⅴ' 모양의 도형을 선택하고 ❷[애니메이션] 탭의 [고급 애니메이션] 그룹에서 [애니메이션 복사]를 더블클릭한 후 ❸애니메이션이 적용되지 않은 나머지 'ⅴ' 모양의 도형을 클릭하여 복사합니다.

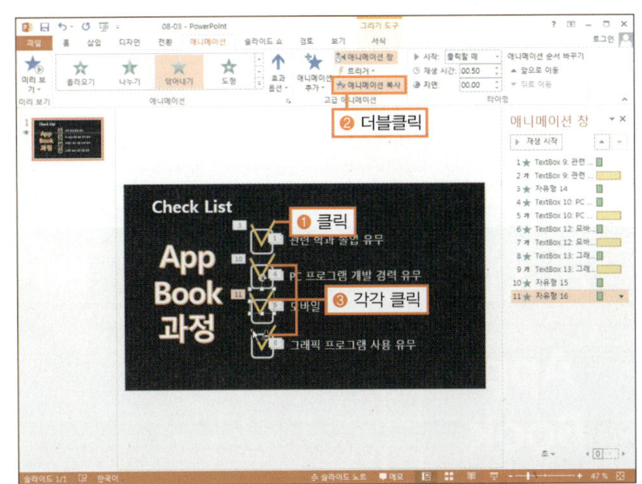

> **참고**
>
> [애니메이션 복사](★ 애니메이션 복사)를 클릭하면 애니메이션을 다른 개체에 1번 복사할 수 있지만 더블클릭하면 여러 개의 개체에 연속해서 애니메이션을 복사할 수 있습니다. 애니메이션 복사를 해제할 때는 Esc를 누릅니다.

09 트리거 대상 개체 선택하기

❶'∨' 모양의 도형을 선택하고 ❷[애니메이션] 탭의 [고급 애니메이션] 그룹에서 [트리거](⚡트리거)를 클릭한 후 ❸ [클릭할 때]-❹[모서리가 둥근 직사각형 5]를 선택합니다.

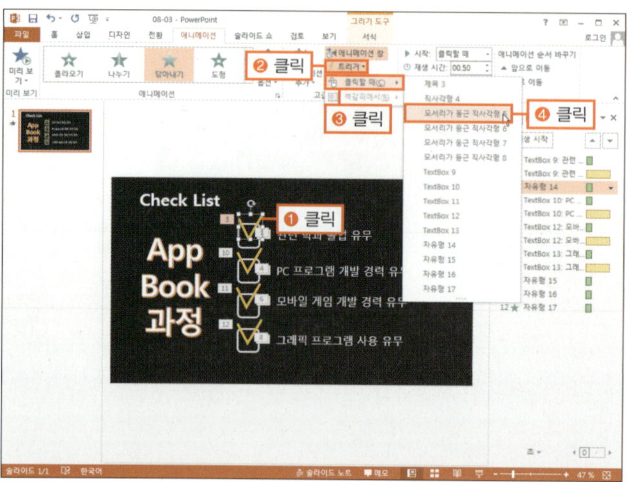

> **참고**
>
> 슬라이드 쇼 화면에서 모서리가 둥근 직사각형을 클릭해야 '∨' 모양의 도형에 적용된 애니메이션 효과가 재생됩니다. 애니메이션에 트리거 효과를 지정하면 개체 옆에 🖉 모양의 아이콘이 표시됩니다.

11 슬라이드 쇼 실행하기

❶ F5 를 눌러 슬라이드 쇼를 실행하면 클릭할 때마다 텍스트 상자에 지정한 애니메이션 효과가 실행됩니다.

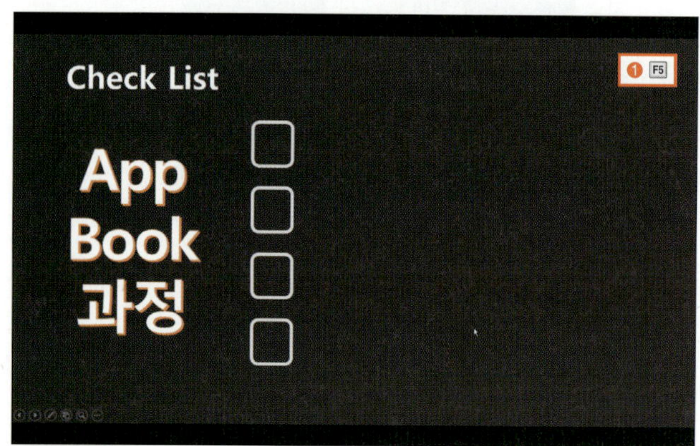

10 트리거 계속 지정하기

❶두 번째 '∨' 모양의 도형을 선택하고 ❷같은 방법으로 [모서리가 둥근 직사각형 6]을 클릭했을 때 애니메이션이 실행되도록 지정합니다. ❸나머지 '∨' 모양의 도형에 각각 [모서리가 둥근 직사각형 7], [모서리가 둥근 직사각형 8]로 트리거를 지정합니다.

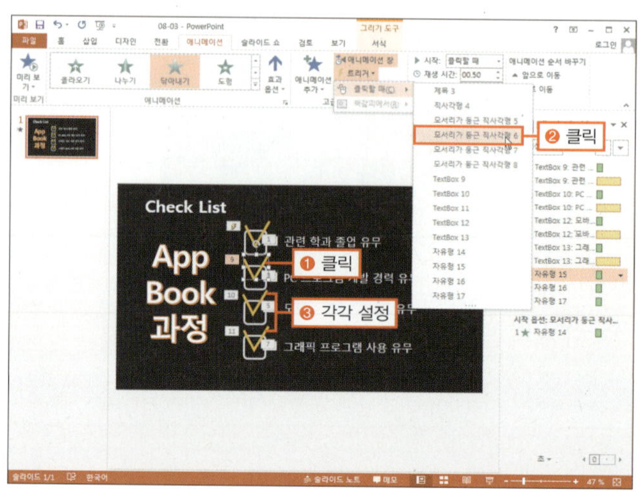

13 트리거 확인하기

첫 번째 모서리가 둥근 사각형에 마우스 포인터를 가져가면 포인터의 모양이 🖑로 변경됩니다. ❶클릭하면 '∨' 모양의 도형에 적용된 애니메이션 효과가 재생됩니다.

애니메이션 이동 경로 지정하기

개체에 사용자 임의의 애니메이션 경로를 지정하고 그 경로를 따라 애니메이션이 실행되도록 효과를 적용해 봅니다.

🔘 **시작 파일** : 파워포인트\part06\08-04.pptx
🔘 **완료 파일** : 파워포인트\part06\08-04-완성.pptx

01 이동 경로 선택하기

❶ 슬라이드 4의 영역 밖 개체 중 하나를 다음과 같이 선택한 후 ❷ [애니메이션] 탭의 [애니메이션] 그룹에서 [자세히](▽)를 클릭한 후 ❸ [선]을 선택합니다.

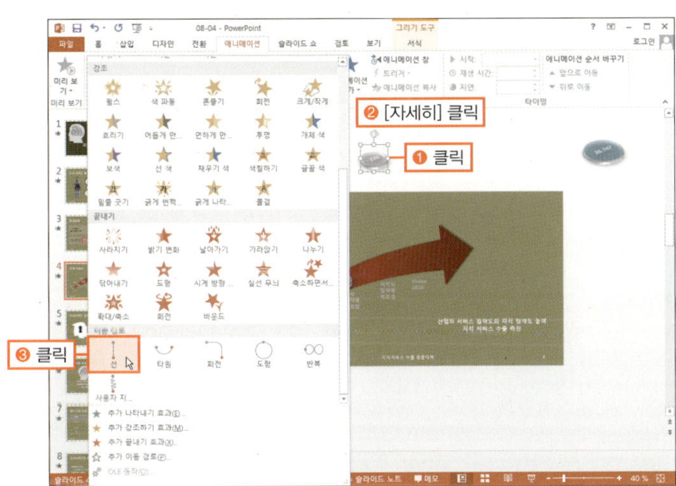

02 이동 경로 확인하기

개체에 직선 이동 경로가 적용됩니다. 경로의 끝점에 마우스 포인터를 두면 길이 조정이 가능하도록 포인터의 모양이 양방향 화살표로 변경됩니다.

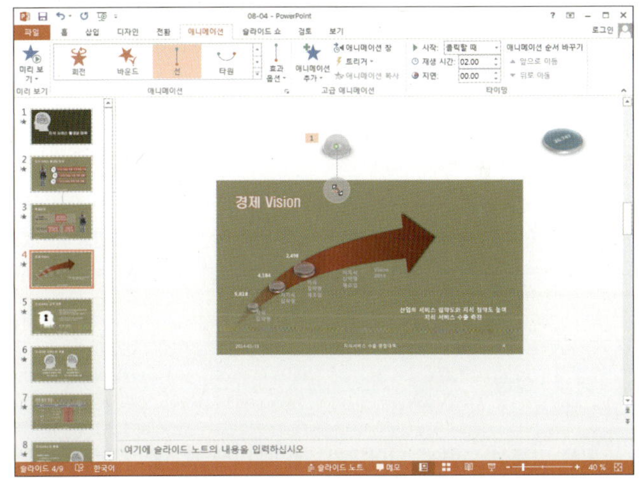

03 이동 경로 수정하기

❶ 경로의 끝점을 아래쪽으로 드래그하여 이동 경로를 수정합니다.

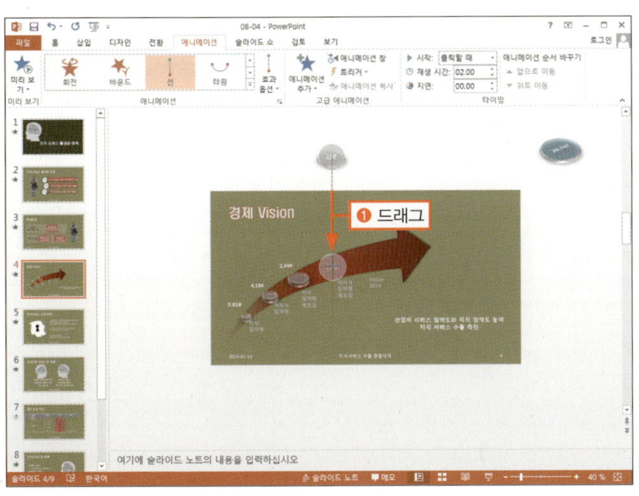

04 사용자 지정 이동 경로 선택하기

❶ 슬라이드 오른쪽 영역 밖의 개체를 선택하고 ❷ [애니메이션] 탭의 [애니메이션] 그룹에서 [자세히](▽)를 클릭한 후 ❸ [사용자 지정 경로]를 선택합니다.

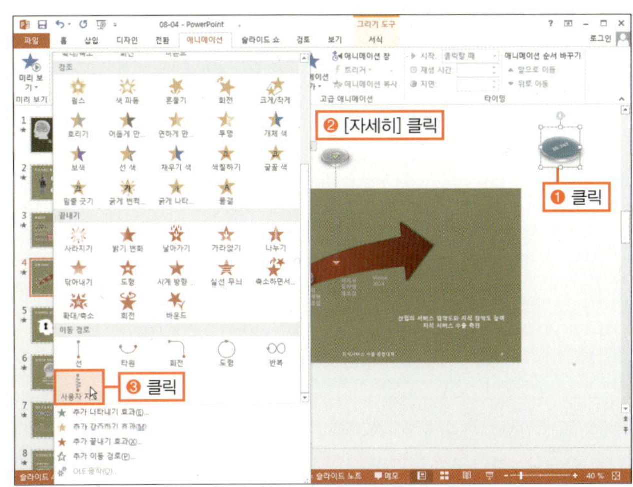

05 이동 경로 그리기

마우스 포인터가 십자 모양으로 변하면 연필로 그리듯 ❶애니메이션 경로를 그린 후 ❷끝 지점에서 더블클릭합니다.

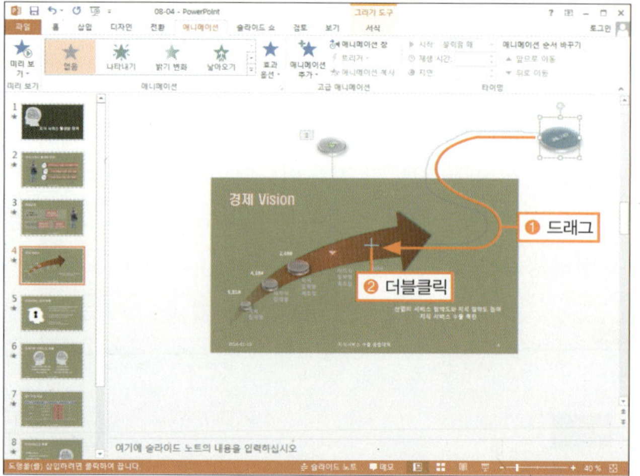

06 슬라이드 쇼에서 확인하기

슬라이드 쇼를 실행하여 애니메이션 이동 경로를 확인합니다.

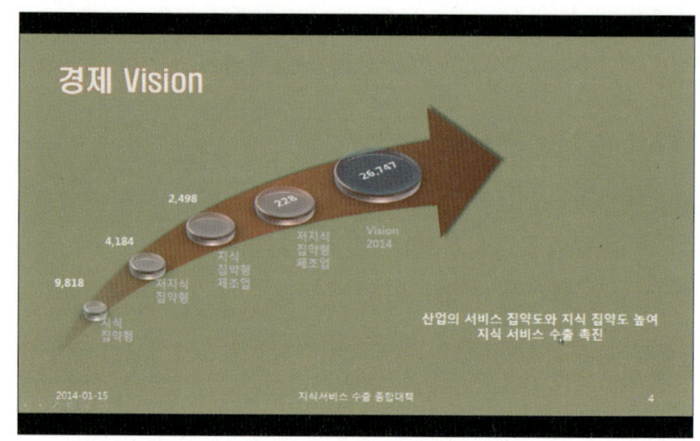

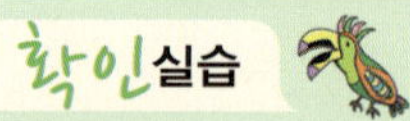

참고

부록 CD의 '특집.pdf' 파일 35쪽에서 애니메이션 효과의 옵션을 지정하는 방법을 참고합니다.

확인실습

왼쪽 말풍선 도형에 '닦아내기' 애니메이션 효과를 지정한 후 오른쪽 말풍선에 복사하고 슬라이드 쇼를 실행했을 때 특정 도형을 클릭하면 애니메이션이 실행되도록 트리거 효과를 지정해 보세요 ('안드로이드 진영'을 클릭하면 왼쪽 말풍선 애니메이션 실행, 'Ios 진영'을 클릭하면 오른쪽 말풍선 애니메이션 실행).

- **시작 파일** : 파워포인트\part06\05-실습1.pptx
- **완료 파일** : 파워포인트\part06\05-실습1-완성.pptx

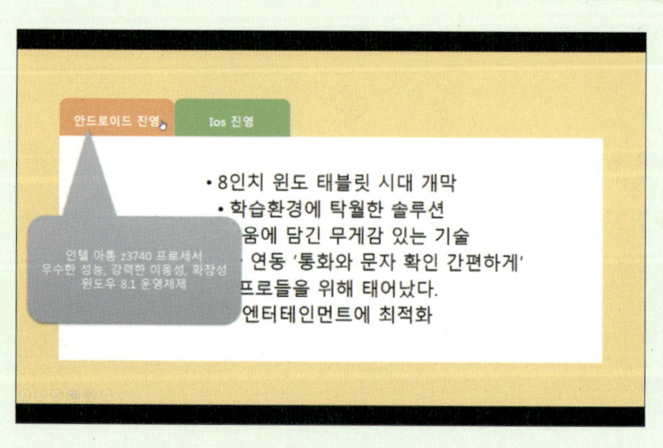

1 도형과 텍스트에 하이퍼링크를 지정하고 텍스트 상자에 실행 설정을 지정해 보세요.

- **시작 파일** : 파워포인트\part06\06-응용실습1.pptx
- **완료 파일** : 파워포인트\part06\06-응용실습1-완성.pptx
- **해설 파일** : 파워포인트\해설파일\06-응용실습1-해설.hwp, pdf

Before

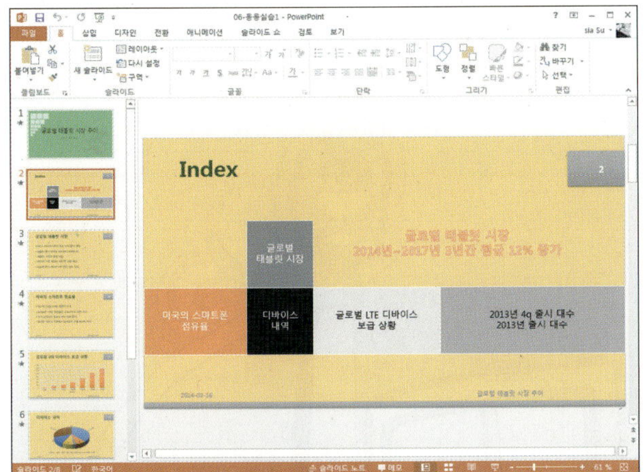

After

❶슬라이드 2의 도형과 텍스트에 현재 문서의 해당 슬라이드로 하이퍼링크 지정 ❷슬라이드 3에 텍스트 상자 삽입 ❸텍스트 상자에 클릭하면 슬라이드 2로 이동하기 실행 설정 ❹실행 설정된 텍스트 상자 슬라이드 4~8에 복사

2 슬라이드 개체에 애니메이션 효과를 지정하고 애니메이션 복사와 트리거를 지정해 보세요.

- **시작 파일** : 파워포인트\part06\06-응용실습2.pptx
- **완료 파일** : 파워포인트\part06\06-응용실습2-완성.pptx
- **해설 파일** : 파워포인트\해설파일\06-응용실습2-해설.hwp, pdf

Before

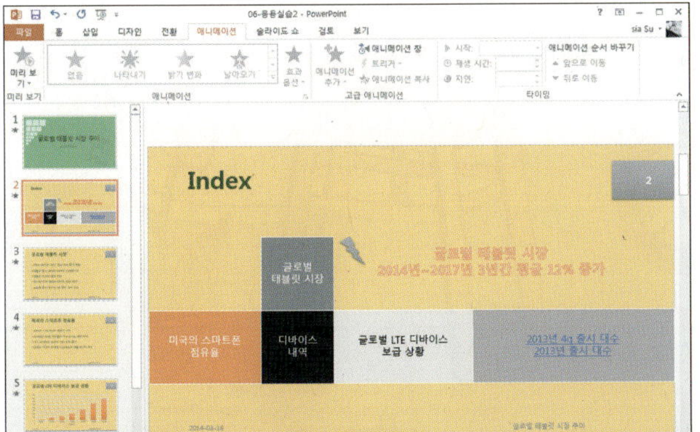

After

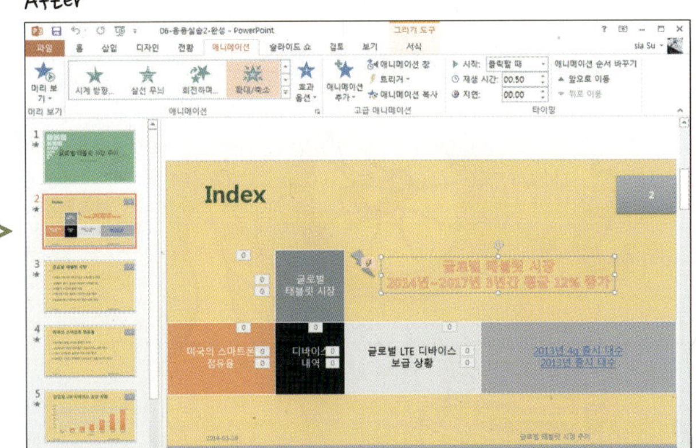

❶직사각형 텍스트 상자 선택 후 [나타내기] 애니메이션 효과의 재생 시간 '1초', 효과 옵션 '단락별'로 지정 ❷나머지 도형에 애니메이션 효과 복사 ❸애니메이션 지정된 개체 선택 후 '이전 효과 다음'으로 타이밍 변경 ❹워드아트 텍스트에 '확대/축소' 애니메이션 효과 지정 ❺번개 모양의 도형을 클릭하면 워드아트 애니메이션이 실행되도록 트리거 지정

7

프레젠테이션 발표 및 배포하기

프레젠테이션 발표를 위해 필요한 기능과 프레젠테이션을 여러 형태로 출력하는 인쇄 방법을 살펴봅니다. 또한 클라우드 저장 공간을 활용한 프레젠테이션 배포 방법과 다양한 파일 형식으로 저장하여 프레젠테이션을 배포하는 방법에 대해 알아봅니다.

완성된 프레젠테이션은 슬라이드 쇼 형식으로 발표합니다. 슬라이드 쇼를 진행하면서 잉크 주석을 이용하는 방법과 슬라이드 쇼 화면의 해상도와 표시 위치, 발표자 도구 등을 사용하는 방법에 대해 알아봅니다.

배우는 내용

- 슬라이드 쇼 설정 화면 알기
- 슬라이드 쇼 진행하기
- 슬라이드 쇼 재구성하기
- 슬라이드 쇼 녹화하기

기능 정리 | 슬라이드 쇼 설정 살펴보기

슬라이드 쇼에 필요한 옵션을 지정할 때는 [슬라이드 쇼] 탭의 [설정] 그룹에서 [슬라이드 쇼 설정](📇)을 클릭합니다.

● [쇼 설정] 대화상자 살펴보기

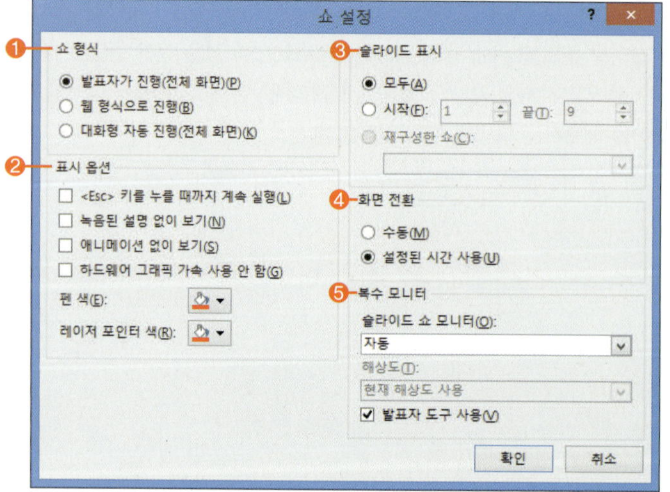

❶ [쇼 형식]

- **발표자가 진행** : 발표자가 직접 슬라이드를 확인하면서 슬라이드 쇼를 진행합니다.
- **웹 형식으로 진행** : 프레젠테이션을 웹 형식의 화면으로 전환하여 슬라이드 쇼를 진행합니다.
- **대화형 자동 진행** : 발표자 없이 자동으로 슬라이드 쇼를 진행합니다.

❷ [표시 옵션]

- **〈ESC〉 키를 누를 때까지 계속 실행** : Esc 를 누를 때까지 슬라이드 쇼가 계속 반복됩니다.
- **녹음된 설명 없이 보기** : 슬라이드에 녹음된 설명을 제외하고 슬라이드 쇼를 진행합니다.
- **애니메이션 없이 보기** : 슬라이드에 적용한 애니메이션을 재생하지 않고 슬라이드 쇼를 진행합니다.

- **하드웨어 그래픽 가속 사용 안 함** : 동영상이 제대로 재생되지 않는 등 멀티미디어 개체의 재생에 문제가 있을 경우 [하드웨어 그래픽 가속 사용 안 함]을 선택하여 문제를 해결합니다.
- **펜 색** : 슬라이드 쇼 화면에 표시를 하거나 강조할 때 쓰이는 펜의 색을 지정합니다.
- **레이저 포인터 색** : 슬라이드 쇼 화면을 가리켜 강조하는 레이저 포인터의 색을 지정합니다.

❸ **[슬라이드 표시]**

- **모두** : 프레젠테이션의 모든 슬라이드를 표시합니다.
- **시작/끝** : 슬라이드 번호를 입력하여 원하는 슬라이드만 표시합니다.
- **재구성한 쇼** : 재구성한 쇼를 선택하여 슬라이드 쇼를 진행합니다.

❹ **[화면 전환]**

- **수동** : 발표자가 마우스를 클릭하여 슬라이드 쇼 화면을 전환합니다.
- **설정된 시간 사용** : 지정한 시간에 맞춰 자동으로 슬라이드 쇼를 진행합니다.

❺ **[복수 모니터]**

- **슬라이드 쇼 모니터** : 컴퓨터에 여러 대의 모니터가 연결되어 있을 경우 슬라이드 쇼를 표시할 모니터를 지정합니다.
- **발표자 도구 표시** : 슬라이드 쇼를 진행할 때 발표자만 볼 수 있는 발표자 도구 창을 엽니다.

● 발표자 도구의 화면 구성 살펴보기

발표자 도구를 사용하면 발표자는 자신만 볼 수 있는 화면에서 슬라이드 쇼를 제어하고 청중은 주 화면에서 발표자의 슬라이드를 볼 수 있습니다.

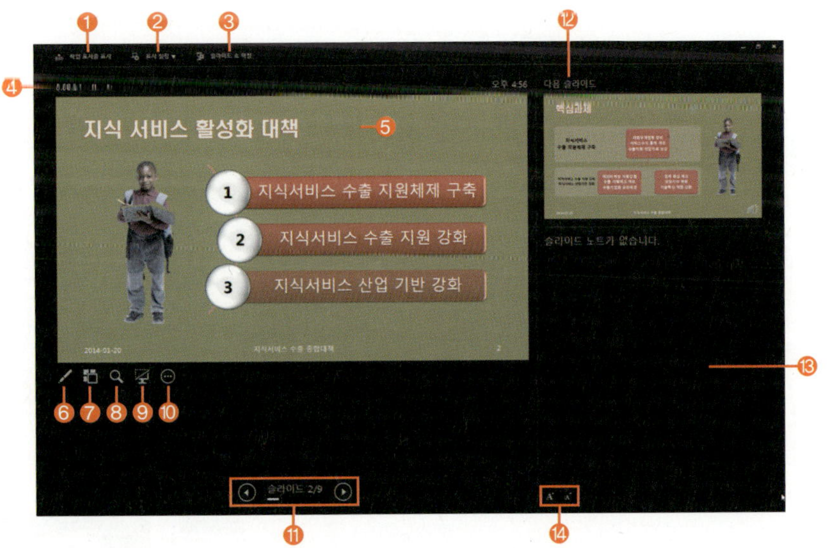

❶ **작업 표시줄 표시** : 클릭하면 윈도우의 작업 표시줄이 나타납니다.

❷ **표시 설정**

- **발표자 도구 및 슬라이드 쇼 바꾸기** : 클릭하면 발표자 도구 화면과 슬라이드 쇼 화면이 진행되는 모니터를 서로 바꿉니다.
- **슬라이드 쇼 복제** : 나중 모니터에 같은 슬라이드 쇼를 보여 줍니다.

❸ **슬라이드 쇼 마침** : 클릭하면 슬라이드 쇼가 중지되고 파워포인트 편집 화면으로 돌아갑니다.

❹ **타이머** : 슬라이드 쇼 진행 시간을 표시하고 진행 시간을 멈추거나 진행 시간을 처음부터 다시 시작합니다.

❺ 청중이 현재 보고 있는 슬라이드를 표시합니다.

❻ **펜 및 레이저 포인터 도구** : 펜과 레이저에 관련된 옵션을 선택할 수 있습니다.

❼ **모든 슬라이드 보기** : 클릭하면 모든 슬라이드를 한 화면에서 확인할 수 있습니다.

❽ **슬라이드 확대** : 슬라이드 화면의 일부분을 확대합니다.

❾ **슬라이드 쇼를 검정으로 설정/취소합니다.** : 슬라이드 쇼 화면을 검은색으로 설정하고 취소합니다.

❿ **슬라이드 옵션 더 보기** : 클릭하면 슬라이드 쇼 옵션의 숨겨진 메뉴를 확인할 수 있습니다.

⓫ **슬라이드 위치** : 현재 슬라이드의 위치를 표시하고 이전, 이후의 슬라이드로 이동합니다.

⓬ **다음 슬라이드** : 다음 슬라이드 화면을 작은 크기로 보여줍니다.

⓭ **슬라이드 노트 영역** : 현재 슬라이드의 슬라이드 노트 내용을 표시합니다.

⓮ **텍스트 확대/텍스트 축소** : 슬라이드 노트의 텍스트 크기를 늘리거나 줄입니다.

간단퀴즈

1 발표자는 자신만 볼 수 있는 화면에서 슬라이드 쇼를 제어하고 청중은 주 화면에서 발표자의 슬라이드를 볼 수 있게 하는 기능은 무엇일까요?
① 슬라이드 확대 ② 타이머 ③ 발표자 도구 ④ 복수 모니터

답 : ③

 **슬라이드 쇼 진행하기**

슬라이드 쇼를 실행하고 발표자 도구 화면에서 슬라이드 쇼를 진행해 보겠습니다. 다중 모니터인 경우 [발표자 도구 사용]을 선택하여 발표자 도구 화면을 활용할 수 있습니다.

◎ **시작 파일** : 파워포인트\part07\08-07.pptx

01 처음부터 시작하기

❶[슬라이드 쇼] 탭의 ❷[슬라이드 쇼 시작] 그룹에서 [처음부터](🖳)를 클릭합니다. 슬라이드 쇼가 첫 슬라이드부터 실행됩니다.

참고
슬라이드 쇼 중간에 편집 화면으로 돌아올 때는 Esc를 누릅니다.

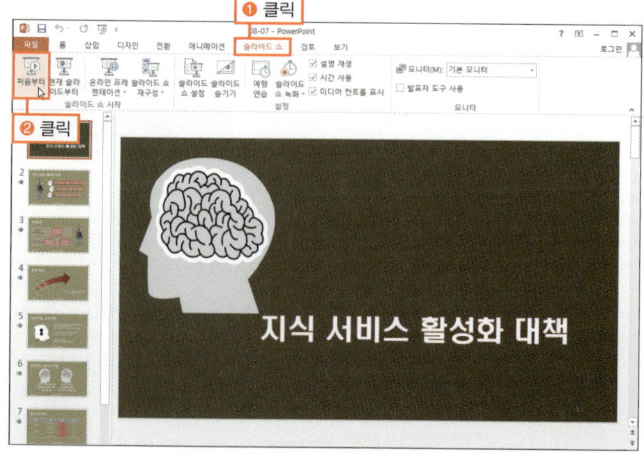

02 현재 슬라이드부터 시작

❶슬라이드 5를 선택하고 ❷[슬라이드 쇼] 탭의 [슬라이드
쇼 시작] 그룹에서 [현재 슬라이드부터](▣)를 클릭합니다.
슬라이드 쇼가 현재 선택한 슬라이드부터 시작됩니다.

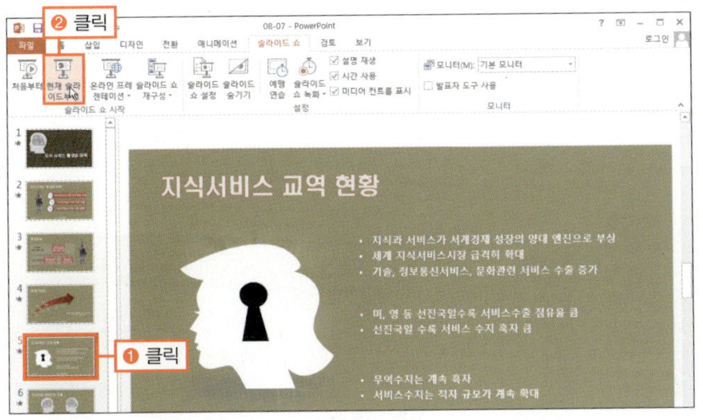

참고

Shift + F5 를 누르면 현재 슬라이드부터 슬라이드 쇼가 진행됩니다.

03 발표자 도구 선택하기

발표자 도구를 슬라이드 쇼 화면에 표시할 때는 ❶[슬라이
드 쇼] 탭의 [모니터] 그룹에서 [발표자 도구 사용]을 선택
합니다.

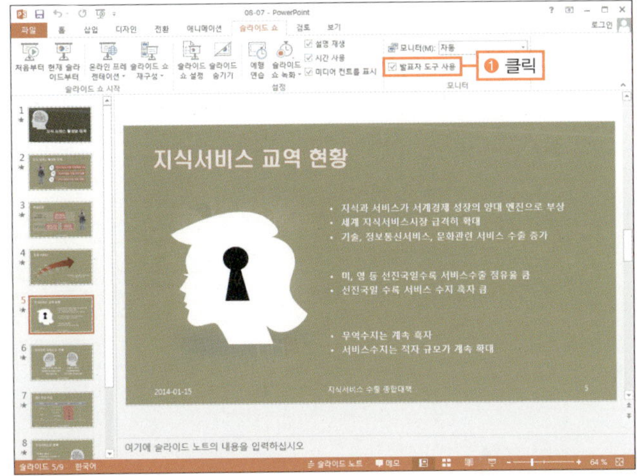

04 발표자 도구 사용하기

슬라이드 쇼를 실행하면 [발표자 도구]를 확인할 수 있습
니다. ❶[다음 슬라이드]를 클릭하면 슬라이드 쇼가 표시되
는 모니터에 다음 슬라이드가 나타납니다. 슬라이드 쇼 마
지막에 검은색 화면이 나타나면 클릭하여 쇼를 끝냅니다.

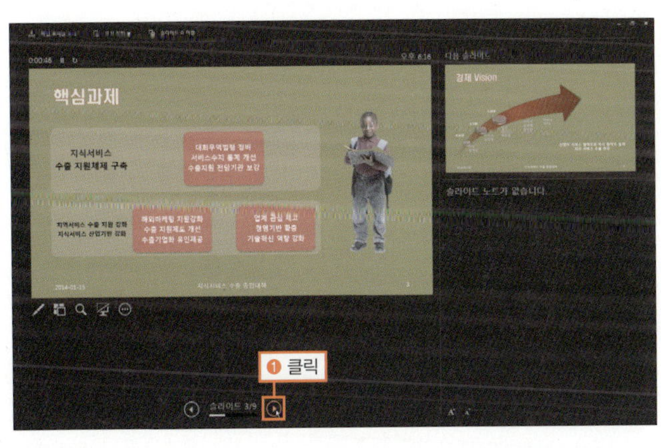

참고

부록 CD의 '특집.pdf' 파일 38쪽에서 발표자 도구를 지정하는 방법
을 참고합니다.

참고 • 슬라이드 쇼 도구 모음

슬라이드 쇼 화면의 왼쪽 하단에 [슬라이드 쇼 도구 모음]이 표시됩니다. 슬라이드를 이동하거나 확대할 때, 포인터의 종류를 변경할 때 도구 모음
을 사용합니다. 또는 슬라이드 쇼 화면에서 마우스 오른쪽 단추를 클릭한 후 바로 가기 메뉴에서 원하는 기능을 선택합니다.

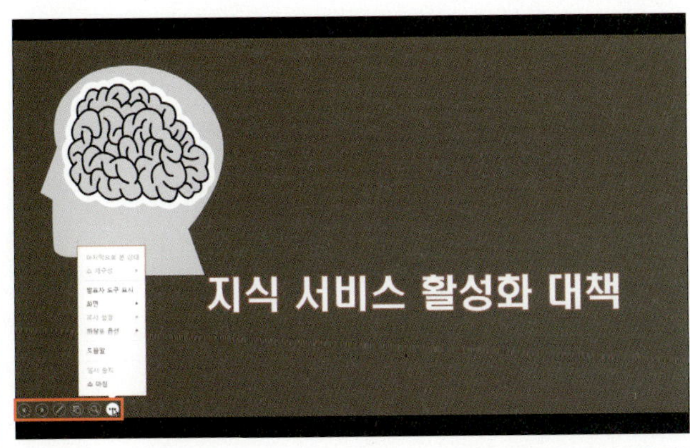

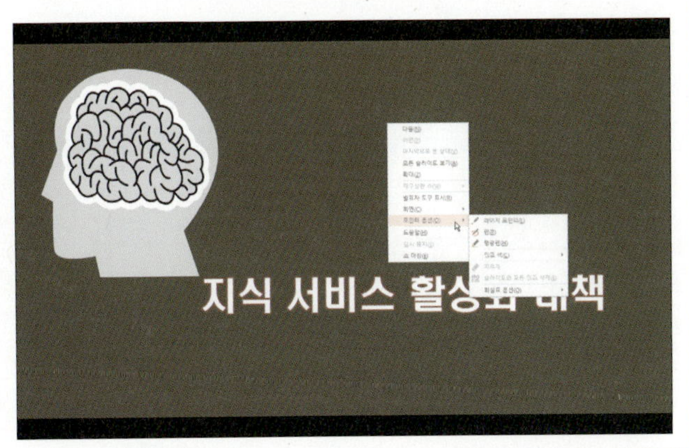

프레젠테이션에서 원하는 슬라이드만 골라 새로운 슬라이드 쇼로 재구성하는 방법을 알아봅니다.

◎ **시작 파일** : 파워포인트\part07\08-07.pptx
◎ **완료 파일** : 파워포인트\part07\08-07-재구성.pptx

01 쇼 재구성 선택하기

❶[슬라이드 쇼] 탭의 [슬라이드 쇼 시작] 그룹에서 [슬라이드 쇼 재구성](📑)을 클릭하고 ❷[쇼 재구성]을 선택합니다.

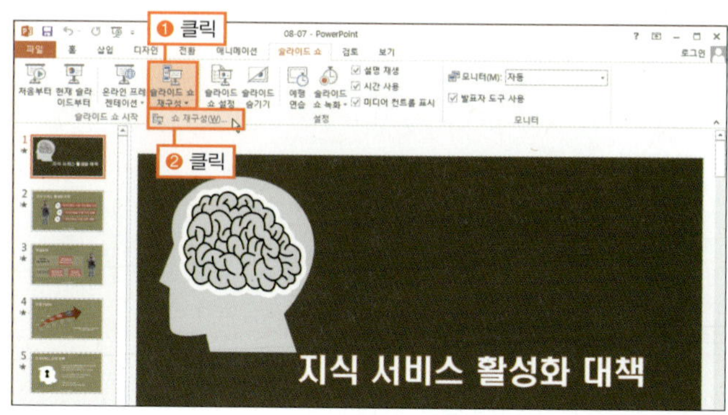

02 재구성할 쇼 새로 만들기

[쇼 재구성] 대화상자가 나타나면 ❶[새로 만들기]를 클릭합니다.

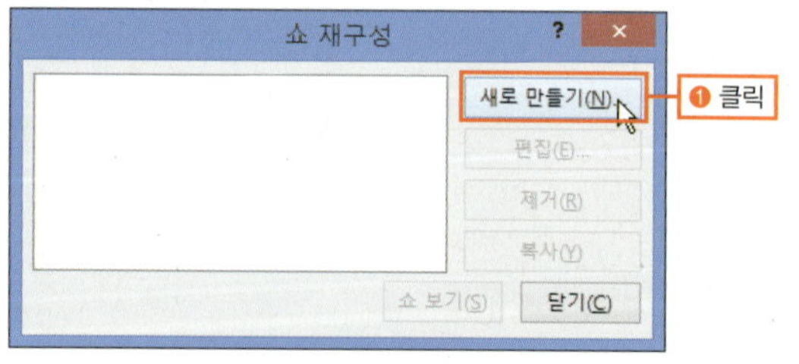

03 슬라이드 추가하기

[쇼 재구성하기] 대화상자가 나타나면 ❶재구성할 쇼의 이름을 입력하고 ❷[프레젠테이션에 있는 슬라이드] 항목에서 슬라이드를 클릭하여 선택한 후 ❸[추가]를 클릭합니다.

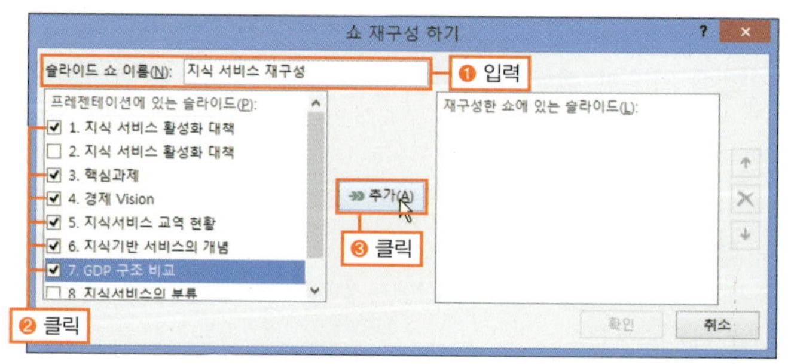

04 재구성할 슬라이드 확인하기

[재구성한 쇼에 있는 슬라이드] 항목에 추가한 슬라이드를 확인한 후 ❶[확인]을 클릭합니다.

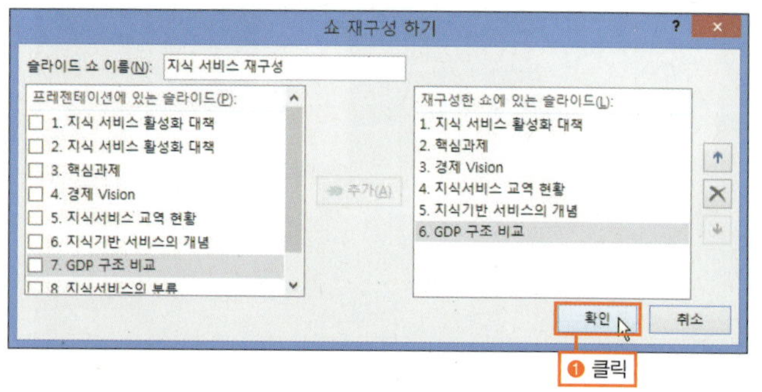

05 재구성한 쇼 보기

[쇼 재구성] 대화상자로 돌아오면 지정한 이름으로 재구성한 쇼가 등록된 것을 확인할 수 있습니다. ❶[쇼 보기]를 클릭하여 슬라이드 쇼를 시작합니다.

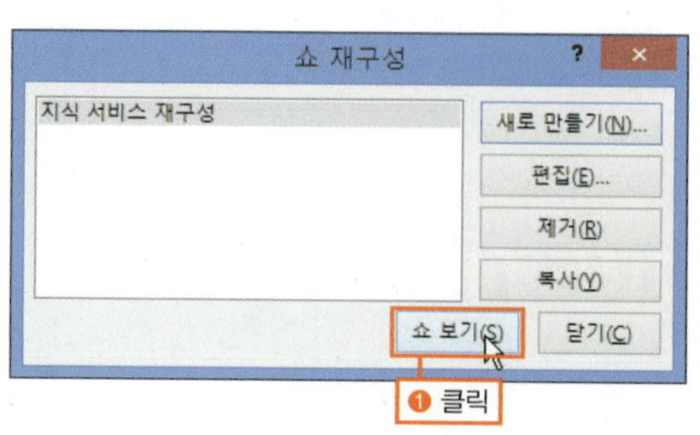

❶ [슬라이드 쇼] 탭의 [슬라이드 쇼 시작] 그룹에서 [슬라이드 쇼 재구성](📑)을 클릭하면 재구성한 쇼의 이름이 등록된 것을 확인할 수 있습니다.

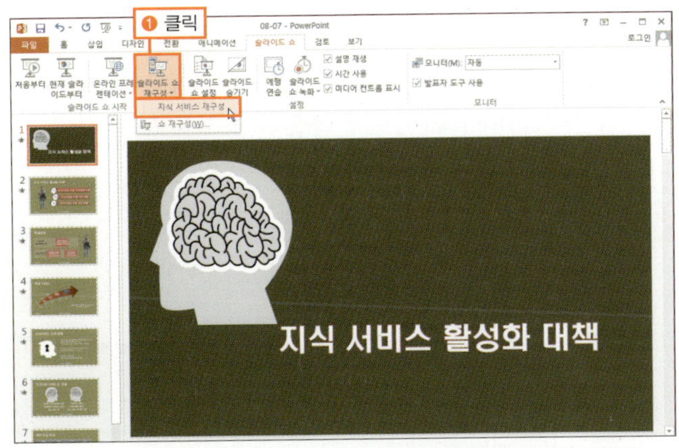

참고 ● 재구성한 쇼 제거하기

[슬라이드 쇼] 탭의 [슬라이드 쇼 시작] 그룹에서 [슬라이드 쇼 재구성](📑)을 클릭하고 [쇼 재구성]을 선택합니다. [쇼 재구성] 대화상자가 나타나면 제거할 쇼를 선택하고 [제거]를 클릭합니다.

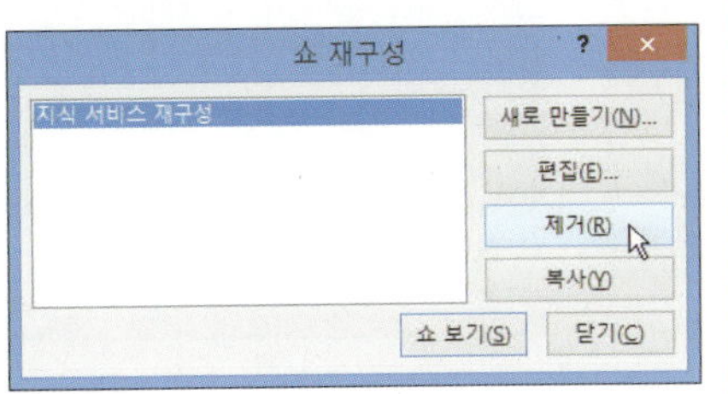

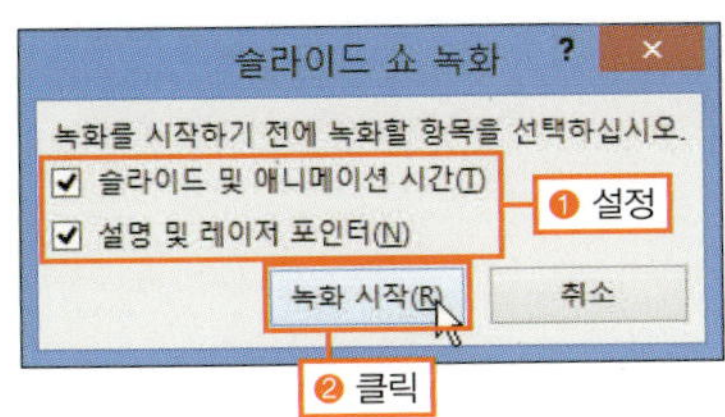

실습 과정 　슬라이드 쇼 녹화하기

자동 실행되는 슬라이드 쇼를 만들기나 프레젠테이션 비디오를 만들기 위해 [슬라이드 쇼 녹화] 기능을 사용할 수 있습니다. 슬라이드 쇼를 녹화하는 방법에 대해 알아봅니다.

◎ **시작 파일** : 파워포인트\part07\08-07.pptx

01 슬라이드 쇼 녹화 시작하기

[슬라이드 쇼] 탭의 [설정] 그룹에서 [슬라이드 쇼 녹화](🎞)를 클릭하여 [슬라이드 쇼 녹화] 대화상자를 엽니다. ❶다음과 같이 설정한 후 ❷[녹화 시작]을 클릭합니다.

02 녹화 진행하기

슬라이드 쇼가 실행되면서 슬라이드 쇼 녹화가 시작됩니다. 마지막 슬라이드까지 슬라이드 쇼 녹화를 진행합니다.

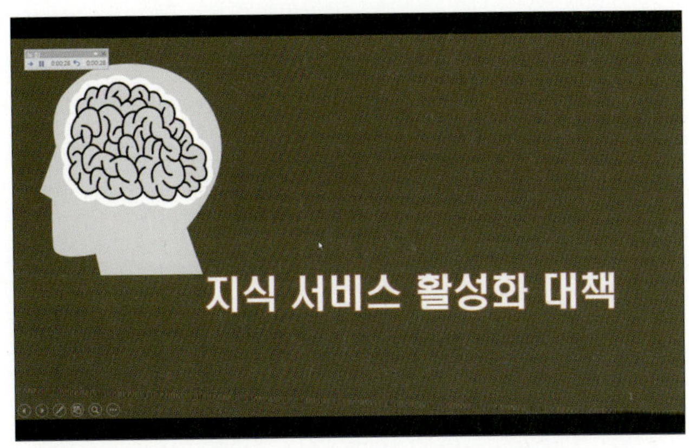

03 슬라이드 쇼 녹화 확인하기

슬라이드 쇼 녹화가 끝나면 각 슬라이드의 오른쪽 하단에 소리 아이콘이 삽입된 것을 확인할 수 있습니다. ❶재생 단추를 클릭하면 슬라이드에 녹음된 소리를 들을 수 있습니다.

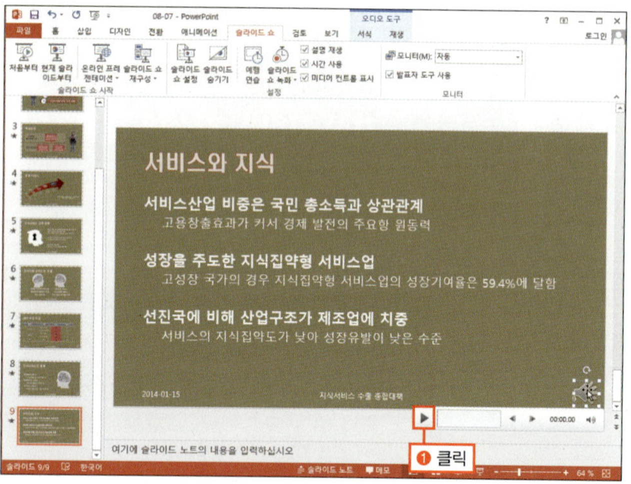

04 녹화 시간 확인하기

❶[보기] 탭의 ❷[프레젠테이션 보기] 그룹에서 [여러 슬라이드](⊞)를 클릭합니다. 여러 슬라이드 보기 화면에서 각 슬라이드의 아래에 녹화에 걸린 시간이 표시됩니다.

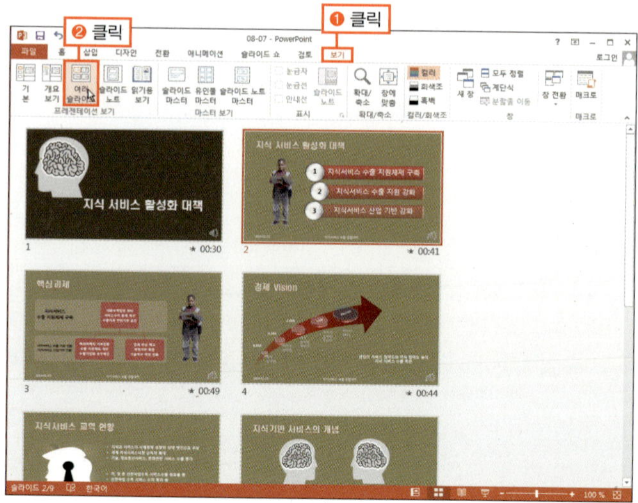

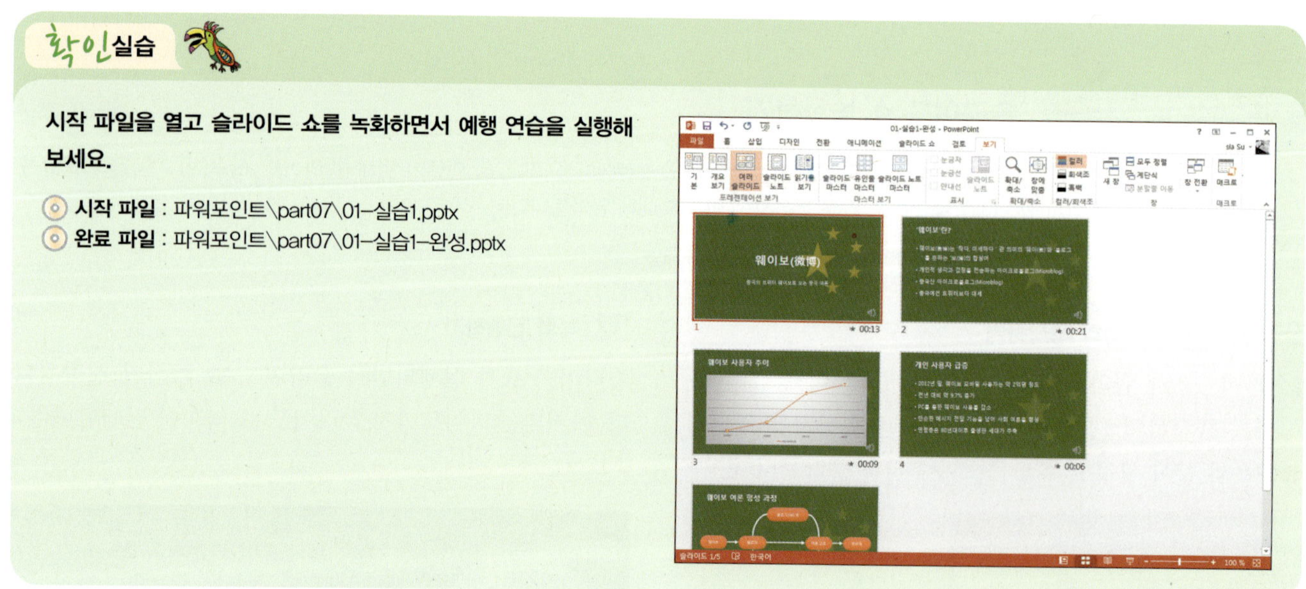

시작 파일을 열고 슬라이드 쇼를 녹화하면서 예행 연습을 실행해 보세요.

- 시작 파일 : 파워포인트\part07\01-실습1.pptx
- 완료 파일 : 파워포인트\part07\01-실습1-완성.pptx

프레젠테이션을 슬라이드와 유인물 등의 형태로 인쇄하고 슬라이드의 일부를 선택적으로 인쇄하는 등 인쇄에 관련된 기능에 대해 알아봅니다.

- 슬라이드 인쇄하기
- 유인물 인쇄하기

기능 정리 | 인쇄 화면 살펴보기

[파일] 탭(파일)을 클릭한 후 [인쇄]를 선택하면 슬라이드 인쇄에 관한 모든 기능을 볼 수 있습니다.

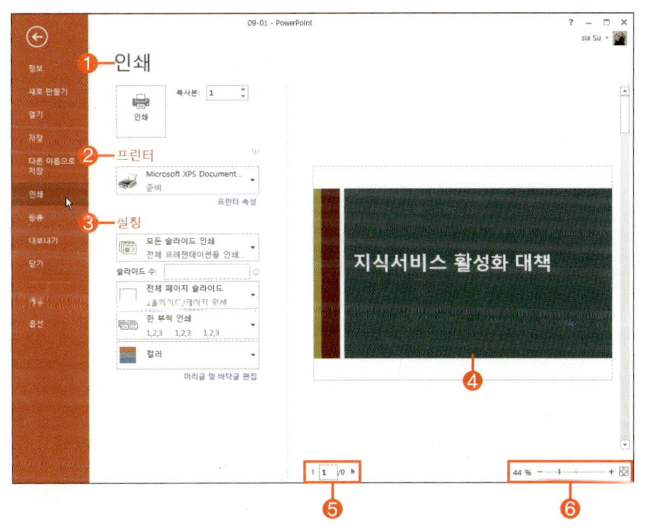

❶ **인쇄** : 인쇄 매수를 지정한 후 [인쇄]를 클릭하면 인쇄가 진행됩니다.

❷ **프린터** : 연결할 프린터를 찾고 다양한 프린터 속성을 설정합니다.

❸ **설정** : 인쇄 범위, 인쇄 모양, 방향, 컬러 등을 설정합니다.

ⓐ 모든 슬라이드를 인쇄합니다.

ⓑ 선택해 놓은 슬라이드만 인쇄합니다.

ⓒ 현재 선택한 슬라이드만 인쇄합니다.

ⓓ 인쇄할 특정 범위를 지정합니다. '1, 3, 5'를 입력하면 전체 슬라이드 중 슬라이드 1, 3, 5만 인쇄되며 '3-9'라고 입력하면 슬라이드 3에서 슬라이드 9까지 인쇄됩니다. 이 2가지 방법을 혼용해서 범위를 지정해도 됩니다.

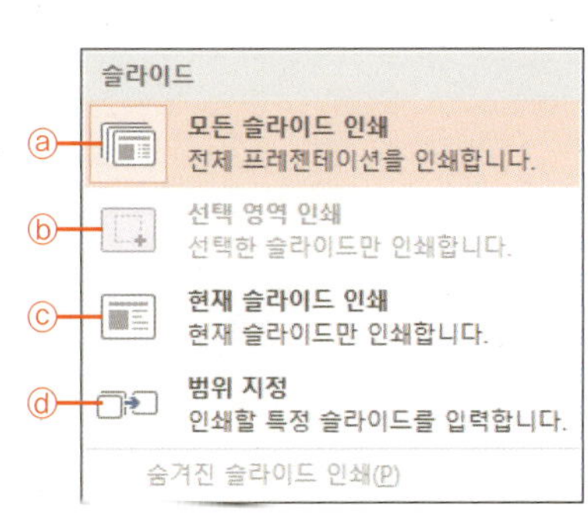

ⓐ 전체 슬라이드나 슬라이드 노트, 개요를 선택해서 인쇄합니다.

ⓑ 유인물의 형태를 선택한 후 인쇄합니다.

ⓒ 슬라이드에 테두리를 표시합니다.

ⓓ 용지에 꼭 맞도록 슬라이드 크기를 조절합니다.

ⓔ 슬라이드를 고품질로 인쇄합니다.

ⓕ 메모나 잉크 주석을 삽입한 경우 이를 함께 인쇄합니다.

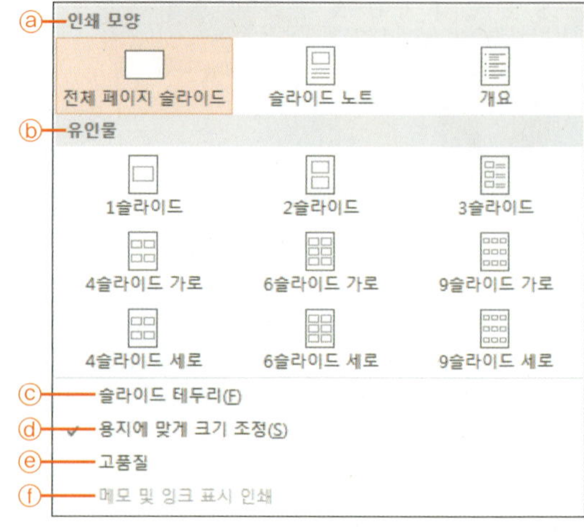

ⓐ 여러 매 인쇄할 때 1-2-3, 1-2-3, 1-2-3 쪽의 순서로 인쇄합니다.

ⓑ 여러 매 인쇄할 때 1-1-1, 2-2-2, 3-3-3쪽의 순서로 인쇄합니다.

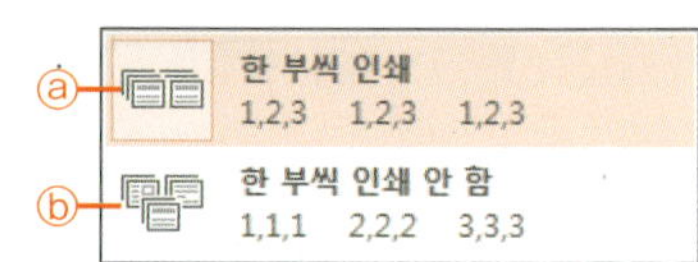

❹ **인쇄 미리 보기 창** : 인쇄하기 전에 화면으로 인쇄 결과를 미리 확인합니다.

❺ 미리 보기 창에 표시할 슬라이드를 선택합니다.

❻ 미리 보기 슬라이드를 확대/축소합니다.

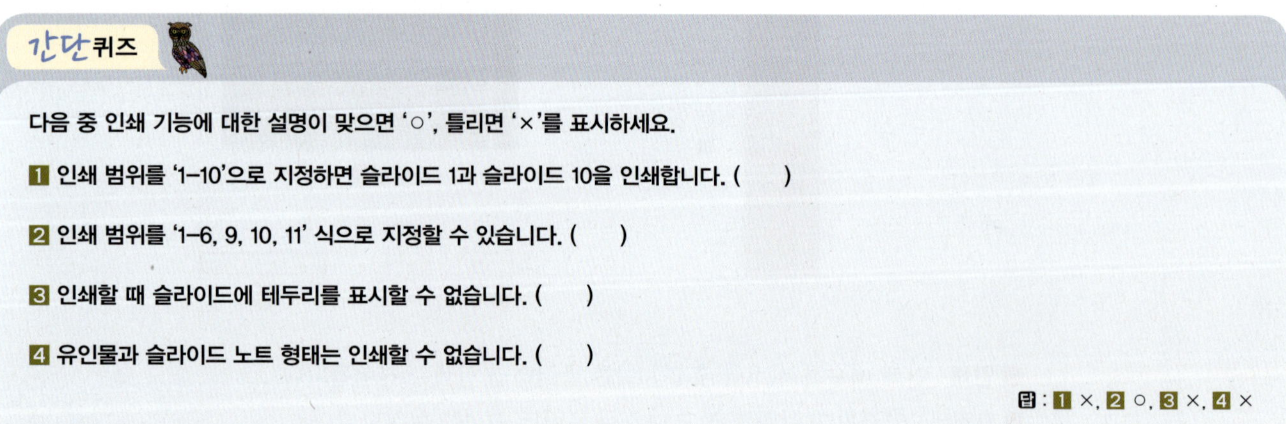

슬라이드 인쇄하기

프레젠테이션의 일부 슬라이드를 선택한 후 인쇄하는 방법에 대해 알아봅니다.

◎ **시작 파일** : 파워포인트\part07\09-01.pptx

01 슬라이드 선택하기

❶슬라이드 축소판 영역에서 슬라이드 2부터 ❷슬라이드 5까지 선택 영역으로 지정합니다.

02 선택 영역 인쇄하기

❶[파일] 탭(파일)의 [인쇄]를 선택하고 ❷[설정]의 [모든 슬라이드 인쇄]를 클릭한 후 ❸[선택 영역 인쇄]로 변경합니다.

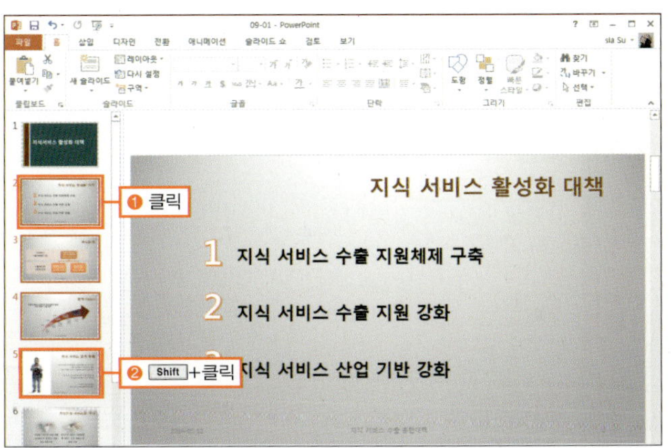

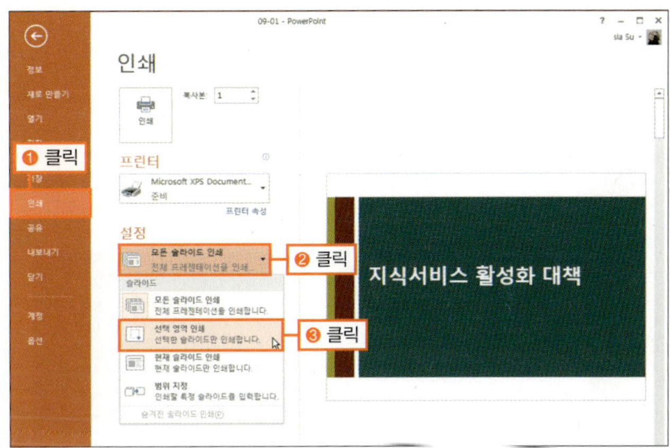

> **참고**
>
> 연속적인 슬라이드를 선택할 때는 Shift 를 누른 상태에서 시작 슬라이드와 마지막 슬라이드를 클릭합니다. 비연속적인 슬라이드를 선택할 때는 Ctrl을 누른 상태에서 원하는 슬라이드를 클릭합니다.

03 선택 영역 인쇄 미리 보기

인쇄 미리 보기 영역에 선택한 슬라이드만 표시되는 것을 확인할 수 있습니다.

04 범위 지정하기

인쇄할 특정 범위를 지정할 때는 ❶[범위 지정]을 선택하고 ❷[슬라이드 수]에 인쇄 범위를 지정합니다. '2-7'이라고 입력하면 슬라이드 2부터 7까지 인쇄 범위로 지정됩니다.

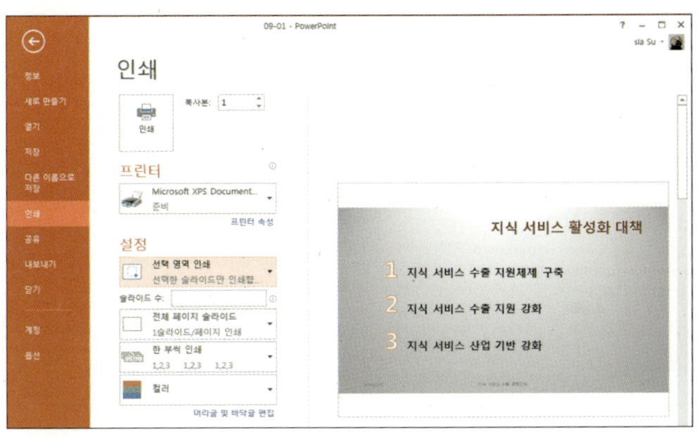

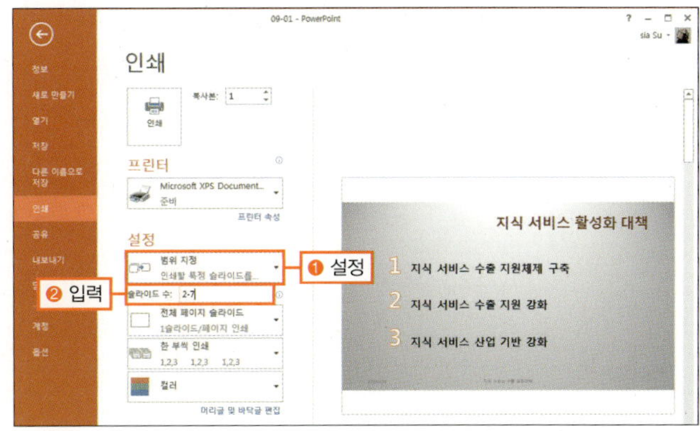

> **참고**
>
> [슬라이드 수]에 '1, 4, 5-9'라고 입력하면 슬라이드 1, 슬라이드 4와 슬라이드 5부터 슬라이드 9까지 인쇄한다는 의미입니다.

유인물 인쇄하기

유인물 형태로 슬라이드를 인쇄하는 방법에 대해 알아봅니다.

◎ **시작 파일** : 파워포인트\part07\09-01.pptx

01 인쇄 모양 설정하기

[설정] 항목에서 ❶[전체 페이지 슬라이드]라고 표시된 [인쇄 모양]을 클릭한 후 ❷[유인물]의 [3슬라이드]를 선택합니다. 인쇄용지 한 페이지에 3개의 슬라이드가 표시되는 유인물의 형태로 설정됩니다.

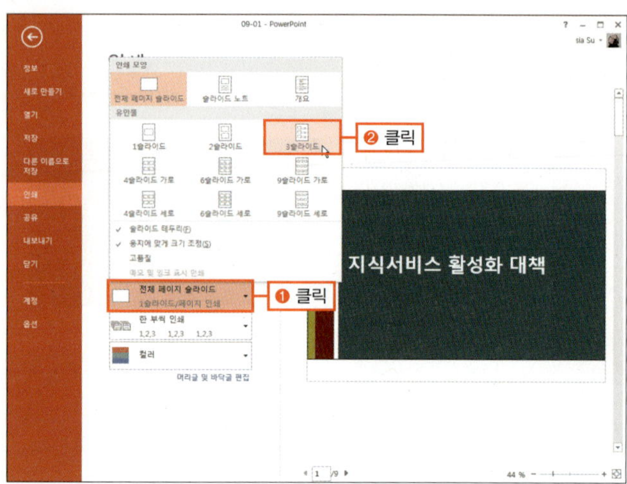

02 인쇄 방향과 색상 선택하기

인쇄의 방향을 ❶[세로 방향]에서 [가로 방향]으로 변경하고 슬라이드의 색상을 ❷[회색조]로 변경한 후 ❸[인쇄]([🖶])를 클릭합니다.

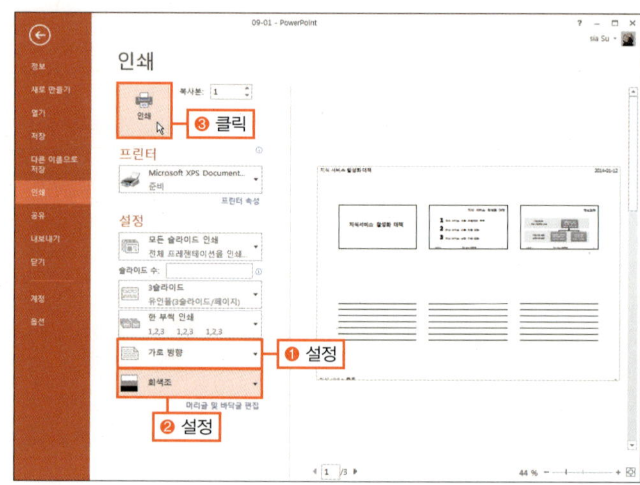

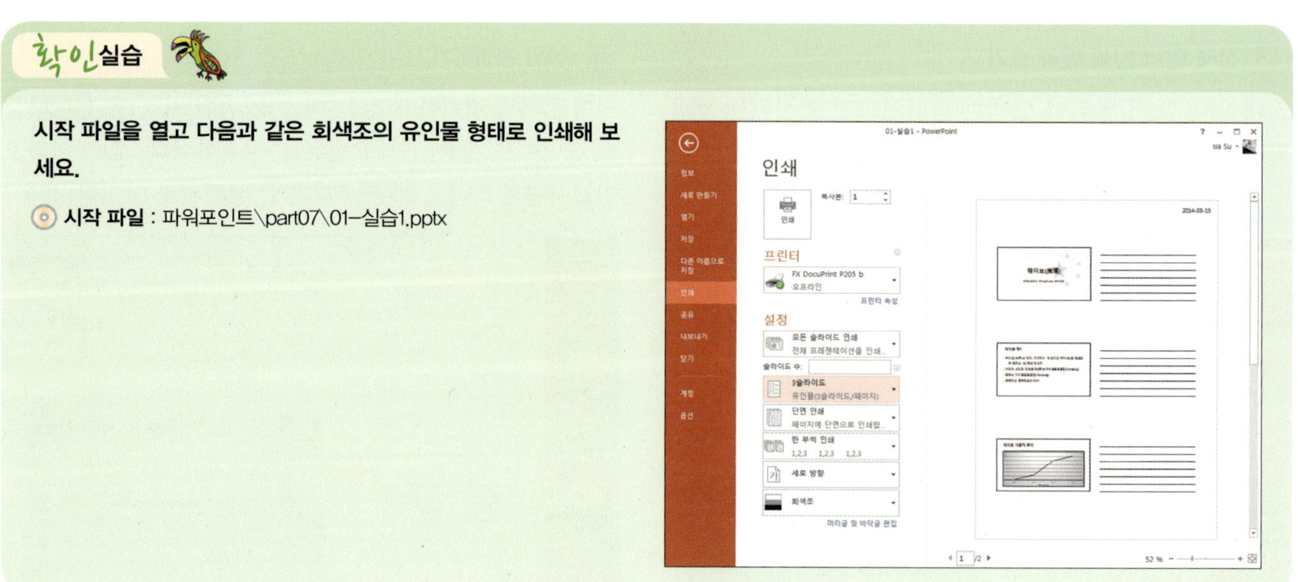

확인실습

시작 파일을 열고 다음과 같은 회색조의 유인물 형태로 인쇄해 보세요.

◎ **시작 파일** : 파워포인트\part07\01-실습1.pptx

클라우드와 인터넷을 이용해 프레젠테이션 공유하기

클라우드 저장 공간을 활용하고 온라인 프레젠테이션, 전자 메일 등을 통해 프레젠테이션을 공유하는 방법에 대해 알아봅니다.

다루는 내용

- 오피스 계정 사용하기
- 원드라이브에 파일 저장하기
- 온라인 프레젠테이션 사용하기
- 전자 메일로 프레젠테이션 전송하기

 기능 정리 — 클라우드와 웹을 활용한 프레젠테이션 배포 방법 알아보기

클라우드 저장 공간과 인터넷을 활용하여 장소와 사용 중인 장치에 관계없이 언제든 프레젠테이션 파일을 확인하고 작성할 수 있습니다.

● 클라우드에서 파일 저장 및 공유하기

클라우드 장치인 마이크로소프트의 원드라이브(OneDrive)에 프레젠테이션을 저장하면 파일에 쉽게 액세스하고 저장, 공유할 수 있습니다.

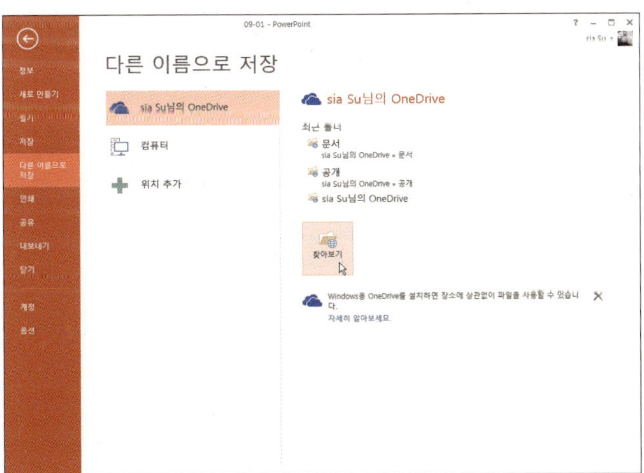

● 온라인 프레젠테이션 사용하기

[온라인 프레젠테이션] 기능을 사용하면 웹을 통해 다른 사람들과 슬라이드 쇼를 공유할 수 있습니다. 상대방에게 URL 링크를 보내면 초대 받은 사람은 자신의 브라우저에서 동기화된 슬라이드 쇼를 볼 수 있습니다.

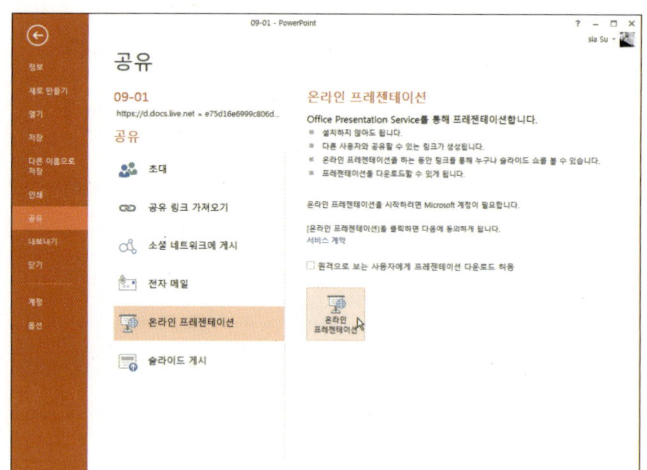

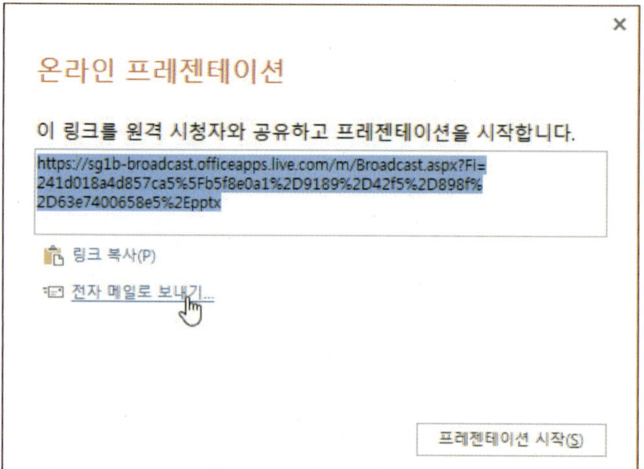

● 전자 메일로 프레젠테이션 보내기

프레젠테이션 문서를 전자 메일의 첨부 파일이나 링크 주소 등으로 상대방에게 전달할 수 있습니다.

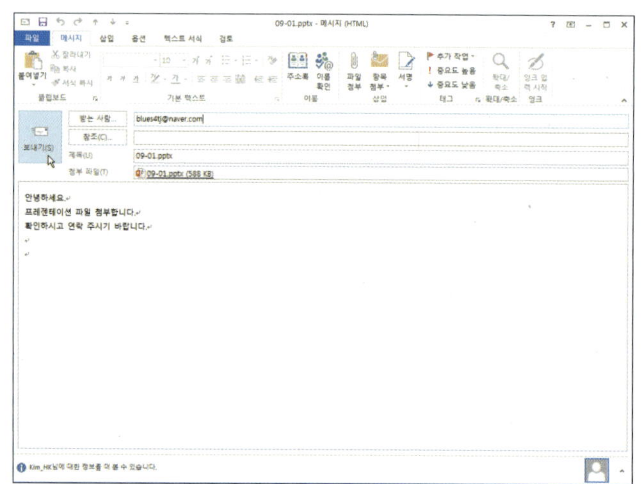

1 클라우드 장치에 대해 설명해 보세요.

2 상대방에게 URL을 보내고 자신의 브라우저에 동기화된 슬라이드 쇼를 공유하는 기능은 다음 중 어느 것인가요?

① 전자 메일로 보내기 ② 온라인 프레젠테이션 ③ 슬라이드 게시 ④ 오피스 계정에 로그인

답 : **1** 장소와 사용 중인 장치에 상관없이 파일을 관리할 수 있는 공간, **2** ②

오피스 계정을 사용하는 방법에 대해 알아봅니다.

시작 파일 : 파워포인트\part07\09—01.pptx

01 오피스 계정에 로그인하기

❶화면 오른쪽 상단의 [로그인]을 클릭하면 오피스 계정에 로그인 할 수 있는 [로그인] 대화상자가 나타납니다. ❷전자 메일 주소를 입력한 후 ❸[다음]을 클릭합니다.

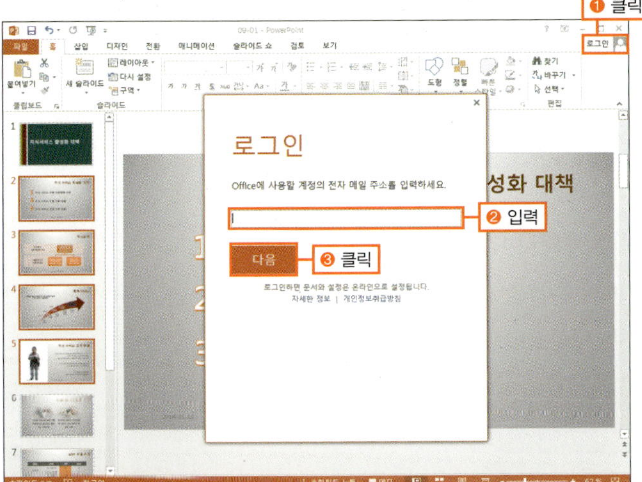

02 계정 사진 변경하기

❶[파일] 탭(파일)의 ❷[계정]을 클릭하면 계정에 관련된 메뉴가 표시됩니다. ❸[사용자 정보]의 [사진 변경]을 클릭합니다.

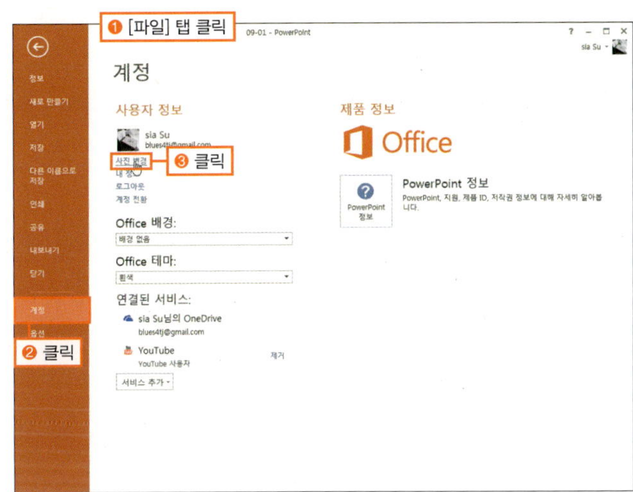

> **참고**
>
> 마이크로소프트 계정이 없을 경우 [로그인] 대화상자의 [지금 등록]을 클릭하여 계정을 등록합니다.

03 윈도우 라이브 로그인하기

윈도우 라이브 사이트로 연결되면 ❶아이디와 패스워드를 입력하여 ❷로그인합니다.

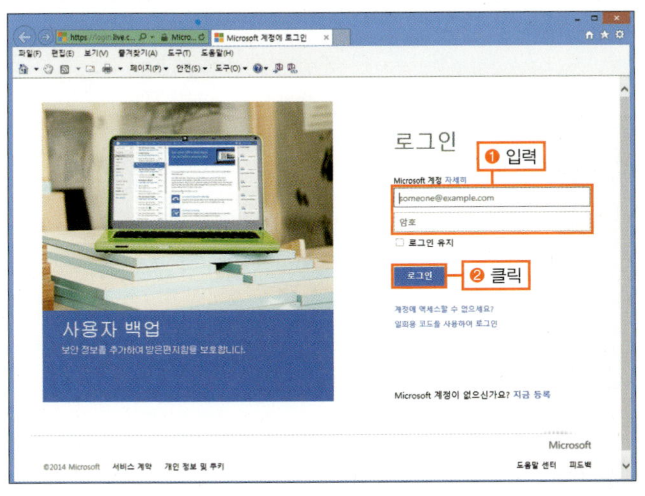

04 사진 변경 선택하기

윈도우 라이브 사이트에 로그인이 되면 ❶[사진 변경]을 클릭합니다.

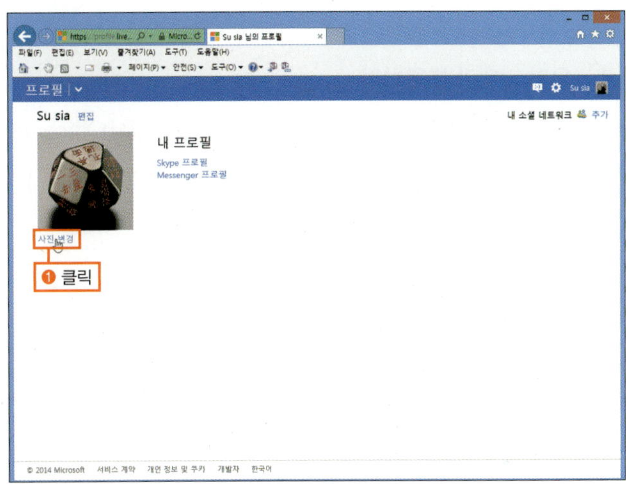

05 사진 찾기

[사진] 페이지로 이동하면 ❶[찾아보기]를 클릭합니다.

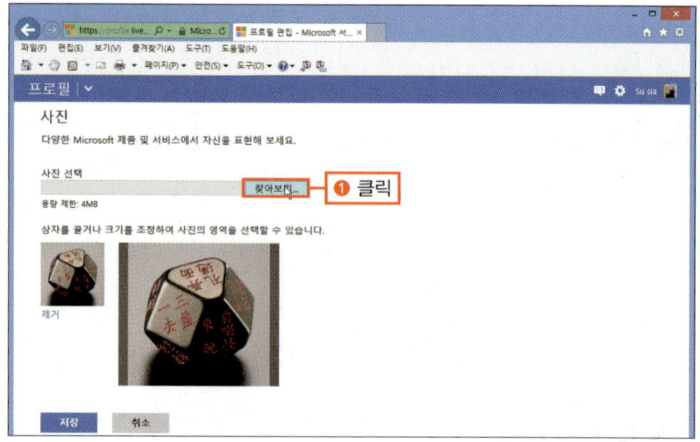

06 사진 선택하기

[업로드할 파일 선택] 대화상자에서 ❶변경하고 싶은 사진을 선택한 후 ❷[열기]를 클릭합니다.

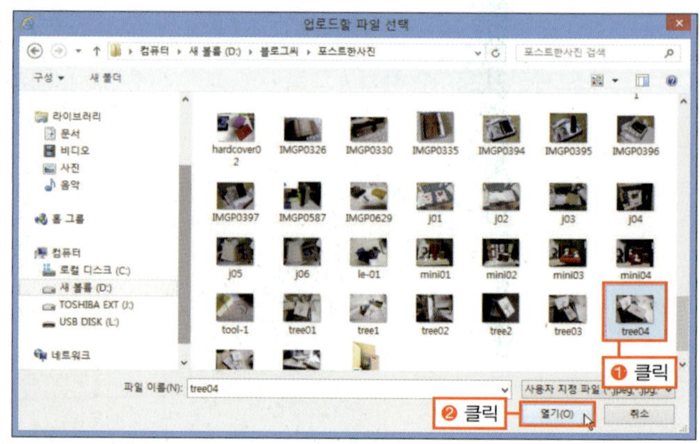

07 사진 저장하기

선택한 사진이 프로필 사진으로 변경되면 ❶[저장]을 클릭합니다.

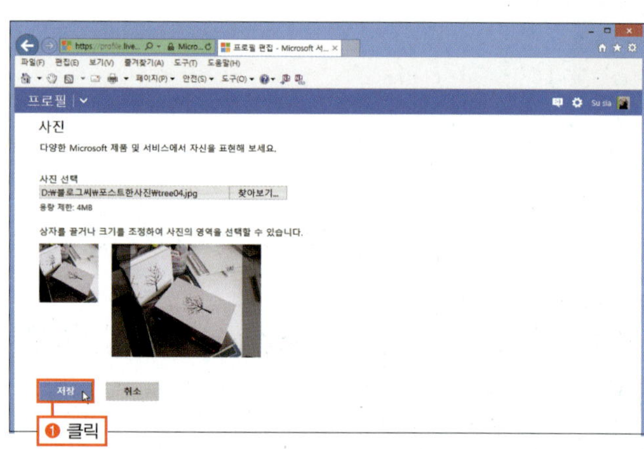

08 사진 변경 확인하기

파워포인트 화면 상단의 오피스 계정 프로필 사진이 선택한 사진으로 변경된 것을 확인합니다.

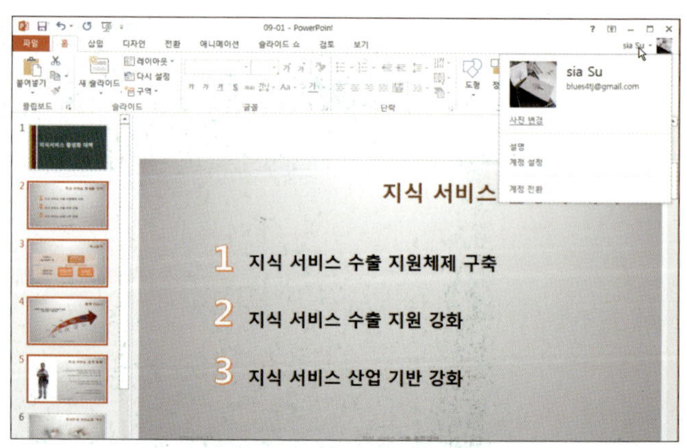

09 오피스 테마 변경하기

❶[파일] 탭(파일)의 ❷[계정]을 클릭한 후 ❸[Office 배경]과 [Office 테마]에서 오피스의 테마와 색을 변경할 수 있습니다.

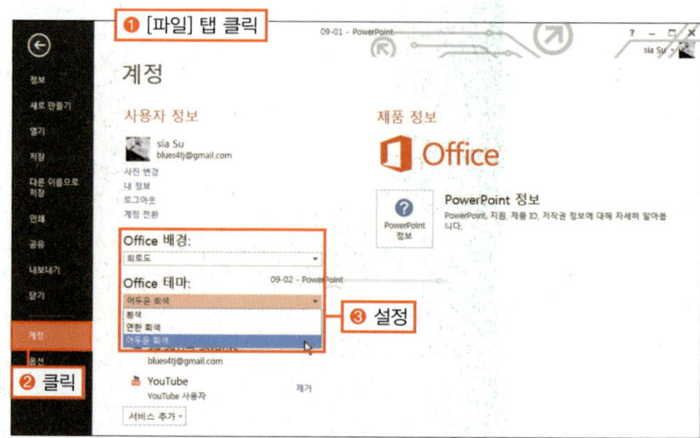

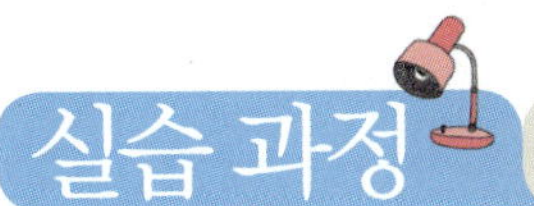

클라우드에 프레젠테이션 저장하고 확인하기

원드라이브(OneDrive)에 프레젠테이션을 저장하고 공유하는 방법에 대해 알아봅니다.

◎ **시작 파일** : 파워포인트\part07\09-01.pptx

01 클라우드에 저장 선택하기

저장할 파일을 불러온 후 ❶[파일] 탭(파일)의 ❷[공유]를 클릭하고 ❸[초대]-❹[클라우드에 저장]을 클릭합니다.

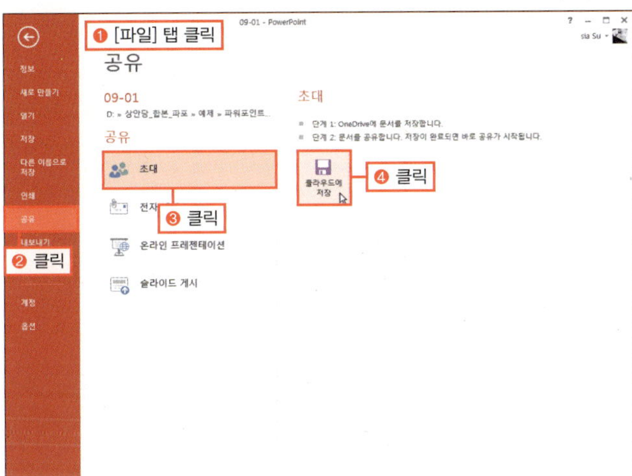

02 원드라이브 폴더 찾기

내 계정의 원드라이브가 표시되면 ❶[찾아보기]를 클릭합니다.

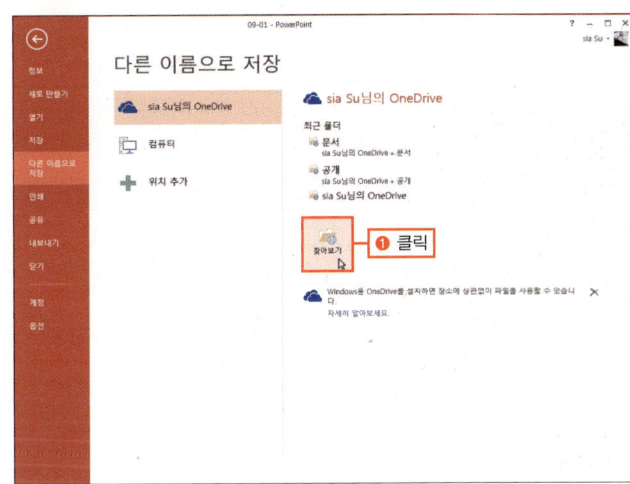

03 파일 저장하기

원드라이브의 폴더 목록이 나타나면 ❶[문서] 폴더를 클릭하고 ❷파일 이름을 다음과 같이 입력한 후 ❸[저장]을 클릭합니다.

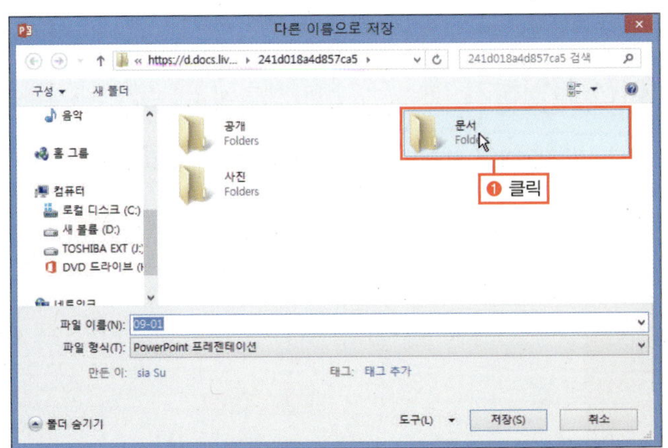

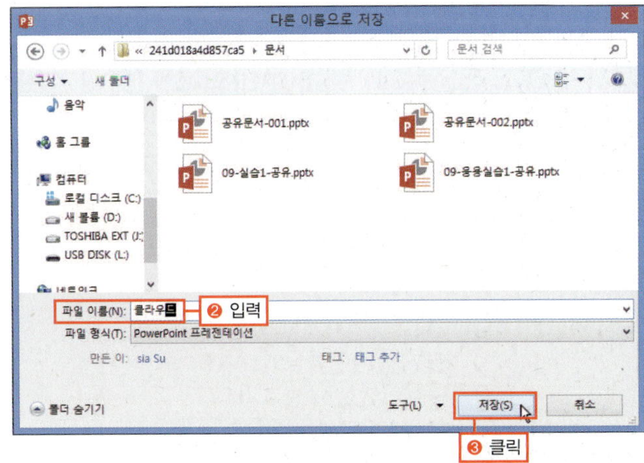

04 PC에서 OneDrive 앱 실행하기

윈도우 메트로 시작 화면의 ❶[OneDrive]를 클릭합니다.

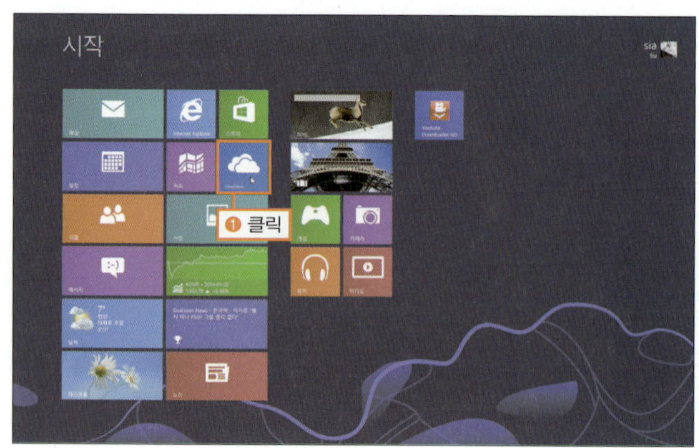

05 원드라이브 폴더 확인하기

원드라이브 앱이 실행되고 내 원드라이브의 폴더 목록이 표시됩니다. ❶프레젠테이션이 저장된 폴더를 클릭합니다.

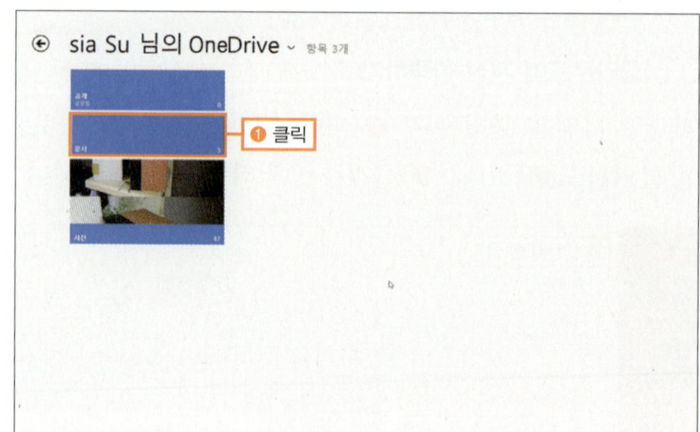

06 프레젠테이션 문서 확인하기

원드라이브에 저장된 프레젠테이션 문서(클라우드.pptx)를 확인할 수 있습니다.

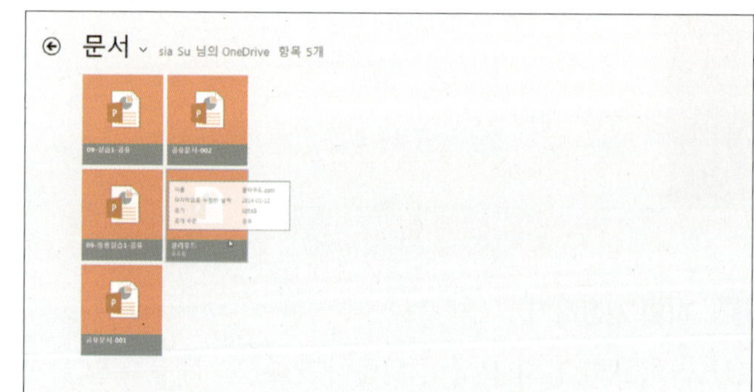

실습 과정 웹과 모바일 장치에서 프레젠테이션 확인하기

원드라이브에 저장한 프레젠테이션 파일을 웹과 모바일 장치에서 확인하고 편집하는 방법에 대해 알아봅니다.

01 윈도우 라이브 사이트에 접속하기

❶[파일] 탭(파일)의 ❷[계정]을 선택한 후 ❸[내 정보]를 클릭합니다.

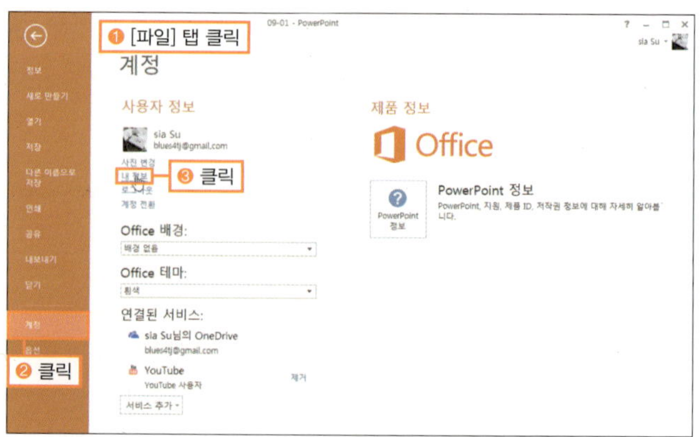

02 윈도우 라이브 사이트의 메뉴 펼치기

윈도우 라이브의 [프로필] 옆 ❶화살표 단추를 클릭합니다.

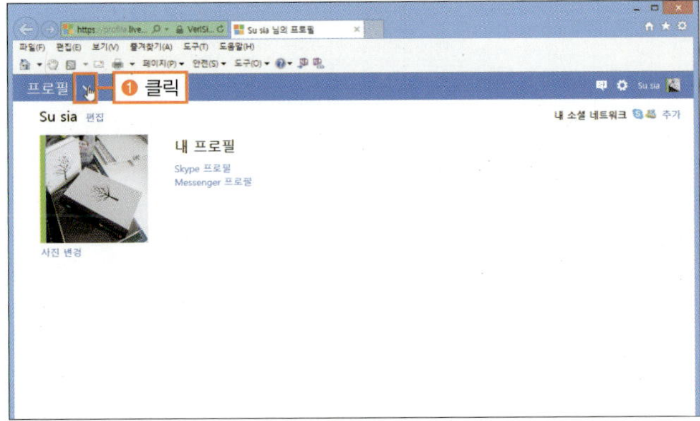

03 원드라이브 선택하기

윈도우 라이브 메뉴의 ❶[OneDrive]를 클릭합니다.

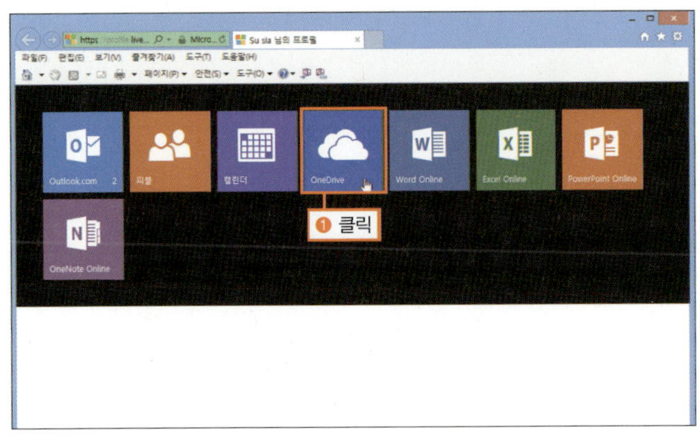

04 폴더 선택하기

내 원드라이브의 폴더 목록이 표시되면 ❶프레젠테이션이
저장된 폴더를 클릭합니다.

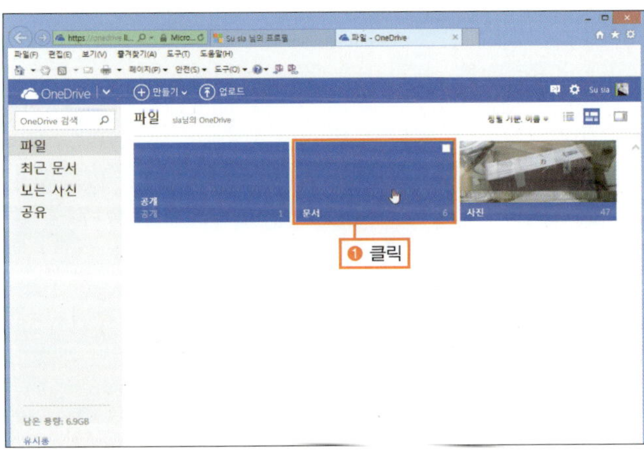

05 파일 선택하기

프레젠테이션 파일의 목록이 나타나면 그중 ❶[클라우드]
를 클릭합니다.

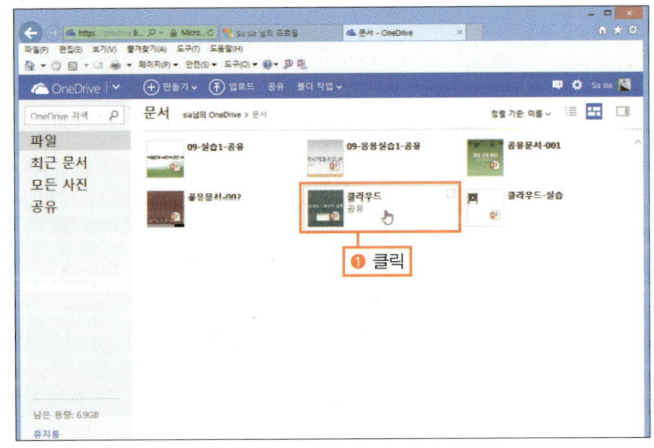

06 슬라이드 쇼 확인하기

웹 브라우저에 슬라이드 쇼 형태로 프레젠테이션 파일이
실행됩니다.

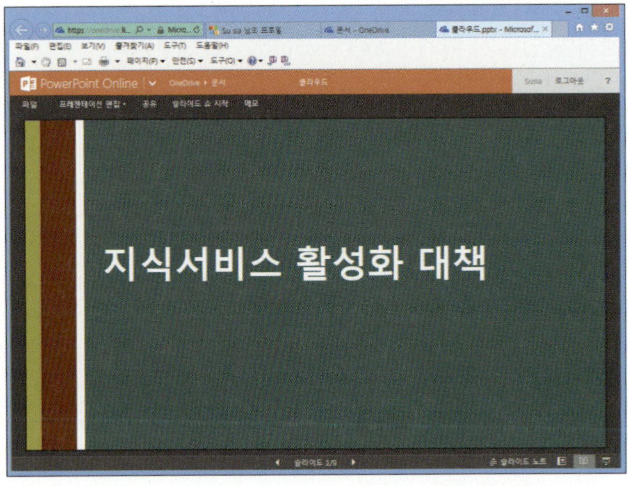

07 [PowerPoint Online]에서 편집 선택하기

웹 메뉴 중 ❶[프레젠테이션 편집]을 클릭한 후 ❷[Power
Point Online에서 편집]을 선택합니다.

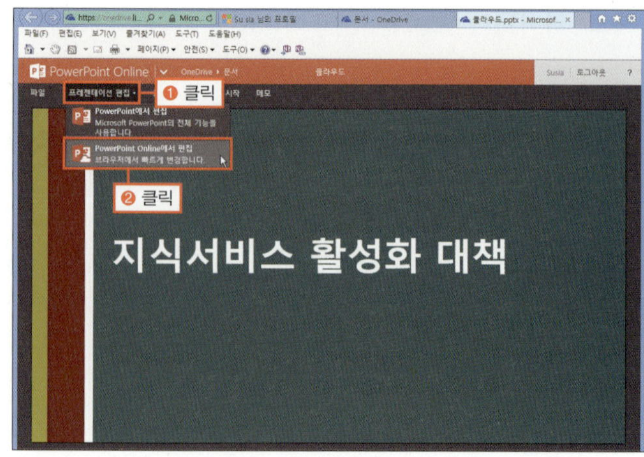

08 온라인에서 편집하기

[PowerPoint Online]이 편집 가능한 상태로 전환됩니다. 파워포인트 프로그램보다 적은 기능이지만 프레젠테이션을 편
집할 수 있습니다.

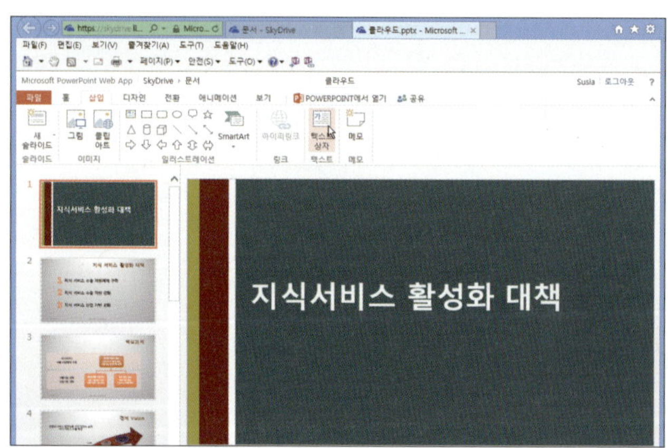

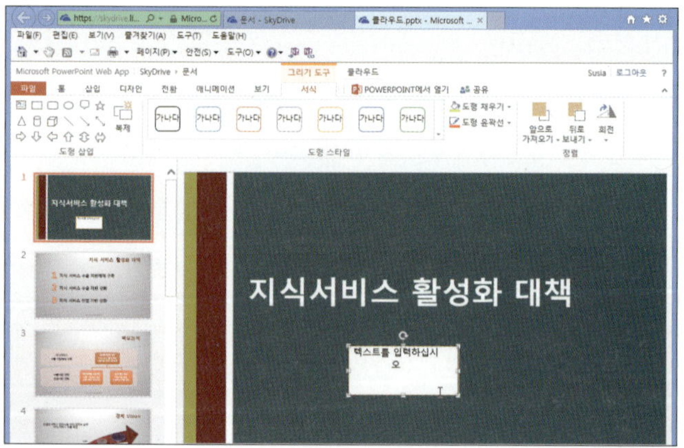

09 모바일 앱 실행하기

이번에는 클라우드에 저장한 프레젠테이션을 모바일 장치
에서 확인하기 위해 [OneDrive] 앱을 실행합니다.

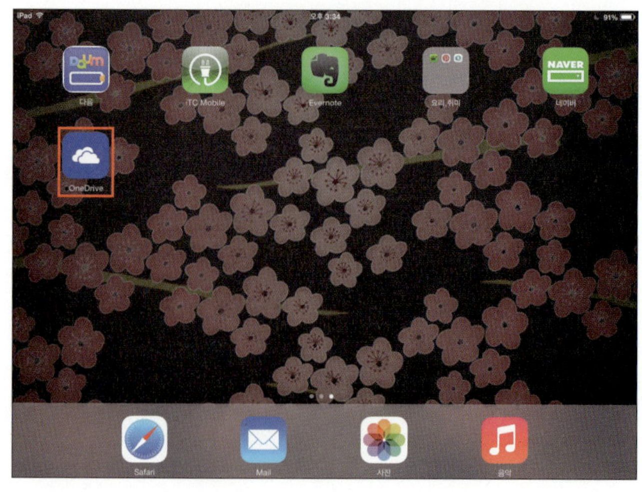

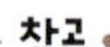

참고

원드라이브에 저장한 프레젠테이션은 모바일 장치(스마트폰, 타블
렛 PC 등)를 통해 언제 어디서든 확인할 수 있습니다. [OneDrive]
앱을 설치한 후 앱을 통해 클라우드에 저장한 프레젠테이션을 볼
수 있습니다.

10 앱 실행 확인하기

윈드라이브 앱이 실행되면 ❶ 윈드라이브에 로그인합니다.

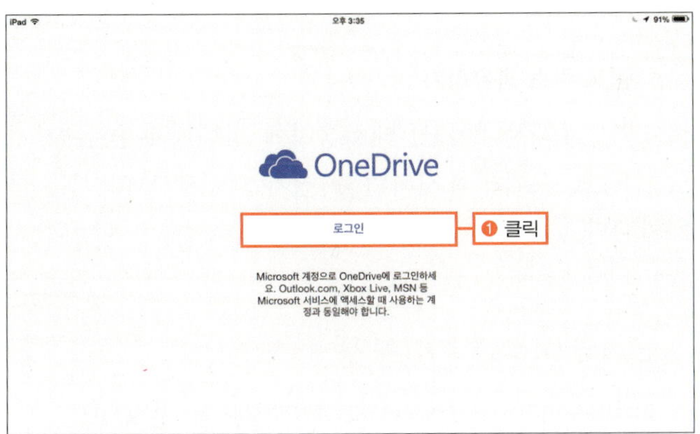

11 저장 폴더 선택하기

윈드라이브에 내 폴더 목록이 나타나면 ❶프레젠테이션
문서가 저장된 폴더를 선택합니다.

12 프레젠테이션 선택하기

폴더에 저장되어 있는 문서 중 ❶[클라우드]를 선택합니다.

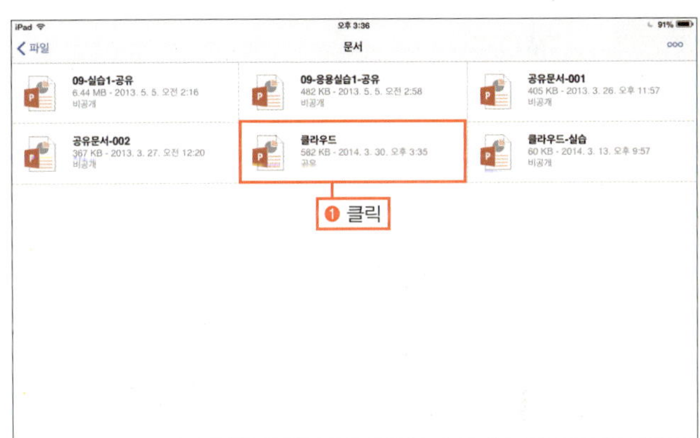

13 프레젠테이션 문서 확인하기

모바일 기기에서 프레젠테이션 문서를 확인할 수 있습니다.

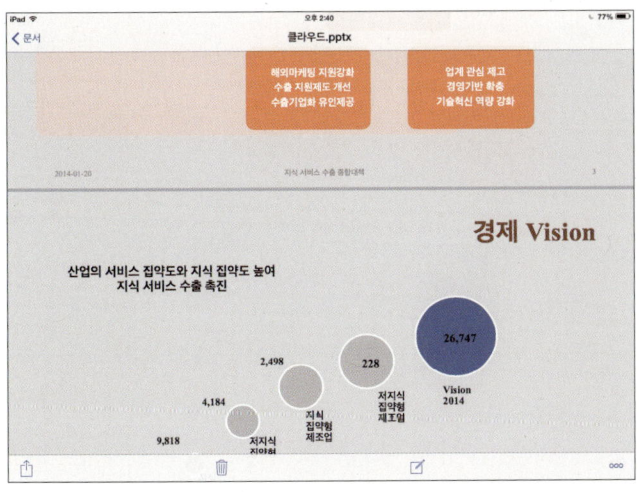

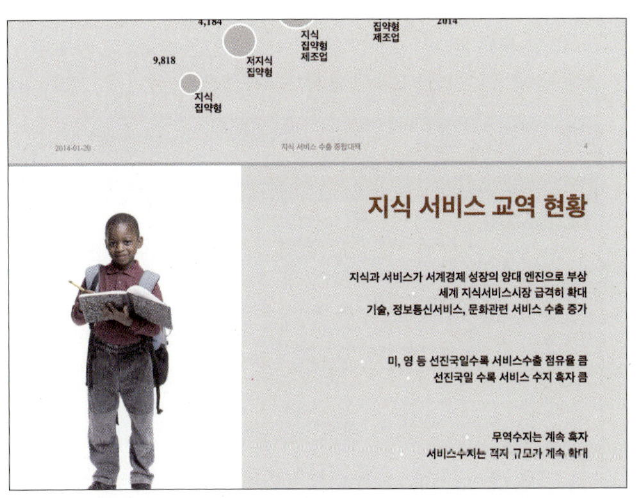

온라인 프레젠테이션 사용하기

온라인 프레젠테이션을 통해 다른 사람들과 프레젠테이션을 공유하는 방법에 대해 알아봅니다.

◉ **시작 파일** : 파워포인트\part07\09-01.pptx

01 온라인 프레젠테이션 선택하기

❶[파일] 탭(파일)의 ❷[공유]를 선택하고 ❸[온라인 프레젠테이션]-❹[온라인 프레젠테이션](▣)을 클릭합니다.

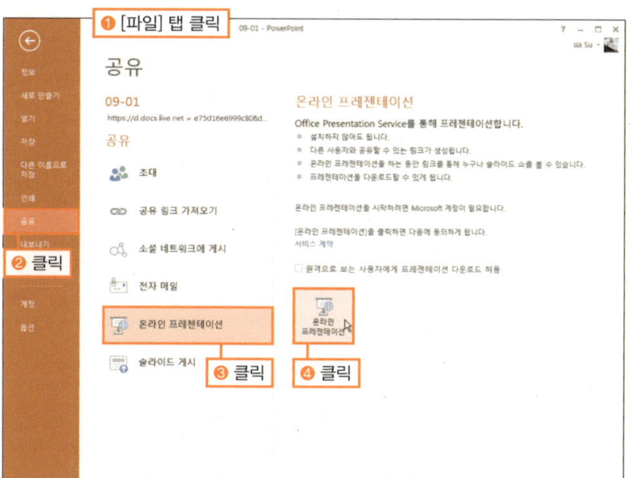

02 링크 주소 공유하기

[온라인 프레젠테이션] 대화상자에 상대방과 공유할 수 있는 링크 주소가 표시되면 ❶[전자 메일로 보내기]를 클릭합니다.

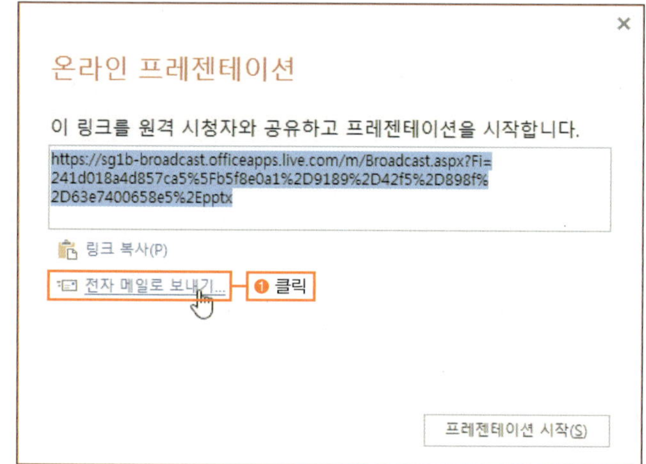

> **참고** ∘
> [링크 복사]를 클릭하면 복사한 링크 주소를 인스턴트 메신저나 문자 등을 통해 상대방에게 전달할 수 있습니다.

03 전자 메일 보내기

링크 주소가 입력된 상태로 아웃룩 프로그램이 실행됩니다. ❶[보내기]를 클릭하여 상대방에게 링크를 보냅니다.

> **참고** ∘ 온라인 프레젠테이션 링크 확인하기 ―
> 이메일을 통해 온라인 프레젠테이션 링크를 받은 상대방은 링크 주소를 클릭하여 온라인 프레젠테이션을 확인합니다.

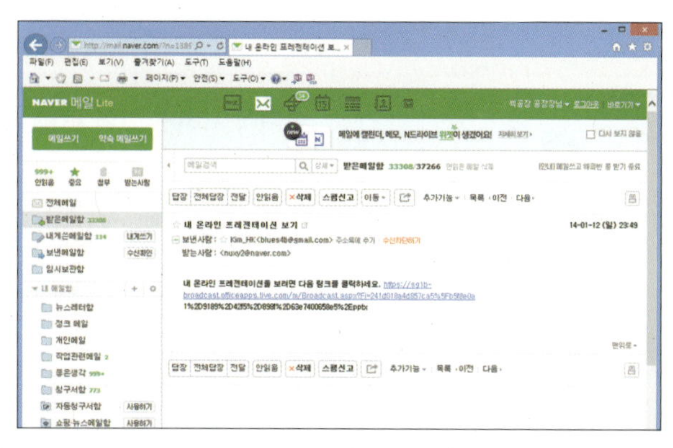

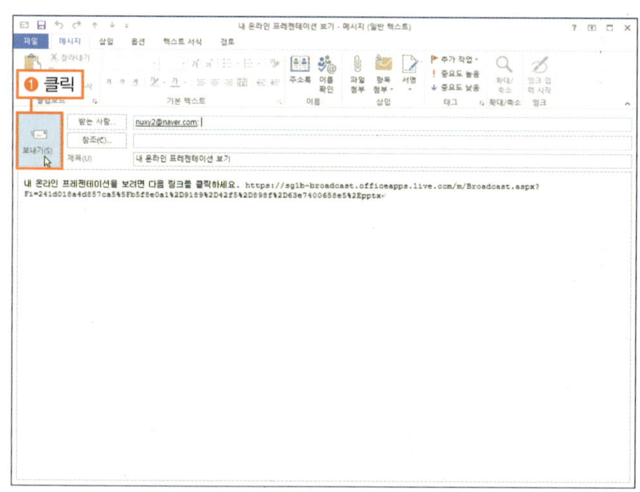

04 온라인 프레젠테이션 시작하기

링크 주소를 상대방에게 보냈다면 ❶[프레젠테이션 시작]
을 클릭합니다.

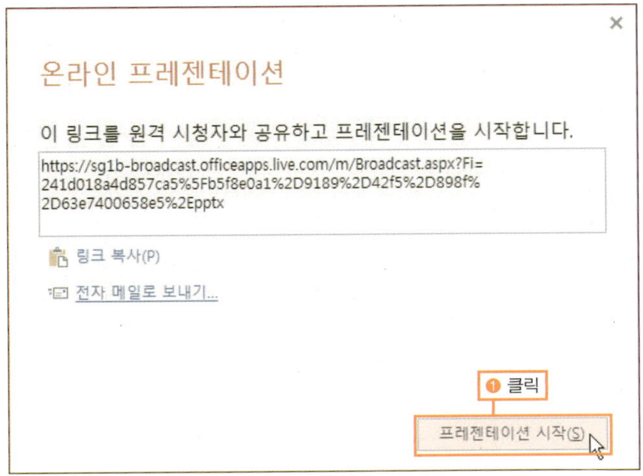

05 발표자의 슬라이드 쇼 화면 보기

발표자의 화면에 슬라이드 쇼가 시작됩니다.

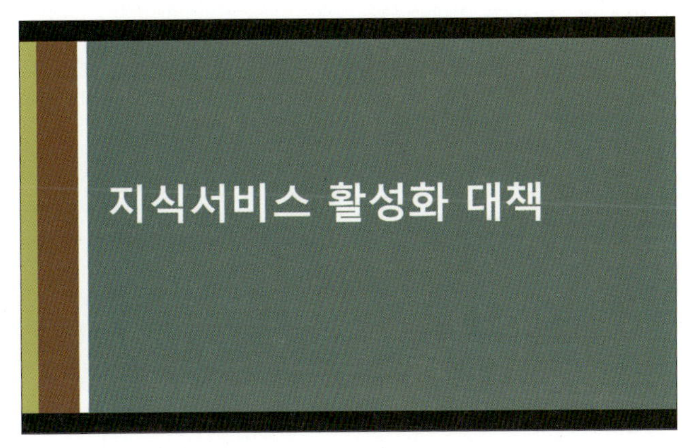

06 상대방의 슬라이드 쇼 화면 보기

상대방은 전달 받은 링크 주소를 클릭하면 발표자의 슬라
이드 쇼와 동일한 화면을 브라우저를 통해 확인할 수 있습
니다.

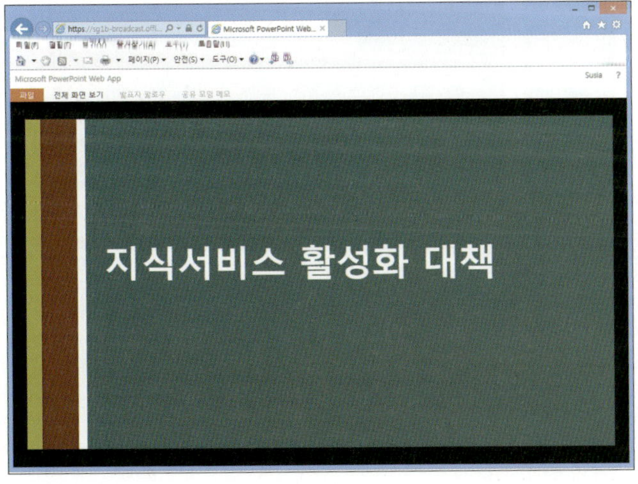

07 온라인 프레젠테이션 종료하기

온라인 프레젠테이션을 종료할 때는 ❶[온라인 프레젠테
이션] 탭의 ❷[온라인 프레젠데이션] 그룹에서 [온라인 프
레젠테이션 종료]를 클릭합니다.

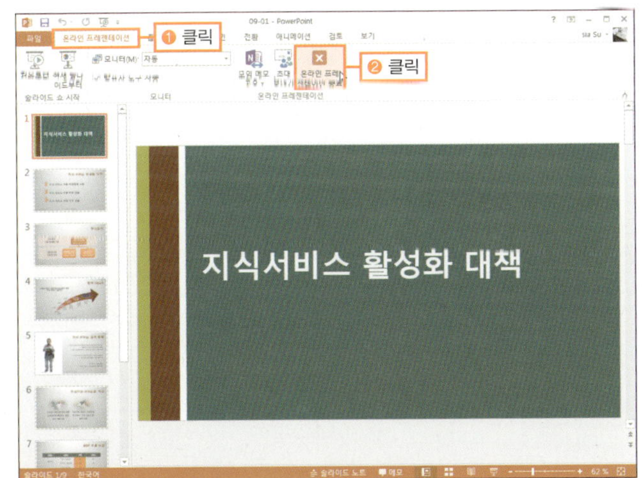

08 종료 확인하기

다음과 같은 메시지 창이 나타나면 ❶[온라인 프레젠테이
션 종료]를 클릭합니다

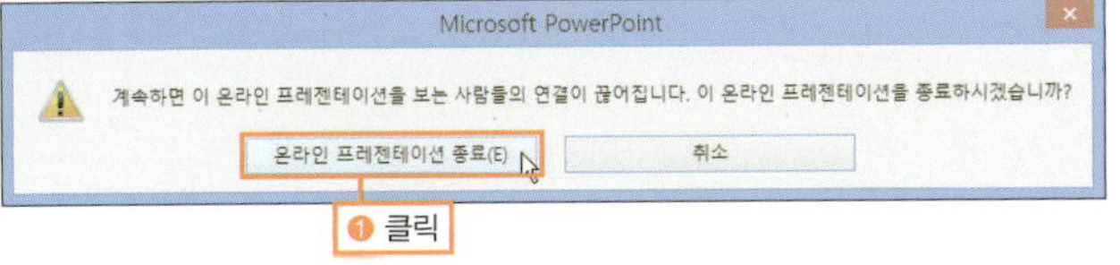

온라인 프레젠테이션을 종료하면 프레젠테이션을 공유한
상대방의 웹 브라우저에 다음과 같은 화면이 나타나면서
슬라이드 쇼가 종료됩니다.

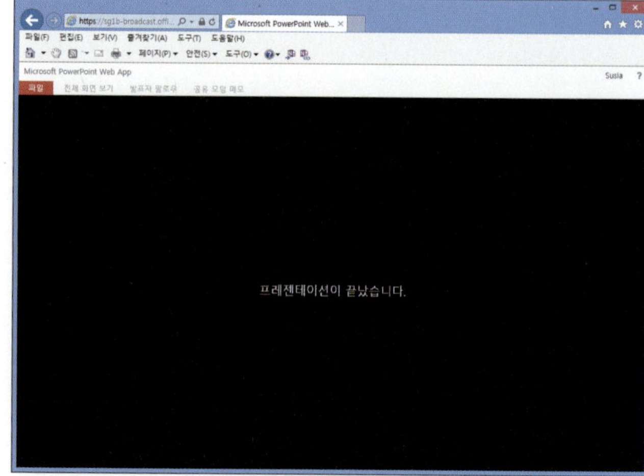

참고

부록 CD의 '특집.pdf' 파일 40쪽에서 전자 메일을 이용해 프레젠테
이션을 배포하는 방법을 참고합니다.

확인실습

시작 파일을 클라우드 장치(원드라이브)에 저장해 보세요.

시작 파일 : 파워포인트\part07\01-실습1.pptx

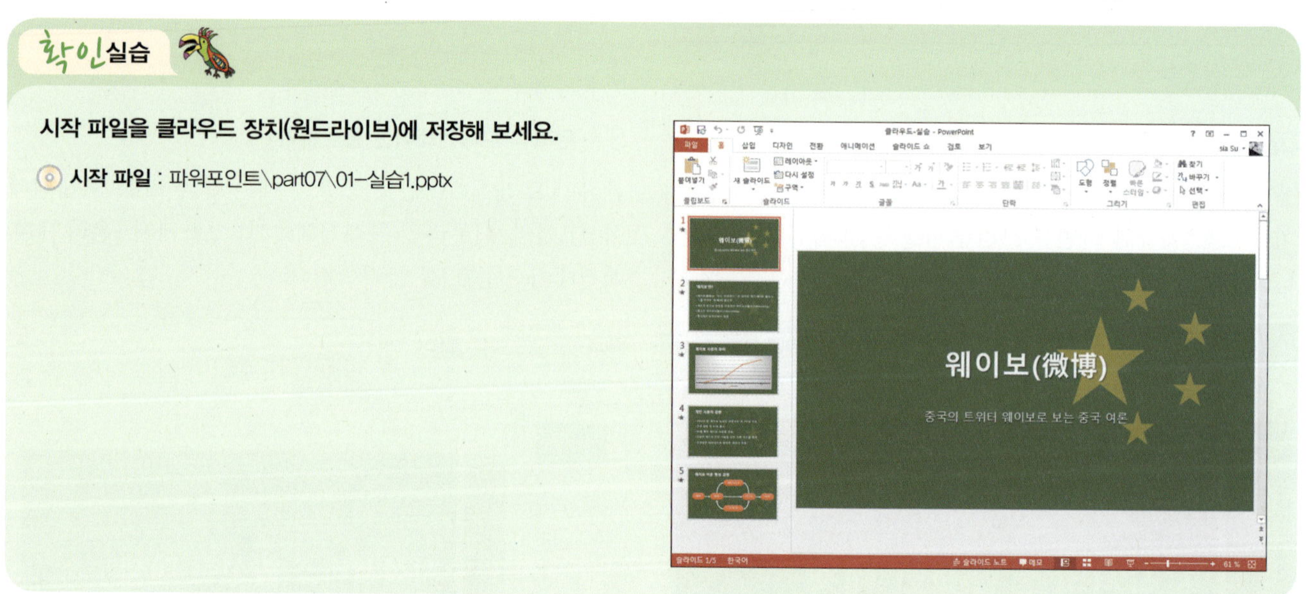

프레젠테이션 파일은 pptx 파일 형식 외에도 PDF나 그림 파일, 비디오 파일 형식 등으로 저장할 수 있습니다. 다양한 형식으로 프레젠테이션을 저장하는 방법에 대해 알아봅니다.

다루는 내용

- PDF로 저장하기
- 비디오 파일로 저장하기
- 이미지 파일로 저장하기

기능 정리 · 다양한 프레젠테이션 문서 저장 형식 살펴보기

● PDF 또는 XPS로 저장하기

PDF 또는 XPS로 저장하면 파일을 수정할 수는 없으나 쉽게 공유하고 인쇄하게 할 수 있습니다. 오피스 2013 프로그램을 사용하면 추가적인 소프트웨어나 기능 없이도 파일을 PDF 또는 XPS 형식으로 변환할 수 있습니다.

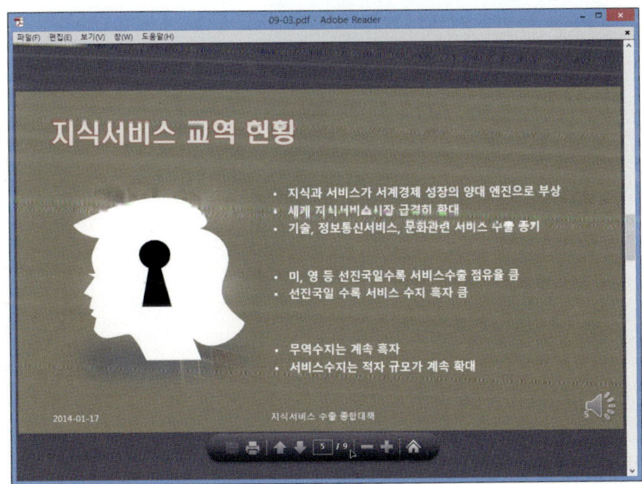

● 이미지 파일로 저장하기

프레젠테이션 각 슬라이드의 인쇄 품질을 인쇄용이나 웹용 등으로 설정하여 이미지 파일 형식으로 저장할 수 있습니다. 각 슬라이드가 하나의 이미지 파일로 따로 저장됩니다.

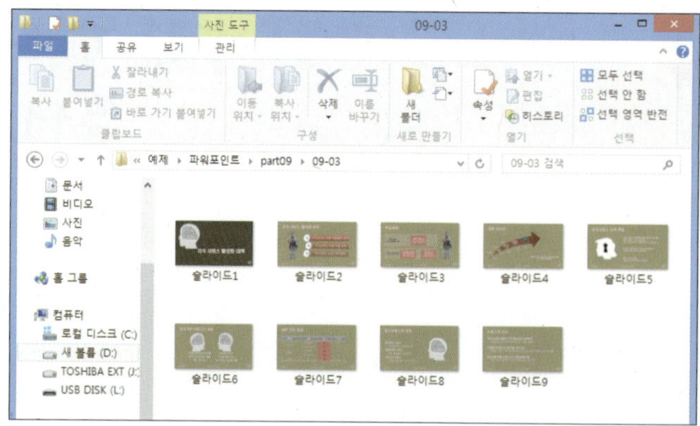

● 비디오 파일로 저장하기

슬라이드 쇼의 내용을 비디오 파일 형식으로 저장할 수 있습니다. 비디오 파일 형식으로 저장한
프레젠테이션은 윈도우 DVD 메이커나 기타 DVD 버너 프로그램을 사용하여 프레젠테이션 또는
사진 앨범으로 구워 DVD 플레이어를 통해 확인할 수 있습니다.

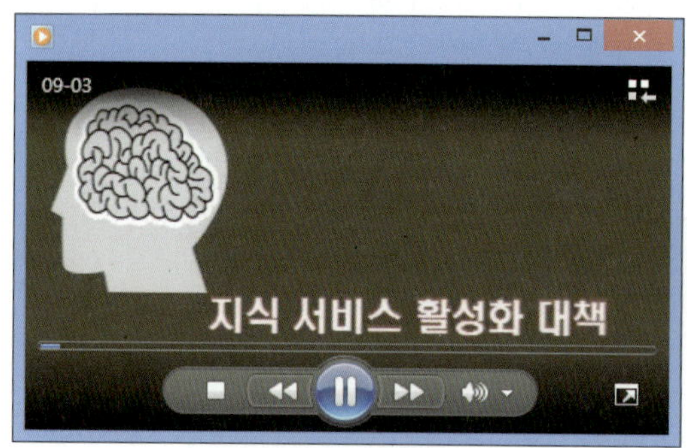

실습 과정   PDF/XPS 문서 만들기

프레젠테이션 파일을 PDF 파일 형식으로 저장하는 방법에 대해 알아봅니다.

◉ **시작 파일** : 파워포인트\part07\09-03.pptx
◉ **완료 파일** : 파워포인트\part07\09-03.pdf

01   PDF/XPS 문서 만들기

❶[파일] 탭(파일)의 ❷[내보내기]를 선택하고 ❸[PDF/
XPS 문서 만들기]-❹[PDF/XPS 문서 만들기]를 클릭합니다.

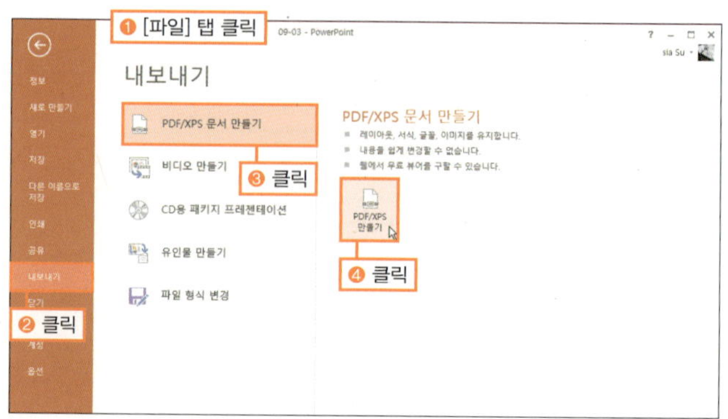

[PDF 또는 XPS로 게시] 대화상자가 나타나면 파일 이름은 그대로 둔 채 ❶[게시]를 클릭합니다.

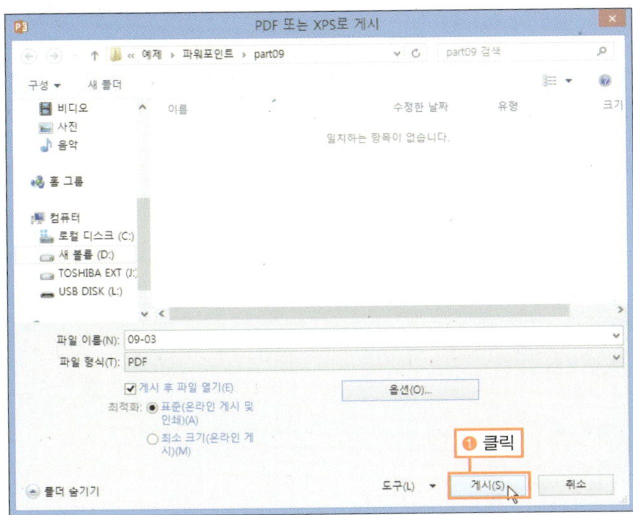

프레젠테이션 파일이 PDF 파일 형식으로 변환되는 과정이 나타납니다.

PDF 파일로 변환한 프레젠테이션은 PDF 뷰어 프로그램을 통해 내용을 확인할 수 있습니다.

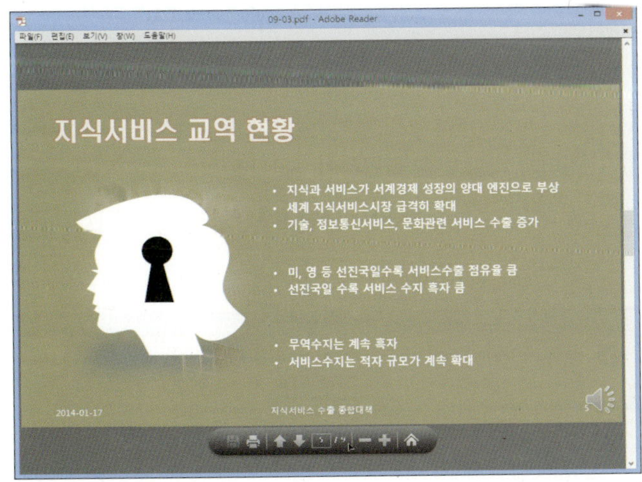

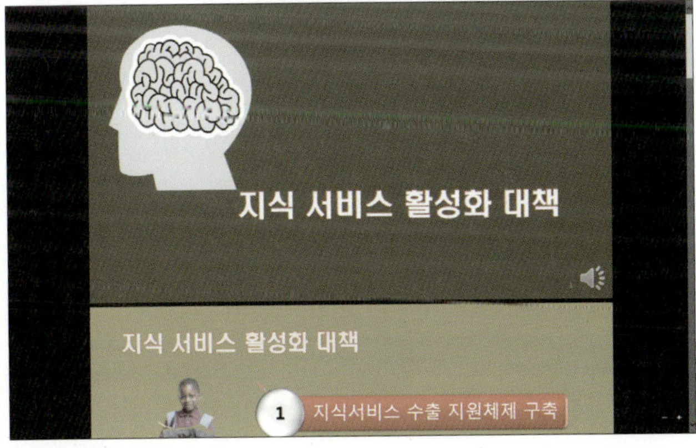

프레젠테이션을 이미지 파일로 저장하기

프레젠테이션 파일의 슬라이드를 각각의 이미지 파일로 저장하는 방법에 대해 알아봅니다.

◎ **시작 파일** : 파워포인트\part07\09-03.pptx
◎ **완료 파일** : 파워포인트\part07\09-03\슬라이드1～슬라이드9.png

01 파일 형식 바꾸기

❶[파일] 탭(파일)의 ❷[내보내기]를 선택하고 ❸[파일 형식 변경]-❹[PNG(이동식 네트워크 그래픽)]-❺[다른 이름으로 저장]을 차례로 클릭합니다.

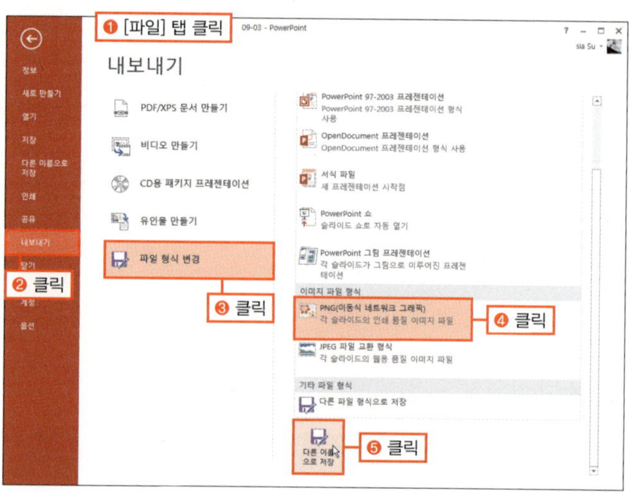

02 파일 저장하기

[다른 이름으로 저장] 대화상자가 나타나면 파일 이름과 파일 형식을 확인한 후 ❶[저장]을 클릭합니다.

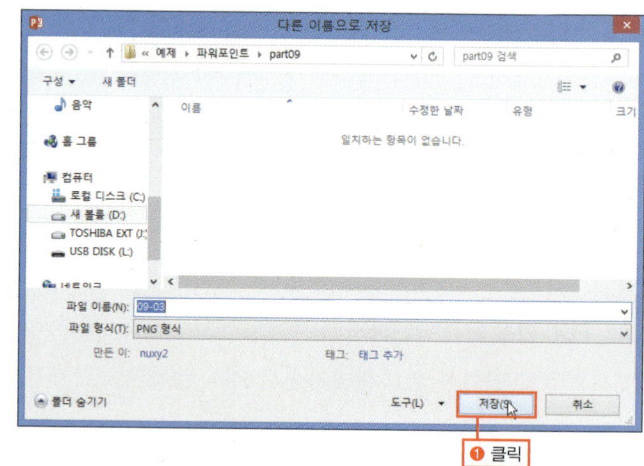

03 모든 슬라이드 선택하기

이미지로 변환할 대상을 결정합니다. ❶[모든 슬라이드]를 클릭합니다.

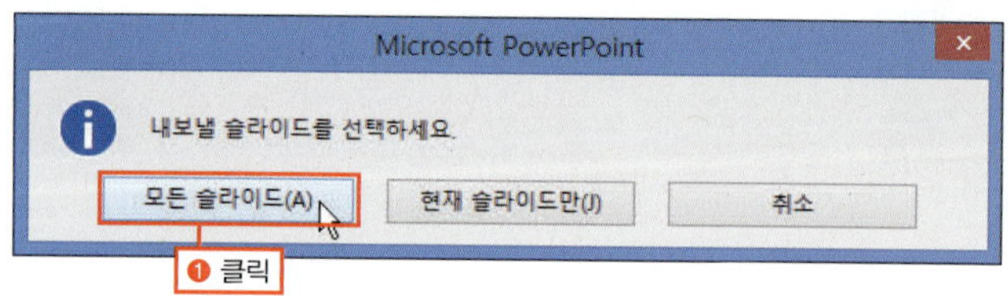

04 이미지 파일 변환 확인하기

이미지 파일로 변환이 완료되면 ❶[확인]을 클릭합니다.

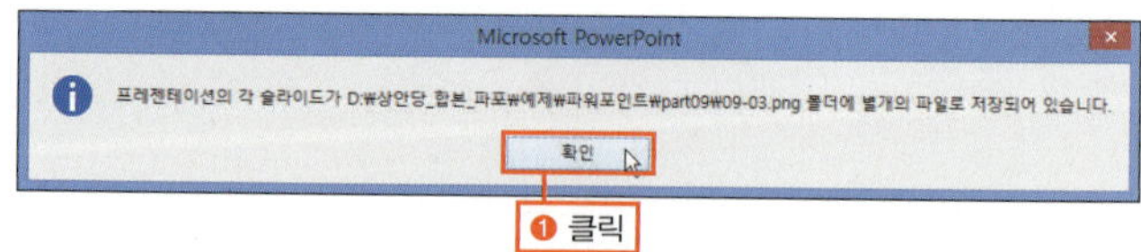

윈도우 탐색기를 실행하여 확인하면 프레젠테이션 파일 이름과 동일한 폴더가 생성된 것을 알 수 있습니다. ❶해당 폴더를 더블클릭하면 이미지 파일로 저장된 프레젠테이션을 확인할 수 있습니다.

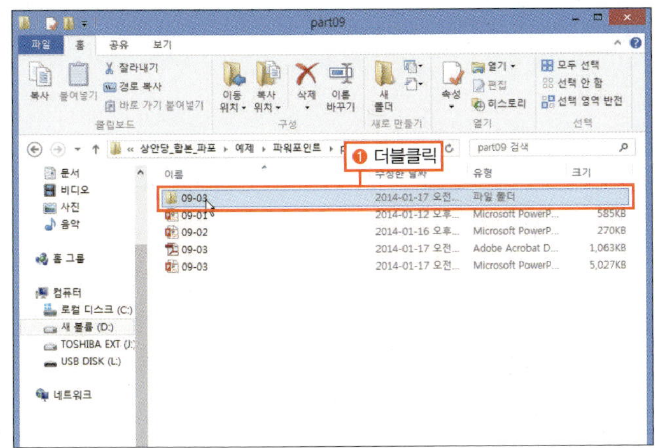
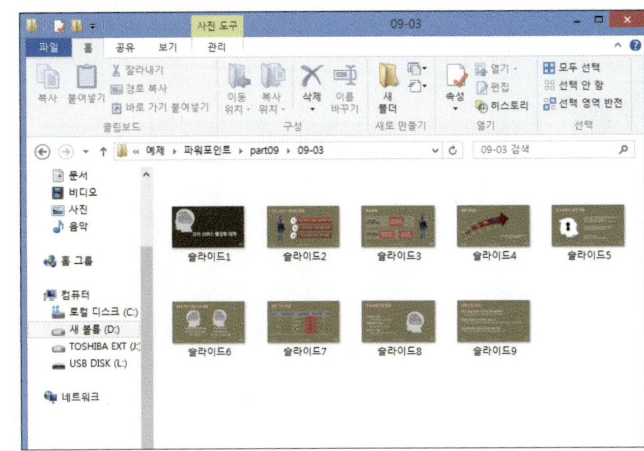

참고

부록 CD의 '특집.pdf' 파일 42쪽에서 프레젠테이션 문서를 CD에 복사하는 방법을 참고합니다.

프레젠테이션 비디오 만들기

앞에서 녹화한 슬라이드 쇼를 비디오 형식의 파일로 저장해 보도록 합니다.

◎ **시작 파일** : 파워포인트\part07\09-03.pptx
◎ **완료 파일** : 파워포인트\part07\09-03.mp4

01 비디오 만들기 선택하기

❶[파일] 탭(파일)의 ❷[내보내기]를 선택하고 ❸[비디오 만들기]-❹[비디오 만들기]를 클릭합니다.

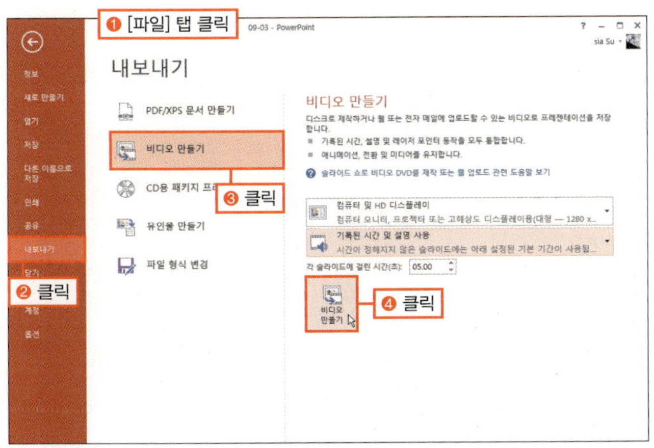

02 파일 저장하기

[다른 이름으로 저장] 대화상자가 나타나면 파일 이름과 파일 형식을 확인하고 ❶[저장]을 클릭합니다.

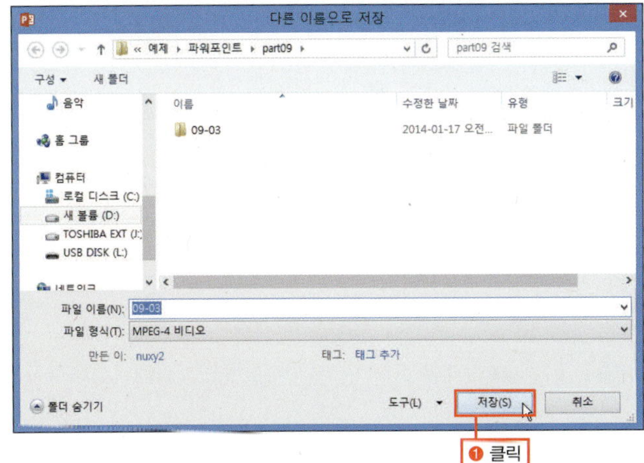

03 비디오 파일 변환 과정 확인하기

작업 표시줄을 보면 비디오가 변환되는 과정이 나타납니다.

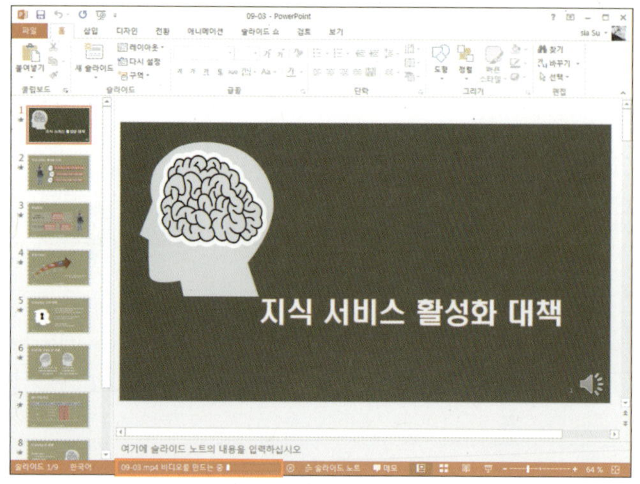

04 탐색기에서 파일 확인하기

윈도우 탐색기를 실행하고 ❶ 변환된 비디오 파일을 확인한 후 더블클릭합니다.

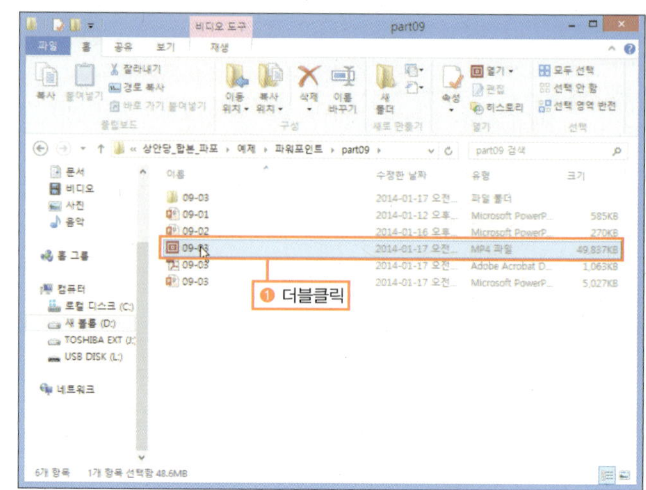

05 비디오 확인하기

연결된 비디오 플레이어를 통해 프레젠테이션이 재생됩니다.

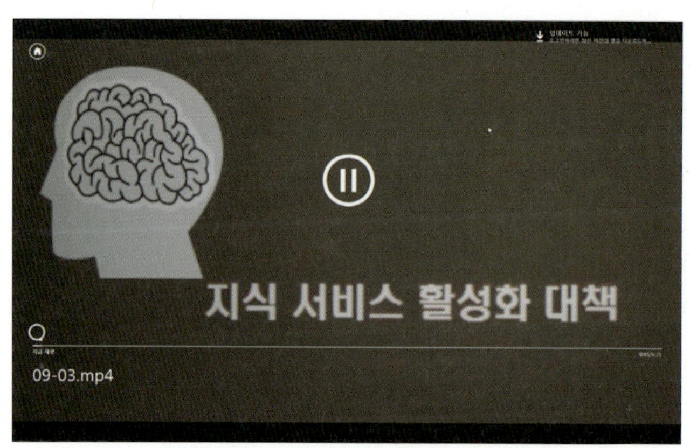

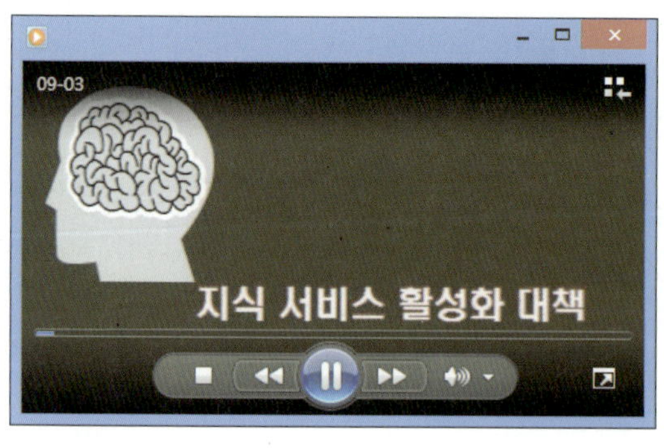

확인실습

시작 파일을 mp4 파일 형식의 동영상 파일로 변환한 후 플레이어를 통해 확인해 보세요.

- **시작 파일 :** 파워포인트\part07\04-실습1.pptx
- **완료 파일 :** 파워포인트\part07\04-실습1.mp4

❶ 시작 파일의 모든 슬라이드를 이미지 파일로 변환해 보세요.

◉ **시작 파일** : 파워포인트\part07\07-응용실습1.pptx
◉ **완료 파일** : 파워포인트\part07\07-응용실습1\슬라이드 1.png~슬라이드7.png
◉ **해설 파일** : 파워포인트\해설파일\07-응용실습1-해설.hwp, pdf

Before

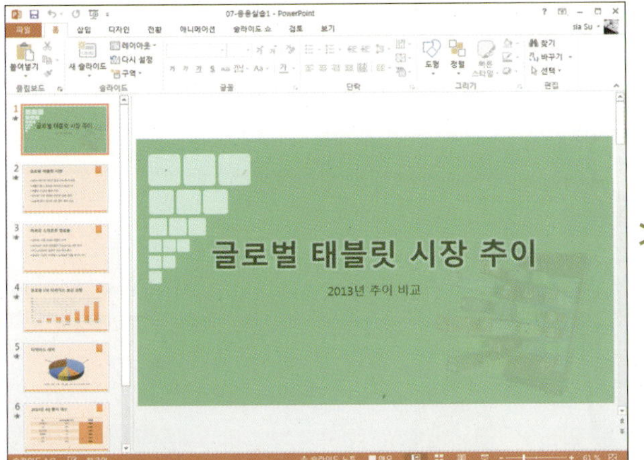

After

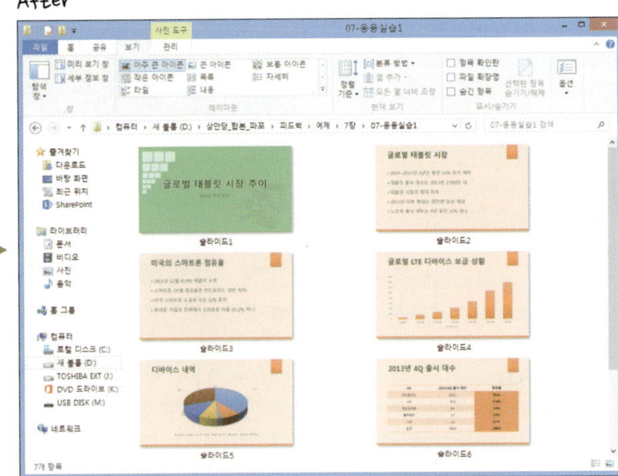

❶[파일]-[내보내기]-[파일 형식 변경]-png 형식 선택 ❷모든 슬라이드 이미지 파일로 변환 ❸윈도우 탐색기를 통해 슬라이드 이미지 확인

❷ 시작 파일을 동영상 파일로 변환해 보세요.

◉ **시작 파일** : 파워포인트\part07\07-응용실습1.pptx
◉ **완료 파일** : 파워포인트\part07\07-응용실습1.mp4
◉ **해설 파일** : 파워포인트\해설파일\07-응용실습2-해설.hwp, pdf

Before

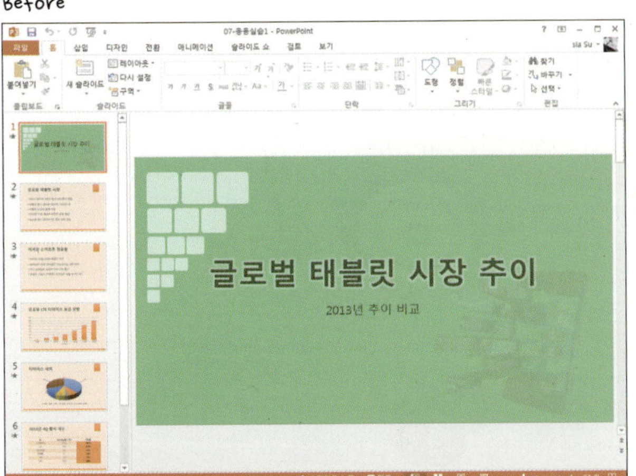

After

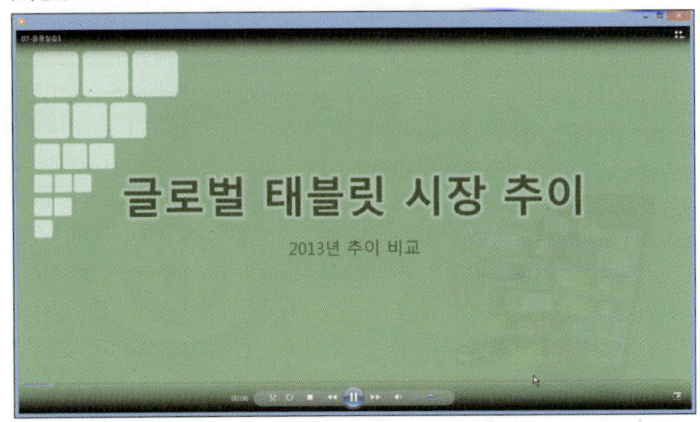

❶[파일]-[내보내기]-[파일 형식 변경]-[비디오 만들기] 선택 ❷비디오 품질 선택 후 비디오 만들기 시작 ❸변환 후 미디어 플레이어 통해 동영상 확인

자기 소개서 작성하기

슬라이드에 그림과 텍스트 상자를 삽입하여 내용을 완성한 후 애니메이션 효과를 지정해 보세요.

- **완료 파일** : 파워포인트\프로젝트\project01.pptx
- **해설 파일** : 파워포인트\해설파일\project01-해설.hwp, pdf
- **동영상 해설 파일** : 파워포인트\해설파일\ppt_project01_exp.mp4

1단계 : 슬라이드 마스터 '제목만 레이아웃'에 배경색 지정
2단계 : 도형 삽입 후 색상과 윤곽선 없음 지정
3단계 : 슬라이드 레이아웃 '제목만'으로 변경
4단계 : 그림 삽입 후 크기와 위치 지정
5단계 : 제목 텍스트 상자의 글꼴과 크기, 색상 변경
6단계 : 텍스트 상자에 애니메이션 효과 지정 후 트리거 지정

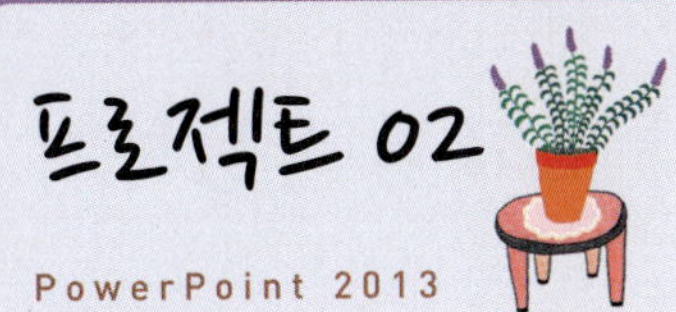

도형과 차트, 표를 슬라이드에 삽입하여 다음과 같은 슬라이드를 완성해 보세요.

- **완료 파일** : 파워포인트\프로젝트\project02.pptx
- **해설 파일** : 파워포인트\해설파일\project02-해설.hwp, pdf
- **동영상 해설 파일** : 파워포인트\해설파일\ppt_project02_exp.mp4

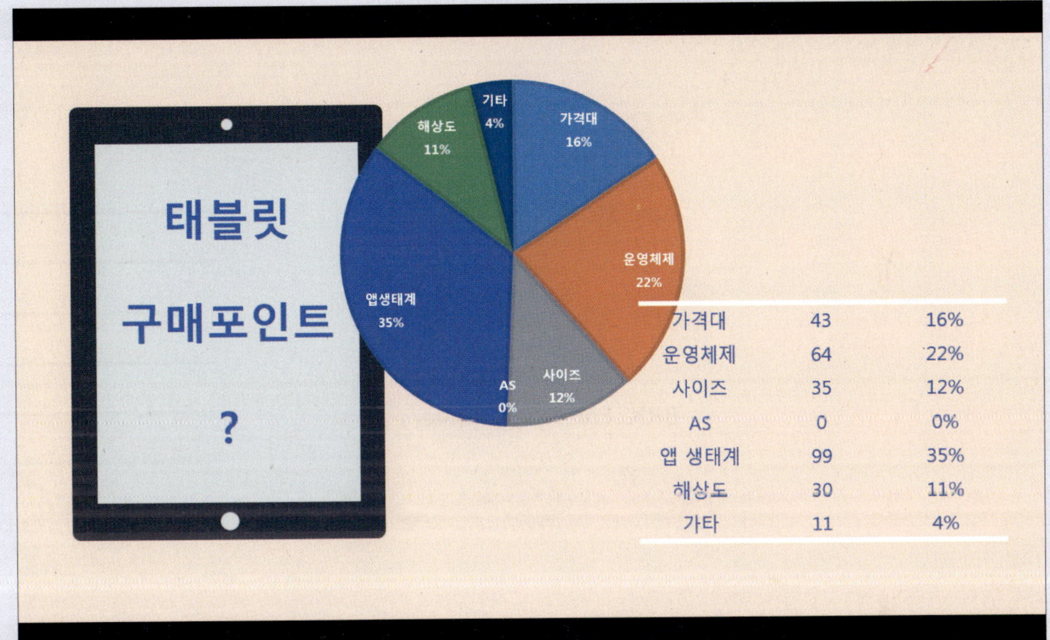

가격대	43	16%
운영체제	64	22%
사이즈	35	12%
AS	0	0%
앱 생태계	99	35%
해상도	30	11%
가타	11	4%

1단계 : 슬라이드 배경에 단색 지정
2단계 : 도형 삽입 후 태블릿 모양 완성, 텍스트 입력 후 글꼴 서식 변경
3단계 : 원형 차트 삽입 후 차트 스타일 변경
4단계 : 3×7 크기의 표 삽입
5단계 : 표의 테두리와 셀 음영 지정 후 표 텍스트 정렬, 서식 변경

조사 보고서 작성하기

슬라이드에 온라인 그림과 도형을 삽입하여 다음과 같은 슬라이드를 완성해 보세요.

◎ **완료 파일** : 파워포인트\프로젝트\project03.pptx
◎ **해설 파일** : 파워포인트\해설파일\project03-해설.hwp, pdf
◎ **동영상 해설 파일** : 파워포인트\해설파일\ppt_project03_exp.mp4

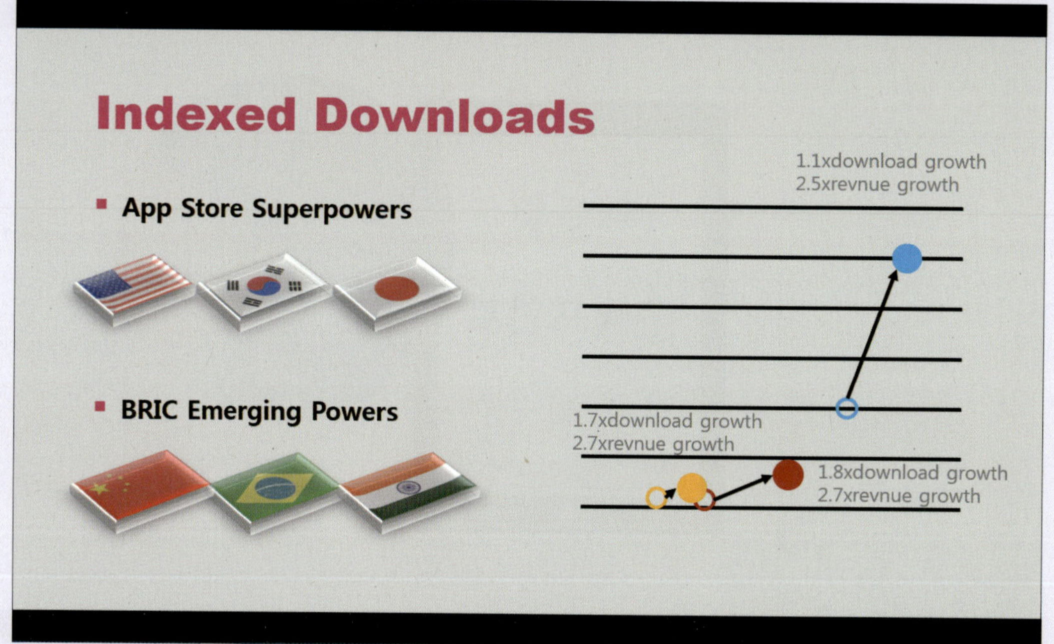

1단계 : 슬라이드 배경에 단색 지정
2단계 : 제목 텍스트 상자에 제목 입력 후 글꼴과 글꼴 색 변경
3단계 : 텍스트 상자 삽입 후 글머리 기호 표시하고 글머리 기호 색과 크기 변경
4단계 : 온라인 그림 검색(국기 이름 검색) 후 삽입
5단계 : 온라인 그림 크기 변경 후 그림 효과 지정(기본 설정으로 변경)
6단계 : 직선 삽입 후 윤곽선 서식 변경하고 복사, 정렬
7단계 : 타원 삽입 후 채우기, 윤곽선 변경
8단계 : 텍스트 상자 삽입 후 텍스트 입력

스마트 시리즈의 빈틈없는 **5 STEP** 구성을 소개합니다.

STEP 1 〈기능정리–간단퀴즈〉로 기본 개념 살펴보기
STEP 2 〈실습과정–확인실습〉으로 필수 기능 배우기
STEP 3 〈특집〉으로 필수 기능 이외의 유용한 내용 보기
STEP 4 〈응용실습〉으로 해당 장의 총정리 실습하기
STEP 5 〈프로젝트〉로 실전 대비 능력 키우기

CONTENTS

스스로
마스터하는
트레이닝 북 **파워포인트 2013**

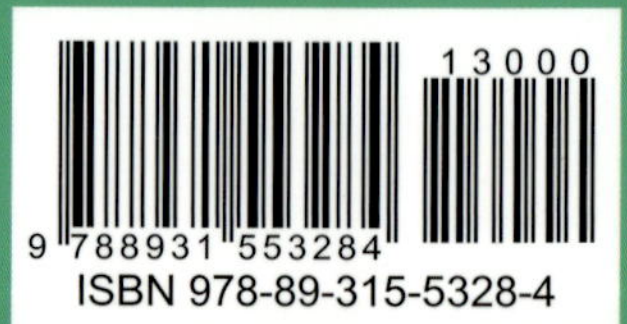

값 25,000원

ISBN 978-89-315-5328-4